Hermann Zschokke

Die biblischen Frauen des Alten Testamentes

Hermann Zschokke

Die biblischen Frauen des Alten Testamentes

ISBN/EAN: 9783743415119

Hergestellt in Europa, USA, Kanada, Australien, Japan

Cover: Foto ©Lupo / pixelio.de

Manufactured and distributed by brebook publishing software (www.brebook.com)

Hermann Zschokke

Die biblischen Frauen des Alten Testamentes

Die

Biblischen Frauen

des

Alten Testamentes.

Von

Dr. Hermann Zschokke,

o. ö. Professor der Theologie an der k. k. Universität in Wien.

Mit fürsterzbischöflicher Approbation.

———— ••• ————

Freiburg im Breisgau.
Herder'sche Verlagshandlung.
1882.
Zweigniederlassungen in Straßburg, München und St. Louis, Mo.

...mus ea,
dilec... ...r; non
enim ... ...omnia
utili... ...remus.
Non... ...si et
caus... ...habent
tame... ...multis
absco...

Buchdruckerei der Herder'schen Verlagshandlung in Freiburg.

Vorwort.

Gegenstand der folgenden Abhandlungen bilden sämmtliche Frauen, welche in den heiligen Schriften des Alten Testamentes vorkommen, ihr Leben und Charakter, soweit diese durch die heilige Schrift selbst gezeichnet werden. Es sind dieß aber nicht einfache Lebensbilder oder Lebensskizzen nach Art einer biblischen Geschichte, sondern vielmehr Abhandlungen wissenschaftlicher Natur zumeist nach dem Urterte, wobei die exegetischen Schwierigkeiten näher erörtert und erläutert wurden. Als ich an die Bearbeitung dieses Werkes schritt, war ich mir wohl der Schwierigkeiten bewußt, welche ein solches Thema naturgemäß in sich schloß. Um der Treue des biblischen Textes nichts zu vergeben, mußten bisweilen Dinge heikeler Natur, die geschlechtlichen Beziehungen, welche besonders mit dem weiblichen Geschlechte verknüpft sind, berührt werden. Es geschah dieß, so weit als möglich, in den Grenzen des Anstandes und der Ehrbarkeit, nach dem Grundsatze, daß dem Reinen Alles rein ist. Wir werden uns auch überzeugen, daß Letztere in der heiligen Schrift nicht um ihrer selbst willen, sondern eines höheren Zweckes wegen angeführt und geschildert werden.

Damit jedoch dem Werke ein bleibender Werth gesichert sei, habe ich bei der Erklärung der biblischen Stellen nicht so sehr das eigene subjective Urtheil, als vielmehr die Ansichten der heiligen Väter und Kirchenschriftsteller in den Vordergrund gestellt, und zu diesem Behufe habe ich mit nicht geringer Mühe aus der Patristik (zumeist nach der Migné'schen Ausgabe) das be= treffende Material herbeigeschafft, gesichtet und verwerthet. Allein die bloße Citation der Väterstellen genügt oft nicht, um über die Ansichten derselben sich ein richtiges Urtheil zu bilden, besonders wenn dem Leser die patristischen Werke nicht leicht zu Gebote stehen. Ich habe deßhalb die betreffenden Stellen zumeist wörtlich citirt, nicht vielleicht, um der Arbeit einen größeren Aufputz und gelehrteren Anstrich zu geben, sondern die Citate bilden den vollständigen Beweis und die näheren Ausführungen zu der im Texte besprochenen Ansicht, die oft nur mit kurzen Worten, ja bisweilen nur durch Ein Wort

angedeutet ist, wodurch zugleich einer bündigen Kürze Rechnung getragen
wurde. In dieser Beziehung könnte man das Werk als eine patristische
Encyklopädie für die Erklärung der Frauenpartien des Alten Testamentes
auffassen.

Um soviel als möglich vollständig zu sein, beschränkte ich mich auf die
Patristik nicht allein; auch die Apokryphenliteratur, der Talmud, der allerdings in dieser Partie ziemlich unlauter ist, die Rabbinen, der Koran und
die neueste Literatur wurden berücksichtigt. Einen besondern Werth legte ich
auf die Erklärung des symbolisch-typischen Charakters dieser Frauengestalten,
der namentlich von den heiligen Vätern so mannigfach betont wird. Dieser
seiner ganzen Anlage nach unterscheidet sich vorliegendes Werk von anderen,
welche die gleiche Materie behandeln, allein mehr geschichtlich und populärer
Art sind, wie z. B.: A. Niemeyer, Charakteristik der Bibel. Halle 1830 f.,
5 Bde.; S. Greiling, Die biblischen Frauen. Leipzig 1814, 2 Bde.;
Katharina Diez, Biblische Frauen. Berlin 1864; C. Bader, La
femme biblique, son influence réligieuse, sa vie morale et sociale.
Paris 1873; G. Engelbach, Die Frauen der heiligen Schrift. Hamburg
1882; G. Darboy, Les femmes de la Bible. Paris 1878, 1 Bd.;
Grace Aquilar, The Women of Israel. London 1875, 1 Bd., u. a.
Da ferner die Mutter des Messias durch Wort und Typik in den alttestamentlichen Schriften sehr häufig gezeichnet wird, so mußte dieselbe auch hier
miteinbezogen werden, und gerade dieses vollständige Charakterbild wird, wie
ich meine, den Theologen von besonderem Interesse sein, da diese Stellen
besonders bei Predigten und Erbauungsreden vielfach verwerthet werden
können.

Möge dieses Werk, das ein noch wenig bebautes, schwieriges Feld der
alttestamentlichen Exegese sich zum Vorwurfe genommen, eine genügende Beachtung und Verwerthung finden, damit die opfervolle Mühe des Verfassers
einigermaßen darin einen Lohn finde!

Wien, am Feste Mariä Geburt 1882.

Der Verfasser.

Inhalt.

Die Typik des Alten Testamentes.

Durch das ganze Werk hindurch ist so häufig die Rede von Vorbildern oder Typen; es dürfte daher angezeigt sein, einige Bemerkungen über die Typik vorauszusenden.

1. Die heiligen Schriften des Alten Testamentes tragen wesentlich einen prophetischen Charakter im weiteren Sinne des Wortes an sich, weil sie auf Eingebung und unter Leitung des heiligen Geistes von Männern niedergeschrieben wurden, welche, mit dem Siegel göttlicher Beglaubigung ausgerüstet, entweder Wahrheiten der natürlichen Religion verkünden oder verborgene (Geheimnißlehren) offenbaren oder zukünftige voraussagen. Dieses geschieht entweder durch das Wort oder durch das Sinnbild (Symbol) oder durch das Vorbild (Typus). Während das Symbol lediglich nur zum Ausdrucke des Gegenstandes der Prophetie dient, wird durch das Vorbild eine für sich bestehende, zur Heilsökonomie des Alten Bundes gehörige Einrichtung oder Thatsache dargestellt, unter deren sinnbildlichem Charakter sich eine andere zukünftige, die Heilsökonomie des Neuen Bundes betreffende Wahrheit verbirgt. Im Typus wird daher ein doppelter Gegenstand ausgedrückt, ein gegenwärtiger niederer (der Literal- oder historische Sinn), und ein zukünftiger höherer (mystischer oder verborgener Sinn), welcher in ersterem, wie der Kern in der Schale, eingeschlossen ist. Aus dem Charakter und der Stellung des Alten zum Neuen Bunde ergibt sich, daß Einrichtungen und Thatsachen, welche zur Heilsökonomie des Alten Bundes gehören, zugleich Vorbilder zukünftiger, der letzten Stufe der göttlichen Offenbarung angehörenden Wahrheiten sind; denn Gottes Allwissenheit, Weisheit und Macht weiß die gegenwärtigen freien Handlungen des Menschen so zu lenken, daß sie das prophetische Vorbild künftiger freier Handlungen werden; die Typik ist eine geheimnißvolle, der höchsten Majestät Gottes würdige Sprache.

2. Der Typus verhält sich zu dem von ihm vorgebildeten Gegenstande (Antitypus) wie das Modell des Künstlers zu dem auszuführenden Ideale, wie die Skizze zu dem Gemälde, wie der Schatten zum Lichte, wie die Knospe zur entwickelten Blume, wie der Keim zum vollendeten Organismus. Die Typen erlangen entweder in dieser Zeit ihre Erfüllung, oder im Jenseits. Jene zerfallen in legale, wenn die im Alten Bunde von Gott getroffenen Anstalten und Einrichtungen (Personen, Sachen, Orte und Zeiten) Vorbilder künftiger Dinge im Neuen Bunde werden, und in historische, wenn menschliche Handlungen und geschichtliche Ereignisse in der vorchristlichen Offenbarung künftige, die Kirche Christi betreffende Thatsachen anzeigen.

3. Die Typik entspricht ganz der niederen Stufe der geistigen und religiösen Entwickelung des alttestamentlichen Volkes, welches die feste Speise der vollendeten Offenbarung noch nicht ertragen konnte, war demnach ein für das jugendliche Alter seiner religiösen Ausbildung geeignetes Surrogat der vollkommenen Gnade und Wahrheit. Zugleich wurde dadurch die volle Wahrheit vor schwachen oder profanen Augen verhüllt, während sie sich dem reinen und gläubigen Blicke immer mehr erschloß. Die Typik ermöglichte den allmählichen Aufstieg zum Höheren und Geistigen, denn sie beruht ja auf dem allgemeinen Gesetze, daß die niederen Stufen der Natur und Geschichte in den höheren sich wiederholen, aber in immer mehr verklärter Gestalt. So wurden denn die wichtigsten Heilslehren in diesem typischen Gewande dem gläubigen Geiste und Herzen nahegebracht, so daß das von Gott angeregte Gemüth je nach der entsprechenden menschlichen Empfänglichkeit und dem Grade göttlicher Mittheilung das Urbild mehr oder weniger ahnen oder erkennen konnte, und dadurch die Hoffnung auf das kommende Heil belebt. Nicht minder ersprießlich sind sie auch für uns, um die im Bilde ausgedrückte Wahrheit festzuhalten und das Höhere im Niederen leichter zu fassen.

4. Was nun das Verhältniß des Literalsinnes zum typischen Sinne betrifft, so beruht dieser stets auf dem Literalsinne, und geht aus ihm hervor, wie der hl. Thomas sich ausdrückt: Sensus spiritualis super literalem fundatur et procedit ex eo. Zwar ist der Literalsinn wesentlich nur Einer, kann aber durch den menschlichen Geist auf mancherlei Dinge bezogen und angewandt werden. Nicht selten ist diese Anwendung vom Geiste Gottes selbst mit beabsichtigt worden[1]. Doch von diesem angewandten Literalsinn ist der typische durch zwei Momente wesentlich verschieden[2]: a) ist der typische Sinn keine bloße Anwendung des Literalsinnes, sondern ein in demselben verborgener, ihm inhärirender und entsprechender zweiter Sinn, der eine analoge zukünftige Sache bedeutet und mit dem ersteren ebenfalls direct vom heiligen Geiste intendirt wird, zwar nicht zunächst, sondern an zweiter Stelle, mithin durch den Gegenstand des Literalsinnes bildlich dargestellt wird. Die durch den Literalsinn ausgedrückte Sache wird zugleich Bild eines andern zukünftigen Gegenstandes[3]. Insofern also die durch den Literalsinn bezeichnete Sache Bild einer andern Sache ist, liegt in diesem ein doppelter Sinn. Der Inhalt des ersten Sinnes ist demnach der selbständige adäquate Träger des Inhaltes des zweiten Trägers. b) Während die Anwendungen und Folgerungen aus dem Literalsinn im Bereiche des menschlichen Geistes liegen, ist der typische Sinn lediglich ein Werk des heiligen Geistes, welcher das durch den Literalsinn Dargestellte als Hülle, Form und Bild gebraucht, um analoge, zukünf-

---

[1] 2 Tim. 3, 16—17. Röm. 15, 4. 1 Cor. 10, 11.

[2] Phil. Krementz, Grundlinien zur Geschichtstypik der heiligen Schrift. Freib. 1875. S. 10.

[3] *Thomas*, Quodlib. VII. q. 6. a. 14 c.: Auctor rerum non solum potest verba accommodare ad aliquid significandum, sed etiam res potest disponere in figuram alterius et secundum hoc in s. scriptura manifestatur veritas dupliciter. Uno modo secundum quod res significantur per verba, et in hoc consistit sensus litteralis; alio modo secundum quod res sunt figurae aliarum rerum, et in hoc consistit sensus spiritualis. Et sic s. scripturae plures sensus competunt.

tige, dem Menschen verborgene Dinge barzustellen; denn nur der Geist Gottes vermag den Gegenstand des Wortsinnes zum Träger künftiger, verborgener Objecte zu gestalten. Die typische Sprache ist daher eine wahre Gottessprache, eine wunderbare göttliche Poesie, welche Bild und Wahrheit in Einer Aus=sprache wesentlich vereint.

5. In wieweit der typische Sinn in der heiligen Schrift vorherrscht, darüber herrschen verschiedene Ansichten. Viele der heiligen Väter haben hierin die Pfade geebnet, welche leider in der Neuzeit oft verlassen wurden, da man sich bei der Erklärung der heiligen Schrift nur auf den Literalsinn beschränkte und die typischen Schätze ganz außer Acht ließ, und doch gibt es nach den Worten Chr. Wahls[1] im Neuen Testamente nicht Ein wichtiges, auf Christum und seine Kirche bezügliches Ereigniß, dessen Grundlinien und Spuren man nicht im Alten Testamente schon finden kann. Der Typik des Alten Testamentes wieder die gehörige Bedeutung und das Ansehen zu vindiciren, ist auch theil=weise Zweck dieses Werkes.

6. Daß die typische Schrifterklärung ihre volle Berechtigung habe, be=stätigen viele Zeugnisse. Obenan steht das Zeugniß Christi selbst, welcher sich nicht blos auf die Phrophetien, sondern auch auf die Vorbilder des Alten Testamentes berief, welche an ihm erfüllt wurden. So bezeichnet er selbst die Aufrichtung der ehernen Schlange in der Wüste als ein Vorbild der Erlösung durch seinen Kreuzestod[2] und das Verweilen des Jonas im Bauche des Fisches als ein vorbildliches Zeichen seiner Ruhe im Grabe und seiner Aufer=stehung[3], oder wenn er seinen Jüngern eröffnet, daß Alles, was von ihm im Gesetze Mosis und der Propheten geschrieben sei, an ihm erfüllt wurde[4], so ist klar, daß er damit nicht bloß die Wortprophetien, sondern auch die im Alten Testamente enthaltenen Vorbilder verstanden habe. Dazu treten die Zeugnisse der Apostel, welche überall im Alten Testamente Vorbilder des Neuen erblicken; so ist z. B. nach Johannes[5] die Unterlassung des Zer=schlagens der Glieder am Leibe des gekreuzigten Herrn im Alten Testamente dargestellt worden durch das Osterlamm, dem kein (typisch) Bein gebrochen werden durfte; dem hl. Petrus[6] ist die Errettung der Menschen in der Arche Noe's ein Typus der Taufe. Einen reichen Gebrauch der typischen Schrift=erklärung macht Paulus; im Durchzuge durch das rothe Meer erblickt er einen Typus der Taufe, im Manna die Eucharistie, im Felsen Christum[7], im Osterlamme den am Kreuze Geopferten[8], in Adam ein Vorbild des Herrn[9], in Abraham den Vater aller Gläubigen[10], in Isaak die Söhne der Verheißung[11], in Sara und Hagar die beiden Testamente[12]; Feste, Neumonde und Sabbate sind Schatten des Künftigen[13]. Im Hebräerbriefe wird das alttestamentliche Priesterthum und Opferwesen als erfüllt im Neuen Testamente nachgewiesen, denn das Gesetz hat den Schatten der zukünftigen Güter, nicht die Darstellung der Sache selbst."[14] Auch die jüdische Synagoge[15] kennt in den alttestament=

---

[1] In clavi N. T. philol. ad voc. πληρόω.
[2] Joh. 3, 14. [3] Matth. 12, 39 f. [4] Luc. 24, 27. 44. 45. [5] 19, 36. [6] 1 Petr. 3, 20. 21. [7] 1 Cor. 10, 1—4. [8] 1 Cor. 5, 7. [9] Röm. 5, 14. [10] Röm. 4, 24. [11] Röm. 9, 7. [12] Gal. 4, 24. [13] Col. 2, 16. 17. [14] Hebr. 10, 1. [15] Vgl. Fr. Xav. Patritii de interpret. script. ss. lib. 2. Rom. 1844. l. 1. cp. 10. a. 3. Tholuck in Herzogs Real=Encycl. Bd. 17. S. 389 ff.

lichen Schriften neben dem Literalsinn einen zweiten verborgenen Sinn. Nennt
ja schon der Psalmist [1] die ganze Geschichte seines Volkes Gleichniß und
Räthsel, weil sie in Bildern den verborgenen Bund der Gnade enthält; denn
Alles, sagt der Apostel [2], was den Juden in Bildern widerfahren ist, das ist
zu unserer Belehrung geschrieben. Daß die Christen der ersten Jahrhunderte
dieselbe Anschauung von der typischen Schriftauslegung hatten, bestätigen die
alten Darstellungen in den Katakomben, die liturgischen Bücher der Kirche,
die christliche Kunst in Sculptur und Malerei, von den bescheidenen Erzeug=
nissen der Biblia pauperum an bis zu den Bildwerken der herrlichen Dome.
Dasselbe einmüthige Zeugniß über die Typik des Alten Testamentes herrscht
auch bei den heiligen Vätern [3], namentlich bei Augustinus, Hieronymus, Ori=
genes u. A., welche dieser Auslegung einen möglichst großen Umfang anweisen.

7. Die typische Auslegung der alttestamentlichen Bücher ist auch in dem auf
das Christenthum vorbereitenden Charakter der alttestamentlichen Offenbarung
begründet; die Offenbarung des Alten Testamentes geht ebenso wie die vollen=
bende des Neuen von demselben göttlichen Geiste aus und hat denselben Zweck,
„denn das Ziel des Gesetzes ist Christus zur Gerechtigkeit jedem, der glaubet“. [4]
Beide bilden ein organisches Ganze und sind nur verschiedene Stufen zur Ver=
wirklichung desselben Zweckes, je nach der Verschiedenheit der natürlichen und
übernatürlichen Entwickelung des Menschen. Wie in der organischen Entwicke=
lung auf der unvollkommenen Stufe die vollkommenere vorgebildet ist, wie
bereits im Keime der ganze Baum enthalten ist, so erscheint auch die christliche
Offenbarung im Embryo bereits im Alten Testamente vorgebildet und abge=
schattet. Der in der heiligen Schrift redende Geist Gottes hat diese Präfor=
mation in den heiligen Büchern niedergelegt. Darum ist „das Gesetz unser
Zuchtmeister auf Christum hin (vorbereitend) gewesen, damit wir durch den
Glauben gerechtfertigt werden“. [5] Dazu kommt, daß Christus das Urbild der
erlösten Menschheit, und somit sein Leben das Urbild der Geschichte der erlösten
Menschheit ist. Als das von Gott vorherbestimmte Urbild wirkt er vor seiner

---

[1] Pf. 77 (Vulg. 78) 2.   [2] 1 Cor. 10, 11; vgl. Matth. 13, 35; Hebr. 8, 5.
[3] Vgl. Patritius l. c. Hofmann im Freib. Kirchenleric. VII. S. 448 ff. Hier
nur einige Stellen: *Cyprian.*, de bon. pat.: Invenimus et patriarchas et prophetas
et justos omnes, qui figuram Christi imagine praeeunte portabant. *August.*, ep. 76
ad Magn.: Cui (Christo) prophetando venturo gens una deputata est, cujus rei-
publicae tota administratio prophetia esset illius regis venturi et civitatem coelestem ex omnibus gentibus condituri. *Hieron.*, ep. 129 ad Dard.: Perspicue de-
monstratur, omnia illius populi in umbra et typo et imagine praecessisse; ep. ad
Eph. 3, 6: Singuli sermones, syllabae, apices, puncta in div. scripturis plena sunt
sensibus; — prol. in Is.: Post historiae veritatem spiritualiter accipienda sunt omnia.
Die Anschauung des Mittelalters drückt *Thomas*, Sum. I. q. 1. a. 10 c. aus: Auctor
s. scripturae est Deus, in cujus potestate est, ut non solum voces ad significandum
accommodet, quod etiam homo facere potest, sed etiam res ipsas. Et ideo, quum
in omnibus scientiis voces significant, hoc habet proprium ista scientia, quod ipsae
res significatae per voces etiam significant aliquid. Illa ergo prima significatio, qua
voces significant res, pertinet ad primum sensum, qui est sensus historicus vel litteralis; illa vero significatio, qua res significatae per voces iterum res alias significant, dicitur sensus spiritualis, qui super literam fundatur et eam supponit. Vgl.
Quodlib. VII. q. 6. a. 14—16.
[4] Röm. 10, 4.   [5] Gal. 3, 24.

zeitlichen Menschwerdung vorbildend, nach seiner irdischen Laufbahn abbildend und ausgestaltend. Von diesem Urbilde muß daher die Typik ausgehen.

8. Unserem Zwecke entsprechend, beschäftigen uns zunächst die weiblichen Typen des Alten Testamentes, welche in überwiegender Mehrzahl sich auf die jungfräuliche, reine Mutter des Messias beziehen. Sind alle vorzüglicheren Ereignisse des Neuen Testamentes, wie wir oben erwähnt haben, in Alten abgeschattet, so folgt daraus von selbst, daß auch die Mutter des Messias wegen ihrer eminenten Stellung im Reiche Gottes im Alten Testamente nicht bloß durch die Verbalprophetie, sondern auch durch Typen vorausverkündet worden sei.

§ 1. Eva, die Ahnfrau des Menschengeschlechtes.

Der erste von Gott in Eden erschaffene Mensch, die Krone der Schöpfung, wurde in's Paradies versetzt, mit der Bestimmung, dasselbe zu bewachen vor eindringender und feindlicher Schädigung, und es zu bebauen, dadurch, daß er die Kräfte der Natur und ihre Erzeugnisse für die Befriedigung der natür- lichen Bedürfnisse und für alle höheren Zwecke sich dienstbar mache und zu diesem Behufe die Erde in ihren Kräften und Schätzen erforsche und sich über dieselbe ausbreite, aber so, daß er stets der geistige Herrscher der Natur bleibe und nur nach Gottes Willen und in dem ihm von Gott gestatteten Umfange sich ihrer bediene. Obgleich umgeben von den Wundern der jungen Schöpfung, welche mächtig auf Auge und Herz des soeben geschaffenen Adam wirken mußte, fühlte sich der erste Mensch mitten im Paradiese doch vereinsamt; es fehlte nämlich ein ihm wesensgleiches Geschöpf, in welchem er sich wiedererkenne, mit welchem er seine Ideen und Gedanken austausche und in dessen Gemein- schaft und Mithilfe er seine Berufsbestimmung erfüllen könne, damit er nicht ein stummer Zeuge der göttlichen Wunderthaten sei und bleibe. Sowie Gott bei der Schöpfung des Mannes, als dem Schlusse und der Krone der ge- schaffenen Erdenwesen, in welchem die Materie mit dem Geiste, der Himmel mit der Erde, die Zeit mit der Ewigkeit verbunden sein sollte, mit sich selbst zu Rathe geht: „Lasset uns den Menschen machen nach unserem Bild und Gleichniß" [1], ebenso wird auch die Schöpfung des Weibes mit ähnlichen Worten eingeleitet, welche die Wichtigkeit und Bedeutsamkeit des göttlichen Werkes an- deuten: „Und es sprach Jehova: Es ist nicht gut, daß der Mensch allein sei; ich will ihm eine Gehilfin machen, ihm gleich" [2], d. h. ein mithelfendes Wesen, in welchem er sich wiedererkennt, das sozusagen sein anderes Ich ist. Es liegt in diesen Worten mehr, als ein bloß sexuelles Verhältniß [3]; denn es heißt nicht: „Es ist nicht gut, daß der Mann ohne Frau ist"; die Sinnlichkeit

---

[1] Gen. 1, 26. [2] Gen. 2, 18.

[3] *August.* de Gen. ad lit. 9, 3: Si quaeritur, ad quam rem fieri oportuerit hoc adjutorium, nihil aliud probabiliter occurrit, quam propter filios procreandos. Dagegen de catech. rud. cp. 18: Fecit ei adjutorium femineum: non ad carnalem concupiscentiam, quandoquidem nec corruptibilia corpora habebant . . . sed ut ha- beret vir gloriam de femina, cum ei praeiret ad Deum seque illi praeberet imitan- dum in sanctitate atque pietate, sicut ipse esset gloria Dei, cum ejus sapientiam sequeretur.

existirte und regte sich ja noch nicht in den ersterschaffenen Menschen: sie waren nackt, ohne ihre Nacktheit zu fühlen und sich zu schämen [1], sondern Moses schreibt: „Es ist nicht gut, daß der Mensch allein, d. i. für sich abgesondert sei, also für sich als Einzelwesen lebe, sondern als ein soziales Wesen, welches nur in Gemeinschaft gegenseitiger Hilfeleistung seine Bestimmung erreichen kann. Einer solchen Hilfe bedarf der Mann nicht bloß zur Fortpflanzung seines Geschlechtes, sondern auch zur Bebauung und Beherrschung der Erde. So soll also dem Adam eine Gehilfin [2] zugesellt werden, damit Beide zusammen eine organische und moralische Einheit und alle ihre Glieder in einer großen Kette durch alle Zeiten hindurch eine Gemeinschaft bilden. Demnach reicht die Gründung der Familie und des sozialen Lebens der Menschheit bis hinauf in den paradiesischen Zustand und beruht auf gottgewollter Ordnung und auf göttlichem Beschlusse. Um nun sein Vorhaben zu verwirklichen, führte Gott dem Adam die neugeschaffenen Thiere zu. Adam sieht dieselben, faßt die Gedanken dessen, was sie nach ihrer wahren und ihren Eigenschaften entsprechenden Besonderheit sind, und kleidet seine Gedanken in lautbare Namen; er wird sich also dabei seiner Sprachfähigkeit bewußt. Allein die Musterung und Benennung der gepaarten Thiere machten ihm zugleich eine Lücke fühlbar: „Für sich fand er keine Gehilfin, ihm gleich" [3]; er hatte kein Wesen an seiner Seite, mit welchem er seine Gedanken austauschen — sprechen konnte, welches seine Freuden mitgenießen und auch seinen Beruf theilen konnte. Diesem geweckten Verlangen und Bedürfnisse Adams entsprach auch Gott durch die Schöpfung des Weibes: „Da ließ Jehova Gott auf Adam einen tiefen Schlaf fallen, und als er schlief, nahm er eine von seinen Rippen und setzte Fleisch an ihre Stelle. Und Jehova Gott baute die Rippe, die er von Adam genommen hatte, zum Weibe und führte sie zu Adam. Da sprach Adam: Dieses ist einmal (nunmehr) Gebein von meinem Gebein und Fleisch von meinem Fleische! Diese soll Männin heißen; denn vom Manne ist sie genommen. Darum soll denn der Mann seinen Vater und seine Mutter verlassen und seinem Weibe anhangen und sie Zwei sollen sein Ein Fleisch" [4].

Nicht im wachenden Zustande Adams wird das Weib geschaffen, sondern im Tiefschlafe, in welchem das Bewußtsein der Außenwelt und des eigenen Lebens ganz entschwindet. Doch ist dieser Tiefschlaf verschieden von dem natürlichen Schlafe; denn Gott läßt ihn bei Tage auf Adam fallen, um das Weib aus ihm zu schaffen; die Schöpfung des Weibes fand am sechsten Schöpfungstage, also an demselben Tage, an welchem Adam erschaffen wurde, statt, wie dieß aus den Worten erhellt [5]: „Und Gott schuf den Menschen nach seinem Bilde; als Mann und Weib schuf er sie." Gott ließ aber auf Adam einen Tiefschlaf nicht etwa deßhalb fallen, damit er die Schöpfung des Weibes nicht betrachte oder aber den Schmerz nicht fühle, wenn ihm eine Rippe herausgenommen werde; es war vielmehr, wie die LXX übersetzten, ein ekstatischer Schlaf, in welchem Adam der Körperwelt entrückt, das sah und vernahm, was um ihn herum vorging und zugleich im prophetischen Geiste das Mysterium

[1] Gen. 2, 25.   [2] Tob. 8, 8.   [3] Gen. 2, 20.   [4] Gen. 2, 21—24.
[5] Gen. 1, 27; vgl. 5, 2: Am Tage, an welchem sie erschaffen wurden. Vgl. *Suarez*, Opera omnia. Par. 1856. Tom. 3. p. 188.

durchſchaute, welches durch die Schöpfung des Weibes aus ſeiner Rippe ab=
geſchattet wurde; denn Adam, als er aus dem Schlafe erwachte und das ihm
wesensgleiche Weib erblickte, verlangt nicht erſt Aufklärung über die Art und
Weiſe ihrer Schöpfung, ſondern bekundet durch ſeine Worte, welche er an das
Weib richtete, daß ihm der ganze Vorgang bereits bekannt ſei [1]. Das Weib
entſteht ſeinem leiblichen Urſprunge nach nicht etwa durch eine Neubildung
aus der Erde, gleich dem Manne; denn es ſollte ja keine dem Urſprunge nach
getrennte Art menſchlichen Geſchöpfes ſein, ſondern gleichſam nur ein Stück,
ein Theil vom Manne. Deßhalb wird das Weib aus der Seite des Mannes,
aus ſeiner Rippe, alſo aus ſeinem innerſten Weſen gebildet [2]. Dieſe Art der
Schöpfung des Weibes hat die ſinnigſte und wunderbarſte Bedeutung. Zunächſt
erforderte die ſittliche Idee der Einheit des Menſchengeſchlechtes, daß der
Menſch nicht als Gattung oder Mehrheit erſchaffen wurde; denn das iſt des
Menſchen Vorzug vor dem Thiere, daß er als Einer, als Perſon und nicht
als Paar und Gattung in's Daſein getreten iſt. Nur in der Schöpfung des
Weibes aus dem Einen vorhandenen erſten Adam iſt die Einheit des Urſprunges
des Menſchengeſchlechtes begründet [3]. Daß das Weib nicht aus Erdenſtaub,
ſondern aus der Rippe des Mannes gebildet wurde, deutet ferner auf die
Wesensgleichheit des Weibes mit dem Manne und auf die gottgeordnete Natur=
grundlage der Ehe, in welcher das Weib zur unzertrennlichen Lebenseinheit
und Gemeinſchaft mit dem Manne beſtimmt und als die ihm entſprechende
Gehilfin zur Seite gegeben iſt [4]. Es iſt aber auch zugleich von weſentlichen
Folgen für die Beſtimmung und Stellung des Weibes, daß ſie nicht mit dem
Manne zugleich, noch vor ihm, ſondern nach ihm und zwar aus einem bereits
veredelten organiſchen Stoffe, einem Theile ſeines Leibes gebildet wurde, auf
daß ſie nicht im weiten Kreiſe der Welt, wie der Mann, ſondern in dem ge=
ſchloſſenen, dem Manne als Wohnung angewieſenen Bezirke (daher im Para=

---

[1] Vgl. *Aug.*, de Gen. ad lit. l. 9. c. 19 und tract. 9 in Evang. Joh. *Bernard,*
serm. 2. de Septuag. Vgl. *Suarez* l. c. p. 182.

[2] Creavit *ex ipso* adjutorium simile sibi. Eccli. 17, 5.

[3] *Thomas Aq.*, Sum. I. 1. q. 92. a. 2: Decuit mulierem ex viro formari,
magis quam in aliis animalibus. Primo quidem, ut in hoc quaedam dignitas primo
homini servaretur; ut secundum Dei similitudinem esset et ipse principium totius
suae speciei, sicut Deus est principium totius universi. Unde et Paulus dicit
(Act. 17), quod Deus fecit ex uno homine genus humanum. . . . *Ambros.* Lib. de
parad. cp. 10. 48: Ut sciremus, unam in viro et muliere corporis esse naturam,
unum fontem generis humani. Ideo non duo a principio facti vir et mulier, neque
duo viri, neque duae mulieres, sed primum vir, deinde ex eo mulier. Unam enim
naturam volens hominum constituere Deus, ab uno principio creaturae hujus incipiens multarum et disparium naturarum eripuit facultatem. *Cyrillus Alex.*, de
Incarn. Dom. 4: Unam ex viri costis capiens atque hac ceu basi et fundamento
utens, femineam naturam composuit, haud sane materiae penuria, sola enim ei voluntas ad cujus vis rei creationem sufficiebat, sed quia concordiae vinculum naturae
indere voluit.

[4] *Thomas* l. c. Secundo, ut vir magis diligeret mulierem et ei inseparabilius
inhaereret, dum cognosceret eam ex se esse productam. Unde dicitur Gen. 2:
de viro sumpta est, quamobrem relinquet homo . . . Et hoc maxime necessarium
fuit in specie humana, in qua mas et femina commanent per totam vitam: quod
non contingit in aliis animalibus.

diese erschaffen) ihre Wirksamkeit entfalte. Das Weib wird ferner nicht aus
dem Haupte, noch aus dem Fuße, sondern aus der Rippe, gleichsam dem
Leibesinnern des Mannes, gebaut; dadurch sollte die Priorität und Superiorität
des Mannes über das Weib, die Unterordnung und Abhängigkeit des Weibes
vom Manne, ferner das stille häusliche Wirken des Weibes [1] und dessen natür=
liche Zugehörigkeit und Anhänglichkeit an den Mann als göttliche Ordnung
begründet werden. Diese Stellung des Weibes zum Manne betont auch der
Apostel, wenn er schreibt: „Das Weib soll sich stille halten und lernen mit
aller Unterthänigkeit ... noch sich erheben über den Mann, sondern sie soll
sich stille halten; denn Adam wurde zuerst geschaffen, darnach Eva;" [2]
und die Bedeckung des weiblichen Hauptes sowie Unterwürfigkeit gegen den
Mann vorschreibt: „denn der Mann ist nicht vom Weibe, sondern das Weib
vom Manne; auch ist der Mann nicht des Weibes wegen geschaffen, sondern
das Weib des Mannes wegen." [3] Nicht in knechtischer Unterordnung soll aber
das Weib dem Manne unterstehen, sondern sie soll die seinem eigensten Wesen
zur Ergänzung dienende Gehilfin sein [4]. Endlich wird das Weib vom Manne
nicht durch natürliche Zeugung geschaffen, sondern durch göttliche Kraft, damit
ihre beiderseitige Ehe möglich sei. Das erste Weib wird darum auch nicht
filia Adae genannt. In dieser Gottesordnung wurzelt zugleich das Geheimniß
jener zärtlichen Liebe, mit welcher der Mann das Weib als sein alterum ego
liebt und in welcher die Ehe zu einem Abbilde der Liebes= und Lebensgemeinschaft
des Herrn mit seiner Kirche wird [5]. Durch die Bildung des Weibes aus der
Rippe des schlafenden Adam wird auch das Mysterium der Bildung der Kirche
aus der Seite des (am Kreuze) schlafenden zweiten Adam (Christi) abgeschattet [6].

---

[1] Thomas l. c. Mas et femina conjunguntur ... non solum propter necessi-
tatem generationis, sed etiam propter domesticam vitam, in qua sunt aliqua opera
viri et feminae, et in qua vir est caput mulieris, unde convenienter ex viro formata est femina, sicut ex suo principio.

[2] 1 Tim. 2, 11—13.   [3] 1 Cor. 11, 8. 9.

[4] Thomas l. c. ar. 3: Conveniens fuit mulierem formari de costa viri. Primo
quidem, ad significandum, quod inter virum et mulierem debet esse socialis con-
junctio. Neque enim mulier debet dominari in virum, et ideo non est formata de
capite; neque debet a viro despici tanquam serviliter subjecta et ideo non est formata de pedibus.

[5] Eph. 5, 22—33: Die Weiber seien ihren Männern unterthan, wie dem Herrn;
denn der Mann ist das Haupt des Weibes, wie Christus ist das Haupt der Kirche. Aber
so wie die Kirche Christo unterworfen ist, so seien es auch die Weiber ihren Männern in
Allem. Männer! liebet eure Weiber, wie auch Christus die Kirche geliebt hat. So sollen
auch die Männer ihre Weiber lieben, wie ihre eigenen Leiber. Wer sein Weib liebt, liebt
sich selbst. ... Darum wird der Mann seinen Vater und seine Mutter verlassen und
seinem Weibe anhängen, und die Zwei werden sein Ein Fleisch. Dieses Geheimniß ist
groß, ich sage aber in Christo und in der Kirche. Also ein Jeder liebe sein Weib, wie
sich selbst; das Weib aber fürchte ihren Mann."

[6] Thomas l. c. ar. 2: Figuratur per hoc, quod Ecclesia a Christo sumit principium; und ar. 3: propter sacramentum: quia de latere Christi dormientis in cruce
fluxerunt Sacramenta, i. e. sanguis et aqua, quibus est Ecclesia instituta. Hieron.
cont. Joan. hier. 22: Eva in typo ecclesiae de costa viri aedificata est, und zu
Amos 9, 6. Tertull., Lib. de anima cp. 13. Chrysost., hom. ad Neoph.: Ex latere
suo Christus aedificavit Ecclesiam, sicut de latere Adae conjux ejus prolata est.
Beda, in Gen. cp. 2.

Besonders ist es der hl. Augustinus, welcher mit Vorliebe auf die mystische Bedeutung der Bildung Eva's aus der Seite des schlafenden Adam zu sprechen kommt [1].

Daß das erste Weib später als der erste Mann und auf andere Weise als dieser gebildet wurde, ist auch in den Traditionen der Völker enthalten; ja selbst die Schöpfung des Weibes aus der Rippe des Mannes wird in den Mythen der alten Völker betont. Ich verweise hier auf die Belege, welche Lüken [2] gesammelt hat.

Beachtenswerth ist, daß der Autor schreibt: „Jehova baute die Rippe zum Weibe"; denn durch das Weib sollte das Menschengeschlecht vom Manne gebaut werden. Mit der Schaffung des Weibes war somit der Grundstein zur Bauung oder Gründung der Familie und der Gesellschaft vollendet [3]. Das Bauen deutet daher besonders auf die mütterliche Bestimmung, weßhalb das Kind im Hebräischen von Bauen (בנה) den Namen (בן) erhalten hat. Das Bauen des Weibes aus der Rippe des Mannes drückt aber auch zugleich eine unmittelbare That des Schöpfers aus [4] und wird daher auch im mystischen Sinne auf die Gründung der Kirche bezogen [5].

Aus dem geschichtlichen Gange erhellt, daß Eva nicht in Eden, wie Adam, sondern im Paradiese geschaffen wurde, wie dieß auch mehrere Väter erwähnen [6].

---

[1] *Aug.*, Tract. in Ev. Joan. 9. cp. 2, 10: Dormit Adam, ut fiat Eva; moritur Christus, ut fiat Ecclesia. Dormienti Adae fit Eva de latere; mortuo Christo lancea percutitur latus (Joan. 19, 34), ut profluant sacramenta, quibus formetur Ecclesia. Cui non appareat, quia in illis tunc factis futura figurata sunt, quandoquidem dicit Apostolus, ipsum Adam formam futuri esse (Rom. 5, 14). — Enar. in Ps. 56: Quare voluit dormienti facere? Quia dormienti Christo in cruce facta est conjux de latere; percussum est latus et profluerunt ecclesiae sacramenta. — Enar. in Ps. 103, 6: Adam dormivit, quando de latere ejus Eva facta est. Adam in figura Christi, Eva in figura Ecclesiae . . . Quando fabricata est Eva? Dum dormiret Adam. Quando de latere Christi sacramenta profluxerunt? Cum dormiret in cruce. — Enar. in Ps. 40, 10: De illo latere facta est Eva, quae nos peccando mortificaret, de isto autem latere facta est Ecclesia, quae nos pariendo vivificaret.

[2] *H. Lüken*, Die Traditionen des Menschengeschlechtes oder die Uroffenbarung Gottes unter den Heiden. Münster 1869. § 13; und: Die Stiftungsurkunde des Menschengeschlechtes. Freiburg 1876. S. 113 f.

[3] *Ambros.* l. de par. cp. 11, 50: Bene aedificavit dixit, ubi de mulieris creatione loquebatur, quia in viro et muliere domus videtur quaedam plena esse perfectio. Qui sine uxore est, quasi sine domo sit, sic habetur. Sicut enim vir publicis officiis, ita mulier domesticis ministeriis habilior aestimatur. *Chrysost.*, hom. 15 in Gen. 3: Aedificavit, quia ex jam formato partem accepit et quasi diceret aliquid quod deerat, dedit.

[4] *Aug.*, de Gen. ad lit. l. 9. cp. 15.

[5] *Aug.*, Civ. D. 22, 17: Non legitur, formavit aut finxit, sed aedificavit eam in mulierem: unde et Apostolus aedificationem dicit corporis Christi (Eph. 4, 12). *Isidor. Hisp.*, alleg. script.: Eva designat Ecclesiam factam per mysterium lavacri, quae de latere in cruce morientis Christi fluxit, sicut Eva de costa hominis dormientis. *Prosper*, l. de prom. et praed. *Epiphan.*, cont. haer. Antidic. 78. Nach *Cyrillus Hier.*, cat. 12 de Chr. in c. cp. 28, ist die ohne Mutter aus dem Manne geschaffene Eva ein Typus Mariens, welche Christum ohne Mann durch die Kraft des heiligen Geistes geboren hat.

[6] Z. B. *Amb.* l. de par. cp. 4. 25. *Thomas* u. a.

Die Rippe Adams, welche zum Weibe gebaut wurde, war, wie der hl. Thomas [1] sagt, de perfectione Adae, non prout erat individuum quoddam, sed prout erat principium speciei, sicut semen erat de perfectione generantis. Wie der Same für das Individuum überflüssig, für die Erzeugung aber nothwendig ist, so war auch diese Rippe für Adam als Individuum überflüssig, aber als caput naturae et seminarium omnium hominum nothwendig. Von einer Mißgestaltung kann nebst anderen Gründen schon deßhalb keine Rede sein, weil Gott nach dem Berichte der Genesis Fleisch an deren Stelle setzte. Doch hüte man sich, zu glauben, Gott habe an die Stelle des ausgeschiedenen Theiles die κοιλία, die männlichen Geschlechtstheile gebildet; es ist nämlich irrig, zu meinen (mit Delitzsch), daß der geschlechtlichen Differenzierung des Menschen sein Dasein in noch ungeschiedener Einheit vorausgegangen sei. Die Idee der Wesensgleichheit, Zusammengehörigkeit und des gegenseitigen Ergänzungsverhältnisses der beiden Geschlechter hat auf heidnischem Boden die Vorstellung einer mannweiblichen Natur des ersten Menschen erzeugt, aus welcher später die Geschlechter gesondert worden seien. So war der zuerst aus dem Ei gekommene Protogonus der Orphiker ein Mannweib, deßgleichen der persische Urmensch Kajamords, der ägyptische Pthah, und wenn Plato den ersten Menschen als Androgyn oder doppelgeschlechtliches Wesen darstellt, so ist er nur der heidnischen Tradition gefolgt [2]. Selbst der jüdische Talmud [3] faßt die Schöpfung der Eva aus der Seite Adams als ein Zerlegen des ersten Menschen in seine geschlechtlichen Hälften auf. Allein die heilige Schrift selbst tritt diesem Irrthume direct entgegen, wenn sie aussagt: „Gott schuf den Menschen nach seinem Bilde ... Mann und Weib schuf er sie." [4] Der Plural, daß Gott Mann und Weib als zwei Menschen — sie — erschaffen, weist von vorneherein die Ansicht, daß Adam je Androgyn gewesen, entschieden zurück.

Während Moses bei den übrigen Schöpfungstagen nach Vollendung der einzelnen Schöpfungswerke die Clausel beifügte: „Und Gott sah, daß es gut war", setzt er nach der Erschaffung des ersten Menschen diesen Schlußpassus nicht bei, sondern erst nachdem er die Schöpfung beider Menschen, des Mannes und Weibes, kurz angezeigt, fügte er am Schlusse des Sechstagewerkes hinzu: „Und Gott sah, daß Alles, was er gethan, sehr gut war." [5] Offenbar sind darunter auch beide Menschen (Mann und Weib in B. 27) mit inbegriffen. Nach dem speciellen Berichte über die Bildung Adams [6] konnte er diese Bemerkung nicht beifügen, da ja die Schöpfung des Weibes noch nicht erzählt war; denn erst mit ihrer Bildung war die Schöpfung der Menschenwelt und somit das Sechstagewerk vollendet. Moses konnte dieß bei Adam auch deßhalb nicht beifügen, weil er ja selbst Gott später redend einführt: „Es ist nicht gut, daß der Mensch allein sei" [7]; denn aus dem Manne allein konnte das

---

[1] Sum. 1. 1. q. 93. 3 ad 2.
[2] Lüken, Traditionen l. c. § 7.
[3] Vgl. Eisenmenger, Entdecktes Judenthum. Königsb. 1711. I. 365.
[4] Gen. 1, 27; 5, 2.   [5] Gen. 1, 31.   [6] Gen. 2, 7.
[5] Ambr., de inst. Virg. ep. 3, 22: Sine muliere homo non habet laudem, in muliere praedicatur. Nam cum dicit: non esse bonum, solum esse hominem, confirmat utique bonum esse hominum genus, si virili sexui femineus sexus accedat.

Menschengeschlecht nicht fortgepflanzt werden; mithin ist erst nach vollendeter
Schöpfung des Weibes das Werk Gottes als vollkommen und somit auch als
gut zu betrachten. Damit begegnen wir aber, wie Ambrosius[1] dieß bereits
bemerkt, einer neuen Schwierigkeit. Da Eva den Adam in die Sünde ver=
strickt, wie kann sie als eine pro bono gegebene Gehilfin betrachtet werden!
Doch Gott hat hier die Gesammtheit der Menschen vor Augen. Zwar ist Eva
die Urheberin der Sünde; sie ist aber auch die Mutter der Lebendigen; denn
ohne sie ist eine Fortpflanzung unmöglich. Aus ihr sollte ja auch diejenige
hervorgehen, welche den Erlöser gebären werde, durch den die ganze Schuld
wieder aufgehoben werden sollte.

Als Adam aus seinem visionären Schlaf erwachte und das ihm von Gott
zur ehelichen Gemeinschaft zugeführte Weib sah, erkannte er sogleich, was
Gott mit dieser Art der Schöpfung bezweckte, und freudig erregt, nun endlich
eine ihm wesensgleiche Gehilfin erhalten zu haben, rief er staunend aus: „Das
ist einmal Bein von meinem Bein und Fleisch von meinem Fleische", und
nennt sie, sowie er früher die Thiere mit den ihrer Wesenheit entsprechenden
Namen benannt hatte, mit Rücksicht auf ihr Verhältniß zu sich: „Diese soll
Männin heißen, weil sie vom Manne genommen ist."[2] Das Wortspiel im
Hebräischen (אִשָּׁה־אִישׁ) ist auch in der Vulgata vir — virago oder vira und
von Symmachus (ἀνδρὶς ἀπὸ ἀνδρός) nachgeahmt. „Ischa", Männin, ist als
Geschlechtsname zu betrachten, der dem Weibe zukommt zum Unterschiede vom
Manne. Wie Adam in perfecta aetate, also als vollkommener Jüngling
erschaffen wurde, so ging auch das erste Weib als entwickelte Jungfrau un=
mittelbar aus der Hand des Schöpfers hervor; denn die Werke der Schöpfung
sind ja vollkommen gewesen[3]. So war also durch die Schaffung des Weibes
der Keim der menschlichen Gesellschaft und der Ursprung des menschlichen
Familienverhältnisses begründet.

An diesen von Gott beabsichtigten und auch begründeten Ursprung der
Ehe und Familie im Paradiese knüpft Adam oder Moses nach Art einer
Reflexion das Naturgesetz derselben, welches für ewige Zeiten seine Geltung
haben sollte: „Darum wird ein Mann seinen Vater und seine Mutter

---

[1] *Amb.* l. de par. cp. 10, 47: Si culpae auctor est mulier, quemadmodum
pro bono videtur adjecta? Verum si consideres, quia Deo universitatis est cura,
invenies plus placere Domino debuisse id, in quo esset causa universitatis, quam
condemnandum fuisse illud, in quo esset causa peccati. Et ideo quia ex viro solo
non poterat humani esse generis propagatio, pronuntiavit Dominus, non esse
bonum solum esse hominem. Maluit enim Deus plures esse, quos salvos facere
posset et quibus donaret peccatum, quam unum solum Adam, qui liber esset a
culpa. Denique quia idem utriusque auctor est operis, venit in hunc mundum,
ut salvos faceret peccatores … Nam etsi mulier prior peccatura erat, tamen redemptionem sibi paritura non debuit ab usu divinae operationis excludi … salva
erit per filiorum generationem (1. Tim. 2, 14. 15), inter quos generavit et Christum.
[2] Gen. 2, 23.
[3] Vgl. Suarez l. c. p. 184 sq. Thom. Sum. I. q. 94. art. 3. Primus homo institutus est in statu perfecto, quantum ad corpus, ut statim posset generare, et
etiam institutus est in statu perfecto, quantum ad animam, ut statim posset alios
instruere et gubernare. Mit denselben natürlichen und übernatürlichen Gnadengaben,
welche Gott dem Adam verliehen hatte, wurde auch das erste Weib ausgestattet.

verlassen und seinem Weibe anhangen und sie werden zu Einem Fleische"[1], d. i. Ein Fleisch, eine im Wollen und Streben geeinte Persönlichkeit. Diese Worte kennzeichnen das Wesen der Ehe als die tiefste geistige und leibliche Einheit von Mann und Weib, als die umfassendste persönliche Gemeinschaft Beider[2], bezeichnen aber auch zugleich die Monogamie als die naturgemäße, gottgewollte Form der Ehe. Das Verlassen der Eltern bei Schließung der Ehe, welches nicht bloß vom Manne, sondern auch vom Weibe gilt, stellt die eheliche Gemeinschaft als eine geistige Einheit, als eine Liebesgemeinschaft der Herzen dar, welche in der leiblichen Vereinigung ihre concrete Gestalt erhält und vollendet (matrimonium consummatum). Die Ehe ist demnach eine heilige Gottesordnung und obige Worte sind ein Ausfluß göttlicher Offenbarung, weßhalb sie auch von Christus[3] als Wort Gottes angeführt werden. Diese Worte behalten ihre volle Kraft, wir mögen sie nun als Worte Mosis oder als Worte Adams betrachten, der im prophetischen und divinatorischen Geiste das Wesen der Ehe und zwar sowohl nach ihrer Entstehung als nach ihrem Bestande durchschaute und ausdrückte. „Zwei Ein Fleisch" finden nach den Worten des Apostels[4] zunächst in der copula carnalis und sodann in den Folgen derselben, nämlich in dem erzeugten Kinde, welches Fleisch Beider ist[5], ihre natürliche Erklärung. Das Eine Fleisch ist aber auch untrennbar, untheilbar, und darin liegt auch die Unauflöslichkeit der Ehe, sowie ihr monogamischer Charakter begründet, welchem die Polygamie als etwas Theilbares widerspricht. Deßhalb hat auch weder Mann noch Weib ein ausschließliches Recht über den eigenen Leib, sondern dieses Recht ist ein gegenseitiges, wie derselbe Apostel[6] erklärt: Mann und Weib bilden daher auch gleichsam nur Eine Persönlichkeit civiliter, welche Einheit der Gesinnung, der Liebe und des Willens fordert; nach Pythagoras wohnt in einer wahren Ehe nur Eine Seele in zwei Körpern.

An die Schließung der Ehe knüpft sich sodann der bereits in Gen. 1, 28 ausgesprochene göttliche Segen: „Seid fruchtbar und mehret euch und füllet die Erde und machet sie unterthan", welcher die eheliche Fortpflanzung sanctionirt; denn diese erscheint, inwiefern sie zur Füllung der Erde und diese zur Herrschaft über dieselbe führt, als Mittel zur Erreichung des dem Menschen bestimmten Berufes. Das Geschlechtsverhältniß war aber für den reinen unschuldsvollen Menschen ein reines und heiliges Verhältniß. Die heilige Schrift deutet dieß durch die Worte an: „Sie waren beide, Adam und sein Weib, nackt, und sie schämten sich nicht."[7] Sie sahen sich wie Kinder mit reinen Augen und heiligem Herzen, ihre Seligkeit war eine durch Nichts getrübte kindliche Unschuld, eine innige Harmonie des Leibes und des Geistes[8]. Denn die Scham trat erst mit der Sünde ein, als das normale

---

[1] Gen. 2, 24.   [2] Siehe Eph. 5, 22 f. oben S. 8.   [3] Matth. 19, 5.
[4] 1 Cor. 6, 16.

[5] Corn. a Lap. zu dieser Stelle. *Theodoret.*, quaes. in Gen. cap. 3. interr. 30: Per conversationem nuptialem fructus unus ex ambobus oritur, ab hoc quidem seminatus, ab illa vero enutritus, consummatus autem ab opifice naturae.

[6] 1 Cor. 7, 4.   [7] Gen. 2, 25.

[8] *Aug.*, de nupt. l. 1. cp. 5: Erant nudi et non confundebantur: non quia non videbant, sed quia nihil, unde confunderentur, in membris senserant, quae

Verhältniß des Menschen zu Gott und somit auch des Leibes zum Geiste zerstört wurde und in ihren Gliedern der Sinnenreiz und die Fleischeslust sich regte. Hier drängt sich uns die Frage auf, ob im Unschuldszustande des ersten Menschenpaares eine Fortpflanzung und somit auch eine natürliche Zeugung stattgefunden hätte[1]. Der eben besprochene Segen und der Umstand, daß die Leibesconstitution des Menschen nach dem Sündenfalle nicht verändert wurde, bestätigen Beides. Allein die copula carnalis hätte eben ohne Begierlichkeit stattgefunden, da diese ja nur eine Folge der Sünde ist, und zwar nur zum Behufe der Fortpflanzung. Man hat somit, wie der hl. Thomas[2] sich ausdrückt, bei der generatio den actus naturae von der Deformität einer ungezügelten Begierlichkeit wohl zu unterscheiden, welche letztere in statu innocentiae nicht vorhanden war, da der Leib ganz dem Geiste gehorchte: fuisset fecunditas absque libidine, mit welcher Ansicht auch der hl. Augustinus[3], Cyrillus Aler.[4] und die Scholastiker[5] übereinstimmen. Mehrere heilige Väter[6], darunter auch Augustinus[7], sprechen sich zwar dahin aus, daß im Stande der Unschuld eine Vermischung nicht stattgefunden hätte und somit der Mensch auf wahrhaft englische Weise durch unmittelbare Kraft Gottes erzeugt worden wäre[8], allein Augustinus[9] hat diese seine Meinung in späteren Werken wieder zurückgezogen. Wenn auch nach der heiligen Schrift im Paradiese eine geschlechtliche Vereinigung des ersten Menschenpaares nicht stattgefunden hat, so ist dieß doch kein Beweis gegen die Möglichkeit derselben

---

videbant. *Chrysost.*, hom. 15 in Gen. 3: Gratiae particeps omnia haec spiritualibus videbat oculis; und hom. 16: Mira gloria amicti et majori, quam ullus vestitus posset ornare. *Theodoret.*, quaest. in Gen. cp. 2. int. 28.

[1] Vgl. Suarez l. 5 de statu, quem habuissent . . . si primi parentes non peccassent, l. c. p. 380 sq.

[2] Sum. I. qu. 98. a. 2.

[3] Civ. Dei 14, 26: Absit, ut suspicemur, non potuisse prolem fieri sine libidinis morbo, sed eo voluntatis nutu moverentur illa membra quo cetera, et sine ardore et illecebroso stimulo cum tranquillitate animae et corporis.

[4] Cont. Jul. l. 3.

[5] *Thomas* l. c. u. lib. sent. 2. dist. 20. qu. 1. a. 2. Bonaventura u. A.

[6] *Chrysost.*, hom. 18 in Gen. 3. *Gregor Nys.*, de prov. l. 8. cp. 8. *Joannes Dam.*, de fide orth. l. 4. cp. 25. *Euthymius* in Ps. 50.

[7] De vera relig. cp. 46, 88: Non ullas tales necessitudines haberemus, quae nascendo et moriendo contingunt, si natura nostra in praeceptis et imagine Dei manens in istam corruptionem non relegaretur.

[8] *Gregor. Nys.*, de hom. cp. 17: Absque concubitu per operationes virtutis divinae.

[9] Retract. cp. 13, 8: „Hunc sensum prorsus improbo, quem et jam superius improbavi in primo libro de Genesi contra Manichaeos (lib. 1. retract. c. 10 n. 2). Ad hoc enim ducit, ut credantur illi conjuges primi non generaturi posteros homines, nisi peccassent; tamquam necesse fuerit, ut morituri gignerentur, si de concubitu maris et feminae gignerentur. Nondum enim videram fieri potuisse, ut non morituri de non morituris nascerentur, si peccato illo magno non mutaretur in deterius humana natura: ac per hoc si et in parentibus et in filiis fecunditas felicitasque mansisset, usque ad certum sanctorum numerum, quem praedestinavit Deus, nascerentur homines non parentibus successuri morientibus, sed cum viventibus regnaturi. Essent ergo etiam istae cognationes atque affinitates, si nullus delinqueret nullusque moreretur. Vgl. de Gen. ad lit. l. 9. cp. 3 u. 10. — Contra Julian. op. imp. l. 2. cp. 43. — Civ. Dei l. 14. cp. 25 u. 26 (oben).

im Unschuldszustande; denn die Stammeltern wurden ja nach dem Sündenfalle, welcher sehr bald auf ihre Schöpfung folgte, aus dem Paradiese verstoßen oder wollten nach der Ansicht des hl. Augustinus [1] einen directen
Befehl Gottes dazu abwarten. Demgemäß wäre auch die Enthaltsamkeit,
welche jetzt so hohen Werth hat, damals keineswegs lobenswerth gewesen;
es hätte auch keine Virginität gegeben, denn diese ist eine Tugend, welche in
der Zügelung der Begierlichkeit besteht, diese aber war damals nicht vorhanden [2]; die Ehe wäre in praecepto gewesen, und nicht in remedium,
wie der Doctor angelicus sagt, mithin auch kein Unterschied zwischen Ehe
und Cölibat [3].

Das erste Menschenpaar war von Gott mit allen Gaben und Vorzügen
ausgerüstet, um seine leibliche und geistige Natur dem Willen Gottes gemäß
zu entwickeln. Die Bäume des Paradieses boten ihnen die nöthige Nahrung
zur Erhaltung des Lebens, die Bebauung und Hütung des Paradieses waren
das Arbeitsfeld zur Uebung ihrer Kräfte, die Pflanzen- und Thierwelt enthielt
ein weites Gebiet zur Entwickelung ihrer Geisteskräfte. Eine seiner Natur
entsprechende Gehilfin und Genossin stand dem ersten Menschen zur Erfüllung
seines Berufes zur Seite. Rings um sie war ein wahrhaft paradiesischer
Zustand, welcher in dem seligen Frieden ihres unschuldvollen Herzens den
schönsten Wiederhall fand. Es war das Reich Gottes, der Himmel auf
Erden, welchen selbst die heidnischen Dichter mit sichtlichem Wohlgefallen und
nicht ohne stille Wehmuth über ihre veränderte Gegenwart in so kräftigen
Farben schildern. Da des Menschen Geist nach Gottes Ebenbilde erschaffen,
war er ein freipersönliches Wesen; die Idee der freipersönlichen Stellung des
Menschen bringt es aber mit sich, daß das Verhältniß zu Gott ein Verhältniß freier Liebe sei, daß er in dieser seiner Stellung aus freiem Entschlusse
seine Treue und Liebe zu Gott bethätige, ja selbst gegen größere Angriffe
vertheidige. Es mußte ihm daher ein Anlaß werden, sich seiner Freiheit
bewußt zu werden und sich so entweder für Gott oder gegen Gott zu entscheiden. Eine solche Freiheitsprobe bietet Gott dem Menschen im Verbote,
von der Frucht des Baumes der Erkenntniß des Guten und Bösen zu essen.
Der Zweck dieses Verbotes war, den Menschen zum Bewußtsein und zur
Bethätigung seiner Wahlfreiheit zu bringen, und zwar im Gehorsam gegen
Gott durch Entscheidung für das Gute; er sollte das dem göttlichen Willen
Entgegengesetzte als das zu meidende Böse erkennen und durch freiwilliges
Meiden des Bösen die Wahlfreiheit zur actuellen Freiheit der selbstbewußten
Entscheidung für das Gute ausbilden [4]. „Und es befahl Jehova Elohim dem

---

[1] *Aug.*, de Gen. ad lit. l. 9. cp. 4.

[2] *Thomas*, I. q. 98. a. 2 ad 3. Continentia in statu innocentiae non fuisset
laudabilis ... Nunc laudari continentiam non propter defectum fecunditatis,
sed propter remotionem inordinatae libidinis. Tunc autem fecunditas fuisset absque libidine.

[3] *Thom.* Sum. tract. 10. cp. 2. q. 4. Vgl. Suarez l. c. cp. 2.

[4] *Aug.* de Gen. ad lit. l. 8. cp. 6: Oportebat autem ut homo sub Domino
Deo positus aliunde prohiberetur, ut ei promerendi Dominum suum virtus esset
ipsa obedientia. ... non esset ergo, unde se homo Dominum habere cogitaret
atque sentiret, nisi aliquid ei juberetur; auch cp. 13. *Gregor.* l. 35. Mor. cp. 10.

Menschen: Von allen Bäumen des Paradieses darfst du essen, aber vom Baume der Erkenntniß des Guten und Bösen sollst du nicht essen; denn am Tage deines Essens von ihm wirst du sterbend sterben." [1] Obgleich dieses Gebot direct an Adam gerichtet ist und erst hernach die Schöpfung des Weibes berichtet wird, so scheint es keineswegs unwahrscheinlich [2], daß die Bildung des Weibes früher stattgefunden habe und somit Eva auch Augen- und Ohrenzeugin dieses göttlichen Verbotes gewesen sei. Da Adam das Haupt, Eva nur seine Genossin und seine Hilfe war, geziemte es sich, das Gebot an ihn zu richten, obgleich es nicht bloß ihn, sondern auch das Weib mitverpflichtete; waren ja Beide nur Ein Fleisch, wie wir gesehen haben. Wenn wir aber genau dem Texte folgend die Worte nur an Adam gerichtet uns denken [3], so hat doch ohne Zweifel das Weib von ihm belehrt werden müssen; daß ihr dieses Gebot wohl bekannt war, bestätigt ihre eigene Rede: „Praecepit nobis Deus" [4]. Dieses göttliche Gebot, von dem genannten Baume nicht zu essen, wurde dem ersten Menschenpaare nicht bloß persönlich auferlegt, sondern es war auch ein universelles, es verpflichtete alle Nachkommen desselben, wenn Adam und Eva im Stande der Unschuld geblieben wären; mithin war es dem Adam als dem Haupte des Menschengeschlechtes gegeben, es war ein praeceptum humanae naturae datum, wie dieß besonders aus den Worten des Apostels [5] erhellt: „Omnes in Adam peccaverunt", und aus den Folgen der Uebertretung, dem allgemein in der Menschenwelt herrschenden Tode. Obgleich die Materie des Verbotes eine geringe zu sein scheint, so war doch dasselbe ein schwer bindendes, aus den oben genannten Gründen; das Verbot bezweckte nämlich, den Gehorsam, die Mäßigkeit und die Gerechtigkeit des ersten Menschenpaares gegen Gott zu erproben.

In der Pflanzenwelt steht der Gegenstand der Versuchung, aus der Thierwelt kommt der Versucher, also aus den beiden Reichen, die der erste Mensch beherrschte und welche ihm unterthänig sein sollten. Die Versuchung kommt von Außen, nicht aus dem eigenen Innern des ersten Menschenpaares, wie Letzteres bei den gefallenen Engeln der Fall war, und in diesem Unterschiede liegt auch zugleich die Erlösbarkeit des Menschen. Der erste Mensch, welcher von Gott gut erschaffen wurde, macht nicht aus sich selbst sein eigenes Ich empörerisch gegen das Göttliche geltend, wie Satan, sondern er wird verführt. Der Satan, welcher in hoffärtiger Selbstüberhebung seine Willensfreiheit zur Empörung gegen Gott mißbraucht hat und deßhalb aus seiner himmlischen Glorie in den ewigen Abgrund der Hölle herabgestürzt wurde, sieht sich den Menschen gegenübergestellt, welcher in Gehorsam gegen Gott den Sieg des Guten über das Böse zur Entscheidung bringen soll; er sieht den aus Erdenstaub gebildeten Menschen als Bewohner des Paradieses, den seligen Frieden des ersten Menschenpaares und dessen Anwartschaft auf das ewige Leben, während er selbst von seiner himmlischen Höhe herabgestürzt ist und zwar auf

---

[1] Gen. 2, 16.
[2] *Rupertus* l. 2 in Gen. *Cajetanus* u. *Pererius* l. 6 in Gen. q. 6.
[3] So *Ambros.*, de lib. par. cp. 12. *Aug.*, Gen. ad lit. l. 8 cp. 17. *Chrysost.* hom. 10 in Gen.
[4] Gen. 3, 3.   [5] Röm. 5, 12.

ewig. Wie hätte da nicht in der teuflischen Brust der Neid [1] sich regen sollen! Auch standen ihm, wie Ambrosius [2] bemerkt, viele Wege zu Gebote, um den Menschen in sein Verderben mit hinabzuziehen. Konnte ich, der ich einer höhern Geisterwelt angehörte, der Versuchung und dem Falle nicht entgehen, um wie viel weniger wird der Erdensohn, dessen Mutter die Erde ist, der Versuchung widerstehen, welche ihm ja das Höchste bietet, was das Fleisch nur verlangen kann. Um seinen Zweck um so sicherer zu erreichen, kleidet sich der Satan in die Hülle der glatten, geschmeidigen und listigen Schlange. Allerdings war die Versuchung der Stammeltern von Gott geordnet, weil sie für ihre geistige Entwickelung und Selbstentscheidung nothwendig war, anderseits auch ihm die Mittel zu Gebote standen, die Folgen der Versuchung zu heilen [3]; allein weil Gott keine Verführung zur Sünde wollte, so gestattete er dem bösen Geiste die Versuchung nur in einer solchen Weise, welche nicht über die menschlichen Kräfte hinausging. Seine Verderbensmacht ist auf die paradiesische Pflanzen- und Thierwelt beschränkt; er bedient sich Beider, um den Menschen zu bethören und so auch die ganze Schöpfung in das schließliche Verderben und ihre Knechtung hinabzuziehen. Er greift Besitz von einer tief untergeordneten Creatur, über welche der Mensch zu gebieten und zu herrschen hatte und von welcher er sich nicht beherrschen lassen durfte. Der listige Versucher bedient sich der listigen Schlange, so daß seine äußere Erscheinungsform der Abglanz seines arglistigen Herzens war. Mit wohlberechneter Klugheit wendet er sich zuerst an das schwächere Weib [4]. Arglist ist seine ganze Rede. Tropfenweise sucht er das Gift seines Herzens in unverfänglicher Form dem armen arglosen Menschenkinde einzuimpfen, damit es um so sicherer und furchtbarer seine Zerstörung äußere. „Und die Schlange sprach zum Weibe: Hat denn Gott wirklich gesagt: ihr sollet nicht essen von allen Bäumen des Paradieses?" [5] Eva fühlte beim Anblicke der Schlange keine Furcht, — war sie ja mit Adam die Herrin über die Natur, welche ihr doch keinen Schaden zufügen könne [6]. Mußte aber nicht eine sprechende Schlange sie in Erstaunen setzen, da sie wie auch Adam doch eine so genaue Kenntniß der Thierwelt besaß und unter diesen kein mit Vernunft und Sprache begabtes Geschöpf gefunden hatte! Allerdings. Sie mußte glauben, daß die Schlange auf außergewöhnliche Weise [7] die Sprachfähigkeit erlangt habe, und daß somit ein höheres Wesen durch sie

---

[1] Sap. 2, 24: „Invidia diaboli mors introivit in orbem terrarum."

[2] Lib. de par. cp. 12.

[3] *Chrysost.*, hom. de laps. pr. hom.: „Praevidens de ejus transgressione, quanta bona facturus esset."

[4] 1 Petr. 3, 7. *Aug.*, Civ. Dei l. 14. cp. 11: Daemon serpente tanquam instrumento utens, abutens fallacia sermocinatus est feminae, a parte scil. *inferiore* illius humanae copulae incipiens, ut *gradatim* perveniret ad totum non existimans, virum facile credulum, nec errando posse decipi, sed dum alieno cedit errori.

[5] Gen. 3, 1.

[6] *Chrysost.* hom. 16 in Gen. *Basilius* in hom. de Par. *Johannes Damasc.* l. 2. c. 10: Quod serpens *familiaris* homini erat, ut qui prae ceteris animantibus ad eum accederet blandisque motibus cum eo veluti colloqueretur. Ex quo factum est, ut omnis mali auctor diabolus ipsius opera uteretur.

[7] So *Thomas* 1. q. 94. a. 4 ad 2. *Bonaventura* 2. d. 21. cp. 2: Mulierem putasse, serpentem officium loquendi a Deo accepisse.

spreche [1]. Konnte sie aber in dem Erscheinen der sprechenden Schlange einen guten Geist vermuthen? Gewiß, da sie ja sonst sich in kein Gespräch mit einem bösen Geiste würde eingelassen haben [2]. Obgleich sie die Kenntniß von der Existenz höherer Geister hatte, so scheint es doch kaum wahrscheinlich, daß sie auch bereits von dem Falle der Engel unterrichtet gewesen sei. Allein der Inhalt der ganzen Rede mußte ihr zur Genüge beweisen, daß der aus der Schlange redende Geist kein guter, sondern ein böser, gottfeindlicher sei. Damit entfällt zugleich jeder Entschuldigungsgrund. Die sprechende Schlange im Paradiese ist also ein dämonisches Wunder. Mit wohlberechneter Hinterlist sucht der Satan zuerst im Herzen des arglosen Weibes Mißtrauen gegen Gott und Zweifel an der Wahrheit seines Wortes zu erregen. In seinen Worten entfaltet sich der ganze tiefe Abgrund teuflischer Bosheit. Zunächst drückt die Schlange ihr Befremden aus: Ist etwa gar Elohim so weit gegangen, zu sagen, daß ihr nicht von allen Bäumen des Paradieses essen sollet? Um seinen Zweck zu erreichen, muß der Versucher den lebendigen persönlichen Gott (Jehova) in den allgemeinen Begriff (Elohim) zu verwandeln suchen, da ja sein Angriff auf den paradiesischen Bund Jehova's mit dem ersten Menschen= paare gerichtet ist; deßhalb gebraucht er den Namen Elohim und sucht das göttliche Gebot zu übertreiben; er fragt daher, ob Gott überhaupt und jedes Essen von den Bäumen des Paradieses verboten habe, läßt aber zugleich durch= blicken, daß ein so hartes Gebot mit der göttlichen Liebe und Güte nicht gut vereinbar sei. Nur in augenblicklicher Abwendung von dem Versucher kann das Weib ihr Heil finden. Sie bleibt, und ihr Eingehen auf die Rede der Schlange, und daß sie den Stachel der Versuchung nicht merkt, ist der An= fang des Falles und der Sünde [3]. Auf diese an sich unverfänglich und gleichgiltig scheinende Frage antwortet das Weib: „Von der Frucht der Bäume des Gartens essen wir (d. h. dürfen wir essen und essen auch), aber von der Frucht des Baumes, der in der Mitte des Paradieses ist, hat Elohim gesagt, ihr sollt nicht davon essen und sie nicht berühren, auf daß ihr nicht (etwa) sterbet." [4] Das Weib ist nach ihren Worten sich des göttlichen Verbotes wohl bewußt. Was den Zusatz betrifft: „und sie nicht berühren", ist es unbestimmt, ob er in dem Gebote Gottes an Adam gleichfalls schon enthalten, von Moses aber nicht angeführt wurde, oder von Adam bei der Mittheilung des Gebotes an sein Weib, oder aber von dem Weibe eigenmächtig hinzugefügt wurde.

---

[1] *Rupertus* l. 3 in Gen. cp. 3: Si (Eva) scivit, serpentem nonnisi alieno spi-ritu potuisse loqui, profecto in eo mirae seductionis immensitas est, quod quasi omnipotentiam spiritus ejus mirata est mulier, qui per rationale animal humana formare verba potuisset.

[2] *Bonaventura* l. c. a. 1. q. 2 ad 1 ait: „Mulierem non credidisse, eum qui loquebatur cum serpente esse adversarium, sed potius bonum consiliarium. Et ideo tam occulta erat illa tentatio, sicut si diabolus loqueretur ad cor interius."

[3] *Chrysost.*, hom. 16 in Gen.: Oportebat initio colloquium illius non ferre . . . Quia autem nescio, quomodo allecta colloquium serpentis tulit, per quem ut instrumentum perniciosa diaboli verba suscepit, congruum erat statim . . . ut ipsa aversaretur et fugeret illius consuetudinem . . . Verum quia prae magna negli-gentia non attendebat, non solum non est illum aversata, sed omne mandatum illi detexit et margaritas porcis objecit.

[4] Gen. 3, 3.

Nehmen wir nach dem Wortlaute des Textes Letzteres an, so liegt darin zwar gerade keine Uebertreibung, wohl aber der Ausdruck der Rigorosität, mit welcher das Gebot zu beobachten sei. Es beginnt also jetzt schon das Gefühl einer harten Strenge dieses Gesetzes sich ihrer zu bemächtigen, und somit auch die Liebe und das Vertrauen zu Gott wankend zu werden. Oder wollte Eva damit nur sagen: Gott hat uns verboten, auch selbst den Baum nicht zu berühren, damit wir davon nicht essen, und so andeuten, wie gefähr= lich überhaupt die Berührung einer verbotenen Sache sei? Gewiß ist, daß der Anblick und die Berührung eines verbotenen Gegenstandes der erste Schritt oder die nächste Veranlassung zur Sünde sein kann. Wie dem immer sei, das Weib ist daran, wankend zu werden, und betritt bereits die ab= schüssige Bahn. Dieß bekunden zweifelsohne die Worte: „daß ihr nicht etwa sterbet", durch welche die göttliche Todesdrohung abgeschwächt, in ihr der Zweifel an der Wahrheit des Gotteswortes, oder wenigstens, wie Suarez [1] meint, über den Sinn der göttlichen Worte sich zu regen beginnt, und das Motiv des Gehorsams vorzugsweise in die Furcht des Todes gelegt wird. Sie nennt daher Gott auch nicht Jehova als Bundesgott, sondern, wie die Schlange, Elohim.

Das Wanken und der Zweifel des Weibes machen den Verführer um so dreister. Von der Arglist, welche Mißtrauen und Zweifel erregte, schreitet er zur dreisten Leugnung der Wahrheit des göttlichen Gebotes und zur bos= haften Verdächtigung der göttlichen Liebe fort. „Ihr werdet keineswegs sterben, denn Elohim weiß wohl, daß am Tage eures Essens von ihm eure Augen werden geöffnet werden und ihr wie Elohim sein werdet, wissend, was gut und böse ist." [2] Der Satan, der Vater der Lüge, welcher mit allerlei Kraft und Wundern der Lüge und mit allerlei Verführung zur Bos= heit operirt [3], geht nun zur offenen Lüge über, indem er alle üblen Folgen des verbotenen Genusses negirt, dagegen die besten und herrlichsten Folgen von demselben verspricht. Die Nachahmung des göttlichen Ausspruches im Munde Satans enthält etwas Spöttisches. Nicht als ob die Frucht euch schaden würde, hat euch Gott den Genuß derselben verboten, sondern aus Neid und Mißgunst, um euch die Theilnahme am höchsten Gute vorzuent= halten; Elohim will nämlich nicht, daß ihr ihm ähnlich werdet, das Gute und Böse zu unterscheiden, wie er selbst. Durch den Genuß werden eure Augen geöffnet werden, d. h. ihr werdet dadurch zu einer höheren Erkenntniß gelangen. Durch die Verzerrung des Bildes Gottes, welchen er der Mißgunst und Lieblosigkeit zeiht, sucht er das Gottesbewußtsein im Weibe zu verdüstern. Wie schlau ist in dieser satanischen Amphibolie die Lüge mit der Wahrheit gemischt! Durch das Essen der verbotenen Frucht gelangt der Mensch aller= dings zur Erkenntniß des Guten und Bösen und zur Gottähnlichkeit; das ist die Wahrheit, durch welche die Lüge: „ihr werdet nicht sterben", verhüllt wird, allein zu einer Erkenntniß und Gottähnlichkeit ganz anderer Art, als wozu er nach göttlicher Absicht durch die Enthaltsamkeit von dem Baume gelangen sollte; denn die Erkenntniß des Guten und Bösen, welche der Mensch

---

[1] L. c. l. 4 de amiss. stat. in cp. 2, 8.
[2] Gen. 3, 4. 5.　　[3] 2. Thess. 2, 9. 10.

durch den Genuß erlangte, ist von der wahren Gottähnlichkeit, welche er durch Meidung des Bösen erreichen sollte, himmelweit verschieden. Das Geöffnetwerden der Augen ist somit die Befähigung zu einem höheren, erleuchteten Wissen, zu einem höheren geistigen Schauen. Durch den Genuß, will Satan sagen, werdet ihr auf die schnellste und unabhängigste Weise zur Gottähnlichkeit gelangen.

Die Vorspiegelung der Gottähnlichkeit verfängt im Herzen des Weibes. Die verlockende Verheißung verdrängt die göttliche Drohung aus ihrem Herzen. „Da sah das Weib, daß der Baum gut zu essen sei und daß er eine Lust für die Augen sei und begehrungswürdig, Einsicht zu erlangen."[1] Dadurch, daß das Weib den satanischen Worten Glauben schenkt, beginnt bereits nach der fast einstimmigen Meinung der Väter[2] die Sünde in ihrem Herzen zu keimen. Der Baum, dem sie früher mit heiliger Scheu sich näherte, erscheint nun in ihren Augen in einem anderen, lieblichen Lichte; sie betrachtete ihn jetzt mit ganz anderen Augen[3], da bereits in ihrem Seelenleben eine Aenderung vorgegangen; er erscheint ihr reizend und wird eine Lust ihrer Augen, und diese Lust empfängt und gebiert die Sünde. Der übermüthig wirkende Reiz des Baumes wird in drei Gliedern beschrieben. Der Baum erscheint nicht bloß dem Anblicke und dem Geschmacke des Weibes reizend[4], sondern ist besonders dadurch begehrenswerth, weil er das zu leisten schien, was die Schlange in Aussicht gestellt hatte, nämlich die Ertheilung göttlicher Erkenntniß. So vereinigt sich hier das sinnlich lüsterne Interesse mit dem geistigen dämonischen Momente, die Neugier mit dem Hochmuthe, um das Weib zum Falle zu bringen. Der Lust folgte unmittelbar der Entschluß ihrer Befriedigung und die That selbst. „Und sie nahm von der Frucht und aß."[5]

Fragen wir nach der Natur der Sünde Evens, so erscheint das ungeregelte Streben nach der Gottähnlichkeit, also der Hochmuth, als das Wesen und der Anfang derselben. Dieß bestätigt die heilige Schrift selbst, und zwar die Worte Gottes an die Gefallenen: „Der Mensch ist geworden, wie Unsereiner, zu wissen Gutes und Böses"[6]; die Worte des Tobias an seinen Sohn: „Laß die Hoffart niemals in deinem Sinne oder in deinen Worten herrschen; denn alles Verderben hat in derselben seinen Anfang genommen"[7]; und der Siracide[8]: „Der Anfang der Hoffart des Menschen ist Abfall von Gott … und die Hoffart ist der Anfang aller Sünde." Dieß ist auch die Ansicht der heiligen Väter[9]. Beide, Lucifer und das Weib, strebten eine

---

[1] Gen. 3, 6.

[2] *Aug.*, Gen. ad lit. l. 11. cp. 30 u. lib. 65; quaest. ad Oros. q. 4. *Thomas*, 2. 2. q. 163. a. 1 u. 2. u. A.

[3] *Rupertus* l. 3 in Gen. cp. 9: Revera nondum eo modo viderat, quia cum ea praesumptione, qua nunc intuita est, nondum consideraverat … Vidit igitur i. e. consideravit, diligenter intuita est, curiosius attendit, et judex eorum, quae audierat, ipsa esse voluit. *Gregor.*, 21. 1. Mor. cp. 2: Eva prius incaute conspexit lignum, quam ipsum contingeret.

[4] *Gaudentius*, tract. 15 de Machab.: Fructus ille ita visus est speciosus ac dulcis, ut concupiscentiam praestaret oculis, et gulae conciliaret illecebram.

[5] Gen. 3, 6.   [6] Gen. 3, 22.   [7] Tob. 4, 14.   [8] Eccli. 10, 14. 15.

[9] *August.*, de Gen. ad lit. 11. cp. 30: Quando his verbis (serpentis) crederet

übernatürliche Höhe an: jener die der göttlichen Macht, diese die der göttlichen Erkenntniß. Zwar ist das Streben nach Gottähnlichkeit in Beziehung der Erkenntniß an und für sich noch keine Sünde, wohl aber das ungeregelte Streben, wie Gott zu sein, wissend das Gute und Böse, und zwar über das Maß seiner Natur hinaus und durch eigene Kraft die göttliche Seligkeit zu erreichen[1]. Auch der Ungehorsam war nicht die erste Sünde, wie dieß Manche aus den Worten des Apostels schließen[2]: „Per inobedientiam unius hominis peccatores constituti sunt multi"; denn Adam und Eva wollten nicht den Ungehorsam an und für sich, wohl aber die ungeordnete Gottähnlichkeit, welche nothwendiger Weise den Ungehorsam zur Folge hatte. Die zweite Sünde Eva's war die der Ungläubigkeit; nachdem der Hochmuth in ihrem Herzen bereits Platz gegriffen, glaubte sie den Worten der Schlange mehr, als den Worten Gottes, ohne dieselben aber geradezu für Lüge zu halten. Diese im Herzen Eva's bereits gereiften Sünden führten zur actuellen Sünde, zum Genusse von der Frucht des Baumes; der Genuß ist eigentlich nur die actuelle Vollendung, oder die Frucht der in der Seele bereits empfangenen Sünden, die in die äußere Erscheinung tretende Sünde[3]. Der Stufengang der ersten Sünde ist daher folgender: Aus der hoffärtigen Gesinnung entsprang eine gewisse Ungeduld und ein Unwille, durch das Gebot in der Freiheit beengt zu sein; darauf folgte die Neugierde, sodann die Begierlichkeit, der Irrthum im Erkenntnißvermögen, aus diesem fließt der Beschluß (Vorsatz) des Ungehorsams und diesem folgt der thatsächliche Ungehorsam, der Genuß.

Doch nicht genug, die Sünde selbst begangen zu haben, verstrickte das Weib auch den Mann in dieselbe: „Sie gab auch ihrem Manne bei ihr und er aß."[4] Aus dem Worte des hebräischen Textes „bei oder mit ihr" scheint hervorzugehen, daß Adam neben seinem Weibe stand, oder überhaupt gegenwärtig war, als sie die Frucht genoß. Ob er auch das Zwiegespräch der Schlange und des Weibes gehört, bleibt unsicher. Es ist dieß das Abendmahl des Satans; und so hat, wie der Siracide[5] sagt, „vom Weibe die

---

mulier a bona atque utili re se fuisse prohibitos, nisi jam inesset menti amor ille propriae potestatis, et quaedam de se praesumptio, quae per illam sententiam fuerat convincenda et humilianda; und l. c. cp. 5: Nec arbitrandum est, quod esset hominem dejecturus iste tentator, nisi praecessisset in anima hominis quaedam elatio comprimenda. *Aug.*, in dial. quaest. 65. q. 4: Homo elatus superbia suasioni serpentis obediens praecepta Dei contempsit. Civ. Dei l. 14. cp. 13: Ad malum opus non perveniretur, nisi praecessisset mala voluntas. Porro malae voluntatis initium, quod esse potuit, nisi superbia; u. cp. 14. Deßgleichen *Thomas*, 2. 2. q. 163. a. 1 u. 2. *Bonaventura* in 2. dist. 22 u. A. m.

[1] *Thom.* l. c. *Aug.* in gloss. ord.: Qui per se vult esse ut Deus a nullo est, perverse vult esse similis Deo, ut diabolus, qui noluit esse sub eo, et homo, qui ut servus noluit teneri praecepto ... Adam et Eva rapere voluerunt divinitatem et perdiderunt felicitatem.

[2] Röm. 5, 19.

[3] *Ambros.* Exp. in Luc. l. 4, 34: Non Evam cibus inflexerat, non mandatorum oblivio destituerat, sed promissi honoris ambitio illecebrosa decepit, quae si solum Deum adorare voluisset, indebita non quaesivisset. *Chrysost.* Sermo de interd. arb.: Non in arboris fructu, sed in hominis contemptu mors ipsa pendebat.

[4] Gen. 3, 6.   [5] Eccli. 25, 23.

Sünde den Anfang genommen und um des Weibes willen sterben wir Alle". Das Weib folgte der Schlange mehr, als Gott, und der Mann, dessen Schöpfung jener des Weibes voranging, und welcher ihr Haupt war, bleibt beim Beginne der Sünde seines Weibes passiv, ja wird sogar in derselben ihr Nachahmer und Nachfolger. Ueber die Natur und Beschaffenheit der Sünde Adams herrschen verschiedene Meinungen. Augustinus [1] meint, daß Adam bloß seinem Weibe zu Liebe von der Frucht gegessen, und er konnte dazu um so leichter bewogen werden, da er sah, daß Eva nach dem Genusse nicht gestorben sei [2]. Doch nach der gemeinschaftlichen Ansicht der Theologen [3] haben wir bei der Sünde Adams denselben Stufengang einzuhalten, wie bei der Sünde des Weibes. Die Sünde der Hoffart war auch bei ihm grundlegend, mag er nun die Worte: eritis sicut Dii etc. unmittelbar aus dem Munde der Schlange mitvernommen [4], oder aber erst vom Weibe darüber belehrt [5] und zum Genusse aufgefordert [6] worden sein. Die hoffärtige Gesinnung Adams setzen die göttlichen Worte selbst voraus: „Siehe, Adam ist wie Unsereiner geworden, erkennend das Gute und Böse." [7] Diese Worte sind nach der Ansicht der Väter [8] von Gott nicht ohne Ironie gesprochen, um auszudrücken, daß Adam nicht nur nicht das erreicht, was er begehrte, sondern auch das, was er besaß, verloren habe. Daß Adam durch dieselbe Sünde der Hoffart, wie Eva, zum Falle gebracht worden sei, lehren auch die Kirchenväter [9]. Zu der hoffärtigen Gesinnung soll zweitens, wie bei dem Weibe, auch die Verführung zum Zweifel an der Wahrheit des Gotteswortes

---

[1] *Aug.* Gen. ad lit. l. 11. cp. 42: Noluit enim eam contristare, quam credebat posse sine suo solatio contabescere, si ab ejus abalienaretur animo et omnino illa interire discordia.

[2] *Aug.* Civ. Dei l. 14. cp. 11: Adam non tanquam verum loquenti credidisse Evae, sed sociali necessitudine paruisse ... Sciens ac prudens peccavit, ne uxori displiceret. Sed inexpertus divinae severitatis in eo falli potuit, ut veniale crederet esse commissum; oder wie er in Gen. ad lit. l. 11. cp. 30 sagt: An forte nec suaderi jam opus erat viro, quando illam eo cibo mortuam non esse cernebat.

[3] *Thomas,* l. c. q. 163. a. 2. *Bonaventura* in 2. dist. 22.

[4] Cajetanus.

[5] *Bellarmin.* lib. 3 de am. grat. cp. 4.

[6] *Aug.* Gen. ad lit. l. 11. cp. 30: Dedit viro suo fortassis etiam cum verbo *suasorio,* quod scriptura tacens intelligendum relinquit.

[7] Gen. 3, 22.

[8] *Aug.* Gen. ad lit. l. 11. cp. 39; de Gen. cont. Man. l. 2. cp. 21. *Chrysost.,* hom. 18 in Gen.: Vult Deus per haec verba in memoriam referre, quomodo decepti fuerint a diabolo per serpentem, et quod spe potiendae divinitatis cibum hunc sumere ausi sunt. Propter hoc contempsisti mandatum meum: Ecce quod exspectasti factus es; imo non quod exspectasti, sed qualem te fieri dignum erat; u. hom. 6 in Matth.: Et his primus homo exspectationibus a diabolo inflatus praecipitatusque est, sperans enim esse Deus, etiam quod habebat amisit. *Theodoretus,* q. 40 in Gen. *Greg. Nys.* l. de cogn. Dei.

[9] *Aug.* Civ. Dei l. 14. cp. 13; quaest. ad Oros. q. 4: Elatus superbia suasioni serpentis obediens, praeceptum contempsit (conc. 2. in Ps. 70). Wenn daher Augustinus schreibt, Adam habe seinem Weibe zugestimmt, ne uxori displiceret (Gen. ad lit. l. 11 cp. 39) oder ex amicabili benevolentia (l. c. cp. 42) oder nolens eam contristare, so ist diese ungeordnete Liebe zu seinem Weibe nach der Ansicht des heiligen Kirchenlehrers keineswegs der Anfang der Sünde, sondern hat in der hoffärtigen Gesin

und zur gläubigen Aufnahme der satanischen Verheißung getreten sein. In diesem Sinne nämlich scheinen viele Stellen der Väter [1] aufgefaßt werden zu müssen. Allein wenn dieselben dem Adam eine Verführung zur Sünde und eine gewisse Ungläubigkeit an der Wahrheit des Gotteswortes zuerkennen, so sind ihre Worte nicht überall im gleichen Sinne aufzufassen, sondern viele reden nicht so sehr von einer Verführung, als von einer Täuschung, nicht von einem theo-retischen, sondern von einem praktischen oder thatsächlichen Irrthume, wie über-haupt von jedem Sünder gesagt wird, daß er irre. Augustinus [2] vergleicht in dieser Hinsicht den Adam mit Salomon, der zwar zum thatsächlichen Götzendienst von seinen Weibern bestimmt, keineswegs aber zur Anerkennung der Wahrheit desselben verleitet wurde [3]. Damit ist auch das Wort des Apostels vereinbar, der da schreibt [4]: „Adam non est seductus, mulier autem seducta in praevariatione fuit." Da diese paulinische Stelle in Wider-spruch mit andern Aussagen zu treten scheint, so wurden zur Lösung dieser Schwierigkeit von den Kirchenlehrern verschiedene Wege eingeschlagen. Einige glauben, daß zu den Worten Pauli das Wort primo zu ergänzen sei: Adam ist nicht zuerst, sondern Eva, verführt worden; so scheint es schon Epi-phanius [5] erklärt zu haben, der die Worte des Apostels also anführt: „Adam non est deceptus, sed Eva prima decepta in transgressione fuit." Andere fassen die Worte so, daß Adam nicht unmittelbar von der Schlange verführt wurde, wie das Weib, sondern durch das Weib, auch nicht Ursache der Verführung für das Weib war [6]. Bei der oben entwickelten Ansicht ist nach der Erklärung des heiligen Augustinus [7] das Wort des Apostels in der Weise aufzufassen, daß Adam nicht auf dieselbe Weise, wie Eva, zur Sünde verleitet wurde. Diese ließ sich durch teuflische List zunächst zum Glauben verführen, daß der Genuß der Frucht nicht böse, mithin auch keine

---

nung seines Herzens bereits ihren Grund und ihre unlautere Quelle. *Gregor.* l. 4. Mor. cp. 9. *Bernard.* in serm. 1. Adv. u. 2. serm. in Oct. Pasch. *Basilius* in orat.: quod Deus non sit auct. m. *Fulgentius* lib. de Inc. et grat. cp. 22.

[1] *Ignatius:* (Serpens) omnis mali primus auctor est, qui per mulierem decepit primum generis nostri parentem Adam. *Tertullian.* l. 2 cont. Marc. cp. 2: Confessus est seductionem: non occultavit seductricem. *Irenaeus* l. 3. cp. 37 ait: Adam fuisse seductum sub occasione immortalitatis. *Prosper* cont. Coll. cp. 19: Perdidit primus fidem, perdidit charitatem. *Fulgentius*, lib. de Inc. et grat. cp. 22: Diabolica persuasione dejectus perdidit humilitatem, perdidit fidem, perdens autem fidem perdidit divinam protectionem. *Hilarius* can. 3 in Matth.: Daemon Adam pellexerat, et in mortem fallendo traduxerat. *Ambrosius* sup. Ps. 39: Adam, ut caderet, a serpente deceptus est u. ö. *Aug.* ad Ps. 68; Civ. Dei l. 14. cp. 17; Gen. ad lit. l. 11. cp. 34 u. 39. *Epiphanius*, haer. 38. cont. Cain. *Leo* serm. 3 u. 4 cp. 2 u. a. m.

[2] *Gen.* ad lit. l. 11. cp. 42.

[3] Vgl. hierüber *Suarez* l. c. l. 4. cp. 4. n. 19 sq.

[4] 1 Tim. 2, 14.

[5] Epiph. haer. 49 cont. Quint.

[6] *Hieronym.* l. 1. contr. Jovinian. *Aug.*, Gen. ad lit. l. 11. cp. 42. *Ambros.*, lib. de par. cp. 12: Viro mulier, non mulieri vir auctor erroris est; cp. 14: Bene praetermissum est, ubi decipitur Adam, quia non sua culpa, sed vitio lapsus uxoris est. *Chrysost.* hom. 2 in Matth. 1.

[7] Gen. ad lit. l. 11. cp. 42 u. Civ. Dei l. 14. cp. 11 u. folg.

Sünde sei. Adam aber wurde auf diese Art nicht zum Genusse verleitet[1], indem er wohl wußte, daß dieser Genuß Sünde sei, also auch in einem Irrthume an der Wahrheit des Gotteswortes nicht befangen war, sondern er ließ sich zum Essen der Frucht aus einer untergeordneten Liebe zu seinem Weibe bestimmen. Deßhalb heißt es auch nicht von ihm: „er sah, daß der Baum gut für das Essen und schön für die Augen sei", sondern, daß er die vom Weibe ihm dargereichte Frucht genommen und genossen habe. Damit stimmt auch die Begründung der Sünde Adams im Munde Gottes überein[2]: „Weil du der Stimme deines Weibes Gehör gegeben und von dem Baume gegessen hast." Wenn wir demnach beim Falle Adams von der Sünde des Unglaubens an der Wahrheit des göttlichen Ausspruches absehen, so traten doch zur Sünde der Hoffart noch andere hinzu, welche die Dogmatiker näher anführen, namentlich die Sünde, daß er nicht bloß sich, sondern auch als Haupt des Menschengeschlechtes nach dem Ausspruche des Apostels[3] alle seine Nachkommen in dieselbe verstrickt habe.

Es erübrigt noch die Frage, wessen Sünde größer gewesen, die des Weibes oder die des Mannes. An und für sich betrachtet ist nach der Ansicht des hl. Chrysostomus[4] und Thomas[5] die Sünde des Weibes größer, als die des Adam; dagegen schreibt Ambrosius[6] und nach ihm Bellarmin[7] und Cajetan[8] dem Adam eine größere Schuld zu, und zwar aus folgenden Gründen: a) war Adam vollkommener und stärker als das Weib, und zugleich das Haupt derselben; b) wurde das Weib von einer höheren Creatur und dazu von einem böswilligen Geiste versucht, der mit allen Mitteln der List an sie herankam, während Adam von einem schwachen, eineswegs ihm bösgesinnten Weibe versucht wurde. Konnte nun Adam dem Weibe nicht widerstehen, wie hätte wohl dieses dem höheren Geiste Stand halten sollen? c) sei Adam empfindlicher (?) gestraft worden, als das Weib; d) hatte Adam unmittelbar das Gebot erhalten, während Eva bloß aus dem Munde ihres Mannes dasselbe vernommen hatte. Wenn nun die göttliche Stimme den Adam von der Sünde nicht abzuhalten vermochte, wie hätte es die menschliche Stimme beim Weibe vermocht? und e) das Weib hat zur Entschuldigung, daß es verführt wurde, Adam kann nur angeben, daß das Weib ihm die Frucht gegeben und er gegessen habe. — Um uns hierüber ein richtiges Urtheil zu

---

[1] *Aug.* l. c.: Ergo alio quodam modo etiam ipse deceptus est, non dolo illo serpentino.

[2] Gen. 3, 17.   [3] Röm. 5, 12 f.

[4] Hom. 7 ad pop.: Considera, quia (Deus) non Evam vocavit, non vocavit serpentem, sed qui omnium levissime peccaverat, hunc ad judicium primum accersit, ut ab eo incipiens, qui aliqua potest venia potiri etiam in eam, quae multum peccaverat mitiorem ferat sententiam. In epist. 3 ad Olymp. sagt er, daß Eva empfindlicher gestraft wurde, weil sie schwerer gesündigt, so daß dagegen die Sünde Adams fast verschwinde, und gibt den Grund an: Quia vir non est seductus, sed mulier, quae in fraudem impulsa fuit ac legem violavit, et sibi et marito venenatum poculum temperavit. Hom. 31 in ep. ad Rom. cp. 16,

[5] Sum. 2. 2. q. 163. a. 4. *Bonaventura* in 2. dist. 22. a. 1 u. A.

[6] Lib. de instit. virg. cp. 4.

[7] Lib. 3 de amiss. grat. cp. 9.

[8] Ad Gen. 3.

bilden, müssen wir die Art und Zahl der Sünden Beider in Betracht ziehen. Was zunächst die Sünde der Hoffart, Gott ähnlich zu werden, betrifft, war die Natur derselben bei Beiden gleich, wie dieß der hl. Augustin[1] bestätigt; doch in Anbetracht der Umstände war die Schuld Adams größer, als jene des Weibes; er erfreute sich nämlich einer höheren Erkenntniß und Kraft, konnte sohin leichter Widerstand leisten und mußte dem göttlichen Gebote eine größere Aufmerksamkeit schenken, dazu war er das Haupt und hatte mithin auch eine größere Verpflichtung; endlich war auch die Versuchung des Weibes durch die Schlange zur Hoffart stärker und mächtiger, als die Ueberredung Adams durch das Weib. Doch war der Affect oder der Grad der Hoffart bei Eva größer als bei Adam[2], denn nur um die Gottähnlichkeit zu erlangen, übertrat sie das Gebot; überdieß glaubte sie an die Wahrheit der Rede Satans, während sie an jener der Gottesworte Zweifel hegte, ein Umstand, der bei Adam vermißt wird. Erwägen wir dagegen, daß Eva nicht in böswilliger Absicht, sondern aus Liebe zu ihrem Manne diesem die Frucht reichte, um auch ihn der Gottähnlichkeit theilhaftig zu machen, so wiegt die Sünde Adams schwerer, welcher wissentlich, bloß aus ungeordneter Liebe zu seinem Weibe Gott beleidigte. Ebenso war der Ungehorsam gegen Gott an sich betrachtet bei Beiden gleich groß, in Anbetracht der größern Weisheit und höhern Stellung Adams bei diesem schwerwiegender; dagegen sündigte mit Berücksichtigung des Motives, des Ungehorsams, Eva mehr als Adam, denn der Ungehorsam Evens entsprang aus der unlauteren Quelle der Hoffart, jener Adams aus Schwäche und Liebe zu seinem Weibe. Bedenkt man dagegen, daß Eva nur als Privatperson gesündigt und somit auch nur sich selbst geschadet hat, Adam aber als das Haupt des Menschengeschlechtes gesündigt und somit auch alle seine Nachkommen in die Sünde und ihre Folgen verstrickt, also nicht bloß gegen Gott, sondern auch gegen den Nächsten sich verschuldet habe, so überwiegt seine Sünde weit jene der Eva. Daß Adam seine hohe Stellung und somit auch die Tragweite des göttlichen Gebotes sowie dessen Uebertretung wohl gekannt habe, lehrt nebst dem hl. Thomas[3] auch Bellarmin[4]. Doch ist Eva von dieser Mitschuld nicht ganz freizusprechen, da ja Adam durch sie zur Sünde verleitet wurde und somit das Weib die eigentliche erste Ursache der Erbsünde und aller ihrer Folgen war, wie dieß ausdrücklich die heilige Schrift[5] bestätigt. Wiegt man alle diese einzelnen Umstände ab, so neigt sich die größere Schwere der Schuld auf die Seite der Eva.

So geringfügig das Object der Sünde zu sein scheint, um so größer und schwerer erscheint die Versündigung, wenn man auf die Verhältnisse des ersten Menschenpaares Rücksicht nimmt. Sie standen in unmittelbarem Ver-

---

[1] *Aug.* Gen. ad lit. l. 11. cp. 35: Mulier excusavit peccatum suum impari sexu, sed *pari fastu.*

[2] *Thomas* in 2. dist. 22. q. 1. a. 3: Eva ex sola elatione mentis ad peccandum mota fuit.

[3] Sum. 2. 2. q. 163. a. 3 ad 2 et 3. part. q. 2. a. 2 ad 2.

[4] *Bellarmin.* lib. 3. de amiss. grat. cp. 9.

[5] Eccli. 25, 33: A muliere initium factum est peccati et per illam omnes morimur. Vgl. *Ambros.* l. de par. cp. 6.

kehre mit Gott[1], ihr Verstand und ihre Erkenntniß waren bisher ungetrübt, ja in Folge der göttlichen Gnade höher und vollkommener, als jene ihrer Nachkommen; auch ihr Wille war noch nicht zum Bösen geneigt und stand noch nicht unter dem Drucke der Leidenschaft[2]. Dabei war das Verbot dem Inhalte nach kurz und klar, so daß sie dasselbe wohl kannten, und sehr leicht zu beobachten, da ihnen ja sonst alle Früchte des Paradieses zur Verfügung standen[3]. In ihrer reinen Seele waren noch alle erst jüngst empfangenen Wohlthaten, mit denen sie Gott überhäuft hatte, lebendig und trotzdem fiel das erste Menschenpaar. Diese Sünde erscheint demnach als unendlich schwer und groß.

Der Sünde folgte die Strafe auf dem Fuße nach. „Da wurden die Augen Beider aufgethan, und sie erkannten, daß sie nackt waren."[4] Nach dem Genusse der Frucht erkannten sie das Gute und Böse: ersteres, welches sie verloren haben, letzteres, dem sie nun verfallen sind; und diese Erkenntniß des Guten und Bösen, zu welcher sie auf dem Wege der Sünde gelangt sind, äußert sich zunächst darin, daß sie ihre Blöße erkannten. Ihr bis=heriges sinnliches Sehen war geistig bestimmt; denn sie sahen sich in Gott, der Geist hatte die Oberherrschaft über das Fleisch. Da sie aber durch die Sünde von Gott sich losgesagt hatten, entfiel das Fleisch der Macht des Geistes, sie sahen das Zerfallensein ihrer Natur, die Uebermacht des Fleisches über den Geist[5], und daher die Scham, die Abendröthe der untergegangenen Gerechtigkeit. Die Scham ist daher ein unwillkürlicher Reflex des verlorenen Guten, die erste äußerliche Manifestation des in's Innere gedrungenen Bösen, des entstandenen Zwiespaltes zwischen Fleisch und Geist, aber zugleich ein Zeichen des sich regenden Gewissens und der Reue über die begonnene That. Um ihr nacktes Fleisch, ihre Blöße zu bedecken, nähten sie Feigenblätter zu=sammen und machten sich Schürzen; denn in den Schamtheilen äußerte sich besonders das Gefühl der Nacktheit, nicht als ob mit diesen eine physische Veränderung vorgegangen wäre, sondern weil mit Aufhebung des normalen Verhältnisses zwischen Leib und Geist der Leib aufhörte, ein reines Gefäß

---

[1] *Aug.* Gen. ad lit. l. 11. cp. 30: Evidentior ejus transgressio est, cum memoria retinetur et tanquam in illo Deus assistens et praesens contemnitur.

[2] *Thomas*, 2. 2. q. 163. a. 3: Non simpliciter, sed secundum quid primorum parentum peccatum fuit ceteris gravius, quia videlicet maxime dedecuit illorum status innocentiam et perfectam munditiem.

[3] *Aug.* Civ. Dei l. 14. cp. 15: Quanta fuit in peccando iniquitas, ubi tanta non fuit peccandi facilitas. Civ. Dei l. 14. cp. 12: Hoc itaque de uno cibi genere non edendo, tam aliorum tanta copia subjacebat, tam leve praeceptum ad observandum, tam breve ad memoria retinendum, ubi praesertim nondum voluntati cupiditas resistebat, quod de poena transgressionis postea subsecutum est, tanto majore justitia violatum est, quanto faciliore posset observantia custodiri. *Bernard.*, tract. de statu virt. cp. 2: Peccatum suum gravissimum fuit, quia non coegit eum peccare vel necessitas, vel fragilitas ipsius vel ignorantia boni. *Chrysost.*, orat. 6. adv. Arian.: Sua ipsius cupiditate illa, non daemonis tantum malitia devictus est.

[4] (Gen. 3, 7.

[5] *Aug.* Civ. Dei l. 14. cp. 17: Gratia remota, ut poena reciproca inobedientia plecteretur, exstitit in motu corporis quaedam impudens novitas, unde esset indecens nuditas, et fecit attentos reddiditque confusos.

des mit Gott geeinten Geistes zu sein und in der bloßen Natürlichkeit des Leibes nicht nur der Unterschied der geschlechtlichen Bestimmtheit, sondern viel mehr noch das Gefühl der Nichtigkeit des Fleisches in's Bewußtsein trat [1]. Aber eben darin, daß sie sich schämen, zeigt sich, daß ihr Fall, so schwer er auch war, doch nicht dem teuflischen Falle an Tiefe gleichkam; der schuldbelastete Mensch verfällt der Strafe, aber eben weil er noch nicht ganz und gar dem Bösen verfallen war, sondern nur der äußern Versuchung unterlag, die Scham und das Gewissen, welche dem Worte Gottes entgegenkamen, noch Anknüpfungspunkte der göttlichen Barmherzigkeit darboten, um ihn zu retten: ist er erlösbar; nur konnte die Erlösung nicht vom Menschen ausgehen, sondern sie war ein Werk freier Liebe und unverdienter Gnade Gottes. Gott hätte das adamitische Geschlecht verwerfen und vernichten, sowie ein neues Menschengeschlecht erschaffen können, welches organisch mit dem ersten Menschen verbunden gewesen wäre und so auch an seiner Sünde keinen Antheil gehabt hätte; allein Gott that dieß nicht, wäre ja dadurch die erste Schöpfung vereitelt und solch ein Werk Gottes unwürdig gewesen. Er ließ das Menschengeschlecht fortbestehen, und suchte es auf eine andere wunderbare Weise zu sich heranzuziehen und mit sich zu verbinden. Beim Wehen (oder Erkühlen) des Tages, d. i. am Abende, einer Zeit, in welcher das menschliche Herz mehr in sich selbst zurückkehrt und im Gemüthsleben die Gefühle der Sehnsucht und Schwermuth stärker werden, naht Gott in einer dem Menschen wahrnehmbaren Weise, welche offenbar der seinem Ebenbilde gegebenen Leiblichkeit entsprach, dem gefallenen Menschenpaare. Als Adam und Eva das Herannahen Gottes gewahrten, versteckten sie sich inmitten des Gehölzes des Gartens. Sie fühlten die Gewissensbisse, sahen ihre Nacktheit, fürchteten die Strafe und deßhalb suchten sie sich dem Angesichte des Herrn zu entziehen, nicht beachtend die Thorheit, daß der Mensch vor dem allgegenwärtigen und allwissenden Gotte sich nicht verbergen könne.

Um die unglücklichen Gefallenen, welche sich aus der göttlichen Gemeinschaft verloren haben, zum Geständniß der Sünde, welches zur Verzeihung derselben die erste Bedingung ist, zu bringen [2], rief Gott dem Adam und sprach: „Wo bist du?" Anstatt dem Herrn zu Füßen zu fallen mit dem Rufe: Pater, peccavi! sucht Adam die Sünde hinter ihren Folgen, den Ungehorsam hinter dem Schamgefühle zu verbergen: „Ich fürchtete mich, weil ich nackt bin, darum verbarg ich mich" [3], denn nach dem Falle empfand der Mensch zunächst viel mehr die Folgen der Sünde, als er die Sünde erkannte.

---

[1] *Aug.* Gen. ad lit. l. 11. cp. 31: Intrinsecus gratia descerente omnino nudati in sua membra oculos injecerunt eaque motu eo, quem non noverant, concupiverunt. Ad hoc ergo aperti sunt oculi, ad quod antea non patebant, quamvis ad alia; und Civ. Dei l. 14. cp. 20: In ejus inobedientia, quae genitalia corporis membra solis suis motibus subdidit et potestati voluntatis eripuit, satis ostenditur, quid sit homini illi primae inobedientiae retributum: quod in ea maxime parte oportuit apparere, qua generatur ipsa natura, quae illo primo et magno in deterius est mutata peccato: a cujus nexu nullus eruitur, nisi id quod, cum omnes in uno essent, in communem perniciem perpetratum est, et Dei justitia vindicatum, Dei gratia in singulis expletur.

[2] *Chrysost.*, sermo de laps. protop.: Ad confessionem provocat, dum interrogat.

[3] Gen. 3, 10.

Nichtsdestoweniger sind seine Worte schon eine unwillkürliche Selbstanklage. Um nun diese zu wecken und zu erleichtern, fragt Gott, wer ihm angezeigt habe, daß er nackt sei, und hält ihm fragend zugleich die Uebertretung des Gebotes vor. Diese kann Adam nun nicht läugnen, sucht aber dem reuigen Bekenntnisse durch nichtige Entschuldigung sich zu entziehen: „Das Weib, welches du mir zugesellt, hat mir von dem Baume gegeben und ich aß." [1] So fällt also die Schuld auf das Weib und ein Theil der Schuld, wie er meint, auf Gott selbst. Das Weib, darüber zur Rede gestellt, spinnt die Entschuldigung weiter: „Die Schlange hat mich betrogen (verführt) und ich aß." [2] Neben der Entschuldigung fehlte also bei Beiden das Geständniß der That nicht. Es erfolgen nun die drei Urtheilssprüche Gottes nach der Reihen= folge der Urheberschaft der Sünde [3]. Der erste trifft die keines Verhöres gewürdigte Schlange [4]. Wir heben daraus nur jene Worte hervor, welche auf das Weib Bezug haben: „Ich will Feindschaft setzen zwischen dir und dem Weibe, und zwischen deinem Samen und ihrem Samen; dieser wird dir den Kopf zermalmen, und du wirst seiner Ferse nachstellen [5]. Während der diesen Worten unmittelbar vorausgehende Fluch die Schlange als das thie= rische Werkzeug der Verführung und auch zugleich den Satan als den eigentlichen Urheber der Sünde trifft, sind diese letzten Worte unmittelbar an den Satan gerichtet, aber in metaphorischer Hülle. Wie die Schlange vor allen Thieren verflucht und tief unter alle Thiere erniedrigt wird, so daß sie im Staube kriecht und Staub leckt, so soll auch der böse Geist und mit ihm der Sünder, welcher ihm verfällt, tief unter alle Geschöpfe erniedrigt sein, und statt in der höheren geistigen Lebenssphäre, welcher er ursprünglich an= gehört, sich zu bewegen, soll er seiner irdischen Niedrigkeit und Bestialität gemäß versteckt am Boden sich hinwinden und von den rohesten, sittenlosen Elementen des Lebens oder von dem Moder des Todes sich nähren. Daß wir hier in der Verfluchung der Schlange zugleich eine symbolische Hinweisung auf die tiefe geistige Stellung und Erniedrigung des bösen Geistes und seines Anhanges haben, bestätigen nicht bloß die Kirchenlehrer [6], sondern auch die folgenden Worte. An die Stelle der widergöttlichen, falschen und den Men= schen schädlichen Befreundung zwischen der Schlange und dem Weibe soll eine von Gott gestiftete heilsame Feindschaft treten, und zwar zunächst zwischen dem Weibe und der Schlange, d. i. dem Satan. Das Weib wird hier der Schlange gegenübergestellt, weil dasselbe der Schlange gegenüber den über das Loos der Menschheit entscheidenden Schritt gethan hat und so als Repräsen=

---

[1] Gen. 3, 11. 12. [2] Gen. 3, 13.

[3] *Ambros.*, de par. cp. 15: Secundum erroris ordinem damnationis quoque ordo servatus est.

[4] *Aug.*, Gen. cont. Manich. l. 2. cp. 17: Quia (serpens) nec confiteri pecca= tum potest, nec habet omnino, unde se excuset.

[5] Gen. 3, 15.

[6] *Aug.*, Gen. cont. Man. l. 2. cp. 17: Ex illo animanti visibili ad hunc invi= sibilem inimicum nostrum locutio figuratur. Nomine enim pectoris significatur superbia, quia ibi dominatur impetus animi, nomine autem ventris significatur carnale desiderium, quia haec pars mollior sentitur in corpore. Vgl. *Gregor.*, lib. Mor. 21, 2; *Hieron.*, quaest. heb.; Beda, Cajetan. u. A.

tantin des ganzen Geschlechtes erscheint, und weil der ethische Charakter der
menschlichen Feindschaft gegen die Schlange hervorgekehrt werden soll. Ebenso
wie das Weib leicht für die Versuchung empfänglich war, so soll es auch für
die göttliche Stiftung der Feindschaft empfänglich werden. Doch die Feind=
schaft und der daraus sich entspinnende Kampf soll nicht bloß zwischen den
beiden Individuen bestehen, sondern er soll permanent sein und durch alle
Generationen fortwirken, und zwar zwischen dem Schlangensamen in seiner
einheitlichen Totalität und der einheitlichen sittlichen Streitmacht des Weibes=
samens. Daraus erhellt, daß nur jene Menschen zum echten Weibessamen
gehören, welche die Feindschaft des Weibes gegen die Schlange fortsetzen und
den Kampf gegen das Böse kämpfen, dagegen jene, welche in entgegengesetzter
Richtung thätig sind, der Gemeinschaft des Schlangensamens (der dämonischen
Welt) verfallen. Dieser Kampf soll mit einem Siege enden, welcher auf der
Seite des Weibessamens sein wird. „Er wird dir den Kopf zermalmen." Das
hebräische הוא als generis communis läßt drei verschiedene Deutungen zu,
die sich nur durch die größere oder mindere Individualisirung von einander
unterscheiden, in der Wesenheit aber in einander fließen. In der allgemeinsten
Fassung ist das הוא auf den Weibessamen zu beziehen, welcher der Schlange
den Kopf zermalmen, d. h. den Satan völlig vernichten wird (so erklärt
dieses Wort der hl. Leo). Die im Staube sich windende Schlange soll dem
Menschen das Abscheu erregende Bild des Satans beständig vor Augen
halten; während die übrige Thierwelt einst an der Freiheit der Kinder Gottes
theilnehmen soll[1], bleibt die Schlange nach Isaias[2] im Einklange mit dieser
Strafsentenz (alle Tage deines Lebens) fortwährend in tiefster Erniedrigung[3],
ein Abbild des Looses des Teufels, welcher, von seiner höchsten Höhe des
Himmels herabgestoßen, nun, da er das Maß seiner Bosheit durch Verführung
des Menschen vollgemacht, tief unter alle Geschöpfe erniedrigt wurde und in
alle Ewigkeit so bleiben wird. Der Sieg wird aber nicht so leichten Kaufes
sein, denn die tückische Schlange wird inmitten ihrer Niederlagen durch den
Biß in die Ferse des Menschen ihm die Zertretung des Kopfes entgelten.
Mag immerhin der Schlangenbiß in die Ferse auch verderblich werden, so
ist derselbe doch nicht sofort tödlich und unheilbar, denn die Ferse des
Menschen ist der am wenigsten verletzliche und am leichtesten heilbare Theil
des Körpers. Der Weibessame greift die Macht des Bösen in dessen Central=
leben (im Kopfe) an, die Schlange aber greift die Macht des Guten an ihrer
äußerlichsten Erscheinung an; aber der Moment, in welchem sie ihren Biß
nach der Ferse richtet, ist zugleich der Moment, wo der Fuß zermalmend auf
ihren Kopf tritt.

Es ist von Bedeutung, daß der Weibessame im letzten entscheidenden
Augenblicke nicht dem Schlangensamen, sondern der Schlange selbst gegenüber=
gestellt wird. Wie nun der Schlangensame am Satan seine Einheit hat,
so wird auch der Weibessame in einer Einzelperson seine Einheit haben; dieß
führt auf die Uebersetzung *ipse* conteret[4], unter welchem Niemand anderer

---

[1] Vgl. meine „Theologie der Propheten". Freib. 1877. S. 198.
[2] 65, 25.
[3] Vgl. Theologie l. c. S. 259.
[4] So die LXX u. Thargum.

als Christus zu verstehen ist. In Christus und dem Satan wird der Kampf des Weibessamens mit dem Schlangensamen gipfeln und zur Entscheidung gebracht werden. Schon die Worte Evens bei der Geburt ihrer Söhne Kain und Seth[1] und des Lamech bei der Geburt des Noe[2] lassen diese Deutung durchblicken, welche aber erst vollkommen nach der Erscheinung des Menschen= sohnes in's hellste Licht gestellt wurde, welcher die Werke des Teufels zerstört, über das Reich der Finsterniß triumphirt[3] und den Satan unter die Füße Aller getreten hat[4]. So soll also in und durch den Nachkommen der Eva, in welchem die ganze Nachkommenschaft des Weibes gipfelt, das ganze abamitische Geschlecht erneuert werden und die ursprüngliche Hoheit und Gottesähnlichkeit wieder erlangen; diejenigen aber, welche an dieser Verheißung keinen Antheil haben wollen, werden der Schlange als Raub anheimfallen und dem Schlangensamen beizuzählen sein[5]. Doch auch damit ist der volle Inhalt dieser hochwichtigen Stelle noch nicht erschöpft. Bedeutungsvoll ist, daß der Sieg über den Satan dem Samen des Weibes, nicht aber dem Samen des Mannes zugeeignet wird, da sonst in der heiligen Schrift der Same dem Manne und nicht dem Weibe zugeschrieben wird. Die Weissagung ist hier in so tiefsinniger Bedeutung angelegt, daß selbst die Form mit der Erfüllung sich deckt. Gleichwie das Weib, zuerst von des Teufels List ver= führt, der Menschheit die Sünde und den Tod gebracht hat, so soll auch nach den Gesetzen des ewigen Rathschlusses Gottes durch das Weib dem gefallenen Menschengeschlechte der Ueberwinder des Teufels und des Todes gegeben werden. Damit aber dieser Nachkomme des Weibes nicht an sich selbst den Schlangensamen zu überwinden habe, mußte er der Same des Weibes schlechthin sein, also vom Weibe ohne Zuthun des Mannes geboren werden, γεννώμενος ἐκ γυναικός, wie Paulus[6] schreibt, eine im Schooße des Weibes eingesenkte himmlische Schöpfung, ein reiner neuer Adam sein, welcher auf übernatürliche Weise vom Weibe empfangen und geboren werden würde. Da nun wirklich ein jungfräuliches Weib den Schlangentreter geboren hat, so übersetzen die Vulgata und übereinstimmend mit ihr die meisten heiligen Väter[7] dem Sinne nach richtig, daß dieses Weib (ipsa) zwar nicht durch eigene Kraft, sondern durch und mit ihrem Sohne das Haupt der Schlange zer= malmen werde. Dieses Weib ist Maria, die jungfräuliche Mutter des Messias. So wie nun Christus als zweiter neuer Adam in Gegensatz tritt zum ersten Adam, so bildet Maria als geistliche Mutter des Menschen= geschlechtes, als zweite Eva, den Gegensatz zur leiblichen Stammmutter Eva.

Die heiligen Väter haben mit Vorliebe und in sinniger Weise diese Parallele beleuchtet. Die Aussprüche der heiligen Väter und Kirchenschriftsteller gipfeln in folgenden Sätzen: Die göttliche Barmherzigkeit hat bei der Erlösung der gefallenen Menschheit dieselben Wege eingeschlagen, durch welche der erste Mensch zum Falle gebracht wurde, damit der Satan durch gleiche Waffen besiegt werde. Wie die Sünde durch die lügenhaften Worte des Satans

---

[1] Gen. 4, 1. 25.   [2] Gen. 5, 29.   [3] 1 Joh. 3, 8; Col. 2, 15; Hebr. 2, 14.
[4] Röm. 16, 20.   [5] Matth. 23, 33; Joh. 8, 44.
[6] Gal. 4, 4.
[7] Vgl. C. Passaglia, De immac. Deiparae semp. Virg. Conceptu. Romae 1854. II. Bd. S. 916 f.

an Eva, so wird das Heil durch die wahrhaften Worte des Erzengels an
Maria eingeleitet; die Freundschaft des Weibes mit dem Satan ist der erste
Schritt zur Sünde, die Freundschaft Mariens mit Gabriel jener zur Erlösung;
aus der Ungläubigkeit Evens an der Wahrheit des Gotteswortes und dem
Ungehorsame entsprang das Verderben, aus der Gläubigkeit Mariens an das
Gotteswort und ihrem Gehorsam fließt die Wiederherstellung. Daraus ziehen
die heiligen Lehrer folgende Schlüsse. Maria ist die zweite neue Eva (wie
Ave das umgekehrte Eva); die Unklugheit, Ungläubigkeit und der Ungehorsam
der ersten Eva ist durch die Klugheit, den Glauben und Gehorsam Mariens
wieder geheilt worden. Die jungfräuliche Eva war Ursache des Falles, des
Todes, die jungfräuliche Maria war Urheberin des Heiles und des Lebens.
Mit Eva trat alles Unheil in die Welt, durch Maria wurden alle Güter
der Welt wieder geschenkt. Wie Adam in Christo, so ward Eva in Maria
wieder erneuert. Den Knoten, welchen Eva durch Ungehorsam geknüpft, löste
Maria durch ihren Gehorsam. Eva nahm das todbringende Wort, Maria
das lebenbringende in sich auf. Eva empfing dadurch, daß sie den Worten
Satans glaubte, alle Schmerzen, Mühsale und den Erstgeborenen, einen Bruder=
mörder; Maria aber, glaubend dem Engelsworte, alle Freuden, und den
Erstgeborenen, welcher seine Brüder rettete. Maria unterlag der Verführung
nicht, sondern vernichtete dieselbe; sie machte das gut, was Eva verdorben
hatte. Eva schloß Freundschaft mit dem Satan, Gott aber stiftete vollendete
Feindschaft zwischen diesem und Maria. Satan träufelte sein Gift der Eva
ein, Maria nahm dasselbe niemals in sich auf. ·Eva fiel und verlor den
Glanz ihrer Unschuld, Maria richtete Eva wieder auf, erneuerte sie und war
ihre Beschützerin. Durch die leichtgläubige Eva wurde das Menschengeschlecht
von seiner Höhe herabgestürzt, durch den klugen Glauben Mariens aber
wieder aufgerichtet. Eva brachte alles Böse in die Welt, Maria alles Gute.
Eva die Mutter des Fluches, Maria die Mutter des Segens, die wahre
Mutter der Lebendigen. Eva bekleidete Adam mit dem Gewande der Schmach
und der Sterblichkeit; Maria bekleidet die Gefallenen durch das aus ihr
geborene Lamm mit dem Felle der Ehre und Unsterblichkeit. Eva richtete
eine Scheidewand zwischen Himmel und Erde auf, verschloß das Paradies,
bevölkert die Hölle; Maria riß diese Scheidewand nieder, erschließt das
geistige Paradies und bevölkert den Himmel. Durch Eva fiel die Welt in's
Joch der Sünde und des Teufels, Maria zerbrach dieses Joch und trieb die
Höllenschaar in den Tartarus zurück. Die durch Eva zerknickte Würde des
weiblichen Geschlechtes wird diesem durch Maria wieder zurückgestellt. Eva
ist verflucht von Gott, Maria die Gebenedeite unter den Weibern. Durch
Eva sterben wir, durch Maria leben wir. Eva bleibt beim Baume der
Erkenntniß des Guten und Bösen stehen, Maria aber führt uns zum Lebens=
baume, zum Kreuze. Eva gebar den Kain und mit ihm den Neid, Maria
aber Christum, das Leben und die Liebe. Der erste Adam hatte Eva als
Verführerin, der zweite wohnte in Maria wie im Brautgemache. Eva nimmt
des Teufels Wort mit Begierlichkeit auf, Maria erschrickt beim Anblicke des
Engels. Eva ist die Vermittlerin der Ungerechtigkeit, Maria jene der
Gerechtigkeit. Durch Eva wurden wir Knechte und Sklaven, durch Maria
Freie. Jene verwundete, diese heilte. Eva unterhandelt mit dem Teufel über

ben Ruin, Maria mit dem Erzengel über das Heil der Welt. Jene reicht uns die Frucht des Todes, diese bringt uns das Brot des Lebens. Eva brachte Schmerzen, Fluch und Unheil, weßwegen sie alle anschuldigen; Maria brachte Freuden, Segen und Heil, weßhalb sie Gegenstand des Lobes und Preises ist. Durch Eva Strafe und Züchtigung, durch Maria Gnade und Belohnung. Maria, die Tochter Eva's, wurde das Heilmittel für die Mutter, die Ahnfrau eines heiligen Geschlechtes[1].

Mit den Vätern stehen ganz im Einklang die Schriftsteller des Mittelalters, welche lehren, daß aus derselben Wurzel, aus welcher das Uebel sproßte, auch das Heilmittel keimte, damit auf demselben Wege die eingedrungene Pest verscheucht werde, daß Gott an die Stelle der ersten Eva die zweite erweckte, welche durch Glauben, Klugheit und Demuth der Erlösungspreis, das Heilmittel und der Ruhm der ersteren wurde, die That der alten Jungfrau sühnte, den Schaden ersetzte, die Uebelthat auf das Haupt der Schlange zurückführte, statt des Fluches den Segen dem Menschengeschlechte erwirkte und für die Pfeile des Satans unzugänglich war[2]. So ist diese erste Weissagung nicht bloß die allgemeinste, sondern, erfüllungsgeschichtlich betrachtet, auch die allumfassendste und allertiefste. Sie beherrscht die ganze folgende Heilsverkündigung. Mit ihr beginnt nach den Worten des Rupertus das Buch der Kriege des Herrn.

---

[1] *Justinus*, dial. c. Tryph. n. 100. *Irenaeus*, c. haer. l. 3. cp. 22; l. 5. cpp. 18. 19 u. 21. *Cyprianus*, test. c. Jud. l. 2. § 9. *Basilius*, or. in Deip. *Origenes*, com. in Matth. *August.*, serm. 119; serm. 120 in Nat. Dom.: Ut vitiorum sordibus obsoletus horribiliter squallesceret mundus ab origine jam in paradiso captivus, femina causa fuit ... Per hanc ergo mundus aerumnabili servitute depressus sub jugo diaboli anxia colla submiserat. Ad feminam causa revertitur et origo per originem detruncatur. Origo peccati per genitricem Christi exstincta est, prosapies impietatis per prosapiam pietatis ablata est ... Mater generis nostri poenam intulit mundo, Genitrix Domini nostri salutem et feminae gessit et viro. Auctrix illa peccati maledicta ... auctrix ergo haec meriti benedicta. Illa occidendo obfuit, ista vivificando profuit; percussit illa, ista sanavit. Pro inobedientia enim obedientia commutatur et fides pro perfidia compensatur. *Chrysost.*, sermo de arb. int.: Hevam serpens seduxit, Maria Gabrieli consensit; sed seductio Hevae attulit mortem, consensus Mariae peperit seculo salvatorem. Restauratur per Mariam, quod per Hevam perierat ... Redditur per Mariam vita, quae per Hevam fuerat interempta. Cfr. Hom. in Chr. nat.; hom. 18 in Gen. cp. 3; in Deip. annunt. *Ambrosius*, ad Luc. l. 2. n. 14. *Epiphanius*, adv. haer. l. 3. haer. 58. *Cyrillus Hier.*, cat. 12. § 5. *Petrus Chrys.*, sermo 140 de Virg. ann. *Tertullianus*, lib. de carn. Chr. cp. 17: Deus imaginem suam a diabolo captam aemula operatione recuperabit. In virginem enim adhuc Evam virepserat verbum aedificatorium mortis, in virginem aeque introducendum erat Dei verbum exstructorium vitae, ut, quod per ejusmodi sexum abierat in perditionem, per eundem sexum redigeretur in salutem. Crediderat Eva serpenti, credidit Maria Gabrieli. Quod illa credendo deliquit, haec credendo delevit. *Procopius Gaz.*, Com. in Gen. 3. *Joannes Damasc.*, or. in Deip. nat. u. Dormit. *Ephraemus Syrus*, de parad. Eden sermo 4; sermo 1. de nat. Dom.

[2] *Tarasius*, or. in Deip. praes. *Germanus*, or. 1. in Deip. annunt. *Beda Ven.*, hom. in Deip. ann. *Anselmus Cant.*, Cur Deus homo l. 2. cp. 8; hom. 6 in ev. Luc. u. Tract. de Virg. conc. *Petrus Damian.*, sermo 45 in nat. Virg. *Bernardus*, hom. 2. sup. Missus n. 2. Sermo de 12 Virg. praerog. n. 2. Sermo in Virg. nat. n. 6 u. Sermo inf. Oct. Assumpt. *Rupertus*, in Cant. can. l. 2. Vgl. hierüber *Passaglia*, l. c. Bd. II. S. 830—916.

So gestaltet sich denn nach Gottes Erbarmung der Fluch über die Schlange zur Hoffnung und zum Troste der Menschen. Wir sehen hier auf der finsteren Folie des Zorngerichtes Gottes über die Schlange den ersten lichten Strahl erglänzen, welcher die Morgenröthe und den kommenden Tag des Heiles und Lichtes verkündigt und in seinen Fittigen die erste frohe Botschaft (Protoevangelium) trägt. Je mehr die Offenbarung an die Menschheit fortschreitet, je näher dieser Tag des Heiles kommt, desto lichtvoller wird die Prophetie, bis endlich das Erscheinen der Sonne der Gerechtigkeit das letzte Gewölk des Zweifels und der Dunkelheit verscheucht.

Die Verheißung eines Erlösers im Paradiese ist auch der Grund der Messiashoffnungen der Heiden gewesen, wie dieß Lüken[1] nachweist; nur wird bei diesen die Verheißung dem ersten Menschen in den Mund gelegt, welcher sie im Augenblicke seiner Bestrafung aussprach, und zwar wurde sie ihm nach griechischer Sage mitgetheilt durch die Themis, die Ureva, welche einst als Göttin der Gerechtigkeit auf Erden lebte. So wurde also das erste Weib wegen dieses messianischen Orakels zur ersten Wahrsagerin oder Sibylle. Ebenso erscheint die erythräische Sibylle als Tochter des Dardanus, des ersten Stammvaters, wiederum als Demeter, die erste Mutter, oder als ägyptische Isis, die erste Frau, ja die christliche Sibylle nennt sie gleichfalls die Heva[2].

Erst nach diesem für das erste Menschenpaar tröstlichen Urtheilspruche über die Schlange erfolgt das Urtheil über die Erstverführte und die Verführerin des Mannes. Eva trifft eine doppelte Strafe. „Biel will ich machen deine Mühseligkeit und deine Schwangerschaft, mit Beschwerde (Schmerzen) sollst du Kinder gebären."[3] Nicht die Vielheit der Schwangerschaft, noch diese selbst ist eine Strafe, sie ist vielmehr die Erfüllung des Segens der Fruchtbarkeit und Vermehrung[4]; daß das Weib Mutter wird, ist Gottes ursprünglicher Wille; allein daß sie unter Wehen und Schmerzen gebiert, welche das Leben der Mutter und des Kindes bedrohen, ist die Strafe[5], also die Beschwerden und zwar des weiblichen Geschlechtslebens, namentlich aber die Schwangerschaft, d. i. die mit derselben und der Geburt verbundenen Beschwerden und Schmerzen bilden den ersten Theil der Strafe. So wird durchgehends in der heiligen Schrift der Zustand einer Gebärerin, namentlich die Geburtswehen als ein Zustand der Noth, Angst, Pein und Gefahr beschrieben[6], und dieser Schmerz namentlich der Erstgebärenden[7] als der intensivste bei Vergleichen gebraucht. Den Gewinn der Kinder soll demnach

---

[1] Tradition l. c. S. 343 f.
[2] Lüken, Die sibyll. Weissag. Würzbg. 1877. S. 18 f.
[3] Gen. 3, 16. [4] Gen. 1, 28.
[5] *Thomas*, Sum. 2. 2. q. 164. a. 2 ad 2: Multitudo conceptuum inducitur in poenam mulieris, non propter ipsam procreationem prolis, quae etiam ante peccatum fuisset, sed propter multitudinem afflictionum, quas mulier patitur ex hoc, quod portat foetum conceptum. *Aug.*, Civ. Dei l. 14. cp. 26; Op. imp. cont. Jul. l. 5, 15; l. 6, 26 und Lib. de pec. orig. cp. 35.
[6] Gen. 35, 17. Deut. 2, 25. 4 Kön. 19, 3. Pf. 47, 7. Js. 21, 3; 26, 17. 18; 42, 13; 66, 7. 8. Jer. 4, 31; 6, 24; 13, 21; 22, 23; 30, 6; 48, 41; 49, 22. 24; 50, 43. Ez. 30, 16. Eccli. 19, 11; 34, 6 u. A.
[7] Jer. 4, 31. Vgl. *Bernard.*, tract. de pass. Dom. cp. 30.

das Weib mit den größten Opfern ihres Lebens erkaufen, und so muß jedes Weib die Sünde des ersten Weibes an sich büßen. Im Stande der Unschuld hätte demnach die Geburt ohne Schmerzen stattgefunden [1]. Darum hat auch die seligste Jungfrau Maria Christum ohne Schmerzen geboren, weil sie als Jungfrau auf übernatürliche Weise ihn empfangen hat [2].

Außerdem hat das Weib das gottgeordnete Verhältniß zum Manne überschritten, sich von ihm emancipirt, um der Schlange zu gehorchen, ja diesen selbst mit in die Sünde verstrickt. Dafür folgt die zweite Strafe: „Nach deinem Manne wird dein Verlangen sein und er wird herrschen über dich." [3] Wir haben unter dem Worte Verlangen nicht bloß das überwiegend geschlechtliche Begehren des Weibes nach dem Manne zu verstehen, sondern überhaupt das Sehnen weiblicher Abhängigkeit vom Manne, den natürlichen leidenschaftlichen Liebeszug, welcher das Weib vom Manne nicht abkommen läßt. Die Vulgata, welche „sub potestate viri eris" übersetzt, bezieht diese Worte auf die folgenden: Er soll über dich herrschen. „Da Eva in gott= widriger Selbstüberhebung gehandelt und den Mann bevormundet hat, soll sie unter die gebieterische, despotische Herrschaft des Mannes und somit in das

---

[1] *Aug.*, Civ. Dei l. 14. cp. 36: Sicut ad pariendum non doloris gemitus, sed maturitatis impulsus feminea viscera relaxaret, ita ad fetandum et concipiendum non libidinis appetitus, sed voluntarius usus naturam utramque conjungeret. Lib. de pec. orig.: Gemitus parturientis et mors hominis non fuissent, si peccatum non praecessisset. *Thomas* l. c. q. 164 art. 2 ad 1.

[2] Thomas l. c. ad 3. *Aug.*, sermo 191, 2: Cur ergo, qui potuit per clausa ostia magnus intrare, non potuit etiam per incorrupta membra parvus exire ... Si fides Deum natum credit carne, Deo non dubitat utrumque possibile; ut et corpus majoris aetatis non reserato aditu domus intus positis praesentaret, et sponsus infans de thalamo suo, hoc est utero virginali, illaesa matris virginitate procederet (vgl. Epist. 137, 8). Civ. Dei l. 22, 8: Dominum Jesum per integra virginalia matris enixum. *Hieron.*, dial. cont. Arian. l. 2: Solus Christus clausas portas vulvae virginitatis aperuit, quae tamen clausae jugiter permanserunt. *Aug.*, sermo 120 in Nat. Dom.: Christum virgo parit; mutatur natura, deletur et culpa. Praecisum est illud Evae infelicitatis elogium: in tristitia paries filios; quia ista in laetitia Dominum parturivit. Illa enim luxit, ista reluxit; illa lacrymas, ista gaudium in ventre portavit, quia illa peccatorem, ista edidit innocentem. Spiritus seminavit, non luxus; Deus sevit, non maritus. Virgo genuit, quia virgo concepit. Inviolata peperit, quia in conceptu libido non fuit. *Procop. Gaz.*, com. in Gen. 3: Maria gaudium ex Deo accepit ... et partus doloris nescius finem illi imposuit, qui in tristitia ac moerore peragitur. *Joannes Damasc.* l. 4. cp. 15 de fide: Virgo sanctissima sine dolore peperit, quem sine voluptate concepit. *Ambros.*, lib. de inst. Virg. cp. 8: Porta Maria, per quam Christus intravit in hunc mundum, quando virginali fusus est partu et genitalia virginitatis claustra non solvit. Mansit intemeratum septum pudoris et inviolata duravere signacula, cum exiret e Virgine ... Transivit per eam, sed non aperuit. Vgl. sermo 28 in quadrag. n. 6. *Bernard.* sermo 4 de Nat.: O nova vere miracula! Conceptus fuit sine pudore, partus sine dolore. Mutata est in virgine nostra maledictio Evae. Peperit enim filium sine dolore ... o sola a generali maledicto libera et a dolore partu- rientium aliena; u. sermo de assumpt. Mar. n. 9 u. A. *Theophylactus*, com. in Luc. 1, 28. *Germanus*, or. in Deip. nat.: Ave, per quam exacta illa sententia: in dolore paries filios, in gaudium transiit. *Fulgentius*, sermo 123 in nat. Dom. 7. n. 2. Vgl. *Passaglia* l. c. S. 1030 f. u. *Petavius*, de Incarn. l. 14. cp. 6 n. 13.

[3] Gen. 3, 16.

Verhältniß der an Sklaverei grenzenden Unterwürfigkeit unter den Mann
gelangen. Für den Mann nur als Gehilfin geschaffen, sollte das Weib von
Anfang an ihm untergeordnet sein, allein nicht in sklaviſcher Weiſe [1], wie das
ſpäter theilweiſe bei den Juden, noch mehr aber im Heidenthume der Fall
war und ſelbſt jetzt noch bei den muhammedaniſchen Völkern vorkommt. Auch
die Verachtung der Frauen und die Betrachtung derselben als eines unreinen
Weſens, wie wir es überall im Heidenthume finden, ſcheint mit dem Glauben
zuſammenzuhängen, daß das Weib als die Urſache alles Uebels in der Welt
zu betrachten ſei. Heſiod nennt das weibliche Geſchlecht „das Uebel und große
Leiden auf Erden", weil es von der erſten Verführerin, der Pandora, her=
ſtammt [2]. Dieſes harte Loos des Weibes wurde erſt durch die Gnade des
neuen Teſtamentes, namentlich durch die Verdienſte Mariens gemildert und in
das normale Verhältniß der in gegenſeitiger Achtung und Liebe wurzelnden
Unter= und Ueberordnung entſprechend geſtaltet [3]. Doch bleibt auch im Neuen
Teſtamente das urſprünglich gottgeordnete Abhängigkeitsverhältniß des Weibes
vom Manne aufrecht erhalten. Wie Chriſtus Herr des Mannes, ſo iſt nach
der Anſicht des hl. Paulus der Mann Herr des Weibes [4]. Darum ſollen auch
die Weiber vor der Gemeinde nicht reden, ſondern ſchweigen und gehorchen,
mit beſtimmter Beziehung auf das Strafurtheil Gottes gegen Eva [5]. Ander=
ſeits aber ſtellt derſelbe Apoſtel für den Ehemann die Forderung der Liebe
zur Ehegattin auf, welche er aus der idealen und organiſchen Einheit beider
Geſchlechter herleitet [6]. Indem er alſo das Weib der Gemeinde, den Mann
aber Chriſto vergleicht [7], beſtätigt er zwar auch damit die untergeordnete
Stellung des Weibes in ſeinem Verhältniſſe zum Manne, allein er drückt
dieſem Verhältniſſe zugleich die höhere religiös=ſittliche Weihe auf, wodurch es
aus der Sphäre der altteſtamentlichen Dienſtbarkeit in diejenige der neuteſta=
mentlichen, durch Liebe geheiligten, ſittlichen Freiheit verſetzt wird.

Schließlich folgt die Strafe über Adam: „Weil du der Stimme deines
Weibes Gehör gegeben und (in dieſer gottwidrigen Unterordnung unter das
Weib) von dem Baume gegeſſen haſt, ſo ſoll das Erdreich um deinetwillen
verflucht ſein." [8] Hier ſchickt Gott den Entſcheidungsgrund voraus, weil die
Verfluchung des Ackers das dem Adam zur Hilfe beigegebene Weib zugleich mit=
trifft. Anſtatt der Stimme Gottes zu gehorchen, anſtatt als Hüter und Leiter
des Weibes deſſen Fall zu verhüten oder das gefallene Weib zu Gott zurück=
zuführen, iſt Adam mit Verläugnung ſeiner Würde und Stellung im Böſen ihm

---

[1] *Thomas* l. c. ad 1: Subjectio mulieris ad virum intelligenda est in poenam
mulieris esse inducta, non quantum ad regimen (quia etiam ante peccatum vir
caput mulieris fuisset et ejus gubernator extitisset), sed prout mulier contra propriam voluntatem nunc necesse habet viri voluntati parere.
[2] Vgl. Lüken, Traditionen l. c. S. 143.
[3] Siehe oben Seite 8. *Sophronius*, hom. in Deip. annunt.: Evae maledictionem
(tu Maria) in benedictionem mutasti. *Epiphanius*, or. de laud. Mar. Deip.: Maria
lapsam Evam erexit et Adamum e paradiso dejectum in coelos misit. *Bernard.*,
sermo de B. M. V.: Eva spina fuit, Maria rosa extitit: Maria spina, vulnerando,
Maria rosa, omnium affectus mulcendo. Eva spina infigens omnibus mortem, Maria
rosa reddens salutiferam omnibus sortem.
[4] 1 Cor. 11, 3. Eph. 5, 23 f.   [5] 1 Cor. 14, 34.   [6] Eph. 5, 28 f.   [7] Eph.
5, 31 f.   [8] Gen. 3, 17.

unterthan geworden. Dadurch wird zugleich seine Entschuldigung: „Das Weib, das du mir beigegeben, hat mich verführt", also die verführerische Stimme des Weibes gerügt. Die Erde, welche Adam mit seinem Weibe zur geistigen Verklärung und zum ewigen Leben hinaufziehen sollte, wird verflucht und in einen Zustand der Auflehnung gegen ihn versetzt, welche als eine harte, stief= mütterliche Erzieherin die Ruthen von Dornen und Disteln über ihn schwingen und welcher er nur durch mühselige Arbeit im Schweiße seines Angesichtes das tägliche Brot abringen soll. Die Erde, bisher eine Rose, wie Basilius[1] sich ausdrückt, erhält nun ihre Dornen, welche den Menschen stets an die Sünde erinnern sollen. So soll und wird also das menschliche Leben ein stetes Ringen um die Erhaltung seines Daseins sein, bis es schließlich von der Macht des Todes überwältigt wird. Aus Staub ist er gebildet, zu Staub soll er wieder werden, und hierin erfüllt sich die göttliche Drohung (2, 17). Mit dem Vollzuge der Sünde wurde der bisher mit Unsterblichkeit (posse non mori) begabte Leib sterblich oder er erhielt, um mit Petrus Lombardus[2] zu sprechen, das posse mori und nahm den Todeskeim in seine Natur auf, dessen Ausreifung die endliche Auflösung in Staub bewirkt[3]. Daß aber die ersten Menschen nicht augenblicklich nach der Sünde starben, hat seinen Grund in der göttlichen Langmuth und Güte, welche nicht den Tod des Sünders will, sondern Raum zur Buße gibt und die Sünde sowie die Strafen derselben so lenkt und ordnet, daß sie zur Realisirung des gött= lichen Heilsrathschlusses und zur Verherrlichung seines Namens dienen. Durch die Schmerzenspforte geht der Mensch in's Leben ein, das er durch die Todes= pforte wieder verlassen muß; was dazwischen liegt, ist beständiger Kampf, Mühe und Arbeit (vgl. Eccli. 40, 1). Doch die um des Menschen willen mit Fluch belastete Erde ist durch den Widerstand und die Auflehnung gegen ihn nicht bloß eine treue Vollstreckerin des göttlichen Zornes, sondern auch eine Lehrerin der Besonnenheit geworden. Die Arbeit im Schweiße des Angesichtes ist ein heilsames Zuchtmittel, welches den gefallenen Menschen von einem tieferen und öfteren Fall abhalten und seine Sehnsucht nach dem Himmlischen wecken soll.

Das erste Menschenpaar wird von Gott bestraft, aber nicht verflucht, weil restitutionis candidati et confessione relevati, wie Tertullian[4] sagt. Adam ist nach den Worten des hl. Bernard zwar ein filius irae divinae, aber nicht filius furoris divini und darum sind die göttlichen Strafen nach dem Ausdrucke Gregors des Großen: sagittae amarae ex dulci manu Dei. Dieses erfaßt auch Adam. Mitten in der geistigen Nacht, die ihn umhüllt, und niedergebeugt von dem göttlichen Urtheilspruche, erkennt er den matten Strahl, der wie aus einer anderen Welt herüberleuchtet, das Wort der Ver=

---

[1] *Basilius*, de parad.

[2] In 2. dist. 19.

[3] *Aug.*, de pecc. mer. I., cp. 16: Quamvis annos multos postea vixerint, illo tamen die mori coeperunt, quo mortis legem, qua in senium veterascerent, acceperunt. Non enim stat vel temporis punctum, sed sine intermissione labitur, quidquid continua mutatione sensim currit in finem, non perficientem, sed consumentem.

[4] L. 2. adv. Marcion. cp. 25.

heißung von dem Weibessamen. Angesichts der vernommenen Todesankün=
digung ist das ihm beigegebene Weib die Bürgschaft für den Fortbestand,
aber auch zugleich für den Sieg seines Geschlechtes. Es erschließt sich ihm
nun erst recht das Geheimniß der göttlichen Weisheit und Gnade, welche sich
in der Schöpfung des Weibes kund that. Adam weiß, daß sein Weib in
Schmerzen gebären werde, aber er weiß auch, daß sie überhaupt gebären
werde und daß ihr Mutterschooß der Quell sei, aus welchem neues Leben
und neues Heil für ihn hervorgehen werde [1]. Darum nannte er den Namen
seines Weibes חַוָּה (Eva), „denn sie ist eine Mutter alles Lebendigen gewor=
ben" [2], b. h. nicht bloß die Mutter aller Lebendigen im generischen Sinne [3],
sondern auch die Lebensmutter (bei Symmachus ζωογόνος, Lebensspenderin),
b. i. die Mittlerin des Lebens in höherem Sinne. Es ist dieß die erste
Glaubensbethätigung Adams nach dem Falle, welche sich im Namen, welchen
er seinem Weibe gab, kundgibt und zeigt, daß er nach der über ihn ergangenen
Strafe an Gottes Barmherzigkeit nicht verzweifelt, sondern an der aus dem
Fluche über die Schlange hervorschimmernden Verheißung und Hoffnung sich
festgeklammert habe, um durch Buße und Reue das Verlorene wieder zu
erlangen. So ist denn der Name Eva zum Unterschiede von אִשָּׁה (Weibe)
ein Eigenname, welcher der Stammmutter ausschließlich eigen ist und ihr
nunmehriges Verhältniß zur Menschheit bezeichnet, sie nämlich als Mutter des
Lebens und der anzuhoffenden Gnade kennzeichnet. Dieser Name ist somit
von heilsgeschichtlicher Bedeutung und macht Eva zu einem Typus Mariens
und der Kirche, der Mutter der ewig Lebenden [4].

Nun gibt Gott ihnen ein Zeichen seiner Gnade, welches die gegebene
Verheißung und die bereits im Glauben ergriffene Vergebung der Sünde
besiegeln soll. Und Jehova Elohim machte dem Adam und seinem Weibe
Röcke von Fellen und bekleidete sie damit [5]. „Gott verläßt also die gefallenen
Menschen nicht ganz, sondern läßt sich zu ihrer Dürftigkeit herab und sucht
ihnen in ihrem Elende behilflich zu sein. Eben im Begriffe, das Paradies
zu verlassen, bedürfen sie einer stärkeren Kleidung, als der, welche sie sich
nothdürftig aus Feigenblättern gemacht hatten, um die Unbilden des Klimas
und der Witterung ertragen zu können. Durch die von Gott angeordnete
Kleidung gab Gott dem Schamgefühle und der daraus fließenden Nothwendig=
keit der Bedeckung der leiblichen Blöße die höhere Weihe einer für den Sünder
nothwendigen Zucht und Ordnung [6]. Aus Thierfellen ließ er sie die Kleider
bereiten, welche sie nur durch Schlachtung der Thiere gewinnen konnten, zur

---

[1] *Ambros.* Lib. de inst. virg. cp. 4: Cum salute itaque parit, quos in tristitia
parturivit: et ad laudem educat, quos peperit cum dolore.

[2] Gen. 3, 20.

[3] *Chrysost.*, hom. 18 in Gen. 3: Eva mater viventium, i. e. origo eorum, qui
ex illa sunt futuri, radixque et fundamentum posteritatis.

[4] *Hieron.* epist. 123, 12. *August.*, de Gen. cont. Man. l. 2. cp. 24.

[5] Gen. 3, 21.

[6] *Thom.* l. c. q. 164. a. 2 ad 8: Vestitus necessarius est homini secundum
statum praesentis miseriae propter duo. Primo quidem propter defectum ab exterioribus nocumentis, puta intemperati caloris et frigoris; secundo ad tegumentum
ignominiae, ne turpitudo membrorum appareat, in quibus praecipue manifestatur
rebellio carnis ad spiritum.

Erinnerung, daß sie eigentlich des Todes schuldig seien [1] und daß sie das Thierleben zur Erhaltung des Menschenlebens opfern dürfen, wodurch also zugleich der Grund zu den Thieropfern und den Opfern überhaupt gelegt wurde. Das rauhe Gewand war mithin ein Bußkleid, welches alltäglich sie ermahnen sollte, daß sie mit dem Kleide der Sterblichkeit bekleidet sind [2]. Damit aber das gefallene Menschenpaar nicht etwa auch die Hand nach dem Lebensbaume ausstrecke, vertrieb Gott dasselbe aus dem Paradiese. Es war dieß eine auf das Heil des Menschen zielende Strafe, welche ihn zwar dem zeitlichen Tode entgegenführte, dagegen vor dem ewigen Tode bewahrte. Der etwaige Genuß der die Unsterblichkeit wirkenden Frucht vom Lebensbaume konnte dem Menschen in seinem dermaligen Zustande nur zum Verderben gereichen, er würde nämlich den sündhaften Zustand des Menschen verewigt und somit die Erlösung unmöglich gemacht haben. Das wahre Leben konnte eben nur durch den Tod hindurch erreicht werden. Darum wird das erste Menschenpaar aus dem Paradiese vertrieben, zu bebauen die Erde, von der es genommen war [3]. Im Bebauen des Ackers sollten sie ihre Herkunft und Zukunft stets vor Augen haben. Daß Adam und Eva bald nach der Sünde und dem Urtheile Gottes aus dem Paradiese vertrieben worden seien, darüber herrscht wohl kein Zweifel. Anders verhält es sich mit der Frage, welcher Zeitraum zwischen der Schöpfung des ersten Menschenpaares und der Sünde desselben verflossen sei. Während Einige [4] behaupten, die Sünde der Stamm- eltern habe an demselben Tage ihrer Schöpfung stattgefunden, neigen sich Andere der Meinung zu, daß Adam und Eva eine wenn auch kurze Zeit im Paradiese verweilt und bald darauf, etwa am andern Tage, gesündigt haben und aus dem Paradiese gewiesen worden seien [5].

Um für die Folgezeit dem Menschen die Rückkehr in das Paradies und das Essen vom Baume des Lebens unmöglich zu machen, stellte Gott an die Thüre des Paradieses die Cherubim mit Flammenschwertern als Vollstrecker des göttlichen Zorngerichtes. Nachdem der Satan und das gefallene Menschen- paar gerichtet, treten nun auch die guten Geister auf den Schauplatz der heiligen Geschichte, zum Zeichen, daß eine Geschichte beginne, in welche der Himmel mit seinem ganzen Heere verflochten ist. Der Verlust des Para- dieses für den Menschen ist ein Unglück, welches den ganzen Himmel in Be-

---

[1] *Aug.*, de Gen. cont. Man. l. 2. cp. 21 u. Enarr. in Ps. 103, 8. *Athanas.*, de pass. et cruc. n. 20: Accepit Adam pelliceas vestes ex mortuis animalibus factas symbolum mortis ob peccatum sibi inductae.

[2] *Epiphan.*, cont. haer. l. 2. tom. 1: Pelliceas tunicas ob id fecit, velut mor- talitate ipsos amiciens, quo per corporis solutionem omne in ipso factum malum moreretur. *Chrysost.*, hom. 18 ad Gen. 3: Vestium amictus continuum monimen- tum, quo memores simus, quantis bonis exciderimus, et discamus, quanto supplicio humanum genus ob inobedientiam sit affectum.

[3] Gen. 3, 22—24.

[4] *Irenaeus*, cont. haer. l. 5. cp. 23: In hac ipsa die manducaverunt, in ipsa autem et mortui sunt. *Aug.*, Gen. ad lit. l. 1. cp. 10; L 11. cp. 33; l. 9. cp. 4: Mox creata muliere facta est illa transgressio, cujus merito de loco voluptatis exierunt. Nach *Dante* (Göttl. Kom. Paradies) blieben sie nur sieben Stunden im Paradiese.

[5] Vgl. *Suarez*, tract. I. de opere 6 dierum, l. 4. cp. 8 u. *Pererius*, in Gen. 3, 23.

wegung bringt. Adam und Eva befinden sich außerhalb des Paradieses, aber noch in Eden. Nach der Vertreibung aus dem Paradiese beginnt die Fortpflanzung des Menschengeschlechtes [1], die Bildung der Familie, welche die Grundlage aller menschlichen Verhältnisse ist. „Und Adam erkannte Eva, sein Weib, und sie ward schwanger und gebar den Kain." [2] Obgleich der Act der Zeugung den Menschen mit den Thieren gemein ist, gebraucht doch die heilige Schrift für ersteren den euphemistischen Ausdruck des Erkennens. Denn was bei dem Thiere naturnothwendiger Instinct ist, das ist bei dem Menschen ein Act persönlicher und sittlich verantwortlicher Willensfreiheit, welcher aus der göttlichen Stiftung der Ehe fließt und ein geistleibliches Erkennen des Weibes ist. Die Begattung ist, obgleich durch die Sünde befleckt, doch durch die Verheißung (Gen. 3, 15) in der Ehe geheiligt. Freudig erregt über die Geburt des ersten Kindes ruft Eva aus: „Ich habe erworben einen Mann durch (mit) Jehova!" Diese Worte bilden eine Erklärung des Namens, welchen sie dem Kinde gab, nämlich Kain, d. i. des Erworbenen, und sind Ausdruck ihrer staunenden Ueberzeugung, daß sie durch die Hilfe und Mitwirkung Jehova's das Kind zur Welt gebracht [3]. Sie betrachtet demnach ihr Kind als ein Geschenk Gottes. Allein die Worte im Hebräischen lassen auch die Deutung zu: „Ich habe erworben einen Mann, Jehova", welche Version ihre vorschnelle Hoffnung ausdrücken würde, daß ihr erstgeborenes Kind der versprochene Same, der Schlangentreter sein werde. Eine ähnliche Hoffnung drückt auch Lamech bei der Geburt seines Sohnes Noe aus [4]. Allerdings entgegnet man, daß diese Erklärung der Entwicklung der messianischen Idee vorgreife, da der Eva nicht beikommen konnte, ihr soeben geborenes Kind für den menschgewordenen Jehova zu halten, weil die Offenbarung in dieser Tiefe noch nicht an sie ergangen sei. Doch sei dem wie immer, der Gebrauch des Namens Jehova als des Gottes der Verheißung und des Heiles bürgt dafür, daß sie in der Geburt dieses Sohnes wenigstens den Anfang der Erfüllung der ihr gewordenen Verheißung vom Weibessamen erblickt und dem Herrn für diese Gnade ihren freudigen Dank abstattet. Der Irrthum Evens bezieht sich demnach auf die Person und die Zeit, aber die Hoffnung des Glaubens selbst ist nicht eitel. Doch die erste Mutterfreude schlägt bald in das Gefühl der Täuschung über, welches sich in dem Namen des zweiten Sohnes (Abel, Hauch, Nichtigkeit) offenbart, sei es, daß damit Eva überhaupt die Ohnmacht und Nichtigkeit des Menschen, wozu vielleicht das Betragen des kleinen Kain Veranlassung gegeben, oder aber in prophe-

---

[1] *Chrysost.*, hom. 58 ad Gen. 3: Post paradisi amissionem tunc primum usus rei venereae coepit. *Hieronym.*, adv. Jovin. l. 1. n. 29: Qui in paradiso virgines permanserunt, ejecti de paradiso copulati sunt ... Ejiciuntur de paradiso, et quod ibi non fecerunt, in terra faciunt, ut statim a principio conditionis humanae virginitatem paradisus et terra nuptias dedicaverit. Epist. 22, 19: Eva in paradiso virgo fuit, post pelliceas tunicas initium sumpsit nuptiarum. *Aug.*, de Gen. ad lit. l. 9. ep. 4. sermo 65 de tempore. *Epiphan.*, cont. haer. l. 2. tom. 2: Velut post multum tempus cognovit Evam.

[2] Gen. 4, 1.

[3] *Chrysost.*, hom. 18 in Gen.: Natum non naturae, sed Deo acceptum tulit.

[4] Gen. 5, 29.

tischer Ahnung das hauchartige, schnell vorübergehende Leben dieses Sohnes ausdrückt. Der Name des Einen ist das gerade Widerspiel des Andern. In Kain setzte die erste Mutter all ihr Sehnen und Hoffen, und siehe, der vermeintliche Schlangentreter wird zum Schlangensamen und Brudermörder; der Nachgeborene muß zur Folie ihres Wehes und Herzeleides dienen. Nach dem Tode Abels, der unter dem Fersenstiche der Schlangennatur Kains gefallen, „erkannte Adam abermals sein Weib, und sie gebar einen Sohn und nannte seinen Namen Seth (Ersatz); denn, so sprach sie, gesetzt hat mir Elohim einen andern Samen für Abel, dafür, daß Kain ihn getödtet hat" [1]. Die bei der Geburt Kains hoffnungsfrohe, bei der Abels verzagte Mutter wird bei der Geburt Seths stille und getrost. Sie nennt hier den Geber Elohim, weil die göttliche Allmacht ihr das ersetzt hat, was menschliche Bosheit ihr geraubt. Weil aber Seth als Ersatz für Abel im Gegensatze zum Brudermörder Kain den Anfang einer neuen Nachkommenschaft, oder, um mit Augustinus [2] zu sprechen, den Anfang oder das Haupt des Staates Gottes, gleichsam eine neue Erstgeburt bildet, deßhalb steht hier Same und nicht Sohn schlechthin. Ihr Glaube sieht in diesem Sohne einen neuen Anfang für die Verheißung vom Weibessamen, welcher auch die Bürgschaft des sicheren Fortganges in sich trägt; denn sie nimmt ihn gläubig hin aus der Hand des Herrn. Wenn dagegen Adam (Gen. 5, 3) als Namensgeber erscheint, so ist dieß kein Widerspruch; denn die Namengebung war zugleich ein Werk Adams, von dessen Bestätigung wenigstens die Giltigkeit derselben abhing.

Daß das erste Menschenpaar außer diesen drei Kindern noch andere gezeugt, erhellt schon daraus, daß die Fortpflanzung des Menschengeschlechtes ohne weibliche Nachkommen nicht möglich gewesen wäre, und aus der Angabe der Schrift: „Und Adam zeugte Söhne und Töchter" [3]. Moses erwähnt seinem Plane gemäß nur jene Kinder, welche auf die Heilsentwicklung einen positiven oder negativen Einfluß ausübten. Bedeutungsvoll ist, was die heilige Schrift über die Zeugung Adams und Eva's berichtet; während Adam nach dem Bilde Gottes geschaffen wurde [4], heißt es, daß Adam in seiner Aehnlichkeit nach seinem Bilde Söhne gezeugt habe [5], d. h. er pflanzte die ihm anerschaffene Gottesebenbildlichkeit in der Gestalt, wie er sie durch seine Selbstentscheidung gewonnen hatte, also nicht mehr in ihrer ursprünglichen Reinheit, sondern in der durch die Sünde getrübten Gestalt fort [6]. Die Adambildlichkeit wird zwar der Gottbildlichkeit nicht gerade entgegengesetzt, aber doch von der reinen, unanfänglichen Gottesebenbildlichkeit unterschieden.

Doch wie stand es um das Heil des ersten Menschenpaares? Das Buch der Schöpfung berichtet hierüber nichts, wohl aber gibt das Buch der Weisheit Aufschluß. Nachdem der heilige Autor den Satz aufgestellt, daß diejenigen, welche von Anbeginn her dem Herrn wohlgefällig waren, durch

---

[1] Gen. 4, 25.
[2] Civ. Dei l. 15. cp. 1.
[3] Gen. 5, 4.   [4] Gen. 1, 27; 5, 1; 9, 6. Sap. 2, 23. Eccli. 17, 1.   [5] Gen. 5, 3.
[6] *Calmet* zu Gen. 5, 3: Genuit Adam filios ad imaginem suam, non secus nempe ac ipse, homines mortales criminis reos.

die göttliche Weisheit gerettet wurden [1], beginnt er allsogleich die Beispiele anzuführen und kommt auf Adam zu sprechen; da aber diesem seine Sünde entgegenzustehen schien, so zeigt der Autor, daß er eben durch die göttliche Weisheit von seiner Sünde befreit worden ist: „Die göttliche Weisheit bewahrte den Erstgebildeten, der als alleiniger Vater (Stammvater) der Welt geschaffen war, und befreite ihn von seinem eigenen Falle" [2]; d. i. von seiner persönlichen Sünde im Gegensatze zu der Erbsünde, von welcher Adam seine Nachkommen trotz seiner Buße nicht befreien konnte, indem nämlich die göttliche Weisheit ihm die zur Reue erforderlichen Motive, Glaube, Hoffnung und Vertrauen auf den zukünftigen Erlöser eingab. Der Weise spricht hier zwar nur von Adam, weil er das Haupt des Menschengeschlechtes war; doch das, was von ihm ausgesagt wird, gilt auch von Eva, weil, wie Suarez [3] sagt, Beide unum veluti adaequatum principium generis humani extiterunt; denn so geziemte es sich, daß das erste, unmittelbar von Gott geschaffene Menschenpaar, welchem der Erlöser verheißen wurde, selbst gerettet wurde, wie der hl. Irenäus [4] bemerkt. Daß das erste Menschenpaar durch Reue und Buße Verzeihung der Sünde von Gott erlangt und somit der ewigen Seligkeit theilhaftig wurde, ist durch die übereinstimmende Lehre der Väter verbürgt [5]. Als daher Christus in die Vorhölle hinabstieg, um den Seelen daselbst die

---

[1] Sap. 9, 19.   [2] Sap. 10, 1.

[3] L. c. cp. 9. n. 20.

[4] Adv. haer. l. 3. cp. 34: Cum autem salvatur homo, oportet salvari eum, qui prior formatus est, quoniam nimis irrationabile esset, illum quidem, qui vehementer ab inimico laesus erat et prior captivitatem passus est, dicere non eripi ab eo, qui vicerit inimicum, ereptos vero filios ejus, quos in eadem captivitate generavit. Cfr. *Origenes* in Matth. sermo 126: Inconveniens erat, ut cum multi ex eo nati remissionem acciperent peccatorum et beneficium resurrectionis consequerentur, non magis ipse pater omnium hominum hujusmodi gratiam consequeretur.

[5] *Aug.*, epist. ad Evod. 164. n. 6 (al. 99): Et de illo primo homine patre generis humani, quod eum inde solverit, Ecclesia fere tota consentit, quod eum non inaniter credidisse credendum est, undecumque hoc traditum sit, etiamsi canonicarum Scripturarum hinc expressa non proferatur auctoritas: quamquam illud, quod in libro Sapientiae scriptum est ... magis pro hac sententia, quam pro ullo alio intellectu facere videatur. — De pecc. mer. et rem. l. 3. cp. 34: Sicut illi primi parentes postea juste vivendo, unde merito creduntur per Domini sanguinem ab extremo supplicio liberati, non tamen in illa vita meruerunt ad paradisum revocari: Sic et caro peccati, etiamsi remissis peccatis homo in ea juste vixerit, non continuo meretur eam mortem non perpeti, quam traxit de propagine peccati; vgl. sermo 104 de tempore: Adam, quia interroganti Domino confessus est peccatum, quod commisit, veniae redditus est; Op. imp. cont. Jul. l. 6. n. 30. *Irenaeus* l. 3. cp. 37: Intellectus transgressionis fecit poenitentiam, poenitentibus autem largitur benignitatem suam Deus. *Hilarius*, in Ps. 119: Adam veniae reservatus et glorificatus in Christo est; u. can. 8. in Matth. *Gregor Naz.*, or. 31 ad cp. 19 Matth.: Utrumque serpens decepit, utrumque Christus passione sua salute donavit, u. or. 39 gegen Ende. *Tertullian.*, lib. 1. de poen. dist. 1; l. 2. cont. Marc. cp. 10. *Athanas.*, de pass. et cruc. Dom. n. 12. *Hieronym.* ad Ephes. 4, 16 sq.; evang. Matth. 16. *Leo IX.*, de consec. dist. 1: In Christo resurgente, resurrexit lapsus ille Protoplastus. *Anselmus*, l. 2 cur Deus homo cp. 16: Adam et Evam ad illam pertinuisse redemptionem, dubitandum non est ... Incredibile quoque videtur, quando Deus illos fecit et proposuit immutabiliter, facere de illis omnes homines, quos ad coelestem civitatem assumpturus erat, quod illos duos ab hoc excluserit

Erlösung anzukündigen, war Adam der Erste, welcher diese frohe Botschaft vernahm und mit Christus erstand[1]. Die lateinische Kirche feiert ihr Andenken am 24. December, also am Vorabende jenes Festtages, an welchem die zweite Eva den zweiten neuen Adam geboren hat; die griechische Kirche am 19. December oder an dem Weihnachten vorangehenden Sonntage. Auch die Maroniten rufen Adam und Eva gleich den übrigen Heiligen um ihre Fürbitte an. Darum wurde auch die Lehre des Tatian und seiner Anhänger, der Encratiten, welche behaupteten, daß Adam und Eva verdammt seien, von den Vätern als eine Irrlehre bezeichnet und verworfen[2]; und zwar mit Recht.

Wir haben bereits oben gesehen, daß Gott die ersten Menschen nach der Vertreibung aus dem Paradiese den Opfercult gelehrt hat. Daß sie auch wirklich Opfer dargebracht, können wir aus den Opfern ihrer Kinder schließen, welche gewiß nur dem Beispiele und der Anweisung ihrer Eltern folgten. Daß Adam und Eva die Vergebung ihrer Sünde und die Erlösung erhofften, bestätigt das Ergreifen der Verheißung vom Weibessamen, wie dieß aus den von Eva ihren Kindern gegebenen Namen erhellt. Mußte ja der mit Fluch belegte Boden, dem sie mit harter Arbeit den Ertrag abzuringen hatten, jene selige Zeit des paradiesischen Zustandes und die Sehnsucht nach Erlösung oft in ihrer Seele wachrufen und sie bestimmen, durch Opferleben und Buße zwar nicht das irdische, aber doch das überirdische Paradies wiederzuerlangen. Es fehlte auch nicht an Leiden und Trübsalen, welche sie läuterten und ihr Herz dem Himmlischen zuwandten. Wie schmerzlich und tief mußte der erste Brudermord das unglückliche Elternherz niederbeugen, bei der Erinnerung, daß ja derselbe eine Folge ihres eigenen Falles sei! An Einem Tage wurden sie dreier Kinder beraubt: des von Kain erschlagenen Lieblingssohnes Abel, des Erstgeborenen, der, mit dem göttlichen Fluche belegt, aus Eden flüchtig wurde, und einer Tochter, welche den unglücklichen Bruder in's Exil begleitete. Der Anblick des ersten, in seinem Blute liegenden Todten, das starre, bleiche Antlitz des geliebten Abel mußte das Wort morieris in seiner fürchterlichen Wahrheit mit allen seinen Schrecken in ihr Herz graben und sie noch um so mehr veranlassen, ihr noch übriges

---

proposito. Da die Väter größtentheils im Plural, also von beiden ersten Menschen sprechen, so gilt die Erlösung nicht bloß von Adam, sondern auch von der Eva, für welche ja auch dieselben Gründe sprechen. Vgl. *Ambrosius*, Lib. de Isaac et an. cp. 5: Vade ad patrem, sed ne relinquas Evam, ne iterum labatur. Tecum eam ducito, jam non errantem, sed arborem vitae tenentem. Rape tuis pedibus inhaerentem, ut tecum ascendat ... Suscipe igitur Evam jam non ficulneae foliis adopertam, sed sancto amictam Spiritu et nova gratia gloriosam; quia jam non tanquam nudata absconditur, sed tanquam circumdata vestimenti splendore fulgentis occurrit, quia vestit eam gratia.

[1] Vgl. *Athanas.* l. c. *Origenes*, tract. 85 in Matth. 27. *Cyprianus*, sermo de resur. Dom. *Macharius*, hom. 11. *Dante*, Göttl. Kom. Inf. IV. 52.

[2] Vgl. *Irenaeus* l. 1. cp. 31; l. 3. cp. 39. *Tertullian.*, lib. de praesc. haer. cap. ultim. *Epiphan.*, haer. 46. *August.*, haer. 25. *Eusebius*, l. 4. hist. cp. 25. *Philastrinus*, in cat. haer. in I. *Castro* haer. 1 schreibt daher mit Recht: Hanc (Tatiani) sententiam esse haereticam ob communem Patrum consensionem, licet ex Scriptura probari non possit clare, sed per quasdam probabiles deductiones.

Leben als ein Geschenk Gottes, als eine Zeit der Buße und Sühne zu be=
trachten. Es sind dieß psychologische Gründe, deren Wahrheit wohl Niemand
bestreiten wird, welcher in die Lage der Stammeltern sich hineinversetzt und
in sein eigenes Herz einen Blick wirft. Die an der Leiche ihres lieben, von
Bruderhand getödteten Sohnes Abel trauernde Eva ist ein Typus Mariä unter
dem Kreuze auf Kalvaria.

Wie lange Eva gelebt habe, berichtet die heilige Schrift nicht; wenn
daher Marianus Scotus ihr Leben auf 940 Jahre ansetzt, so daß Eva den
Adam um 10 Jahre überlebt hat, so ist dieß eine Vermuthung, die sich viel=
leicht auf eine haltlose jüdische Tradition stützt. Ebenso wenig wissen wir
etwas Genaues von ihrem Grabe. Wahrscheinlich wurde sie an der Seite
Adams begraben.

So ist also die erste Mutter der Erde, die Ahnfrau unseres Geschlechtes,
eine unglückliche, eine büßende Mutter, welche durch ihre That und ihr Leben
ein Spiegelbild für alle ihre Töchter geworden ist. Doch das Unheil, welches
sie in der Welt angestiftet, aber nicht heilen, sondern nur büßen konnte,
wurde durch eine Tochter ihres Samens, durch Maria, die zweite Eva, in
seinen Folgen geheilt: Quidquid maledictionis infusum est per Hevam,
totum abstulit benedictio Mariae [1]. Eva hat den Kain, den Urheber des
Neides und der Bosheit, geboren, Maria dagegen den Urheber des Lebens und
der Auferstehung an's Licht gebracht [2]. Darum fordert auch der hl. Bernard [3]
das erste Elternpaar auf, sich zu freuen über die Geburt ihrer Tochter, und
zu ihr zu eilen, um durch sie ihrer Schmach und Sünde enthoben zu werden,
und die katholische Kirche unterweist in der herrlichen Antiphone „Salve
regina" uns, die verbannten Kinder Evens, aus diesem Thale der Thränen
zu Maria, der Mutter der Barmherzigkeit, unsere Stimme weinend und
seufzend zu erheben.

So hat denn Moses im Buche der Schöpfung aus den wichtigsten
Momenten des Lebens der Stammeltern die Umrisse gezeichnet, welche den
kostbarsten Schatz der ältesten Literatur der Welt bilden. Während uns hier
in so einfachen und gedrängten Zügen die Marksteine zweier ineinander ver=
ketteter Menschenleben vor Augen geführt werden, fließen die Berichte der
Apokryphenliteratur über das erste Menschenpaar weniger lauter. Nach den
Offenbarungen des spanischen Franziskanermönches B. Amadeus (1474) be=
stehen zwei Psalmen, deren erster den Lobgesang enthält, welchen Adam bei
Erschaffung der Eva anstimmt [4] und der eine theilweise Umschreibung der bib=

---

[1] *Hieron.*, ep. 9 ad Paul. de Assumpt. Mar.

[2] *Tharasius*, de praes. Marine.

[3] Sup. miss. hom. 2: Laetare, pater Adam, sed magis tu, o Eva mater exulta,
qui sicut omnium parentes, ita omnium fuistis peremptores, et quod infelicius est,
prius peremptores, quam parentes. Ambo inquam, consolamini super filia et tali
filia; sed illa amplius, de qua malum ortum est prius, cujus opprobrium in omnes
pertransiit mulieres. Instat namque tempus, quo jam tollatur opprobrium ... Propterea curre Eva ad Mariam, curre mater ad filiam, filia pro matre respondeat,
ipsa matris opprobrium auferat, ipsa patri pro matre satisfaciat, quia ecce, si vir
cecidit per feminam, jam non erigitur nisi per feminam.

[4] *J. A. Fabricius*, Codex pseudepig. Vet. Testamenti. Hamb. 1722. 1. Bd.
S. 21.

lischen Worte ist. Unter Anderem heißt es: Me Deus fecit stipitem naturae humanae et sociam dedit mihi: ex nobis duobus omnes generabuntur: sine patre et matre nemo nascetur, sed ut omnis combinatio inveniatur, filius ex matre sine patre orietur. Ego ex nullo homine prodivi, haec a me originem traxit. Ex duobus omnes alii generabuntur. Unus ex femina sine viro. Magnum est hoc sacramentum, quo Dei cum populo copulationem ostendit. Der zweite Psalm ist ein Bußpsalm, welchen das gefallene Menschenpaar abwechselnd betete[1]. Er beginnt fast mit denselben Worten, wie der Psalm Miserere, und enthält einige schöne Momente, welche die tiefe Reue der Gefallenen bekunden. Aus dem Gebete der Eva hebe ich nur Folgendes hervor: Misericordiae Domini non est numerus. Qui peccato nostro adhibuit remedium, ut si vellemus surgere, possemus; filium suum omnium glorificatorem mox statuit nostrum redemptorem ejusque sanctam genitricem statuit nostram mediatricem, ad cujus effigiem aedificavit me Evam cunctorum viventium matrem... Post tenebras reducis lucem, post dolorem gaudium et laetitiam ... commutas minima in maxima, temporalia in aeterna. Beati qui custodiunt mandata tua, subjiciunt colla jugo tuo. Selbst ein Evangelium Evae wurde von den Gnostikern verbreitet[2]. Mit Umgehung der fabelhaften Erzählungen der Manichäer, Muhammedaner und anderer Häretiker[3] erwähne ich bloß des apokryphen Buches, welches „das Buch der Jubiläen oder die kleine Genesis" genannt wird[4] und wahrscheinlich im ersten christlichen Jahrhunderte von einem palästinensischen Juden in hebräischer Sprache verfaßt wurde. Dasselbe erzählt im zweiten und dritten Kapitel[5], daß Gott aus der Rippe des Adam das Weib baute, welches der am sechsten Tage des zweiten Sabbaths (d. i. der Woche nach der Schöpfungswoche) aufgewachte Mann zu sich genommen hat. „In der ersten Siebenten ward Adam und sein Weib geschaffen, und in der zweiten stellte Gott sie ihm vor." Nach 40 Tagen seines Aufenthaltes im Lande seiner Erschaffung bringen die Engel den Adam in den Garten Eden, das Weib aber nach 80 Tagen, worauf die Gesetzesbestimmung (Lev. 12) des Unreinseins 40 Tage lang für ein männlich Geborenes, aber 80 Tage lang für ein Weibliches sich gründet. Sieben Jahre sind Adam und Eva im Garten Eden. Darnach, und zwar am siebenzehnten Tage des zweiten Monates, kommt die Schlange zu Eva und verführt sie, diese aber den Adam, worauf sie sammt allem Fleische aus dem Garten Eden vertrieben werden. An diesem Tage verlieren die Thiere das Sprachvermögen, das sie bis dahin alle besaßen. Verbot der Aufdeckung der Scham. Am Neumonde des vierten Monates gehen Adam und Eva aus Eden in das Land Elbad. Adam nennt sein Weib Eva und erkennt sie nach dem ersten Jubeljahre (Kap. 3). Im zweiten

---

[1] L. c. S. 23 f.

[2] *Epiphanius*, haer. 26. n. 2 sq. u. Fabricius l. c. S. 95.

[3] Bei Fabric. l. c. S. 97 f.

[4] H. Rönsch, Das Buch der Jubiläen. Leipzig 1874. Das Buch der Jubiläen, aus dem Aethiop. übersetzt von A. Dillmann, in Ewalds Jahrb. der bibl. Wissensch. 2. Bd. 1849. S. 230 f. u. 3. Bd. 1850. S. 1—72. Göttingen.

[5] Siehe Rönsch l. c. S. 220.

Jubiläum gebar Eva in der dritten Woche den Kain, in der vierten den Abel, in der fünften eine Tochter Avan. Nach der Tödtung des Abel wird im vierten Jahre der fünften Woche Seth geboren, in der sechsten Woche eine Tochter Azura. Kain nimmt seine Schwester Avan zum Weibe, die ihm am Ende des vierten Jubiläums den Enoch gebar. Dem Adam aber gebar die Eva noch neun Söhne. Diesen Bericht der kleinen Genesis finden wir vielfach bei den alten Schriftstellern wiederholt, bisweilen mit einigen Abänderungen. Nach Epiphanius[1] zeugte Adam aus Eva zwölf männliche Sprößlinge und zwei Töchter: Save, welche Kain ehelichte, und Azura, welche Seth sich zum Weibe nahm. Nach Syncellus[2] heirathete Kain im Alter von 65 Jahren seine älteste Schwester Asaunan, welche 50 Jahre zählte, während Seth, als er 191 Jahre alt war, seine Schwester Azuran zum Weibe nahm. Ausführlicher berichtet das aus dem fünften und sechsten Jahrhunderte n. Chr. stammende „christliche Adamsbuch des Morgenlandes"[3]. Dasselbe führt im Aethiopischen den Titel: „Kampf des Adam und der Eva, den sie durchzukämpfen hatten nach ihrer Vertreibung aus dem Garten und während ihres Aufenthaltes in der Schatzhöhle nach dem Befehle des Herrn, ihres Schöpfers und Erhalters." Es zerfällt in drei Theile, dessen erster am umfangreichsten ist und die Geschichte oder den Kampf des Adam und der Eva bis zu Adams Tode behandelt, der zweite die Geschichte bis auf Noe's Tod fortführt, und der dritte den folgenden Zeitraum bis auf Christus behandelt. Nach diesem Berichte gebar Eva mit Kain zugleich eine Tochter Luva (auch Lea), d. i. die Schöne, denn sie war schöner als ihre Mutter; Kain, d. i. der Hasser, haßte seine Schwester. Desgleichen gebar Eva wieder Zwillinge, Abel und die Tochter Aklejam. Da Kain des Abels Zwillings- schwester heirathen sollte, schlug er, darüber erzürnt, seine Mutter, tödtete seinen Bruder mit einem Steine und heirathete ohne Erlaubniß seiner Eltern die Schwester Luva. Der nach dem Tode Abels erzeugte Sohn Seth hei- rathete Abels Zwillingsschwester. Auf das Gebet des Adam ist die Lust in ihm und seinem Weibe erstickt worden, so daß sie keine Nachkommen mehr erzeugten. (?) Ein ähnlicher Bericht findet sich auch in den arabischen Legen- den[4]. Nach dem Berichte des Methodius[5], Patriarchen von Konstan- tinopel († 846 n. Chr.), zeugten Adam und Eva im dreißigsten Jahre nach ihrer Verbannung aus dem Paradiese den Kain und dessen Schwester Kale- mera (Calmanam), und nach 30 Jahren Abel sammt seiner Schwester Lebora. Nach der Irrlehre der Bogomilen[6] hat Eva aus der Beiwohnung des Satanael den Kain und eine ihm an Charakter gleiche Zwillingsschwester Namens Kaomena geboren. Eutychius, Patriarch von Alexandrien (933 bis 939), schreibt in seinen Annalen, daß Adam und Eva zuerst den Kain und seine Zwillingsschwester Azrun, sodann den Abel und die Owain (Laphura)

---

[1] Haer. 39 Sethian. cp. 6.

[2] Chronograph. S. 13—15.

[3] Rönsch l. c. S. 340 f. Dillmann, Das christl. Adamsbuch des Morgen- landes, aus dem Aethiop. übersetzt in Ewalds Jahrbüchern V. 1853, S. 1—144.

[4] Vgl. G. Weil, Biblische Legenden der Muselmänner. Frkf. 1845, S. 38 f.

[5] Orthodoxograph. 1. Tom. p. 93, ed. 1569.

[6] Vgl. Euthymius Zigabenus, πανοπλία δογματική.

gezeugt haben. Da Kain nach dem Willen seiner Eltern die Owain hei=
rathen sollte, allein seiner schöneren Zwillingsschwester Azrun den Vorzug gab,
tödtete er seinen Bruder und wanderte mit seiner Schwester Azrun aus; der
nachgeborene Seth erhielt Abels Zwillingsschwester zur Frau. Bei Grego=
rius Barhebräus [1] finden wir dieselbe Erzählung, nur daß die Zwillings=
schwester des Kain Climia, jene des Abel Lebuda heißt.

Ein weiteres Apokryphon dieser Art, welches Ceriani [2] herausgegeben
hat, weiß viel von den Schicksalen unserer Stammeltern zu erzählen. Außer
Kain, Abel und Seth zeugte Adam 30 Söhne und 30 Töchter. Als Adam
im Alter von 930 Jahren über Mühe und Krankheit klagt, und seinen
Kindern den Ursprung derselben erklärt, will Eva ihm die Hälfte seiner
Mühen abnehmen, da er ja um ihretwillen dieß erdulde. Adam gebietet ihr,
mit Seth in die Nähe des Paradieses zu gehen, Staub auf ihre Häupter zu
streuen, und Gott um Erbarmung anzuflehen, daß er ihm durch seinen Engel
von dem Baume gebe, in welchem das Oel rinnt, und er durch das Salben
mit demselben genese. Dort angekommen, erhalten sie den Befehl, zurückzu=
kehren, da sie jetzt dieses Oel nicht erhalten. Bei ihrer Rückkehr klagt Adam,
daß Eva den ihr ganzes Geschlecht beherrschenden Tod über sie gebracht habe,
und befiehlt ihr, ihren Kindeskindern die Art ihrer Uebertretung zu erzählen.
Es folgen nun fabelhafte Berichte, wie die Leichname Adams und Abels von
den Engeln bestattet wurden. Sechs Tage nach dem Tode Adams starb auch
Eva, nachdem sie früher noch um die Gnade gebeten, an demselben Orte
mit Adam bestattet zu werden. Seth erhält nun von Michael den Auftrag,
sechs Tage zu trauern, am siebenten Tage aber sich zu freuen; denn an dem=
selben freute sich Gott und die Engel mit der geweihten Seele, welche von
der Erde hinweggenommen wurde. Als ein Bestandtheil der kleinen Genesis
erscheint das „Buch von Adams Töchtern“, welches vom Papste Gelasius
verworfen wurde; in demselben werden viele weibliche Nachkommen des Adam
mit Namen genannt und auch andern biblischen Frauen eine in den Gang der
Ereignisse bestimmend einwirkende und hervorragende Rolle zugeschrieben.

Während die bisweilen sagenhaft ausgeschmückten Angaben der Apo=
kryphenliteratur harmloser Natur sind, enthält der jüdische Talmud über das
erste Menschenpaar größtentheils nur Unfläthiges. Ich hebe aus dem Leben
Eva's nach Eisenmenger Folgendes hervor und füge noch Einiges bei: Nach
der Lehre des Talmud und der alten Rabbinen hat Gott nach Erschaffung
der Eva, welche er von Adam abgesägt, sie gewaschen, gesalbt, ihr ein Hemd
angezogen, die Haare geflochten, sie aufgeputzt, zu Adam geführt, mit dem=
selben im Beisein der Engel copulirt, und endlich mit ihr getanzt. Gott
selbst habe die Hochzeitdecke gemacht, dann über sie den Segen gesprochen,
wobei die Engel getanzt haben, ja das ganze himmlische Hausgesinde sei
herunter vom Himmel in's Paradies gestiegen [3]. Ueberhaupt werden 24 Schmuck=
gegenstände und die Schönheit Eva's hervorhebende Mittel hierbei ange=

---

[1] *Fabricius* l. c. S. 110.

[2] Monum. sac. et prof. Tom. V. fasc. 1. Mediol. 1868, S. 21—24 unter dem
Titel: Διήγησις καὶ πολιτεία Ἀδάμ etc.; vgl. Rönsch l. c. S. 470.

[3] Eisenmenger, Entd. Jud. l. c. I. S. 46 f.

wendet [1]. Selbst die Schönheit Sara's erscheint gegen das glanzstrahlende Antlitz Eva's wie ein Affengesicht [2]. Gott bereitete nun dem ersten Ehepaar eine kostbare Mahlzeit von Leckerbissen auf Tischen von Edelsteinen im Paradiese, wobei die Engel das Fleisch brateten und den Wein kühlten [3]. An demselben Tage, an welchem sie erschaffen worden sind, vereinigten sie sich im Paradiese und brachten vier, nach andern sieben Kinder zur Welt. Die Schlange, welche über Adam wegen der Eva eiferte, warf die monatliche Unreinigkeit in sie und verleitete sie hernach zum Essen der verbotenen Frucht. Eva, die von der Frucht genossen hatte, bestürmte den Adam so lange, bis er ebenfalls aß. Eva gab auch den Thieren davon zu essen, außer dem Vogel Chol. Die Menstruation der Eva soll von dem unreinen Samen des Teufels Sammael herrühren, welcher sie beschlafen habe; daraus sei nun die Seele des Kain gebildet worden, während Adam den Leib dazu zeugte. Als nun Eva aus der Gestalt des Kain gesehen hatte, daß er nicht von den untern Geschöpfen, sondern von der oberen Creatur war, sprach sie: ich habe den Mann von dem Herrn bekommen [4]. Zehnfach war die Strafe, welche Eva traf [5]. An demselben Tage ihrer Erschaffung und Sünde wurden sie aus dem Paradiese vertrieben. Gleichwie in den ersten 130 Jahren von dem Adam aus der Verbindung mit weiblichen Teufeln Teufel gezeugt worden sein sollen, so wurden auch von der Eva, welche sich mit Teufeln vermischt hat, Teufel geboren [6]. Doch war Eva nicht das erstgeschaffene Weib, sondern die Lilis oder Lilith, welche Gott nicht von Fleisch, sondern von der Unfläthigkeit und Hefen der Erde erschuf. Da sie dem Adam lauter Teufel gebar und auch die Kebsfrau des Teufels Sammael und somit selbst ein böser Geist wurde, nahm sie Gott von Adam weg und gab ihm an ihrer Statt die Eva [7]. Nach dem Tode Abels hat ein Rabe, welcher einen seiner Gesellen in einer Grube begrub, dem ersten Elternpaare die Art und Weise des Beerdigens gelehrt [8]. Schließlich berichtet der Talmud, wie Adam und Eva nicht haben zulassen wollen, daß Abraham sein Weib Sara in der Doppelhöhle zu Hebron begrabe. Als nämlich derselbe im Begriffe stand, sein Weib dort zu begraben, erhoben sich Adam und Eva aus ihrem Grabe und sprachen zu ihm: Warum sollen wir uns stets vor dem heiligen Gott wegen der Sünde, welche wir begangen haben, schämen müssen? Und ihr seid gekommen, uns noch mehr beschämt zu machen, daß wir uns wegen eurer guten Werke schämen müssen. Da antwortete Abraham: Siehe, ich nehme es auf mich, den heiligen Gott zu bitten, daß ihr euch nicht mehr schämen dürfet. Hierauf ging Adam wieder in seinen Ort, die Eva aber wollte damit nicht zufrieden sein, wieder in ihr Grab zu gehen, bis Abraham sie mit seinen Händen wieder zu Adam gebracht hatte. Darnach begrub Abraham die Sara. So haben sich, nach der Erklärung der Rabbinen, Adam und Eva, welche Geburten des Himmels und der Erde, nicht aber der Menschen sind, nur wegen der Gerechtigkeit des Abraham

---

[1] Midrasch Rabba, Gen. Ab. 17.
[2] Bab. Talm. Baba Batra S. 58.
[3] Eisenmenger l. c. S. 830 f.   [4] l. c. I. S. 97 u. 832.
[5] Babyl. Talm. Erubin S. 100.
[6] Eisenmenger l. c. II. S. 430.   [7] l. c. II. S. 413—418.   [8] l. c. S. 444.

geschämt, welcher ihnen Ruhm zuwege gebracht, damit sie sich in dem zukünftigen Leben nicht mehr schämen dürfen [1]. Gleichen diese nur wenigen Berichte des Talmud nicht pestartigen Dünsten, die einem schlammigen Morastsumpfe entsteigen?

Daß Adam und Eva von Gott in's Paradies versetzt wurden, erwähnt auch der Koran in der zweiten Sura. Durch die List des Dämon zum Falle gebracht, werden sie aus dem Paradiese vertrieben [2]. Geradezu lächerlich ist, was der Koran [3] über die mit ihrer ersten Leibesfrucht schwangere Eva und ihren ersten Sohn Abolhareth fabelt [4], wozu sich Jsmael Ebn=Aly [5] gesellt, der erzählt, daß Adam und Eva nach dem Sündenfalle nach Mekka gekommen, Eva dort (nach zwei Fehlgeburten) bei 100 Geburten jedesmal Zwillinge beiderlei Geschlechtes, sodann Abel und seine Schwester und endlich Kain und seine Schwester geboren habe.

Sowohl die christliche Poesie als Kunst haben gewetteifert, die vorzüglichsten Ereignisse an der Wiege des Menschengeschlechtes für sich auszubeuten. Das Hauptwerk auf dem Gebiete der Poesie ist Miltons „Verlorenes Paradies", eine ebenso weise als strenge Composition. Eva in ihrem Unschulds= zustande erscheint mild und majestätisch, ein Bild der Anmuth und des Adels; nach ihrem Falle wird sie furchtsam, verräth in ihren Worten eine gewisse Hinterlist, bleibt aber immer mächtig durch ihre Thränen; auch ließ ihr Gott nach ihrem Falle einige Reflexe ihrer früheren Glorie, welche um sie eine gewisse mit Schrecken gemischte Ehrfurcht verbreiten. Auch Dante in seiner „Göttlichen Komödie" kommt nicht selten auf das erste Elternpaar zu sprechen. Die Zeichen= und Malerkunst, sowie die Sculptur haben mit vielem Geschick die vorzüglichsten Details der Schöpfung, namentlich die Schicksale unserer Stammmutter behandelt. In den Katakomben [6] sieht man die beiden Stamm= eltern um den Baum (es ist wohl meist ein Feigenbaum) stehen, ganz un= bekleidet und bemüht, mit der Hand oder einem Blatte ihre Scham zu ver= hüllen. Auf einem Sarkophage im Lateran [7] ist neben Gott Vater und dem heiligen Geiste das Wort dargestellt, welches Eva aus der Seite des schla= fenden Adam bildet. Die folgende Gruppe stellt den Augenblick dar, wo die Schlange der Eva den Apfel darbietet. Zur Rechten Evens sehen wir Adam, zwischen Beiden den Herrn, unbärtig (den Erlöser); derselbe reicht dem Adam eine Garbe, denn im Schweiße des Angesichtes soll er sein Brot essen, der Eva dagegen gibt er ein Lamm, als Sinnbild ihrer künftigen häuslichen Arbeit am Spinnrocken und als Typus des Lammes Gottes, das die zweite Eva bringen soll. Die Sixtinische Kapelle, der Vatikan, die Thore des Baptisteriums zu Florenz, der Friedhof zu Pisa, die Portale vieler gothischer Dome (z. B. Rheims, Straßburg), die Glasmalereien der Münster, gothische Bibeln und Missale stellen einzelne Züge aus dem Leben unserer Stammmutter (Schöpfung, Versuchung, Fall und Reue) dar. Ghiberti, Nicolaus von Pisa, Michel=Angelo, Dominichino und Raphael haben theils mit ihrem Pinsel, theils mit dem Meißel die Freuden und Leiden des Para= dieses versinnlicht.

---

[1] Eisenmenger l. c. I. S. 893 f.
[2] Sura 5 u. 20, 113 f.   [3] Sura 7, 180 f.
[4] Siehe Maraccio, Refut. Alcor. I. S. 291.   [5] Siehe Maraccio l. c. S. 22.
[6] *Kraus*, Roma sotterran. Frbg. 1873, S. 240.   [7] *Kraus* l. c. S. 314.

§ 2. Die Frauen der Urpatriarchen.

Der Pentateuch und die übrigen heiligen Bücher des Alten Testamentes wurden nicht deßhalb verfaßt, um uns eine Universalgeschichte der Menschheit, oder eine Detailgeschichte des israelitischen Volkes insbesondere zu schildern, sondern sie dienen einem höheren Zwecke, nämlich die Wege der göttlichen Heilsprovidenz uns vor Augen zu führen. Ganze Jahrhunderte werden oft mit wenigen Federstrichen gezeichnet und eben nur die Hauptpersonen, welche auf den Heilsplan Gottes directen Bezug nehmen, hervorgehoben. Der Pentateuch berichtet uns von den Nachkommen des ersten Menschenpaares wenig. Von Kain, der aus Eden flüchtig wurde, wird uns bloß berichtet, daß „er sein Weib erkannte, welche empfing und den Henoch gebar[1]. Dieses Weib, welches dem Kain freiwillig in die Verbannung folgte, konnte nur eine Tochter Adams, mithin eine Schwester Kains sein. Sollte überhaupt das Menschengeschlecht von Einem Menschenpaare abstammen, so waren im Anfange Geschwisterehen unumgänglich nothwendig[2], denn die Kinder Adams repräsentiren nicht bloß die Familie, sondern zugleich auch die Gattung. Erst mit der Entstehung mehrerer Familien sonderten sich scharf die Bande der geschwisterlichen und ehelichen Liebe und gestalteten sich zu festen, unabänder-lichen Normen, deren Uebertretung Sünde ward[3]. Das Verbot der nahen verwandtschaftlichen Ehen ist nicht bloß in dem horror naturae, sondern auch darin begründet, daß das kindliche Verhältniß der Unterordnung und das geschwisterliche der Nebenordnung unverletzlich sind, und daß durch die Ver-mischung der einzelnen Familien eine umfassendere Einheit erzielt werde[4]. Der Autor berichtet uns nur die Geburt des Henoch, weil sich an ihn die Gründung der ersten Stadt (Dorf) knüpft. Beide, Sohn und Stadt, sind

---

[1] Gen. 4, 17.

[2] *Theodoretus*, q. in Gen. cp. 4. int. 43. *Dante*, göttl. Kom. Par. 26, 92: Dem (Adam) jede Gattin Schnur zugleich und Tochter.

[3] *Epiphanius*, cont. haer. l. 1. tom. 3: Necesse fuit illo tempore filios pro-priis sororibus copulari. Non enim erat hoc iniquum, quoniam nullum aliud genus erat . . . Et quandoquidem geniti sunt filii Adam et filii filiorum et ex his filiae per generis successionem genitae sunt, de cetero non amplius sorores suas in uxo-res duxerunt. Sed ad bonam legem devenit, etiam ante conscriptam per Mosem legem pudicarum nuptiarum ritus et ex patruis suis uxores sibi ducebant. *Aug.*, Civ. Dei l. 15. cp. 16: Cum nec essent ulli homines, nisi qui ex illis duobus nati fuissent, viri sorores suas conjuges acceperunt: quod profecto quanto est antiquius compellente necessitate, tanto postea factum est damnabilius religione prohibente. *Chrysost.* ad Gen. 4, 7: Nam quia initia erant debebatque augeri humanum genus, sorores ut acciperent concedebatur.

[4] *Aug.*, Civ. Dei l. c.: Habita est enim ratio rectissima caritatis, ut homines, quibus esset utilis atque honesta concordia, diversarum necessitudinum vinculis necterentur, nec unus in uno multas haberet, sed singulae spargerentur in sin-gulos, ac sic ad socialem vitam diligentius colligandam plurimae plurimos obtine-rent . . . Consobrinorum prohibita sunt conjugia non solum propter multiplican-das affinitates . . . sed etiam, quia nescio, quomodo inest humanae verecundiae quiddam naturale atque laudabile, ut cui debet causa propinquitatis reverendum honorem, ab ea contineat, quamvis generatricem, tamen libidinem, de qua erubes-cere videmus et ipsam pudicitiam conjugalem.

ihm, dem Verbannten (Kain), der grundlegende Anfang einer eigenen, von ihm ausgehenden Geschichtsentwicklung. Da Kain die Einheit in Gemeinschaft mit Gott verloren, sucht er als Ersatz seinem Geschlechte einen andern Ein= heitspunkt zu verschaffen, welcher auf die Entwicklung des Weltsinnes und der Gottlosigkeit hinausläuft[1]. Was die Apokryphen über Kains Weib be= richten, haben wir bereits oben vernommen.

Diese kainitische Richtung vollendet sich in Lamech, dem siebenten Gliede in der Linie Kains: „Dieser nahm zwei Frauen; der Name der einen war Ada, und der Name der zweiten war Zilla (Vulg. Sella)[2]. Lamech war also der Erste, welcher die Bigamie einführte, dadurch das schöpferische Grund= gesetz der Ehe in Augen= und Fleischeslust verkehrte, und somit auch den Grund zur Polygamie mit allen ihren Greueln legte[3]. Auf sinnlichen Reiz deuten schon die Namen dieser Weiber hin; denn Ada heißt die Geschmückte und Zilla die Schattige oder Anmuthige. Auch die Söhne dieser beiden Frauen werden angeführt. „Ada gebar den Jabel, den Vater der Zelt= und Herdebewohner, und den Jubal, den Erfinder der Musik auf Saiten= und Blasinstrumenten. Zilla gebar den Tubalkain, den Erfinder der Metallwerk= zeuge, und eine Tochter Namens Naama."[4] Die von den Kainiten gemachten Erfindungen der Künste und Wissenschaften bestätigen den auf Verschönerung und Vervollkommnung des Weltsinnes derselben gerichteten Sinn und das Streben derselben. Während die Kinder der Verheißung in der sethitischen Generation ihre Gedanken, ihr Streben und überhaupt ihr ganzes Leben auf Gott richteten und im eigenen Herzen ihre Befriedigung fanden, suchte das kainitische Geschlecht, welches den inneren Frieden und die Gemeinschaft mit Gott verloren hatte, das Ziel im Sinnlichen und Sichtbaren. Es ist von culturhistorischer Bedeutung, daß die hauptsächlichsten Gewerbe und Künste von den im Weltdienste stehenden Kainiten erfunden worden sind. „Es liegt," wie Delitzsch[5] sagt, „ein magischer Zug in allen Künsten und Wissenschaften, welcher das Herz von der Einfalt in Gott zu verrücken und in die Bande der Natur, des Fleisches, des Weltlebens zu verstricken sucht." Alle mensch= lichen Fähigkeiten und Anlagen wurden von der Sünde durchzogen und sind in ihrem Dienste entweiht worden. Nichtsdestoweniger sind alle Erfindungen und Künste Gemeingut der Menschheit geworden, weil sie der Heiligung fähig sind, und in diesem geheiligten Zustande zur Ehre Gottes verwendet werden können. Auch in dem Namen der Tochter Naama, d. i. die Liebliche,

---

[1] *Gregor.* lib. Mor. 16, 6: Mali in terris, boni in coelis civitatem deligunt. Ueber die Richtung und Beschaffenheit dieser beiden Linien vgl. *Aug.*, Civ. Dei l. 14 cp. 28 u. l. 15. cp. 1. 2. 4. 5. 17. 21.

[2] Gen. 4, 19.

[3] *Hieron.*, ep. 79 (al. 9) ad Salv.: Primus Lamech maledictus unam costam divisit in duas (l. c. Jovian.: unam carnem in duas divisit uxores) et plantarium digamiae protinus diluvii poena subvertit. Cfr. ep. 123 (al. 11) ad Ageruch. *Tertullian.*, lib. de exh. cast. cp. 5: Numerus matrimonii a maledicto viro coepit. Primus Lamech duabus maritatus tres in unam carnem effecit; und lib. de mono- gam.: Semel vim passa institutio Dei per Lamech, constitit postea in finem usque gentis illius. Secundus Lamech nullus exstitit, quomodo duabus maritatus.

[4] Gen. 4, 21. 22.

[5] Comm. über die Genes. 4. Aufl. Leipzig 1872. S. 176.

Huldreiche, spiegelt sich der Weltsinn ab; in ihr beginnt die sinnliche Schön=
heit ihre verführerische Macht zu üben und auch diejenigen, welche bisher in
der Gesinnung des Geistes gewandelt, in ihr Zaubernetz zu verstricken.
Welcher Gegensatz liegt in dieser Namengebung, gegenüber jenen Namen,
welche Adam und Eva ihren Kindern gaben! Die Hoffart und der trotzige
Uebermuth Lamechs, dessen Kraft sein Gott ist [1], sprechen sich in dem Schwert=
liede aus, mit welchem er die Erfindung des Tubalkain vor seinen Weibern
besingt:

> „Ada und Zilla, höret meine Stimme!
> Ihr Weiber Lamechs, vernehmet meine Rede!
> Fürwahr, Männer schlag' ich nieder für meine Wunde
> Und Jünglinge für meine Strieme;
> Denn siebenfach wird Kain gerächt,
> Und Lamech wird's siebenundsiebenzigfach." [2]

Mit diesem Triumphgesang schließt die kainitische Urgeschichte beim siebenten
Gliede ab. Nicht braucht Lamech um Schutz sich an Gott zu wenden, er
kann sich denselben selbst gewähren. Darum wendet er sich an seine ihm
gleichgesinnten Weiber, damit sie mit ihm über solche Kinder sich freuen.
So beginnt also das kainitische Geschlecht mit einem Brudermörder und schließt
mit einem Mordliede. Lamechs Generation schwelgt in Ueppigkeit, Musik
und Gesang. Das erste in Poesie gekleidete Lied ist also nicht dem Lobe
Gottes, sondern der Verherrlichung der Mordwaffe, der Selbstvergötterung
geweiht. Von diesem stolzen, übermüthigen Geschlechte, welches in Lamechs
Familie den Höhepunkt der Gottlosigkeit erreicht, und welches auch keine
bleibende Zukunft hat [3], geht Moses zu den gottesfürchtigen Nachkommen
Seths über; während er bei diesen bloß bemerkt, sie haben Söhne und Töchter
gezeugt, und kein Weib namentlich anführt, werden in der kainitischen Linie
(Lamech) die Weiber, ihre Reize und Künste angegeben, ohne Zweifel, um
zu zeigen, daß nicht bloß in die männlichen, sondern auch in die weiblichen
Kreise, mithin in das ganze Familienleben derselben, die Gottlosigkeit und
der Weltsinn eingedrungen seien, und daß die kainitischen Frauen auch bald
die Sünde in das sethitische Geschlecht verpflanzten [4]. Nur ganz verweltlichte
und sinnliche Frauen waren im Stande, eine Bigamie einzugehen, welche ihre
sittliche Würde herabdrückte. Die kainitische Linie schließt mit einem Weibe
(Naama) ab, welche durch ihren Namen die fleischliche Wollust kennzeichnet,
die in diesem Geschlechte herrschte, vielleicht zum Zeichen, daß die Sünde des
ersten Weibes ganz besonders im weiblichen Geschlechte der Kainiten fort=

---

[1] Hab. 1, 11.   [2] Gen. 4, 23. 24.
[3] *Aug.*, Civ. Dei 15, 17.
[4] *Aug.* l. c.: Octava est generatio in filiis Lamech, in quibus commemoratur
et femina. Ubi eleganter significatum est, terrenam civitatem usque in sui finem
carnales habituram generationes, quae marium feminarumque conjunctione proveniunt. Unde et ipsae, quod praeter Evam nusquam reperitur ante diluvium,
nominibus propriis exprimuntur uxores illius hominis, qui nominatur hic novissimus pater. *Isidor. Hisp.*, qu. in Gen. cp. 6: Notandum, quod in progenie Seth
nulla ibi genita femina nominatim exprimitur, sed tantum in progenie Cain femina
commemoratur. Quo significatur terrenam civitatem usque in finem sui carnales
habituram generationes, quae marium et feminarum conjunctione proveniunt.

wucherte, zur Reife gebracht wurde und auch das Gottesgeschlecht bis auf einen winzigen Rest in die Tiefe des Verderbens hinabzog [1].

Die kleine Genesis [2] führt die Frauen der Urpatriarchen mit Namen an, welche wir hier der Curiosität wegen wiedergeben. „Henos nahm seine Schwester Noamha zum Weibe, Kainan heirathete seine Schwester Mualelith (bei Syncellus Maleth), Malalel aber die Dina, die Tochter des Borakihel, die Schwestertochter seines Vaters, Jared die Baraka, die Tochter des Rasuail, die Tochter der Schwester seines Vaters, Henoch die Abni, die Tochter Danials, die Tochter der Schwester seines Vaters, Methusalah die Abin, die Tochter des Azrael, die Schwestertochter seines Vaters, Lamech die Bithanos, die Tochter des Barakel, die Schwestertochter seines Vaters." Absonderliches erzählt der Talmud von Lamech; er soll blind gewesen und von seinem Sohne Tubalkain geführt worden sein. Als er einst auf freiem Felde lustwandelte, und sein Sohn ihm sagte, er solle den Bogen spannen, weil ein wildes Thier herankomme, so that er dieß und erlegte das Thier. Als sie aber dasselbe besichtigten, sahen sie (also auch der blinde Lamech?), daß es Kain, ihr Urahn sei. Darob wurde Lamech zornig und tödtete seinen Sohn. Von nun an haßten Lamechs Weiber ihren Mann, sonderten sich von ihm ab und suchten ihn zu tödten. Deßwegen kam Lamech zu ihnen, hielt bei ihnen an, daß sie ihm Gehör geben, und sprach: „Ihr Weiber Lamechs, höret meine Rede" u. s. w. [3] Die Naama, Schwester des Tubalkain, soll nach dem Talmud ein Weib des Sammael und der Teufel Mutter, oder, wie ein anderer Bericht sagt, das Weib des Schomron und des Aschmedai Mutter gewesen sein, woher die Teufel geboren werden [4].

Das sittliche Verderben nahm bei der schlechten und gottentfremdeten Richtung des kainitischen Geschlechtes immer mehr überhand und wurde namentlich durch die eheliche Verbindung der Sethiten mit den Kainiten allgemein; denn die heilige Schrift berichtet: „Und es geschah, als die Menschen anfingen, sich zu vermehren auf der Erde, und ihnen Töchter geboren wurden, da sahen die Söhne Gottes die Töchter der Menschen, daß sie schön seien, und nahmen sich Weiber von allen, die ihnen gefielen... Es waren Riesen auf der Erde in diesen Tagen und auch nachher, als die Söhne Gottes zu den Töchtern der Menschen kamen, wurden sie ihnen geboren, es sind die Helden, welche von Alters her Männer des Ruhmes waren." [5] Diese wichtige und schwierige Stelle hat eine förmliche Literatur hervorgerufen [6]; es handelt sich hier nämlich darum, was unter den Worten: Söhne Gottes und Töchter der Menschen, zu verstehen ist. Die Ansichten hierüber theilen sich in zwei Klassen: Die Einen verstehen unter den Söhnen Gottes die Engel, welche mit menschlichen Frauen sich vermischt und das Gigantengeschlecht

---

[1] *Aug.*, Civ. Dei 15, 20: Numerus femina clauditur, a quo sexu initium factum est peccati, per quod omnes morimur. Commissum est autem, ut et voluptas carnis, quae spiritui resisteret, sequeretur. Nam et ipsa filia Lamech Noema voluptas interpretatur. *Isidor.* l. c. n. 30.

[2] Kap. 4 bei Dillmann in Ewalds Jahrb. II. J. S. 240.

[3] Eisenmenger, Entb. Jud. I. S. 470.   [4] Eisenmenger, l. c. II. S. 416.

[5] Gen. 6, 1—4.

[6] L. Reinke, Beiträge zur Erkl. des A. T. Münster 1863. 5. Bd. S. 91 f.

erzeugt haben, während Andere an die frommen Gottesverehrer der sethitischen Linie denken, welche, durch die Schönheit der kainitischen Töchter verlockt, mit diesen Ehen eingingen und große, starke Menschen erzeugt haben. Die Ersteren halten die Engel entweder für gefallene Engel oder Dämonen, oder für gute Engel, welche durch die fleischliche Vermischung mit menschlichen Frauen eines Sündenfalles schuldig geworden sind. Diese Ansicht ist schon im hohen Alterthume vielfach verbreitet gewesen. Wir finden sie bei Philo [1], Josephus Flavius [2], in mehreren Apokryphen [3], in der späteren jüdischen Hagada [4], bei den ältesten Kirchenvätern [5] und vielen neueren protestantischen Exegeten. Diese Ansicht stützte sich namentlich auf das Buch Henoch, welches im dritten Jahrhunderte als apokryphisch verworfen wurde, auf Brief Juda 6, 2 Pet. 2, 4 und die Lesart ἄγγελοι τοῦ θεοῦ des codex Alexandrinus, wozu gewiß die alexandrinische und platonische Philosophie, sowie die heidnische Anschauung über die Vermischung der Götter mitwirkte.

Jedoch die allein richtige Erklärung ist diejenige, welche unter den Engeln Gottes das Gottesgeschlecht der Sethiten versteht; wir finden diese in den clementinischen Recognitionen (I, 29), in dem christlichen Adamsbuche [6], bei Julius Africanus, den meisten Vätern [7], bei den katholischen und den meisten neueren protestantischen Auslegern [8]. Bei der größeren Ausbreitung des Menschengeschlechtes ergaben sich die frommen Sethiten allmählich den schönen, wollüstigen Töchtern der Kainiten, durch deren eheliche Verbindung der Unterschied der beiden sittlich verschiedenen Geschlechter sich verwischte und so das göttliche Leben vom Weltleben verschlungen wurde. Einen Mittelweg suchten diejenigen einzuschlagen, welche unter den Gottessöhnen die Söhne der Fürsten und unter Töchtern der Menschen solche von Leuten niedrigen Standes verstehen [9].

Der Ausdruck „Söhne Gottes" bezeichnet das innige, nähere Verhältniß, in welchem die frommen Sethiten zu Gott standen, und kommt im Alten Testamente nicht selten vor [10]. Da die Sethiten länger als die Kainiten in

---

[1] De Gigantibus.

[2] Ant. I. 3, 1.

[3] Im Buche Henoch, übers. von Dillmann. 1853, S. 3. Das Testament der zwölf Patriarchen, test. Rub., das Buch der Jubiläen, bei Dillmann l. c. cp. 4.

[4] Z. B.: Midrasch Abschir.

[5] *Justinus*, Apol. I. § 5. *Athenagoras*, leg. pro Christ. 24. *Clemens Alex.* paed. 3, 2. Strom. 3, 1; 7, 7. *Tertullian.*, de idol. cp. 9; de veland. virg. c. 7; adv. Marc. 5, 18. *Tatian.*, or. cont. Graec. c. 12. *Cyprian.*, de disc. et hab. mul. c. 11. *Lactantius*, inst. div. 2, 15. *Ambros.* l. 1 de virg., de Noe et arca cp. 4. *Eusebius* l. 5. de praep. evang. c. 4. *Methodius, Sulpitius Severus, Irenaeus*, l. 4. cont. haer. c. 16.

[6] Dillmann l. c. S. 100.

[7] *Philastrius*, de haer. cp 59. *Chrysost.* hom. 22 in Gen. *Theodoret.* inter. 47. in Gen. *Cyrillus Alex.*, cont. Jul. c. 9; lib. 2. glaph. in Gen. *Aug.*, Civ. Dei 15, 23. *Hilarius* u. A. Ueber Hieronymus vgl. P. Scholz, Die Stellung des Hieronymus zur Erklärung Gen. 6, 1—4 in Oesterr. Vrtljschr. für kath. Theol. 1866, S. 341.

[8] Siehe Reinke l. c. S. 120 f. Vgl. auch P. Scholz, Die Ehen der Söhne G. mit den Töchtern der Menschen. 1865.

[9] So Onkelos, Pseudojonathan, Aquila, Symmachus, Saadia, der samaritanische Uebersetzer, Aben-Esra, Raschi.

[10] Vgl. meine Theologie der Proph. des A. T. Jbg. 1877. S. 21.

der Verehrung Gottes sich erhielten, und das göttliche Ebenbild durch ein Leben in Gerechtigkeit vor Gott bethätigten, dagegen bei den Kainiten das weibliche Geschlecht namentlich der Fleischeslust ergeben war, so erklärt sich aus diesem Gegensatze der Gebrauch der Bezeichnung Kinder Gottes gegenüber den weltlich gesinnten Töchtern der Menschen. Hatten ja, wie wir oben gesehen, die Kainiten die Einheit in Gott verloren und suchten im Genusse sinnlicher Freuden den verlorenen Frieden ihres Herzens zu ersetzen. „Bei der herrschenden sinnlichen Macht, welche die Frauen übten," sagt Veith[1], „konnte im Gegensatze zur Polygamie, als der andere Pol der entfesselten Sinnlichkeit, die Polyandrie nicht ausbleiben." So ging die Universalität des Uebels von dem weiblichen Geschlechte aus, welches das göttliche Leben in den bisher gottergebenen Sethiten vollends erstickte[2]. Das Laster und die Gottlosigkeit wirkt jederzeit ansteckend. Der Ausdruck „ein Weib nehmen" ist stehender Ausdruck der von Gott geordneten ehelichen Verbindung und wird nicht von der πορνεία gebraucht, wodurch die Engeldeutung ausgeschlossen wird, denn die Engel können, wie Christus sagt, keine Ehen eingehen, noch heirathen[3]. Allerdings können die Engel und gefallenen Geister mit Zulassung Gottes Leiber annehmen, aber keineswegs die ihrer Natur fehlende Potenz zur Zeugung und Fortpflanzung ihres Geschlechtes erwerben. Bis jetzt ist noch nicht erwiesen, daß die Engel durch Ausartung zeugungsfähig werden können. Damit stimmt auch das göttliche Urtheil überein, welches nicht auf Engel, sondern nur auf Menschen paßt; Gott will nämlich dem sittlich verkommenen Menschengeschlechte seinen göttlichen Lebensgeist entziehen und dadurch ihrem Treiben ein Ende machen; denn in der Verirrung ist der Mensch ganz Fleisch, d. h. dem Fleische anheimgefallen und somit unfähig, durch den Geist Gottes wieder zu Gott zurückgeführt zu werden[4]. In solche Verirrung sind die Menschen gerathen, daß die Gottessöhne nur auf äußere Gestalt und Schönheit, nicht aber auf die innere Herzensrichtung sahen und mit den üppigen Weibern der Kainiten sich verbanden.

Man hat in den Giganten oder Riesen, als den Kindern dieser widergöttlichen Verbindung, einen weitern Grund für die Engeldeutung gefunden. Allein der Text bezeugt, daß schon vor diesen Ehen das Riesengeschlecht bereits vorhanden war, welches von jenen Riesen unterschieden wird, die von den Sethiten und Kainitinnen erzeugt wurden. Sie werden Nephilim, Giganten oder Helden genannt, entweder von ihrer athletischen Kraft und Stärke, oder von ihren räuberischen Ueberfällen. „Frauen zügellosen Gelichters," schreibt Veith[5], „und Männer, die vom Himmel, d. h. aus der Region des übersinnlichen Glaubenslebens, in den Sumpf gemeiner Sinnenlust herabgefallen, diese waren es, aus deren ehebrecherischen Verbindungen die Nephilim hervorgingen. Bei einem Gezüchte solcher Menschen, in welchen das Gewissen beinahe verstummt, das Gesetz des Geistes von jenem des Fleisches unterdrückt

---

[1] Die Anfänge der Menschenwelt. Wien 1865. S. 316.

[2] Nach dem christlichen Adamsbuche (S. 95) sprangen die Kainitinnen auf die Sethiten los wie Raubthiere und ebenso die Sethiten auf die Kainitinnen und sie verunreinigten sich mit ihnen.

[3] Matth. 22, 30. Mark. 12, 25. Vgl. Luk. 20, 34 f.   [4] Gen. 6, 2.

[5] Anfänge l. c. S. 318.

war, konnte die Natur unbehindert die volle plastische Macht entwickeln, wie sie in jenen gewaltthätigen, als Helden angestaunten Menschen zu Tage trat, bei denen man übrigens kein enormes Riesenmaß anzunehmen nöthig hat." Da nun die Ruchlosigkeit der Menschen groß war, und die Herzensgedanken derselben ausschließlich böse, da beschloß Gott, durch ein allgemeines Gericht, die Sündfluth, die ganze Menschheit bis auf eine Familie vom Erdboden zu vertilgen[1], um aus dieser ein neues Geschlecht zu erbauen. Nur Noe, sein Weib, seine drei Söhne und deren Weiber, im Ganzen acht Personen[2], wurden in der Arche gerettet[3]. Nach Trockenlegung der Erde verließen dieselben wieder auf Gottes Geheiß die Arche[4]. Nach dem christlichen Adamsbuche hieß die Frau des Noe Haikal und war eine Tochter des Abaraz, von den Töchtern der Söhne des Enos, die in das Verderben gerannt waren[5]; nach Eutychius[6] war die Haikal eine Tochter des Namus, des Sohnes Henochs, des Bruders Methusalahs. Epiphanius[7] schreibt, daß weder die in der hellenischen Sage auftretende Pyrrha, noch die von den Gnostikern erfabelte Noria (ignea), sondern Barthenos (Bathenos, d. i. Tochter des Enos) die Frau des Noe gewesen sei. Nach der kleinen Genesis[8] nahm Noe sich ein Weib Namens Emzarah, die Tochter Rakiels, die Tochter seiner Schwester (?), und zwar im ersten Jahre der fünften Woche, die im dritten Jahre den Sem, im fünften den Ham und im ersten Jahre der sechsten Woche den Japhet ihm gebar. Nach Anderen[9] hieß sie Noema, auch Tithea (nutrix hominum) oder Tethiri, oder Tithlea. Nach dem Targum hierosol. soll sie die Erfinderin der Dichtkunst und des Gesanges gewesen sein. Auch die erythräische Sibylle Sambethe bekennt sich als die Braut Noe's: „Als die Welt überschwemmt war von dem Gewässer und Ein Mann allein, ein Bewährter nur übrig in dem gezimmerten Haus ... da war ich die Braut desselben und seines Geblütes... Darum muß aus meinem Mund das Alles als Wahrheit gesagt sein."[10] Der Koran[11] zählt die Frauen des Noe und Lot unter die Ungläubigen, welche ihre Männer täuschten und deßhalb einst in's Höllenfeuer eingehen. Nach Gelal hieß sie Bahela.

Auch die Namen der Weiber der drei Söhne Noe's nennen uns die Apokryphen. Nach Eutychius[12] hieß das Weib des Sem Salit, des Ham Nahlat, des Japhet Arisisah, sämmtlich Töchter des Mathusalech. In der kleinen Genesis[13] treten andere Namen auf. Das Weib des Ham hieß Neelatamek, des Japhet Adotanelek und des Sem Sedukatelbab; die von jenen erbauten Städte erhielten von diesen Frauen ihre Namen. Auch das Adamsbuch[14] berichtet, daß die drei Söhne Noe's Weiber von den Töchtern Methu-

[1] Gen. 6, 5—7.   [2] 1 Petr. 3, 20.   [3] Gen. 7, 7. 13. 23.   [4] Gen. 8, 16. 18.
[5] Dillmann, Adamsb. l. c. S. 98.
[6] Annal. u. Clement. aethiop.
[7] Cont. haer. l. 1. Tom. 2.
[8] Dillmann, l. c. S. 241.
[9] Vgl. Fabricius. Cod. pseud. I. p. 274 sq.
[10] J. Friedlieb, Die sibyll. Weissagungen. Leipzig 1852. 3. Bd. v. 822—828. S. 89. Vgl. Fabric. l c. p. 278.
[11] Sura 66, 10.
[12] Annal. T. 1. p. 35.
[13] Kap. 7. Dillmann l. c. S. 247.   [14] Dillmann l. c. S. 99.

salahs heiratheten, wie die 72 weisen Dolmetscher uns überliefert haben; in der Arche wies Noe den Weibern die westliche Seite des dritten Stockwerkes an, während er mit seinen Söhnen bei dem Körper Adams auf der östlichen blieb [1] und während dieser Zeit die eheliche Vereinigung [2] mied. Ferner soll Noe noch ein anderes Weib (woher?) geheirathet und mit ihr sieben Söhne gezeugt haben [3]. Eine armenische Tradition erwähnt Astlice als einer Tochter Noe's, welche die Nachkommen Japhets als Göttin verehrten und ihr im Thale Kahewa-jan, wo Noe nach der Fluth das erste Opfer darbrachte, einen Tempel erbauten.

Daß die Enkel Noe's unter einander sich verheiratheten [4], bedarf wohl keiner Erwähnung. Nach dem Berichte des Achmed, eines Sohnes Muhammeds [5], war Enac, eine Tochter Adams, die Mutter des Riesengeschlechtes und namentlich des Og, sowie die erste Hure auf der Erde; ihre Finger waren drei Ellen lang und zwei Ellen breit und mit doppelten Klauen nach Art einer Säge versehen. Als sie zu huren anfing, schickte Gott gegen sie riesige Löwen, Wölfe und Adler, welche sie tödteten und verzehrten.

§ 3. Die Frauen Abrahams.

Bevor Moses von der Universalgeschichte der Menschheit zur Particular-offenbarung Gottes dem Volke Israel gegenüber, beziehungsweise zu der dieselbe einleitenden Patriarchengeschichte übergeht, sendet er als Vorbereitung die genealogische Linie der Urahnen des Volkes Israel voraus. Terach (Vulg. Thare) hatte drei Söhne: Abram, Nachor und Haran; letzterer zeugte den Lot und zwei Töchter, Milca (Melcha) und Jisca (Jescha), starb aber noch vor seinem Vater. Obgleich an letzter Stelle genannt, scheint Haran doch der älteste und Abram der jüngste Sohn Terachs gewesen zu sein; der Autor setzte aber Abram wegen seiner Bedeutsamkeit für die Heilsgeschichte an erster Stelle und veränderte die so von unten aufsteigende Reihenfolge der Söhne Terachs. Nachor und Abram nahmen sich Frauen aus der Verwandtschaft und zwar Nachor die Milca, die Tochter seines Bruders, und Abram die Sarai [6], welche nach Gen. 20, 12 eine Halbschwester Abrams von demselben Vater, aber von einer anderen Mutter war. Diese Worte bleiben etwas dunkel. Die älteren Erklärer [7] halten Sarai identisch mit Jisca [8] und behaupten, daß Thare zwei Frauen hatte und mit der ersten den Haran und mit der zweiten den Nachor und Abram zeugte, Nachor und Abram aber die Töchter ihres ältesten Halbbruders, und zwar Nachor die ältere Milca und Abram die jüngere Jisca (auch Sarai genannt) heiratheten. Das Wort בת (Tochter, in Gen. 20, 12) ist sodann im weitern Sinne als Enkeltochter zu

[1] Dillmann l. c. S. 105.   [2] L. c. S. 107.   [3] L. c. S. 109.

[4] *Theodoretus*, q. in Gen. 4. 5 int. 43: Et ob id una cum Noe et filiis ejus Deus conservavit eorum uxores in arca, ut eorum liberi consobrinis copularentur.

[5] *Marraccio*, Alcor. I. p. 231.

[6] Gen. 11, 25 ff.

[7] Josephus Fl., Talmud, Targum., Hieronymus adv. Helv., Ephraemus, Procopius. *Aug.* l. 22. cont. Faust. cp. 35; cont. mendac. art. 23.

[8] Jisca, d. i. die Beschauerin, weil alle ihre Schönheit beschauten, was auf Sarai passen würde.

erklären; Haran (und somit auch seine Tochter) sowohl als Abram hatten dem=
nach denselben Vater, nicht aber dieselbe Mutter. Der hl. Augustinus lehrt
zugleich an erster Stelle, daß Ehen auch zwischen Halbschwestern in jener
Zeit verboten gewesen seien. Dagegen behaupten Andere, daß Sarai wirklich
die Halbschwester Abrams gewesen, indem Sarai ebenso wie Abram von
Terach, nur aus einer andern Mutter erzeugt worden sei. Eutychius[1]
berichtet, daß Terach mit seinem Weibe Yuna den Abram erzeugt, nachdem
dieselbe aber gestorben war, ein zweites Weib, die Tohwait geheirathet und
aus ihr die Sarai erzeugt habe. Daß Ehen zwischen Geschwistern, die ver=
schiedene Mütter haben, durch das Naturgesetz erlaubt gewesen seien, behaupten
nach Clemens Alexandrinus[2] Cajetanus und Calmet. Unhaltbar ist die
Ansicht Ewalds, daß Jisca, die Schwester Lots, dessen Weib geworden sei.
Wenn Sarai die Schwiegertochter Terachs genannt wird[3], so erklärt sich
dieses einfach daraus, daß sie eben nicht als Tochter (Enkelin), sondern als
Abrams Weib mit Terach von Ur weggezogen ist. Mit Rücksicht auf die
späteren Führungen wird bemerkt, daß Sarai unfruchtbar war und keine
Kinder hatte[4]. Die Ehen in nächster Verwandtschaft sind in den Zeit=
verhältnissen begründet, indem die Bewohner Chaldäa's schon im Götzendienste
versunken waren und die reine Gottesverehrung nur noch in der Familie des
Terach gefunden wurde, obgleich auch hier schon der Götzendienst sich einzu=
schleichen begann[5]. Der Verheißungsstamm konnte und durfte aber nur
gottgeweihte Ehen eingehen, um auch gottgefällige Kinder zu erzielen.

Als Abram, dem Rufe des Herrn folgend, sein Vaterland verließ und
nach Canaan zog, nahm er sein Weib und seines Bruders Sohn Lot sammt
allem Eigenthume mit, wohl ein Zeichen, daß Alle von frommer Gesinnung
beseelt gewesen seien. Der hl. Chrysostomus[6] lobt den Eifer der Sarai, daß
sie freudig mit Abram ihre Heimath verlassen und die Beschwerden der Reise
geduldig ertragen habe. Kaum hatte Abram das seinem Samen verheißene
Land durchzogen, so nöthigte ihn eine Hungersnoth, dasselbe zu verlassen und
in Aegypten seine Zuflucht zu suchen. Hier hatte sein Glaube eine harte
Probe zu bestehen, die ihn lehren sollte, daß irdische Klugheit zu Schanden
wird und einzig nur im Herrn die Rettung aus der Gefahr zu finden ist.
Als er sich nämlich Aegypten näherte, sprach er zu Sarai: „Ich weiß, daß
du ein schönes Weib bist, und daß die Aegyptier, wenn sie dich sehen, sagen
werden: sie ist sein Weib; und sie werden mich tödten, dich aber leben lassen.
So sage also, ich beschwöre dich, du seiest meine Schwester, damit es mir
wohlgehe um deinetwillen, und ich lebe deinethalben."[7] Diese Verabredung
hatte übrigens Abram mit ihr schon vor der Einwanderung nach Canaan
für alle Fälle getroffen[8], weil er die Sittenlosigkeit dieser heidnischen Völker
ahnen konnte. Sarai war damals[9] 65 Jahre alt, allerdings ein ziemlich
hohes Alter; allein da sie ein Alter von 127 Jahren erreichte[10], so stand sie
damals in der Mitte ihres Lebens, und da ihre Lebenskraft und Frische durch

---

[1] Annal. p. 64.
[2] Strom. 2.
[3] Gen. 11, 31.   [4] Gen. 11, 30.   [5] Jos. 24, 2
[6] In Gen. hom. 32.
[7] Gen. 12, 11—13.   [8] Gen. 20, 13.   [9] Gen. 17, 17; col. 12, 4.   [10] Gen. 23, 1.

Geburten noch nicht geschwächt war, so konnte ihre Schönheit noch frisch und hervorragend sein, besonders im Vergleiche mit den farbigen und minder von der Natur bevorzugten Frauen Aegyptens. Ueber die Beschaffenheit dieser Verabredung wurde schon von den heiligen Vätern vielfach disputirt. Der Manichäer Faustus nennt Abram einen infamem nundinatorem pudicitiae uxoris suae[1], auch Origenes[2] beschuldigt ihn der Lüge und daß er die Keuschheit seiner Frau der Gefahr ausgesetzt habe, und Chrysostomus[3] findet, daß diese That nicht ganz zu entschuldigen sei, durch welche Abrams Frau der Gefahr des Ehebruches ausgesetzt wurde. Ein milderes Urtheil fällen darüber Ambrosius[4], Augustinus[5] und Hieronymus, welche Abram von der Lüge lossprechen und lehren, er habe nur das Wahre verschwiegen, ohne dabei Falsches zu sagen, da Sarai ja seine nächste Verwandte war. Da sowohl sein Leben als die Tugend seiner Frau auf dem Spiele stand, so suchte er das kleinere Uebel zu wählen, um sich zu retten. Was die Tugend der Sarai betraf, so kannte Abram dieselbe als ein tugendhaftes Weib und überließ die Beschützung derselben allein dem Herrn, in welchem festen Vertrauen er sich auch nicht täuschte.

Was Abram ahnte, geschah. Als nämlich die Aegyptier die Schönheit der Sarai ihrem Könige priesen, ließ dieser sie in sein Haus wegführen, offenbar um sie zum Weibe zu nehmen, den Abram aber reich beschenken[6]. Da legte sich nun Gott selbst in's Mittel, um das preisgegebene Weib, die Stammmutter des verheißenen Samens, vor der Entweihung zu schützen; er schlägt Pharao und sein Haus mit großen Plagen, welche derart waren, daß einerseits Sarai vor der Berührung ihres Leibes geschützt wurde, anderseits aber Pharao in denselben die göttliche Strafe wegen seines Verhältnisses zur Sarai erkennen konnte[7]. Sicherlich hat Pharao hierüber die Sarai selbst befragt und durch sie erfahren, daß sie nicht bloß Abrams Schwester, sondern auch sein Eheweib sei. Nach der Ansicht des hl. Chrysostomus[8] soll Pharao darüber von Gott selbst belehrt worden sein. Pharao gibt nun dem Abram unter Vorwürfen über seine unwahre Angabe sein Weib zurück und ließ sie unter Geleite aus dem Lande ziehen[9]. Abram vermag nichts zu seiner Entschuldigung vorzubringen, schweigt und erkennt darin reuig seine Schwäche. Es ist dieß eine Gottesthat, die ebenso, wie sie den Stammvater Israels aus dem Heidenthume berief, auch die Stammmutter des erwählten Volkes unter den Heiden vor Entweihung beschützt, welche ·der Psalmist dankend preist:

---

[1] *Aug.*, cont. Faust. l. 22. cp. 33.

[2] Hom. 6 in Gen.

[3] Hom. 32 in Gen.

[4] Lib. 1. de Abrah. cp. 2.

[5] Civ. Dei l. 16. cp. 19: Uxorem tacuit, non negavit, conjugis tuendam pudicitiam committens Deo, et humanas insidias cavens ut homo; quoniam si periculum, quantum caveri poterat, non caveret, magis tentaret Deum, quam speraret in Deum; — in Heptat. l. 1. qu. 26; cont. Faust. l. 22. cp. 34—36 u. lib. 1. cont. mendac. cp. 10. Vgl. *Isidor.*, q. in Gen. cp. 10.

[6] Gen. 12, 14—16.

[7] *Theodoretus*, qu. 62 in Gen. *Aug.*, Civ. Dei l. c.

[8] Hom. 32 in Gen.

[9] Gen. 12, 17—20.

„Als sie einherzogen von Volk zu Volk, von einem Königreiche zu einem andern Volk: gestattete er Keinem, sie zu bedrücken, und züchtigte ihretwegen Könige. Tastet nicht an meine Gesalbten und meinen Propheten thuet kein Leid."[1] Abram wohnte nun wieder mit seinem Weibe in Canaan. Nachdem er sich von Lot getrennt hatte und durch die Besiegung der Könige des Ostens die Möglichkeit der Besitznahme des Landes ihm verbürgt war, mochten Besorgnisse über die Zukunft in seiner Seele aufsteigen, war er ja kinderlos. Da tritt der Herr mit einem Trostesworte ihm entgegen: „Fürchte dich nicht, ich bin dein Schild und dein überaus großer Lohn."[2] Darauf antwortete Abram in seiner Verzagtheit: „Herr! was hilft mir aller Besitz und Reichthum, da ich keine Kinder habe und mein Knecht Elieser mein Erbe ist." Gott tröstete aber seinen Diener: „Nicht dieser wird dich beerben, sondern der aus deinem Leibe hervorgehen wird, wird dich beerben", worauf ihm eine große Nachkommenschaft verheißen wird. Abram glaubte, und dieser Glaube wurde ihm zur Gerechtigkeit gerechnet[3]. Da Sarai auch nach der Bundesschließung Gottes mit Abram unfruchtbar bleibt, gibt sie vorschnell die Hoffnung auf, zur Mitwirkung der Verheißung berufen zu sein, und gesellt nun, Gebrauch machend von ihrem ehelichen Rechte[4], ihre ägyptische Magd Hagar ihrem Manne bei, indem sie sagte: „Siehe, verschlossen hat mich der Herr, daß ich nicht gebäre, gehe also zu meiner Magd, daß ich vielleicht von ihr aus erbaut werde," d. h. Kinder gewinne[5]; denn die Familie gilt nach orientalischer Vorstellung als Haus, das durch die Bausteine (Kinder) erbaut wird[6]. Hagar war eine Magd, welche Sarai von Pharao während ihres Aufenthaltes in Aegypten zum Geschenke erhalten, und über welche sie allein zu gebieten hatte. Nach der Sitte des alten Morgenlandes war dieser Entschluß untadelhaft. Chrysostomus lobt hier die Tugend der Sarai, welche die Kinderlosigkeit nicht etwa ihrem Manne zuschiebt, sondern vielmehr ihren Mann durch den Hinweis auf den Willen Gottes zu trösten sucht: der Herr hat mich verschlossen[7], und preist die Rechtlichkeit derselben, da sie ihrem Manne ihre Magd beilegt, damit er nicht kinderlos sterbe[8]. „Als Abram dem Wunsche seines Weibes Folge leistete, gab Sarai ihm die Hagar zum Weibe, und er ging zu ihr und sie empfing."[9] Die Absicht dieser beiden Eheleute ist jedenfalls eine gute, denn sie glaubten der göttlichen Verheißung durch eigene Mitwirkung unter die Arme greifen zu müssen. „Abram, der nach den Worten des Propheten Malachias[10] bloß den Samen Gottes suchte", nahm nur auf ausdrücklichen Wunsch seiner Frau die Hagar zum Weibe, um aus ihr den Sohn der Verheißung zu zeugen[11]. Diese Handlungsweise war ebenso ein Ausfluß der tiefsten Demüthigung der Sarai, welche an ihre Stelle die Magd setzt, als anderseits ein Opfer, welches Abram seinem Weibe bringt, um sie

---

[1] Pf. 105, 13—15.   [2] Gen. 15, 1.   [3] Gen 15, 2—6. Röm. 4, 2. Jac. 2, 23.
[4] Vgl. 1 Cor. 7, 4. *Aug.*, Civ. Dei l. 15. cp. 3: Exegit (Sarai) itaque sic debitum de marito, utens jure suo in utero alieno.
[5] Gen. 16, 1. 2.   [6] Gen. 30, 3; 1 Par. 2, 5; daher בֵּן = filius von בָּנָה = bauen.
[7] *Chrysost.*, hom. 38 in Gen.   [8] L. c.
[9] Gen. 16, 2—4.   [10] 2, 15.
[11] *Aug.*, Civ. Dei l. 16. cp. 25: Ab utroque non culpae luxus, sed naturae fructus exquiritur.

zu tröften. Zwar hatte er die Verheißung eines Erben „aus feinem Leibe", allein er mußte keineswegs, aus welcher Frau Gott ihm denfelben fchenken werde. Doch wie ftand es mit dem Mittel, beffen fie fich bedienten? Calvin befchuldigte einfach den Abram des Ehebruches durch feine Verbindung mit der Hagar. Doch die heiligen Väter find anderer Anficht. Die Polygamie war im Alten Teftamente mit Zulaffung Gottes erlaubt; Hagar war alfo nicht die Buhldirne, fondern die Kebsfrau Abrams, um fo mehr, da hierbei nicht Befriedigung der Wolluft, fondern die Erzielung des verheißenen Samens maßgebend war [1]. Da eine Vielheit der Frauen der urfprünglichen monogamifchen Inftitution der Ehe widerfprach, fo konnte fie im Alten Teftamente nur in Folge einer göttlichen Dispens geftattet fein; dieß war infofern möglich, da die Polygamie weder dem Naturgefetze noch dem Hauptzwecke der Ehe, nämlich der Kindererzeugung, widerftreitet, wohl aber den fecundären Zwecken der Ehe, die jedoch in außerordentlichen Fällen, wie hier, erfterem weichen können [2]. So lehrt der hl. Auguftin, daß die Patriarchen nicht dadurch fündigten, daß fie mehrere Frauen fich zueigneten [3]; diefe Gepflogenheit nennt er inculpabilis [4], und den Zeitverhältniffen angemeffen, indem die Verbreitung des Menfchengefchlechtes eine Vielheit der Frauen erforderte [5]. Hieronymus [6] beruft fich hierin auf die Auctorität des Apoftels. Ambrofius [7] fchreibt, daß die Verbindung Abrams mit Hagar keine Sünde, fondern ein mysterium der zukünftigen Dinge gewefen fei. Theodoretus [8] entfchuldigt gleichfalls den Abram von der Sünde durch feine Verbindung mit Hagar, da weder das Naturgefetz noch ein anderes gefchriebenes Gefetz die Vielheit der Frauen damals verbot. Auch Papft Innocenz III. hat diefe Meinung ausdrücklich beftätigt [9].

---

[1] *Thomas*, Sum. 3. Suppl. q. 65. a. 5 ad 2: Antiqui patres ex dispensatione, qua plures habebant uxores, ad ancillas accedebant uxorio affectu. Erant enim uxores, quantum ad principalem et primarium finem matrimonii. *Ambros.*, l. 1. de Ab. cp. 4. Glossa ordin. zu Gen. 16. *Procopius*, in Gen. cp. 16.

[2] *Thom.* l. c. a. 2: Polygamia olim licita fuit antiquis patribus et aliis propter finem prolis multiplicandae ad cultum Dei. . . . Cum bonum prolis sit principalis matrimonii finis, ubi prolis multiplicatio necessaria erat, debuit negligi ad tempus impedimentum, quod posset in secundariis finibus evenire, ad quod removendum praeceptum prohibens pluralitatem uxorum ordinatur.

[3] *Aug.*, cont. Faust. l. 22. cp. 47. Lib. de bono conj. cp. 17.

[4] *Aug.*, l. 3 de doct. christ. cp. 12: Sufficiendae prolis causa erat uxorum plurium simul uni viro habendarum inculpabilis consuetudo . . . In hujuscemodi moribus quidquid illorum temporum sancti non libidinose faciebant, quamvis ea facerent, quae hoc uno per libidinem fieri non possunt, non culpat scriptura.

[5] *Aug.*, Lib. de bono conj. cp. 17: Plures feminas uni viro legis, cum gentis illius (hebraicae) societas sinebat et temporis ratio suadebat, neque enim contra naturam nuptiarum est. Vgl. lib. 1 de nupt. et concup. cp. 8; l. 2 cont. adv. leg. et proph. cp. 9; l. 22 cont. Faust. cp. 30; Civ. Dei 16, 25.

[6] Ep. 82 (al. 83) ad Oceanum: Sciebat (apostolus) lege concessum et exemplo patriarcharum et Moysi familiare populo noverat, in multis uxoribus liberos spargere.

[7] Lib. 1 de Ab. cp. 4.

[8] *Theod.*, qu. 67 in Gen.

[9] Cap. Gaudeamus de divortiis: Nulli unquam licuit simul plures uxores habere nisi cui fuit divina revelatione concessum . . . sic et Patriarchae et alii viri justi, qui plures leguntur simul habuisse uxores, ab adulterio excusantur.

Aber die heilige Schrift macht von dieser göttlichen Dispens keine Er=
wähnung? Allerdings nicht direct, wohl aber indirect, da solche Ehen der
Patriarchen nirgends daselbst getadelt werden. Als Gründe dieser göttlichen
Zulassung werden angeführt: die Vermehrung des Menschengeschlechtes [1]
und die Vorbedeutung künftiger Geheimnisse [2].

Ob aber Sarai auf ausdrücklichen Befehl Gottes dem Abram diesen
Rath ertheilt habe, wie Josephus Flavius [3] und Augustinus [4] meinen, lassen wir
dahingestellt sein, wenngleich die späteren Worte Gottes an Abram: „In
Allem, was Sarai dir sagt, gehorche ihrer Stimme" [5], eine göttliche Eingebung
vorauszusetzen scheinen; denn bald sollte es sich zeigen, daß ihre Gedanken
nicht göttliche, sondern menschliche waren und die Wege und Gedanken Gottes
von denen der Menschen verschieden sind. Die schlimmen Folgen dieses
Rathes empfand zuerst Sarai, denn durch die veränderten Familienverhältnisse
wurde ein Mißton in den häuslichen Frieden gebracht, welcher gerade nicht
zu ihrem Vortheile war. Als Hagar sich als Mutter fühlte, „wurde ihre
Gebieterin gering in ihren Augen", oder wie die Vulgata hat: sie verachtete
ihre Gebieterin [6], sicher wegen ihrer Unfruchtbarkeit, die nun ersichtlich ganz
auf ihrer Seite lag. Ueber diese Anmaßung und Geringschätzung von Seiten
der Magd beklagt sich nun Sarai bei Abram, ja macht diesen selbst für die
Unbill, die sie erleidet, verantwortlich: „Mein Unrecht komme auf dich", und
ruft Gottes Gerechtigkeit an: „Es richte Jehova zwischen mir und dir!"
Diese Klagen entsprangen wohl der Quelle der weiblichen Eifersucht Sarai's,
die ihren Mann beschuldigte, als sei er zu nachsichtig gegen Hagar, indem er
ruhig dem anmaßenden Betragen der Magd gegen ihre Herrin zusehe und
sie nicht bestrafe [7]. Abram, der sein eheliches Leben gestört sah, übergab nun,
um jeden Schein der Theilnahme an dem Betragen der Hagar von sich zu
entfernen, seinem Weibe die volle Macht, mit der ihr unterstehenden Magd
nach ihrem Gutdünken zu verfahren, ohne die zum Kebsweibe genommene
Sklavin über ihre Stellung zu erheben. So sehen wir denn, wie die Selbst=
hilfe, welche sie sich nach menschlicher Einsicht schafften, nicht den erwünschten
Erfolg hatte, sondern Beiden nur Kränkungen und Verdruß und zuletzt den
Verlust der Magd einbringt. So trägt die Polygamie naturgemäß in ihrem
Schooße den innern Zwiespalt und den Verlust oder wenigstens die Ver=
kümmerung des häuslichen Friedens, wie wir dieß öfters noch wieder
finden werden.

Als Sarai ihre Uebermacht der Hagar fühlen ließ und sie härter
behandelte, entfloh die schwangere Magd, weil sie ihre Lage unerträglich fand.
Während Ambrosius [8] die Sarai beschuldigt, daß sie das Maß einer
gerechten Zurechtweisung überschritten habe, ohne aber dabei die Handlungs=

---

[1] *Aug.*, Civ. Dei l. 16. cp. 38: Multiplicandae posteritatis causa multas uxores habere lex nulla prohibebat.

[2] Gal. 4, 22 ff, siehe unten.

[3] Antiq. I. cp. 10. n. 4.

[4] Cont. Faust. l. 22. cp. 32.

[5] Gen 21, 12; col. Gen. 16, 2 u. 21, 11.   [6] Gen. 16, 4.

[7] *Chrysost.*, hom. 38 in Gen.

[8] Lib. I. de Ab. cp. 4.

weise der übermüthig gewordenen Hagar (ihre Flucht) gutzuheißen, entschuldigt Augustinus[1] die Züchtigung der Sarai als eine gerechte, welche die Besserung der übermüthigen Magd bezweckte. Auch Chrysostomus[2] findet die Handlungsweise der Sarai gerechtfertigt, die ihr nach Gebühr vergalt. Dadurch, daß Abram die Hagar in die Gewalt seines Weibes gegeben, zeigte er wohl am besten, daß er sich ihr nicht etwa in unedler Leidenschaft genähert habe, sondern nur, dem Willen Sarai's folgend, aus jener einen Nachkommen zu erhalten wünschte. „O virum viriliter utentem feminis," sagt der heilige Augustin[3], „conjuge temperanter, ancilla obtemperanter, nulla intemperanter!" Hagar flieht nun auf dem Wege, der von Hebron über Beerseba nach Aegypten führt, ihrer Heimath zu. Mit Bezug auf die Flucht mag der ägyptische Name der Magd in den hebräischen Namen Hagar umgewandelt worden sein[4]. Als sie in der Wüste Schur an einer Quelle verweilte, erschien ihr der Engel des Herrn und frägt sie, offenbar um sie zur Erkenntniß und zum Geständniß ihrer Schuld zu bringen: „Hagar, Sarai's Magd, woher kommst du und wohin gehst du?" und sie antwortete: „Ich fliehe vor Sarai, meiner Herrin." Sie klagt also nicht über die Härte der Sarai, sondern bekennt durch diese Worte ihre Schuld. Darauf erwiederte der Engel: „Kehre zurück zu deiner Gebieterin und demüthige dich unter ihre Hand." Daraus erhellt nach dem Urtheile der Väter[5], daß der Engel die Handlungsweise der Hagar nicht billigt, sondern sie ermahnt, daß sie als Magd gegen ihre Gebieterin nicht undankbar sein solle, ihren Stolz ablege und unter die Hand ihrer Gebieterin in demüthigem Gehorsam sich beuge. Als Lohn für diese ihre demüthige Unterwerfung verheißt er ihr, offenbar mit Billigung ihrer übrigen Handlungsweise, auf Grund ihrer Zugehörigkeit zum Geschlechte der Verheißung eine große Nachkommenschaft. Weil die Frucht ihres Leibes Abrams Same ist, soll sie in sein Haus zurückkehren, dort ihm den Sohn gebären, der, wenn er auch nicht der verheißene Sprosse ist, doch um Abrams willen mit dem Segen einer zahlreichen Nachkommenschaft begnadigt werden wird: „Ich will deinen Samen mehren, daß er vor Menge nicht gezählt werde. Siehe, du hast empfangen und wirst einen Sohn gebären und seinen Namen wirst du Jsmael (Gott hört) nennen, denn gehört hat Jehova auf dein Leid."[6] Sodann erhält sie die Zusage, daß für den Druck, welchen sie gelitten hat und etwa noch leiden wird, ihrem Sohne solche Bedrückung nicht widerfahren werde; „er wird sein ein Wildesel unter Menschen", d. h.

---

[1] *Aug.*, Ep. 93 (al. 48) ad Vincent. n. 6: Quae in ea (Agar) superbiam salubriter edomabat; col. Gen. 16, 5 u. ep. 185 (al. 50) n. 11: Hagar dominae faciebat injuriam, Sarai imponebat superbae disciplinam.

[2] Hom. 4 in voc. vidi dom.: Illa aegyptia fuit impudica, verum Sara erat modesta; und hom. 46 in Gen.: Sara non sine causa rem hanc egit, sed jure et merito atque ita congruenter, ut et Deus collaudarit ejus dicta.

[3] Civ. Dei l. 16. cp. 25.

[4] הָגַר = wandern, fliehen. *Hieron.*, ep. ad Gal. l. 2. cp. 5: Agar, i. e. incolatus, sive peregrinatio, sive mora. Anders *Ambros.*, de Cain et Ab. cp. 6: Agar, quae advena latine dicitur atque accola; und lib. 2 de Ab. cp. 10: Agar dicitur habitatio.

[5] *Ambros.* l. c. u. *Chrysost.*, hom. 38 in Gen.

[6] Gen. 16, 10. 11.

ein freiheitsliebender, ungestümer, abgehärteter und genügsamer Wüstensohn, der Ahn eines großen, freien, kriegerischen Volkes, welches mit allen seinen Nachbarn in Fehde leben und den Osten bewohnen wird — eine klassische Charakterzeichnung der arabischen Beduinen. Hagar erkennt sofort in der Engelserscheinung den sich offenbarenden Gott und ruft erstaunt aus: „Du bist ein Sehens=Gott (d. h. der Allsehende, dessen Augen ich, die Hilflose hier in der Wüste, nicht entgangen bin); habe ich auch wirklich hier hinternach ihm gesehen, der mich gesehen?"[1] Als nämlich der Engel mit ihr redete, konnte sie ihm nicht in's Antlitz sehen, sah aber, als er entschwand, den Rücken der entschwindenden Gestalt. Zur Erinnerung an dieses Wort erhielt der Brunnen „den Namen des Lebendigen, der mich sieht". Hier in der Wüste erfuhr also Hagar die wunderbare Fürsorge des Gottes Abrams. Sie eilt nun, dem Engelsworte folgend, in das Haus ihres Herrn zurück, wo sie dem 86jährigen Abram einen Sohn gebar, welchen er Ismael nannte.

Dreizehn Jahre nach der Geburt Ismaels erschien Jehova dem Abram im 99. Lebensjahre, um den geschlossenen Bund in's Werk zu setzen und zu besiegeln, indem er seinen und seines Weibes Namen umändert und die Beschneidung als Bundeszeichen einsetzt. Abram (hoher Vater) wird in Abraham d. i. Vater der Menge verwandelt, denn zu einem Vater der Menge der Nationen hat ihn Gott gesetzt[2]. Ferner soll er sein Weib „nicht mehr Sarai nennen, sondern Sara[3] sei ihr Name, und ich werde sie segnen und auch von ihr dir einen Sohn geben, und ich werde sie segnen und sie wird werden zu Nationen, und Könige von Völkern sollen ihr entstammen."[4] So soll also der neue Name das Unterpfand für die wirkliche Aufrichtung des Bundes sein, und so wird denn auch Sara in den Kreis der Verheißung miteinbezogen.

Die Verheißung ist so groß und gewaltig, daß Abraham anbetend zu Boden sinkt und vor Verwunderung lacht[5], indem er bei sich selbst sagt:

---

[1] Gen. 16, 13.   [2] Gen. 17, 4.

[3] Sarai, d. i. die Fürstliche, wird umgewandelt in Sara, die Fürstin: ἄρχουσα (Hieron. ep. ad Gal. l. 2. cp. 4, 25) oder potestas mea (Ambr. l. 2 de Ab. cp. 11) oder Sarai = princeps mea, Sarra = virtus mit Bezug auf Hebr. 11, 11: Fide et ipsa Sara virtutem accepit ad emissionem seminis. Hieron., qu. heb. in Gen.: Causa ita nominis immutati haec est, quod antea dicebatur princeps mea, unius tantummodo domus mater familiae, postea vero dicebatur absoluta princeps, i. e. ἄρχουσα. Die LXX schreiben Σάῤῥα mit doppeltem ρ als Ersatz der Länge des α, wie Hieronymus l. c. bemerkt: Sarai primum vocata est per Sin Res Joth; sublato ergo Joth, i. e. uno elemento, addita est He litera, quae per a legitur et vocata est Saraa: unmittelbar früher schreibt er: Errant, qui putant primum Saram per unum R scriptum fuisse et postea ei alterum R additum, quia R apud Graecos centenarius numerus est, multas super nomine ejus ineptias suspicantur: cum utique, utcunque volunt ei vocabulum commutatum, non graecam, sed Hebraeam debeat habere rationem, cum ipsum nomen hebraicum sit. Nemo autem in altera lingua quempiam vocans ἐτυμολογίαν vocabuli sumit ex altera. Chrysost. (hom. 40 in Gen.) führt Gott redend ein: Appono literam (r), ut discas nunc tempus adesse, ut olim a me promissa impleantur.

[4] Gen. 17, 15. 16.

[5] Aug., Civ. Dei 16, 26: Risus Abrahae exultatio est gratulantis, non irrisio diffidentis. Ambros., lib. 1 de Ab. cp. 4.

„Soll einem Hundertjährigen geboren werden oder soll Sara, eine Neunzig= jährige, gebären?" Da nun Abraham für Ismael besorgt ist, gibt ihm Gott die erneuerte Versicherung: „Sara, dein Weib, wird dir einen Sohn gebären und du sollst seinen Namen Isaak (d. i. Lachen, mit Bezug auf Abrahams Lachen) nennen, und ich werde meinen Bund mit ihm aufrichten zu einem ewigen Bunde seinem Samen nach ihm", d. h. er will ihn zum Träger der Bundesgnade machen. Ismael soll zwar auch gesegnet werden, allein „meinen Bund richte ich mit Isaak auf, den dir Sara im nächsten Jahre gebären wird". Bald nach seiner Beschneidung erhält Abraham die erneuerte Ver= heißung eines Sohnes von der Sara bei Gelegenheit eines Besuches Jehova's mit zwei Engeln bei ihm im Haine Mamre. Auf Befehl Abrahams holt Sara eilends drei Seah[1] Feinmehl, um daraus Aschenkuchen zu bereiten[2], während er selbst ein zartes Kalb seinen Gästen zurichtet. Während des Gastmahles fragen die Gäste nach der Sara, da ja ihr zunächst der Besuch galt. Auf die Antwort Abrahams, daß sie im Zelte sei, erwiederte Jehova: „Ich werde zu dir über's Jahr zurückkehren und sieh, da wird Sara, dein Weib, einen Sohn haben." Und Sara hörte dieses an der Thüre des Zeltes, welche hinter dem Sprechenden war, so daß sie von ihm nicht gesehen werden konnte. Da sie im Hinblicke auf das hohe Alter Abrahams und ihren eigenen Leib, welcher durch das Ausbleiben der weiblichen Menstruation die Empfängniß= fähigkeit verloren hatte, die Verwirklichung dieser Verheißung bezweifelte, so lachte sie darüber bei sich und sprach: „Nachdem ich alt geworden und mein Herr alt ist, soll ich noch Wollust pflegen?"[3] Ambrosius[4] faßt dieses Lachen als ein Zeichen der zukünftigen Freude Sara's bei der Geburt Isaaks auf; dagegen ist nach Augustinus[5] das Lachen der Sara ein Zeichen ihres Unglaubens und Zweifels, somit verschieden von dem Lachen Abrahams, das ein Lachen der Verwunderung, des Staunens und der Freude war. Sie bedurfte darum einer sanften Zurechtweisung, die sie zugleich im Glauben an die Verwirklichung dieser Verheißung von Seite des allwissenden und allmäch= tigen Gottes bestärken sollte[6]. Jehova, dem nichts verborgen ist, fragt deß= halb: „Warum lacht doch Sara, indem sie denkt: Sollt' ich auch wirklich gebären, da ich ja alt bin? Ist dem Herrn irgend etwas unmöglich? Zu dieser Zeit werde ich über's Jahr wieder kommen und Sara wird einen Sohn haben." An ihr sollte also das Wort des Propheten: multi filii desertae[7] in Erfüllung gehen. Sara, welche jetzt wußte, daß ihr Lachen dem Fremden,

---

[1] Der hl. Augustin sermo 5 (al. sermo 70) sieht in diesen drei Seah vorgebildet die drei göttlichen Tugenden, in welchen universae fructus continentur ecclesiae.

[2] Gen. 18, 6.   [3] Gen. 18, 11. 12.

[4] Lib. 1 de Ab. 5: Indicium futuri magis, quam incredulitatis arbitror; risit enim, licet adhuc nesciens, quid rideret, quod publicam esset in Isaac paritura laetitiam.

[5] Civ. Dei 16, 3: Riserat pater, quando ei promissum est, admirans in gau- dio, riserat et mater … dubitans in gaudio, quamvis exprobrante Angelo, quod risus ille etiamsi gaudii fuit, tamen plenae fidei non fuit; und qu. 36 in Hepta.: Abrahae risus admirationis et laetitiae fuit. Sarae autem dubitationis.

[6] *Aug.*, Civ. Dei l. c.: Post ab eodem angelo in fide etiam confirmata est. *Procop.* in Gen. ep. 18: Deus redarguendo ea … potenter ipsam ad fidem trahe- bat, sc. ut firmiter crederet ea futura, quae promitterentur.

[7] Is. 54, 1. *Aug.*, Enarr. in Ps. 112.

ben sie nun als Gott erkannte, nicht verborgen gewesen, sucht ihr Lachen zu läugnen, indem sie sprach: „Ich habe nicht gelacht; denn sie fürchtete sich." Die Läugnung ist ein Effect der Furcht, welcher der Anfang des Glaubens ist. Nachdem sie nämlich erkannt, daß ein höheres Wesen zu ihr spreche, der das menschlich Unmögliche möglich machen könne, fing sie an zu glauben[1]. Die Läugnung des Lachens ist daher nur eine eilige Entschuldigung der Betroffenen. Um aber diesen wachgerufenen Glauben des Weibes zu bestärken und zu vollenden, entgegnete der Herr: „Nein, sondern du hast gelacht."[2] Raphael hat in den berühmten Loggien des Vaticans diesen Moment dargestellt. In einer andern seiner Compositionen tritt die Ungläubigkeit der Sara noch stärker in den Vordergrund.

Die zur Glaubensdemuth zurückgeführte Sara empfing nun auch wirklich die Kraft des natürlicher Weise Unmöglichen. Daß die Empfängniß und Geburt Isaaks aus dem erstorbenen Leibe Sara's eine Frucht des Glaubens gewesen, bestätigt der Apostel Paulus, indem er schreibt: „Abraham glaubte Hoffnung gegen Hoffnung, daß er Vater vieler Völker werden würde, und weil er nicht schwach war im Glauben, sah er nicht an seinen erstorbenen Leib, da er fast 100 Jahre alt war, und das Abgestorbensein des Mutterschooßes der Sara"[3], und später[4] betont derselbe Apostel, daß, wie bei der Erzeugung des Ismael das natürliche Element das wirkende Princip war, so bei der Erzeugung des Isaak die Verheißung, denn die göttliche Verheißung gab (praeter naturam) dem erstorbenen Leibe des Abraham und der Sara in schöpferischer Weise die Zeugungsfähigkeit wieder, so daß Isaak ein wahres Kind der Verheißung war[5]. Deßhalb fügt auch der Apostel die Verheißung selbst hinzu: „denn das Wort der Verheißung war dieses: Um diese Zeit werde ich kommen und es wird der Sara ein Sohn sein."[6] Noch deutlicher lehrt Paulus an einer anderen Stelle, daß auch Sara ein Vorbild des Glaubens geworden: „Durch den Glauben erhielt auch selbst Sara Kraft zur Gründung eines Samens (d. h. zur Empfängniß des Samens ihres Mannes in sich) und zwar über die Jahre hinaus, da sie den treu erachtete, welcher die Verheißung gegeben; daher entsprangen auch von Einem (und noch dazu von einem Erstorbenen) Nachkommen wie die Sterne des Himmels an Menge."[7] Auch der hl. Petrus preist die demüthige Unterwerfung der Sara unter ihren Mann und führt sie als Musterbild einer Hausfrau an: „Also schmückten sich einst auch die heiligen Frauen, die da ihre Hoffnung auf den Herrn setzten, indem sie ihren Ehemännern sich unterwarfen, wie Sara dem Abraham gehorchte, Herr ihn nennend, deren Kinder ihr geworden seid, so ihr recht thuet."[8] Sowie also Abraham Vater der Gläubigen geworden[9], so ist auch Sara die Mutter der Gläubigen. Auf sie, als Vorbilder der zu erwartenden Heilsthat, weist schon Isaias[10] seine Zeitgenossen: „Blicket hin

---

[1] *Gregor.* l. 10. Mor. cp. 66: Contra spem ex divina promissione accipit, quod habituram se ex humana ratione dubitavit.
[2] Gen. 18, 15.   [3] Röm. 4, 18. 19.   [4] Röm. 9.   [5] Gal. 4, 23.   [6] Röm. 9, 9.   [7] Hebr. 11, 11 f.   [8] 1 Petr. 3, 5. 6.   [9] Röm. 4, 11. Gal. 4, 22 f.
[10] 52, 1. 2. Vgl. *Cyrillus Hier.*, catech. 12 de Chr. inc. cp. 28: Utrum difficilius est, sterilem anum suetis jam defectam parere: an virginem in aetatis flore generare? Sterilis erat Sara et . . . praeter naturam peperit. Igitur, si sterilem

auf den Felsen, woraus ihr gehauen seid (Abraham), und auf die Höhlung der Grube (Sara), woraus ihr gegraben seid. (Ihre Ehe war wie ein hartes, unfruchtbares Gestein, aus welchem Gott in außernatürlicher Weise durch ein Wunder der göttlichen Kraft und Gnade Kinder erweckte.) Blicket auf Abraham, euern Ahn, und auf Sara, die euch kreißte", der, wie der Prophet fortfährt, bei seiner Berufung Einer war und durch die Kraft des göttlichen Segens zur Wurzel des Stammbaumes Israel und zum Vater einer großen Völkermenge geworden ist.

Nach dem Koran[1] trat Sara, als sie die Verkündigung der Geburt eines Sohnes vernahm, mit Geschrei näher, schlug mit den Händen ihr Gesicht und sprach: Ich bin ja eine alte unfruchtbare Frau. Der Engel aber antwortete: So hat es dein Herr gesprochen, der da ist der Allweise und Allwissende.

Nach dem Untergange der Pentapolis zog Abraham mit seinem Weibe in das Mittagsland. Abimelech, der König von Gerar, ließ Sara, welche Abraham wiederum für seine Schwester ausgegeben hatte, in seinen Harem holen, um sich wahrscheinlich durch diese Verbindung mit dem reichen Nomadenfürsten zu verschwägern. Procopius meint, daß durch die übernatürlicher Weise ihr verliehene Empfängnißkraft Sara ihre frühere Schönheit wiedererlangt habe, womit gewissermaßen auch Augustinus übereinstimmt[2]. Doch der treue Bundesgott rettete sie auch hier von der Entweihung ihres Leibes, um so mehr, da ihre Gefährdung in das Jahr fällt, wo sie den Sohn der Verheißung empfing[3]. Gott schreckt nämlich in einem Traume den König wegen der Wegnahme dieses Weibes, welche doch die Geehelichte eines Mannes sei, und droht ihm den Tod[4]. Abimelech, der in Folge einer von Gott gesendeten Krankheit ihr noch nicht sich genähert hatte[5], entschuldigt sich, daß Abrahams und ihre eigene Aussage: „er ist mein Bruder", ihn irregeführt und er in Einfalt des Herzens kein Unrecht gethan habe. Gott erkennt dieß auch an, da ja er selbst es war, der ihn von der Versündigung durch Berührung der Sara bewahrt habe, und gebot ihm, das Weib sofort ihrem Manne zurückzugeben, da dieser als Prophet für ihn fürbitten und so sein Leben retten werde, unter Androhung des sichern Todes mit den Seinigen für den Fall der Weigerung. Abimelech folgte der göttlichen Weisung, ließ den Abraham kommen und machte ihm bittere Vorwürfe über sein Benehmen. Dieser bringt nur zwei schwache Entschuldigungsgründe vor, daß er nämlich in einem Lande ohne Gottesfurcht seines Weibes wegen für sein Leben besorgt gewesen und daß er schon bei der Auswanderung aus seinem Vaterhause mit seinem Weibe das Uebereinkommen getroffen habe, daß Sara aus Liebe[6] zu ihm an einem fremden Orte ihn für seinen Bruder und somit sich als seine Schwester erkläre, da sie ja in Wahrheit seine Halbschwester sei. Abimelech beschenkt

---

generare praeter naturam est, hoc quoque praeter naturam virginem matrem fieri, aut ergo utrumque simul rejice aut utrumque admittito. Idem enim Deus et illud fecit.

[1] Sur. 50, 24.

[2] Civ. Dei 16, 30: Tantae pulchritudinis fuit, ut etiam in illa aetate posset adamari: und qu. 48 in Hept.

[3] Gen. 17, 21 u. 21, 2. *Aug.*, lib. 1 de octo Dulc. qu. 7.

[4] Gen. 20, 3.   [5] Gen. 20, 6. 17.

[6] *Chrysost.*, hom. 45 in Gen.

hierauf den Abraham, stellt ihm die Sara zurück; zu dieser aber sprach er
bei ihrer Entlassung: „Siehe, ich habe 1000 Sekel deinem Bruder gegeben,
sieh, dieß sei dir eine Augendecke allen, die in deiner Umgebung sind", d. i.
ein Sühngeschenk für das ihr angethane Unrecht, weil sie in den Augen
ihrer Umgebung gleichsam entehrt schien, nicht aber, als ob sie damit einen
Schleier sich kaufen sollte, um ihre Schönheit zu verbergen, nicht mehr unverschleiert einherzugehen und so für eine Unverehelichte gehalten zu werden.
Sobann setzt Abimelech hinzu: „Und bei Allen bist du gerechtfertigt", d. h.
ist dir Recht geworden. Diese letzten Worte werden übrigens sehr abweichend
gedeutet. Die Vulgata hat: memento te deprehensam, nämlich in ihrer
Verstellung als Schwester. Auf die Fürbitte Abrahams heilte Gott Abimelech
und sein Weib und seine Mägde (Concubinen), daß sie wieder gebären
konnten, denn Gott hatte um Sara's willen jeden Mutterleib im Hause Abi-
melechs verschlossen.

Jehova that nun an Sara nach seiner Verheißung, und sie empfing
und gebar zu der bestimmten Zeit einen Sohn dem Abraham in seinem Alter
(von 100 Jahren), den er Isaak nennt und am achten Tage beschneidet [1].
Durch diesen Namen bezeichnet Abraham seinen Sohn als eine Frucht der
über die Kräfte der Natur hinaus wirkenden Gnade. Auch Sara, die früher [2]
zweifelnd und ungläubig über die göttliche Verheißung gelacht hatte, findet
in der nun erfolgten Geburt des verheißenen Sohnes Ursache zu einem Lachen
freudiger und staunender Verwunderung [3], so daß sie in mütterlicher Wonne
freudig erregt in poetischer Form, wohl nicht ohne Beimischung eines gewissen
Schamgefühls, ausruft: „Ein Lachen hat mir Gott bereitet; jeder, der es
hört, wird mir zulachen (d. i. staunend sich mit mir freuen). Wer hätte je
Abraham gesagt: Es säuget Sara Kinder, denn geboren habe ich einen
Sohn seinem Alter!" [4] Alles, die Verkündigung, Empfängniß, Geburt,
Säugung und Entwöhnung dieses Kindes gibt reichlichen Stoff zur lachenden
Freude. Selbst Elieser erwähnt bei seiner Brautwerbung für Isaak dieses
außerordentlichen Falles [5]. Auch die heiligen Väter bezeichnen die Geburt
des Isaak aus der unfruchtbaren hochbetagten Sara als ein Wunder der
göttlichen Gnade [6], gerade so als ob Gott aus Steinen (col. Is. 51, 1)
Menschen schaffen würde [7]. Chrysostomus [8] sagt, daß die Uebung der
Gastfreundschaft der Sara die Fruchtbarkeit von Gott erlangt habe. Gott
verlieh dem unfruchtbaren Weibe Abrahams nicht gleich bei ihrem Eintritte
in Canaan einen Nachkommen, sondern wartete ihr hohes Alter ab, auf daß

---

[1] Gen. 21, 1—4.   [2] Gen. 18, 12.

[3] Aug., Civ. Dei 16, 31: Quod risus ille non ad irridendum opprobrium, sed
ad celebrandum gaudium pertinebat, nato Isaac et eo nomine vocato, Sara mon-
stravit; ait quippe: risum mihi fecit etc.

[4] Gen. 21, 6. 7.   [5] Gen. 24, 36.

[6] Aug., lib. 3 cont. Julian. ep. 11 u. 18; qu. 35 in Hept. Chrysost., hom. 45
in Gen.: Quae natura denegabat, ea videbant evenisse per divinam gratiam. Procop. in Gen. cp. 16.

[7] Chrysost., hom. 40 in Gen.: Excedebant humanam naturam promissa, et
perinde fuit ac si quis polliceretur ex lapidibus homines se facturum.

[8] Hom. 41 in Gen.

Allen die Hand Gottes an ihr sichtbar werde [1]. Indem also Sara Mutter des Isaak wurde, wurde sie dadurch zugleich Mutter Israels und somit auch Mutter und Ahnfrau des Messias, welcher aus Isaaks Geschlechte Fleisch und Blut annahm. Die Entwöhnung des Kindes von der Muttermilch wird von dem glücklichen Vater durch ein Gastmahl gefeiert, wobei Ismael den kleinen Isaak zur Zielscheibe seines Spottes machte, oder wie Paulus sagt [2], ihn verfolgte; deßhalb fordert Sara die Austreibung der Magd und ihres Sohnes, „denn," so sagte sie, „der Sohn der Magd soll nicht erben mit meinem Sohne Isaak" [3].

Diese, aus gerechtem mütterlichen Unwillen und stolzer Verachtung, wie es schien, entsprungene Forderung mißfiel dem Abraham, nicht der Hagar wegen, welche die Magd seines Weibes blieb, sondern um Ismaels willen, welchen er als sein Fleisch und Blut liebte. Allein Gott verlangt von ihm die Verläugnung des natürlichen Gefühles: „Laß dir's nicht hart scheinen um des Knaben und deiner Magd wegen; in Allem, was Sara dir sagt, gehorche ihrer Stimme, denn in Isaak soll dein Same genannt werden." Seine Besorgniß wegen Ismael erleichtert er durch die wiederholte Verheißung, daß er auch den Sohn der Magd, weil er Abrahams Same ist, zu einem großen Volke machen werde [4]. Am frühen Morgen nimmt Abraham Brot und einen Wasserschlauch, legt diese auf die Schulter der Hagar, übergibt ihr den Knaben und entläßt sie. Hagar irrte nun in der Wüste umher, und als das Wasser im Schlauche ausgegangen war, legte sie den vor Durst erschöpften Knaben unter einen Strauch, und da ihr mütterliches Herz das Sterben des Kindes nicht ansehen, anderseits aber ihn auch nicht aus dem Auge verlieren wollte, so setzte sie sich einen Bogenschuß weit davor nieder und weinte. Da hörte nun Elohim das Weinen und Schluchzen des Knaben und rief der Hagar vom Himmel und sprach: „Was ist dir, Hagar? Fürchte dich nicht, denn gehört hat Gott die Stimme des Knaben in seiner hilflosen Lage; stehe auf, nimm den Knaben, ergreife ihn, denn ich will ihn zu einem großen Volke machen." [5] Gott nennt sie diesesmal nicht mehr „Magd Sara's", wie früher, da sie durch die förmliche Entlassung aus dem Hause Abrahams aufhörte, Magd der Sara zu sein. Gott öffnete nun ihre Augen und sie sah einen Wasserbrunnen, und füllte daraus ihren Schlauch und tränkte den Knaben. Gregor von Nyssa [6] sieht in diesem Wasserbrunnen, aus welchem Hagar ihren Sohn tränkte und rettete, einen Typus der Taufe. Unter göttlichem Beistande wuchs der Knabe in der Wüste heran, wurde Bogenschütze und seine Mutter nahm ihm ein Weib aus Aegypten, ihrem Stammlande [7]. Nach Baruch [8] waren die Söhne Hagars durch natürliche Weisheit aus-

---

[1] *Chrysost.*, hom. 38 in Gen.: Neque tam magnum exhibuisset miraculum, neque tam clara apud omnes fuisset justi virtus. *Theodoretus*, quaest. in Gen. int. 75: Volens Deus commendare genus israel., ostendit illud non naturali successione, sed gratia et favore fecunditatem liberorum adeptum esse. Hanc autem providentiam obtinuit genus illud, quia Christus Dominus inde secundum carnem nasci debebat.

[2] Gal. 4, 29.   [3] Gen. 21, 10.   [4] Gen. 21, 11—13.   [5] Gen. 21, 14—18. [6] In bapt. Christi.
[7] Gen. 21, 19—21.   [8] 3, 23.

gezeichnet. Was weiter mit Hagar und Sara geschah, verschweigt der Autor, da ihre weiteren Lebensverhältnisse in keinem näheren Verhältnisse zum gött= lichen Heilsplane standen.

Der heilige Apostel Paulus unterbreitet diesen Begebenheiten der beiden Frauen Abrahams einen vorbildlichen allegorischen Sinn, denn er schreibt: „Höret ihr, die ihr unter dem Gesetze zu stehen gewillt seid, das Gesetz nicht? Es steht nämlich geschrieben [1]: Abraham hatte zwei Söhne, einen von der Sclavin (Hagar) und einen von der Freien (Sara). Aber der (Ismael) von der Sclavin ist dem Fleische nach (in natürlicher Weise) gezeugt worden, der (Isaak) von der Freien aber durch die Verheißung (durch Einwirkung der göttlichen Kraft). Und dieses hat einen allegorischen Sinn. Denn jene (Frauen) sind zwei Bündnisse (im typischen Sinne), eines vom Berge Sinai her, zur Knechtschaft gebärend, und dieses ist Hagar (d. h. das alttestamentliche Gesetz, welches ihre Kinder zur Sclaverei er= zeugte, war durch Hagar abgebildet), denn in Arabien (dem Stammlande Ismaels, des Sohnes Hagars) liegt der Berg Sinai; sie (Hagar) entspricht dem jetzigen Jerusalem (d. i. der vormessianischen Synagoge), denn es dient mit seinen Kindern (dem Gesetze). Das höhere Jerusalem (die neutestament= liche Kirche) aber ist frei, und dieses ist unsere Mutter (die durch Glauben und Liebe freie Kinder erzeugt). Denn es steht geschrieben: Freue dich, du Unfruchtbare, die du nicht gebierst, frohlocke und jauchze, die du keine Wehen hast! denn Viele werden die Kinder der Einsamen sein, mehr als derjenigen, die den Mann hat (Is. 54, 1). Ihr aber, Brüder, seid nach der Weise Isaaks Kinder der Verheißung; aber wie damals der nach dem Fleische Ge= zeugte (Ismael) den nach dem Geiste (gezeugten Isaak) verfolgte, so auch jetzt. Doch was sagt die Schrift? Wirf hinaus die Sclavin und ihren Sohn, denn nicht erben soll der Sohn der Sclavin mit dem Sohne der Freien. Deßhalb, Brüder, sind wir nicht einer Sclavin Kinder, sondern der Freien; zur Freiheit hat uns Christus befreit." [2] Auch bei den heiligen Vätern bildet diese allegorische Deutung der beiden Frauen Abrahams ein beliebtes Thema [3], wurde aber noch vielfach erweitert. Sara ist Typus der

---

[1] Gen. 16, 15 f.; 21, 2 f.   [2] Gal. 4, 21—31.

[3] Der hl. Augustin betrachtet Sara als den Typus der Kirche in ep. 93 (al. 48): Sara et Hagar et duo filii earum pro spiritualibus et carnalibus figurantur, et cum legamus ancillam et filium ejus a Sara passos graves molestias, Paulus tamen dicit, quod ab Ismaele persecutionem sit passus Isaac . . . ut qui possunt intelli- gerent magis ecclesiam catholicam persecutionem pati superbia et impietate car- nalium, quod temporalibus molestiis atque terroribus emendare conatur. Vgl. ep. 185 (al. 50) n. 11; sermo 5 (al. de temp. 70); sermo 3 de Agar et Ism. Civ. Dei l. 15. ep. 2 u. 3; ep. ad Gal.: Retract. l. 1. ep. 22. Auch in der von Pharao und Abimelech genommenen, aber unverletzt zurückerstatteten Sara sieht Augustin einen Typus der Kirche, der die Verfolgungen nichts anhaben können, in l. 22. cont. Faust. ep. 38; weiter sagt er l. c. cont. Faust. ep. 39: Cum dicitur de patre esse sororem Christi ecclesiam non de matre, non terrenae generationis, quae evacuabitur, sed gratia coelestis, quae in aeternum manebit, cognatio commendatur. Ferner: Ori- genes, hom. 7 in Gen. Hieron., ep. 123. u. 13 u. ep. ad Gal. l. 2. ep. 4. Ambros., l. 1 de Ab. ep. 4, u. l. 2. ep. 10. Cyrillus Alex., hom. pasch. 5. Rupertus, l. 5. Gen. ep. 24 u. 25, u. de glorif. Trin. ep. 5. Nach Cyprian, test. adv. Jud. l. 1. ep. 20 ist die anfangs unfruchtbare, dann fruchtbare Sara ein Typus der Kirche, welche

Weisheit und Tugend, welche unfruchtbar an bösen, dagegen fruchtbar an guten Werken ist, welche nicht sogleich gebiert; deßhalb geht der Gang zur Hagar, d. i. zur Zucht und Schlauheit, voraus und dann gebiert sie dem Herrn, und zwar den Isaak, den Wohlgeruch der guten Werke. Sie empfängt gegen die Hoffnung, d. h. gegen das Mißtrauen des Fleisches. Sara, welche die Magd sammt ihrem Sohne aus dem Hause weggejagt, symbolisirt die Tugend, welche den Sinnenreiz des Fleisches verscheucht [1]. Clemens Alexandrinus [2] beleuchtet aus der allegorischen Erklärung des Verhältnisses der Hagar zur Sara den Satz, daß die Philosophie der Theologie dienen müsse. Nach Origenes [3] ist Hagar der Typus der Sinnlichkeit und Fleischlichkeit, welche sich gegen ihre Herrin, die Vernunft, vorgebildet durch Sara, auflehnt und deßhalb zu entfernen ist. Endlich ist Sara ein Typus der Gnade des Neuen Testamentes, welche freie Bürger des geistlichen Jerusalems gebiert, während Hagar das irdische Jerusalem darstellt [4].

Moses berichtet uns nur noch das Lebensende der Sara. Als Sara ihr 127. Lebensjahr erreicht hatte, starb sie in der Stadt Arba (d. i. Hebron) [5]. Isaak zählte bei ihrem Tode 37 Jahre. Sara ist die einzige Frau, deren Lebensalter und Begräbniß in der heiligen Schrift erzählt wird; denn sie ist als Mutter des Verheißungssamens die Mutter aller Gläubigen, und somit die geschichtlich bedeutsamste Frau des Alten Testamentes. Nachdem Abraham ihren Tod beklagt und beweint hatte, erwirbt er käuflich von den Hethäern die Doppelhöhle Machpela bei Hebron als Erbgruft, in welcher er den Leichnam seines Weibes Sara beisetzte [6]. Der hl. Johannes Chrysostomus [7] preist die Tugenden der Sara: Als Abraham den Lot mit sich nimmt, tadelte sie ihn nicht; ohne Murren folgte sie ihm auf dem weiten Wege und ertrug geduldig die Strapazen und Mühen der Reise; als Abraham dem Lot den besten Landstrich gab, schwieg sie still und schalt ihn nicht; als er wegen Lot in den Krieg zog, ergab sie sich still in ihr Schicksal, ohne ihrem

---

aus dem Heidenthume ihre Kinder aufnimmt. *Thomas,* Sum. 3. q. 65. a. 5 ad 3: Ex eadem dispensatione licuit Abrahae ejicere Agar, ad significandum mysterium, quod Apostolus explicat (Gal. 4). Quod etiam ille filius haeres non fuerit, ad mysterium pertinet, ut ibidem patet; sicut et quod Esau filius liberae haeres non fuit, ut patet (Rom. 9). Nach *Beda,* in Gen. cp. 16, ist die unfruchtbare Sarai ein Typus der Synagoge, denn Wenige aus den Juden glaubten an Christum; deßhalb geht dieser zur Hagar über, welche die Kirche der Heidenvölker darstellt, und (cp. 24) wird auch in ihr Zelt die Rebekka, d. i. die Kirche aus den Heidenvölkern, eingeführt. *Isidorus,* qu. in Gen. cp. 16 sq.

[1] *Origenes,* in Gen. hom. 6 u. 7. *Ambrosius,* l. 2 de Abrah. cp. 4 u. 11: Sara virtus vera est, vera sapientia: Agar autem est versutia, tanquam ancilla perfectioris virtutis. Alia enim sapientia spiritalis, alia sapientia hujus mundi. Ideo etiam Aegyptia scribitur, quia philosophica eruditio abundavit in Aegypto. *Beda* in Gen. cp. 12: Sarra animam sancti vel sapientiam ostendit doctoris. *Rupertus,* l. 6 in Gen. cp. 21 u. 37, und lib. 5 de glorif. Trinit. cp. 5. Vgl. *Philo* 2. Alleg. u. de Abrah.

[2] Strom. l. 1. cp. 5.
[3] In Gen. hom. 7.
[4] Glossa ordin. cp. 16 Gen.
[5] Gen. 23, 1 f.   [6] Gen. 23, 19.
[7] In ep. 1 ad Cor. hom. 26. n. 6.

Manne darüber Vorwürfe zu machen; in ihrer Unfruchtbarkeit klagt sie nicht, legt ihrem Manne an ihrer Statt die Magd bei, um einen Sohn zu erhalten.

Nach dem Tode der Sara nimmt Abraham in einem Alter von 137 Jahren ein anderes Weib mit Namen Ketura, mit welcher er noch sechs Kinder zeugte. Die hebräischen Interpreten Lyranus und Thomas halten Ketura für die Hagar, welche Abraham nach dem Tode der Sara wieder in sein Haus genommen, und die, weil sie sich dem Gebete und der Verehrung des wahren Gottes seit der Gotteserscheinung in der Wüste ergeben habe, den Namen Ketura d. i. thurificata erhalten haben soll[1]. Allein Ketura wird in der heiligen Schrift ausdrücklich von Hagar unterschieden. Auch hatte Abraham nicht etwa schon bei Lebzeiten der Sara die Ketura als Kebsweib genommen; denn dieser Name (concubina), welcher ihr wie der Hagar bei= gelegt wird[2], besagt nur, daß Abraham sie Beide nicht auf gleiche Stufe mit Sara, der Mutter des Verheißungssohnes, gestellt habe, obgleich sie sonst wirkliche Frauen Abrahams waren[3]. Auch haftet an dieser Ehe keine Makel, indem Abraham bei einem so hohen Alter leicht der Unenthaltsamkeit beschuldigt werden könnte[4]. Diese Ehe mit Ketura dient dem Segensplane Gottes; denn es bewährt sich an ihr das neue Leben, welches für und mit der Erzeugung des Verheißungssohnes über den greisen Abraham gekommen war, indem Gott seinen erstorbenen Leib mit neuer Lebens= und Zeugungsfähigkeit begabt hatte[5], und dann das Wort der Verheißung, welches ihn zum Vater einer großen Völkermenge bestimmt hat[6]. Die Söhne und Enkel Abrahams von der Ketura bilden gleichsam nur die Nebenschossen des Baumes, weil secun- dum carnem generati[7]; darum erhält auch nur der Verheißungssohn aus Sara das ganze Besitzthum, wogegen Abraham die nicht gleichberechtigten Söhne der Kebsweiber (Hagar und Ketura) mit Geschenken abfertigt und nach Osten entsendet, um sie so von Isaak zu sondern[8]. Der hl. Augustin[9] unterlegt auch der Ketura einen allegorischen Charakter; wie nämlich die

---

[1] Nach *Origenes* bedeutet ketura: thymiama, nach *Ambrosius* (de Cain et Abel cp. 6) odorifera. Anders *Hieronymus*, quaest. in Gen. cp. 25: Cetura hebraico sermone copulata interpretatur aut juncta.

[2] Gen. 25, 6. 1 Chron. 1, 32.

[3] *Tournely*, praelectiones theolog. de sac. ord. tom. X. Venet. 1765, p. 113: Erat istud discrimen inter eas mulieres, quae *uxores*, et quae *concubinae* vocantur, quod etsi concubinae verae forent uxores, minori tamen cum solemnitate duce- rentur, nec in omnibus, sive bonis, sive honoribus per tabulas matrimoniales aequales fierent uxori praecipuae, nec earum filii ad haereditatem vocarentur pa- ternam, sed nonnulla dumtaxat legata ab iis acciperent (col. Gen. 25), quod deni- que velut ancillae haberentur, ad suscipiendam dumtaxat prolem in thorum con- jugalem admissae.

[4] *Aug.*, Civ. Dei 16, 34: Absit, ut incontinentiam suspicemur, praesertim in illa jam aetate et in illa fidei sanctitate. *Origenes*, hom. 11 in Gen. *Isidor.*, qu. in Gen. cp. 20. *Beda*, hom. 25 Gen. *Glossa ordin.*, Gen. 25. *Lyranus*, Gen. 25.

[5] *Aug.*, Civ. Dei 16, 28: Quia gignendi donum, quod a Domino accepit, etiam post obitum mansit uxoris; lib. 3. contra Julian. und qu. in Hept. 1. 1. q. 70.

[6] Gen. 17, 4 f.

[7] *Aug.*, ep. ad Gal.

[8] Gen. 25, 6.

[9] Civ. Dei 16, 34: Habent ergo nonnulla munera filii concubinarum, sed non

Söhne Hagars die Heiden des Alten Testamentes gegenüber den Gläubigen aus Sara vorbilden, so sind die Söhne der Ketura Vorbilder der Häretiker des Neuen Testamentes. Ketura, d. i. Wohlgeruch, ist auch ein Symbol des Gebetes und der guten Werke, welche sich mit dem Greise verbindet, da die Greise für das Gebet und die guten Werke besonders geeignet erscheinen [1], oder ein Symbol des Unterrichtes und der Wissenschaft, welche einen Wohlgeruch verbreitet, indem sie Andere belehrt [2].

Auch die Apokryphen enthalten einige Angaben über die Frauen Abrahams. Das christliche Adamsbuch [3] bemerkt, daß Pharao bei der Entlassung der Sara ihr nebst anderen Geschenken auch die Aegyptierin Hagar gegeben habe, welche Abraham später ehelichte. Wenn ferner Abraham die Sara für seine Schwester ausgab, hat er nicht gelogen; denn sein Vater Thara hatte zwei Weiber geheirathet, der Name der einen war Thona, die Mutter Abrahams, welche bald nach Abrahams Geburt starb; da ehelichte Thara ein zweites Weib, Namens Tehbôf, welche ihm die Sara gebar, die dann Abraham heirathete.

Ebenso wie die kleine Genesis die Namen der Frauen der vorsündfluthlichen Patriarchen anführt, kennt sie auch die Frauen der nachsündfluthlichen. Im 29. Jubiläum nahm Arphaskad die Rasuja, die Tochter der Susan, der Tochter des Elam, zum Weibe, welche ihm den Kainam gebar. Dieser heirathete Melka, die Tochter des Ababai, des Sohnes Japhets, die ihm Sala gebar. Dieser Sala nahm sich ein Weib Namens Muak, die Tochter Keseds, des Bruders seines Vaters. Dem Ebor nahm sein Vater ein Weib Namens Azurad, die Tochter Nebrods, die ihm den Phalek gebar, unter welchem die Erde unter die Kinder Noe's vertheilt wurde [4]. Phaleks Weib war Lomna, die Tochter des Sinaar, welche den Ragev gebar [5]. Dieser nahm sich Ara zum Weibe, die Tochter des Sohnes Keseds, welcher Ur hieß. Ara gebar den Seruch, der die Melka, eine Tochter des Kheber, die Tochter der Schwester seines Vaters, heirathete [6]. Ihr Sohn Nakhor nahm die Jjosaka, eine Tochter des Nesteg der Chaldäer, zum Weibe, die den Thara gebar. Das Weib desselben wird Edna genannt, die Tochter des Arem (Aram), die Schwestertochter seines Vaters. Nach sechs Jahren gebar sie einen Sohn, den sie nach dem Namen ihres Vaters Abram nannte. Auch in den arabischen Sagen heißt die Mutter Abrams Abna, d. i. die Anmuthige, Wonnige. Abram heirathete die Sora, die Tochter seines Vaters (d. i. seine Halbschwester) und zog mit ihr und Lot nach Kanaan. Als Abram mit seinem Weibe in Aegypten sich aufhielt, raubte im fünften Jahre seines

---

perveniunt ad regnum promissum, nec hacretici, nec Judaei carnales, quia praeter Isaac nullus est haeres … Neque enim video, cur etiam Cethura post uxoris mortem ducta, nisi propter hoc mysterium, dicta sit concubina; quaest. in Hept. 70; exp. in Gal. Vgl. *Origenes*, hom. 11 in Gen. *Isidor.*, qu. in Gen. cp. 20. *Beda*, Gen. cp. 25.

[1] *Beda*, Gen. cp. 23. *Glossa ordin.* cp. 25 Gen.

[2] *Origenes*, hom. 11 in Gen.

[3] Ewalds Jahrb. l. c. S. 121.

[4] Buch der Jubil. in Ewalds Jahrb. l. c. Kap. 8. II. Bd. S. 249 f.   [5] Kap. 10.

[6] Kap. 11 im III. Bd. S. 1 f.

Aufenthaltes ihm Pharao die Sora, welche er nach göttlicher Züchtigung wieder zurückgab [1]. In der weitern Erzählung stimmt die Leptogenesis mit dem biblischen Berichte größtentheils überein. Auf den Rath der Sora nahm Abram die ägyptische Magd Hagar zum Weibe, die ihm den Ismael gebar. Der Name Sora wird sodann in den Namen Sara umgewandelt; sie erhält die Verheißung eines Sohnes, den sie am Feste der Erstlinge der Ernte gebar [2]. Als nun Sara den Ismael sah, wie er lustig war und tanzte, ward sie eifersüchtig über den Anblick des Ismael und verlangte von Abraham die Austreibung der Magd und des Sohnes. Nach dem Tode der Sara, deren Alter und Begräbniß hier ebenso wie in der Genesis angegeben ist, nahm Abraham die Ketura aus den Kindern seiner Hausgenossen zum Weibe, denn Hagar war vor Sara gestorben; Ketura gebar ihm sechs Söhne, welche Abraham beschenkte und sammt den Söhnen Ismaels von Isaak absonderte [3]. Durch diesen Bericht wird demnach klar die Verschiedenheit der Hagar und Ketura dargethan.

Was der Talmud von der Sara berichtet, grenzt an's Lächerliche. Derselbe berichtet [4], daß Abraham, als er nach Aegypten zog, die Sara in eine Kiste gelegt und sie gegen ihr Angesicht zugeschlossen habe, damit Niemand ihre Schönheit sehe; als nun die Kiste an der Grenze von den Zollwächtern geöffnet wurde, glänzte das ganze Aegypterland von ihrem Glanze. Ferner: „Von der Zeit an, da die Welt erschaffen worden, hat keine Frau in dem 90. Jahre ihres Alters geboren (?), wie Gen. 17, 17 gesagt wird: Sollte die 90jährige Sara gebären? Alle Könige der Erde aber sahen es und verwunderten sich und wollten es nicht glauben. Was that nun der heilige Gott? Er ließ die Adern der Brüste ihrer Weiber austrocknen und sie brachten ihre Kinder zu der Sara, selbe zu säugen, wie Ez. 17, 24 gesagt wird; der grüne ausgetrocknete Baum bedeutet die Weiber der Völker, und der dürre, grünend gemachte Baum bedeutet Sara, unsere Mutter . . . und Sara säugte alle diese Kinder, wie Gen. 21, 7 gesagt wird: die Sara hat Kinder gesäugt [5]. Diesen fügen wir noch folgende ernstere Daten bei. Sara, d. i. Jiska, denn sie sah die Zukunft durch den heiligen Geist, der sie beseelte [6]. Abraham führte die Männer, Sara die Frauen dem Glauben entgegen [7]. So lange Sara nicht geboren hatte, lebte sie wie eine Braut unter dem Trauhimmel; also geschmückt nahm sie die Begrüßung der Matronen entgegen, zu denen aber Hagar heimlich sprach: Meine Herrin ist nicht so fromm, als sie scheint, denn sonst hätte sie längst, wie ich, geboren. Sie sollte das Lebensalter Abrahams erreichen; als sie aber sprach: Gott richte zwischen mir und dir, wurden ihr 38 Jahre abgezogen. Als Sara gebar, wurden auch zugleich mit ihr viele bisher unfruchtbare Frauen bedacht und gebaren. Ihre Lebensjahre waren 100 + 20 + 7; im Alter von 20 Jahren war sie so kindlich schön, wie ein siebenjähriges Mädchen, und im Alter von 100 Jahren so flecken- und sündenlos wie zu 20 Jahren. So lange Sara lebte, war ein Gewölk um den Eingang ihres Zeltes, die Pforten waren weithin geöffnet,

---

[1] Buch der Jubil. in Ewalds Jahrb. l. c. Kap. 12. 13.   [2] Kap. 14—16.
[3] Kap. 17—20.
[4] Bereschit rabba 40 Par. f. 37 bei Eisenmenger, Entb. Jud. l. c. I. S. 394 f.
[5] Eisenmenger, l. c. S. 613 f.
[6] Bab. Megill. 14.   [7] Mid. R. Gen. 39.

Segen und Glück ruhte in dem Teige und vom Rüsttage des Sabbates bis zum Rüsttage brannte die Lampe; als Sara starb, hörten diese Dinge auf, mit Rebekka kamen sie wieder[1]. Sara war vornehmlich Prophetin und Abraham nur ein minder begabter Genosse[2]. Pharao, welcher die Sara nicht berührte, verschrieb ihr aus Liebe als Heirathsgut (Ketuba) seine Reichthümer an Gold und Silber, ferner das Land Gosen, darum wohnten später die Israeliten daselbst, sowie die ihm von einem Kebsweibe geborene Tochter Hagar als Magd. Der Engel Michael kam mit gezücktem Schwerte und wollte Abimelech der Sara wegen tödten; da sprach dieser: Wäre es ein gerechtes Urtheil, mich da zu tödten, wo ich nur im Irrthum war?[3]

§ 4. Lots Frau und Töchter.

Lot, der Brudersohn Abrams, war mit Terach und seinem Vetter Abram aus Ur in Chaldäa nach Haran gezogen[4], und begleitete Letzteren nach Canaan, wohin sie auch die Seelen, welche sie in Haran erworben hatten, mitnahmen[5]. Als daselbst zwischen den Hirten Streitigkeiten entstanden, trennten sich Beide, wobei Abram, der Friedliebende, großmüthig seinem Neffen die Wahl des Landstriches überließ. Lot wählte nun die wasserreiche, paradiesische Jordansgegend, unbekümmert um die sittliche Entartung der Bewohner derselben, zu seinem großen Schaden[6] und wohnte in Sodoma[7]. Lot bildet seit seiner Trennung von Abram freiwillig einen vom Verheißungsgeschlechte gesonderten Nebenzweig, denn nach derselben erhält Abram die göttliche Verheißung für sich und seinen Samen — ein Beweis, daß diese Scheidung dem göttlichen Willen entsprach. Als in einem Kriege Kedorlaomers gegen die Pentapolis Lot mit seiner Habe gefangen weggeführt worden war, gewann Abram durch einen Feldzug gegen diesen König seinem Neffen die Freiheit wieder[8], wohl eine ernste Mahnung an Lot, wie gefährlich seine Wahl gewesen und daß nur in der Verbindung mit Abram sein Heil zu finden sei. Seit dieser Zeit scheint Lot mit den Sodomitern in nähere Verbindung getreten zu sein, denn er besaß in Sodoma ein Haus[9]. Indeß war das Sündenmaß[10] der Sodomiter voll geworden und forderte die göttliche Strafe herab. Nachdem Jehova dem Abraham auf seine Fürbitte hin, daß wenn zehn Gerechte, d. i. solche, welche durch Gottesfurcht und Gewissenhaftigkeit sich von der herrschenden Sünde und Missethat dieser Städte freigehalten haben, in denselben gefunden werden, die Zusage der Verschonung dieser Gegend gegeben hatte, kamen die zwei von Jehova entsendeten Himmelsboten Abends nach Sodoma, wo der im Thore sitzende Lot sie dringend einlud, in seinem Hause zu übernachten, da er die schändlichen Gesinnungen der Sodomiter wohl kannte. Die beiden Männer, welche Lot nicht gleich als Engel erkannte, lehnen Anfangs die Einladung ab, lassen sich aber endlich von ihm

---

[1] Mid. R. l. c. Abs. 45. 47. 53. 58. 60.   [2] Mid. Rab. Lev. 30.   [3] Pirke di R. Elies. 26.

[4] Gen. 11, 27. 31.   [5] Gen. 12, 4. 5.

[6] *Chrysost.*, hom. 34 in Gen. 13.

[7] Gen. 13.   [8] Gen. 14.   [9] Gen. 19, 2.   [10] Ez. 16, 49. 50.

erbitten, von seiner Gastfreundschaft Gebrauch zu machen, indem diese Einkehr
dazu diente, die Gesinnung Lots einerseits [1] und die Sünde Sodoms anderseits
in ihrer ganzen Ruchlosigkeit offenbar zu machen. Während Lot seine Gäste
bewirthet, umstellten die Sodomiter vom Jünglinge bis zum Greise, also
Jung und Alt, sein Haus und forderten mit frecher Verletzung des Gastrechtes
die Auslieferung der schönen Jünglinge, um sie zu erkennen, d. h. um unnatürliche Wollust (Päderastie), welche vom Apostel als Fluch des Heidenthums [2] und als ein Abbild dämonischer Verirrung [3] gekennzeichnet wird,
mit ihnen zu treiben. Es gehörte wahrlich viel Resignation von Seite Lots
dazu, unter einem Haufen von solchen Lasterhaften mit seinen Töchtern zu
wohnen, bei denen das Kind schon mit der Muttermilch die unreinsten Lüste
einsog, und der Knabe schon um das große göttliche Vorrecht des Kindes-
alters, die Unschuld, gebracht, mit dem wollüstigen Vater hintaumelte, um
seine Begierde zu stillen [4]. Er erhält sich zwar rein von dem herrschend
gewordenen Verderben, allein wie oft mochte und mußte er den tiefen Druck
fühlen, da er unter Tausenden von Uebelthätern der einzige Gerechte bleiben
will. Lot, dem die Heiligkeit der Gastfreundschaft wohl bekannt ist, tritt
vor die Thüre, welche er hinter sich schließt, um die Gäste zu schützen, und
sprach zu den Versammelten: „O meine Brüder, ich bitte, thuet doch dieses
Uebel nicht! Ich habe zwei (jungfräuliche) Töchter, welche noch keinen Mann
erkannt haben; ich will sie zu euch herausführen, und mißbrauchet sie, wie es
euch gutdünket, nur diesen Männern füget kein Leid zu, denn sie sind eingegangen unter den Schatten meines Daches." In seiner Bedrängniß will
also Lot der Heiligkeit des Gastrechtes seine Vaterpflicht zum Opfer bringen;
anstatt sich selbst zu opfern und das Uebrige dem Herrn anheimzustellen, will
er seine Töchter der Gefahr aussetzen, Opfer des entsetzlichsten Lasters und
des sichern schandvollen Todes zu werden. Der heiligen Sitte und Gewohnheit will er das Naturrecht, das Vatergefühl zum Opfer bringen, er will
der Sünde durch die Sünde wehren.

Dieses Anerbieten Lots wurde von den Vätern verschieden beurtheilt.
Einige derselben [5], sowie auch mehrere Theologen [6] entschuldigen diesen Entschluß
Lots, ja preisen ihn als eine große That, indem Lot von der Ueberzeugung
getragen war, daß es erlaubt sei, einem größeren Verbrechen durch ein kleineres
zu steuern; die unnatürliche Wollust der Sodomiter erschien ihm als ein

---

[1] *Chrysost.*, hom. 43 in Gen. 19: Virtutem justi palam facere volentes et nos
omnes docere, quanta ejus fuerit hospitalitas.

[2] Röm. 1, 27.   [3] Br. Juda V. 6.

[4] A. Niemeyer, Charakteristik der Bibel. Halle 1830. 2. Bd. S. 123.

[5] *Ambros.*, lib. 1 de Ab. cp. 6: Offerebat sanctus Lot filiarum pudorem.
Nam etsi illa quoque flagitiosa impuritas erat, tamen minus erat secundum naturam coire, quam adversum naturam delinquere. Praeferebat domus suae vere-
cundae hospitalem gratiam, etiam apud barbaras gentes inviolabilem. Denique illic
quoque in offensa hospitalitas est, ubi nec germanitas satis tuta est. *Chrysost.*,
hom. 43 in Gen.: Quanta justi virtus! omnem hospitalitatia virtutem superavit.

[6] *Dom. Soto* l. 4 de just. q. 7. a. 3. *Gabriel Vasquez*, 2. 2. qu. 43 de scan-
dalo, dubio 1. Vgl. *Thomas*, qu. 1 de malo, art. 5 ad 14. Canticum Sodoma ap.
Tertullian. II. Bd. Migne'sche Ausg. S. 1159. cp. 2: Cedo pater proque hospitibus
pensabo dolorem.

größeres Verbrechen, als die Schändung seiner Töchter, um so mehr, wo die
Heiligkeit des Gastrechtes drängte. Cajetanus meint, daß Lot keineswegs
im Sinne hatte, seine Töchter wirklich der Willkür der Sodomiter auszusetzen,
sondern sich bloß dieser hyperbolischen Redeweise bediente, um diese zu besänf=
tigen und von ihrem schändlichen Vorhaben abzubringen, in der sichern Ueber=
zeugung, daß die Sodomiter seine Töchter nicht mißbrauchen würden, da sie
ohnedieß an Sodomiter verlobt waren, und beruft sich auf zwei ähnliche
Fälle [1]. Doch die bei Weitem größere Zahl der Interpreten ist der Ansicht,
daß Lot nicht ganz von jeder Schuld freizusprechen sei. Der hl. Augustin,
und nach ihm Thomas Aq., Nicolaus Lyr., Tostatus, Cornelius a Lapide,
Calmet u. A. halten den Grundsatz, einer größeren Sünde durch eine kleinere
vorzubeugen, für nicht zulässig [2]. Dadurch, daß Lot seine Töchter den Sodo=
mitern anbot, stimmte er zugleich der That bei, wenn es wirklich zu derselben
gekommen wäre, was jedenfalls Sünde ist [3]; er machte sich einer Mitwirkung
zur Sünde schuldig [4], um so mehr, da die Sodomiter eben nicht seine Töchter
begehrt hatten. Ferner reicht die väterliche Gewalt nicht so weit, daß Lot
seine Töchter, und dazu noch wider ihren Willen, der Schändung aussetzen
konnte, selbst unter der sichern Voraussetzung, daß sie nicht in die Sünde
einwilligen würden. Die Unschuld der eigenen Töchter mußte dem Vater
mehr am Herzen liegen, als ein Verbrechen an Fremden hintanzuhalten [5].
Jedoch diese Sünde Lots wird durch die Umstände vermindert [6], wenn wir
die große Bestürzung und den Schrecken bedenken, von welchem befangen
dieser Mann die Worte gesprochen; da er seine Gäste unter jeder Bedingung
vor dem rohen Haufen schützen wollte, und in der Eile und Verlegenheit
keinen andern Ausweg wußte, so glaubte er in der Schnelligkeit selbst seiner
Töchter nicht schonen zu müssen, um die Heiligkeit des Gastrechtes aufrecht
zu erhalten. Was hätte also Lot thun sollen? Augustinus [7] bemerkt, Lot

---

[1] Gen. 42, 37. 1 Kön. 20, 8. Aehnlich *Malvenda*, ad Gen. 19, 8. *Menochius*,
Tirinus.

[2] *Aug.*, qu. in Gen. 42: Periculosissime admittitur haec compensatio (ut nos
faciamus mali aliquid, ne alius gravius malum faciat); si autem perturbationi humanae tribuitur et menti tanto malo permotae, nullo modo imitanda est; vgl.
qu. 44. u. lib. cont. mend. cp. 9. *Lyranus*, ad Gen. 19, 8: Tales commutationes
non sunt faciendae.

[3] *Aug.*, cont. mend. l. c.: Non tantum id volens animo, verum et offerens
verbo, etsi illi assensi fuissent, impleturus et facto. *Lyranus:* Lot non potuit
offerre filias suas modo praedicto, quin et consentiret in re, quod erat peccatum
de genere non solum veniale, sed etiam mortale.

[4] *Estius* ad Gen. 19, 8.

[5] *Aug.* l. c.: Noli facere magnum scelus tuum, dum majus (magis) horrescis alienum; quantumlibet enim distet inter tuum et alienum, hoc erit tuum, illud alienum.

[6] *Aug.* l. c. *Lyranus:* Exoneratus fuit a tanto, etsi non a toto. Tum ratione perturbationis mentis in qua erat, tum quia vitio pessimo in suis concivibus
et violentiae in suis hospitibus occurrere intendebat.

[7] Cont. mend. l. c.: Age quidquid potes, ne fiat quod merito times; sed non
te timor istic compellat, ut facias, quod in se filiae tuae fieri si voluerunt, facient
cum Sodomitis te auctore nequitiam; si autem noluerint, patientur a Sodomitis
te auctore violentiam. *Lyranus:* Quilibet tenetur hospites tueri in quantum potest
per modum licitum, non tamen debet peccare ad eorum tuitionem propter ordinem
charitatis.

sollte nach Kräften die Sodomiter abwehren, und war dieses nicht möglich, die ganze Sache Gott anheimstellen, ohne zu diesem sündhaften Anerbieten seine Zuflucht zu nehmen.

Dieses Anerbieten von Seiten Lots steigerte nur noch die Wollust und Frechheit dieses verworfenen Volkes, das ihm den Vorwurf macht, daß er als Fremdling immerfort den Richter spielen wolle. Diese Worte besagen, daß Lot öfter als rügender Sittenrichter gegen den unzüchtigen Wandel der Sodomiter auftrat, weßhalb ihn Petrus als einen Gerechten preist, indem er schreibt: „Gott errettete den gerechten Lot, der unter dem unzüchtigen Wandel der Gott= losen schwer zu leiden hatte; denn mit Blick und Gehör folterte der Gerechte, indem er unter ihnen wohnte, Tag für Tag die gerechte Seele an ungerechten Werken." [1] Auch das Buch der Weisheit anerkennt die Gerechtigkeit Lots: „Diese (die göttliche Weisheit und Vorsehung) errettete den Gerechten beim Untergange der Gottlosen, als er dem Feuer entfloh" [2], und: „sie wurden mit Blindheit geschlagen an der Thür des Gerechten" [3]. Desgleichen wird auch von den Vätern Lot als ein heiliger und gerechter Mann geschildert, der durch seine Gerechtigkeit und Uebung der Gastfreundschaft von dem Ver= derben bewahrt wurde [4]. Doch seine Gerechtigkeit steht auf einer niederern Stufe, als jene Abrahams; er gehört zu jenen alttestamentlichen Gerechten, an denen besonders stark hervortrat, daß die Macht des Fleisches vor Christi Tod noch nicht völlig gebrochen war. In seinem Charakter lag eine gewisse Unbeständigkeit, ein Wanken und Schwanken [5]; denn gerade die Erkenntniß der sittlichen Verdorbenheit dieses Volkes, unter welchem er wohnte, hätte ihn bestimmen sollen, jeden Verkehr mit ihm abzubrechen und diesen gefährlichen Ort zu verlassen. Origenes [6] stellt ihn daher in die Mitte zwischen Abra= ham und die Sodomiter. Nach der Ansicht des hl. Ambrosius [7] drückt der Name Lot schon seinen Wankelmuth und seine Unbeständigkeit aus, welche sich besonders durch die Wahl der Pentapolis bei ihm kundgab.

Unter der Drohung, es mit ihm noch ärger zu treiben, als mit seinen Gästen, bringen die Sodomiter auf Lot ein; doch die Engel zogen ihn in's Haus zurück und schlugen den Pöbel draußen mit Blindheit zur Strafe seiner

---

[1] 2 Petr. 2, 7. 8.   [2] Sap. 10, 6.   [3] Sap. 19, 16.

[4] *Aug.* l. 21. cont. Faust. cp. 41: Lot, frater Abrahae, justus et hospitalis, et ab omni Sodomitarum contaminatione purus atque integer ex illo incendio, meruit salvus evadere; l. c. mend. cp. 9 u. öfter; ebenso *Chrysost.*, hom. in Gen. l. c.; exp. in Ps. 11 u. ö. *Ambros.*, lib. 1 de Ab. cp. 6. n. 51: Commendatur justi sanctitas et angelorum gratia u. n. 52. *Tertullian.*, carmen Sodom. l. c. cp. 2: Lot sapiens justique colonus, u. cp. 3: Ipsum meruisse salutem justitiae titulo; Lib. adv. Jud. cp. 2: Lot pro meritis justitiae sine legis observatione de Sodomitarum incendio est liberatus. *Clemens Rom.*, ep. 1 ad Cor. cp. 11: Propter hospitalitatem et pietatem Lot e Sodomis salvus evasit.

[5] *Philo*, de migr. Abh. p. 410. 411.

[6] Hom. 5 in Gen.: Iste neque talis erat, qui inter Sodomitas perire deberet, neque tantus erat, qui cum Abraham in excelsioribus posset habitare; und: Me= dius quidam est inter peccatores et justos, quippe qui ex Abrahae quidem cogna= tione descenderit, in Sodomis tamen habitaverit.

[7] Lib. 1 de Ab. cp. 3. n. 14: Latina interpretatione *declinatio* Lot dicitur, quod is vitia eligit, qui a virtute declinat et ab aequitate deflectit. Vgl. l. 2 de Ab. cp. 2. n. 6; cp. 6. n. 25 u. 35.

gänzlichen Verblendung und als Vorzeichen des über sie ergehenden Gerichtes [1]. Nun fordern die göttlichen Boten den Lot auf, aus dem Orte wegzuziehen, und wen er irgend noch da habe: einen Eidam oder Söhne oder Töchter, denn sie seien gekommen, den Ort zu verderben. Söhne scheint Lot nicht gehabt zu haben, da von ihnen weiter keine Rede ist, wohl aber Eidame. Zu diesen nun, welche seine Töchter nehmen wollten, spricht Lot, sie sollen sich eilig aufmachen und den Ort verlassen. Der hl. Hieronymus [2] bemerkt hiezu, daß nach dem Vorgange der LXX und des Targum, welche übersetzen: „Eidame, welche seine Töchter genommen hatten", Einige behaupten, Lot habe bereits verheirathete Töchter gehabt, welche von den beiden übrigen, noch jung= fräulichen Töchtern (V. 8) unterschieden werden, und auch beim Brande Sodoma's zu Grunde gegangen seien. Allein diese Meinung ist sehr unwahrscheinlich; denn hätte Lot bereits verheirathete Töchter gehabt, so würde er sicher auch diese zur Flucht gemahnt haben. Es ist also hier nach dem Vorgange des Josephus Flavius und der Erklärung der meisten Interpreten die Version des hl. Hieronymus die richtige, welcher gemäß die beiden Töchter Lots an Sodo= miter verlobt, aber noch nicht verheirathet waren. Diese Bräutigame der beiden Töchter, und somit künftige Eidame Lots, nahmen seine Aufforderung mit ungläubigem Spotte auf, da sie in fleischlicher Sicherheit und von der allgemeinen Verblendung befangen an ein Gericht Sodoms nicht glaubten. Wie sehr unterscheidet sich hier Lot von Abraham, der seinen Diener nach Mesopotamien sendet, um aus seiner Verwandtschaft eine Frau für seinen Sohn zu suchen, während jener kein Bedenken trägt, aus den Männern einer Stadt, deren sittenloses Leben ihm bekannt gewesen, Bräutigame für seine beiden Töchter zu suchen, wodurch er auch sie mit in jenes Verderben hinein= gedrängt hätte; denn dadurch, daß die Eidame seine Warnung als einen Scherz betrachten, zeigten sie, daß es auch ihnen an Glauben und rechter Herzens= richtung fehlte. Lot hätte doch gewiß aus den zahlreichen Hausgenossen Abrahams auch Männer für seine Töchter gefunden.

Beim Aufgange der Morgenröthe drängen die Engel den Lot: „Nimm dein Weib und deine zwei Töchter, welche du hast, damit du nicht ob der Verschuldung der Stadt hinweggerafft werdest." Als Lot noch zögerte, offenbar weil es ihm schwer war, von der schönen Stadt und seiner Habe sich zu trennen, ergreifen die Engel ihn, sein Weib und seine beiden Töchter, weil der Herr ihrer schonen wollte, führen sie aus der Stadt und gebieten ihnen, bei der Rettung ihres Lebens nicht zurückzuschauen, noch stehen zu bleiben, sondern eilends auf das Gebirge zu flüchten. Auch da zeigt sich wieder die Schwäche seines Glaubensgehorsams. Anstatt dem göttlichen Gebote willig und freudig Folge zu leisten, will Lot lieber, aus Furcht, das Unglück der hereinbrechenden Katastrophe könnte ihn erreichen, ehe er noch auf das Gebirge gekommen, in dem nahegelegenen kleinen Orte Zoar bleiben, und bittet deßhalb den Herrn um die Erhaltung dieser kleinen Stadt, welche durch ihre Un= bedeutsamkeit das Mitleid errege. Die über ihn waltende Gnade gewährt ihm auch diese Bitte, da er doch wenigstens so viel Glauben zeigt, daß er

---

[1] Sap. 19, 16.
[2] Quaest. heb. in Gen. 19.

an Gottes Wort und das nahende Gericht glaubt. Wie tief aber in seiner
nächsten Nähe Unverstand und Ungehorsam in göttlichen Dingen eingedrungen,
zeigt das Benehmen seines Weibes. Während nämlich der Feuer= und
Schwefelregen die Städte zerstörte, blickte sie, hinter ihrem Manne hergehend,
rückwärts, wahrscheinlich aus Sehnsucht nach dem ungern verlassenen Wohnsitze
und irdischem Gute[1], oder zugleich aus Neugierde oder Mitleid und Schmerz
für die liebgewonnene Stadt[2], und ward in Folge der Nichtbeachtung des
göttlichen Gebotes[3] zu einer Salzsäule. Das Buch der Weisheit[4] nennt
darum die Frau des Lot eine ungläubige Seele. Josephus[5] und nach ihm
Cajetanus glauben, daß Lots Weib öfters nach der Stadt zurückgeschaut habe.
Ueber die Art und Weise der Verwandlung der Frau des Lot sind die An=
sichten verschieden[6]. Die wahrscheinliche Meinung geht wohl dahin, daß die
Frau des Lot von dem die Luft erfüllenden Feuer= und Schwefeldampfe
getödtet und dann von einer Salzkruste überzogen wurde, so daß sie einer
Salzsäule glich, wie auch jetzt noch in Folge der salzigen Ausdünstung des todten
Meeres alle Gegenstände in seiner Nähe von Salz incrustirt werden (vgl. Deut.
29, 23). Was diese Salzsäule betrifft, so zeigte man sie noch zur Zeit des
Verfassers des Buches der Weisheit[7], zur Zeit des Josephus Flavius[8], der
sie selbst gesehen, des Clemens Romanus[9] und Irenäus[10]. Ein schönes
Gedicht, Sodoma benannt, welches dem Tertullian[11] zugeschrieben wird, sagt
von dieser Salzsäule, daß, wenn sie verstümmelt werde, sie sich selbst ergänze
und der Sage nach auch menstruire. Irenäus[12] behauptet dasselbe und unter=

---

[1] Vgl. Luk. 17, 31. 32.

[2] *Hier.* ep. 122 (al. 46): Pristinis vitiis tenebatur adstricta, sed ea despera-
tione trepida respiciensque aeterno infidelitatis titulo condemnatur.

[3] *Lyranus:* In inordinatu affectu contra praeceptum angeli.

[4] 10, 7.

[5] Ant. l. 1. cp. 11. n. 4: Loti uxor, cum inter abeundum *subinde* ad urbem
respiceret clademque ejus paulo curiosius spectaret, Deo isthaec facere prohibente,
in statuam salis conversa est.

[6] Vgl. *Calmet*, Dictionarium historicum, crit. . . . . ss. scripturae. Art. Lot und
dessen Commentar zu Gen. 19.

[7] 10, 7.

[8] Ant. l. 1. cp. 11, 4: Eam siquidem vidi, nam et hodie usque conversa est.

[9] Epist. 1. ad Cor. cp. 11: Salis statua in hodiernum usque diem est facta.

[10] Cont. haer. l. 4. cp. 31, 3: Uxor remansit in Sodomis, jam non caro cor-
ruptibilis, sed statua salis semper manens; u. n. 1: Lot reliquit in circumfinio
uxorem suam statuam salis usque in hodiernum diem.

[11] 2. Bd. S. 1161 cp. 3: (Uxor non patiens) . . . simul illic
> In fragilem mutata salem stetit ipsa sepulcrum,
> Ipsaque imago sibi formam sine corpore servans.
> Durat adhuc etenim nuda statione sub aethram,
> Nec pluviis dilapsa situ, nec diruta ventis,
> Quin etiam, si quis mutilaverit advena formam,
> Protinus ex sese suggestu vulnera complet.
> Dicitur et vivens alio jam corpore, sexus
> Munificos solito dispungere sanguine menses.

[12] L. c. cp. 31. n. 3: Statua per naturalia ea, quae sunt consuetudinis hominis, ostendens, quoniam et ecclesia, quae est sal terrae, subrelicta est in con-
finio terrae, patiens quae sunt humana, et dum saepe auferuntur ab ea membra

legt einen typischen Sinn. Nach dem Targum hierosolymitanum und Jonathan wird diese Säule bis zum letzten Gerichte fortbestehen. Auch im Neuen Testamente gilt nach den Worten Christi das Erzählte als Geschichte[1]. Der hl. Cyrill von Jerusalem, Chrysostomus und mehrere Andere sprechen von einer damals noch existirenden Salzsäule. Hegesippus (180 n. Chr.) erzählt, daß die Spuren der Salzsäule, in welche die Frau des Lot verwandelt wurde, noch über dem Ufer des todten Meeres zu sehen seien. Von nun an werden die Nachrichten spärlicher, da wenige Pilger das Südende des todten Meeres besuchten. Ich beschränke mich nur auf Theodorus[2] († 613) und Johann von Würzburg[3] († 1224), welche Beide die Säule gesehen haben. Am südwestlichen Ende des todten Meeres liegt, einige Hundert Fuß von demselben entfernt, ein etwa 2½ Stunden langer, schmaler, 110—150 Fuß hoher, ganz aus Steinsalz bestehender Bergrücken (Dschebel Usdum), der Berg von Sodom, an dessen östlicher Seite über einem tiefen, schmalen und steilen Abgrund eine hohe, runde, massive Steinsalzsäule steht, welche unter den vielen hundert anderen kleineren Salznabeln schon früh als das versteinerte Weib Lots gedeutet wurde[4]. Der jüngste Besucher der Salzsäule, mein Freund Alb. von Hörmann, welcher der Authenticität dieser Salzsäule das Wort redet, beschreibt dieselbe also[5]: „Die Höhe der nach oben sich etwas ver= jüngenden Säule beträgt etwa 30 Fuß, der Längenburchmesser (da ihr Durch= schnitt eine Ellipse bildet) beiläufig 70 Fuß; sie besteht aus einem Gemenge von krystallinischem Salze (welches das feste und Binde=Element bildet), dem blätterigen Kalke und schmutzig ockerbraunem Thon, welcher auch der Säule ihre Färbung gibt. Die Spitze derselben krönt ein etwas vorstehender Aufsatz von hellerer Farbe." Diese Salzsäule entspricht der Vorstellung von der Riesengestalt der Patriarchen. Der Rationalismus verweist natürlich auch diese Verwandlung der Frau des Lot in eine Salzsäule in das Reich der Mythen: Eichhorn läßt das Weib Lots in einen Pechstrom fallen, Clericus sie vor Furcht erstarren; Michaelis lehrt, daß ihr von den Verwandten ein Denkmal aus sodomitischem Salze errichtet wurde[6]. „Gerade solche an die kanonische Erzählung sich knüpfende, apokryphische Ausschmückungen," schreibt Auberlen[7], „stellen den historischen Charakter der ersteren erst recht

---

integra, perseverat statua salis, quod est firmamentum fidei; u. cp. 33, 9: (Oppro-brium etc.) sola ecclesia pure sustinet saepe debilitata et statim augens membra et integra fiens, quemadmodum et typus ejus, quae fuit illius Lot. salis figmentum.

[1] Luk. 17, 32; vgl. 9, 62.

[2] Liber de situ terrac 18 in Palaestinae descript. v Tobler. St. Gallen 1869. S. 38: Ibi est uxor Loth, quae facta est statua salis, et quomodo crescit luna, crescit et ipsa; et quomodo minuitur luna, diminuitur et ipsa.

[3] Descriptio terrae sanct. n. 22: In exitu Segor uxor Loth in salis effigiem fuit mutata, cujus adhuc apparent vestigia.

[4] Vgl. Robinson, Palästina. Halle 1841. 2. Bb. S. 435 f.; 3. Bb. S. 22. Seetzen, Reise durch Syrien. Berlin 1854—1859. 1. Bb. S. 428 f.; 2. Bb. S. 227. Lynch, Bericht über die Expeb. nach Jorb. 2c. Deutsch von Meißner. Leipzig 1854. S. 190. Petermanns Geogr. Mittheil. 1858. S. 268.

[5] Das hl. Land. Köln 1870. 14. Bb. S. 74.

[6] Siehe die Commentare der Genesis von Rosenmüller, Knobel und Grimm, Buch der Weisheit.

[7] Herzogs Realencyklop. 8. Bb. S. 495.

in's Licht, und es ist daher als eine willkürliche Umdrehung des Sachver=
haltes zu bezeichnen, wenn v. Bohlen (Gen. S. 213) bemerkt: „Es finden
sich in jener Gegend Säulen von Salzstein, in welchen die Phantasie der
Einheimischen versteinerte Menschen erblickt, und so gab einzig und allein ein
solches Naturspiel die Veranlassung zu diesem ausschmückenden Zuge der
Erzählung, wie auch eine ähnliche Mythe die Verwandlung der Niobe an
ein bestimmtes Local knüpft." Auch die Lethäa wird in der griechischen Sage
wegen ihres Hochmuthes mit ihrem Gemahl Olenos in Steine verwandelt,
die auf dem Berge Ida zu sehen waren[1]. Selbst die Rothhäute in Amerika
haben Märchen von der in Stein verwandelten Mutter[2]. Die mythische
Kritik hat auch die wunderbare Rettung der Familie Lots für einen Mythus
zu erklären versucht und sie mit dem Mythus von Philemon und Baucis[3]
zusammengestellt; doch gesetzt, daß ein Zusammenhang zwischen Beiden statt=
findet, so bildet eben nur diese wirkliche Geschichte den Kern dieser Sage, da
ja jene gewaltige Katastrophe weit und breit bekannt war[4]. Der von Salz
umschlossene Leichnam der Frau des Lot ist Leichnam und Grab zugleich, wie
ein Räthsel[5] dieß besagt.

Es erübrigt noch die Frage, warum Lots Frau in eine Salzsäule ver=
wandelt wurde. Nach Lyranus antworten die Rabbinen, weil sie am vor=
hergehenden Abend, als Lot von ihr Salz verlangte, um die Speise seiner
Gäste zu salzen, sich weigerte, dasselbe herbeizubringen, da sie, gleich den
Sodomitern, eine Abneigung gegen Fremde hatte. Allein die Verwandlung
des Weibes Lots in eine Salzsäule sollte ein beständiges Denkmal der gött=
lichen Strafe sein, wodurch alle kommenden Geschlechter belehrt würden,
Gott zu gehorchen, und daß man, nachdem man einmal den Weg des
Heiles betreten, nicht mehr zum alten Sündenwege und zu den früheren
Gelüsten zurückkehren dürfe, nach dem Worte des Herrn: „Wer seine
Hand an den Pflug legt und zurücksieht, der ist nicht tauglich zum Reiche
Gottes."[6] In diesem Sinne faßte es schon der Weise im Alten Testa=
mente, da er schreibt: „Die Weisheit errettete den Gerechten (Lot) beim
Untergange der Gottlosen . . . denen zum Andenken der Bosheit ödes Land
dasteht rauchend, und Gewächse, die zur unvollendeten Zeit Früchte tragen,
und einer ungläubigen Seele Monument: die dastehende Salz=
säule."[7] Desgleichen Christus, als er seine Jünger zur ungesäumten Flucht
aufforderte und dann als Beispiel der Folgen der Nichtbeachtung dieses Ge=
botes hinzufügt: „Gedenket des Weibes Lots!"[8] ferner die heiligen Väter[9] und

[1] *Ovid.* Metam. X. 69 sq.

[2] Ausland. 1859. S. 922. Vgl. Sepp, Jerusalem und das hl. Land. Schaffh.
1873 (2. A.) 1. Bd. S. 816.

[3] *Ovid.* Metam. VIII. 611 sq.

[4] *Tacitus,* histor. V, 7. *Strabo* XVI, 374.

[5] Cadaver, nec habet suum sepulchrum, sepulchrum, nec habet suum cadaver,
sepulchrum tamen et cadaver intus. Bei Corn. a Lap. zu Gen. 19, 26.

[6] Luk. 9, 62.   [7] Sap. 10, 6. 7.   [8] Luk. 17, 31. 32.

[9] *Clemens Rom.,* ep. 1 ad Cor. cp. 11: Cum diversa sentiret nec concors
esset, in ejusmodi signum posita est, ut salis statua . . . sit facta, quo cunctis notum esset, quod animo incerti et de potentia Dei dubitantes, in judicium et in
significationem universis generationibus fiunt. *Chrysost.,* hom. 44 in Gen.: Columna

Exegeten [1]. Nach dem Rabbi Pirke Elieser (cp. 25) hieß die Frau des Lot Edith, welches Wort den Zeugen (Zeugin) bedeutet; so würde also schon der Name andeuten, daß sie Zeugin der göttlichen Rache geworden ist, welche Gott an denen vollzieht, die seinem Worte nicht glauben [2]. Woher Lot dieses Weib genommen, können wir wegen Mangel an Berichten nicht angeben. Soviel steht fest, daß, weil sie von der Strafe Sodoma's erreicht wurde, es ihr am nöthigen Glauben an das Gottesgericht und an der Furcht des Herzens fehlte, und sie, wenn auch nicht eine gleiche, so doch eine ähnliche Gesinnung wie die Sodomiter hegte. Dionysius Carthusianus hält die Sünde des Weibes Lots für eine schwere, jedoch die meisten Interpreten für eine leichte Sünde und glauben, daß, eben weil sie so hart bestraft wurde, ihre Seele von dem ewigen Tode errettet wurde, da das Zurückblicken nur eine levis materia sei [3]. Nach dem Koran [4] war Lots Frau ungläubig, täuschte ihren Mann und wird einst in's Höllenfeuer eingehen. Nach dem Erklärer Gelal [5] hieß sie Vaela und that den Sodomitern die Gäste ihres Mannes durch Zeichen kund, bei Nacht durch Feuer, bei Tag durch Rauch. Auch kündigten die Engel dem Lot den bevorstehenden Untergang seiner Frau an [6]. Nach der Erklärung Gelals [7] soll sie zurückgeblickt und ausgerufen haben: „Ach, mein Volk!" bei welchen Worten sie durch einen Stein getroffen zusammensank.

Nicht ohne Bedeutung ist, daß der Verfasser hinzusetzt: „Und da Elohim die Städte zerstörte, da gedachte er Abrahams und erlöste Lot aus dem Untergange der Städte." [8] Lot war, wie wir gesehen haben, ein Gerechter im weiten

salis, perpetuum monimentum posteris seculis suae negligentiae praebens. *August.*, enar. in Ps. 69: Ubi respexit, ibi mansit: facta est statua salis, ut condiat te. Exemplo enim tibi data est, ut tu cor habeas, non remaneas fatuus in via. Enar. in Ps. 83: Statua salis effecta in loco mansura et transeuntes alios conditura. Sermo ad Cat. cp. 4: In statuam salis conversa, nisi ut fatuos suo exemplo condiret Civ. Dei l. 16. cp. 30: In salem conversa (uxor) hominibus fidelibus quoddam praestitit condimentum, quo sapiant aliquid, unde illud caveatur exemplum; l. 22 cont. Faust. cp. 42. *Origenes*, hom. 5 in Gen.: (Uxor) carnis imaginem tenet ..., quae semper respicit ad vitia et voluptates requirit. *Isidorus*, alleg. V. T.: Uxor Lot eorum tenuit typum, qui per gratiam Dei vocati, postmodum retro respiciunt. *Procop.* Gen. 19; *Beda* in Gen. 19.

[1] *Rupert.*, *Prosper* (lib. 1 de praed. et prom. cp. 16), *Tirinus, Corn. a Lap.*, *Calmet* u. A. *Glossa interlin.*: Quasi mente eversa, ut fatuos hoc exemplo condiret; condimentum fidelium, poena impii, eruditio justi. *Glossa ordin.*: Uxor eorum genus figurat, qui gratia vocati retrospiciunt et ad ea, quae reliquerant contendunt ... Uxor retrospiciens in salem versa est, exemplum facta est sc. et condimentum, unde alii saliantur. *Lyranus:* Hoc factum est in figura. Sal enim condimentum est ciborum et ideo uxor Loth respiciens retro versa est in statuam salis, quia punitio ejus dat condimentum sapientiae poenitentibus, ne ad pristina peccata revertantur; propter quod et dominus dixit (Luc. l. c.) ... Et ista expositio licet mystica videatur, potest tamen dici litteralis.

[2] Vgl. *Fabricii* Pseudep. I. p. 431.

[3] Corn. a Lap., Tirinus, Menochius.

[4] Sur. 66, 10.

[5] Vgl. *Maracc.* Refut. Alcor. p. 734.

[6] Sur. 11, 80.

[7] Bei *Maracc.* l. c. p. 348.

[8] Gen. 19, 29.

Sinne des Wortes; was ihm also zur vollen Gerechtigkeit fehlte, das ersetzten die Verdienste und Fürbitte Abrahams; deßhalb schreibt Chrysostomus[1], daß Lot durch die Fürbitte Abrahams und seiner Verdienste wegen gerettet wurde.

Lot fühlt sich nun auch in Zoar nicht sicher und zieht mit seinen beiden Töchtern hinauf auf's Gebirge, wohin er früher nicht gehen wollte. Dort (im moabitischen Kalkgebirge) bezog er mit seinen Töchtern eine Höhle; diese öde Einsamkeit ist den beiden Töchtern Lots unerträglich. Bei ihrer Aussichts= losigkeit auf eine Verehelichung gibt die ältere Schwester der jüngeren den ver= zweifelten Entschluß kund, ihren Vater trunken zu machen und sich ihm beizu= legen: „Unser Vater ist alt und es ist kein Mann mehr auf Erden übrig, der zu uns eingehen könnte nach aller Welt Weise. Komm, laß uns ihn trunken machen mit Wein und bei ihm schlafen, daß wir von unserem Vater Nach= kommenschaft erhalten."[2] Lot wird nun im Unbewußtsein oder vielmehr im Halbbewußtsein sündiger Lust in zwei aufeinanderfolgenden Nächten das blinde Werkzeug dieses auf sündigem Wege sich Befriedigung verschaffenden Ver= langens seiner Töchter, die von ihrem Vater auch empfingen.

Diese blutschänderische Handlung wurde von jeher verschieden beurtheilt. Irenäus[3] meint, daß die beiden Töchter Lots in ihrer Einfalt und Unschuld gehandelt haben, indem sie glaubten, daß alle Menschen untergegangen und sie allein mit ihrem Vater zur Fortpflanzung des Menschengeschlechtes übrig seien; mithin seien sowohl sie zu entschuldigen, als Lot, der ohne Willen und Begierlichkeit diese That vollzog, wodurch in typischer Weise die Frucht= barkeit der beiden Synagogen abgeschattet wurde. Aehnlich urtheilt hierüber der hl. Chrysostomus[4], nach dessen Ansicht die heilige Schrift bald für die Töchter, bald für den gerechten Lot einen Entschuldigungsgrund angibt, damit wir nicht glauben, daß dieser Schritt propter incontinentiam geschehen sei. Was die Töchter betrifft, so leitete sie dazu ein guter Zweck. Im Glauben, daß das ganze Menschengeschlecht vernichtet sei, und im Hinblicke auf das hohe Alter ihres Vaters, wollten sie den Untergang des Menschen= geschlechtes und ihres Namens hintanhalten; weil sie aber wußten, daß sie ihren Vater niemals zu einer solchen That bereden könnten, nahmen sie zum Weine ihre Zuflucht; seine Berauschung sei superna dispensatione geschehen, damit Lot im Zustande der Bewußtlosigkeit von jeder Schuld frei sei; die Trunkenheit habe in der großen traurigen Gemüthsstimmung Lots ihren Ursprung. Alles sei mit dispensatione divina geschehen, wie bei der Bildung der Eva aus der Seite des schlafenden Adam, die nichtsdestoweniger sein Weib wurde. Recta sententia hoc faciebant. Daß diese That kein opus incontinentiae war, beweisen die Namen, welche die Töchter Lots ihren so

---

[1] Hom. 44 in Gen.

[2] Gen. 19, 31. 32.

[3] Cont. haer. l. 4. cp. 31: Nesciente homine neque libidini serviente dispen= satio perficiebatur, per quam duae filiae, i. e. duae synagogae ab uno eodemque patre in sobolem adoptatae significabantur sine carnis libidine ... N. 2: Per quam commissionem et unitatem duae synagogae i. e. duae congregationes fructi= ficantes ex Patre suo filios vivos vivo Deo. Vgl. ep. 33. n. 9.

[4] Hom. 44 in Gen. Vgl. *Procop.*, Gen. 19.

erzeugten Söhnen gaben, welche wie eine Inschrift auf einer Säule ihre That der Nachwelt erhalten sollten. Dieß gelte allerdings eben nur für jene Zeit, quoniam origo et initia erant et per generis successionem memoriam suam volebant conservare, tantum ejus rei studium fuit justi filiabus, jetzt aber nicht mehr[2]. Seinem Meister folgte Theodoretus[1]: Niemand möge den Lot wegen seines Beischlafes mit seinen beiden Töchtern anklagen, da er ja nicht wußte, was er that. Seine Trunkenheit finde insofern eine Entschuldigung, da Lot niedergebeugt von dem schweren Verluste, den Wein von seinen Töchtern entgegennahm in der Meinung, sie wollten seinen Schmerz und seine Traurigkeit lindern. Auch seine beiden Töchter seien von jeder Schuld frei, da sie den Untergang der ganzen Gegend gesehen und die Ueber= zeugung hatten, das ganze Menschengeschlecht sei zu Grunde gegangen, für dessen Erhaltung sie zu sorgen hätten. Nun bot sich ihnen kein anderes Mittel dazu dar, als ihr Vater. Hac ratione ductae, non ut libidini inservirent, auxilio vini usae sunt ... et patrem seminis auctorem reddiderunt. Gott ließ dieß zu, weil er die Gottlosigkeit der beiden hieraus entstehenden Völker voraussah, und wollte dadurch die Israeliten warnen, mit diesen, obgleich verwandten Völkern keine Ehe einzugehen. Daher auch das Gesetz[2]: „Die Ammoniter und Moabiter (Männer) sollen auch nach dem zehnten Geschlechte nicht in die Gemeinde des Herrn kommen, nicht in Ewig= keit." Origenes[3] glaubt, daß Lot einerseits nicht ganz von der Sünde zu entschuldigen, andererseits aber auch nicht ganz zu verdammen sei, da er ja seinen Töchtern nicht Gewalt angethan, sondern vielmehr von ihnen über= listet wurde. Lot ist zum Theil schuldig, zum Theil zu entschuldigen. Zu entschuldigen ist er, daß er weder mit freiem Willen, noch aus Begierlichkeit diese That vollzogen; schuldig ist er, daß er allzusehr dem Weine zusprach, so daß er hintergangen werden konnte, und dieß nicht einmal, sondern zwei= mal[4]. Doch auch der Entschluß seiner beiden Töchter sei wohl zu erwägen, ne forte etiam ipsae non tantum quantum putatur accipere criminis mereantur, da die Schrift selbst sie gewissermaßen zu entschuldigen sucht, (19, 31 ff.). Eingedenk des Gerichtes, welches zur Zeit Noahs das ganze Menschengeschlecht heimgesucht habe, und dunkel von ihrem Vater unterrichtet, daß auch einst die Welt durch Feuer zu Grunde gehen werde, glauben sie sich als die einzigen Menschen vom Verderben gerettet, denen es obliege, daß aus ihnen das Menschengeschlecht erneuert werde, und obgleich es ihnen als ein schweres Verbrechen dünkt, den Beischlaf des Vaters zu rauben, so scheint ihnen doch die Gottlosigkeit noch größer, mit Bewahrung ihrer Keuschheit die Hoffnung

---

[1] Quaest. in gen. Interr. 70 u. 71.

[2] Deut. 23, 3.

[3] Hom. 6 in Gen. n. 3: Nescio, si quis potest excusare ita Lot, ut eum im= munem faciat a peccato; neque rursum ita eum accusandum puto, ut tam gravis incesti debeat reus; u. cont. Cels. l. 4. n. 45: (Incestum) divina scriptura nec aperte probat uspiam ut recte factum, nec ut male factum reprehendit et impro= bat. Sed utcunque se habet, tropologico sensu explicari et aliquo modo excusari potest.

[4] Hom. 5 in Gen.: Ebrietas decepit, quem Sodoma non decepit. Uritur ille flammis mulierum, quem sulphurea flamma non ussit.] Vgl. Ambros., ep. in Ps. 118 n. 25.

auf Nachkommenschaft zu vernichten [1]. Da es ihnen bloß um diese, nicht
um Befriedigung der Lust zu thun ist, wiederholen auch die Einzelnen den
Beischlaf nicht [2]. Ihm ist diese Blutschande reiner, als die Schamhaftigkeit
vieler anderer Frauen, quae sicut animalia absque ulla discretione in-
desinenter libidini serviunt. Uebrigens betrachtet Origenes den Lot als
figura legis, sein Weib als Typus des aus Aegypten ausgezogenen Volkes,
das nach den Fleischtöpfen Aegyptens zurückblickt und Sehnsucht trägt, die
beiden Töchter Lots aber als Bild des Geschwisterpaares Oolla und Ooliba,
welches Ezechiel [3] beschreibt, und welches das eine, in zwei Theile zerrissene
Volk bedeutet [4]. Diese empfangen fleischliche und nicht geistliche Kinder, welche
in die Kirche Gottes nicht eintreten [5]. Im moralischen Sinne versteht Origenes
unter beiden Töchtern den Hochmuth und den eitlen Ruhm, vor deren Um-
armungen er seine Leser warnt. Darum bringt auch diese Erzählung, wie er an
einer andern Stelle bemerkt [6], denen, welche sie richtig auffassen, einen Nutzen.

In ähnlicher Weise tritt auch der hl. Ambrosius für Lot und seine
Töchter ein, welche in der Meinung, sie allein seien aus dem allgemeinen
Gerichte übrig geblieben, den Beischlaf ihres Vaters suchen, um das Menschengeschlecht zu erhalten [7]. Lot sei zu entschuldigen, da er es ohne Bewußtsein
that, denn bei ihm würde der erste Entschuldigungsgrund nicht gelten, da er
wohl wußte, daß bloß die Pentapolis zerstört wurde. Darum möge Jeder,
setzt der Kirchenlehrer hinzu, die Trunkenheit meiden und auch von den sün-
digenden Patriarchen lernen [8].

Zurückhaltender ist Hieronymus in seinem Urtheile, der schreibt, daß Lot
durch seine Ungläubigkeit bezüglich Segors seinen Töchtern Veranlassung zur
Blutschande gegeben und der Entschuldigungsgrund seiner Töchter ihn nicht ent-
schuldige [9]; er, der vom Verderben Sodoma's sich rein erhielt, erlag dem Weine [10].

---

[1] *Origenes* l. c.: Propter hoc ergo consilium ineunt minore, ut ego arbitror,
culpa, spe tamen argumentoque majore; patris moestitiam vel rigorem vino mol-
liunt et resolvunt.

[2] Concubitum ultra non repetunt, non requirunt. Ubi hic libidinis culpa,
ubi incesti crimen arguitur? Quomodo dabitur vitio, quod non iteratur in facto?

[3] Ez. 23. Vgl. *Isidor.*, Alleg. V. T.: Filiae duae Samariam significant, quae
fornicantur in lege per adulterium illicitae doctrinae.

[4] In duas ergo partes populus divisus duas fecit legis filias.

[5] Sopitur lex, ut talis posteritas generetur, quae non intret in ecclesiam Domini.

[6] *Origenes* in lib. Reg. hom. 2. n. 18: Exemplum est historia de Lot et ejus
filiabus; si sensu mystico ac recondito aliquam prae se fert utilitatem, Deus novit
et is, cui Deus gratiam contulit, sermones illos examinandi.

[7] *Ambros.*, lib. 1 de Abr. cp. 6. n. 56: Non libidinis vitium fuit, sed generationis remedium, quod non puto criminis duci loco.

[8] Per senectutem madidam vino solutus commisit incestum ignorans: tu sic bibe,
ne capiaris. Instruant te patriarchae non solum docentes, sed etiam errantes. Ideo
iteratum est exemplum ebrietatis (zuerst Noe), ne confirmetur magisterium cautionis.

[9] Quaest. in Gen. 19, 30: Illud, quod pro excusatione dicitur filiarum eo,
quod putaverint defecisse humanum genus et ideo cum patre concubuerint, non
excusat patrem. Denique Hebraei, quod sequitur: et nescivit cum dormisset etc.
appungunt desuper, quasi incredibile, et quod rerum natura non capiat, coire
quempiam nescientem.

[10] Ep. 69 (al. 53) n. 9: Lot per temulentiam nesciens libidini miscet incestum,
et quem Sodoma non viceraf, vina vicerunt. *Gregorius M.*, ep. l. 7. ind. 15. cp. 4.

Den Mittelweg hat, und wohl mit vollem Rechte, der hl. Augustin eingeschlagen, der folgendermaßen schreibt: Lot und seine beiden Töchter seien nicht etwa deßhalb, weil man ihnen eine typische Bedeutung unterlegt, von ihrer That zu rechtfertigen; denn etwas Anderes sei, was jene durch ihre That bezweckten, und etwas Anderes, was Gott durch die Zulassung der= selben beabsichtigte. Diese That ist, obgleich eine Prophetie, für ihre Urheber eine Schandthat [1]. Andererseits verdiene sie keinen so übertriebenen Tadel, welchen der Manichäer Faustus gegen sie erhoben, denn die göttliche Gerechtig= keit beurtheilt nicht bloß die That, sondern auch das Motiv derselben. Lot sei nicht nefaria libidine gegen seine Töchter entbrannt, als wollte er sie wie Frauen gebrauchen; ebensowenig als die Töchter gegen Lot, die im Wahne, daß sämmtliche Menschen zu Grunde gegangen seien, aus ihrem allein übrig gebliebenen Vater Nachkommenschaft erhalten wollten. Freilich, setzt er hinzu, wäre es besser gewesen, lieber jungfräulich zu bleiben, als auf solche Weise Mutter zu werden [2]. Weil sie aber wußten, daß ihr Vater ihren Plan ab= wehren würde, nahmen sie zu seiner Berauschung Zuflucht. Lot ist deßhalb nicht so sehr des blutschänderischen Beischlafes, als der Trunkenheit wegen zu beschuldigen [3]; selbst unter der Annahme, daß er zur Linderung seines Schmerzes über den Verlust seiner Habe und seines Weibes allzusehr dem Weine zugesprochen habe. Die Hypothese, daß seine Töchter dem Weine ein betäubendes Mittel beigemischt, weist Augustin ab, da sicher die heilige Schrift davon Erwähnung gemacht hätte. Damit, daß er die heilige Schrift, welche dergleichen Verbrechen erzählt, nicht aber lobt, rechtfertigt, wolle er keines= wegs auch Letztere rechtfertigen, denn diejenigen, welche in der heiligen Schrift Gerechte genannt werden, seien es nicht in der Weise, als ob sie nicht mehr sündigen könnten. Da nun die heilige Schrift nach Erzählung dieser That Lot nicht als Gerechten preist, sondern schweigt, will sie dadurch dieselbe keineswegs rechtfertigen, um so mehr, da sie an andern Stellen dergleichen verurtheilt. Was sie hier erzählt, stellt sie nicht als nachahmungswürdiges, sondern als ein zu meidendes Beispiel uns vor die Augen [4]. Nach dem

---

[1] Lib. 22 cont. Cels. cp. 42: Illud factum, cum in s. scriptura narratur, prophetia est; cum vero in illorum vita, qui hoc commiserunt, consideratur, flagitium est.

[2] L. c. cp. 43: Potius quidem nunquam esse matres, quam sic uti patre debuerunt: verum tamen multum interest, quod ea causa usae sunt, quam si concupiscentia tam funestae voluptatis uterentur. Vgl. Enar. in Ps. 59: Melius erat, ut steriles remanerent, quam sic matres fierent.

[3] Cp. 44. l. c.: Culpandus est quidem, non tamen quantum ille incestus, sed quantum illa meretur ebrietas.

[4] Cap. 45: Nos tamen Scripturas sanctas, non hominum peccata defendimus. Non sic autem de hujus facti purgatione satagimus, quasi hoc Deus noster aut fieri jusserit, aut factum approbaverit; aut ita justi homines in illis Libris appellentur, ut si voluerint peccare, non possint. Cum ergo in Literis, quas isti reprehendunt, Deus huic facto nullum justitiae testimonium perhibuerit, qua dementia temeritatis hinc illas Literas accusare contendunt, cum aliis earum locis apertissime inveniantur divinis praeceptis ista prohiberi? Unde in illa re gesta de opere filiarum Loth narrata ista sunt, non laudata. Quaedam vero enuntiato judicio Dei, quaedam tacito narrari oportuit: ut quando promitur quid inde judicaverit Deus, instruatur nostra imperitia; quando autem tacetur vel exerceatur

hl. Augustin sind die Töchter Lots ein Bild derjenigen, welche das Gesetz mißbrauchen, und die Moabiter ein Bild schlechter Werke [1].

Fassen wir nun alles dieses zusammen, so ergibt sich uns Folgendes: Die That der beiden Töchter Lots ist und bleibt Blutschande. Wenn auch nicht so sehr die Wollust, als das Verlangen, ihr Geschlecht fortzupflanzen (Beide legten sich ihrem Vater nur einmal bei) sie dazu veranlaßte, so war doch das Mittel, dessen sie sich bedienten, Sodoma's würdig (der Zweck heiligt nicht die Mittel) und zeigt, daß sie von dem sündigen Wesen der Sodomiter nicht ganz frei waren, unter denen gewiß auch solche blutschänderische Ver= bindungen vorkamen; gingen doch die Magier nach dem Zeugnisse des Catullus mit ihren Müttern Ehen ein [2]. Die Töchter scheinen, wie Niemeyer [3] glaubt, auch des Vaters schwache Seite gekannt zu haben, nämlich seine unüberwind= liche Ruhe, die, erführe er auch, was geschehen sei, schwerlich viel Aufhebens davon machen würde. Außer der bereits erwähnten Sucht nach Nachkommen= schaft lassen sich vielleicht auch noch einige Milderungsgründe für die Töchter Lots anführen, ohne jedoch damit ihre unnatürliche Handlung ganz zu ent= schuldigen. Die in Sodoma herrschende Sittenlosigkeit mochte auf diese jugend= lichen Töchter Lots verderblich gewirkt haben, ohne jedoch damit ihren sittlichen Charakter (necdum enim cognoverant virum Gen. 19, 8) in Zweifel zu ziehen, umsomehr, wenn man die Zurückgezogenheit des weiblichen Geschlechtes im Oriente, die strenge Forderung der Männer bezüglich der Integrität ihrer Bräute und den unbescholtenen Charakter Lots in Sodoma in Betracht zieht. Auch die nach ihrer Meinung auf ihnen lastende Makel, unter den Sodomitern gewohnt zu haben, der beschäftigungslose Aufenthalt und das Zusammenwohnen mit ihrem Vater in einer öden, düstern Höhle, der Mangel einer geistiger Erhebung von Seite des in Unthätigkeit und Gram hin= siechenden Vaters, die trübe, freudenlose Zukunft der Jungfrauen, welche vor Kurzem sich schon als Bräute und der Erfüllung ihrer Wünsche so nahe sahen, der Mangel eines höheren Glaubenslebens, welches ihr jugendliches Herz veredelt hätte — alles dieß läßt uns begreifen, daß die verirrte Ein= bildungskraft ihre erwachende Begierde reizte, und die Natur, welche durch Vernunft und Glaube so wenig unterstützt wurde, unterlag. — Die Worte: „Lot wußte nicht um ihr Liegen und Aufstehen", besagen nicht, daß er in ganz bewußtlosem Zustande den Beischlaf vollzogen habe, wie dieß die Rabbinen (bei Hieronymus oben S. 84 Nota 9) andeuten, sondern daß er ohne sittliche

---

peritia, ut quod alibi didicimus recolamus; vel excutiatur pigritia, ut quod non-dum novimus inquiramus. Deus ergo, qui novit et de hominum opere malo facere opera bona, gentes quas voluit, ex illo semine propagavit, non scripturas suas propter hominum peccata damnavit. Prodidit quippe ista, non fecit; et cavenda admonuit, non imitanda proposuit.

[1] *Aug.*, Enar. in Ps. 59. n. 10: Erat autem illa figura quaedam eorum, qui male utuntur lege … Quomodo nascuntur opera bona, cum quisque lege bene utitur, sic nascuntur opera mala, cum lege quisque male utitur. Proinde male illac utentes patre, h. e. male utentes lege, generaverunt Moabitas, per quos signi-ficantur opera mala.

[2] Siehe *Calmet*, com. ad Gen. 19, 32. Catul. Epig.: Nam Magus ex matre et gnato nascatur oportet.

[3] l. c. S. 120.

Ueberlegung nur nach dunklem Triebe sich demselben hingab. Der Wein und die dadurch erwachende Lust helfen zusammen, ihn im Taumel der Trunkenheit, ohne zu wissen, daß es seine eigenen Töchter seien, zu diesem Acte zu bringen.

Diese zwei Töchter erachten ihre That für so wenig schaudbar, daß sie den Söhnen, welche sie von ihrem Vater gebaren, Namen gaben, welche ihre Abkunft verewigten. Die Aeltere gab ihrem Sohne den Namen Moab, d. i. „vom Vater“, nämlich erzeugt, oder auch aqua (i. e. semen) patris; die Jüngere aber ihrem Sohne den Namen Ben-Ammi, d. i. Sohn meines Volkes, den ich nicht von den Sodomitern, sondern von meinem eigenen Volke empfangen habe. Während der erste direct die blutschänderische Verbindung verräth, wird dieselbe im zweiten Namen mehr verhüllt. Demnach erscheint die jüngere Schwester ehrbarer und sittsamer, als die ältere[1], wie dieß auch daraus erhellt, daß die ältere zuerst auf diesen blutschänderischen Gedanken verfällt, denselben ihrer jüngeren Schwester mittheilt, sie als Helfershelferin gebraucht, um ihren Vater trunken zu machen, zuerst den Beischlaf vollzieht, und mit Anrühmung des Erfolges sie in der zweiten Nacht zur Ausführung der blutschänderischen Umarmung aufmuntert. Masudi nennt die beiden Töchter Zewi und Arva[2].

Damit endigt die Geschichte Lots und seiner Töchter. Er verschwindet vom Schauplatze, ohne daß seines Endes gedacht wird; denn innerlich und äußerlich von Abraham geschieden, hat er für die Heilsgeschichte keine weitere Bedeutung. Nur seine Nachkommen von seinen beiden Töchtern kommen in der Folgezeit mit Israel in nähere Verbindung und zur richtigen Beurtheilung ihres Benehmens gegen das Volk der Verheißung wird ihre Abstammung berichtet. Diese Erzählung ist nicht, wie die Rationalisten von de Wette bis auf unsere Tage herab behaupten, als ein Product jüdischen Nationalhasses, oder als eine Dichtung von geschmackloser Art zu betrachten, denn den Moabitern und Ammonitern wird als Stammverwandten Israels ihre Abkunft von Lot zur Ehre angerechnet[3] und Israel wird gewarnt, das ihnen als Söhnen Lots angewiesene Land anzutasten. Uebrigens wird der schändlichen Art der Abstammung Moabs und Ammons sonst nicht gedacht und ihre Ausschließung von der Gemeinde Jehova's nur durch ihre eigene Verschuldung motivirt[4]. Wenn übrigens später Unzucht[5] und Impietät[6] als Grundzüge im Charakter und Cultus beider Völker hervortreten, so kann man mindestens mit gleichem Rechte annehmen, daß dieß Erbsünden derselben von ihrem Ursprunge her sind, als daß die Sage ihren Ursprung danach gemodelt hat[7]. Ebenso ist auch die absonderliche Meinung Norks[8] zu beurtheilen, welcher in Lot den Fürsten der Finsterniß entdeckt zu haben glaubt.

R. Elieser[9] weiß Folgendes zu berichten: Plotos, die Tochter Lots, war an einen Fürsten von Sodoma verheirathet. Da sah sie in den Straßen

---

[1] So Nikolaus von Lyra und A.

[2] Bei Delitzsch, Comm. zur Gen. l. c. S. 342.

[3] Deut. 2, 9. 19.   [4] Deut. 23, 3 f.   [5] Num. 25.   [6] 2 (4) Kön. 3, 26 f.

[7] Delitzsch, Gen. l. c. S. 344.

[8] Biblische Mythologie des A. und N. Testamentes. Stuttg. 1842. 1. Bd. S. 306 f.

[9] Abschn. 25.

einen bedauernswerthen Armen und fühlte Mitleid mit ihm. Wenn sie nun
mit dem Kruge vor die Stadt ging, um Wasser zu holen, füllte sie den
leeren Krug mit Speisen und verpflegte den Armen. Die Leute Sodoma's
verwunderten sich, daß der Mann so lange ohne Nahrung leben könne; als
sie jedoch dahinterkamen, verurtheilten sie die Edelmüthige zum Feuertode.
Da rief sie zu Gott und dieser sprach: Ich will mich hinablassen 2c. Abith,
die Gattin Lots, erbarmte sich ihrer verehelichten Töchter, die in Sodoma
waren, und wollte sehen, ob sie ihr folgen oder nicht. Sie blickte hinter
sich, sah den Gottesglanz und wurde zur Salzsäule. So steht sie noch, die
Kinder belecken sie täglich, es fließt zu ihren Füßen hin, am Morgen wächst
sie wieder.

§ 5. Rebecca.

Nachdem Abraham von der Opferung seines Sohnes Isaak zurückgekehrt
war, erhielt er die Nachricht, daß sein Bruder Nachor mit seinem Weibe
Milca (Melcha) acht Söhne und mit seinen Kebsweibe Reuma (Vulg. Roma)
vier Söhne gezeugt habe. Der achte Sohn aus der Milca, Bathuel, zeugte
die Rebecca[1]. Der Verfasser des Pentateuches fügte diese genealogische Abstammung deßwegen hinzu, weil Isaak die Rebecca aus dem Hause Nachors
als Braut heimführte. Keine Brautwerbung wird in der heiligen Schrift
so ausführlich erzählt, als die Verheirathung Isaaks, des Sohnes der Verheißung, welche mit lieblicher Einfachheit und sinniger Belehrung geschildert
ist. Nach dem Tode der Sara lag dem Abraham namentlich bei seinem vor-
gerückten Alter die Sorge am Herzen, seinen Sohn zu verehelichen, um den
göttlichen Segen auf seine Nachkommen zu vererben. Doch Isaaks Gattin
muß eine solche sein, welche seinem göttlichen Berufe entspricht, nicht eine von
den Töchtern der Canaanäer, sondern aus seiner Verwandtschaft in Mesopotamien, welche das Herz und den Muth hat, ihr Vaterhaus und ihre
Heimath zu verlassen und in das Land der Verheißung zu ziehen. Mit
diesem ebenso wichtigen als schwierigen Geschäfte beauftragt der Patriarch
den treuen Verwalter seines Hauses Elieser, indem er ihn schwören läßt, ein
Weib für seinen Sohn nicht von den Töchtern der Canaanäer, die bekanntlich
im gräulichsten Götzendienst versunken waren, zu nehmen, sondern nach Mesopotamien zu reisen, um dort aus seiner Verwandtschaft ein Weib zu holen.
Abraham nimmt seinem Knechte deßhalb den feierlichen Schwur ab, damit
Elieser, falls Abraham früher stürbe, seinen Auftrag unverbrüchlich ausführe.
Vor der Leistung dieses Schwures fragt der gewissenhafte Diener seinen
Herrn, ob er für den Fall, daß keine Frau aus seiner Verwandtschaft ihm
folgen würde, Isaak in das Land seiner Väter führen solle. Abraham weist
diesen Vorschlag ab, weil Jehova ihn aus seiner Heimath ausgeführt und
ihm das Land Canaan zum Erbe gegeben habe; Isaak soll demnach nicht
aus dem Kreise, in welchen ihn Gott versetzt hat, heraus, vielmehr soll die
künftige Gattin in diesen Kreis eintreten. Für den von Elieser erwähnten
Fall entbindet er ihn von seinem Eide, setzt aber vertrauungsvoll hinzu, daß

---

[1] Gen. 22, 20—24.

der Herr seinen Engel vor ihm senden und er mit dessen Hilfe das Angestrebte erreichen werde. Hier zeigt sich wieder zur Nachahmung für alle Familien=väter die Sorgfalt und Gewissenhaftigkeit Abrahams, der für seinen Sohn nicht etwa eine reiche oder schöne Braut suchte, sondern eine solche, welche durch Glauben und Seelentugenden mit seinem Hause übereinstimme [1].

Elieser zieht nun mit zehn reichbeladenen Kameelen nach Mesopotamien zur Stadt Haran, wo Nachor, Abrahams Bruder, wohnte, und lagert sich dort zur Abendzeit an einem Brunnen, wo Frauen und Mädchen nach Sitte des Morgenlandes Wasser für den Hausbedarf um diese Zeit zu holen pflegten. Bauend auf den Segensspruch seines Herrn nimmt er, am Orte seines Zieles angekommen, seine Zuflucht zu Gott selbst; er betet zu Jehova, dem Gotte Abrahams, daß dieser die Gewünschte ihm entgegenführe, nach dem Grund=satze des Weisen: „Haus und Reichthum geben die Eltern, ein kluges Weib aber kommt eigentlich von Jehova." [2] Mit dem Gebete verknüpft er, offen=bar vom Geiste Gottes getrieben, ein Wahrzeichen, an dessen Eintreffen er die von Gott bestimmte Jungfrau erkennen wolle; Jene nämlich, welche auf seine Bitte hin ihm zum Trinken ihren Krug reichen und sodann auch seine Kameele tränken würde, die wolle er als die von Gott ihm zugeführte Braut erkennen. Elieser ließ sich bei dieser an Gott gestellten Forderung, wie der hl. Chrysostomus wohl bemerkt, von der richtigen Voraussetzung leiten, daß ein gastfreundliches und gefälliges Mädchen auch alle übrigen Tugenden des Herzens besitze, da ja auch die Uebung der Gastfreundschaft eine hervorstechende Tugend des Hauses seines Herrn war [3]. Kaum hatte er sein Gebet vollendet, so ist dasselbe auch schon erhört. Es kommt ein Mädchen zum Brunnen, reicht auf seine Bitte dem Fremden den vollen Wasserkrug hin und erbietet sich freiwillig, auch seine Kameele zu tränken, wobei Elieser schweigend und auf=merksam sie betrachtet [4] und die Umstände prüft, ob der Herr seinen Weg ihm gelingen ließ. Moses schildert dieses Mädchen, Rebecca (heb. Ribka) mit Namen, mit wenigen aber treffenden Worten: „Das Mägblein war überaus schön von Ansehen, eine Jungfrau, die noch von keinem Manne

---

[1] *Chrysost.*, quales duc. sint uxores n. 5: Mulierem quaerit non formosam aut divitem, sed generosis moribus praeditam et hac de causa hominem jubet, tam longinquam peregrinationem suscipere. *Ambros.*, l. l. de Ab. cp. 9: Primum in conjugio religio quaeritur. Ideo Abraham proximam quaesivit dare filio suo; non aurum non argentum quaesivit Abraham, non possessiones, sed gratiam bonae indolis.

[2] Prov. 19, 14. Vgl. *Ambros.* l. c.: Simplicitas moralis exprimitur, quod nullus fuerit vel in conjugii petitione ambitioni locus, sed Dominus praesul con-jugii petitionem impleverit.

[3] *Chrysost.*, l. c. n. 6 u. hom. 48 in Gen.: Vide servi prudentiam; nam quia noverat patriarchae hospitalitatem et quia virginem inde ducendam par erat iisdem esse praeditam moribus, quibus justus ille, nullam aliam conjecturam inquirit, sed characterem virginalis animi ex hospitalitate colligere vult. *Theodoret.*, qu. in Gen. int. 74: Cum enim tam insignibus ornamentis cumulatus esset, volebat et sponsam congruere moribus soceri, ne contentionem aliquam aut controversiam parerent mores contrarii.

[4] *Chrysost.* l. c. qual. duc. n. 8: Ex corporis gestibus habitudinem animi colligens.

erfannt wurde."[1] Daß die körperliche Schönheit ein Abbild innerer Seelen=
schönheit ist, bewährt sich an Rebecca: sie ist nicht bloß körperlich, sondern
auch im Herzen jungfräulich, und darum hebt der Geschichtsschreiber mit
Nachdruck dieses herrliche Tugendpaar hier hervor[2]. Diese Tugend der
Herzensreinigkeit, schreibt Chrysostomus[3], ist an Rebecca um so höher
anzuschlagen, da die körperliche Schönheit oft ein Fallstrick für jungfräuliche
Seelen ist und Rebecca nicht in stiller Zurückgezogenheit lebte, sondern bei
ihrem öffentlichen Berufsleben öfters das väterliche Haus verlassen mußte
und zum Brunnen eilte, wo müßige Zuschauer ihr sich nahen konnten. Der
hl. Bernard[4] betrachtet sie daher als Typus der seligsten Jungfrau Maria.
Doch die Jungfräulichkeit war nicht die einzige Tugend an Rebecca. Wie
ihre Worte und Thaten bezeugten, strahlten an ihr die Bescheidenheit und
Gastfreundlichkeit in wunderbarer Harmonie[5]. Sie eilt dem Manne nicht
entgegen, noch spricht sie ihn früher an — ein Zeichen ihrer Bescheidenheit
und Gesittung; sie verweigert ihm auch nicht die Erfüllung seiner Bitte,
sondern ist mit einer erstaunenswerthen Munterkeit ihm dienstbar[6]. In seiner
Freude beschenkt Elieser die dienstfertige Jungfrau mit einem Ringe und zwei
goldenen Armbändern zum Danke für ihre schnelle Dienstfertigkeit und frägt
sie dann um Herkunft und ob in ihrem Vaterhause Platz zum Uebernachten
sei. Geduldig und bescheiden antwortete sie: „Ich bin Bathuels Tochter,
des Sohnes der Milca, den sie dem Nachor geboren; Stroh und Heu ist
viel bei uns, auch ein Ort zum Uebernachten", wodurch sie dem Fremden
zu verstehen gab, daß ihr Haus mit Vergnügen dem unbekannten Manne
offen stehe[7]. Erst jetzt, als die Jungfrau sich als Tochter Bathuels, des
Neffen Abrahams, kundgegeben, erlangt er die Gewißheit, daß sie die von
Gott für Isaak bestimmte Frau sei, und während er auf seinen Knieen Jehova
für diese Gnade und Wohlthat dankt, eilt Rebecca nach Hause, um mit der

---

[1] Gen. 24, 26.

[2] *Chrysost.* l. c. n. 6: Quid mihi narras pulchritudinem corporis? Ut discas
insignem ejus pudicitiam, ut discas animi pulchritudinem. Suspicienda namque
res est ipsa pudicitia, sed magis etiam si conjuncta sit cum egregia specie.
Hieron. adv. Jovin. l. 2. n. 32 u. qu. in Gen. 24, 43. *Clemens Alex.*, strom. l. 4.
cp. 25: Castitatem in corpore et anima Moses pulchre repetitione usus significat,
corporis et animae incorruptionem in Rebecca hoc modo: virgo autem pulch. etc.
Origenes, hom. 10 in Gen.: Quia Rebecca virgo erat sancta corpore et spiritu, idcirco ejus duplicat laudem et dicit: Virgo erat, et vir non cognoverat eam. Als
solche ist sie Typus der Kirche sine macula et ruga (Galat.).

[3] L. c.

[4] Sermo de b. Virg.

[5] *Basilius* in ep. 3. Is.: Rebecca studio hospitalitatis mire effloruit et invaluit
virtute.

[6] *Chrysost.* l. c. n. 7: Nec modestiae studio hospitalitati defuit, nec hospitalitatis cura laudem verecundiae sibi minuit, sed utramque virtutem integram obtinuit,
declarando suam modestiam, dum rogari exspectat, miram vero hospitalitatem, dum
rogata sine mora obsequitur ... Non factum hoc solum, verum etiam alacritas
adjuncta virtutem puellae indicat, quae hominem ignotum et tum primum visum
vocat dominum; u. hom. 48 in Gen.: Cogita, quanta etiam ea aetate fuerit, continentiae diligentia et modestiae eminentia hospitalitatisque frequentia.

[7] *Chrysost.*, qual. duc. l. c.: Alliciens eum his omnibus et domum pertrahens,
ut hospitalitatis fructum et mercedem capiat.

ihr eigenen Munterkeit und Behendigkeit im Hause ihrer Mutter, d. i. im Frauengemache, den Ihrigen das Erlebte zu erzählen [1]. Als Laban die Rede seiner Schwester vernahm und in ihren Händen die Geschenke sah, eilte er hinaus zum Brunnen, um den Fremden in sein gastliches Haus zu führen. Bevor Elieser von der ihm vorgesetzten Speise ißt, entledigt er sich seines Auftrages, wobei er umständlich erzählt, wessen Herrn Diener er sei, wie Abraham ihn beschworen, seinem einzigen Sohne und Erben, welchen Sara in seinem (ihrem) Alter ihm geboren hat [2], ein Weib in seiner Verwandtschaft zu suchen, wie ein Wink Gottes ihm die Rebecca als die Erkorene bezeichnet habe, und schließt seine Werbung mit den Worten: „Wenn ihr nun Gnade und Wahrheit (Liebesbeweisung) an meinem Herrn üben wollt, so theilt mir es mit, und wenn nicht, so des= gleichen", damit er bei anderen Familien aus Nachors Verwandtschaft ein Weib suche. Laban und Bathuel erkennen darin die Fügung Gottes und geben ohne Schwierigkeit ihre Einwilligung [3]. Sodann dankt der überglück= liche Diener zuerst seinem Gotte in tiefster Anbetung, und genießt, nachdem er die üblichen Geschenke für die Braut und ihre Verwandten gegeben, das ihm vorgesetzte Mahl. Willig und freudig stimmt Rebecca der Wahl ihrer Eltern bei. Schon am andern Morgen will der treue Elieser mit Rebecca die Rückreise antreten, aber Bruder und Mutter wollen sie noch einige Tage bei sich behalten. Doch auf weitere Bitten Eliesers wird Rebecca selbst befragt, ob sie gleich mitziehen wolle, worauf sie mit einem entschiedenen „Ja" antwortet. Bewunderungswürdig erscheint der Entschluß Rebecca's, so rasch das Vaterhaus zu verlassen und ihrem noch unbekannten Bräutigam in's Land der Verheißung entgegenzueilen. Da entließen sie nun die Rebecca mit ihrer Amme, an welcher sie von Kindheit an mit zärtlicher Liebe hing und die nun im fernen Land an ihr Mutterstelle vertreten sollte [4]. Vor dem Abschiede geben die Verwandten ihr den Segen: „Unsere Schwester! werde du zu Tausenden von Myriaden und dein Same nehme das Thor seiner Hasser ein", welcher auch wirklich in beiderseitiger Beziehung an ihr sich erfüllt hat. Rebecca und ihre Mägde besteigen nun die Kameele und folgen dem Manne, welcher der Heimath zueilt. Der hl. Chrysostomus [5] macht hier aufmerksam auf die Einfachheit dieses Zuges, welcher ohne Musikbegleitung sich dahin= bewegt, da ja das Haupt der Braut mit göttlichem Segen wie mit einem kostbaren Diademe geschmückt war. Sie glänzte nicht in kostbaren Gewän= dern, wohl aber durch ihre Bescheidenheit, Frömmigkeit und alle andern Tugenden. Nicht wird sie in einer Sänfte getragen, sondern sie besteigt das Kameel, da sie ja von Jugend an nicht verzärtelt, sondern durch Arbeit ab=

---

[1] *Chrysost.*, hom. 48 in Gen.: Vide, quomodo in singulis declaret nobis ho- spitalitatis alacritatem cursu, verbis, mansuetudine.

[2] *Chrysost.*, quales l. c. n. 8: Partus modum indicat, docens, quod et partus ei divina providentia concessus sit, non naturae ordine.

[3] *Ambros.*, l. 1 de Ab. cp. 9: Consulitur puella non de sponsalibus; nam illa judicium exspectat parentum, non est enim virginalis pudoris, eligere maritum.

[4] *Hieron.*, qu. in Gen. ad 24, 59: Decens quippe erat, ut ad nuptias absque parentibus virgo proficiscens, nutricis solatio foveretur.

[5] Qual. ux. sint duc. l. c.

gehärtet und gestählt war. Deßhalb erfreute sich auch ihr Körper einer
kräftigen, blühenden Gesundheit, welche durch ihre Schönheit noch mehr erhöht
wurde und sie überaus liebenswürdig machte. Wie überall, so sehen wir
auch hier ihr unschuldiges, bescheidenes, einfaches, gottvertrauendes Herz.

Indeß war Isaak in's Freie zum Hagarbrunnen gegangen, um in feier-
licher Stille des Abends mit Gott in stiller Betrachtung seine Verheirathung zu
berathen. Schon die Umstände seiner Geburt, die sorgsame Erziehung durch
den glaubenserfüllten Vater und die besorgte Sara, namentlich aber jener
geheimnißvolle Vorgang auf Moria wirkten auf das Gemüth des jungen
Mannes ein, welcher mehr ein stilles, zurückgezogenes, dem Gebete und der
Betrachtung gewidmetes Leben führte. Siehe, da kommt der Reisezug an.
Sobald Rebecca den Mann auf dem Felde dem Zuge entgegeneilen sieht,
steigt sie schnell vom Pferde, um nach morgenländischer Sitte den Entgegen-
kommenden ehrfurchtsvoll zu begrüßen[1]. Um sich zu vergewissern, ob ihre
Ahnung sich bestätige, frägt sie nach dem Namen desselben, und als sie von
Elieser erfährt, daß es Isaak sei, hüllt sie sich in ihren Mantel, wie es der
züchtigen Braut vor ihrem Verlobten geziemte[2]. Nachdem der Knecht seinem
Herrn den ganzen Hergang erzählt hatte, führte Isaak die ihm von Gott
Zugeführte in das Zelt seiner Mutter Sara, nahm sie zum Weibe, liebte
sie und tröstete sich über den Tod seiner Mutter. Rebecca füllte nun ihrer-
seits die durch Sara's Tod im Hause Abrahams entstandene fühlbare Lücke
aus. „Und wie hätte", ruft der hl. Chrysostomus aus, „Isaak die bescheidene,
ehrbare, jungfräuliche, liebenswürdige, an Körper und Geist starke Rebecca
nicht lieben sollen?" Isaak ist der Einzige unter den Patriarchen, der bloß
Eine Frau genommen hat. Nichtsdestoweniger dürfen wir ihn keineswegs
für vollkommener als Abraham halten, an welchem Gott den verheißenen
Segen bezüglich einer zahllosen Nachkommenschaft theilweise schon vollziehen
wollte. Bei Vergleichen muß man, wie der hl. Augustinus[3] richtig
bemerkt, nicht auf einzelne Tugenden, sondern auf das gesammte Geistes-
leben sehen.

Diese liebliche, durch ihre Einfachheit ebenso, wie durch innere Wahrheit
ausgezeichnete Erzählung hat den heiligen Vätern reichlichen Stoff zur allegorischen und typischen Erklärung gegeben. Abraham, der für seinen Sohn
eine Braut sucht, bezeichnet Gott Vater, der für seinen eingeborenen Sohn
eine Braut (die Kirche) sucht; diese wird durch Rebecca vorgebildet, während
Elieser den Typus der Apostel bildet. Der hl. Ambrosius beschreibt[4] ausführlich in der Verehelichung Isaaks das Mysterium der Vereinigung Christi

---

[1] *Chrysost.*, l. c.: Vides robur? vides bonam habitudinem? a camelo desiliit.
Tantum illi virium una cum modestia supererat.

[2] *Ambros.* l. 1 de Ab. l. c.: Caput suum obnubere coepit, docens verecun-
diam nuptiis praeire debere; inde enim nuptiae dictae, quod pudoris gratia puellae se obnuberent; vgl. *Chrysost.* l. c.

[3] Civ. Dei l. 16. cp. 36: Noverimus, non ex bonis singulis inter se homines
comparare, sed in unoquoque consideremus universa ... Constituamus ergo ambos
bonos; etiam sic profecto melior est conjugatus fidelissimus et obedientissimus
Deo, quam continens minoris fidei minorisque obedientiae; si vero paria sint cetera, continentem conjugato praeferre quis ambigat?

[4] Lib. de Isaac et anima.

mit der durch Rebecca abgeschatteten christlichen, gottsuchenden Seele, womit auch Origenes, Augustinus, a Lapide u. A. übereinstimmen. Wir heben in Kürze hier die Hauptpunkte hervor. Wie Abraham, der seinem einzigen Erben ein Weib geben will, daß er Kinder der Verheißung empfange, seinen Knecht nach Mesopotamien zu seiner Verwandtschaft schickt, um dort ein ihm gleichgesinntes, tugendhaftes Weib zu suchen, so sendete auch Gott die Propheten und Apostel aus, um Bräute für Christo und seine Kirche zu suchen, die ihm ebenbürtig, d. h. mit heiligen Tugenden und Sitten geschmückt sind. Rebecca, die in Mesopotamien, also zwischen zwei Flüssen geworben wird, ist Typus der Kirche, die auch zwischen zwei Flüssen lavacrum gratiae und fletum poenitentiae sich befindet [1]. Viele Bräute (Rebecca, Rachel, Zippora), wurden im Alten Testamente am Brunnen gefunden; so wird auch die Braut Christi nur am Wasserbrunnen der heiligen Taufe erworben [2]. Die das Wasser schöpfende, und nicht bloß den Diener Abrahams, sondern auch die Kameele tränkende Rebecca ist ein Bild der sich erniedrigenden und Gott suchenden Seele, die allein nur mit Christus vermählt werden kann [3]. Die goldenen Geschenke Eliesers an Rebecca symbolisiren die göttlichen Worte und die guten Werke an der Braut Christi [4]. Auch der Antwort der Rebecca auf die Frage, ob sie gleich mitziehen wolle, unterbreitet Augustinus [5] einen typischen Sinn. In den goldenen und silbernen Gefäßen, welche Elieser der Braut Isaaks reicht, sieht Ambrosius [6] den Glaubensschmuck, den die Braut Christi von ihrem Bräutigam erhält. Rebecca, die schnell ihre Heimath verläßt, um zu ihrem Bräutigam in's Land der Verheißung zu eilen, sinn-bildet die Heidenwelt, die schneller und williger, als das Judenvolk, dem Herrn entgegeneilte. Am Tage seiner Vermählung ging Isaak hinaus auf's Feld, um zu betrachten und zu beten: so kam auch Christus herab auf die Erde in der Fülle der Zeit, um durch Gebet und Thränen sich die Braut zu er-

---

[1] *Ambros.*, l. 1 de Ab. cp. 9. n. 87.

[2] *Aug.*, sermo 8 (al. de temp. 75): Rebecca Abrahae puerum invenit ad puteum et ecclesia invenit Christum ad Baptismi sacramentum. Vgl. *Origenes*, hom. 12 in Num. u. hom. 10 in Gen. Daß Rebecca ein Typus der Kirche sei, lehren überdieß *Aug.*, l. 22 cont. Faust. cp. 46. *Hieron.*, l. 1 adv. Jov. 19: Isaac unius Rebecca vir Christi praefigurat ecclesiam ... Rachel pulchram et diu sterilem, ecclesiae significasse mysterium sciat. *Clemens Alex.*, l. 1. paed. cp. 5. *Beda*, in Gen. cp. 24. *Rupertus*, l. 7 in Gen. cp. 14. *Isidorus*, qu. in Gen. cp. 19.

[3] *Aug.*, sermo 9 de sancta Rebecca: Rebecca, quae interpretatur patientia, ut vidit puerum et inspexit propheticum verbum (Elieser), deponit de humero hydriam, deponit enim elatam graecae facundiae arrogantiam et ad humilem et simplicem propheticum se inclinans sermonem, dixit: bibe ... Talis ergo est ista anima, quae agit cuncta patienter, quae tam prompta est et tanta eruditione subnixa, quae de profundis haurire scientiae fluenta consuevit, ipsa potest copulari nuptiis Christi. *Origenes*, in Gen. l. c. *Gregor.*, hom. 6 in Ezech.

[4] *Ambros.*, l. 1 de Ab. l. c.: Inaures Rebeccae pii auditus insignia et viriae Rebeccae ornamenta factorum sunt. *Aug.*, sermo 8 cit. n. 3: Puer obtulit inaures aureas ad ornandam faciem Rebeccae et Christus verba divina margaritis omnibus pretiosiora dedit ecclesiae, et armillas posuit in manibus Rebeccae, et Christus dedit opera sancta in manus ecclesiae.

[5] L. c.: Rebecca non duceretur ad Isaac, nisi diceret: vado; nec ecclesia Christo jungeretur, nisi diceret: credo.

[6] L. c.

flehen, und wie Isaak der Rebecca entgegeneilt, so kommt auch Christus jeder
mit ihm sich vermählenden Seele mit seiner Gnade zuvor und entgegen. Wie
Isaak die Neuvermählte in das Gemach seiner Mutter führte und sie so
innig liebte, daß er darüber den Schmerz über den Tod seiner Mutter vergaß,
so hat auch Christus an die Stelle der abgestorbenen Synagoge seine Kirche
gesetzt, und an ihr den besten Trost über den Verlust der Synagoge, den er
mit bitteren Thränen am Oelberge beweint hatte, gefunden, nachdem er die
Braut aus den Heidenvölkern erworben hatte[1].

Rebecca ist aber auch das Abbild jeder gläubigen Seele[2]. Sie, die an
Geist und Leib Jungfräuliche, schattet die jungfräuliche, Gott liebende Seele
ab. Bei der Arbeit wird sie erkoren, wie auch Christus nur thätige Seelen
liebt. Ihre Liebe und Gastfreundlichkeit besticht den Diener Abrahams: so
fordert auch Christus von der gläubigen Seele Liebe und Wohlthun. Sie
verläßt Alles gern, um zu Isaak zu eilen, so auch die christliche Seele, um
mit Christo vereinigt zu werden. Wie Rebecca beim Anblicke Isaaks vom
Kameele steigt und sich erniedrigt, so auch läßt die lieberfüllte Seele beim
Anblicke Christi ihren Hochmuth zurück und tritt in Demuth zu ihm heran.
Ihr Verhüllen vor Isaak ermahnt die christliche Seele, beim Anblicke Christi
den Mantel der Scham über das vergangene Leben zu decken. Mit Isaak
vermählt, kehrt Rebecca nicht mehr in ihre Heimath zurück, und so hält
auch die Braut Christi bei diesem bis zum Ende aus, ohne je sich von ihm
zu trennen.

Die Ehe Isaaks mit Rebecca blieb durch 20 Jahre unfruchtbar[3]. Wir
finden in der heiligen Schrift des Alten und Neuen Testamentes viele heilige
und tugendhafte Frauen, welche lange Zeit unfruchtbar blieben und erst spät
zur Fruchtbarkeit gelangten[4]. Der Grund ist nach dem hl. Chrysostomus
der, damit die Menschwerdung Christi aus einer Jungfrau gleichsam vorbereitet werde; denn sieht man, daß Gott den Mutterleib unfruchtbarer und
in Jahren bereits vorgerückter Frauen durch göttliche Kraft fruchtbar macht,
so kann man auch dann nicht ungläubig bleiben, wenn man hört, daß eine
Jungfrau als solche geboren hat. So waren Sara, Rebecca, Rachel, Anna,
die Mutter Samuels, und Elisabeth, die Mutter des Vorläufers Christi,
durch lange Zeit unfruchtbar, zum Zeichen, daß der Same der Verheißung
und die Geburt heiliger Männer von Gott erbeten sein will, damit sie nicht
für eine bloße Frucht der Natur gehalten, sondern als ein Geschenk der göttlichen Gnade empfangen und erkannt würden. Zugleich sollte auch Isaak in
der Geduld des Glaubens an die göttliche Verheißung geübt werden. Nach
zwanzigjährigem innigem Gebete wurde endlich Isaak in Betreff seines Weibes

---

[1] *Aug.*, sermo 8. l. c. n. 5: Accepit Christus ecclesiam et in tantum dilexit,
ut dolorem, qui de perditione matris Synagogae acciderat, amore ecclesiae miti-
garet. *Hieron.* ad Eph. l. 3. cp. 4: Interitum quippe synagogae conjunctione
Ecclesiae temperavit. *Rupert.*, l. 6. in Gen. cp. 45. *Gregorius*, l. 1. Mor. in Job.
cp. 15; l. 35. cp. 16.

[2] Vgl. *Eucherius*, l. 2 in Gen.

[3] Gen. 25, 20; col. V. 26.

[4] *Chrysost.*, hom. 49 in Gen. u. *Origenes*, hom. 12 in Gen. *Rupert.*, l. 7 in
Gen. cp. 3.

erhört, sie ward schwanger [1]. Ohne Zweifel hatte auch Rebecca ihr Gebet mit den Bitten Isaaks vereinigt. „Doch die Kinder stießen sich in ihrem Leibe." Darin fand Rebecca ein schlimmes Vorzeichen, daß die lang= ersehnte Schwangerschaft ihr Unheil bringen und ihre Leibesfrucht nicht den gehofften Segen der göttlichen Verheißung gewähren würde; und ebenso leicht entmuthigt, als rasch im Handeln, ruft sie klagend aus: „Wenn dem so ist, wozu bin ich noch", d. h. wozu habe ich das Leben, oder, wie Hieronymus übersetzt: was braucht' ich zu empfangen? Doch die Mutter verliert Jehoven nicht aus dem Auge, sondern sie sucht bei ihm Rath: „sie ging Jehova zu fragen" [2]. Wo und wie Rebecca die göttliche Offenbarung über diesen Vor= fall einholte, ist in der heiligen Schrift nicht angegeben, daher auch mit Sicher= heit nicht zu bestimmen. Einige, darunter der hl. Chrysostomus [3], glauben, daß Rebecca einen Priester oder Propheten um Rath gefragt habe; Andere [4] denken an Melchisedech, der damals noch gelebt haben soll, Abenezra an Abraham, Andere, wie der Hebräer und der jerusalemische Paraphrast, an Sem, den jedoch Andere wieder mit Melchisedech für identisch halten. Wieder Andere [5] halten dafür, daß Rebecca sich unmittelbar an Gott gewendet. Der Autor der Historia scholastica und Petrus Comestor sind der Ansicht, Rebecca habe auf dem von Abraham auf Moria errichteten Altar ein Opfer gebracht und sei in einem Traume von Gott darüber unterrichtet worden. Theodoretus [6], Diodorus und Rupertus lehren, Rebecca habe sich zu einem in der Nähe errichteten Altar begeben und sei von Gott oder einem Engel während des Schlafes über die Bedeutung dieses Vorfalles unterwiesen worden. Wie dem immer sei, sie erhält die göttliche Antwort, daß sie zwei Völker in ihrem Leibe trage und daß zwei Nationen aus ihrem Innern hervorgehend, sich scheiden, von denen die Eine mächtiger ist, als die Andere, in der Weise, daß der Größere (Erstgeborene) dem Kleineren (Jüngeren) dienstbar sein werde. Die Zwillinge, welche Rebecca im Mutterschooße trug, stießen sich und kämpften um die Erstgeburt, indem einer dem andern bei der Geburt zuvorkommen wollte, um die Rechte der Erstgeburt sich anzueignen. Die Historia scholastica und Ambrosius [7] vergleichen dieses Stoßen der Kinder mit dem Aufhüpfen des hl. Johannes im Mutterschooße der Elisabeth bei dem Besuche Mariens [8], allein beide Vorgänge sind wohl von einander zu unterscheiden. Der Kampf der Zwillinge im Mutterleibe schattete nur das gegenseitige Verhalten der beiden aus diesen Söhnen hervorgehenden Völker ab, nämlich der Idumäer und Israeliten, deren Erstere von David und Salomon unterjocht wurden, später aber ihre Freiheit wieder erlangten, bis

---

[1] Gen. 25, 2. *Chrysost.*, hom. 49 in Gen.: Vidistis orationis vim, quomodo et naturam ipsam superet?

[2] Gen. 25, 22.

[3] Hom. 50 in Gen.

[4] Z. B.: *Aug.*, qu. in Hept. 72.

[5] *Hieron.*, ep. 123 (al. 11): Licet et monogamia nos in Isaac et Rebecca praecesscrit: cujus solius partus Domini revelatio est. Nec ulla alia feminarum Deum per se ipsam consuluit.

[6] Qu. 76 in Gen.

[7] De fide l. 4. cp. 9. n. 112.

[8] Luc. 1, 41.

sie endlich unter Hyrcanus gänzlich unterworfen wurden, oder im weiteren prophetischen Sinne das Verhalten der Juden secundum carnem zu denen secundum spiritum [1], oder der Juden zu den Christen [2], oder der Guten zu den Bösen im Schooße der Kirche [3]. So mußte auch die Synagoge als die Aeltere der Kirche als der Jüngeren dienen, indem jene das göttliche Gesetz zur Kenntniß der Heidenwelt brachte [4]. Augustinus faßt diese Stelle auch im tropologischen Sinne, daß die Schlechten den Guten, die Verfolger den Märtyrern dienen, indem sie durch Verfolgung und Qualen diesen die ewige Krone bereiten. So streiten Böse und Gute in der Kirche, bis endlich Erstere, welche die Stärkeren scheinen, unterliegen und am Gerichtstage den Guten dienstbar gemacht werden. Nach Origenes [5] streitet auch in unserem Innern das Fleisch gegen den Geist; wenn wir nun so wie Rebecca beschaffen sind, wird auch der mächtiger Erscheinende dem Geringeren dienen: serviet enim caro spiritui et vitia virtutibus cedent. Dieser Kampf der zwei Brüder im Mutterschooße geschah nicht auf natürliche Weise, sondern durch Schickung Gottes, um den Kampf derselben um die Erstgeburt schon vor ihrer Geburt vorherzusagen. Daß der Aeltere dem Jüngeren diene, ist ein Act göttlicher Prädestination; denn also spricht Gott durch Malachias [6]: „Ist nicht Esau ein Bruder Jakobs, und ich liebte Jakob, Esau aber haßte ich."

Als nun Rebecca gebar, waren es Zwillingskinder; der erste war roth-braun und am ganzen Körper behaart, ein Vorzeichen sinnlicher Kraft und Wildheit, man nannte ihn Esau (den Behaarten); der zweite hielt mit der über den Kopf gelegten Hand die Ferse seines Bruders, weßhalb man ihm den Namen Jakob (Fersenhalter) gab. Esau, ein wilder Waidmann, war der Liebling des Vaters, welcher Geschmack an Wildpret fand, während die stille, weiche und innige Natur Jakobs der Mutter besser gefiel, als die stürmische und rauhe Natur des Erstgeborenen. Der sonst so stille und fried-liebende, aber schon alternde Isaak sah sich in seinem erstgeborenen Sohne, welcher die Jagdwaffen zu handhaben mußte, wieder aufleben, indeß die einst muntere und thatkräftige Rebecca, welche während dieser Zeit viel von ihrem frischen Charakter verloren hatte, immer aber die fromme und gottergebene Frau blieb, den Jüngern ob seines stillen und ruhigen Charakters bevorzugte, wohl zugleich mit Rücksicht auf die ihr vor der Entbindung gewordene Gottes-offenbarung. Als einst Esau hungrig von der Jagd nach Hause kam, ver-kaufte er in profaner Gesinnung [7] um ein Linsengericht seine Erstgeburt, also um das Materielle das Geistige, um das Gegenwärtige die Zukunft; denn das Erstgeburtsrecht umfaßte nicht bloß den doppelten Antheil am Erbe des Vaters, sondern bei den Patriarchen auch das Priesterthum und die Herr-schaft über die Familie, sowie die Anwartschaft auf den Verheißungssegen, welcher den Besitz Canaans und die Bundesgemeinschaft mit Gott in sich schloß. Esau's fleischlicher Sinn weiß diese übernatürlichen Güter nicht zu

[1] *Aug.*, qu. 73 in Hept.
[2] *Aug.*, Civ. Dei 16, 35. *Tertullian.*, 1. adv. Jud. cp. 1.
[3] *Aug.*, sermo 8 (al. 78 de temp.).
[4] *Aug.* l. c. *Origenes*, hom. 12 in Gen.
[5] Hom. 12 in Gen.
[6] 1, 2. 3.   [7] Hebr. 12, 16.

schätzen, für ihn hat nur der sinnliche Genuß der Gegenwart einen Werth;
dagegen kannte Jakob zu gut diese Gnadengüter und ließ sich auch deßwegen
verleiten, der göttlichen Fügung vorzugreifen. Daß Esau dieser Rechte ver=
lustig wird, ist nach den Worten des Apostels [1] ein Werk freier göttlicher
Gnadenwahl, aber auch zugleich, wie die That bestätigt, die Folge sinnlichen
Leichtsinnes und freier Selbstherabwürdigung Esau's. Doch damit ist das
listige Benehmen Jakobs bei diesem Handel nicht gerechtfertigt, wagt er ja
es selbst nicht, seine erworbenen Rechtsansprüche auf die Erstgeburt bei seinem
Vater zur Geltung zu bringen. Nichtsdestoweniger ist wegen seiner tief
religiösen Gesinnung und Anstrebung des Heiles Jakob doch der Gottgefällige
unter dem Brüderpaar, und deßhalb muß auch seine Sünde der Verwirklichung
des göttlichen Rathschlusses und der Verherrlichung der göttlichen Gnade
dienen.

Bei einer Hungersnoth will Isaak mit seiner Familie nach Aegypten
ziehen, erhält aber unterwegs in Gerar die göttliche Weisung, daselbst zu
bleiben, wo ihm zugleich der Verheißungssegen Abrahams zugesichert wird.
Wie Abraham, hatte auch Isaak sein Weib für seine Schwester ausgegeben [2],
aus gleicher Furcht, man möchte ihn um der Schönheit Rebecca's willen
tödten. Doch die Art, wie Gott die Rebecca bewahrte, ist von der Bewah=
rung der Sara verschieden. Ehe nämlich Jemand sie antastet, sieht der
König der Philister von seinem Fenster, wie Isaak mit seiner angeblichen
Schwester Rebecca Liebkosungen wechselte, wie es innig sich liebende Eheleute
zu thun pflegen, wahrscheinlich Kuß oder Umarmung [3], keineswegs aber, wie
die Hebräer sagen, fleischliche Verbindung, deren Oeffentlichkeit selbst ungesittete
und rohe Naturen meiden. Dadurch überzeugt, daß Isaak zu Rebecca nicht
im geschwisterlichen, sondern im ehelichen Verhältnisse stehe, ließ Abimelech
ihn rufen und sprach: „Offenbar ist sie dein Weib; warum logest du, daß
sie deine Schwester sei?" worauf Isaak antwortete: „Ich fürchtete, um ihret=
willen sterben zu müssen." [4] Hierauf stellt der König ihm die Gefahr der
Entehrung nahe, in die er sein Weib gebracht habe, und gebietet seinem Volke
bei Todesstrafe, Isaak und sein Weib unangetastet zu lassen. Dieser Abimelech
scheint [5] mit jenem identisch zu sein, welcher Sara in seinen Harem holen ließ;
dafür zeugt das gleiche keusche und gottesfürchtige Benehmen, und auch sein
indeß vorgerücktes Greisenalter legt den Gedanken nahe, daß er Rebecca nicht
sich selbst zugeeignet habe, sondern eben nur von seinem Volke eine Entehrung
fürchtete. Zu den mannigfachen Leiden, welche Isaak im Land der Philister
zu erdulden hatte [6], kam noch ein Hauskreuz hinzu, welches ihm vielen und
schweren Kummer verursachte, nämlich die Verehelichung Esau's mit canaanäi=
schen Frauen [7].

Als Isaak (137 Jahre) alt und seine Augen stumpf geworden, so daß

---

[1] Röm. 9, 10 f.

[2] *Aug.*, Civ. Dei 16, 36: Fecit, quod pater, ut eam sororem diceret, taceret
uxorem, erat enim ei propinqua paterno et materno sanguine.

[3] So nach Nicolaus Lyranus.

[4] Gen. 26, 8 f.

[5] Nach Augustin, Origenes, Chrysostomus u. A.

[6] Gen. 26, 12 f.   [7] Gen. 26, 34 f.

er nicht mehr sehen konnte, wollte er im Vorgefühle des nahen Todes seinem
ältern Sohne Esau den väterlichen Segen ertheilen, ohne auf den vor der
Geburt über die beiden Kinder ergangenen göttlichen Ausspruch zu achten,
und ohne auf Esau's leichtsinnige Hingabe der Erstgeburt und seine ungött=
liche Verbindung mit Canaaniterinnen Rücksicht zu nehmen. Er beauftragt
ihn daher, ein Wildpret zu jagen und ihm zuzurichten, nicht etwa (nach Keil)
um seine Lebensgeister zu stärken, sondern (nach Thomas Aquin) um den
willigen Gehorsam kindlicher Liebe zu erproben. Während Esau hinausgeht,
um des Vaters Wunsch zu erfüllen, eifert Rebecca, welche diese Worte gehört
hatte, ihren Lieblingssohn an, dem Vater ein von ihr nach seinem Geschmacke
zubereitetes Gericht zu bringen und von Isaak den in Aussicht gestellten Segen
„angesichts Jehova's" (d. h. den göttlichen Verheißungssegen) zu erlangen [1].
Als nun Jakob Bedenken äußerte, daß der Vater ihn befühlen, ihn an seiner
glatten Haut erkennen, und statt des Segens über ihn als Spötter (der mit
dem blinden Vater nur Spott treiben wolle) den Fluch ernten könnte: be=
schwichtigt ihn die Mutter mit der Erklärung: „Ich nehme deinen Fluch auf
mich, gehorche nur meiner Stimme, gehe und hole, was ich dir gesagt habe."
Dieß sprach Rebecca nicht, als ob sie in Wirklichkeit den Fluch auf sich laden
wolle [2], sondern sie war mit Beherzigung des Verheißungswortes von dem
Gelingen ihrer List [3] so überzeugt, daß sie die Möglichkeit des Fluches gar
nicht befürchtete; sie wollte dadurch nur den Zögernden ermuthigen. Sie
hegte nämlich die Ueberzeugung, daß sie von ihrer Seite alle möglichen Mittel
anwenden müsse, um die Erfüllung der Weissagung durch Zuwendung des
väterlichen Segens an Jakob herbeizuführen. So ging nun Jakob auf den
Rath seiner Mutter ein und holte die Böcklein, welche Rebecca in ihrer Klug=
heit zu einem Gerichte nach dem Geschmacke ihres Mannes zurichtete; sodann
zog sie ihm Esau's (priesterliche?) Feierkleider an, bekleidete seine Hände und
den glatten Hals mit dem Felle der Böcklein und schickte ihn mit dem Lecker=
bissen zum Vater, welcher nach mehreren Fragen ihm, den er für Esau hält,
den Segen ertheilt, der im Besitze des Landes Canaan und zahlreicher Nach=
kommenschaft, in der Unterordnung der Brüder und ihrer Nachkommen gipfelte.
Erst die Erfahrung, daß er segnend wider seinen Willen der Verwirklichung
des göttlichen Rathschlusses diente, gab ihm die geistige Kraft, den Segen
Abrahams dem von ihm zurückgesetzten, aber von Jehova erwählten Jakob
vor seiner Entlassung nach Haran noch nachträglich zu ertheilen [4]. Kaum
hatte Jakob den Erstgeburtssegen erlangt, tritt Esau zu seinem Vater, welcher
über die Maßen erschrickt, als er die Täuschung bemerkt, daß er statt des
Erstgeborenen den Jakob gesegnet habe. Nach der LXX und dem hl. Au=
gustin [5] erhielt Isaak in einer Ekstase den göttlichen Auftrag, seinem Sohne

---

[1] Gen. 27.
[2] *Chrysost.*, hom. 53 in Gen.
[3] *Ambros.*, l. 2 de Jacob et vita beata cp. 3: Bonus dolus, ubi irreprehensibilis est rapina, irreprehensibilis autem rapina pietatis. *Basilius*, hom. 12 in
princ. proverb. n. 12: Pulchra est astutia Rebeccae, quae benedictionem magnam
filio conciliavit.
[4] Gen. 28, 3. 4.
[5] Quaest. in Gen. 80.

Jakob wegen des Betruges weder zu fluchen, noch auch den gegebenen Segen
zu entziehen. Da wird es ihm nun klar, daß er den mit ihm gespielten
Betrug durch seine fleischliche Vorliebe für den aller höheren Weihe entbehren=
den Esau mitverschuldet habe, und in der vollsten Ueberzeugung, hier ein
willenloses Werkzeug in der Hand des Allmächtigen und Allwissenden gewor=
den zu sein, muß er die objective Kraft seines Segens anerkennen: „Ich habe
ihn gesegnet und er wird auch gesegnet bleiben" [1]; denn der Verheißungssegen
ist nicht Sache menschlichen Beliebens, sondern ein von Gott der väterlichen
Macht gegebenes Gnadenrecht, bei dessen Ausübung der Segnende, von höherer
Gewalt geleitet, dem zu Segnenden geistige Güter und Kräfte zuwendet,
welche menschlicher Wille nicht eigenmächtig zurückziehen kann. Selbst das
große und bittere Klagegeschrei Esau's vermag den Vater nicht umzustimmen,
der auf seine erneuerten Bitten ihm zwar auch einen Segen gibt, der aber,
gegen den Segen Jakobs gehalten, nur als ein gemäßigter Fluch erscheint,
zugleich jedoch in den Segen Jakobs eine Trübung bringt, wodurch die Un=
lauterkeit des Mittels bestraft wird, welches ihm den Segen verschafft hat.

Wir haben hier noch Einiges über die Handlungsweise der Rebecca,
welche ihren Sohn Jakob bei seiner That ganz beeinflußte, zu bemerken.
Rebecca handelt hier im Glauben an die erhaltene göttliche Weissagung [2]; wohl
wissend, daß Isaak darin irre, daß er gegen die göttliche Bestimmung den
Aelteren segnen wollte, widersteht sie ihm nicht mit offener Gewalt, sondern
sucht in kluger Weise dem jüngern Sohne den väterlichen Segen zu verschaffen,
indem sie voraussetzte, daß Isaak ihrem Wunsche nicht nachgegeben hätte,
sondern nach seiner sinnlichen Neigung für Esau diesem den Segen geben
würde. So eifern beide Eltern, damit kein Kind dem andern nachgesetzt
würde; der Vater läßt sich mehr vom Verstande, die Mutter mehr von Liebe
dabei leiten [3]. Daraus nun erklärt sich die Sorgfalt der Rebecca, daß der

---

[1] *Aug.*, Civ. Dei 16, 37: Ecce benedictionem promissam repetente majori
expavescit Isaac, et alium pro alio se benedixisse cognoscens miratur, et quisnam
ille sit, percunctatur; nec tamen se deceptum esse conqueritur, imo confestim re=
velato sibi intus in corde magno sacramento devitat indignationem, confirmat bene=
dictionem ... Quis non hic maledictionem potius expectaret irati, si haec non
superna inspiratione, sed terreno more gererentur? Orcs gestas, sed prophetice
gestas; in terra, sed coelitus, per homines, sed divinitus! *Theodoretus*, qu. in
Gen. int. 80: Non est indignatus, quasi a filio deceptus esset, sed intentionem di=
vinam agnovit, et quam dederat benedictionem confirmavit. *Chrysost.*, hom. 53 in
Gen.: Hoc autem faciebat justus, sapientia Dei illius linguam dirigente, ut cum
ille omnia diligenter didicisset, scire posset nihil ei (Esavo) profore vel primogeni=
turam vel venationem.

[2] *Chrysost.*, hom. 53 in Gen.: Vide magnum matris amorem, imo dispensatio=
nem Dei; ipse enim erat, qui ei hoc consilium dedit et omnia bene agere curavit.
Theodoretus, qu. in Gen. int. 79: Praenoverat (Rebecca) ex Deo omnium auctore,
quod major serviturus esset minori. Unde confidens illi prophetiae omnem movit
lapidem, ut Jacob benedictionem paternam consequeretur. *Isidor.*, qu. in Gen. cp. 23.

[3] *Ambros.*, lib. de Jacob. cp. 2: Accipe bonum certamen inter parentes.
Mater deferat affectum, pater judicium. Mater circa juniorem tenera pietate pro=
pendeat, pater circa seniorem naturae honorificentiam servet. Hic magis honoret,
illa plus diligat: dum singuli singulos foveant, non in unum uterque conspirent,
defraudent alterum ... Sic pio affectu Isaac patriarcha et sancta Rebecca certa=
bant, ut neutrum inferiorem facerent, sed utrumque aequalem.

Vater den Trug nicht merke, indem sie die Aufklärung dieses Vorfalles der
Zukunft und der Fügung Gottes überließ. Sie ist daher nicht, wie Grei=
ling[1] ihr vorwirft, als eine lieblose Mutter zu beurtheilen, welche gegen
ihre Mutterpflicht gehandelt und Partei für ihren jüngeren Sohn aus Wider=
willen gegen Esau ergriffen habe. Auch Niemeyer[2] gibt zu, daß dadurch
der Charakter der Rebecca, als Mutter betrachtet, immer etwas von ihrer
Würde verliert, findet aber in den Umständen einen Entschuldigungsgrund
ihrer Handlungsweise. „Nachahmungswürdig,“ schreibt er, „ist die Handlung
nie, aber daß sie nun den ganzen Charakter der Rebecca verunstalten, daß
man Herrschsucht und Bosheit deßwegen Schuld geben soll, sehe ich nicht
ein.“ — Weil also ihr Handeln dem Willen Gottes genehm war, so ließ er
es glücken[3]; denn der Gerechte sollte den Segen erhalten[4], weil er durch
höhere Weisheit seinen älteren Bruder übertraf[5]; ein Typus der Kirche und
des christlichen Volkes, welches im Lichte des Glaubens das Kleid erstrebte
und aufhob, welches die im Unglauben beharrende Synagoge verachtet hat[6].
Doch wie verhält es sich mit der Aussage Jakobs vor seinem blinden Vater,
welche Rebecca ihrem Sohne eingegeben: „Ich bin dein Erstgeborener, Esau?“
Darauf antworten die Väter in verschiedener Weise: Origenes[7] und Chry=
sostomus[8] sind nach Plato der Ansicht, daß Jakob allerdings gelogen, allein
dabei sich keiner Sünde schuldig gemacht habe; denn eine Lüge sei manchesmal
erlaubt, entweder um einer großen Gefahr zu entgehen, oder um ein großes
Gut zu erwerben; es verhalte sich hier so, wie bei Kranken, denen man auch
Gifte als Arzneien gebe, oder wie im Kriege, wo Kriegslist erlaubt sei. Bei
ihrer ignorantia invincibili glaubten Mutter und Sohn, daß in ihrer gegen=
wärtigen Lage die Lüge erlaubt sei. Doch diese Meinung ist von der Kirche
verworfen worden[9]. Dagegen lehrt Augustinus[10], daß die Worte Jakobs,

---

[1] Die biblischen Frauen. 2. Thl. Leipzig 1815. S. 115.

[2] Charakteristik l. c. 2. Th. S. 153.

[3] *Chrysost.*, hom. 53 in Gen. n. 2: Quia Jacob et Rebecca fecerunt ea, quae
a se fieri oportebat: et ille quidem obedivit consilio matris, haec autem omnia,
quae ad se attinebant implevit: tunc ultra bonus Dominus magna facilitate perfici
curavit, quod omnium erat difficillimum, ne fraudis hujus fabula nota esset Isaaco.

[4] *Chrysost.*, l. c. n. 3: Vide quomodo servit justus etiam ignorans Dei voluntati. Omnia enim haec propter hoc dispensabantur, ut hic propter virtutem dignus
recipiat benedictionem. *Ambros.*, de Jacob cp. 2. n. 6: Rebecca non quasi filium
filio, sed quasi justum praeferebat injusto. Etenim apud matrem piam mysterium
pignori praeponderabat; illum non tam fratri praeferebat, quam offerebat Domino,
quem sciebat collatum sibi munus posse servare: in quo et alteri consulebat, quem
divinae subducebat offensae, ne graviore implicaretur reatu, si acceptae gratiam
benedictionis amitteret.

[5] *Ambros.* l. c. n. 9: Ideo stolam accepit fratris sui, quia senili praestabat
sapientia; ideo junior frater seniorem exuit, quia fidei emicuit dignitate.

[6] *Ambros.* l. c.: Hanc stolam ecclesiae typo Rebecca protulit et dedit filio
juniori stolam V. T. . . . Induit eam Christianus populus et refulsit; illuminavit
eam suae fidei claritate et piorum luce factorum.

[7] Lib. 6. strom.

[8] Hom. 52 u. 53 in Gen. u. lib. 1 de sacerd.: Ille fallax jure dicatur, quid
id inique aggreditur, non autem qui sano id consilio facit.

[9] Vgl. *Aug.*, lib. cont. mendac.

[10] L. c. ep. 10: Jacob, quod matre fecit auctore, ut patrem fallere videretur,

mit denen er seinen Vater zu täuschen scheine, keine Lüge seien, sondern ein mysterium enthalten, denn sie seien im tropischen Sinne zu fassen; würde man dieß eine Lüge nennen, so müßten, fährt der Kirchenlehrer fort, alle Tropen und Parabeln, denen ein mystischer Sinn zu unterbreiten ist, als Lügen zu betrachten sein. Berücksichtigt man daher das Mysterium, dessen Typus jene List war, so sei diese eben als keine Sünde zu betrachten; denn als er in listiger Weise sich als Erstgeborenen (quoad jus, non quoad personam) bezeichnete, war er ein Typus der Heiden, welche anstatt der un= gläubigen Juden als Erstgeborenen die Kindschaft und den Segen Gottes erhielten nach den Worten des Apostels an die Römer (cp. 9 u. 10). Dieser Ansicht folgten der Magister sententiarum (3) und Thomas Aquin[1]. Doch dieser Grundsatz läßt sich nicht aufrecht erhalten. Augustinus[2] hat selbst die daraus gezogenen Consequenzen mißbilligt; denn das Mysterium ist von der That wohl zu trennen; jenes ist Sache Gottes, diese Sache des Menschen. Selbst vorausgesetzt, daß Jakob die mystische Bedeutung seiner That gekannt hätte und auch darüber belehrt worden wäre, daß sie einen typischen Sinn habe — was keineswegs festgestellt, noch auch wahrscheinlich ist: müßte man Gott selbst als den Urheber der Lüge beschuldigen. Auch liegt das Mysterium nicht in der Lüge, d. i. in den Worten Jakobs, sondern in seiner That, durch welche er sich als Erstgeborenen vor seinem Vater repräsentirte. Sollten wohl Gott, um Dinge der Zukunft typisch darzustellen, keine anderen Mittel zu Gebote stehen, als die hier angegebenen?[3] So bleibt denn wohl nichts anderes übrig, als mit Estius[4] zu sagen: entweder hat überhaupt Jakob nicht gelogen, daß er sich für den Erstgeborenen ausgab, zwar nicht vermöge der Geburt, wohl aber des Kaufrechtes, oder aber kann er von der Lüge nicht ganz freigesprochen werden. Daß im letzteren Falle

---

si diligenter et fideliter attendatur, non est mendacium, sed mysterium. Quae si mendacia dixerimus, omnes etiam parabolae ac figurae significandarum quarum-cumque rerum, quae non ad proprietatem accipiendae sunt, sed in eis aliud ex alio est intelligendum, dicentur esse mendacia, quod absit omnino ... Sunt locutiones actionesque propheticae ad ea, quae vera sunt intelligenda referendae ... Verax ergo significati nullo modo mendacium recte dici potest. Hoc si referatur ad duos illos geminos, mendacium videbitur; si autem ad illud propter quod significandum ista gesta dictaque conscripta sunt, ille est hic intelligendus in corpore suo, quod est ejus ecclesia.

[1] Summa 2, 2. q. 110. a. 3 ad 3: Jacob mystice dixit se esse Esau primo-genitum Isaac, quia videlicet primogenita illius de jure ei debebantur. Usus autem est hoc modo loquendi per spiritum prophetiae ad designandum mysterium, quia videlicet minor populus, scil. gentilium, substituendus erat in locum primo-geniti, sc. in locum Judaeorum.

[2] Vgl. cont. Faust. l. 22. cp. 83 u. lib. 3 de doctrin. christ. cp. 23: Si qua vero peccata magnorum virorum legerit, tam etsi aliquam in eis figuram rerum futurarum animadvertere atque indagare potuerit; rei tamen gestae proprietatem ad hunc usum assumat, ut se nequaquam recte factis suis jactare audeat, et prae sua justitia ceteros tanquam peccatores contemnat, cum videat tantorum virorum et cavendas tempestates et flenda naufragia. Ad hoc enim etiam peccata illorum hominum scripta sunt, ut apostolica illa sententia ubique tremenda sit, qua ait: Quapropter qui videtur stare, videat ne cadat. (I. Cor. 10, 12.)

[3] So Cornelius a Lap., Calmet zu d. St.

[4] Comm. zu Gen. 27, 19.

mildernde Umstände angeführt werden können, haben wir bereits oben erwähnt.
Rebecca, welche ihrem Sohne den Rath gab, den väterlichen Segen sich an=
zueignen und dann, daß er vor seinem Bruder fliehen solle, wird auch als
ein Typus der Kirche und des heiligen Geistes, und die wohlriechenden Kleider
des Esau, welche sie bewahrte und womit Jakob bekleidet wurde, als die
Gaben des heiligen Geistes betrachtet [1].

Die Geschichte bestätigt, daß das Segenswort, welches Isaak im Glauben
die Zukunft betreffend, über seine beiden Söhne gesprochen [2], an denselben
auch erfüllt wurde; denn der Segen war eine Weissagung; das wissen Vater,
Mutter und Sohn; beide Letzteren glauben daher, im entscheidenden Momente
Vorsorge treffen zu müssen, daß diese Verheißung nicht vereitelt werde. Aber
Gott bedarf zur Realisirung seiner Rathschlüsse nicht menschlicher Klugheit.
Der Segen bleibt, allein alle Familienglieder trifft nach dem Grade ihrer
Mitversündigung die göttliche Strafe. Isaak wird wegen seiner natürlichen
Vorliebe für Esau durch die erfahrene Ueberlistung, Esau wegen seiner un=
gläubigen Verachtung des Erstgeburtsrechtes durch dessen Verlust, Rebecca
wegen ihrer Veranstaltung der List durch Trennung von ihrem Lieblings=
sohne bestraft, und das Leben Jakobs ist von nun an eine Kette von Ent=
behrungen, Täuschungen, Zerwürfnissen und Aengsten. Esau, welcher sich
hintergangen däuchte, sann auf Rache, er will nach dem Tode seines Vaters
seinen Bruder umbringen [3]. Als Rebecca den Racheplan des Esau erfahren
hatte, gibt sie ihrem Sohne Jakob den Rath, um der Rachgier seines Bruders
zu entgehen, nach Haran zu ihrem Bruder Laban zu fliehen, und dort einige
Tage, wie sie mildernd und tröstend hinzufügte, zu bleiben, bis des Bruders
Zorn sich legen werde; sodann wolle sie ihn von dort wieder holen lassen;
denn „warum," sagte sie in ihrer Bekümmerniß, „soll ich euch Beide an einem
Tage verlieren?" nämlich Jakob durch Esau und Esau als Mörder durch
die Blutrache [4]. Um aber Isaaks Zustimmung zu diesem Plane zu erlangen,
ohne ihn durch Mittheilung des wahren Sachverhaltes, nämlich der Mord=
gedanken Esaus, zu kränken [5], spricht sie gegen ihn den Aerger aus, welchen
die hethitischen Weiber Esau's ihr bereiten, und ihren Ueberdruß zu leben,
falls Jakob auch eine Canaaniterin heirathen würde, um ihm die Absicht
nahezulegen, Jakob behufs seiner Vermählung zu ihren Verwandten nach
Mesopotamien zu senden [6]. Isaak, dadurch an seinen Beruf, für eine dem
göttlichen Heilsrath entsprechende Verehelichung zu sorgen, erinnert, sendet
nun seinen Sohn nach Haran zu den Verwandten seiner Mutter, mit dem
Auftrage, sich von dort, nicht aber von den Töchtern Canaans, ein Weib zu
suchen, damit der Verheißungssame von den Nachkommen Esau's getrennt

---

[1] *Rupertus*, de glorif. Trinit. cp. 6 u. l. 7 in Gen. cp. 14. *Beda* in Gen.
cp. 27. *Gregorius*, l. 1 in Ez. hom. 6.
[2] Hebr. 11, 20.   [3] Gen. 27, 41.
[4] *Ambros.*, l. de Jac. cp. 4: Discamus a Rebecca, quemadmodum providendum
sit, ne invidia iracundiam excitet, iracundia in parricidium proruat ... Mater
pia abesse sibi dilectissimum filium tolerat, plus ei collatura quem laesit; utrique
tamen consulens, ut alterum immunem a periculo, alterum integrum praestaret a
crimine.
[5] *Chrysost.*, hom. 54 in Gen. n. 2.
[6] Gen. 27, 43 s.

werde, wie dieß auch bei Isaak und Ismael der Fall war[1]. Vor seiner
Abreise ertheilte er ihm den Verheißungssegen Abrahams[2], und damit getröstet und gestärkt verläßt Jakob das väterliche Haus. Rebecca scheint die
Rückkehr ihres Sohnes nicht mehr erlebt zu haben[3], da ihrer nicht mehr
Erwähnung geschieht; sie wurde neben Isaak in der Doppelhöhle zu Mamre
begraben[4]. Nur ihre Amme, Namens Debora, welche sie nach Canaan
begleitet hatte, wird noch einmal erwähnt; wir finden sie nämlich im Reise-
zuge Jakobs aus Mesopotamien nach Canaan. Sie wurde entweder von
Rebecca ihrem Versprechen gemäß: „ich werde dich von dort holen lassen"[5],
ihren Schwiegertöchtern und Enkeln zur Pflege nachgeschickt, oder aber hat
sie sich selbst nach dem Tode ihrer Herrin, wie Cajetanus meint, in ihre
Heimath zurückgezogen. Chrysostomus[6] ist der Ansicht, Debora sei nach der
Abreise Rebecca's in Mesopotamien zurückgeblieben, habe aber die Gelegenheit
der Reise Jakobs benützt, um ihre liebe Herrin nach so langer Zeit wieder
zu sehen. Allein sie erreichte ihr Ziel nicht; sie starb unterwegs in Bethel
und wurde unter einer Eiche daselbst begraben, welche den Namen die Trauer-
oder Klageeiche erhielt[7]. Die große Trauer über ihren Tod und die Ver-
ewigung ihres Andenkens an ihrer Grabstätte bezeugen, daß sie eine treue
Pflegerin und Hausfreundin gewesen ist. Wenn nach heidnischer Sage in
Scythopolis die Amme des Dionysos begraben liegt[8], und im Lande der
Hebräer ein Silenos-Grab ist[9], so sind das, wie der Name und Cultus der
Bätylien, verzerrte Nachklänge des hier Berichteten[10]. Debora (d. i. Biene)
ist ein Typus des alten Gesetzes, welches die Amme der übrigen Völker gewesen und dieselben mit dem Honig der göttlichen Erkenntniß aufgezogen hat;
ihr Tod zeigt das Aufhören des Gesetzes an[11]. Nach Pesikta Sachor kam
während der Trauerzeit um Debora dem Jakob die Nachricht zu, daß auch
Rebecca gestorben sei.

Aus dem Buche der Jubiläen heben wir in Kürze Folgendes hervor,
was auf Rebecca Bezug nimmt. Im vierten Jahre der ersten Woche des
42. Jubiläums nahm Abraham seinem Sohne Isaak ein Weib, Namens
Rebecca, welche im zweiten Jahre der sechsten Woche dem Isaak zwei Söhne,
Esau und Jakob, gebar. Abraham, welcher den Jakob lieb hatte, rief die
Rebecca und gab ihr Befehl wegen Jakobs, denn er sah, daß auch sie den
Jakob mehr liebe, als den Esau, nämlich ihn vorzuziehen, und unter ihre
besondere Obhut zu nehmen. Hierauf ertheilte er ihm vor den Augen seiner
Mutter seinen Segen; und seitdem liebte Rebecca ihren Liebling vom ganzen

---

[1] Gen. 28, 1 f.
[2] *Aug.*, Civ. Dei 16, 38.
[3] *Joseph. Flav.*, Ant. I. 22.
[4] Gen. 49, 31.   [5] Gen. 27, 45.   [6] Hom. 69 in Gen.   [7] Gen. 35, 8.
[8] *Plinius*, hist. n. 5, 18.
[9] Pausanias, Eliaca c. 24.
[10] Vgl. Delitzsch, Comm. zu Gen. l. c. S. 431.
[11] *Rupertus*, l. 8 Gen. cp. 13: Debora sepelitur sub quercu, quia videl. in
initio surgentis ecclesiae in primordiis religionis christianae, quae tota spiritualis
est, carnalis sensus legis et cunctae carnales caeremoniae sub ligno crucis ob-
ruuntur.

Herzen und vom ganzen Gemüthe, mehr als den Esau, welchen Isaak wieder
vorzog (Kap. 19). In dem Todesjahre Abrahams, im zweiten Jahre der
ersten Woche des 43. Jubiläums, feiern Isaak und Ismael bei ihrem Vater
das Fest der Erstlinge der Ernte. Rebecca macht einen Kuchen von neuem
Getreide und läßt ihn durch ihren vorzüglicheren Sohn dem Abraham bringen,
während Isaak ihn mit dem Besten von seinen Dankopfern zu ihm schickt.
Nun folgt Abrahams ausführlicher Segen über Jakob, der an der Seite
seines Großvaters schläft und abermals von ihm gesegnet wird (Kap. 22).
Darauf stirbt Abraham, während er auf dem Bette neben Jakob liegt, der
aber erst später den Tod seines Großvaters merkt und dann der Rebecca
anzeigt, von der es bei der Nacht noch Isaak erfährt. Daran reiht sich die
Beerdigung Abrahams (Kap. 23), ferner der Bericht, wie Esau unter einem
Schwur seinem Bruder seine Erstgeburt für ein Linsengericht verkauft (Kap. 24).
Im zweiten Jahre der ersten Woche dieses Jubiläums ruft Rebecca ihren
Sohn Jakob zu sich und ermahnt ihn, kein Weib von den Töchtern Canaans
zu nehmen, wie sein Bruder Esau, dessen canaanitische Weiber mit ihrer
Hurerei und Ungerechtigkeit ihren Geist betäuben, sondern von der Verwandtschaft seines Vaters. Jakob verspricht es mit Hinweis auf den gleichen
Befehl Abrahams und erklärt, von den Töchtern Labans sich ein Weib zu
holen, obwohl Esau ihm schon 22 Jahre lang zurede, eine Schwester von
dessen beiden canaanitischen Weibern zu heirathen. Nachdem er sich durch
einen Eid verpflichtet, den Willen der Mutter zu erfüllen, segnet diese mit
einem längeren Segen ihren Liebling (Kap. 25). Nun folgt der fast gleich-
lautende biblische Bericht, wie Isaak den Esau segnen will, Rebecca den
Jakob überredet, mit zwei Böcklein zum Vater zu gehen, um an Stelle Esau's
von ihm den Segen zu erhalten. Daß Isaak den Jakob nicht erkannte, „war
eine Schickung vom Himmel, die seine Besinnung wegnahm". Als er hernach
auch Esau auf sein Weinen hin segnete, setzte er hinzu: „Wenn du dich
weigerst ihm zu dienen, und sein Joch von deinem Halse abschüttelst, so wirst
du eine Todsünde begehen und dein ganzer Same wird unter dem Himmel
hinweg ausgerottet werden (Kap. 26). Der Rebecca wird im Traume die
Drohung Esau's angesagt; sie fordert den Jacob zur Flucht zu ihrem Bruder
Laban auf. Jakob aber weigert sich anfangs, weil es unrecht sei, den alten
Vater zu verlassen. Da übernimmt es die Mutter, ihren Mann zu überreden, indem sie ihren Aerger wegen der hethischen Weiber Esau's zur Geltung
bringt, daß er den Jakob behufs seiner Verehelichung nach Mesopotamien
entsendet und segnet. Als nun Rebecca nach der Abreise ihres Sohnes traurig
wurde und weinte, suchte sie ihr Mann zu trösten mit der Hoffnung, daß
er im Frieden wieder heimkehren werde (Kap. 27). Als Jakob nach Canaan
zurückkehrte und den Jabokfluß überschritten hatte, sandte er seinem Vater
und seiner Mutter jährlich viermal Kleider, Speise und Trank nach Hebron,
um all ihren Kummer zu lindern (Kap. 29). Als Jakob in Bethel wohnte,
ließ er seine Eltern dahin rufen; da sie aber seiner Einladung keine Folge
leisteten, kam Jakob mit Levi und Juda, um seine Eltern zu begrüßen. Rebecca
trat nun heraus aus dem Thurme Abrahams bei Hebron, wo sie mit Isaak
wohnte, küßte und umarmte ihren Sohn, denn ihr Geist lebte wieder auf
bei der Nachricht, daß Jakob komme. Isaak, der das Augenlicht wieder er-

hält, umarmte seinen Sohn und segnete seine Enkel Levi und Juda. Am nächsten Morgen bittet Jakob seinen Vater, er möge ihn nach Bethel begleiten, zur Ausführung seines Gelübdes, was dieser auf Grund seines Alters ablehnt; dagegen ziehen mit ihm Rebecca und Debora nach Bethel (Kap. 31). Am 23. Tage dieses Monates starb in der Nacht Debora, die Amme der Rebecca, und sie begruben sie unterhalb der Stadt, unter der Eiche des Flusses, und er nannte den Namen desselben Deborafluß und die Eiche Klageiche der Debora; Rebecca aber kehrte mit Geschenken zu Isaak zurück (Kap. 32). Im dritten Jahre der sechsten Woche besucht Jakob mit seiner ganzen Familie seine Eltern, welche ihre Enkel segnen (Kap. 33). Im ersten Jahre der ersten Woche des 45. Jubiläums befiehlt Rebecca ihrem Sohne Jakob, daß er seinen Vater und seinen Bruder allezeit ehren möge; und als es Jakob mit Hinweis auf seine bisherige Tadellosigkeit verspricht, sagt sie ihm, daß sie noch in diesem Jahre sterben werde; denn ich sah in meinem Traume meinen Todestag, daß ich nicht mehr als 150 Jahre leben werde. Jakob lachte über diese Rede, da sie ihm in voller Kraft gegenübersaß, ohne daß sie schwach geworden; denn sie ging ein und aus und sah und ihre Zähne waren gut und keine Krankheit hatte sie angerührt ihr ganzes Leben lang, und er wünschte sich eine gleiche Zahl von Lebenstagen. Darnach bittet Rebecca ihren Mann, dem Esau einen Eid abzunehmen, daß er seinen Bruder nicht verfolgen wolle; denn wegen der über Jakob ausgesprochenen Segnung zürne er auf seinen Vater, wogegen Jakob ihnen Alles zu Liebe thue. Isaak gibt ihr darin Recht, daß Letzterer den Vorzug verdiene; früher habe er den Esau mehr geliebt, nun aber sei durch dessen Ungerechtigkeit, Gewaltthat und Ehe mit Heidinnen sein Herz erschüttert worden. Einen Eid aber werde er ihn nicht schwören lassen, da dieß nichts helfen werde; übrigens würde er, falls er ihn tödten wollte, in seine Hand fallen. Nichtsdestoweniger beruft Rebecca den Esau zu sich, und dieser schwört ihr, sie nach ihrem Wunsche neben Sara zu begraben, seinen Bruder mehr als alle Anderen zu lieben und ihm nur Gutes zu erweisen. Nachdem sodann Rebecca ein gleiches Versprechen dem Jakob in Betreff Esau's vor diesem abgenommen und Beide ein Versöhnungsmahl gefeiert haben, starb sie, drei Jubiläen, eine Woche und ein Jahr alt, in dieser Nacht, und ihre Söhne, Esau und Jacob, begruben sie in der Höhle neben Sara, der Mutter ihres Vaters.

Dagegen erwähnt das christliche Adamsbuch des Morgenlandes sehr wenig von Rebecca, nämlich, daß Abraham einen seiner Sclaven schwören ließ, seinem Sohne Isaak ein Weib aus seiner Verwandtschaft zu nehmen, und Rebecca sieben Jahre nach Isaaks Tode gestorben sei und bei Sara begraben wurde. Nach Rabbi Salomon soll Rebecca nur drei Jahre alt gewesen sein, als Isaak sie zum Weibe nahm. Daß eine Frau, welche drei Jahre und einen Tag alt ist, zur ehelichen Beiwohnung geeignet sei, lehrt sonderbarer Weise auch der Talmud[1]. Die talmudisch-rabbinische Literatur berichtet noch Folgendes: Als Rebecca zur Quelle hinabstieg, da hob sich das Wasser und stieg zu ihr empor. Auch sprach sie zu Jakob: „Wenn du die zwei Zicklein nicht findest, so nimm sie von meinen Gebühren des Heiraths-

---

[1] Eisenmenger, Entd. Jud. l. c. 1. Bd. S. 323—324.

vertrages, denn Isaak verschrieb mir zwei Zicklein täglich zur Nahrung."[1]
Ihr prophetisches Wort: „Warum soll ich euch Beide an Einem Tage ver=
lieren?" ging in Erfüllung, da Jakob an demselben Tage wie Esau begraben
wurde[2]. Rebecca war wie eine Rose unter Dornen, denn ihr Vater und
Bruder waren Betrüger[3]. Am Mittag zog Elieser mit Rebecca von Haran,
die Erde flog vor ihnen, damit der Knecht mit dem Mädchen nicht allein
bleibe; in drei Stunden kamen sie nach Hebron, als Isaak das Abendgebet
verrichtete[4].

Rebecca's anmuthige Erscheinung gab einem Tintoretto, Nicolaus Poussin
und Hor. Vernet schöne Motive zu ihren künstlerischen Schöpfungen.

§ 6. Die Frauen Esau's.

Von Esau's Weibern wird uns wenig berichtet; allein selbst das Wenige
gewährt uns einen Einblick in das innerste Wesen dieses Mannes. Zu den
mannigfachen Leiden, welche Isaak im Lande der Philister erfahren hatte,
kam ein häusliches Kreuz hinzu, welches den Elternherzen schweren und
dauernden Kummer verursachte. Als nämlich Esau 40 Jahre alt war,
nahm er sich ohne den Rath und die Zustimmung seiner Eltern zwei Weiber,
nicht aber aus seiner Verwandtschaft, in welcher allein der Monotheismus
noch erhalten war, sondern aus dem von Gott wegen ihres Götzendienstes
und ihrer Laster verworfenen Geschlechte der Canaanäer, wodurch er seine
Gleichgültigkeit gegen die väterliche Religion und seinen nur auf das Irdische
gerichteten Sinn an den Tag legte. Diese beiden Weiber wurden die Ur=
sache großen Herzeleides für Isaak und Rebecca[5]: warum, sagt die heilige
Schrift nicht; doch ist die Ursache leicht zu errathen, nämlich ihr canaanitisches,
dem Berufe der Patriarchen widerstrebendes gottloses Wesen, ihr fortgesetzter
Götzendienst und das damit verbundene lasterhafte Leben[6]. Diesen Aerger
an diesen beiden canaanäischen Schwiegertöchtern und den dadurch erzeugten
Ueberdruß am Leben bringt Rebecca ihrem Manne gegenüber zum Ausdrucke,
um ihm die Nothwendigkeit an's Herz zu legen, daß Jakob außer Landes,
also aus ihrer Verwandtschaft sich eine Frau suche; denn wenn Jakob, setzte
sie hinzu, ein Weib aus dem Volke dieses Landes nähme, möchte ich nimmer
leben[7]. Als Esau von diesem Zwecke der Wegsendung seines Bruders erfuhr,
und auch das Mißfallen der Eltern an seinen beiden gottlosen Weibern
merkte, suchte er sich auch den Eltern gefällig zu machen und noch einmal
dem Jakob den Rang wieder abzuringen: er ging hin zu Ismael, d. h. zur
Familie Ismaels, denn dieser war bereits gestorben, und nahm sich zu seinen
beiden Weibern noch ein drittes, und zwar Mahalath, die Tochter Ismaels,
des Sohnes Abrahams, die Schwester Nebajoths[8], welcher als Erstgeborener
statt aller seiner Brüder genannt ist[9]. Durch diesen Schritt wollte er sich

---

[1] Mid. Rab. Gen. 60, 65.   [2] Bab. Sota 13.   [3] Mid. R. Cant. Cant.
[4] Pirke Elies. 16.
[5] Gen. 26, 34. 35.
[6] Targum hierosolymit. *Rupert.*, in Gen. l. 7. cp. 12.
[7] Gen. 27, 46.   [8] Gen. 28, 8. 9.   [9] Gen. 25, 13.

ohne Zweifel das Wohlgefallen seiner Eltern erwerben, bedachte aber dabei
nicht, daß Ismael aus dem Hause Abrahams und somit auch von dem
Volke der Verheißung ausgeschieden sei, und gab nun dadurch zu erkennen,
daß er für die religiösen Interessen der Verheißungsfamilie kein Verständniß
hatte und somit auch für den Träger der Heilsoffenbarung durchaus nicht
geeignet war.

Was die Namen der Weiber Esau's betrifft, werden sie verschieden angegeben. In Gen. 26, 34 heißen die zwei canaanitischen Weiber: Judith,
die Tochter Beeri's des Hethiters, und Basmath, die Tochter Elons des
Hethiters; in Gen. 36, 1 f., wo die „Genealogie Esau's angeführt wird,
sagt der Bericht: Esau nahm sich Weiber von den Töchtern Canaans: Ada,
die Tochter Elons des Hethiters, und Oholibama, die Tochter Ana's, die
Tochter (Enkelin) Zibeons des Heviters (Horiters), und Basmath, die Tochter
Ismaels, die Schwester Nebajoths". Es ist beachtenswerth, daß alle drei Frauen
in der genealogischen Tafel neue Namen erhalten: die Tochter des Hethiters
Elon heißt Ada (die Schmucke), in Gen. 26 Basmath (die Wohlduftende
oder Liebliche); die zweite hier Oholibama (Zelt der heiligen Höhen), dort
Judith oder Jehudith (die Gepriesene oder Ruhmreiche), und die dritte hier
Basmath, dort Mahalath (die Cither oder die Süße). Dieser Umstand, daß
alle Drei neue Namen erhalten, läßt die Ursache der Verschiedenheit weit weniger in einer Unsicherheit der Tradition suchen, als wenn bloß eine oder zwei
Frauen einen verschiedenen Namen erhalten hätten. Diese scheinbaren Wider-
sprüche in den Frauennamen erklären sich leicht aus der Sitte des alten
Orientes, daß Menschen, wie auch jetzt noch bei den Arabern, von einem
wichtigen und merkwürdigen Lebensereignisse Beinamen erhielten, welche dann
zu Eigennamen wurden, z. B. Esau, welchem der Name Edom (der Rothe)
beigelegt wurde[1], und besonders Frauen bei ihrer Verehelichung neue Namen
annahmen, wozu die Flüssigkeit besonders der orientalischen Frauennamen
viel beitrug[2]. Daß die Namen in Gen. 36 die späteren sind, liegt in der
Natur der Sache, da die Genealogie nur Namen gebraucht, welche ihnen als
Stammmüttern eigneten. Diese Verschiedenheit bestätigt zugleich, daß Moses
über Esau's Familie und Geschlecht genealogische Urkunden benutzte und sie
unverändert seinem Werke einverleibt hat. Uebrigens finden wir auch eine
Verschiedenheit des Namens des Vaters der Oholibama, welcher Gen. 26
Beeri, cp. 36 Ana heißt, zu deren Lösung die Stelle Gen. 36, 24 den
Schlüssel gibt, wie Hengstenberg richtig bemerkt hat; Ana, der Sohn Zibeons,
hatte beim Hüten der Esel seines Vaters in der Wüste die warmen Brunnen
(Kalirrhoë) gefunden und von diesem Funde wahrscheinlich den Namen
Beeri (Brunnenmann) erhalten, welcher seinen ursprünglichen Namen allmählich verdunkelte, allein in genealogischer Hinsicht nicht ganz verdrängen
konnte — ein neuer Beleg für die Sorgfalt und Genauigkeit des Verfassers
bei seinen Berichten, namentlich in genealogischer Beziehung. Wenn Ana,
mit dem Beinamen Beeri, Gen. 36, 2 ein Heviter, Gen. 36, 20 ein Horiter

und Gen. 26, 34 ein Hethiter genannt wird, so erklärt sich dieses daraus, daß der Name Hethiter in sensu latiori für Canaanäer steht, wie auch die beiden hethäischen Frauen Esau's Gen. 28, 8 Töchter Canaans heißen. Für die Erzählung genügte der generelle Name Hethiter, das genealogische Verzeichniß dagegen forderte den speciellen Namen des besonderen Zweiges der canaanitischen Stämme. Ebenso erklärt sich die Benennung des Heviters Zibeon unter den Horitern daraus, daß derselbe auf das Gebirge Seir übersiedelte und dort Horit d. i. Höhlenbewohner wurde. Eine Schwierigkeit bereiten noch die Worte (Gen. 36, 2. 14): „Oholibama, die Tochter Ana's, Tochter Zibeons". Einige halten Ana für die Mutter der Oholibama und die Tochter des Zibeon; allein Ana ist ein Mannesname, derselbe war ein Sohn des Zibeon[1] und hatte eine Tochter Oholibama[2], ist aber mit seinem gleichnamigen Oheim[3] nicht zu verwechseln. Das zweite Wort Tochter ist daher dem ersten coordinirt und mithin dem Contexte nach als Enkelin zu übersetzen. Oholibama kommt auch als Ortsname im Lande Seir vor[4]; sicher hatte dieser Ort seinen Namen zu Ehren der einen von Esau's Weibern erhalten, welcher Umstand neuerdings beweist, daß dieser Name der spätere, also der Verehelichten gewesen ist. Vielleicht nennt Ezechiel[5] mit Bezug auf diesen Doppelnamen Oholibama=Jehudith das Reich Juda Oholiba.

Von diesen drei Frauen Esau's gebar Ada und Basmath je nur einen Sohn[6]; nicht diese beiden Söhne, sondern deren Söhne, also die Enkel Esau's begründen neue Stämme[7]; von Oholibama dagegen sind nach ihren drei Söhnen drei Stämme ausgegangen[8]. Esau nahm nun, da er wegen der Menge seiner Heerden nicht mit Jakob das Land zugleich bewohnen konnte, seine Weiber, Söhne und Töchter und seine ganze Habe und ließ sich auf dem Gebirge Seir nieder[9], welches von ihm den Namen Edom erhielt.

In der edomitischen Geschlechtstafel werden noch einige Frauen aufgeführt, und zwar zunächst Thimnah (Vulg.: Thamna, d. i. die Bewahrte, Eingeschlossene), die Schwester Lotans, des erstgeborenen Sohnes des Horiters Seir[10]. Eine gleichnamige Frau wird schon früher[11] als das Kebsweib des Eliphas, eines Sohnes Esau's angeführt, welche ihm den Amalek gebar. Es liegt kein nöthigender Grund vor, beide Frauen für identisch zu halten, um so weniger, da Thimna, das Weib des Eliphas, nicht Schwester Lotans genannt wird, gleiche Namen in der heiligen Schrift oft vorkommen, und jüngere Familienglieder gerne nach ältern benannt wurden. Gegen die Identität beider Frauen spricht nach unserer oben entwickelten Ansicht schon der Umstand, daß Eliphas demnach die Großtante des Weibes seines Vaters geheirathet haben müßte, was sehr unwahrscheinlich ist. Mehr Wahrscheinlichkeit hat die Ansicht für sich, daß das Kebsweib des Eliphas die Nichte oder Großnichte der Thimna, der Schwester Lotans gewesen. Anderer Ansicht ist Keil, welcher die Oholibama (36, 25) nicht für die Frau des Esau,

---

[1] 1 Chron. 1, 10.   [2] Gen. 36, 24. 25.   [3] Gen. 36, 20.   [4] Gen. 36, 41 u. 1 Chr. 1, 52.   [5] 23, 26 f.   [6] Gen. 36, 4.   [7] Gen. 36, 10 f.   [8] Gen. 36, 5. 14.   [9] Gen. 36, 6—8.   [10] Gen. 36, 20. 20.   [11] Gen. 36, 12.

sondern für eine Nichte derselben hält. Wenn Thimna [1] als Sitz eines edo=
mitischen Fürsten angeführt ist, so hat dieser Ort zweifelsohne von der
Thimna, Lotans Schwester, seinen Namen erhalten. Thimna, das Kebsweib
des Esau, wird hier angeführt, weil sie die Ahnfrau der Amalekiter ist,
eines Volkes, welches schon frühzeitig von den übrigen Edomitern sich zu
einer selbständigen Völkerschaft abgelöst hatte und mit Israel in vielfache
Beziehung kam. Wenn nun in 1 Chr. 1, 36 unter die Söhne des Eliphas
auch Thimna und Amalek gerechnet werden, so ist diese Anreihung derselben
eine einfache Breviloquenz, welche der Verfasser der Chronik um so eher sich
erlauben konnte, da die Nachkommen Esau's den Lesern aus der Genesis be=
kannt waren und der Name Thimnah schon durch seine Femininform dem
Mißverständnisse vorbeugte, als ob Thimna ein Sohn des Eliphas sei. End=
lich wird noch von dem letzten unter den 8 edomitischen Königen (bis zur
Zeit der Abfassung des Pentateuchs), nämlich Adar, die Frau, Schwieger=
mutter und Großschwiegermutter genannt. Adars Frau hieß Mehatabeel
(Gott thut wohl), eine Tochter Matrebs (Vertreibung), der Tochter Mesa=
habs (Goldfluß) [2].

Nach dem Buche der Jubiläen bittet Rebecca ihren Sohn Jakob, kein
Weib von den Töchtern Canaans zu nehmen, wie sein Bruder Esau, der
sich zwei Weiber vom Samen Canaans nahm; und sie betäubten, fährt sie
fort, meinen Geist mit allem ihrem Thun, der Unreinigkeit des Hurens und
Heirathens, und keine Gerechtigkeit ist bei ihnen, sondern böse ist ihr Thun [3].
Auch dem Isaak gibt Rebecca ihren Ueberdruß an den Weibern Esau's zu
erkennen, denn böse sind die Töchter des Landes Canaan [4]. Nach der Rück=
kehr Jakobs sieht Isaak seinen Irrthum ein, daß er Esau mehr geliebt als
Jakob; denn, so setzte er hinzu, er hat den Gott Abrahams verlassen und
ist seinen Weibern nachgegangen, der Unreinigkeit und ihrer Verführung
nach, er und seine Söhne [5]. Ferner erwähnt das Buch der Jubiläen ähnlich
der Genesis noch des Weibes des letzten der edomitischen Könige, nämlich
Abatha, und der Name seines Weibes war Maja=Tobith, Tochter der Mat=
rith, der Tochter der Mimithbid=Jaob [6]. Nach dem Talmud [7] hat Esau nach
dem Beispiele des Teufels Sammael vier Weiber genommen.

§ 7. Die Frauen Jakobs.

Als Jakob, durch die wunderbare Erscheinung in Bethel gestärkt, nach
Haran gekommen war und bei Hirten an einem Brunnen sich nach Laban
erkundigt hatte, kam eben dessen Tochter Rachel (d. i. Schaflamm — ein
Zärtlichkeitsname) mit ihrer Heerde heraus, um dieselbe am Brunnen zu
tränken. Sobald Jakob vernahm, daß Rachel die Tochter Labans sei,
wälzte er den großen Stein mit Behendigkeit vom Brunnen, denn die Liebe
zu dieser schönen Verwandten hatte seine Kraft gestählt, tränkte die Heerde
und gab sich ihr unter Küssen und Thränen freudiger Rührung als Neffen

---

[1] Gen. 36, 40 u. 1 Chr. 1, 51.   [2] Gen. 36, 39. 1 Chr. 1, 50.
[3] L. c. Kap. 25.   [4] L. c. Kap. 27.   [5] L. c. Kap. 35.   [6] L. c. Kap. 38.
[7] Eisenmenger, Entd. Jud. l. c. II. S. 416.

ihres Vaters und Sohn der Rebecca zu erkennen. Als Vetter durfte er die Rachel, wie der Bruder die Schwester [1], öffentlich küssen [2]. Rachel eilte mit dieser Nachricht zu ihrem Vater, welcher seinen Neffen mit Freude in sein Haus aufnimmt. Derselbe hatte zwei Töchter, Lea und Rachel. Lea [3], die ältere, hatte matte, schwache (nach Vulg. und Araber triefende) Augen, war also weniger schön; denn lebhafte, feurige und klare Augen galten als eine Hauptzierde der orientalischen Frauen; Rachel, die jüngere, aber war schön von Gestalt und von Angesicht. Laban, ein eigennütziger und kaltberechnender Mann, sucht die Arbeitskraft und die Liebe Jakobs zu seiner schönen Tochter bestmöglichst auszunützen; denn er wußte, daß er, um ein Weib zu freien, hierher gekommen sei; unter dem Scheine von Recht und Billigkeit trägt er ihm einen Lohn seiner Dienstleistung an; Jakob aber begehrt statt des Miethlohnes die Rachel und verspricht dafür eine Dienstleistung von sieben Jahren, da er nämlich außer Stande war, die üblichen Geschenke bei der Werbung einer Braut beizubringen. Laban nimmt dieses Anerbieten an mit der Erklärung, lieber einem Verwandten als einem Fremden seine Tochter zum Weibe geben zu wollen. Diese sieben Dienstjahre däuchten dem Jakob wie sieben Tage, verglichen mit dem zu erwartenden Lohn, nämlich der geliebten Rachel; denn die große Liebe zu ihr versüßte ihm die Arbeit [4]. Als nach Ablauf dieser Zeit Jakob die Rachel zur Frau begehrte, veranstaltete Laban eine Hochzeitsfeier, führte aber am Abende ihm die Lea (verschleiert) zu und Jakob kam zu ihr, ohne im Nachtdunkel den Betrug zu merken. Laban macht sich hier eines schnöden Betruges schuldig, indem er seinem Neffen die ältere Tochter aufbrängt, und da er die starke Liebe desselben zu Rachel kennt, ihn zu einer Doppelehe drängt, welche seinem Eigennutze sehr zu Statten kam; auch Lea ist hierbei nicht von Schuld freizusprechen; denn ihre starke stille Liebe zu Jakob, welche bei jedem Anlaß hervortritt, hat sie wohl auch bereitwillig gemacht, in die Täuschung des Jakob von Seiten ihres Vaters einzuwilligen. Möglich, daß sie durch höhere Motive entschuldigt auf dem Wege der Schuld in das Haus der Verheißung hineingelangen will.

Als Jakob am Morgen dem Laban wegen dieses schändlichen Betruges Vorwürfe machte, berief dieser sich auf die Landessitte, die jüngere Tochter nicht vor der älteren zu verheirathen, wodurch sein Betrug nicht im mindesten gerechtfertigt wird, verspricht ihm aber nach Ablauf der Hochzeitswoche mit Lea die Rachel, wenn er noch sieben Jahre für dieselbe dienen wolle. Hier zeigt sich am stärksten der Eigennutz des Vaters, welcher ihm die Lea für die sieben Dienstjahre der Rachel anrechnet und für diese sieben weitere Dienstjahre verlangt. In dieser Hochzeitswoche sollte Jakob die untergeschobene Lea als seine rechtmäßige Frau anerkennen, was Jakob auch that; denn er entließ Lea nicht, um sie nicht etwa dem öffentlichen Spotte preiszugeben [5]. Acht Tage sollte er noch warten, weil es für Lea schimpflich gewesen wäre,

---

1 Cant. 8, 1.
2 *Aug.*, qu. in Hept. l. I. q. 87.
3 LXX: Λεία, Vulg.: Lia. Die Ableitung dieses Namens ist unbestimmt: die Müde (Gesenius), die Stumpfe (Fürst), nach Andern die Lechzende, Schmachtende.
4 *Aug.*, in Hept. q. 88. *Chrysost.*, hom. 55 in Gen.
5 *Aug.*, Civ. Dei 16, 38.

hätte Jakob noch vor Ablauf der Hochzeitswoche die Schwester zur Frau ge=
nommen. Nach Ablauf dieser Woche[1], nicht aber nach weitern sieben Dienst=
jahren, wie Josephus Fl. meint, erhielt Jakob die Rachel, denn für diese
leistete er nachträglich den Dienst. Dieser Betrug, den Laban ihm spielte
und mit der Sitte des Erstgeburtsrechtes entschuldigte, war ganz geeignet,
ihm als ein Strafverhängniß Gottes seine eigene Ueberlistung vor Augen zu
stellen. Während es sonst Sitte war, die Töchter um einen Brautkaufpreis
hinzugeben, verhandelt Laban ohne alle Rücksicht auf das Verwandtschafts=
verhältniß seine Töchter wie eine Waare an seinen Neffen. Beide erhielten von
ihrem Vater nur je eine Magd; und zwar Lea die Silpa[2] (Vulg. Zelpha)
und Rachel die Bilha[3] (Vulg. Bala). So mußte also, wie der Prophet
Hosea[4] hervorhebt, Jakob um ein Weib dienen und die niedrigsten, be=
schwerlichsten Knechtesdienste verrichten. Wenn das Gesetz[5] die Simultanehe
mit zwei Schwestern ausdrücklich verbietet, so darf danach die Bigamie
Jakobs nicht gerichtet werden; denn dieses positive Gesetz bestand damals
noch nicht. Diese durch Betrug und Eigennutz des Laban sowie durch sinn=
liche Schwachheit Jakobs, welcher sich hierbei durch die körperliche Schönheit
der Rachel verleiten ließ, zu Stande gekommene Doppelehe wurde im Laufe
der Zeit für ihn eine Kreuzesschule; denn auch hier treten die bösen Folgen
der Vielweiberei: Neid, Eifersucht, Streit und gesteigerte Sinnlichkeit, hervor.

Durch sein ganzes Leben hindurch zeigte Jakob seine größere Liebe für
seine zuerst erworbene, ihm aber unrechtmäßig vorenthaltene Gattin Rachel,
welchen Umstand die ältere, mindergeliebte Schwester um so schmerzlicher er=
fahren mußte. Allein Gott, der über Menschengedanken hinausgeht, sucht
das Mißverhältniß zwischen beiden Frauen auszugleichen. Die jugendliche,
schöne, heißgeliebte Rachel bleibt lange unfruchtbar, während Lea, die
Mindergeliebte und verhältnißmäßig Verachtete[6], mit Kindern gesegnet wird;
denn „Gott eröffnete ihren Mutterleib", zum Beweise, daß er Herr über
Leben und Natur sei[7]. Ihre Fruchtbarkeit sollte den Mangel der Schönheit
ersetzen und sie dem Manne lieb und werth machen. In rascher Aufeinander=
folge gebar Lea dem Jakob vier Söhne, denen sie Namen gab, welche ihren
Seelenzustand und ihren Charakter deutlich erkennen lassen. Sie ist die
demüthige, still und innig liebende Gattin, welche durch reichlichen Kinder=
segen die schwervermißte Gegenliebe ihres Mannes sich verdienen will. Da=
durch wurde sie auch würdig, durch die Gnade Gottes die Stammmutter der
messianischen Linie zu werden. So wird der vorübergehenden Schönheit ein
höherer Vorzug, die Fruchtbarkeit und der Verheißungssame entgegengestellt,
zum Zeichen für Jakob, daß Israels Ursprung nicht ein Werk der Natur,
sondern der Gnade Jehova's sei. Den Erstgeborenen nannte sie Ruben
(d. i. Seht da, ein Sohn!), denn sie sprach: „Jehova hat mein Elend (meine
Demüthigung) angesehen, denn nun wird mein Mann mich lieben"; es ist
fröhliches Staunen über Gottes Erbarmen, welcher dadurch die Liebe des

---

[1] *Aug.*, in Hept. q. 89. *Hieron.*
[2] D. i.: Myrrhensaft, nach Anderen die Thanige.
[3] D. i. die Zarte (Fürst), oder verecunda (Gesenius).
[4] 12, 13. [5] Lev. 18, 18 f. [6] Gen. 29, 30. 31; col. Deut. 21, 15.
[7] *Chrysost.*, hom. 56 in Gen.

Mannes ihr zuwenden wird. Den zweiten Sohn nennt sie Simeon (Erhörung): denn sie sprach: „Jehova hat gehöret, daß ich mißachtet bin und
hat mir auch diesen gegeben"; hier äußert sich der Glaube an die Gebets=
erhörung. Den Dritten nannte sie Levi (Anhänglichkeit), in der Hoffnung,
daß jetzt endlich einmal ihr Mann ihr anhänglich sein werde, und den vierten
Juda (Gottpreis), denn dieses Mal will sie den Herrn preisen. Nach dieser
vierten Geburt trat ein Stillstand [1] ein, damit Lea sich nicht ihres Glückes
überhebe und nicht etwa bei weiterem Kindersegen ihrer Natur und Frucht=
barkeit zuschreibe, was die Liebe und Treue des Bundesgottes ihr geschenkt
hatte. Daß Lea hier, wie später Rachel, also die Mütter selber den Namen
geben, ist durch die Umstände geboten; denn die ganze Geschichte der Geburt
dieser Söhne spiegelt sich deutlich in den Namen ab. Dieselben sind nämlich
ein Ausdruck ihrer fortdauernden schmerzlichen Erfahrung wie ihrer allmählichen
Resignation. Nach der Geburt des Ruben hofft sie durch ihren Sohn die
Liebe Jakobs zu gewinnen, nach der Geburt des Zweiten hofft sie auf Gleich=
stellung, nach der des Dritten hofft sie wenigstens auf constante Anhänglich=
keit; bei der Geburt des Vierten hat sie bloß Jehova im Auge.

Als Rachel ihre Unfruchtbarkeit, welche Gott verursachte, damit sie sich
ihrer Schönheit und Bevorzugung von Seite Jakobs nicht überhebe [2], be=
merkte, beneidete sie ihre mit Kindern bereits gesegnete Schwester. Obgleich
sündhaft, ist dieser Neid oder vielmehr diese Eifersucht der Rachel nicht mit
Chrysostomus so weit auszudehnen, als ob sie ihrer Schwester den Kinder=
segen mißgönnt und dieselbe lieber unfruchtbar gesehen hätte, sondern weil
sie ihre Schwester gesegnet sah, steigerte sich in ihrer Brust das stürmische
Verlangen, endlich auch einmal dieses Segens theilhaftig zu werden, damit
die Schmach der Kinderlosigkeit von ihr genommen werde; denn das keusche
Absehen auf Kindersegen ist ein Charakterzug tugendhafter Ehegatten. In
ihrem unfrommen Unmuthe und Schmerze stellt sie an Jakob das kindische
Verlangen: „Gib mir Kinder; wo nicht, so sterbe ich." [3] Viele Exegeten
meinen, Rachel spiele hier auf Rebecca [4] an, und wollte ihren Mann daran
erinnern, daß er wie Isaak durch Gebet ihr Fruchtbarkeit erlange. Aus
dieser Aeußerung folgt aber noch keineswegs, als habe sie es mit Jakob an
Gebet [5] fehlen lassen; denn auch beim Gebete kann die Geduld des nicht
ausdauernden und ganz sich Gott überlassenden Menschenherzens erschüttert
werden. Darauf erwiedert Jakob nicht ohne Zorn: „Bin ich an Gottes
Stelle, der dir Leibesfrucht versagt hat?" d. h. nicht ich kann dir verschaffen,
was der Allmächtige dir vorenthalten hat. Mit ihrer Forderung an Gott
gewiesen, will die Unfruchtbare doch nicht ganz der Gnade des Verheißungs=
segens verlustig gehen; mit stiller Selbstverläugnung spricht sie zu Jakob:
„Siehe, da ist meine Magd Bilha, wohne ihr bei, damit sie auf meinem
Schooße gebäre und ich auch erbaut werde aus ihr." Jakob nimmt ihren
Vorschlag an und erzeugte aus Bilha zwei Söhne, welche Rachel als die
Ihrigen anerkannte. Den ersten nannte sie Dan (Rechtsstifter), weil Elohim

---

[1] Gen. 29, 32—35.
[2] *Chrysost.*, hom. 56 in Gen.
[3] Gen. 30, 1.   [4] Gen. 25, 21.   [5] Vgl. Gen. 30, 6.

ihr Recht verschafft, ihr Gebet erhört hat. Den zweiten Sohn aus der Bilha nannte sie Naphthali (mein Erkämpfter, Abgerungener), denn sie sprach: „Kämpfe Elohims habe ich gekämpft mit meiner Schwester und auch gesiegt." Kämpfe Gottes nennt sie entweder die Gebetskämpfe, oder aber ihren schlauen Antrag, mit welchem sie ihre Magd dem Jakob beilegte und aus ihr Kinder erzielte, während Lea zu gebären aufhörte. Während Lea ihre Kinder als Geschenk Jehova's betrachtet, schreibt Rachel den mittel= baren Kindersegen dem Elohim zu. Keil, der ohne Grund den religiösen Charakter Rachels unter jenen der Lea herabdrückt, erblickt in diesem Wechsel der Gottesnamen die Stellung der beiden Frauen zu einander und zu der Sache, der sie dienen, ausgeprägt. Darin, daß die von Jakob zurückgesetzte Lea die Mutter von vier Söhnen und dadurch zur Stammmutter des größten Theiles des Bundesvolkes wird, erkennt sie eine Bevorzugung von Seite des Bundes= gottes. Dieses setzt voraus, daß sie nach ihrer Geistes= und Herzensrichtung dazu geeignet war, indem sie sich als Magd Jehova's erkannte und in dem Kindersegen Thatbeweise erblickte, daß Jehova sich ihrer angenommen habe. Dagegen war der übermüthigen (?) Rachel die Treue des Bundesgottes noch verborgen; sie greift zu irdischen Mitteln, sich diesen Segen zu verschaffen, und sah in dem günstigen Erfolge derselben ein Gottesurtheil gegen ihre Schwester, wozu der Name Elohim paßt. Allein da es sich bei Rachel nicht um unmittelbaren Kindersegen, sondern nur um Kinder überhaupt handelte, so konnte sie eben nur den Namen Elohim, als den Schöpfer alles Lebens, gebrauchen, um so mehr, da Jakob sie an diesen Elohim gewiesen hat (30, 2).

Dieses von Rachel gebrauchte Mittel, sich der Liebe ihres Mannes zu versichern, erregte nun in Lea die Eifersucht. Anstatt sich mit dem bereits erhaltenen Segen zu begnügen, gab auch sie ihre Magd Silpa ihrem Manne, um ihren eigenen Kindersegen zu mehren und es ihrer Schwester zuvorzuthun. Wenngleich der Wetteifer der Schwester, sich in der Erzielung von Kindern zu überbieten, nicht von jeder Sünde freizusprechen ist, so liegt ihm doch ein heiliges Motiv zu Grunde, der Glaube an die Verheißung Abrahams in dem Segen theokratischer Geburten. Und auch nur so läßt es sich er= klären, daß aus diesem Wettstreite die reiche Fülle der zwölf Stämme her= vorgeht. Jakob glaubt es der Gleichberechtigung Beider schuldig zu sein, sich auch das vierte Beilager gefallen zu lassen, und zeugte aus dem ihm beigelegten Kebsweibe zwei Söhne. Daß Lea nicht mehr in der früheren demüthig frommen Stimmung hierbei handelte, beweisen die Namen, welche sie ihren Adoptivsöhnen beilegt; denn den einen nannte sie Gad (Glück), indem sie sprach: „Zu meinem Glück" (ist ein Sohn geboren), und den andern Asser (der Glückselige), denn sie sprach: „Zu meiner Glückseligkeit, denn glücklich preisen mich (die kinderreiche Mutter) die Töchter." [1] An Gott denkt sie dabei nicht mehr, denn sie sind ihr ein glücklicher Erfolg des von ihr angewandten Mittels, nicht eine That des Bundesgottes.

Die Manichäer zeihten den Jakob eines großen Verbrechens, daß er vier Weiber genommen habe. Seine Vertheidigung gegen diese Angriffe über= nahm der hl. Augustin, der nachweist, daß seine Handlungsweise nicht ver=

---

[1] Gen. 30, 9—13.

ſtieß und zwar weder gegen die Natur, da er nicht der Wolluſt, ſondern
der Kindererzielung wegen dieſelben ſich beilegte, noch auch gegen die Ge=
wohnheit jener Zeit, noch gegen irgend ein poſitives Geſetz, welches die
Polygamie verboten hätte [1]. Wider ſeinen Willen war er zur Bigamie ge=
drängt worden. Die Kebsfrauen begehrte er weder, noch nahm er ſie aus
freien Stücken, ſondern erſt, als die beiden Frauen ihr Recht auf den
Mann an ihre Mägde abtraten, gab er ihrer Forderung nach, um aus
dieſen neue Kinder zu erzielen [2]. Die Mägde waren daher nicht für ihn
Buhldirnen, ſondern Kebsfrauen, welche damals dem Manne geſtattet waren [3].
Da aber die (ſie gab ihm Bala zur Ehe; 30, 4) aus den Mägden erzeugten
Kinder von den rechtmäßigen Frauen als die ihrigen betrachtet worden
waren, wie dies deutlich aus 30, 3 und der Namenbeilegung der Kinder
durch dieſelben und nicht durch die natürlichen Mütter erhellt, ſo wurden
ſie den übrigen ganz gleich geachtet [4]. — Doch damit war die gegenſeitige

---

[1] *Aug.*, l. 22. cont. Faust. cp. 47.

[2] *Aug.* l. c. cp. 48: Sancti Patriarchae conjugibus excipientibus semen suum
miscebantur, non concupiscentia percipiendae voluptatis, sed providentia propa-
gandae successionis: ac per hoc nec illos ambitiosos multitudo populorum, nec
illos libidinosos multitudo faciebat uxorum. Sed quid de viris loquar, quibus
excellentissimum testimonium divina voce perhibetur, cum ipsas feminas satis elu-
ceat nihil aliud in concubitu appetisse quam filios? Quippe ubi se minime parere
viderunt, famulas suas dederunt viro suo, ut illas matres facerent carne, ipsae
fierent voluntate. *Civ. Dei* 16, 38: Earum (4 feminarum) nullam concupierat illi-
cite . . . Ad unam quippe accipiendam venerat; sed cum illi altera pro altera
supposita fuisset, nec ipsam demisit, qua nesciens usus fuerat in nocte . . . et eo
tempore, quando multiplicandae posteritatis causa plures uxores lex nulla prohibebat, accepit etiam illam, cui uni jam futuri conjugii fidem fecerat. Quare cum
esset sterilis, ancillam suam, de qua filios ipsa susciperet, marito dedit; quod etiam
major soror ejus, quamvis peperisset, imitata, quoniam multiplicare prolem cupiebat, effecit. Nullam Jacob legitur petiisse praeter unam, nec usus plurimis
nisi gignendae prolis officio, conjugali jure servato, ut neque hoc faceret, nisi
uxores ejus id fieri flagitassent, quae corporis viri sui habebant legitimam pote-
statem. *Chrysost.*, hom. 56 in Gen. n. 3: Audiens cum (Jacob) accepisse majorem
natu, et postea minorem, ne turberis: neque secundum statum, qui nunc est,
opera, quae tunc facta sunt, judices. Tunc enim quia principia erant, permissum
fuit cum duabus vel tribus vel pluribus uxoribus misceri, ut humanum genus
propagaretur; nunc vero, quia per Dei gratiam hum. genus valde multiplicatum
est, virtus quoque incrementum accepit. *Hom.* 60. n. 2: Ne putes fortuito sim-
pliciterque, ut contingere solet, ipsum concubuisse cum Rachel et Lia duabusque
ancillis, monstrat se ex dispensatione quapiam cum illis rem habuisse, ut 12 tribus
ex eo nascerentur; propterea non ultra meminit scriptura, ei alium natum esse
filium, ut discas, hoc non simpliciter neque absquo causa factum esse. *Theodor.*,
qu. in Gen. 85: (Dieſe Polygamie) nullam libidinem denotat, sed viri mansuetudinem, qui uxoribus inservire studebat. Ad haec etiam illud advertendum est,
tunc temporis nondum fuisse ullam legem, quae multiplices nuptias prohiberet et
quod felicissimi tunc existimabantur, qui multorum liberorum patres erant. Et
hoc quod verum sit, divinae testificantur promissiones. Aehnlich *Cyrill.*, *Clemens
Alex.*, Glaph. in Gen. l. 4. n. 6.

[3] *Thom.*, Summa 2. 2. q. 154. a. 2 ad 3 u. Suppl. 3. q. 65. a. 2.

[4] *Aug.*, Tract. 11 in Joan.: Nihil illis obfuit nativitas de uteris ancillarum,
quando in patre cognoverunt semen suum et consequenter regnum cum fratribus
tenuerunt.

Eiferjucht der beiden Schwestern nicht so sehr auf die Liebe und Zuneigung ihres Mannes als hinsichtlich der Geburten keineswegs schon abgeschlossen. Als eines Tages Rachel ihre Schwester bat, ihr von den Alraunen (Mandra=goren, d. i. Liebesäpfeln, denen man eine geheime Kraft zur Beförderung der Fruchtbarkeit zuschrieb), welche der fünfjährige Ruben seiner Mutter (Lea) vom Felde gebracht hatte, zu geben, antwortete diese: „Ist es dir noch zu wenig, daß du mir meinen Mann genommen hast und du willst nun auch die Liebesäpfel meines Sohnes nehmen?" Lea spielt hier die Be=leidigte, als ob nicht vielmehr Rachel mit mehr Recht ihr dasselbe hätte vor=werfen können. Denn diese, nicht Lea hatte Jakob sich erkoren. Rachel tritt für den Besitz der Alraunen ihrer Schwester das Beilager für diese Nacht ab — ein Beweis, daß Rachel hier nur die Erzielung einer Leibes=frucht mit Hilfe der Alraunen bezwecken wollte. Daraus erhellt, daß Jakob, um seinen beiden Frauen gerecht zu werden, das Beilager zwischen der minderbeliebten Lea und heißgeliebten Rachel abwechselnd getheilt habe [1]. Als nun Jakob des Abends vom Felde kam, ging ihm Lea entgegen und sprach: „Bei mir sollst du eingehen, denn erkauft habe ich dich um die Liebesäpfel deines Sohnes." Und er ging zu ihr in jener Nacht [2]. Wer bewundert hier nicht die Bescheidenheit und Selbstlosigkeit des Patriarchen, der sich über diesen Tausch nicht beklagt, sondern sich ihrem Rechte und Willen fügt, da es ihm ebenso wenig, wie seinen Frauen, um Befriedigung der Lust, sondern um Kindererziehung zu thun ist [3]. Wenn nun Lea wieder schwanger wurde und Rachel trotz der Liebesäpfel unfruchtbar blieb, so zeigt sich da wieder sichtbar die über jener waltende Gottesmacht; denn indem Moses bemerkt: „Und Elohim hörte ihr (der Lea) Gebet und sie empfing" [4], so deutet er damit an, daß nicht die Alraunen, also nicht ein natürliches Mittel, sondern Gott, der Schöpfer alles Lebens, ihr die Leibesfrucht ge=geben habe. Diesen ihren fünften (leiblichen) Sohn nannte sie Isaschar (es ist der Lohn), indem sie ihn (nach B. 18) als einen Segenslohn für die

---

[1] *Aug.*, l. 22. cont. Faust. cp. 49: Ideo magis ordo erat, quia libido non erat, et tanto firmius servabantur conjugalis potestatis jura, quanto castius vitabatur carnalis cupiditatis injuria ... Quid enim opus erat, ut eum altera conduceret, nisi quia ordo alterius erat, ut ad eam maritus intraret.

[2] Gen. 30, 15. 16.

[3] *Aug.*, l. c. cp. 50: Itaque vir temperantissimus et plane vir, qui tam viri-liter feminis utebatur, ut delectationi carnali non subjiceretur, sed dominaretur, magis quid deberet, quam quid ei deberetur attendit, nec ad propriam voluntatem sua potestate abuti voluit, sed illius debiti redditor, quam exactor esse voluit ... Cum repente et inopinate a pulcherrima conjuge revocaretur et ad minus decoram vocaretur, non ira excanduit, non tristitia nubilatus est ... sed maritus justus et providus pater, cum illas prolis curam gerere videret, et ipse nihil aliud de con-cubitu quaereret, earum voluntati obtemperandum judicavit, quae sibi singillatim filios optabant. suae (sibi) nihil minui, cui ambae pariebant. Tanquam diceret: Vobis inter vos, ut vultis, cedite atque concedite, quaenam vestrum fiat mater: ego quid contendam, quando sive hinc sive inde nascenti non erit alius pater? Hanc profecto modestiam, hanc concupiscentiae coercitionem et in commixtione corporum conjugalium solum appetitum posteritatis humanae in illis Literis et in-telligeret et laudaret (Faustus).

[4] Gen. 30, 17.

Selbstverläugnung anerkennt, womit sie früher ihre Magd an ihre Stelle
hatte treten lassen. Damit verräth sie wieder ihre starke Neigung zu Jakob,
während bei Rachel von einem solchen Kampfe bei der Vorschiebung ihrer
Magd nicht die Rede ist. Endlich gebar sie den sechsten Sohn, Zebulon
(Vulg. Zabulon, Wohnung), indem sie hofft, daß, nachdem Elohim sie mit
einem guten Geschenke beschenkt hat, ihr Mann, dem sie nun sechs Söhne
geboren habe, sich ihr freundlich zugesellen werde. Sie gedenkt bei diesen
zwei letzten Söhnen nur Elohims als Gebers, da die Gnade Jehova's des
Bundesgottes durch die ungerechtfertigte Eifersucht aus ihrem Herzen ent=
fernt war.

Indeß scheint Rachel ihr Gebet um Muttersegen verdoppelt zu haben;
denn endlich nach langer Prüfung gedachte Elohim auch der Rachel und er=
hörte sie und that ihren Mutterleib auf. Und sie empfing und gebar einen
Sohn und sprach: „Elohim hat meine Schmach (der Kinderlosigkeit) weg=
genommen", und nannte ihren Sohn Joseph (er füge hinzu) und sprach:
„Jehova füge mir einen zweiten Sohn hinzu." [1] In Hinblick auf die früher
fruchtlos angewendeten natürlichen Mittel erkannte sie in ihrem leiblichen
Sohne eine Gottesgabe, die ihr Elohim in seiner Allmacht gegeben, und
so wie dieses Glück ihren Neid über ihre Schwester aus ihrem Herzen bannte,
so weckte es zugleich in ihr das Vertrauen und den Glauben zu Jehova,
von dessen Bundestreue sie noch einen zweiten Sohn erbittet. — Die Geburt
dieser elf Kinder fällt in das zweite Jahrsiebent der Dienstbarkeit Jakobs
bei Laban; denn Ruben wurde wahrscheinlich gleich im ersten Jahre, Joseph
im letzten geboren. Die vier ersten Geburten der Lea folgten in den kürzesten
Fristen und zwar in den vier ersten Jahren aufeinander. Mittlerweile aber,
nicht erst nach Ablauf der vier Jahre, veranlaßte Rachel, die ihre Unfrucht=
barkeit merkte, das Beilager der Bilha, also die Geburt von Dan und
Naphthali. Dies veranlaßte Lea, welche bei der raschen Aufeinanderfolge
der früheren Geburten den eingetretenen Stillstand bald inne wurde, also
schon im fünften Jahre, zum Wetteifer vermittelst ihrer Magd, die schnell
nacheinander zwei Söhne gebar. Nichtsdestoweniger konnte Lea schon vor
der zweiten Geburt ihrer Magd schwanger geworden sein und so im sechsten
und siebenten Jahre die beiden letzten Söhne geboren haben. Bald darauf,
also am Ende des siebenten Jahres (30, 24. 25), gebar Rachel den Joseph.
Da bei der Geburt des Joseph die bedungene Dienstzeit (14 Jahre) zu Ende
ging, verlangt Jakob von Laban seine und seiner Familie Entlassung in
seine Heimath. Da dieser aus gesteigertem Eigennutze ihn noch zum Bleiben
auffordert, so geht Jakob einen neuen Dienstvertrag ein, um auch den für seine
Familie nöthigen Besitzstand sich zu erwerben. Dabei bediente er sich seinem
habgierigen Schwiegervater gegenüber eines listigen Mittels. Die mißgünstigen
Aeußerungen der Söhne Labans über seinen wachsenden Reichthum, die Ver=
stimmung Labans gegen ihn und die specielle Weisung Gottes, heimzukehren,
bestimmten ihn endlich nach sechs weiteren Dienstjahren, ernstlich an seine
Abreise zu denken. Er beschied deßhalb Rachel und Lea zu sich auf's Feld
und setzte ihnen auseinander, wie Labans Gesinnung gegen ihn sich geändert,

---

[1] Gen. 30, 22—24.

er seinen Lohn zehnmal gewechselt und ihn getäuscht, wie aber der Gott seiner Väter ihm beigestanden, ihm die Heerden Labans zugewendet und ihn zur Rückkehr aufgefordert habe. Die Frauen stimmen ihrem Manne bei, denn durch seine Lieblosigkeit und Härte hatte Laban sich auch die Herzen seiner Töchter entfremdet, und erklären, daß sie keinen Theil und kein Erbe mehr am Hause ihres Vaters haben; denn er hat uns, sagen sie, wie Fremde (d. i. wie Mägde) und nicht wie Töchter angesehen; er hat uns verkauft (für Jakobs Dienst) und hat ganz und gar unsern Kaufpreis (d. i. das durch Jakob eingebrachte Vermögen) verzehrt, ohne uns davon etwas als Heiraths= gut zukommen zu lassen. Allein Elohim hat all das Glücksgut von unserem Vater genommen, und uns sowie unsern Kindern gegeben. Darum thue Alles, was Elohim zu dir gesagt hat [1]. Während das Schafschurfest den Laban vom Hause fernhielt, lud Jakob Weib und Kinder auf die Kameele, nahm seine Habe und machte sich heimlich auf den Weg. Die Abwesenheit des Vaters benutzte Rachel, um dessen Teraphim (Haus= und Schutzgötter) zu stehlen. Schwerlich hat Rachel aus religiöser Begeisterung durch den Bilderraub den Vater vom Götzendienst befreien wollen [2], denn sonst hätte sie dieselben vernichtet oder unterwegs weggeworfen; noch verwerflicher ist die Meinung [3], als habe sie die Statuen des edlen Metallwerthes wegen mitgenommen. Am wahrscheinlichsten ist, daß sie in abergläubischer Vor= stellung die Hausgötter entwendet habe, damit nicht Laban von ihnen durch Orakel und Schutz geleitet die Flucht Jakobs erfahre und sie verfolge [4]. Vielleicht hat Rachel mit Gutheißung der Lea dieselben sich angeeignet, da sie Beide den Bildern, wenn auch nicht einen religiösen, so doch einen magischen Werth (als Orakel) beilegten [5], wähnend, daß sie damit auch zu= gleich das Glück des Vaterhauses in ihre neue Heimath überpflanzen oder auch an ihnen Schutz fänden, wenn Laban die Flüchtigen verfolgen sollte [6]. Diese Teraphim beweisen, daß der Glaube an den Einen wahren Gott auch im Hause Labans allmählich durch Verehrung solcher Hausgötter verdunkelt worden ist.

Laban setzte nun den Flüchtlingen nach; da er aber durch eine Traum= erscheinung vor jeder Feindseligkeit gegen Jakob gewarnt wurde, beschränkte er sich auf bittere Vorwürfe, unter anderen, daß er heimlich seine Töchter wie Kriegsgefangene weggeführt und seine Götter ihm gestohlen habe. Jakob erwiederte, daß er aus Furcht, Laban werde seine Töchter ihm entreißen, heimlich weggezogen sei, und weil er von Rachels Diebstahl nichts wußte, erklärt er den, bei welchem die Götzenbilder gefunden werden würden, als dem Tode verfallen. Laban durchsuchte alle Zelte, fand sie aber nicht; denn Rachel hatte dieselben eilends unter ihren Kameelsattel versteckt, sich darauf gesetzt und entschuldigt, vor ihrem Vater nicht aufzustehen, da es ihr nach Weiber Weise ergehe, d. h. sie menstruire. Dieser vorgebliche Grund war für den Vater hinreichend, ihren Kameelsattel nicht zu untersuchen; denn

---

[1] Gen. 31, 14 f.

[2] So *Basilius*, hom. in princ. prov. 12. n. 12. *Gregor. Naz.*, or. de sanct. Pasch. *Theodor.*, qu. 90.

[3] Pererius.   [4] Aben Esra.

[5] *Cyrillus Alex.*, Chrysost., hom. 57. n. 4.   [6] *Joseph.*, Ant. I. 19, 8.

gesetzt, Laban hätte es nicht für unschicklich und unrein gehalten[1], den Sessel einer Menstruirenden zu berühren, wie konnte er es für möglich halten, daß eine Menstruirende auf ihrem Gotte sitze? Jakob hält nun dem Laban die Härte seines Verhaltens vor, der endlich erweicht mit ihm einen Bund schließt und seinen Schwiegersohn zur Treue gegen seine ihm vermählten Töchter verpflichtet[2]. Hierauf küßte Laban seine Söhne (Enkel) und Töchter, segnete sie und schied in Frieden von ihnen. Jakob, aus Furcht, sein ihm entgegen= ziehender Bruder Esau möchte die Mutter mit den Kindern schlagen[3], sandte ihm Geschenke entgegen, und brachte seine Weiber und Mägde mit den elf Kindern (die Mädchen bleiben außer Acht) über die Furt des Jabok, während er allein auf der Nordseite des Flusses zurückblieb und mit dem Engel des Herrn rang. Als Jakob den Esau heranziehen sah, vertheilte er seine Frauen und Kinder so, daß die beiden Mägde mit ihren Kindern voranzogen, Lea mit ihren Kindern in die Mitte kam, Rachel aber mit Joseph nachfolgte, während er selbst an die Spitze des Zuges trat[4]. Diese umgekehrte Rang= ordnung, wonach die Liebsten zuletzt folgen, ist nicht bloß sorgliche Vorsicht, sondern auch der Ausdruck der Rangverhältnisse, worin sie zu seinem Herzen stehen. Nach gegenseitiger Begrüßung und Aussöhnung erkundigt sich Esau nach den Weibern und Kindern des Gefolges, und als Jakob diese für die Seinigen erklärt, mit welchen Elohim ihn begnadigt habe, treten die Mütter sammt ihren Kindern der Reihe nach mit ehrerbietiger Verneigung herzu[5].

In Sichem erhielt Jakob den Auftrag, nach Bethel zu ziehen und dort sein Gelübde zu lösen. Er gebot daher den Seinen, die fremden Götzen= bilder, welche sie etwa besitzen, wegzuthun, sich zu reinigen und ihre Kleider zu waschen. Da gaben sie (und auch Rachel) alle fremden Götter, die in ihrem Besitze waren, und auch ihre Ohrringe (die als Amulete oder Zauber= mittel dienten und vielleicht auch heidnische Gottheiten darstellten), und Jakob vergrub sie unter der Terebinthe bei Sichem[6], die noch in späterer Zeit die Zaubereiche hieß[7]. So wurde denn Jakobs Familie geheiligt, wie es sich für den Träger der göttlichen Verheißung geziemte. Als Jakob gegen Ephrata (Bethlehem) kam, wurde Rachel von Geburtswehen überfallen, und da die Geburt eine schwere war (denn sie hatte damals ein Alter von 45 bis 50 Jahren), sprach die Wehmutter (eine mit diesem Geschäfte betraute Magd) ihr Muth zu: „Fürchte dich nicht, denn auch dieß ist dir ein Sohn." Es ist dieß der letzte Trost für Rachel. Ihr sehnlichster Wunsch, den sie bei der Geburt Josephs ausgesprochen[8], ist nun erfüllt, und an dieser Erfüllung soll die Mutter in ihrer schweren Geburtsnoth sich stärken. Allein vor Schmerz haucht sie ihre Seele aus und sterbend nennt sie ihren ersehnten Sprößling Benoni (Sohn meines Schmerzes). Dieser Name im Munde der sterbenden Gebärerin ist nicht Ausdruck der Verzweiflung, sondern eines geduldigen, schmerzenreichen Siegesgefühles; opfernd stirbt sie; denn aus ihrem Todesleiden geht die ersehnte Leibesfrucht hervor. Der Todeskampf der geduldig aufopfernden Rachel im Angesichte des ersehnten Reisezieles

[1] Lev. 15, 22.   [2] Gen. 31, 50.   [3] Gen. 32, 11.   [4] Gen. 33, 2.   [5] Gen. 33, 6. 7.   [6] 35, 4.   [7] Richt. 9, 6. 37.   [8] Gen. 30, 24.

bringt eine gewisse Verklärung über das Leben dieser schwergeprüften Lieblings=
gattin Jakobs; sie, als das erste in der Schrift erwähnte Beispiel einer
über der Geburt sterbenden Mutter, ist zugleich eine Trösterin der über ihrer
Geburt sterbenden Mütter. Auch die erste Hebamme, welche in der heiligen
Geschichte auftritt, ist ein würdiges Seitenbild zu der ersten Amme, Debora [1].
Sie bethätigt den Beruf der Hebammen, die Gebärenden mit Theilnahme zu
unterstützen, zu ermuthigen und durch die Ankündigung eines neuen Lebens=
gewinnes zu stärken. Durch ihr tragisches Ende ist Rachel zu einer Ahnfrau
der leidenden Kinder in Israel geworden [2]. Jakob aber nannte diesen Sohn
Benjamin [3], d. i. Sohn meiner Rechten, auf welchen er sich in seinem Alter
stützen könne; nach Andern bezeichnet dieser Name Glückssohn, weil durch
ihn die Zwölfzahl seiner Söhne voll wurde und dadurch der Schmerz über
den herben Verlust seiner geliebten Gattin gelindert ward. Dem Samaritaner
zufolge soll Benjamin den „Sohn der alten Tage" bezeichnen, da er in seinem
Alter ihn erzeugt habe. Jakob begrub nun den Leichnam auf dem Wege,
der nach Ephrata (Bethlehem) führt, und errichtete über ihrem Grabe ein
Denkmal, welches bis zur Zeit des Verfassers des Pentateuches noch zu sehen
war. Auch zu den Zeiten Samuels war das Grab Rachels eine bekannte
Stätte [4]. Selbst heutzutage ist ihr Grab rechts von der Straße, die von
Jerusalem nach Bethlehem führt, eine halbe Stunde nördlich von Bethlehem
bemerkbar, aber in der Form eines muhammedanischen Weli mit einer Kuppel,
umgeben von einer Mauer. Man hat mit Bezugnahme auf 1 Sam. 10, 2
und Jer. 31, 15 die Lage des Grabes der Rachel in die Nähe von Rama
verlegen wollen, allein mit Unrecht, wie aus Matth. 2, 16—18 erhellt.
Wenn Jeremias sagt: „Eine Stimme wird in Rama gehört, Rachel weint
über ihre Kinder, will sich nicht trösten lassen, denn sie sind nicht mehr",
so setzt dieß nicht voraus, daß Rachels Grab in der Nähe von Rama sei,
sondern der Prophet will damit nur sagen: Rachel weint über die in's Exil
weggeführten Israeliten, so daß von Rama, dem hohen Grenzorte der beiden
Reiche und der bekannten Stadt Benjamins, aus ihre Wehklage erscholl und
weithin (auch in Juda) vernommen werden konnte. Sie klagt als Stamm=
mutter Israels, als die geliebte Gattin Jakobs, die so sehnlich Kinder sich
wünschte, über den Untergang ihres Volkes, und wenn der Evangelist
Matthäus dieses Klagen auf den bethlehemitischen Kindermord bezieht, so
unterlegt er dem durch das Exil in Erfüllung gegangenen Literalsinne einen
typisch=prophetischen Sinn, denn durch das Hinmorden der Kinder Israels
mit dem Messias wurde dasselbe seines höchsten Privilegiums beraubt, näm=
lich Volk Gottes zu sein [5]. Die Vernichtung des Volkes Israel durch die
Assyrier und Chaldäer war ein Typus jenes bethlehemitischen Kindermordes,
da die Sünde, welche Israels Kinder ins Exil brachte, den Grund legte zu
der Herrschaft eines Königs, welcher zur Sicherung derselben den Heiland
Israels vernichten wollte. Die ihre hingemordeten Kinder beweinende Rachel
ist auch ein Typus der Kirche, welche die ungläubigen Juden beweint und

---

[1] Oben S. 103.
[2] Jer. 31, 15.   [3] Gen. 35, 16 f.   [4] 1 Sam. 10, 2.
[5] Schegg, Evang. nach Matth. München 1856. I. S. 79.

die bei der Trauer über die hingeopferten Martyrer sich damit tröstet, daß sie ja nicht vernichtet sind, sondern fortleben [1].

Das Andenken an die zu früh verstorbene Gattin seiner Liebe blieb dem Herzen Jakobs durch sein ganzes Leben hindurch eingegraben, so daß ihn angesichts Josephs, dessen Erhöhung die Mutter nicht erlebt hat, sterbend noch die Erinnerung an die Unvergeßliche durchzuckt, und ihr Tod und Begräbniß vor das Auge tritt [2], gleichsam als wollte er seinen Lieblingssohn an das Grab seiner Mutter führen, um ihm da ein Versprechen abzunehmen und zu geben. Daß der Patriarch auf seinem Sterbelager die in Aegypten geborenen Söhne Josephs, Ephraim und Manasse, adoptirt und sie wie seine unmittelbaren Söhne von Rachel ansehen will, geschieht ja zu Ehren der Verstorbenen, um ihrer Sehnsucht nach einer zahlreichen Nachkommenschaft auch nach ihrem Tode noch gerecht zu werden. Seine Liebe zu Rachel übertrug Jakob nach ihrem Tode ganz auf ihre beiden Söhne, Joseph und Benjamin, wie dieses bei verschiedenen Gelegenheiten sich zeigte.

Lea lebte länger als ihre Schwester; sie wurde im Erbbegräbnisse zu Hebron begraben [3]. Daß ihr Tod vor der Einwanderung nach Aegypten erfolgte, schließt man daraus, daß ihrer dort [4] nicht mehr erwähnt wird. Da Lea und Rachel durch ihre Fruchtbarkeit das Haus Israel erbaut haben, so galt ihre Ehe als eine vom Herrn äußerst gesegnete, und deßhalb scheinen Beide zugleich, als die nächsten Stammmütter Israels, bei ehelichen Segenswünschen als Beispiele angeführt worden zu sein, wie dieß der Segenswunsch des Volkes über Boas und Ruth bestätigt [5]. Von den zwei Mägden, welche Lea und Rachel von ihrem Vater erhalten und die sie als Kebsfrauen ihrem Manne gegeben hatten, um neue Kinder für sich aus ihnen zu erzielen, wird wenig mehr in der heiligen Schrift berichtet. Ihre Söhne wurden den übrigen gleichgeachtet [6], deßhalb werden jene nicht erst nach den Söhnen der beiden Frauen, sondern jene der Silpa unmittelbar nach denen der Lea, und die der Bilha nach denen der Rachel aufgezählt [7]. So wie Jakob seine Liebe zu Rachel auf deren Söhne übertragen hatte und diese mehr liebte, als alle seine anderen Söhne [8], so scheint auch die Eifersucht der beiden Mütter (namentlich der Lea) auf ihre Söhne übergegangen zu sein; denn Joseph und wohl auch Benjamin bildeten wegen ihrer Bevorzugung von Seite des Vaters bald den Gegenstand des Neides und Hasses der übrigen Brüder, um so mehr, da die Söhne der Lea, als der älteren Gattin Jakobs und als früher Geborene, ein größeres Vorrecht vor den beiden jüngern Söhnen der Rachel zu haben vermeinten, während das unschuldsvolle Wesen der Rachel besonders in ihrem Erstgeborenen ausgeprägt war, der seinen Brüdern nur Gutes anstatt Bösem vergalt [9]. Beachtenswerth ist noch, daß Joseph mit den Söhnen der beiden Mägde seines Vaters weidet und nicht mit jenen der Lea [10], offenbar deßhalb, weil diese (namentlich der Bilha) ihm näher standen sowohl an Alter als freundschaftlicher Beziehung, und ebenso be-

[1] Gregor., l. 10 Mor. 31. Rupertus, l. 3 de vict. verbi cp. 7 u. comm. in Matth. l. 2. Beda in Gen. cp. 35. Hilarius in Matth. cp. 1. u. 6.
[2] Gen. 48, 7.   [3] Gen. 49, 31.   [4] 46, 5.   [5] Ruth 4, 11.   [6] Oben S. 114.   [7] Gen. 46, 15—25.   [8] Gen. 37, 4 u. 42, 38.   [9] Gen. 45, 5; 50, 20. 21.   [10] Gen. 37, 2.

merkenswerth, daß er an diesen Söhnen der beiden Mägde eine Schandthat
bemerkte und dieselbe dem Vater hinterbrachte. Wir finden hier ein Wider=
spiel des Verhältnisses Ismael, des Sohnes der Hagar, zu Isaak, dem
Sohne der Sara. Unbestimmt ist, welche Person Jakob verstand, als er
seinen Sohn Joseph nach Erzählung des Traumes mit den Worten schalt:
„Sollten ich und deine Mutter und deine Brüder uns vor dir zur Erde
verneigen?" [1] Einige, darunter Lyranus, verstehen unter Mutter die Magd
Rachels, Bilha, welche nach dem Tode ihrer Herrin Mutterstelle an den beiden
Söhnen Rachels vertreten haben soll; Andere denken an die tobte, allein dem
Jakob unvergeßliche Gattin Rachel [2], Andere an Lea, was im Sinne Jakobs
wohl das Richtigste ist.

Von Bilha, der Magd Rachels, wird noch berichtet [3], daß, als Jakob
jenseits des Heerdenthurmes wohnte, sein Sohn Ruben sich mit ihr fleischlich
verging, und diese Schandthat dem Vater nicht verborgen blieb. Weil Ruben
das Ehebett seines Vaters bestiegen und entweiht hat, wie dieser am Sterbe=
bette ihm auch vorhält [4], deßhalb wird das Vorrecht der Erstgeburt ihm
entzogen; die Herrscherwürde ging auf Juda, das Doppelerbe aber auf
Joseph über [5]. Daß Letzteres von dem Erstgeborenen der Lea auf den Erst=
geborenen der Rachel überging, geschah nicht nach subjectivem Ermessen des
Vaters, denn das Gesetz verpönt [6] eine solche Bevorzugung, sondern nach
göttlicher Fügung, welche Joseph über seine Brüder erhoben hatte und deren
Plan alles menschliche Handeln überschwebt.

Die heiligen Väter sehen in diesem Geschwisterpaare ein Bild des Zu=
künftigen. So wie Jakob ein Typus Christi ist, so schattete Rachel, die
schöne und von Jakob inniggeliebte Gattin, die Kirche ab, die in ihrer Schön=
heit prangt und von Christus geliebt wurde, anfangs unfruchtbar schien,
sodann aber einen Joseph gebar, während Lea mit ihren matten und triefen=
den Augen ein sprechender Typus der Synagoge ist, welche die Wahrheit
und Weisheit der Kirche nicht sehen wollte [6]; so wie Jakob zwei Frauen

---

[1] Gen. 37, 10.

[2] *Chrysost.*, hom. 66: A magis principali totum significat. Si enim pater
hoc fecit, multo magis illa, nisi ex hac vita praerepta fuisset, hoc fecisset.

[3] Gen. 35, 22.   [4] Gen. 49, 4. 1 Chr. 5, 1.   [5] 1 Chr. 5, 1. 2.

[6] *Ambros.*, de Jacob et vit. beat. l. 2. cp. 5. n. 25. *Hieron.*, ep. 123 (al. 11)
ad Ageruch.: Lia et Rachel Synagogam ecclesiamque testantur; und Com. in Hos.
12, 12: Non errabit ... qui Rachel primum sterilem atque formosam, quam plurimum dilexit Jacob, significare ecclesiam, Liam vero lippientibus oculis atque
fetosam Synagogae sacramenta monstrare dixerit. *Cyprianus*, test. ad Jud. l. 1.
cp. 19: Jacob accepit duas uxores: majorem Liam oculis infirmioribus typum Synagogae, minorem speciosam, Rachel typum ecclesiae, quae et sterilis diu mansit
et postea peperit Joseph, qui et ipse fuit typus Christi. *Cyrillus Alex.*, Glaph.
in Gen. l. 4. n. 4: Rachel ovis Dei. Tribuat autem quis ei, et quidem merito
figuram ecclesiae ex gentibus. Ipsa enim est Christi ovis veteribus ovilibus im-
mista et salvatoris ovilibus conclusa; n. 7: Optavit quidem Christus statim ab
initio Rachel, h. e. ecclesiam ex gentibus ... ducit vero quodammodo seniorem
non absque labore ... Infirmitas Judaeorum Synagogae ad cernendum Deum
merito significatur per oculos Liae. sapientia autem et prudentia, atque ad intelligendum magna maturitas eorum, qui per fidem in Christo sunt, necnon venustas
ac decor in operibus per Rachelis pulchritudinem descripta est ... Duxit itaque

nahm, so berief auch Christus zwei verschiedene Völker, Juden und Heiden,
in seine Kirche, welch Letztere ihm theurer waren, als jene; und so wie
Jakob auch aus Mägden Kinder erzeugte und sie adoptirte, so machte auch
Christus nicht bloß die Freien, sondern auch die, welche früher Sklaven
waren, zu Kindern Gottes [1].

Wiederum andere heilige Väter erklären dieses Schwesterpaar im alle=
gorischen Sinne; Rachel und Lea nämlich bezeichnen das contemplative
(beschauliche) und active (thätige) Leben. Lea nämlich, d. i. die Arbeitsame
und Schwachäugige, die mit Irbischem sich beschäftigt und nur für dieses
besorgt war, ist ein Bild des activen Lebens, während Rachel, d. i. Lamm,
die Ruhe des beschaulichen Lebens bezeichnet, welche wir ebenso lieben müssen,
wie Jakob die Rachel geliebt hat. In diesem Sinne hat besonders der
hl. Augustinus ausführlich dieses Thema behandelt [2]. Betrachten wir sowohl

---

Christus primum quidem conjugem Synagogam Judaeorum ... post hanc vero
veluti secundam duxit ecclesiam ex gentibus ... idque in sempiternum, u. öfter.
Vgl. l. c. l. 6. n. 3: Liam diximus esse Judaeorum matrem, h. e. synagogam, pro-
bationem hujus rei sumentes ab oculis et a nominis interpretatione. Deformis
enim revera multaque infirmitate laborat interior atque ad mentem patinens Judaeorum Synagogae aspectus. Neque enim cognoverunt ea, quae a Mose scripta
sunt, neque parcs fuerunt considerandis mysteriis, quae in ipsis continentur. Interpretatur autem Lia „laborans“. Laboravit enim Judaeorum Synagoga gravi
atque intolerabili onere, legem per Mosem sustinens ... Puri autem sunt admodum oculi Rachel. Vidit enim Ecclesia ex gentibus gloriam Christi ... vocata
autem est ad familiaritatem spiritualis sponsi, Christi, post primam. Ipsa enim
novissima est, rugam non habens, antiquata prima, ac postquam consenuit, prope
facto ejus interitu. Interpretatur autem etiam Rachel Dei ovile; ovile enim Salvatoris est Ecclesia u. a. *Beda* in Gen. cp. 30. *Rupert.*, l. 7 in Gen. cp. 27—29.
Procop. in Gen. cp. 29. *Petrus Dam.*, p. III. op. 35. cp. 1: Per Rachel, quae
ovis, vel visum principium dicitur, Ecclesia non immerito designatur, quae nimirum et ad instar ovis innocentis vivit, et per studium contemplationis ad videndam
Redemptoris sui speciem medullitus inardescit. *Isidor.*, Alleg. V. T.: Lia Synagogae figuram habuit, quae infirmis oculis cordis sacramenta Dei speculari non
potuit. Rachel vero clara aspectu ecclesiae typum tenuit, quae contemplationis
acie Christi mysteria cernit; u. qu. in Gen. cp. 25.

[1] *Theodoret.*, qu. 90 in Gen.: Typum Dei omnium gerebat Jacob. Nam duos
populos Deus habuit: seniorem quidem habentem super cor velamen, juniorem
vero decore fidei exornatum. Ita Jacob duas uxores habebat ... seniorem liberis
abundantem, juniorem vero sterilem. Nam ex gentibus congregata Ecclesia sterilis
erat quondam, sed postea liberis fecunda facta est. Quoniam igitur Ecclesia, quae
Deo Salvatori credidit, majorum suorum errorem radicitus exstirpavit, hujus autem
typus erat Rachel, furata est idola patris. ut in eo quoque veritatem adumbraret.
Irenaeus, cont. haer. l. 4. cp. 21: Necessitas omnis fuit ex duabus sororibus cum
(Jacob) filios facere, quemadmodum Christus ex duabus legibus unius et ejusdem
Patris; similiter autem et ex ancillis, significans, quoniam secundum carnem ex
liberis et ex servis Christus statueret filios Dei, similiter omnibus dans munus
spiritus vivificantis nos. Omnia autem ille faciebat propter illam juniorem, bonos
oculos habentem Rachel. quae praefigurabat, propter quam sustinuit Christus.

[2] *Aug.*, de cons. Evang. l. 1. cp. 5: Duae virtutes (activa et contemplativa)
in duabus uxoribus Jacob figuratae intelliguntur: Lia quippe interpretatur „Laborans“, Rachel autem „visum principium“ (i. e. verbum, ex quo videtur principium). Ausführlich aber cont. Faust. l. 22. cp. 52—58; z. V. cp. 52: Duae vitae
nobis in Christi corpore praedicantur: una temporalis, in qua laboramus, alia

die typische, als auch die allegorische Erklärung dieser beiden Frauen durch die heiligen Väter, so sehen wir, daß dieselben bei Beurtheilung des Charakters dieser beiden Frauen mehr auf Seiten der Rachel als der Lea stehen.

Ziemlich genau übereinstimmend mit dem Berichte der Genesis erzählt uns das Buch der Jubiläen die Unterschiebung der Lea anstatt der Rachel. Als Jakob den Laban über diesen Betrug zu Rede stellte, setzte er hinzu: „Nimm deine Tochter (Lea) und laß mich ziehen, denn du hast schlecht gegen mich gehandelt. Jakob liebte nämlich die Rachel mehr als die Lea. Denn die Augen der Lea waren blöde, aber ihr Aeußeres war sehr hübsch. Rachel aber hatte schöne Augen und ihr Aeußeres war sehr schön und hübsch. Laban entschuldigt sich mit der Landessitte und fügt bei: „Denn also ist es fest- gesetzt und aufgeschrieben auf den himmlischen Tafeln (nämlich die Jüngere vor der Aelteren herzugeben), und keiner ist gerecht, der dieses thut. Für weitere sieben Dienstjahre verspricht er ihm die Rachel. Die beiden Mägde Zalapha und Balla waren Schwestern (?). Als Rachel auf Lea, die vier Söhne gebar, eifersüchtig wurde, weil sie selbst nicht gebar, sprach sie zu Jakob: „Gib mir einen Sohn!“ Jakob sprach: „Habe ich dir deine Leibes- frucht verhindert, habe ich dich verlassen?“ Das Buch erzählt nun [1] das weitere Verhalten der beiden Frauen nach der Genesis mit Ausschluß des Handels um die Alraunen, und die Verabredung wegen der Flucht, wobei sie erwiedern: „Wir wollen gehen an jeden Ort; wohin du gehest, wollen auch wir gehen“, verschweigt aber den Diebstahl der Hausgötter [2], der übrigens bei der Vernichtung derselben durch Jakob bei Sichem erwähnt wird. Rachel gebar bei Nacht einen Sohn und nannte ihn „mein Schmerzenssohn, denn sie hatte eine schwere Geburt, am zehnten Tage des achten Monates im ersten Jahre der sechsten Woche, und starb“. Jakob baute über ihrem Grabe eine Säule am Wege [3]. Lea starb im vierten Jahre der zweiten Woche im 45. Jubi- läum, und Jakob begrub sie in der Doppelhöhle neben seiner Mutter Rebecca, links vom Grabe der Sara. Und alle ihre und seine Söhne kamen, die Lea mit ihm zu beweinen und ihn ihretwegen zu trösten. Denn er trauerte um sie, weil er sie noch viel mehr liebte, seit ihre Schwester Rachel gestorben

---

aeterna, in qua delectationem Dei contemplabimur ... Admonent nos ad hoc in- telligendum illarum etiam nomina feminarum. Actio ergo humanae mortalisque vitae, in qua vivimus ex fide, multa laboriosa opera facientes, incerti, quo exitu proveniant ad utilitatem eorum, quibus consulere volumus, ipsa est Lia prior uxor Jacob: ac per hoc et infirmis oculis fuisse commemoratur ... Spes vero aeternae contemplationis Dei, habens certam et delectabilem intelligentiam veritatis, ipsa est Rachel: unde etiam dicitur bona facie et pulchra specie. Hanc enim amat omnis pie studiosus et propter hanc servit gratiae Dei. *Hieron.*, l. 1 adv. Jo- vin. 19. *Gregor.*, Moral. l. 7. cp. 37; lib. 2 in Ezech. hom. 2. n. 10. S. *Bernar- dus*, l. ad soror. de modo bene viv. cp. 53: Exemplum activae vitae et contem- plativae de Jacob accipe, qui dum adamaret Rachelem, quae significat contempla- tivam vitam, data est ei Lia, quae significat activam vitam ... Lia est foecunda in filiis, quia multi sunt activi et pauci contemplativi. Rachel vero ovis vel vi- dens principium interpretatur, quia contemplativi simplices et innocentes sunt sicut oves ... Sed beatior et perfectior (est) contemplativa vita, quam activa. *Petrus Dam.*, pars III. op. 13. cp. 8. *Isidor.*, diff. l. 2. cp. 34 u. sent. l. 3. cp. 14. *Thomas*, Sum. 2. 2. q. 182. a. 1. *Rupertus*, l. 7 in Gen. cp. 31.

[1] Kap. 28.   [2] Kap. 29.   [3] Kap. 32.

war. Denn sie war fromm und rechtschaffen auf allen ihren Wegen und ehrte den Jakob. Und während der ganzen Zeit, da sie mit ihm lebte, hörte er aus ihrem Munde kein rauhes Wort; denn sie war sanftmüthig und fried= fertig und rechtschaffen und lobenswürdig. Er gedachte ihrer Werke, die sie in ihrem Leben gethan, und betrauerte sie sehr, denn er liebte sie über die Maßen, von ganzem Herzen und von ganzer Seele [1]. Das christliche Adams= buch des Morgenlandes [2] berichtet ganz kurz, daß Jakob die zwei Töchter Labans heirathete und aus ihnen, sowie deren zwei Mägden, Zalapha und Balla, 12 Söhne zeugte, und daß Lea nach Rebecca starb und Beide an der Seite der Sara begraben wurden. Auf seinem Sterbebette gibt Jakob seinen Söhnen den Auftrag, ihre Mutter Zalapha nach Canaan zu bringen und sie an der Seite der Balla neben dem Hippodrom in der Nähe von Rachels Grab zu bestatten [3]. In seinem Testamente [4] bekennt Benjamin, daß Rachel nach der Geburt Josephs 12 Jahre unfruchtbar blieb, und endlich durch Gebet und Fasten die Geburt eines Sohnes sich erfleht habe; da seine Mutter in den Wehen starb, so sei er von ihrer Magd Balla gesäugt worden.

Ausführlich berichtet das Buch der Jubiläen [5] über die Schandthat des Ruben: Als Jakob mit Lea am Neumonde des zehnten Monates sich zu Isaak begeben, „sah Robel die Balla, die Dienerin der Rachel, das Kebs= weib seines Vaters, da sie sich im Wasser badete an einem verborgenen Orte, und faßte eine Liebe zu ihr und versteckte sich bei der Nacht und ging hinein in die Wohnung der Balla und fand sie bei Nacht allein auf ihrem Bette liegend und schlafend. Und er legte sich zu ihr auf das Lager und deckte ihren Zipfel auf, und sie faßte ihn und schrie. Da sie ihn erkannte, daß es Robel war, schämte sie sich vor ihm und ließ ihre Hand ab von ihm und floh und trauerte sehr wegen dieser Geschichte, sagte aber keinem Menschen etwas. Als Jakob kam und sie aufsuchte, sprach sie zu ihm: Ich bin nicht rein für dich, sondern ich bin dir verunehrt, denn Robel hat mich geschändet und ist bei mir gelegen bei Nacht, als ich daheim schlief, und ich kannte ihn nicht, bis er meinen Zipfel aufgedeckt hatte, und er schlief bei mir. Jakob ward darüber sehr zornig … und näherte sich ihr nicht mehr, weil Robel sie verunehrt und allen Leuten die Decke seines Vaters aufgedeckt hatte. Denn seine That war sehr schlecht; denn das ist verwerflich vor dem Herrn." Daran wird nun die Anordnung Lev. 20, 11 und der Fluch Dt. 27, 20 geknüpft, wobei noch bemerkt ist, Niemand solle sich mit Ruben, daß er am Leben blieb und Verzeihung erhielt, entschuldigen; denn damals sei die Satzung und das ewig giltige Gesetz noch nicht für Alle vollständig geoffenbart gewesen.

In dem apokryphen Werke „die Testamente der 12 Patriarchen" [6] kommt Ruben auf seinem Sterbebette selbst auf diese Schandthat folgendermaßen zu sprechen: „Seid nicht (meine Söhne) allein mit einem verheiratheten Weibe und wollet nicht nachforschen der Thätigkeit der Weiber; denn hätte ich nicht die Balla in einem verdeckten Orte sich baden gesehen, würde ich nicht in

---

[1] Kap. 36.   [2] Bei Ewald l. c. S. 122.
[3] Testamenta XII. pat. cp. 11. n. 20.   [4] Test. XII pat. cp. 12. n. 1.
[5] Kap. 33.
[6] Bei *Clemens Rom.*, editio Migne II. Bd. S. 1038 f.

eine große Sünde gefallen sein. Mein durch das Anschauen der weiblichen Nacktheit befleckter Sinn ließ mich nicht mehr schlafen, bis ich das verwerfliche Werk vollbrachte. Als mein Vater bei Isaak weilte und wir in Gader (Heerdenthurme) wohnten, war Balla trunken und schlief entblößt in ihrem Gemache. Und als ich beim Hineintreten ihre Blöße sah, that ich Gottloses und verließ sie im Schlafe versunken. Und allsogleich offenbarte dieß ein Engel meinem Vater und er weinte bei seiner Ankunft über mich und berührte Balla nicht mehr." Von diesem Augenblicke an konnte er nicht mehr seinem Vater in's Gesicht blicken, noch mit seinen Brüdern sprechen, weil Gewissensbisse ihn quälten, bis Jakob durch sein Gebet ihm Verzeihung von Gott erflehte. Deßhalb ermahnt er seine Söhne, vor jeder Unzucht sich zu hüten und in der Furcht Gottes zu wandeln, vor der Versuchung der Frauen sich vorzusehen und die Sinne zu bewachen. — Balla ist ein Bild des Gesetzes des Alten Testamentes, welches Israel durch die Sünde befleckt hat [1]. Nach dem Buche der Jubiläen [2] starb Balla an jenem Tage, an welchem sie hörte, daß Joseph verloren sei, aus Trauer über ihn, und wurde gegenüber dem Grabe der Rachel begraben. Nach der Angabe des babylonischen Talmud [3] sollte der Erstgeborene Jakobs der Lea entstammen, denn sie zeigte frommen Sinn. Sie hatte Reisende sprechen hören: Rebecca, Labans Schwester, hat zwei Söhne: der Aeltere, ein Räuber, wird wohl der Gatte Lea's, der Jüngere, fromm und gut, führt doch die Rachel heim; darüber weinte Lea so sehr, daß ihre Augen trübe wurden. Edelsinn bewies aber Rachel; Jakob hatte nämlich mit ihr Zeichen verabredet, da sie den betrügerischen Sinn Labans kannten. In Selbstverläugnung theilte Rachel ihrer Schwester die Zeichen mit, und so wurde Jakob getäuscht. Darum überging das Recht des Erstgeborenen auf Joseph-Ephraim. — Seit der Weltschöpfung hat kein Mensch Gott seinen Dank ausgesprochen, als Lea [4], darum stammen von ihr die Männer, welche so hell den Gottesdank aussprachen, wie David, Daniel. Rachel verstand das Schweigen, und ihr entstammen die Nachkommen, die zu schweigen wußten, Saul, Esther. Rachel gewann die Dudaim, verlor aber die größere Anzahl der ihr zu entstammenden Söhne, das Recht der Erstgeburt für ihren Sohn und das Begräbniß an der Seite Jakobs. Sie starb früh in Folge des Wortes, welches Jakob sprach: Bei wem du deine Götter findest, der soll nicht leben [5]. Der Tod Rachels traf den Jakob härter, als alle Drangsale, die an ihm vorüberzogen [6].

Der Pinsel christlicher Maler hat öfters einige Scenen aus dem Leben der Rachel verherrlicht. Unter den Freskogemälden mit Darstellungen aus der Geschichte des Alten Testamentes, mit denen verschiedene Meister, namentlich Gozzoli, die inneren Wandflächen der Friedhofshalle in Pisa geziert, befinden sich auch Scenen aus dem Leben Jakobs und der Rachel. In den Loggien des Vatican hat Raphael den Moment verwerthet, wo Rachel die Heerden tränkt und Jakob den Stein auf die Oeffnung des Brunnens legt. Raphael

---

[1] *Isidor.*, Alleg. V. T. n. 52.
[2] Kap. 34.
[3] Baba bat. 123.   [4] Berachot f. 7.   [5] Mid. Rabba, Genesis 71—74.
[6] Mid. Rabba, Ruth.

und Nicolaus Poussin haben, jeder in seiner Weise, die Scene dargestellt, wie Jakob, nachdem er die Unterschiebung der Lia statt der Rachel bemerkt, sich dem Laban nähert. Nicht minder interessant sind die Gemälde eines Poussin, Pet. von Cortona und Bertin, wie Rachel auf den Götzenbildern ihres Vaters sitzt und sich entschuldigt, nicht aufstehen zu können.

§ 8. Jakobs Töchter und Schwiegertöchter.

Nachdem Lea ihren sechsten Sohn Sebulon geboren hatte, gebar sie nach diesem eine Tochter Namens Dina[1]. Die Geburt derselben müssen wir nicht nothwendiger Weise an das Ende des zweiten Jahrsiebentes der Dienstzeit Jakobs bei Laban versetzen, sondern dieselbe konnte auch am Anfange der sechs noch übrigen Jahre seines Aufenthaltes in Mesopotamien erfolgt sein. Obgleich Dina allein aus der weiblichen Nachkommenschaft Jakobs mit Namen angeführt wird, und zwar wegen des nun folgenden Ereignisses, so war sie doch überhaupt nicht die einzige Tochter Jakobs; denn aus Gen. 37, 35: „Alle seine Söhne und alle seine Töchter traten auf, um Jakob (wegen des Joseph) zu trösten", und Gen. 46, 7: „Seine Söhne und die Söhne seiner Söhne, seine Töchter und die Töchter seiner Söhne brachte Jakob mit sich nach Aegypten", erhellt, daß Jakob mit seinen Frauen auch noch andere Töchter gezeugt habe, die namentlich aufzuzählen nicht nöthig schien. Unter den 70 Seelen, welche nach Aegypten hinabzogen, erscheinen zwei Frauen, nämlich Dina[2] die Erstgeborene der Töchter Jakobs, welche ein selbständiges Glied des Hauses bildet, und Serach (Vulg. Sara, d. i. Ueberfluß oder Ausbreitung), die Schwester Assers[3], welche aus einem besonderen, aber nicht näher angegebenen Grunde mitgezählt wird, während die Frauen (Mägde) Jakobs, seine übrigen Töchter und die Weiber seiner Söhne[4] dabei nicht in Betracht kommen, da nur die Männer die Geschlechter Israels begründen. Möglich, daß die Töchter und Enkelinnen Jakobs durch Verheirathung in den Familien der Stammhäupter aufgingen.

Aus dem Leben der Dina wird uns folgende Thatsache erzählt[5]: Während des längeren Aufenthaltes Jakobs bei Sichem ging einst Dina aus, um sich die Töchter des Landes anzusehen, d. h. entweder mit ihnen nähere Bekanntschaft zu machen, oder sie zu besuchen. Nach Josephus[6] wollte sie den Schmuck der Landestöchter bei einem Feste in Sichem sehen. Schon die älteren Exegeten[7] berechneten das Alter der Dina zu 16 Jahren, indem sie ihre Geburt in das 14. Dienstjahr Jakobs verlegen. Doch gesetzt, daß sie erst nach dem zweiten Jahrsiebent des Aufenthaltes Jakobs bei Laban geboren wurde, mithin beim Aufbruche aus Mesopotamien erst vier oder fünf Jahre alt war — denn Jakob sagt zu Esau, er habe in seinem Gefolge zarte Kinder[8], worunter vielleicht noch jüngere Töchter zu verstehen sind —, so

---

[1] Gen 30, 21.　　[2] Gen. 46, 15.　　[3] Gen. 46, 17. Num. 26, 46. 1 Par. 7, 30.　　[4] Gen. 46, 26.　　[5] Gen. 34.
[6] Ant. I. 21.
[7] Vgl. *Demetrius* in Euseb. praep. evang. XI. 21. *Bonfrerius*, *Petavius*, de doct. temp. IX, 19.
[8] Gen. 33, 13.

konnte sie immerhin 13—15 Jahre alt sein und die Mannbarkeit erreicht haben [1], welche überdieß im Oriente früher eintritt, da Jakob in Succot, wo er sich ein Haus gebaut, und in Sichem, wo er ein Grundstück erworben hat, etwa zehn Jahre sich aufgehalten haben mag. Sie konnte aber auch nicht älter als 15—16 Jahre gewesen sein; denn nach 37, 2 wurde Joseph von seinen Brüdern verkauft, als er 17 Jahre alt war, d. i. da er im 14. Dienstjahre Jakobs bei Laban geboren war, im 11. Jahre nach Jakobs Rückkehr aus Mesopotamien. In die Zeit aber zwischen Dina's Entehrung und Josephs Verkauf fällt nur der Zug Jakobs von Sichem nach Bethel und von dort nach Ephrata, sowie seine Ankunft in Hebron [2], was bequem innerhalb eines Jahres geschehen konnte. Als Sichem, der Sohn des hevitischen Landesfürsten Hemor, die Dina sah, nahm er sie fort und schwächte sie [3] (Vulg. mit Gewalt). Der junge Verführer gewann die junge Verführte nur noch lieber und suchte sie über das Geschehene durch das Versprechen der Ehe zu trösten, und bat seinen Vater, ihm das Mädchen zum Weibe zu geben. Als Jakob die Entehrung seiner Tochter (wahrscheinlich von deren Begleiterinnen) erfuhr, verhielt er sich ruhig, bis seine Söhne vom Felde nach Hause kamen, denn die Brüder der Töchter hatten in den diese betreffenden Angelegenheiten mitzusprechen [4]. Als sie davon hörten, „betrübten sie sich und entbrannten vor Zorn, weil eine Schandthat an Israel verübt worden, zu überwältigen (beschlafen) eine Tochter Jakobs"; denn die Entehrung war um so schmachvoller, da sie von einem Unbeschnittenen verübt wurde, und erschien mit der Würde und Bestimmung Israels als Volkes Gottes unvereinbar.

Hemor begibt sich nun zu Jakob, um für seinen Sohn zu werben. „Das Herz meines Sohnes Sichem hängt an eurer Tochter; so gebt sie ihm doch zum Weibe und verschwägert euch mit uns; eure Töchter, die gebet uns, und unsere Töchter, die nehmet euch, und lasset euch bei uns nieder!" Auch der junge Fürst Sichem legt seine Worte, welche ihm die innige und aufrichtige Liebe zu Dina eingibt, in die Wagschale. Er will sich zu Allem verstehen, zum größten Brautkaufgelde und Brautgeschenke, wenn sie ihm das Mädchen zur Frau geben. So verlockend dieses Anerbieten des Heviterfürsten war, so wurde es doch von den Söhnen Jakobs (im Herzen) abgelehnt, weil sie durch Eingehen auf dasselbe mit den Heiden verschmolzen und so ihres heilsgeschichtlichen Berufes verlustig gegangen wären. Allein dieser sittliche Ernst wird stark verdunkelt durch den fanatischen Racheplan, welchen die Söhne Jakobs entwarfen. Sie erklärten nämlich mit Hinterlist, ihre Schwester Dina und die Töchter Israels ihnen zu geben, wenn alles Männliche in Sichem die Beschneidung annehmen (und so in den Bund Israels eintreten) würde; sonst wollen sie ihre Tochter nehmen und wegziehen. Diese Bedingung mißfällt den Werbern nicht, welche auch ihr Volk dafür zu ge-

---

[1] Vgl. *Cyrillus Alex.*, Glaph. in Gen. 1 5. n. 4: Dina, ut puella et virgo adhuc *blanda* paternis tabernaculis egressa est, incolarum filias conspicata.

[2] Gen. 35.

[3] *Procop.*, Gen. 34: Non invitam, nec per vim, sed quasi consentientem oppresserat. *Isidor.*, qu. in Gen. cp. 28: Agglutinata est anima ejus cum ca, quia unitam sibi per iniquitatem respicit.

[4] Gen. 24, 50 f.

winnen suchen. Als nun am dritten Tage die Sichemiten an den Schmerzen
der Beschneidungsoperation darniederlagen, überfielen Simeon und Levi, die
eigentlichen Brüder der Dina, auch von mütterlicher Seite, mit ihren Knechten
die Stadt, erschlugen alles Männliche, sammt den beiden Fürsten, schonungs=
los, und nahmen Dina wieder aus dem Hause des Sichem, welcher somit
dieselbe bis dahin zurückbehalten hatte, in der Hoffnung der baldigen Ver=
ehelichung, mit sich; sodann plünderten die Söhne Jakobs die Stadt und
führten ihr Gut sammt Weibern und Kindern fort, weil deren Bewohner
ihre Schwester geschändet haben. Jakob empfing seine Söhne mit bitteren
Vorwürfen über ihre Unthat, sie aber antworteten: „Soll man denn unsere
Schwester wie eine Buhldirne behandeln?" Indem sie so die Schuld Sichems
wieder in den Vordergrund drängen, übergehen sie ganz sein Anerbieten der
Sühne und ihre eigene schwere Verschuldung. Die Entrüstung der Brüder
über die Schändung ihrer Schwester ist gerecht und wird auch kunstvoll durch
die viermalige fast refrainartige Aussage [1] zum Ausdruck gebracht. Daß sie
die Entehrung derselben nicht ungeahndet ließen, wie Absalom die Entehrung
seiner Schwester durch Ammon [2], ist durch die Sitte des Morgenlandes gerecht=
fertigt; denn selbst jetzt noch wird bei den Arabern die Verführung mit dem
Tode bestraft; allein die Hinterlist ihres Verfahrens, der Mißbrauch des
Bundeszeichens als Mittel zur Kühlung ihrer Rache und die Ausdehnung
auf die ganze Stadt sammt der Plünderung der Erschlagenen ist verwerflich
und fluchwürdig; weßhalb Jakob selbst am Sterbebette diese Unthat seiner
Söhne Simeon und Levi nicht vergessen kann. Wenn nun dessenungeachtet
Judith also betet: „Herr, du Gott meines Vaters Simeon, der du ihm das
Schwert gegeben, zum Schirme wider die Fremden, die in ihrer unreinen
Lust eine Jungfrau schändeten und sie entblößten zur Schmach, und ihre
Weiber zur Beute gabest und ihre Töchter zur Gefangenschaft, und alle Beute
zur Theilung deinen Knechten, die für dich geeifert haben" [3], so lobt sie zwar
den gerechten Eifer der Söhne Jakobs über die Entehrung ihrer Schwester
und über die Verletzung der Ehre Israels, sowie die göttliche Gerechtigkeit,
welche die Schuldigen bestrafte, und sich dazu der Söhne Jakobs bediente,
keineswegs aber die Hinterlist, den Treubruch und die excessive Rache der=
selben, welche verwerflich sind; denn in einem und demselben Werke kann
etwas sein, welches der Belobung, und wieder anderes, welches des Tadels
und der Strafe würdig ist [4]. Zugleich deutet Judith an, daß die Sichemiten
der That ihres Fürsten zugestimmt und vielleicht auch bei der Entführung
der Dina mitgewirkt haben.

Rupertus [5] theilt mit Philo (?) die Meinung, daß Dina später von
Job zum Weibe genommen wurde, die sehr unwahrscheinlich ist, da Job einer
späteren Zeit angehört. Nach Andern [6] scheint Dina ledig und selbständig ge=
blieben zu sein, weßhalb sie auch oben unter den 70 Seelen angeführt wird.
Der hl. Bernardus und Andere [7] führen Dina als Beispiel an, wie die Neugierde

---

[1] Gen. 34, 7. 13. 27. 31.   [2] 2 Sam. 13, 22 f.   [3] Judith 9, 2. 3.
[4] So Cornelius a Lap., Gordonus, Tirinus u. A.
[5] L 8 in Gen. cp. 11.
[6] Z. B.: Delitzsch, Comm. zur Genef. S. 485.
[7] Tract. de 12 grad. superb. cp. 10. *Nicolaus Lyr.* ad Gen. 34, 1: „Per

und Sorglosigkeit der Unschuld gefährlich werden können und deßhalb sorgsam zu meiden sind.

Auch die Apokryphenliteratur erwähnt dieses Ereignisses mit Dina. Das Buch der Jubiläen[1] berichtet ähnlich wie die Genesis Folgendes: Im vierten Monat des ersten Jahres der sechsten Woche zog Jakob in Frieden hinauf nach Salem, welches östlich von Sichem ist; und dort entführten sie die Dina, die Tochter Jakobs, in das Haus des Sikhem, des Sohnes Emors, des Heviters, und er schlief bei ihr und schändete sie. Und sie war ein kleines Mädchen von 12 Jahren; und er bat ihren Vater, daß sie ihm zum Weibe gegeben werde, und von ihren Brüdern erbat er sie sich. Allein diese wurden zornig auf die sichemitischen Männer, die ihre Schwester Dina geschändet hatten, überlisteten und täuschten sie. Simeon und Levi kamen nun heimlich nach Sichem und tödteten alle Männer mit Qualen, weil sie ihre Schwester Dina verunehrt hatten. Und ihr sollt von nun an nicht mehr also thun, eine Tochter Israels zu schänden... Und der Herr gab sie in die Hände der Söhne Jakobs, um sie mit dem Schwerte auszurotten und Strafe an ihnen zu üben, und nie mehr soll in Israel etwas der Art geschehen, daß man eine israelitische Jungfrau schände. Welcher Israelit seine Tochter oder Schwester an einen Heiden verheirathet, soll gesteinigt, das Weib aber verbrannt werden. Moses solle den Israeliten verbieten, ihre Töchter an Heiden zu verheirathen, oder ihren Söhnen Heidinnen zu geben, widrigenfalls schwere Trübsal über sie kommen würde. Für einen begangenen Frevel dieser Art soll das ganze Volk verantwortlich gemacht und bestraft werden. Den Söhnen Jakobs sei die Ermordung der Sichemiten zur Gerechtigkeit angerechnet worden, namentlich dem Levi (?). Und diese ganze Geschichte habe ich dir aufgeschrieben und dir befohlen, daß du sie den Kindern Israels sagest, damit sie keine Schuld begehen und das Gesetz nicht übertreten und den Bund nicht brechen... Und sie führten ihre Schwester heraus aus dem Hause Sikhems. Als aber die Söhne Jakobs ihre Beute zu ihrem Vater gebracht, tadelte er sie, weil er sich vor den Canaanäern fürchtete. Diese aber unterließen die Rache, weil die Furcht des Herrn und eine Bestürzung auf sie gefallen war. — Unter den 70 nach Aegypten ziehenden Seelen werden gleichfalls Dina und Sara, die Schwester Assers, erwähnt, wenngleich in Kap. 34 berichtet wird, daß Dina starb, nachdem Joseph verloren war, und neben Rachel und Balla begraben wurde[2]. Da Levi in seinem Testamente[3] sagt, daß er jünger als 20 Jahre war, als er an den Sichemiten wegen seiner Schwester Rache nahm, so konnte Dina übereinstimmend mit dem Jubiläenbuche 12 oder 13 Jahre alt gewesen sein. Nach dem Talmud lebte Job zur Zeit Jakobs und heirathete die Dina[4]. Sie war

---

Dinam, quae egressa est domum patris, significatur anima vaga, quae egreditur claustrum rationis. *Beda*, Gen. cp. 34 u. *Rupert.*, l. 8 in Gen. cp. 11. *Isidor.*, Alleg. V. T.: Dina synagogam vel animam significat, quam in exterioribus saeculi curis repertam Sichem opprimit, i. e. diabolus vitio concupiscentiae carnalis corrumpit. *Gregorius*, lib. de cura past. pars III. cp. 30.

[1] Kap. 30. [2] Kap. 44.
[3] Test. XII. pat. l. c. cp. 3. n. 2.
[4] B. Baba Batra 14.

sittsam, allein Sichem ließ tanzende Mädchen mit Schellenpauken ausziehen; diese zu sehen, ging Dina aus, und so fing er sie. Sie zählte damals sechs Jahre und empfing von Sichem eine Tochter, Osnat mit Namen. Jakob nahm ein Blech, schrieb auf dasselbe den heiligen Gottesnamen, hing es an den Hals der Osnat und sandte sie in das Haus des kinderlosen Potiphar nach Aegypten, wohin sie der Engel Michael brachte und wo sie den Joseph heirathete [1].

Von den Frauen der Söhne Jakobs wird uns in der heiligen Schrift nur wenig berichtet, ja nicht einmal deren Namen angeführt. Wenn Gen. 46, 10 nur gelegentlich der jüngste Sohn Simeons, Schaul (d. i. der Erbetene), als Sohn der Canaaniterin bezeichnet wird, so läßt sich daraus schließen, daß Jakobs Söhne nur ausnahmsweise aus den Canaanäern sich Frauen genommen haben. Außer ihrer Verwandtschaft in Mesopotamien standen ihnen noch die ismaelitische, keturäische und edomitische Verwandtschaft offen. Wie sehr übrigens für die Familie Jakobs die Gefahr nahe war, durch Ehen mit Canaaniterinnen in dem heidnischen Wesen derselben unterzugehen und ihres heilsgeschichtlichen Berufes verlustig zu werden, wenn nicht Gott rechtzeitig sie nach Aegypten übersetzt hätte, sehen wir auch an Juda. Nachdem Joseph von seinen Brüdern verkauft worden war, trennte sich Juda, vielleicht in bitterem Unmuthe über den Verlust seines Bruders und den Gram seines Vaters, von seinen Brüdern und zog hinab nach Adullam in die Ebene Juda zu einem Manne Namens Hira, wo er die Tochter des Canaanäers Schuah kennen lernte, sie heirathete und mit ihr drei Söhne, Er (Vulg. Her), Onan und Sela, zeugte [2]. Letzterer wurde in Chezib in der Ebene Juda geboren [3]. Hieronymus nahm dieses Wort als Appellativ und übersetzte: „Und sie hörte auf zu gebären". Da die Ehen mit canaanitischen Töchtern damals durch ein positives Gesetz noch nicht verboten waren, Juda auch von seinen Brüdern getrennt unter Canaanitern wohnte, so ist diese Ehe leicht erklärlich. Das weitere Geschick Juda's und seiner Söhne wird unten bei Thamar näher erörtert werden. Von den übrigen Frauen der Söhne Jakobs wird nur noch Josephs Frau mit Namen genannt. Als nämlich Joseph von Pharao in Aegypten zur höchsten Würde nach ihm erhoben worden war, gab er ihm, um ihn vollständig zu naturalisiren, einen ägyptischen Namen und Asnat [4], die Tochter des Potiphera, des Priesters zu On (Heliopolis), zum Weibe, welche ihm zwei Söhne, Manasse und Ephraim, gebar, bevor ein Jahr der Hungersnoth kam [5]. Diese mit der jungfräulichen Tochter des Priesters Petephra in Heliopolis (Asanetha) durch den König geschlossene Ehe galt als eine große Ehre und Auszeichnung [6]. Der Lieblingssohn Jakobs ist nun Herr der Heiden. Wie weit er sich den ägyptischen Sitten und Religionsgebräuchen bei seiner Verbindung mit der Tochter eines Sonnenpriesters bequemt hat [7], läßt sich

---

[1] Pirke Elies. 38 u. Tract. Soferim cp. 21, 9.
[2] Gen. 38, 1 f. 1 Chr. 2, 3.
[3] So übersetzen LXX, der Chaldäer, die Rabbinen, Eusebius und alle Neueren.
[4] D. i. der Neith (aeg. Gottheit) geweiht.
[5] Gen. 41, 45. 50; 46, 20.
[6] *Joseph.*, Ant. II. 6.
[7] Gen. 42, 15 f. 23; 43, 32; 44, 5. 15.

nicht sicher beantworten; das ist gewiß, daß die göttliche Vorsehung, welche ihn so sehr erhöhte, ihn vor dem Versinken in's ägyptische Heidenthum bewahrte; denn in seinem Herzen blieb er dem Gott seiner Väter treu[1]. So erweisen sich denn gerade diese gemischten Ehen in der Patriarchalzeit als ein Typus der jenseits des Gesetzes liegenden Erfüllungszeit entschränkter, die Heiden mit Israel zu Einer Familie zusammenfassender Freiheit[2]. Da die beiden Söhne Josephs in Aegypten außer dem Patriarchalhause geboren worden waren und dem ägyptischen Volksverbande angehörten, so adoptirte sie Jakob auf seinem Sterbebette, wie seine unmittelbaren Söhne von Rachel[3], um, wie bereits erwähnt wurde, die Frühverstorbene zu ehren und ihre Nachkommen= schaft zu vermehren[4]. Nach einer hebräischen Tradition[5], welcher übrigens auch Hieronymus[6], Rupertus[7], Tostatus beistimmen, soll Poliphara, der Vater der Asneth, mit dem Eunuchen Potiphar, welcher Joseph gekauft hat, identisch sein; derselbe soll nämlich, nachdem er Eunuch geworden, zum Hohen= priester von Heliopolis gewählt worden sein, und als seine Tochter Asneth die Unschuld des Joseph und die Schuld der lasciven Mutter dem Vater eröffnet hatte, dieselbe dem Joseph für seine Verdienste zum Weibe gegeben haben. Allein die entgegengesetzte Meinung wird von den meisten älteren und neueren Exegeten als die richtige erkannt[8]. Besonders aber führt der hl. Augustin[9] mehrere Beweise an, daß der Priester Putiphare von dem ähnlich lautenden Hofbeamten Putiphar verschieden sei. Uebrigens bezeichnet Eunuch nicht immer einen Verschnittenen, sondern in seiner Abgeschliffenheit einen Hofbeamten überhaupt, welcher somit auch verheirathet sein konnte[10].

---

[1] Gen. 41, 51 f.; 42, 18; 45, 5. 7—9; 48, 9; 50, 19. 24 f.

[2] *Ambros.*, lib. de Joseph. pat. cp. 7, 40: Quis autem est, qui ex gentibus accepit uxorem, nisi qui ecclesiam ex nationibus sibi congregavit et suscepit ex ea filium Manassen, per quem oblitus est omnes dolores suos, quos habuit de sa- crilegiis Judaeorum?

[3] Gen. 48.   [4] Siehe oben S. 120.

[5] *Hieron.*, heb. qu. in Gen. cp. 37, 36: Tradunt Hebraei emptum ab hoc (Putiphar eunucho) Joseph ob nimiam pulchritudinem in turpe ministerium et a domino virilibus ejus arefactis, postea electum esse juxta morem hierophantarum in pontificatum Heliopoleos, et hujus filiam esse Aseneth, quam postea Joseph uxorem acceperit. *Origenes* in Caten. mss. bei *Migne*, Patrol. gr. tom. XV. p. 302: Pburtiphar nomen erat patris uxoris Joseph. Existimabit quispiam alium esse ab eo, qui Josephum emit. Sed non sic arbitrantur Hebraei; verum ex *apocrypho* dicunt, eundem ipsum esse, qui ejus herus et socer fuit, narrantque Aseneth illam matrem suam apud patrem accusasse, quod insidias in Josephum struxisset, non autem ab eo insidiis appetita fuisset. Quam ille Josepho sponsam dedit, ut Aegyptiis declararet, a Josepho nihil hujusmodi contra domum suam perpetratum fuisse.

[6] Quaest. heb. cp. 42, 45: Notandum, quod domini quondam et emptoris sui filiam uxorem acceperit, qui ad id locorum pontifex Heliopoleos erat. Neque enim fas absque eunuchis idoli illius esse antistites, ut *vera* illa Hebraeorum super eo quod jam ante diximus, suspicio *comprobetur.*

[7] *Rupert.*, l. 8 in Gen. cp. 42.

[8] *Chrysost.*, hom. 63. n. 4 in Gen. *Calmet* zu Gen. 41, 45. Cornelius a Lap., Lyranus u. A.

[9] Quaest. in Hept. l. 1. cp. 136.

[10] *Theodoret.*, qu. 98 in Gen.: Ut plurimum quidem eunuchos et excisos sub

Diese aus dem Heidenvolke genommene Frau bezeichnet typisch die Kirche, welche Christus aus den Heidenvölkern gesammelt und diese dadurch aus ihrem Unglücke und Untergange gerettet hat [1].

Von dem Weibe des Putiphar erzählt uns die heilige Schrift Folgendes [2]: Als Joseph bereits längere Zeit in dessen Hause gewesen und als Haus= aufseher bestellt war, warf dessen Weib ihre lüsternen Blicke auf Joseph, der von Gestalt und Angesicht schön war, und fordert ihn schließlich direct auf, sich ihr beizulegen. Diesem ehebrecherischen Verlangen widersteht der keusche Jüngling, wobei er die ihm zugemuthete Sünde von allen Seiten beleuchtet und ihr Gewissen zu wecken sucht [3]. Dieselbe wäre schändlicher Mißbrauch des von seinem Herrn ihm bewiesenen Vertrauens, Frevel an seinem Gattenrechte, und als Ehebruch eine schwere Sünde. Als sie nun Tag für Tag ihre Ver= führungsversuche, aber erfolglos, fortsetzte, woraus die Größe der Tugend Josephs erst recht erhellt, da begab es sich, daß Joseph Geschäfte halber in das Innere des Hauses kam und Niemand von den Hausleuten zugegen war [4], da erfaßte sie ihn beim Kleide und zog ihn bittend an sich; er aber ließ sein Kleid in ihrer Hand [5] und floh auf die Straße. Da verwandelte sich die böse Lust in Groll. Um jeden Verdacht von ihrer Person abzuwälzen, und sich an ihm zu rächen, klagt das ehebrecherische Weib mit Verkehrung des Sachverhaltes den Schuldlosen eines Angriffes auf ihre Keuschheit an; denn sie rief ihre Hausleute herbei und sprach: „Sehet, er (ihr Mann, den sie verächtlich des Namens nicht für werth hält) hat uns einen hebräischen Mann hereingebracht, daß er Muthwillen an uns (nämlich der Frau und den weiblichen Hausgenossen) treibe; er ist zu mir gekommen, sich mir bei= zulegen. Da rief ich mit lauter Stimme, und als er dieß hörte, ließ er sein Kleid an meiner Seite (sie sagt nicht: in meiner Hand, weil sie sonst den Sachverhalt verrathen hätte) liegen." Sie macht somit ihrem abwesenden Manne den Vorwurf, daß er ihre Tugend in Gefahr gebracht, hebt ihre Tugendstärke hervor und stellt sich als Beschützerin und Wächterin der Tugend des Hauses hin. Als Zeugen läßt sie nun Josephs Kleid an ihrer Seite liegen, bis Josephs Herr — nicht ihr Herr, denn die Pantoffelherrschaft war in Aegypten zu Hause [6] — zurückkehrte, dem sie den Vorgang ebenso erzählte, und den Vorwurf durchblicken ließ, als habe er absichtlich ihre Keuschheit in Gefahr gebracht. Putiphar gerieth darüber in Zorn und ließ Joseph in den

---

eodem nomine vocant; absurdum tamen non est etiam eunuchum mulierem habere, quae domi rem familiarem curet. *Gennadius:* Si eunuchus Petephres, quare uxo- rem habere deprehenditur? Verum Syrus una voce spadonem et virum fidum dominis exprimit. Vgl. G. Ebers, Aegypten u. die Bücher Mosis. Leipzig 1868. 1. Bd. S. 297 f.

[1] *Ambros.*, l. de Joseph. cp. 7. n. 40. *Beda* in Gen. 41.

[2] Gen. 39.

[3] *Chrysost.*, hom. 62 in Gen.

[4] *Ambros.*, l. de Jos. pat. cp. 5: Qui adversari sibi domini sui videbat uxo- rem, neglecti officii etiam a domino cavere debebat offensam.

[5] *Ambros.* l. c.: Reliquit vestimenta Joseph et nudavit adulterae irrevere- cundiam, quae postea latere non potuit.

[6] Herodot. II. 35. *Diodorus Sic.* I. 27. Ebers l. c. S. 305 f.: Das Ver- hältniß von Mann und Weib in Aegypten.

Thurm stecken; immerhin noch eine glimpfliche Strafe, wenn man die strengen ägyptischen Ehegesetze berücksichtigt[1]. Es ist nicht unwahrscheinlich, daß Putiphar selbst der Aussage seines Weibes nicht vollen Glauben beilegte und den Joseph bald wieder zu befreien gedachte; denn um die Ehre seines Hauses zu retten, mußte er ihn bestrafen, ohne ihn jedoch ganz zu opfern. Namentlich scheint die Stellung, welche Joseph bald im Kerker erhielt, zu verrathen, daß Putiphar ihn halbwegs nur zum Schein bestrafte. Uebrigens war die Keuschheit der ägyptischen Frauen von Alters her sehr übel berüchtigt[2] und Aegypten geradezu die Heimath der Unzucht[3]; ein Beispiel sehen wir an Cleopatra. Während Joseph als herrliches Musterbild der Keuschheit dasteht, ist die Anklage des lüsternen Weibes Putiphars ein Musterbild der Kabale, worin sich die Kabale aller Zeiten bis in die modernste hineinspiegeln. So ist denn die erste uns bekannte folgenschwere Verleumdung von einem ehebrecherischen Weibe ausgegangen. Sie ist daher ein Typus der Synagoge, welche fleischliche Messiashoffnungen hegte, und da Christus sich den Lehren dieser ehebrecherischen Synagoge nicht anbequemen wollte, so legte sie Hand an seinen Leib; diesen ließ er in ihren Händen zurück, während er sie selbst verachtete und in den Himmel sich zurückzog[4].

Das Buch der Jubiläen nennt die Namen der Frauen der Söhne Jakobs, und zwar als Weib des Ruben Ada, des Simeon Adiba, eine Cananiterin, des Levi Melkha, von den Töchtern Arams, vom Samen der Söhne des Tharan, des Juda Bethasuel, eine Cananiterin, des Isaschar Hizeka, des Dan Egla, des Zabulon Niiman, des Nephthali Rasun, von Mesopotamien, des Gad Mikha, des Asser Ijona, des Joseph Asaneth, eine Aegyptierin, des Benjamin Ijoska. Simeon bekehrte sich und nahm ein zweites Weib aus Mesopotamien, wie seine Brüder[5]. In dem Testamente des Levi[6] heißt seine Frau gleichfalls Melcha, die er im 28. Lebensjahre heirathete. Nach dem Testamente des Juda war dessen Frau Bessue eine Tochter des Königs Barsan von Odolam. Derselbe zeigte dem Juda die Menge seiner Reichthümer und führte ihm seine mit Geld und Edelsteinen geschmückte Tochter vor, welche er ihm zur Frau zu geben versprach. Juda ließ sich durch ihre Schönheit verleiten, und als er durch die List des Barsan bei einem Nachtmahle trunken war, schlief er bei ihr und nahm sie gegen den Befehl Gottes und seiner Väter zur Frau; deßhalb sollte er auch an ihren Kindern keine Freude erleben. Als nämlich Juda seinem Sohne Her die Thamar aus Mesopotamien zur Frau gegeben, haßte Bessue dieselbe, weil sie keine Cananiterin war, und verleitete ihre Söhne, der Thamar nicht beizuwohnen[7]. Aehnliches berichtet das Jubiläumsbuch, welches noch hinzufügt, daß Bethsuel im fünften Jahre der zweiten Woche des

[1] *Diodor.* I. 78.
[2] *Herod.* II, 111. *Diodor.* I, 59. Ebers l. c. S. 315.
[3] *Martialis*, 4. 42. 4: Nequitias tellus scit dare nulla magis.
[4] *Isidor.*, qu. in Gen. cp. 30. *Gregor.*, l. 2. Mor. cp. 36. *Rupertus*, l. 8 in Gen. cp. 34. *Beda* in Gen. cp. 39.
[5] Kap. 34.
[6] Test. XII. patr. cap. 3. n. 11.
[7] Test. Juda n. 8. 13. 16.

45. Jubiläums gestorben ist[1]. Nach dem christlichen Adamsbuche[2] „heirathete Juda nach dem Tode seiner Mutter Lea ein Weib Namens Zabvabija, d. h. Herrin des Hauses, im Gesetz (Pentateuch) aber heißt sie Sua (?) und sie war von dem Stamme der Canaanäer. Und darüber grämte sich Jakob sehr und sagte zu seinem Sohne Juda, der dieß Weib geheirathet hatte: Der Herr, der Gott Abrahams und Isaaks, lasse den Samen dieses cananäischen Weibes sich nicht vermischen mit meinem Samen". Diese Angaben der Apokryphen sind für die Charakterisirung der Thamar recht bezeichnend, wie wir unten sehen werden.

Nach dem Jubiläenbuche wird Joseph an Pitpharan, den Verschnittenen des Pharao und Oberkoch, verkauft[3], und als der König ihn erhöht hatte, gab er ihm die Tochter des Patipharan zum Weibe, die Tochter des Opferers von Heliopolis, des Oberkoches[4], wo augenscheinlich die Identität des Herrn und des Schwiegervaters angenommen ist. In seinem Testamente[5] erwähnt Joseph, daß er die Tochter seiner Herrin zur Frau und mit ihr eine Mitgift von 100 Talenten Gold erhalten habe. Ueberdieß besitzen wir noch einen Verheirathungsroman des Joseph, der die Aufschrift trägt: „Historia Asseneth, filiae Potipharis, uxoris Josephi", der von Vincentius Bellovacensis an's Licht gebracht und von Fabricius[6] veröffentlicht wurde. Der hierher bezügliche Inhalt ist folgender: Als im ersten der sieben fruchtbaren Jahre Pharao den Joseph aussandte, um Getreide zu sammeln, kam er nach Heliopolis, deren Fürst der Priester und Rathsherr Putifar war. Derselbe hatte eine Tochter, welche sehr schön und den Töchtern der Hebräer ähnlich war: elata et superba, despiciens omnem virum, quam etiam nullus unquam viderat virorum. Mit dem Hause des Putifar war ein großer hoher Thurm in Verbindung, dessen oberes coenaculum zehn Gemächer enthielt; in dem ersten prachtvoll verzierten Gemache standen die ägyptischen Götzen, welche Asseneth verehrte und denen sie täglich opferte. Das zweite enthielt die kostbaren Kleider und den Schmuck derselben; das dritte war ihre Vorrathskammer; in den übrigen sieben wohnten sieben schöne Jungfrauen, ihre Dienerinnen. Ihr schönes Schlafgemach wurde durch 18 kräftige Jünglinge bewacht. Asseneth war groß wie Sara, schön wie Rebecca und wohlgestaltet wie Rachel. Als Joseph seinen Besuch bei Putifar ansagen ließ, theilte dieser es seiner Tochter mit, beifügend, daß er sie ihm zum Weibe geben wolle. Diese aber wurde unwillig darüber und antwortete, sie wolle keinen Sklaven, sondern einen Königssohn heirathen. Als nun Joseph in königlicher Kleidung ankam und Asseneth ihn erblickte, war sie über ihre Worte bestürzt, denn er erschien ihr wie ein Göttersohn, und von einer solchen Schönheit, wie sie unter Menschen nicht gefunden wird. Als Joseph sie am Fenster bemerkte und befahl, sie solle sich entfernen, damit sie ihm nicht lästig falle, entgegnete der Vater, es sei seine jungfräuliche Tochter, welche noch nie einen Mann außer ihren Vater gesehen; er möge gestatten, daß dieselbe ihn

---

[1] Kap. 41.   [2] l. c. S. 123.   [3] Kap. 39.   [4] Kap. 40.
[5] Test. XII. part. cp. 11. n. 18.
[6] Codex pseud. V. T. l. c. I. p. 774—784 (19 Kap. lat.) u. II. p. 85—102 (die 8 ersten Kapitel griech. und latein. wiederholt).

begrüße. Auf die Aeußerung Josephs, wenn es so sei, liebe er sie wie seine Schwester, führte die Mutter die Tochter herbei. Als nach gegenseitiger Begrüßung Putifar seiner Tochter befahl, den Joseph zu küssen, wehrte er dieß ab mit dem Bemerken, ein Verehrer des wahren Gottes könne eine Heidin nicht küssen. Dieß nahm sich Asseneth so zu Herzen, daß sie krank wurde, Buße that, ihre Götter hinauswarf und nach Josephs Abzuge Trauerkleider anlegte. Am Morgen des achten Tages hatte Asseneth eine himmlische Erscheinung, welche sie wegen ihrer Bekehrung selig preist und den göttlichen Segen ihr übermittelte, dessen auf ihre Bitten auch ihre Dienerinnen theilhaftig wurden. Als bald darauf Joseph in's Haus des Putifar zurückgekehrt war und Asseneth ihm Alles berichtet hatte, verlangte er sie zur Frau. Putifar veranstaltete ein glänzendes Hochzeitsfest und nannte sie „die Tochter des Allerhöchsten". Nachdem Jakob mit seinen Söhnen nach Aegypten übersiedelt war, sah der Sohn des Pharao die Asseneth und entbrannte in Liebe zu ihr. Er zog nun Dan und Gad in's Vertrauen, um sich der Asseneth zu bemächtigen, und als er seinem Ziele nahe war, floh Asseneth mit Benjamin auf einem Wagen. Er setzte ihnen nach, wurde aber von Benjamin mit einem Steine derartig verletzt, daß er zu Boden stürzte und nach drei Tagen starb.

Ueber das Benehmen der lüsternen Frau des Putiphar erfahren wir in der übrigen Literatur mehrere Einzelheiten. Josephus[1] berichtet, daß dieselbe bei Gelegenheit eines öffentlichen Festes, wobei auch die Frauen erschienen, eine Krankheit vorgeschützt habe, um Joseph ungestört zur Willfahrung ihrer Bitte zu bewegen. Sie nahm zuerst zu Bitten und Versprechungen, sodann zu Drohungen ihre Zuflucht, denen Joseph widerstand und weise Ermahnungen entgegenstellte. Das Weib schritt nun zur Gewalt, wobei Joseph sein Kleid in ihren Händen ließ, und klagte ihn, um sich an ihm zu rächen, bei ihrem Manne an, als ob Joseph einen Angriff auf ihre Keuschheit gethan hätte. Petephres, welcher seinem Weibe vollen Glauben schenkte, ließ nun denselben in den Kerker werfen. Nach dem Buche der Jubiläen[2] gab Joseph bei dem ehebrecherischen Antrag des Weibes seine Seele nicht hin und gedachte der Worte des Herrn und seines Vaters Jakob, daß auf Ehebruch die Todesstrafe im Himmel festgesetzt sei. Sie bat ihn ein Jahr lang, und als er es verweigerte, umarmte und faßte sie ihn und verschloß die Thüre der Wohnung; er aber entschlüpfte aus ihrer Hand, erbrach das Schloß und floh vor ihr hinaus. Das Weib verleumdete ihn nun bei seinem Herrn, welcher, als er das Kleid Josephs und das erbrochene Schloß sah, ihn in den Kerker werfen ließ. In seinem Testamente[3] kommt Joseph auf die Nachstellungen des Weibes Putiphars in Memphis ausführlich zu sprechen, indem er zehn Versuchungen anführt, die eine lange Zeit hindurch dauerten. Wie oft drohte sie ihm den Tod, wenn er ihr nicht zu Willen stehen würde! Er aber betete und fastete, damit sie sich bekehre; anfangs erklärte sie ihm, daß sie, weil sie kinderlos war, ihn wie ihren Sohn betrachten wolle; als

---

[1] Antiq. II, 4.
[2] Kap. 39.
[3] Test. XII. pat. cp. 11. n. 2—17.

sie aber auf das Gebet des Joseph einen Sohn geboren, machte sie ihm den
schändlichen Antrag, bei welchem er sein Gebet verdoppelte. Wie oft lobte
sie öffentlich und vor ihrem Manne seine Keuschheit, während sie ihm heimlich
zuflüsterte, er solle ihren Mann nicht fürchten; wie oft kam sie zu ihm unter
dem Vorwande, sich von ihm über die wahre Religion belehren zu lassen,
und knüpfte ihre Bekehrung an die Erfüllung ihres Wunsches! Joseph aber
verdoppelte Gebet und Fasten. Einst trug sie ihm an, sie wolle ihren Mann
tödten, um sodann ihn zu heirathen, und als Joseph drohte, dieß anzuzeigen,
suchte sie ihn durch Geschenke zu besänftigen. Ein anderes Mal schickte sie
ihm eine verzauberte Speise, welche Joseph nicht berührte, und als sie in sein
Zimmer trat und dieselbe bemerkte, erwiederte Joseph, daß Gott durch einen
Engel ihre Bosheit ihm aufgedeckt habe; damit sie aber sehe, daß über Keusche
die Bosheit nichts vermag, genoß er davon; sie aber fiel auf ihre Kniee und
versprach, nicht dergleichen mehr thun zu wollen. Indeß fiel ihr Gesicht vor
Gram ein und sie stürzte einst bei Abwesenheit ihres Gatten in das Zimmer
des Joseph mit der Drohung, sich umzubringen, wenn Joseph ihr nicht zu
Diensten stehe. Darauf entgegnete er, daß sodann Sethon, die Concubine
ihres Mannes, ihre Kinder mißhandeln und ihr Andenken vernichten werde;
damit ließ sie sich beschwichtigen, indem sie erklärte, daß sie sich mit der Liebe
Josephs begnügen wolle. Tag und Nacht flehte Joseph um Befreiung aus
der Hand dieser Aegypterin. Endlich faßte sie ihn beim Kleide, um ihn zum
Beilager zu zwingen; er entfloh, wurde aber in den Kerker geworfen, in
welchem sie ihn belauschte, wie er den Herrn pries, daß er ihn von diesem
Weibe befreit habe. Oft schickte sie zu ihm mit der Nachricht, ihn zu be=
freien, wenn er ihr gehorche, ja krank vor Liebe kam sie oft zu ihm und
seufzte und entblößte ihre Reize, um ihn durch ihre Schönheit zu blenden,
allein der Herr bewahrte ihn. Im zweiten Theile trägt Joseph ausführlich
nach, wie er in das Haus des Putiphar gekommen ist. Als er nämlich
drei Monate und fünf Tage im Hause eines ismaelitischen Kaufmannes
gewesen, wurde dieß dem Weibe des Petephris gemeldet und sie ging vor=
über, warf ihre Augen auf ihn und drang in ihren Mann, den hebräi=
schen Jüngling zu befreien. Als aber Petephris dem Worte Josephs nicht
glauben wollte, daß er ein Sklave sei, ließ er ihn geißeln, denn sein Weib
schützte vor, er sei heimlich von dem ismaelitischen Kaufmann gestohlen
worden. Als dieß das Weib vom Fenster sah, machte sie ihrem Manne
Vorwürfe, daß er ihn geißele, anstatt ihn zu befreien. Als nun Joseph
zum Verkaufe ausgeboten wurde, schickte Petephris' Weib einen Eunuchen zu
den Ismaeliten, mit der Weisung, den Joseph um jeden Preis zu kaufen;
derselbe erstand ihn um 80 Goldstücke, während er der Herrin 100 Gold=
stücke aufrechnete.

Nach einer arabischen Legende[1] war Joseph schon im Begriffe, die
Zuleicha, Putiphars Frau, in seine Arme zu schließen, als er plötzlich das
Bild seines alten Vaters an der Thür erblickte und eine Stimme vernahm,
die im drohenden Tone ihm zurief: Joseph, wenn du deinen Namen mit
Ehebruch befleckst, so wird er aus dem Buche der Propheten gestrichen. Etwas

---

[1] Weil, Bibl. Legend. b. Musl. l. c. S. 108.

Aehnliches berichtet auch der Talmud [1], daß, als sie ihn am Kleide faßte und er nachgeben wollte, ihm die Gestalt seines Vaters erschien und sprach: Joseph, einst werden die Namen deiner Brüder auf Edelsteine eingegraben, soll der deinige verwischt werden? worauf die böse Lust in ihm getödtet wurde. Im Tracta Joma des babylonischen Talmud [2] heißt es, daß Potiphars Weib den Joseph durch süße Worte zum Beilager verleiten wollte, täglich Morgens und Abends ihre Kleider wechselte, sodann drohte, ihn in den Kerker werfen zu lassen, seine Natur zu verkürzen, ihn zu blenden, worauf Joseph ihr jedesmal eine passende Antwort gab; und endlich tausende Talente Silber anbot, welche er zurückwies, da er weder hier noch im andern Leben mit ihr verkehren wolle. Wir ersehen nur aus diesen Berichten, daß dieses un= züchtige Weib in ihrer leidenschaftlichen Begierlichkeit alle möglichen Verfüh= rungskünste vergeblich erschöpft und die Schamlosigkeit auf die Spitze getrieben hat. Nach dem Midrasch Abkir wollte Potiphar den Joseph tödten, da trat Osnath, die Tochter Dina's, welche in das Haus Potiphars gekommen war [3], heimlich zu ihm und erzählte ihm die Wahrheit. Gott aber sprach: Dafür, daß du dich für Joseph verwendet hast, sollst du die Mutter der Stämme sein, welche ich dem Joseph entstammen lasse.

Auch der Koran beschäftigt sich in der 12. Sure (Joseph), welche bei den Moslems in besonderem Ansehen steht, mit der Geschichte Josephs: Die Frau [4] (des Potiphar) forderte ihn auf, bei ihr zu liegen und verschloß die Thüre, und auch er würde sich mit ihr vergangen haben (?), wenn er nicht ein deutliches Zeichen seines Herrn gesehen hätte. Und als Beide der Thüre zuliefen, da zerriß sie ihm seinen Rock von hinten und begegnete ihrem Herrn an der Thüre, bei welchem sie ihn anklagte, während Joseph seine Unschuld betheuerte. Da bezeugte ein Zeuge [5] aus ihrer Familie (ein Kind in der Wiege), daß wenn sein Kleid von vorne zerrissen ist, er ein Lügner sei, wenn aber sein Kleid von hinten zerrissen ist, sie lüge. Als nun der Mann das Kleid von vorne zerrissen sah, schalt er seine Frau und gebot ihr, um Vergebung ihrer Sünde zu bitten, da sie sich schwer vergangen habe. Als sie darob zum Stadtgespräche geworden, lud sie die Frauen der Stadt zu einem Gast= mahle und ließ den Joseph hereintreten, und die Frauen waren von der Betrachtung seiner Schönheit so begeistert, daß sie, ohne es zu merken, statt in die Speisen oder Früchte, sich in die Hände schnitten [6]. Da sagte sie: „Sehet, das ist Derjenige, um dessentwillen ihr mich so getadelt habt. Wenn er nicht thun wird, was ich ihm befehle, soll er ins Gefängniß geworfen werden." Joseph entgegnete, „daß ihm dieß lieber sei, als das, wozu sie ihn einlade", und flehte zum Herrn, der ihre Schlingen von ihm abwendete. Dennoch gefiel es ihnen, obgleich sie Beweise seiner Unschuld gesehen, ihn auf eine gewisse Zeit in's Gefängniß zu werfen. Schließlich bestätigt auch die Frau des Putiphar vor Pharao Josephs Unschuld, den sie selbst zur Sünde aufgefordert habe.

---

[1] Eisenmenger, Entd. Jud. l. c. 1. Bd. S. 474 f.
[2] *Fabric.*, Cod. pseud. I. 773 sq.
[3] Siehe oben S. 130.
[4] Sie heißt gewöhnlich Zalicha oder Suleicha.
[5] Aehnlich in Sepher Hajjascher (im Midrasch Jalcut).
[6] Aehnlich Midrasch Tanchumah zu Gen. 40 u. Sepher Hajjascher.

Von den übrigen Nachkommen Jakobs werden folgende Frauen erwähnt: Hesron, der Sohn des Phares, zeugte mit seinem ersten Weibe, dessen Name nicht erwähnt ist, drei Söhne[1]; sodann nahm er, als er 60 Jahre alt war, die Tochter Machirs zum Weibe, welche ihm den Segub gebar[2]. Als drittes Weib wird Abia, die Mutter Aschurs, des Vaters von Thecua, genannt, den sie erst nach dem Tode ihres Mannes geboren hatte[3]. — Jerameel, der Erstgeborene Hesrons, hatte zwei Weiber, deren zweites, Atara mit Namen, den Onam gebar[4]. Des Abisurs, aus der Nachkommenschaft des Onam, Weib hieß Abihail, welche ihm zwei Söhne gebar[5]. Sesan hatte nur Töchter, deren eine er an seinen ägyptischen Knecht Jeraa verheirathete[6]. Unter den Kindern des Etam wird auch eine Tochter Namens Asalelphuni (hebr. Haslelponi, ob Geschlechtsname oder Eigenname, ist unbestimmt) erwähnt[7]. Der obengenannte Aschur, der Vater von Thecua, hatte zwei Weiber, Halaa (hebr. Chelea) und Naara; diese gebar ihm vier, jene drei Söhne[8]. Mered, der Sohn Esra's, hatte zwei Frauen, Bethia (hebr. Bithja), die Tochter Pharao's, und Judaia (Jehudija), von denen zwei Geschlechter herstammen, die in einer Anzahl von Städten Juda's wohnten[9]. Fürst[10] hält wohl mit Unrecht diese Bithja für identisch mit Thermutis, der Tochter Pharao's, welche den Moses rettete. Odaia's (Hodija's) Weib war eine Schwester des Naham[11]. Bei Semei werden außer den 16 Söhnen auch sechs Töchter erwähnt[12]. Das syrische Kebsweib des Manasse gebar ihm den Machir, den Vater Gileads. Dieser hatte eine Schwester und ein Weib, die Beide den Namen Maacha führten[13]. Die Schwester des Gilead (nach Anderen: des Machir) hieß Hammolechet, den die Vulgata mit Regina übersetzt, welche drei Söhne gebar[14]. Nach dem Tode seiner beiden Söhne zeugte Ephraim den Beria; seine Tochter Scheera (Vulg. Sara) erbaute Unter- und Ober-Bethoron[15]. Ferner werden noch erwähnt: Schua (Vulg. Suaa), eine Tochter Hebers[16]; sodann Chussim (Vulg. Husim) und Baara (Vulg. Bara), die Weiber des Schaharaim (Vulg. Saharaim); nachdem er dieselben entlassen, zeugte er von der Hodes (heb. Chodesch), seinem dritten Weibe (wahrscheinlich einer Moabitin), im Lande Moab mehrere Söhne[17]; und Maacha, das Weib des Abi Gibeon, d. i. Jehiel[18].

Von dem Levitenstamme wird die Frau des Hohenpriesters Aaron erwähnt, nämlich Elisabeth (Elischeba: d. i., deren Eid Gott ist), eine Tochter des Aminadab und Schwester des Nahason aus dem Stamme Juda[19]. Sein Sohn Eleasar nahm eine von den Töchtern Putiels zum Weibe, die ihm den Phinees gebar[20]. Von einem anderen Eleazar, einem Enkel Merari's, wird erzählt, daß er nur Töchter hatte, welche ihre Vetter heiratheten[21]. Von dem Weibe des gottlosen Priesters Phinees, des Sohnes des Hohen-

---

[1] 1 Par. 2, 9.   [2] L. c. 2, 21.   [3] L. c. 2, 24.   [4] L. c. 2, 25. 26.
[5] L. c. 2, 29.   [6] L. c 2, 34 f.   [7] L. c. 4, 3.   [8] L. c. 4, 5 f.   [9] L. c. 4, 17. 18.
[10] Geschichte der bibl. Lit. I. 319.
[11] 1 Par. 4, 19.   [12] L. c. 4, 27.   [13] L. c. 7, 14 f.   [14] L. c. 7, 18.
[15] L. c. 7, 23. 24.   [16] L. c. 7, 32.   [17] L. c. 8, 8 f.   [18] L. c. 8, 29 u. 0, 35.
[19] Ex. 6, 23.   [20] Ex. 6, 25.   [21] 1 Par. 23, 22.

priesters Heli, wird uns folgender schöner Zug erzählt. Als diese, welche schwanger ging, die Nachricht von der Wegnahme der Bundeslade und dem Tode ihres Schwiegervaters und Mannes hörte, wurde sie durch den Schrecken und den Schmerz so ergriffen, daß die Wehen sie früher (nach Josephus[1] ging sie im siebenten Monate) überfielen und sie einen Sohn gebar. Als sie in Folge dessen im Sterben lag, wollten die um sie herumstehenden Frauen ihr Trost zusprechen mit Hinweis auf die Mutterfreuden, daß sie einen Sohn geboren habe. Allein sie achtete nicht darauf und gab auch keine Antwort; denn das, was für ein Mutterherz unter solchen Umständen die größte Freude ist, wurde übertönt durch ihren Schmerz über den Verlust des Heiligthums (der Bundeslade), der noch größer ist, als der Schmerz über den Tod ihres Schwiegervaters und Mannes. Das, wovon ihr Herz voll ist, spricht sie aus, daß sie dem Knaben den Namen Ikabod (Nicht-Herrlichkeit) beilegt und hinzufügt: „Hinweg ist die Herrlichkeit von Israel, denn die Lade Gottes ist genommen." Die Wiederholung dieser Worte zeigt, wie tief dem frommen Weibe des gottlosen Phinees der Verlust der Bundeslade zu Herzen ging, indem ihr mit derselben die Herrlichkeit Israels verschwunden ist, und welch tiefes Gefühl von dem Werthe des Bundes mit Gott sie durchdrang[2]. Nach dem Berichte des Josephus starb sie darauf. Nach Lyranus[3] ist dieses sterbende Weib, die einen Knaben früher geboren, ein Typus der Synagoge, die nicht früher zu Grunde ging, bevor die aus ihr geborene ursprüngliche Kirche gläubig wurde.

§ 9. Thamar.

Juda hatte mit seinem canaanitischen Weibe drei Söhne: Her, Onan und Sela, gezeugt. Als der Erstgeborene mannbar geworden, gab er ihm nach herkömmlicher Sitte ein Weib, Namens Thamar (d. i. Palme — ein altes Bild für schlanken Frauenwuchs und Frauenschönheit). Ob Thamar eine Canaaniterin gewesen oder nicht, läßt sich nicht gewiß bestimmen, da die heilige Schrift nicht ausführlich ihre Abstammung anführt; einige Apokryphen lassen sie aus Mesopotamien herstammen, was unwahrscheinlich ist, da sie nach dem Tode ihres zweiten Gatten in's väterliche Haus zurückgeschickt wurde, welches, wie aus dem Folgenden erhellt, nur in Canaan und zwar in der Nähe des Wohnortes Juda's, ihres Schwiegervaters, sein konnte. Wahrscheinlich hat Juda durch die frühe Verheirathung seiner Söhne einem keimenden Verderben vorbeugen wollen und die Thamar als ein Weib von vorzüglichem Charakter erkannt. Als Her seiner Lasterhaftigkeit wegen von Gott (gleichsam durch ein Gottesgericht) hinweggerafft worden war, sollte Onan nach dem Willen seines Vaters die kinderlose Wittwe des verstorbenen

---

[1] Ant. V. 11, 4: Puerum septimestrem enititur ipsumque utpote vitalem Jochaben nominarunt.

[2] 1 Sam. 4, 19—22.

[3] Zu d. Stelle: *Beda* in I. Sam. cp. 9: Ipsa (synagoga) post ruinam magistrorum incurvavit se a rectitudine vivendi et populi quidem turbam non minimam, sed ipsa, quia vitae auctorem occidit, morte mulctanda peperit. Vgl. *Isidor.*, quaest. in 1. Reg. cp. 3. n. 2 u. 3.

Bruders heirathen, um demselben Nachkommenschaft zu erzielen. Aus Mißgunst und vielleicht auch Gier nach dem Erbe vereitelte er durch Samen-
verschüttung bei der ehelichen Beiwohnung die Empfängniß. Abgesehen von
der lasterhaften Gesinnung, war dieser Act ein Frevel gegen die göttliche
Ordnung der Ehe und ihres Zweckes und wurde daher von Gott ebenfalls
mit dem plötzlichen Tode Onans bestraft. Die Leviratsehe, die in Canaan
und bei anderen Völkern Asiens sich vorfand, wurde durch das mosaische
Gesetz [1] nicht aufgehoben, sondern nur in soweit beschränkt, daß sie die
Heiligung der Ehe nicht beeinträchtigen konnte, und als eine Liebespflicht zur
Erbauung des Bruderhauses, zur Erhaltung seines Geschlechtes und Namens
aufrecht erhalten. Die Schwagerehe in Israel diente zur Realisirung jener
großen Idee, daß kein Nachkomme Abrahams der Segensfülle des Bundes
verloren gehe, sondern in seinem Geschlechte an derselben Theil nehme,
selbst dann, wenn die Macht der Natur zu trotzen schien, wo nämlich ein
Israelit starb, ohne aus seinem Samen einen Erben seines Namens, einen
Träger seiner Verheißungen zu hinterlassen. Dadurch zeigt sich Jehova wieder
als Herr der Natur, welcher bei Vertheilung seiner Gnaden an keine Bedingung sich knüpft und den Faden der Verheißung, wo er bereits natürlich
abgerissen erscheint, auch auf anderem Wege, als dem des Blutes fortzupflanzen vermag [2].

Der plötzliche Tod der beiden Söhne bald nach ihrer Verheirathung mit
Thamar machte den Juda, welcher derselben und nicht seinen Söhnen die
Schuld beilegte, bedenklich, auch den dritten Sohn einem so verhängnißvollen
Weibe zum Manne zu geben; darum entläßt er, vielleicht in der Meinung,
das Unglück seiner beiden Söhne hänge mit ihrer zu frühen Verheirathung
zusammen, die Thamar in das Haus ihres Vaters mit dem Versprechen,
ihr den jüngsten Sohn, wenn er herangewachsen, zum Manne zu geben;
dieses Versprechen schien jedoch nicht ernstlich gemeint gewesen zu sein. Als
Thamar nach längerer Zeit sah, daß der herangewachsene Sela ihr nicht
zum Manne gegeben werde, faßte sie den Entschluß, von Juda selbst, welcher
indeß Wittwer geworden war, sich Nachkommenschaft zu verschaffen, wozu
dessen Gang zur Schafschur ihr die günstige Gelegenheit bot. Sie legt ihre
Wittwenkleider ab, bedeckt sich mit einem Schleier, um nicht erkannt zu
werden, und setzt sich wie eine Buhldirne verhüllt an den Weg, wo Juda
auf dem Rückwege vorbeikommen mußte; sie wollte nämlich versuchen, ob
Juda ihr, der vermeintlichen Buhldirne, das leiste, was er ihr seitens seines
Sohnes gegen Recht und Billigkeit verweigerte. Als Juda sie sah, aber
nicht erkannte, ließ er sich mit ihr ein und gab ihr auf ihre Forderung hin
als Pfand für den versprochenen Lohn eines Ziegenböckleins seinen Siegelring mit der Schnur, an welcher er getragen wurde, und seinen Stab.
Von ihm schwanger geworden, legte Thamar den Schleier ab und zog ihre
Wittwenkleider wieder an. Als Juda durch seinen Freund Hira der vermeintlichen Buhldirne das Böcklein schickte und seine Pfänder auslösen wollte,

---

[1] Deut. 25, 5 f.
[2] Grimm, die vier Frauen im Stammbaume des Herrn bei Matth., in der Tüb.
Quartalsch. 1859. S. 431 f.

fand er sie nicht mehr und vernahm auch von den Einwohnern Enajims, daß sich daselbst keine (der Astarte geweihte) Hierodule (Buhldirne) befinde. Juda beschloß nun, seine Pfänder der Dirne zu lassen, um nicht durch weitere Nachforschungen sich dem Gespötte der Leute auszusetzen.

Nach etwa drei Monaten ward die Schwangerschaft der Thamar offenbar, und als man dem Juda meldete, daß seine Schwiegertochter gehurt habe und in Folge dessen schwanger sei, befahl er kraft seiner patriarchalischen Gewalt, sie als eine der Unkeuschheit überführte Braut zu verbrennen; denn da Sela noch nicht ausdrücklich auf sie Verzicht geleistet hatte, so wurde sie noch als dessen Verlobte betrachtet. Juda's Richterspruch ist strenger, als das spätere Gesetz, welches auf diesen Fall die Todesstrafe der Steinigung setzte[1]. Als Thamar auf den Richtplatz geführt wurde, schickte sie dem Juda die drei Pfänder und läßt ihm sagen, daß sie von dem Eigenthümer derselben schwanger sei; er solle doch genau zusehen, wem diese Pfänder gehören. Es ist eine edle That, daß sie Juda nicht öffentlich beschämt und, statt ihn zu nennen, lieber in den Tod geht. Juda erkennt die Pfänder als die seinigen, und im Gewissen getroffen, muß er bekennen: sie ist gerechter als ich[2] (der ich sie verurtheilt habe); denn darum habe ich sie nicht Sela, meinem Sohne, gegeben, d. h. ich habe es nur selbst verschuldet, daß die Sache einen solchen Ausgang genommen hat. Dieses offene Schuldbekenntniß verbreitet Licht über den ganzen Charakter der Thamar, welche man gewöhnlich als gemeine Buhldirne hinzustellen pflegt, während sie doch den edelsten Frauen des Alten Testamentes, und zwar mit Recht, beigezählt werden muß. Die Schuld Juda's besteht nicht bloß darin, daß er sich von Fleischeslust zu einem sündhaften Umgange mit einer vermeintlichen canaanäischen Buhldirne verleiten ließ, sondern vielmehr darin, daß er durch das Verschieben der Erfüllung seines Versprechens, Sela der Thamar zum Manne zu geben, seine Schwiegertochter zu dem besagten Betruge verleitet hatte. Offenbar hatte Juda den Grund des frühzeitigen Todes seiner Söhne nicht in der Schuld dieser, sondern vielmehr in Thamar selbst gesucht und sie somit ungerecht nicht nur gegen die herkömmliche Gewohnheit, sondern auch gegen den in der Verheißung einer zahlreichen Nachkommenschaft ausgesprochenen göttlichen Willen zur lebenslänglichen und kinderlosen Wittwe machen wollen[3]. Dagegen handelt Thamar in Uebereinstimmung mit dem natürlichen Gesetze jener Zeit. Zwar hatte der Vater weder nach göttlichem (mosaischem) noch nach natürlichem Rechte die Pflicht, der kinderlosen Wittwe des Sohnes als Levir zu nahen. Allein Thamar, die sich des außerordentlichen Schrittes, aber auch ihres Rechtes bewußt ist, und im Glauben an die göttlichen Verheißungen

---

[1] Deut. 22, 20 f.

[2] *Hieron.*, qu. heb. in Gen. 38: Non quod justa fuerit, sed quod comparatione illius minus mali fecerit, nequaquam vagam turpitudinem, sed liberos requirendo.

[3] *Ambros.*, exp. in Luc. l. 3. n. 18: Erat deforme liberos non habere, quod etiam legum civilium fuit auctoritate multatum. Promiserat eam filio suo Judas et diu pactarum foedera distulerat nuptiarum ... Nondum virginitatis, nondum viduitatis ante Christi adventum vernabat gratia. Dolens se sine filiis remansisse, dolum studio generationis commenta est et Judam consilio praevertit, ut se eidem offerret ornatam, posteaquam defunctam ejus cognovit uxorem.

durchaus nicht mehr von dem Verheißungsvolke ablassen will, naht sich dem Juda erst dann, als der letzte Sohn Sela ihr gegen Pflicht und Versprechen vorenthalten wurde; denn jetzt war der Vater ihres verstorbenen Gatten der Einzige, welcher die Wirkung der Leviratsehe zu erzielen vermochte vermöge der Gemeinschaftlichkeit des Samens, welcher durch den rechtmäßigen Gatten sich fruchtlos erwiesen hatte [1]. Sie gebraucht ferner die List erst dann, als Juda bereits Wittwer geworden war, und zum Beweise, daß es ihr nicht um Befriedigung sinnlicher Lust (wie bei Juda auch nicht bloß darum, um Samen überhaupt zu haben), sondern um Verfolgung eines Rechtes und einer Pflicht gegen den verstorbenen Gatten, dessen Namen fortzupflanzen, also um Samen aus Juda's Familie zu haben, zu thun gewesen sei, weiß sie sich untrügliche Zeugen zu verschaffen und setzt, nachdem ihr Versuch ge-segnet war, ihr stilles Wittwenleben wieder fort [2].

---

[1] Grimm l. c. S. 435.

[2] *Chrysost.*, hom. 62 in Gen.: Promissionibus pascebatur Thamar inque domo patris sui sedebat, exspectans quando soceri promissio impleretur, et videns Judam non velle implere promissa, interim mansuete tulit, non sustinens aliorum conjugia, sed amplexa viduitatem et tempus congruum exspectans; festinabat enim, ut filios procrearet ex socero. Et quia vidit socrum mortuam ... furari voluit soceri concubitum et ex illo filios procreare, non libidinem explere concupiscens, absit hoc, sed ne videretur esse sine nomine; alioquin et dispensatio erat id quod fiebat, unde et opere completa sunt ea, quae illa deliberavit ... Nullus haec audiens condemnet Thamar, nam, ut dixi, dispensationi ministravit; propterea *neque ullam reprehensionem* meretur. *Ambros.*, exp. in Luc. l. c.: Haec mulier non tam fa-mosa, quam *justa*; non enim temporalis usum libidinis requisivit, sed successionis gratiam concupivit ... Vides utique mulieris vitam probari, quod non alienum praeripuit thorum, non meretricio studio quasi meretrix adornata est; non enim vagam captavit libidinem, sed diu soceri fraudata promissis, ex ea familia, quam delegerat, converso dolo fructum voluit successionis adipisci. Quis itaque *castior*, illa quae tamdiu exspectavit promissam, an ille qui amorem ferre non potuit obla-tum? Illa, quae sponsi familiam non refugit, an iste qui meretricem putavit? Illa, quae horam sui corporis volentibus non permisit ad copulam, an iste qui quod studio coepit erroris, ad successionis gratiam castitate mulieris consummavit? Illa, quae filios non habebat et tempus conceptionis mora conjugii timebat excludi: illa, quae gravitatem maturioris elegit, an iste qui aetatem adolescentioris ada-mavit? Denique ipse confessus est ... Itaque illa experiri exactorem ipsum suae voluit castitatis. Denique nunquam postea virum experta est, amictum vi-duitatis sumpsit a coitu; iste unius horae impatiens, qui annos a puella exegerat castitatis, luctum expulit, vestem mutavit, comam totondit, rogum deseruit, thorum amator ascendit. Sed non ita cum defendimus, ut istum accusemus; imo utrumque excusemus; non autem nos, sed *mysterium*, quod copulae illius fructus expressit. *Cyrillus Alex.*, glaph. in Gen. l. 6. n. 2: Intelligentes divini consilii suis tempo-ribus rationem atque dispensationem, nequaquam amplius damnabimus scortationem Thamar et Judae, sed potius hunc congressum dicemus fuisse ex Dei dispensa-tione. Nam illa quidem desiderabat semen liberum orbata eo, qui sibi legitime fuerat conjunctus; hic vero in levi culpa fuit, ut qui se commiscuerit cum libera, priori uxore sibi jam mortua. *Theodoret.*, in Gen. qu. 95: Illustre nimium eva-serat genus Abrahami, propter eam quam colebat pietatem. Quod probe sciens Thamar, dabat operam, ut ex ea progenie liberos procrearet. Cum igitur socer eam non desponsasset filio suo postremo, metuens ne decederet, quemadmodum et fratres ejus: coacta est illa furari procreandae sobolis occasiones, eo quod illas palam sumere prohiberetur. Praeterea redarguit illa socerum suum, qui cum mi-nime temporans esset, eam tamen temperantiam servare cogeret. Quod etiam ille

Erst als sie zum Tode verurtheilt war, offenbart sie ihrem Schwieger=
vater durch Zusendung der Pfänder den Urheber ihrer Schwangerschaft.
Man sollte meinen, ihr Verbrechen werde noch gesteigert werden, wenn ihre
Blutschande bekannt wird; doch nein; gerade dieses rettet sie vom Tode;
sie ist gerechter als ich, ruft Juda, und anerkennt dadurch ausdrücklich, daß
Thamar nur ihr Recht verfolgt habe, und ebendeßhalb wird das erzeugte
Kind nicht als ein in Blutschande erzeugter Mamzer aus Israel ausgestoßen,
noch auch mit der Blutschänderin verbrannt, sondern als Erstgeborener Ju=
da's betrachtet, obgleich lange nach Sela geboren, weil der leibliche Vater
den Samen in Thamar, freilich ohne es zu wissen, nur seinem erstgeborenen
Sohne erweckt hatte. So wird also der Sohn Phares nur kraft der Levirats=
ehe der Erstgeborene und berechtigte Erbe; denn ohne sie ist er ein Mamzer,
der bis in's zehnte Glied nicht der Gemeinde Israel, noch weniger den Ahnen
Christi angehören durfte. Die That der Thamar ist, wenngleich eine listige,
doch keine Blutschande, sondern eine solche, welche in ihrem Rechte begründet
war und in ihren Folgen der Leviratsehe gleichgeachtet wurde. Nach beiden
Ordnungen, der natürlichen Zeugung und der Einkindung im Geiste der
Leviratsehe, stammt Phares in gerader Linie von Juda ab, er ist Sohn und
Enkel zugleich. Aber der Sohn des Juda hätte sammt seiner Mutter das
Leben verwirkt, wenn nicht der Enkel (als Sohn seines Erstgeborenen) auf
das Leben und die Erstgeburt zugleich sein anerkanntes Recht gehabt hätte [1].

Da der Zweck erreicht war, ging Thamar keine neue Ehe mehr ein, son=
dern blieb in ihrem Wittwenstande; denn Juda wohnte ihr nicht mehr bei, noch
konnte Sela sie mehr zur Frau erhalten, weßhalb auch von ihm eine neue Linie
begründet wurde [2]. Thamar gebar Zwillinge, deren Geburtsumstände an die
Geschichte des Zwillingspaares der Rebecca erinnern und auch in den Namen
der Kinder verewigt wurden. Bei ihrem Gebären nämlich kam eine Hand
zum Vorschein, welche von der Hebamme mit einem rothen Faden umwunden
wurde, um diesen als Erstgeborenen zu kennzeichnen. Als aber das Kind seine
Hand zurückzog, kam der Andere heraus. Da sprach die Hebamme: „Was
hast du deinetwegen einen Riß gerissen?" nämlich in's Fell, von dem Beide
umgeben waren, um deinen Bruder zu verdrängen und ihm zuvorzukommen.
Deßhalb nannte man ihn Perez (Vulg. Phares = Durchbrecher). Darnach
kam erst der Andere mit dem rothen Faden zur Welt und man nannte ihn
Serach (Vulg. Zara = Aufgang), weil er zuerst erscheinen wollte, während
Perez in der That der Erstgeborene war und auch in der Genealogie [3] als
solcher vor Serach angeführt ist. Perez ist Ahnherr des Königs David [4]
und durch ihn ist Thamar unter die Ahnfrauen der Geschlechtslinie Christi
gekommen [5]. Auch hier zeigt sich wieder deutlich die göttliche Gnadenwahl:

---

judicans patefecit ... illam innocentem declaravit, se ipsum vero condemnavit ...
Indicant autem, quae secuta sunt, sobolis causa, non voluptatis hoc commentam
esse Thamar. Neque enim postea Judae, aut alicui alteri copulata est: sed contenta fuit vocari mater eorum, qui ex illo semine nascerentur; u. qu. 1 in lib. Ruth.
Procop. in Gen. 38: Non libidini, sed prolis cupidini incestus ille imputandus est.

[1] Grimm l. c. S. 436.

[2] Num. 26, 19.   [3] Gen. 46, 12. Num. 26, 20.   [4] Ruth 4, 18 f. 1 Chr.
2, 4 f.   [5] Matth. 1, 3.

ordentlicher Weise ist Serach der Erstgeborene, aber in dem Augenblicke, wo die Ordnung der Natur durch die hervorgestreckte Hand ausgesprochen und durch den rothen Faden gekennzeichnet ist, zieht sich die Hand zurück und nach höherer Ordnung und Fügung geht Perez hervor und nimmt das Recht der Erstgeburt in Anspruch. Der Evangelist nimmt in seiner Genealogie beide Brüder auf, um gerade darauf aufmerksam zu machen, daß die Genea- logie Christi nicht etwa ein bloßes Werk des Menschen und der Natur sei, sondern daß dabei auch höhere Gesetze und geistige Beziehungen thätig waren, die eigentlich nur in der göttlichen Fügung und Freiheit ihren Erklärungs- grund finden. Gewiß hat Matthäus nicht ohne höheres Motiv die vier Frauen (Thamar, Rahab, Ruth und die Frau des Urias) in das Ge- schlechtsregister aufgenommen, wenn er auch dasselbe nicht näher angibt, sondern seinen Lesern überläßt, die aus der heiligen Geschichte selbst die wunderbare Verkettung derselben mit den Wegen der göttlichen Vorsehung herausfinden sollen. Denn der Abschluß (Jesus) der langen Kette der Ahnen Christi läßt jedes einzelne Glied in einem besonderen Glanze erscheinen und ahnen, daß nicht die Gesetze der Natur allein hier im Spiele waren, sondern daß die Reihe der messianischen Ahnen ganz besonders auf göttlicher Gnaden- wahl beruht. Wenn die neueren Exegeten einfach sagen, Matthäus habe diese Frauen in das Geschlechtsregister aufgenommen, weil er sie eben in den genealogischen Tafeln (in 1 Chr. 2, 1 wird aber weder Rahab noch Ruth erwähnt) vorgefunden habe, so wird damit dieser Umstand keineswegs erklärt; denn er fand außer diesen in der heiligen Geschichte noch andere vor, die durch Heiligkeit des Lebens hervorragend waren, z. B. Sara, Rebecca. Er mußte demnach, wenn er schon Frauen anführen wollte, entweder alle aufnehmen oder doch wenigstens diejenigen hervorheben, welche durch ihre Tugend hervorleuchteten[1]. Da er Letztere nicht anführt, ja sogar Namen männlicher Glieder übergangen hat, so folgt daraus, daß gerade diese vier Frauen nicht zufällig in den Stammbaum des Herrn gekommen sind. Man hat in früherer Zeit zumeist nur die Zweideutigkeit im Charakter dieser Frauen betont und geglaubt, Matthäus habe mit diesen Frauen zeigen wollen, wie der Messias um der Sünder wegen gekommen sei und eben deßhalb notorische Sünder unter seinen Vorahnen nicht verschmäht habe[2]. Allein

---

[1] *Chrysost.*, in Matth. hom. 1. *Ambros.*, exp. in Luc. I. 3. n. 17.

[2] *Hieron.*, in Matth. l. 1: Notandum in genealogia Salvatoris nullam sancta- rum assumi mulierum, sed eas, quas scriptura reprehendit, ut qui propter pecca- tores venerat, de peccatoribus nascens omnium peccata deleret. *Ambros.*, ap. 2. David ep. 6: Ea dispositione Bethsabee et Thamar inter auctores Dominici generis computantur, quarum altera adulterium, altera commisit incestum ... ut omnes homines redempturus, beneficium a suis majoribus inchoaret, simul ne qui se sub- jecit usque ad corporis passionem, nobilitatem captasse immaculatae originis vide- retur. *Chrysost.*, in Matth. hom. 3: Non modo, quod carnem susceperit admiran- dus est; sed etiam quod tales habere cognatos dignatus sit, nusquam de malis nostris susceptis erubescens. Illudque ex ipso generationis exordio praedicavit, se de nullo, quod ad nos pertineat erubescere; per haec nos edocens, ne unquam de majorum nostrorum nequitia erubescamus, sed unam solum quaeramus virtutem. Nam qui illam sectatur, etiamsi alienigenam progenitorem habeat, etiamsi matrem meretricem vel alio modo despiciendam, nihil hinc nocumenti passurus est; n. n. 4:

gerade durch diese einseitige Betonung des zweifelhaften Charakters dieser Frauen kommen wir in Collision mit den Grundideen des Alten Testamentes, z. B. mit jener, welche die Angehörigkeit zum erwählten Volke an die legitime Abstammung von Abraham knüpft, wodurch jedes Glied, welches durch eine Makel der Geburt von dem Volke ausgeschlossen ist, von selbst in der Reihe der messianischen Ahnen unmöglich ist. Gerade in den Frauen des Geschlechts= registers Christi verkörpert sich die Idee, daß wie in der ganzen alttestament= lichen Heilsgeschichte, so besonders in der messianischen Ahnenreihe, nicht bloß das natürliche Gesetz von Fleisch und Blut thätig, sondern neben dieser natürlichen Entwickelung der freien Gnadenwahl Gottes ein weiter Spiel= raum gegeben war. Dadurch, daß Gott die durch ihre Glaubensgröße und das heiße Verlangen, dem Verheißungsvolke anzugehören, ausgezeichneten Heidinnen (Thamar, Rahab, Ruth) als herrliche Sprossen des Heidenthumes dem Lebensbaume seines Volkes einpfropfte, ja sogar zu seinen Vorahnen wählte, wollte er den fleischlichen Nationalstolz Israels beugen und durch die That zeigen, daß das Heil zwar von den Juden komme[1], allein nicht für diese allein bestimmt sei, sondern für alle, die im Glauben und in der Hoffnung dasselbe erfassen, daß im Reiche Gottes nicht der Adel der Geburt, sondern der Adel der Seele und eines gottgefälligen Wandels maßgebend sei[2]; und um diese Idee wach zu erhalten, pflanzte Gott in gewissen Zwischen= perioden solche edle Reiser des Heidenthums in die alttestamentliche Kirche ein. So erscheint denn Thamar nicht als eine sittenlose Dirne, sondern als ein Weib, welche durch die Größe ihres Glaubens, durch ihre Sehnsucht, dem Verheißungsvolke anzugehören, durch die Gerechtigkeit ihrem verstorbenen Gatten gegenüber und durch die Heiligkeit ihres Lebenswandels viele Frauen in Israel übertraf und eben deßhalb von Gott bevorzugt wurde, damit sie als Typus der Berufung der Heidenwelt zur Kirche für alle künftigen Zeiten zum leuchtenden Beispiele dastehe[3]. Thamar gehört unter jene alttestamentliche

---

Idcirco etiam Ruth et Rahab meminit, quarum altera alienigena, altera meretrix erat, ut edisceres ipsum venisse, ut mala omnia nostra solveret. *Theodoret.*, qu. 1 in l. Ruth: Matthaeus conscribens genealogiam, virtute quidem insignes ac celebres praetermisit mulieres, Saram et Rebeccam et alias: Thamar autem et Rahab me- minit, et Ruth et uxoris Uriae, docens, quod propter omnes homines unigenitus Dei filius homo factus sit, tum Judaeos, tum alias gentes, tum peccatores, tum justos.

[1] Joh. 4, 22.

[2] *Chrysost.* l. c.: Sic se gerebat, non tantum ut nos institueret, sed etiam ut Judaeorum tumorem deprimeret ... Illa quippe est ecclesiae praerogativa: haec apud nos est nobilitatis dignitatisque ratio, cujus olim figura praecessit. Ita sive servus, sive liber sis, nil plus, nihil minus habeas, sed unum est, quod quaeritur, *voluntas animique* mores. *Theodoret.*, qu. 96 in Gen.: Hanc enarrationem texuit beatus Moses, ut doceat Judaeos, famosissimam illam progeniem Davidis ex mu- lieribus alienigenis constare: ne extollantur adversus eos, qui ex gentibus credi- derunt, quasi *nobilitatem integram* servarint. *Rupert.*, l. 8 in Gen. cp. 28.

[3] *Aug.*, l. 22 cont. Faust. cp. 86: Typum jam ecclesiae gerit Thamar, ex gentibus evocatae ... cucurrit enim velut *cervus ad fontes* aquarum, pervenire ad semen Abrahae; illic a non agnoscente fetatur, quia de illa praedictum est: populus, quem non cognovi, servivit mihi (Ps. 17, 45). Accepit in occulto annu- lum, monile et virgam: vocatione signatur, justificatione decoratur, glorificatione exaltatur ... Sed haec in occulto, ubi fit conceptio sanctae ubertatis. *Hieron.*, prol. ad Osec. *Isidor.*, Alleg. V. T.: Thamar ecclesiae imaginem gestat, quae a

Heilige [1], welche zuerst das Reich Gottes und seine Gerechtigkeit suchten [2], und Gewalt brauchten, dasselbe an sich zu reißen [3], sowie würdige Früchte der Buße bringen, denn ihr Name bezeichnet amaritudo, welche sich mit Juda (confessio) verbindet [4]. Darum lebt sie auch um ihrer That willen hochgefeiert in Israel fort, so zwar, daß ihr Name neben den hochangesehenen Frauen Jakobs, der Rachel und Lea steht und bei Segenswünschen als sprüchwörtliches Musterbild dient [5].

Allein Thamar erscheint in der Genealogie Christi nicht bloß um ihrer selbst willen, sondern auch weil sie Mutter zweier Zwillingskinder gewesen, bei deren Geburt das oben bereits erwähnte übernatürliche Gesetz der freien göttlichen Gnadenwahl, wie bei der Zwillingsgeburt der Rebecca, ins hellste Licht gestellt ist. Und eben deßhalb führt der Evangelist in seinem Geschlechts= register neben dem Erstgeborenen nach der Ordnung der Gnade (Phares) auch den Erstgeborenen nach der Ordnung der Natur (Zara) an, um da= durch die geheimnißvollen Wege der göttlichen Fügung anzudeuten. Die Väter sehen in diesen beiden Söhnen einen Typus zweier Völker, der Juden und Heiden, sowie ihrer Stellung zum Reiche Gottes [6] oder auch der beiden Testamente [7] und eben wegen ihres mysteriösen Charakters stehen sie Beide

---

Christo per annulum fidei et virgam crucis conceptionem sanctae meruit ubertatis. *Ambros.* l. c. n. 30: Thamar cognovimus propter mysterium inter dominicas gene- rationes esse descriptam. *Cyrillus Alex.*, glaph. l. 6: Describitur quodammodo nobis in Juda et in Thamar incarnationis Salvatoris nostri mysterium. *Beda*, Gen. cp. 38—40. *Rupert.*, de div. off. l. 9. cp. 2: Thamar (amaritudo) ecclesiam de gentibus, in qua est amaritudo poenitentiae significat . . operiens vultum suum i. e. ecclesia de praeterritis erubescens erroribus. *Theodoret.* l. c.

[1] Delitzsch, Comm. zur Genes. S. 463: „Thamar ist bei aller Verirrung durch ihre Weisheit, ihre Zartheit, ihren Edelsinn eine alttestamentliche Heilige."

[2] Matth. 6, 33. [3] Matth. 11, 12.

[4] *Aug.*, l. 22 cont. Faust. cp. 86. *Rupertus*, l. 8 in Gen. cp. 29 u. 30.

[5] Ruth 4, 11: „Der Herr mache Ruth wie Rachel und Lea . . . dein Haus werde wie das Haus des Perez, welchen die Thamar dem Juda gebar."

[6] *Theodoret.*, qu. 96 in Gen.: Denotabant duos populos. Phares vid. populum Judaicum, Zara vero eos, qui ex gentibus crediderunt. Nam etiam ante legem erant multi pietatis alumni, secundum fidem, non secundum legem viventes. Quod circa tempus, quod legem praecessit, demonstrans, manum prius porrexit . . . Deinde egressus est Phares. Lex enim media erat inter eos, qui ante legem fuerunt et qui post legem. *Cyrillus Alex.*, glaph. in Gen. l. 6: Potest hoc nobis haud obscurum signum esse, quod gentes prius vocatae sint, quam qui ex sanguine Israel, et dignitatem primogeniturae consecuturi sint, qui in ultimis temporibus eligentur. Futurum est autem procul dubio, ut etiam ipse Israel Christi sacri- cium suscipiat. *Aug.*, l. 22 cont. Faust. cp. 84—86.

[7] *Chrysost.*, hom. 62 in Gen.: Quod figura futurorum fuerint, res ipsae de- clarant. Neque enim secundum naturae ordinem hoc factum est. Quomodo enim erat possibile, ut postquam manus ligata fuit coccino, ipsa iterum retraheretur et daret posteriori transitum, nisi divina quaedam virtus haec prius dispensasset et sicut in umbra quaedam praefigurasset, quod statim ab initio Zara (hic enim figura erat ecclesiae) prospectare coepit: quo paulisper procedente ac mox retrocedente, legalis observatio per Phares significata subintravit, quae postquam diu regnum tenuisset, eo qui prius cesserat (Zara), rursus procedente, cessit ecclesiae omnis Judaica consuetudo? u. hom. 3 in Matth.: Nosce pu eros duorum esse populorum figuram . . . Nam cum ecclesiasticum institutum in diebus Abrahae apparuisset, deindeque in medio suppressum fuisset, venit Judaicus populus et institutum legale

in der Genealogie Chrifti. Selbst der rothe Faden, mit welchem die Hand des Zara umwickelt wurde, bildet einen Hinweis auf das Leiden und den blutigen Tod Chrifti[1].

Es erübrigt nur noch die chronologische Frage, in welche Zeit wir die Geburt dieser Söhne, respective die Verheirathung Juda's zu versetzen haben. Wenn wir die biblische Zeitangabe[2] und Reihenfolge berücksichtigen, so haben wir die Verheirathung Juda's mit der Tochter Schuahs in die Zeit bald nach dem Verkaufe Josephs anzusetzen. Da aber zwischen Josephs Ver= kaufe und der Einwanderung der Familie Jakobs nur 23 Jahre liegen und dieser Zeitraum für die hier erzählten Ereignisse zu kurz schien, so haben viele Ausleger nach dem Vorgange des hl. Augustin[3] Judas Verheirathung einige Jahre früher angesetzt, wohl aber mit Unrecht. Nehmen wir an, daß Juda bei dem Verkaufe des 17jährigen Josephs 20 Jahre alt war und bald darauf nach Abullam zog und dort heirathete, so konnten ihm schon nach drei bis vier Jahren seine drei Söhne geboren sein. Gab er seinem ältesten Sohne, der etwa ein Jahr nach Josephs Verkaufe schon geboren sein konnte, im Alter von 15 Jahren, und ein Jahr später dem zweiten die Thamar zum Weibe, so bleiben nach Onans Tode bis zur Uebersiedelung Jakobs noch volle sechs Jahre, mithin Zeit genug übrig zur Zeugung und Geburt der Zwillingssöhne Juda's mit der Thamar und die beiden Reisen Juda's mit seinen Brüdern nach Aegypten. Wenn nun aber unter den nach Aegypten eingewanderten Angehörigen Jakobs auch schon zwei Söhne des Perez (Hezron und Hamul) angeführt werden[4], so ist zu bemerken, daß nach der Anschauung jenes Verzeichnisses[5] nicht bloß die bei der Uebersiede= lung schon geborenen Enkel, sondern auch die Enkel und Urenkel, welche den Söhnen Jakobs erst in Aegypten geboren und Gründer von selbständigen Geschlechtern wurden, aufgezählt werden.

Das Buch der Jubiläen[6] erzählt ausführlich die Geschichte der Tha= mar und beleuchtet einige Dunkelheiten. Im zweiten Jahre der zweiten

---

et postea novus ille populus cum legibus suis. *Ambros.*, exp. in Luc. l. 3. n. 21: Per geminorum mysterium gemina describitur vita: una secundum legem, altera secundum fidem, una secundum literam, altera secundum gratiam. Prior gratia quam lex, prior fides, quam litera; n. 29: Hic est Dominus, cujus in Zara typus ante praecessit … ut promitteret nobis, quia venturus erat, qui veteris vitae re- vocaret usum. *Irenaeus*, cont. haer. l. 4. cp. 25. n. 2.

[1] *Cyrillus Alex.* l. c.: Coccinum est typus sacri sanguinis. *Ambros.*, exp. in Luc. l. 3. n. 24: Quid sibi vult, quod coccum in manu ejus ligavit, nisi quia typus ejus erat, qui crucis indicio suae et sanguinis effusione actum illustravit humanum? *Hieron.*, ep. 123 (al. 11) ad Ageruch. n. 13: Quid loquar de Thamar, quae Zaram et Pharez geminos fudit, in quorum nativitate divisa maceria duos populos sepravit, et ligata manus coccino conscientiam Judaeorum jam tunc Christi passione respersit. *Irenaeus*, cont. haer. l. 6. cp. 25: (Zara) cognitus per signum coccinum … quod est passio justi, ab initio praefigurata in Abel … perfecta vero in novissimis temporibus in filio Dei. *Origenes*, in Matth. com. n. 125: Illa autem coccinea chlamys mysterium erat coccinei signi … quod ad salutem suam habuit illa Raab (Rahab) et quod factum est in uno filiorum Tha- mar ad manum nascentis, ut coccum alligaretur in signo futurae passionis Christi.

[2] Gen. 38, 1.   [3] *Aug.*, qu. in Hept. 128.
[4] Gen. 46, 12.   [5] Gen. 46, 8—27.   [6] Kap. 41.

Woche des 45. Jubiläums nahm Juda seinem Erstgeborenen Er ein Weib von den Töchtern Arams, Namens Thamar. Aber er haßte sie und lag nicht bei ihr, weil seine Mutter von den Töchtern Canaans war und er sich ein Weib von der Verwandtschaft seiner Mutter nehmen wollte, aber sein Vater Juda erlaubte es ihm nicht. Als der Herr ihn getödtet, sprach Juda zu seinem Sohne Onan: „Gehe hinein zu dem Weibe deines Bruders und vollziehe an ihr die Schwagerehe und erwecke deinen Samen deinem Bruder." Er that es, goß aber seinen Samen zur Erde und wurde vom Herrn getödtet. Juda schickte nun Thamar ins Haus ihres Vaters, bis Selo herangewachsen wäre; allein das Weib Juda's duldete nicht, daß ihr Sohn sie heirathe. Nun folgt die weitere Erzählung, fast ganz gleich jener der Genesis. Sodann gebar Thamar Zwillinge im siebenten Jahre dieser Woche, womit zugleich die sieben Jahre der Fruchtbarkeit in Aegypten zu Ende gingen. Daran knüpft das Jubiläenbuch die Reue Juda's über seine böse That und seine Begnadigung. Jedoch soll Moses die Strafe des Feuertodes anordnen für jede Versündigung mit der Schwiegertochter oder Schwiegermutter. Nach dem christlichen Adamsbuche[1] war Thamar die Tochter des Kades Levi und war lange mit Er beisammen, welcher mit ihr that, wie die Leute von Sodoma und Gomorrha, und deßhalb getödtet wurde. Auch Aunan wohnte mit ihr zusammen viele Tage, ließ aber, so oft er zu ihr ging, immer zuvor seinen Samen zur Erde fließen vor Heftigkeit seiner Lust, um des Fluches Jakobs willen, damit von ihr kein Same komme, der sich mit seinem vermische. Und der Herr tödtete ihn und ließ nicht den Samen der Canaaniter mit dem Samen des gerechten Jakob sich vermischen. Und deßwegen ging Thamar ihrem Schwiegervater Juda entgegen und er ließ sich mit ihr ein, ohne daß er sie kannte und zeugte mit ihr den Phares und Serah, Zwillinge. Nach dem Testamente Juda's[2] war Thamar aus Mesopotamien, eine Tochter Arams, welche Her nicht erkennen wollte, weil sie nicht eine Canaaniterin war; denn seine Mutter wollte keine Kinder von ihr haben; darum wurde er in der dritten Nacht von dem Engel des Herrn getödtet. Noch in der Hochzeitswoche gab Juda ihr den Aunan zum Manne, der ein Jahr mit ihr lebte, ohne sie zu erkennen und als ihm der Vater drohte, schlief er mit ihr, ließ aber auf den boshaften Rath seiner Mutter den Samen zur Erde fallen. Als nun Juda ihr den dritten Sohn Selam geben wollte, gestattete es sein Weib nicht, welche der Thamar grollte, weil sie keine Canaaniterin, wie sie selbst war. Während der Abwesenheit Juda's nahm Bessue ihrem Sohne eine Canaaniterin zum Weibe, und als er dieß hörte, fluchte er ihr und sie starb in der Bosheit ihrer Söhne. Nach zwei Jahren ließ er sich, als er berauscht von der Schafschur heimkehrte, mit Thamar, die am Wege saß, ein, ohne sie zu kennen, und sie empfing. Als ich sie tödten wollte, schickte sie im Verborgenen die ihr gegebenen Pfänder und ich konnte sie nicht tödten, weil ich es als eine Fügung Gottes betrachtete. Und ich nahte mich ihr nicht mehr bis zu meinem Tode, weil ich einen Greuel in Israel that. Hernach ging Juda wegen entstandener Hungersnoth nach Aegypten zu Joseph; er war damals 46 Jahre alt.

---

[1] L. c. S. 123. [2] Test. XII. pat. cp. IV. n. 10—12.

§ 10. Die Hebammen.

Das Volk Israel hatte sich in Aegypten außerordentlich vermehrt und dadurch dem Könige dieses Landes aus der neuen Dynastie eine nicht geringe Furcht eingeflößt. Um nun die Vermehrung und Ausbreitung Israels zu verhindern, drückte Pharao dasselbe mit harter Frohnarbeit. Als jedoch diese Maßregel fehlschlug, befahl er den Wehmüttern (Hebammen) der Hebräer, von denen eine Sephora, die andere Phua hieß: „Wenn ihr den Hebräerinnen helfet, und wenn die Zeit des Gebärens kommt, und es ist ein Knabe, so tödtet ihn; wenn ein Mädchen, so erhaltet es.“ Wir haben bereits oben [1] zwei Wehmütter kennen gelernt, und zwar bei der Geburt Benjamins [2] und bei der des Phares [3]; Josephus Flavius [4], dem andere Erklärer [5] gefolgt sind, halten diese Hebammen für ägyptische Frauen, denn nur von diesen konnte Pharao voraussetzen, daß sie seinen Befehl getreu erfüllen würden. Dagegen halten Andere [6] nach dem Vorgange der hebräischen Interpreten sie für Hebräerinnen, da bei der großen Abneigung beider Völker die hebräischen Mütter sich gewiß keiner ägyptischen Hebammen bedient haben werden, und überdieß ihre Namen hebräisch sind. Diese zwei Wehmütter waren nicht etwa die einzigen, sondern ohne Zweifel die Vorsteherinnen der übrigen, welche mithin den königlichen Befehl entgegennahmen, um ihn den untergebenen Hebammen zu übermitteln. Die Juden halten sie mit Jochabed und ihrer Tochter Maria für identisch [7], allein ohne jeden Grund. Der Befehl an die Hebammen lautete nicht, die Knäblein erst nach der Geburt zu tödten, sondern während der Geburt, wenn nämlich die Leibesfrucht den Mutterschooß verläßt, um so die Tödtung den Müttern zu verheimlichen, als ob sie todte Kinder zur Welt gebracht hätten. Dagegen sollten die Mädchen erhalten bleiben, da von diesen kein Aufstand zu besorgen war und diese, wenn erwachsen, zur Befriedigung der Wollust der Aegyptier und zum Dienste ihrer Frauen verwendet werden konnten. Die Ausführung dieses Befehles hätte Israel gänzlich vernichtet.

„Doch die Hebammen fürchteten Gott und thaten nicht nach dem Befehle des Königs, sondern erhielten die Knaben", und als der König sie darüber zu Rede stellte, antworteten sie: „Die Hebräerinnen sind nicht wie die (schwächlichen) ägyptischen Frauen; denn sie verstehen sich selbst zu helfen (nach dem Hebräischen: denn lebenskräftig gebären sie Kinder) und gebären, ehe noch wir zu ihnen kommen." Mit dieser Antwort konnten sie um so leichter den König täuschen, da bekanntlich die arabischen (orientalischen) Frauen leicht und schnell gebären [8]. Weil also die Hebammen Gott fürchteten und die

[1] Siehe S. 119 und 143.   [2] Gen. 35, 17.   [3] Gen. 38, 27.
[4] Antiq. II. 9, 2.
[5] Carthusianus, Hugo de St. Vict., Lyranus, Corn. a Lapide, Menochius, Gordonius.
[6] *August.*, l. cont. mend. cp. 15 sq., Calmet, Malvenda.
[7] Vgl. Babyl. Talm. Sota 11 u. Mid. Rabba Ex. 2.
[8] Vgl. meinen Vortrag über „religiöse, sociale und häusl. Verhältnisse des Orients". Wien 1876. S. 75.

Knäblein nicht tödteten, deßhalb that Gott ihnen Gutes und erbaute ihnen Häuser [1]. Diese letzten Worte sind vielfach gedeutet worden: während die Hebräer und Syranus sie dahin erklären, daß dieselben gute Heirathen gemacht, oder nach Kimchi vor dem Zorne Pharao's bewahrt worden seien, verstehen Andere [2] unter den Häusern die himmlischen Wohnungen, so daß sie durch ihre That den Himmel verdient hätten, Augustin und Theodoretus zeitliche Belohnungen, Reichthümer und Glücksgüter. Am besten erklären wir diese Worte, daß Gott, weil die Hebammen durch Außerachtlassung des königlichen Befehles zur Erbauung des Volkes Israel mitgewirkt hatten, deren Häuser, d. h. Familien baute, ihnen also eine zahlreiche Nachkommenschaft schenkte [3] und ihnen überdieß Ueberfluß an zeitlichen Gütern gewährte [4].

Wie aus dem Zusammenhange erhellt, machten die Hebammen bei der Täuschung des Königs sich einer Lüge schuldig, indem sie die Knäblein nicht tödteten, diesen Umstand jedoch den hebräischen Müttern zuschoben; nichtsdestoweniger wurden sie von Gott belohnt. Diese Belohnung hat schon die Väter lebhaft beschäftigt. Rupertus schreibt, daß diese Lüge erlaubt gewesen, weil sie aus Liebe für die Erhaltung so vieler Menschenleben entsprungen sei, weßhalb sie auch von Gott belohnt wurden, womit Clemens Alex., Origenes und Beda Ven. übereinzustimmen scheinen. Chrysostomus und Hieronymus, welche gleichfalls dieser Meinung zuneigen, verstehen darunter nicht so sehr die Lüge, sondern vielmehr die Verheimlichung. Es ist jedoch Glaubenslehre [6] der Kirche (vgl. Prov. 12, 22: Lügenhafte Lippen sind dem Herrn ein Greuel), daß eine jede Lüge sündhaft und deßhalb unerlaubt sei, weil sie ein intrinsice malum ist und direct der Wahrheit widerstreitet, wie dieß Augustin [7] klar erörtert hat. Wenn also Gott diese Hebammen belohnt hat, so geschah dieß, wie Augustin [8] lehrt, nicht wegen ihrer Lüge, sondern wegen ihrer Gottesfurcht und ihrem Wohlwollen, wie dieß auch klar aus den Worten des V. 20 erhellt; denn diese Liebesakte sind ja für sich bestehende Akte, welche mit jener Lüge nichts gemein haben [9]. Hieronymus und

---

[1] Ex. 1, 15—21.

[2] *Rupertus,* l. 1 in Ex. ep. 7. *Hieron.* in Is. 65, 21.

[3] *Beda, Corn. a Lap., Calmet, Tirinus, Menochius, Gordonius* u. A.

[4] *Procop., Estius, Malrenda.*

[5] Bei Corn. a Lap.

[6] Vgl. Innocentii Pap. III. 3. tit. de usur. cap. Super eo.

[7] Lib. cont. mend. u. Lib. de mendacio.

[8] Lib. cont. mend. cp. 15: Sed quod scriptum est, bene Deum fecisse cum hebraeis obstetricibus ... non ideo factum est, quia mentitae sunt, sed quia in homines Dei misericordes fuerunt. Non est itaque in eis remuncrata fallacia, sed benevolentia, benignitas mentis, non iniquitas mentientis. *Thomas,* Sum. 2. q. 110. a. 3 ad 2: Obstetrices non sunt remuneratae pro mendacio, sed pro timore Dei et benevolentia, ex qua processit mendacium. Unde signanter dicitur: Et quia timuerunt obstetrices Deum, aedificavit illis domos. Mendacium vero postea sequens non fuit meritorium.

[9] *Thomas,* l. 2. q. 114. a. 10 ad 2: Dicendum, quod illae retributiones dicuntur esse divinitus factae secundum comparationem ad divinam motionem, non autem secundum respectum ad malitiam voluntatis ... obstetrices, licet habuerint bonam voluntatem, quantum ad liberationem puerorum, non tamen fuit earum recta voluntas quantum ad hoc, quod mendacium confinxerunt. *Tirinus* zu d. St.

Rupertus[1] meinen, daß diese Akte aus einem übernatürlichen Beweggrunde hervorgegangen seien und deßhalb eine ewige Belohnung verdient haben; wenn Gregor der Große[2] schreibt: benignitatis earum merces potuit in aeterna vita retribui; sed culpa mendacii terrenam recompensationem accipit, so will er damit nicht sagen, daß ihre himmlische Belohnung ob dieser Lüge verloren gegangen sei und in eine zeitliche umgewandelt wurde, sondern daß sie, wie der hl. Thomas[3] erklärt, in Anbetracht des äußeren Aktes der Lüge eine zeitliche Belohnung erhalten hatten, da ja ihr innerer Affekt ein guter und verdienstlicher war; denn diese Sünde war, weil Noth= lüge[4], eben nur eine läßliche Sünde, welche den Liebesakt und sohin das ewige Leben nicht verwirkt. Frägt man nun, was unter solchen Umständen die Hebammen hätten thun sollen, so antwortet Corn. a Lapide, entweder den König zu fliehen, oder aber die Wahrheit irgend wie zu verdecken, nicht aber zu läugnen, oder aber, wie Augustin[5] sagt, dieses Ansinnen entschieden zurückzuweisen oder selbst auch den Tod zu erbulden.

Mehrere Kirchenschriftsteller[6] haben auch diesen Stellen einen allegorischen Sinn unterlegt. Sie betrachten nämlich den Pharao als ein Bild des Teufels, welcher alles Männliche, d. h. die Tugenden und Tugendhelden, zu vernichten strebt mittelst zweier Wehmütter, der Welt und des Fleisches, d. h. durch fleischliche Gelüste und das ungeregelte Streben nach Ehre und Gut, welche wir nur durch die Furcht Gottes in Schranken halten können, oder auch mittelst menschlicher Weisheit und Wissenschaft, die nicht selten zu Häresien führen. Die ägyptischen Frauen, d. h. die Unvollkommenen, bedürfen der= selben, nicht aber die Hebräerinnen, d. h. die Vollkommenen, weil diese lebens= kräftig und durch den Geist Gottes zu allem Guten und Heiligen angetrieben werden und dasselbe, freilich oft nicht ohne Beschwerde, erreichen. Origenes[7] sieht in diesen zwei Hebammen auch beide Testamente abgebildet.

§ 11. Jochabeb, Maria und bie Tochter Pharao's.

Noch ehe Pharao den Mordbefehl erlassen hatte, alle neugeborenen Knäb= lein der Hebräer in den Nil zu werfen, hatte Amram, ein Mann vom Hause Levi, nämlich ein Sohn Caaths (Kahats), eine Tochter (Nachkommin) Levi's, also aus gleichem Stamme zum Weibe genommen[8], Namens Jochabeb[9] (יוֹכֶבֶד, d. h. Jehova ist Ruhm). Während diese Ex. 2, 1 und Num. 26, 59 nur

---

[1] Oben S. 150.   [2] Lib. 18. Mor. cp. 4.   [3] L. c. 2. q. 110. a. 4 ad 4.
[4] Corn. a Lapide.   [5] Lib. cont. mendac. cp. 17.
[6] *Origenes*, hom. 2 in Ex. Cyrillus Alex., Rupertus, Procopius, Beda, Glossa ordin. zu Ex. 1.
[7] Hom. 2 Ex. n. 2: Videntur obstetrices istae duae utriusque Testamenti figuram servare, et Sephora, quae *passer* interpretatur, legi, quae spiritalis est, posse conferri; Phua vero, quae *rubens* vel *rerecunda* est, indicare Evangelia, quae Christi sanguine rubent et per universum mundum passionis ejus rutilant cruore. Ab his ergo animae, quae nascuntur in ecclesia, velut obstetricibus medi= cantur, quia ex Scripturarum lectione cuncta in eas eruditionis medicina confertur. Tentat tamen Pharao per haec necare ecclesiae masculos, cum studiosis quibusque in Scripturis divinis haereticos sensus et perversa dogmata suggerit.
[8] Ex. 2, 1.   [9] Ex. 6, 20. Num. 26, 59

im Allgemeinen als Tochter Levi's bezeichnet wird, heißt sie Er. 6, 20 die Tante (דֹּדָה, d. i. Vatersschwester) Amrams, was noch bestimmter in Num. 26, 59 durch einen Zusatz ausgedrückt wird: „Jochabed, eine Tochter Levi's, welche man dem Levi in Aegypten geboren hatte." Diese Angabe nöthigt jedoch keinesfalls dringend, Jochabed als eine unmittelbare Tochter des Levi, und somit als Caaths Schwester und Amrams Tante zu fassen; denn das Wort „Tochter" bezeichnet nach dem hebräischen Sprachgebrauche auch eine Nachkommin überhaupt, und auch דֹּדָה kann im weiteren Sinne von agna= tischer Verwandtschaft (z. B. Jer. 32, 12) gebraucht werden. Selbst bei der Annahme, daß mehrere Bindeglieder in der Genealogie ausgelassen wur= den, kann immerhin Jochabed auch die Tante Amrams gewesen sein. Die LXX und die Vulgata übersetzen dieses Wort mit patruelem (Vaterbruders= tochter); Jochabed und Amram wären demnach Geschwisterkinder gewesen. Eine Heirath mit der Tante war nach dem mosaischen Gesetze (Lev. 18, 12) verboten; daß solche vor der Gesetzgebung erlaubt gewesen, ist eben nur Hypo= these, welche wahr, aber auch nicht wahr sein kann. Eine Schwierigkeit hat der hebräische Text von Num. 26, 59 geboten, wegen Auslassung des Sub= jectes; dieses kann nach dem Vorgange der LXX und der Erklärung Jarchi's und Abenesra's nicht Levi's Weib, sondern unbestimmt eine Nachkommin Levi's sein. Daß übrigens der Ex. 6, 20 erwähnte Mann der Jochabed, Amram, mit dem in V. 18 erwähnten Amram, einem Sohne Caaths, nicht identisch, sondern nur ein späterer Nachkomme desselben ist, erhellt daraus, wenn man die Chronologie zu Rathe zieht[1]. Nach Num. 3, 27 ff. nämlich gliederten sich die Nachkommen Caaths zu Moses Zeit in vier Zweige, welche zusam= men aus 8600 Männern und Knaben bestanden, wovon auf die Amramiten etwa der vierte Theil entfiel. Wäre nun Amram, Caaths Sohn, der Stamm= vater der Amramiten, identisch mit Amram, dem Vater Mosis, so müßte Moses über 2000 Söhne und Brüdersöhne gehabt haben. Da dieses rein unmöglich ist, denn er selbst hatte (Ex. 18, 3. 4) nur zwei Söhne, so muß man annehmen, daß zwischen jenem und seinem gleichnamigen Nachkommen eine unbestimmte Reihe von Geschlechtern ausgefallen ist. Unsere Erklärung geht demnach dahin, daß Amram und sein Weib aus dem Stamme Levi und mit einander verwandt waren. Nach dem babylonischen Talmud[2] wurde Jochabed, die Tochter Levi's, bei seinem Einzuge in Aegypten geboren. Jochabed gebar dem Amram zwei Söhne, Aaron und Moses (Ex. 6, 20), sowie eine Tochter (Num. 26, 59). Sie war die glückliche unter den Frauen, denn Königs= und Priesterwürde (Moses und Aaron) sah sie in ihrem Hause[3], und soll eins mit Schifra, der Hebamme in Aegypten, gewesen sein[4]. Aaron war (nach Ex. 7, 7) nur drei Jahre älter als Moses; ihre Schwester Maria[5], deren Namen wir erst später erfahren[6], war bei der Geburt Mosis schon ein erwachsenes Mädchen, mithin die älteste von den drei Geschwistern. Während Aaron noch vor der Gewaltmaßregel des Pharao (Ex. 1, 22) ge=

---

[1] J. R. Tiele, Chronolog. des A. T. 1839. S. 36.   [2] Sota 18.
[3] Mid. Rabba Ex. 1.   [4] Bab. Sota 18.
[5] מִרְיָם, LXX Μαριάμ, Vulg. Maria.
[6] Ex. 15, 20.

boren, und somit ungehindert von seinen Eltern erzogen wurde, gebar Jochabeb nach diesem Mordbefehl einen Sohn, welchen, weil von besonderer Schönheit (Güte), die Mutter drei Monate zu verbergen suchte, um ihn zu retten. Nach jüdischer Angabe [1] war Jochabeb 130 Jahre alt, als sie den Moses gebar. Da der hl. Stephanus [2] die Schönheit dieses Kindes ausdrücklich zu Gott in Beziehung stellt, so muß aus den Augen desselben eine Gottesmahnung zum Mutterherzen gesprochen haben, welche ihren Sohn mit den ihren Vorahnen gemachten Verheißungen in Verbindung brachte. Auch der hl. Paulus [3] be- trachtet die Verbergung dieses Kindes als ein Werk des Glaubens der Eltern, welchen sie dadurch bethätigen, daß sie nicht gegen das Gebot der Natur und Gottes dem Befehle Pharao's Folge leisteten, sondern ohne Menschenfurcht, allein bauend auf Gottes Fügung und Barmherzigkeit, ihr Kind verbargen, anhoffend, daß der Herr ihr Werk selbst gegen den Schein der Unmöglichkeit unterstützen werde. Josephus [4], welcher einer jüdischen Tradition folgte, be- richtet, daß dem Amram vor der Geburt Mosis eine göttliche Offenbarung über dessen Bestimmung zum Retter Israels geworden sei; hätte diese wirklich stattgefunden, so würde Moses wohl kaum die Angabe dieses Umstandes unterlassen haben. Die große Zuversicht beider Eltern auf die Rettung des Kindes spricht sich auch in den angewandten Mitteln aus. Da nämlich die Mutter das Kind nicht länger verbergen konnte, indem wahrscheinlich in ge- wissen Zwischenräumen Abgesandte des Königs die Häuser der Hebräer durch- forschten, nahm sie ein Kästchen von Schilfrohr, verkittete es mit Erdpech, um die Papyrusstengel gehörig zu verbinden, und mit Pech, um es wasser- dicht zu machen, legte das Kindlein hinein, setzte es in das Schilf am Ufer des Nil, an einer Stelle, wo, wie sie wußte, die ägyptische Königstochter zu baden pflegte, und stellte ihre Tochter als Wächterin desselben von ferne hin, um zu erfahren, was dem Knaben widerfahren würde. Siehe, da kam die Tochter des Pharao mit ihren Dienerinnen, um sich im Flusse zu baden; denn dem Nil wurden bekanntlich göttliche Ehren erwiesen, sowie auch eine befruchtende und das Leben erhaltende Kraft zugeschrieben [5]. Nach Josephus hieß die Königstochter Thermutis, nach Artapanus [6] Μέῤῥις; sie soll unfruchtbar gewesen [7] und deßhalb das Kind zu adoptiren beschlossen haben; Philo meint sogar, daß sie dieses Kind gleichsam als von ihr selbst geboren unterschoben habe. Als sie nun das Kästchen im Schilfe bemerkte, ließ sie es durch eine Dienerin holen, öffnete es und sah darin ein weinendes Kindlein und sprach: „Das ist eines von den Kindern der Hebräer." Wenn die Pharaonentochter beim Anblicke des Knäbleins gleich darauf verfällt, daß es ein Hebräerkind sein müsse, kann bei den obwaltenden Umständen nicht auffallen; man hat daher nicht nöthig, anzunehmen [8], daß sie aus der Beschneidung des Kindes erst dieß errathen habe. Aus der dem weiblichen Geschlechte angeborenen Liebe zu Kindern, und besonders durch Fügung und

---

[1] Pirke Elies. 48.   [2] Act. 7, 20.   [3] Hebr. 11, 23 f.
[4] Ant. II. 9, 5 u. Barhebraeus Chron. p. 14.
[5] Strabo XV, 695. Aelian. Hist. anim. 3, 33 u. Plinius, Hist. nat. 7, 3.
[6] Bei *Eusebius*, praep. ev. IX, 27.
[7] *Josephus*, Ant. II. 9, 7.
[8] Abenesra, Theodoretus, inter. 3 in Ex., Procop.

Leitung Gottes erbarmte sie sich des Kindes. Es ist nicht zu übersehen, daß der Erretter Israels durch die Hand der ägyptischen Königstochter gerettet wird. Wir sehen, wie die Hand Gottes immer in den wichtigsten Momenten der Heilsgeschichte sich der Heiden bedient, um seine Heilsrathschlüsse zu realisiren, und diese ohne Wissen und Willen mitwirken, das Heil Israels zur Reife zu bringen, das schließlich doch auch Gemeingut der Heiden werden soll. Nach Augustin[1] war es eine gerechte Strafe, daß der mordsüchtige König, der den hebräischen Weibern zu gebären untersagt hatte, gerade durch diese That seiner Tochter zu Grunde ging. Josephus[2] erzählt, daß Thermutis eine ägyptische Amme holen ließ; da aber das Kind die Brust derselben, wie aller übrigen nach ihr ablehnte, soll Mariamme, die Schwester des Knäbleins, hinzugetreten sein und der Königstochter den Rath ertheilt haben, eine hebräische Amme holen zu lassen. Die heilige Schrift berichtet uns bloß, daß die Schwester des Knäbleins zu ihr hinzugetreten sei, mit der Frage: „Willst du, daß ich hingehe und dir eine hebräische Amme hole, welche das Kind säuge?" Als die Tochter Pharao's zustimmte, eilte Maria hin und rief ihre Mutter, welche herbeikam und aus der Hand der Königstochter ihr Kindlein mit den Worten empfing: „Nimm dieses Knäblein und säuge es mir, ich will dir deinen Lohn geben." Und das Weib nahm das Knäblein, säugte es und brachte es nach der Entwöhnung, welche nach vollendetem dritten Jahre stattzufinden pflegte[3], der Tochter Pharao's, welche es an Sohnes Statt annahm[4], und, weil nun Mutterrechte ausübend, ihm den Namen Mose (Mojes) gab sowie eine ägyptische Erziehung und den Unterricht in aller Weisheit der Aegyptier angedeihen ließ[5]. Der Midrasch identificirt sie mit der Bethia (Batja), welche als Tochter Pharao's 1 Par. 4, 18 erwähnt wird. Sie litt am Aussatze und badete deßhalb im Nile, und als sie das Kästchen, welches den Moses barg, berührte, genaß sie[6]. Als sie den Moses adoptirt hatte, sprach Gott: „Moses war nicht dein Sohn, und du hieltest ihn als solchen, du bist nicht meine Tochter, und ich nenne dich Tochter Gottes, בת רק."[7]

Josephus[8] berichtet, daß Thermutis eines Tages den Moses ihrem Vater vorführte, damit dieser ihn als Thronnachfolger erkläre; denn sie war kinderlos. Als nun Pharao den Moses an seine Brust drückte und ihm die Krone auf das Haupt setzte, warf dieser sie zu Boden und trat sie mit Füßen. Dieses wurde als eine verhängnißvolle Vorbedeutung erklärt und nur mit Mühe konnte Thermutis den Moses dem Zorne Pharao's entziehen. Die heilige Schrift berichtet uns nichts weiter über Jochabeb, noch über die Pharaonentochter. Auch diesen beiden Frauen haben die Exegeten[9] einen mystisch-typischen Sinn

---

[1] Serm. 89 de temp.

[2] Ant. II. 9, 5. Vgl. Talm. Sotah 12. b u. Midr. Jalkuth Ex. 2. Koran, Sur. 20.

[3] 2 Macc. 7, 27. 1 Sam. 1, 23. 24. *Joseph.* l. c. n. 6.

[4] Ex. 2, 10 Hebr. 11, 24. Act. 7, 21.   [5] Act. 7, 22.

[6] Mid. Rabba Ex. 1.   [7] Mid. Rabba Lev. 1.

[8] l. c. n. 7. Vgl. *Rupert.*, l. 1 in Num. cp. 33.

[9] *Origenes*, hom. 2 in Ex. *Cyrillus Alex.*, Glaph. in Ex. cp. 1. *Procopius*, Ex. 2: Ubi Christus adolevit, mater secundum carnem, i. e. Judaeorum Synagoga, inclusit eum in arca, vid. sepulcro eumque quodammodo abalienando exposuit. Caeterum Pharaonis filia, i. e. ex gentibus conflata ecclesia, quamvis egisset sub

unterbreitet. Ist nämlich Moses ein Typus Jesu Christi, so stellt dann Jochabeb die alttestamentliche Kirche (Synagoge) und die Tochter Pharao's die aus den Heiden gesammelte Kirche dar, welche den von den Juden verschmähten Messias mit Freuden annahm und zwar am Wasser der heiligen Taufe. Nach Beda[1] ist die Tochter Pharao's ein Bild der Heidenkirche, Jochabeb der primitiven christlichen Kirche und Maria der ecclesia secunda Apostolorum.

Der Koran[2] läßt die Mutter Moses eine Offenbarung erhalten, des Inhaltes, sie möge den kleinen Moses säugen, wenn sie aber Angst seinetwegen habe, ihn in den Fluß legen und sich nicht betrüben, denn er werde ihr denselben wiedergeben und zu seinem Gesandten machen. Auch rettete nicht die Tochter, sondern die Frau des Pharao das Kind, die zu ihrem Manne sprach: „Dieses Kind ist eine Augenweide für mich und dich, darum tödte es nicht; vielleicht kann es uns einst nützlich sein, oder daß wir es an Kindes Statt annehmen." Die Ausleger erzählen in Uebereinstimmung mit dem Talmud[3], daß die Hebamme den Moses deßhalb nicht getödtet, sondern der Mutter gelassen habe, weil sie bei der Geburt desselben ein Licht zwischen den Augen des Kindes gesehen. „Für die Gläubigen stellt Gott," spricht Mohammed[4], „die Frau des Pharao zum Gleichnisse auf; sie sprach: O mein Gott, baue mir ein Haus bei dir im Paradiese und errette mich von Pharao und seinem Thun und befreie mich von diesem frevelhaften Volke." Dazu bemerken die Ausleger (Gelalis und Zamchascerius): Asia, die Frau Pharao's, wurde, weil sie an Moses glaubte, mit Händen und Füßen an vier Pfeiler gebunden und den Sonnenstrahlen ausgesetzt, allein von einem Engel gegen dieselben geschützt; als sie nun zu Gott flehte, nahm Gott ihren Geist auf und sie wurde lebendig in's Paradies versetzt, wo sie ißt und trinkt. Nach dem Berichte des Epiphanius[5] haben thörichte Leute dieser Thermutis, weil sie Retterin und Erzieherin des Moses gewesen, einen abergläubischen Kult gewidmet und sie wie eine Halbgöttin verehrt.

Wir gehen nun zur Schwester des Moses über, welche erst später wieder öffentlich hervortritt. Ihr Name Maria wird zuerst Ex. 15, 20 erwähnt. Das Wort (Mirjam) ist im Hebräischen, Chaldäischen und LXX (Μαριάμ) zweisilbig; die spätern griechischen Uebersetzer und die Vulgata, welche das letzte m auslassen, machten daraus drei Silben (Ma=ri=a). Mit Uebergehung der Meinung des Angelus Caninius, nach welchem dieses Wort von רום = erhöhen, herstammt, so daß Maria exaltata oder excelsa bedeute, leiten Andere das Wort von מרה = domina und ים = mare her, also domina maris, Andere von מרר = amaritudo oder myrrha maris. Nach der jüdischen Tradition soll Maria diesen Namen erhalten haben, weil sie in jener Zeit geboren wurde, in welcher die Bedrängniß und Bitterkeit der Hebräer in

---

patre diabolo, reperit Christum ad aquas, nempe ad aquas baptismi, cujus typum gesserat flumen aegyptiacum. *Isidor.*, Alleg. V. T. n. 58: Filia Pharaonis . . . ecclesia gentium est, quae Christum ad flumen salutaris lavacri reperit; u. qu. in Ex. cp. 5.

[1] In Ex. cp. 2 u. 6.
[2] Sur. 28, 7—9.   [3] Tr. Sotah 12. a u. Midr. Jalkut Ex. 2.   [4] Sur. 66, 12
[5] Haer. 78 adv. Antidicomar. cp. 24.

Aegypten ihren Anfang nahm. Auch sei dieser Name (domina vel stella maris) in providentieller Weise gegeben worden, indem sie beim Durchzuge der Israeliten durchs rothe Meer an die Spitze der Frauen als Anführerin trat und im Festzuge den Frauenchor leitete, weßhalb sie auch hier das erste Mal mit Namen genannt wird. Sie führt die Attribute „Prophetin" und „Schwester Aarons" [1], ersteres wegen ihrer prophetischen Begabung und Enthüllung göttlicher Geheimnisse, auf welche sie sich selbst beruft: „Hat nicht der Herr auch durch uns (Maria und Aaron) gesprochen?" [2] und weil sie die übrigen Frauen zum Lobe Gottes [3] aufforderte. Sie wird Schwester Aarons, nicht aber Schwester Mosis genannt, um ihre Stellung anzudeuten, welche sie in der Gemeinde Israels einnehmen soll, daß sie nämlich nicht dem Moses, sondern dem Aaron coordinirt, und Beide dem Moses als gottbestimmten Mittler des Alten Testamentes subordinirt sein sollen, wenngleich sie die Aeltere, die Retterin und Pflegerin ihres Bruders Mosis gewesen ist. Wenn sie also später sich unterfing, den Moses zu meistern und zu tabeln, so war das eine Ueberhebung und Ueberschätzung ihrer Stellung, welche sie auch büßen mußte. Daraus, daß sie nur Schwester Aarons genannt wird und nie eines Mannes Erwähnung geschieht, schließt man, daß sie unverheirathet und beständige Jungfrau geblieben sei, weßhalb sie auch als Typus der seligsten Jungfrau bezeichnet wird [4]. Nach der Angabe des Josephus [5] soll sie an Hur, welcher im Kriege gegen Amalek zugleich mit Aaron die Hände des betenden Mosis unterstützte [6], verheirathet gewesen sein.

Als Prophetin und Schwester Mosis tritt Maria an die Spitze des Frauenchores, welcher mit Handpauken und in Reigen das von Moses angestimmte Lied wiederholte und so im Lobpreise Gottes wegen der wunderbaren Errettung mit dem Männerchore abwechselte, so daß Moses den Männer=, Maria den Frauenchor dirigirte. Maria, welche mit den Männern das Lob Gottes verherrlichte, wurde auch mystisch aufgefaßt, als Typus der Kirche [7], als Bild der Synagoge [8] und der Propheten [9], unseres Fleisches, welches zu

---

[1] Ex. 15, 20. [2] Num. 12, 2. [3] Ex. 15, 20. 21.

[4] *Ambros.*, l. 1 de virg. cp. 3 u. exhort. virg. cp. 3. *Joannes Damasc.*, l. 4 de fide orth. 14. *Petrus Chrysolog.*, serm. 146: Maria mater vocatur et quando non Maria mater? Congregationes, inquit, aquarum appellavit Maria (Gen. 1). Nonne haec exeuntem populum de Aegypto concepit uno utero, ut emergeret coelestis in novam creaturam renata progenies ... Et ut semper Maria humanae praevia sit salutis, populum, quem unda generatrix emisit in lucem, ipsa jure praecessit in cantico ... Nomen hoc prophetiae germanum est, hoc renascentibus salutare, hoc virginitatis insigne, hoc pudicitiae decus, hoc indicium castitatis, hoc Dei sacrificium, hoc hospitalitatis virtus, hoc collegium sanctitatis; merito ergo matris Christi nomen est hoc maternum. *Gregorius Nyss.*, de virg. cp. 19. *Eucherius*, l. 2 Instruct.

[5] Ant. III. 2, 4. [6] Ex. 17, 10. 12; vgl. 24, 14; 31, 2 u. A.

[7] *Ambros.*, l. 1 de virg. cp. 3: Maria (tympanum sumens pudore virgineo) ecclesiae (speciem gerebat), quae religiosos cantus immaculato virgo spiritu copulavit. *Beda*, Ex. cp. 15.

[8] *Cyrillus Alex.*, Glaph. in Ex. l. 3. n. 2: Maria personam (gerebat) cultus legalis.

[9] *Hieron.*, prol. in Os.: Maria prophetia literae serviens, u. Mich. l. 2 cp. 6. n. 4: Maria, vaticinium prophetarum.

kreuzigen ist [1], und der schwachen Seelen, welche an die Stärkeren sich an=
lehnen und mit denselben im Lobpreise Gottes wetteifern [2].

Als die Israeliten in Haseroth lagerten, kam über Moses außer den
vielen Prüfungen von Seite des Volkes eine neue, welche um so schmerzhafter
war, weil sie ihm von seinen eigenen Geschwistern bereitet wurde. Seine
Schwester Maria, und durch sie fortgerissen auch sein Bruder Aaron, lehnen
sich gegen ihn auf, schmähen ihn wegen seines kuschitischen (Vulg. äthiopischen)
Weibes, und meinen, daß er nichts mehr sei, als sie, da ja auch Gott durch
sie ebenso rede, wie durch ihn, mithin auch sie dieselben Organe und Ver=
mittler der göttlichen Offenbarung seien [3]. Daß Maria die Anstifterin der
offenen Auflehnung gegen Moses war, erhellt daraus, daß ihr Name dem
des Aaron vorangestellt wird, sowie aus ihrer Strafe; denn dem Weibe
steht zu, zu gehorchen, nicht zu befehlen. Welche Bewandtniß es mit dem
kuschitischen Weibe des Mosis hatte, werden wir im nächsten Abschnitte sehen.
Moses duldet bei seiner großen Sanftmuth und schweigt, nicht aber Jehova,
welcher ebenso für dessen Ehre eifert, wie dieser früher für die Ehre Jehova's [4].
Er berief Aaron, Maria und Moses zur Stiftshütte, trat in der Wolken=
säule in die Thüre der Stiftshütte, und bezeugte aus ihr, daß sein Knecht
Moses mit seinem ganzen Hause betraut sei und keiner unter den Propheten
ihm gleiche, da er mit ihm von Angesicht zu Angesicht verkehre; „und ihr,"
fährt Gott fort, „habt euch nicht gefürchtet, meinen Knecht Moses herabzu=
setzen?" Aaron und Maria hatten sich demnach schwer gegen Moses und
gegen Gott versündigt; es war dieß nicht ein murmur exiguum, wie Chry=
sostomus [5] meint. Es entbrannte nun der Zorn Gottes gegen sie, und
während er sich in die Wolkensäule zurückzieht, ist Maria, die Anstifterin,
mit Aussatz schneeweiß bedeckt. Moses führt sie daher zur Warnung für
Jene an, welche sich gegen das auflehnen, was die Priester lehren [6].

Aaron, tief erschrocken über das Gottesgericht, und ebenso tief seine
Sünde bereuend, fleht den Moses um seine Fürbitte für die hart gestrafte
Schwester an. „Laß sie nicht einer Todtgeburt gleichen, welche halb verwest
zur Welt kommt; siehe, schon die Hälfte ihres Fleisches ist vom Aussatze zer=
fressen." Und Moses schrie zum Herrn: „Ach Gott, ich bitte, heile sie!"
Gott erhört die Bitte seines Knechtes, jedoch nicht ohne große Beschämung
und Demüthigung Mariens. Sie soll wie eine öffentlich Beschimpfte und
Unreine aus der Gemeinschaft des Volkes ausgeschlossen und dann wieder
aufgenommen werden. Die aussätzige Maria muß sieben Tage außerhalb
des Lagers wohnen [7]. Nach dieser Strafhaft wird ihr die Heilung und
Reinigung vom Aussatze gewährt. Sie, die in hoffärtiger Ueberschätzung
sich dem Moses gleichstellt und über die ganze Gemeinde sich erhoben hatte,
wird nun aus der Zahl der Glieder des Volkes als unrein ausgeschieden —
offenbar eine gerechte Strafe ihres Vergehens. Nur dem Gebete Mosis, den
sie beleidigt, verdankte sie ihr Leben. In welch hoher Achtung die Schwester
Mosis beim Volke stand, erhellt daraus, daß dieses von dem Lagerorte nicht

---

[1] *Aug.*, serm. 363 de cant. Ex.
[2] *Rupertus*, l. 2 in Ex. cp. 38.
[3] Num. 12, 1—2.   [4] Ex. 32, 26 f.   [5] Hom. 7 de poenit.
[6] Deut. 24, 9.   [7] Num. 12, 9—15.

weiterzog, bis Maria zurückgerufen ward [1]. Das kuschitische, also heidnische Weib Mojis wird gewöhnlich als Typus der aus den Heidenvölkern gesammelten Kirche betrachtet und demgemäß Maria als Typus der Synagoge, welche jener das Heil mißgönnt, sie beneidet, darum auch den Messias, der durch Moses abgeschattet ist, lästert, welche also das Geheimniß der christlichen Heidenkirche nicht kennt, und ein Volk beneidet, durch dessen Glauben sie von dem Aussatze ihrer Treulosigkeit geheilt wird [2].

Von Maria wird uns nur noch ihr Tod berichtet; als nämlich das Volk am Anfange des 40. Jahres des Auszuges aus Aegypten sich in Cabes gesammelt hatte, starb Maria daselbst und wurde an demselben Orte begraben [3]. Man schätzt ihr Alter gewöhnlich auf 130 Jahre; da Moses in demselben Jahre, 120 Jahre alt, starb, und Maria bei seiner Geburt bereits erwachsen, also etwa zehn Jahre alt war, so kann diese Zahl zutreffen. Schon die Angabe ihres Todes, was bei Frauen in der heiligen Schrift selten stattfindet, und die Aufführung im Geschlechtsregister [4] bestätigen die hohe Achtung, welche sie beim Volke genoß. Selbst in der späteren Königszeit galt sie noch als eine leitende Persönlichkeit auf dem Wüstenzuge, denn Michäas [5] schreibt: „Ich sandte vor dir her Moses, Aaron und Maria", eine Ehre, welche ihr als Prophetin und Anführerin der Frauen zukam [6]. Nach dem Vorgange des hl. Hieronymus [7] beziehen einige Erklärer [8] die Worte des Propheten Zacharias [9]: „Und ich schaffte hinweg die drei Hirten in Einem Monate und meine Seele wandte sich ab von ihnen, weil auch ihre Seele von mir abgeirrt war," auf Moses, Aaron und Maria, welche Zusammenstellung ihre hohe Würde bezeichnet. Ihr Tod zeigt an, daß auch der Prophetie ein Ende gesetzt sei [10]. Noch zur Zeit des Eusebius zeigte man ihr Grab in Cabesbarne [11]. Josephus [12] erzählt, daß sie ein öffentliches, herrliches Leichenbegängniß erhielt, auf dem Berge Sin begraben wurde, und das Volk um sie 30 Tage trauerte.

In der Apokryphenliteratur [13] wird Maria unter die Philosophen gereiht

---

[1] *Theodoret.*, Num. int. 23.

[2] *Origenes*, hom. 6 u. 7 in Num. *Hieron.*, in Soph. cp. 2: Maria i. e. synagoga Judaeorum et Aaron i. e. carnale sacerdotium murmuraverunt adversus legem, sed frustra. Statim enim Synagoga perfunditur lepra et extra castra projecta completo tempore in castra reducitur. *Ambros.*, ep. 63. n. 57; u. de mansion. fil. Israel 14. *Cyrillus Alex.*, Glaph. in Num. n. 1. *Prosper*, l. de prom. et praed. p. 2. cp. 9 u. Num. 12. *Rupertus*, l. 1 in Num. cp. 35. *Isidor.*, Alleg. V. T. n. 61: Maria synagogae speciem praetulit, quae leprosa propter detractionem et murmurationem contra Christum exstitit; n. 62: Uxor Moysi Aethiopissa figuravit ecclesiam ex gentibus Christo conjunctam, cujus ob causam zeli Synagoga obtrectans adversus Christum illico contagio leprae perfunditur; u. qu. in Num. cp. 14.

[3] Num. 20, 1.   [4] 1 Par. 6, 3.   [5] 6, 4.

[6] Schon der Chaldäer übersetzt: Misi ante te 3 prophetas, Mosen ad docendum judiciorum traditionem, Aaron ad expiandum populum, Mariam ad eruditionem feminarum. So *Hieron.*, *Cyrillus Alex.*, *Haymo*, *Lyranus*, *Hugo*, *Corn. a Lapide*, *Theodoretus* u. A.

[7] Zu Zach. 11, 8.   [8] *Remigius*, *Albertus*, *Hugo*, *Calmetus.*   [9] Zach. 11, 8.

[10] *Cyrillus Alex.*, Glaph. u. *Beda*, quaest. in Num. cp. 17.

[11] De situ et nom. loc. heb. de Pentat.

[12] Ant. IV. 4, 6.

[13] Vgl. *Fabricii* Pseudep. tom. I. p. 869.

und ihr ein chemisches Buch zugeschrieben. Nach dem Talmud[1] ist Mirjam nicht durch den Engel des Todes, sondern durch den Kuß Gottes gestorben[2]. In der talmudisch-rabbinischen Literatur lesen wir noch Folgendes von Mirjam: Sie hieß auch Ephrat, da sie bei Geburten Hülfe leistete und wurde die Gattin des Caleb[3]. Da sie am Ufer eine Stunde des Moses wegen wartete, wartete ganz Israel in Haseroth sieben Tage, bis sie genas[4]. Am Meere sang Mirjam, und der Name „Prophetin" verherrlichte sie; als sie aber Mosen verleumdete, da sprach Gott: „Sie möge Strafe erleiden, sie komme in die Bergwerke."[5] Der Brunnen, welcher den Israeliten auf ihrem Zuge in der Wüste quoll, zog mit ob der Tugend Mirjams bis zu ihrem Tode[6]. In Sichin stieg ein Blinder in's Wasser, um sein Bad zu nehmen, und gelangte gerade in die Quelle (den Brunnen) der Mirjam, und er genas von seiner Krankheit[7]. Mohammed, welcher in der dritten Sura die seligste Jungfrau Maria mit Mirjam, der Schwester Mosis, confundirt, Maria und Elisabeth für Schwestern hält, welche mit Jesu, Johannes und Zacharias die Familie Amrams ausmachen, schreibt von Mirjam: „Auch Maria, die Tochter des Amram, sei ihnen ein Beispiel; sie bewahrte ihre Keuschheit und wir hauchten unsern Geist in sie, und sie glaubte an das Wort ihres Herrn und an seine Schriften und war demuthsvoll und gehorsam."[8]

§ 12. Das Weib des Moses.

Als Moses, welcher trotz seiner ägyptischen Erziehung eine mit der Muttermilch schon ihm eingeimpfte Liebe zu seinem Volke trug, durch die Tödtung eines Aegyptiers, der einen Hebräer mißhandelte, den Zorn Pharao's sich zugezogen hatte, floh er in das Land Madian und ließ sich bei einem Brunnen nieder. Da kamen die sieben Töchter des madianitischen Priesters (und Fürsten?) Raguel, auch Jethro genannt, heraus, um ihre Heerden zu tränken. Da die übrigen Hirten sie vom Brunnen wegtreiben wollten, leistete Moses, wie einst Jakob[9], den Töchtern des Priesters Beistand gegen die Hirten und tränkte die Schafe. Nach Hause zurückgekehrt, erzählten sie dieß ihrem Vater und dieser sprach: „Warum habt ihr den Mann gehen lassen? Ruft ihn, daß er mit uns esse." Nach dem Midrasch[10] lief Jethro's Tochter Zippora bei diesen Worten rasch wie ein Vogel und holte den Moses. Zippora hieß sie, weil sie das Haus wie ein Vogel rein bewahrte. Im gastlichen Hause Jethro's liebevoll aufgenommen, beschloß Moses, bei ihm zu bleiben, und nahm, wahrscheinlich nach längerem Aufenthalte daselbst, Jethro's Tochter Sephora (heb. Zippora = avicula) zum Weibe. Diese soll die älteste und schönste unter den Töchtern des Jethro gewesen sein[11]. Sie gebar ihm einen Sohn, den er Gersam (d. i. Fremdling, Ausländer) nannte, indem er sprach: „Ein Fremdling bin ich geworden im fremden Lande." Den

---

[1] Tract. Bava bathra f. 17.
[2] Eisenmenger, Entd. Jud. 1. Bd. S. 864.
[3] Mid. Rabba Ex. 1.   [4] Bab. T. Sota 9.   [5] Mid. Rabba Deut. 6.
[6] B. T. Taanit 9.   [7] Mid. Rabba Num. 18.   [8] Sur. 66, 13.
[9] Gen. 29, 10.   [10] Mid. Rabba Ex. 1.
[11] *Cyrillus Alex.*, l. 1 Glaph. in Ex. *Procop.* in Ex. cp. 2.

zweiten Sohn, den Sephora ihm schenkte, nannte er Elieser (Gott ist Hülfe), denn Gott hatte ihn vor dem Schwerte Pharao's errettet [1]. Da die Madia- niter aus dem Samen Abrahams durch die Ketura abstammten, waren sie mit den Israeliten verwandt, und scheinen die Kenntniß des einen wahren Gottes bewahrt zu haben; denn nirgends lesen wir, daß Jethro ein Götzen- verehrer gewesen sei [2]. Nichtsdestoweniger war Sephora eine Ausländerin und ihre Verbindung mit Moses wird als ein Typus der Vermählung Christi mit der Kirche aus den Heiden betrachtet [3]. Nach dem Koran [4] trat eines der beiden Mädchen, deren Heerden Moses getränkt hatte, schüchtern zu ihm heran und meldet ihm, daß ihr Vater ihn rufe, behufs einer Belohnung. Dieselbe drängte auch in ihren Vater Schoaib (Jethro), ihn für Lohn zu miethen. Darauf sagte der Vater: „Ich will dir eine von diesen meinen Töchtern zur Frau geben, wenn du dich auf acht Jahre bei mir um Lohn vermiethest, welche Bedingung Moses auch annahm. Dem Mohammed scheint hier der Vertrag zwischen Laban und Jakob (Gen. 29) vorgeschwebt zu haben.

Als Moses von Jehova im brennenden Dornbusche den Ruf erhalten hatte, das Volk Israel aus Aegypten zu führen, und von seinem Schwieger- vater die Erlaubniß erhalten hatte, nach Aegypten zurückzukehren, nahm er sein Weib und seine beiden Söhne, setzte sie auf einen Esel und zog nach Aegypten. Auf der Reise kam ihm an der Raststätte der Engel des Herrn entgegen und droht ihm mit dem Tode. Verursacht war dieses feindliche Entgegenkommen Jehova's durch die Unterlassung der Beschneidung des jüngsten Sohnes, wie aus Folgendem erhellt; denn sollte Moses die göttliche Mission in Aegypten erfolgreich ausführen, so mußte er im eigenen Hause als getreuer Knecht sich erweisen. Die Ursache, daß der jüngste Sohn Elieser nicht be- schnitten wurde, liegt nicht so sehr im Widerstreben der Mutter gegen die Beschneidung überhaupt, da ja der Aeltere bereits dieses Zeichen an sich trug, sondern weil Elieser wahrscheinlich erst kurz vor der Abreise des Moses ge- boren wurde, und Sephora, wegen der bevorstehenden Reise um das Kind besorgt, die Beschneidung desselben hinausschob. Einige glauben, Moses sei deßhalb mit dem Tode bedroht worden, weil er Weib und Kind mit nach Aegypten nahm und durch selbe in Ausführung seines Amtes behindert war, weßhalb er sie wieder zurückgeschickt habe; Sephora jedoch glaubte, die Be- drohung des Moses geschehe wegen nicht vollzogener Beschneidung ihres Sohnes, und weil sich der religiöse Sinn des Weibes in der Vollführung derselben kundgab, habe der Engel von Moses abgelassen [5]. Sephora, die Gefahr ihres Mannes erkennend, nahm alsbald einen scharfen Stein, deren es in der Wüste genug gab, beschnitt damit die Vorhaut ihres jüngsten Sohnes und berührte seine Füße mit den Worten: „Ein Blutbräutigam bist du mir."

---

[1] Ex. 2, 15—22. [2] *Origenes*, hom. 11 in Gen.
[3] *Cyrillus* l. c. *Procop.* l. c. *Theodoret.*, int. 4 Ex.: (Moses) typus erat Christi: qui, cum ex Judaeis secundum carnem natus esset, ecclesiam gentium appellavit sponsam suam. *Rupertus*, l. 1 in Ex. cp. 20. *Beda*, cp. 5 in Ex. *Glossa ordin.*, Ex. cp. 2.
[4] *Sur.* 28, 26—29.
[5] *Theodoret.*, inter. 14 Exod. *Procop.*, Ex. cp. 4.

Diese Worte sind vielfach erklärt worden. Nach Einigen soll Sephora mit der blutigen Vorhaut des Knaben die Füße des Engels berührt haben, um ihn durch's Blut zu versöhnen, als wollte sie sagen: Wenn du wegen Außerachtlassung der Beschneidung meines Sohnes dem Moses zürnest, siehe da die Vorhaut des Beschnittenen, laß ab von meinem Manne[1]. Nach Andern soll Sephora damit die Füße Eliesers berührt haben; allein wie die folgenden Worte dieß bestätigen, berührte sie mit der Vorhaut des Moses Füße, um ihn dadurch von dem Tode zu erretten und durch den Preis des Be= schneidungsblutes loszukaufen. Sie erhielt daher ihren Mann von Neuem zurück; er war in der That ein Blutbräutigam geworden. Weniger haltbar ist die Ansicht vieler Protestanten, Zippora habe die blutige Vorhaut dem Moses vor die Füße geworfen, da sie nur mit Widerwillen die Beschneidung vollzogen habe. Allein ein solches Benehmen paßt durchaus nicht zu der ängstlichen Lage, in welcher das Weib sich befand. Die Worte: „Ein Blut= bräutigam bist du mir", sind daher nicht Worte einer Zornigen (Rabanus), sondern die einer zärtlich liebenden Gattin, welche in ihrer ehrfurchtsvollen Liebe sagen will: Wie einer Braut der Bräutigam nicht mehr rechtlich ent= zogen werden kann, so du mir nicht mehr, da ich dem Herrn das Blut der Beschneidung geopfert habe, ob deren Unterlassung die Todesgefahr dir drohte. Und der Engel ließ ab von ihm (Moses), nachdem sie gesagt hatte: „Ein Blutbräutigam um der Beschneidung willen."[2] Rupertus[3] meint, Sephora habe, als sie die Füße ihres Mannes berührte, ihn gebeten, er möge sie nach Hause entlassen, damit nicht ein neues Unglück auf der Reise ihnen wider= fahre. Nach Lyranus soll sie ob dieses Vorfalles den Moses verlassen und zu ihrem Vater heimgekehrt sein. Es ist möglich, daß dieses Ereigniß mit die Veranlassung für Moses gewesen sein mag, Weib und Kind nicht mit nach Aegypten zu nehmen, sondern zu seinen Schwiegereltern zurückzu= senden; denn aus Ex. 18, 2 erfahren wir, daß Moses sie zurückgeschickt habe, um desto freier und ungehinderter seinem großen Berufe leben zu können und vielleicht auch Weib und Kind der Wuth Pharao's zu entziehen. Ob dieß von hier oder Aegypten aus geschehen ist, kann nicht sicher angegeben werden. Hieronymus[4] meint, der Engel habe ihm dieß durch Androhung des Todes andeuten wollen, daß er, nachdem er Organ Gottes geworden, sich seines Weibes zu enthalten habe, und deßhalb habe er sie heimgeschickt. Auch Epiphanius[5] ist der Ansicht, daß Moses, nachdem er zum Propheten bestellt war, sich seines Weibes enthalten und keine Kinder mehr aus ihr erzeugt habe.

Als Moses die Israeliten aus Aegypten geführt, die Amalekiter in der Wüste geschlagen und sich am Berge Horeb gelagert hatte, nahm Jethro, als er hievon Kunde erhielt, das Weib Mosis und ihre zwei Söhne Ger= sam und Elieser, eilte in die Wüste und ließ ihm sagen: „Ich, Jethro, komme zu dir und dein Weib und deine zwei Söhne mit ihr." Da ging Moses ihm entgegen, neigte sich zur Erde und küßte ihn. Jethro, in freudiger Anerkennung dessen, was Jehova an Israel beim Auszuge gethan, brachte

---

[1] So der Chaldäer.   [2] Ex. 4, 18—26.
[3] L. 1 in Ex. cp. 20.   [4] L. 1 adv. Jovin. n. 20.
[5] Lib. 3 adv. haer. tom. 2. haer. 78.

dem Gotte Israels Brandopfer dar und trat als Erstling der Heidenvölker in die religiöse Gemeinschaft mit Israel [1].

Nur einmal noch geschieht des Weibes Mosis Erwähnung, als nämlich Maria und Aaron wider ihn um seines Weibes willen, der Aethiopierin (Kuschitin), rebeten oder ihn lästerten [2]. Wer ist diese Aethiopierin? [3] Josephus [4] und nach ihm mehrere katholische Ausleger [5] berichten Folgendes: Als Moses bereits erwachsen war, überzog der König von Aethiopien das Land Aegypten mit Krieg, schlug das ägyptische Heer und belagerte Memphis. In der äußersten Noth wandten sich die Aegypter an ihre Orakel, welche erklärten, daß man bei einem Hebräer Hilfe finden werde. Pharao befiehlt nun seiner Tochter, den Moses ihm abzutreten, damit er an die Spitze des Heeres trete. Durch eine neue Kriegslist schlug er die Aethiopier und kam bis zur Königsstadt Saba (Meroë), welche er belagerte. Bei dieser Belagerung sah Tharbis, die Tochter des äthiopischen Königs, den schönen Feldherrn Moses und verliebte sich in ihn. Da ihre Liebessehnsucht immer mehr wuchs, schickte sie Diener an Moses, um ihm ihre Hand anzubieten, welche dieser unter der Bedingung annahm, daß die Stadt ihm übergeben werde; dieß geschah und Moses heirathete die Tharbis und kehrte mit ihr als Sieger nach Aegypten zurück. Man pflegt dieser Erzählung wenig Glauben bei= zulegen. Veranlaßt durch den Beisatz im Hebräischen: „der Kuschitin, welche er genommen hatte", neigen Mehrere [6], namentlich Protestanten, der Meinung zu, Moses habe, da Zippora gestorben war (worüber jedoch die heilige Schrift nichts berichtet), oder selbst nebst der Zippora, während des Wüsten= zuges ein äthiopisches Weib genommen, und da des Moses Geschwister durch diese Ehe die Ehre ihrer Familie als geschändet betrachteten, haben sie sich wider ihn erhoben; denn sie kannten nicht das Geheimniß, welches durch diese Ehe ab= geschattet werden sollte, nämlich die Vermählung Christi mit der Heidenkirche. Allein dagegen ist zu bemerken, daß dieses Geheimniß ja schon durch die Ehe Mosis mit Zippora abgeschattet wird und es überdieß unwahrscheinlich ist, daß Moses in seiner Stellung noch ein zweites Weib genommen habe. Wir folgen daher der größeren Zahl der katholischen Interpreten [7] und ver= stehen unter der Aethiopierin Niemanden andern, als die Madianiterin Sephora selbst; denn Aethiopien d. i. Kusch umfaßt im weiteren Sinne des Wortes die Südländer, welche nach Osten hin durch den Euphrat und persischen Meerbusen, nach Westen hin durch den Nil und die Wüstengegen= den begrenzt sind. Absichtlich nennen Maria und Aaron ihre madianitische Schwägerin eine Kuschitin oder Chamitin, um ihre Verachtung gegen diese auf's Schärfste auszudrücken. Was eigentlich Grund zu dieser Klage gegeben habe, ist unbestimmt. Einige glauben, daß Maria und Aaron überhaupt

---

[1] Ex. 18, 1—7.   [2] Num. 12, 1.
[3] Vgl. *M. Schmaltz.*, de uxore Mosis aethiopissa diss. Lips. 1673.
[4] Ant. lib. II. cp. 10.   [5] *Eusebius, Rupertus* u. A.
[6] *Cyrillus Alex.* in Num. n. 2. *Procopius* in Num. 12. *Irenaeus*, cont. haer. l. 4. n. 12.
[7] *Aug.*, quaest. 20 in Num. u. de mir. s. script. cp. 28. *Theodoret.*, int. 22 in Num. *Rupertus, Lyranus, Sa, Mariana, Menochius, Tirinus, Gordonus, Corn. a Lapide, Calmet* u. A.

die Ehe Mosis mit einer Madianitin in fleischlicher Ueberschätzung ihrer Nationalität mißbilligten; wäre dieß der Fall gewesen, so begreift man nicht, warum nicht gleich bei der Ankunft der Sephora diese Klage von ihnen vorgebracht wurde; auch ist es unwahrscheinlich, daß die Geschwister dem Moses eine Ehe, die er im fremden Lande als Flüchtling geschlossen, überhaupt zum Vorwurfe sollten gemacht haben. Wahrscheinlicher ist, daß Sephora wegen der ausgezeichneten Vorzüge des Moses und ihrer Ehrenstellung sich über Aaron und Maria erhoben und dadurch den Neid Beider sich zugezogen habe. Unwahrscheinlich klingt die Ansicht des Paraphrasten und einiger Rabbinen, Moses habe sich nach seiner Berufung von seinem Weibe geschieden und sei wegen dieser Scheidung von seinen Geschwistern, welche für das Weib des Moses Partei ergriffen, getadelt worden. Wie dem immer sei, wurde durch die Rechtfertigung, welche Jehova dem Moses zu Theil werden ließ, dessen Ehe mit der Kuschitin gebilligt [1]. Diese Kuschitin wird nicht bloß als Typus der Heidenkirche [2], sondern auch als Symbol der menschlichen Philosophie bezeichnet, die zum beschaulichen Leben (Moses) hinzutreten müsse [3].

§ 13. Die Erbtöchter Salphaads.

Während in den genealogischen Tafeln die Frauen und namentlich die Töchter ganz übergangen zu werden pflegen, finden bei der zweiten Schätzung des Volkes in der Wüste [4] die Töchter des Salphaad (Zelophchads) von dem Geschlechte Galaads, des Sohnes Machirs, aus dem Stamme Manasse eine specielle Erwähnung, weil sie die Veranlassung zu einer speciellen gesetzlichen Bestimmung wurden. Dieser Salphaad hatte fünf Töchter: Maala (Mahela), Noa, Hegla (Hogla), Melcha (Milka) und Thersa (Thirza), aber keinen Sohn [5]. Als nun die Stämme Israels gemustert wurden, um nach göttlicher Verordnung das Land unter dieselben nach Maßgabe der größeren oder kleineren Zahl ihrer Geschlechter zu vertheilen, traten diese Töchter vor Moses, Eleazar und die bei der Stiftshütte versammelten Fürsten der Gemeinde und sprachen: Unser Vater ist in der Wüste gestorben, hat sich aber bei dem Aufruhre der Rotte des Core nicht betheiligt, wodurch er eine Ausschließung von dem Antheile am gelobten Lande verschuldet haben könnte, sondern starb in seiner Sünde, d. i. wegen des allgemeinen Murrens in der Wüste oder wegen des allgemeinen Zusammenhanges zwischen Sündhaftigkeit und Tod. Selbst dann, wenn die Töchter andeuten wollten, ihr Vater habe durch besondere Fehler seinen Tod beschleunigt, so wußten sie doch, daß diese keinen Fluch bilden, welcher seinem Geschlechte anhaften sollte; ihnen ist der Tod der Sünde Sold überhaupt. Da er aber keinen Sohn

---

[1] *Origenes*, hom. 6 in Num.

[2] *Origenes* l. c. *Irenaeus*, cont. haer. l. 4. n. 12: Moses Aethiopissam accipiebat uxorem, quam ipse Israelitidem fecit, praesignificans, quoniam oleaster inscritur in olivam, et participans pinquedinis ejus erit . . . Per nuptias Moysi nuptiae Verbi ostendebantur et per Aethiopissam conjugem ea quae ex gentibus est Ecclesia manifestatur. *Rupertus*, cp. 35 in Num. *Beda* u. A.

[3] *Gregorius Nyss.*, de vita Moys. *Rupertus*, Ex. cp. 20.

[4] Num. 26, 33.   [5] Num. 27, 1; 36, 10. Jos. 17, 3. 1 Par. 7, 15.

hinterlaſſen hat, warum ſoll ſein Name aus der Mitte ſeines Geſchlechtes
ausgetilgt werden? Dieſes würde nämlich der Fall geweſen ſein, wenn ihm
beim Mangel eines Sohnes kein Landeserbtheil zugefallen wäre; denn bei
der Verheirathung ſeiner Töchter in andere Geſchlechter würde ſein Geſchlecht
erloſchen ſein. Wenn dagegen die Töchter ein eigenes Beſitzthum unter den
Brüdern ihres Vaters erhielten, ſo würde der Familienname erhalten, indem
ſie nämlich Männer heiratheten, welche ihren Beſitz antraten, aber ſo, daß
die Kinder den Namen und Beſitz des mütterlichen Großvaters erhielten und
fortpflanzten. Gebet uns, fahren ſie fort, ein Erbe unter den Verwandten
unſeres Vaters!

Dieſer Bitte, welche die ſichere Fortdauer der Stammzweige intendirt,
liegt das Princip der perſönlichen Würde, des unvergänglichen perſönlichen
Namens zu Grunde. Die Töchter wollen demnach zunächſt den Namen und
das Gedächtniß ihres Vaters im entſprechenden Erbgut aufrecht erhalten,
handeln aber auch zugleich mittelbar für ihre weibliche Würde, da ſie für
eine Fortpflanzung des Familiennamens durch eine bloß weibliche Generation
einſtehen. Ihr männliches Auftreten, durch welches ſie das Geſetz über die
Erbtöchter und mit ihm eine bedeutende Hebung des Weibes in ſocialer Be=
ziehung erzielen, war ein Act wahrhaft ſittlicher Erhebung und darum ver=
dienten ihre Namen angeführt und verewigt zu werden.

Dieſe Frage, ob es überhaupt ein Erbtöchterrecht geben ſolle, war dem
Moſes ſo neu, daß er ſich darüber eine beſondere Entſcheidung von Jehova
erbittet, der ihm alſo antwortet: Gerechte Sache verlangen die Töchter Sal=
phaads; du ſollſt ihnen ein Erbeigenthum geben unter den Verwandten ihres
Vaters und ſollſt das Erbe ihres Vaters auf ſie übergehen laſſen. Bei dieſem
Anlaſſe gab Gott ein allgemeines Erbgeſetz, welches in Iſrael für immer
als zu Recht beſtehend betrachtet werden ſoll. Stirbt nämlich ein Iſraelit,
ohne einen Sohn zu hinterlaſſen, ſo ſoll ſein Grundbeſitz auf ſeine Tochter
(Töchter) übergehen, in Ermangelung von Töchtern auf ſeine Brüder, und
wenn auch dieſe nicht vorhanden ſind, auf die Vaterbrüder oder nächſten
Blutsverwandten [1].

Durch dieſes unbeſchränkte Recht der Erbtöchter Salphaads ſchien jedoch
das Intereſſe des Stammes Manaſſe gefährdet; es traten daher die Stamm=
häupter des Geſchlechtes Galaad, zu welchem Salphaad gehörte, zu Moſes
und den Fürſten und machten ihnen Vorſtellungen darüber, daß durch die
Ertheilung eines Erbbeſitzes an die Töchter Salphaads bei ihrer Verehelichung
in einen andern Stamm hinein das dem Stamme Manaſſe zugetheilte Stamm=
gebiet vermindert werden würde. Sie beriefen ſich auf die göttliche Beſtim=
mung, daß den Iſraeliten das Land durch das Loos zum Erbe ausgetheilt
werden ſollte, welche ſie auf Grund der Verheißung von dem ewigen Beſitze
Canaans und der geſetzlichen Verordnung über die Unveräußerlichkeit des
Erbbeſitzes ſo verſtehen, daß das jedem Stamme zufallende Loos auf ewige
Zeiten in ſeiner Integrität erhalten werden ſolle. Da nun das Erbtheil
ihres Stammesgenoſſen Salphaad ſeinen Töchtern zufiel, ſo würde, falls ſie
in andere Stämme ſich verheiratheten, ihr Erbgut in den neuen Stamm

_____

[1] Num. 27, 1—11.

übergehen und so dem eigenen Stamme entzogen werden. Im Jubeljahre käme dann dieses Erbgebiet definitiv in den Besitz des fremden Stammes, weil es dann an die gesetzlichen Erben zurückfallen mußte, wenn es auch in der Zwischenzeit von den Manassiten wäre angekauft worden. Diese vorgelegte Frage löst Moses auf Befehl Gottes dahin, daß er den Töchtern Salphaads gebot, sie sollen heirathen, wen sie wollen, nur müsse ihr Mann zum Geschlechte ihres väterlichen Stammes gehören, denn das Erbtheil solle nicht von einem Stamme auf den andern übergehen und keiner durch Heirath einer Erbtochter aus einem andern Stamme in den Besitz dieses Stammes treten. Diese Verordnung wird zum allgemeinen Gesetze für alle Erbtöchter in Israel erhoben, so daß diese nur an einen Mann ihres Stammes sich verheirathen dürfen.

Diesem Gesetze zufolge heiratheten die fünf Töchter Salphaads die Söhne ihrer Vettern, also aus dem Geschlechte der Manassiten, und so verblieb ihr Erbe beim väterlichen Stamme [1]. Wo Söhne vorhanden waren, scheinen die Töchter nicht geerbt zu haben, jedoch es kommen auch Ausnahmen, namentlich in reicheren Familien, vor. So gab Job, der allerdings außerhalb der mosaischen Gesetze stand, seinen drei Töchtern einen Erbbesitz inmitten ihrer Brüder [2]. Diese Gleichstellung der Töchter mit den Brüdern soll übrigens die in der Familie Jobs herrschende geschwisterliche Eintracht uns vergegenwärtigen. Caleb gibt seiner Tochter Axa außer Debir noch die Ober- und Unterquellen [3]. In solchen Fällen scheinen die Männer, wenn sie einem andern Stamme angehörten, in den Stamm und das Geschlecht der Frauen aufgenommen worden zu sein. So trat z. B. der ägyptische Knecht Jeraa, welchem Sesan seine einzige Tochter zur Frau gab, in den Stamm derselben ein [4]; so wird Jair, der Sohn Segubs aus dem Stamme Juda und der Tochter Machirs, des Sohnes Manasse's [5], unter den Manassiten [6] aufgeführt und erhielt die von ihm eroberten Orte Basan unter dem halben Stamme Manasse als Erbtheil. Ebenso werden die Söhne eines Priesters, welcher die Tochter des reichen Galaaditers Berzellai zum Weibe genommen hatte, nach ihrem Namen genannt [7], gewiß aus keinem anderen Grunde, als weil er durch seine Frau von den Gütern Berzellai's geerbt hatte, obgleich dieser auch Söhne hatte [8].

Der Talmud schildert Salphaads Töchter als weise, tugendhaft und Schriftforscherinnen [9]. Als sie hörten, daß das Land nur den Männern vertheilt werden soll, kamen sie zusammen, um Rath zu pflegen, und sprachen: „Anders als die Gnade der Menschen ist die Gnade Gottes. Jene berücksichtigt bloß die Männer, die göttliche Gnade aber waltet über Männer und Frauen, denn es heißt: Gütig ist der Herr Allen und sein Erbarmen ist über alle seine Geschöpfe." [10]

---

[1] Num. 36. [2] Job 42, 15. [3] Jos. 15, 17 f. [4] 1 Par. 2, 34. 35.
[5] 1 Par. 2, 21. [6] Num. 32, 41. Deut. 3, 14. [7] Esr. 2, 61. Neh. 7, 63.
[8] 2 Sam. 19, 32. 3 Kön. 2, 7.
[9] B. Baba Batra 119. [10] Sifre di be Rab. Pinchas.

§ 14. Rahab und ihr Gegenbild Cozbi.

Eine bedeutungsvolle Rolle nimmt unter den alttestamentlichen Frauen Rahab (רָחָב) ein. Als Josue mit den Israeliten in Setim lagerte und sich anschickte, das gelobte Land in Besitz zu nehmen, schickte er heimlich zwei Kundschafter aus, um das Land und die befestigte Grenzstadt Jericho zu erforschen. Diese kamen nach Jericho und kehrten des Abends in das Haus einer Hure, Namens Rahab, ein, um die Nacht daselbst zuzubringen. Welches Gewerbe Rahab betrieb, darüber herrschen zwei verschiedene Ansichten. Das hebräische Wort זוֹנָה kennzeichnet sie als öffentliche Buhldirne, womit auch das Neue Testament [1], die alten Uebersetzer [2], alle heiligen Väter und die meisten Interpreten übereinstimmen. Bekanntlich war der canaanitische Götzendienst mit Prostitution der Frauen und Unzucht verbunden; nach den bösen Sitten jenes Volkes war demnach ein solches Gewerbe, nämlich die Prostitution zu Ehren einer Gottheit, damals nicht ehrlos; im Gegentheile als Priesterin der Astarte war sie sogar eine Person von Ansehen. Wenn demnach die hebräischen Kundschafter in das Haus der Rahab einkehrten, so dürfen wir nicht etwa eine schlechte Absicht bei diesen voraussetzen; dagegen streitet der religiöse Charakter dieser Männer, sowie die gewiß mit Klugheit von Josue getroffene Wahl derselben, auf deren Charakterfestigkeit er bauen konnte. Sie kehrten daher vielmehr in ihr Haus ein, weil dasselbe als heidnische Cultusstätte leicht zu finden war, am wenigsten Verdacht erregte und überdieß günstig an der Stadtmauer lag; ja wir können behaupten, daß der Herr selbst die Schritte der Kundschafter zu diesem Weibe lenkte, weil er diese Sünderin als die geeignetste Person zur Erreichung seines Zweckes durchschaute, indem sie, durch die Kunde von den Wundern Jehova's an Israel gerührt, im Glauben diesen umfaßte und sich sowie ihr Haus vom Untergange rettete. Nach dem Vorgange des Paraphrasten und des Josephus Flavius [3] aber behaupten die Rabbinen sowie einige andere Interpreten [4], daß Rahab eine Gastwirthin gewesen sei, indem sie das hebräische Wort von זון = alere ableiten, sich darauf stützend, daß der Fürst Salmon aus dem Stamme Juda niemals eine derart berüchtigte Person würde geheirathet, noch die Kundschafter das Haus einer solchen Dirne würden betreten haben. Während Serarius [5] nachzuweisen sucht, daß es in jener Zeit noch keine Gasthäuser gegeben habe, führen Andere Beispiele an, daß sowohl bei den Aegyptern [6] als auch bei den Griechen [7] die Frauen Gewerbe trieben und Gasthäuser hielten. Sanctius beruft sich auch auf die zwei Weiber, welche

---

[1] Hebr 11, 31. Jak. 2, 25.

[2] Die LXX, Vulgata, der Syrer und Araber.

[3] Ant. lib. V, 1. 2.

[4] *Lyranus. Gregorius Naz.*, or. 14 de paup. amore: Raab meretrix, non tamen ex proposito meretrix. *Vatablus, Mariana, Pagninus, Arias Montanus.*

[5] Tob. 6. cp. 1. quaest. 3.

[6] *Herodot.*, l. 2. cp. 35. *Sophocles* in Oedip. Col. p. 263.

[7] *Aristophanes*, Pluti act. 2. scen. 4 u. Ran. act. 2. scen. 4. *Apulejus*, l. 1. Metam.

im Anfange der Regierung Salomons um das eine lebende Kind stritten[1], daß dieselben nicht Buhldirnen waren, sondern ein ehrbares Geschäft be= trieben, sowie auf das starke Weib im Buche der Sprüchwörter[2], welche sich und die Ihrigen von ihrer Hände Arbeit ernährte. Im ähnlichen Sinne werde auch die Handelsstadt Tyrus mit diesem Namen bezeichnet[3]. Andere[4] suchen beide Meinungen dahin zu vereinigen, daß Rahab Gastwirthin ge= wesen, die aber keineswegs einen züchtigen Lebenswandel führte, wie über= haupt bei alleinstehenden Frauen, die ein öffentliches Gewerbe betreiben, leicht der Verdacht rege wird. Es steht daher fest, daß Rahabs früherer Lebenswandel nach unseren Begriffen keineswegs ein lauterer war, woher sie vielleicht auch ihren Namen, d. i. die Umherschweifende, erhalten haben mag, ohne jedoch als gemeine Person zu gelten[5]; unsicher dagegen ist, ob sie zu= gleich Gastwirthin gewesen. Doch ihr Herz scheint bereits gewendet und mit dem früheren Lebenswandel gebrochen zu haben, als die Kundschafter bei ihr eintraten, wie aus ihren Worten und Thaten erhellt, und es ist die Meinung des Lyranus nicht ganz abweisbar, daß sie früher schon, als sie die Großthaten Jehova's an Israel vernommen hatte, ihr bisheriges Leben bereute und zum Glauben an den Gott Israels hinzuneigen begann.

Als der König von Jericho gehört hatte, daß fremde Männer das Haus der Rahab betreten haben, schöpfte er Verdacht und ließ ihr durch abgesendete Boten sagen: „Gib die Männer heraus, die als Kundschafter in dein Haus gekommen sind." Rahab, welche eine Gefahr für ihre Gäste vielleicht gleich anfangs schon vermuthete, oder doch gewiß, als sie die herbeieilenden Boten bemerkte, verbarg die beiden Kundschafter auf dem flachen Dache ihres Hauses unter den Flachsstengeln, welche daselbst zum Trocknen ausgebreitet waren, und erklärt den königlichen Häschern: „Zu mir sind allerdings die Männer gekommen, allein ich weiß nicht, woher sie waren, und als man in der Dunkelheit das Thor schloß, sind sie wieder hinausgegangen, ich weiß nicht wohin. Jaget ihnen schnell nach, gewiß, ihr werdet sie ergreifen." Wie ver= hält es sich nun mit dieser Unwahrheit, wodurch Rahab nicht bloß jeden Verdacht des Einverständnisses mit den bei ihr eingekehrten hebräischen Kund= schaftern von sich abzuwenden, sondern auch die weitere Nachforschung nach denselben von ihrem Hause abzuwenden und das Ergreifen derselben zu ver= eiteln weiß? Es verhält sich hier ebenso wie mit der Nothlüge der ägyptischen Hebammen[6]. Eine Lüge ist selbst dann nicht erlaubt, wenn es sich um die Rettung von Menschenleben handelt. Auch wenn wir annehmen, daß Rahab, von der Allmacht Jehova's und von der Wahrheit seiner Wunder überzeugt, im guten Glauben handelte, daß der wahre Gott das Land Canaan den Israeliten bestimmt habe und somit jeder Widerstand gegen dieselben vergeblich und ein widersinniges Handeln gegen den allmächtigen Gott wäre, daß ferner sie sich dabei gar nicht von der Absicht, sich und ihre Verwandten von dem Verderben zu retten, bestimmen ließ, und ihre Gesinnung, aus welcher ihre

---

[1] 3 Kön. 3, 16.   [2] 30, 24.   [3] Jes. 23, 15.
[4] *Calmet, Estius, Malvenda.*
[5] *Malvenda* zu Jos. 2: Rahab a dilatatione seu relaxatione dicitur. vel platea, fortasse sic appellata, quod laxae et dissolutae vitae esset.
[6] Oben S. 150.

Handlung floß, im Glauben an den lebendigen Gott wurzelte, werden wir ihre Lüge nie ganz entschuldigen können; sie ist und bleibt Schwachheitssünde, zu welcher diese Frau in ihrer Noth und guten Absicht [1] ihre Zuflucht nahm und die ihr um ihres Glaubens und ihrer Werke wegen in Gnade vergeben wurde. Also nicht die Lüge, sondern ihre guten Werke und ihr Glaube wurden in der Folgezeit von Gott belohnt [2].

Ist etwa Rahab des Hochverrathes an ihrem Lande und Volke zu beschuldigen, indem sie die feindlichen Kundschafter nicht bloß beherbergte, sondern auch deren Rettung und Flucht bewerkstelligte? Gewiß nicht. Sie erkannte im Glauben den göttlichen Beschluß der Vernichtung ihres Volkes, sowie daß ein Widerstand von ihrer Seite eitel sei und sie durch Auslieferung der Fremden nur noch zur größeren Verschuldung ihrer Nation beitragen würde, daß sie dagegen durch Erhaltung derselben sich selbst den größten Nutzen verschaffe, nämlich die Erhaltung des eigenen Lebens und ein noch viel höheres Gut, den Glauben und die Erkenntniß der wahren Religion und damit zugleich den Anspruch auf einen noch seligeren Zustand im Jenseits.

Nachdem die königlichen Boten, welche ihr als Priesterin auf's Wort glaubten und eben deßhalb keine Haussuchung vornahmen, aus der Stadt geeilt waren und man das Thor aus Vorsicht geschlossen hatte, begab sich Rahab zu den auf dem Dache versteckten Kundschaftern, noch ehe diese sich schlafen gelegt hatten, und enthüllt nun die Gedanken ihres Herzens. „Ich weiß," sagt sie, „daß Jehova euch dieses Land gegeben und daß der Schrecken vor euch auf uns gefallen ist und Verzagtheit alle Canaaniter ergriffen hat. Wir haben gehört, daß Jehova das Wasser des rothen Meeres ausgetrocknet für euren Eingang in dasselbe, als ihr aus Aegypten ausgezogen waret, und was ihr den zwei Königen der Amorrhiter gethan, jenseits des Jordan, dem Sehon und Og, welche ihr getödtet habt. Und weil wir dieses gehört, fürchteten wir uns und unser Herz zagte, und der Muth entfiel uns bei eurem Anzuge, denn Jehova, euer Gott, ist der Gott im Himmel oben und auf Erden unten." Rahab konnte von dem Gotte und der Geschichte Israels leicht Kenntniß haben, waren ja die Großthaten Jehova's an Israel allen umliegenden Heidenvölkern bekannt geworden; sie bestätigt nur die Wirklichkeit dessen, was Moses in seinem Lobgesange nach dem wunderbaren Durchzuge durch's rothe Meer in prophetischer Weise vorausgesagt hatte [3]. Diese Wunder, von denen sie hörte, mußten bei ihr, als Priesterin, um so leichter die Ueberzeugung von der Nichtigkeit ihres Götzen und von der Wahrheit des Gottes der Israeliten erwecken. Jehova, der Gott Israels, ist nach ihrer gewonnenen Ueberzeugung der einzig wahre Gott im Himmel und auf Erden.

---

[1] *Chrysost.*, hom. 7 de poen. n. 5: O pulchrum mendacium, o pulchrum dolum, divina non prodentem. sed pietatem custodientem!

[2] *Aug.*, cont. mend. cp. 17: Raab in Jericho, quia peregrinos homines Dei suscepit hospitio. quia in eorum susceptione periclitata est, quia in eorum Deum credidit. quia diligenter eos, ubi potuit occultavit, quia per aliam viam remeandi consilium fidelissimum dedit, etiam supernae Jerusalem civibus imitanda laudetur. Quod tamen mentita est. etiamsi aliquid ibi propheticum intelligenter exponitur, non tamen imitandum sapienter proponitur; quamvis Deus illa bona memorabiliter honoraverit, hoc malum clementer ignoraverit.

[3] Er. 15, 14 f.

Bewunderungswürdig ist dieser Glaube, zu dessen Erkenntniß ja auch Israel durch die wunderbare Hilfe des Herrn kommen sollte [1]. Doch die Wunder der Allmacht, welche das empfängliche Herz der Götzenpriesterin und Sünderin zum Glauben führten und der Weg zu ihrem Heile wurden, verstockten die übrigen Canaaniter um so mehr, so daß sie dem Gerichte des Herrn verfielen.

Voll dieses Glaubens, verräth Rahab die hebräischen Kundschafter nicht, sondern rettet ihnen das Leben, fügt aber hinzu: „Nun aber schwöret mir bei Jehova, daß wie ich Barmherzigkeit an euch gethan, so auch ihr thun wollet an dem Hause meines Vaters und mir ein zuverlässiges Zeichen gebet, daß ihr schonen wollet meinen Vater und meine Mutter und meine Brüder und Schwestern, und Alles, was ihnen gehört und unser Leben vom Tode errettet.“ Beachtenswerth ist, daß Rahab den Gott Israels immer Jehova nennt; hatte ja doch der Glaube an Jehova ihr ganzes Herz erfüllt. Jehova war nun auch ihr Gott und eben deßhalb vermeidet sie es, den Namen ihrer Götzen auch nur über ihre Lippen zu bringen. Sie erwähnt weder eines Gatten, noch ihrer Kinder, war demnach nicht verheirathet, wie dieses ihr Priesterthum mit sich brachte. Die Kundschafter verpfänden ihr Leben für das Leben der Rahab und ihrer Familie und schwören, wenn diese ihre Sache nicht verräth, ihr Erbarmen und Treue zu erweisen.

Hierauf ließ Rahab die Kundschafter an einem Seile zum Fenster hinab ins Freie, denn ihr Haus stand an der Stadtmauer, und gab ihnen noch den Rath, auf die entgegengesetzte Seite gegen das Gebirge zu fliehen, um nicht etwa den zurückkehrenden Boten zu begegnen, und dort drei Tage sich aufzuhalten, bis die Verfolger zurück sind. Die Kundschafter, eingedenk ihres gemachten Schwures, beugen aber noch jeder willkürlichen Deutung desselben durch drei Bedingungen vor, bei deren Nichterfüllung sie ihres Eides frei sein würden. Zuerst soll Rahab bei der Einnahme der Stadt ihr Haus den Israeliten erkenntlich machen, indem sie die aus scharlachrothen Karmesinfäden gedrehte Schnur, an welcher sie herabgelassen wurden, an das Fenster binden solle; die zweite Bedingung ist, daß sie bei Eroberung Jericho's ihre Eltern, Geschwister und Verwandte zu sich in ihr Haus versammle; wer aus der Hausthüre herausgeht, der trage, wenn er erschlagen wird, den Tod als seine Schuld; wer aber Jemanden antastet, der bei ihr im Hause ist, dessen Blut soll auf ihr (der Kundschafter) Haupt zurückfallen. Die dritte Bedingung ist die gleich anfangs aufgestellte Hauptbedingung, daß Rahab die Kundschafter nicht verrathe. Nachdem sie alle diese Bedingungen angenommen hatte, entließ sie die Männer [2].

Als nach der Einnahme von Jericho Menschen und Vieh getödtet wurden, sendet Josue, welchem vor allem Andern die Heilighaltung des der Rahab geleisteten Schwures am Herzen lag [3], die zwei Kundschafter in's Haus derselben mit der Weisung: „Gehet in das Haus der Buhlerin und bringet sie heraus und Alles, was ihr gehört, wie ihr es eidlich derselben versprochen

---

[1] Deut. 4, 39. [2] Jos. 2.
[3] *Ambros.*, l. 7 in Luc. n. 72: Josue sollicitus fidem magis servare, quam vincere, meretricis prius mandat salutem, quam excidium civitatis.

habt." Die Jünglinge gingen nun hinein und führten die Rahab sammt ihren Verwandten und allem ihrem Hausrath heraus und gaben ihr Aufenthalt außerhalb des Lagers Israels; denn als Heiden waren sie unrein und konnten nicht früher in's Lager der Israeliten zugelassen werden, bis sie alles gethan hatten, was zur förmlichen Aufnahme in die Gemeinde des Herrn erforderlich war, nämlich das Aufgeben der Abgötterei, die Bekehrung zu Jehova, die sonst üblichen Lustrationen und Reinigungen und bei den Männern die Beschneidung. Während Alles in Jericho dem göttlichen Banne verfiel, ließ Josue Rahab die Buhlerin und die Familie ihres Vaters, und alles, was ihr gehörte, leben, was nicht bloß von Verabreichung von Lebensmitteln allein zu verstehen ist, und sie nahmen Wohnung mitten in Israel bis auf den heutigen Tag (nämlich der Abfassung unseres Buches)[1]. So tritt also die gläubig gewordene Canaaniterin, als Repräsentantin des Heidenthums, ein in die Gemeinde Israel und nimmt Theil an den Prärogativen des erwählten Volkes, an der Vertheilung des gelobten Landes[2], sowie an der Segenfülle des Bundes, zum Zeichen, daß auch das Heidenthum für den Segen des Herrn bestimmt ist und nur durch starres Festhalten am Götzendienste sich dieser Gnade beraube. Wie einst Jonas unter den Niniviten, so war Rahab eine Verkündigerin der göttlichen Gerechtigkeit und Barmherzigkeit unter den Canaanäern[3], ja noch mehr, Rahab wird die Frau des Salmon, Fürsten des Hauses Juda, welcher aus ihr den Booz erzeugt, und dadurch in die Reihe der Stammmütter Jesu aufgenommen[4]. In dieser großen Auszeichnung, welche dieser gläubig gewordenen heidnischen Sünderin, die wir mit Recht als die Maria Magdalena des Alten Testaments bezeichnen können, zu Theil geworden, sollte den Israeliten die einstige Einfindung der Heiden in das Reich Gottes nahegelegt werden, ja daß Zöllner und Buhlerinnen vor Israel in dasselbe eintreten werden[5], sowie auch der geheimnißvolle Plan Gottes, daß der messianische Segen nicht an den physischen Gesetzen der Fortpflanzung hafte, sondern in der freien Gnadenwahl Jehova's seinen Grund habe, und der Messias nicht für die Gerechten, sondern für die Sünder komme[6]. Bedeutungsvoll ist die Rettung und Einpflanzung Rahabs an der Schwelle des gelobten Landes; sie und ihr Haus sind die Erstlinge der Heiden, welche in den förmlichen Bund Jehova's, mithin in die alttestamentliche Kirche aufgenommen werden, und somit ein Typus der

---

[1] Jos. 6, 22 f.

[2] *Josephus Flav.*, Ant. V. 1, 7: Mox eam (Josue) agris donavit et postea omni in honore habuit.

[3] *Procopius*, com. in Jos. cp. 6. *Chrysost.*, hom. 7 de poen. n. 4: Habebant intus poenitentiae doctorem, mirabilem illam Rahab, quam per poenitentiam salvam feci. Ejusdem erat massae, sed quia ejusdem non erat sententiae, non communicavit peccato, quae non communicavit incredulitati.

[4] Matth. 1, 5.

[5] Matth. 21, 31. Vgl. *Cyrillus Hier.*, cat. 10 de uno Dom. J. Chr. n. 11. *Irenaeus, Procop.*, com. in Jos. u. A.

[6] *Joannes Chrysost.*, hom. 3 in Matth.: Ruth et Rahab meminit, quarum altera alienigena, altera meretrix erat, ut edisceres ipsum venisse ut mala omnia nostra solveret. Ut medicus enim, non ut judex venit. Quemadmodum igitur hi fornicarias duxere mulieres, ita et Deus naturam fornicatam copulavit sibi.

Erstlinge der Heidenwelt, der drei Magier an der Krippe des Herrn. Ra=
hab ist gleich einem wilden Reis, welches auf den edlen Oelbaum eingepfropft
wird [1]. Ihre Verschonung ist nicht etwa bloß ein Werk der Kundschafter,
sondern ein Werk Josue's, welcher im Namen Jehova's die Rettung der
Rahab gebietet [2]. Daß Rahab ihre Rettung, ihre Rechtfertigung aus dem
werkthätigen Glauben, aus freier Gnade gewann, bestätigt das Neue Testa=
ment. Rahab muß, bemerkt Grimm [3], bedeutungsvoll in der Geschichte
Israels gelebt haben, sonst konnte nicht der Hebräerbrief [4] unmittelbar neben
den Thaten der ersten Glaubenshelden Israels einzig noch auf die Glaubens=
that der Rahab ausführlicher hinweisen: „Durch den Glauben ging Rahab,
die Hure, nicht zu Grunde mit den Ungläubigen, nachdem sie die Kundschafter
friedlich aufgenommen hatte", ja konnte am allerwenigsten Jakobus [5], der
gleichfalls an Israeliten schreibt, neben Abraham einzig noch Rahab die
Buhlerin nennen, die wie der Patriarch aus den Werken gerechtfertigt [6]
wurde, indem sie die Kundschafter aufnahm und auf einem andern Wege
fortschaffte. Sie ist, wie der hl. Chrysostomus sich ausdrückt, eine im Kothe
verborgene Perle, ein im Schmutze liegendes Gold, eine herrliche mit Dornen
umgebene Blume, eine fromme Seele an einem gottlosen Orte.

Rahab, welche nach ihrer Bekehrung in die Gemeinde Israels aufgenommen
wurde, wird von den Exegeten und heiligen Vätern [7] als Typus der Heiden

---

[1] Vgl. Röm. 2, 24. *Origenes*, hom. 7 in lib. Jesu Nave: Si vis manifestius
videre, quomodo Rahab adjungitur Israeli, intuere, quomodo ramus oleastri inseri-
tur in radicem bonae olivae. *Theodoret.*, qu. 8 in Jos.

[2] Jos. 6, 22.

[3] Die vier Frauen im Stammb. Lüb. Qu.=Schr. 1859. S. 442.

[4] 11, 31. *Chrysost.*, hom. 7 de poen. n. 5: Generosus Paulus, cum ejus
fidei dignitatem edidicisset, non eam reprobam putans ob priorem statum, sed
acceptabilem ob divinam mutationem, eam sanctis omnibus connumerat.

[5] 2, 25.

[6] *Clemens Rom.*, ep. 1 ad Cor. n. 12: Ob fidem et hospitalitatem servata est
Rahab meretrix. *Aug.*, l. cont. mend. cp. 15. *Chrysost.*, hom. 7 de poen. n. 5:
Rahab non ex solo sermone salutem consequitur, sed praecipue ex fide et affectu
erga Deum. Erat in fornice ceu margarita in coeno volutata. aurum projectum in
luto jacens, flos pietatis spinis obrutus, pia anima in impietatis loco concludebatur;
u. hom. 4 de laud. Pauli: Jerichontina meretrix, quae nihil omnino ex mirabilibus
viderat, ostendit tamen fidem in exploratorum susceptione mirabilem. *Gregor.*
Naz., carm. l. 1. theol., sect. II. poem. mor. XVII. v. 37: Rahab minus honestam
ducebat vitam, sed et illam illustrem fecit summus hospitalitatis amor. *Cyrillus*
Hier., cat. 2 de poen. n. 9: Rahab, quae palam publiceque scortationem exerce-
bat, per poenitentiam salutem adepta est. *Procopius*, com. in Jos. 2: Proponit
pristinam meretricis vitam, quo magis ipsius mutationem admireris ... Fides
autem ejus est mirifica ... Est vero haec mulier cujusdam margaritae in luto
defossae instar, quae exitum Israelis ex Aegypto non adscribit diis ... Ac quod
fama non percepit, divina ope per fidem abripuit.

[7] *Origenes*, hom. 3 in Jos.: Raab interpretatur latitudo. Quae est ergo latitudo, nisi ecclesia haec Christi. quae ex peccatoribus velut ex meretricatione
collecta est? ... Ipsa signum coccineum ponit in domo sua, per quod salvari
de excidio debeat civitatis. Aliud nullum fuit signum, quod acciperet, nisi coccineum. quod sanguinis formam gerebat ... Etiamsi de illo populo vult aliquis
salvari, ad hanc domum veniat, ut salutem consequi possit. Ad hanc veniat domum, in qua Christi sanguis in signo redemptionis est ... extra hanc domum,

betrachtet, welche in die Kirche eingingen, und zwar mit Recht. So wie Rahab, einst eine Dienerin der Götzen und Buhlerin, durch die Aufnahme der Kundschafter eine gläubige und keusche Frau geworden ist, so wurden auch die ungläubigen, unreinen, götzendienerischen Heiden durch die Aufnahme des Wortes der Apostel in gläubige, fromme Christen umgewandelt. Wie das rothe Seil, welches sie an das Fenster hing und dieselbe Bedeutung hatte, wie einst das an die Thürpfosten gestrichene Blut, daß nämlich der Würg=engel schonend vorübergehe, das Zeichen ihrer Rettung war, ebenso wurde

---

i. e. extra ecclesiam nemo salvatur; u. Matth. comment. ser. n. 125. *Clemens Rom.*, ep. 1 ad Cor. n. 12: Et signum ei dare addiderunt, ut funiculum nempe coccineum appenderet de domo sua: manifestum facientes, quod per sanguinem Domini futura esset redemtio universis credentibus et sperantibus. *Hieron.*, cp. 52 (al. 2) ad Nepot.: Rahab meretrix in typo ecclesiae resticulum, mysterium sanguinis continentem, ut Jerichunte pereunte domus ejus salvaretur, appendit; adv. Jovin. l. 1. n. 23 u. in Ps. 86. *Aug.* in Ps. 86. *Ambros.*, serm. 46 de Salom.: Raab illa meretrix ... quod signo cocci signata est, qui color figuram Christi sanguinis indicabat et quod eversionem civitatis evasit, Ecclesiae typum habuit, quae per sanguinem Christi ruinam mundi istius secura non metuit; u. l. 5 de fide cp. 10: Quae in excidio civitatis remedia desperaret salutis, quia fides vicerat, signa fidei atque vexilla dominicae passionis attollens, coccum in fenestra ligavit, ut species cruoris mystici, quae foret mundum redemtura, vernaret. *Chrysost.*, hom. 7 de poen. n. 5: Rahab est figura ecclesiae in fornicatione daemonum olim volutatae, nunc vero Christi exploratores suscipientis, non a Jesu Nave filio, sed a Jesu vero Servatore missos apostolos ... Digna omni laude Rahab, ecclesiae imago. *Irenaeus,* l. 4 cont. haer. *Justinus* in dial. cum Tryph.: Funiculi coccinei symbolum ... sanguinis Christi signum similiter prae se tulit, per quem vetusti fornicatores et iniqui homines ex gentibus omnibus salvantur. *Cyprianus,* lib. de unit. eccl. 8; u. de haer. bapt. 4: Rahab ipsa quoque typum portabat ecclesiae ... quo sacramento declaratur, in unam domum solam, i. e. in ecclesiam victuros et ab interitu mundi evasuros colligi oportere, quisquis autem de collectis foras exierit, i. e. si quis ab ecclesia exierit, reum sibi futurum i. e. ipsum sibi, quod pereat, imputaturum. *Cyrillus Hier.*, cat. 10 de uno Dom. J. Ch. n. 11. *Theodoret.*, qu. 8 in Jos.: Istud etiam praefigurat ea, quae nostra sunt. Ait enim Dominus: Et alias oves habeo, quae non sunt ex hoc ovili et illas oportet me adducere (Joh. 10, 16). *Procopius* in Jos.: Luculentam figuram ecclesiae gentilis praetulit, ejus, inquam, quae prius in scortatione daemonum volvebatur ... Quare salutis mercedem cum tota sua familia percepit, cum signo funis coccinei Christi sanguinem significanti credidisset. *Rupertus,* cp. 10 in Jos.: Notae fidei et celebris memoriae meretrix ista tam nomine quam vita, maxime autem facto praesenti collectam et colligendam de gentibus ecclesiam significat. Nomine videlicet, Raab quippe latitudo interpretatur. Et certum est, quia s. catholica ecclesia latissime per totum orbem terrarum diffusa est. Vita vero, quia quemadmodum meretrix haec multis viris prostituta, sic gentilitas, quae nunc est ecclesia, multorum deorum vile prostibulum fuit. Facto autem praesenti, quia quemadmodum haec exploratores ab Josue missos, sic ecclesia apostolos vel praedicatores a Salvatore legatos, domo excepit, hospitalitate fovit, fide servavit; u. cp. 12: Signum istud, funiculus iste coccineus in fenestra ligandus, titulus est passionis Dominicae inter oculos ecclesiae jugiter pingendus: coccineus, inquam, funiculus, sanguineum est crucis signaculum jugiter pinguendum in fronte ejus. *Isidorus,* Alleg. V. T. n. 73: Raab meretrix figuram tenuit ecclesiae, quae per coccum, i. e. per passionis dominicae signum ab interitu mundi salvatur; u. qu. in Jos. cp. 2: Raab typum tenet ecclesiae, quae de extraneis atque alienis gentibus congregata est, quae antea vivens in desideriis carnis, fornicabatur in idolis; vgl. cp. 7.

auch die Kirche durch das Blut Christi erlöst und gerettet. Rahab rettete alle ihre Verwandten, die sie ohne Zweifel zum Glauben an den einen wahren Gott führte, und erweiterte, wie dieß mit Recht ihr Name schon andeutet, die Kirche; ebenso ist die Kirche durch Aufnahme der Heidenvölker über den ganzen Erdkreis ausgebreitet worden. Außer ihrem Hause verfällt Alles dem Banne und dem Verderben, ihr Haus allein ist die rettende Arche; ebenso gibt es außer der einen wahren Kirche kein Heil. Endlich wird die Gesammtkirche und ihre Glieder, wie Rahab, durch den Glauben und die daraus fließenden guten Werke gerechtfertigt. Mehrere Kirchenväter[1] beziehen daher auch die Worte: „Ich will Rahabs[2] und Babylons gedenken"[3], d. h. sie als meine Bekenner erwähnen, hieher und sehen darin den Eintritt der Heiden in das Reich Gottes vorherverkündet. Rahab, welche mit Bestimmtheit behauptet, der Herr habe den Israeliten das Land gegeben, wird deßhalb auch als Prophetin bezeichnet[4].

Schon Theophylactus und nach ihm Andere haben Zweifel an der Identität der Buhlerin Rahab mit der in der Geschlechtstafel Christi erwähnten Rahab gehegt, größtentheils aus dem Grunde, daß eine Buhldirne wohl kaum in das Geschlechtsregister des Herrn aufgenommen worden wäre; allein nach unserer oben gegebenen Erklärung verschwindet dieses Bedenken gänzlich. Was die verschiedene Schreibweise des Namens bei Matthäus ἡ Ῥαχάβ betrifft, während die Hure Rahab sowohl in den LXX als in Heb. 11, 31 und Jak. 2, 25 Ῥαάβ geschrieben ist, kann diese schon beßhalb die Identität nicht entkräftigen, weil Josephus die Hure Rahab stets ἡ Ῥαχάβη nennt. Die chronologische Schwierigkeit, daß Salmon und Rahab in zu hohem Alter den Booz, den Urgroßvater Davids, gezeugt haben müßten, würde nur dann in's Gewicht fallen, wenn es bestimmt wäre, daß in der Genealogie Davids[5] alle Geschlechtsglieder aufgezählt seien, allein das Gegentheil, nämlich die Weglassung unberühmter Vorfahren in den Geschlechtsverzeichnissen, ist nach der Sitte des Orientes außer Zweifel gesetzt.

---

[1] *Aug.* in Ps. 86: Memor ero Rahab. Quae est ista? Meretrix illa in Hiericho . . . quae praesumpsit in promissione, quae timuit Deum, cui dictum est, ut per fenestram mitteret coccum, i. e. ut in fronte haberet signum sanguinis Christi. Salvata est ibi et ecclesiam gentium significavit. *Hieron.* in Ps. 86: Memor ero Raab, illius meretricis, quae suscepit exploratores Jesu . . . ecclesia de gentibus congregata. *Ambros.*, l. 5 de fide cp. 10: Quia intellexit Rahab coeleste mysterium, dicit dominus in Psalmo: Memor ero Rahab . . . *Cyrillus Hier.*, cat. 2 de poen. n. 9. *Theodoret.* in Ps. 86. *Rupertus*, cp. 12 in Jos.

[2] רָהַב bezeichnet den Stolz, Uebermuth und wird zum Unterschiede von רָהָב bei Josue auf Aegypten bezogen. Uebrigens bemerkt *Hieronymus* zu Ps. 86: Juxta anagogen Raab dupliciter interpretatur. Aut interpretatur latitudo, aut certe superbia . . . Illa quae quondam ambulabat in lata et spatiosa via, quae ducit ad mortem, illa quae superba erat et habebat impetum ad ruinam, postea reversa est in humilitatem . . . Illa quae quondam erat in latitudine peccatorum, ascendit postea ad memoriam Dei.

[3] Ps. 86, 4.

[4] *Clemens Rom.*, cp. 1 ad Cor. n. 12: Videte, non solum fides, sed etiam prophetia in muliere exstitit. *Origenes* in Jos. hom. 3: Ista meretrix ex meretrice efficitur jam propheta, dicit enim: Scio, quia Dominus tradidit vobis terram hanc. *Procop.* in Jos. 2: Hospes haec meretricis loco vates quoque evasit.

[5] Ruth 4, 21 f. 1 Par. 2, 11 u. Matth. 1, 5.

Die Angabe der späteren Rabbinen, daß Josue die Rahab geheirathet habe, und Hulda von ihr abstamme[1], sowie die des Talmud[2], welcher sie zur Mutter von acht Propheten und Priestern macht, gehören in das Bereich der Fabeln.

Während die canaanitische Buhlerin Rahab die israelitischen Kundschafter gastlich aufnahm, im Glauben den wahren Gott umfing, dadurch ihr Leben rettete und der Gemeinde Israels eingepflanzt wurde: betraten kurze Zeit früher die Töchter Moabs und Madians den entgegengesetzten Weg. Während nämlich die Israeliten in den Gefilden Moabs zu Setim lagerten, fingen sie an mit den Töchtern Moabs und Madians Hurerei zu treiben, indem sie, von diesen zu den Opferfesten ihrer Götter geladen, an den Götzenopfermahl= zeiten theilnahmen, die Götter anbeteten und insbesondere dem unzüchtigen Dienste des Beelphegor (Priapus) fröhnten. Der Urheber dieses gottlosen Versuches, Israel durch Verleitung zum Götzendienste von Jehova abwendig und so unschädlich zu machen, war der Prophet Bileam[3], welcher diesen beiden Völkern den Rath gegeben hatte, durch die Schönheit ihrer Töchter die lüsternen Israeliten zu fesseln und zum unzüchtigen Dienste des Beelphegor zu verleiten[4], um sich so an diesem Volke zu rächen, da er durch die wider seinen Willen ausgesprochene Segensweissagung über Israel um seinen Lohn gebracht worden war. Nach Josephus[5] gab Bileam den Moabitern und den Madianitern den Rath, sie sollten die schönsten Töchter ihres Landes in die Nähe des israelitischen Lagers schicken, und wenn die Israeliten, von Liebe und Leidenschaft geblendet, sie begehren würden, so sollten sie die Flucht heucheln, um sie noch mehr zu entflammen, und dann erst sich ihnen preis= geben, wenn diese ihren Glauben abgeschworen und den Götzen gehuldigt haben würden[6]. Fleischeslust war also das Netz, durch welches die schönen Töchter Moabs und Madians mit wohlberechnetem Plane die Israeliten an= lockten und zum Götzendienste verführten[7]. Josephus schildert auch in extenso die Verhandlungen, welche darob zwischen den Mädchen Madians und den israelitischen Jünglingen sich entspannen. Da entbrannte der Grimm Jehova's wider das Volk, so daß er den Aeltesten befahl, diejenigen, welche sich dem Beelphegor geweiht haben, zu tödten und an einem Pfahle aufzuhängen.

Während die Gemeinde Israels in größter Betrübniß vor der Stifts= hütte versammelt war und berathschlagte, führte Zambri, ein Fürst aus dem

---

[1] Vgl. *Lightfoot*, hor. heb. et talm. in Matth. 1, 5. *Meuschen*, N. Test. ex talmud. illust. p. 40.

[2] Gemara babyl. Megillah f. 14, 2.　　　[3] Num. 31, 16.

[4] *Theodoret.*, qu. 44 in Num.: Persuasit Madianitis, ut non viros sed mu= lieres contra illos armarent, quibus armorum vice corporis venustas et verborum illecebrae essent: ut pulchritudine capti, ac verborum lenociniis illecti illorum idolis servirent.

[5] Ant. IV. 6, 6.

[6] *Rupertus*, l. 2 in Num. ep. 26: Hoc ejus consilio factum est, ut luxu= rioso populo filiarum Moab objiceretur pulchritudo, ea commiscendae fornicationis conditione interposita, ut appetitu concitato non ante viris mulierculae succumbe= rent, nisi prius vocati ad sacrificia comederent et adorarent idola earum. *Procop.* zu Num. 26.

[7] *Origenes*, hom. 20 in Num.: Captivantur ergo Israelitae non ferro, sed luxu, nec virtute, sed libidine et fornicantur in mulieres Madianitidas.

Stamme Simeon, die Tochter des madianitischen Häuptlings Sur, Cozbi mit Namen, vor den Augen Mosis und der ganzen Gemeinde in's Lager der Israeliten, nicht etwa, wie Josephus [1] meint, als seine rechtmäßige Frau, sondern um mit ihr in seinem Zelte zu huren. Eine so schamlose Frechheit dieses Israeliten entflammte den gerechten Eifer des Phinees, Sohnes des Hohenpriesters Eleazar, so daß er einen Spieß ergriff, in das Zelt eilte und Beide auf frischer That an den Zeugungsgliedern durchbohrte. Dieses im heiligen Eifer vollstreckte Gericht that wie ein Sühnungsmittel der über Israel verhängten Plage, welcher bereits 24 000 Mann erlegen waren, Einhalt, und für diese That wurde dem Phinees und seinen Nachkommen der ewige Bestand des Priesterthumes als Bund des Friedens Jehova's mit ihm zugesichert. Darauf befahl der Herr dem Moses, die Madianiter zu schlagen, weil sie Israel befeindet und mit List zum Götzendienste verleitet haben; denn in der schamlosen Frechheit der madianitischen Fürstentochter Cozbi erreichte ihr Frevel den Höhepunkt [2]. Nach dem Talmud [3] soll Zambri die Madianitin am selben Tage 424mal berührt und Phinees so lange auf ihn gewartet haben, bis seine Kräfte ganz geschwächt waren.

In dem Rachekriege, welchen die Israeliten auf Gottes Geheiß gegen die Madianiter führten, wurden alle erwachsenen Männer, die fünf madianitischen Fürsten, darunter auch Sur, der Vater der Cozbi, und Bileam, welcher jetzt seinen Judaslohn erhielt, getödtet, die Weiber und Kinder aber sammt der Beute weggeführt. Als Moses, Eleazar und die Fürsten die Letzteren sahen, wurden sie zornig über die Heerführer, und Moses sprach zu ihnen: „Warum habet ihr die Frauen aufgehalten? Sind es nicht diese, welche die Söhne Israels verführten nach dem Rathe Bileams und euch zum Abfalle vom Herrn brachten durch die Sünde mit Phogor? Darum tödtet alle, die männlichen Geschlechtes sind, und die Frauen, welche Männer in der Beiwohnung erkannt (somit den unzüchtigen Phegordienst getrieben) haben [4], erwürget (damit das Volk von jeder Befleckung mit diesem abscheulichen Götzendienste bewahrt bleibe), Mädchen aber und alle Jungfrauen behaltet für euch!" [5] Die Zahl der Letzteren belief sich auf 32 000, welche als Sclavinnen verwendet wurden. Die Hälfte derselben fiel den Kämpfern, die andere der Gemeinde zu, wovon der Stamm Levi 320 Jungfrauen erhielt [6]. Es ist nicht unwahrscheinlich, daß Rahab auch von dem Schicksale der Cozbi und der Töchter Madians Kunde erhalten habe und dieses ein Grund mehr zu ihrer Bekehrung war.

§ 15. Ara — Maacha.

Von Caleb, dem Sohne Jephone's aus dem Stamme Juda [7], welcher von Moses zur Auskundschaftung Canaans ausgeschickt wurde und seine Glaubenstreue dadurch bewährte, daß er sein Volk zum kühnen Angriff gegen dasselbe ermuthigte und eben deßhalb dem allgemeinen Strafgerichte des Volkes nicht

---

[1] Ant. IV. 6, 10. [2] Num. 25. [3] Tr. Sanhedrin fol. 82. col. 2.
[4] *Theodoret.*, qu. 48 in Num.: Eo quod impietatis dogmata didicissent et eos inquinare possent, qui illas bello ceperant.
[5] Num. 31, 1—18. [6] Num. 31, 35. 46. 47. [7] Num. 13, 7.

verfiel, sondern sogar später als Belohnung seiner That das Gebiet Hebron erhielt, wird eine Tochter Namens Axa (עַכְסָה) wegen folgender Begebenheit angeführt.

Als Caleb die Enakiter aus Hebron vertrieben hatte, zog er gegen die Bewohner von Debir, südlich von Hebron. Für die Einnahme dieser Stadt, welche wahrscheinlich befestigt war, setzte er für den Eroberer einen Preis aus; er verspricht nämlich demjenigen, welcher die Stadt Debir, früher Cariath Sepher, d. i. Schriftstadt, genannt, einnehmen würde, seine Tochter Axa zum Weibe, ähnlich wie nachmals Saul dem Besieger Goliaths seine Tochter zu geben versprach [1]. Da nahm Othoniel, der Sohn des Cenez, des Bruders Calebs (nach Richt. 1, 13 u. 3, 9 war Othoniel Calebs jüngerer Bruder), Debir ein und Caleb gab ihm seine Tochter Axa zum Weibe. Als nun diese mit ihrem Manne in dessen Wohnung fortzog, wurde sie von ihrem Manne beredet, daß sie von ihrem Vater ein Grundstück erbitte. Wenn der hebräische Text sagt: daß Axa selbst ihren Mann dazu drängte, so lassen sich beide Aussagen folgendermaßen vereinigen: Axa drängte den Othoniel, daß er ein Grundstück von ihrem Vater erbitte, oder wenigstens gestatte, daß sie die Bitte stelle; da nun dieser sich nicht dazu herbeilassen wollte, so gab er ihr den Rath, sie möge selbst diese Bitte stellen [2]. Dieses Grundstück gehörte nicht zu Debir, da ein solches ihnen von selbst zufiel, sondern war ein an-baufähiges Land, welches reich bewässert war. Um ihren Zweck zu erreichen, sprang sie von dem Esel, auf welchem sie ritt, herab, das Zeichen einer beson-deren Ehrfurchtsbezeugung (Vulg.: sie seufzte, da sie auf dem Esel saß), woraus Caleb schloß, daß seine Tochter ein besonderes Anliegen habe, und er sprach zu ihr: „Was hast du?" Da fordert Axa von ihm eine Segens-spende: „Du hast mir ein südliches und dürres Land gegeben, füge auch ein wasserreiches dazu." Da gab Caleb ihr die Ober- und Niederquellen, d. h. ein Gebiet, welches mit höher und nieder gelegenen Quellen versehen war [3].

Origenes [4] betrachtet die Axa als einen Typus der Kenntniß und Wissenschaft des Göttlichen. Nach Gregorius [5] ist die auf dem Esel reitende Axa ein Bild der Seele, welche die unvernünftigen Gelüste des Fleisches regelt und welcher als Geschenk eine zweifache Thränenquelle verliehen wird: Thränen der Sehnsucht nach dem himmlischen Reiche oben, und Thränen, mit denen sie die Strafen der Hölle unten beweint. Nach der Deutung des Rupertus ist Othoniel ein Typus Christi, des göttlichen Richters, und Axa (oder Araf, d. i. medicamentum) ein Bild der Heidenkirche, welche jenem zu Theil wurde. Nachdem sie ein dürres Land, d. i. die Nachlassung der Sünden in der Taufe erlangt, fordert sie noch eine Segensspende, nämlich die Erleuchtung durch den heiligen Geist und das Verlangen nach den himm-lischen Gütern.

---

[1] 1 Sam. 17, 25; 18, 17.
[2] LXX: Consuluit eum eo: petam a patre meo agrum.
[3] Jos. 15, 15—19. Richt. 1, 12—15.
[4] Hom. 20 in Josue. *Lyranus* zu d. Stelle.
[5] Lib. 3 dial. cp. 34 u. Lib. 6 Reg. cp. 23 ad Theoctisten. Vgl. *Rupertus*, cp. 3 in lib. Jud.
[6] Cap. 2 in Josue.

Von diesem Caleb, welcher auch in der Genealogie der Chronik[1] als Sohn des Jephone bezeichnet wird, ist Caleb, der Sohn Hesrons, zu unterscheiden, dessen Geschlechtsregister dasselbe Buch der Chronik anführt[2], und der mit dem früher genannten (B. 9) Calubi, einem Bruder des Jerameel und Ram, identisch ist. Dieser Caleb hatte mehrere Frauen, welche die heilige Schrift anführt, und zwar die Azuba, mit welcher er die Jerioth und drei Söhne zeugte. Jerioth ist daher nicht das zweite Weib Calebs, wie man den hebräischen Text erklären wollte, sondern nach der Peschito und Vulgata dessen Tochter. Nach dem Tode der Azuba nahm er Ephrata (Ephrat) zum Weibe, welche ihm den Hur gebar[3]; diese scheint von ihrem Geburtsorte „Caleb Ephrata" (B. 24 im Hebräischen), d. i. Bethlehem, ihren Namen erhalten und denselben als Mitgift dem Caleb zugebracht zu haben, woraus sich dieser Doppelname erklären würde. Nach Midrasch Rabba[4], welcher unsern Caleb mit dem Kundschafter Caleb identificirt, war Ephrat ein anderer Name der Maria, Schwester Mosis, den sie erhalten haben soll, weil sie bei segensreichen Geburten Hilfe leistete. Ihr Sohn war Hur, und dessen Nachkomme Bezaleel, welcher ob der Tugend der Maria solcher Weisheit würdig war[5]. Außerdem hatte Caleb noch zwei Kebsweiber, nämlich Epha, welche ihm drei Söhne schenkte, und Maacha, welche gleichfalls mehrere Söhne gebar[6]. Der Schlußsatz der genealogischen Reihe: „Und Calebs Tochter war Achsa" (B. 49), weist unzweifelhaft auf Caleb, den Sohn des Jephone und Zeitgenossen des Moses und Josue hin, welcher höchst wahrscheinlich ein jüngerer Nachkomme des ältern oben genannten Caleb, des Sohnes Hesrons, war. Wenn wir daher einen doppelten Caleb unterscheiden, so folgt daraus nicht nothwendiger Weise, auch eine doppelte Achsa anzunehmen, nämlich eine Tochter des älteren und jüngeren Caleb. Uebrigens sind alle Schwierigkeiten im Buche der Chronik noch lange nicht gelöst.

Maacha ist ein in der heiligen Schrift nicht seltener Frauenname. Maacha hieß ein Weib Davids, eine Tochter Tholmai's, Königs von Gessur, welche den Absalom gebar[7]. Ebenso hieß die Frau des Roboam und Mutter des Abiam[8], welche eine Tochter, d. i. Enkelin des Abessalams (Absaloms)[9] war; denn in 2 Par. 13, 2, wo sie übrigens Michaia genannt wird, ist sie als eine Tochter des Uriel von Gabaa angeführt. Absalom hatte nämlich eine Tochter Thamar[10], welche den Uriel aus Gabaa heirathete und ihm die Maacha (oder Michaia) gebar[11]. Diese Meinung verdient den Vorzug vor der anderen, welche die Maacha mit Thamar, der Tochter Absaloms, und diesen mit Uriel selbst identificirt; denn Uriel aus Gabaa gehörte zum Stamme Benjamin, Absalom aber zum Stamme Juda. Auch wäre die Tochter Absaloms zu alt gewesen, als daß Roboam sie geheirathet und sogar als seine Lieblingsgattin sich erkoren hätte; denn Roboam liebte sein Weib Maacha mehr, als seine übrigen Weiber und Kebsweiber und bestellte deßhalb auch

---

[1] 1 Par. 4, 15.   [2] L. c. 2, 18 f.   [3] L. c. 2, 18. 19.   [4] Exod. 1.
[5] Mid. Rab. Ex. 48.
[6] 1 Par. 2, 48.   [7] 2 Sam. 3, 3. 1 Par. 3, 2.   [8] 3 Kön. 15, 2. 10.
[9] 2 Par. 11, 20.   [10] 2 Sam. 14, 27.
[11] *Josephus*, Ant. VIII. 10, 1. *Cornelius a Lap.* zu 3 Kön. 15. *Calmet.*

ihren Sohn Abiam als seinen Nachfolger[1]. Unter Asa, dem Sohne des Abias, verblieb Maacha in der Stellung der Königin Mutter, da vielleicht Asa's Mutter frühzeitig gestorben war; da nun dieser König alle Götzengreuel aus seinem Reiche entfernte, so entsetzte er auch seine Großmutter Maacha von der Würde einer Gebieterin, weil sie ein Götzenbild der Aschera in einem heiligen Haine aufgerichtet hatte, ließ das Götzenbild umhauen und im Cedron=thale verbrennen[2].

Denselben Namen Maacha führte ferner das Weib des Machir[3], welche sonderbarer Weise in V. 15 als Schwester dieses Machir aufgeführt ist, während in V. 18 seine Schwester Hammocheleth (Vulgata: Regina) heißt. Jedenfalls ist der V. 15 corrumpirt oder lückenhaft, da Machir offenbar nicht seine Schwester zur Frau nahm. Da in V. 16 weitere Nachkommen des Machir angeführt werden, so liegt die Vermuthung nahe, daß dieser zwei Weiber genommen habe und daß wahrscheinlich das in V. 15 erwähnte Weib von der Maacha verschieden war, so daß in V. 15 die Söhne der ersten Frau und in V. 16 die der zweiten, d. i. der Maacha, angeführt werden.

Maacha hieß endlich das Weib des Abigabaon, d. i. des Vaters oder Besitzers von Gabaon[4], Namens Jehiel[5].

§ 16. Debora und Jahel.

Zur Zeit, als Gott die Israeliten zur Strafe ihres Abfalles in die Gewalt des canaanitischen Königs Jabin gegeben hatte, welcher sie durch seinen Feldherrn Sisara mit starker Heeresmacht 20 Jahre lang drückte, richtete die Prophetin Debora, das Weib des Lapidoth, das Volk. Der Name Debora (דְּבוֹרָה) bedeutet Biene, denn mit großem Fleiße sammelte sie die Worte Gottes und der Schrift in ihrem Herzen und that sie mit honig=reichem Munde in ihrem herrlichen Lobgesange kund; dagegen zeigte sie den Feinden Gottes ihre Stacheln, indem sie dieselben durch Barak wie durch einen Blitz schlug[6]. Die LXX und Vulgata schreiben Debbora, d. i. debbera = beständig sprechend und singend das Lob Gottes. Prophetin wird sie genannt wegen ihrer prophetischen Gabe, die als gratia gratis data an keinen Stand und an kein Geschlecht gebunden ist, sondern von Gott willkürlich denen, welche er zum Heile seines Volkes bestimmt hat, zu Theil wird. So erscheint bereits die Schwester Mosis, Maria[7], und Hulda[8], das Weib Sallums, in der Reihe derer, welche vom heiligen Geiste mit prophe=tischer Gabe ausgezeichnet wurden, ein um so schätzenswertherer Vorzug, da unter

---

[1] 2 Par. 11, 20—22.   [2] 3 Kön. 15, 10—13. 2 Par. 15, 16.
[3] 1 Par. 7, 16.   [4] 1 Par. 8, 29.   [5] 1 Par. 9, 35.
[6] *Hieron.*, ep. 54 ad Furiam n. 17: Apis nomen accepit, Scripturarum floribus pasta, Spiritus s. odore perfusa et dulces ambrosiae succos prophetali ore compo-nens. *Origenes*, Jud. hom. 5: Debbora apis interpretatur ... Debbora in prophetiae forma accipienda est, quae est apis. Certum namque est, quod omnis prophetia suaves coelestis doctrinae favos et dulcia divini eloquii mella componat. *Rupert.*, Jud. l. 6: Debbora apis significat legem, quae tanquam in cera mel, i. e. in littera spiritus continet dulcedinem. *Cornelius a Lap.*, Jud. 4, 4.
[7] Oben S. 156.   [8] 4 Kön. 22, 14.

den Männern jener Zeit nicht Einer des Prophetenamtes für würdig erachtet
wurde[1], sie auch nicht die Schwester von ausgezeichneten Männern war,
sondern nur durch ihre erhabenen und großen Tugenden als geeignetes Werkzeug vor allen Männern auserwählt wurde. Sie war die Frau des Lapidoth, der aber nicht, wie die Rabbinen[2] wollen, mit Barak identisch ist.
Ambrosius[3] hält sie für eine Wittwe und die Mutter des Barak, welchen
sie in Allem unterrichtet hat, welcher Ansicht der hl. Hieronymus[4] entgegen-
tritt. Möglich ist es, daß ihr Mann damals bereits gestorben war; dagegen
ist die Ansicht des Serarius nicht stichhaltig, daß Debora seit der Zeit, als
sie die prophetische Begabung erhielt, von ihrem Manne getrennt lebte, denn
viele Propheten (wie Isaias selbst) waren verheirathet. Nach dem Vorgange
des Talmud[5], welcher erzählt, daß Debora die Dochten für den Tempelleuchter
angefertigt habe, übersetzen die Rabbinen Lapidoth als appelativum mit
lychnaria, so daß dieses Wort ihr Gewerbe bezeichnen würde. Andere, wie
Cassel[6], übersetzen: Ein Weib von Feuergeist, deren Geist wie eine Fackel
für Israel war und die matten Herzen des Volkes entzündete.

Die prophetische Gabe befähigte sie zum Richten des Volkes[7]. Mehrere
Interpreten[8] halten die Debora insofern für eine Richterin, als sie die Streit-
sachen des zu ihr herbeiströmenden Volkes schlichtete, die verborgenen Rathschlüsse Gottes offenbarte, heilsame Ermahnungen daran knüpfte, wie sonst
die Propheten zu thun pflegten; nach Anderen[9] war jedoch Debora Richterin
im eigentlichen Sinne des Wortes, indem das Volk sich bei ihr Raths erholte,
schwierige Fälle ihrer Entscheidung unterbreitete und sie nach dem Siege über
Sisara dieses Amt weiter verwaltete. Zu Gerichte saß sie unter einer Palme,

---

[1] *Origenes*, hom. 5 in Jud.: Praestat et in hoc non minimam consolationem
mulierum sexui etiam prima ipsius litterae facies, et provocat eas uti nequaquam
pro infirmitate sexus desperent etiam prophetiae gratiae capaces se fieri posse,
sed intelligant et credant, quod meretur hanc gratiam puritas mentis, non diver-
sitas sexus. *Theodoret.*, inter. 12 in Jud.: Existimo, etiam Deboram in contumeliam virorum prophetiae donum adeptam esse. Nam cum ex viris nullus inveni-
retur dignus, qui gratiam promereretur, haec donum sanctissimi Spiritus est consecuta.

[2] Vgl. Tana di be Elia 9. *Hugo* a St. Vict. u. *Rupertus*, Jud. cp. 6.

[3] Lib. de Vid. cp. 8: Domo propria filium ducem producit exercitus, ut
agnoscatis, quod possit instituere vidua bellatorem: quem quasi mater erudiit,
quasi judex praeposuit, quasi fortis instituit, quasi prophetissa victoriae certae
transmisit.

[4] Ep. cit. ad Furiam: Quidam imperite et Debboram inter viduas memorant
ducemque Barac arbitrantur Debborae filium, cum aliud Scriptura commemoret.

[5] Megilla 14.   [6] Comm. zu P. b. Richt.

[7] *Aug.*, Civ. Dei 18, 15: Judicante apud Hebraeos femina Debora: sed per
illam Dei spiritus id agebat, nam et jam prophetissa erat, cujus prophetia minus
aperta est . . .

[8] Tostatus, Cajetanus, Serarius, Cornelius a Lap. und die Rabbinen.

[9] *Clemens Alex.*, Strom. 1. 1. cp. 21: Eo tempore populo praefuit prophetissa
Debora, eum 40 annos judicans. *Ambros.*, l. de Vid. cp. 8: Bellis hinc inde ar-
dentibus Debboram sibi, cujus regerentur judicio, coaptarunt. *Hieron.*, ep. c. ad
Fur.: Nobis ad hoc nominabitur, quod prophetissa fuerit, et in ordine judicum
supputetur. *Cyrillus Hier.*, catech. 16 de spir. s. 1. cp. 28. *Chrysost.*, hom. 61
in Joan.: Debora et Judith et aliae multae imperatorum probe functae sunt officio.

welche von ihr auch den Namen Deborapalme erhielt und zwischen Rama und Bethel auf dem Gebirge Ephraim stand, also an einem öffentlichen Orte, welcher Allen leicht zugänglich war. Dahin zogen nun die Israeliten, um bei ihr Recht zu suchen. Sie will aber ihrem Volke nicht bloß Recht sprechen, sondern dasselbe auch vom harten feindlichen Drucke befreien. Deßhalb sendet sie Boten nach Kedes-Nephtali zum Barak, dem Sohne Abinoems, und eröffnet ihm den Befehl des Herrn, daß er als Befreier Israels mit 10 000 Mann auf den Berg Thabor ziehe, da Gott den Feind in seine Hände geben wolle. Ihr Einfluß reicht daher bis zum Norden Canaans hinauf, indem sie von dort den Helden ruft. Barak knüpft seinen Auszug an eine Bedingung, nämlich, wenn Debora selbst mitziehe, ohne sie wolle er nicht gehen. Man hat das Verhältniß Beider gänzlich verschoben, wenn man Baraks Forderung in seiner Muthlosigkeit begründet sieht und die Debora sich als eine Kriegsheldin vorstellt, die wie eine Jungfrau von Orleans an dem Kampfe selbst Theil genommen habe. Die LXX und nach ihr die Itala [1] scheinen den richtigen Standpunkt getroffen zu haben, wenn sie den Barak seine Forderung durch den Beisatz begründen lassen: quia non novi diem, in qua dirigit Dominus angelum suum mecum. Er wünscht also, daß Debora mitziehe, nicht etwa als Kriegsheldin, sondern in der Eigenschaft einer Prophetin. Weil von Gott nicht unmittelbar berufen und vom Geiste Gottes nicht direct ergriffen, wünscht er den Beistand der Prophetin, um seine Kriegspläne durch den aus der Prophetin sprechenden Geist Gottes zu bestimmen und zu lenken. Debora sagt ihm ihre Begleitung zu, kündigt ihm aber als Strafe für seine Zaghaftigkeit an, daß der Siegespreis, nämlich die Erlegung des feindlichen Feldherrn, ihm entzogen und in die Hand einer Frau (der Jael) Sisera gegeben werde.

Diese Worte deuten auf einen Mangel in Barak hin, dem auch ein Mangel im Erfolge entsprechen werde, allein es ist nicht Mangel an persönlichem Muthe oder Feigheit, sondern ein Mangel an Glaubensfülle und Glaubenssicherheit. Wäre nämlich Barak vom vollen Glauben beseelt gewesen, so würde er auch die volle Zuversicht gehabt haben, daß Gott, der ihn berufen, ihm auch zur rechten Zeit den Geist des Rathes verleihen werde. Weil er also nicht den vollen Glauben und die Zuversicht hatte, so soll er auch nicht den vollen Ruhm des Sieges ernten. Bewunderungswürdig erscheint die Entschiedenheit dieses Weibes, welches selbst den Kriegshelden ermuntert und alle Gefahren des Krieges mit ihm zu theilen entschlossen ist [2].

Als Sisara von dem Zuge Baraks Kunde erhielt, zog er sein ganzes Kriegsheer und seine Wagen zum Bache Cison zusammen. Da sprach Debora zu Barak: „Mache dich auf, denn dieß ist der Tag, da Gott den Sisara in deine Hand gegeben hat; wahrlich, Jehova selbst zieht vor dir aus." Als nun Barak mit seinem Heere herabzog, da verwirrte Jehova den Sisara und sein Heer, welches unter dem Schwerte Baraks fiel; Sisara aber floh zu Fuß, um dem Schwerte Israels zu entrinnen, in das Zelt der Jahel (‏יעל‎ = Jael), des Weibes des Ciniters Haber, da zwischen diesem und dem Könige Jabin Friede war. Er flieht in's Frauenzelt, in der sicheren Hoff-

---

[1] *Ambros.*, l. de Vid. cp. 8. *Aug.*, quaest. 26 in Jud.   [2] *Ambros.* l. c.

nung, dort vor der Verfolgung Baraks sicher zu sein. Uebrigens scheint Sisara früher angefragt zu haben. Jahel kommt ihm freundlich entgegen und ladet ihn dringend ein: „Kehre ein zu mir, kehre ein, mein Herr, und fürchte nichts!" Sie bereitet ihrem Gaste ein Lager, damit er sich ausruhe, und bedeckt ihn sorgfältig mit einer Decke. Da er durstig war, bittet er noch um Wasser. Da reichte ihm Jahel Milch aus ihrem Schlauche und deckte ihn wieder zu. Nach Josephus [1] soll Jahel ihm bereits sauer gewordene Milch gereicht haben, welche nach R. Tanchum berauschende Kraft hatte. Um ganz sicher zu sein, meint er dem Weibe noch einige Sicherheitsmaßregeln geben zu müssen: „Stelle dich vor die Thüre des Zeltes, und wenn Jemand kommt und dich frägt: Ist Jemand hier? so antworte: Nein." Was thut Jahel? Große Kämpfe mochte in diesen wenigen Augenblicken ihre Seele gekämpft haben. Die heilige Schrift erwähnt zwar davon nichts, sondern geht gleich zur Hauptsache über. Allein wir können diese Scene uns vergegenwärtigen. Da liegt nun und schläft der gewaltige Kriegsheld; zwar lebt das Volk der Ciniter in Frieden mit Jabin, allein seit Mosis Zeit ist das von Hobab, dem Schwager Mosis, abstammende Volk der Ciniter und seine Geschichte mit jener Israels verwachsen. Diese uralte Verbindung mit dem Volke Gottes steht in ihren Augen höher, als das neue Bündniß mit Jabin. Israels Freiheit und Ehre ist die ihre. Sisara ist der gemeinsame Nationalfeind. Wie viel Frauen mag er entehrt und zur Beute gemacht haben? [2] Soll sie müßig zuschauen, wenn der Herr selbst ihr diesen Feind in die Hände liefert? Was geschieht, wenn sie ihn rettet? Würde sie nicht den alten Bund mit Israel verrathen, wird nicht Sisara neue Schaaren sammeln und gegen Israel ausziehen? Wird man dann nicht sagen: Jahel hat den Feind des Volkes, unter welchem sie brüderlich lebte, zum Untergange dieses Volkes gerettet? Was soll sie thun? Sie verschmäht den Lohn, welchen die etwaige Rettung des Sisara ihr bringen könnte; das alte Recht, die Freiheit des ihr verwandten Volkes und die göttlichen Gnadenerweisungen obsiegen; der alte Feind, welcher die Gesetze des Rechtes so oft mit Füßen getreten, muß fallen, und sei es selbst mit Verletzung der Gastfreundschaft, welche von den Frauen nie so streng beobachtet wurde, als von den Männern. Jahel hat keine Nebenzwecke, sie hat keine persönliche That zu rächen. Sisara ist nicht ihr eigentlicher Feind, wohl aber der Feind und Unterdrücker des Volkes Gottes, in dessen wunderbare Geschichte sie und ihr Volk verflochten ist. Ihre That ist eine religiös-patriotische; wie Manche [3] glauben, war sie vom Geiste Gottes dazu getrieben, das Volk von dem Feinde und Tyrannen zu befreien, und zwar in einer Weise, in welcher ihr es möglich war, durch List und Täuschung, die ja im Kriege erlaubt sei. Nicht wollte sie die Ankunft Baraks abwarten, aus Furcht, Sisara könnte früher die Flucht ergreifen.

Sie sucht ein Schwert und findet keines; da ergreift sie einen Zeltpflock (Nagel) und einen Hammer, schleicht heimlich zu dem vor Ermüdung eingeschlafenen Sisara hinein und schlägt den Nagel in seine Schläfe, so daß er in die Erde drang und Sisara starb. Kaum hatte sie die That vollbracht,

---

[1] Ant. V. 5, 4.   [2] Richt. 5, 30.
[1] Josephus, Corn. a Lap., Calmet, Tirinus, Menochius, Lyranus u. A.

war auch Barak, ein Blitz in der Schlacht, schon da, um Sisara zu ver=
folgen. Jahel ging ihm entgegen und sprach: „Komm' und siehe den Mann,
den du suchest." Und er trat hinein in's Zelt, und siehe da, Sisara lag
todt da, mit dem Nagel durch die Schläfe. So war in Erfüllung gegangen
das Wort der Debora; denn Gott hatte den Sisara in die Hand eines
Weibes gegeben und dem Barak die Herrlichkeit des Sieges entzogen. Diese
That machte die Treue der Einiter offenbar und vollendete die Schmach des
Jabin, dessen Macht in Staub fiel [1]. Eine strengere protestantische Moral [2]
hat diese Kriegslist als eine nicht zu rechtfertigende Treulosigkeit getadelt.
Dieses Urtheil ist im Mindesten zu hart. Wollen wir auch diese That keines=
wegs als eine Wirkung des göttlichen Geistes hinstellen, so war sie doch ein
Heroismus, welcher nach subjectiver Anschauung des Weibes nicht bloß ge=
stattet, sondern auch löblich und verdienstlich war.

Da stimmt nun Debora und mit ihm Barak ein Siegeslied an, dessen
Schöpferin, wie aus der Feminalform des Verbums in Richt. 5, 1 und aus
V. 3. 7. 12 erhellt, Debora selbst ist. Aus ihrer prophetischen Begeisterung
quillt der Preis und das Lob Gottes in einem Liede, welches durch die
Kühnheit der Bilder, durch die hochpoetische Sprache und selbst durch die
äußere Form sich auszeichnet und zu den schönsten Produkten der hebräischen
Lyrik zählt.

Nach einer allgemeinen Aufforderung zum Preise Jehova's für die
muthige Erhebung des Volkes zum Kampfe gegen die Feinde schildert Debora
zuerst die glorreiche Zeit der Erhebung Israels zum Volke Gottes, die schmach=
volle Erniedrigung desselben bis in die jüngste Vergangenheit, nämlich bis
zu den Tagen Samgars und Jahels (eines Richters?), und die erfreuliche
Wendung der Dinge, als Debora selbst aufstand, die Mutter in Israel.
Debora verdient mit Recht diesen Ehrennamen, weil sie mit mütterlicher Für=
sorge sich Israels annahm, ihr Volk liebte, leitete, schützte, den häuslichen
Frieden desselben herstellte, es von der falschen Fährte des Götzendienstes [3]
wieder zum alten Wege und Culte Jehova's zurückführte, dadurch Israel
vom Feinde befreite und so gleichsam neu gebar. Sie zählt darob auch zu
den „Starken in Israel" [4]. Aus dieser Stelle schließt wohl mit Unrecht
Ambrosius [5], daß Debora die Mutter Baraks gewesen. In das große zu
verherrlichende Ereigniß mit ihrem Geiste sich versenkend, fordert Debora sich
selbst auf, ein Lied anzustimmen, und beschreibt mit licht= und lebensvollen
Farben den Kampf und Sieg, und zwar das mächtige Herbeiströmen der
Helden des Volkes zum Kampfe, die Feigheit derer, welche dem Kampfe fern
blieben, die Todesverachtung der wackeren Kämpfer und den siegreichen Aus=
gang des Kampfes, wobei sie der Flucht der Feinde und der Tödtung Sisara's
durch Jahel erwähnt. „Gesegnet unter den Frauen sei Jahel, das Weib
des Einiters Haber, sie sei gesegnet unter den Frauen der Zelte (Hirten=
weibern — die, obgleich nicht Israelitin, den Feind getödtet, während die
Bewohner von Meros nicht zu Hülfe kamen und deßhalb fluchwürdig sind).

---

[1] Richt. Kap. 1.
[2] Winer, Realw. I. 624. Manchot in Schenkels Bibellex. III. 157.
[3] Richt. 5, 8.   [4] L. c. V. 7.   [5] Lib. de Vid. cp. 8.

Um Wasser bat er, Milch hat sie gegeben, in kostbarer Schale reichte sie dicke (geronnene) Milch. Mit der Linken nahm sie den Nagel, mit der Rechten den schweren Hammer, schwang ihn auf Sisara, zerschellte sein Haupt, und zerschmetterte und durchbohrte ihm die Schläfe. Zwischen ihren Füßen wand er sich, fiel, lag zu ihren Füßen, krümmte sich wieder, fiel, und wie er nochmals sich wand, fiel er entseelt." (Man vernimmt hier förmlich die Hammerschläge, die wiederholt niederfallen, bis das Werk vollendet ist.) Dieser Triumph, mit welchem Debora die That Jahels preist, nimmt fast einen leidenschaftlichen Schwung. Doch es ist nicht Rachegefühl, nicht persönliches Interesse, das ihr diese Worte eingibt, sondern die höchsten Interessen ihres Gottes und Volkes erfüllen ihren Geist; es ist nicht ihr Triumph, sondern der Triumph ihres Gottes über die Feinde. Darum setzt sie auch B. 23, als sie den Fluch über Meros aussprach, hinzu: „So sprach der Engel des Herrn." Wer also von Gott und seinem Volke sich abwendet, fällt in den Bann; wer seinem heiligen Werke Hilfe leistet, steht im Segen. Debora erscheint demnach nicht als ein von dämonischem Wesen erfülltes Weib, sondern als eine gottbegeisterte Frau, deren Worte durch göttliche Gedanken geläutert sind. Der übermüthige Feldherr, welcher Jehova's Volk vernichten wollte, allein auf schmählicher Flucht von einem Weibe erschlagen in seinem Blute daliegt, ist das kräftige Beispiel des Falles menschlichen Hochmuthes und göttlichen Sieges.

Doch das begeisterte weibliche Herz geht noch weiter. Sie verspottet auch die getäuschte Erwartung der Mutter Sisara's auf Beute: „Durch das Fenster schaut und am Gitter jammert die Mutter Sisara's: Warum zögert sein Wagen zu kommen, warum zaudern die Schritte seines Gespannes?" Und weise Edelfrauen suchen sie zu trösten, daß die Vertheilung großer Beute ihn zurückhalte, Beute von Mädchen und reichen Gewändern, und freuen sich, selbst Theil daran zu nehmen. — Da kommt plötzlich die Botschaft: Der Held ist todt, das Heer vernichtet. „So mögen denn umkommen alle deine Feinde, o Jehova, aber die, welche dich lieben, aufgehen wie die Sonne in der Kraft." Mit dieser aus dem Siege geschöpften Hoffnung des Unterganges aller Feinde des Heiles schließt das Lied [1]; fürwahr ein würdiger Schluß des aus gottbegeistertem Herzen einer Prophetin kommenden Hymnus. Eine volle Generation, durch 40 Jahre, dauerten die Segnungen ungestörten Ansehens, welches das Volk durch die Kraft dieser Mutter genoß. Die Erscheinung Debora's liefert den Beweis, welche physische und geistige Kraft diesem Volke in seiner Jugend innewohnte, wenn es in der seinem Wesen und seiner Bestimmung entsprechenden Weise zur That aufgefordert wurde, und von dem lebendigen Bewußtsein, mit welchem bei jedem höheren Aufschwunge des Geistes das Volk sich als Kriegsschaar Jehova's erkannte.

Debora und Jahel werden von den Vätern [2] als Typen der Synagoge und Kirche betrachtet. Debora, der Typus der Synagoge, eifert zuerst den

---

[1] Richt. Kap. 5.

[2] *Ambros.*, lib. de Vid. cp. 8: Prophetia in Debbora militavit, quae mystice nobis ortum surrecturae ex gentibus Ecclesiae revelavit, cui triumphus de Sisara spirituali, h. e. de adversariis potestatibus quaereretur. *Origenes*, hom. 5 in Jud.: Jahel, mulier alienigena, figuram tenet Ecclesiae, quae ex alienis gentibus congre-

Barak, den Typus Israels, zum Kampfe gegen Sisara, das Abbild des
Teufels, und zerstreut seine Truppen; Jahel aber, der Typus der christlichen
Kirche, betäubt ihn durch die Milch des Gebetes und tödtet ihn mit dem
Pflocke des Kreuzes. Jahel, welche das Haupt Sisara's zerschmetterte, ist
auch Vorbild der seligsten Jungfrau Maria, welche das Haupt der Schlange
zertrat [1]. Uebrigens bestätigen Debora und Jahel das Wort des hl. Paulus [2]:
„Was schwach ist vor der Welt, das hat Gott erwählt, auf daß er das
Mächtige beschäme." Nach dem Talmud [3] hat Rabbi Jochanan gesagt, Sisara
habe in der Stunde, in welcher er von Jael getödtet wurde, siebenmal mit
ihr sich fleischlich vermischt, weil Richt. 5, 27 es heißt: zu ihren Füßen
krümmte er sich — eine Thorheit, die schon von R. David Kimchi verdammt wird.

§ 17. Die Tochter Jephta's.

Jephta (hebr. Jiphtach, Vulg.: Jephte) war der Sohn einer Hure, gezeugt von Galaad, welchem sein rechtmäßiges Weib überdieß mehrere Söhne
geboren hatte. Wir brauchen die Mutter des Jephta gerade nicht als eine
öffentliche Dirne zu brandmarken, sondern erkennen sie als das Kebsweib des
Galaad an, welches er nach Josephus [4] in sein Haus aufgenommen hat. Ob
dieselbe eine Israelitin, und zwar aus einem anderen Stamme gebürtig, oder
aber eine Heidin gewesen, läßt sich nicht mit Gewißheit bestimmen. Die rechtmäßigen Söhne Galaads vertrieben ihren Halbbruder Jephta, als nicht ebenbürtig (weil der Sohn einer anderen Mutter, d. i. einer Kebsfrau), aus
dem Hause, damit er nicht mit ihnen einen Antheil am väterlichen Erbe erhalte. Jephta floh in's Land Tob und sammelte mehrere muthige Männer
als eine Freischaar um sich. Als Israel in einen Krieg mit den Ammonitern
verwickelt worden war, wählten die Aeltesten Gileads den Jephta zu ihrem
Richter und Heerführer. Dieser suchte zuerst durch gütliche Vorstellungen

---

gata est. Interpretatur Jahel ascensio: quia revera non est alia ascensio, qua
ascendatur ad coelum, nisi per ecclesiam multiformis sapientiae Dei. Ipsa est
ergo, quae dum a corporalibus ad spiritualia et a terrenis ascendit ad coelestia,
interfecit Sisaram, ... qui carnalium vitiorum, et animalis vel stolidi hominis
tenet figuram, quia Sisara visio equi interpretatur ... Palo eum interfecit, i. e.
ligni crucis acumine et virtute eum prosternit. *Aug.*, l. 12 cont. Faust. cp. 32:
Quid est illa mulier (Jahel) plena fiduciae, hostis tempora ligno transfigens, nisi
fides ecclesiae, cruce Christi regna diaboli perimens? *Petrus Dam.*, serm. 39.
Prosper, lib. de prom. et praed. Dei pars II. cp. 17: In figura ecclesiae Debora hostem superavit. *Rupertus*, Jud. cp. 6 u. 7. *Isidor.*, Alleg. n. 77: Jahel
ecclesiae typum expressit, quae per vexillum crucis diaboli imperium interfecit.
Ipsa quoque Debbora ejusdem ecclesiae typum gerens devicto in Sisara diabolo,
canticum coelestis gloriae proclamat; u. quaest. in l. Jud. cp. 2.

[1] *Nicolaus Lyr.* zu Jud. 4: Per ipsam (Jahel) figurata fuit virgo Maria, de
qua scribitur: ipsa conteret caput tuum; quod ibidem dicitur de diabolo, eo quod
contritio daemonis, quae per serpentem et Sisaram significatur, fuit b. Virgini reservata; vgl. *Bernard.*, hom. 2 sup. Missus.

[2] 1 Cor. 1, 27.

[3] Tract. Nasir fol. 23. col. 2. Vgl. Eisenmenger, Entd. Judenth. I. 445.

[4] Ant. V. 7, 8.

den Krieg mit Ammon beizulegen; da aber diese erfolglos blieben, griff Jephta, vom Geiste Gottes getrieben, zum Schwerte.

Bevor er jedoch in den Krieg zog, gelobte er dem Herrn ein Gelübde, um sich der Hilfe Jehova's zu vergewissern. „Wenn du, Jehova," gelobt er, „Ammon in meine Hand gibst, so soll der, welcher aus den Thüren meines Hauses mir entgegengeht, wenn ich glücklich von den Ammonitern zurückkehre, dem Herrn gehören und (nach Einigen: oder) ich will ihn als Brandopfer darbringen." Als nun Jephta wirklich siegreich aus dem Kriege heimkehrte, kam ihm seine Tochter, sein einziges Kind, an der Spitze eines Frauen= chores entgegen, um seinen Sieg zu feiern. Als Jephta seine Tochter sah, zerriß er vor Trauer seine Kleider und rief aus: „Ach meine Tochter, wie sehr beugest du mich! Du bist die mich Betrübende. Ich habe Jehova ein Gelübde gelobt und kann es nicht rückgängig machen." Die Tochter, welche merkte, oder vielleicht auch direkt vom Vater erfuhr, daß das Gelübde sie betreffe, antwortete: „Mein Vater, hast du Jehoven ein Gelübde gelobt, so thue mir, wie du gelobt hast, nachdem Jehova dir Rache an deinen Feinden, den Ammonitern, verschafft hat. Gestatte mir zwei Monate Zeit, daß ich in den Bergen mit meinen Gespielinnen meine Jungfräulichkeit beweine." Der Vater gewährt ihr diesen Wunsch. Nach Ablauf von zwei Monaten kehrt sie zu ihrem Vater zurück und dieser that an ihr, wie er gelobt hatte; sie aber hat keinen Mann erkannt. In Folge dieser That ward es stehende Sitte in Israel, daß alljährlich die Töchter Israels hingingen, zu preisen [1] die Tochter des Jephta vier Tage im Jahr [2].

Ueber dieses Gelübde des Jephta sind so zahlreiche Abhandlungen und Specialschriften erschienen, daß man bereits von einer Geschichte der Aus= legung dieses Gelübdes sprechen kann [3].

Im Alterthume herrschte die bereits von dem Paraphrasten Jonathan, von Josephus [4], im Talmud und Midrasch [5], sowie von den Rabbinen aus= gesprochene Meinung, daß Jephta das blutige Opfer wirklich an seiner Tochter vollzogen und sie als Brandopfer dargebracht habe. Dieser jüdischen Aus= legung folgten fast einstimmig die Kirchenväter [6], die katholischen Interpreten und ein Theil der protestantischen Ausleger [7]. Erst im Mittelalter wichen einige Rabbinen [8] von der herkömmlichen Auslegung in Beziehung auf das Opfer Jephta's ab, und suchten zu beweisen, daß Jephta seine Tochter nicht geopfert, sondern dem Dienste des Heiligthums geweiht und dadurch zur be= ständigen Jungfrauschaft verpflichtet habe. Dieser Meinung schloß sich ein

---

[1] Die Targumim, LXX und Vulgata übersetzen: zu beklagen.

[2] Richt. Kap. 11.

[3] Die Literatur vgl. bei L. Reinke, Beitr. z. Erkl. des A. T. 1. Bd. S. 425 f. Dazu: Schönen, Das Gelübbe Jephta's, in Tüb. theol. Qu.=Schr. 1869. S. 533 f. — P. Cassel in Herzogs Realenc. 6. Bd. S. 466 f. Gerlach in luth. Zeitschr. von Rudelb. 1859. S. 417 f. Auberlen in Stud. u. Kritik. 1860. S. 540. Kurz in luth. Zeitschr. 1853. S. 209.

[4] Ant. V. 7, 10.

[5] Taanith 4 a. Bereschith Rabba § 60. S. 52.

[6] Vgl. Reinke l. c. S. 433 u. Serarius, Comm. zum B. Richter.

[7] Reinke l. c.

[8] David Kimchi, Levi ben Gerson, Abarbanel u. A.

großer Theil der neueren katholischen Exegeten [1] und die Mehrzahl der prote=
stantischen Gelehrten an. Da diese Streitfrage nach beiden Seiten hin aus=
führlich beleuchtet ist, so beschränke ich mich hier, nur einige Hauptpunkte her=
vorzuheben. Fassen wir die Natur und Umstände des Gelübbes in's Auge,
so erscheint dasselbe, wie Schönen nachweist, tadellos; denn Jephta wollte,
um sich des göttlichen Schutzes zu versichern, Jehova durch Darbringung
einer guten, durch keinen Pflichttitel bereits schuldigen Handlung ehren. Hätte
Jephta entweder nicht die reine Absicht gehabt, oder wäre bewußter Weise
das Mittel nicht ein bonum melius gewesen, so hätte der Autor diesem
Gelübbe vielmehr den Namen einer Verspottung Gottes beilegen müssen.
Wir können auch nicht den Kirchenvätern [2] beistimmen, welche behaupten, daß
das Gelübbe von Seiten Jephta's ein verwegenes, unbesonnenes oder un=
überlegtes war, denn sonst müßte man zugeben, daß bei dem Entscheidungs=
processe des Gelübbes der erforderliche Grad der Ueberlegung gefehlt habe,
was wirklich nicht der Fall war. Der Autor sagt ja selbst, daß, bevor
Jephta sich zum Gelübbe anschickte, der Geist Gottes über ihn gekommen sei.
Diese göttliche Beeinflussung, sowie den Sieg über die Ammoniter, welcher
als Bedingung der Verbindlichkeit des Gelübbes gesetzt wurde, betrachten
Mehrere [3] als ein Anzeichen göttlicher Approbation des Gelübbes und schließen
aus dem Lobe des hl. Paulus (Hebr. 11, 32) auf das göttliche Wohlgefallen
an der Erfüllung desselben.

Schwieriger ist die Frage bezüglich der Materie des Gelübbes. Jephta
gelobt, denjenigen, der ihm zuerst aus seinem Hause entgegenkommen würde,
dem Herrn zu weihen und als Opfer darzubringen. Die Kirchenväter faßten
das Wort Brandopfer im eigentlichen Sinne als blutiges Opfer und setzten
bei Jephta die Absicht voraus, Alles, was der Zufall ihm bei seiner Rück=
kehr entgegenführen würde, sei es ein opferfähiges oder unreines Thier, sei
es ein Mensch, als Schlachtopfer zu bringen. Ein solches Gelübbe mußte
natürlich als sündhaft und unerlaubt erscheinen, um so mehr, wenn er noch
das unkluge Versprechen durch die That ausführte. Freilich mußte diesem
Argumente die Thatsache entgegentreten, daß das mosaische Gesetz die Menschen=
opfer auf's Entschiedenste verwarf, welches Verbot doch dem Jephta nicht
verborgen sein konnte; allein man fand sowohl in dem Charakter der Richter=
zeit, als auch in den persönlichen Verhältnissen des Jephta Anhaltspunkte,
um diese Meinung zu stützen; war ja doch jene Zeit der Richter eine Zeit
der Unruhen und des religiösen Abfalles, Jephta ein illegitimer Sohn, der
ohne Erziehung mit Freischärlern aufwuchs u. dgl. m. Allein diese Ver=
muthungen sind möglich, aber nicht bindend zur Charakterisirung einer Per=
sönlichkeit, welche in Wirklichkeit in einem ganz anderen Lichte erscheint, wenn

---

[1] Lyranus, Arias Montanus, Mariana, Sanctius, Pagninus, Vatablus, Estius,
Malvenda, Dereser, Stolberg, Schönen, Reinke u. A.

[2] Nach dem Vorgange des Jonathan und Josephus l. c.: Tertullian., l. 3 carm.
cont. Marc. Theodoret., quaest. 20 in Jud. Ambros., l. 3 de off. cp. 12. Hieron.,
l. 1 cont. Jovian; ep. 6 Mich. Aug., qu. 49 in Jud. Chrysost., hom. 14 ad pop.
Antioch. Thomas Aq., Sum. 2. 2. q. 88. a. 2. Procop. u. Rupert. zu d. Stelle.

[3] Hieron., ep. 24 ad Julian. Anselmus, Ambrosiaster zu Hebr. 11, Tirinus,
Serarius, Salianus zu d. Stelle.

man die heilige Schrift näher betrachtet. Mag Israel zur Richterzeit immer=
hin in Baalsdienst verfallen sein, so finden wir doch zu jener Zeit noch keine
Spur eines Menschenopfers, und waren auch die Männer, welche damals
Gott zu Richtern und Führern seines Volkes durch seinen Geist ausrüstete,
mit mancherlei Schwächen, Fehlern und Sünden behaftet, so erscheint es
geradezu unglaublich, daß der Geist Gottes über einen Molochdiener gekommen
sei und denselben mit seiner Kraft zum Retter Israels ausgerüstet habe.
Ebensowenig können wir aus Jephta's Verstoßung aus dem väterlichen Hause
durch seine hartherzigen Brüder und aus seinem Freibeuterleben allein uns
einen Schluß auf die sittliche Verkommenheit und religiöse Rohheit dieses
Mannes erlauben, denn David befand sich auch in einer analogen Lage und
lebte doch dabei im Gesetze des Herrn. Im Gegentheile gibt der heilige Verfasser
selbst directe Zeichen seiner Gottesfurcht an: Jephta erwartet gleich anfangs
von Jehova den Sieg, schließt den Vertrag mit den Aeltesten Gileads vor
Jehova ab, und will durch ein feierliches Gelübde den Schutz Gottes herab=
flehen. Und gesetzt, Jephta hätte seine Tochter wirklich als Opfer schlachten
wollen, sollte sich da in ganz Israel nicht Ein Priester oder gläubiger Israelit
gefunden haben, der auf die gesetzwidrige Vollziehung dieses Gelübdes auf=
merksam gemacht und derselben sich widersetzt hätte, da ja das ganze Volk
unter Saul gegen die Vollstreckung der Todesstrafe an seinem Sohne Jonathas
wegen Uebertretung des Fastengebotes sich erhob[1]. Da man die Schwierig=
keiten erkannte, welche sich der Schlachtung der Tochter Jephta's als Brand=
opfer entgegenstellten, suchten Einige nach dem Vorgange des Capellus[2]
das Gelübde Jephta's als Banngelübde aufzufassen, demgemäß Jephta seine
Tochter nach dem Gesetze des Bannes dem Herrn zu Ehren getödtet habe,
weil eben Menschen nicht als Brandopfer dargebracht werden konnten. Allein
diese Meinung ist ganz unzulässig, denn das Verhängen des Bannes über
Menschen hat die notorische Gottlosigkeit zur nothwendigen Voraussetzung,
so daß Brandopfer und Bann zu einander in Gegensatz treten. Und doch
konnte Jephta bei Ablegung seines Gelübdes nur an ein Menschenopfer denken,
wie dieß aus den Textesworten, der Uebersetzung der Vulgata und der Be=
merkung des hl. Augustin[3] erhellt; denn nach erlangtem Siege würde ja
Jephta ohnedieß nicht bloß ein, sondern viele Thieropfer dargebracht haben.
In seinem Eifer weiß Jephta nichts Einzelnes zu nennen, was groß genug
wäre Gott zu weihen, er überläßt es der göttlichen Fügung, das Opfer selbst
zu bestimmen; diese wählt seine einzige Tochter als Opfer und Jephta that
an ihr sein Gelübde. Aus diesen Worten folgt aber keineswegs, daß Jephta
seine Tochter als Schlachtopfer dargebracht habe; wäre dieses der Fall ge=
wesen, so hätte der heilige Autor wohl ohne Scheu dieß ausgedrückt; vielmehr
erhellt aus der ganzen Fassung der Worte, daß Jephta's Gelübde zwar an

---

[1] 1 Sam. 14, 45. [2] Vgl. Reinke l. c. S. 458.

[3] Quaest. 49 in l. Jud.: Non utique his verbis pecus aliquod vovit, quod
secundum legem holocaustoma posset offerre. Neque enim est aut fuit consuetudinis, ut redeuntibus cum victoria de bello ducibus pecora occurrerent . . . Nec
ait, quodcunque exierit de januis domus meae in obviam mihi, offeram illud holocaustoma, sed ait: *quicunque* exierit, offeram eum: ubi procul dubio nihil aliud,
quam hominem cogitavit; non tamen fortasse unicam filiam.

ihr erfüllt worden, zum Brandopfer aber es nicht gekommen sei. Wie übrigens das Gelübbe erfüllt worden ist, darüber belehren uns unzweideutig die fol=
genden Worte: „Sie aber hat keinen Mann erkannt." Jephta's Tochter er=
füllte daher das Gelübbe dadurch, daß sie keinen Mann erkannte, daß sie also in lebenslänglicher Keuschheit ihr Leben dem Herrn als geistliches Brand=
opfer weihte. Sie wurde dem Institute der bei der Stiftshütte dem Dienste des Herrn obliegenden Frauen eingereiht. Daß Gott nicht das leibliche, sondern das geistliche Menschenopfer verlange, bestätigen der Ausgang der Versuchung Abrahams und die gesetzlichen Bestimmungen über die Lösung der dem Herrn gehörenden Erstgeburt und der ihm gelobten Personen [1].

Nur mit dieser Erklärung allein ist das ganze Gebahren der jungfräulichen Tochter Jephta's zu vereinbaren. Im treuen Gehorsam und durchdrungen vom religiösen Gefühl, ratificirt sie das väterliche, ihre Person betreffende Gelübbe, empfindet aber als eine in den nationalen Gesinnungen großgezogene Israelitin großen Schmerz darüber, daß ihr nach hebräischer Anschauungs=
weise die Hoffnung des höchsten irdischen Glückes, einer Nachkommenschaft, für immer abgeschnitten sei; sie, welche nach dem Siege ihres Vaters auf den glänzendsten Preis unter den Töchtern Israels Anspruch hat, muß wie eine Blüthe ohne Frucht abfallen. Ein unvermähltes Leben ist für Mädchen des alten Israel so gut wie der Tod. Ebenso erklärlich ist der übergroße Schmerz des Vaters beim Anblicke seiner Tochter, denn sie, die einzige Zierde und Hoffnung des Vaters, muß dahinwelken, sein Haus aussterben, gleich einem mit Fluch belasteten kinderlosen Geschlechte [2]. Es ist das größte Opfer, welches Gott von ihm fordert; Jephta weiht nichtsdestoweniger seine Tochter dem Ewigen; wer sollte da nicht diese Gerechtigkeit, den gläubigen Muth und die gottvertrauende Kraft, welche der Apostel preist, an ihm bewundern? In dieser ganzen Scene spiegelt sich der Geist des alttestamentlichen Gesetzes in einer drastischen Weise ab, wie in keiner zweiten. Bevor noch die Er=
füllung des Gelübbes an ihr vollzogen wird, will Jephta's Tochter ihre Jungfrauschaft mit ihren Freundinnen in stiller Einsamkeit auf dem Gebirge beweinen. Diese Bitte der Tochter Jephta's steht zu der Voraussetzung von einer wirklichen Schlachtung im schroffsten Gegensatz, denn es ist geradezu gegen die menschliche Natur, daß ein Kind, welches sterben soll, die ihm ge=
währte Frist benützt, den Vater zu verlassen, und gegen die Gewohnheit des menschlichen Herzens, die Jungfräulichkeit zu beweinen, wenn der Opfertod bevorsteht. Da nun der Autor gerade auf das Beweinen der Jungfräulich=
keit, daß sie nämlich Jungfrau bleiben müsse, einen besonderen Nachdruck legt, so muß dasselbe nothwendiger Weise zu der Art des Gelübbes in einer Beziehung stehen. Angesichts des blutigen Todes hätte doch die Ehelosigkeit als das geringere Uebel nicht der einzige Grund ihrer Klage sein können. Das Motiv ihrer Thränen liegt nicht in der Vernichtung ihres jugendlichen, jungfräulichen Lebens durch den Tod, sondern darin, daß sie dieses jungfräu=
liche Leben fortsetzen muß, ohne Aussicht, des höchsten Glückes des Weibes in der Ehe je theilhaftig zu werden. Angesichts dieser freudenlosen Zukunft hat ihr Verhalten nichts Seltsames, nach alttestamentlicher Anschauung jener

---

[1] Er. 3, 1. 13. Num. 18, 15 f. Lev. 27, 1 f.	[2] Lev. 20, 20.

Zeit konnte sie eben nicht anders handeln. Sie weiht Gott ihre Keuschheit, aber nicht ohne Thränen; doch sie opfert ihren Schmerz, wie der Vater den seinen darbringt. Das keusche Herz des Mädchens wählt die stille Einsamkeit als Zeugen ihrer Thränen, denn nicht in Gegenwart der Männer, noch vor Aller Ohren, sondern in heiliger Stille auf dem Gebirge stößt sie ihre Liebesklage aus.

Diese heldenmüthige Opferwilligkeit der Tochter Jephta's war auch der Grund jener Sitte in Israel, daß die Töchter Israels alljährlich hinaufgingen, wahrscheinlich zum Heiligthume als dem Sitze der religiösen Frauengemeinde, um dort vier Tage hindurch die Tochter Jephta's zu besuchen und das heroische, dem Vaterlande freiwillig gebrachte Opfer derselben zu preisen und zu ehren. War sie ein Opferlamm, wozu dann der Preis? Würden nicht die Priester und Leviten gegen eine solche Zusammenkunft, welche eine gesetzwidrige Handlung zur Voraussetzung und zum Gegenstande hatte, protestirt haben? Die alten Uebersetzer lassen statt des Preises die Töchter Israels trauern und wehklagen, welche Bedeutung natürlich besser zur Ansicht von der blutigen Opferung paßte.

So erscheint denn die That der Tochter Jephta's als eine große, erhabene und heroische, welche verdiente, der Nachwelt überliefert zu werden. Wir können daher dem hl. Hieronymus[1] nicht beipflichten, wenn er allerdings von seinem Standpunkte schreibt: Quod si Jephte obtulit filiam suam virginem Deo, non sacrificium placet, sed animus offerentis. Seine Absicht war ebenso rein, als sein Opfer Gott wohlgefällig. Vergleichen wir das Opfer Jephta's mit dem Opfer Abrahams, so kommen Augustinus[2] und Chrysostomus[3] zu dem Schlusse, daß Jephta's Gelübde dem Herrn mißfallen und Gott aus weiser Providenz zugelassen habe, daß jener seine Tochter wirklich opferte, um in Zukunft alle Jene abzuschrecken, welche dergleichen Gelübde aus Leichtsinn thun möchten. In welch anderem Lichte erscheint das Opfer Jephta's nach unserer Auffassung! Abraham bringt auf Aufforderung Gottes seinen einzigen Sohn zum Opfer, erhält aber den bereits im Herzen Geopferten zurück, denn Gott verlangte das geistige Opfer; Jephta opfert unaufgefordert, allerdings nicht ohne Schmerz, seine einzige Tochter, er vermählt sie ganz mit Gott, und erhält sie daher nicht mehr zurück. Wahr ist mithin das Wort des hl. Gregorius Nazianz.[4]: Obtulit Deo Abrahamus filium, ita et filiam inclytus Jephte, uterque magnum sacrificium.

Nach dem Vorgange des hl. Augustin[5] haben Hugo a St. Victore, Lyranus, Cornelius a Lapide den Jephta als Typus Jesu Christi betrachtet, welcher seine einzige jungfräuliche Tochter, die Kirche, oder sein eigenes Fleisch[6] dem Herrn aufopferte. Nach Rupertus[7] und Cornelius a Lapide, welche sich auf Chrysostomus berufen, bezeichnet die Tochter Jephta's auch unsere eigene Seele, welche wir nach Besiegung der Feinde, unserer Leidenschaften und Gelüste, dem Herrn aufopfern sollen.

---

[1] Jerem. Kap. 7. [2] Quaest. 49 in Jud. [3] Hom. 14 l. c.
[4] Carm. l. 2 hist. sec. 2. n. 94. [5] Quaest. 49 in Jud.
[6] *Isidor.*, Alleg. n. 79. [7] Cap. 12 in Jud.

Epiphanius[1], der gleichfalls an das blutige Opfer der Tochter Jephta's glaubt, leitet davon die abergläubische Verehrung ab, welche die Eingeborenen von Sichem (oder Neapolis in Samaria) einem Mädchen zollten. Mehrere protestantische Exegeten wollten, durch die Verwandtschaft der Namen verleitet, einen gewissen Zusammenhang erkennen zwischen der Tochter Jephta's (Jiphta) und Iphigenia (Iphi-geneia), welche Agamemnon der Artemis opfern wollte, und darin einen Beweis für die blutige Opferung der Jephta finden. Allein Iphigenia ist nicht geopfert[2], sondern an ihrer Stelle ein Reh geschlachtet worden[3]. Auch erscheint das mit Jephta verglichene Ἰφι in Iphigenia noch in einer Menge anderer Eigennamen der Griechen[4] und läßt sich ganz unzweideutig aus dem griechischen Sprachschatz erklären. Ferner können wir nicht hierher beziehen die griechische Sage[5], nach welcher der kretische König Idomeneus für die glückliche Heimkehr seinen Sohn gelobt hatte und opferte; denn es ist nicht selten, daß sich fern abliegende Volksanschauungen in ihren Gedanken berühren. Im Gegentheil finden wir gerade viele uralte Analogien, welche Feste der Jungfrauen darstellen, wie sie in Liedern die jungfräuliche Göttin Artemis feiern, nicht weil sie starb, sondern weil sie Jungfrau blieb; in den Bergen Arkadiens hieß sie deßhalb Artemis Hymnia. Ein ähnliches Fest galt der Artemis auf Taygetos und in Karyä in Lakonien[6]. In Delos besangen Jungfrauen die Upis und bringen bei ihrer Vermählung ihr eine Locke dar[7]. Dasselbe war in Megara für die Iphinoe im Gebrauche, die als Jungfrau starb[8]. Es war eben das Wesen der Keuschheit und Jungfräulichkeit, die hierbei gefeiert wurde. Selbst das Beweinen der Jungfrauen ist der naiven Seite alten Lebens eigenthümlich; so beklagt z. B. Electra[9] die Chrysothemis, daß sie in unvermählter Freudenlosigkeit hinaltern muß, und Polyxena klagt[10]: „Unbräutlich, ohne Hymenäen, die mir doch gebührt." Auffallend ist es, daß die Kirche in ihren bildlichen Darstellungen von dem Opfer Jephte keinen Gebrauch gemacht hat. Im Jahre 1751 hat G. F. Händel ein Oratorium Jephta componirt, wobei er eigenthümliche Namen und Wendungen in das biblische Drama einmischt. Ein zweites Oratorium[11] gibt dem biblischen Texte geradezu eine romantische Färbung, deren die Bibel nicht im mindesten bedarf. Philo gibt uns sogar den Inhalt der Klage der Tochter Jephta's an; sie hieß nach ihm Seilam.

§ 18. Samsons Mutter und Weiber.

Während die Israeliten um ihrer Sünden willen von den Philistern bedrängt wurden, erschien der Engel des Herrn dem frommen Weibe des

[1] Haer. 78 de Antidicomar. cp. 24.
[2] *Cicero*, de off. III. 25. § 95.
[3] *Euripides*, Iphig. Taur. v. 20. *Ovidius, Pausanias.*
[4] z. B.: Ipianassa, Iphianeira, Iphigone, Iphimedeia, Iphimede, Iphimedusa und selbst Männernamen, wie: Iphiades Iphikleides, Iphikles, Iphicrates u. a.
[5] *Servius* ad Virgilium, Aen. III. 121.
[6] Pausan. 3, 10. [7] Callim. in Del. v. 292. Pausan. 1, 43. [8] Pausan. 1, 43; vgl. 2, 32. [9] Sophocles, Oedip. 962 u. 1185. [10] Euripides, Hecabl. v. 414.
[11] K. Reinthaler, Jephta und seine Tochter. 1855.

Daniten Manne (Manoah) aus Saraa (Zorea), welche unfruchtbar war.
Josephus [1] berichtet, daß dieses Weib von besonderer Schönheit war, alle
Ihresgleichen übertraf und, da sie ihre Unfruchtbarkeit mit Ungeduld ertrug,
häufig mit ihrem Manne auf's Feld ging, um Gott mit Bitten zu bestürmen,
ihnen Kinder zu schenken. Die jüdische Tradition [2] leitet sie aus dem Stamme
Juda ab und nennt sie nach 1. Chr. 4, 3 Zelelponi oder Hazlelponi. Es
heißt nicht von ihnen, daß sie alt waren, wie z. B. Sara und Elisabeth
(Luc. 1, 7); es waren eben fromme Leute, die in aller Stille lebten und
ihre bisherige Kinderlosigkeit im Gottvertrauen ertrugen. Um ihrer hervor=
ragenden Tugenden willen, wie Ambrosius [3] sagt, erschien ihr der Engel
des Herrn und sprach zu ihr: „Du bist unfruchtbar und kinderlos; du wirst
empfangen und einen Sohn gebären. Und nun hüte dich, trinke weder Wein,
noch starkes Getränke, noch iß Unreines, denn du wirst empfangen und
einen Sohn gebären und kein Scheermesser soll auf sein Haupt kommen,
denn er wird ein Nazir Gottes sein vom Mutterleibe an (bis zu seinem
Lebensende) und wird anfangen, Israel aus der Hand der Philister zu er=
retten." Der verheißene Sohn soll also lebenslänglicher Naziräer sein, weil
er anfangen soll, der Erlöser Israels von dem Drucke der Philister zu
werden, und damit er dieses ganz werde, soll schon die Mutter während
der Schwangerschaft an der Entsagung, welche das Naziräat auferlegt, theil=
nehmen; sie selbst soll eine Naziräerin werden, damit ihr Sohn ein Held
werde.

Wir entnehmen daraus, von welcher Bedeutung der Seelenzustand einer
schwangeren Mutter auf die Entwickelung ihres Kindes ist [4] und wie sie das
von Gott geschenkte Kind dem Herrn weihen und gleichsam zurückgeben soll [5].
Die Freude, welche Manue's Frau über diese Verkündigung empfindet, soll
sie zu den Entbehrungen, welche ihr auferlegt werden, ganz besonders bereit
machen. Zugleich sollte dadurch auch ihr Glaube erprobt werden. Dieses
von Gott hier auferlegte Naziräat unterscheidet sich von allen übrigen. Auch
Anna gelobt, daß der ihr zu schenkende Sohn (Samuel) als Nazir dem Herrn
angehören solle; allein Anna wird zu diesem Gelübde ganz durch sich selbst
bewegt. Samsons Naziräergelübde fing nicht bei ihm, sondern bei seiner
Mutter schon an. Gottes Geist wirkte daher hier auf Mutter und Sohn
durch das Organ des Naziräates.

Das Weib erzählte die Erscheinung ihrem Manne und sprach: „Ein
Mann Gottes kam zu mir und sein Aussehen war wie das eines Engels
sehr furchtbar (erhaben), und ich fragte ihn nicht, woher er sei, und er zeigte

---

[1] Ant. V. 8, 2.   [2] Baba Bathia 91.

[3] Ep. 19 ad Vig. n. 11: Mater sterilis, sed animi virtutibus haud infecunda,
quae propriae hospitio mentis recipere meruit visionem angeli.

[4] *Hieron.*, l. 2. adv. Jov. n. 15: Samson et Samuel vinum et siceram non
bibunt. Erant enim filii repromissionis et per abstinentiam et jejunium concepti.
Basilius, hom. de jej.: Quid fortissimum Samsonem inexpugnabilem reddit? Nonne
jejunium, per quod in matris utero conceptus est. Jejunium concepit. jejunium
nutrivit, jejunium fortem effecit: quod sane angelus matri praecepit . . .

[5] *Hieron.*, ep. ad Laet.: Fidens loquor accepturam te filios, quae primum
foetum Domino reddidisti . . . Sic natus est Samuel; sic ortus Samson est, sic
Joannes B. ad introitum Mariae exultavit.

seinen Namen mir nicht an." Die Vulgata und einige Ausgaben der LXX übersetzen: Und da ich ihn fragte, wer er sei und woher er komme und wie er heiße, wollte er es mir nicht sagen. Sie kannte mithin den ihr Erschienenen nicht, jedoch sein majestätisches Aeußere machte auf sie den Eindruck eines höheren Wesens. Sie wiederholte hierauf ihrem Manne gegenüber die Verheißungsworte des Erschienenen. Manue, von der Wahrheit der Aussage seiner Frau überzeugt, aber auch zugleich die ihnen auferlegte Verpflichtung erwägend, betet zum Herrn, er möge den Mann noch einmal senden, damit er sie lehre, was mit dem Kinde, das geboren werden soll, zu geschehen habe. Also nicht Mißtrauen oder gar Eifersucht, wie Josephus [1] meint, trieb den Manue zu dieser Bitte, jenen Mann zu sehen, denn das hieße, den Charakter jenes frommen Daniten verkennen, sondern sein Wunsch geht nach Ambrosius [2] dahin, selbst auch theilhaftig zu werden der seinem Weibe versprochenen göttlichen Wohlthat, und genaue Auskunft zu erhalten, wie sie Gottes Willen erfüllen sollten. Gott erhörte dieses Gebet. Als das Weib Manue's allein auf dem Felde saß, erschien ihr nochmals der Engel des Herrn; da holte sie eilig ihren Mann und dieser fragte den Erschienenen zuerst, ob er zu dem Weibe geredet habe. Als er dieß bejahte, fragte ihn Manue, wie mit dem Kinde zu verfahren sei; denn da das Kind ein Naziräer werden sollte, das Weib aber ihrem Manne berichtete, was sie zu thun habe, so vermuthete Manue ein Mißverständniß seitens seiner Frau, denn das mosaische Gesetz enthielt darüber keine Anweisungen. Daher erwiedert der Engel deutlich: "Von Allem, was ich der Frau gesagt habe, soll sie sich enthalten. Wein und Berauschendes soll sie nicht trinken und nichts Unreines essen, und Alles, was ich ihr geboten habe, soll sie beobachten." Da Manue in dem Manne noch nicht den Engel des Herrn erkannte, so will er deßhalb, weil er ihm die erfreuliche Kunde gebracht, ihn gastlich bewirthen und ein Ziegenböcklein bereiten. Der Engel lehnt die Speise ab, fordert ihn aber auf, ein Speiseopfer dem Herrn zu bringen. Manue frägt nun nach seinem Namen, um nach der Erfüllung des Versprechens ihn zu ehren. Darauf erfolgt die Antwort, sein Name sei wunderbar (geheimnißvoll). Als Manue das Opfer dem Herrn auf einem Felsen darbrachte und die Flamme zum Himmel aufstieg, stieg auch der Engel in dieser Flamme empor vor den Augen Beider, die anbetend zur Erde fielen und jetzt erst erkannten, daß der Erschienene der Engel des Herrn war. Manue fürchtete sich nun, sterben zu müssen, weil sie Gott gesehen haben, allein sein Weib beruhigte ihn mit den Worten: "Hätte Jehova uns tödten wollen, so hätte er unser Opfer nicht angenommen, noch uns dieses Alles gezeigt, noch uns dergleichen vernehmen lassen." Wir sehen, der Glaube dieses Weibes ist stärker, als jener des Mannes.

Das Weib gebar einen Sohn und nannte ihn Schimschon (LXX, Josephus, Vulg. Σαμψών, Samson), d. i. den Sonnigen, denn mit ihm sollte den Israeliten die Morgenröthe der Freiheit aufgehen [3]. Als Samson unter dem Segen Gottes aufgewachsen war, ging er hinab nach Thimna (Thamnatha) und sah ein Philistermädchen, welches ihm gefiel, und bat nach seiner Rück-

---

[1] L. c.   [2] L. c.   [3] Richt. Kap. 13.

kehr seine Eltern, dieses Mädchen ihm zum Weibe zu geben. Die Eltern, welche durch diesen Wunsch ihres Sohnes alle ihre Erwartungen zerstört sahen, äußerten ihr Befremden über diese Wahl, ob sich denn unter den Stammgenossen und im ganzen Volke Israel kein Weib finde, daß er sich von den Philistern, den Unbeschnittenen, ein solches holen wolle; denn die Philister wurden mit zu den Canaanitern gerechnet. Samson wiederholte einfach seine Bitte, weil die Philistertochter ihm gefalle; er handelte aber so aus höherem Antriebe; allein seine Eltern wußten nicht, daß Jehova es so gefügt hätte, denn Samson suchte Gelegenheit zum Streite mit den Philistern, welche damals über Israel herrschten. Diese Worte geben uns den Schlüssel zur Beurtheilung der Ehe Samsons. Nicht sinnliche Lust noch Gesetzes-verkennung[1] ist es, welche ihn zu dieser Wahl bestimmt, sondern das Ver-langen, der Retter und Befreier Israels von dem Drucke der Philister zu werden und so die Verheißung zu erfüllen. Sowohl dann, wenn das Mädchen ihm verweigert, als auch wenn es ihm zur Frau gegeben wird, sieht er die beste Gelegenheit, den Philistern beizukommen[2]. Sinnlichkeit und Liebe pflegen sonst die Stricke zu sein, welche die entflammten Helden fesseln. Für Samson sind sie nur Gelegenheit, sie zu zerreißen und seine Gotteskraft zu äußern.

Unbewußt geben die Eltern Samsons nach und ziehen mit ihm nach Thimna hinab. Nachdem er unterwegs ohne Waffen einen Löwen zerrissen, redete er dann mit dem Mädchen, welches er früher bloß gesehen, und das-selbe gefiel ihm. Nach der Verlobung verfloß einige Zeit. Hierauf zog Samson mit seinen Eltern zur Hochzeit hinab, und als er unterwegs von der Straße abbog, um den Leichnam des Löwen zu sehen, fand er darin einen Bienenschwarm und Honig. Er nahm von demselben und gab auch seinen Eltern davon. Bei seiner Braut bereitet er das Hochzeitsmahl; er führt sie nicht in's elterliche Haus; denn das, was er sich gestattet, fügt er nicht dem Elternhause zu, weil dann Israels Gesetz und Sitte verletzt würde. Beim Mahle gibt er seinen Gästen ein Räthsel, welches er dem Bienen-schwarme im Leichname des Löwen entlehnt, zur Lösung auf und wettet darum 30 Festgewande. Unfähig, dasselbe zu lösen, und zu geizig, um die verlorene Wette zu bezahlen, wenden sich die Philistergesellen an das Weib Samsons und erwecken ihre Furcht und Eitelkeit: „Ueberrede deinen Mann, daß er uns das Räthsel sage, damit wir nicht dich und deines Vaters Haus verbrennen. Um uns zu berauben, hattet ihr uns eingeladen, nicht wahr?" Wäre dieses Weib eben nicht eine Philistertochter gewesen, so hätte sie ihrem Gatten, der nun ihr näher stand, als ihre Volksgenossen, die Wahrheit er-öffnet; so aber sucht sie ihn zu täuschen. Sie weinte vor ihm und sprach: „Gewiß, du hassest mich und liebst mich nicht. Meinen Landsleuten gabest du das Räthsel auf und mir hast du es nicht angezeigt." Sie heuchelt Liebe,

---

[1] *Theodoret.*, qu. 21 in 1. Jud.
[2] *Ambros.* l. c. n. 13: Illi ignorantes, quod eo intentio vergeret, ut Palae-stinis aut negantibus infestior foret, aut acquiescentibus affectus inferendae in subditos injuriae demeretur; cum ex conjunctione aequalitas par, et gratia con-sortii jure accresceret, aut si quid offensum esset, longius ultionis studia procede-rent, quasi alienigenam declinandam arbitrabantur.

um zu verrathen. Samson entgegnet: „Meinen Eltern habe ich es nicht ge=
sagt, und dir soll ich es sagen?" Und sie weinte die sieben Tage des Mahles
vor ihm. Diese Worte stehen nicht im Widerspruche damit, daß die Philister
am siebenten Tage mit ihrer Drohung in sie drangen; denn das Weib hatte
täglich aus Neugierde den Samson gebeten, ihr das Räthsel zu offenbaren;
als nun am siebenten Tage auch die Gäste in sie drangen, wurde ihre Bitte
noch bringender, so daß Samson ihr es anzeigte, weil sie ihn gequält hatte. Das
verrathene Geheimniß that das treulose Weib alsogleich ihren Landsleuten kund.

Als nun die Philister sich mit der Lösung des Räthsels brüsteten, ant=
wortete Samson: „Hättet ihr nicht mit meinem Kalbe gepflügt, so hättet
ihr mein Räthsel nicht errathen" — ein treffliches Gleichniß, welches übrigens
für die Verrätherin nicht sehr schmeichelhaft ist. Das Weib hat eben nichts
errathen, sondern nur verrathen. Hierauf erschlug er 30 Ascaloniter, be=
zahlte mit ihren Kleidern die Wette und zog im Zorne über den Verrath
seines Weibes nach Hause, ohne sein Weib mitzunehmen. Anstatt Samsons
Zorn zu beschwichtigen, machten die Eltern seines Weibes den Bruch unheil=
bar, indem sie ihre Tochter einem der Genossen zum Weibe gaben. Zum
Verrathe gesellte sich hier noch die Treulosigkeit[1].

Der Groll Samsons gegen sein Weib dauerte nicht lange. Nach einiger
Zeit schickte er sich an, sie zu besuchen und brachte ihr ein Ziegenböcklein
zum Geschenke mit. Als er nun in ihre Kammer gehen wollte, da wehrte
ihm der Vater und sprach: „Ich habe gemeint, daß du sie hassest, und ich
gab sie darum deinem Genossen; siehe, ihre jüngere Schwester ist schöner, als
sie; diese werde an ihrer Stelle dir zu Theil." Diese Worte verrathen die
Angst des Vaters. Aus Furcht vor den Philistern kann er dem Samson
seine Frau nicht wieder verschaffen, aus Furcht vor dem gewaltigen Helden
will er ihm die jüngere Tochter geben. Samson betrachtet dieses Verfahren
als einen Wiederschein der Gesinnung des Philistervolkes gegen Israel und
rächt sich an ihnen durch Verbrennung der Saaten. Die Philister, welche
die Ursache dieser That kennen, verbrannten aus Rache das Weib mit ihrem
Vater, um den Feind zu besänftigen, welcher doch mehr Ursache hatte, dieses
auszuführen, und es doch nicht that. Das ist der Fluch des Verrathes. Um
der Drohung einer solchen Gefahr willen hatte das Weib Samson verrathen
und um der Philister willen war sie von ihm getrennt worden, und nun
führen sie die grausame That selbst aus, um Samsons Feindschaft zu be=
schwichtigen. Diese Grausamkeit erregte seine ganze Verachtung und seinen
Groll; er weiß den Verlust einer treulosen Gattin und eines charakterlosen
Philisterhauses hoch genug anzuschlagen, um seine nationale Rache an den
Feinden zu kühlen[2].

Im Vollgefühle seiner Ueberlegenheit über die Philister unternimmt er
es, diese in ihrer befestigten Stadt Gaza zu besuchen und kehrt bei einer
Buhlerin ein, denn dergleichen Häuser standen allen Fremden offen. Es
bleibt immerhin sehr unwahrscheinlich, daß Sinnlichkeit den Helden in dieses
Haus geführt hat, wie Manche[3] meinen, denn er kam ja nicht nach Gaza,

---

[1] Richt. Kap. 14.   [2] Richt. Kap. 15.
[3] Drusius, Junius, Piscator, Serarius, Bonferius, Corn. a Lap.

um dort zu einer öffentlichen Dirne zu gehen, sondern er ging dahin und sah dort eine Hure, welche Worte nur anzeigen, daß Samson, als er sie sah, wußte, wo er die Nacht bleiben sollte [1]. Da die Einwohner ihm nachstellten, hob er die Thürflügel des Stadtthores aus und trug sie auf den nahen Berg.

Nach dieser That verliebte sich Samson in ein Weib, welches im Thale Sorek wohnte und Dalila [2] hieß. Diesen Namen hat R. Mair [3] richtig dahin erklärt, daß wenn sie nicht Dalila geheißen hätte, sie doch so genannt werden konnte, weil sie Samsons Kraft erweicht und geschwächt hat.

Manche [4] erklären Dalila für das Weib (Kebsweib) des Samson, doch ein solches konnte unmöglich so handeln wie Dalila. Deßhalb halten Andere [5] sie für eine Hure, und wohl mit Recht; denn dieses Mal ist es sinnliche Wollust, welche ihn zu dem Weibe hinzieht [6], deren Fallstricken er endlich erliegt. Die Philister, wohl wissend, daß die Sinnlichkeit die Manneskraft einschläfert, kamen zu Dalila und sprachen: „Ueberrede ihn und erkunde, worin seine große Kraft liegt und wie wir ihm beikommen und ihn binden können, um ihn ohnmächtig zu machen. Als Preis versprachen sie ihr 1100 Silberstücke. Bestochen durch diesen in Aussicht gestellten Lohn, sucht Dalila ihm das Geheimniß der Stärke zu entlocken. Wie verschieden ist Dalila von Samsons erstem Weibe. Das Weib von Thimna verräth ihn, entweder aus Angst oder aus philistäischem Eifer, diese jedoch verhandelt ihn um Geld. „Sage mir doch," wendet sie sich schmeichelnd an Samson, „worin denn deine große Kraft liegt und wie du zu binden seiest, um dich ohnmächtig zu machen?" Dreimal suchte er die Geliebte durch falsche Angabe zu täuschen. Warum sagte er nicht die Wahrheit? Weil er sodann von dem Weibe hätte lassen müssen, was er eben nicht wollte. „Sieben Seile aus Thiersehnen," sagt er zu ihr, „mit denen ich gebunden werde, schwächen meine Kraft." Als nun Dalila ihn mit solchen band, um ihn den auf der Lauer stehenden Philistern auszuliefern, zerriß er sie wie Wergfaden. Dalila, welche doch den Verrath im Herzen trägt, wagt es, Samson der Unwahrheit zu zeihen, der ihr nicht einmal zürnte, trotzdem daß sie in ihrem ganzen Verhalten ihm verdächtig erscheinen mußte, denn sie kennt die große Macht, welche sie über den sinnlichen Mann ausübt.

Dalila wiederholt ihre frühere Frage und Samson täuscht sie neuerdings. Mit neuen, noch nicht gebrauchten Stricken gebunden, werde er schwach werden. Sie bindet ihn wieder, allein die Stricke fallen wie Faden von den Armen. Aerger und Geiz treiben das Weib nach dieser zweiten Täuschung zu einer neuen Bitte und der Held kommt in seiner Unwahrheit der Wahr-

---

[1] *Aug.*, serm. 364 (al. 107) de temp. *Josephus*, Ant. V. 8, 10: In loco meritorio diversabatur. *Ambros.*, ep. 19 n. 25: Habitabat in diversorio.

[2] דְּלִילָה, LXX: Δαλιδά, Vulg.: Dalila, b. h. die Schwache oder Schwächende.

[3] Sota 9, 2. Jalkut n. 70.

[4] *Chrysost.*, hom. 15 ex var. in Matth. et hom. 12 in Phil. *Ephraem.*, serm. adv. impr. mul. *Prosper*, lib. de prom. cp. 22. Pererius.

[5] *Josephus*, Ant. V. 8, 11. *Ambros.*, ep. 19. *Hieron.*, ep. ad Evagrium und l. 1 adv. Jov. n. 23. *Theodoret.*, qu. 22 in Jud. *Tirinus, Calmet, Serarius* u. A.

[6] *Hier.*, ep. 22 ad Eust. *Ambros.*, ap. 2 Dav. cp. 3.

heit immer näher; er spricht bereits von den Locken seines Haares, die, wenn in das Gewebe auf dem Webestuhle eingewebt und mit einem Nagel befestigt, ihn schwach machen. Dalila thut es: ein Beweis, daß ein Webestuhl in ihrem Zimmer stand und sie das Geschäft einer Weberin ausübte; doch das Weben war auch die gewöhnliche Arbeit der Frauen. Durch den Philister=ruf aus dem Schlafe geweckt, zieht Samson durch einen Ruck den Nagel sammt Gewebe und Locken aus dem Webestuhl heraus. Die Erwähnung des Schlafes berechtigt zu der Annahme, daß Dalila auch die früheren Bindungen während des Schlafes vorgenommen habe. Ueber diese dreimalige Täuschung aufgebracht, sucht sie den gewaltigen Mann durch Vorwürfe zu bestürmen und peinigt ihn mit allen Künsten, in denen sie geübt ist; er liebe sie nicht, hätte kein Herz für sie, ja er betrüge sie — und doch war, wie Cassel[1] bemerkt, die Antwort Samsons nur ein organisches Räthsel, in welchem die Wahrheit verborgen war. Der Mann ist zu groß zur Lüge. Mit diesen Worten drang sie alle Tage in ihn und peinigte ihn derart, daß seine Seele bis zum Sterben überdrüssig wurde. Samson wollte Ruhe haben und blei=ben, darum mußte er Dalila's Wunsch erfüllen. Um dieses Weib seiner Lust zu beruhigen, ist ihm Alles gleichgültig. Sie weiß, daß der von Sinneslust Trunkene zuletzt die Wahrheit nicht verhehlen kann; vielleicht hatte sie auch versprochen, mit seinem Geheimniß keinen Mißbrauch zu treiben. Ein Schritt aus diesem Hause hätte ihn frei gemacht. In Thimna verräth ihn sein Weib und wird für ihn Gelegenheit zum herrlichen Siege; hier ver=räth er sich selbst und fällt.

Samson erschließt nun der Dalila sein ganzes Innere, daß ein Scheer=messer nie über sein Haupt gekommen sei, weil er Naziräer von Mutter=leibe an ist; „wenn ich geschoren bin, weicht meine Kraft von mir". Da Dalila aus diesen Worten — denn sie mußte, daß ein Gottgeweihter den Namen Gottes nicht bei einer Täuschung nennen würde[2] — und dem ganzen Benehmen erkannte, daß er ihr das Geheimniß seines Herzens geoffenbart habe, läßt sie die Philisterfürsten rufen. Als diese kamen, schläferte sie den Samson auf ihrem Schooße ein und schnitt ihm (mit Hilfe eines Scheerers?) die sieben Locken seines Hauptes ab. Einige[3] meinen, daß Dalila ihn früher mit Wein berauscht habe; allein die heilige Schrift macht davon keine Er=wähnung. Auf den Ruf der Dalila drangen die Philister ein, stachen ihm die Augen aus, führten ihn gebunden nach Gaza und warfen ihn in's Ge=fängniß. So fiel dieser gewaltige Held durch den Verrath eines Weibes, in deren Hände er freiwillig die Schändung seines Haupthaares und somit seiner Gottesweihe hingab[4], zum abschreckenden Beispiele für alle künftigen Geschlechter[5]. In seinen Ketten schmachtend erkannte Samson seinen Fehler

---

[1] Comment. z. B. Richt. 1865. S. 148.   [2] Talmud, Sota 9.
[3] *Josephus* l. c. n. 11. *Ambros.*, ep. 19. n. 30. *Basilius*, or. 1 et 2 de jejun. *Theodoret.*, qu. 52 in 3. Reg.: Samson propter ebrietatem et libidinem fuit gratia privatus.
[4] *Hieron.*, com. in Ez. 1. 13. cp. 44: Sanctificationem capillorum ejus Dalilae libido turpavit.
[5] *Chrysost.* l. c. *Hieron.*, ep. 22 ad Eust.: Samson leone fortior, et saxo durior, qui et unus et nudus mille persecutus est armatos, in Dalilae mollescit

und that Buße. Als die Philiſter zu einem Siegesfeſte den Helden, deſſen
Haupthaar indeß wieder gewachſen war, in den Tempel des Dagon bringen
ließen, um mit ihm Spott zu treiben, erfaßte er, Gottes Hilfe erflehend,
die beiden Mittelſäulen des Tempels, neigte ſie, und das Haus ſtürzte auf
das Volk und tödtete gegen 3000 Männer und Weiber, welche darinnen waren.
Größer konnte Samſon nicht fallen, er ſtarb als Sieger, welcher die Ehre
Jehova's gegen den Abgott der Philiſter gerettet hat[1]. Die weiteren Schick=
ſale der Dalila verſchweigt uns die Geſchichte, denn es war für den Autor
genügend, uns den Verrath dieſes Weibes zu ſchildern, welcher für Samſon
ſo verhängnißvoll wurde. Mit Recht kann man ſie als ein Vorbild des
Judas betrachten, welcher ſeinen Meiſter mit einem Kuſſe verrieth[2]. Der
hl. Ephrämus[3] vergleicht ſie mit einer Viper.

Man hat ſeit uralter Zeit mit dieſer That der Dalila den griechiſchen
Mythus von dem Könige Niſos von Megara verglichen, welchen ſeine eigene
Tochter Skylla den Feinden verrieth; dieſe verliebte ſich nämlich in Minos,
den Belagerer der Stadt, und zog, überdieß durch einen von ihm erhaltenen
Goldſchmuck verführt, ihrem Vater das purpurne Haar auf ſeinem Haupte,
an welchem ſein Leben und ſeine Herrſchaft hing, im Schlafe aus, worauf
dieſer ſich ſelbſt tödtete. Sodann habe Minos die Verrätherin Skylla mit
gebundenen Füßen in's Meer werfen laſſen; nach Ovid (Met. 8, 8) ſoll
ſie, von Gewiſſensbiſſen gequält, ſich ſelbſt in's Meer geſtürzt und auf
Bitten des Minos in einen Vogel (Ciris) verwandelt worden ſein[4]. Allein
in dieſem Mythus iſt nicht der Held, ſondern die Tochter von Sinnlichkeit
für den Feind geblendet.

Die Kirchenväter betrachten Samſon in vieler Beziehung als einen Typus
Jeſu Chriſti. Wir heben hier nur jene Stellen hervor, welche auf die er=
wähnten Frauen Bezug haben. Die unfruchtbare Frau des Manue, welcher
der Engel einen Sohn verheißt, hält Rupertus[5] für einen Typus der
ſeligſten Jungfrau Maria; Samſons Ehe mit dem Philiſterweibe zu Thimna

---

amplexibus. *Ambros.*, ap. 2. Dav. cp. 3. n. 16: Samson validus et fortis leonem
suffocavit, sed amorem suum suffocare non potuit ... messes incendit alienas et
unius ipse mulieris accensus igniculo messem suae virtutis amisit. *Ephraem.*,
serm. adv. imp. mulier.: Tantae sanctitatis, pulchritudinis et fortitudinis virum
propria mulier deturbavit et velut hostem vinctum in alienigenarum manus tradidit et cui neque leones, neque alienigenae resistere quibant, hunc propria conjux
dejecit. *Theodoret.*, qu. 22 in Jud.: Hunc invictum et inexpugnabilem ... in
captivitatem redegit meretrix muliercula: adeo bellica acie est gravius bellum
cupiditatis. Eum enim, qui se fortissime gesserat ... captivum fecit voluptas;
ipsa enim cum divina denudavit gratia. *Chrysost.*, hom. 15 ex var. in Matth. und
in Gen. sermo 3: Quid Dalidas? nonne speciosissimum et fortissimum Samsonem
per scortationem detondens ac vinciens alienigenis tradidit et occidit? *Paulinus*,
ep. 4 ad Severum: Videamus omnia, quae Samson pertulerit ab invida uxore
corruptus. Quia eadem peccatores spiritaliter feremus, quae ille carnaliter ad
nostram eruditionem expressa sustinuit. *Abbas Joachim*, pars 1. exp. in Apoc.
(Bei Serarius qu. 21.)

[1] Richt. Kap. 16.   [2] *Serarius*, qu. 50.   [3] De jud. et retrib.

[4] *Serarius*, qu. 16. Jud.

[5] Jud. cp. 14: Matris vel mulieris hujus sterilitas b. Mariae secundum figuram est virginitas.

schattet die Vermählung Christi mit der Heidenkirche ab[1], oder auch die Synagoge, welche ihn treulos verlassen hat[2] und zu einer neuen Ehe mit den Häretikern schritt[3]. Auch das Weib zu Gaza, bei welcher Samson einkehrte, ist ein Typus der Synagoge, zu welcher Christus kam, allein daselbst von den Juden umlagert wurde, um ihn zu tödten[4]. Dalila, die Geliebte Samsons, welcher er sein Herz offenbarte, ist ein Typus der Heidenkirche[5]. Dieselbe Dalila, welche den Helden verrieth und sein Haupt schor, ist Vorbild der undankbaren Synagoge, welche Christum seinen Feinden überlieferte und ihn schor, als man ihn auf Calvaria kreuzigte[6]. Nach Procop bezeichnet Dalila diejenigen, welche Christum ob seiner Armuth nachstellten und eben deßwegen von ihm geliebt wurden. Dalila ist auch Abbild des Fleisches, welches uns, wenn wir ihm schmeicheln, der Gnade beraubt[7].

§ 19. Die Mutter des Michas und das Weib des Leviten.

Auf dem Gebirge Ephraim lebte während der Richterzeit ein Mann Namens Micha (Michas), dessen Abstammung uns nicht weiter berichtet wird. Derselbe hatte seiner Mutter eine Summe von 1100 Silberlingen entwendet; diese, eine reine aber geizige Frau, war über den Verlust des Geldes außer sich und fluchte dem Diebe. Micha, welcher den Fluch seiner Mutter hörte, wandelte ein Grauen an, denn sein Gewissen sagte ihm, daß an dem Besitzer dieses Geldes der Fluch seiner Mutter hafte. Nach der Vulgata scheint Micha dieses Geld von seiner Mutter zum Aufbewahren erhalten zu haben, welche in Gegenwart ihres Sohnes dasselbe dem Herrn weihte. Einige halten dieses Weib für eine hochbetagte Wittwe, da ihr Enkel schon

---

[1] *Aug.* in Ps. 80; l. 12 cont. Faust. cp. 32. *Paulinus*, ep. 4. *Procop.* ad Jud. *Lyranus.*

[2] *Rupertus*, cp. 15 Jud.

[3] *Aug.*, sermo 364 (al. 107) de temp.

[4] *Aug.* l. c. n. 4. *Rupertus*, cp. 21. *Procop.* l. c.

[5] *Hieron.*, ad Eph. l. 1. cp. 1: Quod Samson Dalilae pauperis dilexit amplexus et omnia cordis sui secreta confessus est, Salvatoris et ecclesiae ex gentibus vere pauperis et egenae mysterium significabat; l. 1 adv. Jovian.: Samson typum tenet Salvatoris, quod meretricem ex gentibus adamarit ecclesiam.

[6] *Rupertus*, cp. 14 Jud.: Dalila meretrix, i. e. synagoga carnalis ingrata amanti; u. cp. 22: Personae quidem vel mulieres secundum historiam plures ac diversae, sed secundum mysterium una eademque synagoga est, quae Christum multoties tentavit et nec saltem in sermone capere potuit; tandem autem aliquando quasi caput ejus radendo tentavit et praevaluit, quia Christum Dei filium regem suum negando ac blasphemando in monte Calvariae crucifixit. Interpretatur autem Dalila paupercula, quo nomine synagogam eandem sensu pauperrimam denotat, cum se jactet magnas legis et prophetarum habere divitias et ita habitare in Sorech, quod interpretatur electa vel optima. Sane qui venerunt ad illam principes Philistinorum, postulantes, ut deciperet amatorem suum Samson, principes sacerdotum et seniores populi fuerunt, qui plebem adversus Christum concitaverunt. *Isidor.*, Alleg. n. 81: Dalila synagogam significat, quae Christum in loco Calvariae crucifixit.

[7] *Isidor.*, qu. in Jud. cp. 8: Caro quasi in typo mulieris accipitur. Si enim mulieri, i. e. carni nostrae, blandiente libidine consenserimus, gratia spiritus, quae Nazaraei crine significatur, nudati spoliamur atque decipimur.

Levitendienste versah[1]. Manche Rabbinen meinen, Micha's Mutter sei iden=
tisch mit Dalila, welche den Verrätherlohn zu einem Götzenbilde verwendet
habe; allein Dalila war eine Philistäerin, Micha's Mutter aber aus dem
Stamme Ephraim. Micha, der dieses mit mütterlichem Fluche belastete Geld
nicht behalten will, spricht zu seiner Mutter: „Siehe, das Geld ist bei mir;
ich habe es genommen." Das Weib, voll Freude, daß der Sohn seine
Schuld gestehe oder (nach der Vulgata) das Uebergebene wohl bewahre,
wandelt ebenso schnell den Fluch in Segen, als ob sie Herr über Fluch und
Segen wäre: „Sei nun gesegnet, mein Sohn, von Jehova!" Von ihr gilt
das Wort des Apostels: „Aus demselben Munde geht Lob und Fluch her=
vor." Sodann fährt sie fort: „Geheiligt habe ich dieses Geld für Gott aus
meiner Hand für meinen Sohn, Bild und Gußwerk zu machen, und nun
gebe ich es dir zurück." Aus diesen Worten schließen einige Erklärer, daß
Micha das Geld entwendet hatte, um sich Bild und Gußwerk zu machen.
Die Mutter, welche die Absicht ihres Sohnes erkennt, will ihn daher be=
schwichtigen und das Geld zu diesem Zwecke ihm zurückgeben, und so wett=
eifert sie im Aberglauben mit ihrem Sohne, damit nicht die Vereitelung des
scheinbar gottesdienstlichen Zweckes, welchen ihr Sohn vorhatte, auf sie zurück=
falle. Während nach dieser Erklärung Micha eigentlich als Urheber der
Verwendung des Geldes zum ungesetzlichen Cult und die Mutter nur als
Mitwirkerin erscheint, betrachten Andere diese als Urheberin desselben und
übersetzen: Geheiligt h a t t e ich dieses Geld, d. h. ich hatte bestimmt, dieses
Geld zur Anfertigung eines Bildes für dich zu verwenden, ich will nun
dasselbe jetzt dir einhändigen.

Als Micha wirklich das Geld zurückerstattet hatte, nahm seine Mutter
von den 1100 Silberlingen 200 Stück und übergab sie dem Goldschmied,
damit er ein Bild und Gußwerk mache. Dieses wurde dann im Hause des
Micha aufgestellt. Daraus erhellt wiederum, daß Geiz und nicht die gött=
liche Widmung dem Weibe den früheren Fluch erpreßt hatte; denn von
1100 Silberstücken verwendet sie nur 200 zum Gußwerke. Micha sonderte
nun in seinem Hause ein Häuslein (einen kleinen Haustempel) für Elohim
ab, richtete sich Ephod und Teraphim ein und bestellte einen seiner Söhne
zum Priester bei demselben, gewann aber später einen vacirenden Leviten für
diesen Dienst[2]. Allerdings war dieses Haus kein solches, in welchem man
den Götzen oder dem Baal opferte oder gar einen gesetzlichen Cult einrichtete,
sondern es war ein illegaler Cult, den Micha in seinem Hause etablirte und
welcher vom wahren Culte nur Form und Namen hatte. Das Ephod mit
dem Urim und Thummim, welches das Orakel für den Hohenpriester war,
sollte seinem Privatinteresse dienen und das Volk durch dasselbe angelockt
werden. Derselbe Mann, welcher sich vor dem Fluche seiner Mutter fürchtete,
stellt sich nun selbst unter den Fluch Gottes, da er ein solch verbotenes
Bildwerk in seinem Hause aufstellte. Wie dasselbe beschaffen war, läßt sich
nicht näher bestimmen. Diese Einführung eines ungesetzlichen Cultes wurde
später für Israel (Dan) recht verhängnißvoll.

Zeigt dieses Beispiel, wie sehr Israel während der Richterzeit von den

---

[1] Richt. 17, 5.   [2] Richt. Kap. 17.

Bahnen des gesetzlichen Gottesdienstes und der wahren Jehovareligion ab=
gewichen, so legt ein anderer Fall das sprechendste Zeugniß von der sittlichen
Verkommenheit eines Theiles von Israel während jener Zeitperiode ab. Ein
im nördlichen Theile des Gebirges Ephraim wohnender Levit hatte sich ein
Weib aus Bethlehem genommen, welches er, wie Josephus[1] schreibt, von
ihrer Schönheit geblendet, heftig liebte. Da diese im Hebräischen und in der
Vulgata[2] als Kebsweib bezeichnet wird, so ist die Voraussetzung erlaubt,
daß der Levit bereits ein Weib hatte. Dieses Weib hatte einen buhlerischen
Sinn, denn sie „hurte über ihren Mann hinaus", liebte ihn also nicht und
kehrte in's väterliche Haus zurück. Nach Josephus war sie ihrem Manne
abgeneigt, und da der Levit um so mehr in Liebe zu ihr entbrannte, so kam
es zu häuslichen Zwistigkeiten[3], weßhalb sie ihn verließ. Die Rabbinen
behaupten, sie sei wegen Ehebruch von dem Leviten entlassen worden; allein
hätte ein solcher wirklich stattgefunden, so hätte er selbe nicht wieder zu sich
nehmen können[4]. Da sie bereits vier Monate im väterlichen Hause ver=
weilte, und zu ihrem Gatten nicht zurückzukehren schien, der Levit aber, wie
Josephus schreibt, von Liebe geplagt, von ihr nicht lassen wollte: machte er
sich auf den Weg und zog ihr nach, um ihr zu Herzen zu sprechen und sie
wieder mit sich zu versöhnen, damit sie mit ihm zurückkehre. Zu diesem
Zwecke hatte er einen Diener und einen Esel mitgebracht.

Seine Versöhnungsversuche waren nicht ohne Erfolg. Das Weib nahm
ihn freundlich auf und führte ihn in's Haus ihres Vaters, welcher seinem
Eidam mit Freude entgegenkam, ihn bewirthete und nöthigte, bei ihm zu
bleiben. Als er am Morgen des vierten Tages abreisen wollte, drang sein
Schwiegervater in ihn, noch eine Nacht zu bleiben und mit ihm zu essen;
selbst am Morgen des fünften Tages ließ er sich bewegen, bis Mittag zu
bleiben. Als dann noch der Vater des Mädchens ihn bestimmen wollte, da=
zubleiben, da der Tag sich bereits neige, widerstand der Levit und verließ
mit seinem Weibe das Haus. Es gereicht dem Leviten nicht gerade zum Lobe,
daß er so viele Tage mit Essen und Trinken bei seinem Schwäher zubringt,
ebenso wenig wie seine leidenschaftliche Liebe zu dieser Kebse. Bei Anbruch
der Nacht kamen sie in Jebus (Jerusalem) an; da fordert der Diener seinen
Herrn auf, daselbst zu übernachten. Allein der Levit will nicht in der Stadt
der Fremden (Jebusiter) bleiben, sondern noch Gabaa oder Rama erreichen.
Nach Sonnenuntergang langten sie in Gabaa an, allein Niemand wollte
ihnen ein Nachtquartier geben. Da kam ein alter Mann aus Ephraim,
welcher hier als Fremdling wohnte, vom Felde, und als er die Fremdlinge
auf freiem Platze bemerkte, nahm er sie in sein Haus auf.

Als sie bei Tische saßen, umringten die gottlosen Benjaminiten das Haus
und verlangten, wie einst die Sodomiter, den Fremdling, um ihn zu miß=

---

[1] Ant. V. 2, 8.

[2] Richt. 19, 10. 24. 27. Vgl. *Hieron.* in Mich. 5, und *Ambros.*, l. 3 de off.
cp. 19: Levita acceperat sibi jugalem, quam a concubitu concubinam appellatam
arbitror.

[3] *Ambros.* l. c. Quae quibusdam, ut fieri solet, offensa rebus. *Hieron.* l. c.
Irata est ei concubina.

[4] Deut. 24, 2 f.

brauchen. Der alte Ephraimit will, wie einst Lot, seine Gäste vor solchem Greuel schützen und ist bereit, seine jungfräuliche Tochter sowie das Kebsweib seines Gastes ihrer Lust preiszugeben [1]. Da die Gottlosen auf diesen Vorschlag nicht hören, noch auch die Tochter ihres Nachbarn haben wollen, so führte der Mann (der Levit) sein Kebsweib hinaus. Ihre Schönheit beschwichtigt die tobenden Wüstlinge, welche sie die ganze Nacht in schändlichster Weise mißbrauchten (vgl. 20, 5). Josephus [2] sucht diese That der Gabaoniter durch die Behauptung abzuschwächen, dieselben hätten gleich anfangs, von der Schönheit des Kebsweibes des Leviten befangen, dieselbe zur Befriedigung ihrer Lust verlangt und mit Gewalt abgerungen, indem sie ihn zu tödten drohten.

Ob der Gastwirth und der Levit recht gehandelt, indem sie Tochter und Weib den Wollüstlingen angeboten haben, darüber gilt das bei Lot Gesagte [3]. Einige [4] suchen Beide dadurch zu entschuldigen, daß sie dem größeren unnatürlichen Uebel durch ein kleineres Uebel vorbeugen wollten und aus Irrthum so handelten, in der Meinung, daß dieß die richtige Handlungsweise nach dem Beispiele Lots sei; allein Andere [5] beschuldigen Beide der Sünde nach dem Grundsatze des Apostels: non faciamus mala, ut veniant bona [6]; denn sie wollten eine Sünde verhüten und thaten eine andere, ohne zu wissen, ob sie jene verhüten können. Sie sollten demnach, meint man, den Dingen freien Lauf lassen, sich der Barmherzigkeit Gottes anempfehlen und selbst lieber den Tod leiden, als irgend wie zur Sünde mitzuwirken. Die Wüstlinge ließen das Weib erst beim Anbruch des Tages los und sie kam bis zur Thüre des Hauses, wo ihr Mann wohnte, und fiel (in Folge der nächtlichen Mißhandlung) todt nieder [7]. Josephus meint, daß das Weib theils aus Schmerz über die erlittenen Unbilden, theils aus Scham, so zu ihrem Mann zurückzukehren, ihren Geist aufgegeben habe. Als nun der Levit Morgens heraustrat, um seines Weges zu ziehen (denn er mag wohl verzichtet haben, sein Weib von dem ruchlosen Pöbel wiederzuerhalten), sieht er sie vor der Hausthüre mit ausgestreckten Händen liegend. Als er auf seine Ansprache: „Komm, laß uns weiterziehen!" keine Antwort erhielt, nahm er die Leiche auf seinen Esel, um sie in seine Heimat zu schaffen. Daselbst angekommen, zerstückelt er den Leichnam nach seinen Gliedern in zwölf Theile und verschickte sie in alle Stämme [8]; so appellirt er an das sittliche Gefühl seines ganzen Volkes. Das zerstückelte Weib sollte der lebendige Beweis sein, daß eine vollständige Anarchie in Israel zu fürchten sei, wenn kein Gastrecht mehr besteht, wenn heidnische Greuel wie in Sodoma begangen werden können, und daß kein Weib vor ähnlichen Mißhandlungen

---

[1] Nach *Ambrosius* l. c. bot der Ephraimit außer seiner Tochter auch deren Gespielin (oder nach einigen Ausgaben jugalem suam, also seine Gattin) an.

[2] Ant. V. 2, 8.   [3] Vgl. S. 74.

[4] Cajetan, Menochius, Serarius, Corn. a Lap.

[5] Tostatus, Estius, Calmet, Bonfrerius, Petrus Martyr.   [6] Röm. 3, 8.

[7] *Ambros.* l. c.: Qua atrocitate vel dolore victa injuriae ante ostium ... projecit se atque exhalavit spiritum, supremo licet vitae munere affectum bonae conjugis servans, ut exsequias saltem sui funeris marito reservaret.

[8] Richt. Kap. 19.

mehr sicher sei, wenn solche Dinge ungestraft bestehen bleiben. Diese Schand=
that der Gabaoniter empörte ganz Israel. Sie versammelten sich in Mas=
pha (Mizpa) und verlangten die Auslieferung der Frevler. Da die Benja=
miniten diese verweigerten, so begannen die übrigen Stämme den Krieg gegen
Gabaa und Benjamin, brannten nach heftigem Widerstande die Städte dieses
Stammes nieder und tödteten Menschen und Vieh, wodurch der ganze Stamm
bis auf einen kleinen Rest vertilgt wurde [1]. Auch schwur Israel zu Maspha,
keinem Benjaminiten eine Tochter zur Frau zu geben; dieser Stamm sollte
wie ein heidnisches Volk betrachtet werden. Als das Volk sich später in
Silo versammelte, erschien ihnen der zu Maspha in maßloser Erbitterung
geleistete Schwur zu hart; denn die Schuldigen zu strafen, nicht aber den
ganzen Stamm zu vertilgen, waren sie ausgezogen. Jetzt, als die leiden=
schaftliche Erbitterung sich gelegt, sitzen sie rathlos da und beweinen die
Folgen ihrer That; sie sinnen auf einen Ausweg. Zu gleicher Zeit hatten
sie auch geschworen, jede Stadt, welche nicht ihren Abgesandten zur Volks=
versammlung entsenden und an dem Kriege gegen Benjamin Theil nehmen
würde, zu bannen. Jetzt, bei ruhigem Nachdenken in Silo, ergab sich, daß
Jabes in Galaad keinen Gesandten nach Maspha geschickt hatte. Um nun
dem Stamme Benjamin aufzuhelfen, soll Jabes wegen einer viel geringeren
Schuld gebrochen werden. Sie entbieten 10 000 tapfere Krieger gegen Jabes,
mit dem Befehle, Alles zu erschlagen, bis auf die Jungfrauen, welche für
die Benjaminiten erhalten bleiben sollten. In Jabes fand man 400 Jung=
frauen, welche nach Silo gebracht und den übrig gebliebenen Benjaminiten
zu Weibern gegeben werden. Die Auslieferung dieser Jungfrauen ist eine
gewaltthätige Lösung der Verwickelung, in welcher man sich befindet. Allein
diese 400 Jungfrauen reichten für die 600 übrig gebliebenen Männer aus
dem Stamme Benjamin nicht aus; es waren noch 200 mit Weibern zu ver=
sorgen. Da die übrigen Stämme ob ihres geleisteten Eidschwures ihre Töchter
ihnen zu Weibern nicht geben konnten, so blieb nur der Ausweg übrig, sich
die Töchter von den Benjaminiten rauben zu lassen. Dazu bieten die
Aeltesten des Volkes selbst die Hand, indem sie ihnen den Rath ertheilten,
bei einem der nächsten Feste in Silo, bei welchem die Töchter Israels Reigen=
tänze im Freien aufführen, sich von den tanzenden Jungfrauen Weiber zu
rauben, und beruhigen zugleich die Benjaminiten über die Folgen des Raubes;
wenn nämlich dann, sagen die Aeltesten, die Väter oder Brüder der ge=
raubten Jungfrauen kommen sollten, mit uns darüber zu hadern, so werden
wir in eurem Namen sagen: Gönnet sie uns, denn wir konnten nicht ein
Jeder ein Weib nehmen im Kriege gegen Jabes, und dann habt ihr sie
ihnen ja nicht freiwillig gegeben, so daß ihr dadurch den Eid gebrochen
hättet. Die Benjaminiten befolgten diesen Rath, nahmen sich Weiber nach
ihrer Zahl (nämlich 200), die sie von den tanzenden Jungfrauen raubten,
und kehrten mit ihnen in ihr Erbtheil zurück [2].

In der römischen Geschichte findet man in dem Raube der Sabinerinnen
ein analoges Ereigniß, jedoch sind manche Umstände bei Beiden verschieden [3].

---

[1] Richt. Kap. 20.   [2] Richt. Kap. 21.
[3] *Serarius* zu cp. 21. qu. 5. Vgl. *Aug.*, Civ. Dei l. 2. cp. 17 u. l. 3. cp. 13.

Bei den Benjaminiten war dieser Raub eine gerechte Nothwendigkeit, nicht aber bei den Römern; hier erzeugte der Raub der Sabinerinnen viele Kriege und Morde, dort aber verlief die Sache ruhig und trug viel zur Kräftigung des Stammes bei. Uebrigens waren dieß lauter Uebelstände, welche bei einer ordentlichen Regierung des Volkes nicht leicht möglich waren; darum beschließt auch der Autor sein Buch mit der Bemerkung: In jener Zeit war kein König in Israel, sondern Jeder that, was ihm recht dünkte.

§ 20. Noëmi, Orpha und Ruth.

Während der Richterzeit wanderte ein Mann, Namens Elimelech, aus Bethlehem in Juda, einer Hungersnoth wegen in's Land Moab mit seinem Weibe Noëmi[1], d. i. die Holde, die Anmuthige[2], und seinen zwei Söhnen Mahalon (Machlon) und Chelion (Chiljon). Nach Angabe der Rabbinen[3] soll Noëmi die Nichte des Fürsten Naasson aus dem Stamme Juda und die Tochter des Bruders Salmon gewesen sein. Elimelech starb in Moab und seine Söhne nahmen sich Moabitinnen zu Frauen und zwar Mahalon die Ruth (4, 10) und Chelion die Orpha (Orpa), nicht etwa bei Lebzeiten und mit Zustimmung des Vaters, wie Josephus[4] meint, sondern erst nach seinem Tode. Der Paraphrast und die Rabbinen zeihen die beiden Söhne einer Sünde, daß sie heidnische Moabitinnen geheirathet, und meinen, daß sie deßhalb von Gott mit frühzeitigem Tode gestraft worden seien. Allein das mosaische Gesetz[5] verbietet nur die Ehe mit canaanitischen Völkern und die Aufnahme der Moabiter in die Gemeinde des Herrn[6], welch letzterer Umstand auf die Frauen keine Anwendung findet, da sie ja kein neues Geschlecht bilden können[7]. Uebrigens entschuldigt auch hier die Nothwendigkeit, da die beiden mannbaren Jünglinge im fremden Lande keine israelitischen Frauen fanden und wahrscheinlich auch mit Zustimmung ihrer Mutter dieselben genommen haben. Ob beide Moabitinnen gleich bei der Eheschließung die hebräische Religion angenommen haben, läßt sich nicht mit Sicherheit bestimmen. Die jüdische Tradition[8] bezeichnet die Ruth als einen Abkömmling des Moabiterkönigs Eglon, welcher Israel um seiner Sünden willen unterdrückt hat; die Tochter des Unterdrückers wird demnach die Mutter des Befreiers (des Messias). Nach Hieronymus[9] stammte Ruth aus jenem Theile Moabs, welcher zu Arabia petraea gehörte, deren Hauptstadt Petra war. Nach dem Talmud[10] weist der Name Ruth[11] auf ihren Sproß David hin,

---

[1] נעמי, d. i. Noomi, LXX: Νωεμίς. Josephus: Νααμίς.

[2] Anders *Isidor.*, etym. l. 7. n. 57: Noemi, quam interpretari possumus consolatam eo, quod marito et liberis peregre mortuis merum Moabitidem in consolationem suam tenuit.

[3] Bab. bath. cp. 5. f. 91 u. Raschi cp. 1.

[4] Ant. V. 10, 1.   [5] Deut. 7, 3.   [6] Deut. 23, 3.

[7] Vgl. *Aug.*, qu. 35 in Deut. 23, 3. 4 u. *Serarius*, qu. 12 in cp. 4 Ruth.

[8] Vgl. *Serarius* zu Ruth cp. 1. qu. 7.

[9] Ep. 54 (al. 10) ad Fur. n. 17.

[10] Berachot 7 a. Bab. bath. cp. 1. fol. 13.

[11] D. i.: irrigua, ebria. Andere, wie Fürst: Freundin Gottes. Nach dem Autor (Chrysost.) des Op. imperf. in Matth. hom. 1 bedeutet Ruth inspiratio, weil sie Alles

welcher die nach Gott Dürstenden mit Psalmen und geistlichen Liedern tränkte. Orpha (עָרְפָּה) war nicht von Geburt aus eine Verwandte der Ruth, sondern bloß mit ihr durch ihren Mann verschwägert (1, 15). Die jüdische Tradition[1] hält sie für die Mutter des Riesen Goliath, wahrscheinlich wegen der Aehnlichkeit mit dem Namen Harapha oder Rapha[2]; allein abgesehen von der Zeit, in welcher Orpha und die Mutter Goliaths lebten, war diese eine Philistäerin, jene eine Moabitin. Ob der vier Thränen, welche Orpha der Noëmi nachweinte, sollen ihr vier Helden entstammt sein, darunter Goliath, welchen der Sohn der Ruth (David) besiegte[3]. Uebrigens war Rapha nicht die Mutter, sondern der Vater oder das Geschlecht des Goliath. Auch die Deutung des Namens Orpa: die den Rücken Kehrende, ist unsicher.

Nach zehn Jahren starben auch diese beiden Söhne kinderlos, so daß Noëmi mit ihren beiden Schwiegertöchtern allein zurückblieb. Als sie nun erfuhr, daß Jehova das Land Israel wieder mit Brod gesegnet habe, machte sie sich mit Orpha und Ruth auf, um in ihr Vaterland zurückzukehren, und als sie eine Strecke Wegs gegangen waren, sprach Noëmi zu ihren Schnüren: „Gehet, kehrt eine Jede in das Haus ihrer Mutter zurück (denn die verwittweten Töchter wohnten mit ihrer Mutter in Einem Hause; zugleich will sie die natürliche Mutter zu sich selbst als Schwiegermutter in Gegensatz stellen). Jehova erzeige euch Liebe (Barmherzigkeit), wie ihr sie an den Verstorbenen und mir gezeigt habet. Jehova gebe euch, daß ihr findet einen Ruheort, eine Jede im Hause ihres (neuen) Mannes", d. h. daß ihr euch Beide wieder glücklich verheirathet. Welch ergreifende Familienscene stellt sich uns hier dar! Noëmi lobt die Liebe, welche ihre Schnüre ihren Gatten sowohl bei deren Lebzeiten als auch nach dem Tode entgegenbrachten; es war eben eine Ehe, welche sich des Segens der Theokratie erfreute und von den Ehen der Heidenvölker (Moab) gewaltig abstach. Diese moabitischen Frauen waren in ein israelitisches frommes Haus eingetreten und empfanden daselbst die Wohlthat eines ehelichen, durch Gottes Gesetz geheiligten Lebens und den wohlthätigen Hauch einer Familie von Juda. Die ihnen entgegengebrachte Liebe vergalten sie mit dankbarer, gleich hingebender Gegenliebe. Sie hatten nicht bloß das Bekenntniß des Gottes Jehova gehört, sondern auch den Ausdruck desselben im Leben gesehen. Obgleich ihre Ehen mit Kindern nicht ge-

---

auf göttliche Eingebung hin that und sprach. *Isidor.*, etym. l. 7. n. 58: Ruth interpretatur festinans; alienigena enim erat ex populo gentili, quae relicta patria festinavit transire in terram Israel. Die Kabbalisten lesen mittelst Anastrophe Thur, d. i. die Turteltaube, weil sie seufzend ihren Mann beweinte. Nach Cassel, Comm. zu Ruth, bedeutet Ruth die „Rose".

[1] Sot. cp. 8 und Pseudo-Philo in Ant. bibl.
[2] 2 Sam. 21, 20 und 1 Par. 20, 6. 7.
[3] B. Sota 42. Vgl. *Prudentius*, Hamartigenia v. 782:

Sed pristinus Orphae
Fanorum ritus praeputia barbara suasit
Malle, et semiferi stirpem nutrire Goliae.
Ruth, dum per stipulas agresti amburitur aestu
Fulcra Booz meruit, castoque adscita cubili
Christigenam fecunda domum, Davidica regna
Edidit atque deo mortales miscuit ortus.

segnet waren, bewahrten sie den Todten doch ein getreues Andenken und übertrugen die Liebe auf ihre Schwiegermutter, welche sie pflegten und nährten, trotzdem daß sie ihrem Volke nicht angehörte, zugleich ein Beweis, welche Liebe und Güte Noëmi (wie ihr Name dieß schon ausdrückt) ihren Schnüren erwiesen haben muß. Mitten im Schmerze über den Verlust ihres Mannes und ihrer Söhne, sowie der Trennung von ihren Schwiegertöchtern, denkt sie nur an das Wohl der Letzteren, obgleich selbst alt und hilfsbedürftig. Sie will nicht, daß die beiden jungen Wittwen ehelos bleiben, sondern wünscht vielmehr, daß sie in eines neuen Gatten Haus jede ihre Ruhe und ein Asyl finden, denn die isolirte Stellung einer Wittwe war im Alterthume gerade nicht beneidenswerth. Sie küßt Beide zum Zeichen des Abschiedes, aber lautes Weinen erhebt sich. Der Noëmi wird es schwer, von ihren lieben Töchtern, die ihr kein Herzeleid verursachten, wie die canaanitischen Weiber des Esau der Rebecca, zu scheiden, und diese wollen nicht heimkehren, um ihre theure Mutter einsam des Weges ziehen zu lassen. „Wir wollen mit dir zu deinem Volke gehen", sprechen sie schluchzend. Noëmi, die ihren Schnüren in Moab bereits die Hoffnung eines neuen Familienlebens in Aussicht gestellt, sucht nun durch einen anderen Grund sie zur Rückkehr zu bewegen; sie zeigt ihnen die Hoffnungslosigkeit eines neuen Eheglückes, wenn sie mit ihr gehen. „Kehret um, meine Töchter," sprach sie zu ihnen, „was wollt ihr mit mir ziehen? Habe ich denn noch Söhne in meinem Schooße, daß sie euch zu Gatten (kraft des Leviratsrechtes) gegeben werden? Kehret um, meine Töchter, gehet, denn schon zu alt bin ich, um eines Mannes (Frau) wieder zu werden; ja wenn ich sagte, ich hätte noch Hoffnung und hätte noch diese Nacht einen Mann und (angenommen ich) würde Söhne gebären: wolltet ihr alsdann warten, bis sie groß geworden sind? Wolltet ihr dann euch enthalten, nicht eines Mannes zu werden?" Mit größter Schonung malt ihnen Noëmi das traurige Loos, das sie im Lande Israel erwarten würde; dort wären sie einzig nur auf die alte Noëmi angewiesen, eine andere Hoffnung und Aussicht haben sie als Moabitinnen in Israel nicht, da ihre Herkunft einer anderen Verehelichung als Hinderniß entgegenstehe, auch sie ganz außer Stande sei, im Lande Juda deren eheliches und häusliches Glück zu gründen.. Noëmi ist zu fromm und gläubig, als daß sie ihre Schnüre durch leere Versprechungen zum Volke Israel ziehen möchte. „Nicht doch," fährt sie fort, „denn ich bin viel übler daran als ihr (Vulg.: Eure Bedrängniß bekümmert mich noch mehr?!), da der Herr mich schwer geschlagen" (durch den Tod ihres Mannes und ihrer zwei Söhne). Sie wird jetzt ganz allein und verlassen bastehen, ihr Glück sieht sie nur im fernen Grabe.

Ob dieser Rede brachen die Schwiegertöchter in wiederholtes Weinen aus. Orpha küßte hierauf ihre Schwiegermutter. Die Hoffnungslosigkeit der Zukunft im Lande Israel, von welcher Noëmi sprach, führte sie nach Moab zurück. Ruth aber bleibt und will ihre alte Schwieger nicht verlassen. Die hoffnungslose Aussicht, Einsamkeit, Armuth und Trauer knüpfen sie noch fester an Noëmi. Orpha ging, weil Noëmi keinen Sohn mehr hat, sie sah auf sich allein, sie wollte wieder Frau werden. Ruth sieht nur die geliebte Mutter, sie will um jeden Preis ihre Tochter bleiben, ja mit ihr Armuth

und Noth theilen, und dieß Alles aus Liebe zu ihrem verstorbenen Gatten.
Da muß nun Noëmi der treuen Tochter gegenüber den letzten und eigentlichen
Grund der nothwendigen Scheidung nicht verschweigen. Ohne Bedenken
würde sie aus Liebe zur Ruth andere Söhne, wenn sie solche hätte, geben;
allein was ihre Söhne in Moab thaten, sei nicht Brauch in Israel; denn
ihr Volk sei durch Jehova, den Gott Israels, von allen andern Völkern
geschieden; darum sagt sie: „Siehe, Orpha, deine Schwägerin, kehrte heim
zu ihrem Volke und zu ihrem Gotte (Kamos), kehre auch du heim, deiner
Schwägerin nach!"; nicht das verschiedene Volk, sondern der verschiedene
Gott trennt uns hier an der Schwelle des heiligen Landes. Daraus können
wir schließen, daß Ruth und Orpha bisher, obgleich sie den Gott Jehova
kannten, doch noch ihrer alten Religion treu geblieben waren. Die Scheidungs=
stunde sollte zugleich der Wendepunkt des geistlichen Lebens beider Frauen
werden. Orpha kehrt zurück zu ihrem Gotte, bleibt dem Götzendienste an=
hänglich; Ruth aber wird gläubige Israelitin, wie Rahab. Um die Tugen=
den der Noëmi und Ruth noch mehr hervorzuheben, läßt Raschi in einem
Zwiegespräche Noëmi ihre Schnur aufmerksam machen auf die Schwierigkeiten
des Glaubens an den Gott Israels[1]. „Dringe nicht in mich," spricht die
gläubige, edle Ruth, „dich zu verlassen und von dir wegzuziehen, denn wo=
hin du gehest, werde ich gehen, und wo du weilest, werde ich weilen. Dein
Volk ist mein Volk und dein Gott ist mein Gott! Wo du sterben
wirst, werde ich sterben und dort begraben werden. So thue mir Jehova
und so fürder. Nur der Tod soll scheiden zwischen mir und dir!" Welch
herrliches Bekenntniß einer Moabitin! Bewunderungswürdig fürwahr ist die
treue Liebe und Anhänglichkeit der Ruth an ihre Schwiegermutter. Wenn
das, was das Volk unterscheidet, sein Gott ist, so liebt sie auch in Noëmi
nicht bloß ihr Volk, sondern auch ihren Gott. Sie will eins sein mit ihr
nicht aus irdischem Vortheil, sondern wegen der Tugend und Lieblichkeit der
Noëmi. Sie will demselben Volke und demselben Gotte angehören. Das
Bekenntniß: „Dein Gott ist mein Gott", ist die höchste Stufe ihrer Hin=
gebung und der Schlußstein ihres Gelübdes. Sie will das Unrecht ihres
verstorbenen Mannes, welcher die Moabitin trotz ihres Götzendienstes nahm,
sühnen und so auch im Geiste mit ihm vereint sein — wohl der höchste Grad
der Liebe. Wenn Noëmi glaubte, um der Verbindung ihrer Söhne mit
Moabitinnen willen von Gott heimgesucht worden zu sein, so will Ruth
durch den Eintritt ins Volk Gottes um ihretwillen sie trösten. Durch dieses
Bekenntniß und ihre Tugenden wurde sie würdig, die Stammmutter Christi

---

[1] *Lyranus. Serarius*, Ruth cp. 1. q. 26: Dixit Noemi ad Ruth: Nobis prohibitum est egredi foras ultra terminum in die Sabbati. Respondit ei Ruth:
Quocumque ieris, ibo et ego. Prohibitum nobis jungi feminam cum masculo, nisi
hic sit ejus vir. Respondit Ruth: Ubi pernoctaveris pernoctabo et ego. Populus noster Judaeorum separatus est a reliquis populis per observationem praecep-
torum 613. Populus tuus, populus meus. Nobis prohibitus est deorum alienorum
cultus. Deus tuus, Deus meus. Nobis quatuor genera mortis in dicasterio, seu
in domo judicis tradita sunt. In quo moriris tu, moriar et ego. In eodem dicasterio nobis duo sepulcra tradita sunt: unum iis, qui lapidantur aut comburuntur,
alterum iis, qui occiduntur aut stragulantur. Respondit ei: Et ego ibi sepeliar.

zu werben [1], und dient allen Schwiegertöchtern als hellleuchtendes Muster=
bild [2].

Manche glauben, daß Noëmi mit ihrem Zureden an die Schnüre, nach
Moab heimzukehren, es nicht ernst gemeint, sondern sie eben nur auf die
Probe gestellt habe; allein dieses fromme Weib konnte in ihrer Liebe, Auf=
richtigkeit und Klugheit nicht anders handeln. Sie mußte abreden, mit in's
Land Israel zu ziehen, damit Ruth freiwillig aus eigenem Liebesdrange
Israels Volk und Gott annehme und so die innersten Falten ihres edlen
Herzens offenbar würden. Nachdem dieß geschehen, hört Noëmi auf, ihr
abzureden und läßt ihre Begleitung zu. Beide kamen nun nach Bethlehem
zur Zeit der Gerstenernte, d. i. beim Beginne des Osterfestes, wie der Para=
phrast erklärt. Bei ihrer Ankunft gerieth die ganze Stadt in Aufregung,
und wie der Midrasch [3] zu erzählen weiß, wurde gerade an diesem Tage
die erste Frau des Booz zu Grabe getragen (?). Unter besseren Verhältnissen
war Noëmi von Bethlehem weggezogen, denn Elimelech gehörte einer ange=
sehenen Familie an, arm und traurig kam die Wittwe Elimelechs mit einer
Moabitin wieder an. „Ist das Noëmi?" ruft Alles — Worte der Ver=
wunderung, des Staunens und stillen Mitleidens, wohl weniger der Gering=
achtung. Nach Josephus [4] habe Booz den Ankömmlingen in seinem Hause
ein Obdach geboten, was jedoch in Widerspruch mit der weiteren Erzählung
steht. Noëmi will die staunenden Landsleute in Kürze von ihrem traurigen
Geschicke unterrichten. „Nennet mich doch nicht Noëmi (Vulg. d. i. die Schöne),
sondern nennet mich Mara (d. i. die Bittere oder Betrübte), denn der All=
mächtige (Schadai) hat sehr bitteres Leid über mich verhängt. In der Fülle
bin ich weggezogen und leer hat mich der Herr zurückgeführt. Warum
nennet ihr mich Noëmi, da doch Jehova wider mich zeugt und der Allmächtige
mir übel gethan hat?" Man sieht, daß die Eigennamen in ihrer Bedeutung
immer noch durchsichtig sind. Noëmi trug ihren holden Namen einst mit
Recht, als sie mit einer blühenden Familie nach Moab wegzog; nun aber
hat Schadai, der diesen Segen gab, ihn mir wieder entzogen. In der Fülle
an Familienglück war sie weggezogen, ohne Besitz und ohne Hoffnung hat

---

[1] (Hieron.) Ep. 19 de vera circumc. n. 13: O virtutem viris etiam prae-
ferendam! Abrahae fidem incircumcisae gentis mulier imitatur, quam virilis cir-
cumcisio dereliquit et per aliena vestigia meritum justificationis ingreditur, a quibus majorum caeca haereditas deviavit. Deos suos Moabita contemnit, cum tu,
Israel, desideres alienos. Illa in unum Deum suorum jam oblita conjurat, et tu
post multitudinem fornicaris idolum: hinc eligitur a Domino, hinc fit Israelita
mente, non genere; fide, non sanguine; virtute, non tribu; hinc usque adeo benedicitur, ut prophetarum tuarum mater vocetur et regum. Theodoret., qu. 1 Ruth:
Ruth propter pietatem ac religionem parentes quidem reliquit, socrum autem
secuta est.

[2] (Origenes) in Job lib. 1: Talis fuit illa beata Ruth, quae ita detulit socrui
suae veteranae, ut usque ad mortem non esset passa eam relinquere. Idcirco
sane in Scriptura in perpetuo magnificatur, apud Deum vero in infinita saecula
beatificatur, judicabit nihilominus atque condemnabit in resurrectione omnes ma-
lignas et impias nurus, quae soceris vel socribus suis contumeliam vel injuriam
ingesserint, non reminiscentes, quod ipsi eis viros genuerint.

[3] Ruth Rabba 31. d. R. Isaac in Bab. bath. c. 5. f. 91 u. Raschi.

[4] Ant. V. 9, 2.

sie Gott zurückgeführt. Ein Bußgefühl entströmt dieser Klage; sie sagt nicht:
Gottes Wille war es, der uns fortgeführt, sondern: ich ging, aber Gottes
Gericht hat mich zurückgebracht. Doch ein anderer pietätsvoller Zug ist in
diesen Worten enthalten; sie sagt nicht: wir gingen, da sie doch offenbar
nur ihrem Manne gefolgt ist. Kein Hauch der Anklage oder Beschuldigung
soll auf den geliebten Mann im Grabe zurückfallen. Nicht spricht sie von
dem Uebel, welches ihrer Familie widerfuhr, sie beklagt nur sich selbst, die
Uebriggebliebene. Daß mein Gehen sündhaft war, das hat Gott selbst be=
zeugt; denn mein jetziges Leid und das Ende meiner Pilgerfahrt legt Zeug=
niß davon ab. Dadurch, daß Schabai mir Leid zugefügt, zeugte er wider
mich. Im Verluste meiner Familie, wie der Targum richtig erklärt, erkenne
ich, daß Gott mich schuldig findet. In ihrem Edelmuthe klagt sie nur sich
an, obgleich sie dafür nicht verantwortlich war. Sie hatte genug bekannt
und gebüßt. In Bethlehem ließ man es der armen Noëmi wohl fühlen,
daß sie nicht mehr den Namen Noëmi, sondern Mara führte. Sie war
arm und nach ihrer frommen Meinung auch von Gott verlassen. Nur Ruth,
die Wittwe ihres Sohnes und die Fremde aus Moab, war seit ihrem Weg=
gange aus der Fremde ihre einzige Genossin und Stütze in ihrem eigenen
Lande. Diese stand ihr in bösen Tagen ebenso treu zur Seite, wie sie in
den Tagen des Glückes sie geliebt hat. Noëmi war noch nicht ganz un=
glücklich, so lange noch solch ein liebendes Herz an ihrer Seite schlug [1].
Noëmi, die sich Mara nennt, betrachten die Väter und die Kirche als einen
Typus Mariens, welche ihren Sohn beweinte und deßhalb nicht Maria,
sondern Mara genannt werden will.

Um für den gemeinschaftlichen Lebensunterhalt zu sorgen, erbittet sich
Ruth von Noëmi die Erlaubniß, auf's Feld zu gehen, um dort hinter einem
wohlwollenden Schnitter Aehren zu sammeln. Nicht klagt die Proselitin im
Lande Israel über ihre Armuth; in ihrer tiefen Demuth will sie gerne als
Bettlerin erscheinen, um die Noth ihrer Schwiegermutter zu lindern und ihren
lebendigen Glauben an Jehova durch die Werke zu bezeugen [2]. Die göttliche
Vorsehung, welche kein gutes Werk unbelohnt läßt, führte sie auf das Feld
des reichen Booz (Boas), welcher ein Verwandter des Elimelech war. Die
rabbinische Ueberlieferung [3] hält ihn für den Brudersohn des Elimelech. Als

---

[1] Ruth Kap. 1.

[2] *Petrus Dam.*, l. 8. ep. 14: Numquid pauperculae illius Moabitidis, Ruth
videl. exilium, calamitates, famem, sitim, laborum intolerabilium patientiam ignoratis? Numquid vobis pro pudicissimae viduitatis aliquamdiu honestate servanda,
ad tantam illam devenisse penuriam, ut resides spicas post metentium terga colligeret, et virga cadens, non dicam virili, sed humano destituta prorsus auxilio,
ipsa quod collegerat trituraret? Nimirum ex qua tantorum regum soboles fuerat
processura, tamquam vile mancipium, servilibus operibus videbatur addicta. Inter
tot autem pressuras atque angustias coarctata virtutes animi non descruit et inopis quidem vitae pondus, quo premebatur, aequanimiter tulit; ab intimae vero
nobilitatis culmine, ut puta digna David proava, degenerare indignum duxit.
Socrui reverentiam dignam exhibuit, matronalem pudicitiam tenuit, defuncto viro
fidem servavit, idolis deditam patriam parentesque deseruit et ad cultum veri Dei
sine ullo doctoris magisterio nobilis proselyta transivit.

[3] Vgl. *Serarius*, Ruth cp. 2. qu. 1.

Booz auf das Feld kam und die Ruth erblickte, fragte er den Aufseher, wem dieses Mädchen angehöre? Ihr bescheidenes und anmuthiges Wesen mochte diesem Gutsherrn alsogleich aufgefallen sein, der keinem Armen, eingedenk des Gesetzes[1], die Nachlese verweigerte. Der Aufseher, welcher die Ruth kannte, entgegnete: „Es ist die Moabitin, welche mit Noëmi aus den Gefilden Moabs zurückgekehrt ist", und fährt, ihre Bescheidenheit und ihren Fleiß rühmend, fort: „und sie bat, daß man ihr gestatte, die Aehren hinter den Schnittern aufzulesen, und benützt diese Erlaubniß mit rastlosem Eifer vom frühen Morgen an, ohne sich Ruhe zu gönnen". Booz, der ohne Zweifel von ihr bereits gehört hatte, sie aber noch nicht persönlich kannte, tritt, eingenommen durch das gute Zeugniß seines Dieners, zu ihr heran und spricht mit väterlichem Wohlwollen: „Hörest du wohl, meine Tochter, gehe ja nicht auf ein anderes Feld lesen (sein Gewissen sagte ihm: Elimelechs, seines Verwandten, Schwiegertochter darf nicht wie eine Hilflose herumirren), sondern schließe dich dicht an die Mägde (um ihre Lese reichlich zu machen), gehe unbesorgt den Schnittern nach, denn ich habe den Leuten geboten, dir nichts zu Leid zu thun, und hast du Durst, so gehe zu den Gefäßen und trinke daraus." Gerührt von diesem unerwarteten Wohlwollen, fiel die demüthige Moabitin auf ihr Angesicht, beugte sich zur Erde und sprach voll Dankes: „Wie habe ich Gnade in deinen Augen gefunden, mich zu beachten, da ich doch eine Fremde bin?"

Booz, ein echter Israelit ohne Trug und Falsch, antwortete ihr: „Berichtet ist mir Alles worden, was du an deiner Schwieger gethan hast nach dem Tode deines Mannes, daß du verlassen deinen Vater und deine Mutter und das Land deiner Heimath und gezogen bist zu einem Volke, welches du früher nicht kanntest. Jehova vergelte dir dein Thun und dein Lohn sei vollständig von Jehova, dem Gotte Israels, unter dessen Fittige dich zu bergen du gekommen bist." Booz spricht hier aus der Fülle des Glaubens eines wahren Israeliten. Ein doppeltes Verdienst rechnet er der Ruth an: daß sie Gutes ihrer Schwieger gethan, indem sie dieselbe nicht verließ, und daß sie um der Liebe zu Israel und seinem Gotte willen alles Irdische verlassen und (wie Abraham einst) in ein neues, ihr ganz unbekanntes Land gekommen ist, um, wie der Chaldäer hinzusetzt, Proselytin zu werden und unter den Schutz der göttlichen Majestät sich zu stellen. Für diese Liebe und Hoffnung möge Jehova ihr voller Lohn werden, Alles mithin ihr zu Theil werden, wie denen, die sich unter seinen Fittigen bergen. Er spricht wie ein glaubensdurchdrungener Israelit und Prophet[2]. Diese liebevollen und tröstenden Worte waren wie ein Sonnenstrahl, der mitten im neuen Volke durch das bisherige Gewölk der Trauer und Trübsal zu ihrem Herzen sich Bahn brach. Erquickt durch diesen Segensspruch, antwortet Ruth in bescheidener Demuth: „Möge ich Gnade in deinen Augen finden, denn du hast mich getröstet und zum Herzen deiner Magd gesprochen, da ich doch nicht bin wie eine deiner Mägde", d. h. in keinem näheren Verhältnisse zu

---

[1] Lev. 19, 9; 23, 22. Deut. 24, 19.
[2] *Theodoret.*, qu. 1 Ruth: Finem consecuta est benedictio. Recepit enim plenam mercedem a Domino, ut quae fuerit progenitrix benedictionis gentium.

bir stehe, daß ich deine Gunst mir hätte erwerben können. Booz macht auch absichtlich von dem Verwandtschaftsverhältniß keine Erwähnung; er schätzt Ruth, nicht weil sie die Wittwe seines Verwandten ist, sondern nur ihrer Vortrefflichkeit wegen und weil sie unter die Fittige Jehova's geeilt ist.

Diese anspruchslose Demuth der Ruth nimmt Booz noch mehr für sie ein, so daß er zur Essenszeit sie aufforbert, mit seinen Leuten zu essen, ja ihr selbst geröstete Aehren barbot und zwar so reichlich, daß sie nicht bloß satt wurde, sondern auch einen Ueberrest ihrer Mutter mit nach Hause nehmen konnte; sie denkt eben niemals an sich allein. Als sie nach dem Essen wieder aufstand, um Aehren zu lesen, befahl Booz seinen Knechten, sie auch zwischen den Bündeln lesen zu lassen und geflissentlich Aehren aus den Garben herauszuziehen und liegen zu lassen, damit sie recht viel sammle, und sie weder zu beschämen noch zu schelten — eine Anordnung, welche weit über die Grenzen der Wohlthätigkeit und des Mitleids mit den Armen hinaus= ging. So las Ruth bis zum Abende, klopfte das Getreide aus und hat baburch eine reiche Ernte, beiläufig eine Epha Gerste. Diese brachte sie ihrer Schwiegermutter nach Hause und reichte ihr auch aus der Tasche den übrig= gelassenen Theil der gerösteten Aehren. Ueberrascht von dieser Fülle, fragt staunend Noëmi: „Wo hast du heute gelesen und wo hast du dieß Alles geschafft?" und preist den unbekannten Wohlthäter, der ihre Tochter so reichlich beschenkt hat: „Gesegnet sei, der sich deiner erbarmt hat!" Als Ruth den Namen Booz nennt, da erkennt Noëmi, daß der Gott, welcher ihr Leid zugefügt hat, ihr wieder seine Gnade zuwende, und ruft freudig bewegt aus: „Gesegnet sei er von Jehova, welcher nicht nachläßt in seiner Gnade gegen die Lebenden und gegen die Todten." Man [1] bezieht gewöhn= lich diese Worte auf Booz, welcher dem Elimelech und seinen Söhnen im Leben Gutes that und es jetzt noch an den Hinterlassenen der Verstorbenen thut. Doch richtiger beziehen wir sie auf Gott, der die Bußfertigen nicht verläßt, mögen sie noch leben oder bereits verstorben sein — ein schönes Zeugniß für den Glauben an die Unsterblichkeit der Seele.

Als Noëmi das Erstaunen der Ruth über ihren Ausspruch bemerkt, erklärt sie ihr denselben, indem sie hinzusetzt: „Der Mann ist unser Ver= wandter und einer von unseren Lösern" (Goël). Daß Ruth gerade auf das Feld eines Blutsverwandten des Elimelech kommen mußte, schien ihr Fügung und Gnade Gottes genug zu sein. Ruth, welche eben nichts zu büßen hatte, war es, durch welche Gott seine Gnade den Lebenden und Todten ange= deihen ließ. Die Moabitin, welche sich jetzt das Benehmen Booz' leicht er= klären kann, fährt fort, von seiner Freundlichkeit zu berichten: „Auch hat er zu mir gesagt: halte dich zu meinen Leuten, bis die ganze Ernte vollendet ist." Noëmi, für ihre gute Tochter zuerst besorgt, erklärt sich damit ganz einverstanden, besonders aus dem Grunde, damit ihr nicht auf einem anderen Felde ein Leid widerfahre. Ruth befolgte diesen Rath und hielt sich zu den Mägden des Booz durch die ganze Ernte hindurch. Trotzdem daß sie jetzt mehr wußte, als früher, sammelte sie mit demselben Fleiße und in gleicher Demuth die Aehren; ihre einzige Sorge war ja nur, ihrer Schwieger den

---

[1] Cornelius a Lap., Serarius, Calmet u. A.

Lebensunterhalt zu verschaffen. Booz hatte Gelegenheit genug, ihr zartes und tugendhaftes Wesen noch schärfer zu beobachten [1]. Da Noëmi aus dem Wohlwollen, welches Ruth in den Augen des Booz gefunden hatte, vermuthete, daß er nicht abgeneigt sein möchte, als Goël die Ruth zu ehelichen, sprach sie zu Ruth: „Meine Tochter, soll ich dir nicht eine Ruhestätte suchen, wo es dir wohlgehe?" Noëmi, welche einst ihre Schnüre bat, heimzukehren nach Moab, um dort im Hause eines neuen Gatten ihre Ruhe zu finden, dieselbe ist jetzt besorgt, für ihre edle Tochter Ruth, die Moabitin, welche Alles verlassen, eine Ruhestätte in Israel selbst, dem sie ganz angehörte, zu suchen. „Und nun," fährt sie fort, „ist nicht Booz von unserer Verwandtschaft, bei dessen Mägden du gewesen bist?" Weil er also ein Verwandter ist, kann sie sich zu ihm begeben; denn derjenige, welcher eine Rechtsforderung hatte, mußte selbst das Recht geltend machen. Auch konnte Booz dasselbe nicht für sich zunächst in Anspruch nehmen, da er nicht der nächste Verwandte war. „Siehe, er worfelt in der Gerstentenne diese Nacht." Diese Angabe zeigt, daß Noëmi mit Booz in letzter Zeit in nähere Verbindung getreten, da sie von seinem Thun gut unterrichtet ist und auch seine Gesinnung und Zuneigung zu Ruth kannte, so daß sie voraussetzen konnte, die Anspruchnahme des Rechtes seitens Ruth werde ihm nicht mißliebig erscheinen. Auch war Ruth dem Booz, obgleich schon ein älterer Mann, ob seiner wohlwollenden Gesinnung zugethan. „Bade und salbe dich," fährt sie weiter, „und ziehe deine Festkleider an (denn es war ja ein Brautgang) und gehe hinab zur Tenne; laß dich aber nicht von dem Manne bemerken, bis er gegessen und getrunken hat; und wenn er sich niederlegt, so merke dir den Ort, wo er schlafen wird, und wenn er eingeschlafen ist, so gehe, decke auf die Stelle zu seinen Füßen und lege dich hin und er wird dir sagen, was du thun sollst." Es ist dieß kein leichter Gang, den Noëmi ihrer Schnur befiehlt, wohl verschieden von dem ersten Gange, Aehren zu sammeln, den sie freiwillig antrat; denn bei diesem konnte sie offen handeln und lief höchstens Gefahr, Mangel an Nahrung zu leiden; jetzt aber soll sie verborgen handeln und läuft Gefahr, ihre Ehre zu verlieren. Nicht der Gedanke an eine neue Heirath [2], sondern nur Gehorsam und Liebe zur Mutter machen sie willig, zu gehen. „Alles, was du sagst, werde ich thun." Sie ging, und als Booz in fröhlicher Stimmung eingeschlafen war, kam sie leise und legte sich zu seinen Füßen nieder, indem sie einen Theil der ihn verhüllenden Decke über sich zog. Es war Mitternacht, als Booz etwa durch eine Berührung mit dem Fuße an dem Körper der Ruth aus dem Schlafe aufschreckte. Er beugt sich vor, um nachzusehen, und sich, ein Weib lag zu seinen Füßen. Auf seine Frage: „Wer bist du?" erfolgt die Antwort: „Ich bin Ruth, deine Magd, breite deinen Fittig (Decke) über deine Magd aus, denn du bist ein Goël" (Löser). Es ist dieß der symbolische Ausdruck der Rechtsforderung einer Leviratsehe; wie ein Küchlein unter die Flügel der Henne sich birgt, so flüchtet sich Ruth unter die Lagerdecke des Booz, weil

---

[1] Ruth Kap. 2.

[2] *Petrus Dam.*, l. 8. ep. 14 ad Sorores: Licet Ruth thalamos iteraverit. a castitatis tamen habitu non recessit, quia vidualis continentia in conjugalem pudicitiam non libidine carnalis illecebrae, sed divina potius est dispositione mutata.

er ein Blutsfreund ist, bloß um ihrem verstorbenen Manne Samen zu er=
wecken [1]. Jetzt, wo sie als Israelitin ein israelitisches Recht in Anspruch
nimmt, nennt sie sich nicht die Moabitin, sondern seine Magd. Daß sie
diesen unerläßlichen Schritt wagt, zeugt ebenso von ihrer reinen Seele und
Tugendstärke, wie von dem Zutrauen, welches sich auf das Ehrgefühl eines
Mannes stützt, der in dunkler Nacht und einsam der Pflicht der Sittlichkeit
nicht vergißt. Booz erkennt dieß, und weit entfernt, das Benehmen der
Ruth als zudringlich zurückzuweisen oder anderseits das Zutrauen zu miß=
brauchen, segnet er die Ruth wie ein Vater seine Tochter: „Gesegnet sei von
Jehova, meine Tochter! du hast deine spätere Liebe besser gemacht, als die
frühere, weil du nicht nachgegangen bist den Jünglingen, ob arm oder reich."
Hatte Ruth ihre Heimath verlassen, um ihre Schwiegermutter zu pflegen und
zu trösten, so hat sie als junge, anmuthige Wittwe keineswegs sich um die
Liebe eines jungen Mannes beworben, sondern ihr Recht bei einem älteren
Manne geltend gemacht, bloß weil er ein Goël ist, um durch ihn ihrem
Manne und ihrer Schwieger den Namen in Israel wieder zu erwecken; da=
durch bringt sie ihr eigenes Herz und ihre Liebe den Ihrigen zum Opfer dar.

Nicht ohne Furcht und Zittern mochte Ruth ihre Bitte vorgetragen
haben; darum spricht Booz ihr Muth zu: „Und nun, meine Tochter, fürchte
dich nicht; denn alles, was du sagst, werde ich dir thun." Es ist ja kein
Grund der Verweigerung, selbst nicht ihre Abstammung; „denn die ganze
Stadt weiß, daß du ein tugendsames Weib bist." Aber noch steht ihrer
Verbindung ein formales Recht entgegen, welches früher zum Austrag ge=
bracht werden muß. „Ich bin allerdings," fährt Booz fort, „dein Bluts=
freund, allein es ist noch ein näherer Blutsfreund vorhanden. Bleibe diese
Nacht hier; will er am Morgen dich lösen, gut, so mag er lösen; wenn
nicht, so werde ich dich lösen, so wahr Jehova lebt. Schlafe bis zum Mor=
gen." Nicht legt Booz der Ruth den eben vollzogenen symbolischen Act zum
zweiten Male auf; er selbst verspricht die Verhandlung zu leiten, und um ihr
jeden Zweifel zu nehmen, daß diese Ausrede keineswegs einer Verweigerung
ihrer Bitte gleichkomme, schwört er, sie zu nehmen, wenn der andere Goël
sie zurückweise. Er mochte wohl wissen, daß Noëmi ihre Schwiegertochter
eben nicht an den nähern Verwandten, sondern an ihn selbst gewiesen habe,
weil jener außer Stande war, sie zu lösen. Welch eine Scene in mitternächt=
licher Stunde! Mann und Weib liegen hier neben einander, getrennt durch
unbefleckte Weiblichkeit und lebendiges Gottvertrauen, welches seinen Gott als
Zeugen weiß, um über das Heiligthum der Eheschließung zu verhandeln, eine
Scene, an welche die fleischliche Natur nicht ohne unreine Regungen denken
kann. Wahrlich, einem solchen Paare von so erprobter Sittenreinheit, Tugend
und Gottvertrauen konnte Jener entsprossen, welcher als echter Löser (Goël)
Israel aus dem Aegypten der Sünde und des Todes führte. Jetzt erst sind
wir im Stande, den Rath, welchen Noëmi der Ruth gegeben, richtig zu be=

---

[1] Aug., de bono vid. cp. 7: Sanctae mulieres accendebantur non cupiditate
concumbendi, sed pietate pariendi, ut rectissime credantur coitum non fuisse
quaesiturae, si proles posset aliter provenire ... Proinde sancta Ruth, cum semen,
quale illo tempore necessarium fuit in Israel, non haberet, mortuo viro quaesivit
alterum, de quo haberet.

urtheilen. Derselbe darf nicht nach modernem Maßstabe oder mit fleischlichen Augen[1], als ob der Zweck ein guter, das Mittel jedoch kein gutes gewesen wäre[2], sondern nach den bestehenden Rechtsverhältnissen in Israel bezüglich der Leviratsehe gemessen werden. Noëmi kennt zu gut Ruths erprobte Tugend und Reinheit, sowie Booz' strenge Sittlichkeit und Glauben, als daß sie von diesem nächtlichen Gange etwas Sündhaftes befürchten sollte[3]; sie scheint nicht ohne göttliche Eingebung diesen Rath ertheilt zu haben.

Ruth ruht nun bei den Füßen des Booz, denn um Mitternacht konnte sie nicht leicht in die Stadt zurückkehren, und als der Morgen graute, stand sie auf, damit, wie Booz meint, nicht kund werde, daß das Weib zur Tenne gekommen sei; denn selbst jeder Schein des Verdachtes, der auf sie und ihn fallen könnte, sollte vermieden werden, da man den Grund ihres nächtlichen Ganges nicht kannte. Dann wäre es dem Booz nicht leicht gewesen, die Sache der Ruth weiter zu verhandeln. Darauf maß er sechs Maß Gerste in ihren Mantel als ein Geschenk, damit sie nicht leer und ohne Verdacht zu erregen in die Stadt zurückkehre. Als Ruth zu ihrer Schwieger kam, erzählte sie Alles. Aus diesem Geschenke erkannte Noëmi, daß nach langer Arbeit Ruth endlich ihre Ruhestätte (den Sabbat nach sechs Arbeitstagen) finden werde, und schöpfte die Hoffnung, daß Booz sein Versprechen auch heute noch erfüllen werde, nämlich die Sache der Ruth in's Reine zu bringen. Indeß sollte Ruth sich ruhig zu Hause (wie eine verlobte Braut) verhalten[4].

Um sein der Ruth gegebenes Wort zu lösen, begab sich Booz am näch= sten Morgen zum Thore der Stadt, der gewöhnlichen Gerichtsstätte, rief den vorübergehenden näheren Goël herbei und forderte ihn vor den Aeltesten der Stadt auf, das dem Elimelech gehörige und von der Noëmi verkaufte Grund= stück zu lösen, und wenn er dieß thäte, auch Ruth, die Moabitin, zu ehelichen,

---

[1] *Ambros.*, l. 3 de fid. cp. 10. n. 70: Si secundum litteram sensum torquea- mus, prope quidam pudor et horror in verbo est, si ad commistionis corporeae consuetudinem sententiam intellectumque referamus.

[2] *Lyranus.*

[3] *(Chrysost.)* Opus impf. in Matth. hom. 1: Ruth inspiratio est appellata. Nam nisi inspiratio Dei fuisset in ea, non dixisset, quae dixit, nec fecisset, quae fecit. Quid primum laudatur in ea? Dilectio generis Israel, aut simplicitas, aut obedientia, aut fides? Dilectio quidem generis Israel, quia sic desiderabat filios suscipere ex semine Israel, et una fieri ex populo Dei. Si enim communicationem viri desiderasset quasi puella lasciva, aliquem juvenem potius appetisset. Quoniam autem non lascivae suae, sed religioni satisfacere cupiens fuit, familiam potius sanctam elegit, quam juvenilem aetatem. Simplicitas autem, quia ultronea sub pallium ejus ingressa est, nec cogitavit ne forte sperneret eam quasi vir justus lascivam puellam, aut ne deluderet eam: et quod gravius erat, contemneret delu- sam, sicut faciunt multi: sed obaudiens facta socrus suae consiliis, confidenter credidit, quod prosperaturus fuerat Deus actum ipsius, sciens conscientiam suam, quia non libido ad hoc eam compulerat, sed religio erat hortata. Quid autem in Booz praedicatur? Humilitas, castitas et religio. Humilitas quidem et castitas, quia non contigit eam quasi lascivus puellam, nec abhorruit eam quasi castus lascivam: sed mox, ut verbum ejus de lege proximitatis audivit, nihil horum omnium lasciviae imputavit, sed universa religioni adscripsit. Nec despexit quasi dives pauperem, nec veritus est quasi maturus adolescentulam, sed paratior fide, quam corpore, mane processit ad portam.

[4] Ruth Kap. 3.

um den Namen des Verstorbenen auf seinem Erbe aufzurichten. Dieser kennt das Recht der Noëmi auf ihren Acker und seine Pflicht zur Einlösung an, verweigert jedoch, aber nicht in Gegenwart der Ruth, wie Josephus meint, die Lösung des Feldes wegen der daran geknüpften Bedingung, um sein Erbtheil nicht zu schädigen; denn der gelöste Acker gehörte dann nicht ihm, sondern dem Sohne, welchen er aus der Ruth zeugen würde. Allein dieß konnte nicht der einzige Grund seiner Weigerung sein; denn wenn ein leiblicher Sohn ein Erbe antritt, so kann doch der Vater dieß nicht eine Schädigung seines Erbes nennen. Wie der Midrasch [1] andeutet, bestimmte den anonymen Blutsfreund zu dieser Weigerung auch ein geistlicher Vorwand. Booz hatte ausdrücklich von Ruth, der Moabitin, gesprochen. Man betrachtete allgemein das Unglück Elimelechs und den Tod seiner beiden Söhne als eine Strafe wegen ihrer Ehe mit moabitischen Frauen; er will deßhalb nicht ein ähnliches Unglück über seine Familie durch die Heirath mit der Moabitin heraufbeschwören, beachtet aber nicht, daß Ruth bereits unter den Fittigen Jehova's sich befindet, durch deren Liebe die Schuld der Familie gesühnt ist. Er will seinen Namen und sein Geschlecht nicht gefährden und siehe, die Geschichte kennt seinen Namen nicht mehr aus Strafe für seine Lieblosigkeit gegen Ruth, während der Name Elimelechs durch Ruths Liebe und Glauben bleibt. Diese Erklärung bekräftigte er durch einen damals üblichen Gebrauch (Schuhausziehen) der Verzichtleistung auf sein Recht, und Booz sprach zu den Aeltesten: „Zeugen seid ihr heute, daß ich erworben habe Alles, was dem Elimelech, und Alles, was dem Chelion und Mahalon gehörte aus der Hand der Noëmi. Und auch Ruth, die Moabitin, die Frau des Mahalon, habe ich mir erworben zur Frau, aufzurichten den Namen des Todten an seinem Erbtheil, auf daß nicht ausgehe der Name des Todten von seinen Brüdern und vom Thor seines Ortes; Zeugen seid ihr heute." Welch frommer Edelmuth, welch demüthiges Bekennen zu einer heiligen Pflicht, ein löbliches Familienrecht in Israel aufrecht zu erhalten! Nicht meint er sein Erbtheil zu schädigen, sondern vielmehr eine Schuld des Hauses Elimelechs zu sühnen, wenn er die Moabitin, welche ganz dem Volke und Gotte Israels sich hingegeben hatte und als Musterbild der Tugenden bekannt war, eheliche [2]. Diese edelmüthige That erwarb sich auch die Zustimmung Aller, denn das ganze

---

[1] Ruth Rabba 35 a.

[2] *(Chrysost.)* Opus imp. in Matth. hom. 1: Ruth pro merito fidei suae nupsit Booz, quia propriam gentem contempsit et terram et genus et elegit Israel et non despexit socrum viduam simul et peregrinam, desiderio ducta generis ejus magis, quam sui. Deos patrum suorum repulit et Deum viventem elegit ... Ergo Booz pro merito suae fidei illam accepit uxorem, ut ex conjugio tali sanctificato genus nasceretur regale. Nam Booz senior constitutus, non sibi uxorem accepit, sed Deo: non propter passionem corporis sui, sed propter justitiam legis, ut suscitaret semen proximo suo, non magis amore, quam religione ferventior: aetate senex, juvenis autem fide, et ideo forsitan nominatus est in virtute, vel virtus in ipso praevalens. Quoniam qui secundum aetatem ad ineundum conjugium est in virtute, non est nominabilis et laudandus, quia est in virtute: sed qui extra aetatem conjugalem jam factus accepit ex religione virtutem ad conjugium incundum, sicut iste Booz, ille laudabilis est, qui existit in virtute et illius talis viri virtus in ipso est.

Volk stimmte in den Segensspruch ein: „Jehova mache die Frau, die in dein Haus kommt, wie Rachel (zuerst genannt, weil Ruth wie sie lange unfrucht= bar) und Lia, welche beide das Haus Israel gebaut haben, und schaffe Kraft in Ephrata und mache dir einen Namen in Bethlehem (d. h. Gott schaffe dir durch die Ehe mit Ruth eine Schaar tüchtiger Söhne, welche deinen Namen berühmt machen). Und es sei dein Haus, wie das Haus des Phares (Perez), welchen Thamar dem Juda gebar, durch den Samen, den dir Gott geben wird von diesem jungen Weibe." Nicht umsonst wird hier der Name Thamar erwähnt, nicht bloß, weil Booz von Phares abstammte, sondern weil Ruth mit Thamar bezüglich der Leviratsehe große Aehnlichkeit hat. Auch Thamar ergriff hierbei die Initiative, allerdings nicht in der lieblich reinen Art, wie Ruth, das ihrem verstorbenen Gatten und ihr widerfahrene Unrecht gut zu machen. Booz hat zwar kein solches Unrecht zu bekennen, allein er fühlt doch die Pflicht, für seinen Geschlechtsgenossen das zu thun, was bis jetzt nicht geschehen war. Seine edle und liebevolle Handlungsweise ist über alles Lob erhaben[1]. Der hl. Augustin[2] sieht in Ruth erfüllt das Wort der Schrift: „Es soll kein Ammonit oder Moabit in die Gemeinde des Herrn kommen, auch nicht bis in's zehnte Geschlecht"[3], denn im Evangelium Matthäi (1, 5) ist Booz, welcher Ruth in die Gemeinde Jehova's aufnahm, der zehnte von Abraham. Aber erst der Heiland, welcher menschlich von Ruth abstammte, nahm den Fluch gänzlich von Moab. Obgleich die Tal= mudisten meinen, daß Booz bereits verheirathet gewesen und damals Wittwer war, so behaupten die Rabbinen mit den Thargumisten wohl mit Recht das Gegentheil, nämlich daß Booz vor seiner Ehe mit Ruth nicht verheirathet ge= wesen sei[4].

Der Segenswunsch des Volkes ging auch bald in Erfüllung. Als Booz die Ruth geheirathet hatte, gab Jehova ihr Schwangerschaft und sie gebar (nach Ablauf eines Jahres, wie Josephus angibt) einen Sohn. Mit diesem fröhlichen Ereignisse sind alle Schatten aus dem Leben beider Frauen ge= wichen. Gott hat in Gnaden die Tochter Moabs, die sich zu ihm bekannt, angesehen. Uebrigens brauchen wir die Geburt eines Sohnes aus der Ruth nicht als eine übernatürliche zu betrachten; denn Ruth war noch eine junge Frau und auch in Booz war, obgleich schon ein älterer Mann, die Zeu= gungskraft noch nicht erstorben; denn ein solcher konnte wohl nicht öffentlich das Recht geltend machen, dem Verstorbenen Nachkommen zu erwecken, ohne sich dem Gespötte auszusetzen. Auch würde er in jener Nacht, in welcher

---

[1] *Hieron.*, ep. 39 (al. 25) ad Paul.: Vide, quanti meriti sit, desertae praesti= tisse solatium. *Isidor.*, qu. in Jud. cp. 9: Ob merita obsequiorum suorum provi= detur, ut homini conjungeretur ex Abrahae stirpe venienti. *Rupertus*, lib. 1 de gloria et hon. fil. hom.: Et Booz quidem non solum excusatus, verum etiam justi= ficatus est, ducendo uxorem Moabitidem, etenim lex (Dt. 25) eum justificat; und früher: Lex ipsa, quae damnabat eam, quoniam Moabitis erat, suffragabatur illi, ut acciperet eam Booz, quoniam uxor propinqui fuerat, et taliter non solum in= travit ecclesiam Domini, verum etiam principalem obtinet memoriam in ecclesia, ita ut semen, quod ex ea suscitatum est, statim secunda generatione generaret David, principem et regem ecclesiae Domini.
[2] Quaest. 35 in Dt. 23, 3.   [3] Deut. 23, 3.
[4] *Serarius* in Ruth. cp. 4. qu. 11.

Ruth ihn um die Ehe bat, seinen erstorbenen Leib als Entschuldigungsgrund vorgeschützt, noch Noëmi der Ruth den Rath gegeben haben, den Booz zu verlangen[1]. Und es sprachen die Frauen zu Noëmi: „Gesegnet sei der Herr, der dir nicht hat fehlen lassen einen Goël (Löser) heute, und sein Name werde genannt in Israel. Und er möge dir werden zur Erquickung der Seele und die Stütze deines Greisenalters, und deine Schwiegertochter, die dich liebt, hat ihn geboren, sie, die dir besser ist, als sieben Söhne." Booz wurde der Löser für Ruth, das Kind aber der Goël für Noëmi; denn dieses Kind ist, wenn auch nicht ihr Bluts=, so doch ihr Geschlechtsenkel, in welchem das sinkende Haus des Elimelech wieder aufgerichtet wird. So hat denn Noëmi an ihrer Schwiegertochter einen werthvollen Schatz[2], indem ihr durch dieselbe der Verlust ihrer Söhne ersetzt und die Hoffnung eröffnet wurde, in ihrem kinderlosen Alter noch die Stammmutter eines zahlreichen Geschlechtes zu werden. Sieben Söhne hätten nicht das gethan, was die Liebe der Moa= bitin ihr leistet. Ihre lebendige, selbstlose, opferwillige Liebe zu Noëmi tritt an die Stelle der Leibesabstammung. Dieser Geschlechtsenkel wird durch Ruths Liebe ihr eigener Leibesenkel, ihrem Herzen näher stehend, als wenn ihn leibliche Kinder geboren hätten[3].

„Und Noëmi nahm das Kind und legte es in ihren Schooß und ward ihm zur Wärterin", die es im Gesetz und Leben Israels unterrichtete. „Und es sprachen die Nachbarinnen: ‚Ein Sohn ist der Noëmi geboren‘, und sie nannten seinen Namen Obed, und dieser ist der Vater Isai's, des Vaters Davids."[4] Nach Josephus[5] nennt Noëmi auf Anrathen der Nachbarin= nen ihr Kind Obed, weil es ihr zur Stütze ihres Alters dienen sollte. An= dere[6] glauben, daß dem Kinde der Name Obed gegeben wurde, weil zu der Zeit der Geburt desselben Israel einem fremden Volke diente. In diesem Worte gipfelt die Vollendung des Segens des Booz über Ruth. Von Booz stammt durch die Liebe Ruths der Erlöser ab[7]. Ruth ist das edelste Reis,

---

[1] *Serarius* l. c. qu. 14 u. 19.

[2] *Hieron.*, ep. 54 ad Fur.: Noemi pudicitiam reportavit in patriam; et hoc sustentata viatico (Ruth) nurum Moabitidem tenuit, ut illud Isaiae vaticinium compleretur: Emitte agnum Domine dominatorem terrae de petra deserti ad mon- tem filiae Sion (Is. 16, 1).

[3] *P. Cassel*, com. Ruth p. 235.   [4] Ruth Kap. 4.

[5] Ant. V. 9, 4: Hunc cum Naamis nutricarit, Obedum de consilio mulierum nominavit, ut qui ad curam senectutis ejus gerendam educaretur.

[6] (*Chrysost.*) Opus imp. in Matth. hom. 1: Talis Booz ex tali conjuge Ruth qualem filium genuit? Obeth, qui interpretatur subditus ... Adhuc aestimo propter Obeth. et propter Jesse, qui refrigerium est dictus, ne forte in diebus Obeth filii Israel propter delicta sua traditi erant sub potestate gentis cujusdam... Et quoniam subditi facti fuerant cuidam genti, convenienter in tempore illo natus Obeth subditus est appellatus. *Hieron.*, ep. 39 ad Paul.: Vide, quanti meriti sit desertae praestitisse solatium. Ex ejus semine Christus oritur.

[7] *Petrus Dam.*, l. 8. ep. 14: Numquid pauperculae illius Moabitidis, Ruth videlicet exsilium, calamitates, famem, sitim, laborum intolerabilium patientiam ignoratis? Numquid vobis pro pudicissimae viduitatis aliquamdiu honestate ser- vanda, ad tantam illam devenisse penuriam, ut resides spicas post metentium terga colligeret et virga cadens, non dicam virili, sed humano prorsus auxilio ipsa, quod collegerat, trituraret? Nimirum ex qua tantorum regum soboles fuerat processura,

die herrlichste Blüthe des Heidenthums, welche dem Volke Gottes eingepfropft
wurde, die Edelste unter den vier Frauen im Stammbaume des Herrn.
An ihr finden wir wie an Rahab die für Israel so wichtige Wahrheit ausgedrückt, daß das Heidenthum, wenn es gläubig wird, auch an dem Bundes-
segen Antheil haben soll; sie ist mithin Typus der Heidenkirche, wie Booz
jener Christi [1]. So wie Booz die Armuth und das verachtete Geschlecht der
Ruth nicht berücksichtigte, so hat auch Christus die fremde und an allen
guten Werken Mangel leidende Heidenwelt sich angetraut; und wie Ruth
niemals dieses ehelichen Glückes theilhaftig geworden wäre, wenn sie nicht
ihr Elternhaus, die heimischen Sitten, ihr Vaterland und Volk verlassen
hätte, ebenso kann auch die Heidenwelt dann erst die Braut Christi werden,
sobald sie die heidnischen Sitten aufgegeben hat. Darum wird Ruth, wie
die Heidenkirche, Mutter der Könige. So Chrysostomus [2]. Ueberhaupt
ist nach den Worten des hl. Ambrosius [3] das Büchlein Ruth reich an
Mysterien. Im mystischen Sinne wurde diese idyllische Erzählung vielfach
auf das christliche Glaubensleben angewendet, so besonders von Ludwig
de Ponte [4]. In allegorischer Beziehung kann sie zur Darstellung der

---

tanquam vile mancipium, servilibus operibus videbatur addicta. Inter tot autem
pressuras atque angustias coarctata virtutes animi non deseruit, et inopis quidem
vitae pondus, quo premebatur, aequanimiter tulit; ab intimae vero nobilitatis culmine, ut puta digna David proava, degenerare indignum duxit. Socrui reverentiam
dignam exhibuit, matronalem pudicitiam tenuit, defuncto viro fidem servavit, idolis
deditam patriam parentesque deseruit et ad cultum veri Dei sine ullo doctoris
magisterio nobilis proselyta transivit. Ecce igitur Judith prospera, quibus in vita
fulciebatur abjiciens, Ruth adversa quibus premebatur, amplectens: utraque sci.
mente una, licet diversa fortuna, uni Deo non immerito placuit. Quia nec adversis
ista succubuit nec in prospera suimet obliviscens sese illa dejecit. Sed illa tolerabat quibus abundabat, ista fruebatur quae patiebatur, utraque nimirum de humanae inconstantiae alternitatibus asserens.

[1] *Isidorus*, alleg. sept. n. 82: Ruth alienigena, quae Israelitico viro nupsit,
ecclesiam ex gentibus ad Christum venientem ostendit. Booz autem Christum
verum ecclesiae sponsum expressit; u. qu. in l. Jud. cp. 9 de Ruth. *Theodoret.*,
qu. in Ruth. *Carthusianus*, *Hugo a St. Victore*, *Serarius*, Ruth cp. 4. qu. 22.
Cornelius a Lap., *Calmet*. *Origenes* in Ruth.: Gentium figuram gerit Ruth, quae
relictis patriis Israeliticae genti inserta est. *Hieron.*, prooem. in Os.: Booz Ruth
Moabitem pinna pallii sui operiens et jacentem ad pedes, ad caput Evangelii
transtulit. *Lyranus* in Ruth. cp. 4.
[2] Hom. 3 in Matth. Vgl. *Isidor.* l. c. *Ambros.*, l. 3 in Luc. n. 33: Recte
s. Matthaeus per evangelium gentes ad ecclesiam vocaturus, auctorem ipsum Dominum gentilis congregationis alienigenarum generationem secundum carnem as-
sumpsisse memoravit: ut jam tunc esset indicium, quod illa generatio ederet gentium vocatorem, quem sequeremur omnes ex alienigenis congregati, relinquentes
paterna; u. Lib. 3 de fide cp. 10: Solus Christus est sponsus, cui illa (Ruth)
veniens ex gentibus sponsa atque inops atque jejuna, sed jam Christi messe dives
innubat, quae manipulos fecundae segetis Verbique reliquias gremio legat mentis
interno: ut exhaustam illam viduam morte filii, atque inopem defuncti populi matrem novis pascat alimentis, non relinquens destitutam viduam et novos quaerens.
Eine weitere Ausführung des typischen Sinnes siehe bei Kremenz, Geschichtstypik
l. c. S. 148 f.
[3] De fide 3, 10: Historia simplex, sed alta mysteria: aliud enim gerebatur,
aliud figurabatur.
[4] De perfectione hom. christiani.

gnädigen Auswählung des Menschen durch Gott und besonders zur Schilde-
rung des Prozesses der Rechtfertigung des Sünders verwendet werden und
hat dann viel Aehnlichkeit mit der Parabel vom verlorenen Sohne. Tropo-
logisch bietet sie in der Ruth ein herrliches Musterbild der Treue im Festhalten an der erkannten Wahrheit, der Opferwilligkeit, der Pietät, thätigen
Nächstenliebe, des Gehorsams, des Fleißes, der Demuth und Dankbarkeit,
während die Rückkehr der Noëmi zur Heimath, die Ruhe des Booz bei dem
Erntesegen, sowie seine glückliche Vermählung Anlaß zu anagogischen
Betrachtungen geben[1].

Die Maler haben besonders zwei Umstände aus dem Leben der Ruth
hervorgehoben, ihre Aehrenlese und wie sie zu den Füßen des Booz schläft.
Poussin hat in seinem berühmten Gemälde: „Die vier Jahreszeiten" die erste
Scene als Motiv für das Gemälde des Sommers gewählt.

§ 21. Anna und Phenenna.

Elkana, ein Levit von Ramathaim Zophim auf dem Gebirge Ephraim,
hatte zwei Frauen: die eine hieß Anna[2] (חַנָּה = Hanna, d. i. Gnade,
Anmuth) und war kinderlos; die zweite Phenenna (פְּנִנָּה = Peninna,
d. i. Koralle) war mit Kindern gesegnet. Die Kinderlosigkeit der Anna
scheint den religiösen Mann zu einer zweiten Ehe mit Phenenna bestimmt zu
haben, da reicher Kindersegen zu den ersten Bundesverheißungen zählte. Obgleich die Polygamie durch das Gesetz nicht verboten, aber auch nur geduldet
war, so brachte sie doch in das ursprüngliche gottgewollte monogamische Ehe-
verhältniß eine gewisse Trübung, unter deren Folgen der Mann oft zu leiden
hatte. Auch in Elkana's Familienleben macht sich dieser Unfriede bemerkbar.
Alljährlich zog er mit seiner Familie nach der Vorschrift des Gesetzes hinauf
nach Silo zur Stiftshütte, um daselbst dem Herrn zu opfern. Da ein Theil
der dargebrachten Friedensopfer dem Opfernden zu einem freudigen Opfermahle zurückerstattet wurde, so gab Elkana bei diesem Mahle seinem Weibe
Phenenna und allen ihren Söhnen und Töchtern (also seiner zahlreichen
Familie) Theile (Portionen), der Anna aber gab er Ein Stück traurig (Vulg.)
oder mit Unmuth, weil er sie liebte, der Herr hatte nämlich ihren Mutterleib verschlossen. Sein Herz soll also voll Unmuth gewesen sein, daß die
von ihm hochgeliebte Anna bleibend ohne Kindersegen war. Doch wir können
unmöglich annehmen, daß dieser gottesfürchtige, edle Mann seiner geliebten,
durch die Unfruchtbarkeit, die sie übrigens nicht selbst verschuldet hatte, niedergebeugten Gattin durch sein unwilliges und barsches Benehmen noch eine
weitere Kränkung zuzufügen im Stande war, und dieß bei einem Opfermahle,
welches die freudigste Stimmung des Herzens erforderte[3]. Es ist daher mit
dem Thargumisten und Syrer das Wort אַפָּיִם richtiger mit Doppelantheil
zu übersetzen, so daß Elkana seinem Weibe Anna, weil er sie liebte und wegen

---

[1] Vgl. Fз. Reinhard, Ruth nach der hl. Schrift. Coblenz 1874; und: Ven-
tura, Schönheiten des Glaubens 1. Thl. S. 291.

[2] *Isidorus*, Etym. l. 7. n. 59: Anna gratia ejus interpretatur, quia dum esset
prius sterilis natura, postremo Dei gratia foecundata est.

[3] Lev. 23, 50. Deut. 12, 12. 18; 16, 11. 14. 15.

ihrer Unfruchtbarkeit zu trösten suchte, einen doppelten Theil vorlegte, um so seine größere Liebe zu ihr, der Unfruchtbaren, zu bezeugen und zugleich damit auch den Wunsch zum Ausdrucke zu bringen, Gott wolle ihren Mutter- leib erschließen und kraft des Opfers ihr das sehnsüchtig erwünschte Recht verschaffen. Die Vorzüge des Geistes und Herzens der frommen Anna er- setzten ihm reichlich den Mangel ihrer Fruchtbarkeit, welcher nach gewöhn- licher Volksanschauung als ein Zeichen göttlichen Mißfallens, ja als Schande galt. Auch bei Anna sollte, wie bei vielen andern edlen Frauen des Alten Testamentes, die durch eine lange Zeit hindurch bestehende Unfruchtbarkeit die Größe der göttlichen Gnade bei später wirklich eingetretener Fruchtbarkeit in's hellste Licht setzen [1].

Phenenna, der als Mutter mehrerer Kinder nach jüdischer Sitte ein äußerer Vorzug und höhere Rechte zukamen, sieht mit scheelen Augen die größere Bevorzugung der Anna seitens Elkana's, und wird darob ihre Wider- sacherin und aus Eifersucht ihre Nebenbuhlerin. Aus einem unheiligen, ja satanischen Motive sucht Phenenna die Anna und zwar jedesmal beim Opfer- mahle zu kränken, um sie darüber zum Zorne zu reizen, daß Gott ihren Mutterleib verschlossen habe, sei es, um sie für die Gnade Gottes unempfäng- lich und unwürdig zu machen, sei es, um sie von Gott ganz abzuwenden, damit sie bei einer andern heidnischen Gottheit, etwa bei der Aschera [2], Hilfe suche, wohl wissend, daß sie durch eine solche Handlungsweise mit der Liebe Gottes auch zugleich die Liebe ihres frommen Mannes verlieren würde. Jedenfalls verbitterte sie dadurch ihrer Nebenbuhlerin den freudigen Genuß des Opferfleisches. Mochte nun Anna mit bitterer Wehmuth am Opfermahle Theil nehmen, oder aber ganz desselben sich enthalten, so wurde sie des eigentlichen Mittels verlustig, wodurch sie etwa den Kindersegen erzielen konnte. Und das geschah nicht einmal und zufällig, sondern alle Jahre; so oft sie hinaufzogen zum Hause des Herrn, reizte Phenenna sie auf diese Weise, also in wohlgeplanter Absicht. Anna aber weinte und aß nicht. So wählte denn Phenenna jedesmal die Bundesfeste, um ihre Gegnerin wegen ihrer Unfruchtbarkeit zu reizen, zum Murren gegen Gott und zur Unzufrieden- heit zu verleiten und ihr so den Zutritt der Gnade abzuschneiden. Wenn der Talmud [3] der Phenenna sogar eine fromme Absicht unterschiebt, nämlich die Anna dahin zu bringen, daß sie zu Gott bete und erhört werde, so ist diese Erklärung augenscheinlich gegen den Bericht der heiligen Schrift.

Anna, die fromme und gläubige Israelitin, erwiedert ihrer Widersacherin nicht mit Worten, nicht schalt sie dieselbe, noch rächte sie sich an ihr [4], noch murrte sie wider Gott, sondern macht ihrem bedrängten Herzen in Thränen Luft und aß somit auch nicht von der Opferspeise. Darum suchte Elkana mit theilnehmender Gattenliebe sie auf das Unstatthafte ihres Thuns, das sich mit der jubelvollen Stimmung des Festes nicht vertrage, aufmerksam zu

---

[1] *Origenes*, hom. 1 in 1. Reg. *Rhabanus Maurus*, cp. 1 in 1. Reg. *Chrysost.*, sermo 1 de Anna n. 6: Tarde dabat, ut eam ipso genere partus illustriorem redderet, ut philosophiam ejus animique moderationem ostenderet.
[2] J. Mally, Ueber das Gebet und den Gesang Anna's. Wien 1871.
[3] Baba Batra 17.
[4] *Chrysost.*, hom. 24 in ep. Eph. n. 4 u. sermo 1 de Anna n. 4.

machen und mit liebevollem Zufpruche zu tröften: „Anna, warum weineft
du und warum iffeft du nicht und warum ift dein Herz betrübt? Bin ich
dir nicht beffer, denn zehn Söhne?" Nicht habe fie zu fürchten, feine Liebe
ob ihrer Kinderlofigkeit zu verlieren, denn zehn Kinder könnten ihr nicht
mehr Liebe entgegenbringen und ihr eine größere Glorie bereiten, als fie
bereits in feinen Augen hat. Diefes liebevolle Wort, aus liebendem Herzen
und zur rechten Zeit gefprochen, drang tief in ihre Seele; denn fie weiß
fich nicht bloß der unwandelbaren Liebe ihres Gatten verfichert, fondern fie
erkennt auch in dem zarten Vorwurfe den Verftoß, welchen fie gegen die
Bundespflichten durch ihre Traurigkeit begangen hat, und will nun bei ihrem
unerfchütterlich treuen Anhange an Jehova denfelben nach Kräften gut zu
machen fuchen. Aus dem Schlußfatze des Elkana fchließen die Rabbinen,
daß Phenenna zehn Söhne ihrem Manne geboren, die alle am Opfermahle
Theil genommen und auf welche hier Elkana angefpielt habe, allein ohne
hinreichenden Grund. Die runde Zahl Zehn fteht überhaupt für Viele.

Nachdem Anna, aufgerichtet durch den Zufpruch ihres Mannes, vom
Opfermahle gegeffen und getrunken und fo den erften ernfthaften Schritt zur
Ausführung ihres Entfchluffes gethan hatte, ftand fie auf und eilt zur Stifts=
hütte, um ihr feelenbetrübtes Herz vor Jehova auszufchütten; vor dem Heilig=
thum faß eben der Hohepriefter Heli auf dem Stuhle. Sie betete zum Herrn
und weinte viel und gelobte ein Gelübbe. Anftatt durch die Kränkungen der
Phenenna fich von Gott abwendig machen zu laffen, fucht fie vielmehr durch
einen freiwilligen religiöfen Act um fo fefter an Jehova fich zu klammern.
Mit Thränen mifcht fie ihr Gebet, um dasfelbe durch das Zeichen eines
zerknirfchten Herzens noch wirkfamer zu machen [1]. Die Bittfchrift, welche fie
überreicht, ift mit der Zunge als Feder und Thränen anftatt der Tinte ge=
fchrieben [2]. „Jehova der Heerfchaaren," fpricht fie, „wenn du das Elend
deiner Magd anfiehft und nicht vergiffeft deiner Magd und deiner Magd
Mannesfamen (einen Sohn) gibft: fo will ich denfelben dem Herrn weihen
fein Leben lang und kein Scheermeffer foll über fein Haupt kommen." Sie
wendet fich an Jehova den Bundesgott, der ja feine Verheißungen ficher
erfüllen werde, und an den Herrn der Heerfchaaren, der alle Gefchöpfe er=
fchaffen und fomit auch die Macht hat, ihrer Kinderlofigkeit ein Ende zu
machen dadurch, daß er ihr einen Sohn fchenke [3]. Die tiefe Demuth und
Inbrunft ihres Gebetes, welches von den heiligen Vätern als muftergültig
betrachtet wird, äußert fich befonders in der dreimaligen Wiederholung des
Wortes Magd, ebenfo wie wir in der dreigliedrigen Anfprache eine (unbewußte)
Hindeutung auf die Dreiperfönlichkeit Gottes fehen. Gegenftand ihrer Bitte
ift ein Sohn, den fie, ungeboren noch, zum lebenslänglichen Dienfte des
Herrn an feinem Heiligthume und als beftändigen Naziräer weiht, wozu er
vermöge feiner levitifchen Abftammung nicht verpflichtet war. Nicht gedenkt
fie der Kränkungen und Spottreden Phenenna's, noch ruft fie um Rache,
nicht bittet fie um viele Kinder, fondern nur um Einen Sohn, und diefen
will fie ganz dem Herrn zurückgeben; fie ift überglücklich, wenn fie denfelben

---

[1] *Gregorius M.*, l. 1 in l. I. Reg. u. *Origenes*, hom. in ll. Reg.
[2] *Chrysost.*, sermo 1 de Anna n. 5.   [3] Berachot 31.

nur gebären und ganz zum Dienste des Herrn erziehen kann [1]. Selbstloser
kann wohl ein Weib nicht handeln. Das Opfer, das sie bringen will, ist
kein geringes. Sie ladet dem noch ungeborenen Kinde eine Bürde auf, von
der sie nicht weiß, ob diese es mit Unzufriedenheit erfüllen oder gar zu seinem
Ruine (wie bei Samson) beitragen könne, und verzichtet sogar auf den
letzten Liebesdienst, den ein Kind ihr im Tode bereiten konnte, denn ein
Nazaräer durfte sich durch keine Leiche verunreinigen.

Es war aber dieses Gelübde nicht etwa eine schnell vorübergehende Auf=
wallung ihres Herzens, sondern „sie betete viel (lange) vor dem Herrn",
ihr Herz war in tiefe Betrachtung versunken. „Sie redete in ihrem Herzen,
so daß nur ihre Lippen sich bewegten und ihre Stimme nicht gehört war",
das Zeichen eines ganz nach innen gekehrten und ganz in Gott versenkten
Gemüthes und der schärfste Gegensatz zu einem bloßen Lippengebete, bei dem
die innere geistige Sammlung fehlt. Chrysostomus [2] lobt die Inbrunst
und Beständigkeit dieses Gebetes der Anna; nicht betete sie um Vieles, noch
gebrauchte sie viele Worte, sondern die wenigen Worte ihrer Bitte wiederholte
sie oft und oft. Ihr Herz rief zu dem Herrn [3]. Ein solches inbrünstiges
gläubiges Gebet mußte auch Erhörung finden und fand sie auch [4].

Heli, der diese Frau betrachtete, wie sie bloß die Lippen bewegte, ohne
einen Laut zu hören, hielt sie für trunken und sprach zu ihr: „Wie lange
zeigst du dich als trunken? thue deinen Wein von dir" (d. h. gehe fort und
schlafe deinen Rausch aus). Diese profane Beurtheilung dieses Weibes von
Seite des Hohenpriesters, welche zugleich ein Streiflicht auf seinen Charakter
wirft, läßt voraussetzen, daß ein solches Gebahren bei Opfermahlzeiten in
jener Zeit nicht etwas Unerhörtes, dagegen ein solch inniges Herzensgebet
eine ganz außerordentliche Erscheinung war. Fliehend vor den Schmähungen
ihrer Gegnerin unter die Fittige des Herrn, begegnet sie hier einer neuen
Kränkung, die um so bitterer ist, da sie von dem Hohenpriester selbst aus=
geht. Durch seinen Zuruf wird sie zwar im Gebete gestört, allein ihr Ver=
trauen nicht erschüttert [5]. Mit tiefer Demuth und Unterwürfigkeit [6] weist sie
eine solche Zumuthung von sich ab und gibt in einer Erklärung über ihren
Herzenszustand die Ursache ihres Verhaltens beim Gebete an: „Nein, mein

---

[1] *Chrysost.*, sermo 1 de Anna n. 6.   [2] L. c. sermo 2. n. 2.

[3] *Cyprianus*, l. de orat. Domin. n. 5: Anna dominum non clamitosa petitione,
sed tacite et modeste intra ipsas pectoris latebras precabatur. Loquebatur prece
occulta, sed manifesta fide; loquebatur non voce, sed corde, quia sic Deum sciebat
audire: et impetravit efficaciter, quod petiit, quia fideliter postulavit.

[4] *Chrysost.*, sermo 2 de Anna: Naturam sterilem correxit et vulvam, quae
erat conclusa, aperuit et probrum sustulit et convicia aemulae dissolvit, seipsam
ad magnam restituit fiduciam; — Hom. 6 u. 19 in Matth. — *Theodoret.*, qu. 3 in
1. 1. Reg.: Intenta oratione ac lacrymis mutilatam curavit matricem et clausam
aperuit. *Petrus Chrysol.*, sermo 73: Anna lacrymis orationum suarum tamdiu
madefecit ariditatem sui corporis et naturae, quamdiu fuerat longo vitae tempore
negata posteritas.

[5] *Chrysost.*, sermo 2 de Anna n. 2: Vox quidem illi interclusa est, at non
est exclusa fiducia, sed vehementius etiam cor clamabat intus. Nam illa potissi-
mum est precatio, cum ab intimis voces sursum feruntur: hoc praecipue mentis
est exercitatae, non intentione vocis, sed animi fervore precationem absolvere.

[6] *Gregorius M.*, l. 1 in 1 Reg. exp. n. 30.

Herr, ich bin ein Weib mit beschwertem Geiste. Wein und starkes Getränke habe ich nicht getrunken, sondern meine Seele vor dem Herrn ausgeschüttet. Achte deine Magd nicht einer Nichtswürdigen (Vulg.: einer von den Töchtern Belials) gleich, denn aus der Tiefe meines Kummers und Grames habe ich bis jetzt geredet." Allerdings war sie trunken, aber nicht vom Wein, sondern von der Fülle der Andacht und Frömmigkeit [1]. Diese demuthsvolle Aufklärung der frommen Frau mußte den Hohenpriester überzeugen, daß er über ihren Seelenzustand unrichtig geurtheilt habe, darum spricht er zu ihr die sanften Worte: "Gehe hin in Frieden, und der Gott Israels gewähre deine Bitte, die du von ihm gebeten hast." [2] Anna aber schied mit den Worten: "Möge deine Magd Gnade finden in deinen Augen, daß ich nämlich durch deinen Segenswunsch und deine Fürsprache von Gott das Erbetene erlange." Gestärkt durch das Gebet und getröstet durch den Segenswunsch des Hohenpriesters, kehrt sie zur Familie zurück und nimmt an dem Opfermahle Theil, aber nicht mehr mit traurigem und betrübtem Angesichte, in der sicheren Hoffnung, daß Jehova ihren Wunsch gewiß erfüllen werde [3]. Am folgenden Morgen betet Elkana noch einmal mit seiner Familie den Jehova bei der Stiftshütte an und kehrte nach Rama zurück, worauf er Anna, sein Weib, erkannte. Und Jehova gedachte ihrer und erhörte ihr Gebet. Sie ward schwanger und gebar einen Sohn [4] und nannte seinen Namen Samuel, "denn," sprach sie, "vom Herrn habe ich ihn erbeten." Dadurch gab nun Gott thatsächlich zu erkennen, daß er das Gelübde der Anna acceptirt habe.

Da zog Elkana, ihr Mann, hinauf nach Silo, um dem Herrn das Opfer der Tage (d. i. das jährliche Opfer) und sein Gelübde zu opfern, welches er für den Fall, daß Anna's Bitte erhört werde, auch seinerseits dem Herrn gelobt hatte, und das wahrscheinlich in Darbringung eines Dankopfers bestand. Daraus erhellt zugleich, daß er das Gelübde seines Weibes vollständig ratificirt und gutgeheißen habe, denn ohne Zustimmung des Mannes konnte eine Frau kein gültiges Gelübde ablegen. Anna aber zog nicht mit hinauf, denn sie sprach zu ihrem Manne: "Bis der Knabe entwöhnt sein wird, dann will ich ihn bringen, daß er vor dem Angesichte des Herrn erscheine und daselbst (beim Heiligthume) für immer bleibe." Während die Leviten sonst erst mit dem 25. Lebensjahre ihren Dienst antraten und bis zum 50. dienten, sollte

---

[1] *Chrysost.*, sermo 2 de Anna n. 5.

[2] *Chrysost.*, sermo 2 de Anna n. 6: Mulier ex accusatore fecit patronum ... cumque nacta est propugnantem et intercessorem, quem habuerat objurgatorem.

[3] *Chrysost.* l. c.: Vides mulieris fidem? Priusquam acciperet, quod postularat, perinde confisa est, quasi jam accepisset. In causa erat, quod oraret multo cum fervore, multoque studio citra ullam haesitationem.

[4] *Chrysost.*, sermo 2 de Anna n. 1: Itaque non aberraverit, qui hanc mulierem pueri simul et matrem et patrem appellarit. Quamquam enim vir addiderat semen, hujus tamen precatio vim efficaciamque semini praebuit effecitque, ut Samuel honestioribus exordiis nasceretur. Neque enim sicut in ceteris hominibus somnus et congressus tantum parentum, verum preces, lacrymae fidesque fuerunt hujus generationis principia eoque ceteris illustriorem habuit ortum propheta, propter matris fidem natus. *Tertullian.*, cp. 7 de jej.: Per jejunium Anna quoque ambiens retro sterilis impetravit facile a Deo inanem cibo ventrem filio implere, et quidem propheta.

Samuel seine erste Erziehung beim Heiligthume erhalten, auf daß er schon als Kind in seinen heiligen Beruf sich hineinlebe und gleich beim Erwachen der Geisteskräfte die Eindrücke der heiligen Nähe Gottes in sich aufnähme. Elkana erklärt sich mit dem Entschlusse seines Weibes einverstanden, setzt aber hinzu: „Nur möge der Herr sein Wort aufrichten (erfüllen)", d. i., die weiteren Hoffnungen, welche die Eltern an diesen dem Herrn geweihten Sohn knüpften, in Gnaden erfüllen.

Als Anna den Knaben entwöhnt hatte, was nach alter Sitte erst nach Ablauf einiger Jahre geschah, brachte sie ihn (den Dreijährigen) mit einem Opfer von drei Farren, einem Epha Mehl und einem Kruge Wein in das Haus des Herrn nach Silo und übergab ihn, nach Darbringung des Brand= opfers, dem Heli, als ein dem Herrn ganz geweihtes Eigenthum [1] und sprach: „Wahrlich, mein Herr, beim Leben deiner Seele, mein Herr, ich bin das Weib, das hier bei dir stand, um zu dem Herrn zu beten. Um diesen Knaben habe ich gebetet und der Herr hat mir meine Bitte gewährt, die ich von ihm er= beten habe; so mache auch ich ihn zu einem dem Herrn Erbetenen, alle Tage, die er lebt. Er ist dem Herrn erbeten." Mannigfache Gefühle bewegen jetzt die Seele dieses überglücklichen Weibes. Nicht erinnert sie den Hohenpriester an sein damaliges barsches Benehmen, sondern bloß daran, wie sie einst be= trübten Herzens hier stand und Gott um einen Sohn angerufen, wie Gott ihre Bitte erhört habe; sie komme nun, das erhaltene Gottesgeschenk dem Herrn ohne Rückhalt zurückzugeben. Welche Demuth und Entsagung einer Mutter, welche, da sie das Theuerste ihres Lebens zum Opfer bringt, nicht meint, etwas Großes dem Herrn zu bieten, sondern eben nur eine alte Schuld abzutragen! Und darum weiht sie mit dem Knaben zugleich ihr Herz [2]. Mit Recht vergleicht der hl. Chrysostomus [3] ihr Opfer mit dem Opfer Abra= hams. Und er (Samuel — nach Vulg. sie, nämlich Elkana und Anna) betete den Herrn an, dadurch, daß er auf sein Angesicht fiel und seine Zu= stimmung zum mütterlichen Gelübde zu erkennen gab [4]. Nicht trauert der Knabe ob der Trennung, noch die Mutter, deren natürliche Zuneigung durch die Gnade überwältigt wurde [5].

Als Anna schließlich ihren Sohn so freudig seinem Berufe zueilen sieht, brechen sich ihre Herzensgefühle Bahn in einem herrlichen Lobgesange, der prophetischen und messianischen Gehalt zugleich hat. So nimmt die Mutter nach

---

[1] *Chrysost.*, sermo 3 de Anna n. 2: Conspiciebat deinceps infantem illum non tantum ut infantem, verum tamen ut rem Deo consecratam. *Hieron.*, ep. 125 (al. 4) ad Rustic. n. 7: Anna Samuelem non sibi, sed tabernaculo genuit.

[2] *Chrysost.*, sermo 3 de Anna n. 3 u. 4: Vide, quam sit modesta. Ne putes, inquit, me magnam rem aut admirandam facere, quod infantem dedico: non ego hujus boni operis sum auctor, sed persolvo debitum. Depositum enim accepi, et hoc ei restituo qui dedit. Atque haec dum loquitur, seipsam quoque dedicavit cum puero, quasi catena quadam naturae affectu seipsam templo alligans. Etenim si ubi est thesaurus illic est et cor ejus, multo magis, ubi puer mulieris, ibi et mens illius erat. Vgl. *Ambros.*, exh. ad Virg.

[3] l. c.   [4] 1 Sam. Kap. 1.

[5] *Chrysost.* l. c. n. 2: Nec puer a mamma divulsus moleste tulit, sed ad Dominum respexit, qui ipsam matrem fecerat; nec ipsa mater doluit a puero se= juncta, quia naturalem affectum vicit interveniens gratia.

der Geburt und Opferung dieses Kindes und Propheten an dessen Gnade selbst
Theil, ihr Geist wird bis zur prophetischen Begeisterung erhoben[1]. Zunächst
jauchzt und frohlockt ihr Herz in dem Herrn ob der Erhöhung ihres Hornes,
d. i. ihrer Macht, durch das ihr widerfahrene Heil, so daß alle ihre Wider=
sacher (und vor Allen Phenenna) verstummen müssen. Unserem (Bundes=)
Gotte gehört jedoch die Ehre, denn er hat sich als heilig und als ein Fels, auf
den man seine Zuversicht gründen kann, bewährt. Vor seiner Heiligkeit sollen
die Gottlosen sich scheuen, hochmüthige Reden (mit Rückblick auf Phenenna)
und freches Gerede, namentlich den Gottesfürchtigen gegenüber, zu führen,
denn Er ist ein allwissender Gott, vor dem die Thaten abgewogen sind.
Sein allmächtiges Walten zeigt sich besonders im Leben der Menschen durch
eine Kette von Contrasten. Starke, auf menschliche Kraft pochende Helden
werden entkräftet, und Kraftlose macht er stark; Reiche verarmen und Hungrige
werden gesättigt; die Fruchtbare welkt dahin und die Unfruchtbare erfreut
sich des göttlichen Kindersegens. Die hebräischen Erklärer beziehen diesen
Vers auf Phenenna, die nach der Geburt Samuels unfruchtbar geworden
sein und so oft ein Kind verloren haben soll, als Anna ein neues gebar[2].
Allein die heiligen Väter verstehen mit Recht unter dem früheren fruchtbaren,
nun unfruchtbar gewordenen Weibe die Synagoge, und unter dem früher
unfruchtbaren, nun fruchtbar gewordenen Weibe die christliche Kirche[3]. Nur
Jehova ist Herr über Leben und Tod, über Glück und Unglück, er erhöht
und erniedrigt, denn er ist der Schöpfer und Erhalter der Erde, welcher mit
seiner Allmacht die Welt unumschränkt beherrscht. Die Frommen haben daher
nichts zu fürchten; der Herr wird ihnen Schutz und Heil gewähren und sie
vor Unglück bewahren, die Gottlosen aber werden in Finsterniß untergehen.
Durch eigene Kraft vermag der Mensch nicht stark zu sein. Alle, welche
wider Gott hadern und ankämpfen, werden vernichtet. So wie Gott jederzeit
die Frommen beschützt, die Gottlosen stürzt, ebenso wird er die ganze Welt
richten, um seine Feinde zu vernichten und sein in Israel aufgerichtetes Gottes=
reich zu vollenden. Diese Vollendung wird das Reich erlangen in dem Ge=
salbten, dem Könige, den der Herr seinem Volke geben und mit seiner Macht
ausrüsten wird[4].

So erschaut denn diese fromme Frau, getragen vom Geiste Gottes[5], in
ihren eigenen Erlebnissen die Gesetze der göttlichen Heilsökonomie und die zu=
künftige Herrlichkeitsentfaltung des Reiches Gottes. Aus der Tiefe demüthigen
Glaubens blickt sie von ihrer geringen Person empor zur Höhe der Heiligkeit
und Treue des lebendigen Bundesgottes, auf denen wie auf einer Grundfeste
seine Heilsrathschlüsse sich stützen. Nachdem sie in der eigenen Lebensschule
erfahren, wie Gott den Hochmuth und Uebermuth ihrer Widersacher gebeugt,
erweitert sich ihr Blick zur Anschauung der Weltregierung Gottes, welcher
nach den ewigen Gesetzen der Gerechtigkeit dem Gerechten als unveränderlicher

---

[1] *Procop.* z. d. St.: Nam cum prophetam in utero gestaret, post partum et
ipsa prophetavit.
[2] *Hieron.*, Quaest. heb. in 1. l. Reg. 2, 3.
[3] *Origenes*, hom 1 in II. Reg. *Aug.*, Civ. Dei 17, 4. *Theodoret.*, qu. 3 in
l. Reg. *Procop.* in II. Reg. *Rupertus. Isidorus*, qu. in 1. l. Reg. *Rabanus Maur.*
[4] 1 Sam. 2, 1—10. [5] *Aug.*, Civ. Dei 17, 4.

Fels sich erweist, die Gottlosen dagegen dem Verderben anheimgibt. Im schnellen Fluge erhebt sich ihre begeisterte Seele von der Idee dieses gerechten Waltens bis zum großen Gerichte und zur Einführung des Königthums, welches der gerechte Gott mit seiner Herrschaft über die ganze Erde ausbreiten wird. Ihre Prophetie lehnt sich an die Verheißungen der Patriarchen von einer universellen Heilsoffenbarung, namentlich aber an Jakobs Wort von dem Kommen des Schilo an, und sobald dieses prophetische Wort der Anna in Erfüllung zu gehen begann, ist das Lob aus dem Munde des Zacharias und der Gottesmutter Maria[1] augenscheinlich auf die begeisterten Worte der frommen Mutter Samuels basirt.

Alljährlich zog Elkana mit seinem Weibe hinauf nach Silo, um an den Festtagen die vorgeschriebenen Opfer darzubringen, wobei die Mutter jedesmal ihrem am Heiligthume dienenden Sohne ein Obergewand (Meil) mitbrachte. Durch die ununterbrochene Verbindung, in welcher Elkana's Haus dadurch mit dem Heiligthume blieb, wurde Samuel seinen Eltern keineswegs ent= fremdet. Diese opferwillige Hingabe des Einen Sohnes an Jehova sollte aber auch nicht ohne weiteren Segen bleiben. Heli segnete jedesmal Elkana und sein Weib und sprach zu ihm: „Der Herr gebe dir Samen von diesem Weibe, anstatt des Erbetenen, welchen sie vom Herrn erbeten hat." Und dieses Segenswort erfüllte sich auch. Der Herr suchte Anna heim, und sie gebar drei Söhne und zwei Töchter[2]. Auf diese Weise wurde das große Opfer, welches sie durch die Weihung des Erstgeborenen gebracht hatte, reich= lich vergolten.

War Samuel eine Frucht des Gebetes, so waren die übrigen Kinder eine Frucht des Segens[3]. So trug auch Phenenna, welche durch ihre Hand= lungsweise die Anna um den zu erwartenden Kindersegen bringen wollte, erst recht dazu bei, daß Anna unter die Fittige Gottes eilt und ihre Wider= sacherin zu Schanden macht[4]. Die heiligen Väter[5] betrachten Phenenna als Typus der Synagoge, welche einst viele Kinder (Propheten und Gerechte) hatte, jetzt aber unfruchtbar ist, und Anna als Typus der christlichen Heiden= kirche, die lange Zeit unfruchtbar war, jetzt aber durch Christum aus den

---

[1] Luc. 1, 46 f. 68 f.   [2] 1 Sam. 2, 19. 20.
[3] *Chrysost.*, sermo 3 de Anna n. 4: Primus ex precatione et post hunc ceteri ex benedictione duxerunt originem, totus autem mulieris fructus sanctificatus est. *Hieron.*, ep. 107 (al. 7) ad Laet. n. 12.
[4] *Chrysost.*, sermo 1 de Anna n. 6: Illa ad hunc partum infantis obtinendum opitulata est . . . Quia opprobria jactarat, afflixerat majoremque dolorem reddi= derat, a dolore ardentior fuit oratio. Deum illi conciliavit atque ut impetraret effecit sicque Samuel est partu editus.
[5] *Aug.*, Civ. Dei 17, 4: Sterilis erat in omnibus gentibus Dei civitas, ante= quam iste foetus, (per) quem (eam factam foecundam) cernimus, oriretur. Cernimus etiam, quae multa in filiis erat, nunc infirmatam Hierusalem terrenam. Quo= niam quicunque filii liberae in ea erant, virtus ejus erant; nunc vero ibi quoniam litera est, et spiritus non est, amissa virtute infirmata est. *Theodoret.*, qu. 3 in l. l. Reg. *Cyprian.*, l. 1 adv. Jud. cp. 20 u. l. de orat Domin. n. 5. *Gregorius M.*, l. 1 in l. Reg. exp. cp. 1. n. 8. *Isidorus*, alleg. script. s. n. 84 *Rupertus*, l. l. Reg. cp. 4. *Rabanus Maur.*, l. l. Reg. cp. 2. *Hugo. Beda*, l. 1 in Sam. cp. 1 u. 2. *Dionysius* u. *Lyranus* zu 1. Sam. 1.

Heiden viele Kinder gebar. Gregor der Große[1] betrachtet Phenenna als Bild des activen, und Anna als Bild des beschaulichen Lebens. Dem Origenes[2] ist Anna im moralischen Sinne ein Symbol der Gnade, mit welcher die menschliche Seele zuerst sich vermählen müsse, und Phenenna Symbol der Bekehrung und Sittenverbesserung, die dann hinzukommen müsse. Der Talmud[3] rechnet Hanna unter die sieben Prophetinnen des Alten Testamentes.

§ 22. Sauls Frauen. Die Todtenbeschwörerin von Endor.

Vom Könige Saul wird nur eine Frau in der heiligen Schrift[4] angeführt, nämlich Achinoam, eine Tochter des Achimaas, mit welcher er drei Söhne: Jonathas, Jessui und Melchisua zeugte. Statt Jessui steht 1 Sam. 31, 2 u. 1 Par. 8, 33 u. 9, 39 Abinadab; in den zwei letzten Stellen wird noch ein vierter Sohn, Esbaal, genannt, der mit Isboseth 2 Sam. 2, 8 identisch ist. Die Namen seiner zwei Töchter waren: Merab (Vulg. Merob) die Erstgeborene, und Michal (Vulg. Michol) die Jüngere. Gregor der Große[5] sieht in Achimaas einen Typus Christi, und in Achinoam (d. i. fratris requies) den guten Willen vorgebildet, in welchem Christus ruht. Wenn Jonathas von seinem erzürnten Vater Sohn eines mannsüchtigen Weibes gescholten wird, der, sich selbst und seiner schamlosen Mutter zur Schande, den David liebt[6], so schließt dieß eine Beschimpfung des eigenen Weibes Sauls ein, die bei diesem immerhin möglich war. Einen gleichen Sinn gibt die Uebersetzung: Sohn einer Verkehrten voll Widerspenstigkeit, d. i. eines verkehrten und widerspenstigen Weibes. Da jedoch eine solche Beschimpfung mit dem hebräischen Familiengeist in Widerspruch steht, übersetzen Andere (auch Calmet): „Du Sohn verkehrter Widerspenstigkeit (widerspenstiger Sohn), der du den Sohn Isais erkoren hast zu deiner Schande und zur Schande der Scham deiner Mutter", d. h. deiner Mutter, die dich geboren hat, und deßwegen sich schämen müßte, dich geboren zu haben — welche Auslegung unstreitig den Vorzug verdient.

Außerdem hatte Saul ein Kebsweib Namens Respha (Rizpa), die Tochter Aja's, welche nach seinem Tode der Feldherr Abner sich zueignete, um dadurch Ansprüche auf den Thron zu erheben, weßhalb Isboseth, Sauls Sohn, ihn hierüber zur Rede stellte[7]. Dieß hatte zur Folge, daß Abner zur Partei Davids überging. Diese Respha hatte dem Saul zwei Söhne, Armoni und Miphiboseth, geboren, welche David sammt den Söhnen Merobs den Gabaonitern übergab, welche sie kreuzigten, um eine frühere Blutschuld zu

---

[1] L. 1. Reg. cp. 2. n. 4: Duas uxores habere describitur, quia activae vitae per foecunditatem boni operis et contemplativae vitae conjungitur per amorem internae delectationis. Vgl. *Hugo a s. Caro* u. *Dionysius.*

[2] Hom. 1 in I. Reg.　[3] Gemara Megilla p. 14.　[4] 1 Sam. 14, 49 50.

[5] L. 5 in 1. Reg. exp. cp. 14. n. 70: Dum bonam praedicatorum nostrorum voluntatem propheta Samuel respicit, typis visa exprimit, dicens: Achinoe, filia Achimaas, quia nimirum magna pulchritudo bonae voluntatis, sed de infusione nascitur Redemptoris.

[6] 1 Sam. 20, 30.　[7] 2 Sam. 3, 7 f.

sühnen. Da nahm die trauernde und bis über den Tod ihrer Kinder hinaus liebende Mutter ihr grobes leinenes Trauertuch und breitete es auf dem Felsen zum Lager aus, um Tag und Nacht die am Pfahle hängenden Leichname ihrer Söhne gegen Vögel und wilde Thiere zu vertheidigen; denn die Hingerichteten mußten so lange als Sühnopfer ausgestellt bleiben, bis der Regen als Zeichen des Aufhörens der in der Dürre über das Land verhängten Strafe und des nun gesühnten Zornes Gottes eintrat. Als diese rührende mütterliche Sorge der Rezpha für die Todten dem David angezeigt wurde, ließ dieser die Gebeine des gesammten gefallenen Königshauses in dem Erbbegräbnisse Sauls begraben [1]. Wenn der Prophet Nathan dem David nach seinem Falle vorhält, daß Gott ihm das Haus und die Weiber seines Herrn (d. i. Sauls) gegeben habe [2], so ist daraus nicht zu schließen, daß David wirklich die Frauen Sauls genommen habe, denn dieser hatte nur Eine, und das Kebsweib hatte Abner sich zugeeignet, sondern nur, daß es ihm freistand, den Harem seines Vorgängers zu nehmen.

Ein Kriegszug der Philister gegen Israel, welche in Sunam ihr Lager aufgeschlagen hatten, brachte den König Saul zur Verzweiflung. In seiner Angst ließ er den Herrn befragen, allein es erfolgte keine Antwort. Anstatt nach dem Grunde dieses Verhaltens Gottes zu forschen, in sich zu gehen und sich zu demüthigen, sucht er mit verhärtetem Herzen und bösem Gewissen auf gottwidrigem Wege sich Aufschluß über die Zukunft zu erlangen. Er gebietet seinen Dienern, eine Todtenbeschwörerin, eigentlich eine Besitzerin des Ob, d. i. eines Geistes, durch welchen Todte heraufbeschworen werden, aufzusuchen, um durch sie die gewünschten Aufschlüsse über Gegenwart und Zukunft zu erhalten. Diese That Sauls wiegt um so schwerer, da er früher alle Wahrsager und Zauberer der Vorschrift des Gesetzes [3] gemäß aus dem Lande verjagt hatte [4]. Seine Diener meldeten ihm, daß eine solche Zauberin zu Endor, einem Dorfe am nördlichen Abhange des kleinen Hermon, einige Stunden vom Lager zu Gilboa entfernt, wohne. Da verkleidete sich Saul, um nicht erkannt zu werden, denn er ging ja einen verbotenen Weg, und begab sich, von zwei Männern begleitet, des Nachts zu dem Weibe und sprach zu ihr: „Weissage mir durch Todtenbeschwörung und laß mir den heraufsteigen, welchen ich dir sagen werde." Diese Aufforderung setzte das Weib in Verlegenheit. „Siehe, du weißt," spricht sie, „was Saul gethan, daß er die Todtenbeschwörer und Wahrsager aus dem Lande ausgerottet hat; warum legst du meiner Seele eine Schlinge, mich zu tödten?" Die Zauberin, welche den Saul nicht erkannte, glaubte, der Fremde wolle sie auf die Probe stellen, um sie nach dem Gesetze zu tödten. Wahrscheinlich wurde die königliche Verordnung in dieser Weise zur Ausführung gebracht, um diese Klasse von Menschen völlig auszurotten. Welche Mahnung in letzter Stunde noch an Saul, der sein eigenes Gebot hier mit Füßen trat! Allein Gottlosigkeit und Aberglaube sind eng verschwistert. Erst als Saul ihr schwur, daß sie ob dieser Sache keine Schuld treffen solle, sprach sie zu ihm: „Wen soll ich dir heraufbringen (nämlich aus dem Todtenreiche)?" Und er sprach: „Samuel

---

[1] 2 Sam. 21, 8 f.   [2] l. c. 12, 8.   [3] Lev. 19, 31; 20, 27. Deut. 18, 10 f.   [4] 1 Sam. 28, 3.

wecke mir auf!" Als das Weib den Samuel sah, schrie sie mit lauter Stimme und sprach zu Saul: „Warum hast du mich betrogen? du bist ja Saul." Die Talmudisten und einige andere Erklärer meinen, daß zwischen V. 11 u. 12 zu ergänzen sei: das Weib habe nun ihre üblichen Zauberkünste vorgenommen, und sei erschrocken, als sie Samuel sah, über die Gestalt, die sie nicht vermuthete. Allein diese Erklärung ist eine unrichtige. Der Autor hätte diese Bemerkung gewiß nicht unterlassen, er hätte aber auch diesen ganzen Vorgang nicht besser schildern können. In demselben Momente, in welchem Saul sprach: Samuel wecke mir auf, stand dieser schon vor dem Weibe, ehe diese noch Zeit hatte, an ihre Zauberformel zu denken, und dieses plötzliche Erscheinen ohne ihr Zuthun setzte sie in Schrecken, nicht aber die wirkliche Erscheinung eines Geistes, denn an solche mußte sie ja als Todtenbeschwörerin gewöhnt sein. Fast komisch ist die Meinung einiger Rabbinen: das Weib sei deßhalb erschrocken, weil sie den Samuel aufrecht stehend sah, während die Zauberer sonst die heraufbeschworenen Todten umgekehrt mit aufwärts gerichteten Füßen gesehen haben! — Doch wie erkannte das Weib aus dem Erscheinen Samuels gleichzeitig in dem Unbekannten den Saul? Einige nehmen bei dem Weibe einen Zustand des Hellsehens an, vermöge dessen sie unbekannte Personen erkannte. Allein die Sache läßt sich einfach dadurch erklären, daß das Weib also schloß: Samuel kommt plötzlich ohne Beschwörung, nur auf die Bitte des Unbekannten hin; derselbe kann also nur Saul sein, mit dem er im Leben so viel verkehrte[1]. Da das Weib auch jetzt noch für ihr Leben fürchtet, beruhigt sie Saul wegen ihrer Todesfurcht und fragt: „Was hast du gesehen?" Diese Worte setzen voraus, daß Saul mit der Zauberin in demselben Raume war, aber die Gestalt nicht gesehen habe. Und sie antwortete: „Elohim (nicht Götter[2], sondern ein überirdisches Wesen) sehe ich aufsteigen aus der Erde." R. Kimchi meint, daß mit Samuel zugleich Moses aufgestiegen sei, um Samuels Worte zu bestätigen. Auf Sauls weitere Frage nach seiner Gestalt sagt sie: „Ein alter Mann ist, der aufsteigt, und er ist in einen (Propheten=) Mantel gehüllt." Daran erkennt Saul, daß der Heraufsteigende Samuel sei, dessen Gestalt zu sehen er wahrscheinlich nicht gewürdigt wurde. Während Saul zur Erde sich beugt, um dem ehrwürdigen Propheten seine Ehrfurcht zu bezeugen, sprach Samuel zu Saul (und nicht zum Weibe): „Warum beunruhigst du mich (aus meiner Scheolsruhe), um mich heraufzubringen?" Diese Worte setzen nicht etwa voraus, daß Samuel wirklich durch die Beschwörung des Weibes heraufbeschworen worden sei; Saul war bloß die Gelegenheit, nicht die Ursache, daß er heraufstieg; die Ursache seines Erwecktwerdens ist Gott selbst. Samuel ist indignirt über die Art und Weise, wie Saul mit Hilfe magischer Künste ihn heraufzubeschwören wagte. Als Samuel ihm das Strafgericht und den baldigen Untergang geweissagt hatte, erschrack Saul derart, daß er seiner ganzen Länge nach ohnmächtig auf den Boden fiel. Welch schreckliche Scene in grauenerregender Nacht in der ärmlichen Hütte einer Todtenbeschwörerin! — Da trat das Weib zu ihm. Manche glauben, daß das Weib bei dem Gespräche nicht zugegen gewesen, da Saul nicht wollte, daß jene höre, was er

---

[1] *Allioli* zu 1 Sam. 28, 10.   [2] So LXX, Vulg., Peschito u. Arab.

mit Samuel verhandle, sondern nach dem Verschwinden des Geistes wieder
eingetreten sei — allein ohne jeglichen Grund. Bei seinem Erscheinen wendet
sich Samuel gleich zu Saul, nicht zu dem Weibe, zum Zeichen, daß er mit
dieser nichts zu schaffen habe und auch auf ihr Geheiß nicht gekommen sei.
Die Zauberin entwickelt nun eine charakteristische Redseligkeit, um den beben=
den König zu bereden, daß er zu seiner Stärkung Speise zu sich nehme:
„Siehe,“ sprach sie, „deine Magd hat deiner Stimme gehorcht und ich habe
mein Leben auf's Spiel gesetzt und deinen Worten gehorcht, welche du zu
mir gesagt hast. Und nun gehorche auch du der Stimme deiner Magd, und
laß mich dir vorsetzen einen Bissen Brodes, und iß, daß Kraft in dir sei,
wenn du des Weges gehest.“ Als Saul dennoch sich weigerte, drangen seine
Begleiter sammt dem Weibe in ihn, und dann erst ließ er sich bereden und
setzte sich auf das Lager, worauf das Weib schnell ein Mastkalb schlachtete
und ungesäuerte (wegen Kürze der Zeit) Kuchen buk und das zugerichtete
Essen dem Könige und seinen Begleitern vorsetzte, die davon aßen und noch
in der Nacht in's Lager zurückkehrten [1].

Doch wie verhält es sich mit dieser Erscheinung Samuels? [2] Der Text
spricht klar und deutlich, daß der wirkliche Samuel aus dem Scheol herauf=
gestiegen sei. Diese Ansicht bestätigen der Ausspruch des Siraciden [3], der
Zusatz [4] der LXX zu 1. Par. 10, 13, Josephus Flavius [5] und nach ihm
die Rabbinen, Augustinus [6], Basilius [7], Justinus [8], Gregor Naz. [9],
Hieronymus [10], Ambrosius [11], Bellarmin [12], Theodoretus [13], Isi=
dorus Hisp. [14], Severus Sulpicius [15], Rabanus Maurus, Lyranus, Dio=
nysius Carth., Serarius, Estius, Sanctius, Cornelius a Lapide, Calmet
und alle katholischen Interpreten. — Im Gegensatz zu dieser Meinung
haben einige Kirchenlehrer, mehrere Theologen [16], Luther, Calvin, sowie ein
großer Theil protestantischer Ausleger [17], keine wirkliche, sondern nur eine dem
Saul vorgespiegelte Erscheinung, ein von dämonischen teuflischen Mächten
herrührendes Blendwerk, ein Gespenst angenommen, und Samuels Verkün=
digung nicht für eine von Gott eingegebene Weissagung, sondern für eine
diabolische Offenbarung unter Gottes Zulassung betrachtet. Daneben tauchte
im 17. Jahrhundert die Ansicht auf, daß die Erscheinung Samuels ein reines

---

[1] 1 Sam. 28.		[2] Vgl. *Calmet*, diss. de Sam. per visum Sauli objecto.

[3] Eccli. 46, 23: Et post hoc dormivit (Samuel), et notum fecit regi, et
ostendit illi finem vitae suae et exaltavit vocem suam de terra in prophetia, delere
impietatem gentis.

[4] Ἐπηρώτησε Σαοὺλ ἐν τῷ ἐγγαστριμύθῳ τοῦ ζητῆσαι καὶ ἀπεκρίνατο αὐτῷ Σαμουὴλ
ὁ προφήτης.

[5] Ant. l. V. cp. 14. n. 2.

[6] De cur. pro mort. cp. 15.		[7] Ep. 189 (al. 80).

[8] Dial. cont. Tryph.		[9] Or. 4 (al. 3) cont. Jul. I. n. 54.

[10] In Isaiam cp. 7.		[11] In Luc. cp. I. n. 33.		[12] Lib. 2 de purgat. cp. 6.

[13] In 1. Reg. qu. 63.		[14] In 1. Reg. cp. 20.		[15] Histor. sac. l. 1.

[16] *Tertullian.*, de an. cp. 57. *Ephraemus Syrus. Origenes*, hom. 2 in II. Reg.
Anastasius Antioch., in Ὁδηγῷ qu. 12. *Aug.* ad Simplic. l. 2. div. quaest. qu. 3;
ad Dulcit. qu. 6. *Cyrillus*, l. 6 de ador. in spir. et verit. *Rupertus*, l. 2 in Reg.
cp. 17. *Beda*, lib. 4 in Reg. Vgl. *Procop.* zu d. St. *Theodoret.*, qu. 63. *Thomas Aq.*, Sum. 2. 2. q. 95. a. 4 ad 2 u. q. 174. a. 5 ad 4.

[17] Vgl. *Keil*, Comm. zu d. Büch. Sam. Leipzig 1864. S. 194.

Blendwerk der Zauberin ohne realen Hintergrund gewesen sei. Allein für eine solche Ansicht bietet die ganze Erzählung nicht den geringsten Anlaß, und der Verfasser hat nach der Darstellung an eine dämonische oder diabo= lische Macht, die solch ein Blendwerk herbeigeführt habe, gar nicht gedacht. Es unterliegt keinem Zweifel, daß auf Gottes Zulassung Abgeschiedene den noch Lebenden sichtbar oder vernehmbar werden können; nur kann dieses nicht nach Belieben oder auf Beschwörung des Menschen geschehen. Nur da, wo eine Wechselbeziehung mit dämonischen Gewalten in Bezug auf Herrschen und Dienen eingetreten ist, da kann Satan, in wie weit er Fürst dieser Welt ist, die frevle Neugierde der Menschen durch seine Angehörigen in Wirklich= keit oder durch Täuschung befriedigen. Wurde demnach hier, wie wir oben gezeigt, Samuel wirklich heraufbeschworen, so geschah dieses jedoch keineswegs durch die Beschwörung oder die Zauberkünste des Weibes, wie bereits die Talmudisten [1] nach dem Vorgange des Josephus Fl. [2] und einige christliche Erklärer [3] angenommen haben und auch der Wortlaut anzudeuten scheint [4], sondern wie Theodoretus [5] schon richtig bemerkt hat, nur durch Gottes Macht. Der Schrecken des Weibes, das bestimmte Erkennen des Samuel, die klare und bestimmte Weissagung über den Tod Sauls, die sich weder aus dem Munde einer Betrügerin noch als Eingebung des Satans begreifen läßt, beweisen, daß hier nicht eine ihrer Gaukeleien stattfand. Daß Gott dem Begehren des Saul entspricht und Samuel erscheinen läßt, ist ein Beweis seiner außerordentlichen Erbarmungen gegen Saul; denn da sein Lebensende herannahte, so wollte Gott ihm dieß durch den Propheten, auf den er das

---

[1] Vgl. Eisenmenger, Entd. Judenth. 1. Th. S. 892.

[2] *Josephus*, Ant. l. VI. cp. 14, 2: Illa ab inferis hunc evocat.

[3] Vgl. *Aug.*, l. de cur. pro mort. cp. 15: Samuel propheta defunctus vivo Sauli etiam regi futura praedixit, quamvis nonnulli non ipsum fuisse, qui potuisset magicis artibus evocari. *Basilius* l. c.: Pythonissa in cantationibus suis Sauli animam evocabat. *Beda* l. c.: Si quem vero movet, quomodo mulier arte daemo- niaca prophetam post mortem inquietare et suscitare potuerit, sciat pro certo aut falsam tunc umbram quaerentibus ostendisse diabolum, aut si vere Samuel exstitit, tantum in his agendis licere diabolo, quantum Dominus permiserit. Vgl. *Thomas Aq.*, Sum. 1. q. 89. a. 8 ad 2: Apparitio fuit procurata per daemones.

[4] *Hieron.* in Is. cp. 7: Plerique putant, Saulem signum accepisse de terra et de profundo inferni, quando Samuelem per incantationes et artes magicas *risus* est suscitasse. *Gregorius Naz.*, or. 4 cont. Jul. 54: Samuel per ventriloquam trahitur, aut trahi *videtur*.

[5] Qu. 63 in 1. Reg.: Est perspicuum, quod ipse Deus universorum, efformata ut voluit specie Samuelis protulerit sententiam, cum hoc non potuisset facere ventriloqua, sed Deus, qui etiam pro adversarios sententiam protulit. So auch *Thomas Aq.*, Sum. 1. q. 89. a. 8 ad 2: Unde et de Samuele dici potest, quod ipse apparuit per revelationem divinam, secundum Eccli. 46, 23 . . . vel illa apparitio fuit procurata per daemones, si tamen Eccli. auctoritas non recipiatur. (Thomas schrieb vor dem Concil in Trient, wo der Canon firirt wurde.) 2. 2. q. 95. a 4 ad 2: Quod, sicut Augustinus dicit ad Simplicianum (l. 2. qu. 3), non est absurdum credere, aliqua dispensatione permissum fuisse, ut non dominante arte magica vel potentia, sed dispensatione occulta, quae pythonissam et Saulem latebat, se osten- deret spiritus justi aspectibus regia divina cum sententia percussurus; u. qu. 174. a. 5 ad 4: Etsi voluntate Dei ipsa anima Samuelis Sauli eventum belli praenun- tiavit, Deo sibi hoc revelante, pertinet ad rationem prophetiae. So *Calmet* l. c. Loch und Reischl, hl. Schriften zu d. St.

unbedingteste Vertrauen hatte, ankündigen lassen, um ihn noch in letzter Stunde zur Umkehr zu bewegen. Wendet man ein, daß Gott wegen seines Verbotes der Todtenbeschwörung diese Erscheinung nicht zulassen, um so weniger veranlassen konnte, so ist zu erinnern, daß diese Erscheinung so beschaffen war, daß sie der Zauberin und dem Könige zeigen mußte, wie Gott sein Verbot nicht ungestraft übertreten lasse. Hier erfüllte sich das Wort Ezechiels (14, 4 ff.), wie Theodoretus anführt: „Wenn die Götzendiener zum Propheten kommen, werde ich ihnen antworten nach meiner Weise."

Nach der Meinung der Rabbinen[1] soll diese Zauberin die Mutter des Feldherrn Abner gewesen und nur wegen ihres Sohnes nicht mit den übrigen Zauberinnen vertilgt, sondern am Leben erhalten und verborgen worden sein. Josephus Flavius[2] ertheilt dieser Zauberin ein großes Lob, welche trotzdem, daß Saul ihr Gewerbe im Lande eingestellt und verboten hatte, mit ihm Mitleid hatte, als er erschüttert zusammensank, ihn mit Speise stärkte und tröstete, was um so höher anzuschlagen ist, da sie von ihm keine Belohnung mehr erwarten konnte, indem er ja bald seinem Ende entgegenging.

§ 23. Davids Frauen.

Als David aus dem Kampfe, in welchem er den Riesen Goliath geschlagen hatte, siegreich heimkehrte, zogen die Weiber aus allen Städten Israels dem Könige Saul mit Pauken und Triangeln entgegen, um durch Gesang und Reigentänze den Sieg zu feiern; und sie sangen in Wechselchören: „Saul hat Tausend geschlagen, aber David Zehntausend." Darüber gerieth Saul aus Eifersucht in Zorn und konnte seitdem David nicht mit rechten Augen ansehen. Da Saul dem Besieger Goliaths seine Tochter zum Weibe zu geben versprochen hatte[3], nimmt er Veranlassung, dem David im Kampfe mit den Philistern den Tod zu bereiten; er verspricht ihm nochmals seine älteste Tochter, wenn er sich als tapferer Held erweisen würde. David, ohne Sauls Arglist zu ahnen, erscheint sich in seinen Augen hinsichtlich seiner Person, Familie und des Hauses seines Vaters zu arm und niedrig, um Schwiegersohn des Königs zu werden. Saul hielt sein Versprechen nicht; aus einem unbekannten Grunde gibt er seine älteste Tochter Merob[4] dem Molathiter Hadriel zum Weibe. Nun liebte aber die jüngere Tochter Michol[5] den David, und dieß war dem Saul ganz recht; denn er sprach: „Sie soll ihm zum Fallstrick werden, daß er in die Hände der Philister falle." Zu David aber sprach er zum zweiten Male: „Heute sollst du dich mit mir verschwägern." Da David, den Wankelmuth Sauls kennend, darauf nichts antwortete, ließ Saul durch seine Höflinge ihn bereden. David verweist bei diesem Antrage auf die Niedrigkeit seiner Person und sein Unvermögen, das der Stellung einer Königstochter entsprechende Heirathsgut zu geben. Darauf ließ Saul ihm erwiedern, er verlange keine Morgengabe, sondern nur 100 Vorhäute feindlicher Philister, die er zu erschlagen habe. David, der auch dieses

---

[1] *Rupertus*, l. 2. in Reg. cp. 17.   [2] Ant. VI. 14, 4.
[3] 1 Sam. 17, 25.   [4] Oben S. 226.
[5] *Josephus*, Ant. VI. 10, 3: Μιχάλα.

Mal Sauls Arglist nicht kannte[1] und durch eine Heldenthat Michol zum Weibe zu erhalten mit seinem Berufe vereinbar fand, schlug 200 Philister, worauf er Michol zum Weibe erhielt. Der offenbare Schutz Gottes, dessen sich David erfreute, und noch mehr die Liebe seiner Tochter zu ihm, steigerten Sauls Furcht vor David zur lebenslänglichen Feindschaft[2].

Ein großer Sieg Davids über die Philister erregte den König Saul derart, daß er ihn zu tödten beschloß. Er ließ daher das Haus, in welches David vor der Rache des Königs geflohen war, bewachen. Sein Weib Michol jedoch machte ihn mit der Gefahr bekannt, und drang aus Liebe und Besorgniß für ihn[3] darauf, daß er noch in der Nacht aus dem Hause entfliehe, denn am Morgen würde er getödtet werden. Sie ließ ihn deßhalb durch das Fenster hinab, wodurch er entkam, und gebrauchte, um die Häscher zu täuschen und zurückzuhalten, eine List. Sie legte eine Figur (Teraphim) in's Bett und um den Kopf derselben ein Geflecht von Ziegenhaaren (Vulg. ein haariges Ziegenfell), bedeckte sie mit einem Kleide und ließ den Häschern sagen, David sei krank. Ob diese Statue ein hölzernes Bild, oder die Statue eines Hausgötzen, welchen Michol (ob ihrer Unfruchtbarkeit) heimlich sich gehalten habe, oder ein Knäuel von Kleidern war[4], läßt sich schwer bestimmen. Josephus[5] erzählt nach dem Vorgange der LXX[6] (ed. Romana) und des Aquila, Michol habe eine noch zuckende Ziegenleber in's Bett gelegt, um die Boten glauben zu machen, als liege ein athmender Kranker darunter. Saul verlangt, daß die Boten den David mit dem Bette herbeibringen. Als nun diese nicht den David, sondern die Statue im Bette fanden und dem Könige dies berichteten, fordert er Michol zur Verantwortung dieses Betruges. Diese aber greift zu einer Nothlüge; denn sie antwortet: „David sprach zu mir: Laß mich fort, sonst tödte ich dich."[7] Bisher hat Michol sich als treues Weib erwiesen.

Während David flüchtig umherirrte, führte Saul aus Haß eine neue Ungerechtigkeit gegen ihn aus, indem er dessen Weib Michol, seine Tochter, nahm und sie (wahrscheinlich wider ihren Willen) einem gewissen Phalti von Gallim zum Weibe gab[8], wodurch Saul nicht bloß einer Treulosigkeit, sondern auch der Mitwirkung zum Ehebruche sich schuldig machte; denn David hatte Michol nicht entlassen, noch ihr den Scheidebrief gegeben, noch auf sie verzichtet, wie sein späteres Verhalten dieß beweist. Die Rabbinen fabeln, daß Phalti mit seinem Weibe Michol keinen fleischlichen Umgang gepflogen habe; sei es aus Liebe zur Keuschheit, sei es, weil er zwischen sich und ihr ein Schwert erblickte.

Als Abner zur Partei Davids übergehen wollte, stellte dieser als Bedingung des zu schließenden Bundes von Abners Seite die Zurückführung

---

[1] *Theodoret.*, qu. 47 in 1. 1 Reg.: Erant nuptiae insidiarum, non beneficentiae.

[2] 1 Sam. 18.

[3] *Josephus*, Ant. VI. 11. 4: De ipso inter spem metumque dubia et de vita sua admodum sollicita, ut quae nec ipsa vivere sustineret illo orbata.

[4] So *Aquila; Theodoret.*, qu. 49 in 1. 1. Reg. *Procopius* zu 1. Reg 19.

[5] L. c.

[6] Diese verwechselten תרפים mit כבד Leber. Vgl. *Theodoret.* l. c. u. *Procop.* Dagegen *Hieron.*, ep. 29 (al. 130) ad Marcell.; de Ephod et Ther. n. 4.

[7] 1 Sam. 19, 1—17. [8] 1 Sam. 25, 44.

seines Weibes Michol. Als Abner in diese Bedingung einwilligte, sandte David auch Boten an Isboseth, um sie in aller Rechtsform zurückzuverlangen: „Gib mir mein Weib Michol zurück, die ich mir verlobt (zur Braut erkauft) habe um 100 Vorhäute der Philister!" Dazu bestimmte den David nicht bloß sein Recht auf Michol und die Liebe, die ihn mit ihr verband, sondern auch ein politischer Grund; denn als König konnte er Michol vor den Augen des Volkes nicht in dem ihr wider ihren Willen aufgenöthigten Verhältnisse leben lassen; auch wollte er zugleich sein Verhältniß, in welchem er als Schwieger=sohn zum Könige Saul stand, sowie sein vom Hasse freies Herz bekunden. Da sandte Isboseth hin, um Michol von ihrem gegenwärtigen Manne Phaltiel (Phalti) zu nehmen. Weinend folgt ihr der Mann, der schwer nur von ihr sich trennen kann, bis Bahurim, wo Abner ihm befahl, umzukehren [1]. Zwar war nach dem Gesetze verboten, eine Entlassene, die das Weib eines Andern geworden und befleckt worden war, wieder zurückzunehmen [2]; allein hier lag keine Ehescheidung, sondern eine Rechtsverletzung vor, so daß David die wider=rechtlich ihm entzogene Gattin mit allem Rechte wieder aufnehmen konnte [3].

Uebrigens bewährte sich Michol nicht durchgehends als eine fromme, gottesfürchtige Frau. Als nämlich David die Bundeslade aus dem Hause des Obededom nach Sion übertragen ließ und in weißem Gewande vor der Lade in heiliger Begeisterung tanzte, schaute Michol, die Tochter Sauls, durch das Fenster, und als sie den König vor dem Herrn tanzen sah, verachtete sie ihn in ihrem Herzen. Michol, die hier mit Absicht Tochter Sauls genannt wird, hat nicht die religiöse Gesinnung ihres Mannes, die sie sogar kritisirt, sondern vielmehr die ihres Vaters Saul. Sie, die stolze Königin, nahm Anstoß an der Demuth, mit welcher der fromme König in seiner religiösen Begeisterung vor dem Herrn allem Volke sich gleichstellt. Dieß gab sie auch offen dem Könige zu erkennen. Als nämlich hierauf David heimkehrte, um sein Haus zu segnen, kam ihm Michol entgegen mit der bitter ironischen Anrede: „Wie sehr hat sich heute der König von Israel verherrlicht, da er sich heute entblößt (d. h. seinen königlichen Schmuck abgelegt) hat vor den Augen der Mägde seiner Knechte, wie sich einer der losen Leute nur entblößt." Diese Worte verrathen nicht bloß den Hochmuth ihres Herzens, sondern auch das geringe religiöse Verständniß und die Geringachtung des levitischen Stammes [4]. Auf dieses verächtliche Wort Michols antwortet David mit größter Demuth, daß er sich nur vor Gott, der ihn aus seiner Niedrigkeit zum Könige erwählt hat, gedemüthigt habe und sich gerne mit den Mägden auf gleiche Stufe vor dem Herrn stelle, um mit ihnen geehrt zu werden. Für diese ihre Hoffart und ihren ungläubigen Sinn [5] wurde Michol von Gott gedemüthigt; sie blieb bis zum Tode kinderlos [6], die größte Strafe für ein jüdisches Weib. Doch scheint dieß nicht der einzige Grund gewesen zu sein,

---

[1] 2 Sam. 3, 13 f.   [2] Jerem. 3, 1.

[3] *Aug.*, l. 2 de conj. adult. ep. 6. *Theodoret.*, qu. 11 in l. 2. Reg. *Procop.* zu d. St.: David non dimisit Michol, sed Saul contra jus et fas, violenter raptam alteri desponsavit; quamobrem David violenter raptae ignovit.

[4] *Theodoret.*, qu. 20 in l. 2. Reg.: Nesciebat stimulos divini amoris.

[5] *Theodoret.* l. c. u. *Procop.* zu 2 Sam. 6, 15.

[6] 2 Sam. 6, 16 f. 20 f. Vgl. 1 Par. 15, 29.

sondern auch der, daß Keiner aus ihren Nachkommen auf den Thron gelange [1]. Wenn demnach der Michol, der Tochter Sauls und dem Weibe Hadriels, fünf Söhne zugeschrieben werden, welche David den Gabaoniten zur Tilgung der Sühnschuld auslieferte [2], so ist Michol entweder ein Schreibfehler für Merob, oder aber, Michol hat, wie jüdische Erklärer meinen, die Söhne ihrer Schwester adoptirt oder auch erzogen. Nach Josephus [3] hat Michol von dem Manne (Phalti), dem sie widerrechtlich von Saul gegeben worden war, diese fünf Kinder erhalten. Wie der Talmud [4] berichtet, hatte Michol bis zu ihrem Todestag keine Kinder, sie starb während der Wehen. In Uebereinstimmung damit hält Hieronymus [5] die Michol mit Egla für identisch, die bei der Geburt des Jethraam starb. Gregor der Große [6] betrachtet Merob und Michol als Symbole des activen und beschaulichen Lebens. Michol, die keine gläubigen Kinder gebar und ihren königlichen Gatten verachtete, ist ein Typus der ungläubigen und Christum verachtenden Synagoge [7]. Nach Beda [8] bezeichnet die jüngere Tochter Sauls, welche David innig liebte, den kleineren Theil des israelitischen Volkes, welcher Christo mit Liebe anhing.

Außer Michol hatte David sich auch noch andere Frauen genommen [9], und zwar hatte er nach Hebron mitgebracht [10] die Achinoam, die Jezrahelitin, und die Abigail; mit Ersterer zeugte er den Erstgeborenen Ammon, mit der zweiten den Chebab. Weitere vier Söhne erhielt er von Frauen, die er erst in Hebron geheirathet hatte, und zwar von Maacha, der Tochter des Königs Tholmai von Gessur, den Absalom, von der Haggith den Adonias [11], von der Abital den Saphathia, und den Jethraam von der Egla. Als David von Hebron nach Jerusalem zog, nahm er sich noch Kebsweiber [12] und andere Frauen aus Jerusalem, mit denen er Söhne, von denen neun namentlich angeführt werden [13], und Töchter erzeugte, und schließlich die Bethjabee, welche ihm vier Kinder gebar, nämlich den Samua, Sobab, Nathan und Salomon [14]. Von den Töchtern wird keine mit Namen, außer Thamar [15], angeführt. Aus 1 Sam. 25, 43 erhellt, daß David nach seiner Vermählung mit Michol und während seiner Verfolgung die Achinoam (Ἀχινάαμ) und bald darauf die Abigail (Ἀβιγαία) geheirathet hat. Achinoam stammte von Jezreel, einer Stadt im Stamme Juda [16]. In Folge der erneuerten Nachstellungen Sauls floh David mit diesen seinen zwei Weibern zu Achis, dem Könige von Geth, der ihm die Stadt Siceleg zum Wohnorte

---

[1] So *Theodoret.* und *Procopius.*
[2] 2 Sam. 21, 8.   [3] Ant. VII. 4, 3.
[4] Sanhedrin 21 u. Mid. Rab. Genesis 82.
[5] Quaest. heb. in l. 2. Reg. 6, 23.
[6] L. 5 in 1. Reg. exp. n. 67: Bene *Merob* de multitudine dicitur. Activa enim vita, quia ex multis bonis operibus perficitur, de multitudine recte nominatur ... *Michol* ex omnibus dicitur, quiae contemplativae vitae secretum nullus expetit, qui in aliqua prius operatione bona non fuit.
[7] *Ambros.*, l. apol. proph. Dav. cp. 6 u. *Rupertus*, l. 2 in Reg. cp. 12.
[8] *Beda*, l. 3 in Sam. cp. 4.
[9] 2 Sam. 3, 2 f. 1 Par. 3, 1 f.   [10] 1 Sam. 25, 42.   [11] Vgl. 3 Kön. 1, 5. 12; 2, 13.   [12] 2 Sam. 5, 13. 1 Par. 3, 9.   [13] 2 Sam. 5, 13 f. 1 Par. 14, 3 f.
[14] 2 Sam. 5, 14. 1 Par. 3, 5.   [15] 1 Par. 3, 9.   [16] Jos. 15, 56.

anwies [1]. Während seiner Abwesenheit waren die Amalekiter in Siceleg ein-
gebrochen und hatten auch unter Andern die zwei Weiber Davids gefangen
weggeführt; als David dieß erfuhr, verfolgte er die Amalekiter, schlug sie
und nahm ihnen seine zwei Weiber ab [2]. Nach Sauls Tode zog er mit seinen
zwei Frauen Achinoam und Abigail nach Hebron [3], wo Beide ihm je einen
Sohn gebaren [4].

Von der Abigail berichtet die heilige Schrift Folgendes: Nach Samuels
Tode zog David hinab in die Wüste Pharan auf dem Gebirge Juda. Dort
lebte zu Carmel ein reicher, aber harter, böser und eigensinniger Mann,
Namens Nabal, mit seinem schönen und einsichtsvollen Weibe Abigail.
Während der Schafschur sandte David an diesen Nachbar eine ansehnliche
Gesandtschaft, läßt ihn an die friedliche Gemeinschaft der Seinigen mit den
Hirten Nabals, an die Schonung und Verträglichkeit seiner Krieger gegenüber
den wehrlosen Hirten und die Ehrlichkeit derselben erinnern, ihm Glück wün-
schen und um eine Gabe von dessen Ueberflusse bitten. Da Nabal in schnöder
und beleidigender Weise die Boten abwies, beschloß David, an ihm blutige
Rache zu nehmen, und zieht mit 400 Mann aus. Indeß hatte ein Knecht
Nabals der Abigail diesen Vorfall erzählt und sie auf das ihrem Hause
drohende Verderben aufmerksam gemacht. Da machte sich dieses kluge Weib
mit reichlichen, aus Lebensmitteln bestehenden Geschenken ohne Wissen ihres
Mannes auf den Weg zu David, und als sie ihn sah, stieg sie eilends vom
Esel herab, fiel vor ihm auf ihr Angesicht, beugte sich bis zur Erde, fiel
ihm zu Füßen und sprach, sie wolle selbst die Schuld auf sich nehmen, nur
möge er sie anhören. David möge nicht auf den bösen Mann Nabal achten,
denn was sein Name sagt, ist er, Thor, und Thorheit ist in ihm. Sie selbst
habe Davids Boten nicht gesehen. Hierauf sucht sie ihn freundlich zu stimmen;
sie weist hin auf die göttliche Fügung, daß durch ihr Entgegenkommen David
vor einer Blutschuld bewahrt worden sei, drückt den Wunsch aus, daß Alle,
welche wie Nabal gegen ihn, über welchen Jehova seine Hand ausgebreitet,
sich empören, zu Thoren werden und der göttlichen Strafe verfallen, und
bietet die Geschenke, mit denen sie das Vergehen ihres Mannes gut machen
will, als Gabe für seine Knechte an. Nun bittet sie um Vergebung des
Unrechtes, welches sie auf sich genommen, und begründet die Erfüllung dieser
Bitte durch Verheißung des reichsten Segens, mit dem Gott diese That be-
lohnen werde. Ihre persönliche Angelegenheit wird ihr Veranlassung, zu
David von den zukünftigen Dingen seines Hauses zu reden, und sie wird
daher mit Recht unter die prophetischen Frauen [5] gerechnet, die, vom Geiste
Gottes getragen, Theil nahmen an der theokratischen Begeisterung und dem
prophetischen Ausblick in die zukünftige Entwickelung der Theokratie. Sie
spricht die im Hause Davids fortdauernde Königsherrschaft aus, erblickt in ihm
den zukünftigen Helden, welcher die Kriege Jehova's führen wird, und weissagt
ihm Glück und Heil von Gott, unter dessen bewahrender Macht sein Leben
vor jeder Gefahr sicher sei. Nach Erlangung des Königthums wird Nichts
sein Gewissen belasten, mit Rücksicht darauf, daß er nicht unschuldiges Blut

---

[1] 1 Sam. 27, 3 f.   [2] 1 Sam. 30, 5. 18.   [3] 2 Sam. 2, 2.   [4] 2 Sam. 3, 2. 3.
[5] Gemara Megilla p. 14.

in einer solchen Rachethat vergossen und eigenmächtig sich Hilfe verschafft
habe. — Diese Rede besänftigte den Zorn Davids; er dankt in seiner Ant=
wort dem Herrn, daß er ihm die Abigail entgegengesandt, preist sie wegen
ihres Verstandes und ihrer Handlungsweise, daß sie ihn von einer Blutschuld
bewahrt habe, da er sonst das ganze Haus Nabal vernichtet hätte, nimmt
die ihm dargebrachten Geschenke entgegen und läßt sie in Frieden nach Hause
ziehen mit der Zusicherung der Erfüllung ihrer Bitte.

Bei ihr Rückkehr findet Abigail ihren Mann bei einem üppigen Mahle
schwelgen und kann erst am Morgen, nachdem er seinen Rausch ausgeschlafen
hatte, ihm davon Mittheilung machen. Dadurch wurde der jähzornige Mann
derart aufgeregt, daß er vom Schlage gerührt wurde und nach zehn Tagen
starb. David erkennt im Tode des Nabal ein gerechtes Gericht Gottes über die
ihm als Gesalbten des Herrn angethane Schmach, sendet Boten an die Abigail
und läßt ihr seinen Wunsch eröffnen, daß er sie zum Weibe nehmen wolle.
Mit tiefer Verbeugung spricht sie zu den Boten: „Siehe deine Magd als
Dienerin, die Füße der Knechte meines Herrn zu waschen", wodurch sie in
tiefster Demuth ihre Bereitwilligkeit ausdrückt. Sie machte sich eilig auf und
zog auf einem Esel reitend mit fünf Dienerinnen den Boten nach zu David
und wurde sein Weib [1].

Nach dem Midrasch Samuel fehlt einmal (1. Sam. 25, 32) bei dem
Namen Abigal das Job, um die Frau zu schmähen, daß sie, ein Eheweib, ihr
Auge schon auf David warf und sprach (V. 31): „Du wirst deiner Magd
gedenken" — offenbar eine fleischliche Auffassung! Abigail ist ein Typus der
Kirche aus den Heidenvölkern, welche, nachdem sie den Götzendienst verlassen,
durch den Glauben und Reue mit Christo sich verbunden haben [2]. Bezeichnet
demnach Achinoam die gläubige Synagoge des alten Testamentes, so Abigail
die gläubige Kirche nach der Ankunft Christi [3]. Nach Lyranus [4] symbolisirt
Abigail die heidnische Weisheit, die, nachdem sie das heidnische Wesen ab=
gestreift, sich mit Christo verbunden hat.

Von dieser Abigail ist zu unterscheiden die gleichnamige Schwester Davids
Abigail [5]. Da 2 Sam. 17, 25 diese Abigail eine Tochter des Naas
(Nahas) und Schwester der Sarvia (Zeruja), genannt wird, so haben schon
ältere Ausleger geschlossen, daß Abigail und Sarvia Stiefgeschwister Davids
und zwar Töchter der Mutter Davids aus erster Ehe mit Naas (also ver=
schieden von Isai) waren. Es könnte jedoch Naas auch als Frauenname,
und sohin als Name einer zweiten Frau Isai's betrachtet werden, so daß
auch in diesem Falle Abigail und Sarvia Stiefschwestern Davids waren.

---

[1] 1 Sam. 25.

[2] *Ambros.*, ep. 31: David duas uxores habuit Achinaam et Abigaeam, illam
rigidiorem, istam misericordiae plenam et gratiae, hospitalem et liberalem animam . . . Per cujus copulam ecclesiae crediturae ex gentibus significantur mysteria, quae amisso viro, cui ante juncta erat, transivit ad Christum, censu pio dives,
humilitatis et fidei, misericordiae quoque dotata patrimonio.

[3] *Rupertus*, l. 2 in Reg. cp. 12 u. *Beda*, l. 4 in Sam. proph. cp. 4.

[4] Zu 1 Sam 25: Per hoc, quod mortuo Nabal uxor ejus copulata fuit David,
significatur, quod post mortem gentilium philosophorum sapientia philosophica
copulata est ipsi Christo in sacris ecclesiae doctoribus.

[5] 1 Par. 2, 16.

Diese Abigail gebar dem Jesraeliter (nach Andern Jsmaeliten) Jetra (Jithra), der ihr beigewohnt hatte, den (unehelichen) Sohn Amasa. Sarvia aber war Mutter dreier Heldensöhne, Abisai, Joab und Asael[1], welche, so oft sie angeführt werden, Söhne Sarvia's heißen[2].

Die Sitte des alten Orientes, welche einen zahlreichen Harem für ein noth= wendiges Erforderniß zum Glanze eines königlichen Hofstaates erachtete und welche durch das Verbot Deut. 17, 17 auf wenige Frauen beschränkt wurde, um die Wollust und den Hang zu geschlechtlicher Ausschweifung nicht allzusehr zu nähren, wurde für David eine Klippe zum schwersten Falle und dieser die Ursache zu einer langen Reihe schwerer Demüthigungen und göttlicher Züchtigungen, welche den Glanz seines Königthums trübten. Während der Belagerung der Stadt Rabba Ammon durch die Israeliten unter Joabs Führung ging David eines Tages nach gepflogener Mittagsruhe auf dem Dache seines Palastes spazieren und sah in dem unbedeckten Hofraume eines benachbarten Hauses ein Weib sich baden, welches schön von Ansehen war. Der im Rausche seines Vollglückes und von Sinnenbegierde entflammte[3] König erkundigt sich nach dem ihn blendenden Weibe und erfährt, daß es Beth= sabee[4], die Tochter Eliams und das Weib des Hethiters Urias sei. Dieser gehörte unter die 30 Helden Davids[5]. Nach Hieronymus[6], der einer jüdischen Tradition folgt, war Eliam ein Sohn des Achitophel, welcher später mit Absa= lom gemeinsame Sache machte, um sich an der seiner Enkelin angethanen Schmach zu rächen. Die Nachricht, daß Bethsabee ein Eheweib sei, hält den König nicht ab, das schöne Weib in seinen Palast bringen zu lassen, und sie kam zu ihm und er schlief bei ihr. Diese Erzählung deutet an, daß Bethsabee auf Davids Aufforderung hin ohne Widerstreben kam und ihm ohne Weiteres auch zu Willen stand. Bethsabee ist daher nicht von aller Mitschuld frei= zusprechen. Schon das Baden in einem unbedeckten Hofraume eines mitten in der Stadt gelegenen Hauses, welches den Blicken der Leute auf den Dächern der höher gelegenen Häuser ausgesetzt war, spricht nicht für ihre weibliche Schamhaftigkeit; ohne jedoch sie gerade zu beschuldigen, daß ihrem Baden an jener Stelle diese Absicht zu Grunde lag. Eitelkeit, Ehrgeiz und die Vor= spiegelungen Davids scheinen sie bestimmt zu haben, die Aufforderung des schönen und liebenswürdigen Königs nicht abzuweisen. Größere Schuld trifft jedenfalls den König, der, obgleich so großer Gnaden von Gott gewürdigt, der Sinnenlust nicht widerstand, sondern das Weib holen ließ. Nach Dio= nysius und Anderen war David damals 49, Bethsabee 18 Jahre alt. Der Talmud[7], welcher Davids Schuld rein waschen will, behauptet, daß Bethsabee nicht verheirathet war; denn jeder Krieger, der mit den Heeresreihen auszog,

---

[1] 2 Sam. 17, 25. 1 Par. 2, 16. 17.   [2] 1 Sam. 26, 6; 2 Sam. 2, 13. 18; 3, 19; 8, 16; 14, 1; 16, 9. 10; 18, 2; 19, 21. 22; 23, 18. 37. 3 Kön. 1, 7; 2, 5. 22. 1 Par. 11, 6. 39; 18, 12. 15; 26, 28; 27, 24.
[3] Vgl. *Aug.* in Ps. 50. n. 3 u. 4.
[4] עבת-בע, d. i. Bathscheba = die Tochter des Eides; LXX: Βηρσαβεέ. Josephus: Βεεθσαβή. Jn 1 Par. 3, 5 heißt sie Bathschua, Tochter Ammiels, welches Wort mit Eliam identisch ist. Vgl. 2 Sam. 23, 34.
[5] 2 Sam. 23, 39.   [6] Quaest. heb. in l. 2 Reg. 11, 3.
[7] Vgl. Eisenmenger, Entd. Judenth. I. S. 345.

habe seiner Frau einen Scheidebrief gegeben. Dagegen spricht schon das bib=
lische Factum, daß David den Urias in sein Haus zu seinem Weibe geschickt
hat. Epiphanius[1] erzählt, daß der Prophet Nathan, welcher damals
in Gabath weilte, diese Sünde Davids im prophetischen Geiste vorausgesehen
habe und nach Jerusalem eilen wollte, um sie hintanzuhalten, jedoch Belial
habe ihn verhindert, denn er fand am Wege einen Todten, den er früher
bestatten wollte. Da der Beischlaf das Weib bis zum Abend unrein machte[2],
so reinigte sich[3] Bethsabee durch Waschung von ihrer Unreinigkeit (nicht aber
von der Sünde) und kehrte in ihr Haus zurück. Sonderbarer Weise meinte
Bethsabee diese Satzung gewissenhaft beobachten zu müssen, während sie vor
dem Ehebruche nicht zurückgeschreckt ist.

Als sie hernach ihre Schwangerschaft merkte, zeigte sie dieß dem David
an. Diese Anzeige bezweckte die Abwendung der Folgen dieser Sünde[4],
denn nach Lev. 20, 10 mußten Ehebrecher und Ehebrecherin sterben. Um
sich vor der Entehrung und Bethsabee vor dem Tode zu sichern, wenn sein
mit Bethsabee begangener Ehebruch in seinen Folgen bekannt wurde, läßt
er durch Joab den Urias unter dem Vorwande einer Berichterstattung nach
Jerusalem berufen, und sendet ihn dann in sein Haus, damit er eine Nacht
bei seinem Weibe zubringe und so nachher als Vater des im Ehebruche er=
zeugten Kindes angesehen werde. Urias ging aber nicht in sein Haus, son=
dern schlief bei den Hofbediensteten vor dem Königspalaste. Wahrscheinlich
schöpfte er Verdacht, denn bei seiner Ankunft in Jerusalem konnte ihm das
Verhältniß seines Weibes zu David berichtet worden sein. Als dieß David
hörte, daß Urias nicht in sein Haus gegangen, befragt er ihn, warum er
dieß nicht gethan habe? Dieser rechtfertigt sein Verhalten damit, daß er,
während ganz Israel und die Lade des Herrn im Streite wider die Feinde
Gottes zu Felde liege, nicht in seinem Hause der Ruhe und Wollust pflegen
könne. Diese gottgefällige Gesinnung und ernster Pflichteifer war geeignet,
den Stachel in das sündhafte Herz des Königs zu senken. Doch das hastige
Streben, sich vor der Welt von den Folgen seiner bösen That zu reinigen,
machte ihn dafür unempfänglich und trieb ihn an, Urias für seine Absicht
zu gewinnen. Er lud ihn zur Tafel und machte ihn trunken, um desto
sicherer eine Beiwohnung desselben bei seinem Weibe in der folgenden Nacht
herbeizuführen, aber vergebens, Urias schlief wieder vor der königlichen
Palastthüre. Da entschloß sich David zu einem noch größeren Verbrechen.

Er übersendet durch Urias einen Brief an Joab, mit dem Auftrage,
denselben dem größten Kampfe auszusetzen, so daß er falle. Joab führt den
königlichen Befehl pünktlich aus. Urias fiel und David hat sich außer des
Ehebruches auch des Menschenmordes schuldig gemacht.

---

[1] De prophetis ... Nathan.   [2] Lev. 15, 18.
[3] *Hieron.*, ep. 85 (al. 153) ad Paulin. n. 5.
[4] *Chrysost.* in Ps. 50: Mulier ait: O rex perii! Quid habes? Uterum gero.
Peccati fructus emanavit; accusationem in vulva fero: peccati indicium crevit: in
me se prodit scelus. Si vir meus venerit ac viderit, quid habebo quod dicam? ...
Praegnantem me offendet vitamque mihi eripiet, ut quae intus habeam, qui flagitium meum coarguat. Cernisque meditatum naufragium? Cernisque quantum
malum peccatum?

Als Bethsabee den Tod ihres Mannes hörte, beweinte sie ihn. Nach Ablauf der Trauer (wahrscheinlich bloß sieben Tage) ließ David sie in sein Haus führen und sie ward sein Weib, so daß bis zu ihrer Niederkunft noch eine geraume Zeit verstrich und der im Ehebruch erzeugte Sohn als ein in der Ehe erzeugtes Kind erscheinen konnte. Diese That Davids mißfiel dem Herrn sehr [1]. Fast ein Jahr lebte David in der Sünde, ohne an Buße und Aussöhnung mit Gott zu denken, bis der Prophet Nathan auf Weisung Gottes dem König seine Missethat vorhielt und ihm die Strafe verkündigte. Er, der viele Schäflein (Weiber) besaß, und auch die Weiber Sauls, ja aus Juda und Israel Jungfrauen als Weiber sich aneignen konnte, hat dem armen Manne, der nur Ein Schäflein besaß, dieses Eine genommen und ihn getödtet. Nathan hält hier dem König nicht bloß seinen Ehebruch und die Tödtung des Urias vor, sondern auch, daß er sich das Weib desselben zugeeignet habe, welche That eine Verachtung Gottes involviere. Die Ehe war zwar eine gültige, allein eine unerlaubte und sündhafte, da sie auf dem Ehebruche und Morde des frühern Mannes basirte [2]. Als Strafe dafür soll er eine ähnliche Schande durch die Schändung seiner Weiber von seinem Sohn Absalom erfahren [3], und zwar das, was er heimlich gethan, wird Gott öffentlich vor ganz Israel und im verstärkten Grade thun. David bereute tief; Zeuge seiner aufrichtigen Buße ist der 50. Psalm, und Gott verzieh ihm die Sündenschuld. Als Ehebrecher soll er dem Tode anheimfallen; allein an seiner Statt soll das im Ehebruche erzeugte Kind sterben, damit der Vater im Tode des Sohnes die Strafe seines Ehebruches büße und mit diesem Kinde zugleich den Lästerern der Anlaß zur fortwährenden Lästerung, welchen diese That Davids hervorgerufen hatte, genommen werde. Nachdem er selber Trost empfangen, tröstete er die Bethsabee und wohnte ihr wieder bei, worauf sie einen Sohn gebar, der Salomon genannt wurde. Und der Herr liebte ihn und sandte den Propheten Nathan zu David mit dem Auftrage, dem Kinde den Namen Jedidjah (Liebling Jehova's) zu geben [4]. Daraus sollte David erkennen, daß Gott ihm seine Sünde vollkommen verziehen und auch seine Ehe mit Bethsabee gesegnet habe. Da also David bei dieser Gelegenheit klar den Willen Gottes bezüglich Salomons [5] erkannte, so gab er ohne Zweifel der Bethsabee damals das Versprechen, daß dieser ihr Sohn sein Nachfolger auf dem Throne sein solle. Daraus erhellt, daß Salomons Empfängniß bald nach dem Tode des im Ehebruche erzeugten Kindes erfolgte, um auch die Trauer des Weibes zu lindern, und Salomon der Erstgeborene der Bethsabee gewesen. Wenn daher 1 Par. 3, 5 Salomon unter den vier Söhnen der Bethsabee an vierter Stelle erscheint [6], so sind die drei vorhergehenden nicht etwa Söhne, welche Urias mit der

---

[1] 2 Sam. 11.

[2] *Theodoret.*, qu. 24 in l. 2. Reg.: Tacite autem significat oratio, Dominum magis succensuisse ob matrimonium, quam ob prius admissum adulterium. Nam illud quidem erat vehementissimae cupiditatis, quae rationi quasi torporem induxerat; hoc autem habet etiam assensum ipsius rationis, quam post iniquam caedem oportebat lamentari ac lugere, non nefario assentiri matrimonio. Vgl. *Procop.* zu 2 Sam. Kap. 10.

[3] 2 Sam. 16, 22. 23.   [4] 2 Sam. 12, 1—25.   [5] 2 Sam. 7, 12.

[6] Siehe S. 234.

Bethsabee erzeugt hat [1], da sie daselbst ausdrücklich als Söhne Davids an=
geführt werden und somit Salomon als jüngster Sohn der Bethsabee, sondern
die Söhne sind dort nicht in der Ordnung nach der Geburt oder aber in
umgekehrter Reihe aufgezählt.

Als Adonias, der Sohn Davids, die Altersschwäche seines Vaters be=
nutzte, um den Thron sich anzueignen, setzte der Prophet Nathan Bethsabee,
Salomons Mutter, davon in Kenntniß und veranlaßte sie, sich bittend an
den König, welchem das Recht, seinen Nachfolger zu bestimmen, zustand,
zu wenden, ihm die ihr und ihrem Sohne drohende Lebensgefahr vorzustellen
und ihn an sein gegebenes Wort zu erinnern [2]. Diese Zusage hatte ihr der
König, wie wir oben erwähnt, bei der Geburt Salomons gegeben. Diesem
Rathe folgend, begab sich Bethsabee in das innere Gemach, welches David,
von Abisag bedient, nicht mehr verlassen konnte und beugte sich tief vor ihm.
Auf die Frage, was sie wünsche, erinnert Bethsabee den König an das ihr
eidlich gegebene Wort, daß Salomon, ihr Sohn, nach ihm herrschen solle,
theilt ihm mit, daß Adonias wider Willen und Wissen des Vaters sich zum
Könige ausrufen ließ und ganz Israel die Augen auf David richte, damit
er anzeige, wer auf seinem Throne sitzen soll, und deutet auf das Schicksal
hin, welches sie und ihren Sohn nach seinem Tode bedrohe. Während Beth=
sabee noch redete, ließ Nathan sich melden, der eintrat, nachdem Bethsabee
sich entfernt hatte, und die Rede der Bethsabee bestätigte. Da ließ David
die Bethsabee wieder zu sich kommen und wiederholte sein eidliches Versprechen,
daß Salomon sein Nachfolger auf dem Throne sein solle, worauf Bethsabee
mit tiefster Verbeugung und einem Segenswunsche als Ausdruck des innigsten
Dankes ihn verließ. Bethsabee war ihm daher immer noch seine bevorzugte
Gattin geblieben [3]. Als nach dem Tode Davids Adonias, der älteste Sohn,
als Thronprätendent auftrat, wollte er durch die Heirath mit der Abisag
einen neuen Rechtsgrund für seine Ansprüche auf den Thron sich erwerben.
Da er aber seine Bitte dem Salomon nicht selbst vorzubringen sich getraute,
in der Angst, derselbe könnte seinen Plan durchschauen, wendet er sich an
Bethsabee, die Mutter Salomons, um durch ihre Fürbitte sein Ziel um so
leichter zu erreichen, in der Voraussetzung, Salomon werde seiner Mutter
keine Bitte abschlagen. Bei seinem Erscheinen fragt Bethsabee, ob er in
friedlicher Absicht komme, weil sie nach dem Vorgefallenen etwas Schlimmes
vermuthen konnte. Als er sie dessen versichert, sucht er das arglose Frauen=
herz zu täuschen, indem er ihr vorspiegelt, wie ganz Israel seine Augen
auf ihn als rechtmäßigen König gerichtet, Jehova jedoch, dem er sich füge,
die Krone auf seinen Bruder übertragen habe. Er habe nur eine kleine
Bitte vorzubringen, deren Gewährung sie ihm nicht abschlagen solle: „Sprich
doch mit dem König Salomon, denn er wird dich nicht abweisen — daß er
mir die Abisag, die Sunamitin, zum Weibe gebe". Bethsabee, welche die böse
Absicht des Bittstellers nicht merkte, sagte ihm dieß zu, in der Meinung,
daß Liebe zur schönen Abisag allein sein Motiv sei, und in der Hoffnung,
ihn, den stets Unzufriedenen, dadurch zufriedenzustellen.

[1] So *Lyranus, Vatablus, Hugo* u. A.
[2] Vgl. 1 Par. 28, 5.   [3] 3 Kön. 1, 1—31.

Als Bethsabee zum Könige Salomon kam, empfing dieser seine Mutter mit der der Königin=Mutter gebührenden Ehrfurcht. Er stand auf, ging ihr entgegen, verbeugte sich tief und ließ sie auf einen Thronsessel zu seiner Rechten sich setzen. „Eine kleine Bitte stelle ich an dich," spricht sie zu ihm, „weise mich nicht ab." Da sprach Salomon zu ihr: „Bitte, meine Mutter, ich werde dich nicht abweisen." Und sie sprach: „Es werde Abisag, die Su=namitin, deinem Bruder Adonias zum Weibe gegeben!" Diese Bitte hielt sie für eine kleine, in weiblicher Einfalt, daß es sich hier bloß um ein Liebes=verhältniß handle. Salomon, welcher die Absicht seines Bruders gleich durch=schaute, antwortete: „Warum bittest du um Abisag, die Sunamitin, für Adonias? Bitte für ihn (gleich lieber) um das Königthum; denn er ist mein älterer Bruder." Bekommt er noch die Abisag, will er sagen, so wird er in seinen vermeintlichen Ansprüchen noch mehr bestärkt werden und seine ganze Partei (Abiathar und Joab) sich darauf stützen. Salomon betrachtet nach einer alten Sitte des Orientes[1] den Anspruch auf den Besitz der Frauen oder Kebsfrauen eines Königs als gleichbedeutend mit dem Anspruch auf den Thron[2]. Daher schwört er, daß Adonias diesen Hochverrath mit dem Leben büßen müsse. Die Entrüstung Salomons war um so natürlicher, da Adonias sich nicht gescheut hatte, die Königin=Mutter zu hintergehen und für seine Pläne zu mißbrauchen. Er fiel durch die Hand des Banaias[3].

Bethsabee ist die vierte und letzte Frau im Geschlechtsregister Jesu Christi[4], aus welcher (ἐκ τῆς τοῦ Οὐρίου) Salomon geboren wurde. Salomon ist nicht die Frucht des Ehebruches, den David mit der Frau des Urias be=gangen, sondern der Sohn seiner rechtmäßigen Ehe mit Bethsabee nach dem Tode des Urias. Durch seinen Fall mit dem Weibe des Urias wurde David zur tiefsten und reuevollsten Buße bewogen, so daß er dadurch nicht bloß ein Bild der Menschheit, die aus dem Falle im Hinblicke auf den Erlöser reuig sich erschwingt, sondern auch der vollendete Typus des Messias wurde, der für uns zum Fluche wurde, um in seinem Leibe die Sünde zu tilgen und seine heilige Menschheit zum ewigen Königthum auf den Thron zu er=heben[5]. Erst nachdem David seine Sünde tief bereut und er sammt Beth=sabee durch den Tod der Frucht des Ehebruches ihr Vergehen bitter gebüßt hat, gibt ihnen Gott ein Zeichen seiner vollen Aussöhnung, den Salomon, der von Gott selbst als sein Liebling anerkannt, als Thronfolger bestimmt wird und dadurch der Stammvater Jesu Christi wurde[6]. So nimmt also

---

[1] Z. B. bei den Persern: *Herodot.* III. 68. *Justinus* X. 2.
[2] Vgl. 2 Sam. 3, 6 f.; 2 Sam. 16, 20—23.   [3] 3 Kön. 2.   [4] Matth. 1, 6.
[5] 2 Cor. 5, 21. Gal. 3, 13. *Ambros.*, ap. 2 Dav. cp. 6: Talis auctor domi-nici fuit corporis eligendus. Quid est enim corporatio, nisi remissio peccatorum? Et ideo exsors peccati esse non potuit, ut divinam gratiam et exemplo praeferret et nuntio.
[6] *Procop.* in l. 2 Reg. cp. 10: Et tantus fuit poenitentiae fructus, ut avus ipse Christi generationis secundum carnem ex eadem muliere nasceretur. *Ambros.*, l. 3 exp. in Luc. n. 39: Cum David Bersabee historiam non praetermiserit in suis Psalmis, ut in ea vel mysterium vel actum perfectae poenitentiae nos doceret, jure videmus etiam in generationibus dominicis non praetermissam, quia et ipse David, qui eam accepit in uxorem sibi, generationis dominicae secundum carnem prae-cessor asseritur. Cujus speciale meritum, ut ecclesiae in hoc mysterio videret

Bethsabee an der typischen Bedeutung ihres königlichen Gatten Theil, sie ist von ihm unzertrennlich und darf uns daher nicht zweideutiger erscheinen als David selbst, der sie zur Sünde gebracht hat [1].

Bethsabee gilt daher als Typus der Heidenkirche, welche, als sie sich vom Schmuße des Heidenthums gereinigt hatte, von Christo begehrt und geliebt, und nachdem er den Teufel, ihren früheren Mann, getödtet hatte, als Frau genommen wurde. Mag nun David dadurch, daß er eine fremde Frau sich zueignete, gesündigt haben, so stellte er doch Christum dar, der statt der Synagoge sich die Kirche antraute [2]. Da gilt das Wort des hl. Ambrosius [3]: Mysterium igitur in figura, peccatum in historia; culpa per hominem, sacramenta per verbum. Nach den Worten des hl. Chrysostomus [4] sah Christus von seiner Glorie herab auf die Heiden, wie sie sich von ihren Irrthümern und Sünden reinigten, und nahm dieselben als wohlgefällige Braut an. Bethsabee bezeichnet aber auch das Gesetz [5], welches dem bloßen Buchstaben diente und mit dem fleischlichen Israel verbunden war, welches aber, nachdem es vergeistigt wurde, mit Christo eine neue Ehe einging.

---

exortum et acciperet oraculum, quod ex suo Christus genere nasceretur. Vgl. *Rupert.*, l. 2 Reg. cp. 33.

[1] Vgl. Grimm, Vier Frauen im Stammbaume. Tüb. Qu.-Schr. 1859, S. 446.

[2] *Aug.*, l. 22 cont. Faust. cp. 87: Iste David graviter scelerateque peccavit, verumtamen ille desiderabilis omnibus gentibus adamavit Ecclesiam super tectum se lavantem, i. e. mundantem se a sordibus peccati et domum luteam spirituali contemplatione transcendentem et calcantem; et inchoata cum illa primae conventionis notitia, post ab ea penitus separatum diabolum occidit eamque sibi perpetuo connubio copulavit.

[3] L. 3 exp. in Luc. n. 38.

[4] *Chrysost.*, Op. imperf. in Matth. hom. 1: In ipso etiam peccato suo pessimo Christi et Ecclesiae mysterium fuit. Sicut enim David, cum esset in solario suo excelso laetus, vidit speciosam Bersabee, cum lavaretur et concupivit eam et habuit, cum adhuc esset in conjugio viri alterius Ethei: sic et Christus, cum esset in coelo suo altissimo, adhuc laetus in sua divinitate, vidit ecclesiam gentium speciosam secundum cor, displicentem sibi in sordibus errorum suorum et bonis operibus se diluentem, dum adhuc diaboli esset conjux, vidit eam et concupivit et habuit prius. Post haec autem descendens in mundum, sicut David postea, interfecto Uria, uxorem ejus sibi in conjugem sumpsit: sic et Christus destructo diabolo subditas ei gentes traxit in conjugium suum. Nam sicut David primum Bersabee habuit, cum adhuc esset sub proprio viro, postea eam legitimam uxorem accepit: sic et Christus et tunc fecit ecclesiae et modo facit omni animae rectae ... Bersabee interpretatur filia potentis, quod nomen secundum mysterium Ecclesiae habet idoneam rationem. Ecclesia enim nupta nostro David, filia facta est Dei omnipotentis, quae prius filia diaboli videbatur fuisse.

[5] *Isidorus*, alleg. sept. s. n. 90; quaest. in Reg. III. cp. 2 u. appendix, quaest. n. 52 sq.: Quid est Bethsabee ducere, nisi legem literae carnali populo conjunctam spirituali sibi intellectu sociare? Bethsabee enim puteus septimus dicitur, quia nimirum per cognitionem legis infusione spiritualis gratiae perfecta nobis sapientia ministratur. Quem vero Uriae, nisi Judaicum populum significant ... Sed huic Uriae David uxorem abstulit sibique conjunxit, quia videlicet manu fortis, qui David dicitur, in carne Redemptor apparens, dum de se spiritualiter loqui legem innotuit, per hoc, quod juxta literam tenebatur, hanc a Judaico populo extraneam demonstravit sibique conjunxit, qui se per illam praedicari declaravit. Ebenso *Gregorius M.*, l. 3 moral. cp. 28 (al. 21).

Am ausführlichsten hat der hl. Ambrosius diese mystische Bedeutung Davids und Bethsabee's behandelt; er betrachtet das ehebrecherische Weib als Typus der Synagoge, die durch Götzendienst oft die Ehe mit Gott gebrochen habe; das im Ehebruche erzeugte Kind ist ihm Bild des in Sünden auf= gewachsenen israelitischen Volkes, Salomon, in der Ehe erzeugt, Bild des christlichen Volkes [1]. Christus sah, wie die nackte und an Verdiensten arme Synagoge sich wusch, um vom Sündenschmutz sich zu reinigen, liebte dieselbe und verband sich mit ihr, nachdem ihr früheres Verhältniß mit dem alten Gesetze gelöst war [2]. Die Verbindung Davids mit Bethsabee schattet auch das Geheimniß der Menschwerdung Christi ab [3], in welcher er seine göttliche Natur mit unserer menschlichen sündhaften Natur verbunden hat und das Fleisch tödten mußte, um eine neue gottgefällige Verbindung herzustellen. — Allein diese allegorischen Beziehungen sind mehr secundärer Natur, weil sie nur zum Theil der Geschichte und dem Buchstaben entsprechen. In einigen Stücken ist allerdings die Analogie sichtbar, in vielen andern aber ist sogar der Gegensatz und die Verschiedenheit klar liegend. Was David mit der Sünde gethan, das hat Christus vermöge seiner Heiligkeit und Liebe in's Werk gesetzt. David kommt hier nicht so sehr als Ehebrecher in Berück= sichtigung, als vielmehr als König, der sich mit Bethsabee zu einer glück= lichen Ehe verbunden hat. Auch der Vergleich des tapfern und frommen Urias (höchstens als Hethäer) mit dem Teufel ist kein adäquater. Allein dabei ist zu beachten, daß der Typus an sich stets unvollkommener ist, als der Antitypus und man bei ersterem von vielen Mängeln ganz abstrahiren müsse [4]. Dagegen geht es nicht wohl an, rein historische Thatsachen bloß wegen der typischen Unterlage als geschehen zu betrachten [5].

Es ist oben bereits erwähnt worden, daß David auch Kebsweiber sich genommen [6] und der Prophet Nathan ihm zur Strafe seines Ehebruches

---

[1] *Ambros.*, apol. 2 Dav. cp. 7.   [2] L. c. cp. 9.
[3] L. c. cp. 10: Non sunt legitima consortia divinitatis et carnis: nec ut quodam foedere conveniunt naturae, caro animae et anima carni, ita etiam divinitas et caro justi servant quodammodo thori legem. Suscepit carnem Deus, assumpsit animam, per inusitatam nec legitimam incarnationem consortium fecit esse legiti- mum, ut sit Deus omnia in omnibus ... Hanc sibi Christus junxit, ut immacu- latam redderet, hanc sociavit, ut auferret adulterium. Et quia sub lege erat, moriendum fuit, ut liberaretur a lege, ut per illam mortem, velut quoddam legis et carnis matrimonium solveretur.
[4] *Gregor.*, l. 3 Mor. cp. 28: Quid per factum istud David scelestius? quid Uria mundius dici potest? Sed rursus, per mysterium, quid David sanctius, quid Uria infidelius invenitur, quando et ille per vitae culpam in prophetia signat in- nocentiam, et iste per vitae innocentiam in prophetia exprimit culpam? *Isidorus*, qu. in II. Reg. cp. 2: Oderimus peccatum, sed prophetiam non extinguamus ... Amemus istum David, qui tam grave in se vulnus iniquitatis poenitentiae et hu- manitatis confessione sanavit. *Rupert.*, l. 2 Reg. cp. 34: Quia res gesta et si in superficie causa damnationis, in mysterio tamen est prophetia virtutis. Rem gestam sic damnamus, ut mysterium amplectamur.
[5] *Isidorus* l. c.: Si David imaginem Christi gerebat, quomodo multas uxores et concubinas habuisse scribitur, cum has res Christus et horrescat et damnet? Hoc enim *pro figura* fiebat; multae enim uxores David multarum gentium et na- tionum imaginem indicabant, quae per fidem Christi consortio jungentur.
[6] S. 234.

16*

die öffentliche Schändung derselben in Aussicht gestellt hat [1]. Als der rebellische Absalom in Jerusalem eingezogen war, gab ihm Achitophel den Rath, die zur Bewachung des Palastes von David zurückgelassenen Kebsfrauen zu beschlafen, um dadurch seinen Vater verächtlich zu machen und anzuzeigen, daß er den Thron usurpirt habe, welchem Rathe Absalom auch Folge leistete. Er ließ nämlich auf dem Dache des königlichen Palastes ein Zelt aufschlagen und hielt öffentlich vor ganz Israel das Beilager mit den Kebsfrauen seines Vaters [2]. Als David wieder in sein Haus zu Jerusalem einzog, brachte er alsogleich die zehn zurückgelassenen und von seinem Sohne Absalom beschlafenen Weiber in Gewahrsam und versorgte sie, ohne ihnen ferner beizuwohnen, weil sie nicht bloß durch Beilager schlechthin [3], sondern insbesondere durch das seines Sohnes [4] verunreinigt blieben. Und sie wurden bis zu dem Tag ihres Todes eingeschlossen und waren noch bei Lebzeiten ihres Gatten Wittwen [5]. Auf diese Weise war ihnen die Gelegenheit benommen, zu einer anderen Ehe zu schreiten, da überhaupt, wie die Juden lehren [6], den Königinnen der Hebräer verboten war, eine andere Ehe einzugehen, um politische Verwicklungen fernzuhalten. Nach Isidor [7] sind diese Kebsfrauen ein Bild der Häretiker, die dem Scheine nach Christo angehören.

Als David alt geworden war und sich mit seinen Gewändern nicht mehr erwärmen konnte, riethen ihm die Diener (die Aerzte), man möge eine kräftige Jungfrau suchen, daß sie den König bediene und pflege, an seinem Busen liege und ihn erwärme. Dieses Mittel war im Alterthume nicht unbekannt, nämlich einen erkalteten, lebensarmen Körper durch einen lebendigen und lebenskräftigen Körper zu erwärmen [8]. Man suchte daher ein schönes Mägdelein und fand ein solches in der Abisag [9] von Sunam, einer Stadt im Stamme Isachar, die überaus schön war, ihn pflegte und bediente, aber der König erkannte sie nicht [10], was Josephus [11] auf das Unvermögen des Königs in Folge des Alters und der Entkräftung zurückführt. Aeltere Ausleger [12] meinen, Abisag sei wirklich Gemahlin des Königs geworden; denn der Ausdruck: „er erkannte sie nicht", setze voraus, daß David ein Recht hatte, ihr beizuwohnen, wenn er es auch factisch aus bestimmten Gründen nicht that. Dieß gehe ferner auch daraus hervor, daß, als Adonias nach dem Tode Davids die Abisag verlangte, Salomon dieß als einen Anspruch

---

[1] S. 239.   [2] 2 Sam. 16, 20—23.   [3] Deut. 24, 1 f.

[4] Lev. 18, 6 f. *Theodoret.*, qu. 38 in l. 2 Reg.: Hic non separabat odium, sed nefarius filii concubitus.

[5] 2 Sam. 20, 3. Vgl. *Lyranus* zu d. St.: Ista tamen viduitas intelligitur quantum ad separationem thori, non quantum ad mortem mariti.

[6] *Selden*, uxor hebr. l. 1. cp. 10

[7] Quaest. in l. 2 Reg. cp. 2: Concubinae ejus (Davidis) significant haereticorum ecclesias, qui sub Christi nominis titulo manere se gloriantur. Sed quia propter carnalia lucra sectantur Christum, non conjuges, sed concubinae vocantur.

[8] Vgl. *Trusen*, Sitten, Gebräuche u. Krankh. der alten Hebräer. Breslau 1853. S. 257.

[9] אֲבִישַׁג, LXX: Ἀβισάγ, Josephus: Ἀβισάκη.

[10] 3 Kön. 1.   [11] Ant. VII. 14, 3.

[12] *Theodoret.*, qu. 7 in l. 3 Reg. *Hieron.*, ep. 52 (al. 2) ad Nepot. n. 3. *Procop.*, ep. 2 in l. 3 Reg. *Dionysius, Lyranus, Cajetanus, Tirinus* u. A.

auf die Kronrechte betrachtete, und daß der König weder sich noch das Mädchen einem offenen Verdachte der Sünde aussetzen wollte[1]. Andere[2], wie auch die Rabbinen[3], halten sie für das Kebsweib Davids und führen als Hauptargument an, daß eine Ehe mit der Stiefmutter nach dem Gesetze[4] verboten war und Adonias deßhalb die Abisag, wäre sie eine rechtmäßige Gattin seines Vaters gewesen, unmöglich zum Weibe hätte begehren können. Allein durch das Gesetz[5]: „turpitudinem patris tui et turpitudinem matris tuae .... turpitudinem uxoris patris tui non discooperies“, wird der Beischlaf eines Sohnes nicht bloß mit der legitimen Frau, sondern auch mit dem Kebsweibe des Vaters als sündhaft bezeichnet, wie dieß aus dem Beispiele Rubens[6] und Absaloms[7] ersichtlich ist. Uebrigens hatte dieser Verkehr Davids mit Abisag nach den polygamischen Verhältnissen der damaligen Zeit nichts Anstößiges. Mochte nun Abisag die Gattin, oder das Kebsweib, oder nur die dienende und ihn erwärmende Pflegerin gewesen sein, welch' letztere Ansicht 3 Kön. 1, 4. 15 bestätigen, so soll der Zusatz des „Nichterkennens“ von Seite Davids nur die Erklärung geben, wie Adonias[6] darauf verfallen konnte, eine von seinem Vater nicht erkannte Jungfrau zum Weibe zu verlangen. Dieses sein hochverrätherisches Streben mußte Adonias mit dem Tode büßen. In der Geschichte wird ihrer nicht weiter mehr erwähnt.

Hieronymus betrachtet Abisag als Symbol der Weisheit, welche, während alle übrigen Kräfte (symbolisirt durch die übrigen Frauen) erkaltet sind und den Greis verlassen haben, ihn allein noch aufrecht erhält[9]. Sie, die reine Jungfrau und doch Gattin zugleich, ist demselben Kirchenlehrer[10] zufolge ein Typus der seligsten Jungfrau Maria. Abisag bezeichnet auch den Glauben und die Kirche; da nämlich die bloßen Gewänder, das Ceremonialgesetz, in den Gliedern das Feuer der Liebe nicht erzeugen konnte,

---

[1] So auch *Calmet*.   [2] *Tostatus, Estius*.
[3] Vgl. *Selden*, uxor. heb. l. 3. cp. 10.
[4] Lev. 18, 7. 8.   [5] L. c.   [6] Gen. 35, 22; 49, 4. 1 Par. 5, 1.
[7] Oben S. 244.   [8] 3 Kön. 2, 17.
[9] Ep. 52 (al. 2) ad Nepot.: Vivebat adhuc Bethsabee, supererat Abigail et reliquae uxores ejus et concubinae, quas Scriptura commemorat. Omnes quasi frigidae repudiantur et in unius tantum adolescentulae grandaevus calescit amplexibus ... Quae est igitur ista Sunamitis uxor et virgo, tam fervens, ut frigidum calefaceret, tam sancta, ut calentem ad libidinem non provocaret. Exponat Salomon patris sui delicias et pacificus bellatoris viri narret amplexus: Posside sapientiam, posside intelligentiam ... Sed et ipsius nominis Abisag sacramentum sapientiam senum indicat ampliorem. Interpretatur enim „pater meus superfluus“ vel „patris mei rugitus“. Verbum superflui ambiguum est, sed in praesenti loco virtutem sonat, quod amplior sit in senibus, et redundans ac larga sapientia ... Abisag autem, i. e. rugitus proprie nuncupatur, cum maris fluctus resonat et de pelago veniens fremitus auditur. Ex quo ostenditur abundantissimum, et ultra humanam vocem divini sermonis in senibus tonitruum commorari. Porro Sunamitis in lingua nostra „coccinea“ dicitur, ut significet calere sapientiam et divina lectione fervere.
[10] L. c. n. 4: Amplexetur me modo sapientia et Abisag nostra, quae nunquam senescit, in meo requiescat sinu. Impolluta enim est virginitatisque perpetuae et quae in similitudinem Mariae, cum quotidie generet, semperque parturiat, incorrupta est.

so warf Christus diese Gewänder, d. i. die Synagoge weg und legte sich die schöne jungfräuliche Abisag, die Kirche bei, welche durch Glaube, Hoffnung und Liebe die Geister der Gläubigen und dadurch Christum selbst entflammt. Diese Abisag wollte jedoch Adonias (Typus des jüdischen Volkes) durch das Ceremonialgesetz um ihre jungfräuliche Reinheit bringen, darum mußte er getödtet werden [1]. Die schöne jungfräuliche Abisag ist nicht mit Unrecht ein Typus der reinen, jungfräulichen Kirche, die durch ihren würdevollen Cult und Dienst dem Herrn wohlgefällig und angenehm ist [2]. Endlich kann Abisag auch das contemplative Leben bezeichnen, welches den Geist zur Ehre Gottes entflammt.

Der im Unfläthigen sich stets gefallende Talmud [3] erzählt, daß, als Abisag bei David lag, sie zu dem Könige sagte: Heirathe mich; und er antwortete ihr: Du bist mir verboten, bieweil ich schon 18 Weiber habe. Sie aber sagte darauf: Wann einem Diebe der Ort mangelt, so hält er sich friedlich und still. Auf dieses hin ließ der König die Bethsabee rufen und berührte sie dreizehnmal, so daß sie in selber Stunde mit 13 Servietten sich abwischte. Uebrigens soll Abisag nicht halb so schön als Sara gewesen sein [4].

§ 24. Thamar, die Tochter Davids.

Die Wahrheit, daß die Sünden der Väter an den Kindern heimgesucht werden, bestätigte sich besonders an Davids Familie, in welcher bald die von dem Propheten Nathan angekündigten göttlichen Drohungen in Erfüllung gingen. Da David durch seinen Ehebruch mit Bethsabee das eheliche Glück des Hauses Urias' zerstört hatte, so bringt sein erstgeborener Sohn Ammon durch den blutschänderischen Frevel an seiner Halbschwester Schmach und Schande über das königliche Haus, wodurch das Familienleben Davids ganz zerstört wurde.

Ammon, der älteste Sohn Davids von der Jesraelitin Achinoam, verliebte sich in seine Halbschwester Thamar [5], eine leibliche Schwester des Absalom von derselben Mutter Maacha, die eine Tochter des Gessuriterköniges Tholmai war [6]. Nach dem Talmud [7] soll diese Maacha von David im Kriege gefangen und, nachdem sie nach der Vorschrift des Gesetzes [8] ihr Haupthaar geschoren und ihre Nägel beschnitten, vom Könige zum Weibe genommen worden sein, trotzdem daß diese von ihrem früheren Manne mit der Thamar schwanger war. Da sie somit nicht die natürliche Tochter Davids gewesen, hätte sie mit Ammon eine Ehe eingehen können. Ihre Schönheit und namentlich ihre schöne Gestalt, wodurch sie, wie Josephus [9] bemerkt, selbst die schönsten Frauen überragte, blendete ihn derart, daß die verzehrende Gluth leidenschaftlicher, sinnlicher Liebe ihn krank machte, da

---

[1] *Rupert.*, cp. 2 in l. 3 Reg. u. *Hier. Lauretus*, silva alleg. l. c. art. Abisag.
[2] *Lyranus* zu 3 Kön. 1: Abisag virgo pulcherrima, per quam significatur ecclesia, quae virgo est sine macula et ruga, calefaciebat David, quia spiritualis cultus ecclesiae consistens in fide, spe et charitate, est Deo et placidus et dilectus. [3] Tract. Sanhedrin f. 22. col. 1. Vgl. Eisenmenger, Judenth. I. S. 444 u. 445.
[4] Sanhedrin 39.   [5] 1 Par. 3, 9.   [6] 2 Sam. 3, 3.   [7] Sanhedrin 21.
[8] Deut. 21, 10 f.   [9] Ant. VII. 8. 1.

seine Begierde ihre Befriedigung nicht finden konnte; denn Thamar war noch
Jungfrau und somit nach alter Sitte von allem Umgange mit Männern
abgeschlossen. Ihre Unzugänglichkeit stellte seinen Absichten unübersteigliche
Hindernisse in den Weg. Das elende Aussehen Ammons bemerkte sein Freund
Jonadab, ein Brudersohn Davids und schlauer Mann, der, als er von ihm
die Ursache seines Krankseins erfuhr, ihn nicht bloß in seiner sinnlichen Begierde
bestärkte, sondern ihm auch den Weg zeigte, wie er durch List und Gewalt
zur Befriedigung derselben gelangen könne. Er solle sich krank stellen, was
sein schlechtes Aussehen ohnedieß begünstige, und wenn sein Vater ihn be=
suche, ihn bitten, er möge die Thamar kommen lassen, damit sie ihm ein
Gericht bereite und er aus ihrer Hand essen könne. Als nun David wirk=
lich seinen Sohn besuchte und dieser ihm seine Bitte vortrug, sandte der
König zur Thamar nach Hause und sprach: „Komme in das Haus deines
Bruders Ammon und mache ihm das Essen." Daraus erhellt, daß wahrschein=
lich jede der königlichen Frauen mit ihren Kindern eine besondere Abtheilung
des königlichen Palastes bewohnte und die erwachsenen Söhne ihre eigene
Behausung hatten.

Thamar kam nun in das Haus Ammons, der im Bette lag, nicht ahnend,
in welche Tigerhöhle sie gerathen, und sie nahm den Teig und knetete ihn
und machte vor seinen Augen die Kuchen, buk sie, nahm die Pfanne und
schüttete sie vor seinen Augen aus. Die Königstochter war vielleicht gerade
in Bereitung dieser Speise besonders geschickt und bekannt. Ammon weigerte
sich aber, zu essen, und sprach: „Weiset Alle hinaus von mir!" was sich leicht
aus dem Angegriffensein von der Krankheit erklären ließe. Ammon war aber
ein ebenso geschickter Schauspieler, als Jonadab ein verschlagener Rathgeber;
dadurch wollte er seiner Schwester jede Möglichkeit, nach Hilfe zu rufen,
abschneiden. Als Alle hinausgegangen waren, sprach er zu ihr: „Bringe
das Essen in die Kammer, daß ich aus deiner Hand esse." Und als sie ihm
das Essen reichte, ergriff er sie und sprach: „Komm', liege bei mir, meine
Schwester!" Thamar wehrt dieses frevelhafte Ansinnen unter dem höchsten
sittlichen Gesichtspunkte ab, welcher durch die theokratische Bestimmung Israels
gekennzeichnet ist. Nächst der Ehre Israels als des dem Herrn gehörenden
Volkes macht sie ihre eigene und Ammons Ehre vor dem Volke geltend, welche
dadurch ganz zernichtet würde: „Nein, mein Bruder, schwäche mich nicht,
denn also thut man nicht in Israel; thue nicht diese Thorheit. Und ich,
wohin sollte ich meine Schande tragen? Du aber würdest sein wie einer der
Thoren (großer Sünder) in Israel." Und um so leichter ihn abzuwehren,
fügt sie hinzu: „Und nun rede doch zum Könige, denn er wird mich dir
nicht verweigern." Da nach dem Gesetze [1] die Ehen zwischen Geschwistern
und Stiefgeschwistern untersagt waren, so setzt diese Aeußerung nicht etwa
eine Unkenntniß des Gesetzes seitens Thamars voraus, sondern sie schützte,
wie Josephus [2] mit Recht bemerkt, dieß bloß als Vorwand vor, um ihn
zu beruhigen und so seinen Händen leichter entkommen zu können. Allein
Ammon wollte auf ihre Stimme nicht Acht geben, überwältigte und schwächte sie.

Kaum hatte dieser Wollüstling seinen Trieb befriedigt, so verwandelte

[1] Lev. 18, 9; 20, 17. Deut. 27, 22.   [2] L. c.

sich seine Liebe gegen die Geschändete in Haß, der noch größer war als seine Liebe, so daß er zu ihr sprach: „Stehe auf und gehe!" Dieser tief begründete psychologische[1] und in der Geschichte oft wiederkehrende Zug, daß die Liebe eines Wollüstlings nach Befriedigung seiner sinnlichen Lust in Haß umschlägt, besonders wenn er ernüchtert die Folgen seiner That überdenkt, zeugt dafür, daß Wollust keine echte Liebe ist. Anstatt von ihrem Bruder ob der ihr angethanen Gewalt getröstet zu werden und in der aufrichtigen warmen Liebe und Verheimlichung der Schandthat einigermaßen einen Trost zu finden, sieht sie sich von ihm verstoßen. Darum sprach Thamar zu Ammon, er möge zu dem großen Uebel, das er ihr angethan, nicht noch das größere hinzufügen, sie zu verstoßen, weil man dann glauben müßte, sie habe eine Schandthat begangen und die Verführung veranlaßt, während sie doch unschuldig sei und nur gethan, was die Liebe zum kranken Bruder gebot.

Ammon, der sie nicht hören wollte, rief seinen Diener und sprach: „Schaffe diese (die geschändete Schwester) hinaus und verschließe die Thüre hinter ihr!" Dadurch ward sie vor den Augen desselben als Schanddirne gekennzeichnet. Trotzdem daß sie ein langes Aermelkleid trug, woran man die jungfräuliche Königstochter erkannte, behandelte Ammons Diener sie wie eine gemeine Dirne, die man aus dem Hause weist. Er trieb sie hinaus und schloß die Thüre hinter ihr. Und Thamar streute Asche auf ihr Haupt und zerriß ihr Aermelkleid als Zeichen des Schmerzes und der Trauer über die ihr zugefügte Schmach, und legte die Hand auf ihr Haupt, zum Zeichen, daß ein schwerer Kummer, gleichsam Gottes Hand auf ihr liege, und wehklagte laut, während sie ging. Als sie so trauernd nach Hause kam, sprach Absalom, der das Vorgefallene sogleich errieth, zu ihr: „Ist Aminon (d. i. Ammonchen, als Ausdruck der Verachtung und des Hohnes) bei dir gewesen (für: gelegen)? Nun, meine Schwester, schweige, es ist ja dein Bruder, nimm dir die Sache nicht so zu Herzen!" Jedenfalls ein leidiger Trost. Absalom, der bereits auf Rache sinnt, sucht sie zu besänftigen, nicht aber als wollte er ihr sagen: Fordere keine Rache vom Könige, denn dieser wird ihn nicht strafen, oder schweige, daß die Schande nicht auf das ganze Haus falle, oder: Besser du bist vom Bruder, als von einem Fremden geschändet worden, da Jedermann darin deine Unschuld erkennen wird — sondern damit sie nicht seinen Racheplan durchkreuze; verhalte dich ruhig, ich werde deine Schande rächen. So blieb Thamar, einige Zeit, wie Josephus hinzusetzt, im Hause ihres Bruders als eine Verstörte (Vulg.: contabescens), deren Lebensglück zerstört war. Nach Lyranus wollte sie lieber unverheirathet bleiben, als von ihrem zukünftigen Manne als verletzt befunden werden. Als David alle diese Dinge hörte, ward er zornig. Die LXX und Vulgata fügten hinzu: Er aber betrübte den Geist Ammons nicht, weil er ihn liebte, denn er war sein Erstgeborener. Allzugroße Schwäche und Nachsicht gegen die Sünden seiner Söhne, die zum Theil im eigenen Schuldbewußtsein begründet war, hielt ihn von der Züchtigung ab, denn die Blutschande ward durch das Gesetz[2] mit Ausrottung bestraft. Absalom redete mit seinem Bruder kein Wort, denn er haßte ihn, weil er seine Schwester geschändet hatte. Zwei Jahre

---

[1] *Aristoteles*, l. 4 probl. 6 u. 11.   [2] Lev. 20, 17.

lang trug er die Rache im Herzen, um seiner Ausführung um so sicherer zu sein. Bei einem Gastmahle, zu dem er seine Brüder und auch Ammon geladen hatte, ließ er diesen durch seine Knechte erschlagen. Während des Essens hatte Ammon seiner Schwester Gewalt angethan, während des Essens ereilte ihn die Strafe. Als David hörte, daß alle seine Söhne erschlagen seien und darob trauerte, tröstete ihn seines Bruders Sohn Jonadab, der Freund und Rathgeber Ammons, damit, daß nur Ammon allein todt sei; denn auf dem Munde Absaloms lag es (d. h. man konnte die Tödtung Ammons aus seinen Aeußerungen merken) von dem Tage an, da er seiner Schwester Gewalt angethan. Durch die Selbstrache griff Absalom eigenmächtig in die heilige Ordnung Gottes ein, doch diente er zugleich ohne Verminderung seiner Schuld dem Herrn als Werkzeug, Ammons Schandthat zu strafen. So muß denn menschliche Ungerechtigkeit seiner heiligen Gerechtigkeit zur Vollstreckung ihrer Gerichte dienstbar sein.

Absalom floh zu seinem Großvater mütterlicherseits, zum Könige von Gessur, wo er drei Jahre sich aufhielt[1]. Absalom hatte drei Söhne und eine Tochter, die sehr schön war und die er Thamar nannte, wahrscheinlich aus Liebe zu seiner Schwester[2]. Nach einem Zusatze der LXX soll diese die Gemahlin des Roboam, des Sohnes Salomons, gewesen sein und dieser mit ihr den Abiam gezeugt haben, womit auch Josephus[3] übereinstimmt[4]. Sie müßte demnach noch den zweiten Namen Maacha geführt haben.

§ 25. Drei kluge Frauen.

I. Als David selbst dann, nachdem er über den Tod Ammons sich getröstet hatte, die bereits dreijährige Verbannung Absaloms nicht aufhob, suchte Joab durch List die straflose Rückkehr desselben zu erwirken. Er ließ nämlich ein kluges Weib aus Thecua holen, von der er wußte, daß sie zur Ausführung des geplanten Schauspiels durch ihre Redefertigkeit, Dreistigkeit und Gewandtheit besonders geeignet sei. Nach Josephus[5] war dieses Weib bereits in den Jahren vorgerückt. Und Joab sprach zu ihr: „Stelle dich trauernd und kleide dich in Trauerkleider und salbe dich nicht mit Oel, damit du einem Weibe gleichest, die schon lange um einen Todten trauert, und rede die Worte zu ihm, die ich dir in den Mund lege." — Und das Weib kam zu dem Könige, fiel auf ihr Angesicht zur Erde, verneigte sich und sprach: „Hilf, o König!" Auf des Königs Frage, was ihr sei, erzählte das Weib das fingirte Unglück, welches sie betroffen habe. Sie sei nämlich eine Wittwe und ihre zwei Söhne hätten auf dem Felde gestritten, und da Niemand dazwischentrat, so hat der eine den andern erschlagen. Nun sei das ganze Geschlecht aufgestanden und fordere die Auslieferung des Thäters, um an ihm die Blutrache zu vollziehen; man wolle demnach den letzten Erben vertilgen und die glühende Kohle auslöschen, damit ihrem Manne weder Nachkommen noch Namen verbleibe. Der vorgelegte Fall gleicht zwar nicht auf ein Haar der Begebenheit zwischen Ammon und Absalom, allein die Sache

---

[1] 2 Sam. 13. [2] 2 Sam. 14, 27. [3] Ant. VII. 8. 5.
[4] Siehe dagegen unten § 26. [5] Ant. VII. 8. 4.

mußte so eingekleidet werden, damit David die Absicht nicht gleich merkte
und eine Entscheidung traf, die sich auf sein Verhalten zu Absalom an=
wenden ließ.

Der König gewährte ihre Bitte; er will Befehl geben, daß ihr Sohn
gegen die Blutrache geschützt werde, da in der Hitze des Streites der Todt=
schlag nicht beabsichtigt war. Mit der etwas unbestimmten Erklärung des
Königs, welche auf Absalom nicht ganz anwendbar war, nicht zufrieden, fuhr
das Weib fort: „Auf mir, mein Herr König, sei die Schuld, und auf dem
Hause meines Vaters (wenn es nämlich unrecht sein sollte, die Blutschuld
nicht zu strafen). Der König aber und sein Thron sei schuldlos.“ Darauf
erwiedert der König bestimmt: „Wer gegen dich redet, den bringe zu mir,
und er wird dich nicht mehr antasten.“ Um bei der Erreichung ihres Zieles
ganz sicher zu sein, will sie schließlich den König zu einer eidlichen Erklärung
vor Gottes Angesicht bewegen, damit er durch einen Schwur die Unverletz=
lichkeit ihres Sohnes zusichert. Darauf sagte der König ihr eidlich zu, daß
ihrem Sohne nicht das geringste Leid widerfahren solle. Nun erbat sie sich,
noch ein Wort zu ihm reden zu dürfen, und ging, als sie die Erlaubniß
erhalten, zur eigentlichen Sache über, welche sie erreichen wollte. „Warum
sinnest du solches wider Gottes Volk? und dadurch, daß der König dieses
Wort redet, ist er wie ein Schuldiger, indem der König seinen Verstoßenen
nicht zurückkehren läßt.“ Ihre Worte sind Anfangs unbestimmt, indem sie,
um die schuldige Ehrfurcht vor dem König nicht zu verletzen, nur mehr an=
deutet, was sie sagen will. Die Milde, die er gegen ihren Sohn bewiesen,
möge er seinem eigenen Sohne gegenüber bethätigen, denn die feindliche Stim=
mung gegen Absalom (als etwaigen Thronerben) sei wider das Volk Gottes
selbst gerichtet. Um den König zum Verzeihen zu bestimmen, erinnert das
kluge Weib an die Hinfälligkeit des Menschenlebens, so daß man mit dem
Verzeihen nicht zögern dürfe, und an die göttliche Barmherzigkeit, die den
Sünder nicht gleich hinwegrafft, sondern ihn an sich zu ziehen sucht, was
wohl David selbst an sich erfuhr. Durch eine geschickte Wendung lenkt das
Weib zu ihrer fingirten Angelegenheit zurück, um den Verdacht abzuwehren,
als sei sie nur gekommen, um Fürbitte für Absalom einzulegen. Sie habe
nur zu ihm Zuflucht genommen, weil die Leute sie durch die Forderung, ihren
Sohn an den Bluträcher auszuliefern, in Furcht versetzt hätten. Jetzt habe
sie die freudige Gewißheit, daß ihre Bitte nach des Königs Ausspruch Er=
hörung findet, und weder sie noch ihr Sohn aus dem Erbe Gottes aus=
gerottet werden. Des Königs Worte sollten ihr nur zur Beruhigung dienen,
da er als gerechter und unparteiischer Richter dem Bundesengel gleiche, welcher
der Vermittler der Gnadensegnungen Gottes für sein Volk ist.

Aus den klug durchdachten Worten des Weibes erkannte der König, daß
es sich hier um etwas Anderes, als ihre Privatangelegenheit handle, und da
er vermuthete, daß sie bloß das Werkzeug eines Anderen sei, forderte er sie
auf, ohne Hehl die Frage zu beantworten, ob nicht Joab hier im Spiele sei,
worauf sie entgegnete, daß der König mit seinen Worten immer den Nagel
auf den Kopf treffe. Ja, Joab habe es ihr geboten und alle Worte ihr in
den Mund gelegt; um das unleidliche Verhältniß zwischen David und Ab=
salom zu ändern und eine Aussöhnung herbeizuführen, hat Joab dieß gethan

und sie zum Könige geschickt. Schließlich appellirt sie an die Weisheit des Königs, um so eine Entscheidung zu Gunsten Absaloms herbeizuführen. Hierauf sagte David dem Joab die Erfüllung seiner durch dieses Weib an ihn gerichteten Bitte zu und befahl, den Absalom zurückzurufen, der aber noch zwei Jahre lang nicht vor das Antlitz des Königs treten durfte [1].

2. Als Absalom in Jerusalem eingezogen war, gab ihm Achitophel den Rath, den König David bei Nacht zu überfallen und zu tödten; Chusai jedoch vereitelte diesen Plan, indem er ihm rieth, ein Massenaufgebot von ganz Israel zu veranstalten, und persönlich als Anführer in den Krieg gegen seinen Vater zu ziehen. Da Absalom diesen Rath befolgte, setzte Chusai die beiden Hohenpriester Sadoc und Abiathar davon in Kenntniß und forderte sie auf, durch ihre Söhne dem Könige David davon Nachricht zu geben, und seinen Rath über sein nächstes Verhalten zu überbringen, nämlich gleich den Jordan zu überschreiten. Indeß waren die zwei Priestersöhne an der Quelle Rogel aufgestellt, um die ihnen zugehende Nachricht zur Bestellung zu empfangen, denn ihr plötzliches Weggehen von der Stadt hätte Verdacht erregt. Als nun die Magd des hohenpriesterlichen Hauses ihnen diese Nachricht überbrachte, und ein von Absalom aufgestellter Knappe dieß bemerkte, so eilten diese Beiden, um einen Vorsprung zu gewinnen und vor den nachgeschickten Häschern sich zu verbergen, und kamen nach Bahurim in ein Haus, dessen Frau durch ihre Geistesgegenwart und Klugheit der Sache Davids einen großen Dienst erwies. Die beiden Priestersöhne stiegen nämlich in eine wasserlose Cisterne, die sich im Hofraume befand, und das Weib breitete über die Oeffnung derselben eine Decke und streute darüber Grütze aus, um sie, wie die Vulgata erklärend hinzufügt, zu trocknen, damit man ihre Spuren nicht merke. Als nun Absaloms Häscher kamen und nach den Priestersöhnen fragten, sagte das Weib: „Sie sind über das Wasserbächlein gegangen, um die Suchenden irre zu führen.“ Nach ihrem Weggange stiegen jene aus der Cisterne und eilten zu David, der gleich über den Jordan zog [2]. Nach Lyranus [3] ist dieses Weib ein Bild der Kirche, welche die Sünden ihrer Söhne zudeckt durch das Gebet und die Grützen der fleischlichen Lust mittelst Enthaltsamkeit trocknet, damit wir vor dem Feinde geschützt und sicher seien.

3. Während Joab den Aufrührer Seba in der Stadt Abel Beth-Maacha, wohin dieser sich geflüchtet hatte, belagerte, da verlangte ein kluges Weib von der Stadt her mit Joab zu sprechen. Als dieser herbeigekommen war, sprach sie von der Mauer zu ihm: „Man pflegte früher zu sagen: Man befrage doch Abel und so brachte man etwas zu Stande (denn Abels Bewohner waren durch ihre Weisheit bekannt). Ich bin von den friedsamen und treuen Städten in Israel (Vulg.: ich bin diejenige, die Wahrheit redet in Israel),“ fährt das Weib im Namen der Stadt zu sprechen fort, „und du suchst zu tödten eine Stadt und Mutter (Hauptstadt) in Israel. Warum willst du verderben das Erbtheil des Herrn?“ — Die Rede des Weibes machte Eindruck auf Joab. Er fühlte die Wahrheit der Vorwürfe, daß er sich hätte früher von der Gesinnung der Bewohner dieser Stadt überzeugen sollen, ehe er die Belagerung begonnen, und entgegnete, es sei ihm nicht darum zu

thun, die Stadt zu verderben, sondern bloß um den Empörer Seba in seine Gewalt zu bekommen, der seine Hand gegen den König erhoben hat. „Gebet ihn allein heraus, so will ich von der Stadt abziehen." Dieß versprach ihm das Weib: „Siehe, sein Kopf soll dir über die Mauer zugeworfen werden." Darauf kam sie zum versammelten Volke der Stadt mit dem weisen Rathe, den sie dem Joab gegeben hatte, und nachdem die Bewohner der Stadt dem Seba das Haupt abgeschlagen und dem Joab zugeworfen hatten, zog dieser von der Stadt ab [1]. Nach den Hebräern [2] soll dieses Weib Sara (Serach), die Tochter Assers, gewesen sein, die mit Jakob nach Aegypten hinabzog [3], diesem anzeigte, daß sein Sohn Joseph nicht zerrissen worden sei, sondern lebe, und die dem Moses bei dem Auszuge aus Aegypten auch gezeigt habe, wo die Gebeine Josephs ruhen [4], weßhalb sie auch sagte, daß sie Wahrheit in Israel rede. Wäre dieß wirklich der Fall, so müßte Serach über 700 Jahre alt geworden sein, ein Alter, welches in jener Zeit nicht mehr vorkam. Sie war ebenso wenig eine Prophetin, als das kluge Weib von Thecua, sondern mit natürlicher Klugheit und Redefertigkeit begabt.

§ 26. Die Frauen Salomons.

Nachdem Salomon sein Königthum befestigt hatte, verschwägerte er sich mit Pharao, indem er dessen Tochter zum Weibe nahm, wodurch er in nähere Beziehungen zu dem unmittelbaren und mächtigen Nachbar trat und an ihm einen Bundesgenossen gegen andere Völker erhielt. Die Ehe Salomons mit der ägyptischen Königstochter verstieß nicht gegen das Gesetz, nur mußten fremde Frauen dem Götzendienste entsagen und sich zum Glauben an Jehova bekennen [5]. Dieß dürfen wir auch von Pharao's Tochter voraussetzen, da Salomon in den ersten Jahren seiner Regierung so treu dem Herrn diente, daß er wohl keinen Götzendienst in seinem Hause geduldet hat und die Tochter Pharao's auch ausdrücklich [6] von den fremden Frauen unterschieden wird, welche den Salomon in seinem Alter zum Götzendienste verleiteten. Anderseits können wir die Meinung weder derer acceptiren, die glauben, daß die Ehe Salomons mit der Pharaonentochter im Hohenliede besungen werde, noch auch derjenigen, welche behaupten, daß diese Ehe ihm als Vorwurf seines Liebes gedient, denn die Worte: „Ich vergleiche dich mit meinem Gespann an den Wagen Pharao's" [7], schließen nicht nothwendig eine Andeutung ein. Nach einigen Exegeten soll auch der Psalmist, welcher in den Farben eines irdischen Hochzeitsgemäldes die Vermählung Christi mit der Menschheit feiert [8], von der Vermählung Salomons mit der ägyptischen Königstochter ausgehen, die er zur gänzlichen Hingabe an Jehova und seinen gesalbten König aufmuntert: „Höre, Tochter, und siehe und neige dein Ohr: und vergiß dein Volk und dein Vaterhaus; denn es verlangt der König nach deiner Schöne, denn er ist dein Herr, so unterwirf dich ihm." [9]

---

[1] 2 Sam. 20, 15 f.   [2] Midrasch Samuel. Vgl. *Lyranus.*
[3] Gen. 46, 17.   [4] Sota 13
[5] So die Rabbinen, Estius. Lyranus. Menochius, Sanctius, Serarius, a Lapide, Calmet u. A.
[6] 3 Kön. 11, 1.   [7] Hohel. 1, 8.   [8] Ps. 44.   [9] Ps. 44, 11. 12.

Die Schließung dieser Ehe fällt in die ersten Jahre der Regierung Salomons, nachdem er seine Bauten bereits begonnen hatte; denn er brachte seine Braut in die Stadt Davids in ein Haus, von wo er sie nach Vollendung seines Palastbaues in das für sie bestimmte Haus, d. i. in die für die Königin bestimmte Abtheilung seines neuen Palastes bringen ließ [1], weil er nicht wollte, daß sie als Aegypterin im Palaste des Königs David wohne, welcher durch die Aufnahme der Bundeslade geheiligt worden war [2]. Pharao, der Schwiegervater Salomons, wird gewöhnlich als einer der letzten Könige der 21. (tanitischen) Dynastie gehalten; überdieß wird auch der erste König der 22. (bubastischen) Dynastie, Sesonchis, der im fünften Jahre Roboams Jerusalem belagerte [3], in Betracht gezogen. Als Mitgift erhielt sie von Pharao die canaanitische Stadt Geser, welche er erobert und Salomon hierauf wieder aufgebaut hatte [4].

Uebrigens hatte Salomon schon vor Antritt seiner Regierung die Ammonitin Naama geheirathet und von derselben bereits einen Sohn, Roboam, erhalten; denn da dieser im Alter von 41 Jahren zur Regierung kam, Salomon aber 40 Jahre regierte [5], so war Roboam ein Jahr vor Salomons Thronbesteigung geboren [6]. Dieß stimmt überein mit 3 Kön. 2, 24, wo Salomon gleich nach seiner Thronbesteigung, als seine Mutter Bethsabee für Adonias die Abisag erbitten wollte, beim Herrn schwur, der ihn auf den Thron Davids gesetzt und ihm eine Familie, d. i. eine Nachkommenschaft verliehen habe. Cornelius a Lapide hält diese Naama für eine Tochter oder Schwester des Sobi, eines Sohnes des Ammoniterköniges Naas, welcher den König David auf seiner Flucht mit Decken und Speise versorgte.

Der lautere Lebenswandel Salomons schlug in seinem späteren Alter in Sinneslust um. Er liebte nämlich leidenschaftlich neben der Tochter Pharao's moabitische, ammonitische, edomitische, sidonitische und hethitische Frauen, die sein Herz von Gott abwendeten, ihn der Liebe Jehova's [7] und des Glanzes seiner Weisheit beraubten [8]. Da hier die Tochter Pharao's in Gegensatz zu diesen Frauen gesetzt wird, welche Salomons Herz dem Herrn entfremdeten, so trifft dieser Tadel keineswegs die ägyptische Königstochter, von der Einige glauben, daß sie wieder zu ihrem früheren Götzendienste zurückgekehrt sei. Getadelt wird nur, daß Salomon gegen das Gesetz [9] viele fremde Frauen liebte, die in ihrem Götzendienste verblieben, und dazu noch aus jenen Völkern, mit denen Israel keine Ehe eingehen sollte. Diese Liebe entsprang auch nicht, wie bei den Patriarchen, der Sehnsucht nach zahlreicher Nachkommenschaft, sondern der Sinneslust [10]. Der übergroße Reichthum und Luxus führten zur Wollust und diese hatte eine Bethörung des gläubigen Sinnes des weisesten der Könige zur Folge. Da nach der Sitte des Orientes ein zahlreicher Harem zum Glanze des Hofes gehörte, so nahm Salomon,

---

[1] 3 Kön. 3, 1; 9, 24. [2] 2 Chron. 8, 11. [3] 3 Kön. 14, 25 f. [4] 3 Kön. 9, 16. [5] 3 Kön. 11, 42. [6] 3 Kön. 14, 21; 2 Chron. 12, 13.

[7] *Hieron.*, adv. Jovin. l. 2. n. 4: Salomon, qui amator mulierum fuit, a Dei timore discessit.

[8] *Aug.*, de doct. christ. 3, 21: Sapientiam, quam cum amore spirituali adeptus esset, amore *carnali* amisit.

[9] Deut. 17, 17. [10] *Aug.*, cont. Faust. l. 22. cp. 82.

um es den heidnischen Fürsten gleichzuthun oder sie noch zu übertreffen,
700 Frauen zu Königinnen, d. i. fürstlichen Frauen ersten Ranges, und
300 Kebsweiber, also zusammen Tausend in runder Zahl. Es ist nicht
wahrscheinlich, daß Salomon gleichzeitig alle diese Frauen besessen habe,
sondern daß vielmehr alle während seiner Regierung in seinen Harem auf=
genommenen Frauen hier zusammengefaßt werden; denn im Hohenliede [1] ist
die Rede von 60 Königinnen und 80 Kebsfrauen, welche als zu einer Zeit
am Hofe anwesend zu denken und allmählich zu dieser hohen Zahl angewachsen
sind. „Und diese Weiber neigten sein Herz ab"; als nämlich in Folge des
Luxus und der Ueppigkeit die Energie des Geistes und Herzens nachließ und
mehr eine Erschlaffung eintrat, da gelang es den ausländischen Frauen,
Salomons Herz umzustimmen, ihn gegen die Jehova=Religion gleichgültig und
gegen die Verehrung fremder Götter milder und nachgiebiger zu machen.
Wenn nun der Verfasser hinzufügt: „Und sein Herz war nicht mehr ganz
(Vulg. vollkommen) Jehova seinem Gotte ergeben", so will er damit nicht
sagen, daß er völlig von Jehova abfiel und statt seiner die Götzen verehrte,
sondern daß er neben dem Jehovadienste auch den Götzendienst seiner Weiber
gestattete. „Und Salomon verehrte (eigentlich: wandelte nach) die Astarte
und den Moloch und that, was mißfällig war in den Augen des Herrn
und folgte nicht vollkommen Jehoven nach, wie sein Vater David. Da
baute er eine Höhe dem Kamos, auf dem Berge, Jerusalem gegenüber, und
dem Moloch, und also that er allen seinen ausländischen Weibern, die ihren
Göttern räucherten und opferten." [2] An ihm erfüllte sich das Wort der
Schrift [3]: „Wein und Weiber bringen den Weisen zum Abfalle." — Ob
Salomon wirklich ein Götzendiener geworden und selbst den Göttern geopfert
habe, ist eine Streitfrage. Viele Väter [4] und Exegeten [5] bejahen dieselbe. Doch
der biblische Text zwingt nicht zu dieser Annahme; denn daß Salomon den
Götzen selbst geopfert habe, wird nicht berichtet [6], während sonst bei allen
Königen, die Abgötterei trieben, dieß erzählt wird. Auch die Bücher der
Chronik erwähnen nicht der directen Abgötterei Salomons, und der Sira=
cide [7] beklagt bloß, daß Salomon seine Hüften den Weibern hingab und
ihnen seinen Leib überließ und seiner Ehre einen Schandfleck anhing, seinen
Samen entheiligte, über seine Kinder den Zorn Gottes brachte und sich von
seiner Thorheit dahinreißen ließ. Allein schon die Gestattung, daß den Götzen
seiner Weiber Tempel erbaut werden und diese ihnen auch opfern durften, war
mit der Treue gegen den Herrn unvereinbar und Theilnahme am Götzendienste.
Wenn auch Salomon den Götzen keine Realität zuerkannte, so sündigte er

---

[1] 6, 8.   [2] 3 Kön. 11, 1—9.   [3] Eccli. 19, 2.

[4] *Aug.*, cont. Faust. l. 22. cp. 82: Inde (a libidine) ad profundum idololatriae
lapsus et demersus est; u. in Ps. 126: Usque adeo lapsus illi fuit illa cupiditas,
ut a mulieribus etiam idolis sacrificare cogeretur. Vgl. Civ. Dei l. 14. cp. 11.
Justin., dial. c. Tryph. n. 34. *Tertullian.*, 1. de praecep. cp. 3; l. 2 adv. Marc.
cp. 22; l. 5. cp. 9 u. l. 3. cp. 20. *Isidor.*, quaest. in 3 Reg. cp. 6; sent. l. 2.
cp. 41 u. l. 3. cp. 19; u. a. bei Alexander Nat. tom. 2. diss. 1.

[5] Cornelius, Calmet u. A. Desgl. *Joseph.*, Ant. VIII. 7, 5.

[6] *Procop.* in 3 Reg. cp. 11, 11: Oratio plana est, Salomonem quidem aedifi=
casse delubra, ipsas (mulieres) vero idolis sacrificasse.

[7] Eccli. 47, 21. 22.

doch tief dadurch, daß er von seinen Weibern sich ganz beherrschen ließ, um seiner Sinnenlust keine Schranken legen zu dürfen[1]. Wie sehr Salomon in Wollust lebte, geht aus seinem eigenen Geständnisse hervor: „Ich schaffte mir Sänger und Sängerinnen, und die Wollüste der Menschenkinder: Herren und Herrinnen", d. i. Frauen in Hülle und Fülle und von aller Gattung[2]. So vieldeutig auch der letzte Ausdruck sein mag, das ist sicher, daß wir hier es mit einem Gegenstand sinnlicher Lust zu thun haben. Die jüdische Tradition, der Talmud und die Rabbinen wollen von der Abgötterei Salomons nichts wissen. Durch diesen Abfall oder Treulosigkeit[3] zog er sich den göttlichen Zorn zu, so daß nach seinem Tode sein Reich zerrissen wurde. Ob Salomon von seinem Falle durch Buße sich wieder erhoben und gerettet wurde, berichtet die heilige Schrift nicht. Es ist jedoch eine durch die Kirchen= väter und meisten Exegeten[4] gegründete Meinung, daß Salomon in seinem späten Alter aufrichtige Buße gethan und im Prediger das beste Denkmal seiner Bekehrung hinterlassen habe.

Die Vermählung Salomons mit der ägyptischen Königstochter betrachtet Tertullian[5] „als Typus der Vermählung Christi mit der Heidenkirche, und Isidorus[6] sieht in den Frauen, die Salomon so sehr geliebt, einen Typus der Heidenvölker, die Christus in seine Kirche berufen hat; Origenes[7] findet in den Frauen und Kebsfrauen die Seelen abgeschattet, welche mehr oder weniger an Tugenden reich, Christo anhängen.

Der Talmud[8] berichtet, Salomon habe des Pharao Tochter deßhalb zum Weibe genommen, um sie zum jüdischen Glauben zu bekehren, denn er wußte, daß alle unreinen Geister heilig werden sollten; daß er ferner bei dem Ammoniterkönige die Dienste eines Koches versah, wo des Königs Tochter Naama sich in ihn verliebte. Als der König jedoch in diese Heirath nicht einwilligte und seine Tochter nicht von ihm abließ, ließ er beide in die Wüste bringen, damit sie vor Hunger sterben. Das geschah nicht. Salomon kehrte dann nach Jerusalem, ließ den Ammoniterkönig holen und stellte ihm seine Tochter als Königin vor[9].

§ 27. Sulamith.

Eine der edelsten Frauengestalten, die in den Büchern des Alten Testa= mentes vorkommen, ist ohne Zweifel Sulamith, die Hauptperson des Hohen=

---

[1] *Aug.*, de Gen. ad lit. l. 12. cp. 42 u. Civ. Dei l. 14. cp. 11. *Tirinus.*
[2] Eccl. 2, 8.   [3] *Gregorius M.*, Mor. l. 12. cp. 18.
[4] *Hilarius*, in Ps. 52, 12. *Ambros.*, 1. apol. Dav. cp. 3. n. 13. *Hieron.*, ep. 79 (al. 9) ad Salv. n. 7; u. cp. 43 Ezech.: Ipse fabricator templi Salomon peccaverit et offenderit Deum, licet postea egerit poenitentiam, scribens proverbia, in quibus ait: Novissime ego egi poenitentiam et respexi, ut eligerem disciplinam (Prov. 24, 32). *Cyrill. Hier.*, catech. 2. n. 13; *Rupertus*, *Cornelius a Lapide*, *Tirinus*, *Serarius*, *Sanctius*, *Pineda* gegen: *Tertullian.*, l. 2 cont. Marc. (u. oben); *Cyprianus*, l. 1. cp. 5; *Basilius*, ep. ad Chilon.; *Rabanus*, *Lyranus* u. A.
[5] L. 4 adv. Marc. cp. 11.   [6] Quaest. in l. 3 Reg. cp. 6.
[7] In Cant. l. 2. v. 7. Vgl. *Rupert.* zu 3 Kön. 11.
[8] Eisenmenger, Entd. Judenth. II. S. 467.
[9] Eisenmenger l. c. I. S. 360 f.

liebes. Wenngleich dem Hohenliede eine mystisch=typische oder nach Anderen [1] eine symbolisch=allegorische Bedeutung zukommt, so dient doch als Substrat derselben das Liebesverhältniß Salomons zur Sulamith; freilich bleibt dabei immer noch die Frage offen, ob Salomon und Sulamith hier im wirklichen oder aber nur im ideellen Sinne zu fassen seien. Für unsere Darstellung ist die Lösung dieser Frage nicht von Wesenheit; denn wir schildern hier diese herrliche Frauengestalt in der Weise, welche das Hohelied zunächst selbst angibt, also im Literalsinne [2].

Sulamith ist nicht die Tochter Pharao's, welche Salomon geehelicht, wie manche Erklärer anzunehmen pflegen; denn ihr Gedankenkreis ist der einer Jungfrau vom Lande. Sie erscheint den Töchtern Jerusalems fremd, nicht weil sie aus einem fremden Lande stammt, sondern weil sie vom Lande kommt. Sie ist farbig (braunschwarz) nicht von der Sonnengluth der süd= lichen Heimath, sondern weil sie als Weinberghüterin den glühenden Sonnen= strahlen ausgesetzt war. Sie ist Leib und Seele nach zu einer Fürstin geboren, allein die Tochter einer ländlichen Familie aus Sulam in Galiläa; daher die Kindlichkeit und Naivität ihrer Anschauungen, die Freude an Berg und Flur, sowie die Sehnsucht nach dem ländlichen Stillleben. Salomon steht hier in einem Liebesverkehr mit einem Weibe, wie er (nach Eccl. 7, 29) unter Tausenden Keines gefunden, und diese Eine, obgleich in ihrem Stande tief unter ihm stehend, hebt Salomon, von ihrer sittlich verklärten Schönheit angezogen, zu sich empor. Nicht so sehr ihre äußere Schönheit als viel= mehr ihre Tugenden machen sie zum Ideal der edelsten Weiblichkeit. Sie erscheint als Muster jungfräulicher Sitte, kindlicher Einfalt, reinster Demuth, naiver Klugheit, als Lilie des Feldes, die in ihrem einfachen Seelenadel seine ganze Herrlichkeit verdunkelt. Salomon erhebt sie zur Königin und diese zieht den König ganz an sich. Die Einfältige lehrt den Weisen Ein= falt, die Demüthige fesselt den Erhabenen und die Reine übt den Stürmi= schen in Entsagung. Um ihretwillen vertauscht er gern das Hofleben mit der ländlichen Einsamkeit, weilt in der bäuerlichen Hütte und durcheilt mit ihr Berg und Thal.

Die Jungfrau wird 7, 1 Sulamith genannt und gepriesen als die Schönste unter den Frauen [3], die Schöne [4], die Fromme [5], die Taube [6], die Freundin [7], die Schwester [8], die Braut [9]. Ihren Bräutigam nennt sie drei= mal König, fünfmal Salomon, 26mal den Geliebten, mehrmals Freund und „den meine Seele liebt". Am Anfang wie am Ende erscheint sie als eine Weinberghüterin, die von ihren Brüdern hart behandelt wird. Ihrer Mutter wird öfters [10], einer jüngeren Schwester einmal, des Vaters nie erwähnt.

Auf seinen Jagdzügen hatte Salomon im Norden von Palästina und zwar in den Ausläufern des Libanon eine Jungfrau bei ihrer ländlichen Beschäftigung erblickt, deren Gestalt und Schönheit ihn überraschte. Es war,

---

[1] So Schäfer, Das Hohelied. Münster 1876. S. 77.
[2] Vgl. besonders Zeith, Hohelied. Wien 1878.
[3] 1, 8; 5, 9; 6, 1.　　[4] 2, 10. 13.　　[5] 5, 2; 6, 9.　　[6] 2, 14; 5, 2; 6, 9.
[7] 1, 9. 15; 2, 2. 10. 13; 4, 1. 7; 5, 2; 6, 4.　　[8] 4, 9. 10. 12; 5, 1. 2.　　[9] 4, 8.
9. 10. 11. 12.　　[10] 1, 6; 3, 4; 6, 9; 8, 2. 5.

wie wir bei ihrem Namen Sulamith annehmen können, zu Sulam (oder Sunam), einem Dorfe Galiläa's, wo Salomon die Hirtentochter in der Nähe des elterlichen Hauses zum ersten Male sah. Die Reinheit ihres sittlichen Charakters, der herrliche Schwung ihrer einfachen und dabei geistvollen Gedanken verklärten seine Leidenschaft zur lauteren Flamme, die nie mehr in seinem Herzen erlosch. Auch sie, die dem unbekannten Schönen mit inniger Zuneigung ergeben war, sollte kennen lernen, wer ihr Geliebter sei. Dieser ließ sie (doch nicht mit Zwang) in hofgemäßer Tracht nach Jerusalem bringen und reihte sie den Palastfrauen ein, die den Hofstaat (der Königin-Mutter) bildeten.

Wir finden nun beim Beginne des Liedes Sulamith in einem prachtvollen durchdufteten Speisesaale mit den Palastfrauen, welche das Lob Salomons feiern und ohne Neid und Selbstsucht jene Glückliche preisen, welche der König als Königin erwählt haben wird. Unbeachtet und vielleicht auch mit schelen Seitenblicken gemessen, nimmt Sulamith, welche sich so auffällig von den übrigen Frauen unterscheidet, in ihrer Unbefangenheit das Wort, um die übrigen Palastfrauen, die Töchter Jerusalems, eines Besseren zu belehren. Ihr Antlitz ist zwar braun, aber dennoch schön; in der Anmuth der edlen Züge ist sie reich an Zierde und gleicht den prachtvollen Teppichen an den Wänden des Speisesaales. Schwarz, d. i. dunkel (im Gegensatz zum weißen Teint der Stadtfrauen), ist ihr Angesicht, weil sie auf Befehl ihrer Brüder, denen das sinnige Gemüthsleben ihrer Schwester mißfällig war, als Hüterin der Heerde und Weinberge, der Sonnengluth ausgesetzt war. Dieß war auch die Ursache, daß sie ihren eigenen Weinberg nicht gehütet, für ihre äußere Erscheinung und die Pflege ihrer Schönheit keine Sorgfalt verwenden konnte. Jetzt, wo sie im Hause des Geliebten, der sich ihr gleichfalls als Hirt gezeigt, sein Lob vernommen, will sie, von Sehnsucht nach ihm ergriffen, wissen, wo er seine Heerde weidet, damit sie geraden Weges zu ihm eile und nicht erst verschleiert bei den Hirten umherfragen müsse und von diesen etwa als lose Dirne mißachtet würde. Sich von dieser strahlenden Schönheit verdunkelt sehend und ihre Rede mißverstehend, redet man sie nicht ohne Ironie an: wenn die Schönste der Frauen dem Könige einen Hirten vorziehe, so möge sie zu den Weidentriften ihrer Heimath zurückkehren und dort bei seinen Genossen nach ihm fragen [1].

Da tritt der Hirt, welchen Sulamith meinte, in den Saal, und als er seine Geliebte in städtischer Kleidung im neuen Liebreize erblickte, vergleicht er sie mit einem prachtvollen Rosse Aegyptens, preist die Zierlichkeit der Schläfe und Wangen, die Schönheit des Halses, welchen Perlenschnüre zieren, und verheißt ihr noch reicheren Schmuck dieser Art. Nicht achtend auf die Lobsprüche ihrer Person, schildert Sulamith die Innigkeit und Beharrlichkeit ihrer Liebe in Bildern des Duftes der Narde und vergleicht, um zu zeigen, wie der Gedanke an den Geliebten ihr zur Stärkung gereiche, ihn mit einem Büschlein der balsamisch duftenden Myrrhe und der wohlriechenden Cyperblume. Salomon, von ihrem Glanze geblendet, preist von Neuem ihre vollendete Schönheit, namentlich die Lieblichkeit, Sanftmuth und Reinheit

---

[1] Hohelied 1, V. 1—8.

ihrer Taubenaugen. Indem sie nun dieses Lob der Schönheit und Hold=
seligkeit dem Geliebten zuwendet, betrachtet sie im Geiste schon das zukünftige
Wohnhaus, welches sie in ihrer Heimath bewohnen wird; allein eingedenk
zugleich des Mißverhältnisses und der zwischen ihr und dem Beherrscher des
Landes bestehenden Kluft, vergleicht sie sich in Bescheidenheit mit einer Feld=
blume und Lilie des Thales. Der Geliebte, den die holde Einfalt und De=
muth der Sulamith rührte, wandelt ihr Bekenntniß in einen Lobspruch um:
Wie die Lilie durch Gestalt und Glanz aus dem Dornengestrüpp hervor=
leuchtet, so erscheint ihm die Freundin im Verhältnisse zu den Töchtern Jerusa=
lems. Sulamiths erfinderischer Geist aber vergleicht den Geliebten mit einem
Apfelbaume, unter dessen huldvollem Schutze sie zuweilen wohnt; denn seine
Früchte, die Worte seiner Weisheit und seine zahlreichen Werke sind ihrem
Herzen Wonne. Er hat sie in seinen Palast geführt, wo sie unter seinem
Panier gegen jede Feindseligkeit und Mißgunst sicher ist. Krank vor Liebe
verlangt sie nach Labung und Stärkung, und hätte nicht der König ihr
Beistand geleistet und ihr Haupt gestützt, so wäre sie schwankend zu Boden
gestürzt. In dieser seligen Umarmung will sie nicht durch die Frauen ge=
stört werden, bis sie aus dem süßen Traume wieder in den Zustand des
wahren Lebens zurückgekehrt ist [1].

Das Lied schildert uns nun ein Ereigniß, das durch Zeit und Raum
von den früheren Vorgängen entfernt ist. Sulamith ist wieder in's elterliche
Haus zurückgekehrt und während der Winterszeit mit ihrer Arbeit beschäftigt,
doch ihre Seele weilt nur bei dem Geliebten. Mit dem Erwachen des Früh=
lings blickt sie sehnsuchtsvoll aus auf die Anhöhen, seiner Ankunft entgegen=
harrend. Plötzlich sieht sie, wie er in jugendlicher Kraft, einer Gazelle
ähnlich, über die Hügel herabeilt, bald dicht vor dem Hause steht und mit
seinen blitzenden Augen durch die Gitterfenster späht, um die Geliebte zu
erschauen. Sie vernimmt seinen Zuruf, herauszutreten, weil der Frühling
wieder erschienen, dessen belebendes Walten in der Natur er meisterlich
schildert. Sie, seine Freundin, seine Schöne, seine Taube, solle heraus=
treten, ihr holdes Angesicht ihn schauen, ihre süße Stimme hören lassen;
freudig über die Schwelle hüpfend, fordert sie ihn auf, die Füchse (Verleumder
am königlichen Hofe) zu fangen, welche den Weinberg (d. i. den sittlich ge=
heiligten Boden ihrer innigen Liebe) zu verderben suchten, und ruft dann im
Jubel ihres Herzens aus: „Mein Geliebter ist mein und ich bin sein", der
edel, lilienhaft mit erhabenen Gedanken und Plänen sich beschäftigt, in Weis=
heit regiert, Wissen befördert, also unter Lilien weidet. In ihrer selbstlosen
Liebe begehrt sie nichts Anderes, als was ihn erheitert, und darum ermahnt
sie ihn, die günstige Zeit zur Jagd nicht zu versäumen, hinaufzuziehen in
die Hochthäler, den Spuren des Wildes zu folgen, bis die Abendkühle ein=
tritt und die verlängerten Schatten entfliehen [2].

Noch immer war der Zeitpunkt der Verbindung Salomons mit der
Sulamith nicht gekommen. Dieses zwischen Furcht und Hoffnung schwankende
Erwarten beschäftigte ihr Gemüth unaufhörlich selbst in den Träumen der
Nacht. In einem Traumbilde sucht sie den Geliebten, ohne ihn zu finden;

---

[1] 1, 9 bis 2, 7.   [2] 2, B 8—17.

sie steht deßhalb (im Traumbilde) auf, sucht ihn in den Straßen Jerusalems, fragt bei den Wächtern der Stadt, ob sie ihn gesehen, findet ihn plötzlich und führt ihn in ihr elterliches Haus (im Traume verschwinden gleichsam die Entfernungen). Ihr Entzücken ist derart, daß sie im Zustande der Ekstase das, was sie einst im Speisesaale den Töchtern Jerusalems zugerufen, nun im Traume wiederholt, aus dem sie durch ihre eigene Stimme zum klaren Bewußtsein erwacht [1]. — Mehrere Monden verstreichen. Siehe, da erblicken die Wächter auf den Höhen Jerusalems einen Brautzug aus der wüsten Ebene sich heraufbewegen, umduftet von Rauchsäulen herrlicher Arome. Ein kostbares Tragbett wird sichtbar, begleitet von 60 Helden. Die sonst zurückgezogenen Töchter Sions drängen sich herzu, um den jugendlichen Fürsten zu sehen in seinem Vermählungskranze, mit welchem seine Mutter ihn geschmückt hat [2].

Wir werden nun in den Hochzeitssaal versetzt, wo Salomon den Liebreiz der Neuvermählten preist. Ihre holden Augen gleichen Tauben, ihr herabwallendes Lockenhaar einer Heerde dunkelfarbiger Ziegen, die blendend weißen Zähne den Schafen, die geschoren und blendend weiß aus der Schwemme kommen. Dazu die purpurrothen Lippen, das Rosenroth der Wangen, der schlanke wohlgezierte Hals und der schöne keusche Busen. Doch die Braut unterbricht die Lobsprüche und wünscht bis zum Abend einsam im Garten auf den schattigen wohlduftenden Anhöhen zu verweilen, um so in einsamer Stille den Ernst des Tages zu feiern; denn nicht liebt sie die Pracht des Hofes, noch den König, sondern nur den Salomon. Dieser, der gerade in diesen Worten ihren kindlich frommen Sinn, ihre sittliche Schönheit erkennt, nennt in seiner Entzückung die ihm Neuvermählte vollkommen schön und makellos und stellt ihr, der Liebhaberin der freien Natur, die Wanderungen über Alpenhöhen an seiner Seite in Aussicht [3].

Nachdem Sulamith den Tag in stiller Betrachtung im Garten verbracht, wird sie von Salomon besucht; er bekennt, daß sie, seine Schwester, seine Braut, sein Herz durch einen Blick ihres Auges überwältigt habe. Er nennt sie in seinem bilderreichen Lobpreise einen verschlossenen, jedem eitlen Weltsinne unzugänglichen Garten, ihr Herz und Gemüth einen klaren, versiegelten Quell der lautersten Tugend, durch welchen befruchtet, aus dem reinen edlen Herzen Sulamiths die lieblichsten Tugenden und Bestrebungen hervorsprossen. Anschließend an diesen hochpoetischen schwungvollen Preis, ruft sie den Winden zu, daß sie abwechselnd kühlend und wärmend ihren Garten (sie selbst) durchziehen und dadurch den Duft der Gewürzpflanzen verbreiten; da sie ihm (Salomon) nun ganz angehöre, so möge er in seinen Garten kommen und die köstlichsten Früchte genießen. Salomon leistet Folge [4].

Seine und der Sulamith Liebe hat nun den Höhepunkt erreicht. Einige Zeit des ehelichen Glückes zog vorüber, und das Paradies der Liebe scheint, wie Veith nicht mit Unrecht annimmt, durch Salomons sinnlichen Charakter vorübergehend getrübt worden zu sein. Sulamith, deren Liebe bei aller Innigkeit stets die ideale Reinheit und Weihe bewahrt, mag wohl an Salomons Treue irre zu werden versucht worden sein. Schwere Träume be-

---

[1] 3, V. 1—5.   [2] 3, V. 6—11.   [3] 4, V. 1—7.   [4] 4, 9 bis 5, 1.

ängstigen ihr zartliebendes Herz. Sie findet sich in ihrer dürftigen Stube der mütterlichen Wohnung auf dem Lager. Sieh, da klopft ihr Geliebter und bittet seine Schwester, Freundin, Taube und Fromme, weil durchnäßt vom Thaue und vom Froste der Nacht erstarrt, um Einlaß. Doch sie antwortet (im Traume), sie sei bereits entkleidet und könne nicht öffnen. Indeß sieht sie, wie der Freund seine Hand durch eine offene Lücke der Thüre drängt, um den Riegel derselben zurückzuschieben. Durch diese Beharrlichkeit des Geliebten, der sich durch die schmollende Rede nicht abweisen läßt, zur Reue bewegt, erhebt sie sich schnell und öffnet, wobei ihre Hand von der flüssigen Myrrhe benetzt wird, die von den Fingern des Königs auf den Griff des Riegels herabgeträufelt war. Doch der Verschmähte war fort und hörte auf ihren Zuruf nicht. Von Reueschmerz, den Gegenstand ihrer Liebe so schnöde behandelt zu haben, ergriffen, sucht sie ihn neuerdings in den Straßen Jerusalems, wird jedoch von den Wächtern, denen ihr Herumlaufen verdächtig ist, wund geschlagen und ihres Schleiers beraubt [1]. Hierauf stößt sie auf die Töchter Jerusalems, und in der Voraussetzung, daß Alle ihn, den Ungenannten, kennen müssen, beschwört sie dieselben, ihm auszurichten, daß sie ihr Benehmen bereue und vor Liebe krank sei. Die Frauen fragen nun verwundert, wer dieser Geliebte sei und welche Vorzüge ihn auszeichnen, daß sie ihn so rastlos und qualvoll suche. In überschwänglichen Gleichnissen beschreibt nun Sulamith seine Vorzüge. Er ist der Schönste an Gestalt, sein Antlitz blendend weiß und rosig, sein Haupt, dem gediegenen Golde ähnlich, zeigt den hohen Adel, seine Augenpupillen erscheinen wie Edelsteine in ihrer milchweißen Umfassung (Hornhaut), seine Wangen gleichen Blumenbeeten, seine Lippen Lilien, seine Hände goldenen Cylindern, seine Leibesgestalt ist wie ein Kunstgebilde von Elfenbein, kurz sein ganzes Wesen ist Holdseligkeit. Die Frauen, von solchem Lob überrascht, sind bereit, mit ihr den Geliebten zu suchen, nur möge sie sagen, wohin er sich gewendet haben mag. Und indem sie sich besinnt, daß ihr Geliebter, ein Freund der Natur, am sichersten im Garten zu treffen sei, hat sie ihn wirklich daselbst wiedergefunden. Sie erwacht mit dem seligen Bewußtsein, daß ihre Liebe ungetrübt, er in aller Innigkeit ihr und sie ihm eigen ist, der unter Lilien weidet [2].

Nicht mit Unrecht nimmt Veith zwischen diesem Wiedersehen und der folgenden Scene einen langen Zeitraum an, innerhalb dessen Salomons tiefer Fall und Haremswirthschaft zu setzen ist. Doch in seinem Sinnesrausche und bei seiner trostlosen Enttäuschung, die er erfuhr, konnte er Sulamiths reines und erhabenes Bild nie ganz vergessen, und ihre lichtvolle Erscheinung scheint auf seine Umkehr und Reue einen wohlthätigen Einfluß geübt zu haben. Andere erkennen hier ein zweites Erscheinen des Bräutigams im königlichen Garten, wo er sein Wohlgefallen an der Königin äußert. Er vergleicht sie mit den anmuthigen Städten Thirza und Jerusalem, die bewältigende Macht ihrer Schönheit, die Ehrfurcht einflößende Hoheit ihrer Erscheinung mit einem zur Schlacht geordneten Heere. Ihre sonst von Sanftmuth und Lieblichkeit strahlenden Augen haben einen vorwurfsvollen Ernst angenommen, den er nicht ertragen kann. Unter den zahlreichen Frauen des

---

[1] 5, B 2—7.   [2] 5, 8 bis 6, 3.

Harems muß er ihr allein, der Auserwählten, den Preis zuerkennen. So=
gar die übrigen Frauen vom königlichen Range müssen ihre Bevorzugung
als berechtigt anerkennen und ihre Herrlichkeit bewundern [1].

Der Dichter versetzt uns nun, wieder zurückgreifend, in den Garten
(von Etam), den Lieblingsaufenthalt Salomons, wohin ihm auch sein Hof=
staat folgte. Geblendet von ihrer Schönheit, rufen die Frauen in Begeisterung
und Erstaunen aus: „Wer ist diese, die dort hervorglänzt, gleich der Morgen=
röthe, schön wie der Mond, rein wie die Sonne, furchtbar wie ein geordnet
Kriegsheer?" — Doch diese Lobsprüche vermögen die Demuth und Unbefangen=
heit ihrer Seele nicht zu trüben. Sie antwortet, sie sei hinabgegangen in
den reich bewässerten Thalgrund, um das Blühen und Knospen der wieder=
erwachten Pflanzenwelt zu beobachten. Ihrer niederen Abkunft, die sie nie
verläugnete, eingedenk, setzte sie hinzu: „Ich dachte nicht daran, daß meine
Seele mich erhob." Sie denkt an den Prachtwagen, in welchem sie als Köni=
gin an der Seite Salomons hierher eilte, und ist stolz, einem so edlen und
fürstlichen Volke anzugehören. Nicht Glanz oder Gewalt, sondern allein die
ihre Seele erfüllende Liebe zu Salomon war es, die sie zur Königin erhob.
Umgeben von Bergen, Hainen und herrlicher Pflanzenwelt des Lenzes, ver=
setzte sie sich in ihre Heimath zurück und vertiefte sich derart in Gedanken,
daß sie gar nicht wußte, im königlichen Prachtwagen hierher gekommen zu
sein. Da Sulamith sich ihren Augen entziehen will, bitten sie dieselbe, sie
möge zu ihnen zurückkehren, um sich am Anblicke ihrer Schönheit zu erfreuen,
und als die demüthige Sulamith fragt, was denn so Besonderes an ihr wäre,
stimmen die Frauen ein Loblied auf Sulamith an, welches die Schönheit ihres
Körpers feiert und ganz und gar das orientalische Gepräge an sich trägt [2].

In einem neuen Abschnitte entspinnt sich ein vertrauliches Gespräch
zwischen Salomon und Sulamith, in welchem jener das heitere und friedsame
Glück in Wonne preist, welches durch lautere, wechselseitige Liebe dem Bunde
der Ehe innewohnt. In ihrer schlanken Gestalt vergleicht er sie der Dattel=
palme und ihre sanfte Sprache dem edlen, süßen Weine, der, wie Sulamith
fortspinnt, in das Innerste des Geliebten hinabgleitet und ihn derart be=
geistert, daß er des Schlafenden Lippen erregt, als ob er sprechen wollte.
In der erneuerten Gewißheit, die Liebe ihres Gemahles zu besitzen, sucht sie
seine Gedanken auf das Ziel ihrer Wünsche zu lenken. Sie sehnt sich nach
der lieblichen Stille der heimathlichen Thäler und des mütterlichen Hauses,
um dort in den Weinbergen und Pflanzungen sich des Frühlinges zu erfreuen.
Er, der König, soll ohne Prunk sie in die Heimath begleiten und mit ihr
die ländlichen Freuden genießen. Dort wolle sie ihn mit Früchten bewirthen.
In ihrem Bewußtsein war sie, wenn auch nur auf kurze Zeit, wieder die
einfache Sulamith, beseligt durch die jungfräuliche Liebe zu Salomon, der
für immer ihr Herz gewonnen und ihr Gemahl geworden. Da wird in
ihrem Herzen ein anderer Wunsch rege, in welchem die Hoheit ihres Geistes,
die ideale Würde ihrer Liebe sich kundgibt. Nicht als Gemahl, als Bruder
möchte sie ihn besitzen, als Schwester ihm angehören. Ein Verhältniß ge=
schwisterlicher Zärtlichkeit und Treue, die, ohne Tadel und Hohn zu erfahren,

---

[1] 6, B. 4 – 9.   [2] 6, 10 bis 7, 6.

sich überall kundgeben kann, wünscht Sulamith sich als ihr wonnigstes Glück. Sie würde dann überall ohne Bedenken ihm um den Hals fallen, ihn in das mütterliche Haus führen, dort reichlich bewirthen, aber auch Zeit gewinnen, aus den reichen Schätzen seiner Weisheit ihren Geist zu bereichern. Allein dieser Lehrer war nicht ihr leiblicher Bruder, sondern ihr königlicher Gemahl. Nicht der König war es, dem sie angehören wollte, nicht die Glorie der Welt war es, was sie suchte, sondern seine Person, seine durch Gottesliebe geheiligte Weisheit. Salomon mußte die holde Gattin in seine Arme schließen und ihr die Erfüllung ihrer Wünsche zusagen. Durch die Versicherung seiner Liebe in Entzücken gebracht, wiederholt sie die frühere Beschwörung an die Töchter Jerusalems, die Liebe nicht zu stören [1].

Salomon begleitet ohne Prunk die Sulamith in ihre Heimath. Die hehre Gestalt und vornehme Haltung dieses königlichen Paares erregt das Erstaunen der Landleute, besonders die Anmuth der Sulamith am Arme ihres Geliebten. Sobald sie in die Nähe des Hauses der Sulamith kommen, erkennt Salomon diese Nähe durch einen Apfelbaum, wo er Sulamith das erste Mal erblickte und ansprach. Dort hatte er ihre Liebe erweckt und ihre Herzensneigung gewonnen. Sulamith knüpft an diese Worte an und bittet ihn, sie wie einen Siegelring auf seine Brust und Arme zu setzen, d. h. ihre Person und Ehre als ein unverletzbares Kleinod im Herzen zu tragen und mit aller Treue zu bewahren, ihr Führer und Beschützer zu sein und sie als Gehilfin und Rathgeberin zu achten. Sie, die Demüthige, schildert in begeisterter Rede die Macht der von Gott geheiligten Liebe. Ihre Macht ist so gewaltig und unwiderstehlich, wie der Tod, in ihrem Eifer so unnachgiebig, wie die Unterwelt. Loderndes Feuer sind ihre Flammen, ihre Gluthen Feuergluthen (die verzehrend und läuternd wirken), Flammen Jehova's (d. i. eine von Gott selbst entzündete und nicht verlöschende Flamme), die durch keinen Schwall der Wässer noch durch andere irdische Mittel unterdrückt werden können. Eine solche himmlische Liebe, die im Gebiete der geistigen Freiheit liegt, läßt sich aber durch irdische Mittel nicht erkaufen. Sulamith hat das arbeitsame Stillleben aufgegeben, um die Gemahlin jenes Mannes zu werden, den ihre Seele liebte, und zwar mit einer Lauterkeit, die in ihr sogar den Wunsch rege machte, daß er ihr nicht als Gatte, sondern als Bruder angehöre [2].

Sie betritt das elterliche Haus und ihre erste Sorge betrifft zunächst ihre jüngere Schwester, sodann will sie sich auch gegen ihre Brüder dankbar beweisen. Auf die Frage, was mit ihr zu beginnen sei, wenn sie unworben würde, antworten die Brüder: Wenn sie, die Heranreifende, einer Mauer gleich der Verführung unzugänglich sich bewährt, dann wollen sie diese Mauer mit silbernen Zinnen krönen, d. i. der Ehrenhaften jede Achtung, Ehre erweisen; wenn sie jedoch einer Thüre vergleichbar, durch Eitelkeit und Leichtsinn der Verlockung zugänglich ist, werden sie diesen Zugang durch eine feste Thüre versperren, d. h. sie in strenge Obhut nehmen. Sulamith wendet dieses Gleichniß auf sich an, um des Königs Aufmerksamkeit auf ihre Brüder zu lenken. Sie war wie eine feste Mauer Jedem unzugänglich und dadurch wurde sie in Salomons Augen wie Eine, die den Frieden findet, so

---

[1] 7, 7 bis 8, 4.   [2] 8, B. 5—7.

daß nur ihr Besitz ihm den Herzensfrieden zu geben vermochte. Mit Zu-
grundelegung einer Parabel von einem Weinberge und der Entlohnung seiner
Hüter, sagt sie, daß den Weinberg, über den sie allein zu verfügen hatte,
d. h. ihre ganze geistig-leibliche Persönlichkeit, sie selbst in den Besitz Salomons übergeben habe, allein die treuen Hüter desselben, ihre Brüder, hätten
einen Anspruch auf Belohnung, wie jene Hüter des Weinberges in der Parabel. Ohne Zweifel hatte Salomon ihre Bitte erfüllt und nun, schauend,
wie seine Geliebte in den heimathlichen Gefilden anmuthig und zwanglos sich
bewegte, nennt er sie die Heimische in den Gärten und fordert sie auf, durch
ihren in den Thälern wiederhallenden Gesang ihre Freude am Landleben zu
feiern und die Gefährten ihrer Tugend zu erfreuen. Sie folgt, fordert aber
den Geliebten auf, zu fliehen und den Gazellen es gleichzuthun, nämlich auf
den würzigen Triften der Berge sich zu erlustigen — jedoch nicht ohne sie [1].
Die Liebe hat jetzt die Höhe ihrer Reinheit und Glückseligkeit erstiegen und
damit schließt das Hohelied ab. So lange Salomon der Sulamith treu blieb,
war sie, wie Veith sich herrlich ausdrückt, sein irdischer Schutzengel. Wie
dieses eheliche Glück durch Salomons Sinnlichkeit getrübt wurde, dafür ist
im Hohenliede kein Raum mehr. Daß Sulamith Salomons Fall erlebte,
doch auch späterhin von ihm geliebt und bewundert wurde, ja durch ihre
Erscheinung vielleicht mit beitrug, ihn zur Buße zu stimmen, dazu bestimmt
uns seine wehmuthsvolle Rückschau im sechsten Kapitel. In wiefern Sulamith ein Typus der schönsten und gebenedeitesten aller Frauen, der seligsten
Jungfrau Maria ist, wird unten [2] näher erörtert werden.

§ 28. Die zwei Mütter vor Salomon.

Nachdem Gott dem König Salomon auf sein frommes Gebet hin die
Weisheit in hohem Grade verliehen hatte, erzählt uns die heilige Schrift
gleichsam als Beleg dazu eine Entscheidung Salomons über einen schwierigen
Rechtsfall, in welcher sich seine erleuchtete Einsicht erprobte. Es kamen damals zu Salomon zwei Weiber, Huren, und die eine sprach zu ihm: „Ich
bitte, mein Herr, ich und diese Frau wohnten in einem Hause, und ich gebar
bei ihr im Schlafgemache. Am dritten Tage aber nach meiner Entbindung
gebar auch diese; und wir waren beisammen und Niemand anderer mit uns
im Hause außer uns Beiden. Es starb aber der Sohn dieser Frau,
weil sie ihn im Schlafe erdrückte. Da stand sie auf in der Stille der Nacht,
nahm meinen Sohn von meiner Seite, mir, deiner Magd, welche schlief, und
legte ihn an ihren Busen; ihren Sohn aber, welcher todt war, legte sie an
meinen Busen. Und als ich des Morgens aufstand, um meinen Sohn zu
säugen, da war er todt; und als ich ihn beim hellen Licht näher betrachtete,
fand ich, daß er nicht meiner war, den ich geboren hatte." Darauf erwiederte
die Frau: „Es ist nicht so, wie du sagst, sondern dein Sohn ist gestorben,
meiner aber lebt." Dagegen sprach die Andere: „Du lügst! denn mein
Sohn lebt und dein Sohn ist gestorben." Und auf diese Weise stritten sie
vor dem Könige.

---

[1] 8, V. 8—14.   [2] § 41.

Der Chaldäer, die Rabbinen und viele andere Interpreten[1] erklären das Wort זֹנָה wie bei Jos. 2, 1 (Rahab) als Gastwirthin, um den etwaigen Anstoß zu beseitigen, da nach dem Gesetze[2] keine Hure in Israel zu dulden sei, während Andere[3] sie für wirkliche Buhldirnen halten, wie die LXX und Vulg. dieß ausdrücken. Letztere Meinung wäre jedoch dahin zu modificiren, daß jene Weiber nicht mit der Unzucht Gewerbe trieben, weil diese, wie Calmet richtig bemerkt, selten Kinder bekommen, und wenn auch dieses geschieht, für die Erhaltung derselben nicht so ängstlich besorgt sind, sondern sich vielmehr derselben zu entledigen suchen. Da ferner ihrer Männer keiner Erwähnung geschieht, so haben wir wohl ohne Zweifel an Weiber zu denken, die außereheliche Kinder empfangen hatten. Da Niemand sonst im Hause sich befand, war ein Zeugenbeweis für den Thatbestand unmöglich. Daß die Andere die That läugnete, hat darin seinen Grund, weil sie dem gerechten und schweren Vorwurfe, ihr eigenes Kind getödtet zu haben, und der damit verbundenen Schande sich entziehen wollte. Da ein Geständniß unter diesen Umständen nicht zu erwarten stand, wollte Salomon eine Veranlassung geben, daß eine der streitenden Frauen selbst wider Willen und Wissen ein Anzeichen gebe, nach welchem sich entscheiden ließe. Er befahl nämlich, ein Schwert zu bringen, das lebendige Kind in zwei Theile zu theilen und eine Hälfte der einen und die andere Hälfte der anderen zu geben, nicht als ob er die wirkliche Tödtung beabsichtigt hätte, sondern weil er voraussetzte, daß die Macht der Mutterliebe, die sich nicht verläugnet, dieser That sich widersetzen werde[4]. Und er täuschte sich nicht, denn die Mutter des lebendigen Kindes rief, weil ihr Innerstes erregt wurde und inniges Erbarmen mit ihm fühlte: „Ach, mein Herr, gebt ihr das lebendige Kind und tödtet es nicht!" Jene aber sprach: „Weder ich soll es haben, noch du, sondern es werde zertheilt." Diese Worte bezeugen deutlich den Mangel an Mutterliebe, sowie Neid und Mißgunst der falschen Mutter gegen ihre Anklägerin und brachten das Urtheil des Königs zur Reife. Da antwortete der König: „Dieser gebet das Kind lebendig und tödtet es nicht, denn diese ist die Mutter desselben."[5] In diesem Richterspruche erkennen wir nicht bloß einen scharfen psychologischen Blick in die Menschennatur, sondern auch die von Gott besonders verliehene Gabe, das verschlossene Innere zu öffnen und das schlafende Gewissen zu wecken, damit Lüge und

---

[1] Sanctius, Calmet.

[2] Deut. 23, 17.

[3] *Gregorius M., Ambrosius*, Pineda, Prosper, Cornelius u. A.

[4] *Ambros.*, l. 3 de Spir. s. cp. 6: Consideravit, quod vera mater plus consuleret filio, quam solatio et gratiam juri, non gratiae jura praeferret. At vero illa, quae matris simularet affectum, vincendi studio caeca, parvi duceret ejus exitum, in quo nesciret pietatis dispendium. Itaque (Salomon) naturam in affectibus quaesivit, quae latebat in vocibus: et pietatem interrogavit, ut proderet veritatem. Vicit itaque mater charitatis affectu, quae fructus est spiritus; — lib. de Virginit. cp. 1: Salomon argumentis ut homo interiorem interrogabat affectum; illi potius judicavit parvulum esse reddendum, quam veram matrem dolor proprius prodidisset; illam vero, quam morituri parvuli misericordia non movebat, exsortem pronuntiavit esse naturae, quam exsortem vidit esse pietatis.

[5] 3 Kön. 3, 16 f.

Verstellung aufgedeckt werde und die Wahrheit an's Licht komme [1]. Jeden=
falls entging die falsche Mutter nicht der ihr gebührenden Strafe [2]. Auch
diesen zwei Weibern wurde ein allegorischer Sinn untergebreitet. Hierony=
mus [3] und Isidorus [4] erkennen sie als Typus der Synagoge und Kirche,
welche um den Messias streiten, bis Salomon, d. i. Christus, mit dem
Schwerte [5] den Streit schlichtet, indem er Gläubige und Ungläubige scheidet,
wie dieß Hieronymus schön ausführt. Augustinus [6] wendet unsere Stelle
auf den Streit zwischen der katholischen Kirche und die Irrlehre der Arianer
an, welche den Einen Christus in zwei Theile trennen, so daß in ihm ein
Anderer Gott, ein Anderer Mensch sei. Gregorius M. [7] findet in den
beiden Weibern die wahren und falschen Lehrer abgeschattet, von denen erstere
das Heil ihrer Schüler, letztere ihren eigenen Gewinn suchen. Nach Am=
brosius [8] bezeichnen beide den Glauben und die Versuchung.

§ 29. Die Königin von Saba.

Der Ruf von Salomons Weisheit drang überall hin und es kam auch,
wahrscheinlich durch die großen nach Ophir gehenden Handelsschiffe [9], welche
Salomon ausgerüstet hatte, zu Ohren der Königin von Saba, wie Jehova
sich an dem Könige Salomon verherrlicht und was dieser um des Namens
Jehova willen gethan habe. Unser Saba ist, wie die meisten Neueren [10]
annehmen, eine Landschaft (Sabäa) im glücklichen Arabien und nicht zu ver=
wechseln mit מרא b. i. Meroë in Aethiopien, wie nach dem Vorgange des
Josephus viele Erklärer [11] und auch die Aethiopier ausgeben. Josephus [12]
berichtet nämlich, daß der letzte Pharaonenkönig jener gewesen, dessen Tochter
Salomon geehelicht habe, und ihm eine Königin Nicaule nachgefolgt sei,

---

[1] *Ambros.*, de off. minist. l. 2. cp. 8.

[2] *Josephus*, Ant. VIII. 2, 2.   [3] Ep. 74 (al. 131) ad Ruf.

[4] Quaest. in l. 3 Reg. cp. 4: In illo ergo judicio Salomonis Christi figura
fuit, ubi mulier illa improba, plebs sc. synagogae vel haereticorum, verae matris,
h. e. Ecclesiae filium appetebat, quem non ut reservaret, sed revera, ut interi=
meret, cupiebat.

[5] Matth. 10, 34.

[6] Sermo 200 de temp. (al. 39 in app.); vgl. *Prosper*, de prom. et praed.
cp. 27. n. 57.

[7] Moral. l. 21. cp. 10 (al. 8).

[8] Lib. de Virg. cp. 1: Duae istae (mulieres) fides est atque tentatio. Ten=
tatio, inquam, communis ab initio auctor erroris, quae postquam posteritatem suam
carnalis vitio conversationis et somno mentis amisit, posteritatis fructus auferre
conatur alienae. Itaque dum tentatio litigat, fides fluctuat, donec machaera Christi
latentes distinguat affectus.

[9] 3 Kön. 9, 28.

[10] *Hugo Card., Rabanus, Dionysius, Maldonatus, Calmet. Pineda*, l. 5 de reb.
Sal. cp. 14. n. 5 u. 6, und die Neuesten.

[11] *Hieron.* in Is. 60: „trans Arabiam“. *Origenes*, hom. 2 in Cant. *Nazianz.*,
or. 40 in s. bapt. n. 27. *Nyss.*, hom. 7 in Cant. *Cyrillus Alex.* zu Is. 60. l. 5.
Aug., sermo 231 (app. al. 253 de temp.). *Theodoret.*, qu. 33 in 3 Reg. *Sanctius,
Vatablus, Tirinus, Serarius*, die Rabbinen bei Bochart. Phaleg l. 2. Vgl. G. Rösch,
Die Königin von Saba als Königin Bilqis. Leipzig 1880. S. 33 f.

[12] Ant. VIII. 6, 2.

welche Aegypten und Aethiopien beherrschte und den König Salomon besuchte.
Strabo[1] und Plinius[2] berichten, daß der Name jener Königinnen
Candace gewesen, den wir auch in Act. 8, 27 finden. Uebrigens wurden
auch die Sabäer von Königinnen beherrscht[3]. Christus nennt sie „Königin
des Südens"[4]. Ihr Name wird in der heiligen Schrift nicht angegeben.
Josephus, der sich auf Herodot beruft, nennt sie Nicaule, während doch
dieser sie Nitocris nennt[5]. Bei den Rabbinen[6] heißt sie Nicolan. Die
Aethiopier, welche sich gerne diese Frau vindiciren, geben ihr den Namen
Maqueda[7], die Araber dagegen nennen sie Balkis oder Belkis. Nach
Cedrenus und Glycas soll sie eine Sibylle und Prophetin zugleich gewesen sein.

Diese Königin kam nun mit großem Gefolge und Kameelen, welche
Gold, Specereien und Edelsteine trugen, nach Jerusalem, um dem weisen
Könige wichtige und schwierige Fragen vorzulegen und durch Räthselsprüche
seine Weisheit zu erproben. Salomon blieb auf keine ihrer Fragen die Antwort schuldig und verstand alle ihre Räthsel zu lösen. Als sie nun die
Weisheit Salomons, die sich nicht bloß in seinen Antworten und Reden,
sondern auch in allen seinen Bauten, Anordnungen und Einrichtungen kundgab, sah, sowie den Palast, die königliche Tafel, die Pracht seiner Diener,
die ganze Schenkeinrichtung und den Stufenweg, der vom Palaste zum Tempel
führte (Vulg.: die Brandopfer, also den ganzen Cult), so gerieth sie vor
Staunen außer Fassung und sprach: „Wahr ist das Gerücht, welches ich in
meinem Lande von deinen Einrichtungen und deiner Weisheit gehört habe;
aber ich glaubte ihren Reden nicht, bis ich selbst kam und mit meinen eigenen
Augen sah und mich überzeugte, daß mir nicht die Hälfte berichtet ward;
größer ist deine Weisheit und deine Werke, als der Ruf, den ich vernommen.
Glücklich deine Leute und glücklich deine Knechte, die vor dir stehen allezeit
und deine Weisheit hören! Gepriesen sei Jehova, dein Gott, der an dir
Wohlgefallen hat und dich setzte auf den Thron Israels, weil Jehova Israel
liebt immerdar und dich zum Könige machte, damit du Recht und Gerechtigkeit übest." Aus diesem Lobpreise Jehova's, welcher den Glauben an den
wahren Gott involvirt, haben in Verbindung mit Matth. 12, 42 mehrere
Theologen[b] gefolgert, daß diese Königin zum Gotte Israels sich bekehrt und
mit Salomon über religiöse Dinge sich unterhalten habe. Allein diese Aeußerung (ähnlich jener Hirams) will nur anzeigen, daß sie die Weisheit Salomons als eine von seinem Gotte ihm verliehene Gabe erkannte, vor dem sie
dadurch mit Ehrfurcht erfüllt wurde. Nach Theodoretus[9] gehörte sie unter
jene, die mittelst des Naturgesetzes ohne positives göttliches Gesetz die Gerechtigkeit erlangt haben.

---

[1] L. 16 u. 17.   [2] L. 6. cp. 26.
[3] *Claudian.* in Eutrop. l. 1.   [4] Matth. 12, 42.
[5] *Herodot.*, l. 2. cp. 10.   [6] Auct. lib. Juchas. f. 136.
[7] Vgl. *Pineda*, l. 6. cp. 6. n. 1.
[8] Vgl. *Pineda*, de Sal. lib. 5. cp. 6. a. 2 u. 6.
[9] Quaest. 33 in l. 3 Reg.: Ipsa enim, cum esset alienigena et neque divinam
accepisset legem neque propheticam percepisset culturam, contenta fuit lege naturae et admirata fuit justitiam et justum commendavit judicium et per cum, qui
sapientiae donum accepit, laudavit datorem sapientiae.

Der Sitte des Morgenlandes gemäß schenkte sie dem Salomon 120 Talente Gold, viel Specereien und Edelsteine; und es wurden nie so viele Gewürze (darunter auch Balsam) gebracht, als die Königin von Saba dem Salomon gab. Da 2. Chron. 9, 9 (heb.) des Balsam erwähnt, so stützt sich darauf der Bericht des Josephus [1], daß durch diese Königin die Wurzel des echten Balsam (opobalsamum) nach Palästina gekommen sei. Dagegen gab Salomon der Königin von Saba außer den seiner Macht und seinem Reichthum, sowie den überbrachten Gaben entsprechenden Gegengeschenken, die er nach dem Gebrauche jener Zeit geben mußte, Alles, was sie wünschte und begehrte. Hierauf kehrte sie mit ihrem Gefolge in ihr Land zurück [2]. Wenn Christus sagt [3]: „Die Königin von Mittag (Süden) wird aufstehen im Gericht gegen dieses Geschlecht und wird es verdammen; denn sie kam vom Ende der Erde, Salomons Weisheit zu hören, und siehe, hier ist mehr als Salomon!" so erkennt er unserer Stelle zugleich eine prophetisch-typische Bedeutung zu; sie repräsentirt [4] die Heidenkönige, welche mit ihren Völkern von Nah und Fern zum ewigen Friedensfürsten, zum Könige aller Könige, eilen, um ihm zu huldigen. Ihr Besuch ist eine geschichtliche Weissagung auf die Bekehrung der Heiden zu Christo, weßhalb auch die heiligen Väter [5] sie als Typus der Heidenkirche betrachten, welche von weiter Ferne herbeieilte, ihre schwarze Farbe und Irrthümer abwusch im mystischen Wasser und reichliche Gaben, die Specereien der Frömmigkeit und das Gold reiner Gotteserkenntniß und reicher Tugenden dem Herrn darbrachte.

Eine alte Tradition der Aethiopier [6] berichtet, daß die Königin von Saba von Salomon einen Sohn empfangen, Menilehecus oder Meilicus, der nach seiner Mutter 30 Jahre regierte. Aus dieser Familie stammen 24 Kaiser bis Facilidam, der in der Mitte des 17. Jahrhunderts regierte. Dieselbe Königin Maqueda soll ihren Sohn nach einigen Jahren zu seinem Vater Salomon gesendet haben, damit er in der Jehova-Religion unterrichtet werde. Unter den Lehrern, die der König ihm zutheilte, sei auch Azarias, des Hohenpriesters Sohn gewesen, dem er die in der Bundeslade aufbewahrten zwei steinernen Tafeln stahl und nach Aethiopien brachte — Sagen, die kaum einer Widerlegung bedürfen.

Geradezu lächerlich ist der Bericht des Talmud [7], daß Salomon an

---

[1] Ant. VIII. 6, 6. [2] 3 Kön. 10, 1—13. 2 Chron. 9, 1—9.

[3] Matth. 12, 42. Luk. 11, 31. [4] Vgl. Ps. 71, 10. 11. Js. 60, 6.

[5] Aug., sermo 231 app. (al. 253 de temp.): In figura reginae hujus Ecclesia venit ex gentibus a finibus terrae, imponens finem cupiditatibus vitiisque terrenis, ut audiret sapientiam Salomonis, i. e. veri pacifici Dom. n. J. Chr. etc. Ambros., l. 2 de offic. cp. 10. Origenes, l. 2 in Cant. Gregor. Nyss., hom. 7 in Cant. Hieron., ep. 121 (al. 151) ad Algas.; u. ep. 65 (al. 140) ad Princip. Isidorus, alleg. s. sept. n. 92: Regina Austri, quae venit ad audiendam sapientiam Salomonis, Ecclesia intelligitur, quae ad verbum Dei ab ultimis finibus terrae congregatur. Hilarius, tract. in Ps. 121: In quibus Ecclesiae praefiguratio est, quae peregrina et incognita et poenitentiae credidit et sapientiam desideravit audire. Bernard., sermo 12 in Cant. Prosper, lib. de prom. et praed. pars II. cp. 27. Irenaeus, l. 4 cont. haer. cp. 27. Rupert. zu 3 Kön. 9.

[6] Ludolph, Histor. Aethiop. 2, 3.

[7] Eisenmenger, Entd. Judenth. II. S. 441 f. u. Zweiter Targum, z. B. Esther.

die Königin von Saba einen Auerhahn mit einem Briefe gesendet, der ihn
derselben auch überbracht habe, des Inhaltes, daß, wenn sie nicht zu ihm
kommen wolle, um ihn zu begrüßen, er gegen sie wilde Thiere, Raubvögel
und Teufel senden werde. Darauf habe die Königin ihm Schiffe mit Ge=
schenken, Perlen und 6000 Lämmern beladen geschickt. Die Stadt Kitor
sei so weit entfernt gewesen, daß sieben Jahre zur Reise nach Jerusalem
nöthig gewesen, die Königin aber sei am Ende des dritten Jahres bereits
daselbst angekommen. Aehnliches erzählt der Koran [1]. Als sich einst um
Salomon Geister, Menschen und Vögel sammelten, fehlte der Wiedehopf.
Als dieser den Zorn des Königs bemerkte, sagte er bei seinem Erscheinen,
er sei in Saba gewesen und habe eine mächtige Königin gesehen, die, vom
Teufel verführt, die Sonne anbete. Der König sandte hierauf durch den
Wiedehopf einen Brief an die Königin (Balcaisa), welche sich beeilte, Ge=
schenke an Salomon zu senden. Dieser nahm sie nicht an, sondern ließ sich
durch einen Geist ihren Thron bringen, um zu sehen, ob sie ihn erkennen
würde. Als er sie in seinen Glaspalast führte, glaubte sie ein großes Wasser
vor sich zu haben, welches sie zu durchwaten habe, schürzte ihr Gewand bis
zur Entblößung der Beine auf, und unterwarf sich dem Gotte Salomons.
Arabische Geschichtschreiber fabeln [2], Salomon habe sie nach ihrer Bekehrung
geheirathet und Balchaisa sei auch bis zu seinem Tode als Königin bei ihm
geblieben. Die von dem orientalischen Sagenkreise ausgeschmückte Sabäer=
königin Balkis ist nach ihrem göttlichen und menschlichen Charakter keine
andere, als die fabelhafte Herrscherin des alten Assyriens, Semiramis [3].

Fast alle Malerschulen haben den Besuch der Königin von Saba bei
Salomon als Gegenstand ihrer Meisterwerke gewählt. Wir finden ihn auch
in den Loggien des Vaticans von Raphaels Meisterhand. Aus der italieni=
schen Schule nenne ich nur das Gemälde von Domenichino, aus der deutschen
Schule das von Holbein, aus der französischen Schule das herrliche Bild
von Eustache Lesueur.

§ 30. Die übrigen Königsfrauen.

A. Aus dem Reiche Juda.

Die heilige Schrift führt bei den Königen aus der legitimen Dynastie
Davids auch die Namen der Frauen an, welche Mütter der Thronfolger
waren, weil, wie Allioli [4] meint, sie großen Einfluß auf die Erziehung
hatten.

Roboam (Rehabeam), der Sohn und Nachfolger Salomons, hatte
mehrere Frauen. Die erste, Machalath, war eine Tochter des Jerimoth,
des Sohnes Davids, und der Abichail, der Tochter Eliabs, des Sohnes
Isai's. Abichail, welche wir nach unserer Uebersetzung als Mutter der
Machalath auffassen, gilt in der LXX und Vulgata als zweite Frau des
Roboam. Allein Abichail ist Genitiv und vor demselben das Bindewort

---

[1] Sur. 27, v. 19 f. Die fabelhaften Ausschmückungen hierüber siehe bei *Marraccio*,
Alcor. I. Bd. S. 512 f. Rösch, Bilqis l. c. S. 25.

[2] *Marraccio*, Prodromus zum Alcor. S. 109 f.

[3] Rösch l. c. S. 51.   [4] Zu 4 Kön. 21, 1 Note.

ausgelassen; denn es wird (2 Par. 11, 18) zunächst eine Frau des Roboam genannt, die ihm drei Söhne gebar; auch hätte Eliabs, des ältesten Bruders Davids, Tochter nicht leicht die Gattin des Enkels Davids werden können. Selbst als Enkelin Eliabs gedacht, paßte sie in ihrem Alter besser zu einem Sohne Davids, als zum Sohne Salomons. Nach ihr nahm Roboam die Maacha, die Tochter (Enkelin) Absaloms. Da Absalom nur Eine Tochter Namens Thamar hatte [1], so müßte Maacha mit dieser identisch sein und dieselbe zwei Namen geführt haben [2]. Allein hier empfiehlt sich die Ueber= setzung: „Enkelin Absaloms“; Maacha gilt nämlich als Tochter der Tha= mar, des einzig übriggebliebenen Kindes des Absalom [3]. Diese gebar ihm den Abia und drei andere Söhne [4] und war eine Tochter des Uriel von Gabaa, an welchen Thamar verheirathet war [5]. Wenn die Mutter des Abia an letzter Stelle Michaia (Micajahu) genannt wird, so ist dieß entweder eine längere Form dieses Namens, oder ein Schreibfehler. Roboam aber liebte die Maacha mehr, als alle seine Weiber und Kebsweiber; denn er hatte 18 Weiber und 60 [6] Kebsweiber, die ihm 28 Söhne und 60 Töchter gebaren, und bestellte den Sohn seiner Lieblingsgattin zum Nachfolger. Um jedoch auch seine übrigen Söhne zufriedenzustellen, versorgte er sie mit einer Menge von Frauen, wodurch er sie zum Wohlleben verleitete und von etwaigen Empörungsversuchen abzulenken suchte [7].

Abia nahm 14 Weiber und zeugte 22 Söhne und 16 Töchter [8]. Die Mutter seines Sohnes Asa wird Maacha, Tochter Absaloms, genannt [9], gerade wie die Mutter des Abia. Um diese Schwierigkeit zu begleichen, hat man angenommen, daß Mutter hier soviel als Großmutter bedeute und daß demnach des Abia Mutter unter ihrem königlichen Enkel Asa in der Stel= lung der Königin=Mutter oder Gebira verblieben sei, bis Asa sie wegen ihres Götzendienstes absetzte [10]. Andere anders. Uebrigens konnte die Mutter des Asa auch leicht den Namen Maacha führen und aus dem Geschlechte Absaloms abstammen. Die Mutter des Königs Josaphat, eines Sohnes des Asa, wird Azuba genannt, welche eine Tochter Salai's (Silhi's) war [11]. Josaphat gab seinem Sohne Joram die Tochter des Königs Achab zur Frau (unten). Das Weib des Ochozias, die Mutter des Joas, heißt Sebia (Zibea) von Bersabee [12]. Dieser hatte zwei Weiber, mit denen er Söhne und Töchter zeugte [13]. Ferner werden aufgezählt: Joadan von Jerusalem, die Mutter des Amasias [14]; Jechelia (Jechalja) von Jerusalem, die Mutter des Azarias (Uzias) [15]; Jerusa, eine Tochter Sadocs, die Mutter des Joatham [16]; Abi, auch Abia (Abija), eine Tochter Zacharia's, als Mutter des Königs Ezechias [17]; Haphsiba (Hephziba), die Mutter des Manasse [18],

---

[1] Oben S. 249.   [2] So die Rabbinen, Lyranus, Sanchez, Cajetan.
[3] 2 Sam. 14, 27; 18, 18. *Josephus*, Ant. VIII. 10, 1: Duxit postea et aliam ipsamque cognatam, Machanam nomine, ex filia Abesalomi Thamara natam.
[4] 3 Kön. 15, 2. 2 Par. 11, 20.   [5] 2 Par. 13, 2.
[6] Nach *Josephus* l. c. bloß 30.
[7] 2 Par. 11, 18—23.   [8] 2 Par. 13, 21.   [9] 3 Kön. 15, 10.   [10] 3 Kön. 15, 13.   [11] 3 Kön. 22, 42. 2 Par. 20, 31.   [12] 4 Kön. 12, 1. 2 Par. 24, 12. [13] 2 Par. 24, 3.   [14] 4 Kön. 14, 2. 2 Par. 25, 1.   [15] 4 Kön. 15, 2. 2 Par. 26, 3.   [16] 4 Kön. 15, 33. 2 Par. 27, 1.   [17] 4 Kön. 18, 2. 2 Par. 29, 1. [18] 4 Kön. 21, 1.

Mehsalemeth (Mesulemeth); eine Tochter des Harus von Jeteba (Jothba), als Mutter des Amon[1]; Idiba (Jebida), eine Tochter Hadaja's von Besecath (Adajas von Bazkath), die Mutter des Josias[2]; Amital (Hamutal), eine Tochter des Jeremias von Lobna, die Mutter des Joachaz[3]; Zebida (Sebuda), eine Tochter Phadaja's von Ruma, die Mutter des Joakim[4]; Nohesta (Nehustha), eine Tochter Elnathans von Jerusalem, die Mutter des Joachim, welche zugleich mit ihrem Sohne sich dem Könige Nebucadnezar ergeben hatte in der Hoffnung auf Gnade; dieser jedoch ließ den König sammt seiner Mutter und seinen Weibern gefangen nach Babel abführen[5]. Endlich Amital, eine Tochter des Jeremias von Lobna, die Mutter des Zedecias[6].

B. Aus dem Reiche Israel.

Von den Königen aus dem Zehnstämmereiche werden nur einzelne Frauen genannt. Der Name der Mutter wird nur bei dem ersten derselben, Jeroboam, beigesetzt, nämlich Sarva (Zeruga), eine Wittwe[7]. Von seinem Weibe, dessen Name nicht angeführt ist, erzählt die heilige Schrift Folgendes:

Als Jeroboam ungeachtet der ihm angedrohten Strafe von seiner Abgötterei nicht abließ, so suchte Gott ihn mit der Erkrankung seines Sohnes heim. In der Noth gedachte er des Propheten Ahias, der ihm einst das Königthum und ein beständiges Haus verheißen hatte[8]. Da er sich aber bewußt war, die ihm von dem Propheten gestellte Bedingung unbedingter Treue gegen Jehova nicht erfüllt zu haben, so getraute er sich selbst nicht, sich an ihn zu wenden, sondern suchte gewissermaßen eine Antwort ihm abzustehlen. Er sendet nämlich sein Weib, die Mutter des Knaben[9], und zwar verkleidet, nach Silo zu dem Propheten, damit dieser sie nicht erkenne und so eine Auskunft verweigere oder aber, dadurch voreingenommen, weniger Günstiges in Aussicht stelle. Um die Täuschung vollständig zu machen, sollte sie zehn Brode, einen Kuchen und einen Krug mit Honig für den Propheten mitnehmen, eine geringe Gabe, wie sie einfache Bürgersfrauen zu bringen pflegten. Indessen hatte Gott dem vom Alter erblindeten Propheten nicht bloß das Kommen und Anliegen dieses Weibes vorausgesagt, sondern auch die Worte in seinen Mund gelegt, die er zu ihr reden sollte. Als nun Ahias sie eintreten hörte, sprach er: „Komm' herein, Weib Jeroboams! Warum stellest du dich fremd?" Darauf verkündet er ihr ob der Sünden Jeroboams die gänzliche und schmachvolle Ausrottung seiner Familie und gibt ihr Bescheid über den kranken Sohn. Derselbe werde sterben, sobald sie die Stadt betrete, und von allen männlichen Gliedern des Hauses Jeroboam allein der Ehre eines ordentlichen Begräbnisses theilhaftig werden, weil an ihm Gutes von Jehova gefunden wurde. Nachdem er ihr noch das göttliche Gericht an dem Volke, das Exil, verkündet, ging das Weib hinweg und kam nach Thersa; und als sie über die Schwelle des Hauses trat, starb der Knabe[10].

---

[1] 4 Kön. 21, 10.   [2] 4 Kön. 22, 1.   [3] 4 Kön. 23, 31.   [4] L. c. 23, 36.
[5] L. c. 24, 8—15.   [6] 4 Kön. 24, 18. Jer. 52, 1.   [7] 3 Kön. 11, 26.   [8] L. c. 11, 38.
[9] *Josephus*, Ant. VIII. 11, 1 nennt ihn Obimen.
[10] 3 Kön. 14, 1 f.

Josephus fügt bei, daß sie den ganzen Weg mit Weinen und Klage erfüllte, und je mehr sie eilte, den unausbleiblichen Tod ihres Kindes beschleunigte.

Unter allen Frauen des Alten Testamentes spielt die Jezabel [1] eine wahrhaft diabolische Rolle. Sie war die Tochter Ethbaals, des Königs der Sidonier, und wurde die Gemahlin des Königs Achab von Israel, als welche sie während dessen Regierung und nach seinem Tode als Königin-Mutter noch 13 Jahre lang den unheilvollsten Einfluß im Zehnstämmereich und nach der Verheirathung ihrer Tochter Athalia mit Joram von Juda mittelbar auch im Zweistämmereich ausübte. Ethbaal ist der bei Josephus [2] erwähnte Ἰθόβαλος, König von Sidon und Tyrus und Priester der Astarte, welcher nach Ermordung seines Bruders Pheles den Thron an sich riß. Jezabel war auch eine dieses Königsmörders und Götzenpriesters würdige Tochter [3]. Josephus schildert sie als ein unruhiges und verwegenes Weib, welche dem Gotte Baal Tempel erbaute, heilige Haine errichtete und Baalspriester an- stellte. Stolz, herrschsüchtig, prunkliebend und rasch entschlossen setzte sie sich bei Verfolgung ihrer Pläne über alle Schranken des Rechtes hinweg, schreckte selbst vor keiner Blutthat zurück und übte auf ihren eitlen und schwachen Gemahl einen völlig beherrschenden Einfluß aus. Als fanatische Tochter eines Astartepriesters wußte sie mit allen Mitteln der Gewalt und Verführung die väterliche Religion auch im Reiche Israel und später durch ihre Tochter selbst im Reiche Juda zur herrschenden Staatsreligion zu machen. Sie hatte es besonders auf Ausrottung des Jehovadienstes abgesehen und suchte diese Absicht durch blutige Verfolgung der Propheten und anderer treuer Verehrer Jehova's zu erreichen [4]. Auf ihr Betreiben ließ der König Achab in Samaria einen prachtvollen Baaltempel mit der steinernen Bildsäule Baals, seinen vielen Säulen, seinem reichen Schatz an Kleidern und seinen zahlreichen Priestern aufführen [5]; den Unterhalt der 400 Propheten Astarte's und der 450 des Baal hatte Jezabel selbst übernommen [6]. Den kräftigsten Wider- stand leistete ihr der Prophet Elias, der den offenen Kampf für den Gott Israels mit ihr aufzunehmen wagte; doch auch hierin mußte sie den König zu ihrem Werkzeuge zu machen [7]; denn selbst nach jenem großen Triumphe des lebendigen Gottes über den Baal auf der Höhe des Karmel mußte dieser große Gottesheld vor der Rache des wüthenden Weibes flüchten, die ihre getödteten Baalspfaffen rächen wollte [8]. Mit welcher schamlosen Frivolität dieses Scheusal das Recht mit Füßen trat, wenn es den Wünschen ihres Gatten im Wege stand, zeigt der von ihr in Scene gesetzte Justizmord an Naboth. Neben der Königsburg des Achab in Jesreel lag der Weinberg des Naboth. Da der König denselben zur Erweiterung des königlichen

---

[1] אִיזֶבֶל, LXX: Ἰεζαβήλ. *Ambros.*, exh. Virg. cp. 5: Jezabel, vanum illud et saeculare profluvium, hoc enim significavit vocabulo: vana et vacua redundantia; de fug. saec. cp. 6: effusio sanguinis. *Rupertus*, Apoc. 2: fluxus sanguinis. *Isi- dorus*, etym. l. 7. cp. 6. n. 78: Jezabel, fluxus sanguinis, vel fluens sanguinem, sed melius: ubi est sterquilinium. Praecipitata enim deorsum, comederunt carnes ejus canes.
[2] Ant. VIII. 13, 1.
[3] 3. Kön. 16, 31.   [4] 3 Kön. 18, 4. 13; 19, 14. 4 Kön. 9, 7.   [5] 3 Kön. 16, 31 f.; 18, 19. 21 f. 4 Kön. 3, 2. 10. 19. 22. 26 f.   [6] 3 Kön. 18. 19.
[7] 3 Kön. 18, 10.   [8] 3 Kön. 19, 1 f.

Gartens haben, Naboth aber aus religiösen Gründen [1] ihn nicht veräußern wollte, kam jener mürrisch nach Hause und äußerte seinen Unmuth in wahrhaft kindischer Weise. Kaum hatte Jezabel die Ursache dieses Unmuthes erfahren, sagte sie ironisch zu ihm: „Uebst denn du jetzt die Herrschaft über Israel aus (d. h. du als König lässest dir so etwas gefallen)? Ich will dir den Weinberg des Naboth geben" (wenn du dich nicht getrauest, als Mann und König zu handeln). Das freche Weib schrieb dann im Namen des Königs einen Brief, untersiegelte ihn mit dem königlichen Siegel und sandte ihn an die Aeltesten und Vornehmsten der Stadt, des Inhaltes, man möge einen Fasttag ausschreiben (als ob eine schwere auf der Stadt lastende Versündigung zu sühnen wäre, wodurch gleich von vornherein der anzustellende Prozeß den Schein der Gerechtigkeit erhalten soll) und Naboth oben an in der Versammlung setzen und zwei nichtswürdige Menschen als Zeugen aufstellen, daß sie gegen ihn zeugen: er habe Gott und den König gelästert, sodann ihn hinausführen und steinigen. Als die eingeschüchterten Aeltesten diesen ungerechten Befehl vollzogen hatten und ihr die Hinrichtung des Naboth gemeldet worden war, fordert sie Achab auf, den Weinberg in Besitz zu nehmen, denn Naboth sei todt. Als nun dieser im Begriffe war, den Besitz anzutreten, trat ihm auf Gottes Geheiß Elias entgegen mit der Androhung, daß Gott diesen Mord und Raub an ihm und seinem Weibe mit dem blutigen Tode und seinen Götzendienst mit der Ausrottung seines ganzen Hauses strafen werde [2]. Als Achab den verdienten Tod gefunden, setzte Jezabel unter ihren beiden Söhnen Ochozias und Joram ihren verderblichen Einfluß fort [3]. Als Jehu von einem Prophetenschüler des Eliseus zum Könige gesalbt worden war, rottete er dem göttlichen Befehle gemäß die königliche Familie und den Götzendienst aus. Zuerst tödtete er den Joram und ließ seinen Leichnam auf den Acker Naboths werfen. Hierauf zog er in Jesreel ein. Als Jezabel davon hörte, schminkte sie ihre Augen, schmückte ihr Haupt und legte sich an's Fenster. Die Meinung Ephräms des Syrers und Anderer [4], Jezabel habe sich deßhalb mit verführerischen Reizen geschmückt, um den Jehu dadurch zu bestechen und zu locken und dadurch von weiteren Gewaltthaten abzubringen, ist nicht stichhaltig; denn da sie einen 23jährigen Enkel [5] hatte, so mußte sie bereits im Alter vorgeschritten sein. Das stolze herrische Weib wollte vielmehr im vollen Schmucke der königlichen Majestät als Königin-Mutter dem Usurpator begegnen und imponieren und ihm seinen Sieg wenigstens noch durch einen unheimlich drohenden Zuruf vergällen. Als nämlich Jehu in's Thor des Palastes trat, ruft sie ihm zu: „Ist Friede, Zimri, Mörder seines Herrn?" Mit diesen Worten will sie ihn einschüchtern und ihm drohen, daß es ihm so ergehen werde, wie dem Usurpator Simri, dessen Herrschaft nicht lange währte. Jehu würdigte sie keines Blickes, sondern fragte, indem er zum Fenster hinaufblickte: „Wer ist mit mir?" Da blickten einige Eunuchen (von dem Nebenfenster) heraus und warfen auf Befehl Jehu's die stolze, ruchlose Königin aus dem Fenster. Ihr Blut bespritzte

---

[1] Lev. 25, 10—28. Num. 36, 1 f.   [2] 3 Kön. 21.   [3] 4 Kön. 3, 2.
[4] *Gregor. Naz.*, carm. theol. l. I. s. 2. mor. n. 29. v. 293: Pinxit olim oculos fornicaria et serva Jezabel, verum perfudit meretrices cruore meretricio.
[5] 4 Kön. 8, 26.

die Wand des Palastes und die Rosse an Jehu's Wagen, welche sie zer=
traten. Sodann fielen die Hunde über sie her. Nachdem Jehu sich im Pa=
laste gestärkt, sprach er zu seinen Leuten: „Sehet doch nach dieser Verfluchten
(dem göttlichen Fluche Verfallenen) und begrabet sie, denn sie ist eine Königs=
tochter." Diese aber fanden nur noch vom Leichname den Schädel, die Füße
und die Handflächen. Bei dieser Nachricht sprach Jehu: „Das ist das Wort,
das Gott durch seinen Knecht Elias geredet: Auf dem Acker Jesreel sollen
die Hunde das Fleisch Jezabels fressen und es soll ihr Leichnam wie Mist
auf dem Felde liegen, daß man nicht sagen kann: das ist Jezabel." [1]

Die Rabbinen geben auch den Grund an, warum diese Theile übrig
blieben. Jezabels Palast war, erzählt Elieser [2], an dem freien Platze.
Ging ein bräutlicher Zug vorüber, so trat sie aus ihrem Hause, schlug
freudig die Hände zusammen, Lobsprüche entquollen ihrem Munde; so ging
sie zehn Schritte weit. Zog eine Leiche daher, trat sie ebenfalls aus ihrem
Palaste, rang die Hände, sang Klagelieder und folgte ihr. Daher, als Elias
Prophezeiung eintraf: die Hunde sollen das Fleisch der Jsabel verzehren,
blieben die Gliedmaßen, mit denen sie den Mitmenschen Liebe erwiesen hatte,
unversehrt. Man fand den Schädel, die Füße und die Handballen.

Daß keine Stätte an dieses verruchte Weib erinnern sollte, war von
Jehu nicht beabsichtigt, sondern von Gott verhängt. So endete dieses Weib,
welches durch 36 Jahre hindurch einen so entsittlichenden Einfluß auf Israel
ausgeübt hatte. An ihrem Beispiele sieht man, wie weise das mosaische
Gesetz die Ehen der Israeliten mit Canaaniterinnen verabscheute, weil die
Gemeinschaft mit dem wüsten Götzendienste und den damit zusammenhängen=
den Lastern alle Bande der Zucht löste und den Untergang des Reiches be=
schleunigte. Jezabel gilt daher als Typus der fleischlichen Weisheit [3], der
thierischen Habsucht [4] und ist Bild der Synagoge, welche jetzt noch vom
Blute trieft [5]. Ihr Sturz ist ein Vorbild des israelitischen Volkes im Exile
und ihre wenigen Ueberbleibsel ein Bild der verstümmelten Synagoge [6].
In der Offenbarung des hl. Johannes [7] wird ein Weib in Thyatira, welches
sich für eine Prophetin ausgab und durch die Lehre der Nicolaiten einen
Theil der Gemeinde zum Essen von Götzenopfern und zur Hurerei verführt
hatte, als eine neue Jezabel bezeichnet. Andere verstehen darunter die per=
sonificirte Ketzerei der Nicolaiten selbst, der man eine solche Stelle eingeräumt
hat, wie Achab der Jezabel.

Der Mutter vollkommen ebenbürtig war die Tochter [8] Athalia [9], die
auch an einigen Stellen [10] nach dem Gründer der Dynastie Tochter (d. i. Enkelin)
Amris genannt wird; durch ihre eheliche Verbindung mit Joram, Josaphats
Sohn, wurde auch der Fluch des Hauses Achab in das Reich Juda ver=
pflanzt. Wie ihre Mutter, suchte auch sie ihren Gemahl und dann ihren
Sohn Ochozias zu beherrschen [11]. Unter ihr wucherte auch der Götzendienst

---

[1] 4 Kön. 9.   [2] Pirke di R. El. 17.
[3] *Origenes*, Ps. 36, hom. 1.   [4] *Ambros.*, de Nabuthe cp. 9 u. 11.
[5] *Rupert.* in Reg. l. 5. cp. 7.   [6] *Rupert.* l. c. cp. 14.
[7] 2, 20.   [8] 4 Kön. 8, 18. 2 Par. 21, 6.
[9] עֲתַלְיָה, LXX und bei Josephus: Γοθολία.
[10] 4 Kön. 8, 26. 2 Par. 22, 2.   [11] 2 Par. 21, 6; 22, 4.

im Reiche Juda[1], wurde der Jehovadienst beeinträchtigt[2], blutige Greuel begangen[3] und verderbliche politische Rathschläge ertheilt[4]. Schwere göttliche Heimsuchungen waren die Folge hiervon[5]. Als ihr Sohn von Jehu getödtet worden war, ergriff sie selbst die Zügel der Regierung und ermordete alle noch übrigen Erben des königlichen Thrones[6], um so das Geschlecht Davids gänzlich auszurotten[7], und vollendete so mit eigener Hand das göttlich verhängte Gericht an den Nachkommen Achabs, welches Jehu begonnen hatte. Nur der jüngste, kaum einjährige Sohn des Ochozias, Namens Joas, wurde durch die Wachsamkeit seiner Tante Josabeth (Joseba), einer Schwester des Ochozias von demselben Vater, nicht aber von derselben Mutter Athalia[8], und Gemahlin des Hohenpriesters Jojaba, sammt seiner Amme von dem sichern Tode gerettet und von ihr in der Wohnung des Hohenpriesters im Tempelvorhofe sechs Jahre verborgen gehalten und erzogen[9], während welcher Zeit Athalia über das Land herrschte. Doch nach Ablauf der sechs Jahre hielt der umsichtige und energische Hohepriester Jojaba den Zeitpunkt für günstig, der Herrschaft dieser tyrannischen Königin ein Ende zu machen. Nachdem die königliche Leibwache für den Plan gewonnen war, wurde mit Hülfe der Leviten das Landvolk in die Stadt herbeigeführt, welches sich der Bewegung anschloß, und Joas feierlich im Tempel als König proclamirte. Als nun Athalia den lauten Volksjubel hörte, kam sie zum Volke in den Tempel, und als sie den jungen König auf seinem Standorte von den Fürsten und der jubelnden Menge umgeben sah, zerriß sie vor Enttäuschung ihre Kleider und rief: „Verschwörung, Verschwörung!" Damit sie jedoch nicht im Tempel sterbe, befahl Jojaba, dieselbe durch die Reihen hinauszuführen und jeden, der ihre Partei ergreife, zu tödten. Sodann wurde sie auf dem Wege zum königlichen Marstalle (nicht aber, wie Josephus meint, beim Roßthore im Cedronthale) getödtet, worauf die Ausrottung des Baaldienstes und die Bundeserneuerung vor sich ging[10]. In ihr ist abgeschattet die Gottlosigkeit der Synagoge, welche den Samen Christi (Davids) zu vernichten strebte[11]. Der französische Dichter Racine hat dieses tyrannische und blutgierige Weib zur Hauptperson einer herrlichen Tragödie gemacht, welche außer der vollendeten Form und Reinheit der Sprache durch herrliche Zeichnung der Charaktere sich auszeichnet. Sein Freund, der Maler Anton Coypel, stellte in einem Gemälde die Scene dar, wie Athalia auf Befehl Jojaba's aus dem Tempel zur Hinrichtung geführt wird.

§ 31. Die Wittwe von Sarepta.

Nachdem der Prophet Elias dem Könige Achab als Strafe für seinen Götzendienst eine langjährige Dürre und Hungersnoth angekündigt hatte, zog er sich auf Gottes Geheiß an den Bach Carith zurück, wo er wunder=

---

[1] 4 Kön. 8, 18. 27; 11. 18. 2 Par. 22, 3.   [2] 2 Par. 24, 7.   [3] 2 Par. 21, 4.   [4] 2 Par. 22, 4.   [5] 2 Par. 21, 16; 22, 7.   [6] 4 Kön. 11, 1. 2 Par. 22, 10.
[7] *Theodoret.*, qu. 35 in 4 Reg.   [8] *Joseph.*, Ant. IX. 7, 1.
[9] 4 Kön. 11, 2. 2 Par. 22, 12.   [10] 4 Kön. 11. 2 Par. 23.
[11] Glossa ordin. (Lyr.) zu 4 Reg. 11.

barer Weise durch Raben gespeist wurde. Als auch dieser Bach nach einiger
Zeit aus Mangel an Regen vertrocknet war, befahl der Herr seinem Diener,
nach Sarephta (Zarpat), einer sidonischen Stadt, am mittelländischen Meere
gelegen, zu gehen und bei einer Wittwe zu wohnen, welcher er geboten habe,
ihn zu versorgen. Diese letzten Worte besagen nicht nothwendiger Weise,
daß Gott der Wittwe die Ankunft des Propheten angezeigt und befohlen
habe, diesen aufzunehmen und zu verpflegen, sondern daß er dieselbe disponirt
und zur Ausübung dieses Liebeswerkes bereit gemacht hat. Elias machte
sich nun auf, und als er zu dem Stadtthore von Sarephta kam, traf
er eine Wittwe, die Holz auflas, mithin arm und verlassen war. Um zu
erkennen, ob sie diejenige sei, welche ihn zu versorgen habe, bittet er, er=
müdet von der Reise, zuerst um einen Trunk Wasser, und als sie eben im
Begriffe ist, dasselbe für ihn zu holen, fügt er die weitere Bitte hinzu, ihm
auch einen Bissen Brod zu reichen. Sie aber betheuerte unter einem Schwure
bei Jehova, daß sie nicht Gebackenes (Brodkuchen), sondern nur noch eine
Handvoll Mehl im Gefäße und ein wenig Oel im Kruge habe und eben
Holz sammle, um diesen Rest für sich und ihren Sohn zuzubereiten, den sie
noch verzehren und dann sterben wollten. Aus dieser Antwort, in der sie
nur von ihrem Sohne und nicht von ihrem Manne spricht, ersieht Elias,
daß sie eine Wittwe war, zugleich aber auch, daß sie Jehova, den Gott
Israels, kannte. Durch den Schwur bei „Jehova deinem Gotte" bezeugt sie
sich als eine Verehrerin des wahren Gottes, den sie, weil sie den Mann als
Israeliten und vielleicht auch (aus seiner Kleidung) als Propheten erkannte,
als seinen Gott bezeichnet. Sie war demnach allerdings eine Heidin, aber
nicht eine Anbeterin des phönizischen Baal und der Astarte, denn an eine
solche würde der Prophet nicht gewiesen worden sein, sondern eine gläubige
Heidin[1]. An eine Israelitin von Geburt zu denken, welche an einen Phöni=
zier sich verheirathet habe, liegt kein Grund vor.

Elias tröstet sie mit den Worten: „Fürchte dich nicht!", knüpft aber
daran eine Aufforderung, welche für diese fremde Frau eine schwere Glaubens=
prüfung war; er verlangt nämlich, daß sie vom letzten Mehle und Oele
einen kleinen Kuchen backe zuerst für ihn und hernach für sich und ihren
Sohn, jedoch mit der beigefügten Verheißung, Jehova, der Gott Israels,
werde das Mehl im Eimer und das Oel im Kruge nicht ausgehen lassen,
bis er wieder Regen über das Land geben werde. Und die Wittwe that
nach seinem Worte. Sie gab das Sichere für das Unsichere hin, weil sie
dem Worte Jehova's vertraute, und empfing den Lohn ihres gläubigen Ver=
trauens[2], daß während der ganzen Zeit der Dürre das Mehl und Oel ihr
nicht ausging. Mit Recht preist Eucherius[3] den Muth und die Tugend

---

[1] *Origenes* in Luc. hom. 33. *Chrysost.* in ep. 2 ad Cor. hom. 19, 4. *Theo-*
doret., qu. in 3 Reg. interr. 53. *Procop.*, com. in 3 Reg. 17.

[2] *Procop.* l. c.: Promissionem firma fide accipiens cibum attulit, atque hoc
fecit, cum hominem non novisset, alienigena enim erat et virtutis propheticae nullam experientiam sumpserat. *Theodoret.* l. c. *Chrysost.* l. c.: Quid hac muliere
fortius fingi possit, quae et adversus naturae tyrannidem et adversus vim famis
ac mortis minas strenuo animo stetit atque haec omnia superavit.

[3] *Bei Corn. a Lapide*: O magnificum mulieris animum, o immutabile mentis

dieses Weibes, welches, der eigenen und des Kindes Noth vergessend, den letzten Bissen mit dem fremden Manne theilt und das glänzendste Beispiel der Gastfreundschaft gab. Einer so hervorragenden Tugend konnte auch der Lohn nicht entgehen; während außer ihrem Hause und in Judäa Hungers= noth herrscht, entsteht aus der Handvoll Mehl durch das Wort des Propheten im Hause der Wittwe eine reichliche Ernte, welche das Haus vor dem sicheren Tode schützt [1].

Diese arme gläubige Wittwe empfing aber von dem Propheten nicht bloß leiblichen, sondern auch geistlichen Segen, denn Elias wurde, wie Christus (bei Luc. 4, 25 f.) seinen ungläubigen Zeitgenossen zur Beschämung vorhält, zu dieser Wittwe geschickt, nicht so sehr deßhalb, damit er bei ihr sicher geborgen wäre, sondern um ihres Glaubens willen, zur Stärkung und Förderung desselben, und nicht zu einer der vielen Wittwen in Israel, von denen manche den Propheten auch aufgenommen haben würden, wenn sie durch ihn von der drückenden Hungersnoth befreit worden wären. Die wunderbare Vermehrung des Mehles und Oeles diente nicht bloß zur Lebens= erhaltung des Propheten und der Wittwe, sondern die Abhilfe der leiblichen Noth sollte zugleich ein vorbereitendes Mittel zur Stillung ihres geistlichen Bedürfnisses werden.

Nach diesen Begebenheiten, als Elias im Obergemache ihres Hauses Wohnung genommen hatte, erkrankte deren Sohn und starb. In diesem Todesfalle erkannte das fromme Weib eine Strafe Gottes für ihre Sünde, welche durch die Anwesenheit des Mannes Gottes auf sie gelenkt worden sei, so daß sie zu Elias spricht: „Was habe ich mit dir zu schaffen, Mann Gottes? Bist du zu mir gekommen, meine Sünde in Andenken zu bringen (bei Gott) und meinen Sohn zu tödten?" Bewunderungswürdig sind diese

---

propositum et vere venerabile per saecula factum: poculum petit, mox offert: et quod regibus jam forsitan deerat, quod divites non habebant, hoc vidua ex abun- dantia erogabat. Pascit pane, quae cum filio die postero erat moritura, nec habere se negat; sed fatetur simpliciter, nec metuit prodere veritatem, et non tam postu- lanti, quam quodammodo exigenti omnem causam pandit in medium: quantitatem victus et numerum personarum, ut non tam hospitem velit habere, quam judi- cem ... Erat spectaculum angelis hominibusque gratissimum, quod inter gentes in terra profana vidua mulier jam tunc esset filia Abrahae, multo hospitalior ipso parente, multo humanior fidei genitore ... Studio humanitatis omnem vim de- spexit naturalis affectus non de se, non de parvulis sollicita: nihil eam a mentis proposito revocavit, nec proprii sexus infirmitas, nec materna erga parvulos viscera pietatis, occidit in se naturae officia hospitalitatis intuitu et effectus est devotus erga hospitem matris animus filiorum crudele sepulchrum.

[1] *Eucherius* l. c.: Facta est igitur manus viduae perenne torcular et mola jugiter fundens. Ecquid dico mulieris manum? In verbo prophetae tota domus viduae piorum cellarium facta est. Non ibi ros, non pluvia, non veris aura, non calidi soles, non nimbus necessarius, non aratrum, non agricola, non colonus, sed omnia et in omnibus sermo prophetae affatim viduae ministrabat. *Hieron.*, ep. 54 (al. 10) ad Furiam: Recordemur viduae Sareptanae, quae et suae et filiorum sa- luti. Eliae praetulit famem; ut in ipsa nocte moritura cum filio superstitem ho- spitem relinqueret, malens vitam perdere, quam eleemosynam, et in pugillo fari- nae seminarium sibi messis dominicae praeparavit. Farina seritur et olei capsaces nascitur. In Judaea frumenti est penuria et in gentium vidua olei fluenta ma- nabant.

Worte der Wittwe, sagt Theodoretus[1]; nicht schreibt sie dieses Unglück dem Propheten zu, sondern ihren eigenen Sünden gibt sie die Schuld; sie fürchtet sich nämlich in ihrer Demuth, einen Propheten in ihr unwürdiges Haus aufgenommen zu haben. Es spricht sich hier ein gläubiges, für die göttliche Wahrheit empfängliches und seiner Sünden sich bewußtes Gemüth aus, welchem der Herr seine Hülfe nicht versagen konnte. So wenig die Blindheit des Blindgebornen (Joh. 9), ebenso wenig war der Tod des Sohnes als Strafe für besondere Sünden verhängt, sondern sollte nur ein Mittel zur Offenbarung der Werke Gottes an ihr[2] und zur Stärkung ihres Glaubens[3] werden. Durch die rettende That sucht Elias ihr diese Ueber- zeugung beizubringen; denn er nahm den todten Sohn von ihrem Schooße, trug ihn in das von ihm bewohnte Obergemach und legte ihn auf sein Bett. In dieser stillen Einsamkeit schüttet er sein von innigstem Mitgefühle mit dem Schmerze seiner Wohlthäterin bewegtes Herz in demüthiger Zuversicht vor dem Herrn aus, um ihn desto kräftiger zur Hülfe aufzufordern. „Jehova, mein Gott," ruft er, „solltest du über die Wittwe, bei der ich wohne, Uebel bringen, daß du ihren Sohn tödtest?" Diese Worte enthalten nicht vielleicht einen Vorwurf gegen Gott, sondern sind vielmehr Ausdruck des mit Gott im Glauben ringenden Beters, welcher die Gewißheit der Erhörung in sich birgt, als wollte er sagen: Du mein Gott kannst nach deiner Gnade und Gerechtigkeit den Sohn dieser Wittwe unmöglich im Tode lassen.

Darum schreitet der Prophet alsbald zur That, den Knaben wieder zu erwecken. Er streckte sich über den Knaben dreimal aus und rief zu Jehova und sprach: „Jehova, mein Gott, laß doch die Seele dieses Knaben wieder in sein Inneres kommen!" Aehnlich, wie Christus bei Heilung des Taub- stummen, Blinden und Blindgebornen[4], verfuhr auch hier Elias. Er be- dient sich des natürlichen Mittels der Erwärmung und Wiederbelebung, nicht etwa im Glauben, daß dieses an und für sich schon wirksam sei, sondern in der festen Zuversicht, daß Gott auf sein flehentliches Gebet diesen natür- lichen Mitteln göttliche, Leben gebende Kraft verleihen werde.

Sein Gebet fand Erhörung; der Knabe kehrte in's Leben zurück, worauf ihn Elias seiner Mutter wieder gab, mit den Worten: „Siehe, dein Sohn lebt!" Durch dieses Wunder wurde das gottesfürchtige Weib in ihrem Glauben an den Gott Israels mächtig gestärkt. Sie erkennt den Elias nicht

---

[1] Quaest. in 3 Reg. interr. 54. Vgl. *Procop.*, com. l. c.: Tua luce, inquit, retecta sunt occulta mea peccata et non, ut alienigena, ingressum prophetae malum omen fuisse interpreta est, sed suis peccatis mortem pueri ascripsit. Atque sic ex prophetae doctrina fructum percepit.

[2] *Aug.* ad Simpl. l. 2. quaest. 5: Non maleficiendi causa mortificaverat filium ejus, sed exhibendi miraculi ad gloriam nominis sui, quo tantum prophetam com- mendaret: sicut dicit Dominus, non ad mortem mortuum fuisse Lazarum, sed ut glorificaretur Deus in filio suo (Joh. 11, 4). Et ideo consequentia probant, et ipsa etiam fiducia, qua credidit Elias, non ad hoc illud contigisse, ut acerbo luctu hospita ejus affligeretur: sed potius ad hoc factum esse, ut Deus magnificentius ostenderet viduae, qualem Dei famulum suscepisset.

[3] *Procop.* l. c.: Fortassis etiam in bonum viduae puer mortuus est, ut si videret pueri resurrectionem, quae contra naturam est, solidam pietatem et fidem reciperet.

[4] Mark. 7, 33; 8, 23. Joh. 9, 6. 7.

mehr bloß als Mann Gottes, wie früher, sondern erfuhr auch, daß das Wort Jehova's in seinem Munde Wahrheit sei, womit sie ihren Glauben an den Gott Israels als wahren Gott bekannte[1]. Nach der hebräischen Tradition[2] soll der zum Leben wiedererweckte Sohn der Wittwe der Prophet Jonas gewesen sein[3]. Diese Wittwe, welche den von den Israeliten verfolgten Propheten in ihr Haus aufnahm, ihn speiste und deßhalb allen übrigen Wittwen in Israel vorgezogen wurde, ist ein Bild der gläubigen Heidenkirche, welche die Apostel mit Freuden aufnahm und bei welcher das Brod Christi und das Oel der heiligen Salbung nicht abnimmt[4].

§ 32. Die Wittwe des Prophetenschülers und die Sunamitin.

Wie Elias war auch sein Schüler Eliseus ein Mann Gottes, welchen Jehova mit seinem Geiste zu wunderbaren Thaten ausgerüstet hatte. Wenn Gott im alttestamentlichen Gesetze wiederholt und dringend verlangt, sich der Wittwen und Waisen anzunehmen und für sie zu sorgen, er selbst sich als Vater und Rechtsbeschützer derselben hinstellt, die Theilnahme und Sorge für sie als Zeichen wahrer Gottesfurcht und Frömmigkeit erscheint, dagegen Nichtachtung und Vernachläßigung derselben zu den schwersten Sünden zählt, so dürfen wir uns wohl nicht wundern, daß es zum Wesen eines Mannes Gottes gehört, Schützer und Helfer der Wittwen und Waisen zu sein und sich als solcher durch die That auch zu erweisen. Ohne eine solche That würde ein wesentliches Moment des prophetischen Berufes dieser beiden That-propheten fehlen.

Einst schrie eine Wittwe von den Prophetenschülern zu Eliseus und sprach: „Dein Knecht, mein Mann, ist gestorben und du weißt, daß dein Knecht Jehova fürchtete. Nun ist der Gläubiger gekommen, meine beiden Söhne zu Sklaven zu nehmen." Nach Josephus[5], den Rabbinen[6], Theodoretus[7] u. A. soll dieses Weib die Wittwe des Propheten Abdias gewesen sein, welcher während der Verfolgung unter Jezabel 100 Prophetenschüler

---

[1] 3 Kön. 17, 7—24.

[2] Pirke de R. Elies. 33.

[3] *Hieron.*, praef. ad Jon.: Tradunt Hebraei, hunc (Jonam) esse filium viduae Sareptanae, quem Elias propheta mortuum suscitavit, matre postea dicente ad eum: Nunc cognovi, quia vir Dei es tu, et verbum Dei in ore tuo est veritas, et ob hanc causam etiam ipsum puerum sic vocatum. Amathi enim veritatem sonat: et ex eo quod verum Elias locutus est, ille qui suscitatus est, filius esse dicitur veritatis.

[4] *Hieron.*, com. in Abdiam. *Origenes* in Luc. hom. 33. *Ambros.*, de viduis cp. 3. *Theodoret.*, qu. in 3 Reg. interr. 53: In ea praefiguratam Ecclesiam ex gentibus: fideliter enim excepit eum, quem persequebantur Israelitae, quomodo etiam ecclesia Apostolos ab iis ipsis expulsos. *Rupertus*, in Reg. l. 5. cp. 7 u. 8. *Isidor.*, alleg. s. script. n. 96: Vidua, ad quam mittitur Elias pascendus, Ecclesia est, ad quam per fidem venisse legitur Christus, cujus farinae et oleo benedicitur et non deficit, i. e. gratia corporis Christi et chrismatis unctio, quae toto mundo quotidie impenditur et nunquam minuitur.

[5] Antiq. IX. 4, 2.

[6] Mid. Rabba Exod. 31 u. Mid. Jalkut Simeoni II. Reg. N. 228.

[7] Interr. 14 ad 4 Reg.

verbarg, verpflegte, damit sein Vermögen erschöpfte und so in Schulden ge=
kommen sei [1]. Diese Sage beruht vielleicht auf den Worten dieser Frau,
die sie von ihrem Manne aussagte: er fürchtete Jehova, was der Name
Obadja (Abdias) bedeutet. Da sprach Eliseus zu ihr: „Was soll ich dir
thun? Sage mir an, was hast du im Hause?" Und sie antwortete: „Gar
nichts hat deine Magd im Hause, als ein wenig Del zum Salben." Es
kann darunter das Salböl verstanden werden, welches den Orientalen zum
Waschen erforderlich war, und das Del, mit welchem man die Todten ein=
salbte. Das Salböl ist mithin kein Zeichen der Eitelkeit dieser Frau.
Uebrigens bezeichnet das hebräische Wort ein Delkrüglein, welches man über=
all vorfand. Die Noth dieser Wittwe war mithin auf das Höchste gestiegen.
Der Prophet fordert sie nun auf, von allen ihren Nachbarn sich leere, nicht
wenige Gefäße zu erbitten, sodann sich mit ihren Söhnen einzuschließen, aus
ihrem Kruge Del in alle diese Gefäße zu gießen, bis sie voll seien.

Das Verschließen der Thüre hatte den Zweck, jede Störung von Außen
her abzuhalten und der Wittwe die Ueberzeugung beizubringen, daß Gott
allein, ohne irgend welche Beihülfe eines Menschen, dieses Wunder wirke. Es
handelte sich hier darum, den Auftrag des Mannes Gottes auszurichten und
um einen im Glauben zu vollziehenden Act, der nicht im Lärme des Alltag=
lebens, sondern vielmehr in der Stille und Abgeschlossenheit vor sich gehen
sollte. Das Weib that nach dem Auftrage des Propheten, sie verschloß die
Thüre hinter ihr, und die Söhne brachten ihr die Gefäße und sie goß hinein,
d. h. ließ aus ihrem Kruge, in welchem sich das wenige Del befand, das
wunderbar vermehrte Del herausfließen. Und da die Gefäße voll waren,
sprach sie zu ihrem Sohne: „Bring' mir noch ein Gefäß her!" Er aber
antwortete: „Es ist kein Gefäß mehr da." Darauf stand das Del, d. h. es
hörte zu fließen auf.

Die Wittwe wollte das Geschenk, welches sie durch die Vermittlung des
Propheten erhalten hatte, nicht verwenden, ohne ihn befragt zu haben. Als
sie nun ihm dieß anzeigte, sprach er zu ihr: „Gehe hin, verkaufe das Del und
bezahle deine Schuld; du aber lebe mit deinen Söhnen von dem Uebrigen." [2]

Da unsere Erzählung eine auffallende Aehnlichkeit mit der 3. Kön. 17,
7—16 hat, so haben einige protestantische Erklärer sie für eine nur wenig
modificirte Copie der letzteren gehalten. Allein bei näherer Betrachtung be=
schränkt sich die Gleichartigkeit lediglich auf einen allgemeinen Punkt, daß
nämlich hier wie dort eine Wittwe mit ihren Kindern durch einen Propheten
aus ihrer augenblicklichen Noth und Bedrängniß befreit wird; alle anderen
Umstände weichen ab. Dort ist es eine fremde, im heidnischen Lande woh=
nende Frau, an welche der Prophet gewiesen wird und die ihn ernähren soll;
hier die Frau eines Prophetenschülers, welche den Propheten aufsucht und
um Hülfe anruft. Dort handelt es sich um den Lebensunterhalt zur Zeit
einer Hungersnoth, hier um Befreiung zweier Söhne von der bevorstehenden
Knechtschaft. Dort gehen die beiden zum täglichen Unterhalte unentbehrlichsten
Lebensmittel, Mehl und Del, nie aus und werden vermehrt, hier wird ein für
allemal das Del vermehrt und dann zur Bezahlung der Schulden verkauft.

[1] 3 Kön. 18, 3 f.   [2] 4 Kön. 4, 1—7

Nach dem hl. Augustin[1] ist diese Wittwe ein Typus der Kirche, welche von der großen Schuldenlast der Sünde durch die Vermehrung des Oeles der Liebe, Barmherzigkeit und Gnade bei der Ankunft Christi befreit wurde. Die Nachbarn, von denen sie leere Gefäße leihen soll, sinnbilden die Heiden= völker, die ohne Glauben, ohne Liebe und gute Werke waren. Rupertus[2] sieht in der Mutter der beiden Söhne die aus Juden und Heiden bestehende Kirche vorgebildet, welche durch den Propheten (Christus) von ihrer Schuld erlöst wird.

Eines Tages zog Eliseus durch Sunem (Sunam), ein kleines Städtchen im Stamme Issachar am Abhange des kleinen Hermon. Da nöthigte ihn ein ansehnliches (wohlhabendes) Weib, bei ihr zu essen, worauf er immer, so oft er auf seinen Wanderungen vom Karmel nach Israel und zurück durch diesen Ort kam, bei derselben einzukehren pflegte. Der Chaldäer nennt sie ein Weib, welches die Sünde fürchtete, und der arabische Interpret ein durch ihre Frömmigkeit gegen Gott ausgezeichnetes Weib, welches schlechte Handlungen vermied. Nach jüdischen Angaben[3] soll sie eine Schwester der Sunamitin Abisag, welche den greisen König David erwärmen mußte, und Mutter des Propheten Iddo gewesen sein. Da sprach dieses Weib zu ihrem Manne: „Siehe, ich erkenne (aus dem ganzen Betragen, Handel und Wandel, nicht aber, wie Pirke d. El. meint, weil weder sie noch ein Weib ihm in's Antlitz schauen konnte), daß es ein heiliger Mann Gottes ist, welcher immer bei uns vorüberzieht. Laß uns ihm ein kleines gemauertes Obergemach be= reiten, und ihm dahinthun ein Bett, einen Tisch, Sessel und Leuchter, daß, wenn er zu uns kommt, er daselbst einkehre." Als später Eliseus eines Tages in dem für ihn hergerichteten Gemache übernachtete, wollte er sich seiner Wirthin für die ihm erwiesene Liebe erkenntlich erweisen und ließ sie durch seinen Diener Giezi zu sich heraufrufen und ihr sagen: „Siehe, du hast dir unsertwegen alle diese Sorge gemacht, was kann ich dir thun? Hast du ein Anliegen und bedarfst der Fürsprache bei dem Könige oder Heerobersten?" Es fällt hierbei auf, daß Eliseus zu der Frau, die doch vor ihm stand, nicht selber sprach, sondern ihr durch seinen Diener die Bereitwilligkeit zu einem Gegendienste eröffnen ließ. Dieß geschah nicht etwa, weil er zur Wahrung seiner Würde nicht unmittelbar mit ihr verkehren wollte, denn später (V. 15) redete er unmittelbar mit ihr, noch weil der Berichterstatter solchen Verkehr mit Frauen für einen Gesetzlehrer nicht für anständig hielt: sondern wohl nur mit Rücksicht auf die große Scheu, welche das Weib vor dem heiligen Manne Gottes hatte, damit sie desto unbefangener die Wünsche ihres Herzens offen ausspreche. Sie antwortete: „Inmitten meines Volkes wohne ich still und ruhig und habe bei den Hohen und Großen des Landes nichts zu suchen und zu wünschen." Vielleicht wollte sie dabei durchblicken lassen, daß sie den Propheten nicht des Lohnes wegen, sondern nur um seiner selbst und um Gottes Willen aufgenommen habe.

Eliseus glaubte nun um so mehr, etwas für sie thun zu müssen, und fragt seinen Diener, was man denn für sie thun könne und ob er selbst

---

[1] Sermo 42 (al. de temp. 206) de Eliseo.   [2] De Trin. in Reg. l. 5. cp. 24.
[3] Pirke di Elies. Exod. 33 u. Rabbi Salomon.

etwas wiſſe. Da antwortete Giezi: „Doch! ſie hat keinen Sohn und ihr
Mann iſt alt." Da ließ Eliſeus das Weib wieder rufen und verkündigte
ihr, als ſie in die Thüre getreten war (denn aus Sittſamkeit und Ehr-
erbietung trat ſie nicht in's Zimmer ein): „Um dieſe Zeit über ein Jahr
ſollſt du einen Sohn umarmen." Ueberraſcht, halb hoffend, halb zweifelnd,
aber demüthig erwiedert die Frau: „Herr, du Mann Gottes, täuſche deine
Magd nicht!" d. h. errege doch keine vergeblichen Hoffnungen in mir! Dieſe
Verheißung ging auch in der beſtimmten Zeit in Erfüllung. Sie ward
ſchwanger und gebar einen Sohn um dieſelbe Zeit nach einem Jahre. Doch
bald ſollte der Glaube dieſes frommen Weibes geprüft und durch eine herrliche That der Allmacht Gottes mittelſt ſeines Propheten verherrlicht werden.
Als nämlich das Kind zum Knaben herangewachſen und einſt zu ſeinem
Vater, der bei den Schnittern auf dem Felde verweilte, gegangen war, klagte
er über heftigen Kopfſchmerz. Nach Hauſe zur Mutter gebracht, verſchied
er ſchon am Mittage auf ihrem Schooße, wahrſcheinlich in Folge eines
Sonnenſtiches. Sofort ging ſie hinauf in das Obergemach, legte das todte
Kind auf das Bett des Mannes Gottes und verſchloß die Thüre. Sie
wollte zunächſt den Tod des Knaben geheim halten; denn ſie hegte die ſtille
Hoffnung, daß der Mann, welcher ihr einen Sohn verheißen und ſie
nicht getäuſcht hatte, ihr auch wieder dazu verhelfen könne; indem ſie alſo
den Todten in das Gemach und Bett des Propheten legt, übergibt ſie ihn
gewiſſermaßen jetzt ſchon dem Manne Gottes, den herbeizuholen ſie ſich eben
anſchickt.

Da ſie aber ohne Wiſſen ihres Mannes die Reiſe nicht antreten will,
erſucht ſie ihn, ohne ihm jedoch den Tod des Kindes mitzutheilen, um einen
Diener und eine Eſelin, um eiligſt zu dem Manne Gottes zu reiten, und
antwortete auf die Frage ihres Mannes: „Warum willſt du zu ihm heute
gehen, da weder Neumond noch Sabbath iſt?" — „Wohl!" d. h. laß mich,
hindere mich nicht! Sie ſattelte nun die Eſelin und eilte auf dem von dem
Diener getriebenen Thiere ohne Aufenthalt zu Eliſeus auf den Berg Karmel.
Als dieſer ſie von ferne kommen ſah, ſandte er ihr den Giezi entgegen, um
ſie nach ihrem, ihres Mannes und Kindes Wohlbefinden zu fragen: ein Beweis, in welchem hohen Anſehen und Werthſchätzung bei dem Propheten
dieſes Weib ſtand. Ohne ſich in weitere Erörterungen einzulaſſen, antwortet
ſie: „Wohl!" eilt zu dem Propheten auf den Berg und umfaßt ſeine Füße,
um die Hülfe des heiligen Mannes anzuflehen. Als Giezi, welcher in dem
Umklammern der Füße von Seite des Weibes einen Verſtoß gegen die Würde
ſeines Herrn erblickt, es ihr wehren und ſie wegſtoßen wollte, wird er mit
den Worten von ihm zurechtgewieſen: „Laß ſie! denn ihre Seele iſt betrübt
und Jehova hat es vor mir verborgen und mir nicht kundgethan." Dieſe
letzten Worte enthalten von Seite des Propheten die Entſchuldigung, warum
er nicht alsbald nach Sunam gekommen ſei und den Tod verhütet habe.
Darauf hielt die tiefbewegte Mutter dem Propheten ſein Verheißungswort
vor, ohne direct auszuſprechen, was ihr eigentlich widerfahren iſt, von Eliſeus aber leicht errathen werden konnte. „Habe ich," ſpricht ſie, „einen
Sohn verlangt von meinem Herrn? Habe ich nicht geſagt: Täuſche mich
nicht!" — als wollte ſie ſagen: Ich habe nicht über meine Kinderloſigkeit

geklagt, noch einen Sohn verlangt. Jetzt aber bin ich unglücklicher, als früher. Denn beſſer, kein Kind haben, als das Eine wieder verlieren.

Der Prophet, deſſen mitleidiges Herz von dem Schmerze und der Klage des Weibes bewegt wurde, will ſchleunige Hülfe leiſten. Er befiehlt daher ſeinem Diener Giezi, ſich ungeſäumt auf den Weg zu machen, des Propheten Stab zu nehmen, Niemanden auf dem Wege zu grüßen, noch einen Gruß zu erwiedern und den Stab (das Symbol der Gotteskraft) auf das Antlitz des Knaben zu legen, um ſo an ſeiner Stelle den Knaben aus dem Todes= ſchlafe zu erwecken. Daß Giezi Niemanden grüßen noch Jemanden antworten ſollte, dafür gibt man verſchiedene Gründe an. Giezi ſollte nicht etwa durch unnützes Gerede auf dem Wege die Zeit verlieren und den Knaben erwecken, ehe noch der Mann nach Hauſe käme [1], oder damit er ſich nicht unterwegs bei denen, die ihm begegnen, rühme, er ſei von ſeinem Meiſter geſchickt worden, einen Todten zu erwecken, dadurch Gott beleidige und ſo das Wun= der vereitele [2], oder damit er ſich durch Gebet und Betrachtung ſammele und ſo auf das Wirken der Gottesthat ſich vorbereite [3].

Doch die Mutter des Kindes iſt damit nicht zufrieden; ſie beſchwört den Propheten, ſelbſt mitzugehen. „So wahr Jehova lebt und deine Seele, ich verlaſſe dich nicht.“ Das Drängen des Weibes in Eliſeus, ſelbſt zu kommen, entſprang ohne Zweifel der Ueberzeugung, daß, da der Knabe todt iſt, nicht Giezi, ſondern nur der Prophet, welcher den Sohn ihr verheißen hatte, noch helfen könne, ſowie ihrem heißen Herzenswunſche, das liebe Kind wieder zurückzuerhalten. Da machte ſich Eliſeus auf und folgte ihr nach. Auf dem Wege dahin kam Giezi ihnen bereits entgegen und meldete die Erfolg= loſigkeit ſeines Erweckungsverſuches; trotzdem daß er den Stab auf das An= geſicht des Knaben gelegt, gab derſelbe kein Lebenszeichen von ſich. Hierauf kommt Eliſeus in's Haus, wo der Knabe todt in ſeinem Bette lag, und ſchickt ſich gleich zur Verrichtung der Gottesthat an, wobei er in der Haupt= ſache wie ſein Lehrer und Vater Elias that. Er verſchließt die Thüre hinter ihm und dem Todten, betete zu Jehova, legte ſich dann auf den Kna= ben, ſo daß ſein Mund, ſeine Augen und Hände auf des Knaben Mund, Augen und Hände zu liegen kamen, und indem er ſich über ihn beugte, wurde das Fleiſch (der Leib) des Knaben warm. Hierauf wandte er ſich von demſelben ab, ging einmal im Zimmer auf und ab, und beugte ſich wieder über den Knaben, worauf dieſer ſiebenmal nieſte (gähnte), das erſte Zeichen der wiedergekehrten Lebensgeiſter, und die Augen aufſchlug. Sodann ließ Eliſeus durch Giezi die Sunamitin rufen, und als ſie zu ihm hingetreten, ſprach er zu ihr: „Nimm deinen Sohn!“ Sie aber fiel zu Füßen und neigte ſich zur Erde, um ihre Dankbarkeit dem Manne Gottes zu bezeugen, nahm ihren Sohn und ging hinaus [4].

Auch dieſe Erzählung hat eine große Aehnlichkeit mit der 3 Kön. 17, 17 f. berichteten Begebenheit, weßhalb manche proteſtantiſche Erklärer jene für eine bloße Nachbildung halten. Allein bei aller Aehnlichkeit ſind beide Thatſachen doch grundverſchieden von einander. Dort handelt es ſich um den Wieder= belebungsact eines erwachſenen Sohnes einer Wittwe von Sarephta, bei

[1] Aug., sermo 42 l. c.   [2] Theodoret., interr. 17 ad 4 Reg. Procop. ad h. l.
[3] Ambros., l. 7 in Luc. n. 63.   [4] 4 Kön. 4, 8—37.

welcher der Prophet Elias einkehrte; hier um die Auferweckung eines Knaben der Sunamitin, welche den Propheten Elisäus gastfreundlich in ihr Haus aufgenommen hatte und deren Mann noch lebte. Der Knabe der Sunamitin war zugleich ein Sohn der Verheißung, was bei dem Sohne der Wittwe zu Sarephta nicht der Fall war.

Nach dem hl. Augustin [1] ist die unfruchtbare Sunamitin, welche auf das Gebet des Elisäus hin einen Sohn erhält, ein Typus der Kirche, welche bei der Ankunft Christi das christliche Volk gebar; und wie der todte Sohn durch den Propheten zum Leben wiedererweckt wurde, so hat auch Christus die in ihren Sünden begrabenen Heidenvölker wieder belebt und der Kirche zurückgegeben. Nicolaus Lyranus [2] sieht in der Sunamitin eine religiöse Person abgebildet, welche in dem Kämmerlein ihres Geistes Christum auf= nimmt und ihm daselbst eine beständige Wohnstätte bereitet.

§ 33. Jobs Frau und Töchter.

Als der fromme Dulder Job, mit dem schrecklichen Aussatze behaftet auf dem Düngerhaufen saß und jeglichen Trostes entbehrte, trat sein ihm allein noch übriggelassenes Weib zu ihm, nicht etwa, um durch frommen Zuspruch sein Leiden zu erleichtern und erträglicher zu machen, sondern viel= mehr ihn in Versuchung zu führen und zur Gotteslästerung zu verleiten. Doch woher stammte dieses Weib? Zur Beantwortung dieser Frage fehlt es an sicheren Quellen. Philo, der chaldäische Paraphrast, Rupertus [3] u. A. meinen, Dina, die Tochter Jakobs, sei Jobs Weib gewesen [4], aus welcher dieser 14 Söhne und sechs Töchter gezeugt habe, und zwar sieben Söhne und drei Töchter vor seiner Krankheit und ebensoviele nach wiedererlangter Ge= sundheit. Nach einer anderen Angabe der jüdischen Interpreten soll Job nach seiner Krankheit und dem Tode seines Weibes die Dina geheirathet und mit ihr ein schönes Mädchen gezeugt haben, welche später den Putiphar heirathete und diesem die Aseneth, die Gemahlin Josephs, gebar.

Job hatte seine Söhne und Töchter verloren, warum blieb ihm wohl die Gattin erhalten? Abzuweisen ist die Meinung Philo's, daß sie ob der Verdienste ihres Vaters Jakob verschont geblieben sei; denn wurden die frommen Kinder Jobs wegen der Heiligkeit ihres Vaters nicht erhalten, um so weniger die gottlose Frau um der Verdienste ihres Vaters willen. Die heiligen Väter stimmen darin überein, daß der Teufel, welcher mit Zulassung Gottes dem Job all seine Habe und seine Kinder genommen, ihm sein Weib gelassen, damit er sie als geeignetes Werkzeug gebrauche, um den frommen Helden desto sicherer zum Falle zu bringen, nachdem seine früheren Be= mühungen an der Gottesfurcht Jobs gescheitert waren; hatte er durch ein Weib den ersten Mann zum Falle gebracht, so glaubte er dieß um so sicherer dieses Mal unter noch günstigeren Verhältnissen erreichen zu können. Dort bei Adam handelte es sich um Hintansetzung und Uebertretung des göttlichen Gebotes, hier um eine Gotteslästerung. Der erste Adam im Paradiese fiel,

---

[1] Sermo 42 l. c.　　[2] Ad 4 Reg. cp. 4.
[3] In Prolog. ad Job u. l. 8 Gen. cp. 11.　　[4] Oben S. 128.

indem er seinem Weibe Gehör gab; der andere Adam auf dem Düngerhaufen siegte, indem er sein Weib zurechtwies [1]. Je gefährlicher die Versuchung von Seite des eigenen Weibes, um so herrlicher der Sieg des frommen duldenden Mannes [2]. Der hl. Augustinus nennt sie daher mit Recht eine Helfershelferin des Teufels [3]; der hl. Chrysostomus ein mächtiges Geschoß desselben [4] und eine Maschine, die vergeblich gegen den elfenbeinernen Thurm ankämpft [5]; Gregor der Große eine Leiter, welche der Teufel anlegte, um in den Thurm zu gelangen [6]; Origenes eine Dienerin der Gott=

---

[1] *Chrysost.*, sermo 2 de Anna: Obarmavit (Satan) in eum uxorem, quo videlicet non esset suspectum consilium et venenum verbis feminae texit, calamitatem exaggerans; u. Exp. in Is. 3. — Hom. 28 in Job. n. 3: Uxor sola ei relicta est, sublatis omnibus, et ipsa ei ad tentationem et insidias relicta est. Ideoque illam non cum filiis sustulit diabolus, neque ipsius caedem expetiit, quia sperabat illam magnam sibi opem esse laturam ad insidias sancto huic viro parandas. Ideoque ipsam, tanquam maximum telum sibi opportunum reliquit. Si enim, inquit, hominem per illam ex paradiso ejeci, multo magis in sterquilinio potero supplantare. *Aug.*, Enarr. in Ps. 29. n. 7: In ipso vulnere corporis accedit uxor relicta, sicut Eva, adjutrix diaboli, non consolatrix mariti ... Adam in stercore respuit mulierem, ut ad paradisum admitteretur. — Enarr. in Ps. 55. n. 20: Uxor sane relicta erat. Misericordem putatis diabolum, qui ei reliquit uxorem? Noverat, per quam deceperat Adam. Suam reliquerat adjutricem, non mariti consolatricem. Enarr. in Ps. 90. — Enarr. in Ps. 103 n. 7: (Diabolus) cepit ejus mulierculam, subtraxit omnia, quae habebat, solam dimisit adjutricem suam, non mariti consolatricem, sed potius tentatricem; cepit etiam ipsam non observantem caput ejus. Adhuc enim illa Eva erat, sed jam ille Adam non erat. — Enarr. in Ps. 132. n. 5, Enarr. in Ps. 134. n. 2 und Enarr. in Ps. 144. n. 18. Sermo ad Catech. cp. 3. n. 10; sermo de temp. barb. cp. 6; — sermo de urb. exc. cp. 3. *Tertullian.*, l. de pat. cp. 14: (Reliquit) mulierem jam malis delassatam et ad prava remedia suadentem. *Cyprian.*, l. de bono pat. cp. 18: Armat diabolus et uxorem, illo antiquo nequitiae suae usus ingenio, quasi omnes per mulierem decipere posset et fallere, quod fecit in origine mundi. *Basilius M.*, hom. quod mund. non sit adh.: Ad impium et blasphemum consilium uxoris animum pertrahens, opera illius aggrediebatur athletam concutere; u. sermo 13 de patient. *Gregorius M.*, l. 3 Mor. cp. 2 Job: Antiquae artis insidias repetit, et quia scit, quomodo Adam decipi soleat, ad Evam recurrit.

[2] *Chrysost.*, hom. 33 in Matth.: Strenua anima, quae uxorem tot armis instructam potuit repellere et duos acerrimos affectus calcavit, cupiditatem et misericordiam.

[3] Siehe oben u. Lib. 1 cont. Gaudent.: *Ministram* sibi ad decipiendum virum reservavit.

[4] Frag. in Job: Uxor ei sola ad tentationem et insidias de industria relicta; ac proinde diabolus illam una cum liberis non exstinxit, quoniam ad insidias justo huic parandas auxilium non leve ab ipsa sperabat; idcirco eam sibi tanquam maximum et validissimum *telum* reservavit. Si enim ex paradiso, inquit, Adamum mulieris ope deturbavi, multo magis Jobum in sterquilinio evertere potero.

[5] Frag. in Job. cp. 2: Cum (diabolus) illum animadvertisset, per irrisionem jacula sua elusisse et tanquam *adamantinam turrim* contra omnia praesenti animo constitisse, uxorem armavit, ut suspicione vacaret consilium et venenum verbis illius occuluit, cum calamitatem tragice exaggeraret; und Hom. 28 in 1. cp. ad Cor.: Machina in murum adamantinum admota.

[6] Lib. 3 Mor. cp. 2: Beatum Job inter tot rerum damna, inter tot percussionum vulnera, quasi in quadam virtutum arce stare invictum in alto quippe mentem fixerat, et idcirco has hostiles insidiae irrumpere non valebant. Quaeritur ergo ab adversario in hanc arcem munitissimam, quibus gradibus ascendatur.

losigkeit [1], Nazianzenus eine schlechte Rathgeberin [2]. Zu weit geht Calvin, wenn er sie als eine Proserpina und Furia infernalis kennzeichnet.

Demnach werden auch die Worte, welche das Weib an Job gerichtet hat, auf diabolische Eingebung zurückgeführt [3]. Origenes erwähnt, daß nach der Ansicht einiger Ausleger zwischen dem Beginne der Krankheit Jobs und der Versuchung seitens seiner Frau drei und ein halbes Jahr verflossen sei; er selbst nimmt, wie Chrysostomus, mit Bezugnahme auf 7, 3 nur einige Monate an. Nach Angabe der LXX ist eine lange Zeit verstrichen. Basilius, Gregorius d. Gr., Olympiodorus und Chrysostomus führen überdieß an, daß das Weib erst dann in die folgenden Worte ausgebrochen sei, als sie in die äußerste Noth versetzt war und durch Betteln den Lebensunterhalt sich kümmerlich erwerben mußte. „Hältst du noch immer fest an deiner Frömmig=keit? [4] Segne Gott (gib Gott den Abschied) und stirb!" Diese Worte ent=halten offenbar bloß die Quintessenz ihrer gottlosen Reden. Die LXX haben zu diesen Worten einen längeren Zusatz und führen sie weiter aus, welche von den griechischen Vätern, namentlich Chrysostomus [5] und Origenes [6], näher erklärt wurden. Derselbe lautet: „Nachdem eine lange Zeit verstrichen, sprach sein Weib zu ihm: Wie lange noch wirst du aushalten, sprechend: Siehe, ich harre nur noch eine kurze Zeit aus, erwartend die Hoffnung meiner Heilung! Siehe denn, dein Andenken ist vernichtet von der Erde weg, die Söhne und Töchter, meines Leibes Schmerzen und Mühen, welche ich vergeblich unter Kummer ertragen. Du selbst aber sitzest unter ekelhaften Würmern, übernachtest im Freien und ich irre herum wie eine Magd von Ort zu Ort, von Haus zu Haus, erwartend die Sonne, wenn sie unter=geht, um auszuruhen von den Sorgen und Schmerzen, die mich jetzt drücken. So sprich doch ein Wort gegen Gott und stirb." Sie beginnt, um bei diesem Zusatze zu verbleiben, mit der höhnischen Bemerkung, wie lange denn Job noch geduldig zuwarten wolle, ehe er seine Hoffnung auf Genesung aufgebe, da er doch von Würmern schon fast ganz verzehrt sei? Ohne des übrigen Verlustes zu gedenken, erinnert sie ihn an das herbste Unglück: daß er aller seiner Kinder beraubt und so sein Andenken (Name) vernichtet sei. Dieser Schlag treffe sie um so herber, da alle ihre Schmerzen und Sorgen bei der Geburt und Erziehung ihrer Kinder umsonst gewesen. Auch das würde

---

Vicina est autem viro mulier, atque subjuncta. Cor igitur mulieris tenuit et quasi *scalam*, qua ad cor viri ascendere potuisset, invenit. Occupavit animum conjugis, scalam mariti.

[1] Anon. in Job. 2: Diabolus hanc conservavit tractans, ut hanc *ministram iniquitatis* suae haberet, ut hanc haberet pro novissimo Job laqueo, ut postquam per omnem rem desperaret, tunc per uxorem justum perderet.

[2] Or. 21 in laud. Athan. n. 17: Pro calamitatis cumulo habebat pejoribus et gravioribus cum consolantem.

[3] *Chrysost.*, ad Stag. ad daem. vex. l. 3. n. 14: Quae (mulier) verba diabo-lica suggerebat. — *Hieron.*, ep. 118 (al. 34) ad Jul.: Beato Job uxor pessima reservata est, ut per eam disceret blasphemare. *Origenes*, Anon. in Job. ep. 2: Et uxor non dixit, sed diabolus, qui per os ejus est locutus . . . sicut et per alias ad alios locutus est et loquitur . . .

[4] Vulg.: Adhuc tu permanes in simplicitate tua?

[5] Hom. 28 in ep. 1 ad Cor.   [6] L. c.

sie noch ertragen, wenn wenigstens ihr Mann verschont geblieben wäre; so aber sei er bereits eine Speise der Würmer geworden und sie müsse einer niedrigen Magd gleich sich das Brod erbetteln. Kaum könne sie die Nacht erwarten, die ihr einigermaßen Ruhe brächte. Und als sie ihn durch diese Worte erweicht und gegen Gott aufgereizt zu haben wähnte, kehrt sie ihre wahre Schlangennatur hervor; er möge ein ungeduldiges, aufreizendes, gott= loses Wort hervorbringen und dann getrost sterben. Nach dem hl. Basi= lius [1] saß sie auf der Erde, schlug die Hände zusammen, warf ihm die nunmehrigen Folgen seiner Frömmigkeit vor, erinnerte ihn an seinen früheren Glücksstand und führte ihm zu Gemüthe, welchen Lohn er nun für seine vielen Opfer erlangt hätte. Dergleichen kleinmüthige Worte führte sie in Menge vor, um ihn zu verwirren. Ich, einst Königin, irre wie eine Magd herum und muß vom Almosen meiner einstigen Diener leben. Besser wäre es, er würde selbst Hand an sich legen, als bei einem solchen qualvollen Leiden sein und seines Weibes Leben zu verbittern.

Doch kehren wir zum Texte der Bibel zurück. Fassen wir das hebräische תֻּמָּה = integritas, im Sinne von Frömmigkeit (Vulg. simplicitas = Herzens= einfalt), so enthalten diese Worte nicht so sehr einen Ausruf der Verwunde= rung, als vielmehr eine an Hohn klingende Frage, wie lange denn Job nach solcher Erfahrung noch immer in seiner Einfalt gottesfürchtig bleiben wolle. Die Worte: „Segne Gott!" sind vielfach erklärt worden, und zwar zunächst im guten Sinne: Bitte Gott um den Tod, der dich von deinen Leiden erlöst; Andere fassen sie ironisch auf: Verehre nur Gott fort, ein augenblicklicher Tod wird der Lohn deiner Gottesfurcht sein; Andere besser im schlechten Sinne: Gib Gott den Abschied, höre endlich auf, ihm zu vertrauen, da dir ja doch nichts, als das Sterben übrig bleibt, oder aber: Schmähe Gott nach Art der Gottlosen, damit er dich endlich tödte und du so erlöst werdest [2], oder damit du dich auf diese Art an Gott als dem Urheber deiner Leiden rächest. So sind denn diese Worte der Erguß nicht bloß eines an Gott verzweifeln= den, den Schicksalschlägen unterlegenen und gereizten, sondern eines ver= führerischen, gottlosen, blasphemischen Weibes [3].

Doch Job ist wie ein fester Thurm, an welchem die Pfeile der Ver= suchung von Seite seines Weibes abprallen und der als Gegenbild Adams den Worten desselben kein Gehör schenkte. Er wandte sich daher zu seinem Weibe [4], mit heiligem und gerechten Zorne sie anblickend [5], und sprach: „Wie eine der Thörinnen (Gottlosen) redet, redest du; haben wir das Gute em= pfangen von der Hand des Herrn, warum sollten wir nicht das Ueble an= nehmen?" [6] Job ist mäßig in der Zurechtweisung seines Weibes, indem er ihre Worte für thöricht, und weil in der heiligen Schrift Thorheit mit Gott=

---

[1] Homil. cit. n. 11.   [2] LXX und der Chaldäer.

[3] *Origenes*, anon. in Job.: Verba ista mulieris sunt insanientis et consilium plane delirantis.

[4] LXX: Respiciens in illam

[5] *Chrysost.* in Job. n. 10: Cum ea verba stomachum Jobo movissent, pleno iracundiae vultu trucique aspectu ad uxorem tanquam ad hostem conversus, priusquam os aperuisset, solo vultu machinas ejus repulit. *Basilius* l. c. n. 11.

[6] Job 2, 9. 10.

losigkeit gleichbedeutend ist, für gottlos erklärt und zurückweist, ohne ihr jedoch weitere Vorwürfe zu machen. Daß Job unter den thörichten Weibern ganz besonders Eva im Auge hatte, wie der Anonymus (Origenes) meint, ist nicht wahrscheinlich. Der weiblichen Thorheit setzt er dann die eines frommen und weisen Dulders würdige Sentenz entgegen, daß man im Glücke wie im Unglücke sich unter die Hand des Allerhöchsten beugen und mit Gleichmuth auch das Unangenehme annehmen müsse. So ging Job in seinem höchsten Unglücke, gestützt auf seine Gottesfurcht, als Sieger über sein ihn versuchendes Weib hervor.

Nachdem Job in seinem Leiden sich bewährt hatte, wird ihm nicht bloß seine frühere Ehre und Würde wiederhergestellt, sondern auch sein früherer Glücksstand wird in Bezug auf irdische Güter und Nachkommenschaft verdoppelt. Er bekam sieben Söhne und drei Töchter. Streng genommen fand hier keine Verdoppelung statt, da er ebensoviele Söhne und Töchter erhielt, als er verloren hatte; allein da nach alttestamentlicher Anschauung [1] verstorbene Kinder nicht als schlechtweg verloren gelten, so läßt sich der neue Kindersegen, welcher Job jetzt zu Theil wird, als mehr, denn eine einfache Restitution ansehen [2]. Und die eine Tochter wurde genannt Jemima (Vulg. Dies), und die zweite Kezia (Cassia), und die dritte Keren=happuch (Cornustibium). Und nicht fand man Frauen im ganzen Lande so schön als Jobs Töchter, und es gab ihnen ihr Vater ein Erbtheil inmitten ihrer Brüder [3].

Diese Namen stehen, wie Gregorius Nyssenus [4] bemerkt, in Beziehung zur Schönheit der Töchter Jobs, und wie Nicetas und Cornelius a Lapide meinen, zugleich zur Glückseligkeit des Job. Doch nicht bloß die äußere Schönheit kommt in diesen Worten zum Ausdruck, sondern es sollen dadurch auch die Schönheiten des Geistes oder die Tugenden der Töchter Jobs angedeutet werden [5]. Die erste hieß Jemima, welches Wort die alten Uebersetzer

---

[1] 2 Sam. 12, 23.

[2] *Aug.*, de symb. ad Catech. cp. 3: Job omnia dupla recepit et tot filios genuit, quos extulerat. Non ergo dupla sunt? Prorsus dupla sunt, quia et illi vivebant. *Gregorius Nys.*, or. in fun. Pulch.: Decem soli pro totidem amissis dati sunt. Nam quoniam animae hominum in perpetuum permanent, idcirco alterum tantum, quantum amiserat, recipit. Quod ad liberos attinet, qui post nati sunt, cum prius natis una connumerantur, quasi omnes Deo vivant, ac temporaria mors vita defunctis nil, quo minus sint, impedimento sit. *Basilius*, hom. cit.: Liberi licet mortui, optima sui parte vivebant. Itaque aliis filiis filiabusque iterum a conditore ornatus, etiam hanc possessionem habebat duplicatam. Alii enim parentibus in vita afferebant laetitiam, alii, qui sc. praeivissent, genitorem exspectabant, omnes Job circumstaturi. *Tertullian.*, l. 14 de patient. Nota der Migne'schen Ausgabe.

[3] Job 42, 12—15.

[4] Hom. 9 in Cant.: Quarum (filiarum Job) pulchritudinem oratio supra modum laudans, etiam per nomina ostendit excellens earum miraculum ... Filiae (Cornu Amaltheae) Job ferens testimonium (Scriptura), quod esset feracissima omnium quae sunt ex virtute bonorum, per hoc nomen id ostendit ... Vitae earum ex virtute agendae ostensionem dicimus nomina comprehendere. Quorum Casia nobis ostendit studiorum vitae puritatem et bonorum odorem: Dies autem honestatem et decorem, sicut dicit Apostolus, eos, qui pure vivunt, nominari filios lucis et filios diei.

[5] *Gregorius M.*, l. 30 Mor. in Job. 42: Haec nomina, pro eo quod a virtu-

mit Dies, d. i. die Tageshelle, die Reine, wiedergeben. Der Name der Zweiten ist von der Cassia entlehnt, die an Tugenden und Anmuth gleich der Cassia oder dem Zimmetstrauch duftet. Schmuckhörnchen hieß die Dritte, als die vollendet Schöne, welche zur Steigerung ihres anmuthigen Wesens keines andern Mittels bedarf[1]. Andere sehen in diesen Namen wieder eine Anspielung auf die Wandlung Jobs aus seinen unglücklichen Verhältnissen in sein früheres Glück[2]. Die LXX übersetzen den dritten Namen mit: Cornu Amalthea, anspielend an jene bekannte Fabel, nach welcher die Ziege Amalthea den Jupiter gesäugt, der aus ihrem Horne alles Gute geschöpft hat[3].

Die Töchter Jobs überragten demnach alle Frauen des Landes an Schönheit und zwar nicht bloß des Leibes, sondern auch des Geistes (Tugenden), wie dieß aus der Uebersetzung der LXX: die „besten" (optimae), erhellt. Ob diese Kinder von der ersten Frau des Job geboren worden sind, wird nirgends berichtet. Nach Origenes, der da schreibt[4], daß Gott dem Job das Weib gelassen, damit, wenn er beim glorreichen Ausgange seines Leidens Alles doppelt wieder bekäme, nicht dieses Weib sich verzwiefache, scheint dieses der Fall zu sein. Die LXX[5] erwähnen bloß, daß Job ein arabisches Weib geehelicht habe, die ihm einen Sohn Namens Ennom geboren. Ob dieses jedoch die erste Frau gewesen, oder aber, nachdem die erste gestorben oder wegen ihrer Gottlosigkeit von Job entlassen worden, von diesem nach seinem Leiden zur zweiten Frau genommen worden sei, kann nicht mit Sicherheit angegeben werden. Severus (in Catena) meint, daß das erste Weib nicht werth gewesen, mit dem Athleten des neuen Glückes sich zu freuen, und die zweite Frau sowohl durch Schönheit als Tugenden hervorgeragt und dem gekrönten Dulder eine gleichgeartete Nachkommenschaft geschenkt habe. Daß der Vater den Töchtern eine Erbschaft mitten unter ihren Brüdern anweist, erinnert an arabische Familiengebräuche und gibt uns ein liebliches Bild der geschwisterlichen Eintracht. Dadurch wurde den Töchtern zugleich die Möglichkeit geboten, auch nach ihrer Verheirathung noch unter den Brüdern bleiben zu können. Daß es dem Job nicht an Schwiegersöhnen für seine schönen und reich dotirten Töchter gefehlt habe, ergibt sich aus dem Schlußsatze, daß er Kindeskinder bis in's vierte Geschlecht gesehen habe.

tibus sumpta sunt, apte curavit interpres, non ea sicut in Arabico sermone inventa sunt, ponere, sed in Latinum eloquium versa aptius demonstrare.

[1] *Tirinus:* Nomen primam vocavit Diem, eo quod pulchra esset tum corpore, tum mente, instar splendidae diei. Nomen secundae Cassiam, quod nobilis et gratiosa esset, instar aromaticae cassiae. Et nomen tertiae Cornustibii, quod elegantissimo esset vultu, quasi tota stibio depicta, quo facies et oculi praesertim ungi solent. So auch der Chaldäer, Mariana, Vatablus, Malvenda.

[2] So Menochius: Dies appellata, a commutata in melius fortuna, quod post tenebras quasi luci et diei redditus esset. — Cassia, quod ex sordibus ulcerum et male olenti fimeto, in quo jacuerat, emersisset ... Cornustibium, indicans se ex paupere rursus divitem factum esse. Vgl. Olympiodorus, Vatablus u. Mercerus.

[3] Vgl. Olympiodorus.

[4] Anon. in Job. l. 2: Deus praecepit, hanc (uxorem) reservari, sicut et praecepit ob hoc, ut ejus secundam uxorem justus ille Job accipere opus non haberet.

[5] Zu Job 42, 18.

Olympiodorus wendet die Eigenthümlichkeiten der drei Töchter Jobs auf den dreifachen Stand der Gerechten an; Andere [1] sehen hier die drei göttlichen Tugenden abgebildet; Gregor der Große [2] erklärt diese Namen in allegorischer Weise von dem dreifachen Stande des Menschengeschlechtes: von den in Gnade erschaffenen Stammeltern, von den durch Christi Gnade Erlösten und von den zur Glorie Auferstehenden.

Nach dem arabischen Chroniker Ismael Ebn-Aly [3] hieß Jobs Weib Rahmat, die ihrem auf dem Düngerhaufen sitzenden Manne diente und ihn durch den Lohn ihrer Arbeit ernährte. Eines Tages kam zu ihr der Teufel und versprach ihr, indem er das frühere Glück ihr in's Gedächtniß zurückrief, Alles wiederzuerstatten, wenn sie ihn anbete. Da ging das Weib zu Job, um seine Zustimmung einzuholen, dieser aber schwur, wenn er gesund sein würde, 100 Schläge ihr darob zu geben. Als Job in sein früheres Glück wiedereingesetzt wurde, erhielt auch sein Weib die frühere Schönheit zurück und gebar ihm noch 26 Söhne.

§ 34. Die Frauen in den prophetischen Büchern.

Wie die Priester, ja selbst der Hohepriester im Alten Testamente, verheirathet waren, ebenso lebten auch die meisten Propheten im ehelichen Stande; denn an vielen Stellen geschieht ihrer Frauen und Söhne Erwähnung. So hatte Samuel zwei Söhne [4], ein alter Jehovaprophet zu Bethel besaß deren mehrere [5]. Hanani hatte einen Sohn, der gleich dem Vater Prophet war [6]; deßgleichen Obed einen prophetischen Sohn Azarias [7]; selbst Prophetenschüler waren verheirathet [8]. Auch Isaias lebte in ehelichen Verhältnissen; denn er hatte zwei Söhne, deren Namen eine Weissagung auf zwei wichtige Episoden in der Geschichte seines Volkes enthielten. Wenn der erste Schearjaschub (d. i. Rückkehr der Ueberbleibsel) in seinem Namen dem Achaz wie dem Volke klar und deutlich andeuten soll, daß nur ein Rest des Gesammtvolkes aus dem Exile heimkehren wird [9], soll der andere — Maher-schalal-chasch-bas (d. i. nimm eilends die Beute, raube geschwind) — die bevorstehende Züchtigung Syriens und des Zehnstämmereiches versinnbilden. Der Prophet erhält von Jehova die dießbezügliche Weisung, diesen Namen auf eine große Tafel zu schreiben und zwei angesehene, zuverlässige Zeugen zu nehmen, damit, wenn die Geschichte das Räthsel dieser Inschrift löst, diese dem Volke erklären, wie lange vorher der Prophet dieses Ereigniß vorhergesagt habe. Doch zu dieser Tafelinschrift sollte noch eine lebendige beredtere hinzukommen. Der Prophet nahte sich seinem Weibe und diese empfing und gebar einen Sohn, welchem Isaias auf Gottes Geheiß diesen Namen beilegte, denn Gott

---

[1] Vgl. Lyranus.

[2] Lib. 30 Mor. in Job. cp. 42: Universum genus humanum, quod benignitate conditoris atque ejusdem misericordia redemptoris eligitur, istis nominibus designatur ... Qui enim lux fuimus conditi, et nunc sumus casia redempti, erimus quandoque cornustibi, in exsultatione aeternae laudis assumti.

[3] *Marraccii* Refutatio Alcorani. Patav. 1698. S. 457.

[4] 1 Sam. 8, 2—5.   [5] 3 Kön. 13, 11—13. 27. 31.   [6] 3 Kön. 16, 17. 2 Chron. 19, 2; 20, 34.   [7] 2 Chron. 15, 1. 8.   [8] 4 Kön. 4, 1.   [9] Is. 7, 3.

fügte erklärend bei: Ehe der Knabe wird sagen können: mein Vater und meine Mutter! wird Syrien und Israel geplündert und alle Beute aus den= selben nach Assyrien gebracht werden. So ist die Geburt des Sohnes Allen die Bürgschaft, daß die Thatsache, auf welche die Tafelinschrift und der da= mit identische Name des Kindes hindeutet, auch wirklich eintreten werde [1]. Wie Isaias, so sind auch seine Kinder, die Gott ihm gegeben, zu Zeichen und Wundern in Israel gesetzt, d. h. sind Zeichen und Vorbilder, welche heilsgeschichtlichen Zwecken dienen, die nicht bloß in Betracht ihrer Namen, sondern auch ihrer Geburt prophetisch sind. Darum wird auch das Weib des Propheten Prophetin genannt [2], nicht bloß als Gattin eines Propheten, sondern weil sie selbst ein prophetisches Weib war und zu der Familie ge= hört, die zu Zeichen und Wundern in Israel gesetzt, die Wege des göttlichen Zornes sowohl als die der göttlichen Gnade sinnbildet und endlich ein Typus der seligsten Jungfrau Maria war [3]; Andere [4] erklären diese Stelle direkt von der heiligen Gottesgebärerin und der Geburt ihres Sohnes Emmanuel und zwar verstehen Hieronymus und Origenes unter der Prophetin den heiligen Geist (חור genus femin.), von welchem Christus seiner menschlichen Natur nach gezeugt wurde und aus welchem die Propheten ihre Prophetien schöpften, während Eusebius hier die Ueberschattung Mariens durch den heiligen Geist erkennt, Epiphanius [5] jedoch die Stelle auf den Eintritt des Erzengels Gabriel zu Maria deutet.

Auch der Prophet Ezechiel hatte im Exile eine Frau, deren bevor= stehenden Tod der Herr seinem Propheten verkündete, nebst der Bedeutung, welche dieses Ereigniß für das Volk haben sollte. Wenn der Herr die Lust seiner Augen (seine Gattin) von ihm genommen, soll er über diesen Todes= fall weder einen Klageton laut werden lassen, noch irgend eine Trauer kund= geben, sondern nur still seufzen; denn wie ihm, der zum Wunderzeichen seinem Volke gesetzt ist [6], sein Liebstes, seine Gattin, so sollte dem Volke sein Lieb= stes, das Heiligthum des Tempels, durch Zerstörung und seine Kinder durch das Schwert genommen werden. Und wirklich starb das Weib am Abende und er that, wie ihm befohlen war [7].

Von nicht minder symbolischer Bedeutung ist die Ehe des Propheten Hosea. Derselbe erhält von Gott den Auftrag, eine Buhlerin zu ehe= lichen und Kinder mit ihr zu zeugen. Sofort vollzieht der Prophet das göttliche Geheiß. Er nimmt sich Gomer, die Tochter Diblaims, und zeugt mit ihr drei Kinder, nämlich zwei Söhne und eine Tochter, deren symbolische Namen, von Jehova ihm selbst in den Mund gegeben, die bösen Früchte von Israels Abfall und Götzendienst darstellen.

Stimmen hinsichtlich der Tendenz, welche Hosea durch seine Prophetien dem Volke vor Augen führen will, alle Ausleger darin überein, daß diese Prophetenehe ein Bild jener Ehe sei, welche Gott mit Israel, seiner Ge=

---

[1] Is. 8, 1—4.   [2] Is. 8, 18.
[3] *Chrysost.* in Is. 8. Sixtus Senens; Vatablus u. A.
[4] *Hieron.* zu d. Stelle. Thargumist. *Epiphanius*, haer. 78, 16. *Eusebius*, demonst. evang. l. 7. cp. 1. *Cyrillus Alex.* zu Is. 8, 3. *Basilius* zu Is. 8. *Procop.*, *Rupertus.*
[5] Haer. 30.   [6] Ez. 4.   [7] Ez. 24, 15 s.

meinde, geschlossen hat, so gehen sie doch darin auseinander, ob diese Ehe als eine historische, vom Propheten in Wirklichkeit vollzogene Thatsache, oder als ein innerlicher visionärer Vorgang, oder als eine parabolische Darstellung (Allegorie) zu fassen sei. Die meisten heiligen Väter und katholischen Erklärer sprechen sich für die erstere Ansicht aus, so Theodoretus [1], welcher bemerkt, er könne die Kühnheit derjenigen nicht genug bewundern, welche behaupten, das Erzählte sei nicht wirklich geschehen. Der hl. Augustin vertheidigt den historischen Charakter gegen die Angriffe des Faustus mit den Worten: Quid adversum est clementiae veritatis? quid inimicum fidei christianae? si meretrix relicta fornicatione in castam conjugem commutetur [2]. Die Vertheidiger der äußerlich vollzogenen Ehe stützen sich auf den einfachen, objektiv gehaltenen Wortlaut des Textes, auf analoge Fälle bei den übrigen Propheten und auf den Umstand, daß symbolische Handlungen, außerordentliche Zeichen und Wunder zum Berufe der Propheten gehörten, um das abgestumpfte, in Götzendienst versunkene Volk aus dem Sündentaumel zu wecken. Für einen bloß visionären Vorgang sprechen sich aus der Chaldäer, die origenistische Schule, einige Rabbinen (z. B. Kimchi), Haymo, Isidorus, und für eine bloß parabolische Erzählung die meisten neueren protestantischen Erklärer. Die eigenthümliche Ansicht des hl. Thomas [3] und der daran sich knüpfende Streit, ob Gott vom Naturgesetze dispensiren könne [4], beruht auf der unbegründeten Voraussetzung, daß Hosea mit einer Buhlbirne fleischliche Gemeinschaft gehabt, ohne jedoch dieselbe wirklich geehelicht und dabei gesündigt zu haben.

Hosea bekommt den göttlichen Auftrag: „Geh, nimm dir (d. h. heirathe) ein Weib der Hurerei (d. i. ein Weib, dessen ganzes Sinnen und Streben auf Buhlerei gerichtet ist) und Kinder der Hurerei, denn hurend hurt das Land von Jehova weg." Kinder der Hurerei sind nicht etwa Kinder, welche das Weib vor ihrer Verbindung mit dem Propheten geboren hat und die der Prophet mit ihr zugleich annehmen soll, sondern Kinder, die in ihrer Sinnesart ganz der Mutter gleichen. Begründet wird dieser sonderbare Antrag dadurch, um dem Volke das Spiegelbild seiner Sünde vorzuhalten und es zum Bewußtsein zu bringen, wie sehr es sich durch Götzendienst gegen seinen Gott versündige; denn der Götzencult ist ebenso beschimpfend für Jehova, wie die Ehe mit einem Hurenweibe für einen Propheten. Das Weib stellt nicht das Volk Israel in seinem jungfräulichen Zustande bei der Bundesschließung am Sinai dar, sondern das Volk der zehn Stämme in seinem Verhalten gegen Jehova zur Zeit des Propheten, in welcher das Volk, als Ganzes betrachtet, ein Hurenweib geworden war und in seinen einzelnen Gliedern Hurenkindern glich. Der Prophet führt den göttlichen Befehl unverweilt aus. Er nahm die Gomer, die Tochter des Diblaim, und

---

[1] In Os. cp. 1.

[2] Cont. Faust. l. 22. cp. 80 u. de doct. christ. l. 3. cp. 12. *Cyrillus Alex.*, zu Os. cp. 1. *Irenaeus*, l. 4 cont. haer. cp. 20. *Hugo, Dionysius. Hieron.*, Ez. cp. 4. Dagegen in Prol. in Os. scheint Letzterer der parabolischen Auffassung das Wort zu reden. Schegg, kleine Propheten u. A.

[3] Sum. 1. 2. q. 94. 5 ad 2; u. q. 100. a. 8 ad 3; 2. 2. q. 154. a. 2 ad 2.

[4] Vgl. Cornelius a Lap.

19*

sie ward schwanger und gebar ihm einen Sohn. Gomer, nach Aben=Esra
und Hieronymus = vollendete Hure, soll nach Kimchi der Name einer zu
jener Zeit bekannten Buhlerin gewesen sein. Sie ist Tochter des Diblaim
= Feigenkuchen, also im Wohlleben geil geworden[1]. Den Namen des Kin=
des soll er Jesrael nennen, denn binnen Kurzem soll Israels Königthum ob
der Blutschuld Achabs untergehen. Das zweite Kind, welches sie gebar, eine
Tochter, soll er Lo Ruchama (ohne Erbarmen) nennen, denn diese ist Re=
präsentantin des kein Erbarmen mehr findenden Volkes. Daß das zweite
Kind eine Tochter ist, soll andeuten, daß nicht bloß das männliche, sondern
auch das weibliche Geschlecht dem Laster verfallen und keines Erbarmens
mehr werth sei. Der hl. Hieronymus sieht darin einen Hinweis auf die
depotenzirte Kraft des Volkes und seine Schwäche.

Kaum hatte sie die „Nichtbegnadigte" entwöhnt, ward sie abermals
schwanger und gebar einen Sohn. In der raschen Aufeinanderfolge von
Entwöhnung und Conception sehen Manche ein Zeichen der großen Wollust
des Weibes, Andere dagegen eine ununterbrochene Folge der durch die Namen
der Kinder angedeuteten Unglücksschläge. Der Name dieses dritten Kindes
Lo=Ammi (Nicht mein Volk) soll dem verkehrten Volke zum Bewußtsein
bringen, daß Gott keinen Theil mehr an ihm haben mag und es nicht mehr
als sein Volk anerkennen will[2]. In überraschender Weise wird ganz un=
vermittelt die Heilsvermittlung der endlichen Wiederannahme der zu Jehova
sich Bekehrenden angereiht. Allmählich verschwindet das bedeutete Paar in
dem, was es bedeutet. Das abgöttische Israel erscheint als das buhlerische
Weib. Der Prophet richtet nämlich an die Kinder des ehebrecherischen Wei=
bes, das sind jene Israeliten, welche nicht das Wesen ihrer Mutter theilen,
die Aufforderung, mit ihrer Mutter zu rechten, d. i. dieselbe ob ihrer sitt=
lichen Entartung und Ausschweifung zurechtzuweisen, damit sie ablasse von
ihrer Buhlerei, allem gesetzwidrigen Culte entsage und nur Jehova allein
diene, und zwar mit Hinweis auf die Strafe; denn wie ein Gemahl seiner
treulosen Gattin alle Geschenke und Gaben, mit denen er sie auch während
der Ehe beschenkte, entzieht und sie arm von sich läßt, ebenso wird Jehova
das ehebrecherische Israel, sofern es nicht von seinem Ehebruche abläßt, aller
Gaben und Güter, selbst der für das Leben nothwendigsten, berauben. Doch
auch auf die Kinder soll sich wegen der Mutter das göttliche Strafgericht
erstrecken. Die Mutter treibt ja Schande mit den Buhlen (Götzen), indem
sie in dem Wahne lebt, daß alle Güter und Gaben ihres Lebens von ihnen
herrühren. Allein Jehova wird diesem buhlerischen Treiben durch Entziehung
aller Güter und Gaben, deren sich bisher das Volk noch erfreute, Schranken
setzen und es in einen unseligen Zustand gerathen lassen, um es so zur Um=
kehr und Besserung zu führen, ja er will in seiner Liebe und Güte in der
Einsamkeit der Wüste zu ihrem Herzen sprechen, um sie nach und nach wieder
zu gewinnen, sie folgsam zu machen und ihr dann alle jene Güter wieder=
schenken, die ihr während der Strafzeit entzogen worden waren. Israel wird

---

[1] *Hieron.* zu Os. 1: Igitur et Israel consummata in fornicatione atque perfecta filia voluptatis, quae fruentibus suavis videtur et dulcis.

[2] Os. Kap. 1.

dann, durch Erfahrung belehrt, den wahren Unterschied zwischen den früher angebeteten Buhlen (Götzen) und Jehova als dem allein wahren Gott erkennen, den Namen Baal ablegen und in Jehova den rechten einzigen Ehegemahl erkennen, und mit diesem bekehrten Israel will Gott einen neuen Bund schließen, der nur glückliche Zeiten in seinem Gefolge haben wird. „Und ich verlobe dich mir in Ewigkeit, und verlobe dich mir in Gerechtigkeit und Recht, und in Treue, und du erkennest Jehova." Also Jehova, der beleidigte Ehegemahl, hat die Treulosigkeit seines Eheweibes nicht bloß vergeben, sondern auch ganz und gar vergessen; er betrachtet sie wieder als unbefleckte Jungfrau, mit der er sich von Neuem verlobt, um sich nie mehr von ihr zu trennen. Dieses neue Verhältniß, in welches Jehova zu seiner Gemeinde tritt, ist ein ewiges und unauflösliches, indem es auf Seiten Gottes sowohl auf Recht und Gerechtigkeit, als auf Liebe, Erbarmen und Treue, auf Seiten der Gemeinde aber auf rechter Erkenntniß Gottes beruht. Israel erblüht zu einer neuen Gottessaat, wird wieder das Eigenthumsvolk Jehovens, die ominösen Namen der drei Kinder werden aufhören und in ihr Gegentheil verwandelt werden [1].

Der Prophet Hosea hat durch seine Verbindung mit der Gomer die Sünde der Abgötterei Israels, das Gericht, welches Jehova deßwegen über Israel verhängen wird, und dessen unendliche Begnadigung symbolisirt; allein der Prophet will uns noch tiefer blicken lassen in den Abgrund der treuen und erbarmenden, aber deßhalb auch eifernden Liebe Jehova's zu seinem abgöttischen Volke, der züchtigen muß, aber züchtigt aus Liebe, und zwar gerade züchtigt, weil er sein Volk nicht verstoßen will. Der Prophet erhält deßhalb den göttlichen Auftrag: „Nochmals gehe, liebe ein Weib, vom Genossen geliebt und (doch) ehebrecherisch, gleichwie Jehova liebt die Kinder Israels, und sie wenden sich zu anderen Göttern." Und der Prophet erkaufte sie sich um ein Gomer Gerste und ein Letech Gerste.

Hier drängt sich zunächst die Frage auf: Ist dieses Weib, welches der Prophet lieben soll, mit der Gomer identisch oder aber ein von ihr verschiedenes Weib? Auch hier sind die Ansichten getheilt. Der Paraphrast, Hieronymus, Cyrillus Alex., Theodoretus, Hugo, Isidorus, Cornelius a Lapide u. A. halten dieses Weib für ein von der Gomer verschiedenes Weib, das sich von ihrem Manne getrennt, Ehebruch getrieben hat und schließlich von dem Propheten genommen wird, wohl nicht zum Weibe, sondern zur Magd, um sie aus ihrem Sündenleben herauszureißen und zu bessern, bis sie nach Ablauf der gesetzten Zeit wieder von ihrem Ehegatten als Gemahlin in Gnaden aufgenommen wird; so Hieronymus [2]. Andere, wie Rupertus, der sie zur Schwester der Gomer stempelt, Vatablus, Sanchez u. A. halten sie für eine von ihrem ersten Manne entlassene Frau, die Ehebruch getrieben und vom Propheten wirklich geehlicht worden ist. Dabei wird freilich vorausgesetzt, daß Gomer indessen gestorben oder vom Propheten in Folge ihrer Buhlerei und Unverbesserlichkeit verstoßen worden sei. Doch gegen diese

---

[1] Oj. Kap. 2.
[2] Zu Oj. 3: Propheta diligit adulteram, et tamen non ei matrimonio copulatur, nec fornicatione jungitur, sed tantum diligit delinquentem.

Hypotheſe erheben ſich große Bedenken, die gegen das Symbol verſtoßen und welche weiter auszuführen, Sache der Exegeſe iſt. Es empfiehlt ſich daher von ſelbſt die andere Anſicht[1], nämlich daß dieſes Weib mit Gomer identiſch iſt. Allerdings ſtimmen wir dabei nicht Jenen bei, welche annehmen, daß Gomer dem Propheten bloß entlaufen und in ihr unkeuſches Weſen wieder zurückgefallen ſei, derſelbe aber von Gott zum zweiten Male den Auftrag erhalten habe, ſie aufzuſuchen und wieder zu ſich zu nehmen. Wir ſehen in dieſem zweiten Auftrage an Hoſea nichts Anderes, als den Weg, den Gott in ſeiner Liebe zur Bekehrung des Weibes (Israel) einſchlägt. Es wird darin, wie Schegg richtig bemerkt, nur ein neues Moment dieſer ſymboliſchen Ehe zwiſchen Hoſea und Gomer hervorgehoben, nicht aber eine neue Ehe bezeichnet. Dort heißt es: Hoſea ſoll ein Weib nehmen, weil es eine Hure iſt, um durch dieſe Ehe wider Israels Sünde und von ſeiner Verwerfung zu zeugen; und hier: Du ſollſt ſie lieben, obgleich ſie eine Ehebrecherin iſt, und dadurch zeugen von Israels Hoffnung. Mit jenem ſollte die beſtehende Verkehrung des normalen Verhältniſſes zwiſchen Gott und Israel, mit dieſem dagegen die zu hoffende Reſtitution dieſes Verhältniſſes abgebildet werden. Weil alſo durch das Verhältniß des Propheten zu dem Weibe etwas weſentlich Anderes ſymboliſirt werden ſoll, ſo ſcheint es, als trete der Prophet zum erſten Male in Beziehung zu dieſem Weibe. Uebrigens handelt es ſich hier nicht ſo ſehr um die Perſönlichkeit des Weibes, als vielmehr um die Symboliſirung der religiöſen Wahrheit. Trotzdem daß das von ihrem Genoſſen oder Gemahl geliebte Weib doch ehebrecheriſch geworden, ſoll dieſer ungeachtet ihrer Untreue mit Beharrlichkeit es lieben, weil er damit die Liebe Gottes abbilden ſoll, der ſeinem Volke Liebe erzeugt trotz der Untreue deſſelben; mit ſeiner Liebe ſoll er eben dieſe Liebe Gottes dem Volke vorhalten und verbürgen. Der äußerſt geringe Preis (die Brautgabe) ſoll den ſittlichen Unwerth und tiefe Geſunkenheit des Weibes andeuten, wobei die Gerſte[2] in beſonderer Beziehung zur Unkeuſchheit ſteht. Anſtatt die Ehebrecherin wegzuſtoßen, ſoll er ſie lieben, ja wie eine erſt durch ein Brautgeſchenk zu erwerbende Braut behandeln. Allerdings iſt die Gabe keine reichliche, ſondern eine zugleich für ihre Erhaltung knapp bemeſſene, ſo wie es die heilſame Demüthigung erfordert. Das zu eigen erkaufte Weib ſchließt er von allem äußeren Verkehre ab und verſetzt es in einen Zuſtand der Detention, in welchem ſie ſich mit keinem Manne einlaſſen kann; auch er, der Prophet, wolle ihr die eheliche Treue bewahren, aber während dieſer Zeit der Detention mit ihr keinen ehelichen Umgang pflegen, ſondern ſich von ihr fernhalten, damit ſie ihr unzüchtiges Luſtleben büße und beſſere. Nicht eher will er ſich ihr nahen, bis ſie volle Proben ihrer Enthaltſamkeit abgelegt hat, und dieß Alles thut der Prophet aus Liebe zu dem Weibe. Ebenſo ſoll das ehebrecheriſche Israel, ſetzt der Prophet erklärend hinzu, eine Zeitlang von Gott verlaſſen, ohne Autonomie und ſelbſtſtändige Verfaſſung unter einem fremden Volke leben (Kap. 3), bis es gebeſſert zu Jehova, dem alten Bundesgotte, unter Zittern zurückkehren wird.

Der hl. Ambroſius findet in der Verbindung des Propheten mit

---

[1] Ribera, Schegg, Schmoller u. A., Comm. zu den kl. Propheten.
[2] Vgl. Num. 5, 11 f.

einer Buhldirne, ebenso wie im Ehebruche Davids, mystisch abgebildet die
Vereinigung Christi mit unserer sündhaften Natur, die sich in der Mensch=
werdung vollzogen hat[1]; der hl. Augustin[2] die Verbindung Christi mit
der aus den Heiden bestehenden Kirche, wie dieß auch der hl. Paulus klar
im Briefe an die Römer (9, 24 f.) anzeigt. Der hl. Hieronymus[3] sieht
im tropologischen Sinne unter der Ehebrecherin die hl. Maria Magdalena
abgeschattet, die als Büßerin Christus in Liebe sich angeeignet hat.

Auf Grund der durch die ganze heilige Schrift sich hindurchziehenden
Anschauung des zwischen Jehova und seinem Volke bestehenden Gnaden=
verhältnisses unter dem Bilde eines Ehebündnisses wird bei Ezechiel auch
Jerusalem, die Hauptstadt des Gottesreiches und Repräsentantin des Bundes=
volkes, als Weib dargestellt und zwar als ein undankbares und unzüchtiges
Weib, welches seiner Strafe nicht entgehen kann. Beginnend von dem Ur=
sprunge, schildert der Prophet die Repräsentantin des Volkes als ein Kind,
das, von canaanitischen Eltern geboren, nicht die für die Erhaltung und
Kräftigung des Lebens erforderliche Reinigung und Pflege erhielt, sondern
nach seiner Geburt mitleidslos ausgesetzt worden und dem Umkommen nahe
war. Da ging der Herr vorüber und nahm sich desselben an, ihm Leben
verheißend und Kraft zum Leben verleihend. Unter göttlicher Fürsorge wuchs
das Kind heran zur blühenden Jungfrau und wurde mannbar; jedoch sie
war nackt (noch im Naturzustande ohne göttliche Offenbarung) und des
weiblichen Schmuckes entbehrend. Da ging der Herr wiederum vorüber,
bedeckte ihre Blöße, erwählte die zur Mannbarkeit herangewachsene Jungfrau
zu seiner Braut, mit der er in die Ehe trat. Er reinigte sie vom Blute,
d. i. von den Flecken und Unreinheiten, die ihr von ihrer Geburt her an=
klebten, salbte sie mit Oelen (d. h. verlieh ihr Geistesgaben und geistliche
Wohlthaten), bekleidete sie mit kostbaren Gewändern und schmückte sie mit
allerlei Geschmeide, gleich einer Königin, und ihre Schönheit war so groß,
daß ihr Ruf unter die Völker erscholl. Sie war vollkommen, weil Jehova
seine Herrlichkeit auf sie gelegt hat — aus Gnade, nicht von Natur oder
durch Verdienst. Treue würde das Weib in dieser Herrlichkeit erhalten haben[4];
doch ihre Schönheit und Herrlichkeit wurde ihr zum Falle, indem sie die
ihr verliehenen Gaben und Güter als ihr Verdienst ansah und des göttlichen

---

[1] 2. Apol. David cp. 10: Dominus hoc jubet cum ea, quae fornicata fuerit,
esse conjugium, cujus conjugii partus est Christus. Namque filio, qui ex fornicatione est natus, a Domino nomen impositum est Jezrahel, quod divina est generatio. Si ergo pia illa copula fornicariae, etiam ista utique pia societatis adulterae copula est ... Ex disparibus copulis contubernium pium factum est, cum
Verbum caro factum est. Non sunt enim legitima consortia divinitatis et carnis;
nec ut quodam foedere conveniunt naturae, caro animae et anima carni, ita etiam
divinitas et caro justi servant quodammodo thori legem. Suscepit carnem Deus,
assumpsit animam, per inusitatam et legitimam incarnationem consortium fecit esse
legitimum, ut sit Deus omnia in omnibus.

[2] Lib. 22 cont. Faust. cp. 89. *Prosper Aq.*, lib. de prom. et praed. p. 2. cp. 15.

[3] Proœm. in Os.: Haec est mulier meretrix et adultera, quae in Evangelio
pedes Domini lacrymis lavit, crine detersit et confessionis suae honoravit un-
guento ... Haec est meretrix, de qua loquitur Dominus ad Judaeos: Amen dico
vobis, meretrices et publicani praecedent nos in regno Dei (Matth. 21, 31).

[4] Hos. 2, 10. Mich. 2, 9.

Spenders vergessend, mit den Heidenvölkern in Verkehr trat und sich zu heid=
nischem Wesen verleiten ließ. Aus den Kleidern verfertigte sie Teppiche und
Zelte für den Astartedienst und trieb Hurerei; das Geschmeide verwendete
sie zu Götzenbildern, setzte ihnen die göttliche Speise vor, ja opferte ihnen
sogar die Kinder, die Gott ihr gegeben, und erinnerte sich dabei nicht an
den ersten Zustand, an das Elend, aus welchem Jehova sie gezogen. Die
Selbstgefälligkeit ließ die Rückerinnerung an Jehova nicht aufkommen. Das
Nichtgedenken an Jehova erzeugte solchen Undank. Ueberall an allen Straßen=
ecken baute sie Götzentempel, trieb mit allen Heidenvölkern (Aegyptern,
Assyrern und Chaldäern) Buhlerei und ließ sich weder durch die göttliche
Züchtigung noch durch die Nutzlosigkeit dieses Treibens vom Götzendienste
abbringen. Die geile Lust trieb sie soweit, daß sie, anstatt nach Art der
gemeinen Huren sich für Lohn preiszugeben, sogar den Buhlen noch Geschenke
anbot, so daß hier das Widerspiel von allen Huren stattfand, das Treiben
der gewöhnlichen Buhldirnen weit hinter ihrer Hurerei zurückblieb und selbst
die Töchter der Philister (der Hauptfeinde Israels) sich des Unzuchtswandels
derselben schämten. Deßhalb soll sie, die Hure κατ᾽ ἐξοχήν der gebührenden
Strafe nicht entgehen; Jehova will ihre Schmach vor allen Völkern aufdecken,
alle ihre Buhlen, mit denen sie Unzucht getrieben, wider sie versammeln,
damit sie das Gericht an ihr für Ehebruch und Blutvergießen vollziehen, sie
ganz in deren Gewalt geben; sie sollen das ehebrecherische Weib plündern,
ihre Hurenhäuser zerstören, und die Todesstrafe an ihr vollziehen vor den
Augen vieler Weiber (Völker), damit ihre Sünde und Schande offenbar
werden. Durch dieses Gericht wird die Eifersucht der verletzten Gattin
gestillt.

Doch dieses Gericht Jehova's über sein Volk ist gerecht; denn es hat
nicht nur der bei seiner Erwählung (Jugendzeit) ihm erzeugten göttlichen
Gnaden vergessen, sondern in seinen Greueln Samaria und Sodoma über=
troffen. Ihr Greuelleben ist so offenbar, daß es zu Sinnsprüchen Anlaß
bietet. Jeder wird das Sprüchwort auf dich anwenden: Wie die Mutter,
so ihre Tochter, die Tochter deiner Mutter (canaanitische Geschlecht) bist du,
die ihren Mann (Jehova) und ihre Kinder verwirft (sie dem Moloch opfert),
und du bist die Schwester deiner Schwestern, die ihre Männer und ihre
Kinder verwerfen. Eure Mutter ist eine Hethiterin und euer Vater ein
Amoriter (mit Bezug auf die geistige, nicht leibliche Abstammung). Und
deine große (in Anbetracht des Umfanges und der Zahl der Stämme)
Schwester ist Samaria mit ihren Töchtern, die zu deiner Linken wohnt, und
deine Schwester, welche kleiner als du, die zu deiner Rechten wohnt, ist
Sodom mit ihren Töchtern. Samaria und Sodom werden Schwestern Judas
genannt, weil gleichgeartet und in sittlicher Beziehung blutsverwandt. Diesen
Schwestern hat es Jerusalem in Sünden und Greueln nicht bloß gleich=
gethan, sondern sie darin noch übertroffen. Sodom sündigte durch Hof=
fahrt, Ueberfluß, sorglose Ruhe, welche Lieblosigkeit gegen Arme erzeugte,
und Uebermuth und Gott vertilgte sie; auch Samaria, die nicht die Hälfte
der Sünden, wie Jerusalem begangen, wurde bestraft. Nun soll auch sie,
die Lasterhafteste unter den Schwestern, der Strafe nicht entgehen; denn im
Verhältnisse zu ihr müssen Sodoma und Samaria wie gerecht betrachtet werden.

So erscheint Juda mitten unter gestraften Sünderinnen. Doch vermöge des Bundes soll Jerusalem nicht in diesem Elende bleiben, sondern zu der dem Volke Gottes verheißenen Herrlichkeit gelangen, allein erst nach der Wiederherstellung und Begnadigung Sodoms und Samariens, wodurch alles Rühmen Jerusalems ausgeschlossen wird. In den Tagen ihres Glückes und ihrer Hoffart hat sie nicht das Geschick Sodoms beherzigt; durch das Gericht mußte ihre Bosheit erst offenbar werden. Für diesen Hochmuth und die Bundesverletzung soll sie nun büßen. Doch der Herr will in seiner Treue des Bundes gedenken und mit ihr einen ewigen Bund schließen. Wenn dann kraft des neuen ewigen Bundes die größeren und kleineren Schwestern (Völkerschaften der großen Menschheit) ihr als Kinder beigesellt und zur Herrlichkeit einer großen Gottesfamilie erhoben sein werden, dann soll diese Gnadenfülle Israels seine Wege ins Gedächtniß bringen und es mit Beschämung erfüllen [1].

In ähnlicher Weise schildert auch Ezechiel [2] später Samaria und Jerusalem, die Hauptstädte der beiden Reiche, als zwei Schwestern und Buhlerinnen, doch so, daß die verlockende Kraft und Pracht der Buhlen, sowie die Verschuldung und Bestrafung Israels mehr in den Vordergrund treten. Es waren zwei Weiber, Töchter Einer Mutter (weil von gemeinsamer Abstammung), die hurten in Aegypten in ihrer Jugendzeit [3]. Daselbst wurden ihre Brüste gedrückt und daselbst betastete man ihren jungfräulichen Busen. Ihre Namen sind Ohola (Vulg. Oolla) die Größere (dem Umfange nach), und Oholiba (Vulg. Ooliba), ihre Schwester; und sie wurden mein und gebaren Söhne und Töchter und ihre Namen sind: Samaria-Ohola und Jerusalem-Oholiba. Beide Namen sind symbolisch (Ohola = „ihr Zelt“, und Oholiba = „mein Zelt in ihr“) und charakterisiren die beiden Reiche nach ihrer Stellung zum Herrn. Jerusalem hat das Zelt oder Heiligthum Jehova's, Samaria dagegen ihr eigenes, willkürlich errichtetes Heiligthum. „Ohola hurte unter mir“ und liebäugelte auf ihre Liebhaber, das mächtige Assur, gab aber dabei auch den von Aegypten her betriebenen Götzendienst nicht auf. Zur Strafe dafür überlieferte Gott sie in die Gewalt der Assyrier, daß sie Gericht an der Buhldirne vollziehen. Dieß geschah durch Gefangennehmung der Bevölkerung, Tödtung der kriegstüchtigen Mannschaft und daß Israel Gegenstand des Geredes und Gespöttes unter den Weibern (Völkern) wurde.

Doch ihre Schwester Oholiba trieb ihre Buhlerei noch ärger. Sie ließ sich durch den Glanz Chaldäa's verleiten und ging mit den Chaldäern sündhafte Verbindungen ein und verunreinigte sich mit ihrem Götzendienste. Und als sie der Chaldäer überdrüssig geworden, entbrannte sie, wie einst in ihrer Jugendzeit, in sündhafter Lust gegen die noch wollüstigeren Aegypter. Darum soll auch Oholiba, weil sie sich der Buhlerei ergeben, das Schicksal ihrer Schwester theilen. Die Buhlen, deren sie überdrüssig geworden, wird Gott als Feinde wider sie herbeiführen. Die Chaldäer werden mit ihrer ganzen Macht herbeikommen, sie plündern und verstümmeln, ihre Kinder tödten und den Rest in's Exil abführen. Sie wird den Becher des göttlichen Zorngerichtes bis auf die Hefe leeren und berauscht von demselben seine Scherben benagen und ihre Brüste daran zerfleischen.

---

[1] Ez. 16.　　[2] Kap. 23.　　[3] Vgl. Ez. 20, 7.

Sodann faßt der Prophet nochmals die Sünden, wie die Strafe der beiden Weiber zusammen. „Und Gott sprach zu mir: Menschensohn, willst du richten die Ohola und Oholiba, so zeige ihnen ihre Greuel an!" Sie haben Ehebruch getrieben mit ihren Götzen, ihre Hände mit dem Blute ihrer Kinder befleckt, die sie dem Moloch geopfert, und Gottes Heiligthum verunreinigt. Sogar in weite Ferne (nach Chaldäa) schickten sie Boten, schminkte und schmückte sich für dieselben, wie eine Buhlerin für den Empfang ihrer Buhlen, setzte sich auf ein Polster, ließ einen Tisch zurichten und darauf das Rauchwerk setzen. Und zu diesen lärmenden Buhlen gesellen sich noch andere lose Zecher, welche die Arme der Buhlerinnen mit Spangen und ihre Häupter mit Kronen zierten. Darum lautet das göttliche Urtheil über sie (Beide), die im Ehebruche entkräftet geworden: Sie ist in Hurerei versunken, daß sie davon nicht mehr lassen kann. Man ging deßhalb zu den beiden lasterhaften Weibern Ohola und Oholiba, wie man zu einer Hure eingeht. Darum sollen auch gerechte Männer (die Chaldäer als Werkzeuge des göttlichen Strafgerichtes) gerechtes Gericht an den Sünderinnen üben für Ehebruch und Blutvergießen, sie steinigen, ihre Kinder tödten und ihre Häuser verbrennen. So will Jehova das Laster ausrotten aus dem Lande zur Wahrung für alle Weiber (Völker), daß sie vom Götzendienste ablassen.

Dem Propheten Zacharias[1] wird die Gottlosigkeit des Volkes als innere Ruchlosigkeit in Weibesgestalt in einer Vision gezeigt; denn nach Theodoretus und Cyrillus von Alexandria ist das Weib der Typus und das Subject der Schwäche und Lust, welche die Mutter und Quelle jeglicher Sünde ist. Der Prophet sieht eine Erscheinung auftauchen, die er nicht kennt, und wendet sich an den in seiner Nähe stehenden Angelus interpres, der ihn über dieselbe belehrt. „Das ist das Epha (Schäffel), welches hervorkommt; dieß ist ihr (der Sünde oder Gottlosigkeit) Anblick im ganzen Lande." Gleich darauf wird dem Propheten der Inhalt des Epha deutlicher gezeigt: „Der bleierne Deckel hob sich empor (über dem Epha) und siehe ein Weib sitzend mitten in dem Epha. Und er sprach: dieß ist die Bosheit, und er warf sie in die Mitte des Epha und warf das Bleigewicht auf seine Mündung." Da in einem Epha ein ausgewachsenes Weib nicht Platz hat, so haben wir unter dem Epha ein Maß überhaupt zu verstehen, und dieses ist bloß gewählt, um anzuzeigen, daß die Sünde ihr Maß gefüllt, d. h. ihr Ende erreicht hat, oder aber haben wir uns ein zwerghaftes Weiblein zu denken als Typus der Gottlosigkeit, welche in der erneuerten Gottesgemeinde auf ein geringes Maß zusammengedrängt, sich nicht entfalten konnte, sondern erst im Mutterlande der Bosheit zu einem Riesenweibe erwachsen ist, das ein ganzes Haus füllt.

Indem der Deckel sich hebt, kommt das Weib zum Vorschein, wie zum Fluchtversuch. Doch der Engel stößt sie in den Behälter zurück und schlägt den Bleideckel auf die Mündung zu, so daß sie nicht entweichen kann. Und der Prophet erhob seine Augen und schaute und siehe zwei Weiber gingen hervor, und Wind (Geist) war in ihren Flügeln, und sie hatten Flügel wie Storchflügel und sie trugen das Epha zwischen Erde und Himmel fort.

---

[1] 5, 5—11.

Und auf die Frage des Propheten, wohin sie das Epha bringen, erfolgt die Antwort des Engels: „daß man ihr ein Haus baue im Lande Sinear (Babel). Und es wird fertiggestellt und es (das Epha mit dem Weibe) niedergelassen werden auf sein Gestell". Unter diesen zwei geflügelten (alle-gorischen) Weibergestalten, welche die Bosheit nach Sinear in das Land der Gottlosigkeit schaffen, haben wir nicht mit Hieronymus, Rupertus, Al-bertus, Hugo u. A. die zwei Reiche Israels zu verstehen, welche Ezechiel oben als Ohola und Oholiba beschrieben hat, noch die Person und Meder (Theodoretus), noch Nebucadnezar und Rabuzardan, welche das gottlose Israel nach Babel brachten (der Targumist), noch zwei dämonische Gestalten (Scheg und mehrere Neuere), sondern die Weiber bezeichnen eben nur die Werkzeuge oder Mächte, deren sich Gott zum Wegschaffen der Sünde aus seiner Gemeinde bedient, vielleicht Gottes Heiligkeit und Gerechtigkeit. Zwar ist der Storch, dessen Flügelgestalt sie haben, ein unreiner Vogel (Lev. 11, 19), allein der hebräische Name Chesida, d. i. Fromme, spricht zu Gunsten dieser Meinung. Dazu kommt nebst ihrer Sendung noch der Umstand, daß sie zwischen Himmel und Erde schweben und Geistestrieb in ihren Flügeln ist; denn die Gottlosigkeit kann wohl nicht gut durch Dienerinnen des Satans aus dem Lande geschafft werden. Die aus dem Bereiche der Gottesgemeinde weggeschaffte Gottlosigkeit soll also ihren bleibenden Sitz in Sinear, dem Bereiche der gottfeindlichen Weltmacht, erhalten und dort sich concentriren, um einst [1] einen letzten Kampf gegen das Reich Gottes zu versuchen, in welchem es unterliegen und dem ewigen Gerichte verfallen wird.

Kehren wir zu den Prophetenweibern zurück. Gab es, wie wir gesehen, verheirathete Propheten, so ist es anderseits gewiß, daß nicht Alle im ehe-lichen Verhältnisse gelebt haben. So kann man sich z. B. den Elias, wenn man die Art seines Wirkens betrachtet, nicht wohl verheirathet denken [2], und auch Jeremias lebte ehelos. Denn also sprach der Herr zu ihm: „Du sollst kein Weib nehmen und weder Söhne noch Töchter zeugen an diesem Orte", weil alle Bewohner des Landes, Söhne und Töchter, Mütter und Väter durch Seuchen, Schwert und Hunger vertilgt werden sollen [3]. Nach der Angabe eines apokryphen Buches [4] lebten außer Abel und Melchisedek noch Elias, Eliseus und Jeremias ehelos.

Die prophetische Gabe war weder an einen bestimmten Stand, noch an ein bestimmtes Geschlecht gebunden; es waren daher auch Frauen mit pro-phetischem Geiste begabt, wie wir dieß an Maria, der Schwester Mosis [5] und Debora [6] gesehen haben. Zur Zeit des Königs Josias taucht eine Prophetin auf, mit Namen Holda (Hulba). Sie lebte in der Unter-stadt zu Jerusalem und war an einen gewissen Sallum verheirathet, welcher Aufseher der Kleider war und zwar entweder der im Tempel aufbewahrten

---

[1] Vgl. Ez. 38 u. 39.

[2] Ambros., l. 1 de Virg.: Etiam Elias nullius corporei coitus fuisse per-mixtus cupiditatibus invenitur.

[3] Jerem. 16, 2 f. Vgl. Olympiod. ex Catena Pat. gr.: Proditum est. virginem fuisse prophetam, cui nempe a Deo praeceptum fuit, ne uxorem duceret.

[4] Josephi hypomnest. l. 5. cp. 115 in Fabricii Codex pseudep. 2. Br. S. 243.

[5] Oben S. 156. [6] Oben S. 178.

Priesterkleider oder der königlichen Garderobe. In welch großem Ansehen dieses Weib beim Könige und Volke stand, erhellt daraus, daß, als der Hohepriester Helcias das Gesetzbuch im Tempel aufgefunden und dem Könige zur Einsichtnahme zugestellt hatte, dieser sofort eine ansehnliche Gesandtschaft, darunter auch den Helcias, an die Prophetin absendet, um durch sie den Willen Jehova's zu erfragen, was er über Volk und Reich beschlossen habe. Man wandte sich an Holda, weil damals wahrscheinlich kein Prophet in Jerusalem gegenwärtig [1] und sie als prophetisches Weib bekannt war, nicht aber, weil (nach dem babylonischen Talmud) das weibliche Herz erbarmungs= reicher ist. Sie selbst bezeichnet auch die an sie gestellte Anfrage als ein Befragen Jehova's, und ihre Antwort als Ausspruch Jehova's. Holda be= stätigte die vom Könige ausgesprochene Befürchtung, daß der Zorn Jehova's über Jerusalem wegen ihres Götzendienstes entbrannt sei und verkündigte, daß der Herr alle im Gesetzbuche den Götzendienern angedrohten Strafen über Jerusalem und seine Bewohner bringen, sodann aber dem Könige, daß er wegen seiner aufrichtigen Buße und Frömmigkeit das Unglück nicht erleben, sondern im Frieden zu seinen Vätern gesammelt werden solle, worauf derselbe alles nach Kräften that, um das Volk zur wahren Buße zu führen und das göttliche Strafgericht abzuwenden [2].

Nach jüdischer Angabe soll Holda Vorsteherin einer Gesetzesschule ge= wesen sein, die nahe beim Tempel lag; der babylonische Talmud [3] macht sie zur Anverwandten des Jeremias. Weil Salum täglich Liebe und Wohlthat übte, an den Thoren der Stadt weilte und jeden Reisenden erquickte, so ruhte ob dieser Tugenden der Geist Gottes auf seiner Gattin. Als bei seiner Todesfeier die Schaar der Feinde heranzog, warf man die Leiche in das Grab des Eliseus, bei dessen Berührung der Todte erwachte und wieder lebte. Er soll dann noch den Chanamel [4] gezeugt haben [5].

In späterer Zeit gab es Frauen, welche nach Art der Propheten auf= traten, allein ohne vom Geiste Gottes getrieben zu sein, und aus dem eigenen Herzen, sowie um Lohn weissagen. Als Karikatur zu den Prophetinnen bildete sich im Zusammenhange mit dem Götzendienste das Afterprophetenthum der Weiber, wider welche Ezechiel Zeugniß ablegen soll. Menschensohn! richte dein Angesicht gegen die Töchter deines Volkes, die aus ihrem Herzen weissagen, und weissage wider sie, und sprich: „So spricht der Herr: Wehe denen, die Decken zusammennähen über alle Gelenke meiner Hände und Hüllen machen über's Haupt jeglicher Größe, um Seelen zu fangen. Die Seelen meines Volkes fanget ihr und eure Seelen wollet ihr am Leben er= halten." Diese Worte sind nicht wörtlich [6] von Anfertigung der Decken und Hüllen (Prophetenmäntel) zu fassen, um nachäffend den Prophetenstand damit zu weissagen, sondern im bildlichen Sinne [7], indem diese Weiber durch be= quemliche, den Sinnen schmeichelnde Lehren und Verheißungen alle Klassen des Volkes in ihren lasterhaften Absichten und Werken bestärken und zwar in der Absicht, die Seelen des Volkes Gottes in's Verderben zu locken und

[1] Hieron., l. 2 cont. Pelag. n. 22.   [2] 4 Kön. 22, 14 f.
[3] Meg. 14.   [4] Jer. 32, 7.   [5] Pirke di Elieser 33.
[6] Lyranus, Vatablus.   [7] Origenes u. Hieronymus zu d. St.

für ihr eigenes Leben zu forgen. Während er früher den Propheten vor=
warf, daß fie die Mauer bloß übertünchen (B. 11) (d. i. das Bolk mit
thörichten Hoffnungen hinhalten), fagt er hier Analoges und dem weiblichen
Wefen Entsprechendes aus. Sie entheiligen, fährt der Prophet fort, Gott
bei feinem Bolke um einige Hände voll Gerfte und etliche Biffen Brodes,
um Seelen (des Bolkes) zu tödten, die nicht fterben, und (ihre eigenen) Seelen
am Leben zu erhalten, die nicht leben follten (weil falfche Propheten den
Tod verdienen col. Dt. 18, 20), nämlich dadurch, indem fie die Einbildungen
ihres Herzens für Gottes Wort ausgeben und fo das Bolk belügen. Dafür
foll die gerechte Strafe nicht ausbleiben. Der Herr will die Decken und
Hüllen (Lügengewebe) der Pfeudoprophetinnen zerreißen und das Bolk aus
ihren Schlingen erretten, fowie dem verderblichen Treiben und trügerifchen
Wahrfagen diefer Perfonen ein Ende machen [1].

Zu derfelben Klaffe gehörte ohne Zweifel die Prophetin Noadja [2],
welche Nehemias von Gott beftraft zu fehen wünfcht, da fie die Wieder=
herftellung Jerufalems zu verhindern und ihn in Furcht zu fetzen verfuchte [3].

§ 35. Sufanna.

Zu den lieblichften Frauengeftalten des Alten Teftamentes gehört ohne
Zweifel Sufanna. Während des Aufenthaltes der Juden im babylonifchen
Exile und zwar gleich im Anfange deffelben, wohnte zu Babylon ein Mann,
Namens Joakim, welcher Sufanna, eine Tochter des Helcias, zur Frau hatte.
Diefer Joakim war mit feinen übrigen Mitbürgern aus Paläftina in die
Gefangenfchaft abgeführt worden und gehörte den höhern Ständen an, ift
aber nicht, wie Julius Africanus [4] meint, mit dem Könige Joachin identifch.
Sufanna war nicht ein vom Bolke ihr erft beigelegter Name [5], fondern ihr
Beiname von Geburt an, der Lilie [6] oder Parifcher Marmor [7] bedeutet, ohne
Zweifel mit Bezugnahme auf ihre blendend weiße Hautfarbe, oder ihre
blendende körperliche Schönheit [8], mit welcher nach den Worten des hl. Cy=
prian [9] die Schönheit des Geiftes und Herzens verbunden war. Der Bater
der Sufanna, Helcias, ift wohl kaum mit dem Hohenpriefter Helcias, der
zur Zeit des Königs Jofias lebte, zu verwechfeln, und überhaupt nicht näher
zu beftimmen. Diefe nähern Umftände werden hier angeführt, um der Er=
zählung den gefchichtlichen Charakter aufzuprägen. „Sufanna war überaus
fchön und gottesfürchtig; denn weil ihre Eltern gerecht waren, unterwiefen

---

[1] Ez. 13, 17—23.

[2] Die LXX, Vulgata, der Syrer und Araber faffen diefen Namen als den eines
Propheten auf.

[3] Neh. 6, 14.   [4] Ep. ad Origenem.   [5] So Sanctius.

[6] Bon שׁוֹשָׁן, weiße Lilie.   [7] שֵׁשׁ.

[8] Lanfellii Not. zu Dan. u. Catena Patr.

[9] Lib. de difcipl. et bono pudic. n. 9: Susanna pulcherrima, pulchrior moribus. Hanc nullum ad decorem commendabat species, simplex enim erat. Exco-
luerat pudicitia et cum pudicitia sola natura. Chrysost., de Susanna sermo: Beata
Susanna, cum genere nobilis esset, et a teneris unguiculis in conclavi domi recon-
dita, cumque eleganti forma esset et castis moribus praedita, juvenili florens
aetate, legitimis matrimonii vinculis copulata est. Tirinus zu d. St.

sie ihre Tochter nach dem Gesetze Mosis". Außer ihrer körperlichen Schön=
heit ragte sie durch ihre Gottesfurcht und Frömmigkeit hervor, zwei Dinge,
die selten vereinigt sind. Die Letztere steigerte noch die Anmuth des Körpers
und war eine Frucht der guten Erziehung, welche die frommen Eltern ihrer
Tochter angedeihen ließen, so daß sie in der Blüthe ihrer Jahre eine Ge=
sittung zeigte, die man sonst nur an älteren Personen wahrnehmen kann [1].
Da sie, wie Chrysostomus schön erklärt, den Ehebund rein bewahren wollte,
bewachte sie sorgsam ihre Sinne, welche gleichsam als Mägde die im Innern
thronende Seele umstehen, und glich einem geschlossenen Garten, dem liebliche
Düfte der Keuschheit entströmten [2].

Joakim war sehr reich und hatte einen Baumgarten bei dem Hause und
es versammelten sich die Juden bei ihm, weil er unter allen der Ansehnlichste
war. Daß Joakim als sehr reich geschildert wird, darf nicht überraschen,
da die anfangs traurige Lage der Juden im Exile sich später verbesserte und
die Vornehmeren auch theilweise bloß als Geiseln abgeführt wurden, denen
die chaldäischen Könige ihr Vermögen beließen. Sein Haus war nicht bloß
eine Zufluchtsstätte für die Bedürftigen und Armen, sondern diente auch zu
richterlichen und wahrscheinlich auch religiösen Versammlungen der Juden.
In diesem Jahre wurden auch zwei Aelteste aus dem Volke als Richter
aufgestellt und zwar solche, über welche der Herr gesprochen: „Ungerechtigkeit
ging aus von Babylon und von den Aeltesten, von Richtern, welche das
Volk zu leiten schienen." Diese besuchten das Haus Joakims und zu ihnen
kamen Alle, welche Rechtssachen hatten. Eine große Zahl von Erklärern [3]
meinen, gestützt auf eine jüdische Tradition [4], daß diese zwei Aeltesten Achab
und Sedecias seien, deren Jeremias [5] erwähnt, welche Lügen weißagten und
deßhalb vom Könige Babylons am Feuer gebraten wurden. Hieronymus [6]
fügt noch hinzu, daß diese zwei Lügenpropheten die unglücklichen Frauen an
sich zu locken suchten dadurch, daß sie vorgaben, Christus werde aus ihrem
Samen hervorgehen. Berückt durch diese Hoffnung, Ahnfrauen des Erlösers
zu werden, gaben sie sich ihnen preis. Von diesen beiden Aeltesten, welche
allerdings die richterliche Gewalt besaßen, allein im Leben und Sitten nichts
weniger als Gottes Gesetz im Auge hatten, sagt Daniel mit Recht, daß sie
das Volk zu leiten schienen [7], in Wirklichkeit aber waren sie keine Führer,

---

[1] Vgl. *Didacus de Celada*, Comm. in Susannam p. 6 u. 63.

[2] *Chrysost.* l. c.: Peccatum sensibus omnibus consopitis furis in modum clam
conclave cordis ingreditur, tum ingressus totam pudicitiae arcam depraedatur et
exhaurit. Itaque beata illa custodiebat oculos, habitum, incessum, auditum, visum, olfactum, gustum et tactum, eratque vere secundum sapientiae dictum: Hortus conclusus, fons signatus (Cant. 4, 12). Quasi hortus enim erat beata, quem
nemo poterat depraedari, pudicitiae suaves effundens odores; quasi fons erat fide
signatus, ex quo nemo petulans pudicitiae pulchritudinem poterat haurire.

[3] S. Thomas, Lyranus, Rabanus, Cornelius, Estius, Tirinus, Hugo, Salianus,
Dionysius u. A.

[4] *Origenes*, l. 10 strom. und *Hieronymus* zu Dan. 13, der größtentheils die Er-
klärungen hiezu von Origenes herübergenommen hat, und zu Jer. 29, 22: Ajunt Hebraei,
hos esse presbyteros, qui fecerint stultitiam in Israel et moechati uxores civium
suorum, quorum uni loquitur Daniel.

[5] 29, 22.   [6] Zu Jerem. 29, 22.

[7] *Hieron.* zu Dan. 13: Qui bene praesunt populo, regunt populum: qui

sondern Verführer. „Wenn nun um Mittag das Volk heimgekehrt war,
ging Susanna in den Baumgarten, um daselbst zu lustwandeln", wahr=
scheinlich unverschleiert, wie Tertullian [1] bemerkt. Und als die Aeltesten,
die wohl absichtlich länger im Hause des Joakim zurückgeblieben waren, sie
lustwandeln sahen, entbrannten sie, von ihrer Schönheit geblendet, in Lüstern=
heit und sie verkehrten ihren Sinn, — denn die Begierlichkeit verdunkelt des
Menschen Verstand [2] — nicht zu sehen den Himmel, d. i. das Himmlische [3]
zu betrachten oder ihre Augen auf Gott zu richten [4], und nicht zu gedenken
der gerechten Gerichte, „die jedem Sünder bevorstehen". Beide waren also
verwundet von Liebe (oder vielmehr glühender Leidenschaft) zu ihr, aber
Keiner entdeckte seinen Schmerz dem andern, denn sie schämten sich, einander
ihre Lüsternheit kundzugeben, daß sie ihr beizuwohnen wünschten. Und sie
lauerten täglich mit größerer Sorgfalt, sie zu sehen, und es sprach Einer
zum Andern: Wir wollen nach Hause gehen, weil es Zeit zum Essen ist.
So gingen sie aus dem Hause und schieden von einander. Da sie aber
zurückgingen, trafen sie zusammen, und einander fragend, was die Ursache
sei, gestanden sie sich ihre Lüsternheit und bestimmten dann gemeinsam die
Zeit, wann sie dieselbe allein treffen könnten. Es begab sich aber, als sie
auf einen gelegenen Tag warteten, daß Susanna, von zwei Mägden nur
begleitet, nach ihrer Gewohnheit in den Garten ging, sich zu baden, da es
heiß war. Und Niemand war dort außer den zwei Aeltesten, welche ver=
steckt waren und dieselbe beobachteten. Sie sprach nun zu den Mägden:
„Bringet mir Oel und Seife (Salbe) und verschließet die Thüren des Gartens,
daß ich mich bade." Und diese thaten, wie sie befohlen hatte und schlossen
die Thüren des Gartens und gingen zur hintern Thüre hinaus, um das
Verlangte zu holen und wußten nicht, daß die Aeltesten sich darin versteckt
hatten. Nachdem die Mädchen hinausgegangen waren, machten sich die zwei
Aeltesten sich auf, liefen zu ihr und sprachen: „Siehe die Pforten des Gartens
sind geschlossen und Niemand sieht uns und wir begehren nach dir (mehr
aus Wollust, als Liebe). Deßhalb stimme uns zu und wohne uns bei.
Willst du nicht, so werden wir zeugen wider dich, daß ein junger Mensch
bei dir war und du deßhalb die Mädchen von dir entlassen hast."

Wie ein Lamm steht hier Susanna zwischen diesen beiden Wölfen, welche
in ihrer leidenschaftlichen Lust sie zu zerreißen drohen. Allein ist sie inmitten
zweier Löwen, ohne irgend einen Helfer, als Gott allein, der vom Himmel
niederschaute und den Kampf zuließ, um sowohl die Keuschheit der Susanna,
als die Lüsternheit der Aeltesten offenkundig zu machen und den Frauen ein
herrliches Vorbild vor Augen zu stellen. Susanna bestand einen heftigen
Kampf, größer als Joseph. Dieser, ein Mann, kämpfte mit einem Weibe,
Susanna aber, ein zartes Weib, nahm den Kampf mit zwei Männern auf
und dazu noch in einem Garten, in welchem die Schlange auch die Eva be=
siegte. Ein Schauspiel für Gott, Engel und Menschen! Auf beiden Seiten
Kampf; die Bösewichter beseelt der Satan, die Susanna der Glaube. Beide

---

autem tantum nomen habent judicum et injuste praesunt populo, regere videntur
populum magis, quam regant.

[1] L. de Corona cp. 4.   [2] Vgl. 3 Kön. 11, 4. Cf. 4, 11.
[3] *Origenes* l. c.   [4] *Maldonat.*

ſuchen zu ſiegen, jene ihre Luſt zu befriedigen, dieſe um ihre Keuſchheit zu wahren; jenen bereiten die Dämonen den Sold ihres Sieges, der Suſanna aber die Engel den Lohn ihrer Reinheit. Die Verleumdung ihrer ehelichen Treue, die Furcht des Todes, die Verurtheilung vor dem ganzen Volke, der Haß des Gatten und der Verwandten, die Trauer der Diener und der Unter=gang ihres ganzen Hauſes — Alles dieſes trat lebhaft vor ihr Auge und doch konnte nichts von allem dem ihr ſtandhaftes Herz beugen. So Chry=ſoſtomus [1]. Sie, die Ehebrecher, wollen die unſchuldige Frau fälſchlich eines Ehebruches anklagen [2].

Und Suſanna ſeufzte auf und ſprach: „Von allen Seiten bin ich be=drängt; thue ich dieß, ſo bin ich des Todes — des leiblichen, denn auf Ehebruch war die Todesſtrafe geſetzt, oder vielmehr des geiſtigen Todes durch die Sünde [3] — thue ich es aber nicht, ſo entrinne ich euren Händen nicht" (wohl wiſſend, daß ſie Rache an ihr nehmen würden), und ohne weiter ſich zu beſinnen, fährt ſie fort: „Beſſer iſt mir, ohne die That in euere Hände zu fallen, als zu ſündigen vor dem Angeſichte des Herrn." Welch ſtark=müthiges Weib, ein herrliches Muſterbild und eine ſeltene Zierde des ehelichen Standes, die lieber dem leiblichen Tode verfallen will, als zu ſündigen und ſo mit der Sünde behaftet in die Hände des lebendigen Gottes zu fallen [4]. Wenn ſie es für beſſer erachtet, in die Hände der Aelteſten zu fallen, als zu ſündigen, ſoll damit nicht etwa geſagt ſein, daß Suſanna Letzteres (ſich in Noth preiszugeben), als gut anſieht (Hieronymus und Origenes haben deßhalb nach dem Vorgange des griechiſchen Textes dieſes Wort als Poſitiv (es iſt gut) erklärt, ſondern der Comparativ (die Vulgata) zeigt vielmehr den heroiſchen Muth dieſer Frau an, welche lieber alles, ſelbſt den ſchmäh=lichſten Tod dulden will, als eine Sünde zu begehen, alſo eine wahre Lilie ihres Geſchlechtes, wie ihr Name ſchon ſagt. Weit höher ſteht Suſanna als die Römerin Lucretia, die Gemahlin des Lucius Tarquinius, welche durch Schönheit ausgezeichnet, nachdem ſie durch Sirtus Tarquinius, einen Sohn des Königs Tarquinius Superbus geſchändet worden war, Vater und Ge=mal Rache ſchwören ließ und ſich ſelbſt vor ihnen tödtete. Dieſe fehlte nämlich in drei Stücken, wie dieß der hl. Auguſtinus klar darlegt [5], nämlich: 1) daß ſie ſich dem Tarquinius preisgab aus Furcht vor der Verleumdung,

---

[1] Sermo de Susanna.

[2] *Cyprian.*, l. de discipl. l. c.: Pudicitiae latrones amorem profitentur, sed oderant. Resistenti minantur calumnias, adulterii sc. dicunt accusatores, voto adulteri.

[3] *Hieron.* u. *Origenes:* Peccatum mortem vocat. Sicut ergo, qui facit adul-terium, mors est adulterium: sic omne peccatum, quod ducit ad mortem, mors appellandum est. *Bernard.*, sermo 3 de Annunt.

[4] *Chrysost.* l. c.: Mortem potius injustam, quam thalamum eligam inhonestum. *Maldon.:* Melius est mihi corpore, quam animo mori. *Aug.*, sermo 60 (al. 242 de temp.) de Susanna: Contempsit unum et consecuta est totum: et quae mori voluit cum gloria castitatis evasit ... Susanna adulterii conscientiam graviorem judi-cavit, quam poenam ... Infirmus sexus contra viros surgit fortior, expugnat libidinem castitas et honestas, impulsu luxuriae horrenda prosternitur improbitas. *Ambros.*, l. 3 de spir. s. ep. 6: Susanna maluit sibi casta esse, quam populo: illa quae maluit innocentiae subire periculum, quam pudoris.

[5] Civ. Dei l. 1. cp. 19.

die er ihr androhte, und so zu dem Ehebruche zustimmte, den sie dann durch freiwilligen Tod sühnen wollte; 2) daß sie ihren guten Ruf höher achtete, als die Keuschheit und die Stimme des Gewissens und 3) daß sie selbst Hand an sich legte, dadurch das Verbrechen nicht nur nicht sühnte, sondern noch ein neues dem früheren hinzufügte. Nicht so Susanna, welche nur auf ihre Reinheit und ihr Heil bedacht ist, alles Andere geringschätzt und dadurch Tugend und Leben zugleich rettet [1]. „Und Susanna schrie mit lauter Stimme", um Hilfe sich zu verschaffen, wohl wissend, daß sie als schwaches Weib sich der zwei Männer nicht erwehren könne. Dieser laute Ruf war ein neuer Beweis ihres reinen Herzens [2], der zum Himmel drang; und darin ist Susanna ein Muster für jede einer Gefahr ausgesetzte Jung= frau, der, wenn sie fest widerstrebt, schwer Jemand ein Unrecht anthun kann [3], und die weder Alter noch Ansehen der Person berücksichtigen soll [4].

Damit nun diese zwei Aeltesten durch das Geschrei der Susanna nicht verrathen würden, schrieen auch sie, damit, wenn Jemand herbeieile, sie nicht als die Urheber, sondern als Rächer dieses Frevels erscheinen. Und einer lief und öffnete die Thore des Gartens, damit es den Anschein habe, als sei der fälschlich angegebene Jüngling durch eines derselben entwichen. Auf das Geschrei im Garten liefen die Diener herbei, um zu sehen, was da ge= schehen sei; und als die Aeltesten ihre Worte gesprochen (nämlich Susanna des Ehebruchs angeklagt) hatten, erröteten die Diener sehr, denn niemals war eine solche Rede über Susanna geführt worden und dazu von Israels Oberen. Am folgenden Tage versammelte sich das Volk bei Joakim, um die näheren Umstände zu erfahren, denn das Gerücht hierüber mochte sich schnell verbreitet haben. Und es kamen auch die beiden Aeltesten voll un= gerechten Anschlägen wider Susanna, um sie in den Tod zu bringen. Und sie sprachen vor dem Volke: „Sendet nach Susanna, der Tochter des Helcias, dem Weibe Joakims." Und man sandte hin. Und sie kam mit ihren Eltern und Kindern und allen ihren Verwandten, um wo möglich ihr einen Weg zur Befreiung zu verschaffen oder aber wenigstens auf ihrem letzten Gange beizustehen und so ihre Liebe zu bezeugen. Susanna aber war sehr zart und schön von Gestalt. Aber jene Bösewichter befahlen, sie zu entschleiern, denn sie war verschleiert, um sich zu sättigen an ihrer Anmuth. Sie war nicht deßhalb verschleiert, weil die Verbrecher mit verhülltem Antlitze zum Tode geführt wurden (Sanctius), sondern weil es Sitte der Frauen im Oriente war, verschleiert auszugehen, namentlich in Trauer, und weil sie sich fürchtete,

---

[1] *Ambros.*, l. 3 de offic. min. cp. 14: Maluit honesta morte vitare oppro- brium, quam studio salutis turpem vitam subire ac sustinere. Itaque dum hone- stati intendit, etiam vitam reservavit, quae, si id quod sibi videbatur ad vitam utile praeoptasset, non tantam reportasset gloriam: imo etiam id quod non solum inutile, sed etiam periculosum foret, poenam criminis forsitan non evasisset.

[2] *Hieron.* l. c.: Magna vox erat, non acris percussione et clamore faucium, sed pudicitiae magnitudine, per quam clamabat ad Dominum.

[3] *Ambros.*, l. de laps. virg. cp. 4: Dices: Nolui hoc malum, violentiam passa sum. Respondebit tibi fortissima illa Susanna: Ego inter duos presbyteros posita, inter duos utique judices populi, sola inter silvas paradisi constituta vinci non potui, quia nec volui.

[4] *Cyprian.*, ep. 40. n. 4.

neuerdings ihre Schönheit dem lüſternen Anblicke der beiden Böſewichter aus-
zuſetzen [1]. Die Entſchleierung galt als ein Zeichen ehelicher Untreue [2] und
hatte ſie bereits als gemein hingeſtellt. Es weinten aber die Ihrigen und
Alle, welche ſie kannten. Und es erhoben ſich die zwei Aelteſten in der
Mitte des Volkes und legten ihre Hände auf das Haupt derſelben, um ſo
als Zeugen das Haupt mit dem Zeugniſſe ſchwerer Schuld zu belaſten [3].
Zugleich thaten ſie dieß, um ſo in unmittelbare Nähe der Suſanna zu kommen
und an ihrer Schönheit in ſündhafter Weiſe ſich zu weiden [4]. Sie aber
blickte weinend zum Himmel — nicht ſo ſehr trauernd über das ihr bevor-
ſtehende Schickſal, ſondern über die ihr und ihrem Hauſe zugefügte Schmach [5]
— denn ihr Herz hatte Vertrauen auf den Herrn, dem ſie ihre ganze Sache
anheimgeſtellt hatte, weil ſie eben keinen anderen Zeugen hatte. Im Schweigen
und ſtillen Harren lag ihre Stärke [6]; außer dem Zeugniſſe ihres guten Ge-
wiſſens konnte ſie auf keinen menſchlichen Schutz rechnen.

Und die Aelteſten ſprachen: „Als wir allein luſtwandelten im Garten,
kam auch dieſe mit zwei Mägden und ſchloß die Thore des Gartens und
entließ die Mägde; und es kam zu ihr ein Jüngling, der ſich verſteckt hatte,
und wohnte ihr bei. Wir aber waren in einem Winkel des Gartens und
ſahen das Vergehen und liefen zu ihnen und ſahen ſie in Unzucht beiſammen;
jenen zwar konnten wir nicht greifen, weil er ſtärker war als wir und die
Thüre öffnete und davonlief; dieſe aber ergriffen wir und fragten ſie, wer
der Jüngling war, aber ſie wollte es nicht bekennen. Dieß ſind wir Zeugen."
Sie vermengen hier theilweiſe Wahres mit Falſchem und legen ein feierliches
falſches Zeugniß ab. Und es glaubte ihnen als Aelteſten und Richtern des
Volkes die Menge und man (die Richter und die Menge?) verurtheilte „ſie
zum Tode" der Steinigung, welche auf Ehebruch geſetzt war. Suſanna aber
ſchrie mit lauter Stimme, ihr Angeſicht himmelwärts gewandt, von wo
die Reine allein Hilfe erwartete [7], und ſprach: „Ewiger Gott, der du das
Verborgene kenneſt, und Alles weißt, bevor es geſchieht (um ſo mehr das
Geſchehene ſelbſt), du weißt, daß ſie falſches Zeugniß wider mich abgelegt
haben und ſiehe ich ſterbe, obgleich ich nichts gethan von dem, was dieſe

---

[1] *Tertullian.*, de coron. cp. 4: Hic velamen arbitrii fuit, rea venerat, erubescens de infamia sua, merito abscondens decorem vel quia timens jam placere.

[2] Num. 5, 18.   [3] Lev. 24, 14.   [4] Sanctius, Lansselius u. A.

[5] *Chrysost.* l. c.: Venit Susanna, ut mortem castitatis causa obitura, multa
cum verecundia gemens et afflicta, non quod obitura mortem esset, verum quod
parentibus famam sinistram relinqueret, quod infamiae notam generi suo esset in-
ustura.

[6] *Ambros.*, l. 1 de off. minist. cp. 3: Susanna plus egit tacendo, quam si
esset locuta. Tacendo enim apud homines, locuta est Deo, nec ullum majus indicium suae castitatis invenit, quam silentium. Conscientia loquebatur, ubi vox non
audiebatur: nec quaerebat pro se hominum judicium, quae habebat Domini testimonium. Ab illo igitur volebat absolvi, quem sciebat nullo modo posse falli;
und l. c. cp. 18: Tacebat in periculis Susanna et gravius verecundiae, quam vitae
damnum putabat, nec arbitrabatur periculo pudoris tuendam salutem, Deo soli
loquebatur, cui poterat casta verecundia eloqui.

[7] *Hieron.* l. c.: Cordis affectus et mentis pura confessio, et bonum conscien-
tiae vocem ejus fecerant clariorem. Unde magna erat exclamatio ejus Deo, quae
ab hominibus non audiebatur.

wider mich bezeugten." Sie bringt also nichts zu ihrer Vertheidigung vor, sondern beruft sich allein auf den Allwissenden als Zeugen ihrer Unschuld. Und dieser ließ sie nicht zu Schanden werden [1]. Und der Herr erhörte ihre Stimme. Als sie zum Tode geführt wurde — dem sie im Bewußtsein ihrer Unschuld muthig entgegengeht [2] —, erweckte Gott den Geist eines Jünglings Namens Daniel (indem er ihn zum Handeln [3] antrieb). Dieser rief mit lauter Stimme: „Ich bin rein vom Blute dieser" (d. h. ich stimme ihrem ungerechten Tode nicht bei). Daniel, vom Geiste Gottes getrieben, erkannte, daß Susanna unschuldig sei und die zwei Aeltesten falsches Zeugniß abgelegt haben und suchte noch im letzten Augenblicke erstere von der ungerechten Todes= strafe zu retten. Ob eines erdichteten Jünglinges soll Susanna zu Grunde gehen, daher muß sie durch einen wirklichen Jüngling gerettet werden. Daniel soll damals zwölf Jahre alt gewesen sein [4], nach Anderen 24 Jahre. Nach dem Zeugnisse des hl. Augustin [5] hatte er die Jahre der Mannbarkeit noch nicht erreicht. So wie ihre Unschuld sie von dem Ehebruche bewahrt, so rettete desgleichen ihre Keuschheit sie von dem Tode, so daß sie einen doppelten Sieg davontrug [6].

Da wandte sich das ganze Volk (erstaunt über ein solches Wort aus

---

[1] *Ambros.*, exhort. virg. cp. 13: Invenit verecundia defensorem, qui defenderet castitatem; und l. de Joseph. cp. 5: Prophetae meruit defensionem, quae propriae vocis non quaesivit auxilium.

[2] *Aug.*, sermo de Susanna l. c.: Ibat ergo pudica ad supplicium, non adulterorum corpus ... Quod protexerat virtus et ornabat pudor, illaesum ibat in mortis exitium. Egregium portabat caput, cujus vultum integra conscientia sublimabat ad coelum. Propter damna pudoris salutis vota compressit; et cui fuerunt chara praemia castitatis, vitae gaudium non amisit ... Innocens accusatur per sententiam, sed nutu Dei suspenditur poena, ut judicantium falsitas denudaretur et innocens purgaretur ... Susanna propriam virtutem animi servavit et judicium populorum constanter excepit.

[3] *Hieron.* l. c.: Quo sermone ostenditur, non intrasse in Danielem spiritum sanctum: sed eum, qui erat in illo et quiescebat propter aetatis infirmitatem, nec sua poterat opera demonstrare, data occasione pro sancta femina a Domino suscitatum.

[4] *Ignatius*, ep. ad Magnes.; Severus Sulpitius u. A.

[5] Sermo 152 (al. 118 de temp.) de pass. et Sus.

[6] *Aug.* l. c.: Susanna mulier inimicos suos tacuit et vicit. Non enim apud Danielem judicem verborum se ratione defendit, non patrocinii sermone tutata est: sed in sancta femina tacente lingua, pro ea castitas loquebatur. Castitas enim Susannae adfuit in judicio, quae eam defendit in paradiso: ibi enim pudori ejus consuluit, hic saluti; ibi ne macularetur pudicitia; hic ne innocentia damnaretur. Castitas enim Susannae et presbyteros impudicos convicit in paradiso et in judicio falsos accusatores obtinuit; bisque victrix reos facit testimonii, quos reos fecerat adulterii; atque tandem judicem meretur castitas Danielem puerum juniorem, necdum pubescentis aetatis. Multum igitur de Deo pudicitia consequitur, cum judicem virginem promereretur. Secura enim est de victoria castitas, cui est judicatura virginitas. Pudicitiae autem causas nisi vir pudicus audire non debuit. Talem enim arbitrum meretur castimonia, apud quem non periclitetur verecundia. *Cyprian.*, l. de discipl. n. 9: Et exaudivit de coelo clamantem ad se pudicitiam Dominus; et cum iniquitate oppressa duceretur ad poenam, vidit inimicorum liberata vindictam. Bis victrix, et in periculo suo tam funeste toties consepta, et libidinem evasit et mortem.

dem Munde eines Jünglings) zu ihm und sprach: „Was bedeutet diese Rede,
die du gesprochen hast?" Und Daniel in ihrer Mitte stehend sprach: „So
thöricht seid ihr Söhne Israels: ohne Gericht zu halten und ohne, was
wahr ist, zu erforschen, verurtheilt ihr eine Tochter Israels (eine Stamm=
verwandte). Kehret um, Gericht zu halten, weil Jene falsches Zeugniß
wider sie ausgesagt haben." Da kehrte das Volk eilends um und die Aeltesten
sprachen zu ihm: „Komm' und sitze in unserer Mitte und gib uns Aufschluß,
denn Gott hat dir den Vorzug des Alters (d. h. die Ehre, das Recht zu
richten) zuertheilt" (was sonst dem Alter zukommt). Die Aeltesten sind nicht
die beiden Sünder, sondern die Aeltesten des Volkes im Allgemeinen. Auf
Gott führen sie dieses zurück, weil sie Daniels Einsprache als Fügung Gottes
erkennen und in seiner anerkannten Weisheit (Dan. 1, 20) allen Grund
hatten, seinen Worten zu glauben. Die, welche diese Aeltesten mit den
Ersteren identificiren, fassen diese Worte im Munde der beiden Bösewichter
ironisch, als ob sie ihres Sieges gegen diesen Jüngling sicher seien, oder ad
captandam benevolentiam, um ihm zu schmeicheln.

Und Daniel sprach zum Volke: „Sondert sie ab von einander und ich
will über sie urtheilen." Und als sie nun getrennt waren, einer vom Andern,
rief er den Einen von ihnen und sprach zu ihm: „Du, der du alt geworden
an Tagen des Frevels (d. h. dein Leben in Sünden verbracht hast), jetzt
kommen deine Sünden über dich, welche du vorher begangen hast, indem du
ungerechte Urtheile fälltest, die Unschuldigen unterdrücktest, die Schuldigen
aber frei ließest, da doch der Herr gesprochen: Einen Unschuldigen und Ge=
rechten sollst du nicht tödten[1]. Nun also, wenn du dieselbe gesehen hast,
sage, unter welchem Baume sahest du sie mit einem Buhlen?" Die Vulgata
übersetzt das griechische Wort ὁμιλοῦντας euphemistisch mit colloquentes, als
wollte Daniel, diese keusche Seele, nicht einmal den von den Alten gebrauchten
Ausdruck des Buhlens wiederholen. Daniel, welcher die Bosheit, Schlechtig=
keit und das Einverständniß der beiden alten Wollüstlinge durchschaute, läßt
sie absondern, um einer Verabredung vorzubeugen. Er antwortete: „Unter
einem Mastixbaume." Daniel aber sprach: „Recht hast du gelogen auf dein
Haupt (um dich selbst zu verurtheilen), denn siehe, der Engel Gottes hat
von Gott den Befehl und wird dich entzweispalten (wenn nicht das Volk
durch die Steinigung ihm zuvorkommt)." Und als dieser entfernt war, ließ
er den andern kommen und sprach: „Sprosse Canaans (den Sitten nach,
Ez. 16, 45 — eine richtige Erwiederung auf obige Schmeichelei) und nicht
Juda's; die Schönheit hat dich berückt und die Lüsternheit dein Herz ver=
kehrt. So habt ihr gethan den Töchtern Israels und diese stimmten aus
Furcht euch bei; aber eine Tochter Juda's hat eure Schlechtigkeit nicht ge=
duldet." Die Töchter Israels (des Zehnstämmereiches) werden als schwächere
und schlechtere den Töchtern Juda's (des Zweistämmereiches), namentlich der
Susanna entgegengesetzt, indem Jene aus Furcht den Wollüstlingen zu Willen
standen. Es sollen damit wohl nicht alle Frauen der zehn Stämme als
schlecht und ebenso wenig alle Frauen der zwei Stämme als unschuldig be=
zeichnet werden. Daß die Sittlichkeit im nördlichen Reiche mehr untergraben

---

[1] Ex. 23, 7; vgl. Lev. 19, 15 f. Deut. 27, 25.

war, hing schon mit dem in Canaan betriebenen Götzendienste zusammen, und der Aufenthalt unter den Heiden trug nichts weniger als veredelnd in dieser Beziehung bei. Wahrscheinlich erkannte Daniel durch göttliche Offenbarung, daß die beiden Richter oft Israelitinnen zur Unzucht verleitet hatten. „Nun also sage mir," fuhr Daniel fort, „unter welchem Baume hast du sie redend (buhlend) gefunden?" Dieser antwortete: „Unter einer Steineiche." Da sprach Daniel zu ihm: „Recht hast du gelogen auf dein Haupt, denn es harret der Engel des Herrn, haltend das Schwert, dich mitten entzwei zu schneiden und euch zu tödten."

Das widersprechende Zeugniß öffnet dem Volke die Augen und überwies die Alten des falschen Zeugnisses. Da rief das ganze Volk mit lauter Stimme und pries Gott, der rettet, die auf ihn vertrauen. Dann erhoben sie sich wider die Aeltesten (denn Daniel hatte sie aus ihrem eigenen Munde überführt, daß sie falsches Zeugniß abgelegt) und thaten ihnen, wie sie boshaft gehandelt hatten gegen ihren Nächsten, und nach dem Gesetze Mosis[1], und tödteten sie und gerettet wurde unschuldiges Blut an diesem Tage. Helcias aber und sein Weib lobten Gott[2] wegen ihrer Tochter Susanna sammt Joakim ihrem Manne und sammt allen Verwandten, weil nicht an ihr gefunden wurde eine schändliche That[3]; also nicht so sehr, daß sie vom Tode gerettet, sondern daß keine Sünde an ihr befunden wurde[4]. So strahlt Susanna als herrliches Musterbild für Frauen![5]

Die Geschichte der Susanna steht in den Handschriften gewöhnlich zu Anfang des Buches Daniel unter der Aufschrift: „Daniel" oder „Susanna" oder „Gericht Daniels", in der Vulgata am Ende; chronologisch richtiger würde dasselbe zwischen dem ersten und zweiten Kapitel Daniel stehen. Den historischen Gehalt dieser Erzählung hatte Julius Africanus[6] angezweifelt und dagegen Bedenken vorgebracht, die meist von Origenes[7], wenngleich nicht in erschöpfender Weise, widerlegt wurden. Die Protestanten, welche diesem Stücke gleichfalls die canonische Dignität absprechen, wiederholen die von Julius Africanus erhobenen Einwürfe, deren Widerlegung Sache der biblischen Einleitung ist[8]. Die Geschichte der Susanna war den Juden, welche Origenes befragte, nicht unbekannt; wenn nun die Juden die Geschichte der Susanna der Kenntniß des Volkes entzogen, so geschah dieß nach

---

[1] Deut. 19, 18.

[2] *Aug.*, sermo 60 l. c.: Gaudet populus de pudoris integritate: triumphat maritus, quod fidam invenerit conjugem: laetatur familia, quod nihil invenerit in ea, quod puniat, quod adulterii factum non invenerit, nec homicidium diabolus, quod procurabat, impleverit.

[3] Dan. Kap. 13.

[4] *Hieron.* l. c.: Digne quasi sancti laudant Deum: non quia liberata est de manu presbyterorum Susanna, hoc enim non satis laudabile est; nec magni discriminis si non esset liberata, sed quia non est inventa in ea res turpis.

[5] *Chrysost.* l. c.: Vidisti mulieris castitatem, cujus memoria cum victoria vivet immortalis? Haec ab hominibus collaudata est, ab angelis celebrata est, a Deo coronata est: hanc imitamini, mulieres, ut eodem vos etiam Deus honore dignetur.

[6] Ep. ad Origen. de histor. Sus.   [7] Ep. ad Africanum.

[8] Vgl. besonders *Didacus de Celada*, Com. in Sus. Lugd. 1656. S. 41 f.; u. Wieberholt, Geschichte der Susanna, in der Tüb. Quartalschr. 1869. S. 383 f.

Origenes aus dem Grunde, damit das Ansehen der Vorgesetzten wegen der Schlechtigkeit dieser zwei Aeltesten nicht Schaden leide. Wenn ferner der hl. Hieronymus geringschätzig davon spricht und diese Erzählung als fabula bezeichnet, so ist dieß nach ep. c. Rufinum 2, 33 nur im Sinne der Juden gesagt. Die durch Daniels Hilfe aus ungerechter Anklage befreite Susanna galt dem christlichen Alterthume als Bild der Auferstehung aus Todesnöthen, namentlich aber als Typus der verfolgten und leidenden Kirche. Ihre beiden Versucher und Ankläger faßte man als die das Christenthum bedrängenden Heiden und Juden auf [1]. Ein Fresco in den römischen Katakomben stellt ein Lamm dar, über welchem Susanna zu lesen ist und das zwischen zwei gierigen Wölfen steht. Ueberdieß kehrt sie noch auf einigen römischen und mehreren südgallischen Sarkophagen wieder [2]. Auch sonst bildet die schöne im Bade überraschte Susanna ein beliebtes Motiv in der Malerkunst, wobei meistens leider das ethische Moment in den Hintergrund tritt. Die von den zwei Bösewichtern angeklagte und von Daniel befreite Susanna würde ein viel edleres Motiv bieten, wie dieß bereits die oben erwähnte christliche Darstellung beweist.

§ 36. Die Frauen im Buche Tobias [3].

I. Tobias (im Griech. Tobit, in Itala Thobis), aus dem Stamme Nephthali gebürtig, war in den Tagen Salmanassars in die Gefangenschaft nach Assyrien abgeführt worden und zeichnete sich dort durch seine Frömmigkeit und Uebung der Nächstenliebe aus. Als er Mann geworden, nahm er sich ein Weib aus seinem Stamme, Namens Anna. Das Gesetz [4] verpflichtete bloß die Erbtöchter, nicht außerhalb ihres Stammes und ihrer Verwandtschaft zu heirathen. Daß Tobias eine Frau aus seinem Stamme (Vulg.) oder sogar eine nähere Verwandte (griech. πατριά) heirathete, ist ein neuer Beweis für seine tiefe Religiosität, wie dieß auch weiter unten [5] aus der gleichen Ermahnung an seinen Sohn erhellt. Seine Verheirathung und die Zeugung seines Sohnes Tobias fällt (nach der Vulg. 1, 11) in die Zeit, als er noch in seiner Heimath weilte, nach dem Sinaiticus aber wenigstens letztere in die Gefangenschaft selbst. Durch die Ausübung der Werke der Barmherzigkeit unter seinen Brüdern zog er sich den Zorn des Königs zu,

---

[1] *Hippolyt.* in Dan. et Sus. 5, 7.

[2] Vgl. *Kraus*, Roma sotterran. Freibg. 1873. S. 255.

[3] Beim Buche Tobias ist es nothwendig, außer der Vulgata auf die übrigen Versionen und deren verschiedene Texte Rücksicht zu nehmen, da dieselben vielfach von einander abweichen. Vgl. Reusch, das Buch Tobias. Freibg. 1857. § 6 f. Gutberlet, das Buch Tobias. Münster 1877. § 2 f. Wir theilen sie nach Letzterem in vier Gruppen:

a) Vatic., Alex., Venetus Marc., Peschito (1—7, 9) und die aus dem Codex Vatic. geflossene hebräische Uebersetzung des Fagius (Gr. A.).

b) Sinait., Itala und die hebräische Uebersetzung des Münster mit mehreren Erweiterungen. (Gr. B.)

c) Mehrere Cursivhandschriften u. Peschito (7, 10—14). (Gr. C.)

d) Vulgata (Chaldaeus), die durch Zusätze, Auslassungen, Namen- und Zahlendifferenz von den übrigen verschieden ist.

[4] Num. 36, 6 f.   [5] Tob. 4, 12.

so daß er nur durch die Flucht sein Leben retten konnte. Er versteckte sich sammt Frau und Kind bei Freunden, bis er nach dem in 45 Tagen darauf erfolgten Tode des Königs Sennacherib wieder nach Ninive zurückkehrte [1]. Wenn der griech. (Sin.) Text [2] erzählt, daß, als Tobias unter dem Könige Sacharbon wieder in sein Haus zurückkehrte, ihm sein Weib Anna und sein Sohn Tobias zurückgegeben wurde, so läßt sich diese Angabe mit jener der Vulg. insoferne vereinen, daß die Familie auf der Flucht getrennt wurde, da die einzelnen Familienglieder der Sicherheit wegen bei verschiedenen Freunden sich aufhielten und erst nach der Begnadigung wieder zusammenkommen konnten. Als er unter den bekannten Umständen erblindet war, hatte er, einem zweiten Job gleich, bittere Vorwürfe von seinen Freunden und Verwandten zu ertragen.

Anna war nun genöthigt, durch ihrer Hände Arbeit für sich und ihre Familie den nöthigen Unterhalt zu erwerben. Sie ging täglich zum Weben aus und brachte den erübrigten Lohn nach Hause, um damit die häuslichen Bedürfnisse zu bestreiten. Einst erhielt sie (und zwar nach Gr. und It.) außer ihrem Lohne einen Ziegenbock zum Geschenke, um sich ein besseres Mahl bereiten zu können. Als Tobias das Böcklein meckern hörte, schöpfte er bei seiner ängstlichen Gewissenhaftigkeit Verdacht, indem ihm nämlich die Zulage eines Böckchens zu viel schien, und sagte zu seinem Weibe: „Es wird doch nicht vielleicht gestohlen sein? Gib es seinem Herrn zurück, denn es ist uns nicht erlaubt, vom Gestohlenen zu essen oder auch nur dasselbe zu berühren." [3] Nach Gr. B. antwortete ihm sein Weib: „Das Böcklein ist mir zum Geschenke gegeben worden außer dem Lohne." Da es ihr Tobias nicht glauben wollte und befahl, das Böcklein dem Herrn zurückzugeben, auch dessentwegen noch ärgerlich über sie wurde, erwiederte darauf zornig (Vulg.) Anna: „Die Nichtigkeit deiner Hoffnung ist ganz offenbar geworden, und was es mit deinen Almosen (und deinen Gerechtigkeiten — Gr. B.) auf sich hat, ist jetzt an den Tag getreten." Mit diesen und ähnlichen Worten machte sie ihm bittere Vorwürfe [4]. Diese Rede Anna's hat Aehnlichkeit mit den gottlosen Worten, welche Jobs Frau an diesen Dulder richtete. Der Worte Sinn ist: Weil deine Werke dir Unheil gebracht haben, so ist es klar, daß du sie nicht recht verrichtet hast, daß du somit ein Heuchler und Betrüger warest. Tobias selbst beklagt sich im folgenden Gebete vor Gott über diese lieblose Aeußerung. Während die Vulgata den Zorn ausschließlich der Anna zuschreibt, reden die übrigen Texte auch vom Zorne des Tobias. Man war von jeher bemüht, den Tobias wegen seiner Worte zu rechtfertigen. Nach Reusch [5] wird seine Aeußerung gar nicht als etwas Lobenswerthes, sondern nur als Veranlassung zu der noch weniger löblichen Aeußerung der Anna und diese als Veranlassung zu dem folgenden Gebete des Tobias angeführt. Wenn auch irgend ein Fehler von seiner Seite unterlief, so war es nicht etwa ein mürrisches, mißtrauisches, Alten und Blinden eigenes Wesen, sondern eine allzu große Gewissenhaftigkeit, die schon vor dem Schatten der Sünde zurückschreckte. Die Aeußerungen seiner Frau bezeugen, daß sie nicht sehr religiös gewesen, keineswegs aber die Frömmigkeit ihres Mannes erreicht

---

[1] 1, 22 f. [2] 2, 1. [3] 2, 19 f. [4] 2, 22. 23. [5] L. c. S. 23.

habe[1]. Möglich, daß das Unglück, in welches sie durch ihren Mann ge=
rathen, ihre frühere Frömmigkeit und ihren Glauben erschütterte und schwächte,
ihre Leidenschaftlichkeit reizte, so daß sie den alten blinden Mann bisweilen
ihren Unwillen fühlen ließ. Nach dem Urtheile der älteren Exegeten ist die
Gottlosigkeit des Weibes größer, als die Kränkung des Mannes[2]. Uebrigens
liegt auch in der Gotteslästerung des Weibes, welches zugleich die Denk=
und Handlungsweise des Tobias angreift, eine persönliche Beleidigung gegen
Letzteren. Von den Menschen verlassen, von seinem Weibe verhöhnt, empfindet
Tobias doppelt schwer sein Unglück und sucht Hilfe und Trost bei Gott[3].
In der Meinung, Gott werde sein Gebet dadurch erhören, daß er ihn zu
sich nehme, rief er seinen Sohn zu sich und gibt ihm eine Reihe heilsamer
Ermahnungen; unter Anderem legt er ihm auch die Pflichten nahe, welche
er gegen seine Mutter zu erfüllen habe: „Halte in Ehren deine Mutter alle
Tage deines Lebens. (Sin. setzt hinzu: Und verlasse sie nicht, und thue,
was ihr wohlgefällig ist und betrübe nicht ihr Gemüth in irgend einem Stücke.)
Sei eingedenk, was für und wie große Gefahren sie deinetwegen (als du noch
warest) in ihrem Mutterschooße ausgestanden hat. Wenn aber auch sie die
Frist ihres Lebens beendet hat, so begrabe sie neben mir."[4] Diese herrlichen
Worte des greisen Vaters, welche die zärtliche Sorgfalt für seine Frau nach
seinem und ihrem Tode durch die Bestimmung, sie Beide in Ein Grab zu
legen, bekunden, legen wohl den besten Beweis ab, daß der schwergeprüfte
fromme Mann seiner Frau wegen deren bitteren Vorwürfen nicht grollte,
sondern nach Kräften bemüht war, den häuslichen Frieden und die heilige
Eintracht in seiner Familie stets aufrecht zu erhalten. Außer anderen Tugen=
den empfiehlt er ihm besonders die standesmäßige Keuschheit: „Hüte dich,
mein Sohn, vor aller Hurerei und außer deiner Frau laß dir nie ein Ver=
gehen bewußt sein"[5]; d. h. ein solches Verbrechen (Ausschweifung neben der
rechtmäßigen Frau) komme dir nicht einmal in den Sinn. Der griechische
Text[6] fügt dieser Ermahnung passend eine Belehrung über die Wahl der Frau
aus der Verwandtschaft hinzu, welche er dadurch motivirt, daß eine Heirath
mit einer Fremden ihre heilige Abstammung beflecken und zugleich eine Ver=
schmähung seiner Glaubensbrüder involviren würde: „Als Weib nimm die
Nächste aus dem Geschlechte deiner Väter und nimm kein fremdes Weib, die
nicht aus dem Stamme deiner Väter ist. Denn wir sind Söhne der Pro=
pheten.... Gedenke, daß alle diese (Noe, Abraham, Isaak, Jakob) Frauen
nahmen aus dem Geschlechte ihrer Väter und gesegnet wurden in ihren
Söhnen.... Sei nicht so hochmüthigen Herzens gegen die Töchter der
Söhne deines Volkes, daß du keine aus ihnen zur Frau nehmen wollest;
denn Stolz ist Verderben und Wollust ist Armuth und große Gottlosigkeit."

---

[1] Vgl. Gutberlet l. c. S. 104.

[2] *Aug.*, sermo 18 in Matth.: Clamabat ille propter hoedum, ne de furto
esset; nolebat sonum furti audire in domo sua. Illa defendens factum suum,
opprobrio percutiebat maritum, et cum ille diceret: Reddite, si de furto est: illa
respondebat exultans: ubi sunt justitiae tuae? Quam caeca erat, quae furtum
defendebat! et quam lucem videbat, qui furtum reddi imperabat. Illa erat foris
in luce solis, ille erat intus in luce justitiae. Quis eorum erat in luce meliori?
Cyprian., l. de mortal.

[3] 3, 1—6.   [4] 4, 2—5.   [5] 4, 13.   [6] V. 12 u. 13.

Als Tobias seinen Sohn in Begleitung Raphaels nach Medien geschickt hatte, um das seinem Vetter Gabelus geliehene Geld zu holen, fing die Mutter nach der Abreise ihres geliebten Sohnes zu weinen an. Das Charakterbild der Anna, welches durch die früher erwähnte häusliche Scene getrübt worden war, wird nun wieder lichtvoller. Nach der Abreise ihres Sohnes macht sich der Kummer des herben Verlustes erst geltend und ihre Worte gestatten uns einen tieferen Einblick in ihr besorgtes und liebendes Mutterherz. Jetzt erst wird sie so ganz inne, was sie an ihrem jungen gottesfürchtigen Sohne gehabt, und für alle Schätze der Welt will sie den Geliebten nicht hingeben, seines Anbliches nicht entbehren; denn sie spricht also zu ihrem Manne: („Wozu hast du unser Kind weggeschickt?" — Gr. B.) „Den Stab unseres Alters (unserer Hände und der vor uns aus- und einging — Gr. B., d. i. der uns ein Trost im Hause war und für uns arbeitete) hast du genommen und fern von uns in die Welt geschickt. Möchte doch niemals das Geld gewesen sein, nach dem du ihn geschickt hast! (Gr. A. und Sin.: „Geld gehe nicht über Geld, sondern möge nur Kehricht unseres Sohnes sein", d. i. das Geld ist im Vergleich mit unserem Sohne nur Auskehricht.) Denn es genügte uns unsere Armuth (Gr. B. das, was uns von Gott gegeben war), so daß wir den Anblick unseres Sohnes für Reichthum halten konnten"[1], d. h. trotz unserer Armuth waren wir reich, so lange wir unseren Sohn noch hatten, da dieser jeden anderen Reichthum aufwog[2]. Der starkmüthigere, obgleich selbst gebeugte Vater tröstet die klagende geliebte (ἀδελφή) Gattin (Gr. B.: „Mache dir keine Gedanken", d. i. keine Sorgen): „Wohlbehalten wird unser Sohn hinkommen und wohlbehalten zu uns zurückkehren, und deine Augen werden ihn sehen." Gr. B. setzt hinzu: „Habe kein Bedenken, fürchte nicht für sie (Beide), Schwester! Denn ich glaube, daß ein guter Engel Gottes ihn begleitet und alle seine Angelegenheiten wohl leitet, so daß er in Freuden zu uns zurückkehrt." Bei diesen Worten hörte seine Mutter zu weinen auf und wurde ruhiger[3]. Da der Sohn länger ausblieb, als die Eltern berechnet und erwartet hatten, wurde selbst der Vater unruhig und ließ verschiedene Vermuthungen über die Zögerung der Rückkehr desselben an seiner Seele vorüberziehen. Seine Besorgniß und Trauer entging natürlich nicht seiner Frau, welche ganz vom Gefühl sich beherrschen läßt und von vernünftigen Trostgründen nichts wissen will. In ihren Worten prägt sich die leidenschaftliche, trauernde und klagende Liebe und Sehnsucht der Mutter nach ihrem Sohne aus. Und es weinte seine Mutter mit untröstlichen Thränen und sprach: (Gr. B.: „Mein Sohn ist umgekommen und weilt nicht mehr unter den Lebenden.") „Wehe, wehe mir, mein Sohn, warum haben wir dich in die Welt geschickt, das Licht unserer Augen (unseren Augapfel), den Stab unseres Alters, den Trost unseres Lebens, die Hoffnung unserer Nachkommenschaft! Da du unser Alles warest, hätten wir dich nicht von uns weglassen sollen."[4] Tobias suchte sie soviel als möglich zu trösten, indem er sie (im gr. Texte „seine Schwester") auf die Zuverlässigkeit seines Begleiters und seine baldige Rückkehr hinwies. Doch vom tiefsten hoffnungslosen Schmerze gebeugt, ließ sie sich in keiner Weise

---

[1] 5, 23—25. [2] Vgl. 10, 5. [3] 5, 26—28. [4] 10, 1—5.

trösten (Gr. B. vgl. 7: „Schweig mir und hintergehe mich nicht, unser Sohn ist umgekommen"). Und sie ging täglich hinaus, um sich umzusehen, und ging auf allen Wegen umher, auf denen sie seine Rückkehr erwarten konnte, um ihn, wenn er käme, schon von Weitem zu erspähen [1]. Die übrigen Texte (Sinait. ausgenommen) fügen bei: „Und sie nahm keine Speise zu sich (fastete), und wenn die Sonne untergegangen, kam sie nach Hause und jammerte und weinte die ganze Nacht und konnte nicht schlafen."

Als der junge Tobias von seinen Schwiegereltern mit Hinweis, daß Vater und Mutter die Tage seiner Rückkehr schon zählen und im Innersten ihres Herzens Qual ausstehen, endlich die Erlaubniß zur Abreise erhalten hatte und sich Ninive näherte, wurde er zuerst von seiner Mutter erblickt; denn sie saß täglich (nicht etwa den ganzen Tag über) am Wege, auf dem Gipfel eines Berges, von wo aus sie in die weite Ferne sehen konnte. Und als sie den von Tobias mitgenommenen Hund (nach Gr. A. und B.) zuerst erblickte, und aus diesem zugleich auch ihren bald darauf in der Ferne sicht= bar gewordenen Sohn sammt Begleiter erkannte, rannte sie weg und ver= kündigte es ihrem Manne, indem sie sprach: „Sieh, dein Sohn kommt." [2] Als der Vater durch die Fischgalle, welche sein Sohn auf Geheiß des Engels unter seine Augen gestrichen, sein Augenlicht wieder erhalten hatte, pries auch sein Weib mit ihm den Herrn [3]. Vor seinem Tode gab der greise Tobias noch seinem Sohne den Auftrag, daß sie an demselben Tage, an dem sie ihre Mutter neben ihn in einem Grabe begraben haben werden, aus Ninive wegziehen sollen, da deren Untergang nahe sei [4].

Anna, die Frau des älteren Tobias, war, wenn wir ihren Charakter kurz zusammenfassen, ein gottesfürchtiges Weib, denn nur ein solches konnte und wollte der treue Diener Jehova's als Lebensgefährtin sich erwählen; dabei war sie aber leicht erregbar. Das Leiden und Unglück ihres Mannes, welches er nach ihrer Meinung selbst nur verschuldet und sich zugezogen hat, und unter welchem sie gleichfalls zu leiden hatte, mißstimmte sie und er= schütterte, wenn auch nur kurze Zeit, ihre Geduld und religiöse Ueberzeugung, ohne daß jedoch bei der großen Sanftmuth und Güte ihres Mannes der häusliche Friede weiter gestört worden wäre. Bei alledem blieb sie die ängstlich besorgte und innigliebende Mutter, die bis an ihr Lebensende von ihrer ganzen Familie hochgeachtet und verehrt wurde.

II. Wenden wir uns nun von der Anna, Tobias' Weibe, zur S a r a, der Frau des jüngeren Tobias.

Zu gleicher Zeit, als Tobias in seinen Leiden in Ninive zu Gott betete, ereignete es sich durch wunderbare Fügung Gottes, daß Sara, die Tochter des Raguel in Medien, ebenfalls Schmähungen und zwar von einer der Mägde ihres Vaters hören mußte; denn sie war sieben Männern zur Frau gegeben worden und ein böser Geist, Namens Asmodäus, hatte dieselben getödtet, sobald (Gr.: bevor) sie zu ihr eingetreten waren, bevor sie also noch den Beischlaf vollzogen [5], denn nach 6, 22 wird ihre unverletzte Jung= fräulichkeit von dem Engel vorausgesetzt. Daß Sara und ihre Eltern trotz der schlimmen Erfahrung immer wieder in eine neue Heirath einwilligten,

---

[1] 10, 6 7.			[2] 11, 5. 6.			[3] 11, 16.			[4] 14, 12 f.			[5] 3, 7. 8.

erklärt sich daraus, daß sie sich ohne Schuld wußten, mit Sehnsucht eine Nachkommenschaft anstrebten und durch Gebet und Fasten eine bessere Wendung erhoffen konnten [1]. Daß ferner Sara trotz des traurigen Endes der früheren Freier immer neue bekam, darf nicht Wunder nehmen, wenn man bedenkt, welche Anziehungskraft Schönheit und Reichthum eines Mädchens auf Männer ausüben [2]. Als Sara einst wegen eines Fehlers ihre Magd schalt, antwortete ihr diese und sprach (nach dem griech. Texte): „Du bist die, welche ihre Männer erstickt hat. Sieh, schon sieben Männern bist du angetraut worden und noch keines Einzigen Namen hast du bekommen. Was geißelst du uns dafür, daß deine Männer gestorben sind? Geh' mit ihnen, und mögen wir von dir keinen Sohn und keine Tochter sehen in Ewigkeit." [3] Die Vulgata [4] führt bloß den Schluß an: „Nimmermehr möchten wir von dir einen Sohn oder eine Tochter auf Erden sehen, Mörderin deiner Männer! Willst du etwa auch mich tödten, wie du schon sieben Männer getödtet hast?" Als Sara diese Schmähung hörte, ward sie betrübt in ihrem Herzen, weinte, stieg hinauf in das Obergemach ihres Vaters, aß und trank drei Tage nichts, sondern im Gebete verharrend bat sie Gott unter Thränen, daß er sie doch von dieser Schmach befreie [5]. Nach den griech. Texten und der Itala wollte sie sich dort erhängen, allein sie dachte bei sich: „Man möchte wohl meinen Vater verhöhnen, und ihm sagen: Eine geliebte Tochter hattest du und die hat sich durch Erhängen von ihrem Unglücke befreit; und so werde ich das Alter meines Vaters mit Gram in die Unterwelt bringen. Besser ist es mir, mich nicht zu erhängen, sondern den Herrn zu bitten, daß ich sterbe und keine Schmähungen zu hören brauche in meinem Leben." [6] Die harten Schmähungen, sie sei eine Mörderin, und die Anwünschungen ewiger Unfruchtbarkeit von Seite der Magd erklären und rechtfertigen die Größe ihres Schmerzes und ihr Verlangen nach dem Tode. Wie aber läßt der Entschluß, sich zu erhängen, mit dem sonst makellosen Charakter dieser frommen Jungfrau sich vereinigen, welche, wie aus dem Folgenden erhellt, einer besonderen, wunderbaren Vorsehung für würdig erachtet wurde? Gutberlet faßt diesen Entschluß der Sara nicht als ein überlegtes Wollen, sondern als eine Versuchung auf, welcher sie bei reifer Ueberlegung widerstand und sich dann in den Willen des Herrn ergab. Nach dreitägigem Ringen mit Gott und mit sich selbst macht sie der Stimmung ihres Herzens in einem inbrünstigen Gebete unter Thränen und Ausstrecken der Hände nach dem Fenster (Gr. B.) Luft. In der Anführung dieses Gebetes unterscheidet sich die Vulgata charakteristisch von den übrigen Texten. Während diese mehr die Umstände des Gebetes und in diesem mehr die zeitlichen Verhältnisse der Sara in's Auge fassen, hebt die Vulgata den Seelenzustand und das ascetische Moment mehr hervor. Nach jenen ist an Sara durchaus keine hervorragende Tugend bemerkbar, ja ihr Gottvertrauen erscheint durch den Selbstmordgedanken in einem sehr zweifelhaften Lichte, und wenn sie (nach Itala 3, 15) klagt, daß kein Verwandter mehr da ist, welcher sie ehelichen könnte, nachdem sieben Männer

[1] *Nic. Serarius* in Tob. cp. 8. q. 5 u. 6.
[2] *Corn. a Lap.*, com. 7, 11. Gutberlet l. c. S. 123.
[3] 3, 8. 9.   [4] 3, 9. 10.   [5] Vulg. 3, 10. 11.   [6] 3, 10

schon umgekommen sind: „wozu soll ich noch leben?" — so wäre sie selbst von einer hochgradigen Sinnlichkeit nicht freizusprechen. Die Vulgata allein wahrt diesen sittlichen Ernst; denn nach ihr weist die Dulderin in ihrem Gebete hin auf die unzertrennliche Verbindung der göttlichen Barmherzigkeit mit seiner Gerechtigkeit, welche Trübsale sendet behufs Nachlassung der Sünden (V. 13), auf die besondere Reinheit ihres Herzens in der Eheschließung: „Du weißt, o Herr, daß ich nie eines Mannes begehrt, und mich rein bewahrt habe von aller (unerlaubten) Begierde. Nie suchte ich die Gesellschaft der Ausgelassenen, und mit denen, die in Leichtfertigkeit wandeln, habe ich keinen Umgang gepflogen. Einen Mann aber habe ich nur in deiner Furcht, nicht in meiner Lust anzunehmen die Einwilligung gegeben" (d. h. ich willigte ein, nur in der von Gottesfurcht anbefohlenen Weise mich eines Mannes zu erfreuen, nicht aber um der Wollust zu pflegen)[1]. An ihren keuschen Charakter knüpft sich ihre Demuth. „Entweder war ich jener unwürdig, oder jene waren vielleicht meiner nicht würdig, weil du mich vielleicht einem andern Manne aufbewahrt hast; denn es liegt nicht in des Menschen Gewalt dein Rathschluß" (zu ergründen). Das aber weiß jeder Gottesfürchtige, daß Gott Leiden nur zum Wohle der Seinigen schickt — den Gerechten für die bestandene Prüfung krönt und dem Sünder nach der Strafe Verzeihung angedeihen läßt[2].

Ihr Gebet sowohl als das gleichzeitige des alten Tobias wurde von Gott erhört, indem er den Engel Raphael sandte, um sie zu heilen[3]. Worin diese Heilung bestand, erklären die übrigen Texte, und zwar, was Sara betrifft, um sie dem Tobith zum Weibe zu geben und den bösen Geist von ihr zu verscheuchen, weil es dem Tobias zukam, sie als Erbtochter zu bekommen vor Allen, die sie nehmen wollten[4]. Vergleicht man diesen Bericht mit Vulg. 12, 14, so muß man eine Infestation der Sara durch den bösen Geist Asmodäus annehmen, welche direct zunächst auf die Freier gerichtet war, von welcher aber auch Sara mitbetroffen wurde, weil sie eben zu keinem Manne kommen konnte. Als Tobias und Raphael Ecbatana sich näherten, sagte dieser zu jenem, daß sie diese Nacht bei Raguel, einem Verwandten des Tobias, übernachten werden, daß dieser eine einzige (Erb-) Tochter besitze; „dir gehört ihr ganzes Vermögen (weil eben kein anderer Verwandte mehr da ist) und du mußt sie zur Frau nehmen. Bewirb dich also um ihre Hand bei ihrem Vater und er wird sie dir zum Weibe geben."[5] Der griechische Text enthält mehrere Zusätze: „Und das Mädchen," fährt Raphael fort, „ist verständig und wacker und sehr schön, du hast das Recht, sie zu bekommen, und höre auf mich, ich werde diese Nacht mit dem Vater über das Mädchen sprechen, damit wir sie dir zur Braut bekommen, und ich weiß, daß Raguel sie dir nicht vorenthalten oder einem Andern verloben kann, oder er ist des Todes schuldig nach dem Rechte des Buches Mosis; und weil du weißt, daß dir die Erbschaft gehört, mußt du seine Tochter bekommen vor Jedermann. . . . Wir wollen wegen des Mädchens diese Nacht sprechen und sie dir freien . . . und mit uns führen in dein Haus."[6] Das

---

[1] 3, 16—18. [2] V. 19—23. [3] V. 24 u. 25. [4] Gr. u. It. V. 17.
[5] Vulg. 6, 11—13. [6] 6, 12 Sin.

Bedenken wegen der Berechtigung der Todesstrafe erklärt sich entweder aus der Strenge der späteren Zeit oder aus Heb. Fagii, daß der Vater geschworen habe, sie nur einem Verwandten zu geben. — Gegen diesen Vorschlag äußert nun Tobias seine Bedenken; er habe gehört, daß Sara schon sieben Männer gehabt habe und diese durch einen bösen Feind getödtet worden seien. Diese außerordentliche Begebenheit konnte unter den Exulanten in Ninive bei ihrer Communication mit denen in der Provinz leicht bekannt geworden sein. Er fürchte sich daher, es könnte ihm auch so ergehen und sein Tod die Eltern frühzeitig in's Grab bringen [1]. Nach den übrigen Texten fügte er noch hinzu: „Und ich fürchte, daß der böse Geist die Sara liebt und sie nicht verletzt, sondern den tödtet, der sich ihr nahen will." Wenn man die auffallende Thatsache berücksichtigt, daß der Reihe nach sieben Männer der Sara in der Brautnacht vor der Vollziehung der Ehe starben, sie selbst aber unversehrt blieb, so konnte wohl leicht die Vermuthung und das Gerücht unter den Leuten sich bilden, daß der Dämon dabei im Spiele sei, die Sara liebe und aus Eifersucht jeden Liebhaber um's Leben bringe.

Der Engel klärt ihn nun hierüber auf, welche Jene sind, über welche der böse Geist Gewalt hat, deren Gott nämlich der Bauch ist und die in einem solchen Zustande der Gottvergessenheit und Versunkenheit in die Lust sich befinden, daß sie zu jeder Sünde bereit sind. Er ertheilt daher dem jungen Tobias den Rath, nach seiner Verehelichung drei Tage Enthaltsamkeit zu üben und mit seiner Frau sich dem Gebete zu widmen. In der ersten Nacht soll durch das Verbrennen der Fischleber in Verbindung mit Gebet der böse Geist vertrieben werden; in der zweiten wird die Ehe eine höhere Weihe erhalten, so daß sie jener der Patriarchen gleichzuachten ist; in der dritten Nacht werde ihnen Kindersegen zu Theil werden." „Sodann," fährt Raphael fort, „nimm die Jungfrau in der Furcht des Herrn zu dir, mehr aus Verlangen nach Kindern, als aus Begierde (d. i. um der Befriedigung der Wollust wegen), damit du im Samen Abrahams Kindersegen bekommst." [2] Der griechische Text setzt hinzu: „Als Tobias die Worte Raphaels hörte, daß sie eine nahe Verwandte zu ihm sei, gewann er sie sehr lieb und sein Herz hing an ihr." [3] Die beiden Reisenden kehren bei Raguel ein, welcher sie mit Freuden aufnimmt (nach Gr. A. begegnet ihnen zuerst Sara — gewiß eine Nachbildung von Gen. 24, 15; 29, 9), und als Raguel den Tobias betrachtete, sagte er zu seiner Frau: „Wie ähnlich ist dieser Jüngling meinem Vetter!" Raguels Weib heißt in der Vulgata und Itala Anna, in den griechischen Texten Edna, in Gr. B. Abnah, welches den Uebergang zwischen beiden bildet. Als sie von der Erblindung des Tobias hörten, weinten Anna und Sara um ihn Thränen [4]. Ehe sie sich zu Tische setzen, verlangte Tobias von Raguel dessen Tochter Sara zur Frau. Darüber erschrack derselbe, indem er an das Schicksal der sieben Männer dachte, und als er aus Besorgniß wegen seines jungen Verwandten mit der Antwort zögerte, beruhigte ihn Raphael: „Fürchte dich nicht, sie diesem zu geben, denn diesem Gottesfürchtigen gehört deine Tochter als Gattin; deßhalb konnte sie kein Anderer haben." So wurde also nach dem Rathschlusse Gottes die

---

[1] 6, 14. 15. [2] 6, 16—22 Vulg. [3] V. 17. [4] 7, 8 Vulg.

Virginität Sara's durch den Teufel, welcher die lüsternen Freier tödtete, zu dem guten Zwecke beschützt, daß sie als reine Jungfrau für Tobias erhalten bleibe. Nach den andern Texten bittet Tobias den Engel, seinem Versprechen (6, 13) gemäß um die Hand der Sara für ihn anzuhalten. Der Engel thut es; Raguel aber sucht die Entscheidung zu verschieben, indem er beifügte, Tobias habe als Verwandter die nächsten Ansprüche auf die Hand der Sara und er erkenne dieselbe freudig an; er müsse aber bemerken, daß ihre frühern Männer in der Brautnacht gestorben seien. Nichtsdestoweniger besteht Tobias auf Gewährung seiner Bitte [1].

Ermuthigt durch die Worte Raphaels, willigt Raguel im Vertrauen auf Gott in diese Eheschließung, und indem er die Rechte seiner Tochter faßte, legte er sie in die Rechte des Tobias, sprach den Segensspruch und schrieb den Ehevertrag bezüglich der Vermögensverhältnisse. Nach dem Essen befahl Raguel seinem Weibe, ein anderes Brautgemach (als das frühere) herzurichten, und als die Mutter ihre Tochter hineinführte und diese weinen sah (nach Gr. A. B. weinte die Mutter wahrscheinlich mit der Tochter zugleich), sagte sie zu ihr: „Sei guten Muthes, meine Tochter, der Gott des Himmels gebe dir Freude für das Leid, welches du erduldet hast." [2] Als Tobias in's Brautgemach eingeführt worden war, legte er einen Theil der Leber auf die glühenden Kohlen, worauf Asmodäus von Raphael ergriffen und in der Wüste Oberägyptens gefesselt wurde; dann ermahnte er die jungfräuliche Braut, drei Nächte hindurch im Gebete zu Gott zu flehen und Enthaltsamkeit zu üben, wie es sich für gottesfürchtige Kinder der heiligen Patriarchen zieme. Und sie beteten inbrünstig, daß ihnen Heil verliehen werde. In seinem Gebete weist Tobias hin auf die göttliche Institution der Ehe, die er nicht aus bloßer Lust, sondern um Kinder zu erzielen und sie in der Furcht Gottes zu erziehen, eingegangen habe. Er nennt seine junge Gattin Schwester, nicht bloß weil sie seine Verwandte war und aus zärtlicher Liebe, sondern um die Reinheit seiner Absichten auf seine Frau auszudrücken, welche der unschuldigen Neigung der Geschwister sich nähert. Als am nächsten Morgen Anna eine (wohl bejahrte) Magd in das Schlafgemach geschickt hatte, um zu sehen, ob Tobias todt sei, fand diese Beide gesund und wohlbehalten zusammen schlafend — so hatte der Einfluß des Engels ihre Gesinnung geläutert und geheiligt, daß sie ohne Gefahr die heilige Enthaltsamkeit übten. Für diese glückliche Erhaltung stimmen Raguel und Anna ein Dankgebet an [3].

Hierauf reiste Raphael nach Rages, erhob das Geld und brachte den Gabelus selbst mit zur Hochzeit, welcher dem Tobias und der Sara seinen Segen ertheilte [4]. Da Tobias mit Rücksicht auf seine Eltern seine Abwesenheit nicht länger ausdehnen wollte, übergab Raguel auf dessen Bitten ihm die Sara und die Hälfte seines Vermögens. Beim Abschiede ermahnten die Eltern ihre Tochter, ihre Schwiegereltern zu ehren, ihren Gemahl zu lieben, die Familie zu leiten, das Haus zu verwalten (die Wirksamkeit im Innern des Hauses) und sich selbst tadellos darzustellen [5]. Während die Vulgata bei den Abschiedsworten mehr das ethische Moment in den Vordergrund stellt, widmen die griechischen Texte auch der menschlichen Seite einen Blick;

---

[1] 7, 10—12 Gr.   [2] 7, 17—19.   [3] Kap. 8.   [4] Kap. 9.   [5] 10, 8—13.

dieselben sind daher länger und enthalten einen herrlichen Brautspiegel, der
für alle Zeiten seine Geltung hat und im Catechismus romanus [1] weiter
ausgeführt ist. Zu Tobias sprach nämlich Raguel: „Leb' wohl, mein Kind,
wohlbehalten ziehe von dannen, der Herr des Himmels begleite euch und die
Sara, dein Weib, und schauen möge ich Kinder von euch, bevor ich sterbe."
Und zu Sara sagte er: „Ziehe von hinnen zu deinem Schwiegervater; denn
von nun an werden sie deine Eltern sein, wie diejenigen, welche dich gezeugt
haben. Ziehe in Frieden, meine Tochter; möge ich Gutes von dir hören,
so lange ich lebe." Und Edna sprach zu Tobias: „Kind und geliebter
Bruder, der Herr möge dich zurückbringen und schauen möge ich Kinder von
dir, so lange ich noch lebe, und von Sara, meiner Tochter, bevor ich sterbe.
Im Angesichte des Herrn vertraue ich dir meine Tochter zur Verwahrung an:
betrübe sie nicht alle Tage deines Lebens. Gehe, mein Kind, in Frieden!
Von nun an bin ich deine Mutter und Sara deine Schwester. Und sie
küßte sie Beide und entließ sie wohlbehalten [2].

Auf Rath des Engels läßt Tobias in Charan, der Hälfte des Weges,
seine Frau mit dem Gesinde zurück, um so schnell als möglich nach Ninive
zu kommen. Bei seiner Ankunft heilte er seinen Vater von der Blindheit.
Nach sieben Tagen kam auch Sara an. Nach Gr. B. C. und Itala [3] ging
der alte Tobias, als er hörte, daß Sara am Thore Ninive's angekommen
sei, ihr entgegen, segnete sie und sprach: „Sei willkommen, Tochter, und
gepriesen sei dein Gott, der dich zu uns geführt hat, meine Tochter, und
gesegnet sei dein Vater, Tobias mein Sohn und du, meine Tochter. Komm
in dein Haus gesund, in Segen und Freude komme hinein, meine Tochter!"
Im Hause des Tobias wird nun eine siebentägige Hochzeitsfeier veranstaltet.
Sara gebar dem Tobias sieben (nach Text. Alexand. sechs) Söhne, welche der
greise Tobias an seinem Sterbebette versammelte [4]. Nach dem Tode seiner
Eltern zog Tobias dem Auftrage seines Vaters gemäß mit seiner Frau, seinen
Kindern und Enkeln zu seinem Schwiegervater, fand sie wohl im gesegneten
Greisenalter und schloß ihnen die Augen. Seine ganze Familie aber und
seine Nachkommenschaft verblieb im guten Leben und heiligen Wandel, so
daß sie wohlgefällig waren sowohl Gott als den Menschen und Allen, die
im Lande waren [5].

So zeigt also die Lebensgeschichte der Sara, daß auch die Tugend ihre
Proben durchzumachen hat, gottesfürchtige Seelen oft in schwerer Leidens-
schule geprüft und geübt werden, immer aber die Tugend den Sieg davon
trage und reichlich belohnt werde; daß ferner über die Ehe das Auge Gottes
wache, der die Bestimmten auch zusammenführt, oder daß die Ehen im Himmel
geschlossen werden, wie das Volk zu sagen pflegt, und daß eine wahrhaft
in Gottesfurcht geschlossene und heilig gehaltene Ehe sich des besonderen
Schutzes und Segens Gottes zu erfreuen habe.

Wenn Schenkel [6] schreibt: „Darüber, daß diese Sara nicht wirklich
existirt hat, sondern nur in poetischer Fiction die geprüfte und für ihre

---

[1] P. II. cp. 8. qu. 27. [2] V. 12. Gr. [3] 11, 16. [4] 14, 5. [5] Vulg.
14, 14—17.
[6] Bibellexikon. Leipzig 1875. 5. Bd. S. 179.

Frömmigkeit belohnte Tugend der treuen Ehegattin repräsentirt, herrscht unter besonneneren Auslegern kein Zweifel mehr", so ist er zu dieser Hypothese den Beweis zu liefern schuldig geblieben.

III. Außer Sara, der Ahnfrau Israels, und Sara, der Frau des jüngern Tobias, werden in den alttestamentlichen Büchern mit fast gleichem Namen noch erwähnt Serach (Vulg. Sara), die Schwester der vier Söhne Assers [1], und zwar aus besonderem, nicht näher anzugebenden Grunde, und Scheera (Vulg. Sara), eine Tochter des Ephraim (verschieden von dem gleichnamigen Enkel Jakobs), welche das obere und untere Bethoron, sowie Uzzen-Scheera erbaute [2]. Letztere Ortschaft hatte sie vermuthlich ganz neu angelegt, so daß dieselbe nach ihr benannt wurde, während sie die beiden ersteren wohl bloß ausbaute und befestigte. Vermuthlich war Scheera eine Erbtochter, welche diese Ortschaften als Erbtheil erhalten hatte und durch ihre Familie ausbauen ließ.

§ 37. Judith.

Nebucadnezar, König von Assyrien, der in Ninive regierte, hatte im zwölften Jahre seiner Regierung den König Arphaxad von Medien, welcher seine Residenz Ecbatana sehr stark befestigt hatte, bekriegt. Während die Völkerschaften der Berggegend und die am Euphrat, Tigris und Jadason (im griechischen Texte [3] Hydaspes) ihm Hilfe leisteten, versagten die Bewohner von Persien und die westlich wohnenden Völker bis hinab nach Aethiopien ihm den Zugang. Nachdem er nichtsdestoweniger den Arphaxad besiegt und getödtet hatte, schwur er eine furchtbare Rache, ernannte den Holofernes zum Oberfeldherrn und schickte ihn mit 120 000 Mann zu Fuß nebst 12 000 Reitern voraus, um die sich Ergebenden zur Strafe aufzubewahren, die Widerspenstigen aber sogleich zu vernichten. Sofort eröffnete Holofernes seinen Feldzug und durchzog plündernd, verwüstend und mordend die Gegenden bis zur Ebene von Damaskus. Erschreckt kündeten die Küstenbewohner ihre Unterwerfung voraus an; hierauf besetzte Holofernes die festen Städte, verstärkte durch Aushebung seine Kriegsmacht und zerstörte die Cultusorte, damit Nebucadnezar als der alleinige Gott anerkannt werden solle.

Die Juden geriethen durch diese Nachricht in große Furcht, unterließen jedoch nicht, auf Anordnung ihres Hohenpriesters Eliachim (Joakim) alle Anhöhen in den Grenzen zu besetzen, die Städte zu befestigen und sie mit Lebensmitteln zu versehen; außerdem aber den Herrn durch Gebet, Fasten und Opfer um Hilfe anzuflehen. Holofernes, entrüstet über den Widerstand, den die Juden zu leisten beabsichtigten, erkundigte sich in einer Rathsversammlung nach diesem Volke, worauf der ammonitische Feldherr Achior die Geschichte dieses merkwürdigen Volkes kurz erzählt und mit dem Rathe schließt, es nur dann anzugreifen, wenn man Sünde an demselben entdecke, sonst aber vorüberzuziehen, denn sie seien dann unbesiegbar. Erzürnt über diese Rede,

---

[1] Gen. 46, 17. Num. 26, 46. 1 Chron. 7, 30.   [2] 1 Chron. 7, 24.
[3] Von der Vulgata, die vom hl. Hieronymus aus dem Chaldäischen übersetzt wurde, weicht der griechische Text oft ab, so daß auch dieser berücksichtigt werden muß.

erklärte Holofernes in vermessener Weise, daß nur Nebucadnezar der Gott sei, welchem der Judengott nicht widerstehen werde, und ließ den Achior zur Strafe binden. Dieser fiel, wie beabsichtigt war, den Juden in die Hände, die ihn von den Fesseln befreiten und nach der Bergfestung Bethulia [1] führ= ten. Hier erzählte er dem ganzen Volke, was vorgefallen war, worauf dieses fastete und betete. Am folgenden Tage rückt das feindliche Heer vor, erkennt aber schon am dritten Tage, daß bei der Schwierigkeit des Berg= terrains die Uebergabe der Festung am besten durch Entziehung des Wassers erzwungen werden könne. Nach vierunddreißigtägiger Belagerung trat drückender Wassermangel ein und das muthlose Volk verlangt die Uebergabe. Mit Mühe gelang es dem Obersten Ozias, es zu bestimmen, noch fünf Tage auszuharren [2]. In dieser äußersten Noth schafft Gott durch ein schwaches Weib Hilfe.

Diese Worte hörte Judith (hebr. Jehudith), ein Eigenname, nicht Gattungsname: eine Jüdin, welcher die Gott Lobende und ihn Bekennende bezeichnet, da sie nach der Befreiung ihrer Vaterstadt Gottes Lob verkündet hat [3]. Sie war eine Tochter Meraris, dessen Genealogie durch 14 Glieder (in der Vulgata, durch elf in der LXX.) bis auf Simeon, den Sohn Rubens, herabgeführt wird. Natürlich sind bloß die vorzüglichsten Mittel= glieder hervorgehoben. Da jedoch Ruben keinen Sohn Simeon hatte, Judith aber selbst 9, 2 ausdrücklich Simeon als ihren Stammvater bezeichnet, so muß man mit dem griechischen und syrischen Texte, dem auch der hl. Fulgentius (ep. 2) zustimmt, statt Ruben lesen Israel, oder aber mit Lyranus an= nehmen, daß Ruben hier nicht der Patriarch, sondern ein berühmter, sonst aber unbekannter Mann aus dem Stamme Simeon sei. Judith war seit drei Jahren und sechs (griechischer Text: vier) Monaten Wittwe; denn ihr Mann Manasses war während der Gerstenernte im Freien vom Sonnen= stiche getroffen worden, an dessen Folgen er auch starb. Man begrub ihn in seiner Vaterstadt Bethulia. Nach dem griechischen Texte war er desselben Stammes und Geschlechtes, wie Judith, und wurde in der Familiengruft zwischen Dothain und Balama begraben. Seit dem Tode ihres Mannes lebte sie als Wittwe bloß ihrer Trauer, so daß der Name Wittwe unwill= kürlich mit ihrem Namen verschmolz [4]. Als sie nämlich Wittwe geworden, bereitete sie im oberen Theile ihres Hauses ein abgesondertes Gemach (wohl

---

[1] Wahrscheinlich das heutige Sanur, eine Festungsruine auf einem einzelnen runden Berge in Samaria.

[2] Judith Kap. 1—7.

[3] *Rupertus*, l. 12 de div. off. cp. 25: Judith fortitudinis speciem in hoc ni= mirum praetendit, quod formidantibus viris bellicosis, immanissimo tyranno pro liberatione patriae se opposuit, et principem militiae femina inermis Dei adjutorio superavit. Fortitudo enim ejus a Deo fuit.

[4] *Fulgent.*, ep. 2. ep. 14. *Ambros.*, l. de vid.: Sed nec fortitudo bonae vi= duae deesse consuevit. Haec enim vera est fortitudo, quae naturae usum, sexus infirmitatem mentis devotione transgreditur; qualis in illa fuit, cui nomen Judith, quae viros obsidione fractos, perculsos metu, tabidos fame, sola potuit a colluvione revocare, ab hoste defendere. *Hieron.* in praef. Jud.: Accipe Judith viduam, castitatis exemplum; u. ep. ad Fur.: Legimus in Judith . . . viduam confectam jejuniis.

zu religiösen Zwecken vgl. Apostelg. 10, 9), wo sie mit ihren Mägden ver=
schlossen wohnte, trug ein Bußgewand (griechischer Text: und darüber Wittwen=
kleider) und fastete alle Tage ihres Lebens, nämlich seit ihrer Wittwenschaft [1],
ausgenommen die Sabbate und die Neumonde (der griechische Text hat noch:
die Vortage der Sabbate und der Neumonde), die nämlich ohne Fasten mit
fröhlichen Opfermahlzeiten begangen wurden. Wenn wir dem griechischen
Texte folgen, so erscheint das Nichtfasten an den Vortagen seitens der Judith
als eine strenge Beobachtung der religiösen Vorschriften (oder Gewohnheit),
das als eine Verdoppelung der Festzeit zu betrachten wäre. Sie führte daher
ein abgeschlossenes, heiliges Leben, mied den Umgang mit Andern und lebte
nur dem Gebete und Buße, nicht so sehr aus übermäßiger Trauer für den
verstorbenen Mann, sondern aus wahrer Abtödtung und Liebe zur Keusch=
heit und Einsamkeit [2]. Sie trägt nicht bloß die gesetzlichen sieben Tage
(Gen. 50, 10), sondern durch ihr übriges Leben ihre Wittwenkleider, um
so ihrem Manne ein besonderes Andenken zu bewahren, als auch sich selbst
abzutödten.

Dabei war sie überaus schön von Angesicht und wohlhabend; denn ihr
Mann hatte ihr viele Reichthümer hinterlassen und ein zahlreiches Gesinde
und Landgüter voll Heerden von Rindern und Schafen, und (wie der griechische
Text bemerkt) sie blieb dabei, was ein Beweis von ihrer Tüchtigkeit als
Herrin war [3]. Da Judith damals von anerkannter Schönheit war [4], frägt
es sich, in welchem Alter sie stand. Nach Bellarmin [5] und Serarius
war sie 40 Jahre alt. Fulgentius nennt sie aetate juvenis, welcher Aus=
druck nach den damaligen Begriffen eine Frau von 30 bis 40 Jahren be=
deutete. Mit dieser körperlichen Schönheit war der Adel der Seele und tiefe
Gottesfurcht gepaart; „sie hatte bei Jedermann einen guten Namen, denn sie
fürchtete Gott sehr, und Niemand war, der Böses von ihr redete".

Als sie nun gehört hatte, daß Ozias nach Ablauf von fünf Tagen die
Stadt den Feinden übergeben wolle, sandte sie (nach dem griechischen Texte
ihre Lieblingssklavin = ἄβρα) zu den Aeltesten der Stadt Chabri und Charmi,
und als diese zu ihr kamen, weist sie gleich einer Prophetin [6] dieselben ob
ihrer Zaghaftigkeit zurecht. Judith geht nicht selbst zu den Fürsten, wie es

---

[1] So der griechische Text, Vatablus u. *Ambrosius*, de Elia et jejun. cp. 9: Sed
non bibebat femina Judith, jejunans omnibus diebus viduitatis suae.

[2] *Hieron.*, ep. ad Fur.: Legimus in Judith viduam confectam jejuniis et
habitu lugubri sordidatam, quae non lugebat mortuum virum, sed squalore corporis sponsi quaerebat adventum … Vincit viros femina et castitas truncat
libidinem habituque repente mutato ad victrices sordes redit, omnibus saeculi cultibus mundiores.

[3] *Vatablus:* Manebat in eis, i. e. versabatur in eorum possessione, ut eorum
bonorum haeres ac domina.

[4] *Ambros.*, l. 3 de off. cp. 13: Holofernem formae gratia et vultus decore
perculit. *Fulgentius*, ep. 2. cp. 14: Ecce vidua praeclara natalibus, facultatibus
dives, aetate juvenis, specie mirabilis, divitias contempsit, delicias respuit, carnis
incentiva calcavit et induta virtute ex alto, non quaesivit secundo famulari connubio. *Petrus Dam.*, l. 8 ep. ad vir. ill.

[5] Lib. 2 de Verb. Dei cp. 12.

[6] *Clemens Rom.*, 1, 8 const. ap. cp. 2: Atque etiam mulieres prophetarum.
Olim quidem Maria Mosis … deinceps Oldad et Judith.

einer eingezogenen und keuschen Wittwe geziemte [1], und zeigt in ihrer herz=
haften Anrede einen wahrhaft männlichen Muth, der über ihr Geschlecht
weit hinausging [2]. Daß Ozias gleichfalls mitkam, erhellt aus dem griechischen
Texte. Und als sie zu ihr kamen, sprach sie zu ihnen: „Was ist die Ursache,
daß Ozias einwilligte, die Stadt den Assyrern zu übergeben, wenn ihr inner=
halb fünf Tagen keine Hilfe erhaltet? Und wer seid ihr, daß ihr den Herrn
versuchet?" Etwas anders gestaltet ist der griechische Text: „Keineswegs
recht ist eure Rede, die ihr heute an das Volk hieltet, da ihr einen unver=
brüchlichen Eid bei Gott gethan habt, die Stadt den Feinden zu übergeben,
falls Gott innerhalb dieser Zeit euch keine Hilfe sendet. Und wer seid ihr,
daß ihr heute Gott versuchet und euch über Gott stellt in die Mitte von
Menschenkindern (schwachen Menschen)?" Diese sowie die folgenden Worte
dieses merkwürdigen Weibes gehören sowohl was die Form der Rede, Ge=
dankenfülle, Kenntniß der Sachlage, als auch die tiefe religiöse Ueberzeugung
betrifft, zu den schönsten Reden, die je ein Weib im Alten Testamente gesprochen.
Zuerst sucht sie die ungeziemende Handlungsweise klar darzulegen; denn die
Erkenntniß der Sünde ist der erste Weg zur Buße und Verzeihung. Sie
weist in würdevoller Weise die Aeltesten zurecht, die sich anmaßten, dem
Herrn den Termin der Hilfeleistung zu bestimmen, als ob dieser von den
Menschen abhänge, anstatt sich ganz der göttlichen Providenz zu überlassen,
und sich so gleichsam an Gottes Stelle setzten. Ueberzeugt, daß Gott ob
seiner Treue seinem Volke helfen werde, erklärt sie die Bestimmung einer
Zeitfrist als Vermessenheit, als Versuchung Gottes. „Das ist keine Rede,
die zur Barmherzigkeit bewegt, sondern die vielmehr Zorn erregt und Grimm
anfacht. Ihr habt dem Herrn eine Zeit bestimmt zum Erbarmen und nach
eurer Willkür ihm einen Tag festgesetzt." Nach dem Griechischen: „Und
ihr erprobt den Allmächtigen (durch eure widrige Zumuthung) und werdet
nichts erfahren in alle Ewigkeit; wenn ihr die Tiefe des menschlichen Herzens
nicht ergründen und die verborgenen Gedanken desselben nicht errathen könnt,
wie wollet ihr Gott, der dieses Alles gethan hat, erforschen und seinen
Sinn erkennen und seine Schlüsse erfassen? Keineswegs, Brüder! Reizet
nicht den Herrn, euren Gott, zum Zorne; weil, wenn er nicht in fünf Tagen
euch helfen will, er die Gewalt hat, euch zu jeder anderen Zeit nach seinem
Willen zu schützen oder vor dem Angesichte unserer Feinde auszurotten. Er=
zwinget nicht die Rathschläge des Herrn; denn Gott ist nicht wie ein Mensch,
der sich drohen (durch euer Fristsetzen), noch in seinem gefaßten Rathschlusse
zweifelhaft machen läßt."

Nachdem Judith das große Unrecht gegen Gott den Aeltesten zum Be=
wußtsein gebracht und zu Gemüthe geführt hat, sucht sie in sanfter Weise die

---

[1] *Lyranus:* Quod autem non ivit ad eos, non fuit ex defectu humilitatis, sed
ex zelo castitatis et honestatis vidualis: quo refugiebat per vicos discurrere et in
palam coram hominibus apparere.

[2] *Aug.,* sermo 49 (al. 67) in App. de Judith: Judith bellator animus alienum
pectus obsedit. Illa abjecta formidine feminarum victoriam in periculis quaerens,
nec mortem in periculis timuit, nec ambiguitatem formidavit. *Ambros.,* lib. de
vid.: Haec est vera fortitudo, quae naturae usum, sexus infirmitate mentis devotione transgreditur, qualis in illa fuit, cui nomen Judith.

Wunde, welche sie geschlagen, zu heilen und die gebeugten Gemüther wieder
aufzurichten durch den Hinweis auf Gottes Erbarmung, der den Demüthigen
und Reuevollen nicht von sich stößt, sondern seine Hilfe angedeihen läßt.
Da gegenwärtig die Sünde des Götzendienstes nicht vorliegt, wie in früheren
Tagen, deßhalb dürfen sie hoffen. In demüthiger Erwartung auf die
Hilfe des Bundesgottes allein liegt ihr Trost. Zugleich handle es sich
um ganz Judäa und um das Heiligthum. Um nun die Einwohner von
Bethulia aufzurichten, sei es Pflicht der Aeltesten, ihnen die Beispiele der
Vergangenheit vor Augen zu führen, wie Gott die Patriarchen durch mannig=
fache Trübsale geprüft und erprobt, die Widerspänstigen dagegen gestraft und
vernichtet hat. Dieß solle als Spiegel für ihre jetzige Lage dienen. Ihre
Worte lauten:

„Weil aber Gott langmüthig ist, so wollen wir darob Buße thun und
mit Thränen Vergebung von ihm erflehen; denn nicht wie ein Mensch droht
Gott, und wird nicht zum Zorne entflammt wie ein Menschensohn. Deßhalb
wollen wir vor ihm unsere Seelen verdemüthigen und versetzt in den Geist
der Demuth als seine Diener unter Thränen zum Herrn sprechen, daß er
nach seinem Willen an uns seine Barmherzigkeit üben möge, auf daß wir,
gleichwie bestürzt ist unser Herz ob ihres Hochmuthes, auch ebenso uns rühmen
können unserer Verdemüthigung, da wir ja nicht gefolgt sind den Sünden
unserer Väter, welche ihren Gott verlassen und fremde Götter angebetet haben,
für welchen Frevel sie preisgegeben wurden dem Schwerte und der Plünderung
und dem Gespötte ihrer Feinde. Wir aber wissen von keinem andern Gott
als von ihm allein. Demüthig lasset uns den Trost erwarten und er wird
rächen unser Blut an unsern Feinden, welche uns bedrängen, und nieder=
beugen alle Völker, die je gegen uns sich erheben und ehrlos wird sie machen
der Herr unser Gott. Und nun, ihr Brüder, die ihr Aelteste seid im Volke
Gottes und von euch ihr Leben abhängt, richtet ihre Herzen auf durch eure
Ansprache, daß sie gedenken, wie unsere Väter versucht worden sind, auf
daß sie erprobt werden, ob sie wahrhaft ihrem Gotte dienten. Sie sollen
gedenken, wie unser Vater Abraham versucht worden und durch viele Trüb=
sale erprobt, Gottes Freund geworden ist. So ging Isaak, so Jakob,
so Moses und Alle, welche Gott gefällig waren, durch viele Trübsale als
Getreue. Jene aber, welche die Prüfungen nicht in der Furcht des Herrn
übernahmen und ihre Ungeduld und ihr Murren in Schmähung gegen den
Herrn laut werden ließen, die sind von dem Verderber vernichtet und
von Schlangen getödtet worden. Auch wir wollen uns darum nicht rächen
über das, was wir leiden, sondern glauben, daß diese Strafen geringer
sind als unsere Sünden, und die Geißeln des Herrn, mit denen wir wie
Knechte gezüchtigt werden, uns zur Besserung, und nicht zum Untergange
gereichen.“

Der griechische Text dagegen lautet:

„Lasset uns deßhalb in Erwartung des Heiles, das von ihm kommt,
ihn anrufen, zu unserer Hilfe und er wird unsere Stimme hören, bis es
ihm gefällig ist; denn unter unsern gegenwärtigen Geschlechtern gibt es weder
einen Stamm, noch Familie, noch Stadt von uns, welche Götzen von Menschen=
hand gemacht anbetet, wie im Alterthume, um deretwillen unsere Väter der

Plünderung übergeben wurden und in großer Niederlage vor unsern Feinden fielen. Wir aber kennen keinen andern Gott, außer ihn, woher wir hoffen, daß er uns und unser Geschlecht nicht verachten wird, weil, wenn wir (unsere Stadt) genommen sind, ebenso auch ganz Judäa wanken und das Heiligthum geplündert werden wird, und er wird die Entweihung desselben an uns rächen, und er wird den Tod unserer Brüder als Strafe auf unser Haupt kommen lassen unter den Heiden, und so werden wir sein zum Anstoß und zur Schmach vor denen, die uns besitzen und nicht wird unsere Knechtschaft zur Gunst gelenkt werden, sondern zur Schande wird sie setzen der Herr unser Gott. Und nun zeigen wir es unsern Brüdern, daß von uns (unserer That) ihr Leben abhängt, und das Heiligste, der Tempel und Altar auf uns gestützt sind (mit uns stehen oder fallen). Bei alledem danken wir dem Herrn, unserem Gotte, welcher uns versucht, wie unsere Väter. Gedenket, was er mit Abraham gethan, und worin er den Isaak versucht und was geschehen ist mit Jakob in Mesopotamien, als er weidete die Schafe Labans, des Bruders seiner Mutter. Und wie er jene im Feuer geprüft hat, um ihre Herzen zu erforschen, so hat er auch uns nicht gestraft, sondern zur Besserung züchtigt der Herr jene, die sich ihm nahen" (treu bleiben).

Diese Rede war nicht wirkungslos; denn es entgegneten ihr Ozias und die Aeltesten: „Alles, was du gesprochen hast, ist wahr und nichts ist zu tadeln an deinen Reden. (Griech. Text: „Was du gesprochen hast, kommt aus gutem [wohlmeinenden] Herzen und Niemand kann deinen Worten wider=stehen. Denn nicht erst am heutigen Tage tritt deine Weisheit an den Tag, sondern seit deiner Geburt erkannte das ganze Volk deinen Verstand, weil du ein gutes Herz hast. Allein das Volk drängte sehr und zwang uns, wie wir zu thun versprachen, einen Eid abzulegen, den wir nicht über=treten können.") Und nun bete für uns, denn du bist eine heilige Frau und fürchtest Gott" (griechischer Text: und Gott wird Regen senden, um unsere Teiche zu füllen, damit wir keinen Mangel leiden). Es ist ein großes Lob, welches hier die Aeltesten der Judith spenden. Denn Wenige [1] erfreuten sich bei Lebzeiten dieses Rufes, Heilige genannt zu werden. Sie verdiente dieses Lob ob ihres unbescholtenen Lebenswandels, ihrer Keuschheit und ihres unbedingten Gottvertrauens.

Und Judith sprach zu ihnen: „Gleichwie ihr einsehet, daß das, was ich habe sagen können, von Gott sei, so prüfet nun, ob auch das, was ich zu thun beschlossen habe, aus Gott sei, und betet, daß Gott mein Vorhaben bestärke (kürzer ist der griechische Text: Höret mich! ich will eine That voll=führen, die sich bis auf spätere Geschlechter fortpflanzen soll). Stellet euch diese Nacht an's Thor (und öffnet dasselbe) und ich gehe hinaus mit meiner Magd (Abra [2]), dann betet, daß in fünf Tagen, wie ihr gesagt habt, der Herr auf sein Volk Israel schaue. Ich aber will nicht, daß ihr nachforschet meinem Beginnen, und bis ich euch Nachricht gebe, geschehe nichts Anderes, als daß man für mich zum Herrn, unserm Gott, bete" — denn sie konnte

---

[1] 4 Kön. 4, 9 (Eliseus); Tob. 2, 12 (Job); 12, 2 (Raphael).

[2] Abra ist nicht Eigenname, sondern bezeichnet eine Genossin von הֶבְרָה (Dan. 7, 20), oder eine Gesellschafterin von חָבֵר, also nicht eine Magd schlechthin, sondern eine Dienerin, die über das ganze Hauswesen gesetzt war. Vgl. griech. Text 8, 10.

besorgen, daß die Aeltesten ihr Vorhaben für zu kühn und lebensgefährlich hielten und sie von der Ausführung desselben abgehalten hätten.

Da sprach zu ihr Ozias, der Fürst von Juda: „Gehe in Frieden und der Herr sei mit dir zur Rache an unsern Feinden. Dann wandten sie sich um und gingen fort" (zu ihren Standplätzen)[1]. Als diese fort waren, ging Judith in ihr Betgemach, legte ein Bußkleid an oder besser nach dem griechischen Texte: entblößte das grobe Trauerkleid, indem sie die Wittwenkleider, unter denen sie den σάκκος, das Bußgewand trug, auszog, streute Asche auf ihr Haupt, warf sich nieder vor dem Herrn und rief zu ihm (nach dem griechischen Text war es gerade um die Zeit des Abendopfers) mit lauter Stimme, um seinen mächtigen Beistand zum Gelingen ihres Werkes zu erbitten. Zunächst wendet sie sich an den Herrn als den Gott ihres Stammvaters Simeon, dem (sammt Levi) er das Schwert in die Hand gab zur Rache an den Fremdlingen (den Sichemiten oder vielmehr nur an dem Königssohne Sichem), welche in ihrer unlauteren Lust eine Jungfrau, die Dina[2], schändeten und ihre Lenden zur Schmach entblößten. Wenn hier diese Rachethat des Simeon, welche Jakob selbst als unzulässig gefunden hatte[3], von Judith als ruhmwürdiges Werk gepriesen wird, so ist der Eifer und die Kraft des Simeon und Levi, die verletzte Ehre Gottes und ihres Volkes zu vertheidigen, wohl zu trennen von der Art und Weise der Bethätigung dieses Eifers[4]. Ersteren ersieht sich Judith mit Rücksicht auf Holofernes, letztere verabscheute sie ohne Zweifel in ihrem Herzen[5]. Zur Strafe dafür „übergabst du (ihre Obersten zum Morde) ihre Weiber zur Beute und ihre Töchter zur Gefangenschaft und alle Beute zur Vertheilung deinen Dienern, welche den Eifer für dich bethätigten (griechischer Text: die Befleckung mit ihrem Blute durch Heirath verabscheuten und dich zum Helfer anriefen). Gott, mein Herr, erhöre auch mich, die Wittwe" (d. i. als solche ohnehin Verlassene, wie du meinen Stammvater erhört hast).

Im Gefühle, daß sie, die schwache Wittwe, um Großes gefleht, begründet sie ihre Bitte durch Hinweis auf Gottes Allmacht, der alles, was er in der Zeit ausgeführt, schon von Ewigkeit her vorbereitet hat und seine Gerichte in seiner unendlichen Vorsehung anordnet, sodann durch Hinweis auf den mächtigen Feind, der in seinem Uebermuthe nur auf seine Kraft sich stützt, ohne Rücksicht auf Jehova, und die Schändung des Heiligthumes Israels beabsichtigt. Er möge ihn daher niederwerfen, wie er einst die Aegypter, welche den Israeliten nachsetzten, im rothen Meere vernichtet hat. Da sie (die Assyrier) sich bloß auf ihre Waffen verlassen und nicht wissen, daß du unser Gott bist, der du von Anfang her die Kriegsmacht vernichtest, und dein Name Herr ist. (Griechischer Text: Gib in meine, der Wittwe, Hand die Kraft, die ich im Sinne habe.) „Laß seinen Uebermuth durch sein eigenes

---

[1] Judith Kap. 8.   [2] S. oben S. 127.   [3] Gen. 34, 30; 49, 5. 7.
[4] So Estius, Malvenda, Menochius, Tirinus, Cornelius a Lap., Sanctius, Serarius, Joseph de la Zerda, Didacus de Celada.
[5] *Rabanus* u. Glossa: Bene in oratione actum Simeonis commemorat, qui cum fratre Levi stuprum sororis in alienigenis vindicavit. Futurum enim erat, ut Holofernes, qui in Judith voluit explere immunditiam libidinis, gladio feriretur ultionis.

Schwert gestraft werden und laß ihn fangen in der Schlinge seiner Augen auf mich und schlage ihn durch meiner Lippen Lieblichkeit (griech. Text: Schlage ihn durch meine trügerischen Lippen und ihren Uebermuth durch die Hand eines Weibes). Gib du meinem Herzen Festigkeit, daß ich ihn verachte, und Stärke, daß ich ihn verderbe. Das wird das Denkmal deines Namens sein, daß die Hand eines Weibes ihn gestürzt (durch die Hand einer Frau zu fallen, galt nach Richt. 5, 26; 9, 54 für einen Krieger als Schmach); denn deine Macht besteht nicht in der Menge und dein Wille hängt nicht ab von der Rosse Stärke; vom Anbeginne waren Uebermüthige dir nicht genehm, sondern der Demüthigen und Sanftmüthigen Gebet gefiel dir immer. Gott der Himmel, Schöpfer der Gewässer und Herr der ganzen Schöpfung, erhöre mich Arme! die ich flehe und auf dein Erbarmen vertraue. Gedenke Herr! deines Bundes und lege die Worte mir in den Mund und festige das Vorhaben in meinem Herzen, auf daß dein Haus dir geheiligt bleibe und alle Völker erkennen, daß du Gott bist und außer dir kein anderer." [1]

Daß eine so keusche Wittwe, wie Judith, durch ihre Schönheit und schmeichlerisch verführenden Worte den Holofernes an sich locken und berücken will, hat unter den Erklärern eine Meinungsverschiedenheit bezüglich ihres Charakters hervorgerufen. Einige meinen, daß Judith sowohl durch den Kleiderluxus, den sie anlegte, als durch die verlockenden Worte, durch welche sie den Holofernes zu fangen wünscht, gesündigt habe, eine Ansicht, die mit ihrer ganzen Persönlichkeit nicht vereinigt werden kann. Andere glauben, daß Judith durch ihre Schönheit den Tyrannen fesseln wollte, nicht um in sündhafter Weise ihm zu Willen zu sein, sondern um in ihm den Wunsch zu einer ehelichen Verbindung mit ihr rege zu machen [2]. Doch davon steht nichts in der Schrift; im Gegentheile glaubte Judith, aus der Beharrlichkeit im Wittwenstande Kraft zu gewinnen, den Holofernes zu tödten. Die Väter loben Judith wegen ihres festen Vorhabens, keine neue Ehe einzugehen, sondern Wittwe zu bleiben, wodurch sie auch verdiente, den Feind zu tödten. Bildete doch die Tödtung des Holofernes den Hauptgegenstand ihrer Gedanken. Immerhin suchte Judith so schön als möglich vor ihm zu erscheinen, damit er sie als Frau zu haben begehren sollte, was für Holofernes keine Sünde war, obgleich Judith durchaus keine solche Verbindung sich wünschte [3]. Allein Holofernes wollte sie nicht als Frau, sondern zur Befriedigung seiner Lust besitzen [4].

Nach Anderen [5] intendirte und wünschte Judith in dem Holofernes eine reine und ehrbare Liebe zu ihr, gleichsam wie zu einer zukünftigen Gattin, zu erwecken und obgleich sie höchst wahrscheinlich voraussehen konnte, daß sie ihn nicht zu einer reinen Liebe, sondern zu sündhafter Lust entflammen werde, so konnte sie, da dieses nicht unmittelbar aus ihrer That, sondern aus der sündhaften Anlage des Holofernes resultirte und sie überdieß gewichtige

---

[1] Judith Kap. 9. [2] So Serarius, Sanctius, Lyranus.
[3] *Lyranus:* Non fuit intentio Judith Holofernem allicere ad aliquod peccatum, sed intendebat sic apparere gratiosa coram ipso, quod vellet eam uxorem habere; quod non erat illicitum Holoferni, quamvis Judith nullo modo vellet sibi in conjugium copulari.
[4] Unten S. 335. [5] Tirinus, Carthusianus.

Urſachen zu ihrer That hatte, nämlich die Befreiung ihres Vaterlandes, ſich negativ oder paſſiv zur Sünde des Holofernes verhalten. Ihr eigentliches Vorhaben war nicht ſündhaft; denn da Holofernes der Feind der Juden und des Gottes Israels war, hatte ſie im Kriege, den jener überdieß wider=rechtlich begonnen, das Recht, ihn durch Gewalt oder Liſt zu tödten. Um ihn zu überliſten und in ihre Gewalt zu bekommen, gebraucht ſie jene Mittel, die ihr, dem ſchwachen Weibe, zu Gebote ſtanden, ihre Schönheit und Beredſamkeit [1]. Wenn nun Holofernes aus der Schönheit und Freund=lichkeit der Judith Anlaß zu ſünblichen Gelüſten nahm, ſo war dieß ſeine Schuld und nicht die der Judith, welche mit ihrem Schmucke und ihren lieb=lichen Reden nichts Anderes beabſichtigte, als in ſeine Nähe zu kommen und ſein Vertrauen zu gewinnen. Ihr einziges Streben iſt, ihn zu tödten und ſtandhaft ihre Reinheit zu bewahren und zu vertheidigen [2]. Darum betet ſie, daß er durch ſein eigenes Schwert geſchlagen und durch den Fallſtrick ſeiner Augen auf mich gefangen werde. Nicht wünſcht ſie ihm den Fallſtrick einer unreinen Luſt, ſondern nur ein näheres Zuſammenkommen und dann Wohlgefallen in ſeinen Augen zu finden, um ihn zu tödten [3]. Sie ſelbſt denkt nicht einmal an Liebe; ſie will, ſobald Holofernes ſie ſieht und durch ihre Schönheit geblendet wird, durch lieblichfreundliche Worte ihm das Netz legen, in welchem er ſich ſelbſt fangen ſolle [4]. „Lippen der Lieblichkeit" (labia charitatis meae) ſind nicht etwa zur Sinnlichkeit reizende oder ver=führeriſche Worte, denn ſolche ſind mit dem Charakter der Judith nicht ver=einbar, ſondern liebliche, freundliche Worte, durch welche ſie den Tyrannen für ſich zu gewinnen ſucht; darum bittet ſie den Herrn, daß er ihr die Worte in den Mund lege (V. 18) und um Standhaftigkeit, nicht etwa den Tod nicht zu ſcheuen, ſondern um Feſtigkeit der Seele, um ihn zu verachten und

---

[1] *Ambros.*, l. de vid. cp. 7: Diuturnis moeroribus et quotidianis roborata jejuniis sancta Judith, quae saeculi oblectamenta non quaerit, periculi negligens, mortisque contemptu fortior, ut commenta strueret doli, vestem illam jucunditatis se induit quasi placitura viro, si patriam liberaret. Sed virum alium videbat, cui placere quaerebat; illum utique, de quo dictum est: Post me venit vir, qui ante me factus est (Joan. 1, 30). Et bene conjugales pugnatura resumpsit ornatus; quia monumenta conjugii arma sunt castitatis: neque enim vidua alias aut placere posset, aut vincere.

[2] *Ambros.*, l. 3 de off. cp. 13: Non expavit mortis periculum, sed nec pudo-ris, quod est gravius bonis feminis: non unius ictum carnificis, sed nec totius exercitus tela trepidavit. Stetit inter cuneos bellatorum femina, inter victricia arma, secura mortis. Quantum ad molem spectat periculi, moritura processit: quantum ad fidem, dimicatura. Honestatem igitur secuta est Judith, et dum eam sequitur, utilitatem invenit. Honestatis enim fuit prohibere, ne populus Dei se profanis dederet, ne ritus patrios et sacramenta proderet; ne sacras virgines, vi-duas graves, pudicas matronas barbaricae subjiceret impuritati; ne obsidionem deditione solveret: honestatis fuit, se malle pro omnibus periclitari, ut omnes ex-imeret periculo. Quanta honestatis auctoritas, ut consilium de summis rebus fe-mina sibi vindicaret ... Quanta honestatis auctoritas, ut Deum adjutorem prae-sumeret: quanta gratia, ut inveniret!

[3] *Hugo:* Numquid Judith optabat Holoferni illicitum amorem in se? Non; sed amorem et poenam.

[4] *Ambros.* l. c.: Quem primo formae gratia et vultus decore perculit, dein sermonis circumscripsit elegantia.

nicht hinsichtlich ihrer Reinheit Gefahr zu laufen [1] und um Muth, ohne Zittern und Zagen die That auszuführen [2].

Nach diesem Gebete bereitete sie sich auf ihr Werk vor. Sie rief ihre Magd und stieg aus dem Obergemache in das Haus (die untere Wohnung) hinab, wo sie, wie der griechische Text hinzusetzt, die Sabbate und sonstigen Festtage zuzubringen pflegte. Sie legte sodann das Bußgewand und die Wittwenkleider ab, wusch ihren Leib, salbte sich mit wohlriechender Salbe, scheitelte ihr Haupthaar, setzte den Kopfbund auf ihr Haupt, legte ihre schönsten Gewänder an, befestigte Sandalien an ihre Füße, und nahm Armbänder und lilienförmigen Halsschmuck, Ohrgehänge und Ringe und zierte sich mit all ihrem Schmucke. Damit aber Niemand meine, Judith habe diesen Schmuck angelegt, um sinnlicher Lust wegen, fügt der Autor hinzu: „Dazu verlieh ihr der Herr Schönheit, weil dieser ganze Putz nicht aus fleischlicher Lust, sondern aus frommer Gesinnung (Tugend) kam, und darum erhöhte der Herr an ihr die Schönheit so, daß sie in den Augen aller von unvergleichlicher Schönheit erschien." Unter den Kleidern, in denen sie als Buhlerin erscheinen konnte, barg sie Gott im Herzen [3]. Das Aeußere war verführerisch, doch innen wohnte Gottes Geist, der sie antrieb [4]. Nicht um ihre Schönheit eitel zur Schau zu tragen, noch um der Wolluft willen legt sie den Schmuck an, sondern aus einem tief religiösen Grunde [5], um den Feind des Vaterlandes zu tödten [6]; wohl wissend, daß sie durch diese List demselben am besten beikommen könne [7]. Gott erhöhte ihre Schönheit dadurch, daß sie in ihrem Anzuge wirklich den Menschen schöner erschien, als auch dadurch, daß er ihrem Antlitze eine höhere Anmuth und einen ungewöhnlichen Liebreiz verlieh, der reinen Seelen besonders eigen ist [8]. Hierauf gab sie ihrer Magd einen Schlauch Wein und ein Gefäß Oel und geröstetes Mehl und Feigenkuchen, Brod und Käse und zog fort (Sie nimmt also die nöthigen Nahrungsmittel mit, um nicht im feindlichen Lager heidnische Speise essen zu müssen und sich dadurch zu verunreinigen). Als sie an das Stadtthor kamen, trafen sie daselbst Ozias, welcher wartete, und die Aeltesten

---

[1] *Ambros.*, l. de Elia et jej. cp. 9: His armis (jejuniis) munita processit et omnem Assyriorum circumvenit exercitum. Sobrii vigore consilii abstulit Holofernis caput, servavit pudicitiam, victoriam reportavit. *Aug.*, sermo 48 (al. 66 in app.): Judith sanctissima, cujus precibus patuit coelum, orationis arte arma victricia fabricavit, quibus adversa confligeret et pavescentes viros femina vindicaret.

[2] *Dionysius Carth.:* Da mihi in animo constantiam: Ne foeminea instabilitate, aut mollitie seu formidine vincar et flectar.

[3] *Hieron.*, ep. ad Gerunt. fil.: Judith ob libertatem civium vel salutem, se sub specie fornicationis implevit Deo et inermis et virum mulier occidit.

[4] *Aug.*, sermo 49 l. c.: Pergit divino spiritu ducta et singularis ancillae solatio contenta. Species custodit, quae blanditur.

[5] *Ambros.*, l. 2 de Virg.: Judith se, ut adultero placeret, adornavit: quia hoc religione, non amore faciebat, nemo eam adulteram judicabat.

[6] *Aug.* l. c.: Non fuit levitas ornatus, qui ad homicidium tanti capitis aptabatur.

[7] *Aug.*, sermo 48 l. c.: In qua femina insidiosae pulchritudinis novitatem hostilis exercitus vehementer expavit.

[8] *Hieron.* in praef.: Qui castitatis ejus remunerator virtutem ei talem tribuit, ut invictum omnibus vinceret et insuperabilem superaret.

der Stadt. Als diese sie sahen, bewunderten sie gar sehr erstaunt die Schönheit derselben, doch fragten sie dieselbe um nichts, sondern ließen sie durch-
gehen und sprachen: „Der Gott unserer Väter gebe dir die Gnade und
stärke mit seiner Kraft das ganze Vorhaben deines Herzens, auf daß Jerusalem sich deiner rühme und dein Name stehe in der Zahl der Heiligen und
Gerechten." Und alle, die da waren, sprachen einstimmig: „Es geschehe,
es geschehe." Judith aber ging unter Gebet zum Herrn hinaus zum Thor,
sie und ihre Magd. (Nach griechischem Text schauten ihr die Bewohner
Bethulia's nach, bis sie Beide im Thale verschwanden.) Daß Judith in das
feindliche Lager sich wagt und ihr Leben sowohl als ihre Keuschheit der
größten Gefahr aussetzt, ist nicht Verwegenheit, denn sie thut es, wie der
hl. Augustin schreibt: divino spiritu ducta, aus Eingebung des göttlichen
Geistes, sondern eine heroische That, die im Glauben [1] basirte und deßhalb
von den Vätern auch als solche gepriesen wird, weil es sich um das Wohl
des Vaterlandes und der Religion handelte [2].

Als sie den Berg gegen Tagesanbruch herabkam, begegneten ihr die
Kundschafter der Assyrer, hielten sie an und sprachen: „Woher kommst du
und wohin gehst du?" Sie antwortete: „Ich bin eine Tochter der Hebräer
und bin deßhalb aus ihrem Angesichte geflohen, weil ich vorausgesehen habe,
daß sie euch zur Beute werden, darum weil sie euch verachtet haben und sich
nicht selber freiwillig ergeben wollten, um Gnade zu finden vor eurem Angesichte. Darum habe ich bei mir gedacht und gesagt: Ich will vor das
Angesicht des Fürsten Holofernes treten, um ihre Geheimnisse ihm mitzutheilen
und anzuzeigen, auf welchem Zugange er sie überwältigen kann, so daß
nicht ein Mann von seinem Heere falle."

Hier scheint die Wahrhaftigkeit der Judith sehr in Frage gestellt, denn
ihre Worte gleichen mehr einer Unwahrheit und Lüge. Da Lüge unter keinen
Umständen erlaubt ist, so wird auch Judith darin nicht gerechtfertigt werden
können, ist aber nach Ansicht Vieler [3] zu entschuldigen. Judith war nämlich

---

[1] *Clemens Alex.*, l. 4 strom. cp. 4: Ingreditur in castra alienigenarum, omne
periculum contemnens, pro patria se ipsam tradens hostibus in fide Dei.

[2] *Ambros.*, l. 3 de off. cp. 13: Quantum ad molem spectat periculi, moritura
processit, quantum ad fidem, dimicatura. *Aug.*, sermo 49 l. c.: Gentis suae vindex sumpsit ornamentorum arma, non de bello nuptias subitura, sed de civitate
bellatrix procedit sponsa. *Lyra:* Postquam Judith se munivit armis orationis, hic
consequenter offert se periculo mortis. *S. Isidorus*, de vit. et morte Sanct. cp. 64:
Judith in gloria virorum praestantior pro salute populi morti se obtulit. *Rupert.*,
de div. op. l. 12. cp. 25: Judith fortitudinis speciem in hoc nimirum praetendit,
quod immanissimo tyranno pro liberatione patriae se opposuit. *Origenes*, hom. 9
in Jud.: Quid illam magnificam et omnium feminarum nobilissimam memorem Judith? quae jam perditis pene rebus non dubitavit sola succurrere, seque suumque
caput immanissimi Holofernis neci sola subjicere, et processit ad bellum non in
armis . . . sed virtute animi et confidentia fidei, consilio simul et audacia hostem
perimit: et quam viri perdiderant, femina reddidit libertatem patriae.

[3] *Lyra, Mariana. Thomas*, 2. 2. q. 110 a. 3 ad 3: Quidam commendantur in
Scriptura non propter perfectam virtutem, sed propter quamdam virtutis indolem:
sc. quia apparebat in eis aliquis laudabilis affectus, ex quo movebantur ad quaedam indebita facienda; et hoc modo Judith laudatur, non quia est mentita Holoferni, sed propter affectum, quem habuit ad salutem populi. pro qua periculis se

in dem unverschuldeten Irrthum befangen, daß diese Unwahrheit (Nothlüge), um der edlen That willen, die sie vorhatte, und besonders dem Feinde gegen= über erlaubt sei, so daß dadurch ihre großen Tugenden nicht geschmälert werden. Andere [1] reinigen Judith selbst von jedem Scheine der Sünde, da sie die Wahrheit nur verdeckt und verheimlicht, den Assyrern gegenüber bloß zweideutiger Worte sich bedient habe, da der Geist Gottes selbst sie geleitet und ihr die Worte, wie sie gebeten, in den Mund gelegt habe. Man be= wundert daher die außerordentliche Weisheit [2] der Judith, welche derartige Worte gebrauchte, daß sie die Wahrheit sprach und doch damit die Feinde zu täuschen verstand. Ihr schnelles geheimnißvolles Weggehen aus Bethulia nennt sie fliehen, sieht die Niederlage der Juden voraus, wenn nicht die göttliche Vorsehung durch sie Hilfe schaffen würde, will wirklich vor Holo= fernes gebracht werden, um die Geheimnisse ihm mitzutheilen, daß ihr Volk in größter Noth sich befinde und die Uebergabe wünsche — dieß war aller= dings ihr nächster Zweck, wohl aber ein mittelbarer — und nur, wenn das Volk in Sünden festgehalten wird, die Eroberung leicht sei [3].

Als nun die Männer ihre Worte hörten, und ihr Antlitz beschauten, erstarrten ihre Augen, weil sie an ihr die Schönheit gar sehr bewunderten; dann sagten sie zu ihr: „Du hast dein Leben dadurch gerettet, daß du einen solchen Entschluß gefaßt hast, herzukommen zu unserem Gebieter. Das aber wisse, daß er, wenn du dich stellest vor seinem Angesichte, dir Gutes thun wird und du seinem Herzen sehr genehm sein wirst." Sofort führten sie (nach griechischem Text 100 Mann als Begleitung auf einem Wagen) diese zum Zelte des Holofernes und meldeten sie an. (Griechischer Text: Indeß war aus dem Lager eine Menge Volkes herbeigeeilt, und umstand sie, um sich an ihrer Schönheit zu laben.) Als Judith (aus dem durch Lampen er= leuchteten Vorderzelte, griechischer Text: denn es war noch in aller Frühe) eingetreten war vor sein Antlitz, da ward sogleich Holofernes durch seine Augen gefangen [4]. Und seine Diener sagten zu ihm: „Wer soll das Volk

---

exposuit: quamvis etiam dici possit quod verba ejus veritatem habent secundum aliquem mysticum intellectum.

[1] *Hieron.*, l. 1 cont. Ruf. n. 18: Homo, cui incumbit necessitas mentiendi, diligenter attendat, ut sic utatur interdum mendacio, quomodo condimento atque medicamine, ut servet mensuram ejus, ne excedat terminos, quibus usa est Judith contra Holofernem et vicit eum prudenti simulatione verborum. *Serarius, Sanctius, Rabanus, Hugo, Glossa:* In omnibus his verbis excusatur Judith a mendacio, familiari consilio Spiritus s., quo loquebatur.

[2] *Athanas.* in Syn.: Tertia die sua illum *sapientia* decepit. *Aug.*, sermo 49 l. c.: Non decuit pudicam mentiri, non intelligentibus dixit, perfecit actibus, quod promisit. Dum regi alto sermone imaginariis verbis blanditur, bellator animus lascivia solvitur.

[3] *Cornelius a Lap.* u. *Joseph de la Zerda*, Com. in Judith. Lugd. 1663. II. Bd. S. 134.

[4] *Aug.*, sermo 49 l. c.: Quam quum videret Holofernes, solutus est sensibus, animam cum capite perditurus. Jacuit enim dedecus juvenum mulieris vultu captivus; licuit mulieri exarmare juvenes et debellare victores, sollicitam defendere civitatem et barbarum subvertere bellatorem. Decepit sincera corruptum, fefellit casta pollutum, pudica perimit adulterum, sobria jugulat ebriosum. Illa enim tam barbaros animos insidiosi sui vultus fraude confuderat, ut cum ligaret

der Hebräer verachten, welche so schöne Frauen haben, daß wir nicht schon um dieser willen wider sie streiten müssen?" Als nun Judith den Holofernes unter dem Mückennetze sitzen sah, welches aus Purpur und Gold gewirkt, mit Smaragden und Edelsteinen besetzt war, und in sein Antlitz geschaut hatte, verehrte sie ihn, indem sie sich zu Boden warf. Und die Diener des Holofernes hoben sie auf, wie ihr Gebieter befohlen hatte [1].

Hierauf sprach Holofernes zu ihr: "Sei guten Muthes und fürchte dich nicht in deinem Herzen, da ich Niemanden Leides that, welcher dem Könige Nabuchodonosor dienen wollte." (Mit diesen Worten stehen aber seine Thaten 3, 9—12 im directen Widerspruche.) "Selbst über dein Volk, wenn es mich nicht verachtet, würde ich nicht meine Lanze erhoben haben. Nun aber sage mir, weßwegen du von ihnen geflohen bist und zu uns kommen wolltest?" (Griech. Text: Sie solle leben und Niemand dürfe ihr ein Leid anthun.) In ihrer Erwiederung sucht Judith den Holofernes zuerst für sich zu stimmen. Sie antwortete ihm: "Vernimm die Worte deiner Magd; denn wenn du folgest den Worten deiner Magd, so wird der Herr mit dir das Werk vollbringen (nämlich das, was er vorhat, dich zu tödten). So wahr lebt Nabuchodonosor, der König der Erde, und lebt seine Macht, die in dir ruht zur Züchtigung aller Bethörten (die sich ihm nicht unterwerfen wollen), da nicht allein die Menschen ihm dienen durch dich, sondern ihm auch die Thiere des Feldes gehorchen. Denn deines Geistes Thätigkeit ist allen Völkern kund und in aller Welt ist bekannt, daß du allein gütig und mächtig bist in seinem ganzen Reiche und deine Herrschaft wird gepriesen in allen Ländern." Diese Schmeicheleien sind nach orientalischem Gesichtspunkte zu beurtheilen und durchaus nicht übertrieben, weßhalb denn auch der eitle und übermüthige Holofernes darin nichts Verfängliches findet. "Auch ist nicht verborgen, was Achior gesprochen und auch das weiß man, was du befohlen, daß ihm widerfahre; denn es ist gewiß, daß unser Gott so durch Sünden beleidigt ist, daß er durch seine Propheten dem Volke hat verkünden lassen, daß er es ob seiner Missethaten preisgeben werde. Und weil die Söhne Israels wissen, daß sie ihren Gott beleidigt haben, so ruht Schrecken vor dir auf ihnen. Ueberdieß hat auch der Hunger sich ihrer bemächtigt und da ihnen das Wasser vertrocknet ist, · darf man sie fast schon unter die Todten zählen. Schon treffen sie Anstalt dazu, ihr Vieh zu schlachten und das Blut desselben zu trinken, und das, was dem Herrn, ihrem Gotte, geheiligt ist, was Gott befohlen hat nicht zu berühren an Getreide, Wein und Oel (was nämlich als Zehnt oder Erstlinge den Priestern und dem Heiligthume gehört nach der Bestimmung des Gesetzes), das gedenken sie zu verwenden, und wollen das verzehren, was sie nicht einmal mit den Händen berühren sollten; weil sie dieses nun thun, ist es gewiß, daß sie dem Verderben preisgegeben werden." Der griechische Text hat hiezu einen Beisatz des Inhaltes: Da Speise und Trank mangele, habe das Volk beschlossen, die Hand an das zu legen, was

---

multarum arte fabularum, ut redderet inter exercitus victum et inter arma captivum ... Quamvis ille bellator armorum tam castissimae feminae male sanus attenderet vultum: illa tamen, quare venerat, de ejus capite cogitabat, quo sublato defectis civibus subveniret et multa capita tueretur, defenderet, vindicaret.

[1] Judith Kap. 10.

zu genießen im göttlichen Gesetze untersagt ist und es habe nach Jerusalem geschickt, um Verzeihung deßhalb zu erwirken. Wird diese gewährt und handelt das Volk so, so geht es am selben Tage zu Grunde. „Das sah ich, deine Magd, und floh vor ihnen und der Herr hat mich gesandt, dieses selber dir kundzuthun. Denn ich, deine Magd, diene Gott auch jetzt bei dir, und deine Magd wird hinausgehen (griechischer Text: diese Nacht in's Thal) und ich werde zu Gott beten, und er wird mir sagen, wann er ihnen ihre Sünden vergelten wird, und ich werde zurückkommen und es dir kund-machen, so daß ich dich mitten (durch Judäa) nach Jerusalem führen werde, und du wirst das ganze Volk Israel bekommen, wie Schafe, die keinen Hirten haben, und nicht einmal ein Hund wird gegen dich bellen, weil solches mir durch Gottes Vorsehung gesagt worden. Und weil Gott über sie er-zürnt ist, bin ich gesandt worden, dieses dir kundzumachen."

Wenn man diese Worte näher betrachtet, so hat man nicht nöthig, zu behaupten, daß Judith zu einer Nothlüge ihre Zuflucht genommen. Ihre Worte enthalten volle Wahrheit und zwar dort, wo es unverfänglich war, sagt sie die nackte Wahrheit, sonst aber hüllte sie dieselbe in Jronie und Amphibologie, die in Erstaunen setzt. Sie gibt nicht undeutlich zu verstehen, daß sie mit dem Gotte der Israeliten in näherer prophetischer Verbindung stehe und von ihm Aufschlüsse erhalte, natürlich in der Einsamkeit außerhalb des Lagers, um dadurch ihr Hinausgehen aus dem Lager zu begründen. Da das Heidenthum an Aufschlüsse durch die Götter mittels der Orakel und deren Priesterinnen glaubte, so fand sie bei Holofernes leicht Gehör [1]. Mit Bezug darauf legen Einige [2] diesen Worten auch eine prophetische Be-deutung bei. Was sie von ihrem Volke aussagt, stimmt ganz zu jenen Zeit-verhältnissen. Daß die Juden in der äußersten Noth bei Belagerungen auch unreine Thiere oder geheiligte Speise genossen, darf nicht Wunder nehmen. In solchen Fällen scheint man sich an die geistliche Behörde nach Jerusalem gewandt zu haben, um Erleichterungen oder Dispensation zu erzielen [3]. Wenn Gott sich ihrer als Mittel zur Ausführung seiner Rathschlüsse bedienen will, so ist sie als seine Magd dazu bereit. Sie will ihn nach Jerusalem im Triumphe führen, zwar nicht als Sieger, wie er meinen mochte, sondern als Besiegten, und dann werden die Juden die ohne alle Ordnung fliehenden Assyrer ver-folgen. Ihn, den Todten, wird kein Hund mehr anbellen. Wenngleich Holo-fernes diese Worte im eigentlichen Sinne und für sich günstig auslegte, so waren sie doch von Judith bedingungsweise und mit Rücksicht auf die gegen-wärtige Sachlage gesprochen; nämlich wenn Gott in seiner Vorsehung den gegenwärtigen Stand nicht ändere und für Israel nicht einschreite, dann müsse dieses geschehen [4].

Alle diese Worte gefielen dem Holofernes und seinen Dienern und sie

---

[1] Vgl. Loch u. Reischl, Buch Judith 11, 16.

[2] *Hugo, Glossa:* Nec Judith est mentita, quia prophetice locuta est … Et ita excusatur hic in multis locis a mendacio ipsa Judith, per modum loquendi prophetice vel mystice, licet audiens aliter intelligat. *Rabanus* zu d. St. *Tirinus:* Sic enim partim ironice, partim amphibologice, partim prophetice exposita veritati per omnia quadrant. *Didacus de Celada* l. c. *Gordonus* zu d. St.

[3] Vgl. *Josephus*, Ant. IV. 8.   [4] Vgl. Tirinus, Cornelius a Lap.

bewunderten die Weisheit derselben und einer sprach zum Andern: „Es gibt
keine Frau auf Erden gleich an Ansehen, an Schönheit und Verständigkeit
der Rede. Und Holofernes sprach zu ihr: Gott hat wohlgethan, welcher
dich vor dem Volke hergesandt, daß du es in unsere Hände lieferst, und da
dein Versprechen gut ist, so soll dein Gott, wenn er mir dieses thut, auch
mein Gott sein und du wirst groß werden im Hause des Nabuchodonosor
und dein Name wird genannt werden auf der ganzen Erde.“ [1] Dieses Versprechen des Holofernes, die jüdische Religion anzunehmen, ist nicht ernstlich
zu fassen; es zielte bloß dahin, damit die fromme Judith zu gewinnen und
zu bethören. Selbst dann, wenn seine Erklärung, daß nach der Verleihung
des Sieges Jehova auch sein Gott sein werde, wirklich Ernst wäre, so folgt
daraus noch nicht, daß Holofernes seine Religion aufzugeben bereit ist, da
ja die Heiden viele Götter zugleich verehrten. Jehova hätte also höchstens
einen Platz neben den übrigen Göttern Assyriens erhalten [2].

Hierauf hieß er sie eintreten, da wo seine Schätze waren (in's Speise-
zimmer, wo die silbernen Gefäße aufbewahrt wurden) und ließ sie dableiben
(wahrscheinlich um sie durch den Anblick seiner Reichthümer einzunehmen)
und bestimmte, was ihr gereicht werden solle von seinem Tische. Da antwortete ihm Judith und sprach: „Jetzt kann ich von dem, was du mir zu-
theilen ließest, nicht essen, damit ich mir nicht ein Vergehen auflade (durch
den Genuß unreiner Speisen), aber von dem, was ich mitgebracht, werde
ich essen.“ Und Holofernes sprach zu ihr: „Wenn dir dieses ausgeht, was
du dir mitgebracht hast, was werden wir dir geben?“ Da sprach Judith:
„So wahr lebt deine Seele, mein Herr, das wird nicht Alles verbrauchen
deine Magd, bis der Herr durch meine Hand das thun wird, was ich vor-
habe,“ — wiederum ein orakelartiger unbestimmter Spruch, wobei sie ihr
Vorhaben, welches der Herr recht machen wird (11, 4), nach ihrem Sinne,
nicht aber nach der Meinung des Holofernes voraussetzt. Dann geleiteten
sie seine Diener in das Zelt, welches er bestimmt hatte. Beim Dahingehen
bat sie noch, daß ihr Erlaubniß gegeben werde, des Nachts und vor Tags
hinauszugehen zum Gebete und zum Herrn zu flehen. Nach dem griechischen
Texte schlief sie bis Mitternacht, stand bei der ersten Morgenwache auf und
schickte dann zum Holofernes, damit er sie zu ihren religiösen Uebungen
hinausgehen lasse. Und er befahl seinen Kämmerern, wie es ihr beliebe,
sie ein- und ausgehen zu lassen, um ihren Gott anzubeten drei Tage hindurch. Und sie ging hinaus des Nachts in das Thal von Bethulia, und
badete sich in der Wasserquelle.

Judith stellte deßhalb diese Bitte, um durch Gebet und Fasten auf diese
That sich vorzubereiten und von Gott die nöthigen Mittel und Aufschlüsse zu
erfahren, wie sie selbe am besten ausführen könne, und dann um sicher nach
vollbrachter That nach Bethulia zurückkehren zu können, ohne bei den Wächtern
Verdacht zu erregen. Nicht bloß das Judenthum, sondern auch die Heiden
kannten Waschungen vor heiligen Handlungen als Zeichen der geistigen Reinheit und deßhalb gestand Holofernes sie bereitwillig zu; umsomehr, da er sie
für eine Gottbegnadigte betrachtete, die bei diesen Gängen Aufschlüsse von

---

[1] Judith Kap. 11.   [2] Vgl. Dan. 3, 96; 4, 34; 6, 26.

Gott erhalte. Ueberdieß pochte Holofernes zu sehr auf seine Macht, ohne eine Gefahr von einer Frau fürchten zu sollen, deren Schönheit seine ganze Lüsternheit rege gemacht. Und wenn sie herausgegangen war, betete sie zum Herrn, dem Gotte Israels, daß er lenke ihren Weg zur Befreiung seines Volkes. Dann ging sie zurück und blieb in Reinheit (abgesondert von den Heiden, dem Fasten und Gebete obliegend) in ihrem Zelte, bis sie am Abende ihre Speise nahm (und dann ein wenig der Ruhe sich hingab, um den übrigen Theil der Nacht draußen im Gebete zuzubringen), wahrhaftig ein Musterbild der Enthaltsamkeit [1]. Und es geschah am vierten Tage, da gab Holofernes ein Gastmahl seinen Dienern und sprach zu Bagao (dem ersten Eunuchen), seinem Kämmerer: „Gehe und berede jene Hebräerin, daß sie sich freiwillig entschließe, bei mir zu wohnen; denn es wäre ja eine Schande bei den Assyrern, wenn eine Frau eines Mannes dadurch spotten würde, daß sie unversehrt von ihm kommt." Nach dem griechischen Texte ließ Holofernes nur seine nächste, höhere Umgebung am Gelage Theil nehmen, da es mit dem Gelage eben nur auf die Judith abgesehen war, so daß ein größerer Gesellschaftskreis unbequem war; das schöne Weib sollte demnach selbst mit Gewalt zum Beischlaf gezwungen werden. Bekanntlich waren die Perser über alle Maßen ausschweifend [2].

Da ging Bagao zu Judith und sprach (mit süßen Worten): „Es fürchte sich nicht das gute Mägdlein zu meinem Herrn hineinzugehen, um vor seinem Angesichte geehrt zu werden und mit ihm zu essen und Wein zu trinken in Fröhlichkeit" (griechischer Text: und zu sein, wie eine von den Assyrerinnen)." Judith entgegnete ihm: „Wer bin ich, daß ich meinem Gebieter widerspräche? Alles, was vor seinen Augen das Gute und Beste ist, werde ich thun. Was immer aber ihm beliebt, das gilt mir als das Beste alle Tage meines Lebens." Judith hatte von Bagao einfach eine Einladung zu einem Gastmahle erhalten und konnte dieselbe um so leichter annehmen, weil sie bei dem Mahle die günstigste Gelegenheit zur Ausführung ihres Vorhabens erkannte. Mochte sie auch die schlimme Absicht des Holofernes geahnt haben, so meinte sie durch Gebet und Fasten jene Kraft gewonnen zu haben, um den Gelüsten des Tyrannen zu widerstehen, zugleich im Vertrauen auf Gottes Beistand, er werde sie nicht der Gewalt unterliegen lassen. Und sie stand auf und schmückte sich mit ihrem Anzuge und ging hinein und stand vor seinem Angesichte. Nach dem griechischen Texte ging früher ihre Magd hinein, und breitete die von Bagao erhaltenen Decken zur täglichen Mahlzeit vor Holofernes aus, damit sie darauf ruhend esse nach Perserart. Und als sie eintrat, ward heftig bewegt das Herz des Holofernes, weil er entbrannt war vor Begierde nach ihr. Und Holofernes sprach zu ihr: „Trinke nur und lasse dich nieder zur Fröhlichkeit, da du Wohlgefallen gefunden vor mir." Darauf erwiederte Judith: „Ich werde trinken, Gebieter, weil meine Seele heute mehr geehrt war als alle meine Tage." Für Holofernes waren

---

[1] *Ambros.*, l. de vid. cp. 7: Abstinentiae meritum pudicitiae gratiam reservavit. Nec cibo enim maculata, nec adulterio, non minorem servatae castitatis ex hostibus revexit triumphum, quam patriae liberatae.

[2] Ammianus Marcellinus l. 23; *Strabo*, l. 15; *Cicero*, actio 6 in Verrem. *Theodoret.*, quaest. 24 in Levit. *Macrobius*, l. 7. Saturn. cp. 1.

diese Worte nicht zweideutig; sie aber meint bei sich die Ehre, die ihr aus
der heute zu vollbringenden That erwachsen würde. Und sie nahm und aß
und trank vor ihm das, was ihre Magd für sie bereitet hatte, also ihre
Speise und ihren Wein und blieb auch jetzt dabei streng. Und Holofernes
war fröhlich ihretwegen und trank sehr viel Wein, wie viel er nie getrunken
hatte in seinem Leben [1]. Der Judith kam es aber sehr gelegen, daß die
Augenlust den Holofernes zum übermäßigen Weingenuß verführte. Welche
Gegensätze: das keusche, nüchterne Weib gegenüber dem berauschten Wollüstling! [2]

Als es Abend geworden, eilten seine Diener zu ihren Ruhestätten und
Bagao schloß die Thüre des Schlafgemaches und ging hinweg, denn alle
waren angegriffen vom Weine; und Judith war allein im Schlafgemache.
Holofernes aber lag auf dem Bette eingeschlafen vor allzugroßer Trunkenheit.
Und Judith hatte (früher schon) zu ihrer Magd gesagt, daß sie sich vor das
Schlafgemach stellen und Acht haben solle. „Nach dem griechischen Texte
hatte Judith die Dienerin draußen bestellt, um mit ihr auch diese Nacht zum
Gebete zu gehen und es dem Bagao gesagt. Sie trat nun zu dem Bette,
auf welchem Holofernes lag, hinzu und betete unter Thränen und mit Bewegen der Lippen im Stillen und sprach: „Stärke mich, Herr, Gott Israels,
und schaue in dieser Stunde auf meiner Hände Werk, daß du Jerusalem,
deine Stadt, wie du versprochen hast, aufrichtest und ich das vollbringe,
was ich gedachte, daß im Glauben durch dich geschehen könne." Und dieser
Glaube sollte sie nicht zu Schanden machen [3]. Und da sie das gesagt hatte,
trat sie zur Säule, welche zu Haupten seines Bettes war, machte sein Schwert
los, welches daran gebunden hing, und als sie es aus der Scheide gezogen
hatte, ergriff sie das Haar seines Hauptes (um den Streich desto sicherer
führen zu können) und sprach: „Stärke mich Herr, Gott in dieser Stunde!"
Dann hieb sie zweimal in seinen Nacken und schnitt ihm den Kopf ab [4] und
nahm das Mückennetz von den Säulen (um das Haupt hineinzuwickeln) und
wälzte hinab seinen Leib, den Rumpf (wahrscheinlich um ihn in Teppiche zu
wickeln, und so den Blutausfluß zu hindern), und kurz darauf ging sie hinaus
und gab den Kopf des Holofernes ihrer Magd und befahl, daß sie denselben
in ihre Tasche stecke; da täglich die Magd in dieser Tasche die Geräthe zu den
Waschungen der Judith aus= und eintrug, so erregte sie dadurch keinen Verdacht.

---

[1] Judith Kap. 12.

[2] *Ambros.*, l. de vid. cp. 7: Temperantia virtus est feminarum. Inebriatis
vino viris et somno sepulta abstulit vidua gladium, exseruit manum, bellatoris
abscidit caput, per medias hostium acies intemerata processit. Advertitis igitur,
quantum nocere mulieribus possit ebrietas, quando viros vina sic solvunt, ut vin-
cantur a feminis . . . Nam si Judith bibisset, dormisset cum adultero. Sed quia
non bibit: haud difficile ebrios exercitus unius sobrietas et vincere potuit et elu-
dere: u. lib. de Elia et jejun. cp. 9. *Aug.*, sermo 49 l. c.: Non delicata matrona
pugnavit, sed sopor tibi, quem ferias, praeparavit. *Fulgentius*, cp. 2 de stat vid.
cp. 14: Ille pugnavit armis, ista jejuniis; ille ebrietate, ista oratione.

[3] *Clemens Alex.*, l. 4 strom. cp. 4: Praemia autem fidei mox accepit, cum
mulier in hostem se praeclare gesserit, et potita sit capite Holofernis.

[4] *Aug.*, sermo 49 l. c.: Constructo thalamo concitatur ad ducem pronum
amore, victum somno, elisum virum in strato; bellatoris crines implicuit pulchritudine digitorum, post teneritudinem fusi, ebeni capulum quaerit. Mucro matro-
nam non terruit, sed armavit, quae ita pugnavit.

Dann gingen Beide hinaus nach ihrer Gewohnheit wie zum Gebete, durchschritten das Lager, durchwanderten das Thal und gelangten an das Thor der Stadt[1]. Und Judith rief von Ferne den Wächtern auf den Mauern: „Oeffnet, öffnet doch das Thor! denn Gott ist mit uns, der seine Macht an Israel gezeigt hat." Und als die Männer ihre Stimme gehört hatten, da riefen sie die Aeltesten der Stadt (welche die Schlüssel der Stadt verwahrten). Und es eilten zu ihr Alle, vom Kleinsten bis zum Größten, weil man nicht erwartete, daß sie schon zurückkommen werde. Und sie zündeten Lichter an und stellten sich Alle im Kreise um sie; sie aber trat auf einen höhergelegenen Platz und gebot Stillschweigen. Und als alle schwiegen, sprach Judith: „Lobet den Herrn, unsern Gott, der nicht verlassen hat, die auf ihn vertrauen; und an mir, seiner Magd, erfüllt hat sein Erbarmen, welches er dem Hause Israels verheißen und den Feind seines Volkes durch meine Hand in dieser Nacht erlegt hat." Dann zog sie aus der Tasche den Kopf des Holofernes, zeigte ihnen denselben und sprach: „Siehe das Haupt des Holofernes, des Heerführers der Assyrer, und siehe, sein Mückennetz, unter welchem er lag in seiner Trunkenheit, wo ihn durch die Hand eines Weibes geschlagen hat der Herr unser Gott. Aber so wahr der Herr selber lebt, mich hat sein Engel beschützt, da ich hinging und dort weilte und von da hieher zurückkehrte und nicht ließ mich, seine Magd, der Herr verunreinigt werden (nach dem griechischen Text betheuert Judith, daß sie ohne sündige Beziehung zu Holofernes geblieben ist), sondern ohne Flecken einer Sünde rief er mich zurück zu euch in Freude über seinen Sieg, über meine Rettung und über eure Befreiung. Lobpreiset ihn alle, denn er ist gut, denn seine Barmherzigkeit währet ewig."

Da beteten alle den Herrn an und sagten zu ihr: „Gesegnet hat dich der Herr in seiner Kraft, da er durch dich unsere Feinde zu nichte gemacht hat." Aber Ozias, der Fürst des Volkes Israel (in Bethulia) sprach zu ihr (den Segensspruch): „Gesegnet bist du, Tochter, vom Herrn, dem großen Gotte, vor allen Frauen auf Erden! Hochgelobt sei der Herr, der Himmel und Erde erschaffen, der dich geleitet zur Verwundung des Hauptes des Höchsten unserer Feinde, weil er deinen Namen so verherrlicht, daß dein Lob nicht weichen wird aus dem Munde der Menschen, welche der Macht des Herrn in Ewigkeit eingedenk sein werden, um derentwillen du nicht deines Lebens schontest ob der Leiden und Noth deines Geschlechtes, sondern dem Untergange vorbeugtest im Angesichte des Herrn." Und das ganze Volk stimmte zu mit dem Rufe: Amen, Amen! Hierauf ließ Judith den Achior rufen, um ihn in seinem Glauben zu bestärken und seine volle Bekehrung herbeizuführen, und sprach zu ihm: „Israels Gott, dem du das Zeugniß gegeben, daß er sich räche an seinen Feinden, hat selber das Haupt aller Ungläubigen (des Holofernes, in welchem die Ungläubigkeit Aller gleichsam gipfelte) abgeschnitten in dieser Nacht durch meine Hand. Und damit du dich überzeugest, daß es so ist, siehe das Haupt des Holofernes, der im

---

[1] *Aug.*, sermo 49 l. c.: Ecce castitas. Orationis favore castitas pudorem proprium servavit intactum et quietum decepitque alienum. Jacet inclusum cadaver et jam foris est caput. Cum palmifera castitate Judith ad cives sollicite festinat: nec prohibetur regressu, cui quasi ad orationem anteire fuerat concessum.

Uebermuthe seines Stolzes den Gott Israels verachtet hat und dir den Unter=
gang drohte, da er sprach: Wenn das Volk Israel wird gefangen sein,
werde ich deine Seiten mit dem Schwerte durchbohren lassen." Da Holofernes
zugleich Feind des Gottes Israel war und in seinem Stolze sich überhob,
schreibt sie die Vernichtung desselben nicht sich, sondern dem gnadenvollen
Beistand des Herrn zu. Als aber Achior das Haupt des Holofernes sah,
graute ihm vor Entsetzen und er fiel auf sein Angesicht zu Boden und kam
von sich. Hernach aber, als er wieder zu sich kam und sich erholt hatte,
fiel er ihr zu Füßen, verehrte sie und sagte: „Gesegnet seist du von deinem
Gotte (unter allen Frauen, die) in allen Hütten Jakobs (sind), weil bei
jedem Volke, welches deinen Namen hört, der Gott Israels deinetwegen
gepriesen werden wird." [1] Achior verließ hierauf das Heidenthum, und
wurde nach vollzogener Beschneidung in das Volk Israel aufgenommen [2].
Judith aber sprach zum ganzen Volke: „Höret mich, Brüder, hänget dieses
Haupt an unsern Mauern auf [3]; und sobald die Sonne aufgeht, ergreife
Jeder seine Waffen, und ziehet aus mit Ungestüm, ohne daß ihr hinabgehet,
sondern als ob ihr einen Angriff machen wolltet. Dann wird es nothwendig,
daß die Vorwachen zu ihrem Führer eilen, um ihn aufzuwecken zum Kampfe.
Wenn nun die Obersten zum Zelte des Holofernes laufen und ihn als
Rumpf in seinem Blute gewälzt finden, da wird Schrecken sie befallen, und
wenn ihr merket, daß sie fliehen, so setzet ihnen ohne Bedenken nach, weil
der Herr sie unter euren Füßen zermalmen wird." Mit eigener Hand hatte
dieses muthige Weib den Holofernes erlegt, mit ihrem Rathe will sie nun
das ganze Heer der Assyrer vernichten [4].

Was Judith gerathen, geschieht am Morgen. Als trotz des Lärmens
im Schlafgemache des Holofernes nichts sich rührte, trat Vagao hinein und
stand stille vor dem Vorhange und klatschte mit den Händen, denn er ver=
muthete, daß er mit Judith schlafe. Da er jedoch keinen Laut vernahm,
trat er näher und sah den Rumpf des Holofernes im Blute am Boden
liegen, zerriß vor Schmerz seine Kleider, ging dann in's Zelt der Judith,
und da er diese nicht fand, eilte er zum Volke und sprach: „Ein einziges
hebräisches Weib hat Unheil (Schmach) angerichtet im Hause des Königs
Nabuchodonosor; denn siehe, Holofernes liegt am Boden und sein Haupt ist
nicht an ihm." Diese Entdeckung verbreitet allgemeinen Schrecken im Lager,
man stürzt zur Flucht. Ganz Israel erhebt sich, mordet und plündert überall,
nimmt das Lager und verfolgt den Feind bis an die Grenzen des Reiches.
Und Joakim der Hohepriester und der Rath von Jerusalem kam nach Bethulia,
um Judith zu sehen. Und als sie zu ihm herausgekommen (aus ihrem Hause),

---

[1] Judith Kap. 13.   [2] Judith 14, 6.
[3] *Lyra:* Suspendite in signum exultationis et victoriae jam habitae, partim
in re, partim in spe.
[4] *Ambros.*, l. de viduis: Ne dexterae tantum hoc opus, sed multo major
trophaea *sapientiae.* Nam cum manu solum Holofernem vicisset, *consilio* omnem
hostium vicit exercitum. Suspenso enim Holofernis capite, quod virorum non
potuit excogitari consilio, suorum erexit animos, hostium fregit, suos pudore
excitans, hostes quoque terrore percellens; eoque caesi sunt et fugati. Ita unius
viduae temperantia atque sobrietas non solum naturam suam vicit, sed quod est
amplius, fecit viros etiam fortiores.

priesen sie alle einstimmig und sprachen: „Du bist Jerusalems (als Cultus=
stätte zuerst genannt) Ruhm, du Israels (deiner Heimath) Freude, du
unseres (ganzen) Volkes Ehre; denn männlich (als Heldin, eine virago) hast
du gehandelt und muthvoll war dein Herz; weil du die Keuschheit geliebt
und nach deinem Manne keinen andern erkannt hast, deßhalb hat dich auch
die Hand des Herrn gestärkt und deßhalb wirst du gesegnet sein in Ewigkeit.
Und das ganze Volk sprach: Amen, Amen."

Die Keuschheit der Judith wird hier als Ursache ihres männlichen
Muthes und ihrer heldenmüthigen That bezeichnet und zwar mit Recht; denn
sie stärkt Geist und Seele, während die Wollust beide schwächt. Gott, der
Liebhaber reiner Seelen, verleiht nur den Reinen Starkmuth, Großes zu
unternehmen, wie hier der Judith[1]; weßhalb er die keusche Frau über den den
Lastern ergebenen mächtigen Holofernes den Sieg davontragen ließ. Wie sehr
dieselbe die Keuschheit liebte, erhellt daraus, daß sie, obgleich noch in der
Blüthe ihrer Jahre stehend, reich, angesehen, und ohne Kinder, gefeiert ob
dieses Sieges von dem ganzen Volke, zu keiner zweiten Ehe schritt, sondern
Wittwe bis zum Tode blieb und so noch einen herrlicheren Sieg über Fleisch
und Welt davontrug[2].

Das Volk plünderte hierauf das Lager 30 Tage. Und alles, was dem
Holofernes zugehörig gefunden worden (im griechischen Texte: das ganze Zelt
des Holofernes mit allem Zugehöre), gaben sie der Judith, an Gold und
Silber und Kleidern und Edelsteinen und allerlei Geräthe. Alles wurde ihr
vom Volke übergeben. Und das ganze Volk freute sich sammt den Frauen
und Jungfrauen und Jünglingen bei Harfen und Cithern[3]. Da Frauen
und Jungfrauen an den Siegesfeiern öffentlich durch Gesang und Tanz
theilnahmen[4], so mußten sie dieß um so mehr thun, wo es sich um die
Feier einer Heldenfrau handelte, denn ihre That war der Anfang zum Siege.
Nach dem griechischen Texte versammelten sich alle Frauen Israels, um sie
zu sehen und zu preisen, und ein Reigentanz ward ausgeführt. Laubzweige
in den Händen haltend und mit Olivenzweigen bekränzt, gingen sie Judith
voran im Reigen vor dem ganzen Volke und die Männer folgten bekränzt
und lobsingend.

Nun stimmt Judith nach Art der Prophetinnen ein herrliches Loblied auf
den Herrn an, in welches das Volk einstimmt. „Stimmet an dem Herrn
mit Pauken, spielet dem Herrn mit Cymbeln; singet ihm ein neues Loblied,
erhebet und rufet an seinen Namen. Der Herr vernichtet die Kriegsmacht,
Herr ist sein Name, der sein Lager (seinen Sitz) aufgeschlagen in der Mitte
seines Volkes, um uns zu retten aus der Hand aller unserer Feinde.

---

[1] *Hieron.*, praef. in Jud.: Accipite Judith viduam, castitatis exemplum et
triumphali laude perpetuis eam praeconiis declarate. Hanc enim non solum feminis, sed et viris imitabilem dedit, qui castitatis ejus remunerator, virtutem ei talem
tribuit, ut invictum omnibus hominibus vinceret et insuperabilem superaret.

[2] *Ambros.*, l. de vid. cp. 7: Nec his elata successibus, cui utique gaudere et
exultare licebat jure victoriae, viduitatis reliquit officium: sed contemptis omnibus, qui ejus nuptias ambiebant, vestem jucunditatis deposuit, viduitatis resumpsit; nec triumphorum suorum amavit ornatus, illos existimans esse meliores, quibus vitia corporis, quam quibus hostium arma vincuntur.

[3] Judith Kap. 15. [4] Judith 11, 34. 1 Sam. 18, 6. 7.

(Griechisch: „Denn in sein Lager inmitten des Volkes rettete er mich aus der
Hand meiner Dränger," die nämlich ihrer Ehre nachstellten.) Es kam Assur
aus dem Gebirge von Nord mit der Fülle (griechisch: Zehntausenden) seiner
Macht; und deren Menge hielt die Ströme auf und ihre Rosse bedeckten die
Thäler (die Hügel). Er gedachte mein (inwiefern es meinem Volke zugehört)
Land zu verbrennen und meine Jünglinge mit dem Schwerte zu tödten und
meine Kinder zur Beute und Jungfrauen in Gefangenschaft zu geben. Doch
der Herr, der Allmächtige, hat ihn zu Schanden gemacht, und ihn gegeben
in die Hände eines Weibes, das ihn durchbohrt hat. Denn ihr Gewaltiger
fiel nicht durch Jünglinge, noch schlugen ihn der Titanen (Kriegshelden)
Söhne, noch setzten hohe Riesen sich zur Wehre gegen ihn; sondern Judith,
Merari's Tochter, vernichtete ihn durch ihres Angesichtes Schönheit. (Weil
diese Schmach für einen Helden zu groß war, darum malt sie die Art und
Weise ihres Thuns weiter aus.) Sie legte nämlich ab ihre Wittwenkleider,
zog Freudenkleider an zum Jubel der Söhne Israels, sie salbte ihr Antlitz
mit Salbe, und band sich ihre Haare zum Kopfbunde (Turban) und nahm
ein neues (linnenes) Gewand, ihn zu berücken. Ihre Sandalien rissen hin
seine Augen, ihre Schönheit nahm gefangen seine Seele, mit dem Schwerte
zerhieb sie seinen Nacken. Es schauderten die (sonst furchtlosen) Perser
ob ihrer Kühnheit und die Meder ob ihrer Verwegenheit. Da heulte das
Lager der Assyrer, als meine Niedergebeugten (Bewohner von Bethulia) sich
zeigten, schmachtend vor Durst. Söhne von Mädchen (also schwache, junge
Männer) durchbohrten sie, und wie flüchtige Knaben wurden sie geschlagen;
sie kamen um im Streite vor dem Angesichte des Herrn, meines Gottes.
Lasset uns lobsingen dem Herrn, ein neues Lied singen unserem Gott! (Denn
ein auf solch neue Weise errungener Sieg durch den Muth einer Frau soll
auch durch neue Liederweisen verherrlicht werden.) Allerhöchster Herr! Du
bist ja groß und herrlich in deiner Kraft und Niemand kann dich über=
winden. Dir diene deine ganze Schöpfung; denn du sprachst, und sie
ward; du sandtest deinen Geist und sie ward geschaffen und Niemand ist,
der deiner Stimme widerstehe. (Dieß wird begründet.) Berge werden ge=
hoben aus ihren Grundfesten sammt den Gewässern, Felsen zerfließen wie
Wachs vor deinem Antlitze (vgl. Ps. 96, 1—5). Wird auch das Stärkste
deinem Zorne weichen, so bist du dagegen gnädig deinen Verehrern. Doch
jene, die dich fürchten, werden groß vor dir in Allem sein (und somit
deiner Hilfe immerbar gewärtig). Wehe dem Volke, das aufsteht wider
mein Geschlecht; denn der Herr, der Allmächtige, wird Rache an ihm nehmen,
am Tage des Gerichtes es heimsuchen, senden Feuer und Würmer in ihr
Fleisch, daß sie verbrannt werden und es fühlen in Ewigkeit."

Dieses Loblied gehört, wie Grimm [1] mit Recht bemerkt, zu den besten
poetischen Producten des hebräischen Geistes. Der Ausdruck ist kurz, ge=
drängt, lebendig, malerisch, durchaus angemessen, der Inhalt individuell ge=
halten, ganz den Verhältnissen entnommen, keine blöde Hervorzählung, son=
dern eine dichterische Benutzung des vorliegenden Stoffes.

---

[1] Kurzgef. exeg. Handbuch zu den Apokryphen. Leipzig 1813. I. Bd. 2. Liefg.
S. 209.

Hierauf zieht das ganze Volk nach Jerusalem, um Brandopfer dar=
zubringen und ihre Gelöbnisse zu erfüllen. Judith aber brachte das ganze
Kriegsgeräth des Holofernes, welches das Volk ihr gegeben hatte, und den
Mückenschleier, den sie selbst von seinem Lager mitgenommen hatte, als Fluch=
gelöbniß der Vergessenheit dar, d. h. machte das Gelübde, diese Gegenstände
als Weihgeschenke im Tempel zu hinterlegen, damit dadurch dieses glorreiche
Ereigniß der Vergessenheit entzogen würde. Drei Monate lang jubelt das
Volk mit Judith Angesichts des Heiligthums[1]. Jeder kehrte wieder in sein
Haus zurück; Judith wurde hochgeachtet in Bethulia und war sehr gerühmt
im ganzen Lande Israel. Mit ihrem Muthe verband sie auch Keuschheit,
so daß sie keinen Mann erkannte alle Tage ihres Lebens, seitdem Manasses,
ihr Gatte, gestorben war (obgleich viele sie begehrten, wie der griechische
Text hinzusetzt). An Festtagen aber erschien sie in großer Pracht. Sie blieb
im Hause ihres Mannes 105 Jahre (d. h. nach dem Griechischen: sie wurde
105 Jahre alt) und entließ ihre Magd als Freie (wahrscheinlich gleich nach
der Siegesfeier zur Belohnung für ihre Begleitung in's feindliche Lager und
ihre Treue). Auch vertheilte sie (nach dem griechischen Text) ihr Vermögen
vor ihrem Tode unter alle Verwandten ihres Mannes (also dem Grundsatze
strenger Billigkeit gemäß) und ihre eigenen. Und sie starb und ward be=
graben neben ihrem Manne in Bethulia. Und das ganze Volk trauerte um
sie sieben Tage. Bei ihren Lebzeiten und lange nach ihrem Tode schreckte
ein Feind das Volk Israel ferner nicht mehr[2].

An dieser ruhmvollen Heldin Israels leuchtet eine Menge von Tugen=
den, die wir hier im Zusammenhange hervorheben wollen[3].

Zuerst bewundern wir an ihr eine tiefreligiöse Gesinnung, die
Grundlage aller ihrer Handlungen, ihres ganzen Lebens, eine große Gottes=
furcht, welche ihr die allgemeine Hochachtung und Verehrung eintrug[4]. Daß
sie sich entschloß, in's feindliche Lager zu eilen und daselbst Ehre und Leben
auf's Spiel zu setzen, hatte nicht in Liebe, sondern in Religion seinen Grund[5];
um ihr Vaterland zu retten und den Feind ihres Glaubens zu tödten. Nicht
scheut sie die Gefahr, in den Tod zu gehen, wenn sie den Glauben retten
kann[6]; nicht mit Waffen und Kriegsstärke, sondern mit Geistesmuth und
gläubigem Vertrauen wirft sie den Feind zu Boden[7]. Im Glauben eilt sie
mitten unter die Feinde und erhält als Lohn desselben das Haupt des Holo=
fernes[8]. Auf Gott allein ruht ihr Vertrauen und welche Gnade mußte sie
haben, daß sie Gott als Helfer gefunden hat[9]. Sie will den Feind erlegen

---

[1] *Lyra*: Hoc additur ad ostendendum, quod haec jucunditas non erat disso-
lutionis, sed magis devotionis.

[2] Judith Kap. 16.

[3] Vgl. *De la Zerda* l. c.: Catena panegyrica et moralis ... in elogia Judith
I. Bd. S. 1 f.　　[4] Judith 8, 8.

[5] *Ambros.*, l. 2 de Virg.: Judith se adornavit: quia hoc *religione*, non amore
faciebat.

[6] *Ambros.*, l. 3 off. cp. 13: Quantum ad molem spectat periculi, moritura
processit: quantum ad fidem, dimicatura.

[7] *Origenes*, hom. in Jud. cp. 9 (oben S. 330 Note 2).

[8] *Clemens Alex.*, l. 4 strom. cp. 4 (oben S. 336 Note 3).

[9] *Ambros.*, l. 3 off. cp. 13 (oben S. 328 Note 2).

nicht um ihrer Ehre und Freiheit willen, sondern um Gott zu gefallen und um seiner Ehre willen. Das Durchdrungensein von Gott hatte ihr die Liebe zum einsamen, zurückgezogenen Leben eingeflößt, so daß Petrus Damia= nus [1] sie eine heilige Einsiedlerin nennt, indem sie allen Uebungen der Frömmigkeit oblag.

Als erster Ausfluß dieser religiösen Gesinnung muß ihre Reinheit und Keuschheit hervorgehoben werden. Bonaventura [2] hält sie für ein Musterbild der Schamhaftigkeit oder Sittsamkeit und Hieronymus [3] der Keuschheit. Diese Tugend ist an ihr um so höher zu schätzen, da sie durch Jugend, Schönheit, Ansehen und Reichthum hervorragte, welche sonst der= selben sehr gefährliche Feinde sind. Dieser ihrer Keuschheit hatte Judith es besonders zu danken, daß sie den lasciven Feldherrn besiegte [4], zugleich ein Beweis, wie hoch bei Gott diese Tugend angeschrieben ist. Wahrhaft ist Judith eine schöne keusche Seele in einem schönen reinen Leibe! Alle Schätze des Holofernes und selbst sein Prunkbett verschmähte sie, da sie mit stärkeren geistigen Waffen kämpfte [5]. Als Lohn für ihre Keuschheit erhält sie den Kopf des Holofernes [6]. Doch der größte Sieg und Triumph dieses Weibes ist, daß sie aus dem Lager dieses Wüstlinges ebenso rein zurückgekehrt ist, wie sie dasselbe betreten hatte [7]. Dieser Sieg der Keuschheit über die Lust wird daher höher angerechnet, als der Sieg über den Feldherrn [8]. Darum

---

[1] Lib. 8. cp. 14: Judith etiam illa sancta vobis vivendi sit norma, et vi-dualis continentiae disciplina. De qua videlicet sacra Scriptura testatur his verbis (Jud. 8, 5 sq.) . . . Considerandum plane, quantis haec vidua fuerit digna prae-coniis, quae tanto igne divini aestuabat amoris. Porro autem vidualis officii limite non contenta, ad hoc usque in sancta religione processerat, ut jam non sola, sed et cum ancillis suis fieret eremita; de domo communi reclusorium fecit et in populosa urbe amor artifex solitudinem reperit.

[2] De princ. s. script.: In libro Judith proponitur exemplar pudicitiae.

[3] In Jud. cp. 11: Accipite Judith viduam castitatis exemplum et triumphali laude perpetuis eam praeconiis declarate. Vgl. *Clemens Rom.*, Const. Apost. cp. 7: Igitur prudentissima illa Judith pudicitiae testimonio laudata.

[4] *Fulgentius*, cp. 2 de stat. vid. cp. 14: Ecce vidua praeclara natalibus, facultatibus dives, aetate juvenis, specie mirabilis divitias contempsit, delicias respuit carnis, incentiva calcavit et induta virtute ex alto non quaesivit secundo famulari connubio. Propterea testimonio tam praeclari operis apparuit, quantum Dei dilecta sit continentia vidualis. Denique cum Holofernes innumero Bethuliam obsedisset exercitu et omnis Israelitarum virtus perturbata languesceret, egreditur castitas oppugnatura lasciviam, et ad interitum superbiae humilitas sancta procedit.

[5] *Petrus Dam.*, l. 7. cp. 16: Judith quippe continentiae vidualis exemplum, dum deauratos ostroque nitentes Holofernis thalamos sprevit, fortioribus armis in mente praecincta etiam caput ebrium audenter impresso pugione truncavit.

[6] *Hieron.*, ep. ad Fur. l. c.: Vincit viros femina, et castitas truncat libidi-nem; und praef. in Jud.: Hanc enim non solum feminis, sed et viris imitabilem dedit, qui castitatis ejus remunerator, virtutem ei talem tribuit, ut invictum om-nibus hominibus vinceret et insuperabilem superaret.

[7] *Ambros.*, l. 3 off. cp. 13: Primus triumphus ejus fuit, ut integrum pudorem de tabernaculo hostis revexit. *Chrysost.* ad Ps. 75, 12: Cum alienigenam concu-piscentia sui captivum effecisset, se tamen intactam servavit; ob continentiam enim non contaminabatur.

[8] *Laurentius Just.*, de sobriet. cp. 2: Sobrii vigore consilii abstulit Holoferni caput, servavit pudicitiam et victoriam reportavit. *S. Isidorus*, de eccl. offic. l. 2.

dankt auch Judith nach ihrer Rückkehr dem Herrn nicht bloß für den über Holofernes errungenen Sieg, sondern daß er ihre Keuschheit unversehrt erhalten hat [1], denn unter diesen Umständen war der Kampf um die Keuschheit nicht minder groß, als die Niederlage der Assyrer [2]. Es gehörte fürwahr ein großer Schutz von Seite Gottes dazu, daß, wo die Schönheit siegte, die Reinheit nicht besiegt wurde. Und doch fehlte es nicht an Versuchung [3]; sie wird zu Tisch gezogen, um sie desto sicherer willfährig zu machen; doch sie bleibt nüchtern und während der Heerführer sich an ihrer Schönheit weidet und vor Begierde nach ihr brennt, denkt sie nur an das Haupt desselben, um es abzuschlagen [4]. Wie erfinderisch ist die Keuschheit! Gott im Herzen schreitet Judith im verführerischen Kleiderschmucke dem Feinde entgegen [5] und während sie ihren Körper mit kostbarer Salbe salbt, vergißt sie nicht, alle Sinne des Geistes mit dem Oele der Keuschheit durchduften zu lassen [6], und so geschah es, daß die Reine den Ehebrecher täuschte und vernichtete [7]; also im Feuer nicht verbrannte, sondern noch edler und schöner heimkehrte.

Mit diesem ihrem keuschen Sinne hängt auch ihr stetes Verbleiben im Wittwenstande zusammen. Die Liebe zu ihrem verstorbenen Gatten bewog sie, die Wittwenkleider nie abzulegen, außer wenn es die Freude der Festzeiten gebot. Als sie jedoch dazu schritt, ihre That auszuführen, legte sie jene Kleider an, welche sie bei Lebzeiten ihres Mannes trug, gleichsam um ihrem Manne noch zu gefallen, wenn sie das Vaterland befreie; nur mit solchen züchtigen Waffen konnte eine Wittwe den Sieg erhoffen [8]. Wie eine Braut gekleidet ging sie nach den Worten des Suidas heraus. Was Tapferkeit nicht vermochte, das erlangte diese keusche Wittwe, ein Zeichen, wie wohlgefällig dem Herrn eine solche Wittwe ist [9]. Nicht legt sie ihr Brautgewand an, um zur zweiten Ehe zu schreiten, sondern als bereits Vermählte

cp. 19: Exstat et Judith illa mirabilis vidua, quae de Holoferne triumphavit salvumque pudorem hoste devicto revexit.

[1] Judith 13, 20.

[2] *Prosper*, l. de prom. et praed. p. 3. cp. 38: Exuta veste viduali sese omni ex parte, mente, corpore, moribusque componens, mirabilem cunctis exhibuit: eo usa consilio quo, custode Deo, credebat pulchritudine captum hostem posse perimere, suam pudicitiam illo servante, qui dator et custos est castitatis. Quam quum illaesa caput hostis afferret . . . femina patriae reddidit libertatem.

[3] Judith 12, 10. *Haymo*, ep. ad Rom. cp. 12: Ad mensam solent tractare impii de nece innocentium, sicut Herodes de obtruncatione beati Joannis et Holofernes spurcissimus de violatione Judithae.

[4] *August.* l. c. oben S. 331 Note 4.

[5] *Hieron.*, ep. ad Gerun. (oben S. 329 Note 3).

[6] *Petrus Dam.*, de cont. sec.: Ut interni sponsi conspectui placeat . . . cum Judith myro optimo sua membra perungat, omnes videl. mentis suae sensus immortalitati unguine castitatis oblinat, ne in mortem per incontinentiam corruens, in foetore luxuriae computrescat.

[7] *August.* l. c. oben S. 331 Note 4.

[8] *Ambros.*, l. de viduis: Veste illa jucunditatis, quam vivente viro vestire solebat, se induit, quasi placitura viro, si patriam liberaret. Et bene conjugales pugnatura resumpsit ornatus, quia monimenta conjugii arma sunt castitatis. Neque enim vidua aliis (armis) aut placere posset aut vincere.

[9] *Fulgentius*, de stat. vid. cp. 14 (oben S. 342 Note 4).

schreitet sie zum Kriege und Siege [1]; und doch besaß sie alle Eigenschaften und Gaben [2], welche sonst eine Wittwe zur zweiten Ehe veranlassen, ja eine solche sogar begehrlich machen. Es gehört daher ein starker Entschluß und großer Kampf dazu, ein stilles, einsames Wittwenleben einem glücklichen, üppigen ehelichen Leben vorzuziehen [3], weßhalb Tertullian [4] sie als Beispiel der Monogamie anführt und Isidorus Pelusiota [5] sie über Susanna und Jephte's Tochter stellt; denn jene besaß ja noch ihren Mann, diese aber hatte als Jungfrau die Freuden des ehelichen Lebens noch nicht genossen, daher einen geringeren Kampf zu bestehen. Der hl. Fulgentius [6] reiht sie der heiligen Wittwe Anna würdig an, welche im Tempel auf die Ankunft des Messias wartete. Obgleich hochgeehrt, will sie ihre übrigen Lebenstage in stiller Wittweneinsamkeit vollbringen [7].

Um diese standesgemäße Reinheit so gewissenhaft zu wahren, dazu gehörten die wirksamen Mittel des Fastens und des Gebetes. Was das Fasten betrifft, begnügte sich Judith nach Art der Trauernden und Büßenden mit einer Mahlzeit am Abende; seit dem Tode ihres Mannes fastete sie [8], die Festtage ausgenommen. Ehe sie noch in's feindliche Lager eilt, sucht sie sich durch ein dreitägiges Fasten darauf vorzubereiten und unter der freundlichen Außenseite den Bußgeist zu verbergen. Vom Fasten fast ganz verzehrt [9] und

---

[1] *Aug.*, sermo 49 l. c.: Gentis suae vindex sumpsit ornamentorum arma, non de bello nuptias subitura, sed de civitate bellatrix procedit sponsa ... Luxu regifico nuptiarum pompa nullo nubente construitur.

[2] *Petrus Dam.* l. c.: Quantis illa mundanae prosperitatis dotibus affluebat, quae nimirum blande lenocinantis secundas sibi illicere nuptias poterant! Sicut enim s. scriptura narrat: Erat eleganti aspectu nimis ... et quod his omnibus est longe praestantius, dicitur etiam, quia erat in omnibus famosissima, quoniam timebat Deum valde ... Sed quando ista procos admitteret, dum puellarum quoque ejus alloquium cuipiam facile non pateret?

[3] *S. Fulgentius*, ep. 2 de stat. vid. cp. 20: Tales sunt etiam nuptiae, quae et bene suscipi possunt et bene contemni. Quam bene nuptiarum opus in castitate conjugali Susanna servavit! Quam melius in continentia viduali Judith!

[4] Lib. de monog. cp. 17: Hanc (carnis imbecillitatem) judicabunt jam non Isaac monogamus, nec Joannes aliqui Christi spada, nec Judith filia Merari, nec tot alia exempla sanctorum.

[5] Lib. 1. ep. 87: Documento sunt celebris illa Susanna cum filia Jephte, admiranda Judith: quarum prima senum intemperantem libidinem non juvenili aetate superavit: altera mortem quoque magno animo suscepit; atque cum virginitate praeclare abscessit: postrema pro castitatis praeconio hoc a Deo accepit, ut tyranno necem afferret.

[6] Epist. 2. cp. 14: Quam vero multum Deus in utraque vidua continentiam sibi placitam demonstravit! Nam Judith spiritualibus armis accincta caput lascivi praedonis abscidit: Anna vero ipsum caput Ecclesiae spiritu s. repleta cognovit. Datus est Judith Holofernis interitus: Annae revelatus est Salvatoris adventus. Illi Deus dedit a populo expellere pestilentiam: huic tribuit humani generis agnoscere medicinam.

[7] *Ambros.*, l. 2 de vid. *Hieron.*, ep. ad Furiam: Castitas truncat libidinem: habituque repente mutato ad victrices sordes redit omnibus saeculi cultibus mundiores.

[8] Judith 8, 6. 7.

[9] *Hieron.* l. c.: Judith vidua confecta jejuniis. *Ambros.*, l. de Elia et jej. l. c.: Haec succincta jejunio in castris praetendebat alienis, ille vino sepultus jacebat ... Itaque unius mulieris jejunium innumeros stravit exercitus Assyriorum.

im heidnischen Lager das Fasten und die Speisegesetze noch beobachtend siegte sie mit den Waffen der Enthaltsamkeit über ein ganzes Heer [1]. Holofernes und Judith kämpfen mit verschiedenen Waffen; jener mit der Lust, Trunkenheit und Hochmuth, diese mit Reinheit, Nüchternheit und Demuth; deßhalb trug auch diese den Sieg davon [2]. Mit Recht heben daher die Väter das Fasten der Judith als eine ihrer vorzüglichsten Tugenden hervor [3], besonders Petrus Damianus [4], der ihrer Abtödtung volles Lob spendet und sie der Ruth an die Seite stellt.

Mit dem Fasten verband sie das eifrigste Gebet. Zurückgezogen in ihr stilles Kämmerlein oblag sie dem Gebete [5] und schmiedete daselbst unter Gebet, welches den Himmel durchdrang, die siegreichen Waffen [6]. Unaufhörlich, Tag und Nacht, stieg ihr Gebet himmelwärts für das Wohl ihres Volkes [7]. Auf ihrem verhängnißvollen Gange suchte sie im Gebete Kraft und Stärke. Mitten im feindlichen Lager weilend, bringt sie in stiller Einsamkeit die Nacht im Gebete zu, dem sie die Erhaltung ihrer Keuschheit verdankte [8], und als sie endlich vor dem Bette des Feindes steht, um die That zu vollführen, blickt sie auf zum Himmel und ruft unter Thränen: Stärke mich, Herr, Gott in dieser Stunde! Und der Herr stärkte ihren Arm [9].

---

[1] *Laurentius Just.*, l. de sobriet. cp. 2: Judith omne tempus viduitatis suae his sobrietatis armis et abstinentiae peregit et omnem Assyriorum circumvenit exercitum.

[2] *Fulgentius*, cp. 2 de stat. vid. cp. 14: Egreditur castitas oppugnatura luxuriam et ad interitum superbiae humilitas sancta processit. Ille pugnabat armis, ista jejuniis; ille ebrietate, ista oratione. Igitur quod omnis Israelitarum populus facere non potuit, sancta vidua castitatis virtute perfecit.

[3] So *Ambrosius* u. *Augustinus* oben. Vgl. *De la Zerda* l. c. S. 20.

[4] Lib. 8. ep. 14 l. c.: Quo pacto ambiret vestium cultum, cujus assidue terebat membra cilicium? An fortasse lautioribus epulis esset intenta, quam quotidiana macerabat inedia ... Ecce Judith prospera, quibus in vita fulciebatur, abjiciens, Ruth adversa, quibus premebatur, amplectens: utraque scil. mente una, licet diversa fortuna, uni Deo non immerito placuit. Quia nec adversis ista succubuit, nec in prospera suimet obliviscens sese illa dejecit. Sed illa tolerabat, quibus abundabat; ista fruebatur, quae patiebatur.

[5] Judith 8, 5.

[6] *Aug.*, sermo 48 l. c.: Judith sanctissima, cujus precibus patuit coelum, orationis arte arma victricia fabricavit, quibus adversa confligeret, et pavescentes viros femina vindicaret.

[7] *Clemens Rom.*, l. 3 Const. ap. cp. 7: Sapientissima Juditha pudicitiae testimonio celebris, nocte ac die Deum pro Israele deprecabatur.

[8] *Aug.* l. c.: Orationis favore castitas pudorem proprium servavit intactum et quietum decepitque alienum ... Ubi enim assiduis pulsatur orationibus coelum, potentia semper calcatur armorum.

[9] *Laurent. Just.*, de perf. gradib. cp. 12: Judith pudicissima mulier post precum instantiam capta fiducia crudelissimi Holofernis caput abscidit. *Chrysost.*, Oratio in Ps. 75, 12: Egressa illa beata Judith, virili sensu et fideli voluntate praedita ... Deo fidem habens, corporis robore se ad bellum contra hostes succipiendum accingens, sacerdotibus omnibusque fidelibus hominibus dixit: „Precamini et reddite Domino Deo nostro ... Accepto fideliter gladio ipsum capite truncat: Deo videlicet juvenculae dexteram roborante ... Deprehenditur fortissimus Samson solus mille homines fugasse; strenuissima vero Judith cum ancilla sua myriades alienigenarum profligavit. Vides, quantum bonum sit precari et reddere Domino Deo nostro?

Und als sie siegreich in ihre Vaterstadt zurückkehrte, erachtete sie es als ihre erste Pflicht, dem Allmächtigen den gebührenden Tribut des Dankes darzubringen.

Gebet und Fasten hatten ihren Muth gestählt. Zu einer verhängnißvollen Zeit, in welcher der furchtbare Feind überall Tod und Schrecken verbreitet hatte und selbst die Tapfersten zaghaft wurden, entwickelte Judith einen Heldenmuth [1], der weit über die Grenzen ihres Geschlechtes hinausging [2] und selbst den Helden zur Nachahmung empfohlen wird [3]. Wenn Gott sich groß gezeigt in den Helden, so erscheint er noch ruhmvoller in den Heldinnen [4]. Die Heldenthat machte Judith würdig, den großen Männern Israels an die Seite gestellt zu werden [5]; ja gewissermaßen überstrahlt sie noch dieselben, denn als selbst die Starken in Israel zagten, verlor sie den Muth nicht [6]. Mit wahrer Todesverachtung begibt sie sich, nur von ihrer Magd begleitet, in's feindliche Lager und während sie in ihrer Vaterstadt besorgt ist, wird sie ruhig, sobald sie der Gefahr entgegengeht [7].

Schließlich können wir die Weisheit, Klugheit und Beredsamkeit derselben nicht mit Stillschweigen übergehen. Als sie siegreich aus dem Lager der Assyrer heimkehrt, tröstet sie ihr Volk durch ihre Weisheit [8], spricht ihnen Muth zu, ertheilt ihnen den Rath, das Haupt des Holofernes auf der Stadtmauer aufzuhängen und einen Ausfall zu fingiren [9]. Durch ihre

---

[1] *Aug.*, sermo 49 l. c.: Quotiescunque bellicus rumor terribili fama crebrescit aut horrisono tubarum clangore, vel raucisono aeris cantu increpuerit lethiferum murmur, feminis ac debilibus formidolosa imago mortis occurrit: intrepida virorum fortium pectora solent laudis amore flagrare atque bellica sorte, ubi funesto imbre densati praeliantes mortifera obumbratione texerint partes consertas sub stridulo telorum cursu, eventu jam errantes lethifero, praecipiti ardore triumphales propinquant ad palmas. Judith bellator animus alienum pectus obsedit. Illa abjecta formidine feminarum victoriam in periculis quaerens, nec mortem in periculis timuit, nec ambiguitatem formidavit.

[2] *Ambros.*, l. de vid.: Haec vera est fortitudo, quae naturae usum, sexus infirmitatem mentis devotione transgreditur, qualis in Judith fuit.

[3] *Hieron.* in praef. Judith, oben S. 339 Note 1.

[4] *Isidorus*, de vit. et morte sanct. cp. 64: Judith filia Merari de tribu Simeon magnanimis, in gloria virorum praestantior: haec pro salute populi morti se obtulit, nec trepidavit furorem regium. *Petrus Dam.*, sermo 68 in natali Virg.: Quamquam mirabilis sit Deus in viris, mirabilius tamen et gloriosius triumphat in feminis. Huic porro militiae Judith erat adscripta, quae dum deauratos atque gemmatos Holofernis thalamos respuit, ebrium luxuriosi principis caput proprio ipsius pugione truncavit.

[5] *Bernard.*, sermo 13 in Cant.: Josue, Jephte, Samson, Judith quoque quamquam femina, gloriose in diebus suis triumpharunt de hostibus, sed pace cum gaudio fruentibus ceteris nemo cum his communicavit in gloria.

[6] *Rupertus*, l. 12 de div. off. cp. 25: Judith fortitudinis speciem in hoc nimirum praetendit, quod formidantibus viris bellicosis, immanissimo tyranno pro liberatione patriae se opposuit et principem militiae femina inermis Dei adjutorio superavit. Fortitudo enim ejus a Deo fuit.

[7] *Aug.*, sermo 48 l. c.: Intra muros sollicita fuit, secura fit, dum ad timenda pervenit. *Clemens Alex.*, l. 4 strom. cp. 4. *Ambros.*, l. 3 de off. cp. 13 l. c.

[8] *Aug.*, sermo 48 l. c.: Ecce Judith post precem, et saccum, post cinerem ad cultus puellares redit, spes omnium populorum procedit, sollicitos populos redditura securos, sua *sapientia* solatur.

[9] *Ambros.*, l. de vid.: Nec dexterae tantum hoc opus, sed multo major trophaea sapientiae. Nam cum manu solum Holophernem vicisset, *consilio* omnium

Weisheit und Beredsamkeit führte sie den Achior zum vollen Glauben, so daß er den Götzendienst abschwor und Jehova als allein wahren Gott anerkannte. Ihre Klugheit und Weisheit staunten selbst die Assyrer an; und ihre Beredsamkeit nahm den Holofernes gefangen [1]; weßhalb sie mit Recht unter die Prophetinnen gerechnet wird [2]. Es wird uns daher nicht Wunder nehmen dürfen, wenn der Judith und ihrer That eine typische Bedeutung zukommt. Wie Judith (8, 7, 8) so war auch Maria schön von Angesicht, von der Niemand etwas Böses redete [3]. Maria war nicht bloß wie Judith der Ruhm Jerusalems, sondern der ganzen Erde, nicht bloß die Freude Israels, sondern aller Völker, nicht bloß die Ehre der Synagoge, sondern der ganzen Kirche. Darum begrüßt sie auch der Erzengel mit denselben Worten, mit denen die Einwohner Jerusalems die Judith gefeiert (13, 23): Gesegnet bist du, o Tochter, von dem Herrn vor allen Weibern auf Erden! [4] Denn gleich einer Judith hat sie, die Mutter des Herrn, das Haupt dem Teufel abgeschlagen, dessen Typus Holofernes war [5].

Judith als Siegerin über den Erbfeind ihres Volkes ist ferner ein Typus der christlichen Kirche, die durch ihren Glauben alle ihre Feinde zu Boden schmettert [6].

---

hostium vicit exercitum. Suspenso enim Hol. capite, quod virorum non potuit excogitari consilio, suorum erexit animos, hostium fregit. *Prosper*, de prom. l. c. (oben S. 343 Note 2).

[1] *Ambros.*, l. 3 de off. cp. 13: Quem primo formae gratia et virtutis decore perculit, deinde sermonis elegantia circumscripsit. *Aug.*, sermo 49: Regi alto sermone imaginariis verbis blanditur.

[2] *Clemens Rom.*, l. 8 const. ap. cp. 2: Sed et mulieres prophetaverunt: olim quidem Maria Moysis soror, post eam vero Debbora, postque illas Holda et Juditha, illa sub Josier, haec sub Dario. *Fulgentius*, ep. 2. cp. 15: Istae duae viduae, licet tempore fuerint diverso, unius tamen fidei servierunt ambae mysterio, quia Christum, quem Anna cognovit in carne natum, ipsum Judith noverat nasciturum.

[3] *Bonaventura* in spec. cp. 8: Dominus nominatissimus et famosissimus famosissime est tecum, ideo et tu famosissima et nominatissima ... Maria ergo signata est per illam famosissimi nominis Judith, de qua scriptum est, quod nec erat, qui de ea loqueretur verbum malum.

[4] *Jansenius* in conc. evang. cp. 30. Cf. *De la Zerda* l. c. p. 29: Longe autem excellentiori ratione benedicta inter mulieres Virgo nunc dicitur, quam olim Judith. quae ut hujus Virginis, sicut et Jahel typus fuit, ita excellentia illa benedictionis non convenit perfecte, nisi quatenus hujus typum praetulit; illa enim benedicta a Deo dicta est propter singularem illam gratiam et fortitudinem, qua Holofernem perdidit. Haec vero ob singulare privilegium nulli unquam praestitum mulieri, nec unquam praestandum, quo sc. Deum parere meruit et Virgo simul esse et Mater. Proinde expendenda diligenter emphasis, quae est in pronomine *tu* et in praepositione *in* vel *inter*, non enim dicitur quemadmodum Judith, benedicta prae mulieribus, h. e. magis quam reliquae mulieres, sed benedicta (inquit) tu inter mulieres.

[5] *Hieron.*, ep. 22 ad Eust. de cust. virg.: Statim ut Filius Dei ingressus est super terram, novam sibi familiam instituit, ut qui ab angelis adorabatur in coelo, haberet Angelos et in terris. Tunc Holofernis caput Judith continens amputavit.

[6] *Hieron.*, ep. 79 (al. 9) ad Salvin.: Habens tui ordinis, quas sequaris. Judith de Hebraea historia, et Annam filiam Phanuelis, quae diebus et noctibus versabantur in templo, et orationibus atque jejuniis thesaurum pudicitiae conservabant. Unde et altera in typo ecclesiae diabolum capite truncavit; altera Salvatorem mundi prima suscepit, sacramentorum conscia futurorum ... Und prol. in Sophon.: Judith et Esther in typo ecclesiae occiderunt adversarios et periturum

Das Beil, das sie über Holofernes geschwungen, ist ein Vorbild der Er=
höhung des Kreuzes [1].

Die christliche Kunst hat mit einer gewissen Vorliebe diese Heldenthat
der Judith darzustellen versucht. Michel Angelo faßte mit seiner lebhaften
Phantasie den Moment auf, in welchem die Heldin das abgeschnittene Haupt
auf eine Schüssel legt, die ihre Magd in Händen hält, und mit Entsetzen
noch einen Blick auf den Rumpf wirft, um sich zu versichern, daß er nicht
mehr lebe. Raphael hat Judith in ihrer ganzen Majestät dargestellt; sie
steht aufrecht, gestützt auf das Schwert, zu Füßen das Haupt des Holofernes.
Nach Dominichino zeigt sie das Haupt, welches sie eben abgeschlagen hat.
Guido Reni hat ihrem himmelwärts erhobenen Antlitze einen wunderbaren
Gefühlsausbruck eingehaucht. Rubens hat zweimal mit dem ihm eigenen
Colorit diese Scene verewigt. Nach Hor. Vernet betrachtet Judith mit
einem zwischen Muth und Schrecken schwankenden Blicke ihr Opfer und
schwingt den Säbel, um damit das Haupt des Feldherrn abzuschlagen.

§ 38. Esther.

Unter den Gefangenen, welche von Nabuchodonosor, König von Babel,
zugleich mit Jechonias, König von Juda, abgeführt wurden, befand sich
auch Mardochäus (Mordochai), ein Sohn des Jair, des Sohnes Semei,
des Sohnes Kis aus dem Stamme Benjamin. Obgleich die meisten Aus=
leger den Jair, Semei und Kis als die nächsten Vorfahren Mordochais be=
trachten, so liegt es doch näher, mit Josephus [2], welcher die Esther aus
königlichem Geschlechte, nämlich vom Könige Saul abstammen läßt, und den
beiden Targumim wenigstens Semei und Kis für viel frühere Vorfahren zu
halten, und zwar den Semei für den Sohn des Gera, welcher David fluchte [3]
und den Kis für den Vater Sauls [4]. Dafür scheint zu sprechen, daß jener
Semei ebenso wie der hier genannte ein Sohn des Kis gewesen und Mor=
dochai bei der Abstammung von jenen Männern ein Benjaminit war, sowie
daß er gerade bei dieser Ableitung zu seinem Feinde Aman schon genealogisch
in einen Gegensatz tritt, wie er bei der Bezeichnung des Letzteren als einen
Agagiten vom Verfasser beabsichtigt zu sein den Anschein hat. Da der Name
Mordocai (Esr. 2, 2 u. Neh. 7, 7) unter den mit Zorobabel aus dem
Exile Zurückgekehrten vorkommt, so meinten Abenesra und viele Andere, daß
der Mordochai unseres Buches schon mit Zorobabel aus dem Exile zurück=
gekehrt, später aber wieder nach Babel gegangen sei, allein die Gleichheit
der Namen liefert noch keinen Beweis für die Identität der Personen. Größere

---

Israel de periculo liberarunt. *Isidorus*, alleg. script. n. 122: Judith et Esther
typum ecclesiae gestant, hostes fidei puniunt ac populum Dei ab interitu eruunt.
Prosper, l. 3 de prom. cp. 38: Judith figuram sanctae ecclesiae personamque
suscipiat, etc.

[1] *Andreas* Cretensis de exalt. s. crucis: Extulit aliquando praeclara Judith
acinacem adversus caput Holofernis dormientis, crucis praefigurans exaltationem,
salutem fecit Israel.

[2] Antiq. XI. 6.

[3] 2 Sam. 16, 5 f. 3 Kön. 2, 8. 36 f.   [4] 1 Sam. 9, 1. 1 Chron. 8, 33.

Schwierigkeiten macht der Relativsatz im Hebräischen, der eine Wegführung sowohl des Mordochai, als des Kis zuläßt. Im ersteren Falle müßte, da von jener Wegführung im Jahr 599 bis zum Regierungsanfange des Xerxes (im J. 486) 113 Jahre verflossen sind, Mardochäus, wenn er auch als kleines Kind weggeführt worden wäre, ein Alter von 120 bis 130 Jahren erreicht haben und da die Esther erst im siebenten Jahre des Xerxes Königin (2, 16) wurde, in dem Alter von etwa 125 Jahren erster Minister des Königs geworden sein. Da dieses Andern unglaublich erscheint, so lassen sie den Kis bereits in's Exil abgeführt und seinen Urenkel Mardochäus erst im Exile geboren sein. Allein nichtsdestoweniger beziehen wir den Relativsatz (welcher abgeführt worden) auf Mardochäus, allein so, daß er geschildert wird als Einer, der zu den Juden gehörte, welche mit Jechonias nach Babel abgeführt wurden oder aber, daß er, wenn auch erst im Exile geboren, in seinen Vätern nach Babel weggeführt worden war, welcher Sprachgebrauch nach Gen. 46, 8 ff. der Bibel nicht fremd ist. Da aber mit Jechonias nur angesehene Familien abgeführt worden (4. Kön. 24, 14), so involvirt diese Angabe zugleich, daß Mardochäus und somit auch Esther einer angesehenen Familie entstammte. Wenn hier seine Geschlechtstafel angegeben wird, so geschieht dieses der Esther wegen, da bei den Juden nicht Sitte war, das Geschlechtsregister der Frauen anzuführen. Mardochäus' Geschlechtstafel ist demnach zugleich jene der Esther.

Dieser Mardochäus wohnte in Susa, der königlichen persischen Residenz, war angesehen und Einer der Ersten am königlichen Hofe [1] des Achaschverosch [2]. Wer dieser König gewesen, darüber gehen die Ansichten weit auseinander [3]. Josephus [4] und die meisten älteren Erklärer halten ihn für Artaxerxes Longimanus, Nickes [5] für Cyaxares, die meisten Neueren für Xerxes. Mardochäus war der Pflegevater der Tochter seines Bruders, der Edissa, welche mit ihrem andern Namen Esther hieß, schön und von anmuthigem Aeußeren war. Als sie Vater und Mutter verloren hatte, nahm Mardochäus sie als Tochter an [6]. Ihr erster Name Edissa, hebräisch Hadassa, bezeichnet Myrte und war wahrscheinlich von ihrer ausnehmenden Schönheit entlehnt. Als sie in das persische Frauengemach aufgenommen oder zur Königin erhoben wurde, erhielt sie den persischen Namen Esther d. h. Stern. Was ihr Verwandtschaftsverhältniß zu Mardochäus betrifft, war nach der Vulgata dieser ihr Oheim und Esther seine Nichte. Nach 2, 15 war sie die Tochter des Abihail, welcher des Mardochäus Bruder war, und 8, 1 entdeckt sie dem Könige, daß Mardochäus ihr Oheim sei, womit auch die Angabe des Josephus übereinstimmt. Nach dem Hebräischen war Esther die Tochter des Oheims (des Vaterbruders) des Mardochäus, also seine Cousine, womit der Targumist übereinstimmt, sowie die LXX: die Tochter des Aminadab, des Bruders

---

[1] Esth. 2, 5. 6; 11, 2—4.
[2] LXX: Ἀρταξέρξης; Vulg. cp. 1—10: Assuerus. Dagegen cp. 11 sq.: Artaxerxes.
[3] *Didacus de Celada*, Com. in Estheren. Lugd. 1658. § 10
[4] Ant. XI. 6. Vgl. LXX.
[5] De Estherae libro. Rom. 1856. Tom. 1. § 8.
[6] Esth. 2, 7.

ſeines Vaters, weßhalb Einige glauben, daß in der Vulgata nach dem Worte fratris das Wort patris ausgefallen ſei. Als Couſine konnte ſie leicht um ſo viel jünger ſein, daß er ſich ihrer als Pflegevater anzunehmen ver= anlaßt ſah.

Im zweiten Jahre des Achaſchweroſch und zwar am erſten Niſan hatte Mardochäus einen bedeutungsvollen Traum. Es ließen ſich Stimmen, Ge= räuſch, Donner, Erdbeben und Verwirrung auf Erden vernehmen (Bild der Bewegungen und Aufreizungen Amans gegen die Juden) und er ſah zwei große im Kampfe mit einander begriffene Drachen, auf deren Geſchrei hin alle Völker ſich erhoben, um gegen das Volk der Gerechten (Juden) zu kämpfen. Dasſelbe wurde darob derart beſtürzt, daß es ſich zum Tode vor= bereitete. Während das Volk zu Gott um Hülfe flehte, wuchs eine kleine Quelle heran zu einem ſehr großen Strome und ſtrömte in ſehr vieles Ge= wäſſer aus. Anſtatt der Finſterniß erſchien wieder Licht und Sonne und die Erniedrigten wurden erhöht und vernichteten die Angeſehenen. Mar= dochäus erkannte zwar, daß ſein Traum von Gott komme [1], jedoch die Be= deutung desſelben erkannte er erſt ſpäter, als er zu der höchſten Ehrenſtelle erhoben war. Der kleine Quell, der anwuchs zum Strome, in großes Ge= wäſſer ſich ergoß und in Licht und Sonne ſich verwandelte, iſt Eſther, welche der König zur Frau nahm und wollte, daß ſie Königin ſei. Paſſend wird dieſe mit einer Quelle verglichen, die anfangs unſcheinbar iſt, dann aber zu einem großen Fluſſe ſich erweitert; ſo Eſther, die als Jungfrau zurückgezogen im Hauſe ihres Pflegevaters lebte, dann aber zur Würde einer Königin er= hoben, durch ihren Einfluß ihr ganzes Volk rettete und es zu hohem An= ſehen erhob, einem über die Ufer tretenden Strome gleich alles Widerſtrebende (Aman und ſeinen Anhang) fortriß und bewirkte, daß viele Heiden zur jüdiſchen Religion übertraten. Wie ein hellleuchtendes Geſtirn glänzte ſie durch Majeſtät und Tugend in ganz Perſien, verſcheuchte das durch Aman über Israel heraufbeſchworene düſtere Gewölk durch ihre Strahlen und ver= wandelte deſſen Trauer in Fröhlichkeit. Endlich löſchte ſie durch ihre reich= lichen Thränen den von Aman geſchürten Brand aus. Ebenſo paſſend wer= den Mardochäus und Aman mit Drachen verglichen; denn der Drache war das Zeichen und Emblem der Könige und Fürſten und zeichnet ſich durch Wachſamkeit, Schnelligkeit und Stärke aus, welche Eigenſchaften Beiden, jedem nach ſeiner Art, zukamen. Die Völker, welche zuſammenkamen, ſind die, welche gewagt haben, den Namen der Juden auszutilgen; Israel aber, das Volk Gottes, welches zum Herrn rief, wurde unter großen Zeichen und Wun= dern von allen Uebeln befreit [2].

Im dritten Jahre ſeiner Herrſchaft gab Achaſchweroſch den in Suſa verſammelten Magnaten des Reiches ein Gaſtmahl, um ihnen ſeine Größe und Herrlichkeit zu zeigen, während gleichzeitig die Königin Vaſthi (hebräiſch Vaſchti) den Frauen ein Mahl im königlichen Palaſte bereitet hatte. Vaſthi bedeutet im jetzigen Perſiſchen eine ſchöne Frau. Am ſiebenten Tage des Feſtgelages ließ der König, nachdem er bereits vom Weine erhitzt war, durch ſeine Eunuchen der Königin gebieten, mit der Krone auf dem Haupte vor

---

[1] Eſth. 11, 5—12.   [2] Eſth. 10, 5 f.

ihm zu erscheinen, um den Fürsten und Völkern ihre Schönheit zu zeigen, denn sie war sehr schön. Die Königin aber weigerte sich und verschmähte zu kommen und darüber gerieth der König in heftigen Zorn. Nach einer altpersischen Sitte waren die Frauen, besonders die Königin zu einer gewissen Zurückhaltung verpflichtet. War es schon etwas Außergewöhnliches, wenn eine Königin unverschleiert erschien, so konnte Vasthi um so weniger hier, wo es außer Zweifel stand, daß sie die Augenweide einer trunkenen Gesell= schaft sein werde, sich vor dem lüsternen Blicke so Vieler bloßstellen, besonders da die Schamlosigkeit der Perser genug bekannt war [1]. Manche Interpreten [2] entschuldigen daher mit Recht das Verfahren der Königin, während Andere [3] sie des Ungehorsams zeihen, welcher Meinung auch Josephus zuzuneigen scheint, indem er beifügt, daß sie auf wiederholten Befehl des Königs nicht erschienen sei. Es ist nicht unwahrscheinlich, daß ein gewisser Eigensinn bei Vasthi im Spiele war, auch Stolz und Selbstüberhebung sie so eingenommen habe, daß sie eine harte Strafe für unmöglich hielt. Wie dem immer sei, der König hätte sich über die Schamhaftigkeit seines Weibes freuen sollen, ohne jedoch dabei mit dem Targumisten annehmen zu wollen, daß sie nach dem Befehle des Königs hätte nackt erscheinen müssen, weil sie auch Aehnliches von den jüdischen Sklavinen verlangt hätte. Er gerieth daher in heftigen Zorn, weil er sich in den Augen Aller gedemüthigt sah. Selbst wenn wir zugeben, daß sie, wenn klug, leicht eine Form hätte finden können, zu ge= horchen, ohne sich dabei etwas zu vergeben, so fällt doch nicht so sehr auf Vasthi, als vielmehr auf den König ein ungünstiges Licht.

Achaschverosch befrug nun seine Weisen, was nach dem Gesetze mit der Königin Vasthi zu thun sei. Diese geben den Rath, durch ein unwider= rufliches Edict die Vasthi zu verstoßen und ihre Würde einer anderen, die besser sei, zu geben, und dieses Edict im ganzen Reiche bekannt zu machen, damit nicht auch schließlich durch ihr Beispiel verleitet, die übrigen Frauen ihren Ehemännern ungehorsam seien, sondern lernen, ihre Befehle zu achten. Die Strenge dieses Urtheils erklärt sich vielleicht daraus, daß Vasthi als stolze Perserin verhaßt war. Uebrigens blieb den Berathern nichts Anderes übrig, als sie entweder für unschuldig zu erklären, was sie jedoch dem Könige gegenüber nicht leicht konnten, oder aber sie für immer unschädlich zu machen; denn wäre die Königin wieder zu Gnaden gekommen, so hätten sie ihre Rache fürchten müssen [4].

Als nach einiger Zeit der Zorn des Königs sich gelegt hatte, gedachte er an Vasthi und was sie gethan und was über sie verhängt worden war. Vielleicht mochte ihn der Gedanke quälen, daß er sie zu hart behandelt, und die Sehnsucht nach Wiedervereinigung mit ihr, der Geliebten [5], in seiner Seele auftauchen. Um nun diese Liebe zu Vasthi nicht in ihm aufkommen zu lassen, was für alle bei dieser Sache Betheiligten höchst gefährlich erscheinen mußte,

---

[1] Herodot V, 18.

[2] Sanctius, Serarius, *Sulpitius*, lib. 11 hist. cp. 6: Esther stulto rege con-sultior, pudens virorum oculis spectaculum praebere jussa abnuit; tanto ipsa lau-dabilior, quanto in legum pudorisque custodia perseverantior.

[3] Carthusianus, Cornelius, Salianus, Lyranus.

[4] Esth. Kap. 1.   [5] Josephus l. c.

riethen ihm seine Hofbeamten, er solle durch Abgesandte in allen Landschaften
des Königreiches die schönsten Jungfrauen zusammenbringen lassen in das
Frauenhaus (Harem) unter Aufsicht des obersten Eunuchen (Kämmerers) Hegai,
und die, welche dem Könige gefalle, möge Königin werden anstatt der Vasthi.
Der König, welchem dieser Rath gefiel, ließ die Sache ausführen. Unter den
vielen schönen Jungfrauen (Josephus gibt ihre Zahl auf 400 an) befand sich
auch Esther, welche in das Frauenhaus aufgenommen wurde, wahrscheinlich
wider Willen des Mardochäus und auch gegen ihren eigenen, denn der Chaldäer
fügt hinzu: sublata est vi. Wer konnte es auch einer sittsamen, frommen,
jüdischen Jungfrau verargen, wenn sie sich sträubte, den Gelüsten eines heidnischen Tyrannen zu dienen! Da Esther dem Hegai gefiel und seine Gunst
gewann, sorgte er dafür, daß sie möglichst bald zum Ziele der Harems-
jungfrauen gelangte, ließ ihr eine besonders gute Kost, den Frauenschmuck,
sowie sieben vorschriftsmäßig zu ihrem Dienste bestimmte Dienerinnen zuweisen
und versetzte sie in die Prachtzimmer des Harems, wo die, welche dem Könige
zugeführt werden sollten, zu wohnen pflegten. Dieses Glück verdankte Esther
außer ihrer Anmuth der Klugheit des Mardochäus; auf seinen Rath nämlich hatte sie ihr Volk und ihre Abkunft verschwiegen, denn ein gefangen ge-
führtes und leicht verachtetes Judenmädchen hätte wohl kaum auf eine so
freundliche Behandlung und Bevorzugung rechnen können. Ueberdieß bewies
Mardochäus seine Liebe und Sorgfalt auch dadurch, daß er mit Esther in
steter Verbindung blieb; denn er erging sich täglich vor dem Gehege des
Frauenhauses, um sich über ihr Schicksal und Wohlbefinden zu erkundigen.
Wie dieser Verkehr bewerkstelligt wurde (vielleicht durch die ihr beigegebenen
Dienerinnen), läßt sich sicher nicht angeben. Jüdische Erklärer, sowie Sanctius
und Serarius meinen, Mardochäus sei damals schon ein höherer persischer
Beamter gewesen und habe als solcher leicht Zugang sich zu verschaffen gewußt.

Nach persischer Sitte mußte eine jede Haremsjungfrau zwölf Monate
von ihrer Aufnahme in das Frauenhaus dort zubringen und zwar so, daß
sie sechs Monate lang mit Myrrhenöl und ebenso lange mit wohlriechenden
Spezereien und anderen Frauensalben gereinigt, d. h. für die Umarmung
des Königs vorbereitet wurde. Wenn Eine nun wirklich zum Könige kam,
wurde ihr jede Art von Schmuck und Kostbarkeiten gegeben, womit sie sich
für den König herausputzen wollte. Am Abende kam sie zum Könige und
am Morgen kehrte sie zurück in ein zweites Frauenhaus unter Leitung des
Schaaschgaz (Hüters der Kebsweiber) und nicht mehr kam sie zum Könige,
außer wenn der König an ihr Gefallen hatte und sie namentlich gerufen
wurde. Als nun die Reihe, zum Könige einzutreten, an Esther kam, forderte
sie nichts Anderes mitzunehmen, außer das, was ihr Hegai angab, ging
also nicht darauf aus, durch besonderen Schmuck, wie die Uebrigen, dem
Könige zu gefallen und so erwarb sie sich Gunst in den Augen aller, die
sie sahen; sie war nämlich von Natur aus sehr wohlgestaltet, und von un-
glaublicher Schönheit, wie die Vulgata hinzufügt. Im siebenten Jahre der
Regierung und zwar im zehnten Monate Tebeth ward Esther in das Schlafgemach des Königs geführt, und dieser gewann sie lieb vor allen Frauen
und Jungfrauen, setzte ihr die Königskrone auf's Haupt und erwählte sie
zur Königin anstatt der Vasthi. Da die Griechen den zwölften Monat

Abar hiefür ansetzen, so haben wir nach der Angabe des Josephus anzunehmen, daß der König zwei Monate nach der Begegnung mit Esther, die er gleich bei der ersten Einführung als seine eigene Gemahlin erwählt, die Hochzeit mit ihr gefeiert habe. Aus diesem Anlasse gab auch der König allen Fürsten und Dienern ein großes Festmahl, das Mahl der Esther genannt, ließ den Provinzen einen Erlaß (an Steuern oder Arbeit) zu Gute kommen, und vertheilte mit königlicher Freigebigkeit Geschenke.

Auch nachdem Esther Königin geworden, befolgte sie das Gebot des Mardochäus, ihre jüdische Abkunft nicht bekannt zu geben, ganz sowie früher, als sie noch seine Pflegetochter war, womit aber nicht gesagt sein soll, als ob sie sich ihrer Abstammung geschämt hätte; sondern ihr Schweigen hatte einen anderen Grund. Als auch nach der Vermählung mit Esther der orientalischen Sitte gemäß noch andere Jungfrauen für den König ausgewählt wurden, denn die Könige hatten viele Kebsweiber — andere verstehen diese zweite Zusammenbringung als jene, bei welcher auch Esther gewählt wurde, während die erste damals stattfand, als der König sich die Vasthi auserkor — wurde dem Mardochäus, der an der Pforte des Königs saß und mit der Esther im steten Verkehre stand, eine Verschwörung zweier Höflinge gegen das Leben des Königs bekannt, welcher gleich davon der Esther Kunde gab, um im Namen des Mardochäus dem Könige davon Mittheilung zu machen. Nach Josephus hat Barnabazus, der jüdische Sklave eines Verschworenen, diesen Anschlag dem Mardochäus entdeckt. Nachdem nach genauer Untersuchung die Sache als richtig befunden wurde, ließ der König die Beiden an einem Holze aufhängen, diese Angelegenheit in die Reichschronik eintragen [1], befahl, daß Mardochäus im Hofe des Palastes bleibe und gab ihm Geschenke für die Anzeige [2].

Als Großvezier fungirte damals am Hofe des Assuerus ein mächtiger Mann, Namens Aman (hebräisch Haman), Amadathi's Sohn, aus dem Geschlechte des Agag. Jüdische und christliche Ausleger, Josephus und der Targum halten Aman für einen Abkömmling von dem bekannten Amalekiterkönig Agag, der von Saul besiegt und gefangengenommen, von Samuel aber in Stücke gehauen wurde [3]; daraus würde sich auch sein Haß gegen die Juden, vorzugsweise gegen Mardochäus leicht erklären lassen. Vielleicht wollte der Verfasser ihn als einen geistigen Sprößling desselben bezeichnen; denn dieser war Repräsentant eines Volkes, welches in entschiedenster Feindschaft gegen Israel stand, weßhalb der Herr ihm auch einen ewigen Krieg angekündigt hatte [4]. Dieser Aman nun wollte den Mardochäus und dessen Volk verderben, wegen dieser beiden königlichen Höflinge, welche getödtet wurden [5]; wahrscheinlich weil er bei jener Verschwörung nicht ganz unbetheiligt gewesen [6] und daher einen Vorwand suchte, um an ihm als Entdecker Rache zu nehmen. Dieser bot sich auch bald dar. Der König hatte nämlich allen seinen Dienern geboten, vor Aman die Kniee zu beugen; da nun Mardochäus diese Ehrenbezeugung, als mit dem religiösen Glauben der Juden unvereinbar, ihm verweigerte, trachtete jener danach, alle Juden im ganzen Reiche

---

[1] Esth. Kap. 2.   [2] Esth. 12, 1—5.   [3] 1 Sam. 15, 8. 33.   [4] Ex. 17, 15. Num. 24, 20.   [5] Esth. 12, 6.   [6] Esth. 16, 12—14.

Zschokke, Biblische Frauen.   23

zu vertilgen. Zu diesem Behufe erwirkte er bei dem Könige durch Ver=
dächtigung der Juden einen Befehl und sandte denselben in versiegelten
Schriften im ersten Monate durch Eilboten in alle Provinzen, damit sie sich
zur Vollstreckung desselben im zwölften Monate bereit machten, worüber die
Stadt Susa in große Bestürzung gerieth[1]. Als Mardochäus das Geschehene
erfuhr, zog er ein Trauergewand an, ging klagend in der Stadt umher und
kam bis an die Pforte des Königs. Als die Königin durch ihre Dienerinnen
und Höflinge, welche ihr reges Interesse für Mardochäus kannten, von der
Trauer desselben hörte, schickte sie ihm Kleider, damit er sein Trauergewand
ablege, und so in den Palast eintrete und ihm Mittheilung über das Vor=
gefallene mache. Als er dieß nicht thun wollte, schickte Esther den Kämmerer
Hathach zu ihm, um Näheres zu erfahren. Diesem berichtete Mardochäus
alles, was vorgefallen, gab ihm auch eine Abschrift des durch Aman er=
lassenen Gesetzes und ließ die Esther auffordern, die Gnade des Königs für
ihr Volk anzuflehen.

Als Hathach diese Nachrichten der Esther überbracht hatte, ließ sie durch
denselben dem Mardochäus antworten, daß sie ungerufen nicht zum Könige
gehen könne; denn wer unangemeldet eintrete, werde mit dem Tode gestraft,
wenn nicht der König durch Ausstrecken des Scepters zu erkennen gab, daß
er ungestraft bleiben solle. Auch seien es bereits 30 Tage, daß sie nicht
zum Könige gerufen wurde. Daraus schließt sie, daß der König sie nicht
zu sehen verlange, also vielleicht auch bereits gleichgültiger gegen sie geworden
sei, und wagte daher auch nicht ungerufen zu gehen. Sich aber anmelden
lassen wollte sie aus dem Grunde nicht, weil sie sofort ihr Anliegen dem
Könige hätte vortragen müssen. Auch konnte sie kaum auf Erhörung ihrer
Bitte hoffen, da sie die große Gunst und das Ansehen kannte, in welchem
Aman beim Könige stand, und wußte, daß ein mit dem königlichen Siegel
versehener Befehl nicht leicht rückgängig gemacht werden könne.

Als Mardochäus diese Rede der Esther gehört hatte, ließ er, um trotz
ihrer Bedenken sie zur Erfüllung seiner Forderung zu bewegen, ihr sagen,
sie solle ja nicht glauben, daß sie als Gemahlin des Königs der Rache des
Aman entgehen werde. Würde sie versäumen, zur Rettung ihres Volkes
Alles zu wagen, so könne Gott selbst doch erhalten und werde es auch thun
kraft seiner Verheißungen, sie aber werde ob ihrer Unthätigkeit gestraft wer=
den. Wer weiß, ob sie nicht gerade deßhalb zur Würde einer Königin ge=
langt sei, um so als Werkzeug zur Rettung des Volkes in der Hand Gottes
zu dienen? Darin lag wohl die dringende Mahnung, ihre hohe Stellung
zur Rettung ihres Volkes zu benützen. „Gedenke,“ fügt er hinzu[2], „der Tage
deiner Niedrigkeit, wie du ernährt wurdest durch meine Hand, denn Aman
hat gegen uns den Tod gesprochen. Darum rufe du den Herrn an und
rede zum Könige für uns und rette uns vom Tode.“ Diese Worte brachten
in ihr die Entscheidung zu Stande. Esther ließ dem Mardochäus erwiedern:
„Gehe, versammle alle Juden in Susa, und betet für mich. Esset und
trinket nicht drei Tage und Nächte (also ein strenges, ununterbrochenes Fasten,
das bis in den dritten Tag hineinreicht); ich und meine Mägde werden gleich=

---

[1] Esth. Kap. 3 u. 13, 1—7.   [2] Esth. 15, 1—3.

mäßig fasten und so will ich dann zum Könige gehen, obgleich es nicht dem Gesetze entspricht und ich mich der Todesgefahr aussetze." Statt der Letzteren Worte hat der hebräische Text: und wenn ich umkomme, komme ich um, die nicht Ausdruck der Verzweiflung, sondern der völligen Ergebung in Gottes Schickung sind. Mardochäus ging nun hin, um Esthers Wunsch zu erfüllen [1], und sandte jenes herrliche Gebet [2] zum Himmel, welches die Kirche am Mittwoche nach dem zweiten Fastensonntage in der heiligen Messe betet. Deßgleichen flehte ganz Israel zum Herrn. Auch die Königin Esther nahm Zuflucht zum Herrn in der Furcht vor der bevorstehenden Gefahr. Und als sie die königlichen Kleider abgelegt, zog sie Buß= und Trauerkleider an und statt allerlei Salben schüttete sie auf ihr Haupt Asche und Staub und demüthigte ihren Leib mit Fasten [3] und an allen Orten, wo sie zuvor sich zu erfreuen pflegte, raufte sie sich reichlich Haar heraus. Und sie flehte zum Herrn, dem Gott Israels und sprach mit dem der heiligen Stadt zugewandten Gesichte, wie der Paraphrast hinzusetzt, und mit demselben den Boden berührend, wie Josephus angibt: „Mein Herr, der du allein unser König bist, hilf mir Verlassenen, welche außer dir keinen anderen Helfer hat. Meine Gefahr ist schon so nahe, daß ich sie mit den Händen fassen könnte. Von meinem Vater habe ich gehört, daß du Israel aus allen Völkern und unsere Väter aus allen ihren Ahnen vordem ausgewählt hast, sie zu besitzen als ewiges Erbe. Du hast ihnen auch gethan, wie du verheißen. Gesündigt haben wir vor deinem Angesichte, und deßhalb hast du uns preisgegeben in die Hände unserer Feinde; denn wir (meine Vorfahren, an deren Schuld und Verdienst sie als Angehörige des Volkes Theil nimmt) haben den Göttern derselben gedient. Gerecht bist du, Herr! Nun aber ist es diesen nicht genug, uns mit der härtesten Knechtschaft zu drücken, sondern sie schreiben auch die Gewalt ihrer Hände der Macht der Götzen zu (Griechisch: sie haben ihre Hände auf die Hände ihrer Götzen gelegt, d. h. denselben eidlich gelobt, Israel zu vertilgen). Sie wollen deine Verheißungen vereiteln, dein Erbe vertilgen und den Mund derer, die dich loben, verschließen und die Herrlich= keit deines Tempels und Altares vernichten, um den Mund der Heiden zu öffnen, die Macht der Götzen zu preisen und einen König, welcher Fleisch (sterblich) ist, zu rühmen immerdar (worunter der persische zu verstehen ist, welcher wegen der Vernichtung der Juden auf ewig bewundert werden soll). Gib nicht, Herr! dein Scepter (deine Herrschaft) über uns denen, welche

---

[1] Efth. Kap. 4. [2] Efth. 13, 8—18.

[3] *Ambros.*, l. de Elia et jej. cp. 9: Esther quoque pulchrior facta est jejunio; Dominus enim gratiam sobriae mentis augebat. Omne genus suum, i. e. totum populum Judaeorum a persecutionis acerbitatibus liberavit; ita ut regem sibi faceret esse subjectum, non libidinis ardore flammatum, sed coelesti miseratione conversum, ita ut et poena retorqueretur in impium et honor sacris redderetur altaribus. Itaque illa, quae triduo jejunavit continuo et corpus suum aqua lavit, plus placuit et vindictam retulit. Aman autem, dum se regali jactat convivio, inter ipsa vina poenam suae ebrietatis exsolvit. *Clemens Alex.*, l. 4 strom. cp. 19: Perfecta illa in fide Esther, Israelem a tyrannica potestate liberans et a crudelitate satrapae, sola mulier afflicta jejuniis, restitit armatis copiis innumerabilibus, tyrannicum per fidem solvens decretum. Et tyrannum quidem mitigavit; Aman vero repressit et Israelem perfecta ad Deum oratione illaesum conservavit.

23 *

nichtig sind (den Götzen und ihren Dienern), damit sie nicht lachen über unsern Untergang, sondern kehre ihren Anschlag auf sie zurück und verdirb den, der angefangen hat, gegen uns zu wüthen.

„Gedenke, Herr! und zeige dich uns in der Zeit unserer Trübsal und gib mir Muth, Herr, König der Götter und aller Herrschaft, lege die rechte Rede[1] in meinen Mund vor dem Angesichte des Löwen (des Königs Assuerus) und wandle sein Herz zum Hasse gegen unseren Feind, daß sowohl dieser zu Grunde gehe als die Uebrigen, welche ihm beistimmen. Uns hingegen rette durch deine Hand und stehe mir bei, welche keine andere Hülfe hat, als dich, Herr, der du Kenntniß hast von Allem und weißt, daß ich hasse die Herrlichkeit der Gottlosen und verabscheue das Beilager der Unbeschnittenen und eines jeden Fremdlings. Du weißt, wie ich gezwungen bin, wie ich verachte das Zeichen meiner Hoheit und Ehre (die Königskrone), welches auf meinem Haupte ist an den Tagen, da ich mich sehen lasse (an Galatagen): wie ich es verabscheue gleich dem Tuche der Blutgängigen, und selbes nicht trage in den Tagen meiner Zurückgezogenheit." Daraus erhellt, daß Esther wider ihren Willen in's Frauengemach gebracht wurde und die Ehe mit Assuerus nicht anstrebte, weßhalb der hl. Augustin[2] sie als Musterbild der Eingezogenheit hinstellt und ihr Gebet preist, welches nach Chrysostomus[3] die feindliche Wuth stillte. „Du weißt," fährt Esther fort, „daß ich nicht aß am Tische des Aman, noch Gefallen hatte beim Mahle des Königs und nicht genoß den Wein der Trankopfer (um nicht den geringsten Antheil am Götzendienste zu haben) und daß niemals deine Magd sich freute, seitdem ich hieher gebracht worden, bis auf den gegenwärtigen Tag, außer nur in dir, Herr, Gott Abrahams! Gott, mächtig über Alle, erhöre die Stimme derer, die keine andere Hoffnung haben, und rette uns aus der Hand der Ungerechten und befreie mich von meiner Angst!"[4] Am dritten Tage legte Esther die Trauerkleider ab, kleidete sich in ihre königlichen Gewänder, legte ihren Schmuck an. Und da sie im Glanze der königlichen Gewande stand

---

[1] Hiezu bemerkt der hl. *August.*, l. 4 de doct. christ. cp. 30: Si regina oravit Esther, pro suae gentis temporaria salute locutura apud regem, ut in os ejus Deus congruum sermonem daret, quanto magis orare debet, ut tale munus accipiat, qui pro aeterna hominum salute in verbo et doctrina laborat?

[2] Ep. 262 (al. 199) ad Eediciam: Esther illa regina Deum timens, Deum colens, Deo subdita, marito regi alienigenae non eundem secum colenti Deum, tamen subjecta serviebat; quae cum in extremo periculo, non tam sua, sed etiam gentis suae, qui tunc erat populus Dei, Domino prosterneretur orando, in ipsa sua oratione dixit, ita sibi esse ornatum regium, sicut pannum menstrualem, et ita orantem confestim exaudit, qui cordis inspector eam verum dicere scivit. Et utique maritum habebat multarum mulierum virum et deorum alienorum falsorumque cultorem; und Ps. 51.

[3] Hom. 3 ad pop. Ant.: Quum nullus esset, qui contra iram regis Persarum obsistere posset, splendidiorem vestitum exuta mulier et sacco amicta et cinere substrato, div. clementiae supplicabat, ut secum ad regem ingrederetur, et haec precabatur: Grata fac verba mea et da sermonem ornatum in os meum. Haec et pro magistro nos nunc Deum oremus. Si enim mulier pro Judaeis supplicans barbaricum cohibere furorem potuit, multo magis doctor noster pro tanta civitate ... Imperatorem flectere poterit.

[4] Esth. Kap. 14.

und Gott, den Lenker und Retter Aller, angerufen hatte, nahm ſie zwei
Dienerinnen mit, und zwar lehnte ſie ſich auf die eine, als könnte ſie vor
Zartheit und übergroßer Schwächlichkeit ihren Leib nicht aufrecht halten (ein
Mittel, um dem Könige zu gefallen und ihn zum Mitleid zu ſtimmen), die
andere Dienerin aber folgte der Gebieterin und trug die auf den Boden
niederwallenden Gewänder.   Aber unter dem Antlitz, das roſige Farbe (von
Natur aus, nicht durch Kunſt) überfloß, und den lieblichen, glänzenden
Augen barg ſie ein trauerndes und von übergroßer Angſt beklommenes Gemüth.
So kam ſie der Reihe nach durch alle Thüren und ſtellte ſich dem Könige
gegenüber, da wo er ſaß auf dem Throne ſeines Reiches, angethan mit den
königlichen Gewändern und ſtrahlend von Gold und Edelſteinen; und ſein
Anblick machte beben.   Und als er ſein Angeſicht erhob, und den Grimm
ſeines Herzens mit den funkelnden Augen zu erkennen gab (weil ungehalten
über das Erſcheinen der Eſther, indem er ſie nicht hatte rufen laſſen), da
ſank die Königin zuſammen, die Farbe wandelte ſich in Bläſſe und ſie ließ
kraftlos das Haupt auf ihre Dienerin ſinken.   Denn ſie mußte befürchten,
gleich Vaſthi verſtoßen zu werden und den Untergang ihres Volkes zu be-
ſchleunigen.

Da wandte Gott des Königs Herz zur Sanftmuth [1], und eilig und be-
ſorgt ſprang er vom Throne, ſtützte ſie mit ſeinen Armen, bis ſie wieder
zu ſich kam, und beruhigte ſie mit den Worten: „Was haſt du, Eſther?
Ich bin dir Bruder, fürchte nichts. Du ſollſt nicht ſterben; denn dieſes Geſetz iſt gemacht für Alle, aber nicht für dich (Griechiſch: iſt ein gemeinſames,
d. h. geht mit von dir aus, berührt dich nicht). Komm alſo und berühre
das Scepter!“ Ihren Bruder nennt ſich der König liebkoſend und um anzudeuten, daß ſie mit ihm gleichberechtigt ſei. Und da ſie ſchwieg, nahm er
ſein goldenes Scepter, legte es auf ihren Nacken, küßte ſie und ſprach:
„Warum ſagſt du nichts zu mir?“ Sie antwortete einſchmeichelnd: „Ich
ſah dich, Herr, gleich einem Engel Gottes und mein Herz erbebte aus Furcht
vor deiner Herrlichkeit. Bewunderungswerth biſt du gar ſehr, und dein
Antlitz iſt voll Gnade.“ Der Vergleichungspunkt des Aſſuerus mit einem
Engel liegt in dem außerordentlichen Glanze der Erſcheinung und damit in
dem Furchtbaren.

Nach dieſen Worten ſank Eſther wieder zuſammen und kam faſt von
Sinnen. Der König aber ward beſtürzt und alle ſeine Diener tröſteten ſie [2].
Als ſie ſich beruhigt hatte, ſprach der König zu ihr: „Was willſt du, Eſther,
Königin? welches iſt deine Bitte? Auch wenn du verlangſt die Hälfte des
Reiches, ſo ſoll ſie dir gegeben werden.“ Die Königin verlangte zunächſt
nichts weiter als: „Wenn es dem Könige beliebt, ſo bitte ich, daß du heute
und Aman mit dir zu mir kommeſt zu dem Mahle, das ich bereitet habe.“
Ohne Zweifel wollte ſie ſich erſt überzeugen, ob ſie noch die volle Gunſt
des Königs genieße, um eine ſolche Bitte wagen zu dürfen, ſodann ihn beim
Mahle willfährig machen, denn die Perſer pflegten beim Mahle keine Bitte
abzuſchlagen. Den Aman will ſie mit beim Mahle haben, um ihm jede

---

[1] Vgl. *Aug.*, l. de grat. Christ. cont. Pelag. cp. 24.
[2] Eſth. Kap. 15; 5, 1. 2.

Gelegenheit einer Einsprache oder Entschuldigung, sowie die Gunst des Königs zu entziehen und, wie Lyranus meint, den Neid und Haß der Satrapen auf ihn zu laden. Der König ließ den Aman sofort herbeirufen und leistete mit ihm der Einladung der Esther Folge. Beim Gelage des Weines, wo die fröhlichste Stimmung herrschte, wiederholte der König seine Frage, was die Königin wünsche, mit demselben Versprechen. Esther hält mit ihrer Bitte auch jetzt noch zurück, gleichsam als ob ihr der Muth dazu noch fehle und sprach: „Meine Bitte und mein Begehren sind diese: Habe ich Gnade gefunden in den Augen des Königs, und gefällt es dem Könige, mir zu gewähren, was ich verlange, und meine Bitte zu erfüllen, so komme der König und Aman zu dem Mahle, welches ich ihnen bereite, und morgen will ich dem Könige meinen Wunsch eröffnen." Daß der König wieder zum Mahle komme, ist nicht Gegenstand der Bitte, sondern das Zeichen, daß er die Bitte der Königin erfüllen werde.

Als nun Aman vergnügt und fröhlich über die ihm gewordene Aus= zeichnung aus dem Palaste ging, empfand er die Halsstarrigkeit des vor dem Thore sitzenden Mardochäus, der vor ihm die Kniee nicht beugte, ja nicht einmal von der Stelle, wo er saß, sich rührte, um so bitterer. Ohne Zweifel hatte Mardochäus seine Trauerkleider wieder abgelegt und weil er mußte, daß Esther den versprochenen Schritt beim Könige thun werde, zog es ihn gerade jetzt an die Stelle, an welcher er am ersten über Esthers Erfolg etwas zu erfahren hoffen durfte. Aman verbarg jedoch seinen Zorn, eilte nach Hause, ließ seine Freunde und sein Weib Zeresch [1] (Vulg.: Zares) kommen, um ihnen gegenüber seinem Zorne Luft zu machen und mit ihnen über die Vernichtung des Mardochäus zu berathen. Er erzählte ihnen von der Herr= lichkeit seines Reichthums und seines Familienglückes, er hatte nämlich zehn Söhne, von den hohen Ehren, die er erlangt habe und wie vor allen Andern er allein zum Gastmahle der Königin mit zugezogen und auch für den folgen= den Tag miteingeladen sei. Und doch wird ihm dieses Glück verbittert, so oft er den verhaßten Juden Mardochäus an der Pforte des Königs sitzen sehe. Seine Frau und Freunde geben ihm den Rath, einen 50 Ellen hohen Baum aufrichten zu lassen und morgen vom Könige zu verlangen, daß man den Mardochäus daran aufhänge; so könne er dann ohne Verdruß zum Gastmahle gehen. Da Mardochäus des Königs Befehl übertreten, so war Aman überzeugt, daß dessen Hinrichtung genehmigt werde, und um sie so schnell als möglich vollziehen zu können, ließ er eiligst die Vorkehrungen dazu treffen [2].

Rechtzeitig tritt in der dazwischenliegenden Nacht ein Zwischenfall ein, der bereits den Anfang der Demüthigung Amans herbeiführt. In der folgen= den Nacht ließ der König wegen Schlaflosigkeit sich die Reichschronik vor= lesen und als ihm hiebei auch die von Mardochäus entdeckte Verschwörung vorgelesen wurde, fragte er, welche Belohnung er hiefür erhalten habe? Als man ihm antwortete: „Keine", ließ er fragen, wer im Vorhofe sei,

---

[1] Nikes l. c. I. Bd. S. 241 f. identificirt die Zara mit Zarina, der Königin der Scythen. Josephus nennt sie Zaraza.
[2] Esth. Kap. 5, 3—14.

und da Aman schon am frühen Morgen sich dort eingefunden hatte, so rief er ihn zu sich und fragte ihn, was dem Manne zu erweisen sei, welchen der König ehren wolle. Aman, in der Meinung, daß nur ihm Ehrenbezengung zugedacht sei, stimmte für die höchste öffentliche Ehrenbezengung, die er aber auf Befehl des Königs dem Mardochäus erweisen muß.

Während Mardochäus nach den ihm erwiesenen Ehren in das Thor des Königs zurückkehrt, eilte Aman traurig und mit verhülltem Haupte nach Hause, um seinem Weibe und seinen Freunden das Vorgefallene zu erzählen. Von diesen muß er nun die entmuthigende Weissagung hören, daß das ihm widerfahrene Ungemach der Anfang seines Endes sein werde, denn sein Weib und die Weisen (Magier), die er zu Rathe gezogen, sprachen: „Wenn Mar= dochäus, vor dem du zu fallen angefangen, von dem Geschlechte der Juden ist, so kannst du ihm nicht widerstehen, sondern wirst vor seinem Angesichte fallen." Während der Unterredung langten schon die königlichen Höflinge an, die Aman eiligst zu dem Gastmahle der Königin Esther führten [1]. Während des Mahles fragte der König die Esther wieder um ihr Verlangen. Da faßte sie Muth, ihre Bitte auszusprechen: „Habe ich Gnade gefunden in deinen Augen, König! und gefällt es dir, so schenke mir mein Leben, um welches ich bitte, und mein Volk, um welches ich flehe. (Daraus konnte Assuerus erkennen, daß sie zum Volke gehöre [2], welches dem Untergange bestimmt war.) Denn preisgegeben sind wir, ich und mein Volk, daß wir zermalmt, erwürgt und vertilgt werden. Ja, würden wir nur als Knechte oder Mägde verkauft, so wäre das Unglück erträglich, und ich würde seufzen und schweigen; nun ist aber der unser Feind, dessen Grausamkeit auf den König zurückfällt" (in= dem er ihn veranlaßte, ein unschuldiges Volk zu tödten. Nach dem Hebräischen ist: denn nicht ist der Feind werth der Schädigung des Königs, d. h. nicht ist er werth, daß ich durch meine Anklage den König betrübe).

Der König, entrüstet über diese Sache, fragt: „Wer ist der und wo ist der, dessen Herz sich erfüllt hat, dieses zu thun?" Da antwortete Esther: „Unser Feind und Widersacher ist dieser Bösewicht Aman." Da erschrack Aman und konnte den Anblick des Königs und der Königin nicht mehr er= tragen. Der König stand in seinem Grimme auf vom Mahle und ging in den Garten des Palastes, um die erste Hitze des Zornes verrauchen zu lassen und zu überlegen, was er gegen Aman thun solle; Aman aber blieb stehen, um sein Leben zu erbitten von der Königin Esther; denn er sah ein, daß vom Könige nichts mehr zu hoffen sei, wenn Esther nicht dazwischenträte. Er warf sich daher der Esther, welche auf dem Polster bei Tische lag, zu Füßen. Als der König vom Garten zurückkommend ihn in dieser Stellung traf, sprach er, in der Hitze des Zornes dem Aman das Schlimmste zutrauend: „Auch der Königin will er Gewalt anthun in meiner Gegenwart, in meinem Hause?" Ohne alle Untersuchung wird er zum Tode verurtheilt, sein Ge= sicht verhüllt, wie es bei der Hinrichtung zu geschehen pflegte, und an dem für Mardochäus bestimmten Baume aufgehängt [3].

---

[1] Esth. Kap. 6.

[2] *Hieron.*, cont. Ruf. 1. 1: Esther, quae Artaxerxis sententiam diu tacita gentis veritate correxit.

[3] Esth. Kap. 7.

Nach der Hinrichtung wurde Amans Vermögen eingezogen und der König
verfügte, daß das Haus des Widersachers der Juden (sammt dem Vermögen)
der Königin Esther zufalle und nachdem diese dem Könige angezeigt, daß
Mardochäus ihr Oheim sei, wurde er in die Zahl der höchsten Beamten erhoben und Amans Siegelring ihm übergeben. Esther aber bestellte den Mardochäus zum Verwalter ihres Hauses. Der Hauptfeind der Juden war vernichtet, allein das verhängnißvolle Edict bestand noch in Kraft und konnte
auch nach dem bestehenden Rechte nicht widerrufen werden. Esther, der das
Wohl ihres Volkes ganz am Herzen lag, fiel neuerdings dem Könige zu
Füßen, weinte und flehte ihn an, den von Aman über ihr Volk beschlossenen
Untergang abzuwenden. Der König streckte sodann sein Scepter aus zum
Zeichen, daß er ihre Bitte gnädig aufnehmen wolle, worauf sie aufstand,
vor den König hintrat und sprach: „Wenn es dem Könige beliebt und ich
Gnade gefunden in seinen Augen und wenn meine Bitte ihm nicht zuwider
erscheint, so bitte ich, daß man die alten Briefe des Aman, wodurch er in
allen Provinzen des Königs die Juden zu vernichten befohlen hatte, wider-
rufe. Denn wie vermöchte ich das Unheil, welches mein Volk trifft, mit-
anzusehen und wie vermöchte ich den Untergang meiner Verwandtschaft zu
erleben?" Das Gesetz konnte der König nicht einfach zurücknehmen, aber bereit, die Bitte der Königin zu erfüllen, versichert er sie zuerst seines Wohl-
wollens, indem er die Esther und den Mardochäus daran erinnert, daß er
das Haus Amans der Esther gegeben und den Aman habe hängen lassen,
sodann ertheilt er ihnen, wie früher dem Aman, die Vollmacht, in seinem
Namen mit seinem Siegel versehene Schreiben an die Juden zu erlassen und
in denselben Befehle zu ertheilen, die nach dem Ermessen der Esther und des
Mardochäus jenes Edict Amans unschädlich machen könnten. Diese Schreiben
wurden ausgefertigt und in alle Provinzen durch Eilboten versandt; in denselben wurde den Juden befohlen, an dem für ihre Vertilgung festgesetzten
Tage für ihr Leben zu stehen und ihre Feinde umzubringen. Diese Maß-
regeln verbreiteten im ganzen Reiche große Freude [1]. An dem durch beide
Edicte bestimmten Tage versammelten sich die Juden in den Städten und
Landschaften des Reiches, um die, welche nach ihrem Leben trachteten, zu
tödten, und brachten, von den Beamten des Königs unterstützt, ihren Feinden
eine große Niederlage bei. Auf den Wunsch der Königin gestattete der König
den Juden in Susa auch noch an dem folgenden Tage gegen ihre Feinde zu
kämpfen (weil hier zu besorgen stand, daß die Angehörigen des Aman zur
Rache für die erlittene Niederlage auch an andern Tagen Feindseligkeiten gegen
die Juden erregen würden) und ließ die zehn Söhne des Aman an den
Galgen hängen. So wurde also in den Städten die Ruhe am 14. Adar,
in Susa dagegen erst am 15. Adar hergestellt, weßhalb dort jener, hier
dieser Tag festlich begangen wurde. Diese Ruhetage wurden sodann durch
Briefe des Mardochäus und der Esther an alle Juden im persischen Reiche
zu Festtagen unter dem Namen Purim erhoben. Der Tag vor dem Feste,
also der 13. Adar, welchen Aman für die Vertilgung der Juden durch das
Loos festgestellt hatte, galt als Fasttag und wird auch von den Juden als

---

[1] Esth. Kap. 8.

Esther-Fasten begangen[1]. Auf die Anordnungen für alle Zukunft stützt sich die jüdische Tradition, daß selbst der Messias dieses Fest (Joh. 5, 1) ehren werde und, wenn alle Propheten und Erbauungsschriften der Bibel außer Geltung kommen, doch das Gesetz Mosis und das Buch Esther bleiben werden.

Rupertus, welcher die Geschichte der Esther ausführlich behandelt[2], hebt an ihr besonders vier Tugenden hervor: die Enthaltsamkeit[3], die Gerechtig- keit, die sich zeigt, da sie selbst wider Willen einen Unbeschnittenen heirathet um des Wohles ihres Volkes willen, ihre Klugheit, mit welcher sie die schwierige Angelegenheit durchführte, und die ohne Zweifel von der göttlichen Providenz geleitet wurde, und ihren Muth, mit welchem sie ihr Volk ver- focht und rettete. Petrus Damianus[4] stellt sie auch als Musterbild der Demuth auf.

Vasthi und Esther haben auch eine typische Bedeutung[5]. Wir begnügen uns hier die vorzüglichsten Vergleichungspunkte hervorzuheben. Wie Vasthi zuerst dem Könige gefiel, als sie aber vor ihm nicht erscheinen wollte, mißfiel und verstoßen wurde, so Eva, welche nach ihrem Ungehorsam die Straf- sentenz des göttlichen Königs vernehmen und das Paradies verlassen mußte. An Vasthi's Stelle trat Esther, die den König durch ihre Anmuth und Schönheit fesselte und sein ganzes Herz gewann; so trat an Evens Stelle die hl. Jungfrau Maria, welche durch den Glanz ihrer Reinheit und Tugen- den Gnade bei Gott fand. Wie Esther durch Gottes Erwählung auf den Thron erhoben wurde, um das ihrem Volke drohende allgemeine Verderben abzuwenden, so wurde auch Maria Königin des Himmels, um die Welt vom allgemeinen Untergange und von dem Tode zu retten. Wie Esther in das Brautgemach des Assuerus geführt wurde und ihm stets lieb und wohlgefällig war, so wurde auch Maria in die himmlischen Wohnungen aufgenommen, um Gegenstand und Freude aller Himmelsbewohner zu sein[6]. Auf zwei Mägde gestützt eilt die Esther zum Könige, um ihre Bitte vorzubringen, ebenso bestürmt Maria den ob der Sünden der Menschen erzürnten Gott mit ihren Bitten, begleitet von der menschlichen und englischen Creatur[7], oder vielmehr von den Verdiensten des activen und contemplativen Lebens. Wie Assuerus seine königliche Gattin, die seinen finstern Blick nicht ertragen kann, mit der Versicherung tröstet, daß sie von dem allgemeinen Gesetze aus-

---

[1] Esth. Kap. 9.   [2] De victor. Verbi Dei l. 8. cp. 1—26.

[3] Vgl. *Rupert.*, l. 12 de div. off. cp. 25: Hester autem pro temperantia po- nitur . . . nam ipsius temperantiae hoc indicium est speciale, quod leonem illum (Assuerum) in mansuetudinem convertit ejusque edictum ex instinctu Aman in- temperantissime superbientis et genus Judaeorum perdere cupientis in consola- tionem suae stirpis transtulit.

[4] De contempt. sec. cp. 19.

[5] Vgl. Hugo, Cornelius a Lap., Lyranus, Didacus de Celada, Sanctius, Sera- rius u. A.

[6] Vgl. *Bonaventura* in Spec. cp. 7 u. *Bernard.* de Assumpt.: Tunc beata Virgo quasi altera Esther de triclinio feminarum, i. e. de ecclesia militante educta et per totam militiam coelestis exercitus ad cubiculum Assueri, sc. summi Dei, ita ut illi conveniat propheticum illud: Tenuisti manu dexteram meam et in vo- luntate tua deduxisti me et cum gloria suscepisti me.

[7] *Bonaventura* in spec. cp. 3.

genommen sei, so kann auch Maria die Gnadenvolle ohne Furcht sein
(Luc. 1, 30), weil sie dem allgemeinen Gesetze der Erbsünde nicht unterliegt.
Esther vermochte bei dem Gastmahle, daß Assuerus den Tod ihres Feindes
Aman beschloß, so brach auch Maria durch ihren göttlichen Sohn die Gewalt
des Teufels. Wie Esther vom Könige erlangte, daß das über ihr Volk be=
schlossene Todesurtheil aufgehoben und Israel gerettet wurde, so hat auch
Maria den Schuldbrief des Menschengeschlechtes zerrissen und die Welt von
dem allgemeinen Verderben gerettet [1]. Esther gleichend einer kleinen Quelle, die
zum Strome wuchs und in helles Sonnenlicht sich wandelte (10, 6; 11, 10. 11)
ist Typus jenes apokalyptischen Weibes, umkleidet mit der Sonne, den Mond
unter ihren Füßen und auf ihrem Haupte eine Krone von zwölf Sternen [2];
weßhalb sie auch genannt wird das Himmelsfenster, durch welches Gott das
wahre Licht ausgegossen [3], die Quelle des Lichtes [4], die Mutter des ewigen
Lichtes [5], der Morgenstern u. a. [6] Wie Esther aus dem Stande ihrer Niedrig=
keit erhöht wurde auf den königlichen Thron (11, 11), so konnte auch Maria
nach ihrer Empfängniß im Magnificat beten: Von nun an werden selig
mich preisen alle Geschlechter der Erde.

Esther gilt auch gewöhnlich als Typus der Kirche, welche ihre Gegner
vernichtet und ihre Gläubigen aus der Hand ihrer Feinde befreit [7].

Racine hat diese Frau auch zum Hauptgegenstande seiner Tragödie Esther
gemacht und mit der ihm eigenen Beredsamkeit namentlich die Klagen= und
Freudengesänge der den Chor bildenden israelitischen Mädchen meisterhaft
auszubrücken verstanden. Auch die Kunst hat sich dieser Geschichte bemächtigt
und Esther, die Retterin ihres Volkes, in sinniger Auffassung darzustellen
versucht. Wir erinnern nur an die Compositionen eines Domenichino, Paolo
Veronese, Tintoretto und Poussin.

§ 39. Die maffabäische Mutter.

Nach der Rückkehr aus Babylon hatten die Juden ihre größten Be=
brängnisse unter Antiochus Epiphanes zu erdulden. Als dieser die Stadt
Jerusalem eingenommen, ließ er schonungslos Alles niedermetzeln; 40 000 Men=

---

[1] *Richardus a s. Laurent.*, l. 4 ad Colos. 2, 14: Maria impetrat deletionem
chirographi diaboli, figurata per Esther, quae literas Aman fecit irritari. De quo
chirographo dicitur: Delens, quod adversum nos erat chirographum decreti, quod
erat contrarium nobis, quod fecit Maria filio mediante.
   [2] Apof. 12, 1.
   [3] *Fulgent.*, sermo de laud. Virg.   [4] *Damascen.*, or. 1 de nat. Virg.
   [5] *Epiphan.*, sermo de laud. Virg.   [6] Vgl. unten § 45.
   [7] *Hieron.*: Esther in ecclesiae typo populum liberat de periculo et interfecto
Aman, qui interpretatur iniquitas, partes convivii et diem celebrem mittit in posteros. Prol. in Soph.: Judith et Esther in typo ecclesiae et occiderunt adversarios
et periturum Israel de periculo liberarunt. *Rupert.*, l. 8 de Victor. verb. cp. 25:
Pulchre cum Hester Mardochaeus evadens patibulum vivus suspensi Aman domum
possedit, quia sic futurum erat, ut Christus, cujus origo carnis per Hester et
Mardochaeum defensa est in cruce, damnato principe mortis, ipse cum ecclesia
sua principatum teneret, praesentis quoque saeculi publica religione socialis sae-
cularis imperii et ecclesiastici sacerdotii festivitate. *Isidor.*, alleg. script. s. n. 122.
Prosper, lib. de prom. et praed. pars 2. cp. 38.

schen wurden in drei Tagen ermordet und ebenso viele in die Sklaverei ver=
kauft, der Tempel geplündert und entweiht. Nach zwei Jahren sandte der
Wütherich in einem Zornanfall den Feldherrn Apollonius neuerdings nach
Jerusalem, welcher ein furchtbares Blutbad anrichtete. In seinem Hasse
gegen die jüdische Religion ließ er die Gesetzbücher der Juden zerreißen und
verbrennen und verbot bei Todesstrafe die Beobachtung des Gesetzes. Im
Jahr 166 v. Chr. ließ er den Tempel des Herrn zum Dienste des Zeus
einweihen, auf dem Altare ein Götzenbild aufstellen und die Juden mit Ge=
walt zwingen, den Götzen zu opfern und Schweinefleisch zu essen. Leider
leisteten Viele aus Furcht dem Verbote des Königs Gehorsam; Viele nahmen
auch aus freiem Antriebe an den Schwelgereien und Greueln Theil, die im
Heiligthume des Herrn verübt wurden. Andere wiederum blieben standhaft und
wollten lieber sterben, als das heilige Gesetz übertreten. Die heilige Schrift
hat uns einige Beispiele von unerschütterlicher Treue im Bekenntnisse des
väterlichen Glaubens bis zum Tode unter grausamen Martern aufbewahrt,
und zwar das Martyrium des 90jährigen Eleasarus, eines der angesehensten
Schriftgelehrten, und jenes der makkabäischen Mutter mit ihren sieben Söhnen [1].
Ausführlich handelt über letztes Martyrium ein apokryphes Buch, welches
zuerst von Eusebius [2] und Hieronymus [3] unter dem Titel περὶ αὐτοκράτορος
λογισμοῦ als eines Werkes des jüdischen Geschichtschreibers Josephus Flavius
erwähnt wird und am Schlusse der Werke desselben beigefügt ist, richtiger
jedoch von einem alexandrinischen Juden von philosophischer Bildung verfaßt
wurde. Im Cod. Alex. der griechischen Bibel ist es als viertes Buch der Mak=
kabäer angeführt [4]. Nach einer historischen Einleitung schildert der Verfasser
in Kap. 5—7 das Martyrium des Eleasarus, sodann Kap. 8—12 jenes
der sieben Brüder. Demselben folgen erbauliche Reflexionen und Declama=
tionen über dasselbe (13—14, 10), Betrachtungen und Declamationen über
die Standhaftigkeit der greisen Mutter und ihrer sieben Söhne (14, 11—16, 25),
Ausgang der Mutter, Schlußbetrachtung über den Charakter und die Folgen
der geschilderten Martyrien. Da dieses Buch ein schätzenswerthes Material
für unseren Zweck bietet, so will ich dasselbe im Folgenden verwerthen. Noch
weiter ausgeschmückt ist diese Märtyrergeschichte bei Josephus Gorionides,
in der lateinischen Paraphrase des Erasmus und der Historia Maccabaorum
arabica.

In jenen Tagen (des J. 166 v. Chr.) wurden auch sieben Brüder mit
ihrer Mutter ergriffen und vom Könige gezwungen, dem Gesetze zuwider
Schweinefleisch zu essen, indem sie mit Geißeln und Riemen geschlagen wurden.
Erasmus gibt in seiner Paraphrase (ob nach eigener Erdichtung, oder nach
einer handschriftlich aufbewahrten Sage) den sieben Brüdern und ihrer Mutter
folgende Namen: Makkabäus, Oberus, Machiri, Judas, Achaz, Areth,
Jakobus, der Mutter: Salomone. Zwei Pariser Codices A. (11. Jahr=
hundert) und R. geben am Schlusse des 4. Makkabäerbuches folgende
Namen an: Abbis (Abes), Gourias, Eusebonus, Marcellus, Antonius,

---

[1] 2 Makk. 7.   [2] Hist. eccl. III. 10, 6.
[3] Catal. script. eccles. u. adv. Pelag. l. 2.
[4] Vgl. Grimm, Handbuch der Apokryphen. Leipzig 1857. 4. Lief. S. 283 f.

Eleazar, Samonas, deren Mutter Salomonis ($\Sigma o \lambda o \mu \omega v \dot{\eta} \varsigma$), der Vater: Archippas; bei Josephus Gorionides heißt die Mutter Hanna, in der lateinischen Kirche seit Ambrosius Maccabaea die Makkabäerin. Gewöhnlich heißen die Brüder mit ihrer Mutter die Machabäer (Makkabäer), nicht etwa von ihrer Mutter, oder dem ältesten Sohne, noch weil mit Judas, dem Machabäer, verwandt (?), sondern weil sie zur Zeit, da Judas und seine Brüder für die Freiheit der Religion und des Vaterlandes stritten, als Glaubenshelden den Martyrertod starben. Nach der gewöhnlichen Annahme [1] ist die Scene nach Antiochien zu verlegen, wo in Gegenwart des Königs die Hinrichtung stattfand. Zur Zeit des hl. Hieronymus verehrte man noch ihre Gräber in Antiochien [2] und der hl. Augustin [3] erwähnt einer Basilika, welche die Christen ihnen zu Ehren in Antiochia erbaut haben. Auch der hl. Chrysostomus hielt seine drei Homilien über die makkabäischen Brüder in Antiochia. Andere verlegen den Schauplatz der Hinrichtung nach Jerusalem [4], oder überhaupt nach Judäa, in der Nähe Jerusalems [5], wobei vorauszusetzen wäre, daß der König, welcher unmittelbar nach der Tempelplünderung nach Antiochien geeilt war [6], wieder nach Jerusalem zurückgekehrt sei [7].

Was ihr Alter betrifft, so standen dieselben im Jünglingsalter, während die Mutter als eine alte, greise Frau hingestellt wird [8]. Nach den Angaben des 4. Makkabäerbuches werden Einige als Jünglinge, andere als Männer bezeichnet, von denen Einige verheirathet waren [9]. Einer aus ihnen, der Aelteste, sprach als Wortführer im Namen der übrigen also zum Könige: „Was willst du von uns erfragen und erfahren? Wir sind bereit, eher zu sterben als die väterlichen Gesetze Gottes zu übertreten." Nach 4 Makk. Kap. 8 waren die Brüder corporis dignitate illustres, verecundi, magnanimi, pii, omnique decore et gratia splendidi und hatten ihre Mutter in der Mitte. Der König suchte sie zuerst durch sanfte Worte und Gründe zu bewegen, Schweinefleisch zu essen, fügte aber, falls sie sich weigern würden, arge Drohungen hinzu und ließ verschiedene Marterwerkzeuge herbeiführen, um sie damit zu schrecken. Doch die Jünglinge lassen sich durch den Anblick

---

[1] Lyranus, Serarius, Tirinus u. die Martyrologien.   [2] *Hieron.* in loc. Modin.

[3] Sermo 300 (al. 109) in solemn. Martyr. Mach. cp. 6.

[4] Vgl. 4 Makk. 4, 22 f.; 5, 1.

[5] Histor. macc. arab. cp. 5. Joseph. Gorion. III. 5, 2.

[6] 1 Makk. 1, 44 f. 2 Makk. 6, 1.

[7] Vgl. Grimm l. c. S. 131

[8] *Chrysost.*, 1. hom. de Macc.: Agonem nobis proponens, non juvenes robustosque athletas ad certamina induxit, sed adolescentulos, ac cum illis senem Eleazarum, itemque mulierem vetulam, adolescentium matrem. Quod hoc igitur est? inutilemne aetatem ad certamina et scammata ducis? quis audivit unquam mulierem in tanta senectute concertasse? *Ambros.*, l. 2 de Jacob et vita cp. 11: Insultare licet tyranno, qui dum callide a sene incipiendum putat, magistrum eligit, quo discipulos faceret fortiores, quorum velut *puerilem* aetatem praemiis provocabat ad culpam ... At illi non degeneres tanto duce respondent: Quid nos contemnis vel circumscribis ut pueros? Sed fides cana est, sed valida disciplina. Experire certe, subjice, quibus placet poenis puerilia viscera, non invenies corda puerilia ... Quem vicit senectus, superabit aemula senectutis pueritia. 4 Macc. 8: Fratres una cum matre grandaeva.

[9] 4 Makk 16, 9.

des peinlichen Rüſtzeuges nicht irre machen und waren weit entfernt, durch
allerlei Gründe, wie ſie der Muthloſigkeit und der Liebe zum jugendlichen
Leben nahe gelegen hätten, die Stimme der Vernunft zu beſchwichtigen. Nach
dieſem Selbſtgeſpräche rufen alle mit Einer Stimme zugleich: „Was zauderſt
du, Tyrann? Deine Sache iſt, einen Beſchluß zu faſſen. (Der unſrige ſteht
feſt.) Gewiß iſt, daß wir lieber ſterben, als die vaterländiſchen Geſetze
übertreten; denn vor unſeren Vorfahren müßten wir uns mit Recht ſchämen,
wenn wir dem Geſetze Moſes' nicht Folge leiſten würden. Wolle, grauſamer
Rathgeber vor Geſetzwidrigkeiten! nicht unſer Loos mehr beklagen als wir
ſelbſt, da du doch uns haſſeſt; denn dein Mitleiden erachten wir für herber
als den Tod, durch ein Verbrechen für unſer Wohl zu ſorgen. Mache es dir
nicht zum Geſchäft, uns ſehr zu ſchrecken, als ob du nicht vor Kurzem von
Eleaſarus erfahren hätteſt, daß deine Schreckmittel an uns Hebräern nichts
fruchten. Wenn aber die Greiſe der Hebräer in Kraft der Frömmigkeit
ſogar in Ertragung von Martern ihre Frömmigkeit bewährten, ſo möchte
es ſich weit mehr uns bei unſerer Jugendkraft geziemen zu ſterben, indem
wir deine grauſamen Martern verachten, welche unſer Erzieher, der greiſe
Eleaſarus, bereits überwunden hat. Hüte dich zu glauben, daß du durch deine
Grauſamkeiten unſeren Seelen einen Schaden zufügen könneſt, wenn du ſie
um des Glaubens willen uns zufügeſt; denn wir werden durch geduldige
Ertragung ſder Marter den Siegespreis der Tugend davontragen, du aber
wirſt beßwegen ewige Pein zu erdulden haben.“ [1]

Da erzürnte der König, fährt der hl. Autor fort, und befahl Pfannen
und eherne Keſſel zu heizen, und als ſie ſchnell geheizt waren, ließ er dem,
der zuerſt geſprochen, die Zunge ausſchneiden und die Haut vom Kopfe abziehen, und die Spitzen der Hände und Füße ihm abhauen, während ſeine
übrigen Brüder und die Mutter zuſchauten. Als er nun gänzlich verſtümmelt
war, ließ er ihn an's Feuer bringen und noch lebend in der Pfanne braten.
Und die lange Zeit, in der er gemartert war, ermunterten ſich die übrigen
Brüder ſammt der Mutter, muthig zu ſterben, indem ſie ſprachen: „Gott
der Herr ſchaut auf Wahrheit und wird ſich über uns erbarmen, gleichwie
Moſes mit Betheuerung im Liede geſagt hat: ‚Ueber ſeine Diener wird er
ſich erbarmen.‘“ [2]

Nach dem 4. Makk. ließ der König den Aelteſten binden, geißeln und
auf's Rad ſpannen. Als ihm bereits die Glieder auseinandergeriſſen waren,
verwünſchte der Jüngling den Tyrannen und wies die Zumuthung der Tra-
banten deſſelben, ſich doch durch das Verſprechen, von dem dargebotenen
Fleiſche zu eſſen, ſeiner Qualen zu entledigen, mit Entſchiedenheit zurück.
„Nicht iſt ſo ſtark euer Rad, verruchte Henkersknechte! daß ihr meinen Verſtand zuſammenſchnüren könnet. Hauet nur ab meine Glieder, verbrennet das
Fleiſch, zerreißet meine Sehnen! denn unter allen Qualen werde ich euch die
Ueberzeugung beibringen, daß die Hebräer allein in Vertheidigung der Tugend
unbeſiegbar ſind.“ Hierauf wird Feuer unter dem Rade angezündet, ringsum
wird daſſelbe mit Blut befleckt, der brennende Kohlenhaufen durch das herab-
rinnende Blut ausgelöſcht und an der Aſche glitten die Stücke des Fleiſches

---

[1] 4 Makk. 9, 1—9.   [2] 2 Makk. 7, 3—6.

herab. Schon war von dem Jünglinge nur noch das Knochengefüge übrig; dennoch seufzte er nicht, sondern ermahnte sterbend seine Brüder also: „Verlasset mich niemals, Brüder! noch schwöret ab, daß ihr meine Brüder seid in Hinsicht der Hochherzigkeit; kämpfet den heiligen und edlen Kampf zum Schutze der Frömmigkeit, durch welchen die Vorsehung unseres gerechten und väterlich sorgenden Gottes unserem Volke gnädig sein, den unmenschlichen Tyrannen aber strafen wird." Unter diesen Worten hauchte der heilige Jüngling seine Seele aus [1].

Dasselbe apokryphe Buch gibt uns auch an die Art, wie, und die Beweggründe, durch welche die Sieben sich gegenseitig zur standhaften Ausdauer ermuntert hätten [2]: Sterben wir Brüder wahrhaft brüderlich um des Gesetzes willen; ahmen wir jene drei Jünglinge in Assyrien nach, welche den Ofen, der allen Dreien denselben Schmerzenskampf bereitete, gering achteten; wollen wir im Kampfe für die Frömmigkeit den Muth nicht verlieren. Der Eine rief: Sei guten Muthes, Bruder! Der Andere: Dulde hochherzig und halte Stand; ein Dritter rief: Gedenket euerer Abstammung (von Abraham), durch welch eines Vaters Hand um der Frömmigkeit willen Isaak sich schlachten ließ. Und indem sie sich gegenseitig mit fröhlicher und unerschrockener Miene betrachteten, fuhren sie fort: Laßt uns weihen ganz dem Herrn, dem Urheber unseres Lebens, der die Seelen gab, und leihen wir der Beobachtung des Gesetzes unsere Körper. Fürchten wir den nicht, der den Leib zu tödten scheint. Eine ungeheure Seelengefahr in ewigen Peinen harrt der Uebertreter des göttlichen Gebotes. Deßhalb laßt uns waffnen mit der Auctorität und Herrschaft des göttlichen Vernunftwollens gegen die Verirrungen, so daß uns Verstorbene Abraham, Isaak und Jakob in ihren Schooß aufnehmen und alle unsere Väter in Freuden lobsingen. Und so oft ein Bruder von dem andern getrennt wurde, riefen ihm die Anderen zu: Laß uns nicht zu Schanden werden, noch täusche die Erwartung der verstorbenen Brüder. Keinem von euch ist unbekannt, welche Kraft dem brüderlichen Blute innewohnt, um Liebe zu begründen, welche (Kraft) die göttliche Vorsehung des weisesten Gottes den Kindern durch die Eltern verliehen hat, und durch den Mutterschooß einpflanzte, in welchem Brüder im gleichen Zeitraume zubringen, nach Verlauf derselben Zeit gebildet, von demselben Blute genährt, durch die Kraft derselben Seele (d. i. des Lebensprincipes der Mutter) zur Reife und in gleichen Zeiträumen zur Welt gebracht werden, die aus denselben Quellen fließenden Milchbäche säugen, an der Mutterbrust hängend gleichmäßig genährt und erzogen werden und heranwachsen, wie durch den täglichen Verkehr, Unterricht und Zucht, so auch durch das Studium und die Uebung in Durchdringung und Beobachtung des göttlichen Gesetzes. Kraft dieser in der gleichen sittlichen Bildung und dem gleichen sittlichen Streben begründeten Stärke der brüderlichen Liebe der sieben Jünglinge ertrugen die Ueberlebenden nicht nur den Anblick der Gemarterten, sondern trieben selbst zur Mißhandlung an, um nicht nur die

---

[1] 4 Makk. 9, 10—25. *Ambros.* l. c.: Exclusa est anima, non religio.
[2] Auch der hl. *Gregor. Nazianz.*, or. 15 (al. 22) in hon. Machab. handelt hierüber ausführlich.

Schmerzen zu verachten, sondern selbst die Regungen der Bruderliebe zu be=
wältigen [1].

Als nun der Erste auf diese Weise gestorben war, führten sie den
Zweiten zur Mißhandlung herbei, und als man ihm die Haut mit den Haaren
vom Kopfe herabzog, fragte man ihn, ob er (Schweinefleisch) essen wolle,
ehedem er am ganzen Leibe gliedweise gemartert würde. Er aber antwortete in
vaterländischer (hebräisch=aramäischer) Sprache: „Nein“, und empfing dieselben
Martern wie der Erste. Beim letzten Athemzuge sprach er: „Du Verruchtester!
nimmst uns zwar das gegenwärtige Leben, aber der König der Welt wird
uns, wenn wir für seine Gesetze gestorben, bei der Auferstehung zum ewigen
Leben erwecken.“ [2]

Nach der Angabe des 4. Makkabäerbuches [3] verlief das Martyrium des
zweiten Bruders also: Nachdem die Schergen die eisernen Hände sich angelegt
und mit spitzen Hacken ihn angeschlossen hatten, um ihn zu schrecken, frugen
sie ihn, ob er essen wolle, und als er seine Meinung geäußert, zogen sie
mit den eisernen Händen vom Nacken bis zum Kinn das ganze Fleisch an
sich, und zogen pantherartigen Bestien gleich die Haut des Kopfes ab. In=
dem er mit Geduld den Schmerz ertrug, sprach er: „Wie süß ist jegliche
Todesart, um der väterlichen Frömmigkeit willen! Glaubst du nicht, grau=
samster Tyrann! daß du mehr als ich gequält werdest, wenn du siehst, daß
diese grausame Handlungsweise für unsere Religion durch Geduld überwunden
wird? denn die aus der Tugend fließenden Annehmlichkeiten erleichtern mir
den heftigen Schmerz; du aber wirst durch die wilden Drohungen der Gott=
losigkeit gepeinigt, noch wirst du der Strafe des göttlichen Zornes entgehen.“
Aehnlich schreibt der hl. Ambrosius [4].

Nach diesem wurde der Dritte gemartert. Als man die Zunge von
ihm verlangte, streckte er sie sogleich heraus und streckte die Hand muthig
hin und sprach edelmüthig: „Vom Himmel habe ich diese (Glieder) erhalten
und um seiner Gesetze willen gebe ich dieselben hin und von ihm hoffe ich
dieselben wieder zu erhalten“, so daß selbst der König und seine Umgebung
über den Muth des Jünglings erstaunten, wie er die Schmerzen für nichts
achtete [5]. Als man den Dritten, fährt das apokryphe Buch [6] fort, vielfach
aufmunterte, durch Essen vom Schweinefleische für sein Leben sorgen zu
wollen, sprach er: „Wisset ihr denn nicht, daß derselbe Vater mich gezeuget,
dieselbe Mutter mich geboren hat und wir alle in denselben Satzungen er=
zogen worden sind? Die edle Verwandtschaft des brüderlichen Bandes werde
ich nicht abschwören.“ Da die Henkersknechte die freie Sprache des Jüng=
lings übel aufnahmen, spannen sie ihn auf die Folter, renken ihm Hände

---

[1] 4 Makk. 13, 8 f.   [2] 2 Makk. 7—9.   [3] Kap. 9, 26—32.

[4] De Jacob l. c.: Cum detraheretur membrana capitis, respondit: Aufertis
quidem membranam, sed habeo galeam spiritualem, quam non potestis auferre ...
sicut Apostolus docuit ... ejus sumus membra. Recte puer istam divino spiritu
doctrinam apostolicam praevidebat. Exuebant immanes bestiae corium capitis
et pardalicis feritatibus saeviebant. At ille deficiens: Quam dulce est, inquit,
mori pro religione, quam suavis omnis acerbitas mortis pro pietate, quia manet
horum remuneratio laborum. Tua sunt, rex, graviora tormenta: tu tuis vehementius torqueris suppliciis, quia vides te vinci in potestate.

[5] 2 Makk. 7, 10—12.   [6] 4 Makk. 10, 1—11.

und Füße aus, zerreißen sie in Stücke und zerbrechen die Finger, Arme, Schenkel und Ellbogen. Und da sie ihn nicht umbringen konnten, ziehen sie mit ihren Fingernägeln die Haut ab, spannen ihn auf das Rad und indem die Wirbelknochen auseinandergerenkt werden und er die ringsum zersetzte Haut und das Blut in die Eingeweide fließen sieht, ruft er sterbend noch aus: „Wir leiden dieß, grausamster Tyrann! ob der Bildung und Tugend, wie sie Gott verlangt, du aber wirst die ewigen Strafen der Gottlosigkeit und des grausamen Mordes erleiden müssen." Noch ausführlicher führt Ambrosius[1] die Worte des sterbenden Martyrers an.

Auf gleiche Weise marterte man den Vierten. Und als er schon im Sterben war, sprach er: „Es ist erwünscht, daß die von Menschen dem Tode Ueberlieferten, in Vertrauen von Gott erwarten dürfen, wieder von ihm auferweckt zu werden; doch dir wird eine Auferstehung zum Leben nicht zu Theil werden."[2]

Als man den Vierten herbeischleppte, heißt es im 4. Makkabäerbuche[3] rief man ihm zu: „Willst du auch so thöricht, wie deine Brüder, sein?" Er aber antwortete: „Nicht so arg wird euer Feuer gegen mich wüthen, daß ich verzagen sollte. Bei dem seligen Tode meiner Brüder, dem ewigen Untergange des Tyrannen und dem glorreichen Leben der Frommen werde auch ich heilig sterben und die Hochherzigkeit meiner Brüder nicht verläugnen. Ersinne, Tyrann! Qualen, auch durch diese sollst du erfahren, daß ich meinen Brüdern ebenbürtig bin, welche in Folge der Martern bereits gestorben sind." Darauf ließ der blutdürstige Tyrann ihm die Zunge abschneiden. Dieser aber sprach: „Magst du auch das Sprachorgan mir nehmen, so hört doch Gott die Schweigenden." Hierauf streckte er die Zunge heraus mit den Worten: „Schneidet sie ab! Deßwegen wirst du dem vernünftigen Wollen die Zunge nicht abschneiden können. Gerne wollen wir um des göttlichen Gesetzes willen verstümmelt werden; an dich aber, der du die gottlobende

---

[1] L. c.: Non faciam voluntatem tuam, non succumbam imperio tuo. Per beatam illam fratrum meorum possessionem et nobilitatem, non negabo piam germanitatem. Quaevis adhibeto supplicia, quibus magis urgens hoc proficias asperitate poenarum, ut majora testimonia nostrae germanitatis accipias. Iussit itaque ei linguam amputari. At ille exclamans: Victus es, inquit, Antioche, qui organum vocis abscindi jubes. Confessus es te respondere non posse rationi, majoraque probas linguae nostrae flagella, quam tua verbera. Nos enim tua verbera non timemus, tu nostrae vocis flagella non potes sustinere; sed haec pietatis flagella sunt, tua flagella perfidiae; sed etiam lingua sublata gravius te suo cadens murmure flagellabit. Evadere te putas, Antioche, si vocem eripias? Et tacentes Deus audit et magis audit. Ecce aperui os meum, laxavi linguam meam, abscinde linguam; sed non abscindes constantiam, non virtutem auferes, non rationem oblitterabis, non eripies testimonium veritatis, non eripies cordis clamorem. Si lingua amputetur, sanguis clamabit et dicetur tibi: Vox sanguinis fratris tui clamat ad te. Audit enim sanguinis vocem, qui audit internas cogitationes, tenebrae licet operiant, et parietum septa circumdent. Dicat impius, quia nullus sibi testis assistat: exploret universa, videt omnia Deus; nec est aliquod facinus, quod possit latere omnium judicem, qui cognoscit universa, antequam fiunt. Quid verba damus? Loquaciora sunt vulnera: etsi abscondatur cicatrix, non absconditur fides. Nec tamen plaudas, quod auferendo linguam, confessionem laudis eripias. Satis jam Deum sermone laudavimus, nunc passione laudemus.

[2] 2 Makk. 7, 13. 14.   [3] V. 12—21.

Zunge abschneidest, wird Gott in Kürze sich rächen." Nach dem hl. Ambrosius [1] wurde auch dieser auf's Rad gespannt und bekannte muthig seinen Glauben.

Hierauf führten sie den Fünften herbei und marterten ihn; dieser aber blickte auf den König und sprach: „Da du Macht hast unter den Menschen, obwohl ein Sterblicher, thust du, was du willst; glaube aber nicht, daß unser Volk von Gott verlassen sei. Warte nur und harre, und du wirst seine große Macht erfahren, wie er dich und deinen Samen (Nachkommenschaft) peinigen wird."

Ueber diesen Fünften berichtet das citirte apokryphe Buch Folgendes: Dieser sprang herbei und sprach: „Ich zaudere nicht in Bezug auf die Peini=gung für die Tugend, vielmehr bin ich ganz freiwillig herbeigekommen, da=mit du, nachdem du auch mich getödtet hast, bei der himmlischen Gerechtigkeit Strafe verwirkt habest. O du Hauptfeind des Menschengeschlechtes und der Tugend! Was haben wir verbrochen, daß du auf eine solche Weise gegen uns müthest? Etwa weil wir den Schöpfer aller Dinge auf die rechte Weise verehren und nach der Vorschrift seines heiligen Gesetzes leben? Da dieses ehrende Auszeichnung und nicht Qualen verdient." Hierauf fesseln ihn die Henker, binden ihn an den Knieen, legen eiserne Fesseln an, biegen seine Lenden um einen kreisrunden Pflock, so daß bei der Umdrehung des Rades alle seine Glieder zerquetscht und zerrissen werden. Als auf diese Weise der Körper gemartert wurde, sprach er, ehe er seine Seele aushauchte: „Wider Willen erzeigest du uns die größte Gunsterweisung, weil du durch edlere Leiden (als die es sonst geben kann) unser geduldiges Leiden um des Gesetzes willen offenkundig machest." [2]

Nach dem hl. Ambrosius [3] wurde er früher geschlagen, dann Feuer unter ihm angezündet, so daß das aus den Wunden fließende Blut selbst die Kohlen auslöschte; mitten unter den Flammen brachte er dem Herrn seinen Dank dar.

Nach ihm führten sie den Sechsten vor und im Scheiden sprach er zu ihm: „Täusche dich nicht vergebens (unser Volk und unsere Religion aus=zurotten); denn wir leiden dieß um unsertwillen, indem wir (die Juden als Volk) gegen unsern Gott gesündigt haben. Darum ist Erstauenswerthes geschehen (Dinge, die mit Recht Entsetzen erregen). Du aber glaube ja

---

[1] L. c.: Cum torqueretur immaniter: Dissolvis, inquit, corporis membra; sed adjungis gratiam passioni, nec eripis solatium morti. Est enim vox tonitrui in rota, quia in bono et inoffenso istius vitae cursu coeleste resultat oraculum, sicut in Joanne et Jacobo filiis tonitrui resultabat. Itaque illud, quod legi, nunc mani-festius recognosco: Quia rota intra rotam currit, nec impeditur (Ez. 1, 16. 17). Teres enim vita sine ulla offensione in quavis passione versatur, et intra haec quoque rota currit. Currit lex intra gratiam et observantia legis intra divinae curriculum misericordiae est; nam quo magis volvitur, plus probatur. Potius est hic ab impiis adversa tolerare, ut ibi a Domino consolationem invenire possimus. Et sic consummans cursum suum abrupit spiritum animamque victor effudit.

[2] 4 Makk. 11, 1—12.

[3] L. c.: Ille inter ignium crepitus audiebatur dicens: Gratias tibi, Domine, quod dedisti nobis dicere: Transivimus per ignem. Et sicut alibi idem tuus dicit propheta: Igne nos examinasti, sicut igne examinatur argentum. Astabo tibi sicut aurum purgatus incendio; et si quid fuit culpae, ignis exussit. Itaque et ipse transfiguratus a corruptela ad incorruptionem, vitam exhalavit.

nicht, ungeſtraft zu bleiben, indem du wider Gott zu ſtreiten dich aufgelehnt haſt."[1] Als der König dieſen ſechſten Bruder fragte, ob er durch Eſſen des Fleiſches ſein Leben retten wolle, ſprach dieſer: „Ich bin zwar jünger, als meine Brüder, allein der Geſinnung nach ihnen ganz gleich. Für dieſelben Zwecke geboren und erzogen, müſſen wir auch gleichmäßig für dieſelben ſterben. Wenn es dir daher gefällt, einen, der ſich weigert, unreine Speiſe zu genießen, zu martern, ſo thue es." Auf dieſe Worte hin ſpannen ſie ihn auf das Rad, zerreißen ſeine Glieder, und verbrennen dieſe allmählich durch unterlegtes ſchwaches Feuer. Hierauf brennen ſie den Nacken mit glühenden Pfriemen, durchſtechen die Seiten und Eingeweide, bevor dieſelben geröſtet wurden. Mitten in dieſen Qualen rief er aus: „O heiliger Kampf, zu welchem um der Frömmigkeit willen, damit wir durch Schmerzen geübt werden, wir ſo viele Brüder gerufen und nicht beſiegt worden ſind! Denn das Bekenntniß des Glaubens, mit Tugend bewaffnet, iſt unbeſiegbar. Ich ſterbe mit meinen Brüdern vereint, über dich aber, o Tyrann, bringe ich ebenfalls einen großen Rächer. Deine Grauſamkeit, o Erſinner neuer Qualen und Feind der wahrhaft Frommen, haben ſechs Jünglinge überwunden. Iſt das nicht dein Sturz, daß du unſere Vernunft durch Worte nicht beugen noch uns zum frevelhaften Genuſſe zwingen konnteſt. Kalt ſcheint uns dein Feuer, ohne Schmerzen deine Torturen, eitel und vergebens deine Gewaltthat. Denn da nicht Tyrannen, ſondern (unſichtbare) Wächter des göttlichen Geſetzes uns zur Seite ſtehen, iſt unſer vernünftiges Wollen unbeſiegbar."[2] Kürzer hat Ambroſius[3] die Worte dieſes Martyrers gefaßt. Und wie verhielt ſich hiebei die Mutter? Der hl. Autor bemerkt von ihr: Ueberaus iſt aber die Mutter bewunderungswürdig und löblicher Erinnerung werth, da ſie ſieben Söhne an Einem Tage umkommen ſah und dieß ſtarkmüthig ertrug wegen der Hoffnungen, die ſie auf Gott hatte. Einen jeden derſelben ermunterte ſie in der vaterländiſchen Sprache voll edelmüthiger Geſinnung und die weibliche Sinnesart (die bei dem Anblicke der furchtbaren Martern leicht hätte verzagen können) durch männlichen Muth aufrichtend, indem ſie ſprach: „Ich weiß nicht, wie ihr in meinem Mutterſchooße euch geſtaltet, denn nicht habe ich euch Geiſt, Seele und Leben gegeben, und nicht ich ſelbſt habe die Glieder eines Jeden zuſammengefügt, ſondern der Schöpfer der Welt, der den Menſchen bei ſeiner Erzeugung bildet, und welcher den Urſprung aller Dinge geſetzt hat, der wird euch Geiſt und Leben nach ſeiner Barmherzigkeit zurückgeben, wie ihr euch jetzt ſelbſt hingebet um ſeines Geſetzes willen."

Antiochus, der die Rede der Frau in der Landesſprache nicht verſtand und meinte, die Frau rede von ihm verächtlich, redete den jüngſten, der allein noch übrig war, nicht allein mit Worten an, ſondern verſicherte ihm auch mit einem Schwure, daß er ihn zugleich reich und glücklich machen und

---

[1] 2 Makk. 7, 18. 19.   [2] 4 Makk. 11, 13—26.

[3] L. c.: Noli, inquit, frustra errare, et tunc hoc adscribere potestati, quod ista adversum nos exerceas. Nostrorum hoc delictorum est pretium, ut peccantes puniamur. Et gratias Domino, quod hic a nobis duplicia peccata exiguntur, ut ibi nobis consolatio deferatur. Gratias autem et tibi, quod tam durus et immitis es, ut talibus nostris suppliciis Dominus, in quem peccavimus, genti nostrae propitius fiat. Nos quoque ablevamus aerumnam, dum fidei passionibus delectamur.

wenn er fich von den Gefeßen der Väter losgefagt, ihn als Freund annehmen und was er brauche, ihm geben wolle. Da aber der Jüngling gar nicht darauf achtete, fo rief der König die Mutter herbei und ermahnte fie, ihn zum Aufgeben feines Glaubens zu bewegen. Nach längerem Zureden des Königs übernahm fie es, den Sohn zu überreden. Sich zu ihm hinbückend, fprach fie, den graufamen Tyrannen verhöhnend, in väterlicher Sprache dem Sohne zu: „Mein Sohn, habe Erbarmen mit mir, die ich dich neun Monate im Schooße getragen und dir drei Jahre Milch reichte und dich nährte und bis zu diefem Alter auferzog. Ich bitte, Kind! fchaue den Himmel an, und die Erde, und Alles, was dafelbft ift und bedenke, daß aus Nichts Gott diefes gefchaffen, fowie das Menfchengefchlecht; dann wird es gefchehen, daß du nicht fürchteft diefen Henker, fondern ein würdiger Genoffe deiner Brüder werdeft. Nimm du den Tod an, damit ich dich durch gleiche Erbarmung mit deinen Brüdern wieder zurückerhalte." [1]

Welch ein glaubensvolles, ftarkmüthiges Weib, welches den größten, chriftlichen Martyrerinnen würdig an die Seite gefeßt wird. [2] Der hl. Ambrofius [3] hat auch diefe Worte der Mutter an ihren jüngften Sohn weiter ausgeführt; der hl. Auguftin [4] und der hl. Chryfoftomus [5] aber in Kürze richtig zufammengefaßt.

---

[1] 2 Macc. 7, 20—29.

[2] *Cyprian.* ad Fort. de mart. cp. 11: Magna laus matris in exhortatione virtutis, sed major in Dei timore et in fidei veritate, quod nihil sibi, aut filio, de sex martyrum honore promisit, nec fratrum precem profuturam credidit ad negantis salutem: persuasit potius participem passionis fieri, ut in judicii die posset cum fratribus inveniri.

[3] L. c.: At illa dicebat filio: Tu solus superes, fili, summa votorum meorum: tu postremus clausisti partus meos, ut postremus conclude gaudia mea. Miserere mei, quae te in utero tot mensium curriculo portavi; ne uno momento confundas senectutem meam, ne decolores tot fratrum tuorum trophaea, ne sacrum eorum comitatum relinquas, ne consortium deseras. Te adhuc isti exspectant triumphi. Aspice in coelum, unde hausisti spiritum, ad Patrem omnium; aspice in terram, quae tibi ante alimoniam ministravit; aspice ad fratres, qui collegam requirunt; aspice ad matrem, quae tibi lac dedit, redde mercedem pii sanguinis; noli a fratribus, noli a matre divelli. Temporales opes sunt, quas promittit Antiochus, temporales honores; perpetua corona, quae a Deo omnipotente defertur. Vos mihi septem dierum lumina dedit Deus, sextum jam diem clausi omnium opera valde bona. Debes mihi, fili, ut, quae in illis sex laboravi, in te requiescam septimo, tanquam a saeculi operibus jam feriata.

[4] Sermo 300 (al. 109 de div.) cp. 7: Hanc Antiochus velut matrem de ceteris matribus computavit. Persuade, inquit, filio tuo, ne pereat. Et illa: Plane filio meo vitam persuadebo, ad mortem cohortando: tu mortem vis persuadere, parcendo. Qualis autem allocutio, quam pia, quam materna, quam inter spiritales et carnales in ambiguo suspensa! Fili, miserere ... Omnes exspectabant verba consequentia: Consenti Antiocho, noli deserere matrem tuam. Illa econtra: Consenti Deo, noli deseri fratres tuos. Si me quasi deseris, tunc me non deseris. Ibi te habebo, ubi ne perdam ulterius non timebo. Ibi te mihi servabit Christus, unde non tollet Antiochus. Deum timuit, matrem audivit, regi respondit, fratribus adhaesit, matrem traxit.

[5] Hom. 3 de Mach.: An eam actas immatura flevit? an indoluit, cum has naturae reliquias auferri videret? Illa certe puerum ad mortem urgebat. si minus manibus, consiliis tamen. Ne coronarum, o fili, numerum imminuas: esto fratri-

Als sie noch dieses sprach, sagte der Jüngling: „Worauf wartet ihr? Nicht gehorche ich dem Gebote des Königs, sondern dem Gebote des Gesetzes, welches uns durch Moses gegeben ist. Du aber, der Urheber alles Unheiles gegen die Hebräer, wirst der Hand Gottes nicht entrinnen. Denn wir leiden um unserer Sünden willen dieses. Und wenn uns zur Mahnung und Züchtigung der Herr, unser Gott, kurze Zeit zürnt, so wird er doch seinen Dienern wieder gnädig sein. Du aber, Ruchloser und Verworfenster aller Menschen! verlasse dich nicht vergeblich auf eitle Hoffnungen, indem du gegen seine Diener wüthest, dennoch bist du nicht dem Gerichte des allmächtigen und alles durchschauenden Gottes entronnen; denn meine Brüder sind, nachdem sie eine kurze Qual ausgehalten, dem Bunde Gottes zum ewigen Leben anheimgefallen; du aber wirst durch Gottes Gericht die gerechte Strafe des Uebermuthes davontragen. Ich nun gebe, wie auch meine Brüder, meine Seele und meinen Leib hin um dem Gesetze der Väter willen und flehe zu Gott, daß er recht bald unserem Volke gnädig werden möge, du aber unter Qualen und Schlägen bekennen müssest, daß er allein Gott ist. Bei mir aber und bei meinen Brüdern möge still stehen der Zorn des Allmächtigen, welcher mit Recht über unser ganzes Volk ergangen war." Hiedurch in Zorn gebracht, wüthete der König gegen diesen grausamer, als gegen Alle, da er sehr übel nahm, daß er verspottet ward. Auch dieser Unschuldige starb also, ganz auf den Herrn vertrauend [1].

Nach dem 4. Makkabäerbuche [2] sprach der Jüngste, nachdem er die Ermahnungen seiner Mutter vernommen hatte, man solle ihn losbinden, da er dem Könige und allen seinen Freunden etwas zu verkünden habe. Nachdem dieß geschehen war, trat er näher an den Kessel und sprach: „Gottloser und Verworfenster aller Gottlosen! fürchtest du dich nicht, nachdem du von Gott Schätze und den Thron erhalten, seine Diener zu tödten und seine frommen Verehrer zu martern? Ob dieser Frevel wartet deiner die göttliche Rache, mit einem viel stärkeren ewigen Feuer und Qualen, die nie aufhören werden. Scheuest du dich nicht, unmenschliches Unthier! da du doch ein Mensch bist, derselben Natur und Affecte theilhaftig, aus demselben Stoffe bestehend, die Zunge herauszureißen und auf so mannigfache Weise uns zu quälen und zu tödten? Diese haben durch ihren edlen Tod es in der Ehrfurcht gegen Gott zur Vollendung gebracht, du Elender aber wirst elendiglich wehklagen ob des Mordes der Gottesverehrer. Deßhalb will ich dieses Heldenthum meiner Brüder nicht durch Abfall verleugnen. Ich bitte daher den Gott meiner Väter, daß er unserem Volke gnädig sein wolle, der dich noch in diesem Leben und nach dem Tode noch mehr züchtigen wird." Hierauf sprang er in den Kessel und gab seinen Geist auf.

Zuletzt nach den Söhnen ward auch die Mutter getödtet [3]. Das 4. Makkabäerbuch [4] erzählt, als die Henkersknechte sagten, daß auch die

bus, ut partus, etiam socius recte factorum: imitare actionum communione naturae communionem; ostende te eorum, qui mactati sunt, etiam in agonibus fratrem. Septimus mihi a natura natus es filius, septimus mihi ab animi proposito martyr exorere: ne efficias, o fili, ut liberorum quidem septem, sex vero martyrum mater apeller.

[1] 2 Makk. 7, 30—40.   [2] L. c. Kap. 12.   [3] 2 Makk. 7, 41.   [4] Kap. 17, 1.

Mutter ergriffen werden folle, sprang fie felbft, damit Niemand ihren Kör=
per berühre, in den Scheiterhaufen [1]. Mit Recht preift auch diefes Buch in
ausführlicher Weife die Tugenden diefer Heldenmutter. Es darf uns nicht
Wunder nehmen, daß das vernünftige Wollen in den Jünglingen die Qualen
überwunden, da der Geift eines Weibes ungleich größere und längere Peinen
erduldet hat; denn fie, die Mutter der Sieben, hat die Peinigungen jedes
einzelnen ihrer Söhne mitempfunden. Wie groß und weit die natürliche Liebe
zu den Kindern ift, kann man leicht einfehen, da felbft auch die Thiere ähn=
licher Weife wie die Menfchen Zuneigung und Liebe zu ihren Jungen an
den Tag legen. Als Beifpiele werden angeführt die niftenden Vögel, und
die Bienen, welche am Flugloche Wachen ausftellen und den Zugang ver=
wehren um der Jungen willen. Doch die Mutter der Jünglinge konnte,
wie einft den Abraham, die Sorge um ihre Kinder nicht beugen [2]. Daß
die Mutter der fieben Jünglinge, fährt der Autor fort, als ihr die Wahl
gelaffen war zwifchen Frömmigkeit und der zeitlichen Rettung ihrer Söhne,
für die erftere fich entfchied, verdient um fo größere Bewunderung, als die
Elternliebe der Mütter weit ftärker ift, als die der Väter, und gerade diefe
Mutter weit inniger, als irgend eine andere ihre Kinder liebte, weil fie die=
felben nicht nur unter ihrem Herzen getragen, und um jeden Einzelnen
Schmerzen erduldet hatte, fondern auch weil diefelben Mufter fittlicher Schön=
heit und Güte, treuen Gehorfams gegen das Gefetz, und edler Tugenden
waren. Obgleich aber fo bedeutende Gründe diefe Mutter zum Mitgefühle
nöthigten, vermochten die mannigfachen Qualen ihrer Söhne doch nicht, ihr
vernünftiges Wollen zu beugen. Vielmehr trieb fie ihre Söhne, einen nach
dem andern und Alle zufammen an zum Tode für die Frömmigkeit. Mit
unerfchütterlicher Ruhe fah fie die Todesqualen, das Verfcheiden, die Leichen
der Söhne, deren verftümmelte Glieder und das abgezogene gleich Masken
daliegende Fleifch ihrer Köpfe. Nicht erfchüttern ließ fie fich, als die Söhne
unter Todesqualen fie lieblicher und füßer, als Sirenen und Schwäne, Mutter
nannten. In ihren Qualen über die Todesmartern ihrer Söhne ftärkte das
Herz diefer Frau der durch Frömmigkeit beftimmte vernünftige Wille und der
fefte Glaube an Gott. Die Wahl habend und zur Entfcheidung genöthigt
zwifchen Beiden, entfchied fie fich für letzteren, in Erinnerung an Abrahams
erhabenes Beifpiel. O Mutter des Volkes (d. h. die du die Sache deines
Volkes vertrateft und dich fo als Mutter des Volkes zeigteft), fährt der
Autor fort, Rächerin des Gefetzes, Vertheidigerin der Frömmigkeit, Siegerin
im Kampfe in Bezug auf Seelenftärke, herzhafter zum dulden, als das
männliche Gefchlecht und mannhafter in der Geduld als Männer! Wie Noahs
Arche gegen die Wogen der Sündfluth Stand hielt, fo beftand diefe Frau
den Andrang des Sturmes der fie umwogenden Affecte [3].

Das Beifpiel diefer greifen Glaubensheldin und Mutter fieben Kinder,
welche fie mitten in den Qualen verfcheiden fah, gibt den unwiderleglichften
Beweis, daß das durch Frömmigkeit beftimmte vernünftige Wollen unbedingte

---

[1] *Cyprian.* l. c.: Posthacc liberis suis commoritur et mater; neque enim
aliud jam decebat, quam ut quae martyres pepererat et fecerat, in consortis illis
gloriae jungeretur: et quos ad Deum praemiserat, ipsa quoque sequeretur.

[2] 4 Maff. 14, 11—20.   [3] 4 Maff. Kap. 15.

Herrschaft übe über die Affecte, da diese Frau die größten Qualen überwunden hat, denen die des Daniels in der Löwengrube und der drei Jünglinge im Feuerofen nicht gleichkamen. Wäre die Frau feige gewesen, so würde sie, da sie zugleich Mutter war, in rührendem Ergusse ihr Loos beklagt haben. So aber that sie dieß nicht, sondern ermunterte vielmehr mit wahrhaft stählernem Sinne in feuriger Rede ihre Söhne zur standhaften Ausdauer in den Todesqualen für die Frömmigkeit, damit keiner für die Unsterblichkeit verloren gehe. Als ergraute Heldin im Dienste Gottes hat sie den Tyrannen durch weibliche Geduld besiegt und war in Wort und That stärker, denn ein Mann. Als sie nämlich mit ihren Söhnen ergriffen worden war und dem Martyrium des Eleazars zuschaute, sprach sie zu ihren Söhnen: „Einen edlen Kampf sehet ihr, meine Kinder, zu welchem auch ihr gerufen seid; damit ihr ein Zeugniß eures Glaubens und eurer Frömmigkeit unserem Volke hinterlasset, streitet muthig für das väterliche Gesetz; denn schimpflich wäre es, daß dieser Greis ob der Frömmigkeit Schmerzen ausstehe, ihr aber als Jünglinge vor den Qualen erschrecken würdet. Gedenket, daß ihr durch Gottes Willen in diese Welt gekommen seid, weßhalb ihr um Gottes Willen jeden Schmerz ertragen müßt. Um seinem heiligen Willen zu gehorchen, eilte Abraham, unser Stammvater, seinen Sohn Isaak zu schlachten, auch Isaak, als er das gegen ihn gezückte Schwert in der Hand des Vaters sah, schreckte nicht zurück; der gerechte, den Löwen vorgeworfene Daniel und die drei Jünglinge im Feuerofen haben Gott zu Liebe ausgeharrt. Ihr also, die ihr denselben Glauben an Gott habet, laßt euch nicht erschrecken, denn die Frommen leisten den Qualen leicht Widerstand." So munterte also die siebenfache Mutter ihre Söhne mehr zum Tode auf, als daß sie durch Verletzung des göttlichen Gesetzes ihr Leben erhalten [1].

Schließlich vergleicht der Verfasser des apokryphen Buches die Mutter, welche von ihren sieben Söhnen begleitet, die Gewalt des Tyrannen gebeugt, seine lasterhaften Gedanken vereitelt und eine edle Standhaftigkeit im Glauben gezeigt, mit einem Dache, das von sieben Säulen gestützt, bei der Erschütterung der Martern unbeweglich blieb. „Nicht so hell leuchten Mond und Sterne am Himmel, wie sie, welche sieben wie die Sterne leuchtende Söhne zum klaren Lichte der Frömmigkeit geführt, bei Gott berühmt geworden und mit ihnen am Himmel befestigt worden ist. Deine Kindererzeugung war vom Vater Abraham," d. h. vom Geiste Abrahams durchdrungen, hast du diesen Geist auf die Kinder verpflanzt und dadurch zu Glaubens= und Tugendhelden gebildet [2].

Wohl kein Weib des Alten Testamentes wird von den Kirchenvätern mehr gepriesen, als diese Glaubensheldin und Martyrin, und gewiß mit Recht. Der hl. Augustin, welcher zu Ehren dieser Glaubenshelden uns zwei Reden hinterlassen hat, feiert in der zweiten Rede diese Mutter, welche gegen die Gewohnheit der menschlichen Natur früher ihre Kinder sterben sehen wollte, um ihnen sodann zu folgen; denn nicht verlor sie ihre Söhne, sondern schickte sie nur voraus; nicht war sie bedacht, wie sie ihr Leben beenden, sondern wie sie das Neue beginnen. Sie hörten zwar auf zu leben, als sie im Begriffe waren zu sterben, allein sie fingen dann auch an zu leben, um ewig

---

[1] 4 Makk. Kap. 16. [2] L. c. Kap. 17, 2—7.

zu fiegen. Sie, die ihre eigenen Kinder zum Tode ermunterte, ist ein
würdiges Vorbild der heiligen Kirche, welche ihre Söhne anfmuntert, um
des Namens Jesu willen ihr Leben zu opfern[1]; sie die Mutter sieben Mar=
tyrer wurde eine siebenfache Martyrin und wollte auch dann von ihnen sich
nicht trennen[2]. Der hl. Ambrofius[3] preist diese Mutter selig, welche
gleichsam von sieben Schlachtopfern umgeben, zwischen den Leichen ihrer
Söhne den herannahenden Tod nicht fühlt. Wer sollte an ihrer Seligfeit
zweifeln, welche von sieben Thürmen umwallt, ihr Haupt bis zum Paradies
hinauf erhob? und von sieben Söhnen umgeben, nicht bloß durch Worte,
sondern durch Leiden das herrlichste Lobopfer auf dem Altare dem Herrn
darbrachte. Durch diesen ihren Glauben und ihre Frömmigkeit ist sie ein
herrlicher Leuchter in der Kirche mit siebenfachem Lichte, denen sie selbst das
Oel zuführt. Während andere Mütter ihre Söhne vom Martyrium abhalten,
suchte diese sie dazu anzueifern, indem sie ihnen mehr das ewige, als das
zeitliche Leben anrieth. Obgleich beim Anblicke der Qualen das mütterliche
Gefühl sich sträubte, so behielt doch die Frömmigkeit über den Schmerz die
Oberhand. Ja sie wünscht, damit der Tod beschleunigt werde, Vermehrung
der Martern und daß keiner von ihnen übrig bleibe, sondern eines seligen
Todes theilhaftig werde. Sie, die fromme Mutter, welche ihre Kinderschaar
zum Tode eilen sah, brachte die Glieder ihres eigenen Körpers in den Söhnen
dar und schien durch ihre eigenen Glieder die erwünschten Qualen zu bestehen.
Und als sie Leiche auf Leiche, Glieder auf Glieder hier angehäuft sah, weinte
sie nicht, noch klagte sie, noch wusch sie die Wunden, wohl wissend, daß sie
glorreicher seien, wenn die Zerfleischten gleichsam durch Staub und Blut in
eine Masse vereinigt seien, ähnlich Siegern, welche blutige Leute aus dem
Kriege heimbringen. Nicht deckt sie einen Schleier darüber, noch veranstaltet
sie eine Leichenfeier, denn sie will selbst ihnen beigesellt werden. Anschließend
an das Lob des 4. Maffabäerbuches sagt der heilige Kirchenlehrer, daß diese
Mutter unter ihren Söhnen wie der Mond unter den Sternen leuchtet,
stärker als Diamant, süßer als Honig, ihre Liebe härter, als der Tod ist,
die einer Arche Noah's gleich gegen die Fluth der Leiden anstürmte[4].

---

[1] *August.*, sermo 2 de Mach. 301 (al. 110 de div.) cp. 1: Parum est fuisse
spectatricem, mirati sumus potius hortatricem. Fecundior virtutibus, quam foeti-
bus: videns certantes, in quibus omnibus ipsa certabat; et in omnibus vincentibus
ipsa vincebat. Una mulier, una mater, quomodo nobis ante occulos posuit unam
matrem s. Ecclesiam, ubique exhortantem filios suos pro illius nomine mori, de
quo eos concepit et peperit. Sic sanguine martyrum impletus orbis praejactatis
seminibus seges ecclesiae pululavit. — *Enarr.* in Ps. 68 v. 19: At illa mater, jam
non Evae, sed matri Ecclesiae similis, quos cum dolore pepererat ut vivos agno-
sceret, cum gaudio vidit morientes; et ad hoc hortata est, ut eligerent potius mori
pro paternis legibus Domini Dei sui, quam vivere contra eas.

[2] *August.*, sermo 109 l. c. cp. 6: Discant feminae, de matris illius tanta patientia, ineffabili virtute; quae noverat servare filios suos. Habere noverat, quae
perdere non timebat. Isti in se singuli sentiendo, illa videndo in omnibus passa
est. Facta mater septem Martyrum septies martyr: a filiis non separata spectando,
et filiis addita moriendo. Videbat omnes, amabat omnes; nec solum non terrebatur,
sed etiam exhortabatur.

[3] L. 2 de Jacob et vit. beat. cp. 11 u. 12.

[4] L. c. n. 57: O vere mater adamante fortior, melle dulcior, flore fragrantior!

Der hl. Chrysostomus, welcher zu Ehren der heiligen Makkabäer drei Homilien gehalten, widmete die erste derselben ganz dem Lobe der heldenmüthigen Mutter. Trotz der Schwäche ihrer Natur, der Gebrechlichkeit ihres Alters und der Leichtigkeit des mütterlichen Mitgefühles zeigte sie einen erstaunlichen Muth; zuletzt will sie in den Tod gehen, damit keines ihrer Kinder etwa verloren gehe und wankend werde. Alle die Qualen ihrer Söhne fühlte sie doppelt schwer und in jedem einzelnen derselben wurde ihr mütterliches Herz durchbohrt, das zusehen mußte, wie sieben Söhne nicht schnell, sondern langsam zu Tode gemartert werden. Bewunderungswürdiger erscheint sie noch, als der Patriarch Abraham, der seinen Sohn opfern sollte, jedoch weder Blut sah, noch umstehende Schergen; die Mutter aber verläugnet ihr natürliches Gefühl und anstatt ihre Kinder dem Rachen des Tyrannen zu entreißen, setzt sie dieselben ihm als Speise vor. Sie war doppelt Mutter, indem sie ihre Söhne nicht bloß geboren, sondern auch für Gott erzogen hat. Nur Eines fürchtete sie, daß der Chor dieser Streiter getrennt und einige ohne ohne Krone bleiben; damit dieß nicht geschehe, warf sie den Letzten selbst in den Kessel hinein. Während bei den olympischen Spielen bloß ein Athlet den Preis empfing, wurden hier von sieben Kämpfern Sieben gekrönt. Wo gibt es einen so fruchtbaren Acker, wo einen so fruchtbaren Mutterschooß, mit ähnlichen Kindern? Zwar war der Leichnam der Mutter, welcher zu den Leichen ihrer Söhne geworfen wurde, nur Einer, allein er erfüllte den Raum von zweimal sieben Martyrern, weil sie in jedem derselben zur Martyrin wurde und sie zu solchen gemacht hat. Eine ganze Kirche von Martyrern hat sie geboren. Sieben Söhne hat sie geboren, keinen für die Erbe, alle für den Himmel, ja für den König des Himmels und für das ewige Leben. Zuletzt hatte der Teufel sie für den Kampf aufbewahrt, um sie durch das blutige Schauspiel zu erschüttern und schwach zu machen; jedoch mit um desto größerem Vertrauen nahm sie den Kampf auf, als sie ihre Kinder bereits in die ewigen Wohnungen zur unvergänglichen Krone vorausgeschickt hatte und nur noch wünschte, mit ihnen für immer vereinigt zu sein — ein wahres Musterbild für die Christen jeglichen Geschlechtes und Alters.

In seiner zweiten Homilie kommt dieser heilige Kirchenlehrer nochmals auf den Starkmuth dieser Mutter zu sprechen, welche sich nicht begnügte, einige bloß dem Herrn zu opfern, die übrigen, oder doch wenigstens Einen als Stütze ihres Alters zu behalten, sondern um ihre Worte durch die That zu unterstützen, warf sie den Letzten in den Kessel, indem sie den Herrn lobte, daß er sämmtliche Frucht ihres Leibes angenommen und alle Früchte vom Baume gepflückt habe. War der Schmerz, den die Sieben am Leibe duldeten, ein großer, so litt die Mutter in ihrer Seele noch größere Schmerzen; hier loderte ein dreifaches Feuer, entzündet vom Tyrannen, von der Natur und dem heiligen Geiste, wozu die Natur, die Liebe zu den Kindern, die

o indissolubile pietatis vinculum! O vere valida charitas sicut mors dura, sicut inferi zelus devotionis et fidei! Nulla tantarum diluvia passionum tuam potuerunt charitatem excludere, nulla inundare eam flumina tantarum acerbitatum. Sicut arca in illo mundi diluvio totius orbis spatiis innocua ferebatur, ita et tu adversus fluctus tam gravium passionum pietate immobilis restitisti, et cum posses salutem filiorum eligere, noluisti.

Schmerzen der Geburt und die Eintracht der Söhne den Brennstoff lieferten. Nicht so sehr wurden jene im Feuer gebrannt, als diese ob der Liebe zu ihren Kindern brannte, allein ob der Frömmigkeit siegte. Die Natur kämpfte mit der Gnade und diese trug den Sieg davon. Die Religion beherrschte das mütterliche Gefühl und ein Feuer siegte über das andere, das geistliche über das natürliche, welches der Tyrann geschürt. Gleich einer Klippe im Meere steht sie unbeweglich, an welcher die schäumenden Wogen der Schmerzen sich brechen. Zeigen wollte sie dem Tyrannen, daß sie wahrhaft die Mutter derselben sei und diese ihr ebenbürtigen Söhne nicht wegen der natürlichen Verwandtschaft, sondern wegen der Tugendgemeinschaft seien; nicht glaubte sie das Feuer der Qualen, sondern ein Brautlicht zu sehen. Nicht so freut sich eine Mutter, welche die Söhne zur Hochzeit schmückt, als jene sich freute, als sie dieselben gemartert erblickte, und als wollte sie den einen mit dem Braut= kleide kleiden, dem andern die Krone flechten, dem dritten das Brautgemach herrichten, so freute sich diese, als sie den einen zum Kessel, den andern zum Roste eilen, den dritten enthauptet sah. Mitten durch den Rauch sah sie mit ihren Augen ihre Kinder, hörte mit ihren Ohren ihre Stimme und roch den Fleischesgeruch, nicht lieblich den Ungläubigen, ungemein wohlriechend dem Herrn, welcher die Luft inficirte, den Geist der Mutter aber nicht er= füllte; denn standhaft und unbeweglich stand sie da, alles geduldig ertragend. Auch in der dritten Homilie berührt der hl. Chrysostomus die Mutter dieser tapfern Streiter, welche in dem einen Körper öfters, wenn auch unblutiger Weise, geschlachtet wurde. Nicht erschütterte sie der Anblick, als der erste Sohn zum Tode geschleppt wurde, sondern hatte nur eine Sorge, damit keiner zurückbleibe. So führte sie die sieben zarten Sprossen dem Herrn zu und erstarrte nicht, als sie das Opfer aus ihren Eingeweiden darbrachte.

An einer andern Stelle bespricht derselbe heilige Kirchenlehrer die Unbesieg= barkeit dieses Weibes[1], welche nicht etwa grausam war, sondern ihre Söhne zum Tode ermunterte, weil sicher über die glorreiche Auferstehung derselben[2].

Der größte Theil der schönen Rede, welche der hl. Gregorius Na= zianzenus[3] zum Lobe der Makkabäer gehalten, ergeht sich im Preise der starkmüthigen heiligen Mutter derselben. Sie, die Kinder und Gott zugleich liebte, betrauerte nicht ihr Loos, weil zum Tode verurtheilt, sondern war

---

[1] In ill. vidi Dom. hom. 4: Quid autem Machabaeorum mater? nonne uxor fuit? nonne septem filios addidit sanctorum choro? nonne vidit illos martyrio coro-natos? nonne spectratrix astabat, tanquam mons quidam immobilis? nonne adstabat in unoquoque illorum martyrium patiens, et mater martyrum, septies ipsa marty-rium tulit? Dum enim illi torquebantur, illa plagam accipiebat. Neque enim sine dolore haec excipiebat: mater erat, et naturae illata vis propriam virtutem declarabat; at illa non vincebatur. Mare quidem erat et fluctus: caeterum, sicut mare, cum insanit, sedatur: ita et natura commota metu Dei refrenabatur. Quo-modo eos unxit? quomodo eos aluit? quomodo septem templa Deo exhibuit, sta-tuas aureas, imo potius auro pretiosiores.

[2] *Chrysost.*, sermo 2 de cons. mort.: Non enim erat illa crudelis utique, sed fidelis: amabat filios, non delicate, sed fortiter. Hortabatur filios ad passionem, quam gaudens ipsa quoque suscepit. Erat enim de sua et suorum filiorum resur-rectione secura.

[3] Oratio 15 (al. 22).

nur besorgt, damit Keiner davon ausgenommen werde; um die Ueberlebenden war ihre Sorge größer, als um die Gemarterten, da bei jenen der Kampf noch zweifelhaft war. Diese hatte sie bereits dem Herrn anvertraut, um jene war sie bemüht, daß der Herr sie annehme. Abraham brachte nur den Einen dar, diese aber weihte ihre ganze Kinderschaar dem Herrn; Alles, was nur ihren Söhnen lieb und theuer war, rief sie ihnen in's Gedächtniß, um sie zum geduldigen Ertragen des Todes anzuspornen. Ihre Standhaftigkeit vermochte weder der Anblick der verschiedenen Marterwerkzeuge, noch das Feuer, noch die zerstückelten Glieder, noch das jugendliche Alter ihrer Söhne zu beugen. Nur zwei Gefühle beherrschten sie, das Gefühl der Freude über die Starkmuth der bereits Gemarterten, und jenes der Angst, ob auch die Uebrigen ausharren werden; darum umflog sie, einem Vogel gleich, ihre Jungen, zwitscherte, bat und stritt mit ihnen. Nichts ließ sie an Wort und That fehlen, um sie für den Sieg bereit zu machen. Nur noch kurze Zeit, und wir haben gesiegt, rief sie, und ich gehöre unter die seligen Weiber und ihr unter die heiligen Jünglinge. Vielleicht ängstigt euch die Sehnsucht nach der Mutter? Keineswegs werde ich euch verlassen, dieß verspreche ich euch. Und als die Sieben ihr Leben beendet, da steht sie da wie eine Siegerin, unbekümmert um ihren eigenen Tod, mit ausgestreckten Armen, um mit lauter Stimme dem Herrn den Tribut ihres Dankes darzubringen. Sie dankt ihrem Gotte, dem Gesetze als Lehrmeister ihrer Söhne und dem greisen Eleasar, der ihr herrliches Vorbild gewesen, daß sie die glücklichste aller Mütter geworden, nichts für sich behalten, sondern ihren ganzen Schatz, die Stütze ihres Alters dem Herrn wiedergegeben hat. Beneidenswerth sei ihr Alter, nachdem sie sieben Söhne siegen gesehen. Die Henker betrachtet sie als Wohlthäter und selbst dem Tyrann muß sie den einen Dank zollen, daß er sie zuletzt aufbewahrt hat, indem sie ruhig nun nach vollendetem Opferleben ihrer Söhne von hinnen gehen kann. Nicht will sie trauern um ihre Kinder, sind sie doch nicht ausgerottet, sondern dem Herrn dargebracht, und wo anders hingewandert und wenngleich zerrissen, doch wieder vereint. Wäre ihnen sonst ein natürliches Unglück zugestoßen oder einer im Kampfe wankend geworden, dann würde sie ihren Thränen freien Lauf gelassen haben, so aber erfüllt ihr Schicksal sie mit Freude und Jubel. Würdig steht sie der Anna zur Seite, denn diese hat ihr kleines Kind dem Herrn geopfert, sie aber hat sieben Männer mit freiem Willen dem Herrn geheiligt. Nachdem sie noch ihre Söhne gepriesen, wendet sie sich an den Tyrannen, mit der Bitte, sie ihren Kindern beizugesellen; und ohne zu zögern, eilt sie dem Scheiterhaufen, wie einem Brautgemache, zu.

In ähnlicher Weise sprechen auch der hl. Leo d. Gr. [1] und der heilige Gaudentius Brixianus [2] von dieser Mutter. Die katholische Kirche ver-

---

[1] Sermo 82 in natal. s. septem Mach.: Gloriosam septem Martyrum matrem exultanti et non tacito honorati affectu, in singulis quidem passam, sed in omnibus coronatam. Subsecuta est enim felici exitu, quos invicto praemisit hortatu. Beata genitrix, beata progenies, memorabilis praecedentium fortitudo.

[2] Sermo 15 de Machab.: Quae (mater), dum singulos filios pro Dei nomine puniri laeta et aspicit et hortatur, tot martyria pertulit, quod pignora consecravit: septies in propriis passa visceribus, octava et ipsa accessit numero, ad octavum

ehrt diese heldenmüthige Mutter sammt ihren Söhnen als Heilige und feiert ihr Fest am 1. August [1]. Ihnen zu Ehren wurden in den frühesten Zeiten des Christenthums Kirchen erbaut und Loblieder gesungen [2], und zwar mit vollem Recht „sind sie werth," spricht der hl. Gregorius [3] am Anfange seiner Rede, „daß sie von Allen geehrt werden, weil sie für ihre vaterländischen Gesetze und Einrichtungen einen Heldenmuth gezeigt haben. Was würden die, welche vor Christi Leiden sich dem Martertum unterzogen haben, gethan haben, wenn sie nach Christus Verfolgung zu leiden und seinen zu unserem Heile erlittenen Tod zur Nachahmung vor Augen gehabt hätten? ... Auch scheint mir und allen Liebhabern Gottes ein gewisses, geheimnißvolles Verhältniß zu Christus sehr annehmbar, wornach Keiner von denjenigen, welche vor Christi Ankunft sich martern ließen, dieß ohne Glauben an Christus haben erreichen können ... Weil sie also nach der Richtschnur des Kreuzes ihre Lebensverhältnisse eingerichtet haben, deßhalb sind sie des Lobes und Preises würdig." Der hl. Augustin liefert in seiner ersten Rede über die Makkabäer [4] den Nachweis, daß diese wohl nicht dem Namen, sondern der That nach Christen waren, die Martyrer des Neuen Testamentes den im Evangelium geoffenbarten, jene des Alten Testamentes aber den im Gesetze verborgenen Christus bekannt haben, weßhalb die Christen mit Recht ihren Gedächtnißtag feiern. Derselbe Kirchenlehrer belehrt uns auch [5], daß diese

Christi resurrectionis diem cum caris pignoribus occursura. Unde non immerito praesumitur ista mater beatissima Ecclesiae sanctae imaginem praemonstrasse, quae spirituales Dei filios parere consuevit, nihil de carne et sanguine cogitantes.

[1] Martyrolog. 1. Aug.: Antiochiae passio Sanctorum septem fratrum Machabacorum cum matre sua, qui passi sunt sub Antiocho Epiphane rege: horum reliquiae Romam translatae in ecclesia S. Petri ad vincula conditae fuerunt.

[2] *Ambros.*, ep. cl. I. cp. 40 u. Sermo 56 de Nat. s. Eusebii Vercell. — *Gregor. Naz.* l. c.: Annuis festis et solemnibus pompis celebrantur. *August.* l. c. *Chrysost.* etc.

[3] Oratio 15 (al. 22).

[4] Sermo 300 l. c.: Coeperunt eum (Christum) martyres constantissime confiteri. Ipsum martyres in manifesto confessi sunt, quem tunc Machabaei in occulto confessi sunt: mortui sunt isti pro Christo in Evangelio revelato: mortui sunt illi pro Christi nomine in lege velato. Christus habet utrosque. Christus pugnantes adjuvit utrosque, Christus coronavit utrosque. Christus habet in ministerio suo utrosque, tanquam quidam potentissimus incedens cum agmine obsequentium, aliis praecedentibus, aliis sequentibus. Ipsum ergo potius intuere in carnis vehiculo praesidentem: et qui praecedunt, illi obsequuntur; et qui sequuntur, illi devoti sunt. Nam ut noveris, quia pro lege Moysi morientes, pro Christo sunt mortui ... Machabaei ergo martyres Christi sunt. Ideo non incongrue, neque importune, imo convenientissime dies eorum et solemnitas a Christianis potius celebratur.

[5] *August.* in ep. Joann. ad Parth. tract. 8. cp. 4: u. sermo 32. cp. 15; *Enarr.* in Ps. 148. n. 11: Tres pueros ab igne liberavit, numquid ideo Machabaeos in igne deseruit? Illos aperte liberavit, istos occulte coronavit. *Enarr.* in Ps. 36. n. 9: Numquid sancti ejus Machabaei non erant, qui in ignibus defecerunt carne, non fide ... Visibiliter non dereliquit tres pueros, occulte non dereliquit Machabaeos: illis etiam dedit vitam temporalem ad confundendos infideles, illos autem occulte coronavit ad judicandam impietatem persecutoris; nec illos tamen, nec illos dereliquit, qui non derelinquet sanctos suos. — Sermo 301 (al. 110 de div.): Illi quidem de morte liberati sunt, sed in hujus vitae tentatione manserunt: ab igne liberati, ad pericula reservati; uno tyranno victo, adhuc certaturi cum diabolo.

sieben Brüder, welche von den Flammen verzehrt wurden, nicht den drei
Jünglingen nachstehen, welche die Feuerflamme nicht berührte; denn diese
befreite Gott offenkundig, jene krönte er im Geheimen; diese wurden für
ein Leben erhalten, das den Versuchungen noch unterworfen war, jene
gingen zum ewigen Leben über. Daraus schließt der heilige Doctor, daß die
Sacramente des Alten Testamentes zum Heile nothwendig waren, weil
sonst die Makkabäer vergebens ihr Leben dahingegeben hätten[1]. Martyrer
sind sie durch ihren Glauben und die Gnade Gottes geworden[2], indem sie
für die Beobachtung des göttlichen Gesetzes ihr Leben dahingegeben haben[3],
und zwar nicht etwa mit betrübtem Herzen und unter Thränen, sondern
mit Freude, ja dafür Gott noch lobten[4], welche sich rein erhielten von
den Vergnügen dieses Lebens und der Sünde und Alle bis zum Letzten
den guten Kampf kämpften[5] und so sich als wahre Söhne Gottes er=

Machabaei melius et tutius liberati sunt. Ab illis tribus viris, ceteris remanenti-
bus, illa una tentatio superata est: ab istis ista vita finita, quae tota tentatio est.

[1] *August.*, ep. cl. 2. ep. 40 (al. 9).

[2] *Chrysost.*, hom. 1 de Mach.: Cum videris mulierem trementem, vetulam,
baculo egentem, in certamen ingressam, tyranni furorem prosternere, incorporeas
virtutes superare, diabolum facile vincere, ejusque robur strenue admodum fran-
gere, agonothetae gratiam admirare, Christi conspecta virtute obstupesce. Non
secundum carnem robusti sunt athletae, sed secundum fidem: infirma est ipsorum
natura, sed potens est, quae ungit eos, gratia: soluta sunt senectute corpora, sed
roborati sunt animi pietatis amore. Non est sensibilis pugna: ne igitur athletas
extrinsecus consideres, sed ratiocinio eorum animi robur intus perpende: considera ipsorum fidei fortitudinem, ut ediscas eum, qui cum daemonibus pugnet, non
robusto corporis habitu et mole indigere, neque aetate florida; sed etsi admodum
juvenis sit, etsi decursa jam aetate, si animo generoso robustoque praeditus sit,
nil damni ab aetate in certamine accipere.

[3] *Chrysost.*, hom. 36 (al. 37) in Matth.: Machabaei admirationi fuerunt, quia
pro legis observatione passi sunt. *Gaudentius*, sermo 15 l. c.: In magno fuerunt
isti fideles, cum idolothyta inter supplicia respuerunt: in parvo fuerunt fideles,
cum solum ut carnes prohibitas non comederent, suas potius devorandas suppliciis
tradiderunt. Insignior fides est, quae nec in modicis violatur. Formam tolerantiae
praebuerunt isti beatissimi fratres futuris post passionem Christi Martyribus, ut
intelligant, quanta animi magnitudine et constantia pro redemtoris nostri lege di-
micare debeant, pro cujus mandato tam pertinaciter ipsi certassent.

[4] *Ephrem Syr.*, or. de morte: Imitare Machabaeorum matrem, quae quamvis
septem filios morte deletos vidisset, non tamen lachrymis ac luctui se tradidit,
neque vocem emisit muliebrem: sed Deo egit gratias, quod illos igne, ferro aliisque
molestissimis vinculorum suppliciis ab hac carne dissolvisset; quam etiam ob
causam et a Deo probata est, et ab hominibus in hunc usque diem celebratur.

[5] *Gregor. Naz.*, or. 15 l. c.: Hunc juventutis fructum tulerunt filii, qui non
voluptatibus inservierunt, sed turbulentos animi motus rationis imperio compresse-
runt corpusque a peccati sordibus purum servarunt atque ad vitam a vitiosis
animorum permotionibus liberam translati sunt. Hoc commodi ex multiplici so-
bole cepit mater: sic et vivis gloriata est et cum ipsis diem vitae ultimum clausit: non ante tamen, quam, quos mundo procreaverat, Deo exhibuisset doloresque,
quos in pariendo pertulerat, certaminum numero recensuisset partuumque seriem
ex ipsorum morte recognovisset. A primo enim ad ultimum usque omnes dimica-
runt, aliusque alii, velut in fluctuum jactatione succedens, virtutis suae specimen
exhibebat majoremque ad perferendos dolores alacritatem afferebat, ejus nimirum,
qui praecesserat, periculis incitatus et exacutus: adeo ut tyrannus commode secum agi duceret, quod non plures illa liberos peperisset; sic enim majore cum

wiefen[1]. Mit Gebuld und Starfmuth ertrugen fie alle erbenflichen Qualen, indem fie ihr Auge von den vergänglichen Gütern diefer Erde hinweg zu den himmlifchen, ewigen erhoben und von dem Vergelter alles Guten ihre Beloh= nung im Jenfeits erwarteten[2]. Daß die Kirche aus den alttestamentlichen Gerechten befonders die Maffabäer als Heilige verehrt, liegt nach dem heiligen Bernard[3] darin, daß fie nicht bloß in Frömmigfeit, wie die übrigen Ge= rechten, geftorben find, fondern für diefelbe ihr Leben dahingegeben haben, und

---

dedecore et gladio discessisset. Ac tunc primum se non omnia vi atque armis con-sequi posse cognovit, cum inermes pueros oppugnare aggressus est, solis pietatis armis instructos, atque ita affectos, ut ad quaevis tormenta perpetienda, quam ille ad inferenda, paratiores essent. *Ambros.*, l. 2 de Jacob l. c. cp. 12: Talis haec pugna est, ut ille gloriosius vicerit, qui crudelius occisus fuerit. Itaque nemo timuit, nemo trepidavit, nullus ad mortem ex tot fratribus pigrior fuit: sed omnes tanquam ad immortalitatis vitam, ita ad mortem per acerba supplicia cucurrerunt.

[1] *Cyprianus* ad Fort. de mart. l. c.: Martyres, qui se Dei filios in passione testantur, jam non nisi Deo patre censentur.

[2] *Chrysost.*, hom. 2 de Mach.: Non eadem respicit tyrannus et martyr: nam utrique sunt iidem oculi, verum carnis, fidei vero oculi non iidem; sed ille qui-dem praesentem vitam respiciebat, hic vero respiciebat futuram, ad quam erat evolaturus: tyrannus quidem sartagines videbat, at gehennam martyr videbat, in quam se injecturus erat tyrannus. *Theophilus Alex.*, cp. 31 Paschali: Corpora obtulerunt cruciatibus totiusque orbis in ecclesiis Christi laudibus praedicantur, fortiores poenis, ardentiores, quibus comburebantur, ignibus: Victa sunt in eis omnia crudelitatis ingenia et quidquid ira persecutoris invenerat, patientium for-titudo superavit: inter poenas magis paternae legis, quam dolorum memores. Lacerabantur viscera, tabe et sanie artus diffluebant, et tamen sententia perseve-rabat immobilis: liber erat animus et mala praesentia futurorum spe despicie-bant. Lassabantur tortores et non lassabatur fides: frangebantur ossa et volubi rota omnis compago nervorum atque artuum solvebatur et in immensum spirantia mortem incendia consurgebant: plenae erant ferventis olei sartagines et ad frigenda sanctorum corpora terrore incredibili personabant et tamen inter haec omnia para-disum animo deambulantes, non sentiebant, quid patiebantur, sed quod videre cupiebant. Mens enim Dei timore vallata flammas superat, varios tormentorum spreverint dolores, cumque semel virtuti se tradiderit, quidquid adversi evenerit, calcat et despicit.

[3] Ep. 98 de Mach. u. ep. 313: Quaeris, quidnam visum Patribus fuerit, ut solis ex omnibus antiquis justis, singulari quodam privilegio Machabaeis annuam celebritatem pari cum nostris martyribus veneratione decernerent, in ecclesia so-lemniter exhibendam. Si dixero dignos merito martyrum gloria judicatos, quibus non impar fuit martyrio virtus: erit forsitan solutum, cur ipsos, sed necdum plane, cur solos, cum et alios nonnullos ex veteribus pari constet zelo pietatis occubuisse, non tamen et pari tripudio coli meruisse. Constat tamen utrosque quidem in morte communem habuisse cum martyribus nostris pietatis causam, sed non utros-que pariter eandem cum illis adeptos fuisse martyrii formam. Universis nempe tam V. quam N. T. martyribus aeque convenit pro justitia occubuisse: sed inter-est, quod isti passi sunt, quia illam tenebant: illi, quia non tenentes reprehende-bant. Et ut breviter totum, in quo differunt, proferamus, hos cultus, illos zelus justitiae martyres fecit. Soli ex veteribus Machabaei, quia non solum causam, sed et formam, ut dixi, martyrii novi testamenti tenuerunt, jure fortasse in ecclesia cum novis ecclesiae martyribus eandem celebritatis gloriam adsecuti sunt. Itaque martyrium facit causa, tempus genusque discernunt. Tempus quippe Machabaeos a novis martyribus disjungit, conjungit antiquis. Genus vero novis aggregat, quia libare et ipsi diis alienis cogebantur, et segregat a veteribus.

wenn auch der Zeit nach verschieden, doch in Betreff der Todesart würdig
sich den Martyrern des Neuen Testamentes anreihen.

Kehren wir zum Schlusse noch einmal zum 4. Makkabäerbuche zurück.
Dasselbe ergeht sich im Lobe über die Geistesgröße und Einstimmigkeit, mit
welcher die sieben Brüder dem qualvollen, aber zur Unsterblichkeit führenden
Tode sich unterzogen; denn wie die sieben Tage der Weltschöpfung um die
Frömmigkeit (am Sabbate) einen Reigen aufführten, so auch die sieben
Jünglinge um die Siebenzahl[1]. Dasselbe fügt auch die Grabschrift bei,
welche diese Blutzeugen verdienen. Sie lautet: „Hier ruhen der greise Priester und die hochbetagte Frau mit ihren sieben Söhnen, durch die Gewaltthat
eines Tyrannen hinweggerafft, welcher den Staat der Hebräer zu vernichten
wagte. Diese haben mit zum Himmel erhobenen Augen und nachdem sie die
Marter bis zum Tode erduldet, ihr Volk gerächt." Es war, fährt der
Autor fort, ein wahrhaft göttliches Kampfschauspiel, wobei die Unsterblichkeit
im ewigen Leben den Kampfpreis bildete. Als Folgen des Sieges der Martyrer ergeben sich, daß sie dem Throne Gottes nahestehend ein seliges Leben
fortführen, ihr Vaterland von der tyrannischen Fremdherrschaft befreit und
den Zorn Gottes über sein Volk gestillt, ja selbst den Muth und die Tapferkeit des feindlichen Heeres erhöht haben, nachdem Antiochus demselben in einer
öffentlichen Bekanntmachung die Standhaftigkeit jener Martyrer zur Nachahmung empfohlen hatte[2]. Nachträglich wird in diesem Buche noch einer
Rede dieser Mutter an ihre Söhne erwähnt. „Ich war stets eine keusche
Jungfrau," spricht sie, „habe nie die Schwelle des väterlichen Hauses überschritten und die erbaute Seite (d. i. meinen weiblichen Leib) bewahrt (wie
ich ihn aus Gottes Schöpferhand empfing). Mich schändete nicht auf freiem
Felde der in der Wüste sein Unwesen treibende Verderber (Satan), noch hat
meine reine Jungfrauschaft die trügerische, verführerische Schlange befleckt.
Die Blüthe meines Lebens habe ich mit meinem Gatten zugebracht, und nachdem diese (ihre Söhne) erwachsen waren, starb der Vater; o glückselig fürwahr, daß er nur das in seinen Kindern bescheerte Glück, nicht aber das
Unglück ihres Verlustes erlebt hat." Sodann bringt sie den Söhnen aus
den Belehrungen des Vaters verschiedene biblische Beispiele und Aussprüche
in Erinnerung zu dem Zwecke, sie zum treuen Gehorsam gegen Gott und zum
festen Vertrauen auf ihn in dem ihnen bevorstehenden Glaubenskampfe zu
ermuthigen.

Während den Antiochus ob seiner Grausamkeit Strafe getroffen hat und
fort und fort noch treffen wird, werden Abrahams Söhne mit ihrer siegreichen Mutter dem Chor der Väter eingeschaart, nachdem ihre heiligen und
unsterblichen Seelen von Gott aufgenommen worden sind, dem Ehre in alle
Ewigkeit! Amen[3].

---

[1] L. c. cp. 14, 1—10.
[2] 4 Makk. 17, 1 bis 18, 5.   [3] 4 Makk. 18, 6—23.

* * *

In den von uns gezeichneten Frauengestalten haben wir so manche Typen jenes Weibes gefunden, welches als die höchste Blüthe der hebräischen Frauenwelt den von Anfang her verheißenen Messias zur Welt bringen sollte. Allein nicht bloß durch Typen aus dem Frauenthum, sondern auch durch Symbole, Weissagungen und Aussprüche der heiligen Schrift des Alten Testamentes sollte dem forschenden frommen Israeliten ein vollständiges Bild dieser hehren Frau und zweiten Stammmutter des Menschengeschlechtes vor Augen gestellt werden. Wir versuchen es, im Folgenden die Aussprüche der alttestamentlichen heiligen Schriften hierüber in einen Rahmen zu fassen, damit sie, der Schlußstein und die Gesegnete unter den Frauen Israels, einen würdigen Schluß ihres Geschlechtes aus der vorchristlichen Zeit bilde und wie wir mit unserer Ahnfrau Eva begonnen, so auch mit dem Gegenbilde derselben, der zweiten Eva, unsere Bilder schließen.

§ 40. Die jungfräuliche Mutter des Messias.

1) Wir haben bereits oben [1] gesehen, daß den gefallenen Stammeltern der „Weibessame" als Erlöser in Aussicht gestellt wurde. Wer jenes Weib sein werde, haben die Propheten weiter entwickelt. Dem gottlosen Achaz, der mit Scheinheiligkeit sich weigert, ein vom Propheten Isaias ihm angebotenes Zeichen für die Wahrheit des Gotteswortes zu verlangen, gibt der Herr selbst ein Wunderzeichen: „Siehe die Jungfrau (haalma) schwanger und einen Sohn gebärend, und sie nennt seinen Namen Immanuel. Bevor der Knabe verstehen wird, das Schlechte zu verschmähen und das Gute zu wählen, wird das Land veröbet sein." [2] Wie dort beim Proto-Evangelium der Vordergrund des Urtheilspruches über die Schlange ihr Fluch, die Rückseite aber Verheißung für die Menschheit ist, so ist auch die Verheißung der Geburt des Immanuel aus der Jungfrau ihrer Vorderseite nach Fluch für Achaz und alle Ungläubigen, der Kehrseite nach Segen und Trost für alle Gläubigen. Der Prophet schaut und verkündet hier die Geburt des Gottmenschen (Immanuel) aus der (also einer bestimmten) Jungfrau, denn nur eine an Körper und Seele reine und heilige Jungfrau war würdig, einen Gottmenschen (den Schlangentreter) zu gebären, um so in allen Stücken das Gegenbild der jungfräulichen Eva zu sein [3]. Da aber überdieß die Jungfrau schwanger wird und als solche gebärt, so ist die Würde der jungfräulichen Gebärerin und somit die übernatürliche Geburt derselben mitinbegriffen. Daß hier Isaias von einer Jungfrau weissage, die auch noch nach der Empfängniß und Geburt Jungfrau geblieben ist, bestätigt nicht bloß der hl. Matthäus [4],

---

[1] Siehe S. 29.   [2] Is. 7, 14—16.

[3] *Bernardus*, sermo de Adv.: Talis partus congruebat virgini, ut non pareret, nisi Deum et talis nativitas decebat Deum, ut nonnisi de Virgine nasceretur. *Beda*, hom. 1 in Nat. Dom. *Tertullianus*, de carne Chr. cp. 17. Vgl. *Thomas*, Sum. 3. p. qu. 28. a. 1.

[4] 1, 23. 24.

sondern ist auch übereinstimmende Lehre der Väter[1] und der Kirche[2]; denn daß ein jungfräuliches Mädchen überhaupt Mutter werde, konnte von dem Propheten unmöglich als Wunderzeichen gesetzt werden, wohl aber, daß eine Jungfrau als solche gebären, d. h. auch nach der Geburt noch Jungfrau bleiben werde[3]. So sollte also die Mutter des Schlangentreters zuerst die Fahne der Jungfräulichkeit für alle kommenden Geschlechter zur Nachahmung erheben[4]. Zugleich wird auch der Jungfräulichkeit die größte Fruchtbarkeit verheißen, womit das Wort desselben Propheten übereinstimmt: „Nicht sage der Eunuch (das sind diejenigen, qui se ipsos castraverunt propter regnum coelorum [Matth. 19, 12]): „ich bin ein dürrer Baum"[5], d. i. unfrucht- bar, denn ihm wird im Hause Gottes ein Ort bereitet.

2) Auch Jeremias[6] spricht von dem großen Wunder, welches Gott auf Erden wirken wird: „Jehova schaffet Neues auf Erden. Ein Weib wird einen Mann umschließen." Schon das Wort schaffen (bara), welches nur von Gott und zwar in engster Bedeutung gebraucht wird, und dazu das Wort „Neues" deuten auf ein neues, bisher unerhörtes Schöpfungswerk, nämlich die Menschwerdung und Geburt des Messias aus einer jungfräulichen Mutter. Daß ein Weib einen Mann (ein männliches Kind) umschließt, ist nichts Neues; daß aber ein Weib ohne Zuthun des Mannes, also eine Jung- frau, wie Isaias sagt, auf übernatürliche Weise einen Mann empfängt, um- schließt und gebärt, das ist eine ganz neue göttliche Schöpfungsthat. Das Wunder der Menschwerdung des Messias in jungfräulichem Schooße faßt, wie Cornelius a Lapide[7] richtig bemerkt, wieder viele Wunder in sich. Für

---

[1] Die Zeugnisse hierüber siehe bei Reinke, Die Weissag. von der Jungfrau und vom Immanuel. Münster 1848. S. 229. Aus diesen nur einige Stellen: *Justinus*, dial. cum Tryph. n. 84: Illud: Ecce Virgo ... in Christum praedictum fuerat, nam si ille, de quo loquebatur Isaias, non erat ex Virgine nasciturus, quis tandem ille est, de quo Spiritus s. clamabat: Ecce Virgo in utero concipiet et pariet filium. *Irenaeus*, 1. 3. cont. haer. cp. 21, 4: Diligenter Spiritus s. per ea, quae dicta sunt, generationem ejus, quae est ex Virgine, et substantiam, quoniam Deus (Emmanuel), manifestat; und führt im Folgenden Is. 7 als Hauptstelle an, daß Christus aus einer Jungfrau geboren sei; ebenso *Cyrillus*, cat. 11 u. 12. *Tertullianus*, adv. Jud. cp. 9: Virginem inquiunt (Judaei) parere natura non patitur, et tamen cre- dendum est prophetae. Et merito. Praestruxit enim fidem incredibili rei, di- cendo: quod signum esset futurum ... In signum ergo nobis posita *virgo mater* merito creditur. *Ambrosius*, ep. 7 ad Siricium: Non enim concepturam tantum- modo Virginem, sed et parituram Virginem dixit (Isaias).

[2] Concilium Chalcedonense et Ephesinum.

[3] *Justinus*, d. c. Tryph. l. c.: Nam si hoc quoque, perinde ac alii omnes primogeniti, ex concubitu oriturus erat, cur Deus ipse signum, quod minime om- nibus primogenitis commune esset, daturum se dicebat. *Hieronymus* ad Is. 7, 14. *Tertullianus* l. c.: Signum autem a Deo, nisi novitas aliqua monstruosa fuisset, signum non videretur. Si ... mentiri audetis, quasi non virginem, sed juvenculam concepturam et parituram scriptura contineat, hinc quoque revincimini, quod nihil signi videri possit res quotidiana, juvenculae sc. praegnatus et partus.

[4] *Hieron.*, ep. ad Eustoch.: Inveniebatur (in V. T.) in viris tantum hoc continentiae bonum (Elia, Eliseo, Jeremia) et in doloribus jugiter Eva pariebat. Postquam vero virgo concepit in utero, ... soluta maledictio est. „Ideoque et ditius virginitatis donum fluxit in feminas, quia coepit a femina."

[5] Is. 56, 3; vgl. 54, 1.   [6] 31, 21. Vulg. 22.   [7] Zu d. Stelle.

dieſe Auslegung ſpricht eine große Zahl der heiligen Väter [1]. Jeremias nennt ſie einfach das Weib, um ſie in Gegenſatz zum erſten Weibe zu ſetzen. Derjenige, welchen das Weib umſchließen wird, wird Mann genannt, weil er, der als Gott durch keine Grenzen umfangen wird, ſich würdigte, in den Schooß der Jungfrau herabzuſteigen, und obgleich als Kind geboren, von dem erſten Augenblick ſeiner Empfängniß „Wunder, Rathgeber, ſtarker Gott, Vater der Ewigkeit, Friedensfürſt" [2] war [3].

3) Auch der Prophet Micha [4] kennt dieſes wunderbare Weib, indem er ſchreibt, daß Israel in der Gewalt ſeiner Feinde bleiben werde, „bis die Gebärerin geboren hat." Dieſe Geburt werde ſeinem Volke erſt den vollen Segen bringen. Es iſt doch gewiß kein bloßer Zufall, auch nicht eine natürliche Vermuthung, daß die Propheten, wenn ſie von der Geburt des Meſſias reden, nie einen menſchlichen Vater nennen, ſondern immer nur von einer Jungfrau, einem Weibe, einer Gebärerin ſprechen. Der Meſſias ſelbſt wird immer nur in ähnlichem Sinne redend eingeführt: „Der Herr hat mich vom Mutterleibe an berufen, von meiner Mutter Schooße an meines Namens gedacht; er hat vom Mutterleibe an mich zu ſeinem Knechte ge- bildet [5]. Und durch den Pſalmiſten ſpricht er: „Du biſt's, der mich hervor- zog aus dem Schooße, mich ſorglos liegen ließ an den Brüſten meiner Mutter. Auf Dich bin ich geworfen vom Mutterſchooße an, vom Mutterleibe an biſt Du mein Gott." [6] Schon das Wort extraxisti deutet auf etwas Wunderbares und Ungewöhnliches bei der Geburt [7], ſo daß Gott unmittelbar ſeine Geburt ohne Verletzung der Mutter bewirkt hat und

---

[1] *Aug.*, sermo 119 in Nat. Dom.: Res nobis perfecta est nova, quae olim fuerat repromissa, ut sine virginei detrimento pudoris filium lactarent ubera geni- tricis. Haec illa est novitas Jeremiae prophetae vaticinio nuntiata: faciet Deus novum super terram. Et quasi quandam lucernam hujus obscuritatis accendens, continuo subjecit: femina circumdabit virum, hoc est, inquit novum, quod super terram dico Dominum esse facturum, quia femina circumdabit virum. O femina super feminas benedicta, quae et virum non cognovit et virum in utero circum- dedit, quae concubitu carnali non tangitur et tamen carnea prole de spirituali semine gratulatur. Circumdat Maria virum angelo fidem dando, quia Eva perdidit virum serpenti consentiendo. *Hieron.* ad Jer. zu d. St.: Novam rem creavit Do- minus super terram. Absque viri semine, absque ullo coitu atque conceptu femina circumdabit virum gremio uteri sui. *Athanas.*, ep. ad Epictet. *Cyprian.*, sermo 3 de Nativ. *Leo*, sermo 2 de Nativ. *Bernard.*, sermo 1 in vig. Nat. und hom. 2 super Missus est. Deßgleichen *Nic. de Lyra*, *Hugo de St. Caro*, *Menochius*, *Tiri- nus*, *Estius*, *a Lapide* u. A.

[2] Jſ. 9, 5.

[3] *Bernard.*, hom. 2 sup. Miss.: Vir erat Jesus necdum etiam natus, sed sapientia, non aetate, animi vigore, non viribus corporis, maturitate sensuum, non corpulentia membrorum. Neque enim minus habuit sapientiae vel potius non minus fuit sapientia Jesus conceptus, quam natus, parvus, quam magnus ... Cur denique dubito, virum fuisse in utero, quem inibi Deum fuisse non ambigo? Minus quippe est esse virum, quam esse Deum.

[4] 5, 2 f.   [5] Jſ. 49, 1. 5.   [6] Pſ. 20, 10. 11.

[7] *Aug.*, ep. 120. cp. 12: Quid est, tu es, qui extraxisti me de ventre, si ad ipsum Jesum de Virgine procreatum refertur? An inde significare voluit partum Virginis servata integritate mirabili? ut cum Deus fecisse dicitur, quod illic mira- biliter factum est, nemini incredibile videatur.

so von der Geburt an sein Gott war [1]. Die Erwähnung des Mutterschooßes allein involvirt nach Cyrillus [2] die Geburt aus einem jungfräulichen Schooße. Der menschgewordene Messias verschmäht auch nicht die jungfräuliche, vom himmlischen Thaue gefüllte [3] Mutterbrust, um die Liebe zu seiner Mutter zu beweisen, deren „Brüste besser als Wein" sind [4], wo er wie ein Lamm zwischen Lilien weidet, um seine Demuth zu bezeugen, um sie und durch sie uns mit allen Gnaden zu überhäufen [5]. Und in einem andern Psalme spricht Gott zu seinem Sohne, welcher zu seiner Rechten sitzt: „Ex utero ante Luciferum genui te." [6] Diese Worte werden von den heiligen Vätern gewöhnlich auf die ewige Geburt des Sohnes Gottes aus dem ewigen Wesen des Vaters vor aller Schöpfung bezogen; Andere sehen hier einen Hinweis auf die menschliche Geburt aus dem Schooße der heiligen Jungfrau, welche vor der Morgenröthe, also in der Nacht [7], den Messias ex utero solo virgineo, sine ullius viri semine geboren hat [8]. Auch wenn wir nach dem hebräischen Texte übersetzen: „Ex utero ante auroram tibi ros nativitatis tuae", bleibt dieser Sinn aufrecht, da Christus jener himmlische Thau [9] ist, welcher in den Schooß der Jungfrau herabstieg [10].

4) Das, was die Prophetie mit klaren Worten ausgesprochen, drückt sie auch in bildlicher Rede aus. „Ein Reis geht hervor aus dem Stumpfe Isai's," schreibt Isaias (11, 1), „und ein Schößling aus seiner Wurzel bringt Frucht." Wie im Protoevangelium das Weib mit dem Samen, oben bei Isaias (7, 14. 15) die Jungfrau mit Emmanuel, so wird hier das Reis mit dem Schößling auf's Innigste verbunden. Der Prophet will sagen, daß

---

[1] *Eusebius*, l. 10 de demonst. evang. cp. 8: Qui enim mihi fuisti adjutor, cum humanum corpus assumerem, quo tempore ex ipsius parturientis utero me tu ipse Deus meus et pater meus *tanquam obstetricis* fungens officio pro ea, quae mihi de spiritu s. comparata erat carne, extraxisti.

[2] *Cyrill. Hier.*, cat. 12. n. 25: Extraxisti me de ventre, quo significatur eum sine virili opera ex Virginis utero et carne extractum et natum esse; eorum enim, qui nuptiali lege nascuntur, alius est modus.

[3] Canticum Ecclesiae: Ipsum regem Angelorum sola virgo lactabat ubere de coelo pleno.

[4] Hohel. 1, 1.

[5] *Richard. a St. Victore*, par. 2 in Cant. cp. 23: Carnalia in te Christus ubera suxit, ut per te nobis spiritualia fluerent. In te ergo concrevit lac divinae misericordiae et ex te nobis profluit; ipsa prius repleta est et ex te nobis descendit haec abundantia.

[6] Ps. 109, 3 Vulgata.

[7] Vgl. Weish. 18, 14: Dum medium silentium tenerent omnia et nox in suo cursu medium iter haberet, omnipotens Sermo tuus, Domine, a regalibus sedibus venit.

[8] *Aug.*, enarr. in Ps. 109, 3: Ex utero virginali, ex utero ante luciferum genui te. Ex utero, quo masculus non accessit: ex utero prorsus, proprio ex utero, quia solus ex solo utero ... Et hoc ipsum ante luciferum signate dictum, ut proprie dictum et sic impletum. Noctu enim natus est Dominus de utero virginis Mariae. *Tertullian.*, l. 5 in Marcion. cp. 9: Ex utero ... i. e. ex solo utero, sine viri semine, carni deputatus ex utero spiritus. *Justinus*, dial. cum Tryph. *Isidorus*, de Nat. Dom. cp. 6 u. 9.

[9] Vgl. Is. 45, 8; 26, 19.

[10] *Eusebius* in Ps. 109, 4: Ab utero enim, ait, erit ros matutinus pueritiae tuae, sive ex utero fiet tibi ros tuus diluculo in juventute tua. His arbitror declarari, non ex semine viri, sed ex Spiritu sancto carnalem generationem constitui.

aus dem fast ganz vernichteten und bis zu einem Stumpfe herabgekommenen Davidischen Königshause eine Jungfrau, und aus dieser ein Schößling hervorgehen wird, welcher der Stammhalter eines neuen Geschlechtes werden wird. Schon das Hervorgehen eines neuen, frischen, lebenskräftigen Reises aus einem abgeschnittenen Wurzelschooße deutet auf einen nicht gewöhnlichen Ursprung hin. In diesem Sinne haben die Väter einstimmig auch diese Stelle aufgefaßt [1], welche unter dem Reise die seligste Jungfrau, unter dem Schößlinge (hebräisch nezer = germen, vgl. Matth. 2, 23: quoniam Nazarenus vocabitur) oder der Blume den Sohn Mariens, also den Messias, verstehen. Derselbe Prophet ruft voll Verlangen und Sehnsucht nach der Ankunft des Heißersehnten aus [2]: „Träufelt, ihr Himmel, von oben her, und die Wolken rieseln Gerechtigkeit (Vulg.: den Gerechten); es thue die Erde sich auf und es möge erblühen Heil" (Vulg.: der Heiland). Der hl. Hieronymus, welcher die Abstracta mit concreten Ausdrücken übersetzte, hat diese Stelle auf den Messias bezogen [3], welchem auch der hl. Augustinus [4] und fast alle theologischen Ausleger gefolgt sind. Schon das Concilium Hispalense [5] hat diese Worte auf die Vereinigung der göttlichen Natur mit der menschlichen in Christus bezogen; denn der Prophet erfleht den Gerechten vom Himmel und von der Erde zugleich. Die Erde ist hier, wie Cornelius a Lapide richtig bemerkt, die heilige Jungfrau, welche den Thau des heiligen Geistes in sich aufnehmend den Heiland empfing und gebar; denn keine andere, als nur eine jungfräuliche Erde vermochte eine solche Frucht hervorzubringen. Wenn der Prophet sagt: „die Erde möge sich öffnen und es entsprieße der Heiland", so findet man darin einen Hinweis, daß erst Christus bei seiner Geburt den jungfräulichen, bis dahin verschlossenen Leib Mariens geöffnet habe; denn Isaias [6] spricht an einer andern Stelle vom Messias: „Er schießt auf wie

---

[1] *Hieron.* in Is. l. 4. cp. 11: Nos virgam de radice Jesse s. Mariam Virginem intelligamus, quae nullum habuit sibi fruticem cohaerentem, de qua supra legimus : ecce Virgo concipiet . . . Et florem Dominum Salvatorem. *Justinus*, ap. 2. n. 32 und dial. cum Tryph. n. 86 u. 87. *Hippolytus*, demonst. de Christ. et Ant. § 8. *Tertullianus*, de carne Christi cp. 21: Virga ex radice, Maria ex David: flos ex virga, filius Mariae, qui dicitur Jesus Christus, ipse erit et fructus? Flos enim fructus: quia per florem et ex flore omnis fructus eruditur in fructum. *Ambrosius* in Luc. l. 2. n. 24: Virga Maria, flos Mariae Christus. Recte virga, quae regalis est generis, de domo et patria David, cujus flos Christus est, qui foetorem mundanae colluvionis abolevit et vitae aeternae odorem infudit. *Lactantius*, div. instit. l. 4. cp. 13. *Aug.*, de symb. serm. ad Cat. cp. 4. n. 4. *Leo M.*, sermo 4 in Dom. nat.: In qua (Is. 11, 1) non dubie b. V. Maria praedicta est, quae de Jesse et David stirpe progenita, et Spiritu sancto fecundata, novum florem carnis humanae utero quidem materno, sed partu est enixa virgineo. *Gregorius Magn.*, com. in 1 Reg. cp. 1. *Modestus Hier.*, enc. in b. Virg. *Chrysippus*, or. de Virg. laud. *Isidorus Hisp.* in Num. cp. 15. n. 19. *Ildephonsus*, de ass. Deip. sermo 5 und sermo de s. Maria. *Joannes Dam.*, hom. 2 in Deip. nat. § 2. *Germanus*, or. in Deip. praes. *Rabanus Maur.*, lib. adv. Jud. cp. 19. *Petrus Dam.*, hom. 46 in Deip. nat.: Bene haec incomparabilis Virgo virga dicitur, quae et per intentionem desiderii ad superna emicuit et per sinceritatem boni operis distortae nodositatis vitium non incurrit. De qua virga redemptor noster quasi flos ascendit; und sermo 11 de Virg. annunt. *Bernardus*, hom. 2 sup. Missus est.

[2] Is. 45, 8. [3] Zu d. Stelle. [4] Sermo 13 de temp. [5] Canon 13.
[6] 53, 1.

ein Reis [1] vor ihm und wie eine Wurzel aus dürrem Boden," worunter man den jungfräulichen, von keinem menschlichen Samen befruchteten Schooß der Gottesmutter versteht [2].

5) Besondere Beachtung verdient das Wort der Schrift [3]: Drei Dinge kann ich nicht begreifen und das vierte verstehe ich gar nicht: den Weg des Adlers am Himmel, den Weg der Schlange auf dem Felsen, den Weg des Schiffes mitten im Meere und den Weg des Mannes in einer „Jungfrau". Das hebräische Wort „עלמה", welches die Vulgata mit „Jugend" übersetzt, bedeutet Jungfrau, wie es auch richtig der Chaldäer: „viam viri in virgine" und Symmachus: ἐν νεαῖδι (in adolescentula) übersetzen. Auch die siebenzig Uebersetzer übertrugen wahrscheinlich ἐν νεοτίδι (in juvencula), welches später in ἐν νεότητι (in juventute) corrumpirt wurde. Salomon, der weiseste Mann seiner Zeit, konnte wohl unmöglich „den Weg des Mannes in der Jugend" als ein gänzlich unbegreifliches Ding hinstellen, da ja die tägliche Erfahrung ihm diese Kenntniß verschaffen mußte. Auch handelt es sich hier nicht um den wundersamen Hergang der Entstehung des Menschen im Allgemeinen, da schon die alttestamentlichen Bücher [4] hierüber unzweifelhafte Aufschlüsse geben. Wir haben hier vielmehr eine Weissagung auf die Menschwerdung und Geburt des Messias aus einer reinen Jungfrau, welche Jeremias [5] als eine neue Schöpfung, als ein wunderbares Geheimniß betrachtet; denn dieser scheint unsere Stelle: „den Weg des Mannes in einer Jungfrau" im Auge zu haben, wenn er schreibt: „Ein Weib wird einen Mann umschließen." Wie hier, ist auch dort von einem erwachsenen, kräftigen Manne, nicht von einem Knaben oder Kinde die Rede, was nur bei dem Gottmenschen allein zutrifft. Darum betrachtet auch die heilige Jungfrau, als sie die Verkündigung Gabriels vernommen hat, die Erfüllung derselben als eine fast unmögliche Sache, indem sie staunend ausrief: „Wie wird das geschehen, da ich keinen Mann erkenne?" [6] Um nun auf diese ganz wunderbare und unbegreifliche Sache die volle Aufmerksamkeit zu lenken, führt Salomon drei andere Beispiele an, als wollte er sagen: Wie der Vogel in der Luft fliegt, die Schlange auf dem Felsen kriecht und das Schiff das Meer durchzieht, ohne die Luft, den Felsen und das Wasser zu verderben oder ein

---

[1] *Origenes*, hom. 17 in Gen.: Ascendit ex germine: ex virgine enim natus est. Non ex semine, sed ex virgine absque concubitu viri et absque semine naturali nascitur Christus, velut virgultum sive ramus. In quo manifestissime et veritas carnis assumtae ex virgine declaratur in sacro sancto germine.

[2] *Hieron.* zu Is. 53, 1: Pro virgulto Symmachus ramum interpretatus est, ut assumptum ostenderet hominem, qui processit de utero virginali. De quo infert: Sicut radix de terra sitienti. Pro sitienti Aquila interpretatus est invia, ut virginitatis privilegium demonstraret, quod absque ullo humano semine de terra prius invia sit creatus. Iste est, de quo et supra legimus: Exiet virga de radice Jesse et flos de radice ejus ascendet. So auch *Procopius* in Is. 53, 1. *Theodoretus* zu b. Stelle: Praediximus, inquit, nativitatem ex virgine. Ipsam quippe inaccessam et sitientem appellavit, ut quae viri vestigium et maritalem pluviam nullo modo admiserit. *Eusebius*, dem. ev. l. 3. c. 2: Terra invia et sitiens Virginem, quae Illum enixa est, quam sc. nullus vir adiit, de qua quamvis invia, laudata illa radix prodiit et qui ubere lacteque nutriretur parvulus.

[3] Sprüchw. 30, 18. 19.   [4] Job 10, 8—12. Preb. 11, 5.   [5] 31, 22.
[6] Luk. 1, 34.

bleibendes Zeichen zu hinterlassen: so findet auch der Weg dieses Mannes, d. h. seine Empfängniß und Geburt ohne Verletzung der Jungfrau statt. In diesem Sinne haben diese Stelle schon die alten Rabbinen [1] und viele andere gelehrte Theologen [2] erklärt. Der Adler, die Schlange und das Schiff sind deßhalb Bilder Christi und der Himmel, der Fels und das Meer Symbole seiner heiligen jungfräulichen Mutter. Ambrosius [3] erkennt deßhalb im Wege des Adlers die Herabkunft Christi in den Schooß der Jungfrau und seine Himmelfahrt, im Wege der Schlange seine Sündenlosigkeit, im Wege des Schiffes seine Menschwerdung und die Kirche, und im Wege des Mannes Christi Leben und Aufenthalt auf dieser Erde.

6) Auf die schmerzlose und gnadenreiche Geburt Christi aus einer jung= fräulichen Mutter können auch die Worte des Propheten Isaias bezogen werden: „Das dürre Land sproßt auf wie die Lilie, sie blüht und frohlockt mit Jubel und Jauchzen, die Herrlichkeit des Libanon wird ihr gegeben . . . sie werden sehen die Herrlichkeit Jehova's, die Pracht unseres Gottes" [4];

---

[1] R. Ilaccados, apud Galatin. l. 7 de Arcanis cp. 15.

[2] *Suarez*, 3. p. q. 28. a. 1. disp. 5. sect. 1. *Anastasius Nicaenus*, in quaest. s. script. q. 43: Quis intelliget viam aquilae volantis in coelo, i. e. Christi ascen- sionem: viam serpentis super terram, nempe vestigium peccati in corpore Christi: et semitam navis per mare, nempe Ecclesiae, utpote quae in hac vita tanquam in mari, spe in Christum per crucem gubernatur: et vias viri in juventute, nempe ejus, qui natus est ex Spiritu s. et Virgine? Ecce enim vir, oriens nomen ejus (Zach. 3, 6). *Lyranus* (zu Spr. 30, 18), welcher unter dem Wege des Adlers die Himmelfahrt Christi, unter dem Wege der Schlange seine Auferstehung und unter dem Wege des Schiffes sein Verweilen auf dieser Erde versteht, fährt fort: In adolescentia. Haec vera versio, quia sic est in Hebraeo et dicitur hic adolescentula b. V. Maria, quae in juventute Christum concepit Spiritus s. virtute, quod fuit valde mirabile. Propter quod dicit Jeremias: Novum creavit Dominus super terram, mulier circumdabit virum. Quia Christus in utero virginis fuit vir perfectus scientiis et virtutibus ab instanti conceptionis et in nativitate exiit clauso utero virginis: et ideo de hac via viri in adolescentula dicit Salomon, hoc esse quartum, quod penitus ignorat. Unde dicit Hieronymus (sermo de Assumpt. V. M.): Igitur, quod natura non habuit, usus nescivit, ignoravit viro, mens non capit humana, pavet coelum, stupet terra, creatura omnis et coelestis miratur, hoc totum est, quod per Gabrielem Mariae promittitur et per Spiritum s. impletur. De nulla aut alia via viri in adolescentula potest rationabiliter dici, quae fuerit Salomoni tot aliter ignota, cum habuerit scientiam infusam de naturis hominum, animalium et plantarum usque ad minima (3 Reg. 4). So auch *Cornelius a Lapide*, *Le Blanc*, Psalm. Dav. Analysis. II. Bb. S. 447. *Beda* in Prov. 30. *Lucas Brugensis*, Notat. zu Prov. 30, 19. *Jansenius, Forerius, Menochius:* Quibus verbis prophetice admi- rabilis Christi conceptio in utero Virginis et ejusdem nativitas indicari videtur. *Hugo Cardinal., Dionysius Carth., Calmet* zu Prov. 30, 18: Commode etiam acci- pitur uti luculentum de incarnatione Verbi in sinu Virginis matris oraculum; cujusmodi prodigium merito quidem a sapiente in censum rerum humana intelli- gentia majorum referri potuit.

[3] Tract. in Prov. 30 sive de Salomone: Aquilam in hoc loco Dominum debemus accipere . . . Quis enim cognoscere potest, quemadmodum Verbum in virginem venit, ut repente conceperit, ut tam felicem foetum partus virginalis effunderet, ut hominem Deus induceret, quem totus mundus non potest nec sufferre nec capere? i. e. quod Salomon ait, vestigia aquilae volantis, i. e. Christi Domini advenientis ad terram ac redeuntis, ad coelos vestigia comprehendi enarrarique non posse.

[4] Jf. 35, 1. 2.

und: „Bevor sie kreißet, hat sie geboren; noch ehe sie Wehen bekam, ist sie von einem Knaben entbunden. Wer hat solches gehört, wer hat solches ge= sehen?"[1] In diesem Sinne erklären diese Stelle Gregorius Nyssenus[2] und Joannes Damascenus[3].

7) Es erübrigt noch, einige Aussprüche der heiligen Schrift des Alten Testamentes anzuführen, welche von den Vätern auf die heilige, jungfräuliche und reine Mutter des Emmanuel bezogen werden. Hierher gehören die Worte des Buches der Weisheit: „In eine böswillige Seele gehet die Weis= heit nicht ein und nimmt nicht Wohnung in einem Leibe, welcher der Sünde verfallen ist"[4], aus denen die Theologen deduciren, daß Maria von jeder Sünde rein gewesen sei[5]. Und wiederum spricht der Weise: „Glücklich die unfruchtbare Unbefleckte, welche nicht kennt das Lager in Sünde; Frucht wird sie haben bei der Heimsuchung makelloser Seelen"[6]; und: „O wie schön ist ein keusches Geschlecht im Glanze; denn unsterblich ist sein Andenken, und bei Gott und bei den Menschen ist es anerkannt."[7] Mehrere andere hierher bezügliche Aussprüche werden in den folgenden Paragraphen ihre Erörterung finden.

§ 41. Die königliche Braut Salomons.

Unter allen alttestamentlichen Schriften hat das Hohelied seit den ältesten Zeiten die meiste Anwendung auf die Mutter des Messias erhalten. Seitdem die Kirchenlehrer Ambrosius und Hieronymus mehrere Stellen des Hohen= liedes auf die seligste Jungfrau gedeutet, hat es nie an Auslegern, nament=

---

[1] Jf. 66, 7. 8.

[2] In Chr. resurr. or. 1: Sine dolore partum exstitisse, ipsa rei aequitas te docebit. Nam cum omnis voluptas dolorem conjunctum habeat, necesse est, ut in iis, quae ita copulata sunt, cum unum abest, alterum etiam absit. Itaque cum nulla concipiendi voluptas antecesserit, ne pariendi quidem dolor est consecutus. Hoc autem prophetae verbis etiam comprobatur, quae sic habent: Antequam ve- niret dolor partus ejus, effugit et peperit masculum (nach LXX). Aut, quemad- modum alius interpres ait: Antequam dolores sentiret, peperit. Ex hac Virgine matre puer natus est.

[3] De fide orth. l. 4. cp. 14: Quam voluptas non anteivit, ne dolor sane in partu secutus est. Quo spectat illud prophetae: antequam parturiret, peperit.

[4] Weish. 1, 4.

[5] *Thomas*, Sum. 3. q. 27. a. 4: Dicitur: in malevolam animam non intro- ibit . . . Et ideo simpliciter fatendum est, quod b. Virgo nullum actuale peccatum commisit, nec mortale, nec veniale. *Maximus Taur.*, sermo in adv. Dom.: Ad incrementum et plenitudinem gratiae Virgini nostrae accessit, ut ingressurus eam Dei Filius et purgatam inveniret a reatu alieno et immunem a proprio. In male- volam enim animam non poterat intrare Sapientia, nec habitare in corpore subdito peccatis. *Fulbertus*, sermo de Virg. nat.: Hoc igitur inprimis adstruere fas est, quod anima ipsius et caro, quam elegit et habitaculum sibi fecit Sapientia Dei Patris, ab omni malitia et immunditia purissima fuerunt, affirmante Scriptura, quoniam in malevolam . . .

[6] Weish. 3, 13. Vgl. *Petrus Dam.*, sermo 40 in Virg. ass.: Haec est, quae nescivit thorum in delicto, Virgo Dei Filio singulariter consecrata, specialiter sancto conjugata Spiritui.

[7] Weish. 4, 1. Vgl. *Guerricus*, sermo 1 in Virg. ass.

lich im Mittelalter, gefehlt [1], welche die Braut in dem Liede der Lieder mit der heiligen Jungfrau in die innigste Beziehung brachten und selbst die Kirche hat viele Stellen dieses Buches in das marianische Officium aufgenommen. Damit soll jedoch keineswegs gesagt sein, daß Maria die directe vom heiligen Geiste intendirte Braut des Hohenliedes gewesen sei; es genügt für unseren Zweck vollkommen die unbestreitbare Thatsache, daß das Hohelied im mysti= schen Sinne von Maria gedeutet werden könne und auch wirklich erklärt wurde [2]. Ohne in diese Streitfrage näher einzugehen, führe ich jene Stellen an, welche von den Vätern und Commentatoren auf Maria aus dem Hohen= liede bezogen wurden, mit Ausschluß der symbolischen und typischen Stellen, welche unten ihre Erklärung finden werden.

Zunächst wird die Braut beschrieben, wie sie sich nach dem Kusse ihres Bräutigams sehnt und angezogen durch die Salben, d. h. die Gnaden und Charismen, sowie durch den süßen Namen desselben, wünscht, in seine Ge= mächer eingeführt zu werden, um sich in ihm zu erfreuen und an seiner Brust, d. h. an den Reichthümern der Liebe, an den Gnaden, die in der Brust des Heilandes verborgen sind, sowie an den Flammen der Liebe, die aus seinem heiligen Herzen schlagen, sich zu laben [3]. Wenn, wie die Braut selbst sagt, die Gerechten ihn lieben [4], um wie viel mehr hat Maria, welche die ewige Liebe erkoren und mit süßer Liebesstimme gerufen hat, den ver= heißenen Erlöser gesucht, ersehnt und erfleht: „O sage mir doch, Du, den meine Seele liebt, wo weidest du? Wo lagerst du am Mittag, damit ich nicht gleiche einer Umherirrenden bei den Heerden deiner Genossen." [5] Von sich selbst sagt die Braut aus, daß sie schwarz, wie die Zelte Kedars sei, indem die Sonne sie gebräunt habe, doch dabei auch schön sei [6]. Die Schwärze hat man auf ihre Niedrigkeit und Demuth gedeutet. Oft wird in unserem Liede die Schönheit der Braut gerühmt, sie ist die „Schönste unter den Wei= bern" [7]; denn die überaus große Fülle der Tugenden und Gnaden, von denen ihre Seele überströmte und in Schönheit erstrahlte, vermochte es, Christum, welcher die Schönheit selbst ist, zu bestimmen, aus ihr seine menschliche Natur anzunehmen und dadurch ihre Schönheit im reichlichsten Maße zu vermehren [8].

---

[1] Vgl. *Passaglia*, de immac. Deip. conc. l. c. II. Bd. S. 517 f. Hierher ge= hören besonders Rupert von Deutz, Dionysius Carthusianus, Guil. Parvus, M. Ghis= lerius, Salmeron u. Cornelius a Lapide.

[2] B. Schäfer, Das Hohelied. Münster 1876. § 18.

[3] Hohel. 1, 1—3.   [4] L. c. 1, 3.

[5] L. c. 1, 6. *Rupertus*. l. l. in Cant. bezieht hierher Luk. 2, 48: Ecce pater tuus et ego dolentes quaerebamus te.

[6] L. c. 1, 4. 5.   [7] 1, 7; 5, 9. 17.

[8] *Anselmus*, or. 51 ad s. V. M.: O femina mirabiliter singularis et singula= riter mirabilis, per quam elementa renovantur, inferna remediantur, daemones conculcantur, homines salvantur, Angeli redintegrantur! O femina plena et super= plena gratia, de cujus plenitudinis exundantia respersa sic revirescit omnis crea= tura . . . O pulchra ad intuendum, amabilis ad contemplandum, delectabilis ad amandum. *Germanus*, or. in Deip. nat.: O bonitatem! quod per mulierem cogna= tam et consanguineam haec nobis supra naturam et gratiam Deus erogaverit: per mulierem, inquam, cujus animae pulchritudo eo immensitatis excrevit, ut Christum ipsum, qui summa pulchritudo est, in sui desiderium attraxerit effeceritque, ut secundam ex ea sine patre generationem elegerit. Cujus etiam corpus speciosum

„Während mein König in seiner Ruhestätte ist, gibt meine Narde ihren süßen Duft"; während also ihr göttlicher Sohn in ihrem Schooße und nach der Geburt bei seiner Mutter verweilte, erfreute diese durch den süßen Duft ihrer Tugenden den himmlischen König. Darum erwiedert auch die Braut auf die Worte des Bräutigams: „Siehe, du bist schön, meine Freundin!"[1] dieselben Worte: „Siehe, du bist schön, mein Geliebter", um dadurch anzuzeigen, daß ihr Bräutigam ihre ganze Schönheit, der Urheber derselben sei, da ja alle Schönheit nur ihm allein zukomme[2]. Der Bräutigam vergleicht sodann seine Geliebte mit seinem königlichen Siegesgespann (1, 8), denn sie sollte ja der Schlange und dem ganzen teuflischen Anhange den Kopf zertreten[3], sie, in der das sämmtliche Heer der Tugenden vereinigt war[4], und will ihr goldene und silberne Schmucksachen, d. h. die auserlesensten Gnadenerweisungen schenken, mit denen ausgeschmückt, die ohnedieß von Natur aus schöne Braut noch schöner werden soll (1, 10). Die Taubenaugen (1, 14) sollen die Reinheit und Keuschheit, Sanftmuth, Einfalt und Frömmigkeit der himmlischen Braut beschreiben[5].

Die Braut hält sich solcher Ehre nicht für würdig und bekennt ihre Niedrigkeit, indem sie in ihrer Demuth und Einfalt sich mit Blumen ver-

---

adeo fuit tantaque florens puritate, ut vel ipsam caperet incorpoream immensamque supercessentialis naturae majestatem, per unam e tribus ejus hypostasibus. Haec est Dei genitrix Maria; u. or. in Deip. ann.: Immortalis sponsi verba sunt ista sponsae Mariae suffragantia, omnibus nempe creatis praeesse, et in natura creata ad increatam ob puritatis excellentiam accedere. *Isidorus Thess.*, or. 2 in Deip. praes.: Nascitur sacratissima haec pulchritudo expressissime Deum referens ... divinitus micans splendor, Deum oblectans jubar, Deum decens formositas, et sponsa et filia Deo reservata Maria.

[1] *Hugo Victor.*, sermo 2 de Ass.: O qualis societas! totus pulcher totam pulchram sibi sociat. Ego tuus pulcher et tu tota pulchra. Ego per naturam, tu per gratiam. Ego totus pulcher, quia totum, quod pulchrum est, in me est. Et tu tota pulchra, quia nihil, quod turpe est, in te est. Pulchra in corpore, pulchra in mente. Tota ergo pulchra es, corpore nivea, mente sincera ... Nec alia talem decebat; nec alius tali inveniri poterat. O digna digni, formosa pulchri, munda incorrupti, excelsa Altissimi, mater Dei, sponsa regis aeterni. Neque enim virga floris, sed flos virgae pulchritudo est.

[2] *Rupertus* zu b. Stelle: Ex quo ego pulchra facta sum, ex eo tu, qui semper pulcher fuisti, pulchrior factus es. Nam vere in eo pulchritudinem tuam adauxisti, quod, cum Deus esses, homo dignatus es fieri. Hinc tu pulcher et decorus: et ita pulcher, ut sis ipsa substantia pulchritudinis; ita decorus, ut sis ipsum decus humanitatis. Vere ergo dicis mihi: Ecce tu pulchra es, et dico tibi: Ecce tu pulcher es, quia tu pulchritudo mea es. Quod ego pulchra sum, totum tibi attribuendum est. Neque enim virga floris, sed flos virgae pulchritudo est.

[3] Darum betet die Kirche: Quae sola universas haereses in universo mundo interemisti.

[4] *Bernardus*, hom. 39: Nec miraberis, unam animam equitatus multitudini similatam, si advertas, quantae in ipsa una, quae tam sancta anima sit, virtutum acies habeantur, quanta in affectionibus ordinatio, quanta in moribus disciplina, quanta in orationibus armatura, quantum in actionibus robur, quantus in zelo terror, quanta denique ipsi cum hoste conflictuum assiduitas, numerositas triumphorum.

[5] Aus diesem Kapitel entlehnte die Kirche die Lectiones der ersten Nocturn am Feste Mariä Himmelfahrt, die drei ersten Antiphonen in der Vesper des Officium parvum und des Officium b. M. in Sabbato ad Laudes.

gleicht, welche nicht in prachtvollen Gärten, sondern auf dem Felde wachsen; aber der Bräutigam bemerkt, wie sehr sie von ihrer Umgebung absticht (2, 1. 2). Mit Recht wird daher die makellose, unbefleckte und gnadenerfüllte Gottesmutter als Lilie unter den Dornen der sündigen Adamskinder gepriesen. Ihr einziges Verlangen geht dahin, unter seinem Schatten zu sitzen, um so in seiner Nähe und im vertrauten Verkehre mit ihm Ruhe, Erquickung zu finden und die süßen Früchte dieses Lebensbaumes zu genießen (2, 3). Sie begehrt in den Weinkeller, d. i. in die Schatzkammer Gottes eingeführt zu werden, um sich mit jenem Weine zu berauschen, aus welchem Jungfrauen sprossen, und, krank vor Liebe, mit Wein und Aepfeln, d. i. mit den geistigen Heilsgütern erquickt und geheilt zu werden. „Seine Linke ist unter meinem Haupte und seine Rechte umfasset mich." Rupert versteht unter der linken Hand des Bräutigams die Tröstungen, welche Maria hier auf Erden bereits erhalten hat, und unter der Rechten die künftige Glorie, Guiliel. Parvus aber unter ersterer die Bitterkeit des Leidens Christi, unter der letzteren die Freude seiner Auferstehung. Nach einer zeitweiligen Trennung, während welcher die Geliebte ihrem Geliebten unerschütterliche Treue bewahrt, vernimmt sie seine Stimme, wie er sie, „seine Freundin, seine Taube, seine Schöne"[1], einladet, ihr zu folgen, da er eine noch innigere Verbindung mit ihr eingehen wolle. Der Winterfrost und die langen Nächte der Sünde sind bereits vor= über, die ersten Frühlingsblumen der göttlichen Erlösung und Gnade sind bereits erschienen (2, 11. 12). Hüpfend und springend kommt das ewige Wort herab in den Schooß der Jungfrau (2, 8). Die Braut sieht ihren göttlichen Bräutigam bereits „hinter unserer Mauer stehend" (2, 9), d. h. hinter der Hülle unserer menschlichen Natur, wie er durch die Gitterfenster schauet, d. h. durch die Weissagungen der Propheten uns bereits verkündet wurde[2]. Es erfolgt nun der Aufruf des Bräutigams an seine Braut, die wie eine Taube in den Felsenklüften, also in stiller Zurückgezogenheit und Demuth wohnt, ihm ihr Angesicht zu zeigen und ihre Stimme in seinen Ohren tönen zu lassen; „denn deine Stimme ist süß und dein Angesicht schön"[3] (2, 14). Die Braut versichert nun, ihrem Geliebten ganz und gar an= gehören zu wollen: „Mein Geliebter ist mein und ich bin sein, er weidet

---

[1] *Rupertus*, l. 2 in Cant.: Tu amica mea per humilitatem, columba mea per charitatem, formosa mea per castitatem. Tu contra Deum non timuisti, imo mente humili Altissimo complacuisti et ecce amica es. Tu serpenti aurem non prae- buisti, imo inimicitias inter te et serpentem ego posui, et ecce columba es. Tu nuditatem libidinis non incurristi, imo Spiritus s. obumbrabit tibi, et ecce formosa es. Veni ergo Maria; nam Eva ad latebras fugit. Veni et crede angelo evangeli- zanti, nam Eva credidit serpenti susurranti ... Surge per fidem, propera per spem, veni per charitatem.

[2] *Rupertus* l. c. *Bernard.*, sermo 56.

[3] *Rupertus* l. c.: In quo vox tua dulcis? In eo videlicet, quod ... sicut columba gemitum pro cantu habes. Canendo gemis, gemendo canis, et ipsa exsul- tatio, qua exsultavit spiritus tuus in Deo salutari tuo, plena est gemitibus, plena lacrymis. In quo facies tua decora? In eo videlicet, quod magna est fides, magna humilitas. Iste est decor, quem concupivit rex (Ps. 44). *Ambros.* in Ps. 118 sermo 6: Decora facies, quia non erubescit auctorem, non confunditur redemptore. Ostendit ergo faciem suam, signaculum crucis praeferens.

unter Lilien" (2, 16). Und welche Vereinigung könnte wohl inniger sein, als die, welche zwischen Maria und ihrem göttlichen Sohne und Bräutigam zugleich stattfindet?[1] Aus diesen Stellen hat die Kirche die Responsorien am Feste der unbefleckten Empfängniß, die Antiphonen und Responsorien des Festes der Geburt Mariens, die erste Nocturn und Responsorien der Heim=suchung und die Antiphonen der Laudes zu dem Feste der sieben Schmerzen Mariens entlehnt.

Abermals von dem Geliebten getrennt, wird die Braut von einer lieben=den Sehnsucht nach demselben erfüllt; sie verläßt ihre öde Hütte, sucht ihn im Dunkel der Nacht, findet ihn, den ihre Seele liebt, hält und bringt ihn in das Haus ihrer Mutter (3, 1—4). Man kann hier an die Zeit denken, welche zwischen dem Beginne des Lehramtes Christi und seiner Kreuzigung liegt, namentlich an die Leidensnacht, in welcher Maria ihren Sohn mit einer unfaßbaren Liebe und Sehnsucht gesucht hat, wohin besonders die Worte führen: „Kommet heraus, ihr Töchter Sions, und sehet den König Salomon in dem Kranze, womit ihn seine Mutter bekränzt, am Tage seiner Hochzeit und am Tage der Freude seines Herzens" (3, 11) — nämlich der Thron=besteigung auf Golgatha. Der Bräutigam, welcher seine Braut im Festzuge herbeikommen sieht, ruft aus: „Wer ist die, welche herauffsteigt aus der Wüste, wie eine Rauchsäule, duftend von Myrrhe und Weihrauch, von allerlei Gewürz des Salbenhändlers?"[2] Die Kirche hat diese Stelle in das Officium des Festes der Himmelfahrt Mariens aufgenommen[3].

Nach einem allgemeinen Lobe der Schönheit seiner Braut zählt der Bräutigam in Bildern sieben Vorzüge derselben auf, welche er dann in die Worte zusammenfaßt: „Ganz schön bist du, meine Freundin, und keine Makel ist an dir" (4, 1—7), Worte, welche im vollkommenen Sinne einzig und allein der heiligen Gottesgebärerin zukommen und an ihr erfüllt wurden, sie, die ohne Makel der Sünde empfangen ward und jede Sünde, selbst den Schatten derselben mied. In diesem Sinne haben nicht bloß hervorragende Theologen[4] diese Stelle erklärt, sondern die Kirche hat diese Erklärung auch

---

[1] *Rupertus* l. c.: Quomodo ille mihi et ego illi, nisi sicut per prophetam (Is. 7) dictum est: Ecce Virgo concipiet. *Anselmus*, lib. de excel. Virg. cp. 4: Amorem, quem pater et mater singuli debent filio suo; amorem etiam, quem debet filius simul suo patri et matri, ille filius vere virginis suae debet soli matri. Nam sicut alii filii nascuntur ex patre et matre, ita filius ejus natus est ex ea sola matre. Excedit itaque omnes amores parentum in filios, aut filiorum in parentes amor istius matris in filium suum et istius filii in matrem suam. *Bernard.*, sermo 71. *Methodius*, de Sim. et Anna § 5.

[2] 3, 14. Siehe unten § 46.

[3] *Sophronius* (Hieronym.) ep. 10 ad Paul. et Eust. de Assumpt. b. V.

[4] *Rupertus*, l. 3 in Cant.: O pulchritudo admirabilis, quam sic admiratur et collaudat pulcherrimus auctor ipse pulchritudinis septem praeconiis ... Quid in te, o dilectissima dilectarum, Virgo virginum, laudatur a dilecto laudabili, quem laudat omnis chorus angelorum? Laudatur simplicitas, munditia, innocentia, doctrina, verecundia, humilitas, mentis et carnis integritas sive incorrupta virgi-nitas. *Amedeus*, hom. 7 de Virg. laud.: Mirantur angeli animam meriti singularis exutam aeterna labe, nullam carnis aut saeculi maculam habere. Mirantur exutam artubus gratia totius puritatis candere ... Virtus integra et plena gratia magis in illa laudatur. Unde Dominus ita praedicat laudes ejus: tota pulchra es mater

dadurch bestätigt, daß sie diese Worte im Officium Immaculatae Conceptionis b. M. V. direct auf Maria anwendet. Der Bräutigam nennt seine Braut oft Schwester (4, 9. 10. 12; 5, 1. 2; 8, 8), um die Innigkeit und Reinheit des Bandes zu bezeichnen, welches Christum mit seiner Mutter verknüpft und, weil auf Blutsverwandtschaft beruhend, unauflöslich ist. Durch diese vollendetste Vereinigung ist Maria ihrem göttlichen Sohne und Bräutigam gleichförmig geworden, hat Alles mit ihm gemein, ist theilhaftig aller seiner Schätze und Gnaden, sie ist Miterbin Christi in der Glorie. Er fordert sie nun auf, ihre Einsamkeit des Libanon zu verlassen, denn sie soll nicht mehr eine Verlassene sein, und zu ihm zu kommen, denn durch ihre vollendete Schönheit, welche er poetisch in Bildern preist, habe sie sein Herz verwundet (4, 8—15). Anknüpfend an diese Worte, bittet die himmlische Braut, der Bräutigam möge ihren Garten (sie selbst) mit den Gnadengaben des heiligen Geistes durchwehen, in ihrem Herzen Einkehr nehmen und sich an den Früchten und Werken der Gnade ergötzen, welche ja von seiner Liebe herrühren. Der himmlische Bräutigam, welcher ihrer Einladung folgt, sagt, er sei zu ihr gekommen [1], um sich an der Myrrhe der Abtödtungen, an den Gewürzen ihrer Tugenden, an dem Honig ihrer Rede, an dem Wein und der Milch ihrer Liebe zu ergötzen (4, 16—5, 1). Sie schläft zwar, allein ihr Herz wachet (5, 2), denn ihre Liebe ist so stark, daß sie selbst im Schlafe ihres Bräutigams nicht vergessen kann. Mariens Herz, abgestorben für diese Welt, dachte an nichts Anderes, als nur an ihren göttlichen Sohn, dessen Geheimnisse Tag und Nacht ihren Geist beschäftigten und Gegenstand ihrer Betrachtung waren (Luc. 2, 19), und mit Gott durch die vollkommene Liebe geeinigt, sendete sie unaufhörlich ihre Gebete für die ihr empfohlene Kirche empor; denn die glühendsten Affecte, welche das Menschenherz bei Tage auf-

---

mea, et macula non est in te. Tota, ait, pulchra es, pulchra in cogitatu, pulchra in verbo, pulchra in actu, pulchra ab ortu usque in finem. *Anselmus*, or. 58. *Ildephonsus*, de laud. b. Virg. *Thomas*, Sum. 3. p. q. 27. a. 4: Simpliciter fatendum est, quod b. Virgo nullum actuale peccatum commisit, nec mortale, nec veniale; ut sic in ea impleatur, quod dicitur: Tota pulchra es, amica mea, et macula non est in te, quae mihi ob perfectionem propinqua es. *Germanus*, or. in Deip. ann.: Ecce pulchra es . . . Immortalis sponsi verba sunt ista Mariae suffragantia, omnibus nempe creatis illam praecesse, et in natura creata ad increatam accedere ob puritatis excellentiam. *Joannes Dam.*, or. 1 in Deip. nat. § 9: Tota pulchra, tota Deo propinqua: haec (Maria) enim Cherubim superans et super Seraphim evecta, proxima Deo exstitit. *Andreas Cret.*, or. in Deip. nat. *Hugo Card.* u. *Hugo a St. Victore*, *Matthaeus Cantac.* zu Cant. 4, 7: Considerans ipsam totius prorsus labis expertem Deiparam universalis fuisse causam salutis, ad ipsam divino succensus Spiritu exclamavit dicens: tota pulchra es . . . *Ephraemus*, or. ad Deip.: (Sponsa Dei) pulchra natura omnisque labis incapax.

[1] *Proclus*, or. 6 in Deip. laud. § 17: Haec pulchra canticorum sponsa, quae veterem exuit tunicam, lavitque legales pedes (Cant. 5, 3) et sponsum immortalem in suo ipsius thalamo reverenter suscepit.

nimmt, äußern sich auch im Schlafe noch weiter [1]. Der Bräutigam klopft an der Thüre ihres Herzens und begehrt bei seiner Schwester, seiner Un= befleckten, Einlaß (5, 2), damit sie nach der Erklärung des hl. Bernard [2] den Worten des Erzengels beipflichte, oder vielmehr, wie Rupertus [3] er= klärt, nach seiner Auferstehung den Glauben an ihn Allen verkünde. Die Kirche hat aus diesem Kapitel Stellen für das Fest der unbefleckten Empfäng= niß, der Himmelfahrt (1. Noct. am 15. August) und der sieben Schmerzen Mariens entlehnt.

Um die Größe seiner Liebe auszudrücken, spendet der Bräutigam seiner Braut das höchste Lob: „Schön bist du, meine Freundin, wie Thirza (eine anmuthige Stadt Ephraims), lieblich wie Jerusalem, furchtbar wie Heer= schaaren" (6, 3), denn sie ist nicht bloß mit himmlischer Gnadenfülle geschmückt, sondern beweist auch eine solche geistige Stärke und einen Heldenmuth, daß sie die Feinde bekämpft und die Schlachten des Herrn schlägt [4]. Nachdem der Bräutigam erklärt, daß er den Blicken und Wünschen derselben nicht wider= stehen könne und einige Vorzüge derselben durch Vergleiche näher beschrieben hat, fährt er fort: „Unter der großen Zahl der Königinnen und Jungfrauen ist Eine meine Taube, meine Makellose, die Einzige ihrer Mutter, die Er= korene ihrer Gebärerin. Es sahen sie die Töchter und priesen sie glücklich" (6, 8). Diese Worte zielen, wie aus der Erklärung vieler Kirchenschrift= steller und Exegeten [5] erhellt, ganz besonders auf Maria. Sie ist unter

---

[1] *Rupertus*, l. 5 in Cant.: O tu coelum Dei, unica sedes Domini in utroque vigilantiae modo cunctis mortalibus sive terrenis hominibus longe eminentior exstitisti, longe studiosior ad contemplandum eum, in quo desiderant angeli prospicere, atque aptior fuisti. *Ambros.*, l. 2 de Virg. *Bernard.*, tom. 2 sermo 51. a. 1. cp. 2: Somnus, qui sepelit in nobis rationis et liberi arbitrii actus et per consequens actum merendi, non credo, quod talia in Virgine fuerit operatus, sed anima ejus libere ac meritorio actu tunc tendebat in Deum. Unde illo tempore erat perfectior contemplatrix, quam unquam fuerit aliquis alius, dum vigilavit. Unde ipsa ait: ego dormio et cor meum vigilat, sc. in contemplatione perfecta a nulla actione deliberata. *Dionysius Carth.* zu d. St.: Hoc ss. Virgo praeeminenter dicere potuit, quia contemplativissimam vitam duxit, ab exteriori tumultu, omni inordinato strepitu et cura superflua atque inquietudine culpae penitus abstinens et sopita, vigilantissima mente Deo vacavit, pro ecclesia exoravit actibusque virtutum in termino excellentiae perfectissimis jugiter fuit intenta. Denique in somno corporali cor ejus pervigil fuit, ex assidua assuefactione perfecta insistendi divinis, ex ardentissima et exercitatissima charitate, ex splendidissima et exuberantissima sapientia sibi infusa et contemplatione in vigiliis, pene aut prorsus continue, etiam tempore somno vigili corde fuit Deo conjuncta, et pro commissa sibi ecclesia vigilare non cessabat. Vgl. *Suarez*, 3. p. q. 37. a. 4. disp. 18. sect. 2.
[2] Sermo 4 sup. Missus.   [3] L. 5 in Cant.
[4] *Rupertus*, l. 6 in Cant.: In hoc est perfectio pulchritudinis, quod non solum suavis, nec solum terribilis, sed utrumque es et suavis et terribilis ... In quo suavis ...? In eo videlicet, quod et anima tua semper supernam videt pacem, et ex visitatione tui discunt animae plurimae coelestem ducere conversationem.
[5] *Methodius*, Conv. 10 virg. or. 7. § 8: Una profecto, ut verbo dicam, labis expers et impolluta inventa est, cunctisque praecellens justitiae pulchritudine atque decore, ut nemo eorum, qui vel summe Deo placuerunt, prope ad eam, si virtutis ratio ineatur, consistat. Quocirca merito in consortium regni Unigeniti adscita est, illo sibi eam adaptante atque uniente. *Origenes*, hom. 1 in Matth. et Joann. loc.: Hujus unigeniti Dei dicitur haec mater virgo Maria, digna Dei, im-

den Kindern Eva's die Einzige, welche von jeder Makel der Sünde rein
ist, an Schönheit und Reichthum der Tugenden alle übertrifft, oder wie
Gabriel sagt: „voll der Gnaden, die Gebenedeite unter den Weibern". Der
Allerhöchste hatte, als er die ganze Welt musterte, unter allen Frauen keine
ihr ähnliche gefunden, weßhalb er aus dieser Geheiligten und Heiligen, der
makellosen Taube, sein Fleisch anzunehmen beschlossen hatte. Sie ist mit Recht
die vor der Erschaffung der Welt Auserkorene; denn weder unter den Engeln
noch Menschen ist Eine ihr ähnlich, Mutter und Jungfrau zugleich, die
Auserlesene der alttestamentlichen Kirche der Patriarchen, Propheten und
Könige, aus deren Geschlechte sie geboren wurde, die Thüre und Materie
zur Erfüllung jener Verheißung, die ihnen von Gott so oft erneuert wurde,
welche über alle Frauen erhoben nicht bloß selbst gerettet wurde, sondern
das Heil Aller der Welt geschenkt hat. Wie Suarez [1] beweist, hat die heilige
Dreifaltigkeit ihre Liebe in dieser heiligen Jungfrau gleichsam concentrirt, so
daß sie dieselbe mehr liebt, als alle Engel und Menschen zusammen. Voll
Bewunderung über die vollendete Schönheit dieser himmlischen Braut, ruft
der Bräutigam aus: „Wer ist, die da hervorglänzt wie Morgenroth, schön
wie der Mond, lauter wie die Sonne, furchtbar wie Heerschaaren?" (6, 9)
d. i. wie vortrefflich ist diese bräutliche Seele! Gleich der allmählich auf=
steigenden Morgenröthe begann der Tag ihres Lebens; gleich dem Wachsthum
des Lichtes ging sie von Tugend zu Tugend; gleich einem mächtigen Heere

---

maculata sancti immaculati, una unius, unica unici. *Ephraemus*, or. ad Deip.:
Tu sola, Domina Dei genitrix, es sublimissima super omnem terram. *Modestus*,
enc. in Deip.: Sola inter mulieres benedicta virgo mater . . . *Germanus*, or. in
Deip. ann.: Scrutatus diligenter Altissimus mundum universum, nec simile tui
matrem invenies omnino ut voluit, ut beneplacitum ipsius fuit, ex te sanctificata
pro suo in homines affectu homo fiet. *Joannes Dam.*, or. 1 in Deip. dorm. § 8:
Viderunt te filiae Hierusalem, ecclesiae, inquam, beatamque praedicaverunt reginae,
h. e. justorum animae teque in aeternum laudabunt. Tu enim es solium illud
regium, cui angeli adstiterunt suum herum et creatorem cernentes insidentem.
Rupertus, l. 6 in Cant.: Una est et simile non habet. Omnino nec inter reginas
ulla similis huic est . . . Matri suae Hierusalem una est, illi Hierusalem, quae
sursum est, quae est mater omnium nostrum: et genitrici suae, sc. antiquae ecclesiae electa est, ecclesiae patriarcharum et prophetarum ac regum justorum, quorum
de carne progenita est, quorum secundum fidem benedictionis, quae ad illos repromissa erat, janua vel materia est. Et illi matri et huic genitrici una et electa
est: quia nec inter angelos nec inter homines similem vel primam habet, vel
sequentem habitura est: vere columba, quia gratia plena erat, vere electa, quae
non solum salva existeret, verum etiam ipsam salutem pareret. *Petrus Cellens.*,
sermo 3 de Deip. ass.: Una haec est inter mulieres, in qua princeps nihil suum
invenit, de qua fraus haeretica mendacia sua stabilire non potuit: in hoc privilegio tam matris, quam filii natales continentur; u. sermo 6 Deip. ass.: Quae nata
est extra et supra numerum feminarum, est extra et supra meritum omnium
mulierum. Una est in toto genere humano non habens similem columba; est in
angelica puritate et dignitate, propter divinam generationem non habens aequalem;
mea, si filius loquitur, mater, si Pater, filii mei mater futura. *Matthaeus Cantac.*,
com. in Cant. 6, 8: Electa patriae, quae illam generarat, vel potius ante mundi
constitutionem electa Deo in domicilium suum, unica exsistens matri suae Evae;
et post eam ex natis ab Eva reperiri altera nequit. Vgl. *Guilielmum* u. *Honorium*
bei Corn. a Lapide zu d. St.

[1] Vgl. 3. p. q. 37. disp. 18. sect. 4.

trotzt sie in der Macht des Geistes und der Gnade allen Feinden des Heils [1]. Die Kirche hat dieses Lob der Braut vielfach im Officium verwerthet. Im siebenten Kapitel werden in lebhaften Farben die Reize der Braut beschrieben, welche größtentheils unter den Symbolen [2] behandelt werden. Wir heben hier nur einige wenige Sätze hervor: „Wie schön sind deine Schritte in den Sandalen, o Fürstentochter!" (7, 1), welche angethan mit den Schuhen des Heiles das Haupt der Schlange zertreten hat [3]. „Wie schön bist du, wie holdselig, o Liebe in den Liebesreizen!" (7, 6), die bei der Fülle der Gnaden die tiefste Demuth und Bescheidenheit bewahrt und dadurch Gott so angezogen hat, daß er ihr seinen göttlichen Sohn übergeben hat [4]. Mit Recht kann daher Maria sagen: „Ich gehöre meinem Geliebten und nach mir ist sein Verlangen" (7, 10).

Endlich werden aus dem letzten Kapitel des Hohenliedes folgende Stellen auf Maria angewandt: „Wer ist die, so heraufsteigt aus der Wüste, von Lust überfließend, sich lehnend an ihren Geliebten!" (8, 5) — Worte, welche man mit Recht den Engeln in den Mund legt, welche bei der Auffahrt Mariens in den Himmel diese himmlische, auf ihren Sohn sich stützende Braut in ihrem Glanze und ihrer Herrlichkeit bewundern [5]. „Setze mich," spricht

---

[1] *Allioli* zu d. St.		[2] Vgl. unten § 45 f.

[3] *Rupertus*, l. 6 in Cant.: De calceamentis heic agitur non corporis, sed spiritus, in quo discalceatum esse vel discalceatam summa est ignobilitas et plusquam servilis egestas. Idcirco ancillae calcaneum serpens momordit, tu autem, o filia Principis bene calceata, caput serpentis contrivisti: tu maxime, o princeps et domina, singularis dilecta, et sicut jam dixi, una genitrici suae, videl. generationi liberae, generationi non carnis, sed fidei, quae me virum non de carne viri, sed de spiritu Dei concepisti et peperisti patrem vel principem filiorum non carnis, sed fidei vel repromissionis. *Ambrosius*, de inst. Virg. cp. 14: In hoc calceamento corporis speciose praecessit Maria, quae sine ulla commixtione corporeae consuetudinis auctorem salutis virgo generavit.

[4] *Joannes Dam.*, or. 2 in Deip. nat. § 7. *Rupertus* l. c.: Quid est in deliciis pulchram et decoram esse, nisi in abundantia gratiae mansuetudinem summamque humilitatem cordis habere? Denique dona gratiarum et intelligentia Scripturarum sive sacramentorum coelestium vere sunt deliciae et humilitas cordis vera pulchritudo est, res decora et Deo amabilis virtus est. Haec in te conjuncta sunt, o charissima, tales deliciae talisque pulchritudo. *Petrus Cell.*, sermo 7 de Deip. ass.: Haec Sunamitis placet regi sua specie. Quae tam speciosa, quam illa, cui dicitur: Quam pulchra est amica, quam pulchra in deliciis carissima. Hanc antiquus dierum praelegit et dedit ei filium suum; haec Dei praecordia pene jam tepentia, deficiente caritate in humano genere calefecit et … propter nimiam caritatem suam Filium de Virgine incarnari constituit.

[5] *Petrus Dam.*, sermo 40 de Deip. ass.: Haec est regina illa, quam videntes filiae Sion beatissimam praedicaverunt. Ascendit autem hodie de deserto, i. e. de mundo ad regalis throni celsitudinem sublimata. Deliciis, inquit, affluens. Vere affluens, quia multae filiae congregaverunt divitias, haec supergressa est universas. Deliciarum autem non est numerus, quia dum Spiritum s. suscipit, concipit Dei filium, regem gloriae generat, penetrat coelos, cumulata divitiis et deliciis affluens ad regnum evolat sempiternum suum. Innixa super dilectum suum. Rex virtutum dilecti Pater est, in quo sibi bene complacuit. Super hunc innititur mater illa felicior, et in aureo reclinatorio divinae majestatis incumbens, intra sponsi imo filii sui brachia requiescit. O quam dignitas, quam specialis potentia inniti super illum, quem angelicae potestates reverenter aspiciunt. *Bernardus*, sermo 4 in Virg. ass. *Amedeus*, hom. 8 de Virg. laud.

die himmlische Sulamith, „wie ein Siegel auf dein Herz, wie einen Siegel=
ring an deine Hand, denn gewaltsam wie der Tod ist die Liebe, unerbittlich
wie das Todtenreich ihr Eifern; ihre Gluthen sind Feuergluthen, Gottes=
flammen. Viele Wasser vermögen nicht zu dämpfen die Liebe und die Ströme
sie nicht zu überfluthen" (8, 6. 7). Hier prägt sich das Verlangen nach
einer Verähnlichung mit Gott aus; die himmlische Braut will das lebendige
Abbild des Bräutigams sein, will seine Tugenden und Gesinnungen so lebendig
darstellen, wie der Siegelabdruck ein Bild vom Siegelringe gibt, will dem
Geliebten unzertrennlich anhangen, sich nicht von ihm trennen und so innig
mit ihm verbunden sein, daß sie seinem Herzen so nahe ist, daß er ihrer
immer gedenken, sie immer lieben muß, denn so verlangt es die unwidersteh=
liche Gewalt der Liebe. Wer die Liebe Mariens zu ihrem göttlichen Sohne
erwägt, welcher wiederum seine heilige Mutter über alle Geschöpfe liebte,
der wird begreifen, warum die Kirche diese Stelle in die Officia der heiligen
Herzen Jesu und Maria aufgenommen hat [1].

§ 42. Fortsetzung.

Aehnlich wie im Hohenliede, wird auch im 44. P s a l m e uns eine könig=
liche Braut vor Augen geführt und in lebendigen Farben ihre Vermählung
mit dem königlichen Bräutigam geschildert. Die gläubige Exegese hat von
jeher anerkannt, daß der Psalmist unter dem irdischen Hochzeitsgemälde die
Vermählung Christi mit der Menschheit oder der Kirche feiert. Doch das,
was aus diesem Psalme ebenso wie aus dem Hohenliede auf die Kirche be=
zogen wird, kann mit gleichem Rechte auf die heilige Jungfrau angewendet
werden, wie dieß nicht bloß von einigen Kirchenlehrern und Theologen,
sondern auch von Seiten der Kirche geschehen ist, welche mehrere Stellen
unseres Psalmes in das Officium und Missale der Feste Mariens [2] auf=
genommen hat. Die dießbezüglichen Stellen lauten: „Es steht die Königin
zu deiner Rechten in Ophirgold" (Vulg.: im goldenen Kleid, im bunten Ge=
wande). Maria wird mit Recht eine Königin nicht bloß der Menschen,
sondern auch der Engel, mithin der ganzen Welt genannt; denn durch ihre
tiefste Demuth [3], durch ihre große Heiligkeit [4] und weil Mutter des Herrn,
verdiente sie zu einer solchen Höhe erhoben zu werden, nämlich den Ehrensitz
zur Rechten des himmlischen Bräutigams einzunehmen [5]; denn es war an=

---

[1] Ueber die liturgische Verwerthung des Hohenliedes im römischen Brevier und
Missale vgl. B. S c h ä f e r, Hohelied l. c. S. 253.

[2] Officium b. M. V. per annum, u. Officium Assumptionis, Missale in festis
Conceptionis, Nativitatis, Praesentationis, Visitationis, Assumptionis et votivis.

[3] *Bernard.*, sermo Sign. magnum.

[4] *Bernardinus*, tom. 2. conc. sermo 51. a. 3. cp. 1.

[5] Pseudo-*Athanas.*, or. in Deip. ann.: Ut femina, regina est atque domina
et mater Dei; jamque ut regina adstans a dextris omnium Regis filii sui, in vestitu deaurato incorruptionis et immortalitatis, circumamicta, varietate circumdata
sacris verbis celebratur; non quidem secundum simplicitatem spiritalem et quasi
sine carne et corpore adstat, sed circumamicta secundum suam ss. carnem incorruptione et immortalitate, et circumdata varietate, secundum ossa ejus ss., quae
carnem ipsius fulciunt. *Modestus*, enc. in Deip. § 5: Ex hac perpetua Virgine

gemeſſen, wie der hl. Bernard[1] ſagte, daß diejenige, welche den in die
Welt kommenden Sohn Gottes auf dem herrlichſten Throne empfangen hatte,
auch von dieſem auf den höchſten Thron erhoben werde; dort ſtrahlt ſie im
goldenen Gewande der Unſterblichkeit und Unverweslichkeit nicht bloß dem
Geiſte, ſondern auch ihrem Leibe nach. „Höre, Tochter,“ fährt der Pſalmiſt
fort, „und ſieh und neige dein Ohr und vergiß deines Volkes und deines
Vaterhauſes; denn es verlangt der König nach deiner Schönheit, denn er iſt
dein Herr, ſo unterwirf dich ihm“ (Vulg.: und man huldigt ihm V. 11 u. 12).
In dieſen Worten erblickt man[2] eine Aufforderung ſeitens Gottes an die
heilige Jungfrau, ſeinem Rufe durch den Engel Folge zu leiſten, Ohr und
Herz ihm zu leihen, ihr durch die Sünde beflecktes Geſchlecht zu verlaſſen
und auf jene Würde zu achten, zu welcher ſie erhoben werden ſoll; denn die
heilige Dreifaltigkeit ſelbſt verlangt nach ihrer Schönheit. Dieſe ihre innere
und äußere Schönheit war der Grund ihrer Auserwählung und iſt Gegen=
ſtand der Bewunderung und des Preiſes aller Geſchöpfe[3]; denn der Pſalmiſt

---

Christus Deus carne ex Spiritu s. indutus animata et mente praedita, illam elegit
et concorpore induit incorruptibilitate, ac supra modum glorificavit, ut sua esset
heres, utpote sanctissima sua mater, juxta ea, quae cecinit psaltes: adstitit ...
Amedeus, hom. 2 de Virg. laud. *Bernard.*, hom. 3 super Missus. *Guerricus*,
sermo 3 in Deip. ass. *Ildephonsus*, sermo 1 in Deip. ass. *Gregorius Thessalon.*;
Petrus Dam., sermo 40 in Virg. ass.: Tota conglomeratur angelorum frequentia,
ut videat reginam sedentem a dextris Domini virtutum, in vestitu deaurato, in
corpore semper immaculato, circumdatam varietate, virtutum multiplicitate di-
stinctam.

[1] *Bernard.*, sermo 1 de ass.

[2] *Athanas.*, ep. ad Marc. in interp. Psalm. § 1 zu Audi, filia: Hoc quippe
simile est huic Gabrielis dicto: ave gratia plena, Dominus tecum. Nam ubi eum
Christum dixisset, humanam statim generationem ex Virgine factam declaravit
verbis, audi, filia. Et Gabriel quidem ex nomine Mariam appellat, quod genere
ab illa alienus esset; at David ipsam ex suo semine oriundam filiam merito vocat.
Hesychius Presb., or. de Virg. laud., welcher nach ausführlicher Erklärung dieſer
Worte alſo ſchließt: Animadverte, quodnam epithalamium David obtulit Deiparae,
quum velut modulator quidem hymnum decantat, quo etiam velut pater gratulatur
tantae puellae beatitudini. *Bernard.*, hom. 3 sup. Missus. *Leo Aug.*, sermo in
Deip. praes.: Sola ab aeterno electa es in Altissimi sponsam; sola ejus, qui universa implet, locus capax existis. Audi, filia. Paternam obliviscere domum et
populum: fuisti namque in matrem ab eo assumpta. Vade in templum sanctum,
quae Dei templum existis. Audi, filia ... innumerabilis enim multitudo eorum,
qui in coelo et qui sunt in terra, te Dominam obtinebunt; u. or. in Deip. ann.:
Quum adhuc in paternis lumbis continereris, tuus tibi clamabat progenitor: Audi,
filia ... Vere audivisti, sapiens filia, commonitionem, et oblita es populi tui ac
hereditatis, domusque paternae hereditatis: inquam, illius ac sortis, quam progenitrix Eva generi universo distribuit. Innumerabili passionum et affectionum
cumulo, velut hereditario jure relicto. At nil horum tuam in domum intulisti:
propterea rex tuam animi pulchritudinem demiratus te sibi in sponsam selegit.
Petrus Damian., sermo 11 de Virg. ann.: Nascitur Maria et ad nubiles annos egre-
diens speciem induit speciosam, quae ipsum alliciat et divinitatis oculos in se
convertat. Vide, quid inde dicat ille non minimus explorator secretorum Dei:
Audi, filia etc., u. sermo 44 (1 in Virg. nat.).

[3] *Modestus*, enc. in Deip. § 8: Quae ab eo, qui natura sua desiderabilis et
amabilis est, universorum Deo praecipue inventa est carissima et augusta, quae
ad universi salutem ex antiquis generationibus electa est, ut esset Dei genitrix

fährt fort: „Und die Tochter Tyrus, alle Reichen des Volkes werden mit Geschenken dein Angesicht (d. h. dich) um deine Huld) anflehen" (V. 13). Gleiches sagt Maria nach Ueberschattung des heiligen Geistes von sich selbst aus: „Siehe, von nun an werden selig mich preisen alle Geschlechter" (Luc. 1, 48). Alle, selbst die Edelsten, Reichsten, Fürsten und Könige der Erde nicht ausgenommen [1], werden ihr den Tribut der Verehrung und Huldigung darbringen. „Ganz Herrlichkeit ist die Königstochter im Innern, von Goldwirkerei ihr Gewand; in buntgewirkten Kleidern wird sie geführt zum Könige, Jungfrauen hinter ihr, ihre Gespielinnen werden zu dir gebracht, sie werden geleitet mit Freude und Jubel, ziehen ein in des Königes Palast. An die Stelle deiner Väter werden dir Söhne geboren, du wirst sie setzen als Fürsten über die ganze Erde. Gedenken werden sie deines Namens von Geschlecht zu Geschlecht, darum werden die Völker dich preisen immer und ewig" (V. 14—18). Also nicht so sehr die äußere Schönheit, sondern vielmehr die höchste Schönheit des Innern, Herzensreinheit, Gnaden- und Tugendglanz in Maria zogen den himmlischen Bräutigam, als seiner vollkommen würdig an, welcher an der Schwelle seines Palastes die mit den Prachtgewändern der Tugend geschmückte Königsbraut empfängt [2], um sie

---

et virgo perpetua: quam futuram propheticis oculis prospexit progenitor ejus David propheta, quum in psalmis, audi, inquit, filia . . . ut viderent et admirarentur glorificatam et splendidissimam ejus divinam pulchritudinem, per quam unigenitus filius Dei Christus Deus noster deificatam in se ipso naturam humanam exornavit decore et pulchritudine divinitatis suae. *Germanus*, or. in Deip. nat.: Ille (David) internum decorem et emicantem inde exteriorem Virginis pulchritudinem praevidens, libera voce acclamavit: audi, filia . . . Quae quidem, etsi aperte ad ecclesiam referantur gentibus convocatam, haud aegre tamen intelligi de ea possunt, quae tota toti ecclesiae sponso per oeconomiae miraculum templum effecta est.

[1] *Athanasius*, or. in ann.: Gratia plena nuncupata es, quasi omni gaudio plena propter adventum Spiritus s. in te. Quamobrem vultum tuum deprecamur omnes divites plebis, talibus ditati bonis ac spiritalibus contemplationibus ad te clamamus: recordare nostri . . . *Jacobus* Monach., or. in Deip. nat. *Joannes Dam.*, or. 1 in Deip. nat. § 9: Hujus feminae vultum deprecabuntur omnes divites populi. Feminam hanc reges gentium oblatis muneribus adorabunt.

[2] *Joannes Dam.*, or. 1 in Deip. nat. § 9: Hanc feminam Deo universorum regi offeres, virtutum tanquam fimbriis aureis, circumamictam eleganter, sanctique Spiritus gratia coronatam, cujus gloria ab intus. Omnis quippe feminae gloria vir est, extrinsecus veniens: at Dei genitricis gloria ab intus est, ventris utique fructus. O desiderabilissima femina atque ter beata! *Germanus*, or. in Deip. nat.: Cujus (Mariae) regales fascias magnus ille inter reges prophetasque David regali praesignans obtutu exclamavit: omnis gloria . . . Longe ante, ut arbitror, illi statim e cunabulis divinitus adjectum pulchritudinis decorem per varia div. Spiritus dona subindicans. *Jacobus* Monachus, or. in Deip. nat.: Devincta est mundissimo regi desiderio. Ad ejus cupiditatem suae ipsius puritatis decora comparavit. Haec rex concupiscit. Delectatur innocentiae venustate; illibatae namque puritatis amator est. Unam quippe illam universis impensius amat, tanquam illius apice ornatam. Deprecentur in divinis visionibus divites vultum ejus desiderabilem: internam ejus dilaudent gloriam. Arcana ratione absconditum in ea decus magnificent. Deauratis Spiritus illustrationibus variegatam stolam honori habeant. Externam illi adjacentem virtutum gratiam stupeant. Praeparate ei comites virgines. Faces gestantem praestate chorum. Sanctorum omnium reginae vias in templum perornate. Ecce enim promissa illa, exhibita est, dataque aptatur datori reddenda. *Sophronius*, sermo de ass.

der höchsten Glorie theilhaftig zu machen [1]. In ihrem Gefolge befinden sich
die jungfräulichen Seelen, in welchen sich die unentweihte Würde der Königin
der Jungfrauen wiederspiegelt und denen der hohe Rang gesichert ist, daß
sie inniger, denn alle andern Heiligen, dem Lamme folgen, welches unter
Lilien weidet, und die Braut geleiten dürfen in den Himmel mit Freudenliedern,
die nur ihnen eigen sind (Apoc. 14, 4). Diese reine Himmelsbraut wird
sich endlich auch eines reichen Kindersegens erfreuen, sie wird Mutter der
ganzen Welt; durch ihre Fürsprache und Hilfe werden alle Zeiten hindurch
die Seelen ihrer seligen Verehrer und Kinder hinaufgesendet in den Chor
der schon vorher vollendeten Heiligen zu Gottes endloser Glorie und Lob=
preisung [2].

§ 43. Die Mutter der Weisheit und Liebe.

1. Es ist eine namentlich in neuester Zeit vielfach erhärtete Wahrheit, daß
in den alttestamentlichen Schriften, namentlich in den sogen. Weisheitsbüchern
öfters von einer göttlichen hypostatischen Weisheit die Rede ist, unter welcher
man die zweite göttliche Person, den Logos, versteht. Ebenso gewiß ist es,
daß viele Stellen, welche von der Weisheit handeln, sowohl von den Vätern
als auch von der Kirche im mystischen Sinne auf die seligste Jungfrau
Maria bezogen worden sind, indem man dieselben sowohl in das Officium
divinum als auch in die Meßformularien der verschiedenen Feste Mariens
aufgenommen hat, wodurch jene Beziehung außer Zweifel gestellt ist. War
auch den heiligen Verfassern, als sie jene Worte niederschrieben, dieses Ver=
ständniß nicht erschlossen und fremd, so konnte doch der Geist Gottes, der
Urheber der Prophezie und Inspiration, diese geistige Beziehung zugleich mit
beabsichtigen, welche erst zur Zeit der Erfüllung zum klaren Bewußtsein
gebracht wurde.

2. Die Mutter des göttlichen Logos wird die „göttliche Weisheit" oder
„die Mutter der Weisheit" genannt und zwar aus folgenden Gründen:
a) weil Gott bei ihrer Erschaffung die höchste Weisheit entfaltete, indem sie
gleichsam als die primogenita omnis creaturae durch ihre Reinheit und
jungfräuliche Mutterschaft alle Geschöpfe, Menschen sowohl als Engel über=
trifft, also eine neue Schöpfung war, eine Mittlerin zwischen Gott und
der Welt; b) weil sie das Ideal und Musterbild der Weisheit, d. i. aller

---

[1] *Bernard.*, sermo 1 de ass.: Quantum gratiae in terris adepta est prae ceteris, tantum obtinuit in coelo gloriae singularis. *Anselmus*, de exc. Virg. cp. 4:
Tota Christianitas novit, quae illam super omnes coelos exaltatam et angelicis
choris praelatam certissime credit. Vgl. *Suarez*, tom. 2 in 3. par. disp. 21. sect. 3.

[2] *August.*, de s. virgin. cp. 6: Illa una femina plane mater membrorum ejus
(Salvatoris), quod nos sumus: quia cooperata est charitate, ut fideles in ecclesia
nascerentur, quae illius capitis membra sunt, corpore vero ipsius capitis mater.
Bernard., sermo 2 in Pentec.: Merito in te respiciunt oculi totius creaturae, quia
in te et per te et de te benigna manus omnipotentis, quidquid creavit, recreavit.
Guerricus, sermo 2 de Nat.: O mater incorrupta, virgo foecunda: filius, qui datus
est tibi, filios tibi dedit, ut sint omnes conformes imaginis ejus et sit ipse primo-
genitus in multis fratribus. Dilata itaque locum tentorii tui ab ortu ad occasum:
quia ad dexteram et laevam penetrabis et semen tuum gentes haereditabit.

Tugend und Heiligkeit ist, welche ihr im höchsten Grade verliehen wurden; durch Christum participirt sie an der göttlichen Weisheit; c) weil sie die Mutter der ewigen hypostatischen Weisheit ist, welche in ihrem Schooße die menschliche Natur angenommen hat; und d) weil sie für uns die Mutter und Ursache aller Weisheit ist; denn bei ihr sind alle Güter und Reichthümer der göttlichen Weisheit und Gnade zu finden und fließen wie aus einer Quelle reichlich der gesammten Menschheit zu. Dieses vorausgeschickt, schreiten wir nun zur Erklärung jener Stellen, welche die Kirche in diesem Sinne von der heiligen Jungfrau als der Mutter der Weisheit erklärt hat.

3. Salomon schreibt in seinem Buche der Sprüche (8, 12 f.) also: „Ich, die Weisheit, wohne bei dem Rathe und bin unter einsichtsvollen Erwägungen." Wo immer in Gottesfurcht und ernster Ueberlegung über Weisheit und Lehre berathen wird, da ist die Mutter der Weisheit unter den Berathenden; Maria ist die Lehrmeisterin der Apostel gewesen [1]. „Die Furcht des Herrn hasset das Böse. Hoffart und Hochmuth, lasterhaftes Leben und zweizüngigen Mund verabscheue ich"; denn Maria ist die Demuth selbst, welche dem Herrn so sehr gefiel und wodurch sie das Gegenbild der Eva war [2]. „Mein ist Rath und Recht, mein ist Klugheit, mein ist Stärke. Durch mich regieren die Könige, und verordnen die Gesetzgeber, was recht ist. Durch mich herrschen die Fürsten und Gewalthaber entscheiden Gerechtigkeit." Maria ist die wahre christliche Minerva [3], welche, weil Mutter des Königes aller Könige, selbst Königin der Welt ist und ob ihrer innigen Verbindung mit ihrem göttlichen Sohne an seiner Macht und Herrschaft Theil nimmt, welcher, obgleich Gott selbst, ihr unterthänig war, sie ehrte und auch von allen Andern geehrt wissen will [4]. „Bei mir sind Reichthum und Ehre, überschwäng=

---

[1] *Ambros.*, de inst. Virg. cp. 7: Eadem postea Joanni est tradita conjugium nescienti. Unde non miror prae ceteris locutum mysteria divina, cui praesto erat *aula* coelestium sacramentorum. *Rupertus*, c. 1 in Cant.: Horum discernendorum utique magistram te esse oportebat, o beata Maria et magistra magistrorum i. e. Apostolorum.

[2] *Aug.* sup. Magnif.: Eva propter superbiam abjecta, Maria propter humilitatem electa: superbam Deus despexit, et humilem aspexit, id quod superba perdidit, humilis recipit. *Beda*, hom. 6 fer. quat. temp. Dec.: Decebat, ut sicut per superbiam Evae mors intravit, ita per humilitatem Mariae panderetur introitus vitae. *Ildephons.*, sermo 2 de ass.: Ideo Christus humilis ad humilem Virginem venit, ut de tam profunda humilitate triumphum extolleret salutis; und: B. Virgo humiliat se in cunctis, ut totam suscipiat in se gratiam conditoris: quia quod per partes aliis datum est, tota simul in eam venit gratiae plenitudo, quia sc. multum se humiliavit inter immensa dona, inter divinitatis commercia. Vgl. Luc. 1, 48: Respexit humilitatem ancillae suae. *Bernard.*, sermo in Apoc. 12.

[3] *Salazar* bei Cornel. a Lap.: B. Virgini competunt tria, quae stulti Graeci in sua Minerva velut eximia praedicant, sc. virginitas, prudentia et fortitudo.

[4] *Rupertus* in Cant. 4: Haec in coelis regina Sanctorum et in terris regina regnorum est: quandoquidem est mater regis coronati, quem constituit Dominus super opera manuum suarum, ac proinde regina constituta totum in jure possidet filii regnum. *Joannes Dam.*, or. 2 ass.: Filius matri res omnes conditas in servitutem addixit. *August.*, sermo 35 de Sanctis: Quid dicam? cum de te quidquam dixero, minor laus est, quam tua dignitas meretur. Si coelum te vocem, altior es. Si matrem gentium dicam, praecedis. Si formam Dei appellem, digna existis. Si Dominam angelorum vocitem, per omnia te esse probaris. *Methodius*, sermo de

liche Güter und Gerechtigkeit; denn meine Furcht ist besser als Gold und Edelstein und mein Ertrag (besser) als auserlesenes Silber." In ihrer Begleitung sind alle geistlichen Schätze der Gnaden und Tugenden, welche die einzig wahren Reichthümer sind, und die Frucht ihres Leibes übertrifft alle Edelsteine der Welt [1]. Maria ist daher die Mittlerin unserer Erlösung, unseres Heiles, welche nicht bloß die Frucht ihres Leibes der Welt geschenkt, sondern diese auch als Sühnopfer dargebracht hat für die Sünden der Welt und durch Christum unzählige Gnaden der Menschheit übermittelt. Dabei verfährt sie streng nach Recht und Gerechtigkeit, indem sie voll reiner Liebe Gleiches mit Gleichem vergilt. „Auf den Wegen der Gerechtigkeit wandle ich, inmitten der Bahnen des Rechtes, um zu bereichern, die mich lieben, und ihre Schatzkammern zu füllen."

Um ihr Recht auf den Gehorsam und die Liebe der Menschen zu begründen, entfaltet die Weisheit ihren Ursprung und ihren göttlichen Adelsbrief: „Der Herr besaß mich im Anfange seiner Wege, bevor er etwas bildete, vom Anfange an. Von Ewigkeit her bin ich eingesetzt und von der Urzeit an, ehedem die Erde geworden. Die Tiefen waren noch nicht, und ich war schon empfangen; die Wasserquellen waren noch nicht hervorgebrochen, noch standen nicht fest die Berge von schwerer Last; eher als die Hügel ward ich geboren. Noch hatte er die Erde nicht gemacht und die Flüsse und die Angeln des Erdkreises. Als er den Himmel bereitete, war ich dabei; als er mit bestimmtem Gesetze und Schranken die Tiefen umzog, als er die Lüfte oben befestigte und die Wasserquellen ausglich, als er dem Meere ringsum seine Grenzen setzte und den Wassern eine Schranke gab, daß sie ihre Grenzen nicht überschreiten; als er die Grundfesten der Erde einsetzte: da war ich bei ihm, alles ordnend, und ich freute mich Tag für Tag, spielend vor ihm allezeit, spielend auf dem Erdkreise, und meine Lust ist es, bei den Menschenkindern zu sein."

Diese Worte können mit Recht auf die Gottesgebärerin angewendet werden. Denn da nach Suarez' [2] Worten in der göttlichen Erwählung die Mutter von dem Sohne nicht getrennt werden kann, so hat Gott, der von Ewigkeit her die Erlösung der Menschheit durch seinen Sohn beschlossen hat, auch die Erwählung und Erschaffung der Gottesmutter von Ewigkeit her bestimmt; Maria ist also der Anfang der göttlichen Schöpfung, wohl nicht der wirklich erschaffenen der Zeit nach, wohl aber im göttlichen Rathschlusse der Würde und der Bestimmung nach) [3]. Sie ist eine specielle

purif. *Bernard.*, sermo 2 super Missus: Mirare utrumlibet, et elige, quid amplius mireris, sive filii Dei benignissimam dignationem, sive matris excellentissimam dignitatem. Utrimque stupor, utrimque miraculum: et quod Deus feminae obtemperet, humilitas absque exemplo, et quod Deo femina principetur, sublimitas sine socio.

[1] *Bonaventura* zu d. St.: Melior est fructus meus, fructus ventris mei (quem ego tanquam meum hominibus et pro hominibus offerro) auro et lapide pretioso. *Joannes Dam.*, or. 1 de Nat.: Laetetur mundi mare: in ipso enim concha gignitur, quae coelitus ex divinitatis fulgetro in utero concipiet et Christum ingentis pretii unionem pariet.

[2] P. 3. tom. 2. qu. 27. disp. 1. sect. 3.

[3] *Andreas Cret.*, sermo de ass.: Haec est declaratio profundorum divinae in-

Welt [1], oder nach den Worten des Epiphanius [2] coeli terraeque mysterium, welches im Alten Bunde bereits durch die Propheten vorherverkündigt wurde. Da die Erde die Wohnstätte der Menschen ist, fand die Weisheit darin ihre Herzenslust, bei den Menschenkindern zu verweilen und daselbst ihre mittlerische Stellung zwischen Gott und der Welt zu begründen, woran sich naturgemäß die Paränese knüpft: „Nun also, Söhne, höret mich: Glückselig, welche meine Wege bewahren. Höret Zucht und werdet weise und verachtet sie nicht. Glückselig der Mensch, welcher mich höret und der an meinen Thüren wacht Tag für Tag und der Acht hat an den Pforten meines Thores. Wer mich findet, findet das Leben und schöpfet Heil von dem Herrn; wer aber gegen mich sündigt, verletzt seine Seele. Alle, die mich hassen, lieben den Tod." Wer also an Maria sich wendet und sie um ihre Hilfe anruft, wird aus ihrem Meere die Fülle der Gnaden schöpfen, weil Gott durch ihre Hände die Schätze austheilt. Sowie die Andacht und der Cult, welchen man ihr weiht, als ein Zeichen der Auserwählung gilt, so wird die Mißachtung und Nicht-verehrung derselben als ein Zeichen der Verwerfung und als eine Ursache der Verdammung betrachtet, da erstere schließlich auf Christus selbst zurückfällt [3].

comprehensibilitatis: hic est scopus, qui excogitatus est ante saecula; u. or. in Deip. nativ.: Quam ante omnes generationes naturae totius creator elegit. *Athanasius*, hom. in occur. Dom.: Tuam ipsius ante nativitatem electae, praedestinatae a saeculis et generationibus. *Gregor. Thaum.*, or. 1 in Mar. ann.: Convenienter s. Mariam ex omnibus generationibus solam gratia elegit; nam similis ei ex universis generationibus nulla unquam est reperta. *Epiphanius* cont. Arioman. haer. 69: Dominus creavit me, i. e. aedificavit me in utero Mariae principium viarum suarum in opera sua. Principium enim viarum descensus Christi in mundum est corpus ex Maria, quod est assumptum in opere justitiae et salutis ipsius. *Joannes Dam.*, or. in Deip. ann.: Ave gratia plena, quae ante saecula creatori ac regi saeculorum fuisti destinata. Or. 1 in Deip. nat. § 7: Certabant inter se saecula, quodnam ortu suo gloriaretur. Sed eorum contentionem superavit praefinitum Dei consilium, a quo saecula facta sunt, ac postrema prima evaserunt, quibus tua fausta nativitas obtigit. Vere res omnes conditas dignitate antecelluisti ... Dignitatem tuam praenoscens universorum Deus te proinde dilexit dilectamque praedestinavit et ultimis temporibus produxit. Or. 1 in Deip. dorm. § 3: Hanc quidem Pater praedestinavit, prophetae vero per Spiritum praenuntiaverunt. *Isidorus Thess.*, or. 3 in Deip. ann. *Rupertus* in Cant. 2, 10: Priusquam nascerer, Deo praesens aderam: antequam fierem, bene illi cognita fueram. Si enim Sapientia, ut ipsa testatur, jam antequam fieret, ludens erat cum eo in orbe terrarum; quanto magis ludens erat et deliciabatur cum ista ancilla Domini, miraculo cunctorum filiorum vel filiarum hominum? *Petrus Dam.*, sermo 45 in Mar. nativ. nennt sie: ante constitutionem mundi in consilio aeterno Sapientiae electam et praeelectam. *Bonaventura*, de eccl. hier. p. 4. cp. 7: Quae ab aeterno electa est et praedestinata in Dei scientia, ut ad tantam gloriam assumeretur, in materno utero a Spiritu sanctificante praeventa est et sanctificata, ut in tempore a Patre luminum praefixo mater Dei fieri mereretur, sicut dixit in Proverbiis: ab aeterno ordinata sum, antequam terra fieret, et in Eccli.: ab initio et ante saecula creata sum, i. e. quodam privilegiato modo creari praevisa, ut perficerer coelum, in quo Deus novo modo resideret.

[1] *Bernard.*, sermo de b. Mar. Virg.: Mariam Deus tanquam mundum specialissimum sibi condidit, quem in justitia et sanctitate fundavit.

[2] Sermo de laud. Virg.

[3] *Germanus*, or. de Deip.: Sicut continua spiratio non solum est signum vitae, sed etiam causa: sic sanctissimum Mariae nomen, quod in Dei servorum ore

Sowie diese Worte, wurden auch die ähnlichen im Buche Ecclesiasticus
(24, 1 ff.) sowohl von den Vätern [1], als auch von der Kirche, wie dieß
die lateinischen, gallicanischen und mozarabischen Lectionaria und Missalia
bestätigen, auf die Mutter des Messias bezogen. Wie dort, schildert auch
hier der heilige Autor den Ursprung der Weisheit, zählt sodann die zahl=
reichen Wohlthaten auf, welche sie spendet, hebt ihre Vorzüglichkeit und ihre
Gaben hervor und ladet schließlich alle Menschen ein, an diese Weisheit sich
zu wenden, indem er ihnen die reichsten Schätze verspricht. „Die Weisheit
ist sich selbst zum Lobe (selbst wenn dieses nicht von den Weisen ausgesprochen
würde) und findet Ehre in Gott und wird inmitten ihres Volkes gerühmt;
und in den Gemeinden des Allerhöchsten öffnet sie ihren Mund, und an=
gesichts seines Heeres rühmt sie sich; und in der Mitte ihres Volkes wird
sie erhoben und in der Versammlung der Heiligen; und unter der Schaar
der Auserwählten erhält sie Lob und unter den Gesegneten wird sie gesegnet,
da sie spricht: Ich bin aus dem Munde des Allerhöchsten hervorgegangen,
als die Erstgeborene vor aller Schöpfung"; denn Maria übertrifft an Weis=
heit und Gnade nicht bloß alle Engel und Menschen, sondern gießt auch,
gleichsam als die Krone der Schöpfung, dieselbe über die Menschen aus [2].
„Ich bewirkte am Himmel, daß das unversiegbare Licht aufging und gleich=
wie Nebel bedeckte ich die ganze Erde [3]. Ich hatte Wohnung in den Höhen
und meinen Thron auf einer Wolkensäule [4] . . . . da gebot und sagte mir
der Schöpfer Aller, und der mich erschuf, ließ mich ruhen in meinem Zelte
und sprach zu mir: In Jakob wohne und in Israel habe Erbtheil und in
meinen Auserwählten schlage Wurzel! [5] Vom Anfange an, und vor der
Welt bin ich geschaffen und für alle kommende Zeit werde ich nicht vergehen
und in der heiligen Wohnung diente ich vor ihm. Und so gewann ich feste
Stätte in Sion und in der heiligen Stadt nahm ich gleicher Weise einen
Ruheort und in Jerusalem war meine Herrschaft. Und ich schlug Wurzel

---

assidue versatur, simul argumentum est, quod vera vita vivunt; simul hanc ipsam
vitam efficit et conservat omnemque eis laetitiam et opem ad omnia impertitur.
Bonaventura, Psalt. Virg.: Quem vis, salvus erit, et a quo avertis faciem tuam,
ibit in interitum.

[1] *Haymo*, hom. de Virg. assumpt.: Lectionis hujus capitulum specialiter
laudem aeternae Dei Sapientiae, per quam omnia creata sunt, commendare videtur.
Sed haec particula a catholicis et eruditis Patribus in solemnitate perpetuae virginis Mariae, de qua eadem Dei Sapientia carnem assumpsit, ad legendum ordinata est: et potest pars quaedam illius non incongrue eidem Genitrici aptari, quae
ab ipsa Dei Sapientia talis creata est, ut per illam ad redimendam humanam naturam Dei Filium sine humana concupiscentia crearetur.

[2] *Hieron.* (Sophr.), sermo de assumpt.: Dei Genitrix electa et praeelecta,
vere ab angelo salutatur et praedicatur gratia plena, per quam largo Spiritu s.
imbre superfusa est omnis creatura. *Bernard.*, sermo de aquaed.: Petit super-
effluentiam ad salutem universitatis: Spiritus s., ait, superveniet in te et copiosum
illud balsamum tanta plenitudine influct, ut copiosissime effluat circumquaque.
Richard. Vict. in Cant. cp. 28: Omnium salutem desideravit, quaesivit, obtinuit,
imo salus omnium per ipsam effecta est.

[3] Vgl. unten S. 413.   [4] Vgl. S. 414.

[5] *Honorius Aug.*, Sig. b. Mar.: In quo Jacob (i. e. ordo apostolicus) Virgo
Dei habitavit, et cum quo Israel regnum Dei haereditavit et in ipsis electas radices
suae castitatis et humilitatis misit.

in dem geehrten Volke, dessen Erbe auch im Antheile meines Gottes besteht, und in der Gemeinde der Heiligen ist mein Aufenthalt." Diese Worte finden insofern Anwendung auf Maria, weil sie die Gnaden aller Heiligen in sich vereinigte[1], und wie die Fülle der Gnaden, so auch jene der Glorie besitzt, nicht bloß bei den Heiligen der Gemeinde wohnt, sondern sie auch in der Gnade erhält[2] und der Schatz aller Heiligkeit ist[3].

Nachdem die Weisheit bisher sich ihrer inneren Vorzüge gerühmt hat, geht sie zum Lobe der äußeren über, indem sie ihre Schönheit, Vortrefflichkeit und Nützlichkeit beweist durch Vergleiche mit den fünf vorzüglichsten Bäumen: der Ceder, Cypresse, Palme, dem Oelbaume und Ahorn, den besten Wohl=gerüchen und Rauchwerk, sowie nachträglich noch mit der Terebinthe und dem Weinstock[4] sammt deren Früchten, um dadurch einigermaßen die Er=habenheit und Begehrungswürdigkeit derselben vor Augen zu führen[5]. Dann fährt sie sprechend fort: „Ich bin die Mutter der schönen Liebe, und der Furcht und der Erkenntniß und der heiligen Hoffnung. Bei mir ist die Gnade jeglichen Weges und der Wahrheit, bei mir jegliche Hoffnung des Lebens und der Tugend."[6] Das sind also die Früchte der Weisheit, welche

---

[1] *Bernard.*, sermo 174: Quod vel paucis mortalium constat esse collatum, fas certe non est suspicari, tantae Virgini esse negatum, per quam mortalitas emersit ad vitam. *Thomas*, Sum. 3 p. q. 27. a. 5: B. V. Maria propinquissima Christo fuit secundum humanitatem, quia ex ea accepit humanam naturam, et ideo prae ceteris majorem debuit a Christo gratiae plenitudinem obtinere. *Epi-phanius*, sermo de laud. Deip.: Quomodo Virgo invenitur esse caelestis sponsa et mater, quae donorum antenuptialium nomine Spiritum s. accepit, dotis vero gratia coelum una cum paradiso. *Radulph Ard.*, hom. in Deip. ass.: Ubi major sancti-monia, ibi divina magis invitatur et detinetur Sapientia. Cum autem in omnibus his div. requiescat sapientia, praecipue et singulariter requiescit in Maria. Ipsa enim omnia haec et plusquam haec habet. Quis enim fuit sic electus, imo prae-electus ut Maria? Quis fuit sic Sion, i. e. speculativus ut Maria. Quae civitas sic fuit sanctificata, ut civitas et claustrum Dei Maria? Quis fuit sic Jerusalem, i. e. pacificus et mediatrix Dei et hominum Maria? Quis fuit populus sic hono-rificatus, et pars vel hereditas Dei, ut singularis Dei mater et virgo et regina coelorum Maria? Quis habuit tantam sanctimoniae plenitudinem, quantam Maria? Singulariter igitur et superexcellenter Dei Sapientia requievit in Maria.

[2] *Bonaventura* in specul. b. Virg. cp. 7: B. Virgo non solum in plenitudine Sanctorum detinetur, sed etiam in plenitudine Sanctos detinet, ne eorum plenitudo minuatur: detinet nimirum virtutes, ne fugiant; detinet merita, ne pereant; detinet daemones, ne noceant; detinet filium, ne peccatores percutiat. Ante Mariam non fuit, qui sic detinere Dominum auderet, teste Isaia cp. 64, 7, qui dixit: Non est, qui invocet nomen tuum.

[3] *Andreas Cret.*, de dorm. Virg.: O Sancta et sanctis sanctior et omnis sanctitatis sanctissime thesaure. *Joannes Dam.*, or. 2 de dorm.: *Bernardus*, sermo de aquaed.

[4] Siehe unten § 46 f.

[5] *Isidorus*, l. 4: Salomon Sapientiam quasi personam repraesentans, cum non inveniret, quo pacto per unum aliquod exemplum, aut unam plantam ipsius pul-chritudinem, sublimitatem et suavitatem exhiberet, vagatus per omnia gignentia et ab unoquoque colligens id, quod maxime conveniens et decorum erat, ad eam re-praesentandam, ita eam hominibus adumbravit, ut ab hac quidem planta pulchri-tudinem, ab alia sublimitatem, ab alia odoris suavitatem et fragrantiam mutuatus, occasionem praeberet aliquid cogitandi, quod sapientia dignum est.

[6] *Bonaventura*, Spec. cp. 6: Maria gratulabunda dicere potest illud Eccli.

das ganze Tugendgebiet nach Glaube, Liebe und Hoffnung umfassen und Wahrheit, Führung auf dem Wege und ewiges Leben gewähren. Sodann ladet sie Alle ein, sich an diesen Früchten zu laben: „Kommet her zu mir Alle, die ihr nach mir verlanget, und sättiget euch an meinen Früchten. Denn mein Geist ist süßer als Honig und mein Erbe über Honig und Honig= seim [1]; mein Andenken währet die Geschlechter der Weltzeit hindurch. Die mich essen, hungern immer, und die mich trinken, dürsten noch [2]. Wer auf mich hört, wird nicht zu Schanden, und die in mir wirken, werden nicht sündigen. Welche Licht verbreiten über mich, die werden das ewige Leben haben." Auch die Worte desselben Siraciden [3]: „Der Allerhöchste erschuf sie (die Weisheit) durch den heiligen Geist, er sah sie und zählte und maß sie," bezieht Richardus de s. Laurentio auf Maria [4], deßgleichen [5]: „Die Weis= heit wird ihm entgegenkommen, wie eine ehrwürdige Mutter und wie eine jungfräuliche Braut ihn aufnehmen" [6].

Maria ist aber nicht bloß die Mutter der Weisheit, sondern auch die Mutter der Liebe; denn also spricht die Weisheit von sich: „Ich bin die Mutter der schönen Liebe und der Furcht und der Erkenntniß und der hei= ligen Hoffnung" [7], womit auch Salomon übereinstimmt, welcher dieselbe Weis= heit sprechend einführt: „Ich liebe, die mich lieben, und welche früh erwachen zu mir, werden mich finden ... Auf den Wegen der Gerechtigkeit wandle ich, um zu bereichern, die mich lieben, und ihre Schatzkammern zu füllen." [8] Maria liebt die, welche sie lieben, mit einer bei weitem größeren Liebe, weil sie die vom heiligen Geiste entzündete Liebe selbst [9] und die Mutter Christi ist, welcher uns bis zum Tode des Kreuzes geliebt hat [10]. Umfaßt sie Alle

in me omnis gratia viae et veritatis, quae mater est ejus, quem legimus plenum gratiae et veritatis. Et quid mirum, si in illa virga est tanta donorum Spiritus s. affluentia, in cujus flore Spiritus s. requievit cum tanta donorum affluentia.

[1] *Bernard.*, sermo in signum magn.: Quid ad Mariam accedere trepidet hu- mana fragilitas? Nihil austerum in ea, nihil terribile: tota suavis est, omnibus offerens lac et lanam ... Quae ad eam pertinent, plena omnia pietatis et gratiae: plena sunt mansuetudinis et misericordiae. Denique omnia omnibus facta est, sapientibus et insipientibus copiosissima charitate debitricem se fecit; omnibus misericordiae sinum aperit, ut de plenitudine ejus accipiant universi. *Joannes Dam.*, or. 2 de ass. Virg.: Dei mater est inexhaustum pelagus gaudii, unica moe- roris obliteratio, pharmacum ex omni pectore dolorem propulsans.

[2] *Bernard.*, hom. 4 sup. Missus: Ad hunc igitur fontem sitibunda properet anima nostra; u. sermo in visit.: Omnibus omnia facta est (Maria), sapientibus et insipientibus copiosissima charitate debitricem se fecit, omnibus misericordiae sinum aperit, ut de plenitudine ejus accipiant universi, captivus redemptionem, aeger curationem, tristis consolationem, peccator veniam, justus gratiam, angelus laetitiam, denique tota trinitas gloriam, Filii persona carnis humanae substantiam, ut non sit, qui se abscondat a calore ejus.

[3] Eccli. 1, 9.   [4] Lib. 2 de laud. Mariae part. 5.
[5] Eccli. 15, 2   [6] *Methodius*, orat. de purific.
[7] Eccli 24, 24.   [8] Spr. 8, 17. 21.
[9] *Ildephonsus*, sermo 1 de ass.: (Spiritus s. in eam superveniens) velut ignis ferrum totam decoxit, incanduit et ignivit, ita ut in ea Spiritus s. flamma tantum videatur, nec sentiatur nisi tantum ignis amoris Dei et hominis.
[10] *Bernard.*, sermo 1 de ass.: Aut dubitare aliquis potest, omnino in affectum charitatis transiisse Mariae viscera, in quibus ipsa, quae ex Deo est charitas, novem mensibus corporaliter habitavit? *Petrus Dam.*, sermo 1 de nat. Virg.: Scio, do-

mit Liebe, so besonders diejenigen, welche sie lieben und anrufen und vom frühen Morgen, d. i. von frühester Jugend an zu ihr erwachen [1]. Darum wurde sie auch dem Jünger der Liebe als Mutter übergeben [2].

§ 44. Das starke und glorreiche Weib.

1. Haben wir bereits im Protoevangelium [3] das starke Weib kennen gelernt, welches der Schlange den Kopf zertreten werde, so kommt auch Sa=lomon auf dasselbe zu sprechen, wenn er schreibt [4]: „Ein starkmüthiges Weib, wer findet es? Ihr Werth ist wie Dinge, die weit herkommen von den äußersten Grenzen" (hebr.: weit über Perlen steht sie im Werthe). Wohl kennend die Schwächlichkeit des weiblichen Geschlechtes einerseits und die Ver=heißung anderseits, daß derjenige, welcher durch das Weib gesiegt hat, auch wieder durch das Weib werde besiegt werden, ruft Salomon gleichsam stau=nend aus, wo dieses starke Weib zu finden sei, von welcher unsere Erlösung abhängig sei, und fügt bei, daß dieses Weib vom äußersten Himmel her=kommen müsse, ihr Werth mithin unschätzbar sei [5]. Nach den Worten des hl. Albert [6] ist Maria das stärkste Geschöpf; denn durch ihre Demuth und

mina, quia benignissima es, et amas nos amore invincibili, quos in te et per te filius tuus et Deus tuus summa dilectione dilexit. Quis scit, quoties refrigeras iram judicis, cum justitiae virtus a praesentia deitatis egreditur? In manibus tuis sunt thesauri miserationum Domini et sola electa es, cui tanta gratia conce-ditur ... Quomodo illa potestas tuae potentiae poterit obviare, quae de carne tua carnis suscepit originem? Accedit enim ante illud aureum humanae reconci-liationis altare, non solum rogans, sed imperans, Domina non ancilla.

[1] *Bernard.*, sermo 4 de ass.: Sileat misericordiam tuam, Virgo beata, si quis est, qui invocatam te in necessitatibus suis sibi meminerit defuisse ... Quis ergo misericordiae tuae, o benedicta, longitudinem, latitudinem, sublimitatem et pro-fundum valeat investigare?

[2] *Origenes*, tom. 1 in Joann. in praef. lehrt: Mariae filium esse Dominum Jesum Christum, et praeterea omnem eum, qui est perfecte Christianus: qui enim hujusmodi est, non amplius vivit ipse, sed in ipso vivit Christus et ideo de eo dici potest Mariae; ecce filius tuus Christus. *Antoninus*, 4. p. tit. 15. cp. 2: Quia Joannes interpretatur, in quo est gratia, cuilibet etiam, qui Joannes dicitur et existit, in quo sc. est gratia gratum faciens, datur Virgo Maria in matrem.

[3] Gen. 3, 15 f.   [4] Spr. 31, 10.

[5] *Bernardus*, hom. 2 super Miss.: Maria procul dubio caput contrivit vene-natum, quae omnimodam maligni suggestionem tam de carnis illecebra, quam de mentis superbia deduxit ad nihilum. Quam vero aliam Salomon requirebat, quum dicebat: mulierem fortem quis inveniet? Noverat quippe vir sapiens hujus sexus infirmitatem, fragile corpus, lubricam mentem. Quia tamen et Deum legerat pro-misisse, et ita videbat congruere, ut qui vicerat per feminam, vinceretur per ipsam; vehementer admirans ajebat: mulierem fortem quis inveniet? Quod est dicere: si ita de manu feminae pendet et nostra omnium salus et innocentiae re-stitutio et de hoste victoria; fortis omnino necesse est, ut provideatur, quae ad tantum opus possit esset idonea ... At ne hoc quaesiisse putetur desperando, subdit prophetando: procul et de ultimis finibus pretium ejus, h. e. non vile, non parvum, non mediocre, non denique de terra, sed de coelo, nec de coelo proximo terris pretium fortis hujus mulieris, sed a summo coelo egressio ejus.

[6] *Albertus Magn.*, in bibl. Mar. sup. Prov. 31: Humilitas b. Virginis Deum superavit quodammodo, quando eum de coelis ad terras humilitate deducens, cari-tate vinculatum pariter et humiliatum et vulneratum in sua virginitate incarce-

Liebe hat sie Gott selbst gefesselt und zu sich herabgezogen; sie hat den Tod und zugleich den Teufel überwunden und dadurch ihre Stärke bewiesen. „Viele Töchter," fährt der Weise fort [1], haben Reichthum gesammelt, du hast alle übertroffen." Maria übertrifft alle Erdentöchter an Schönheit, Reinheit und Verdienst; deßhalb erwählte sie Gott aus Tausenden und stieg in ihren Schooß herab, um die menschliche Natur zur früheren Würde zu erheben. Sie ist die Gebenedeite unter den Weibern, welche das Uebel, das Eva in die Welt gebracht, geheilt hat, damit der Fluch nicht weiter greife, sondern eingedämmt und vernichtet werde und an dessen Stelle der Segen trete. Und wie sie an Tugenden alle Menschenkinder übertrifft, so überstrahlt sie an Glorie und Verdiensten alle Himmelsbewohner [2]. Maria, das starke Weib, wird daher auch als Berg, Felsen, Sion, die feste Stadt Davids, als Thurm, ein festes Kastell, eine Mauer [3] u. dgl. m. beschrieben.

2. An diesem starkmüthigen Weibe bewundern wir aber auch ihre Ge= rechtigkeit, Vollkommenheit und Glorie. Man hat daher mit Recht folgende Stellen im mystischen Sinne auf Maria bezogen: „Ihre Wege sind liebliche Wege und alle ihre Pfade friedliche" [4]; und: „Der Gerechten Weg ist wie strahlend Licht; es kommt hervor und wächst bis zum vollen Tage" [5]; denn sie stieg von Stufe zu Stufe bis zum Gipfel der Vollkommenheit in allen Tugenden und wurde endlich der höchsten Glorie theilhaftig [6], wie der Weise

---

ravit. Unde: mulierem fortem . . . Ultimi fines sunt deitas et humanitas maxime a se distantes. Unde fortissima mulier fuit, quae haec conjunxit.

[1] Spr. 31, 29.

[2] *Germanus*, or. in Deip. nat.: Vocatur filia, multae filiae acquisierunt divitias, multae fecerunt virtutem, tu autem emines et supergressa est universas. *Leo Augustus*, or. in Deip. dorm.: Multae filiae fecerunt virtutem, multae acqui-sierunt divitias, sed universas supergreditur, quae gloria omnibus antecellit. Nulla ergo in ejus pulchritudine gratia fallax: propterea ejus specie captus Deus matrem sibi illam ex omnibus generationibus delegit, et e sanguinibus ejus formatus dila-psam creaturae formam pristinae dignitati restituit. Vere sola benedicta in mulie-ribus, quae una primae nostrae ejusque posteris suppetias tulit: illi quidem, quatenus duplicem calamitatem, cujus illa sibi ac filiis auctrix fuerat, exsol-vit: his vero, quatenus a malis, quibus obnoxii tenebantur, eos redemit, nec passa est, ut posteri in eadem mala denuo incurrerent; ut nimirum maledictio, quae ante naturam depascebatur, ultra non procederet, sed retro converterentur mali undarum fluctus, ut benedicta adfuit; neque amplius homines inevitabilibus mortis retibus tenerentur, sed ea veluti transitu ad vitam uterentur. *Basilius Seleuc.*, or. in Deip. *Bernard.* (Ekkebertus), sermo de b. Virg. *Alcuinus* (Homiliar.), sermo in Deip. ass.: Multae fideles animae pretiosa virtutum ornamenta, quibus Deo place-rent, sibi thesaurizaverunt; mater Domini supergressa est universas. Supergressa est omnes in terris, supergressa est in coelis. In die peregrinationis suae omnes habitatores terrae meritorum decore excessit, in die reparationis suae omnes habi-tatores coeli praemiorum honore transcendit.

[3] Siehe unten § 45 f   [4] Spr. 3, 17.   [5] Spr. 4, 18.

[6] *Amedeus*, hom. 2 de Virg. laud.: Quis lucem et splendorem semitarum ejus loqui sufficiet? Harum tamen processus et incrementa viarum partim explicare conabimur, ut in gradibus suis gloriosa dignoscatur et per singulos gradus suos pronuntietur. Habuit enim distinctos gradus et incrementa divisa, ut pulcherrimo claritatis ordine incederet et de virtute in virtutem proficiens videret Deum deorum in Sion, translata a gloria in gloriam tanquam a Domini Spiritu. Primo itaque omnium virtutum decore meruit honorari. Secundo Spiritui s. foedere maritali

sagt: „Der Gerechten Seelen sind in der Hand Gottes und nicht wird sie berühren die Pein des Todes" [1]; und dieß mit Recht: denn der, welcher das Gesetz gegeben, die Eltern zu ehren, hat selbst, obgleich dem Gesetze nicht unterworfen, dasselbe zunächst erfüllt, indem er seine Mutter der ewigen Glorie theilhaftig machte [2]. Wenn der Geist Gottes spricht: „Die Reinheit hat zur Folge, Gott nahe zu sein" [3], so gilt dieses ganz besonders von Maria, welche ganz rein an Leib und Seele bis zur Urquelle der Glorie aufstieg [4]. In diesem Brennpunkte aller Tugenden hat der Herr, welcher in der Höhe wohnt und auf das Niedrige schaut im Himmel und auf Erden [5], sich das Haus erbaut [6], in welchem er seine Wohnung aufschlug. Darum gelten auch von ihr die Worte der Schrift: „Bei dir ist die Quelle des Lebens und in deinem Lichte schauen wir das Licht" [7], „wer in den Wolken wird gleichen dem Herrn, wird Gott ähnlichen unter den Söhnen Gottes" [8]; und: „Erhaben sind deine Werke, o Herr, sie alle hast du mit Weisheit gemacht." [9]

§ 45. Die alttestamentlichen Symbole und Typen der Mutter des Messias.

Nicht bloß durch die Verbalprophetien, sondern auch durch Typen ist Maria, die Mutter des Immanuel, im Alten Testamente abgeschattet worden.

---

copulata est. Tertio mater inventa est Salvatoris. Quarto animam ejus pertransiit gladius et carne sumpta de carne ejus mundi perditi ruina reparatur. Quinto exsultat in Filio resurgente et ascendente super coelos coelorum ad Patris dexteram. Sexto de hoc seculo rapitur et occurrente sibi Domino supra coeligenas omnes collocatur. Septimo demum perficietur, quum plenitudo gentium introierit et omnis Israel salvus erit.

[1] Weish. 3, 1.

[2] *Joannes Dam.*, or. 1 in Deip. dorm. § 3: O probum legislatorem! Qui legi subjectus non est, legem implet, quam ipse tulit. Si quidem ipse legem tulit, ut filii debitum officium parentibus tribuant: honora, inquit patrem tuum et matrem tuam. Hoc autem verum esse cuivis perspicuum est, qui vel tantillum in divinis Scripturae oraculis eruditus sit. Nam si, ut Litterae divinae ferunt: justorum animae in manu Dei sunt; annon ipsa magis in filii Deique sui manus animam commendavit?

[3] Weish. 6, 20.

[4] *Bernard.*, sermo de Virg. nat. n. 9: Videsne quod et hoc nihilo minus modo aquaeductus noster ascendit ad fontem, nec sola jam oratione coelos penetrat, sed etiam incorruptione, quae proximum Deo facit, sicut Sapiens ait. Erat enim Virgo sancta corpore et spiritu, cui specialiter esset dicere: conversatio nostra in coelis est (Phil. 3, 20).

[5] Ps. 112, 5. 6.   [6] Spr. 9, 1.

[7] Ps. 35, 10. Vgl. *Theodotus Ancyr.*, or. in Deip. et Sim. § 4: Hujuscemodi nobis mirabilia suis semper sacris illucentibus fulgoribus diva Mater Virgo affert. Nam apud eam est fons vitae uberaque rationabilis lactis ac sine dolo.

[8] Ps. 88, 7. Vgl. *Amedeus*, hom. 7 de Virg. laud.: Quis non properaret, quis non curreret ab extremis terrae, reverendae majestatis decus aspicere et vultum omnimoda suavitate imperiali etiam dignitate et singulari praeditum potestate videre? Quippe nihil inveniebatur illi simile in filiis et filiabus Adae. Nihil tale in prophetis, in apostolis aut in evangelistis. Nihil illi simile coelum vel terra dedere. Quis enim in nubibus aequaretur ei, aut similis foret matri Domini inter filios Dei?

[9] Ps. 103, 24. *Petrus*, Argorum episc., or. in s. Ann. conc.

Daß Letzteres der Fall ist, haben die Kirchenlehrer und Kirchenschriftsteller [1] dadurch ausgedrückt, daß sie Maria die Versiegelung., die Zusammenfassung beider Testamente nennen, daß ihr die Propheten bereits Beifall zugerufen haben, und ihr Name vorausgesagt, durch Typen ausgedrückt und von allen heiligen Männern des Alten Testamentes gefeiert worden ist. Wir heben aus diesen hervor Bernardus [2], Joannes Damascenus [3], Germanus [4] und Theodorus Studita [5], welche gleichsam einen Katalog aller alttestamentlichen Typen, die sich auf Maria beziehen, zusammengestellt haben. Mit Ausschluß der weiblichen Typen, welche bereits bei den einzelnen Frauen angegeben wurden, finden diese hier ihre Würdigung.

Wenn wir alle diese Typen im Allgemeinen überschauen, so erhellt, daß Alles, was in der Natur und Menschenwelt Großes, Erhabenes, Reines, Lauteres und Heiliges gefunden wurde, die heiligen Väter als Symbol und Typus auf die heilige Gottesgebärerin bezogen haben. Der Himmel, der himmlische Thron, die Himmelslichter, der Tempel mit allen seinen Cultus= gegenständen und Einrichtungen, die Erde, namentlich in ihrem jungfräulichen Zustande vor der Sünde der Urmenschen, und alles, was damit zusammen= hängt, außerordentliche und wunderbare Erscheinungen in der Geschichte des Volkes Israel boten Anhaltspunkte, um sie als Typen der über alles Mensch= liche erhabenen, reinen, makellosen, gottgeweihten jungfräulichen Mutter des Messias zu betrachten [6].

1. Wir beginnen bei den überirdischen Gegenständen und zwar zunächst mit dem Himmel. Wie dieser am meisten über der Erde erhöht ist, von Reinheit und Klarheit strahlt, aller Sünde und jedes Fluches baar und zugleich die Wohnstätte der Heiligen ist, so auch Maria. Sie ist der zweite, neue Himmel auf Erden, welche in ihrem Schooße einen Gott umschlossen und uns des ewigen Lebens theilhaftig gemacht hat [7]. Von ihr gilt das Wort des

---

[1] *Johannes Dam.*, or. in Deip. ann.: Ave sis praenuntiatum nomen a pro-phetis, qui a seculo extiterunt; und orat. in Deip. nat.: Illa, quod ejus figurae essent. honorem habuerunt, tanquam veri exemplaris adumbrations. *Petrus Siculus*, hist. Manich. n. 5: Cujus Virginis praeludia lex et prophetae omnes insolitis olim modis praenuntiaverunt gloriamque ejus praeoccupante oculo visam praemon-strarunt. *Germanus*, or. in Deip. nat.: Salve legis ac gratiae mediatrix, veteris novique Testamenti obsignatio, totius prophetiae perspicua plenitudo, inspiratae a Deo veritatis Scripturarum acrostichis. *Sophronius*, sermo de Deip. assumpt.: A prophetis praenuntiata, a patriarchis figuris et aenigmatibus praesignata, ab Evangelistis exhibita et monstrata. Vgl. *Passaglia*, de imm. Deip. conceptu. Rom. 1854. 1. Bd. S. 365 f.
[2] Super Salve regina sermo 3. n. 2.   [3] Orat. 1 in Deip. dorm.
[4] Orat. in Deip. nativ.   [5] Orat. 6 in Deip. dorm. n. 4.
[6] Vgl. *Hieronymi Laureti*, Silva, seu potius hortus floridus allegoriarum totius s. scripturae. Colon. Agrip. 1630. *Ant. de Rampelogis*, Figurae biblicae. Lugdun. 1554. Speculum humanae salvationis. Reutl. 1492. *Passaglia*, de imm. Deip. conc. l. c.
[7] *Gregorius Naz.*, or. 3 in Deip. nennt sie alterum, quod in terra est coelum. *Modestus Hier.*, enc. in Deip. *Georgius Nicol.*, or. in Deip. concept. et nativ.: Per coelum illud, quod nunc splendidius pariter et capacius productum fuit, coe-lestem vitae rationem adscivimus. *Gregor. Thaum.*, sermo 3 de Ann.: Maria virgo alterum in terra coelum. *Methodius*, hom. de pur. Mar.: Vere capax coelum ad Deum, qui nusquam alioquin capi potest, recipiendum facta. *Germanus*, or. 1 de

Psalmisten: „Von dem Himmel blickt der Herr herab, sieht er alle Menschen=
kinder, von der Stätte seines Wohnens schaut er auf alle Bewohner der
Erde"[1]; und: „Die Erde bebte, denn die Himmel trofen von dem Angesichte
Gottes"[2]; und: „Der Herr ist in seinem heiligen Tempel, der Herr hat im
Himmel seinen Sitz."[3] „Als Gott die Himmel bereitete, und den Aether
befestigte und die Wasserbrunnen abwog", stand die Weisheit ihm bei[4].
Ebenso prachtvoll ist Maria, das coelum animatum, von Gott bereitet
worden, da die Fülle der Gottheit in ihr leibhaftig wohnte; sie ist der Him=
melsäther, welcher die Ströme des Lebens ausgoß. Sie ist, wie Bonaventura
sagt, der fünffache Himmel, der nach festen Regeln sich bewegt[5], das Firma=
ment, an welchem die Sonne der Gerechtigkeit glänzt, daher herrlicher, als
der sichtbare Himmel[6]. Nach Rupertus[7] ist Maria das Himmelsthor,
von dem der Psalmist sagt: „Er öffnete die Thüren des Himmels und regnete
das Manna zur Speise."[8]

2. Auch die Wolken des Himmels dienen als Symbol der Gottes=
mutter. „Siehe," spricht Isaias (19, 1), „der Herr setzt sich auf eine leichte
Wolke und kommt nach Aegypten, da beben die Götzen Aegyptens." Sie
ist die leichte Wolke, weil mit keiner Last der Sünde und Sinnlichkeit
beschwert, weil über alles Irdische erhaben, die den himmlischen Regen
herabgeträufelt hat, „welcher herabgekommen ist wie der Regen und wie
Regenträufel auf die Erde" (Pf. 71, 6). Die Väter sehen in erster Stelle
einen Hinweis auf Christus, der in den Armen Maria's nach Aegypten ge=
tragen wurde, bei dessen Ankunft die ägyptischen Götzenbilder zusammen=
stürzten. Wie die Wolke in der Luft aus den Dünsten, welche von der Erde

ass. Virg.: Dei capax coelum visa es, o Maria, eo quod illum sinu tuo capaci
gestasti. *Johannes Dam.*, or. 2 de assumpt.: Virgo immaculata, quae vere vivum
coelum extiterat, in coelestia tabernacula introducitur. — Or. 1 in Deip. nat.: In
terra exterrena natura coelum ille condidit, qui olim . . . firmamentum compegerat.
Ac sane coelum istud illo longe divinius est ac stupendum magis.
[1] Pf. 33 (B. 32), 13. 14. Vgl. *Germanus*, or. in Deip. nativ. *Isidorus The-
sal.*, or. 1 de Deip. nativ.
[2] Pf. 67 Bulg., 9. *Isidorus* l. c.: Coelis veluti percolatum florem gratissimi
odoris Virginem hominibus effluxisse.
[3] Pf. 10 Bulg., 5.   [4] Spr. 8, 27. 28.
[5] *Bonaventura*, sermo 1 de laud. Mar.: Domina nostra fuit coelum aereum
per puritatem omnimodam, coelum igneum per ardentissimam charitatem, coelum
sidereum per patientiae firmitatem, coelum aqueum per frigidissimam castitatem,
coelum empyreum per totius sapientiae claritatem. — Sermo 1 de b. Virg.: Virgo
fuit coelum, puta firmamentum, uniformiter semper motum per patientiae firmitatem.
[6] *Johannes Dam.*, or. 1 de Virg. nat.: Hodie ex terrena natura coelum in
terra condidit ille, qui olim firmamentum ex aquis finxerat atque in altum extulerat. Ac sane illo longe divinius est: nam qui in illo solem effecerat, in hoc
justitiae sol ortus est. — Or. 2. nat. 7: Ave coelum, loco mundum ambiente no-
bilius habitaculum virtutum fulgoribus uti stellis coruscans, ex quo justitiae sol
ortus est, salutis, quae nunquam occidat, diem hominibus condens.
[7] In Matth. l. 1: Januam ventris aperuit, quia sine viro virgo concepit, virgo
peperit et post partum virgo permansit; u. de div. offic. l. 3. cp. 13: Per portam
coeli supradictum Manna nobis Dominus pluit, sc. per Virginem.
[8] Pf. 77, 23. 24.

auffteigen, gebildet wird, so wurde auch der Leib Chrifti im Schooße Mariens vom heiligen Geifte und aus irdifcher Materie gebildet[1]. Eine ähnliche Deu= tung wird auch den Worten Daniels (7, 13) unterlegt: „Und es kam einer in des Himmels Wolken, wie eines Menfchen Sohn." Das kleine Wölklein wie eines Mannes Fußtritt, welches Elias vom Meere auffteigen fah und welches die bürftende Erde mit einem gewaltigen Regen erfrifchte (3 Kön. 18, 44 ff.), finnbildet recht paffend die heilige Jungfrau, welche der nach der Ankunft des Messias bürftenden Menschheit die Fülle des geiftigen Segens, Chriftum, fpendete.

Die Wolkenfäule[2], welche des Nachts wie Feuer leuchtete und in

---

[1] *Hieron.* zu Jf. 19, 1: Ascendit Dominus super nubem levem, corpus s. Virginis Mariae, quod nullo humani seminis pondere praegravatum est vel certe corpus suum, quod de spiritu s. conceptum est. Et ingressus est in Aegyptum
hujus mundi statimque omnia Aegypti simulacra commota sunt. *Procopius* zu b.
Stelle: In nube, i. e. eo quod de Spiritu s. sanctaque Virgine assumpsit, corpore
veniet. Ut enim aere terraeque exhalatione nubem, sic Spiritu sancto terrenaque
substantia Domini corpus constare credimus. ... Sunt, qui per levem nubem s.
Virginem, a qua in Aegyptum ulnis est delatus, intelligi arbitrentur ... quo
pacto Antiquus in throno tanquam Filius hominis in nubibus a Daniele venire,
quo denique modo humana specie electro et igne constante Ezechieli apparere.
Ambros., exh. virg. cp. 5: Nubem Mariam dixit, quia carnem gerebat, levem, quia
virgo erat, nullis oneribus gravata conjugii; und l. de inst. virg. cp. 13: Vere
levem, quae conjugii onera nescivit, vere levem, quae levavit hunc modum de
gravi foenore peccatorem. Levis erat, quae remissionem peccatorum utero gesta-
bat. Excipite nubis hujus pluviam spiritalem, temperamentum flagrantiae corpo-
ralis ... Haec pluvia Evae restinxit appetentiam. In Ps. 118. serm. 5. n. 3:
In nube levi, i. e. in Virgine Maria, quae nubes erat secundum haereditatem
Evae, levis erat secundum virginitatis integritatem. *Cyrillus Alex.* ad Is. 19, 1.
Athanasius zu b. St.: In nube illa levi sedens advenit, sc. in corpore, quod Christus assumpserat ex Spiritu s. et ex sancta Virgine constitutum ... Quemadmodum enim nubes non aliunde constitutionem habet, quam ex aere et ex vapore
terrae, sic et corpus. quod assumpsit ex Spiritu s. et ex terrena substantia constitutum, jure nubi levi comparatur, cui insidens Christus (infans) in Aegypto pere-
grinabatur. *Chrysost.*, or. in Deip. annunt. *Theodorus Stud.*, or. 6 in Deip. dorm.
n. 4: Ave levis nebula, in qua Dominus resedit, ut est apud sacra magnaque voce
praeditum Isaiam *Johannes Dam.*, or. 2 nat. § 7.

[2] Gr. 13, 21. 22. Num. 14, 14. Pf. 77, 14; vgl. Cor. 10, 1. Pf. 104, 39;
98, 7. Neh. 9, 12. *Hieronym.* ad Ps. 77: Deduxit eos nube diei, certe nubem
debemus s. Mariam accipere. Pulchre dixit in *nube diei:* nubes enim illa non
fuit in tenebris (nempe peccati), sed semper in luce (i. e. divinae gratiae). *Bernard.*, sermo sign. mag.: Vestis solem nube, et sole ipsa vestiris (juxta Apoc. 12:
mulier amicta sole). *Bonaventura*, in spec. b. Virg. cp. 3: Maria est nobis columna ignis juxta illud Psalmi (deduxit eos in nube), quia tanquam nubes pro-
tegit ab aestu divinae indignationis et diabolicae tentationis; est quoque columna
ignis in nocte seculi hujus illuminans mundum. *Epiphanius*, sermo de laud.
Virg.: O beata Virgo, nubes lucida es, quae fulgur de coelo lucidissimum de coelo
deduxisti ad mundum illuminandum. *Germanus*, or. in Deip. ann.: Ave undique
rutilans nubes Dei bajula. *Modestus*, enc. in Deip.: Sublata est ad Dominum
gloriae nubes illa lucidissima, quae illum gestavit, et perfectam ejus divinitatem
in corpore tanquam fulgur emittens, ab eo in omnem terram optima charismata
depluit. *Johannes Dam.*: Ave lucis nebula in hac vitae solitudine novum Israel
intercessione tua obumbrans, ex qua gratiae audita decreta, et de qua justitiae sol
ortus est, cuncta incorruptionis radiis collustrans. *Ambros.* in Ps. 118 sermo 5.

welcher Gott die Israeliten durch die Wüste führte, ist ein Symbol Mariens; denn diese Wolke war nie durch die Sünde verdunkelt, sondern hellstrahlend vom Feuer der Gnade; sie schützt uns vor der verzehrenden Gluth des Zornes Gottes und der Leidenschaft, und erleuchtet die mit geistiger Finsterniß bedeckte Welt; sie trug in sich und umhüllte den, welcher die Sonne der Welt ist und dessen Strahlen in die Finsterniß hineinleuchten. Aus dieser geistigen Wolkensäule wurden uns die Gnadenrathschlüsse Gottes verkündigt; sie ist unsere Leiterin auf diesem öden Lebenswege, um uns ins himmlische Canaan zu bringen. Auch die Rauchsäule, von welcher der Bräutigam im Hohenliede (3, 7) spricht: „Wer ist die, welche aus der Wüste heraufsteigt, wie eine Rauchsäule von Spezereien aus Myrrhen und Weihrauch und allerlei Gewürz des Salbenhändlers?" kann sinnig auf Maria angewendet werden [1]; denn von dem Brandopfer ihrer frommen Liebe steigt die angenehme Rauchwolke auf. Sie ist mit den Wohlgerüchen aller Tugenden erfüllt, welche sogar den Engeln angenehm sind und sie mit Verwunderung erfüllen, daß ihre Tugendverdienste sogar deren eigene Würde übersteigen. Das kostbarste Weihrauchopfer des Gebets entsteigt dem Rauchfaß ihres Herzens, welches jeden Wohlduft übertrifft. Alle Spezereien sind in ihr vereinigt;

n. 3: Illa columna nubes specie quidem praecedebat filios Israel, mysterio autem significabat Dominum Jesum in nube venturum levi (Is. 19, 1), h. e. in Virgine Maria.

[1] *Hieronym.*, ep. 9 ad Paul. et Eust. de ass. Mar.: Ex persona supernorum civium ejus ascensione admirans Spiritus s. ait in Canticis: quae est . . . Et bene quasi virgula fumi, quia gracilis et delicata, quia divinis extenuata disciplinis, et concremata intus in holocaustum incendio pii amoris et desiderio charitatis. Ut virgula, inquit, fumi ex aromatibus: nimirum quia multis repleta est virtutum odoribus: manans ex ea fragrabat suavissimus odor etiam spiritibus angelicis. Ascendebat autem Dei genitrix de deserto praesentis saeculi, virga de radice Jesse olim exorta: sed mirabantur electorum animae prae gaudio, quaenam esset, quae etiam meritorum virtutibus angelorum vinceret dignitatem. *Amedeus*, de laud. Virg. hom. 6: O phoenix aromatizans gratius cinamomo et balsamo et nardo suavius regem in conspectu tuo delectas. O phoenix congregans omnes species, et igne circumfusa superessentiali, ut coelum coelorum et coeli Potestates angelicas mirifico repleas suavitatis incenso. Hoc incensum suavissimum est, hoc thymiama bene compositum procedit de thuribulo cordis Mariae, et universa suaviter olentia excedit. *Johannes Dam.*, or. 2 in Deip. nat. § 7: Ave incensum, precationis locus pro omni mundo directus ante Dominum; quae fragrantia Spiritus repleta es, de qua admirantis voce clamatur: quae est . . . tanquam virgula fumi suffita? *Petrus Dam.*, sermo 40 in Virg. ass.: Universus pulvis pigmentarius in Virgine conjectus est, quia in ea virtutum conventus reverendum sibi thalamum consecravit; et si ceteris per partes Spiritus adfuit, Mariae tamen tota plenitudo gratiae supervenit. *Ildephonsus*, sermo 3 in Virg. ass.: Admiratio illa angelica non de virginitate sola (Mariae), sed de immensitate gratiae venit; quia universae virtutes in ea respergebant ab incendio divini amoris suavitatem odoris. *Sophronius*, de Deip. ass.: Ut virgula fumi ex aromatibus, nimirum, quia multis repleta est virtutum odoribus; manans ex ea fragrabat suavissimus odor etiam spiritibus angelicis. *Rupertus*, l. 3 in Cant.: Odor tuus, odor humilitatis tuae praecipuus ascendit ad eum, ut vere sacrificium spiritus contribulati . . . pulvis pigmentarii, pulvis myrrhae et thuris, qualem pigmentarius Spiritus s. conficit ex optimo thure, quod est suavitas mentis, et ex myrrha probatissima, quod est mortificatio sive incorruptio carnis . . . Talis fumi virgula, tu o beata Maria, suavem odorem spirasti Altissimo, coelestibus disciplinis erudita atque extenuata.

denn sie ist der Brennpunkt aller Tugenden, welche dem Herrn des Himmels ein würdiges Brautgemach bereitet haben; wenn die Gnaden des heiligen Geistes den übrigen nur theilweise zufließen, so hat Maria die Fülle derselben erhalten. Namentlich stieg von ihr, welche in den himmlischen Lehren unterrichtet und mit ihnen gesättigt war, der Wohlgeruch tiefer Demuth, das Opfer eines zerknirschten Geistes, zu Gott empor, während der Weihrauch und die Myrrhe die Lieblichkeit des Geistes, die Abtödtung und die Unverdorbenheit des Fleisches symbolisiren. So ist demnach Maria eine Rauchwolke, welche den lieblichsten Wohlgeruch dem Allerhöchsten entgegenhauchte.

3. Im Himmel hat Gott seinen Thron aufgeschlagen, so auch Christus in Maria; Maria wird daher der Thron Gottes genannt; wie: „Ich sah den Herrn sitzen auf einem hohen und erhabenen Throne, und die ganze Erde war voll seiner Herrlichkeit." [1] „Meine Wohnung ist in der Höhe und mein Thron auf den Säulen der Wolken." [2] Maria ist der erhabene Thron der Herrlichkeit von Anbeginn, der Ort unseres Heiligthumes, wovon Jeremias (17, 12) spricht [3]. Auch die Throngestalt von Sapphirstein, auf welcher Ezechiel (1, 26) [3] eine Gestalt wie einen Menschen sieht, wird auf die Gottesgebärerin bezogen; denn wie der Sapphir zwar aus irdischem Elemente besteht, allein hell und durchsichtig ist, ebenso ist Maria, obgleich der Erde entstammend von jedem Flecken rein, klar und durchsichtig [4]. Dadurch, daß der Gottessohn seinen Thron im Leibe der Jungfrau aufgerichtet hat, wurde sie „das Brautgemach", aus welchem er wie ein Bräutigam hervorgeht [5]. In

---

[1] Is. 6, 1. 3. Vgl. *Germanus* l. c.

[2] Eccli. 24, 7. Vgl. Liturg. Jacobi: Tuum uterum thronum fecit et tuum ventrem latiorem ac ampliorem coelis ipsis reddidit. *Guerricus Ab.*, sermo 1 in ass. bei *Bernard.*: Constituisti parvulum in gremio; continebis immensum in animo. Fuisti diversorium peregrinantis: eris palatium regnantis. Fuisti tabernaculum pugnaturi in mundo: eris solium triumphantis in coelo. Fuisti thalamus sponsi incarnati, eris thronus regis coronati. *Petrus Dam.*, sermo 44 in nat. Virg.: Fecit thronum, uterum videlicet intemeratae virginis, in quo sedit illa majestas, quae nutu concutit orbem ... Hanc sessionem Filii et probavit et cognovit Pater ipso dicente: Tu cognovisti sessionem meam (Ps. 138, 2) et: thronus tuus, Deus, in seculum seculi (Ps. 44, 7), et: thronus iste sicut sol in conspectu tuo (Ps. 88, 30). Sedes, inquit scriptura (Ps. 9, 5), super thronum, qui judicas aequitatem.

[3] *Petrus Galatinus*, l. 7 de arc. cath. gibt den Grund dazu an: Quia sicut sedes ornata ac regio more parata sedentis magnificentiam ac majestatem indicat, ita Deus in b. Virgine ostensurus erat gloriam suam et majestatem. *Johannes Dam.*, or. 2 in nat. § 7: Ave thronus in sublime elatus in gloria, animata sedes, Dei in se sessionem designans, ac intelligentibus ipsis virtutibus potiorem requiem Deo praestans.

[4] Vgl. Galatin. l. c. *Procop.* ad Is. 19, 1.

[5] Ps. 18, 6. In diesem Sinne verstehen diesen Vers *Johannes Dam.*, or. 1 in Deip. nat.: Sempiternum lumen ex Virgine Maria corporaliter ac tanquam sponsus de thalamo procedit. *Beda Ven.*, hom. in Deip. annun. *Ildephonsus*, sermo in Virg. assumpt. l. 2 u. 8. *August.*, sermo 119 in nat. Dom. 3. n. 5. *Gregorius Nys.* in Cant. hom. 13. *Bernardus*, in adv. Dom. sermo 2. n. 5: Salvator procedens ex ipsius utero, tanquam sponsus de thalamo suo. *Petrus Dam.*, sermo 45 in Virg. nat.: Necesse erat, prius erigi thalamum, qui venientem ad nuptias s. ecclesiae susciperet sponsum, cui David exsultans in spiritu epithalamium canit (Ps. 18, 6). *Johannes Dam.*, or. 1 in Deip. nat.: Aeternum illud lumen ex ipsa corporatur et tanquam sponsus de thalamo procedit. *Modestus*, enc. in Deip.:

ihrem Leibe wurden die beiden Naturen Christi zu Einer Person vereinigt und so der Himmel mit der Erde verbunden. Um jedoch ein Gott würdiges Brautgemach zu sein, mußte sie von Gott eigens dazu gestaltet und geheiligt sein. Ebenso ist Maria die himmlische Hütte, in welcher der Schöpfer aller Dinge wohnte [1].

4. Auch die Leuchten des Himmels werden als Typen dieser reinen, wunderbaren, erhabenen Frau betrachtet, und zwar die Morgenröthe, Mond, Sonne und Sterne. „Wer ist diejenige, die da hervorglänzt wie das Morgenroth, schön wie der Mond, lauter wie die Sonne?" [2] Wie die aufgehende Morgenröthe die Finsterniß der Nacht verscheucht und den kommenden Tag verkündet, so hat auch Maria die Finsterniß der Sünde verscheucht, den Tag der Gnade nicht bloß verkündet, sondern auch gebracht, indem aus ihr die Sonne der Gerechtigkeit geboren wurde. Sie heißt der Mond, weil Christus die Sonne in ihr sein Zelt aufgerichtet hat und ihr sein Licht mittheilt, wie die Sonne dem Monde. Sonne wird sie genannt, weil sie das göttliche Wort geboren hat. Als die Jungfrau empfangen wurde, begann das Morgenroth, bei ihrer Geburt die Morgenröthe selbst und der Mond, und als sie in den Himmel aufgenommen, der Tag, die Sonne [3]. Nach den Worten des hl. Petrus Damianus [4] erschien mit der Geburt Mariens der Morgenstern mitten im Gewölke. Wie die Morgen‑

Thalamus (ipsa), ex quo processit rex seculorum. *Paschasius Radb.*, in frag. de part. Virg.: Nec dubium, quin uterus Mariae ipse sit thalamus, in quo Sponsi et Sponsae, cum caro fit verbum, foedera junguntur nuptiarum. Non enim, sicut testatur Cyrillus, caro Christi vel corpus thalamus vel templum debet intelligi, sed uterus Virginis; quia in Christo non duae sunt personae . . . sed ut ita naturae duae alteri altera uniretur.

[1] Eccli. 24, 12 Vulg. *Rupertus Tuit.*, de div. offic. l. 3. cp. 12: Sacrarium spiritus sancti, thalamum sanctitatis, triclinium divini consilii, in quo divinitas veniens ad nostram salutem nostra carne calceata est. *Tarasius*, or. in Deip. praes. nennt sie tabernaculum intemeratum, immaculatum Verbi thalamum. *Johannes Dam.*, or. 1 in Deip. dorm.: Tabernaculum, quod Deus susceperat.

[2] Hohel. 6, 9.

[3] *Johannes Dam.*, or. 1 in Deip. dorm. § 11. *Rupertus*, in Cant. 6, 8: Quando nata est, tunc vera nobis aurora surrexit, aurora praenuncia diei sempiterni; quia sicut aurora quotidiana finis praeteritae noctis est et initium diei sequentis, sic nativitas tua clara ex stirpe David . . . Quando filium virgo concepisti . . . tunc pulcra ut luna. Sicut luna lucet et illuminat luce non sua, sed ex sole concepta, sic tu hoc ipsum, quod tam lucida es, non ex te habes, sed ex gratia divina. Quando autem de hoc mundo assumpta atque ad aethereum thalamum translata es, tunc electa ut sol. *Bernard.*, in Salv. reg. sermo 4: Aurora semper noctem sequitur, nox praecedit auroram. Quid autem est nox frigida et obscura, nisi originale peccatum, frigidum concupiscentia, obscurum ignorantia. Tu ergo processisti, ut aurora lucida et rubicunda, quia superatis originalibus peccatis in utero matris, nata es lucida cognitione veritatis et rubicunda amore virtutis. — Sermo 1 de assumpt.: Virgo lampas ardentissima, ipsis quoque angelis lucis miraculo fuit.

[4] Sermo 40 in Deip. und Sermo in Deip. nat.: Recte aurorae implevisti officium. Ipse enim sol justitiae de te processurus, ortum suum quadam matutina irradiatione praeveniens, in te lucis suae radios copiose transfudit, quibus potestates tenebrarum, quas Eva induxerat, in fugam convertisti atque ita desideratum cunctis gentibus solem invexisti. Tu pulcra ut luna diceris eique non immerito

röthe das Ende der Nacht anzeigt und die Nähe des Tages verkündet, so
hat die heilige Jungfrau die ewige Nacht vertrieben und den aus ihrem
Schooße geborenen Tag gebracht. Wie der Mond über die übrigen Sterne
seinen Silberglanz verbreitet und ihr Licht verdunkelt, so übertrifft Maria
an Tugendglanz Engel und Menschen. Und wie es nichts Glänzenderes und
Herrlicheres gibt, als die Sonne, denn diese verdunkelt alle Gestirne, so daß
man sie gar nicht bemerkt: ebenso verschwindet vor dem Glanze Mariens
alle übrige Heiligkeit, ja sie theilt von ihrem Lichtglanze Engeln und Menschen
mit. Sie ist „electa ut sol", weil auserwählt aus allen Frauen. Wie
die Morgenröthe den Thau erzeugt, so hat auch Maria nach den Worten
des Germanus[1] den himmlischen Thau, Christum, geboren, welcher die
Gluth der Begierlichkeit abkühlt, den Garten der Seele befruchtet und ihn
für gute Werke fruchtbar macht.

Aehnlich spricht der Psalmist: „In der Sonne hat er seine Wohnung
gesetzt[2], da will ich wohnen, denn ich habe sie erkoren[3], aus dem Schooße
erzeugte ich dich vor dem Morgenglanze[4], du schufest die Morgenröthe und
die Sonne"[5], welche Stellen in einem beschränkten Sinne auf Maria bezogen
werden können. Auch die Weissagung Bileams: „Ein Stern wird aufgehen
aus Jakob"[6] wird in symbolischer Weise vom hl. Bernard[7] auf die Gottesgebärerin bezogen. Maria ist die wahre Esther, der Antitypus derselben,
von welcher geschrieben steht[8]: „Der kleine Quell, der zum Strome wuchs
und in ein Licht, in die Sonne sich wandelte und in sehr viele Wasser
floß, ist Esther." Sie ist die wahre Sonnenquelle, weil sie denjenigen geboren hat, welcher erleuchtet einen jeden Menschen, der in die Welt kommt,
und an Glanz alle übrigen Geschöpfe, selbst die Engel des Himmels überragt[9].

---

compararis. Illa enim astrorum omnium sola soli simillima, et candore venusto
argenteo ceteris in coelo praemicat sideribus. Tu veri solis imago expressissima
inter millia astrorum Deo assistentium virginali puritate in coelis gloriose prae-
fulges. Illa transfuso in se solari lumine noctem illuminat ... tu nostram noctem
illuminas ... Tu pulchrior luna, quia macula non est in te, neque vicissitudinis
obumbratio. Tu electa ut sol, ille inquam sol solis conditor.

[1] Or. de obl. Virg.   [2] Pf. 18, 6.   [3] Pf. 131, 14.
[4] Pf. 109, 3. Lyranus übersetzt das Hebräische mit: ex matrice aurorae tibi
ros adolescentiae, wodurch die Beziehung auf Maria noch auffälliger wird. Wie der
Thau vom Himmel aus dem Schooße der Morgenröthe erzeugt wird, so Christus aus dem
Schooße der Jungfrau. Vgl. *Aug.*, ps. 109 und *Tertull.*, l. 5 cont. Marc. cp. 9.
[5] Pf. 13, 18.   [6] Num. 24, 17.
[7] Hom. 2 super Missus: Sicut sine sui corruptione sidus suum emittit radium,
sic absque sui laesione Virgo parturit filium. Nec sideri radius suam minuit claritatem, nec virgini filius suam integritatem. Ipsa igitur est nobilis stella ex Jacob,
cujus radius universum orbem illuminat.
[8] Esth. 10, 6; vgl. 11, 10. 11.
[9] *Fulgentius*, sermo de laud. Virg.: Facta Maria fenestra coeli, qui per ipsam
Deus verum fudit saeculi lumen. *Johannes Dam.*, or. 1 de nat. Virg. nennt sie
portam vitae, fontem lucis. *Epiphanius*, sermo de laud. Virg.: O virgo sancta,
lucis aeternae mater, lucis, inquam, quae in coelis illuminat copias angelorum,
lucis, quae illuminat ipsorum Seraphim incomprehensum oculum; lucis, quae illuminat solem splendidis facibus; lucis, quae fines terrae illuminat ad credendum
Trinitati; lucis, quae dixit: ego sum lux mundi; lucis, quae dixit: ego lux in
mundum veni; lucis, quae assumta est et illuminavit cuncta, quae sunt in coelis

Sie ist, wie Germanus[1] sagt, der Auf= und Niedergang, von wel=
chem der Psalmist spricht: „Lobsinget dem Herrn, der über den Himmel hin=
auffährt gegen Aufgang[2], und der über den Westen hinauffährt, Herr ist
sein Name."[3]

B. Häufig sind die Anspielungen der Väter auf die Erde, und zwar
als sie noch in ihrem jungfräulichen Zustande sich befand und dem Fluche
der Sünde noch nicht erlag; wie nämlich aus dieser jungfräulichen Erde der
erste Adam erschaffen wurde, so mußte auch der zweite Adam aus jungfräu=
lichem Boden, dem Schooße einer Jungfrau gebildet werden[4].

1. In diesem Sinne werden nun folgende Stellen auf Maria bezogen:
„Die Wahrheit sproßt aus der Erde, und die Gerechtigkeit schauet vom Him=
mel herab."[5] Sie ist das Land der Verheißung[6], die terra desiderabilis,

et in terra. *Chrysippus*, or. in Deip.: Ave fons lucis omnem hominem illuminans.
Ave solis ortus, qui nullum ferre potest occasum. *Ildephonsus*, sermo 1 de ass.:
Maria secundum verbum hebraicum interpretatur stella maris. Mare praesens sae-
culum est, stella autem b. Virgo Maria, de qua ortus est ille, per quem illumi-
natur omnis mundus. Hinc securius accedite ad laudem Virginis et illuminamini,
quoniam ipsa est, per quam vera lux in mari hujus saeculi refulsit. *Ephraemus*,
sermo de laud Virg.: Ave stella fulgidissima, ex qua Christus processit. Ave,
per quam clarissimus sol justitiae nobis illuxit; derselbe nennt sie Virginem Luci-
feram. *Cyrillus*, lib. 1 de rect. fid.: Maria maximipara Luciferi. Damit stimmt die
Präfation der Kirche überein: Quae virginitatis gloria permanente lumen aeternum
mundo effudit, Jesum Christum.
[1] Or. in Deip. nat.   [2] Pf. 67, 33. 34.   [3] Pf. 67, 5.
[4] *Tertullian.*, de carn. Chr. cp. 17: Si primus Adam de terra traditur, merito
novissimus Adam perinde de terra, i. e. carne nondum generationi resignata, in
spiritum vivificantem a Deo est prolatus ... Utique illa terra virgo, nondum
pluviis rigata nec imbribus fecundata, ex qua homo tunc primum plasmatus est,
ex qua nunc Christus secundum carnem ex Virgine natus est. *Irenaeus*, cont.
Jud. cp. 13. *Hippolytus*, sermo in mag. cant. *Ambros.*, sermo 45 de prim. Ad.
n. 1: (Christus) ex Deo et Maria, quae de terra, ille de terra et spiritu, qui de
coelo est. Uterque tamen ex Virgine; sermo 37 de Quadrag.: Adam de terra virgine natus est et Christus matre virgine procreatus; illius maternum solum necdum scissum fuerat; istius maternum secretum nunquam concupiscentia violatum;
Adam Dei manibus plasmatur e limo, Christus Dei spiritu formatur in utero.
Aug., sermo 3 de nat. Dom. n. 1: Primus Adam de limi materia figuratur, secundus
Adam, quasi de intacta ac rudi terra, Virginis de carne formatur; und sermo 100
de temp. de explorat. *Johannes Dam.*, or. 2 in nat. Mar. § 4: Terra est, in qua
nulli peccati enata spina; secus vero per cujus germen illud potius evulsum est.
Terra est, non uti prior maledicta, ac cujus fructus spinis ac tribulis horrescant;
sed super quam benedictio Domini fuit et cujus fructus ventris benedictus. *Photius*, or. in Deip. nat. *Germanus* u. A. Vgl. Passaglia l. c. p. 482 sq.
[5] Pf. 84, 12. Vgl. *Athanas.* zu d. Stelle: Veritatem, quae per Deiparam et
semper Virginem mundo exorta est, aperte praedicat. Ipse namque est veritas,
etiamsi ex muliere natus sit. *Beda* zu d. Stelle: Ortus est de terra, i. e. Virgine
Maria. *August.*, sermo 2 in nat. Dom. n. 1 und sermo 6 in nat. Dom. n. 2. *Germanus*, or. in Deip. nat. *Isidorus Hisp.*, cont. Jud. l. 1. cp. 10. n. 6: Quae est
veritas de terra orta, nisi Christus de femina natus, filius Dei de carne procedens.
Nam caro terra est, quando enim natus est Christus, justitia de coelo prospexit.
[6] *Petrus Dam.*, sermo 3 de Virg. nat.: Et bene caro b. Virginis terra repromissionis est dicta, quae longe ante parituram Salvatorem mundi a prophetis multi-
fariam est promissa. Quae vere lac et mel manavit, dum Deum et hominem intemerata virginitate profudit.

von welcher der Psalmist [1] spricht. Ferner: „Du, Herr, hast gesegnet dein Land [2] (d. i. wie Guerricus [3] hinzusetzt: illam benedictam in mulieribus); die Herrlichkeit wohnt in unserem Lande [4]; die Erde wird ihre Frucht geben" [5]. Sie ist jene Erde, welcher der Prophet Isaias sehnsuchtsvoll zuruft: „Thauet ihr Himmel von oben, und die Wolken mögen regnen den Gerechten; die Erde thue sich auf und sprosse den Heiland" [6]; ferner: das dürre Land, aus welchem das göttliche Reis aufschießt [7] und: „der Sproß des Herrn wird herrlich und ruhmvoll sein und die Frucht der Erde hochgepriesen" [8]. Auch die Worte, welche Gott zu Moses beim brennenden Dornbusche sprach: „Ziehe deine Schuhe aus, denn die Erde, worauf du stehest, ist heiliges Land" [9] finden auf Maria eine Anwendung [10]. Maria kann demnach mit dem heiligen, unentweihten, versprochenen Lande verglichen werden: a) ob ihrer Heiligkeit, Jungfräulichkeit und Demuth, denn die Erde ist das Niedrigste; b) ob ihrer Unveränderlichkeit, wie der Prediger sagt: „Ein Ge= schlecht geht und ein anderes kommt, die Erde aber steht in Ewigkeit." [11] Wie stark und standhaft muß jene Erde sein, welche jenen umschließt, welcher den Erdenkreis trägt und ihn erschüttert; c) weil sie vom göttlichen Thaue und Regen befruchtet, den Erlöser sproßte (Is. 45, 8) und d) die herrlichsten Blüthen und Früchte hervorbrachte, welche das ewige Leben erlangen, nach den Worten der Schrift: „Bei mir ist alle Gnade des Wandels und der Wahrheit; kommet her zu mir und sättigt euch von meinen Früchten" [12] und

---

[1] Pſ. 103, 24. Vgl. *Germanus* l. c. und *Jacobus Monachus*, or. in Deip. nat.: Quam divinam tunc libertatis pignus accepit terra, desiderabilem illam et sanctam terram, mundi instaurationis causam, per quam spinarum diris libera, benedictionis fructus edidit.

[2] Pſ. 84, 2.

[3] Sermo 2 in Deip. annunt.: Prorsus benedicta illa terra, quae omnino in-tacta, nec fossa, nec seminata, de solo rore coeli Salvatorem germinat.

[4] Pſ. 84, 10.

[5] Pſ. 66, 7. 8. Vgl. *Tertullian.* l. c. *Guerricus* l. c.: Dedisti benignitatem Spiritus s., ut terra nostra daret benedictum fructum ventris sui et rorantibus coelis desuper uterus virginalis Salvatorem germinaret. *Bonaventura*, spec. b. Mar. Virg. lect. 16: Terra nostra dabit fructum suum, quia eadem Virgo, quae de terra corpus habuit, filium genuit divinitate quidem Deo Patri coaequalem, sed sibi carnis veritate consubstantialem. *Isidorus Hisp.* l. c.: Terra dabit . . . Terra, Maria dedit fructum suum, Christum.

[6] Iſ. 45, 8. [7] Iſ. 53, 1; ſiehe oben S. 386.

[8] Iſ. 4, 2. Vgl. *Amedeus*, hom. 3 de Virg. laud.: Terra virginem demonstrat terrae nomine appellatam propter quamdam similitudinem. Sicut enim vetus Adam de terra incorrupta . . . formatus est, sic terris terra Virgo novum Adam procreavit, und beruft ſich auf dieſe zwei Stellen und ſchließt: Fructus vero terrae sublimis fuit, quia benedictus fructus Mariae divinitatis celsitudine meruit sublimari.

[9] Er. 3, 5.

[10] *Germanus* l. c. *Sererus*, hom. de s. Deip.: Certe, qui ad eam (Mariam) accedit, ad sanctam veluti terram sic appropinquat, ut ipsum denique coelum attingat. Quamquam Maria de terra est . . . attamen intemerata de suis visceribus ceu de coelo Deum protulit factum hominem. *Johannes Dam.*, or. 2 in nat. Deip.: Terra est, in qua s. Moyses umbraticae legis calceamentum solvere ob gratiae commutationem jussus est.

[11] Eccli. 1, 4. [12] Eccli. 24, 25. 26.

weil sie Milch und Honig, d. i. den Gottmenschen uns schenkte [1]. Schließ=
lich sei noch des prophetischen Wortes erwähnt, welches Johannes Da=
mascenus [2] auf Maria bezieht: „Freue dich, o Land! denn Herrliches
wird dir der Herr thun." [3]

2. War die ganze Erde, als sie aus der Hand des Schöpfers hervor=
ging, sehr gut und schön (Gen. 1, 31), so galt dieses ganz besonders von
dem Paradiese, welches er gepflanzt, in welchem er allerlei Bäume, schön
zu schauen und lieblich zu essen, sowie auch den Lebensbaum hervorgebracht
und in welches er den ersten Menschen gesetzt hat (Gen. 2, 8 ff.). Dieses
Paradies nun ist ein herrlicher Typus der heiligen Gottesmutter, dessen
Parallele besonders schön der hl. Rupertus [4] beleuchtet hat. Maria ist
wie jenes Paradies, welches Gott unmittelbar gepflanzt und reich ausgestattet
hat. Dahin versetzte er den neuen Adam, der nicht erschaffen, sondern von
Anfang bei ihm war (Joh. 1, 1); in diesem geistigen Paradiese (Maria)
pflanzte er alle herrlichen Bäume der Tugenden, dort ließ er alle Gnaden
reichlich sprossen, setzte auch den wahren Lebensbaum (Christum) hinein, und
einen Strom, der sich in alle vier Gegenden verzweigte, nachdem er dort
alle die Gnadenwässer gesammelt und vereinigt hatte. Nach den übrigen
Erklärern [5] ist Maria das paradisus rationalis, in welchem der Lebens=
baum steht, in welchem der zweite Adam wohnt, in welchem unsere Blöße be=

---

[1] *Petrus Dam.*, l. 2. ep. 5: Lac de carne fluit, mel de superioribus venit.
Quia igitur in uno mediatore Dei et hominum et humilitatis lac et mel divinitatis
inesse cognoscitur, recte per terram lacte et melle manantem Incarnationis ejus
mysterium figuratur.
[2] Or. 2 in Deip. nat.   [3] Joel 2, 21.   [4] Comm. in Cant. c. lib. 4.
[5] *Germanus*, or. in Deip. nat.: Ave Dei amoenissimus et rationalis paradisus, qui ad orientem voluptatis ejus plantaris hodie omnipotentis dextera, ipsique
floridum lilium et immarcescibilem proferens rosam ... paradisus, in quo floret
vitale lignum, quod qui degustant, immortalitatem consequantur. *Johannes Dam.*,
or. 2 in Deip. nat.: Ave (Maria) paradise, praedium Eden beatius, ubi virtutis
planta omnis germinavit et in quo arbor vitae enituit; *or. 1* in Deip. dorm.: Tu
spiritualis es Eden, antiqua illa sanctior ac divinior. In illa siquidem terrenus
Adam commorabatur, in te autem Dominus, qui de coelo descendit. *Or. 2 in*
Deip. dorm.: Hodie Eden novi Adami rationalem paradisum suscipit, in quo soluta
est condemnatio, in quo plantatum est lignum vitae, in quo operta fuit nostra nuditas etc.; *or. 1* in Deip. ass.: In hunc paradisum serpenti aditus non patuit. —
Modestus, enc. in Deip.: Ave Maria spiritalis lucidissimus paradisus: tulisti enim
ex Spiritu s. vitae et immortalitatis fructum ex Deo genitum, ... qui tibi in
corruptibili corpore tabernaculum in paradiso locavit, et per te nobis illuc aperuit
ingressum. *Tarasius*, or. Deip. ingr. in templ.: (Maria) Paradisum, etenim reclusit
Eden hominibus exilio damnatis, quos inducit in regnum nullis aevi spatiis defi-
niendum. *Basilius Seleuc.*, or. in Deip.: Ave immarcescibilis innocentiae paradise,
in quo lignum vitae plantatum fructus salutis universis producet. *Epiphanius*,
or. de laud. Deip. *Gregorius Neocaes.*, or. 2 in Deip. *Sophronius*, triod.: Salve
conditoris ager, rationalis Domini paradise! *Proclus*, or. 4 in Dom. nat.: O terram
non satam, quae coelestem fructum protulit! o Virginem, quae Adamo paradisum
reseravit, imo quae ipso paradiso gloriosior exstitit. Nam paradisus quidem Dei
cultura fuit; haec autem Deum ipsum secundum carnem excoluit; und or. 6 de
Deip. laud.: Haec floridus et immarcescibilis paradisus, in qua lignae vitae plantatum universis fructum immortalitatis libere praebet. *Petrus Dam.*, sermo in
Deip. nat.

deckt, der alte Fluch gelöst und wir mit dem Himmelskleide bekleidet wurden. In dieses Paradies hatte die Schlange keinen Zutritt, es war beschützt von jedem Einflusse der Schlange; dasselbe war immer blühend, dort pflückten wir die Früchte der Unsterblichkeit; ja unendlich größer und erhabener ist dieses geistige Paradies, als jenes irdische.

3. Maria ist jener verschlossene, wohlduftende Garten, von dem der Bräutigam im Hohenliede [1] spricht: „Ein verschlossener Garten bist du, meine Schwester; dein Gewächs ist ein Paradies von Granatäpfelbäumen mit der Frucht ihrer Aepfel, mit Cypressen und Narden, Safran, Kassien und Zimmet, mit allen Bäumen des Libanon, mit Myrrhe und Aloe und allen köstlichen Salben." Worauf die Braut erwiedert: „Heb dich, Nord- wind, und komme, Südwind, durchwehe meinen Garten, so werden seine Ge- würze fließen. Mein Geliebter komme in seinen Garten und esse die Frucht seiner Aepfel." Und der Bräutigam faßt diese Worte und spricht: „Ich kam in meinen Garten, um meine Myrrhe mit meinen Gewürzen zu pflücken, den Honigseim sammt meinem Honig zu essen, meinen Wein mit meiner Milch zu trinken. Esset, Freunde, und trinket und berauschet euch!" Nach der Erklärung der Kirchenschriftsteller [2] ist Maria ein Garten, in welchem nie welkende und wohlduftende Blumen aller Art, d. h. jegliche Tugenden wachsen, ein Garten, der nie durch eines Menschen Hand verunstaltet und entweiht, in welchem nie Ernte gehalten wurde, wohin niemals eine List einzubringen vermochte. Und ihr Gärtner, welcher in diesen Garten gekommen, hat nicht die Blüthen geknickt, nicht die Aeste mit den Früchten abgebrochen, sondern jenen einen größeren Wohlduft und diesen einen süßeren Saft ver-

---

[1] 4, 12 bis 5, 1.

[2] *Johannes Dam.*, or. 2 in Deip. nat. § 7: Ave hortus conclusus, cujus odor est sicut agri pleni, cui benedixit, qui ex te prodiit Dominus. *Hieron.*, ep. 22 und l. 2. n. 31 cont. Jovin. *Chrysippus*, or. in Deip. laud.: Ave, quae es hortus Patris, quae es pratum totius fragrantiae spiritus sancti. *Hesychius*, or. de Deip. laud.: Hortum conclusum (vocavit), quoniam falx corruptionis aut vindemia te non attigit. *Sophronius*, sermo de Deip. assumpt.: Vere hortus deliciarum, in quo consita sunt universa florum genera et odoramenta virtutum, sicque conclusus, ut nesciat violari neque corrumpi ullis insidiarum fraudibus. *Petrus Dam.*, sermo in Deip. nat.: Hortus conclusus tu es, s. Dei genitrix, ad quem deflorandum manus peccatoris nunquam introivit. Tu sanctorum areola aromatum a coelesti consita pigmentario, virtutum omnibus speciosis floribus delectabiliter vernans. *Ildephon- sus*, sermo 1 in Virg. assumpt. *Guerricus*, sermo 2 in ann.: Haec terra, quia in- culta erat, videbatur esse deserta, sed erat optimo fructu referta, videbatur esse eremus solitudinis, sed erat paradisus beatitudinis. Plane hortus deliciarum Dei, eremus, cujus campi germinarunt germen odoris, de quo Agnum dominatorem terrae Pater emisit. *Rupertus*, in Cant. l. 4: Hortus ... quia fructus tuus nunquam marcescit aut deficit: Hic hortus solus conclusus, quod neque cor- rupta est conceptu neque violata partu in utroque (corpore et anima) ... Quidquid gratiarum, quidquid virtutum, quidquid operationum coelestium mun- dus accepit, emissiones tuae sunt, et ubi erant prius spina et vepres ... uni- versitas nequitiarum, ibi est cyprus cum nardo ... universitas gratiarum juxta numeri hujus septenarii sacramentum ... Ecclesia una de multis emissionibus tuis ... Descendendo in uterum tuum homo factus ego veni in hortum meum etc. Siehe die herrliche Umschreibung des *Philippus Abbas* in cant. ep. 7 bei Passaglia p. 571 sq.

liehen. Als Christus in den Schooß der Jungfrau herabstieg, kam er in seinen Garten, auf die Einladung Mariens hin (Luc. 1, 38), und erfüllte sie mit allen Wohlgerüchen und Früchten der Tugenden; und nicht wie Eva lud sie, sagt Rupertus, ihren Bräutigam zum Gastmahle der Sünde und des Todes ein, sondern zur Erlösung und zum Mahle des Heiles.

4. Sie ist jenes wohlduftende Feld, von welchem der seinen Sohn segnende Isaak sprach: „Siehe der Geruch meines Sohnes ist wie der Geruch eines vollen Feldes, das der Herr gesegnet hat"[1], denn sie, welche in ihrem Schooße die Frucht des Lebens trug, duftete von dem Wohlgeruche der Tugenden[2]. Maria ist das ungepflügte Ackerfeld, welches nicht Disteln und Dornen bringt, sondern in welches der Same der Erlösung und Freiheit von den Banden des Satans gestreut wurde, welcher die herrlichsten Früchte bringt[3].

Maria wird ferner abgeschattet durch das wüste Erdreich, auf welches das im Reife und Thaue eingeschlossene Manna fiel (Ex. 16, 13. 14); denn sie, welche keinen Mann anerkannte und ein unfruchtbares jungfräuliches Erdreich bleiben wollte, empfing durch den himmlischen Thau des heiligen Geistes das göttliche Manna, von dem die Welt bewundernd ausruft: Manhu, was ist das?[4] (Ex. 16, 15.)

5. Auch der Berg, als das erhabenste, festeste und höchste in der Natur, ist ein passendes Symbol der erhabenen Messiasmutter[5]. Zunächst kommt

---

[1] Gen. 27, 27.

[2] Vgl. *Bernard.*, ad Salve reg. sermo 4: Tu es ager plenus, plena virtutum, plena gratiarum. Tu protulisti frumentum electorum, quod est angelorum cibus. Te benedixit Dominus, ut per te benedictam vita veniret, sicut mors per Evam processerat maledicta. *Sophronius*, or. in Deip. assumpt.: Plenus ager dicitur, quia plena gratia virtutum virgo Maria pronunciatur, de cujus utero credentibus fructus vitae affulsit. *Sermo de Deip. ass.*: De isto ventris agro patriarcha Isaac longe odorans ajebat: ecce odor ... quamvis putent parum intelligentes, quod priores sancti minus de Christo intellexerint mysterium incarnationis, cum et ipsi eadem salvati sint gratia.

[3] *Germanus*, or. in Deip. nat.: Tu arvus ille a Deo cultus, quae vitae nobis spicam nullo satam semine velut in areae cumulo gestasti in utero. *Gregorius Thaum.*, or. 1 de annunt.: Ave ager, qui non exaratus pulcherrimos profert fructus. *Johannes Dam.*, or. 2 in Deip. dorm. § 14: Inaratum illud coelestis panis arvum. *Cyrillus Alex.*, enc. in Deip.: Ipsa est ager minime cultus, quae Verbum velut granum frumenti suscipiens etiam manipulum germinavit. *Josephus Hymnogr.*, Men. die 18. Maji: Tanquam fecundus ager protulisti spicam vitae, a qua fideles nutriuntur errorisque fames e terra vere depellitur.

[4] *Rupertus*, com. in Matth. lib. 1: Spiritus s. supervenit in b. Virginem, qui in s. scripturis per rorem solet significari. Et hoc fuit utique rorem jacere in solitudine, visceribus infundi Virginis solitariae, nullique viro perviae. Ille uterum virgineum coelitus irroravit, non de sua substantia, sed de naturali humore ipsius incorruptae carnis ... Tunc in eadem solitudine apparere minutum, hoc fuit adesse in eodem secreto verbum subtilissimum atque fortissimum, quod eidem se humori miscuit tanquam coagulum, unde sicut filii Israel dixerunt ad invicem: Manhu, ita nos et multo magis nos dicamus: Quid est? Dicamus: Benedicta tu inter mulieres etc. (Luc. 1), quia videlicet mulier omnis concipiens de amore viri concipit, tu sola de amore Dei, i. e. de spiritu s. concepisti.

[5] *Philippus Ab.* in Cant. cp. 7: Mons est hujus Virginis celsitudo, quam reddit commendabilem fixa et immobilis firmitudo, cui etsi flabra ventorum facto

in Betracht der Berg Sinai, welcher bei der Gesetzgebung „rauchte, darum weil der Herr im Feuer darauf herabkam, und es stieg Rauch von ihm auf, und der ganze Berg war fürchterlich" [1]. So strahlte auch Maria von den Strahlen der göttlichen Herrlichkeit, als der heilige Geist in sie herabstieg, wodurch sie alle Berge überragte [2]. Sie ist jener Berg, von welchem der Psalmist spricht: „Der Berg Gottes ist ein fester, ein fetter Berg . . es ist der Berg, auf dem Gott wohlgefallet zu wohnen" [3]; und: „Ich hebe meine Augen zu den Bergen, von welchen mir Hülfe kommt" [4], welchen Vers das syrische und illyrische Psalterium auf Maria bezieht [5]. Sie ist der Myrrhen= berg und Weihrauchhügel, zu welchem der himmlische Bräutigam eilt; denn nirgends duftete ein Berg so von dem Wohlgeruche eines frommen Gebetes und ward so mit Bitterkeit erfüllt, als die Seele Mariens, welche das Schwert des Simeon durchbohrte [6]. Sie ist der Berg, welchen Gott nach den Worten Amos [7] gebildet [8]; der hohe Berg, auf welchem er das von der Ceder des Libanon abgebrochene zarte Reis pflanzen will, damit es Zweige treibe und Frucht bringe [9]; der Berg Pharan (d. i. nach den LXX der schattige und dichte Berg), von welchem der Heilige Israels kommt [10], sie, die als Berg aller Tugenden durch Ueberschattung des heiligen Geistes mit dem herrlichsten Laube bepflanzt und über alle Berge erhöht worden ist, unter deren Schatten die von der Gluth der Sünde verschmachtende mensch= liche Natur Schatten und Erquickung suchte [11]. Besonders aber ist die jung=

---

veluti agmine hinc inde minas incutiunt, non tamen a gratia, non a statu mansorio montem dejiciunt.

[1] Er. 19, 18.

[2] *Severus Ant.*, hom. de Deip.: Illic spiritus servitutis, et mons ob pompati-cam Dei gloriam ardens, Mosesque minister; heic autem adoptionis gratia, ratio-nalis mons Virgo, quae puritate sua et Spiritus sancti descensu radiis veluti co-ruscabat. *Johannes Dam.*, or. 1 in Deip. nat.: Gestite laetitia montes . . . Mons quippe Dei clarissimus partu editur, qui collem omnem montemque, angelorum sc. et hominum sublimitatem superat et transcendit, ex quo nulla manus opera cor-pore tenus exscindi voluit lapis angularis Christus . . . Vertex Sinai sanctior, quam non fumus, non caligo, non procella, non terrorem incutiens ignis tegit, sed sancti Spiritus vis illuminatrix; und or. 2 in Deip. nat.: Mons vere Deo gratus, ex qua novus Israel vetere praestantius sanctificatur.

[3] Pf. 67, 17. Vgl. *Johannes Dam.*, or. 1 in Deip. nat. *Germanus* l. c.

[4] Pf. 120, 1.

[5] *Rupertus*, in Cant. l. 7: O Maria, mons montium, ad omnes quidem con-vertimur montes aromatum et vocamus, ut respondeant nobis, et hoc est, quod unusquisque nostrum dicit: levavi oculos . . . sed ad te praecipue convertimur.

[6] Hohel. 4, 6. *Rupertus*, de div. off. l. 7. *Guerricus*, sermo 1 de ann.: Venit (Jesus) in illum montem altissimum montium, montem non modo myrrhae et thuris, sed et omnium aromatum: dico autem Virginem virginum, omnium plenam gratia-rum, inter quas tamen praecipue redolebat sponso myrrha castitatis et thus pietatis.

[7] 4, 13.

[8] *Rupertus*, in Am. l. 2: Mons primus et maximus omnium montium, quos in adventu suo formavit Dominus, beata est Virgo Maria, de cujus carne carnem assumpsit Christus absque opere conjugali (juxta Dan.).

[9] Ez. 17, 22. 23. *Cornelius a Lap.*   [10] Hab. 3, 3.

[11] *Theodorus Stud.*, or. 6 in Deip. dorm. n. 4: Salve umbrose mons virginee, ex quo sanctus Israelis apparuit, ut Habacuc divinitus instinctus clamat. *Ger-manus*, or. in Deip. nat. *Johannes Dam.*, hym. in Deip.: Generis mortalis refor-

fräuliche Messiasmutter jener Berg, von welchem nach der Erklärung Daniels [1] ein Stein ohne Menschenhände sich losriß, die Füße der Säule zerschlug, die heidnischen Weltmonarchien zertrümmerte und selbst zu einem großen Berge anwuchs und die ganze Erde erfüllte. Ohne Menschen= hand, d. h. ohne menschliches Zuthun, ohne männlichen Samen wurde Christus aus jungfräulichem Schooße geboren, wie ausführlich viele Kirchenschriftsteller diese Stelle erklären und sie entweder indirect oder direct auf Maria beziehen [2].

Auch der Berg Moria [3] ist ein Symbol Mariens, denn in ihrem Schooße wurde der irdische Tempel ihres Sohnes erbaut, sie brachte sowohl sich als ihren Sohn als Brandopfer dar, und ist das „Land des Gesichtes" [4], weil sie gewürdigt wurde, Gott von Angesicht zu Angesicht zu sehen [5]. Sie ist jener Fels in der Wüste, von welchem Isaias [6] betend spricht: „Herr sende das Lamm, den Beherrscher der Erde aus Petra (dem Felsen) in der Wüste, nach dem Berge Sion." Maria wird mit Recht einem Felsen ver= glichen, welcher über seine Natur hinaus Frucht hervorbringt und so fest und standhaft dasteht, daß selbst die größten Stürme des Lebens ihn (sie) nicht zu erschüttern vermögen [7].

mationem olim celebrans propheta Abbacum praenunciat, videre ineffabili modo dignus habitus imaginem. Novus infans enim ex monte seu virgine exivit ad populorum reformationem, Verbum. *Andreas Cret.*, or. in Deip. annunt.: Quam montem umbrosum Abbacum ille admirabilis, montem praeterea pinguem . . . vidit. *Theophanes*, Men. die 5. Dec.: Te beatissimus prophetantium in Spiritu chorus sacris oraculis jam pridem appellat umbrosum montem. *Dionysius Alex.*, ep. cont. Paul. Sam. *Josephus Hymnog.*, Men. 19. Feb.: Tanquam montem umbrosum te olim praevidit Habbacuc . . .; die 6. Sept.: Habbacuc te montem umbrosum vir- tutibus descripsit, und die 10. Octob.: Quum te Habbacuc e longinquo perspexisset, expressissime montem virtutibus umbrosum appellavit, ex quo ille nobis apparuit, qui animas nostras illuminat. *Georgius Nicod.*, or. in Deip. ingr.: Montem illum umbrosum, in quo complacuit Verbo inhabitare, in quo reclinata natura peccati declinavit aestum. *Theophylactus* und *Euthymius*.

[1] Dan. 2, 34. 35. 45.

[2] *Justinus*, dial. c. Tryph. n. 76. *Hieronymus* zu Dan. 2, 40: Abscissus est lapis dominus sine manibus i. e. absque coitu et humano semine de *ventre virgi- nali*. *Johannes Dam.*, or. 1 in Deip. dorm. § 8: Quid mons ille Danielis, ex quo lapis angularis Christus sic abscissus fuit, ut viri scalprum non subierit? Nonne ipsa es, quae nullo semine suscepto peperisti ac rursus Virgo permansisti. *Theo- dorus Stud.*, or. 6 in Deip. dorm. n. 4. *Epiphan.*, or. in Deip. laud.: Mons nullo modo incisus praeruptam habens petram Christum. *Modestus*, enc. in Deip.: Hodie, qui appellatus est olim a propheta (Ps. 177, 22) lapis angularis, mirifice proprium transtulit montem, qui in altitudinem gloriae sese attollit, unde sine contactu ab- scissus Christus Deus. *Tarasius*, or. in Deip. ingr.: Te Daniel proclamavit mon- tem magnum, e quo Christus lapis angularis abscindetur, et simulacrum multi- formis serpentis ruina atque exitio dissipabit. *Germanus*, or. 1 in Deip. praes.: (Deipara) mons, e quo devolutus nulla praecisus manu lapis contrivit aras idolorum. *Theophanes*, Men. die 17. Dec.: Daniel sanctissime montem conspexisti spiritalem, solam illibatam Virginem u. A. *Theodoretus* zu Dan. 2, 34: Hic (Christus lapis) excisus est a monte sine manibus, natus de Virgine absque nuptiali commercio, consuevitque div. Scriptura saepe ortum supernaturalem lapidis excisionem nuncu- pare. *Irenaeus*, l. 3. 28 u. A.

[3] Gen. 22.   [4] Gen. 22, 2. 14.

[5] Vgl. Cornelius a Lap. zu d. St.   [6] 16, 1.

[7] *Guerricus*, sermo 2 de ann.: Emitte agnum etc. i. e. abscinde Petram de

Libanon, b. i. der weiße Berg, ist ein Symbol der Reinheit Mariens; darum ladet der Bräutigam seine Braut, die Seele Mariens, ein, vom jung= fräulichen Libanon ihres Leibes zu ihm zu kommen [1] und vergleicht ihre Nase mit dem Thurme des Libanon [2]. Ueberdieß bezeichnet die physische Höhe des Libanon passend die geistige Höhe Mariens, denn sie ist der Berg des Hauses, welcher auf dem Gipfel der Berge stehen, sich über alle Hügel erheben wird und zu dem alle Völker strömen werden (Js. 2, 2). Christus ist daher die Wurzel des Libanon (Os. 14, 6. 7). Auch dem Berge Karmel, welcher durch seine Schönheit, Fruchtbarkeit und seinen Waldreichthum berühmt war (Mich. 7, 14), wird das Haupt der Braut verglichen, um die Erhabenheit und Fruchtbarkeit ihres Geistes zu bezeichnen.

§ 46. Fortsetzung.

C. Geläufig ist den heiligen Kirchenschriftstellern, Maria mit einer Wasserquelle, einem Wasserbrunnen zu vergleichen. Hieher gehören folgende Stellen:

1. „Der Bräutigam im Hohenliede nennt seine Braut eine versiegelte Quelle, eine Quelle der Gärten, einen Brunnen lebendiger Wasser, die un= gestüm vom Libanon fließen" (4, 12. 14). Sie wird mit Recht so genannt, weil sie das Wasser unseres Heiles, Christum, geboren hat, nach welchem die heilsbegierige Menschheit lechzte (Js. 45, 8), und weil von ihr alle Gnaden= ströme in die Welt ausgehen. Sie ist der versiegelte Brunnen, weil sie mit dem Siegel der Dreieinigkeit und namentlich des heiligen Geistes versiegelt, mithin jeder Sünde und allem Fleischlichen unzugänglich ist [3].

Petra. Sanctum et inviolabilem sancta et inviolata proferat virginitas ... Annon recte vocatur (Maria) petra, quae et in amorem integritatis proposito firma, affectu solida, sensu quoque ipso adversus illecebram peccati tota insensibilis erat et lapidea? Annon recte petra virginalis integritas, quae et nihil parit per naturam sui, et cum parit, roris virtute divini nec admittens conceptum, nec emittens par- tum novit aperiri.

[1] Hohel. 4, 8.
[2] 7, 4. Vgl. *Bernard.*, sup. Salv. reg. sermo 4: Libanus mons, qui dicitur dealbatio, altam prae omnibus signat innocentiam tuam. *Rupertus*, in Cant. l. 3: Venies de Libano, quod interpretatur candidatio, i. e. migrabis de corpore isto, corpore candido, corpore virgineo et coronaberis de omnibus his, i. e. de corpore vel membris illius, qui nominibus istis recte denotatur, de regnis mundi hujus.
[3] *Johannes Dam.*, or. 2 in Deip. dorm. nennt Maria „illum minime effosum aquae remissionis fontem"; u. or. 2 in Deip. nat.: Ave fons signatus, incorruptio- nis origo, quae Christum vitae fluentum, nihil laesis virginitatis signaculis edidisti. *Hesychius*, or. de Deip. laud.: Vocavit te fontem signatum is, qui ex te ortus est Sponsus ... fontem conclusum, quia flumen vitae ex te prodiens replevit terram, alioqui ramus nuptialis fontem tuum nequaquam exhausit. *Sophronius*, sermo de Deip. assumpt.: Fons signatus sigillo totius Trinitatis, ex quo fons vitae manat. *Ephraemus*, or. ad Deip.: Fons vivificus, pelagus inexhaustum divinarum secreta- rumque largitionum ac munerum ... fons signatus, cujus rivi purissimi irrigant totum mundum. *Epiphan.*, or. de Deip.: Ave gratia plena, quae sitientes perennis fontis dulcedine satias. *Gregor. Neocaes.*, or. 2 in Deip.: Haec fons perennis, in quo aqua viva scaturivit atque produxit Domini in carne adventum. *Rupertus*, in Cant. l. 4: Unde fons signatus? Ex quali signaculo signatus? Ipse Spiritus s.

2. Sie ist jener „Brunnen des Schwures", bei welchem Abraham den Bund mit Abimelech (dem Heidenthume) geschlossen (Gen. 21, 32), denn aus ihm floß das Wasser der Unsterblichkeit, nachdem der Neue Bund aufgerichtet wurde [1].

3. „Jener Fluß, welcher aus dem Lustorte ausging, um das Paradies zu bewässern, und von da an in vier Hauptströme sich theilte" (Gen. 2, 10), wird gleichfalls im mystischen Sinne von Maria interpretirt, denn von ihr gingen der Gnadenstrom, das Evangelium aus, welches sich in alle vier Welttheile verbreitete, sowie die vier hauptsächlichsten Mysterien, die Menschwerdung, das Leiden, die Auferstehung und Himmelfahrt Christi, ohne welche die Erde nicht wieder zum Paradiese umgestaltet werden kann. Durch sie wird das durch die Sünde bitter gewordene Wasser wieder trinkbar, welches die ganze Erde befruchtet [2]. Darum heißt es von diesem Quell: „Ein Quell stieg auf aus der Erde und befeuchtete die ganze Oberfläche der Erde" (Gen. 2, 6); denn wie Rupertus [3] bemerkt, stieg Christus aus dem Schooße seines Vaters auf verborgenen Wegen mit den Wässern des Heiles in Maria, machte sie zum Brunnen der göttlichen Weisheit und stieg dann aus ihr, um die Kirche auf Erden zu gründen.

4. Damit hängt zusammen das Wort Jesus Sirach (24, 41—43):

---

signaculum est hujus fontis, signaculum pectoris tui ... quia et uterus tuus nulli viro, nulli carnali commercio accessibilis et mens tua nulli vitio, nulli spirituali nequitiae fuit unquam penetrabilis ... Fons hortorum, i. e. mater ecclesiarum, puteus aquarum viventium, i. e. secretarium omnium Scripturarum sanctarum ... Cunctae viventes aquae de isto Libano fluunt, cuncta eloquia Dei. *Guerricus*, sermo 37: Mariam quasi puteum aquae purissimae.

[1] *Proclus*, or. de Virg. laud. § 17: Haec quintus puteus veri jurisjurandi, in qua immortalitatis aqua per adventum Domini in carne, in plenitudine quinti foederis effluxit.

[2] *Modestus*, enc. in Deip. § 6: Deductus est enim divinorum charismatum fons Domini signatus in ejus occursum semper Virgo, per quam irrigatus est ecclesiae orthodoxae paradisus, et a secundo conditus, qui ex ea natus est Adam, quique e virginalibus scatebris, i. e. uberibus tanquam fontis fluento ebibit et mortuum primum parentem Adam vivificavit. *Rupertus*, comm. in Cant. l. 4: Egreditur fluvius ... i. e. ex te, locus voluptatis Dei initium accipiet s. Evangelium, ut per universum mundum spiritualem irriget paradisum et dividetur in quatuor capita, i. e. in quatuor necessariae salutis sacramenta, quae sunt haec, incarnatio, passio, resurrectio et ascensio mea ... sine istorum confessione non fit noster paradisus, sine istorum fide non salvatur mundus. Dividentur viventes aquae in ista principalia sacramenta ... Aquae suapte natura falsae erant et amarae, ascendendo autem per illam quasi terrae mammam sc. paradisiacam terram versae sunt in dulcedinem, ut irrigarent universam terrae superficiem, ipsaeque dulces atque potabiles captivo, quod futurum erat generi humano, terram extra paradisum facerent habitabilem ... Similiter aquae scripturarum ex te dulcescunt ex utero tuo, sive per uterum tuum viventes factae sunt. *Bonaventura*, in Psalt.: Misericordia tua, Virgo, rigat universum. *Hieron.*, sermo 1 de ass.: Gratia plena est, ex qua multi deducti rivi omnem irrigant terram deliciarum. *Anselmus*, lib. or.: O femina plena et superplena, de cujus plenitudine abundantia respersa sic revirescit omnis creatura. *Bernardinus*, serm. 52. a. 1. cp. 2: Figurata fuit Virgo in fonte illo (Gen. 2), qui de terra ascendens irrigabat universam superficiem terrae.

[3] Comm. in Cant. l. 4.

„Ich bin wie ein Arm, welcher von einem unendlichen Gewässer herausströmt, ich wie der Canal eines Flusses, der wie eine Wasserleitung aus dem Paradiese herausfließt, und siehe, da ward mein Bach zum Strome und der Strom zum Meere." Maria ist der Canal [1], welcher den göttlichen Strom, Christum, in sich aufnahm, dessen Gnadenströme zunächst auf sie selbst und sodann auf die ganze Welt herabflossen. Darum gilt auch von ihr das Wort der Schrift: „Die mich trinken, dürsten immer" (Eccli. 24, 29), denn je mehr Maria geliebt wird, eine desto größere Liebe, Sehnsucht erzeugt sie im Liebenden, und um so stärker zeigt sie ihre Gnade [2]. Auch „die Quelle, welche nach den Worten Joels (3, 18 Vulg.) vom Hause des Herrn ausgeht und den Bach der Dörner tränkt", bezieht Hieronymus [3] auf Maria, welche das Dornenfeld der Sünder befeuchtet und fruchtbar macht.

5. Das Meer ist gleichfalls ein sehr treffendes Symbol Mariens. Wenn der Psalmist schreibt: „Er versammelt die Wasser des Meeres gleichwie in einem Schlauche, er legt in Schatzkammern die Wassertiefen" [4], so finden darin die Kirchenlehrer eine Anspielung auf Maria, welche den Abgrund aller Gnaden, Christus, „in welchem alle Schätze der Weisheit und der Erkenntniß verborgen sind" (Col. 2, 3), enthielt und eine wahre Schatzkammer aller göttlichen Gnadenwässer ist [5]. Darum bezieht auch Bonaventura [6] das Wort des Predigers (1, 7) hieher: „Alle Ströme laufen in's Meer und das Meer läuft nicht über", auf Maria, den Abgrund aller Gnaden. Aehnliches schreibt Salomon in seinem Buche der Sprüchwörter (8, 27—30): „Als Gott nach genauem Gesetze einen Kreis zog um die Tiefen .. die Wasserbrunnen abwog, als er rings um das Meer seine Grenze setzte und den Wassern ein Gesetz gab, ihre Grenze nicht zu überschreiten, da war ich bei ihm." Maria ist der Abgrund, die Tiefe, in

---

[1] *Bonaventura*, in Spec. 3: Omnia charismata intrant in Mariam, flumen enim gratiae Angelorum intrat in Mariam, flumen gratiae Patriarcharum, Prophetarum ... omnia denique flumina intrant in Mariam. Sed quid mirum, si omnis gratia in Mariam confluxit, per quam tanta gratia ad omnes defluxit. *Bernard.*, sermo in nat. Mar.: Plenus equidem aquaeductus (Maria), ut accipiant ceteri de plenitudine, sed non plenitudinem ipsam ... Super angelos hauriat necesse est, quam refundat hominibus aquam vivam.

[2] *Bernard.*, hom. 4 sup. Miss. est: Ad hunc igitur fontem sitibunda properet anima nostra; und *sermo* in visit.

[3] Apol. ad Pammach. pro lib. adv. Jov.: Fons signatus, de quo fonte ille fluvius manat juxta Joel, qui irrigat torrentem vel funium vel spinarum; funium peccatorum, quibus ante alligabamur, spinarum, quae suffocant sementem patrisfamilias.

[4] Ps. 32, 7.

[5] *Albertus Magn.*, super Missus est: Congregationem aquarum vocavit Deus maria (Gen. I, 10), locus autem omnium gratiarum vocatur Maria. *Bonaventura*, spec. b. Virg. cp. 3: Maria dicitur mare propter affluentiam et copiam gratiarum, unde scriptum est Eccl. 1, 7: Omnia flumina intrant in mare, dum omnia charismata Sanctorum intrant in Maria. *Hieron.*, sermo de assumpt.: Vere b. Virgo plena gratia, quia ceteris gratia per partes praestatur, Mariae autem tota se infudit gratiae plenitudo. *Ephraemus*, or. ad Deip.: Pelagus inexhaustum divinarum secretarumque largitionum ac munerum.

[6] De laud. Virg. cp. 7: Sicut in mari aquarum, ita in Maria sunt congregationes gratiarum.

welcher die geistlichen Wässer rauschen, denn Gott hat sie mit allen Tugenden auf's Reichlichste ausgestattet [1].

D. Da im Alten Testamente das Bundeszelt und der Tempel sammt allen Einrichtungen und Opfergegenständen das Heiligste war, welches die Israeliten besaßen, so wird es uns nicht Wunder nehmen dürfen, wenn die heiligen Kirchenlehrer und Kirchenschriftsteller auch von daher die marianischen Symbole und Typen entlehnt haben.

1. Was zunächst das Bundeszelt betrifft, so befahl Gott dem Moses: „Sie sollen mir ein Heiligthum machen und ich will in ihrer Mitte wohnen" und zwar nach dem Zelte des Gleichnisses, welches Gott ihm zeigen [2], wo er seinem Volke seine Gnadengegenwart offenbaren und von welchem aus er seine Gnade dem Volke spenden werde. Ein noch heiligeres, edleres, nicht von Künstlerhand, sondern von Gott selbst verfertigtes, des heiligen Geistes würdiges und von der Gnadengegenwart Gottes volles Bundeszelt ist Maria [3].

---

[1] *Bernard.*, sermo de b. Mar.: Dominus altissimus eam quasi mundum specialissimum creavit, quam in justitia et sanctitate coram ipso fundaret, et fluentis sapientiae irrigaret et coelestibus desideriis instar aeris sublimaret et igne dilectionis accendendo illustraret. Hinc in ejus mente tanquam in quodam firmamento solem posuit rationis et lunam scientiae et virtutes tanquam stellas speciei omnimoda. *Johannes Dam.*, or. 2 de assumpt. nennt Maria den abyssus gratiae. *Epiphanius*, or. de laud. Virg.: Gratia s. Virginis est immensa . . . mare spirituale, cui praedicando neque hominum, neque Angelorum lingua sufficit. *Anselmus*, de excel. Virg. cp. 8: Quid amplius dicere possum, Domina? Immensitatem quippe gratiae et gloriae et felicitatis tuae considerare incipienti et sensus deficit et lingua fatiscit. *Andreas Cret.*, sermo de Deip. dorm.: O Sancta et Sanctis sanctior et omnis sanctitatis sanctissime thesaure!

[2] Er. 25, 8 f.

[3] *Georgius Nicod.*, or. in Deip. praes.: Hodie animatum templum in templo offertur, templum inquam excelsius coelis, toto creatorum ambitu latius atque capacius. Ea hodie in templo collocatur, quae exsul humanum genus per eum, quem genuit, in proprias sedes reduxit. Hodie spirituale tabernaculum fausta nuncia gratiae legali ordini perfert, jubetque litterae, ut locum cedat spiritui . . . Neque enim decebat, ut tabernaculum illud mundissimum in mundi sordibus versaretur, sed ut in irreprehensibilem translatum locum primos illic gaudii gustus susciperet. *Ephraemus*, prec. 4: Sanctum tabernaculum (Maria), quod spiritalis Bezeleel aedificavit. *Modestus*, enc. in Deip.: Rationale tabernaculum, quo mirum in modum exceptus est in carne Deus et Dominus coeli et terrae, ab eo compositum est et consecratum. *Hieron.*, com. in Ps. 17. n. 1: Corpus Mariae quasi tabernaculum. *Tarasius*, or. in Deip. praes.: (Maria) illibatum tabernaculum. *Johannes Dam.*, or. in Deip. nat.: Cedat celebratissimum illud tabernaculum, quod Moyses ex pretiosa omnigenaque materia in deserto paravit, quin et isto prius illud Abrahae tabernaculum vivo ac rationali Dei tabernaculo. Hoc enim non actionis divinae conceptaculum fuit, sed substantiali modo Filii Deique personae. *Or.* in Deip. ann.: Ave sis tabernaculum novum purpura varium, quod variorum intextor Beseleel novo opere elaboravit. *Or.* 2 in Deip. nat.: Ave tabernaculum, divinitatis potus, ipsis coeli axibus praestantior, ex qua Deus sua ipse persona cum hominibus est conversatus et ex qua aeterna mundo propitiatio advenit. *Or.* 2 in Deip. dorm. § 13: Divinissimum tabernaculum, ad quod angeli non sine metu accedunt. *Or.* 3 in Deip. dorm. § 2: Sepulcrum hoc antiquo est tabernaculo pretiosius, rationale et animatum ac divinitus illuminatum candelabrum includens et mensam vitae ferentem, quae non panem propositionis, sed coelestem, non ignem materia constantem, sed cum, qui materia omni superior est, deitatis nimirum, suscepit. *Arnoldus Carnot.*,

Denn in ihr wohnte der fleischgewordene Sohn Gottes leibhaftig, und von ihr ging die ewige Erlösung nicht bloß für Israel, sondern für die ganze Welt aus.

2. Maria ist der wahrhafte lebendige Tempel der heiligen Dreifaltigkeit, welchen der geistliche Salomon erbaute und bewohnte, welcher nicht von irdischem Golde, sondern von den Strahlen des heiligen Geistes glänzt, jener heilige Tempel, in welchem der heilige Geist den Leib des Sohnes Gottes bildete, in welchem der Eingeborene des Vaters durch neun Monate hinburch beständig wohnte und der niemals irgendwie verunreinigt oder entweiht wurde [1]. Dahin zielen auch die Worte des Psalmisten (64, 5. 6): „Dein Tempel, o Herr, ist heilig, wunderbar durch Gerechtigkeit", denn sie ist der heilige, lebendige Tempel, in welchem die ewige Weisheit sich einen Sitz und eine Wohnstätte bereitet hat, um von da aus das Heil der Welt in's Werk zu setzen, der von den Spezereien und Salben der Unschuld wohlduftende Tempel, in welchem der Hohepriester nach der Ordnung Melchisedeks wohnte und seinen Dienst verrichtete, jener Tempel, der von Ewigkeit her von Gott bereitet war und niemals zerstört oder niedergerissen wurde [2].

or. de laud. Mar.: Ecce tabernaculum Dei habens intra se Sanctum sanctorum, virgam signorum, tabulas testamenti, altare incensi, ambo Cherubim respicientia in alterutrum, manna, et sine umbra propitiatorium palam expositum. Haec non in figura, sed in ipsa veritate sacrarium Virginis in se continebat reposita, exhibens mundo legem et disciplinam, incensionem zeli, castitatis odorem, concordiam testamentorum, panem vitae, inconsumptibilem cibum, sanctitatem et humilitatem et obedientiae holocaustum, poenitentiae omnibus tutum naufragis portum.

[1] *Johannes Dam.*, or. in Deip. nat.: Sileat sapientissimus Salomon nihilque jam sub coelo novum inficietur (Eccl. 1, 10). O Virgo, divinis gratiis affluens, templum Dei sanctum, quod spiritalis Salomon, ille princeps pacis, abs te constructum inhabitavit: templum non auro decoratum, sed auri loco Spiritu fulgens. *Or. 2 in Deip. nat.*: Ave Dei domus divinis effulgens splendoribus, domus gloria Domini plena, praeque ignitis Seraphim spiritu lucentior. *Hesychius*, or. in Deip.: Templum incorruptum et tabernaculum ab omni sorde liberum conservasti; et Pater hospitatur apud te, et Spiritus s. obumbrat, et assumpta carne Unigenitus ex te nascitur. *Or. in Deip. conc.*: (Maria) novum templum consurgit, templum illa quidem Deum excipiens, nec templum modo, verum et cherubicus thronus. Genita e stirpe Davidis in sublime efferetur et Judaeorum templum dissipabitur. *Epiphan.*, or. de laud. Deip.: Ego Virgo incorrupta, quae in utero gestavi, effecta sum templum immaculatum habitantis in me Verbi Dei nuptiarum expertis. *Basilius Seleuc.*, or. in Deip.: Templum existis vere Deo dignum. *Gregorius Naz.*, carm. 8 ad Nem.: (Deum hominem) Spiritus magni Dei coagmentavit, templo templum sanctum exstruens. Mater enim Christi templum, Christus autem Verbi. *Ildephons.*, sermo 1 in Virg. assumpt. *Petrus Damian.*, in off. b. M. V. *Rupertus*, de div. off. 1. 2: Illud templum Domini, illud sacrarium Spiritus sancti, in quo totus Deus novem mensibus habitans dignatus est homo fieri.

[2] *Johannes Dam.*, or. 2 in Deip. nat.: Ave templum purissime fabricata domus Domini, de qua David ait: sanctum est templum tuum, mirabile in justitia, ex qua sibi Christus corporis templum exstruens, templa Dei vivi mortales effecit; und Or. 1 in Deip. dorm. § 12. *Anselmus* in proc.: O gratissimum Dei templum, Spiritus s. sacrarium, janua regni coelorum, per quam post Deum totus vivit orbis terrarum. *Modestus*, enc. in Deip. § 10: Ave vivum incomprehensibilis Altissimi templum, in quo increata et subsistens Sapientia Dei Patris inhabitavit, suique corporis templum Christus Deus aedificavit, qui suam in te requiem ad universalem salutem invenit, teque sibi complacuit ad aeternam requiem assumere.

3. Maria ist auch jenes verschlossene Thor, von welchem der Pro=
phet Ezechiel [1] bereits geweissagt hat: „Das östliche Thor des äußeren Heilig=
thumes soll verschlossen bleiben und nimmermehr geöffnet werden, niemand soll
durch dasselbe gehen; denn der Herr, der Gott Israels, ist durch dasselbe
gegangen und darum soll es geschlossen bleiben." Die heiligen Väter haben
einstimmig diese Stelle auf die jungfräuliche Gottesgebärerin bezogen, die in
und nach der Geburt des göttlichen Sohnes Jungfrau geblieben ist, weil
der durch dieses Thor durchgehende Immanuel ihre Jungfräulichkeit nicht ver=
letzt, sondern diese Zierde mit der mütterlichen Fruchtbarkeit verbunden und da=
durch noch erhöht hat und sie vom heiligen Geiste überschattet wurde. Konnte
Christus nach seiner Auferstehung seinen Jüngern bei verschlossenen Thüren
erscheinen, mit derselben Macht konnte er im Leibe der Jungfrau empfangen
und aus ihr geboren werden, ohne dieses geschlossene Thor zu verletzen [2].
Sie heißt das Ostthor, weil sie nach Ambrosius [3] das wahre Licht ver=
breitet und den Aufgang, die Sonne der Gerechtigkeit geboren hat; das
geschlossene Thor, weil sie nur dem Könige Israels Eingang gewährt,
von dem der Psalmist (147, 13) sagt: „Er hat die Riegel deiner Thore

Basilius Seleuc., or. in s. Deip.: Quia templum existis vere Deo dignum, innocentiae aromatibus bene olens, magnus in te habitabit pontifex, qui secundum
ordinem Melchisedech sine matre est ac sine patre: ex Deo Patre sine matre, ex
te matre sine patre. Epiphan., or. de laud. Virg.: Ex Joachim (i. e. praeparatio)
praeparatum est templum Domini, nempe virgo. Cyrillus Alex., enc. in Mar.
Deip.: Salve Maria, templum indissolubile, seu potius sanctum, quemadmodum
clamat propheta David dicens: sanctum est templum etc. Ildephons., l. de Virg.
Mar. c. 10: Haec femina sanctificationis vas est, aeternitas virginitatis est, mater
Dei est, sacrarium Spiritus s. est, templum singulariter unicum factoris sui est.
[1] Ez. 44, 2.
[2] Dionysius Alex., ep. c. Paul. Samos.: Et signata est porta tabernaculi
integra et incorrupta et inviolata, manu enim Dei clausa est et digito ejus signata.
Ambros., ad Sir. pont. n. 6: Haec porta Maria est, per quam in hunc mundum
Redemptor intravit . . . et erit clausa post partum, quia Virgo concepit et genuit.
— De inst. Virg. cp. 8: Ideo clausa, quia virgo, Porta igitur Maria, per quam
Christus intravit in hunc mundum, quando virginali fusus est partu et genitalia
virginitatis claustra non solvit. Mansit intemeratum septum pudoris, et inviolata
integritatis duravere signacula, cum exiret ex virgine . . . Hieronym. ad Ez. 44:
Pulchre quidam portam clausam, per quam solus Dominus Dei Israel ingreditur,
et dux, cui porta clausa est, Mariam Virginem intelligunt, quae et ante partum
et post partum virgo permansit. August., sermo 14 de nat. Dom.: Quid est porta
in domo Domini clausa, nisi quod Maria semper erit intacta? . . . Et quid est,
quod Deus solus intrat et egreditur per eam, nisi quia Spiritus s. impraegnavit
eam? Et quid est, quod clausa erit in aeternum, nisi quia Maria virgo ante
partum, virgo in partu, virgo post partum. Johannes Dam., or. 1 in Deip. dorm.
Hilarius, sermo 2 de nat. Dom.: Jam nunc januis clausis processit in mundum,
materni pudoris signaculo minime resignato. Simulque illud impletur propheticum
Ezechielis . . . Eadem nunc potentia mundi istius januam per partum inviolatae
matris intravit, qua postmodum ad discipulos clausis foribus penetravit. Modestus,
enc. in Deip. Bernardus, sup. Salv. reg. Guerricus, sermo 2 de ann. Theodorus
Stud. l. c. Cf. Passaglia l. c. p. 448 sq. Rupertus Tiut., in Matth. l. 1: Haec
porta clausa mater est incorrupta, clausa ad honorem principis Jesu . . . ut per
eam vir non transiret, i. e. neque in concipiendo sese insereret, neque nascituro
viam aperiret; und de Trin. et op. ejus l. 42; in Ez. l. 2. cp. 32.
[3] Lib. de inst. Virg. cp. 8.

befestigt", und weil Niemand die vom Herrn verschlossene Thüre zu öffnen vermag; denn er allein ist „der Wahrhafte, welcher den Schlüssel Davids hat, welcher öffnet und Keiner verschließt, verschließt und Keiner öffnet" (Apoc. 3, 7).

4. Maria ist die **Bundeslade**, von welcher David spricht: „Erhebe dich, Herr, zu deiner Ruhe, du und die Lade deiner Heiligung." [1] Die Lade, welche hier Lade der Heiligung heißt, wird an andern Stellen „Lade des Zeugnisses, Lade des Testamentes, Lade des Bundes, Lade des Bundes des Herrn, Lade Gottes, Lade des Herrn, Lade der Kraft Gottes" (2. Par. 6, 41) genannt. Alles dieses findet auf Maria, die Mutter des Herrn An= wendung [2]; sie ist die lebendige Bundeslade, innen und außen vergoldet, an

---

[1] Ps. 131, 8.

[2] *Gregorius Neocas.*, or. in Deip. ann.: Vere enim arca est sancta Virgo intrinsecus et extrinsecus deaurata, quae universae sanctificationis thesaurum sus- cepit. *Athanasius*, or. in Deip. descript.: O perfecte intemerata atque immaculata, quam David arcam vocat sanctificationis. *Methodius*, de Sim. et Anna § 5: Si arcae, tuae illius sanctitatis imagini typoque tantus a Deo honor habitus sit, quis tandem qualisve venerationis cultus a nobis minimis tibi vere reginae fuerit exhi- bendus? Vere inquam Dei legislatoris animatae arcae: coelo vere Deo capaci, qui nusquam capi potest? *Proclus*, or. in Deip. § 17: Haec arca intrinsecus et extrinsecus deaurata, corpore sc. et spiritu sanctificata. *Theodorus Stud.*, or. in Deip. dorm. n. 1. *Theophanes*, can. in Theod.: Te David propheticis oculis in Bethlehem vidit veluti arcam gestantem puerum supremum Deum. *Psellus*, ap. Allatium de Sim.: Templum et thronus et arca omnium regis et Dei tu es, sola Deipara, nostri propitiatorium. *Johannes Dam.*, or. 2 in Deip. dorm.: Hodie sacra et animata arca Dei viventis, quae suum in utero gestavit artificem, in templo Domini, quod nullis est exstructum manibus, requiescit. *Leo Augustus*, or. in Deip. dorm. *Ildephonsus*, sermo de Deip. assumpt.: Ipsa et Dei templum et arca novi Testamenti, in qua verus Deus versatur non in figura et in aenigmate, sed in veritate pro salute omnium ... Quae nimirum Virgo ac si arca hodie de captivitate hujus seculi angelorum exequiis glorificata reducitur, non in Jerusalem, quam decoxit vel devastavit Chaldaeorum exercitus, sed in illam veram et coe- lestem, quam fundavit Deus et non homo, collocatur. *Petrus Cellens.*, lib. de Pan. quaest. 21: Praeterea de foederis vel potius sanctificationis arca quid aliud dicam? Nisi quod et Mater arca est foederis, continens in se quidquid est sanctificationis vel creatae vel creantis; et filius in matre similiter arca sanctificationis est potius existens, quam continens sanctificationum sanctificationem. Habet autem tabulas testamenti, quia in corde ejus universa describuntur mandata vitae et pacis. Habet et virgam Aaron. Fronduit quoque in nativitate, floruit in resurrectione, germinavit in ascensione, unus protulit in Spiritus promissione vel missione. Nostra quoque virga seu Virgo floruit credens angelo, floruit concipiens in utero, germinavit parturiens ex utero. Filius est nostra apud Deum propitiatio, quia interpellat pro nobis; mater apud Filium, quia rogat pro culpis nostris, Filius est sanctus Sanctorum, quia Deus Deorum, et mater est sancta sanctarum, quia Virgo virginum. Filius habet phialam purissimae carnis, ut ab ea sumatur poculum vitae; mater similiter in omni conversatione sua casta et munda praebet nobis exemplum conversandi sine querela. De thuribulo Filii Pater odoratur incensum propitiationis; de thuribulo matris tota perfunditur domus angelicae conversationis. Filius est altare de terra sancta, quia corpus habet de matre sine macula, in quo cremantur holocaumata, dum condonantur peccata; Domina nostra nihilominus est altare terrenum, quia refugium est miserorum. *Guerricus*, sermo 1 in Deip. ass. n. 1. *Germanus*, or. in Deip. nat. *Chrysippus*, or. de Virg. laud. (zu Psalm 131, 8): Arca enim vere regia, arca pretiosissima est Virgo Deipara, arca, quae

Geist und Seele geheiligt, welche den größten Schatz der Heiligung, den Gesetzgeber des Neuen Testamentes enthält; in welcher Gott nicht bloß in Bildern und Gleichnissen wie im Alten Bunde thront, um das Heil der Seelen zu wirken, die Lade, welche nicht durch das feindliche Heer zerstört und verbrannt, sondern in das himmlische Jerusalem versetzt wurde. Wie die Lade Mosis, so enthält sie die Tafel des Gesetzes, das jedoch in ihr Herz geschrieben wurde; sie ist das Allerheiligste, weil Jungfrau aller Jung= frauen; von dem Altare ihres Herzens steigen die Wohlgerüche aller Tugen= den auf und sie selbst ist der Altar der Versöhnung, die Zuflucht der Sün= der und enthält den Künstler der Lade selbst, welcher in ihr seinen Ruhe= platz aufgeschlagen hat. Thomas de Blanc [1] führt zwölf Analogien auf, welche zwischen der Bundeslade und Maria bestehen: 1) Die Höhe, Breite und Länge der Lade symbolisirt die hohe Stufe der Betrachtung, die rege Handlungsweise und die Langmüthigkeit Mariens. 2) Das der Fäulniß nicht unterliegende Settimholz, aus welchem die Bundeslade bestand, weist auf die unverletzte Jungfräulichkeit hin [2]. 3) Die Goldplatten, mit denen die Lade belegt war, sind Symbol des heiligen Geistes [3], der Reinigkeit [4] und der Liebe Mariens [5]. 4) Sie enthielt alle Schätze der göttlichen Weis= heit und Wissenschaft [6]. 5) Die goldene Krone, welche die Lade umgab, sinnbildet die dreifache Krone Mariens, und zwar Christum [7], ihre Tugenden und die Krone der Glorie. 6) In den vier Ringen an den Ecken der Lade sieht man das Symbol der vier Kardinaltugenden. 7) Der goldene, von den zwei Cherubim beschattete Sühndeckel, der Fußschemel des über den Cheru= bim in der Schechina thronenden Gottes, weist hin auf Maria, welche nach)

excepit totius sanctificationis thesaurum, arca non ea, in qua erant omnium ani-malium genera, quemadmodum in arca Noe, quae fluctuantis universi mundi effu-giebat naufragium: arca non ea, in qua erant tabulae lapideae, quemadmodum in arca, quae per totum desertum una cum Israele perambulabat, sed arca, cujus architectus est incola, gubernator et mercator, comes viae et dux erat opifex omnium creaturarum ... Surge, Domine, in requiem tuam; tua enim requies, inquit, est Virgo, et uterus tua requies, quia tibi cubile efficietur et habitatio. *Andreas Hieros.*, or. de sal. ang. nennt Maria „arcam, in qua novae sanctificatio gloriae. *Juvenalis Hier.; Gregorius Thaum.*, or. 1 de annunt.: Vere arcam sanctissimam, intrinsecus et extrinsecus deauratam, quae universum sanctificationis thesaurum suscepit. *Hugo Card.* u. A.

[1] Psalm. David. Analysis. Col. Agr. 1682. 6. Bd. S. 894.

[2] *Zeno*, sermo 3 de nat.: Requiescit libens florentissimo in domicilio casti-tatis, et in visceribus sacrae Virginis comparat sibi corpus suo judicio nascitura.

[3] *Germanus*, or. in nat.: Arca sanctuarii, undique abscondita aureo et illu-strante Spiritu, ex auro confecta urna Christum manna producens.

[4] *Bernard.* in sent.: Autor mirabilium Deus tria quaedam mirabilia operatus est in Maria. Primo integritatem munditiae mirabiliter suscitavit, ut arca testa-menti auro purissimo tegatur.

[5] *Richardus*, l. 12 de laud. Virg.

[6] *Anselmus*, hom. in: intravit Jesus in cast.: Quid de Deo non sapiebat, in qua sapientia Dei latebat et in cujus utero corpus sibi optabat? ... Ergo Dei virtus et Dei sapientia et omnes thesauri sapientiae et scientiae in Maria.

[7] *Anselmus*, hom. 6 de laud. b. Virg.: Corona capitis ejus Christus est, di-cente Sapientissimo, quod filius sapiens corona matris suae. Et quis sapientior illo, qui est Patris sapientia.

Christus unsere Versöhnerin und Fürsprecherin bei Gott ist[1]. 8) Die zwei Cherubim, welche die Lade beschützten, sollen die zwei Schutzgeister Mariens, den Erzengel Gabriel und den hl. Joseph (oder den hl. Evangelisten Johannes), andeuten. 9) Ueber dem Sühndeckel ruhte und schwebte die Herrlichkeit Gottes, ebenso über Maria die heilige Dreifaltigkeit[2]. 10) Die Lade war die Glorie Israels (1. Sam. 4, 22), ebenso war sie Virgo gloriosissima[3]. 11) Die Lade war nicht bloß der Ruhm, sondern auch der Schutz und die Kraft Israels namentlich gegen die Feinde, so auch Maria[4]. 12) So oft die Lade getragen wurde, war sie bedeckt, hinweisend auf die Demuth Mariens, welche ihre Tugenden und Gnadengeschenke Gottes zu verbergen suchte[5].

5. Das Heiligthum enthielt auch einen gegossenen siebenarmigen Leuchter vom feinsten Golde, welcher sein Licht über das Dunkel des heiligen Ortes ausgoß (Er. 25, 31), ein passendes Symbol Mariens[6], jenes geistigen

---

[1] *Johannes Dam.*, or. in Deip. ann.: Ave sis propitiatorium duobus Seraphim obumbratum. *Modestus*, enc. in Deip. § 10: Ave propitiatorium divinissimum et in Deo fundatum, per quod processit propitiatio mundi universi, Salvator Christus Deus. *Andreas Cret.*, enc. de Virg. dorm.: Ex quo translata es a terra, te universus mundus continet propitiatorium. *Theodorus Stud.* l. c.: Ave universale mortalium propitiatorium, per quod ... nomen Domini glorificatur in Gentibus. *Richardus*, l. 12 de laud. Virg.: In Maria velut in horto condenso et umbroso invenitur umbra propitiationis.

[2] *Bonaventura* in Spec. nennt Maria „totius Trinitatis requies". *Chrysippus*, sermo de s. Maria: Maria arca vere regia, arca pretiosissima est Virgo Deipara, tua requies est virgo et uterus tua requies, quia tibi cubile efficietur et habitatio. *Petrus Dam.*, sermo in assumpt. Virg.: Consecrans sibi in ea reclinatorium aureum, in qua sola se post tumultus Angelorum et hominum reclinaret et requiem veniret.

[3] *Epiphanius* nennt Maria „gloria radix". *Andreas Cret.*, sermo in sal. Ang.: Ave arca gloriae novae, in qua requieverat Spiritus Dei, arca, in qua novae sanctificatio gloriae. *Amedeus*, hom. 8: Gloriosissima, carne integerrima. *Petrus Dam.*, sermo 45 nennt sie Gloria Dei.

[4] *Cosmas Jeros.*, hym. 5: Insuperabilem Deipara spem tuam habens servabor, defensionem tuam possidens non timebo, persequar inimicos tuos et in fugam vertam, solam habens ut thoracem protectionem tuam, et omnipotens auxilium tuum.

[5] *Guerricus*, sermo 3 de assumpt.: Super quem requiescam, nisi super humilem. In omnibus requiem quaesivi, sed apud humilem ancillam inveni. Non est inventa similis illi in gratia humiliationis, ideo in lenitudine humilitatis requievit etiam corporaliter omnis plenitudo divinitatis. *Bernard.*, hom. 1 sup. Miss. est: Etsi placuit ex virginitate, de humilitate tamen concepit.

[6] *Germanus*, or. in Deip. nat.: O candelabrum, cujus fulgoribus qui in tenebris sedebamus, ingenti luce perfusi sumus. *Modestus*, enc. in Deip. § 12: Et sanctos quidem oculos clausit, quae fulgendo omnium edidit luminare, quae veluti aureum candelabrum sine contactu illum in mundo tanquam facem gestavit, qui luminaria condidit. *Georgius Nic.*, or. in Deip. ingr.: Suscipe inauratum in spiritu candelabrum, cujus lampas modica mundi illustrat fines, per quod incenderunt septem Spiritus dona, mundumque inferiorem illustrarunt. *Leo Aug.*, or. in Deip. dorm.: Erant Israelitis quoque candelabrum septenario luminum fulgore conspicuum, et urna, in qua manna servabatur et virga, virginitatis tuae praeconium, quasi florem emittens ... Verum recesserunt haec omnia cum inclyto eorum nomine ac majestate. Quum enim te adumbrarent, adventu fulgoris tui abdita sunt. Tu vero perpetuo lumine collustratum candelabrum lucens a peccati tenebrosa morte eruisti pariter atque eruis. *Epiphanius*, or. de Virg. laud.: O candelabrum virgineum, quod dispulit tenebras et lucem emisit! O candelabrum virgineum, quod splendidam lucernam de coelo et in terra relucentem gestavit.

Leuchters, welcher ſein Licht über die in der Finſterniß ſitzende Erde ausgoß und das Dunkel erleuchtete, jener Leuchter, an welchem ſich die ſieben Gna=ben des heiligen Geiſtes entzündeten und von da aus ihr Licht in die Welt verbreiteten, jener jungfräuliche Leuchter, welcher das ewige Licht auf die Erde brachte, damit es dieſelbe durchleuchte. Maria iſt auch j e n e r g o l d e n e L e u c h t e r mit den ſieben Röhren und Lampen, welche von zwei Oelbäumen geſpeiſt wurden, den Zacharias (4, 1 ſſ.) in ſeiner Viſion ſah; denn ſie ſtrahlt von den ſieben Gnaden des heiligen Geiſtes und trug nicht das materielle, ſondern das geiſtige Licht in ihrem Schooße, den menſchgewordenen Gott; dieſer Leuchter iſt ganz von Gold, weil ſtets lauter, ſtets jung= fräulich [1].

6. Außer dem goldenen Leuchter ſtanden im Heiligthume noch der g o l d e n e A l t a r [2] und der mit Gold überzogene S c h a u b r o d t i ſ c h [3], welche nicht minder als Symbole Mariens betrachtet werden; denn ſie iſt jener Altar, auf welchen das lebendige Fett gelegt wurde, jener goldene Tiſch, welcher nicht das materielle Brob enthielt, ſondern jenes Brob, welches vom Himmel herabgeſtiegen iſt, damit, wer davon ißt, nicht ſterbe (Joh. 6, 50), jener Tiſch, welcher mit den zwölf Vorrechten göttlicher Gnaden angefüllt war [4].

7. Maria iſt ferner das g o l d e n e G e f ä ß mit M a n n a, welches auf Befehl Gottes zum Andenken in der Bundeslade hinterlegt wurde [5]; jene

---

[1] *Andreas Cret.*, or. in Deip. ann.: Sola tu vere benedicta, quam Zacharias in divinis perspicacissimus vidit aureum candelabrum lucernis septem et septem infusoriis splendidum, nempe septem divini Spiritus charismatis undique collustra- tum. *Theodorus Stud.* l. c.: Ave lucerna auro splendens lucifera, ex qua seden- tibus in tenebris et in umbra mortis effulsit inaccessa deitatis lux, secundum divinitus afflatum Zachariam. *Anastasius Nicaen.*, quaest. 53 in s. script.: Quod est candelabrum? Sancta Maria. Cur autem candelabrum? Quia materia exper- tem lucem gestavit, Deum incarnatum. Cur autem totum aureum? Quia post partum mansit virgo. Quaenam sunt septem lucernae? Septem leges . . . Quae- nam sunt septem infusoria? Septem dona spiritus s., quae recenset Isaias cp. 11. Quaenam sunt duae olivae? Duo testamenta.

[2] (Er. 30, 1—10; 37, 25—28.　[3] Lev. 24, 5—9. (Er. 25, 23—30; 37, 10—16.

[4] *Methodius*, de Sim. et Anna: Salve vere totius victimae adeps, animatum panis vitae (Joh. 6, 50) altare. *Andreas Cret.*, anth. die 9. Dec.: Mensa, in qua panis Christus fuit depositus, Deipara virgo celebratur. *Theophanes*, anth. die 19. Jan.: Candelabrum et urnam et arcam et mensam, virgam item et thuribulum . . . quotquot divina sapimus, laudemus innocentem illam atque Virginem, ex qua Deus citra mutationem incarnatus est, et supra naturam deificavit, quod ineffabili unitione suscepit. *Johannes Dam.*, or. 3 in Deip. dorm. § 2: Mensam vitae feren- tem, quae non panem propositionis, sed coelestem, non ignem materia constantem, sed eum, qui materia omni superior est, deitatis nimirum suscepit. *Proclus*, or. in Deip. § 17: Est haec . . . aureum altare holocautomatum, divinum compositionis thymiama, sacrum unctionis oleum, pretiosum nardi pistici alabastrum. *Bernard.*, salv. reg. sermo 4: Mensa propositionis duodecim panum . . . duodecim panes duo- decim sunt praerogativae gratiarum, in quibus gratia repleta es et Dominus tecum. *Germanus*, or. in Deip. zon.: O mensa, per quam, qui fame tabescebamus. pane vitae supra modum repleti sumus.

[5] (Er. 16, 32—34. Heb. 9, 4. *Germanus*, or. in Deip. zonam: O urna, ex qua manna refrigerii nos ardoribus malorum exusti bibimus. *Or.* in Deip. ann.: Ave mannae urna tota aurea. *Leo Aug.*, ſiehe S. 434 Note 6. *Jacobus Mon.*, or. in Deip. nat.: Viderunt te urnam Spiritus auro conflatam, urnam immortalitatis. illud manna

Urne der Unsterblichkeit, welche vom heiligen Geiste verfertigt wurde, welche das wahre mit dem Feuer der Gottheit gekochte Lebensbrod enthält, aus welcher wir bei der versengenden Hitze der Uebel und Leiden das erquickende Brod des Himmels essen.

8. Selbst der kostbare Vorhang, welcher das Allerheiligste verhüllte (Ex. 26, 31), blieb von den Mystikern nicht unbetrachtet; denn sie verhüllte gleichsam wie hinter einem Vorhang das lebendige Wort Gottes, welches durch sie die größten Gnadengeheimnisse uns geoffenbart hat [1].

9. Maria ist auch das goldene Rauchfaß (Ex. 25, 29), in welchem das fleischgewordene Wort die ganze Welt mit Wohlgeruch erfüllt und die Sünde des Ungehorsams verbrannt hat, jenes Rauchfaß, welches die göttliche Kohle enthält, deren Duft den üblen Geruch der Sünde beseitigt [2].

10. Schließlich darf der blühende Stab Aarons, welcher Blätter, Blüthen und Knospen zugleich ansetzte und im heiligen Zelte als Zeichen des Aaronitischen Priesterthums aufbewahrt wurde (Num. 17), nicht mit Stillschweigen übergangen werden. Maria [3] ist jener Zweig, welcher, ohne

continentem, mensam panem illum vitae impositum habentem. *Andreas Cret.*, or. in Deip. ann.: Ave aurea urna eum ferens, qui manna dulce fecit quique mel e petra ingrato Israeli subitario velut apparatu elicuit. *Johannes Dam.*, or. 2 in Deip. nat.: Ave urna ex auro conflatum vas, ab omni vase secretum, et quo mundus universus impensum sibi manna accipit, vitae sc. panem igne deitatis coctum. *Or. 2 in Deip. dorm.* § 4: Dulcem mannae urnam.

[1] *Georgius Nic.*, or. in Deip. ingr.: Velum retrahe, quo intus capias animatum Verbi velum, quod in se deitatem contexit, cujus nec ignis crassam ipsius substantiam combussit. *Germanus*, or. in dep. zon. Mar.: O primi sanctorum tabernaculi velum, propitiatorium arcae Domini, ex qua seu per quam divina oracula reddens legislator, absolutissima gratiae mysteria edocet.

[2] *Ephraemus*, prec. 4: Thuribulum aureum, in quo Verbum carnem induens mundum universum bono odore replevit et inobedientiae combusta sunt crimina. *Johannes Dam.*, or. 2 in Deip. nat.: Ave thuribulum, vas mente aureum, divinum intus carbonem ferens, et qua fragrans odor Spiritus corruptelae putorem mundo exsufflavit. Vgl. *Passaglia* l. c. p. 398.

[3] *August.*, sermo 3 (al. 245) de temp.: Virga ecce protulit, quod ante non habuit, non radicata plantatione, non defossa sarculo, non animata succo, non fecundata seminario: et tamen cum illic deessent universa jura naturae, protulit virga, quod nec semine suggeri potuit nec radice. Virga ergo potuit contra naturam nuces educere, virgo non potuit contra naturae jura Dei Filium generare? Dicat mihi igitur Judaeus incredulus, quemadmodum arida virga floruit et fronduit et nuces protulit: et ego dicam illi, quemadmodum virgo concepit et peperit ... Virga Aaron virgo Maria fuit, quae nobis Christum verum sacerdotem concepit et peperit. *Bernardus*, sermo de 12 praer. Mar.: Hanc sacerdotalis virga, dum sine radice floruit, praesignavit; und Sup. Miss. est hom. 2: Quid virga Aaron florida, nec humectata, nisi ipsam concipientem, quamvis virum non cognoscentem. *Rupertus*, in Cant. l. 1: Sicut virga illa germinavit, fronduit, floruit et fructum protulit, non plantata, non succo terrae animata, sed virtute coelesti supra usum naturae provecta, sic tu pulcherrima mulierum ... conceptu florida, partu fructifera, virgo in conceptu, incorrupta in partu, virgo ante partum, incorrupta post partum. *Germanus*, or. in nat. virg.: Gaude virga Aaron, radix Jesse, sceptrum Davidis, regium indumentum, gratiarum corona, typus virginitatis, non scriptum sanctimoniae folium. *Andreas Cret.*, or. in Deip. nat.: Hodie juxta prophetiam germinavit Davidis surculus, qui virga Aaron semper virens nobis virgam virtutis Christum protulit. *Georgius Nic.*, or. in Deip. ingr. *Modestus*, or. in Deip. *Leo Aug.*, or.

in die Erde gepflanzt worden zu sein, ohne den Saft der Erde, den einzig wahren hohen Priester hervorgesproßt, die immer grünend, bei ihrer Em= pfängniß blühend und bei ihrer Geburt fruchtbringend, den vollsten priester= lichen Segen uns gebracht hat.

E. Sion, die Stadt Davids, in welcher David und Salomon ihren königlichen Thron aufgeschlagen haben, wird von den Kirchenschriftstellern als Symbol und Typus Mariens betrachtet.

1. Hieher gehören zunächst die Worte des Psalmisten[1]: „Des Stromes Anlauf erfreut die Stadt Gottes, der Allerheiligste heiligt seine Wohnung, Gott ist in ihrer Mitte, sie wird nicht wanken, früh am Morgen hilft ihr Gott." Maria ist die herrliche Wohnung des Emmanuel, welche von den Gnadenströmen des heiligen Geistes durchströmt ist, die von Gott gesegnete Stätte, welche Gott geheiligt und zur Aufnahme seiner Glorie geziemend ausgestattet hat[2]. Ausführlich behandelt Le Blanc[3] die mystische Anwen= dung dieses Psalmes auf Maria; sie ist die wohlbefestigte Stadt, welche Gott selbst vertheidigt (Pf. 30, 22), in welcher Christus als König und Hoherpriester regiert, welche sich des Schutzes Gottes und der Engel erfreut, von dem tiefen Graben der Demuth umzogen ist, in welcher die Schule aller Tugenden (Luc. 2, 19) erbaut ist, deren Straßen überaus schön sind, wo die größten Schätze aufgehäuft sind (Prov. 31, 29) und welche von dem reichen Strome des heiligen Geistes bewässert wird (Luc. 1, 35). Der Herr ist ihr stets mit seiner Gnade nahe, und half ihr vom frühen Morgen, d. i. in primo instanti suae conceptionis, indem er sie von jeder Sünde befreite.

2. Damit stimmen die Worte überein, die in einem andern Psalme (86.) geschrieben stehen: „Seine Grundfesten sind auf heiligen Bergen, es liebet der Herr die Thore Sions über alle Hütten. Herrliches wird von dir gesagt, Stadt Gottes! .. Wird man nicht zu Sion sagen: Mensch um Mensch

---

in Deip. dorm.: Ave virga, ex qua, quum tanquam vitalis flos benedictio effloruis- set, mox maledictio interitus causa interiit. *Johannes Dam.*, or. in Deip. ann.: Ave sis sanctitate vernans virga Aaronis inter sacerdotes vere spectatissimi. *Am- brosius*, exh. virg. cp. 5: Ipsa est virga germinans florem, quia pura et ad Domi- num libero corde directa virginitas, quae nullis in hoc seculo curarum aufractibus reflectitur.

[1] Pf. 45, 5. 6.

[2] *Johannes Euboe.*, or. in Deip. conc.: Ecce solium cherubico admirabilius adornatur in terra, de quo scriptum est, Deus in medio ejus non commovebitur. Ipsa enim est thronus et sedes et domicilium Emmanuelis atque universorum regis Christi. *Germanus*, or. in Deip. nat. *Johannes Dam.*, or. 1 in Deip. nat. § 9: Tota thalamus Spiritus, tota civitas Dei vivi, quam laetificant fluminis impetus, s. inquam Spiritus gratiarum fluctus. Tota pulcra, tota Deo propinqua, haec enim Cherubim superans et super Seraphim evecta, proxima Deo exstitit. *Or. 2 in nat.* 7: Ave civitas regis magni, ut Davidis verba usurpem resonantia, in qua coe- lorum aperta regia inque cives inscripti terrigenae gaudio gestiunt. *Andreas Cret.*, or. in Deip. ann.: Ac vere benedicta, nam benedixit te Deus suum tabernaculum, quando paterna gloria eximie plenum hominem Christum ... incomprehensa ra- tione utero gestasti. *Athanasius*, or. in Deip. ann. n. 10. *Theodotus Ancyr.*, or. in Deip. § 6. *Methodius*, de Simeone et Anna § 9.

[3] Psalm. Analys. 3. Bd. S. 882 f.

ist darin geboren, und er selbst hat sie gegründet, der Allmächtige." Maria ist die herrliche Stadt Sion[1], deren Fundamente der neue Adam gelegt, damit sie ja nicht etwa auf den alten Ruinen (der Sünde) aufgebaut werde, jene auf den Bergen der Tugenden liegende Stadt, in welche der Gottkönig seinen Einzug gehalten hat, jene lebendige Stadt Gottes, welche nicht bloß durch ihren Ursprung aus königlichem Geschlechte, sondern auch durch die Erhabenheit ihrer Verdienste und Tugenden berühmt und gepriesen ist, in welcher das fleischgewordene Wort Gottes seinen erhabenen Thron aufgeschlagen hat. Sie ist jene auf dem hohen Sionsberge liegende Sionsstadt, von welcher Isaias (2, 2) spricht: „In der letzten Zeit wird der Berg des Hauses des Herrn auf dem Gipfel der Berge stehen, und sich erheben über die Hügel, und strömen werden zu ihm alle Völker."[2] Sie ist die erhabene Stadt ob

---

[1] *Petrus Dam.*, sermo 46 in Deip. nat.: Antequam nasceretur, talem creavit eam, ut ipse digne nasci potuisset ex ea, de qua propheta David praedixerat (Ps. 86); und n. 3: Clara proavorum titulis, sed incomparabiliter clarior generositate prolis. Filia siquidem regum, sed mater regis regum: Gloriosa dicta ... Sed quidquid de te a mortali homine dicitur, celsitudinis tuae meritis non aequatur. Quam enim excellens gratia super angelos elevat, ad ejus digne efferenda praeconia humana fragilitas non aspirat. *Petrus Comestor*, lib. de script. eccl.: Attende et obaudi, quod testimonium huic fundamento dederit prophetarum eximius. Homo natus ... Intellige, quod ait, ipse *fundarit eam:* ipse, non alius, non vetus Adam, sed novus novum jecit fundamentum, super quod tam praeclarum tam insigne surgeret aedificium. Alioquin si veteris ruinae mansere vestigia, si veteri superaedificatum est; vetus Adam et non ipse fundavit eam Altissimus ... Oportuit eam ab ipso fundamenti primordio prae ceteris aliquod sortiri privilegium, quae secretorum Dei mysteriorumque coelestium in se susceptura erat arcanum. *Theodorus Stud.*, or. 6 in dorm. Deip. n. 4: Ave civitas regis magni, quam admirabundi reges magnificant, ut hymnographus David delineat. *Germanus*, or. 1 in Deip. praes.: Ave nova Sion et sancta Jerusalem, sacra civitas magni regis Dei, cujus in turribus ipse Deus cognoscitur mediusque pertransit, inconcussam servans, gentes commovens, regesque prosternens. *Orat. in Deip. zon.*: Gloriosa dicta sunt de te civitas Dei, nobis divinus David cecinit in Spiritu. Revere civitatem, de qua gloriosa dicta sunt, apertissime vocans civitatem magni regis. Quaenam ea est? Existimo, eum manifestissime citraque omnem dubitationem dicere illam, quae vere est electa et omnibus superior, non altius fastigiatis aedibus, sed divinarum sublimiumque virtutum magnificentia et puritate omnibus antecellentem Mariam, in qua qui vere est rex regum et Dominus dominantium habitavit, vel potius in qua omnis plenitudo divinitatis habitavit corporaliter ... Si ea appellata est civitas animata regis Christi, merito illius quoque sanctissima aedes, ... et est et nominatur civitas gloriosa. *Chrysost.*, or. in Deip. ann. *Gregorius Neocaes.*, or. 3 in Deip. ann. *Hesychius*, or. de laud. Virg. *Psellus*, in metaph. Off. *Georgius Nicod.*, or. in Deip. ingr. *Ephraemus*, prec. 4 und or. ad Deip. *Johannes Dam.*, or. 1 in Deip. dorm.: Ecquam enim aliam invisibilis et incircumscripti omniaque pugillo continentis Dei civitatem intelligemus, nisi eam, quae vere et supra quam natura atque essentia ferat, Dei Verbum ac Deum substantia omni superiorem nulla circumscriptione complexa est, de qua propterea ab ipsomet Domino gloriosa dicta sunt? Quid enim ad gloriam illustrius, quam Dei consilium antiquum illud et verum excepisse (Is. 25, 1); und Or. 2 in Deip. dorm. *Ildephonsus*, sermo 1 in Deip. ass.

[2] *Fulbertus*, sermo de ass.: Altior coelo est, de qua loquimur. *S. Gregor.*, I. 1 Reg. cp. 1: Potest hujus montis nomine b. semper Virgo Maria Dei genitrix designari. Mons quippe fuit, quae omnem electae creaturae altitudinem electionis suae dignitate transcendit. Annon mons sublimis Maria, quae ut ad conceptionem

der Höhe ihrer vollkommenen Erkenntniß und Liebe[1], die glorreiche Stadt, da Christus sie an seiner Glorie theilnehmen ließ[2]. Die Grundfesten dieser lebendigen Gottesstadt aber sind ihre unbefleckte Empfängniß und ihre jung= fräuliche Geburt[3]. Die Bürger dieser Stadt sind zunächst die Gerechten[4], sodann die Sünder, welche zu dieser Asylstätte ihre Zuflucht nehmen[5]. Das größte Gut dieser Stadt ist, daß „Mensch und Mensch" das ist, der vor= züglichste Mensch[6] in ihr geboren wurde, Christus, der, wie der Psalmist (73, 12) sagt, mitten im Lande, d. i. im Schooße der Jungfrau[7] das Heil gewirkt hat. Diese Gottesstadt ward aber auf zwei Säulen errichtet, nämlich auf jener der Demuth[8] und der Jungfräulichkeit. Denn Gott hat, wie Isaias (28, 16) sagt, in die Gründe Sions einen bewährten Stein, einen köstlichen Eckstein gelegt, der fest im Grunde liegt, nämlich Christum, jenen Stein, welcher vom Berge (Maria) ohne Menschenhand sich losriß.

3. Maria ist auch die feste Stadt, von welcher der Psalmist (30, 22) spricht: „Gebenedeit sei der Herr! denn er hat mir seine Barmherzigkeit wunderbar erwiesen in einer festen Stadt." Denn sie ist mit der doppelten Mauer der Wachsamkeit und Geduld umgeben[9].

4. In Uebereinstimmung damit schildert der Bräutigam im Hohenliede (7, 4) seine Braut also: „Dein Hals ist wie ein Thurm von Elfenbein[10].

---

aeterni Verbi pertingeret, meritorum verticem supra omnes angelorum choros usque ad solium deitatis erexit. *Rupertus*, l. 7 in Cant.

[1] Vgl. *Le Blanc*, Psalm. Analys. 4. Bd. S. 1416.

[2] *Guerricus*, sermo 2 de ass. Mar.: Communicasti mihi, praeter alia, quod homo sum, communicabo tibi, quod Deus sum.

[3] Vgl. *Le Blanc* l. c. S. 1418.

[4] *Bonaventura* nennt sie daher in 3. dist. 3 „gloriam et coronam Sanctorum".

[5] Sie ist die advocata peccatorum (Bonav.), desperantium spes et damnatorum patrocinatrix (Ephraem.). *Gregorius*, l. 1. ep. 47: Maria, quando altior, melior et sanctior omni matre, tanto clementior et dulcior est circa conversos peccatores et peccatrices.

[6] *August., Hieronymus, Tertullianus, Theodoretus.*

[7] *Bernard.*, sermo 2 de Pent.: Operabatur salutem nostram in medio terrae, in utero vid. Virginis Mariae, quae mirabili proprietate terrae medium appellatur. Ad illam enim sicut ad medium, sicut ad rerum causam respiciunt, et qui in coelo habitant et qui in inferno, et qui nos praecesserunt et nos, qui sumus, et qui se- quentur et nati natorum et qui nascentur ab illis. Illi, qui sunt in coelo, ut re- sarciantur, et qui in inferno, ut eripiantur, qui praecesserunt, ut prophetae fideles inveniantur, qui sequuntur, ut glorificentur.

[8] *Bernardinus*, sermo 51. cp. 3: Gratia primae sanctificationis, quae eam omni virtute replevit, sic in principio mentem ejus in abysso humilitatis fundavit, quod sicut nulla post filium Dei creatura tantum ascendit in gratiae dignitate, sic nec tantum descendit in abyssum humilitatis profundae. *Guerricus*, sermo 3 de assumpt.

[9] *Bernard.*, sermo 3 de dedic.: Bonus continue est, qui sic undique circum- datur et circumagitur, ut nec per oculorum fenestras, nec per ceteros sensus detur morti ingressus; bonum autem murale patientiae, quod primos hostis sustinet im- petus. Ibi fossae fuerunt profundissimae humilitatis et obedientiae, non enim de- fuerunt aquarum copiae, i. e. devotionis et compassionis lacrymae, insuper et pro- funditas fovearum; non enim poterat esse sine magna copia aquarum, i. e. coele- stium gratiarum.

[10] *Rupertus*, l. 6 in Cant.: Quid vel quale est collum tuum? utique non

Deine Nase wie der Thurm des Libanon, der nach Damaskus hinsieht." [1]
Maria gleicht einem elfenbeinernen Thurme, der für Gott ebenso liebens=
würdig und stark ist, als für den Satan schrecklich und unzugänglich, dem
Thurme von Libanon, indem sie erhaben durch ihre Würde, feststehend durch
ihren Ernst dem Anpralle des Feindes widersteht und alles Fleischliche stand=
haft verachtet. „Dein Hals ist," wie derselbe Bräutigam sagt (4, 4), „wie
der Thurm Davids, der mit Schutzwehren gebaut ist, tausend Schilde
hängen daran, die ganze Rüstung der Starken." Maria ist dieser unerschütter=
liche, auf der Demuth aufgebaute Thurm Davids, welcher durch die größten
Stürme nicht erschüttert wird, den der Feind nur von Weitem betrachtet und
aus Furcht ihm sich nicht zu nahen traut, noch weniger ihn zu erstürmen
erkühnt, denn er ist mit Schutzwehren und Schildern, d. i. den Tugenden
der Demuth, Weisheit und Stärke umgeben, bei deren Anblicke der Feind
die Flucht ergreift [2]. Darum ruft auch ihr Bräutigam (7, 1) aus: „Was
wirst du schauen an Sulamith, als Züge von Heerlagern?" wohl mit An=
spielung auf den Schutz der Engel, den Jakob auf seiner Reise erfuhr und

extensum, imo amabiliter demissum; et haec est humilitas tua, fortitudo magna,
fortitudo pulcherrima. Vere sicut turris eburnea, quae et aspectu amabilis et
statura sit fortis. Cui fortis? cui amabilis? Deo fortis, Deo amabilis, diabolo
autem terribilis et inaccessibilis. Quomodo ipsi Deo fortis? nimirum sicut ex istis
comprobatur exemplis: Quia si contra Deum fortis fuisti (ait ipse ad patrem suum
fidelem Jacob), quanto magis contra homines praevalebis Gen. 32, 28.

[1] *Rupertus* l. c.: Fortis est iste nasus discretionis sicut turris Libani, dum
rite spernendo visibilia, fortiter resistit neque frangitur visibilium incommodis juxta
illud: Deduxisti me, quia factus es spes mea, turris fortitudinis a facie inimici.
Quomodo turris ista respicit contra Damascum? nimirum sensui ejus sensum ha-
bendo contrarium. *Bernardus Tolet.*, sermo 4 sup. Salve reg.: Nasus tuus sicut
turris Libani. Nasus duo habet foramina, per quae spiritum a capite emittit: ita
tu Domina virginitate et humilitate tua de coelo eduxisti filium Dei, spiritus oris
nostri ... Tu ergo nasus Ecclesiae similis es turri, celsa videlicet dignitate, firma
gravitate.

[2] *Philippus Abbas*, in Cant. 12: Ejus collum turri simile perhibetur, quae
suo fixa pondere, impulsu ventorum non movetur; quae tantae est fortitudinis,
ut locum suum non dimittat nequam spiritui potestati et munimen expugnabile
toti conferat civitati ... Sic et Virgo instar turris davidicae a longe hostem pro-
spicit, imo despicit et non curat, ad cujus intuitum horret ille et refugit, et in
proposito confidentiae non perdurat; et quidquid minarum vel fraudum praesum-
pserit machinari, eliditur, et in se reliditur malitia praesumentis: tantum horrorem
incutit, tam potenter repercutit hostem faciem intuentis. *Bernard.*, sermo 4 Salve
reg.: Tu proinde es turris Libani cum propugnaculis aedificata. Ab incunte
quippe aetate dilexisti justitiam et odisti iniquitatem. Quare delectatio justitiae
odiumque iniquitatis tua fuere propugnacula? His quippe visis hostibus certe
suspecta fuisti. Non enim parum formidabant, nec forte tu esses (quae et eras),
per quam expugnandi erant et damnandi; propter quod et terribilis fuisti eis ut
castrorum acies ordinata. Nihil vero omnino proficit inimicus in te, eo quod mille
clypei pependerunt ex te, omnis armatura fortium. *Rupertus*, l. 3 in Cant.: Quae
erat turris David? Turris David non manufacta fuit, cui tuum, o dilecta, collum
debeat assimilari, et haec est humilitas David ... Tuum collum nequaquam ex-
tentum fuit, sed est sicut turris David, i. e. sicut humilitas David, per quam ille
coram Deo fortis et contra homines stetit inexpugnabilis ... Turris ista aedificata est cum propugnaculis, et mille clypei pendent ex ea, i. e. hanc ejus tantam
humilitatem ceterae virtutes consecutae sunt maximeque fortitudo et sapientia.

ausrief: „Das ist ein Lager Gottes" (Gen. 32, 2); denn nichts vermögen
die höllischen Kräfte gegen dieses von Gott geschützte Lager[1]; und später
(8, 9): „Ist sie eine Mauer, so wollen wir silberne Bollwerke darauf
bauen; ist sie eine Thüre, so verwahren wir sie mit Cederbrettern", welche
Worte die Braut selbst bestätigt: „Ich bin wie eine Mauer und meine
Brüste sind wie Thürme." Maria ist die feste Mauer, welche der heilige
Geist durch die Bollwerke seiner Gnaden geschützt hat, damit sie den bösen
Feind von uns abhält und uns an ihrer Brust mit der Milch der göttlichen
Lehre und des Heiles nährt. Sie ist die aus Cederntafeln d. i. den verschiedenen Gaben der Gnaden und Glorie bestehende Thüre, welche uns das
neue Paradies erschlossen hat. Sie ist jenes feste Kastell, welches durch
die Mauer der beständigen Jungfräulichkeit an Leib und Seele befestigt ist
und durch den Schutz der Engel vertheidigt wird[2]. Sie ist, wie Hail-
grinus[3] schreibt, die Thüre der Kirche, welche die feindlichen Geister ab-

---

[1] *Petrus Cell.*, sermo 7 de Deip. ass.: Invocant illam conversi, amant illam
justi, exorant peccatores, timent daemones, invalida sunt castra daemonum adversus
dominae nostrae castrorum acies, de quibus in canticis dicitur: Quid videbis in
Sunamite nisi choros castrorum? *Petrus Dam.*, sermo 40 in Virg. ass.: Terribilis
ut castrorum acies ordinata, terribilis daemonibus, ornata virtutibus, singularis
timor malignorum spirituum. *Ekkebertus*, sermo paneg. in Deip.: Tu terribilis ut
castrorum acies ordinata. Quid enim? Annon horruerunt principes tenebrarum,
quando viderunt praeter morem armatura omni fortiore instructam contra se pro-
cedere feminam, feminam fortem et belli doctissimam, cujus ensis super femur
suum propter timores nocturnos? In circuitu ejus acies validas spiritualium virtutum suo se invicem ordine tuentium; siquidem ordinatione perseverat dies: sed
et innumerabilium beatorum spirituum militiam ad ministerium tanti principis
delegatam fuisse nullatenus ambigimus, utpote qui custodirent lectulum Salomonis
gratissimum ac providerent, ne praeparatum aeterno regi hospitium alienus hospes
invaderet. Nimirum timor et tremor venerunt super nos, ita ut dicerent: ecce plusquam Eva haec. Castra Dei sunt haec, fugiamus Israelem. Tu ergo, bellatrix
egregia, primo eum, qui primus omnia supplantavit, expugnare viriliter aggressa es.
[2] *Theophanes*, Men. die 28. Nov. nennt sie „inexpugnabilem Christianorum
murum et protectionem divinam". *Theodorus Lascaris*, Can. consol. in s. Deip.:
murum inexpugnabilem, protectionem fortissimam, salutis armaturam. *Ephraemus*,
or. ad Deip.: Protectio, robur, murus, armatura, defensio ... Te Christianorum
coetus firmissimum murum possidet; tu paradisi claustra aperuisti, tu ascensum ad
coelos praeparasti ... Gaude murus invocantium te, gaude defensio simul et
firma protectio ... gaude gladius pravorum daemonum ... Salve murus fidelium,
salve pura, quae draconis nequissimi caput contrivisti et in abyssum dejecisti vinculis constrictum. *Germanus*, or. 2 in Deip. dorm.: Quis te non admiretur spem
incommutabilem ... statum perfugium ... auxilium stabile, inconcussum patro-
cinium, murum inexpugnabilem ... paradisum inaccusabilem, arcem tutam, vallum
undique munitum, validam auxilii turrim. *Anselmus*, sermo in assumpt.: Castello
(Luc. 10, 38) non incongrue virgo assimilatur, quam virginitas mentis et corporis
quasi murus ita undique vallavit, ut nullus unquam libidini esset ad eam acces-
sus, nec sensus ejus aliqua corrumperetur illecebra. *Honorius Augustod.*, sig. b.
Mar.: Hoc castellum fuit illud s. Spiritus sacellum, sc. gloriosa virgo Maria, quae
jugi angelorum custodia fuit undique munita. *Bernard.*, sermo 4 salv. reg.: Tu
es castellum, habens turrim humilitatis et murum virginitatis. Murum certe fortissimum, quippe qui nec ante partum, nec in partu, nec post partum potuit violari.
Lapides muri disciplina tua fuerunt et continentia, sine quibus nunquam constans
est virginitatis murus. Vgl. *Guilielmus* bei Corn. a Lap. zu Hohel. 8, 10.
[3] Bei Corn. a Lap. zu Hohel. 8, 9.

hält, damit sie die Gläubigen nicht belästigen, und zwar die aus Cedernholz b. i. mit allen Tugenden und Privilegien ausgeschmückte Thüre, welche nie der Fäulniß unterworfen ist, sondern den Wohlduft der Tugenden verbreitet. Sie ist die Thüre, durch welche Christus in die Welt eingetreten ist und die sie geöffnet hat, indem sie (Hohesl. 5, 6) den Riegel unserer Sündenlast wegschob. Durch sie fließen immer noch die göttlichen Gnaden uns zu [1]. Maria ist die uneinnehmbare Burg, denn von ihr gilt das Wort der Schrift (Ps. 45, 8. 12): „Der Herr der Heerschaaren ist mit uns, unsere Zuflucht ist der Gott Jakobs" [2], und: „Du bist meine Hoffnung, ein fester Thurm vor dem Feinde" (Ps. 60, 4), welcher den bösen Feind und all' sein Gefolge, die Begierlichkeit und den damit verbundenen Fluch abwehrt und uns die wahre Freiheit bringt [3].

5. Maria ist ferner jenes Sion, von welchem der Psalmist (131, 13. 14) singt: „Ja, der Herr hat Sion erwählt, hat es erwählt zu seiner Wohnung. Das ist meine Ruhe ewiglich, da will ich wohnen, denn ich habe sie er= koren [4]. — Groß ist der Herr und preiswürdig in der Stadt unseres Gottes, auf seinem heiligen Berge. Zum Frohlocken der ganzen Erde ist gegründet der Berg Sion... Wie wir vernommen, also haben wir es gesehen in der Stadt des Herrn der Heerschaaren, in der Stadt unseres Gottes. Gott hat sie gegründet in Ewigkeit... Es freue sich der Berg, um deiner Gerichte willen, o Herr! Gehet herum um Sion, erzählet auf ihren Thürmen... richtet eure Herzen auf ihre Stärke... auf daß ihr's verkündet dem kommen= den Geschlechte, daß dieser unser Gott in Ewigkeit sei." [5] Auf sie finden auch Anwendung die Worte: „Lobe Jerusalem den Herrn, lobe Sion deinen Gott, denn er hat die Riegel deiner Thore befestigt" (Ps. 147, 1. 2):

---

[1] *Honorius:* Sacra Virgo ostium fuit, per quod Christus in mundum introivit; pessulum autem erat moles peccatorum omnium, quod ideo ab ea apertum dicit, quod a spiritu s. praeservata, non sicut ceteri in peccato creditur concepta; in-super et sancte vivendo peccata declinavit: sicque dilecto ingressus patuit, quia per ipsam ipsa misericordia in ecclesiam venit. Quotidie etiam pessulum pecca-torum removet et per eam ingressus gratiae Christi ad nos venit.

[2] *Zeno Mart.*, sermo 4 de nat.: Dei filius ab aeterna sede profectus in prae-destinatae Virginis templum sibimet castra metatur. *Proclus*, or. 1 in laud. Deip.: O uterum, in quo confectus est communis nostrae libertatis libellus! O ventrem, in quo adversus mortem fabricata sunt arma!

[3] *Ephraemus*, or. ad Deip.: Visibiles ac invisibiles hostes disperge, turris fortitudinis, armatura bellica, acies robusta, et dux et propugnatrix invicta esto nobis indignis a facie inimicorum nostrorum. *Theophanes*, Men. die 20. Jan.: Turris esto mihi salutaris, o innocens, quae prohibeat phalangum diabolicarum accessum unaque periculorum ac tentationum turbas profliget, pravarum quoque cupiditatum insultus excutiat, et denique procul abigat maledictionem hisce malis adnexam: contra vero libertatem conferat et charismatum div. abundantiam.

[4] *Germanus*, or. in Deip. nat. *Georgius Nic.*, or. in Deip. ingr.: Sion illam sanctam, quam creator elegit, quam pro ratione providentiae ante secula paravit, ex qua carne natus est, ex qua prodiens impiorum confregit vires.

[5] Ps. 47, 2. 3. 9. 12—15. *Modestus*, enc. in Deip.: Ave sanctissima Deipara, ex qua, qui super omnia est Deus clementissimus, particeps totius, excepto pec-cato, mortalis naturae nostrae, processit in mundum nosque dignos effecit, qui essemus div. ejus naturae consortes, qui ea te donavit gratia, ut sua esses civitas intelligibilis, teque vocavit Dominus virtutum in civitatem suam.

„Frohlocke und jauchze Wohnung Sion, denn groß ist in deiner Mitte der Heilige Israels" (Is. 12, 6).

§ 47. Fortsetzung und Schluß.

F. Maria ist ferner das Haus, die Wohnstätte, der Thron und das Bett des geistlichen Salomons.

1. Sie ist jenes Haus [1], von welchem Salomon spricht: „Die Weisheit baute sich ein Haus und hieb sieben Säulen aus" (Prov. 9, 1). Da das

---

[1] *Anselmus*, tract. de Virg. conc.: Sapientiam ante omnia secula proposuisse sibi habitaculum, quod specialiter inhabitaret, construere similiter indubitata fide tenemus. Quod autem habitaculum istud fuerit, jam dudum innotuit; hoc enim habitaculum illud sacrarium Spiritus s. esse fatemur, in quo et per quod eadem Sapientia humanae naturae conjungi voluit et incorporari ... quod sacrarium, aula videlicet universalis propitiationis cum operante spiritu s. construeretur, si fundamentum illius, sc. initium sive primordium formationis b. Mariae corruptum fuit, ipsi certe constructurae non congruebat, nec cohaerebat. Insciane fuit et impotens sapientia Dei et virtus mundum sibi habitaculum condere, remota omni labe conditionis humanae? *Hioronym.* zu Is. 7, 14 und l. cont. Helv. nennt den Schooß Mariens „sacri ventris hospitium, cujus novem mensibus habitator fuit Jesus". *Bonaventura*, in Psalt. Virg.: Tu templum et sacrarium Spiritus s., totius beatissimae Trinitatis nobile triclinium. *Petrus Cell.*, sermo 1 de Virg. assumpt.: Sapientia tenuit istam, cum aedificavit sibi domum et excidit columnas septem: manubrio siquidem isto ferrum ad tenendum est melius, ad movendum habilius, ad operandum utilius; qui caret isto, parum operabitur illo, quia non dominabitur; nisi ex ea Christus nasceretur ... Ecce quam jucunda, quam necessaria, quam veneranda nobis est virgo Maria, ex qua mundo apparuit lux vera; und sermo 7 de Virg. ass.: Quid caro Virginis? Nonne fuit praejacens materia, de qua opifex Trinitas naturam humanam fabricavit, quam inseparabiliter univit verbo Dei una simul operatione, non tamen eadem Trinitatis assumptione? De hac sanctificata massa partem sibi filius Dei assumpsit, quam statim assumendo deificavit, et tam illa, quam de illa in tota protoplasti massa tam redemptione, quam sanctificatione operatus est salutem totius ejusdem humani generis. *Petrus Damian.*, sermo 45 in Deip. nat.: Oportebat prius aedificari domus, in quam descendens rex coelestis habere dignaretur hospitium: illum videlicet, de qua per Salomonem dicitur ... Septem namque virginalis haec domus suffulta columnis exstitit, quia venerabilis mater Domini septem s. spiritus donis dotata fuit. Quam utique aeterna sapientia, quae attingit a fine usque ad finem fortiter et disponit omnia suaviter, talem construxit, quae digna fieret, illum suscipere et de intemeratae carnis suae visceribus procreare. Necesse erat prius erigi thalamum. *Ildephonsus*, sermo in Deip. nat.: Voluit per pietatem suam et omnipotentiam suam visitare mundum, ut ipse, qui hominem faceret, per visitationem suam redimeret. Praeparavit sibi vas, ut per ipsum potuisset apparere hominibus. Scriptum est enim: Sapientia aedificavit sibi domum vel templum, h. e. Mariam virginem ... Quia per Spiritum s., illo ordinante et benigniter praecipiente, praeparavit sibi matrem, quae praecessit omnibus matribus. Talis enim fuit, qualis nec antea visa est, nec habebit sequentem. *Sophronius*, de Virg. ass.: Quod si in domo Patris mansiones multae sunt, credimus splendidiorem matri hodie filium praestitisse, quam sibi olim aedificavit domum subnixam columnis septem, in qua domo nimirum parantur nuptiae ecclesiarum Dei et foederantur terrenis coelestia. In eo namque utero Virginis sponso immortali virginitas consecratur, ut sit totum coeleste commercium. *Germanus*, or. in Deip. ann.: Illa, quae purissimam numeris omnibus materiam subministrat, muliebris naturae decus et ornamentum longe praestantissimum ... Hoc vero templum et ipse Salomon oculis propheticis multo ante vidit et futurum quasi

ewige Wort Gottes beschlossen hatte, die menschliche Natur anzunehmen, um in unser Geschlecht versenkt, die Erlösung desselben bewirken zu können, so mußte damit zugleich auch sein Beschluß feststehen, sich früher ein würdiges Gefäß auszuwählen, aus welchem er seinen Leib bilden und welches eine für ihn geeignete Wohnung sein sollte. Dahin zielen die Worte, daß die göttliche Weisheit, d. i. die Trinität sich ein Haus baute, also eine für den Gottessohn geeignete Mutter auserwählte und sie derart ausstattete, daß sie eine würdige Wohnstätte Gottes wurde. Sie baute daher dieses in seiner Art einzig dastehende Haus auf sieben Säulen, d. i. den drei theologischen und vier Kardinaltugenden. Es genügte also nicht, daß diese Gottesmutter aus königlichem Geschlechte entsproßte, sie mußte auch auf königliche Weise mit allen Tugenden und Gnaden ausgestattet sein, und zwar von dem ersten Ursprunge ihres Daseins, damit dieses göttliche Haus nicht auf dem alten (sündhaften) Fundamente sich erhebe. Wenn jeder Tempel schon einer Weihe bedarf, um wie viel mehr dieser geistige Tempel Gottes, welcher nicht aus Steinen, noch durch Menschenhand, sondern unmittelbar von Christus selbst erbaut und auch dann bezogen wurde. Dieß besagen auch die Worte: „Herr ich liebe die Pracht deines Hauses und den Ort der Wohnung deiner Herrlichkeit" (Psf. 25, 8), „dein Sitz ist gegründet seitdem, von Ewigkeit bist du, deinem Hause ziemt Heiligkeit auf ewige Zeiten" (Psf. 92, 2, 5) und: „O Israel, wie groß ist das Haus Gottes, wie ungeheuer der Ort seines Besitzthumes! Groß und endlos, hoch und unermeßlich!" (Bar. 3, 24, 25.)

jam factum esset, contemplatus cecinit: Sapientia aed. etc. *Leo Pap.*, sermo de Virg. nat.: Oportebat quippe prius aedificari domum, in quam descendens coelestis rex, haberet divinae gratiae hospitium. Illam in sapientia aedificavit sibi domum, excidit columnas septem. Septem namque virginalis haec domus suffulta columnis extitit, qua venerabilis mater Domini septem Spiritus s. donis donata fuit. Sapientia ... talem construxit, quae digna fieret illum suscipere, de intemeratae carnis suae visceribus procreare. Necesse igitur erat, prius erigi thalamum, qui venientem ad s. ecclesiae nuptias susciperet sponsum. *Bernard.*, de div. serm. 52. n. 2: Haec itaque sapientia, quae Dei erat et Deus erat, de sinu Patris ad nos veniens, aedificavit sibi domum, ipsam sc. matrem suam virginem Mariam, in qua septem columnas excidit. Quid est in ea septem columnas excidere nisi ipsam dignum sibi habitaculum fide et operibus praeparare? Nimirum ternarius numerus ad fidem propter s. Trinitatem, quaternarius pertinet ad mores propter quatuor principales virtutes, welche zwei Sätze er weiter ausführt. *Guerricus*, sermo 1 in ann.: Regali siquidem ex progenie Virgo electa est, generositatis quidem regiae nobilis proles, sed virtutis regiae nobilior indoles. ut aeterno regi materna quoque nobilitas regium honorem deferret et venientem a regali sede Patris, regalis etiam thronus in aula virginali Reginae susciperet matris. In ipsa quippe et ex ipsa Sapientia aedificavit sibi domum, in ipsa et ex ipsa paravit sibi thronum, cum in ea et ex ea corpus aptavit sibi, ita ad omnia perfectum et congruum, ut et domus ei sit ad quiescendum et thronus ad judicandum, quod primo tabernaculum ei fuit ad pugnandum et cathedra ad docendum. *Johannes Euboeens.*, or. in Deip. conc.: Si ecclesiarum dedicationes merito celebrantur, manifestum plane illud est, quod nos debemus citra ullam comparationis rationem cum studio et pietate et Dei timore peragere celebritatem hanc, in qua non ex lapidibus fundamentum positum est, neque manibus hominum Dei templum aedificatum est: nimirum in utero concepta est s. Maria Dei genitrix ... Christus Dei filius, lapis ille angularis ipse eam aedificavit et ipse in ea habitavit.

2. Auf Maria können auch die Worte des Propheten Amos (9, 11) angewendet werden: „An jenem Tage will ich die verfallene Hütte Davids wieder aufrichten, ausbessern die Lücken ihrer Mauern, und das Eingefallene wieder aufbauen; ich will sie aufbauen, wie sie war in der Vorzeit", welche bei ihrer wunderbaren Empfängniß erfüllt wurden [1].

3. Maria ist der Thron Salomons, von dem geschrieben steht: „Der König Salomon machte einen großen Thron von Elfenbein und über- zog ihn mit gar glänzendem Golde, ... dergleichen Werk ward nicht ge- macht in allen Königreichen" [2]. Denn auf ihm [3] sitzt nicht der irdische Salo- mon, sondern der allmächtige König, der alles neu schafft. Wenn schon der König Salomon seine größten Kostbarkeiten und Schätze dazu verwendete, um sich einen Thron zu errichten, dem nichts in der Welt gleichkam: um wie viel mehr mußte nicht der lebendige Thron, Maria, welche den ewigen König empfangen und gebären sollte, von dem Allerhöchsten ausgestattet werden? Aus diesem elfenbeinernen Leibe bereitete sich der Allerhöchste ohne menschliche Hülfe einen herrlichen Thron, welchen zu betrachten selbst die Engel gelüstet. Glückselig jener elfenbeinerner Leib, aus welchem das elfen- beinerne Fleisch Christi, des Erlösers genommen wurde (Luc. 11, 27).

4. Maria ist die „Sänfte, welche sich der König Salomon aus Holz vom Libanon machte; ihre Säulen machte er von Silber, die Lehne von Gold, den Antritt von Purpur, das Innere belegte er mit der Liebe um der Töchter Jerusalems willen" (Hohesl. 3, 9. 10). Mariens jungfräulicher

---

[1] *Johannes Euboe.*, or. in Deip. conc.: Ait propheta: et erigam tabernaculum Davidis, quod cecidit et illius ruinam iterum aedificabo. Ecce erigitur tabernacu- lum Davidis in conceptione et nativitate filiae ejus.

[2] 3 Kön. 10, 18. 20.

[3] *Petrus Dam.*, serm. 44. n. 1 in Virg. nat.: Hodie nata est illa, per quam omnes renascimur, cujus speciem concupivit Omnipotens, et in qua Deus posuit thronum suum. Ipsa est thronus ille admirabilis, de quo (l. c.) legitur: Fecit rex ... Nosti quidnam dicat (Apoc. 21, 5), qui sedet in throno: ecce, inquit, nova facio omnia. Felix thronus, in quo sedet dominator dominus, in quo et per quem non solum omnes sed omnia renovantur. *Guerricus*, sermo 1 in ann. dom. n. 4: Sicut Salomon in omnibus thesauris suis et opibus tantis nihil habuit tam pretiosum, quod in opus illud, magnificum thronum sc. gloriae suae, judicaret ebori praeferendum: sic Maria singularem prae omnibus electis angelorum et ho- minum invenit gratiam apud Deum, ut videlicet Dei conciperet et pareret filium, atque ex ebore corporis ejus thronum sibi virtus Altissimi sine manibus excideret gloriosum. Gloriosus prorsus ille thronus ac mirabilis, de quo Scriptura perhibet: Quia non est factum tale opus in universis regnis: quod facile testimoniis proba- retur Angelorum, qui semper et insatiabiliter in gloriam et decorem dominici cor- poris prospicere concupiscunt. Quia enim in universis regnis non est tale opus factum, quidquid factum est, flectat ei genu ... Quam beatus ille venter ebur- neus, unde caro eburnea sumpta est Redemptoris, pretium animarum, miraculum angelorum, solium summae majestatis, thronusque potestatis, cibus vitae immortalis, medicina peccati, restitutio sanitatis. *Paulus Diac.*, sermo b. Virg.: Duae manus tenent ipsam, sc. duae naturae Christi, sc. humanitas et divinitas: duo leones juxta ipsam, quasi ad custodiam extrahentes et ab haeresibus custodientes, sunt duo testamenta ... In hoc throno sedens verus Salomon rex pacificus, praebet se populo fidelium benignum atque clementem et omnibus preasto est ad hunc thro- num accedentibus immensa dona elargiri.

Schooß ist die aus wohlduftendem Cedernholz erbaute Sänfte[1] oder Krippe, in welcher der himmlische Salomon ruhte, als er Mensch wurde.

5. Fast gleichlautend ist der Vergleich Mariens mit dem „Bettlein Salomons, welches sechzig Starke von den Stärksten Israels umstehen; alle haben Schwerter und sind der Kriege sehr kundig; ein jeder hat das Schwert an der Hüfte um der nächtlichen Schrecknisse willen" (Hohesl. 3, 7); denn in ihrem reinen Schooße wohnte das fleischgewordene Wort Gottes, der Friedensfürst, durch neun Monate hindurch; dieses Himmelsbett umstehen sechzig Helden Israels, das sind die himmlischen Schutzgeister, oder nach der Erklärung Ruperts die sechzig Patriarchen und Führer Israels, welche dasselbe gegen den Angriff der höllischen Geister und die gottfeindliche heidnische Weltmacht vertheidigen[2].

G. Wir schreiten nun zu den Typen, welche der heiligen Geschichte des Alten Testamentes entnommen sind. An erster Stelle handeln wir von der

1. Arche Noe's. Maria ist die lebendige Arche[3] des neuen Bundes,

---

[1] *Matthaeus Cantacuzenus*, comm. Cant. 3, 9: Ex radice David sibi ipsi genitam Dei filiam paullo quidem ante lectum et domum nominavit, heic autem sellam. Ipsa enim novem mensium spatio Deum omnium portavit in utero, hominem pro nobis factum, ex ea carnem sumere non dedignatum. *Gillebertus Ab.* (bei Bernard.) in Cant. sermo 17: Matris Domini specialiter haec verba videntur. Illa vere Libanus et Libanus non incisus. Illa vobis evaporavit, sacrae virgines, habitationem suam, habitationem coelestem, habitationem angelicam, quando virginalis conversationis exempla vobis transfudit et perpetui pudoris inspiravit amorem et satis expressit habitationis suae gratiam, quam evaporare se dicit. *Germanus*, or. in Deip. nat.

[2] *Athanasius*, or. in Deip. descr.: O perfecte intemerata atque immaculata, quam Salomon vocat lectum aureum ac thronum. *Theophanes*, Men. die 27. Jan. *Tarasius*, or. in Deip. praes.: Tu lectus Salomonis ex auro factus, quem 60 viri fortissimi circumdant juxta Scripturarum oracula, in Deo musicos hymnos tuba canentes. *Ephraemus*, or. in Deip.: Lectus Salomonis, quem circumassistunt 60 potentes, sermones monebe Scripturae divinitus inspiratae. *Bernardus*, sermo 4 in Salv. reg.: Non est dubium, te benedictam intellectu et affectu et actu hunc super omnes mortales decalogum habuisse et observasse, unde prorsus merito mille clypei ex te dicuntur pendere. Et non solum clypei, sed et omnis armatura fortium. Nihil est enim virtutis, quod ex te non resplendeat . . . Lectulus es Salomonis, de quo in canticis. *Modestus*, enc. in b. Virg.: O sacer lectule, ferens illud vere immaculatum corpus, unde prodiit, qui omnia sanctificat. O sacer lectule, alium lectum ferens non manufactum, in quo, qui inclinavit coelos Deus, suam ipsius requiem elegit. O sacer lectule, ferens quod universo mundo multo majus est, purissimum incomprehensibilis Dei receptaculum. O sacer lectule, ferens purissimum et electum spiritale metallum, ex quo Dominus conditor proprium sibi renovavit figmentum. *Rupertus*, l. 3 in Cant.: Quis est lectus vere et veri pacifici regis Salomonis . . . nisi uterus tuus, dilecta dilecti, uterus virginalis. Ibi namque divinitas Verbi Dei, Verbum Deus sese conclusit et humanam naturam de tua carne formatam sibimet in unitate personae inseparabiliter conjunxit etc.

[3] *Johannes Eubor.*, or. in Deip. conc.: Ecce nova arca praeparatur, quae infinito intervallo arcam Noe praestantia antecellit. *Proclus*, or. 7 in Theoph.: Spectate mirum novumque diluvium, majus praestantiusque diluvio, quod a Noe temporibus fuit. Illic enim diluvii aqua humanum interemit genus: at heic baptismi aqua, ejus (Christi) potentia qui est baptizatus, mortuos revocavit ad vitam. Illic Noe ex lignis incorruptibilibus arcam compegit: at Christus heic, spiritalis Noe,

unvergleichlich kostbarer und vorzüglicher, als die Arche Noe's, ebenso wie die neue Fluth von der alten verschieden ist. Zur Zeit Noe's ging das ganze Menschengeschlecht in der Sündfluth zu Grunde, hier werden durch das Wasser der Taufe die Todten zum Leben erweckt und aus der Fluth der Sünde errettet. Die Arche Noe's wurde aus vergänglichem Holz, die neue Arche aber wird aus vollendeten Tugenden gebaut. Jene war für ver=gängliche Thiere bestimmt, diese aber für den Urheber des ewigen Lebens. Jene trug den irdischen Stammvater Noe, diese den Erbauer, den geistigen Stammvater und Leiter der Menschheit. Jene hatte drei Stockwerke, diese beherbergte die ganze Fülle der heiligen Dreieinigkeit. In jener wurden acht Seelen gerettet, durch diese gelangen Alle zum ewigen Leben. Jene wurde gebaut, um von der Sündfluth zu retten, diese, damit Christus die Welt erlöse. Jene schwamm auf den Wässern der Fluth, diese litt niemals irgend wie an einer Sünde Schiffbruch. Wie jene gelangt auch diese in den Hafen des Heiles, nicht um auf der Erde zu bleiben, sondern zu dem aufgenommen zu werden, welcher durch diese Arche das ganze Menschengeschlecht aus der Fluth der Sünde und Gottlosigkeit errettet hat.

2. Maria ist auch vorgebildet durch die Jakobsleiter. Als nämlich Jakob auf seiner Flucht nach Mesopotamien in Luz übernachtete, sah er im Traume eine Leiter, die auf der Erde stand und mit der Spitze den Himmel berührte, und die Engel Gottes stiegen auf ihr auf und nieder; der Herr aber stand auf der Leiter (übertrug auf ihn die Verheißung), und als Jakob vom Traume erwacht war, sprach er: „Wahrhaftig der Herr ist an diesem Orte. Wie furchtbar ist dieser Ort. Hier ist nichts anderes, als Gottes Haus und die Pforte des Himmels ... und er nannte die Stadt Bethel"

---

ex Maria incorrupta corporis sibi arcam composuit. *Ephraem.*, prec. 4: O arca sancta, per quam a peccati diluvio salvati sumus. *Hesychius*, or. de Deip. laud.: Arcam arca Noe latiorem, longiorem, illustriorem. Illa erat animalium arca, haec autem arca vitae: illa corruptibilium animalium, ista vero vitae incorruptibilis; illa ipsum Noe, haec vero ipsius Noe factorem portavit; illa duas et tres contigna-tiones et mansiones habebat, haec autem totam Trinitatis plenitudinem, quando-quidem et Spiritus s. adveniebat atque hospitabatur et Pater obumbrabat et Filius utero gestatus inhabitabat. *Chrysippus*, or. de Deip. laud.: Arca vere regia, arca pretiosissima est semper virgo Deipara, arca, quae excepit totius sanctificationis thesaurum, arca non ea, in qua erant omnium animalium genera, quemadmodum in arca Noe, quae fluctuantis universi mundi effugiebat naufragium: ... sed arca, cujus architectus et incola, gubernator et mercator, comes viae et dux erat opifex omnium creaturarum. *Modestus*, enc. in Deip.: Quum autem bene peregisset vitae cursum deifera rationalis navis, ad tranquillum suum appulit portum simul et ad mundi gubernatorem, qui per ipsam ab impietatis et peccati diluvio servavit et vivificavit humanum genus. *Ekkebertus* (int. op. Bernard.), sermo de b. Maria: Arca Noe significabat arcam gratiae, excellentiam sc. Mariae. Sicut enim per illam omnes evaserunt diluvium, sic per istam peccati naufragium. Illam Noe, ut dilu-vium evaderet, fabricavit: istam Christus, ut humanum genus redimeret, sibi prae-paravit. Per illam octo animae tantum salvantur: per istam omnes ad aeternam vitam (quae per octonarium numerum significata est) vocantur. Per illam pau-corum facta est liberatio: per istam humani generis salvatio. Illa centum annorum fabricata est spatio, in ista omnium virtutum fuit perfectio. Illa facta est de lignis levigatis, ista de virtutibus aedificata est consummatis. Illa superferebatur aquis diluvii, ista non sensit naufragia ullius vitii.

(Gen. 28, 12 f.). Maria ist die geistliche Himmelsleiter [1], auf welcher Gott zu den Menschen herabsteigt und diese zu Gott hinaufgeführt werden. Der untere Theil derselben ist auf die Erde gepflanzt, der obere reicht bis zum Himmel hinauf; denn wenn des Weibes Haupt der Mann ist, so ist Mariens Haupt Gott Vater selbst, welcher durch den heiligen Geist mit ihr eine geheimniß=volle Ehe geschlossen und sie auf wunderbare Weise überschattet hat. Wie jene Leiter, welche Jakob sah, Himmel und Erde verband und auf ihr die Engel des Himmels auf= und abstiegen, so hat auch Maria das Amt einer Mittlerin übernommen, damit Gott unsere schwache Natur annehme, auf die Erde herabsteige und den Menschen wieder zu Gott zurückführe, das Irdische mit dem Himmlischen wieder vereinigt. Deßhalb stiegen zu ihr auch die Engel herab, um Gott zu dienen, und auf ihr steigen die Menschen, welche reinen Herzens sind, zu Gott hinauf. Maria kann daher auch die Himmels=brücke [2] genannt werden, welche die Erde mit dem Himmel verbindet.

---

[1] *August.*, sermo 123 (al. 15 de temp.) in Dom. nat.: Facta est Maria fenestra coeli, quia per ipsam Deus verum fudit seculis lumen. Facta est Maria scala coelestis, quia per ipsam Deus descendit ad terras, ut per ipsam homines ascendere mererentur ad coelos. *Sermo 120* in nat. 4 (al. de temp. 21): Fides a terra in coelum erecta est: huic Christus insedit, et per ipsam in templum pudoris intravit; und *sermo 208* in ass. 2 (al. de Sanct. 35): O vere gloriosa Mariae humilitas, quae porta paradisi efficitur, scala coeli constituitur! Facta est certe humilitas Mariae scala coelestis, per quam descendit Deus ad terras. *Jacobus Mon.*, or. in Deip. nat.: Fixane est scala, per quam coelestium virtutum rex ad infimum nostrum incolatum descensurus est? *Germanus*, or. in Deip. nat. *Johannes Dam.*, or. in Deip. nat.: Ille fabri Filius ... animatam sibi ipse scalam fabricavit, cujus ima pars in terra firmata est, summa autem ad coelum usque porrigitur, cui Deus innitatur: cujus Jacob figuram vidit, per quam Deus nihil mutatus descendens, seu potius se indulgenter declinans in terra visus est ... Spiritalis scala, h. e. Virgo in terra firmata est, ut quae ex terra ortum habeat, caput vero ad coelum usque pertinet. Omnis namque mulieris caput est vir: hujus autem, quin virum non habeat, Deus et Pater caput fuit, qui Spiritus s. opera conjugii velut foedus paciscens, tanquam divinum quoddam semen, Filium suum ac Verbum, omnipotentem illam Virtutem emisit. *Or. 3* in dorm.: Hodie scala spiritualis animata, per quam Altissimus descendens in terris visus est et cum hominibus est conversatus, per mortem quasi per scalam in coelum perrexit. *Or. 1* in Deip. dorm.: Parum abfuit, quin me Jacobi scala praeteriret. Quid enim? An non cuivis perspicuum est, te ea praesignatam, praefiguratam esse? Ut enim ille per extremas scalae partes coelum cum terra copulatum et angelos per eam ascendentes et descendentes, quin etiam illum, qui vere fortis et insuperabilis est, typice secum luctantem vidit; sic tu quoque mediatricis munus explens, effectaque Dei ad nos descendentis scala, ut debilem nostram naturam assumeret sibique copularet atque uniret, adeoque hominem videntem Deum redderet, ea quae sejuncta erant, collegisti. Quodcirca angeli ad eam descenderunt, ut Domino ac Deo inservirent, homines autem angelicum vitae genus amplectentes in coelum evehuntur. *Anastasius Antioch.*, or. in Deip. ann. § 4: Beata Virgo, extensa ad coelum scala. *Bernard.*, sermo de b. Maria: Haec (Maria) est scala, rubus, arca, sidus, virga, vellus, thalamus, porta, hortus, aurora. Haec est enim scala Jacob, qui, quando caput in lapide posuit, angelos ascendentes et descendentes videre meruit. Scala ista duos gradus habet inter duo latera. Dextrum latus est contemptus sui usque ad amorem Dei, sinistrum contemptus mundi usque ad amorem regni. Ascensiones hujus duos humilitatis gradus. *Petrus Dam.*, *Anselmus*, or. 54. *Theophanes*, Men. die 7. Sept.

[2] *Modestus*, enc. in Deip.: Virginitatis gratia pons Dei futura erat in terra

3. Ihre beständige, durch die Geburt des Messias unverletzte Jung=
fräulichkeit wird besonders schön durch den brennenden und doch nicht
verbrennenden Dornbusch, welchen Moses sah (Ex. 3, 2), abgeschattet [1].

___

ultra hunc mundum, unde mirificum ab eo auxilium nobis profectum est. *Ephraem.*,
prec. 4: Pons totius mundi, qui ducit ad supermundanum coelum. *Gregorius
Thaum.*, or. in Theoph.: Tu, qui terram coelumque tuo sancto nomine quasi ponte
junxisti. *Proclus*, or. in Deip. § 1: Virgo et coelum atque unicus Dei ad homines pons.

[1] *Ephraemus*, Op. gr. tom. III. p. 605: In igne Moyses adumbravit decora
tua, filia David, in cujus sinu flamma commorata est, et tu non est combusta Dei
mater et gratia plena. *Proclus*, or. 6 in Deip. laud. § 6: Nec Moyses visionem
illam magnam divinae dispensationis videre potest, praeter quam ubi humana
omnia negotia transmisit. Sic enim spinosam hominum naturam cum divinitatis
natura, quae non comburat sed illuminet, commercium habituram didicit. Rubus
quippe igni per id tempus commixtus Virginis gessit symbolum, quae verum illud
lumen concepit sine semine; und *Tract.* de Deip.: Haec animatus naturae rubus,
quem divini partus ignis non absumpsit. *Johannes Dam.*, or. 2 in Deip. nat.:
Ave rubus, igni complicatum miraculum, ipsa per ereptionem peccato inaccessa
(nam et arbustum istud tangi nequit), et cujus divino partu coelum terrigenis
pervium evaserit; und *or. 1* § 10: Sanctissimus Spiritu, qui divinitatis suae vere
te conservavit, ne ab igne divino absumpta fueris. Nam et hoc quoque Moysis
ille rubus praesignabat. *Theodotus*, hom. in Salv. nat. § 2: Vidit (Moyses) ignem
ex rubo ardentem, nec ipsum tamen rubum consumentem. Cur ergo ex Virgine
nato, Virginemque incorruptam servanti fidem non habes? An tu Deum ex rubo
loquentem audiens . . . et ipsum Moysem pronum adorantem, credis. non ignem
reputans, qui cernebatur, sed Deum, qui loquebatur; quum vero virgineum uterum
memoro, abominaris et aversaris? Dic mihi, quid est vilius, virginisne an uterus
virgineus ab omni passione peccati purus? Ignoras, quae antiquitus gesta sunt,
recentiorum eorumque, quae nunc contigerunt, esse praeludium? Mysteria namque veteribus illis typis praefigurantur. Quare rubus accenditur, ignis conspicitur,
et quae tamen ignis natura fert, non operatur. Nonne Virginem in rubo animad-
vertis; und Tract. de rubo incomb. *Gregorius Nyss.*, de vita Moys.: Hinc etiam
mysterium illud virginis figuratum esse non viderit? Ab ea namque Deitatis lux
assumpta carne illuxit hominibus eamque omni modo incorruptam servavit, virginitatis viriditate nullo pacto commutata; und *sermo* in nat. Dom.: Quod tunc per
flammam et rubum significabatur, progrediente tempore, quod intercedebat, perspicue in mysterio virginis apertum est. Quemadmodum enim illic est rubus et
accendit ignem et non comburitur; ita hic est virgo, quae lucem parit et non cor-
rumpitur. Quod autem per rubum virginis corpus, quod Deum peperit, intelli-
gatur, ne te similitudinis pudeat. Nam omnis caro propter peccati susceptionem
et ob id ipsum tantum, quod est caro, peccatum est. Peccatum autem in Scriptura
vocatur spina. *Theodoretus*, int. 6 ad Ex.: Ego arbitror, significari Unigenitum
humanitatem assumentem et virginalem uterum inhabitantem, immaculatam serva-
turum esse virginitatem. *Ambrosius*, exp. in Apoc.: Possumus per rubum, qui
flammas ex se producebat et non comburebatur, b. Virginem Mariam intelligere,
quae filium Dei ex suo utero protulit et virginitatem non amisit. *Bernardus*, sup.
Miss. est hom. 2: Quid rubus ille quondam Mosaicus portendebat, flammas quidem
emittens, sed non ardens, nisi Mariam parientem et dolorem non sentientem; und
sermo de 12 praerog. Mar.: Magna plane visio, rubus ardens sine combustione;
magnum signum, mulier illaesa manens amicta sole. Non est rubi natura, opertum
undique flammis, manere nihilominus incombustum: non mulieris potentia, ut su-
stineat solis amictum. Non est virtutis humanae, sed nec angelicae quidem, sublimior quaedam necessaria est. Spiritus s. superveniet etc. *Rupertus*, l. 1 in Ex.
cp. 12: Quod in b. Virgine Maria clarius atque conspicabilius est. Totus enim
hic ignis, subauditur Christus Deus et homo, novem in utero ejus mensibus habi-

Wie der Dornstrauch über die Gesetze der Natur hinaus von dem Feuer nicht verzehrt wurde, so wurde auch Maria dadurch, daß sie das göttliche Feuer, Christum, in sich aufnahm, nicht verzehrt. Sowie das Feuer auf außerordentliche Weise den Dornstrauch nicht verletzte, sondern vielmehr ver= klärte, so hat auch Christus dadurch, daß er Fleisch aus Maria annahm, ihre Jungfräulichkeit, welche so schön durch den dürren Dornstrauch symboli= sirt wird, nicht verletzt, sondern durch seine Geburt noch veredelt und ver= klärt; denn sie gebar das ewige Licht, welches nicht verzehrt, sondern leuchtet und erleuchtet. Der brennende und verbrennende Dornbusch ist daher ein herrlicher Typus der jungfräulichen Gottesmutter, welche gebar und dabei doch unverletzliche Jungfrau blieb. Diese Erscheinung wurde, wie Procop sagt, den Juden als Zeichen gegeben, damit, wenn sie sehen, daß Gott im Fleische wohne und das Fleisch von der Fülle der Gottheit nicht verzehrt werde, nicht an der Möglichkeit dieser neuen Erscheinung zweifeln, sondern im Bilde die Wahrheit erkennen.

4. Ebenso wie der blühende Stab Aarons, war auch der wunder= thätige Stab des Moses, mit welchem er die Wunder in Aegypten wirkte, das rothe Meer theilte (Ex. 14, 16), ein Vorbild Mariens [1], womit die

---

tavit et levem carnis vel animae ejus stipulam sive foenum non solum non com- bussit, verum etiam majore cum virginitatis honore gratiaque formati exinde ho- minis, quem assumpsit, perenniter illustravit. *Procopius* zu Ex. 3, 2: Judaeorum genti ceu monumentum datum est hoc exemplum, ne absonum deinceps arbitretur et ab sacrae scripturae more alienum, si aspiciat Deum habitare in carne, nec interim carnem Deitatis excellentia labefactari. Quamvis in Virgine habitaverat, tamen illaesam conservavit Virginem Divinitatisque capacem reddidit. *Ekkebertus Ab.*, sermo de b. Maria: Rubus, qui visus est ardere sine sui incendio, Virginem significavit concepturam de Spiritu s. absque virginitatis suae detrimento. Rubus, ad quem non est Moyses ausus calceatus accedere, Virginem docuit sine maritali opere mirabiliter parere. *Gregorius Thaum.*, or. 3 in Deip. ann.: Quomodo Maria Divinitatis feret ignem? Thronus tuus splendore illuminatus accenditur et Virgo te ferre poterit, ut non comburatur? Cui Dominus: imo vero, si ignis in solitu- dine laesit rubum, laedet omnino et Mariam meus adventus; at si ignis ille, qui divini mei ex coelo ignis adventum designabat, rubum rigavit, non combussit; quidnam de ipsa veritate dixeris, non in flamma ignis, sed in specie pluviae de- scendente? *Petrus Dam.*, Rhythm. de s. Maria. *Theodorus Stud.* l. c. *Sophro- nius*, hymn.; *Photius Byz.*, Amphiloch.; *Hesychius*, or. in Deip.; *Andreas Hier.*, or. in sal. aug.; *Johannes Euboe.*, or. in Deip. conc. *Modestus*, enc. in Deip.: Huc transplantatus est tanquam de gloria in gloriam in mortali forma rubus ardens divinitatis in terram viventium, ut simul coruscaret lumine personae Christi Dei, quem omnino et vere gestavit in utero, et per eum servata est incombusta, sola inter mulieres benedicta Virgo Maria. Vgl. das Gebet der Kirche: Rubum, quem viderat Moyses incombustum, conservatam agnovimus tuam laudabilem virginitatem, sancta Dei Genitrix.

[1] *Leo Aug.*, or. in Deip. annunt.: Ave virga, qua assumpta secundus Moyses, vel potius antiquo illo antiquior et Dominus cum persecutores submergit, tum eos salvat, quos labor luti et laterum peccati attriverat. *Bernardus*, hom. 2 sup. Miss. est: Noveris et apud Moysen nec fructu virgae, nec flore, sed ipsa virga demon- strari: illa utique virga, qua feriente aqua vel dividitur transituris vel do petra excutitur bibituris. *Rupertus*, l. 1 in Cant.: Sicut virga illa virgas maleficorum et incantatorum devoravit, et omnem superbiam Aegyptiacam obtrivit ... sic tu, pulcherrima mulierum, cunctam pravitatem haereticam interemisti, superbiam dia- boli dejecisti. *Absolon Abbas*, sermo 31 de Virg. ass.: Virga quoque Moysi, per

Worte des Psalmisten (Ps. 109, 2) zu vereinbaren sind: „Das Scepter deiner Macht wird der Herr ausgehen lassen aus Sion"[1]. Sowie Moses mit diesem Stabe, der, in eine Schlange verwandelt, die Stäbe der ägyptischen Zauberer verschlang, die Zauberkraft derselben zu Schanden machte und durch die Ausstreckung dieses Stabes das Heer der Aegyptier im rothen Meere vernichtete: so hat der zweite, höhere Moses durch Maria alle Häresien in der Welt überwunden und die Gottlosen vernichtet; denn Maria ist das Scepter der göttlichen Macht, welche die höllischen Mächte zu Schanden macht.

5. Der Felsen in der Wüste, aus dem durch den Stab Moses viel Wasser herausquoll (Num. 20, 8 ff.) und von welchem der Psalmist (113, 8) sagt, daß „der Herr die Felsen in Wasserseen und die Steine in Wasserbrunnen verwandele", kann insofern auf Maria angewendet werden, da der himmlische Moses durch sie die reichlichsten Ströme der Gnaden über die Welt ausgießt[2].

6. Mit einer gewissen Vorliebe wird von den Vätern das Widderfell des Gideon als ein Typus Mariens behandelt[3]. Als Gideon zur Bestätigung

quam fecit signa in Aegypto, Maria est. Per eam enim Deus fecit mirabilia in mundo, e quibus unum de maximis est, quod versa in colubrum dracones Aegyptiorum devoravit: quia, cum de se Christum in similitudine carnis peccati genuit, omnia crimina, omnes haereses impiorum, quae Aegypto hujus mundi illudebant, cum virtute prolis, tum exemplo suae sanctitatis delevit.

[1] *Georgius*, can. in Dom. publ. *Ildephonsus*, sermo 1 in Virg. ass. *Bonaventura*, spec. b. Mar. lect. 3: Considera, quomodo Maria est Domina daemonum in inferno, tam potenter eis dominans etiam, ut de ipsa accipi possit illud Psalmi: virgam virtutis tuae emittet Dominus. Virga virtutis est virgo Maria … Virga virtutis est contra inimicos infernales, quibus magna virtute dominatur.

[2] *Richardus a s. Laur.*, l. 1: Loquimini ad petram, i. e ad beatam Virginem, duram contra tribulationem, gravem contra instabilitatem, et dabit vobis aquam.

[3] *August.*, sermo 199 de nat. Dom. n. 2 (al. 123). *Hieron.*, ep. 9 ad Paul. et Eust. de ass. Mar.: Mariae simul se tota infudit plenitudo gratiae. Hoc quippe est, quod David canit: Descendet sicut pluvia in vellus … Sic et virginitas, cum sit in carne, nescit vitia carnis. Coelestis plane imber in virgineum vellus placido se infudit illapsu et tota divinitatis unda se contulit in carnem, quando Verbum caro factum est; *ep. 108* de epit. Paul.: Dum (pastores) servant oves, invenerunt Agnum Dei puro et mundissimo vellere. quod in ariditate totius terrae coelesti rore completum est. *Ambrosius*, sermo 3 de nat. Dom.: Quod ita latenter et secreto Salvator descensurus esset in Virginem, jam ante David propheta testatus est (Ps. c.). Quid enim tam silenter et sine strepitu fit, quam cum imber in lanae vellus infunditur? … Recte Mariam velleri comparamus, quae ita concepit Dominum, ut toto cum hauriret corpore, nec ejusdem scissuram corporis pateretur: sed esset mollis ad obsequium, solida ad sanctimonium. Recte, inquam, Maria velleri comparatur, de cujus fructu salutaria populis vestimenta texuntur. Vellus plane Maria est; siquidem de molli sinu ejus agnus egressus est, qui et ipse matris lanicium, h. e. carnem gestans, molli vellere cunctorum operit vulnera populorum. Omne enim peccati vulnus Christi lana suffunditur, Christi fovetur sanguine; et ut sanitatem recipiat, Christi indumento vestitur. *Johannes Dam.*, or. 2 in Deip. nat.: Vellus Gedeonis, victoriae symbolum, ex qua figurate rex immortalis defluxit; und *or. 1* in dorm. 9. *Petrus Chrysol.*, sermo 143 de virg. ann.: Coelestis inter virgineum in vellus placido se fudit illapsu et tota divinitatis unda bibulo se nostrae carnis celavit in vellere; donec per patibulum crucis expressum terris omnibus in pluviam salutis effunderet et sicut stillicidia stillantia

seiner göttlichen Sendung ein Zeichen verlangte, sprach er: „Willst du Israel durch meine Hand retten, wie du gesprochen, so lege ich dieses Fell mit der Wolle auf die Tenne; wird Thau sein auf dem Felle allein, und auf dem ganzen Boden Trockenheit, so will ich daran erkennen, daß du durch meine Hand Israel erretten willst; und da er das Fell ausdrückte, füllte er eine Schale mit Thau." Und es geschah also (Richt. 6, 36—38), auf welche Worte der Psalmist (71, 6) anspielt: „Er (Gott) wird herabkommen, wie der Regen auf das Fell". Ist der Thau Symbol des himmlischen Thaues,

super terram, ut vitalibus partita stillicidiis tempora fidei rigarent germina, non necarent. *Bernard.*, sup. Miss. est hom. 2 n. 7: Proferamus et alia Virgini matri, Deoque Filio congrua de Scripturis testimonia. Quid illud Gedeonis vellus significat, quod utique de carne tonsum, sed sine vulnere carnis in arca ponitur et nunc quidem lana nunc vero area rore perfunditur, nisi carnem assumptam de carne Virginis et absque detrimento virginitatis? Cui utique destillantibus coelis tota se infudit plenitudo divinitatis: adeo ut ex hac plenitudine omnes acceperimus, qui vere sine ipsa non aliud, quam terra arida sumus. Huic quoque gedeonico facto propheticum dictum pulchre satis convenire videtur, ubi legitur: descendet sicut pluvia in vellus. Nam per hoc, quod sequitur: et sicut ... idem datur intelligi, quod per inventam rore madidam aream. Pluvia nempe voluntaria, quam segregavit Deus hereditati suae, placida prius et absque strepitu operationis humanae suo se quietissimo illapsu virgineum demisit in uterum: postmodum vero ubique terrarum diffusa est per ora praedicatorum, non jam sicut pluvia in vellus, sed sicut stillicidia stillantia super terram, cum quodam utique strepitu verborum ac sonitu miraculorum. *Sermo* in nat. Mar. n. 9: Agnosce consilium sapientiae, consilium pietatis. Coelesti rore aream rigaturus, totum vellus prius infudit: redempturus humanum genus, pretium universum contulit in Mariam. *Laurentius Justin.*, or. in Virg. ass. *Ildephonsus*, sermo 6 de ass. Virg.: Ceteris electis ex parte gratia datur, huic vero Virgini tota se infudit plenitudo gratiae. Quod considerans propheta David ait ... Vellus enim virginitatem praesignat. Sicut enim vellus cum sit de corpore, corporis non subjacet passioni; ita virginitas, cum sit in carne, vitia carnis ignorat. Descendit ergo sicut pluvia in vellus, quia coelestis imber, i. e. unda divinitatis virgineo velleri placido se infudit illapsu, quando Verbum caro factum est. *Ephraemus*, prec. 4: Verbi divini illapsum in te, o Virgo illibata, spiritu actus Gedeon vellere mystice repraesentat, conceptu tuo roris stillicidio adumbrato. *Theophanes*, Men. die 25. Jan.: Velut imber quondam descendit in vellus Gedeonis, sic delapsus est in uterum tuum ad carnem induendam fluvius pacis, fons bonitatis atque clementiae, ille Dominus, qui guttas omnes pluviarum habet in numerato. *Psellus* in off. Metaph. *Proclus*, or. 6 de laud. Deip. § 17: Quibus ergo encomiorum coloribus virginalem depingam imaginem? ... Haec incontaminatum vellus in mundi area positum, in quam salutis pluvia e coelo descendens universam illuvie siccavit. *Richard. a St. Victore* zu Ps. 71: Quid est vellus, nisi lana a carne recisa et a carne sublata? O quale vellus illud virgineum pectus, longe remotum, valde alienum a desideriis carnalibus et sordidis corporum passionibus? O quale vellus, virgineae mentis mundi cogitatur! O quale vellus, virginei pectoris casti affectus! O quale vellus, virtutum omnium ornatus! Quis non gaudeat se vestiri posse de virtutum vellere b. Virginis Mariae? *Theodorus Studit.*, or. 6 in dorm. Mar.: Ave Deo gravidum vellus, ex quo coelestis ros defluxit, imo plenus aqua catillus, quod admirabili contigit Gideoni. *Rupertus* ad Jud. 6: Ros in vellere allegorice est Christus in uterum Virginis sine hujus corruptione vel dolore silenter et tranquille Spiritu sancto irrorante delapsus. *Cornelius a Lapide* und *Calmet* zu Jud. 6, 37. Vgl. Antiph. 2 in 1. Vesp. Circumcis.: Quando natus es ineffabiliter ex Virgine, tunc impletae sunt Scripturae: Sicut pluvia in vellus descendisti, ut salvum faceres genus humanum.

d. i. der göttlichen Gnaden und des Urhebers desselben, Christus, so be=
zeichnet das weiße, vom Fleische losgelöste und selbst fleischlose Vließ die
makellose, reine, von allem Fleischlichen losgeschälte Jungfrau, aus deren
Schooße das Lamm der Welt hervorging. Ueber sie ergoß sich bei der
Menschwerdung Christi die ganze Fülle des göttlichen Thaues, und nur auf
sie allein, während die ganze Welt in Tod und Dürre um ihn her lag.
Wie der Thau oder Regen still und ohne Geräusch auf ein wolliges Fell
herabträufelt, so hat auch Maria den göttlichen Thau ohne Geräusch und
ohne Verletzung ihrer Jungfräulichkeit in ihr zartes Herz aufgenommen und
theilte die Frucht dieses Thaues der Welt mit, denn von dieser Frucht werden
den Völkern Heilskleider bereitet. Aus ihrem Fleische nahm das göttliche Lamm
sein Fleisch und sein Fell an und verstopft mit der Wolle seines Felles die
Wunden der Menschen und heilt sie durch sein Blut, ebenso wie auch Maria,
das Vließ, mit der Wolle ihrer Tugenden die Unschuldigen kleidet und beschützt.
Der Thau, den Maria in ihr Vließ aufgenommen, hat sich, nachdem dieses
ausgedrückt wurde, als heilsamer Regen über die ganze Erde ergossen.

7. Auch das neue Salzgefäß, welches Elisäus sich bringen ließ,
um mit dem Salze das ungesunde Wasser zu Jericho trinkbar zu machen
(4. Kön. 2, 20 ff.), ist ein Symbol Mariens [1], denn sie ist das neue,
unverdorbene Gefäß, durch welches jede Bitterkeit süß wird und das Gott
erwählt hat, um das durch die Sünde verdorbene Menschengeschlecht wieder
zu heilen. Maria ist „das versiegelte Buch, welches Niemand lesen
kann" (Js. 29, 11, 12) [2], und „das große Buch", in welches der Prophet
mit Menschengriffel (d. i. mit lesbarer Schrift) seine Weissagung nieder=
schreiben sollte [3]; sie ist jenes versiegelte Buch, welches keinem schädlichen

---

[1] *Modestus*, enc. in Deip. nennt daher mit Bezugnahme auf diese Stelle Maria
„vas illud pretiosum et sacratissimum et quavis sancta re sanctius"; *Ephraemus:*
praeclarum et electum vas Dei. *Isidorus His.*, or. 1 in Deip. nat.: Vas Dei
capax . . ., und or. 6 in Deip. dorm.: Vas novissimum, quod eum comprehendit,
qui incomprehensibilis est.

[2] *Johannes Dam.*, or. 2 in Deip. nat.: Ave liber signatus, nulli corruptrici
cogitationi obnoxius, ex qua divinitus insculptae legis arbiter ab ipso solo, qua
Virginem decet ratione, percurritur. *Tharasius*, or. Deip. in templ. ing.: (Maria)
prolata est veluti liber divinitus complectens magnifica opera Dei. *Jacobus Sarug.*,
Offic. Mar.: Sicut epistola obsignata nobis Maria apparuit, in qua mysteria Filii et
profunda ejus abscondita celabantur. Epistola fuit non antea scripta, ac deinde
obsignata, sed quam obsignarunt ac tum demum scripserunt coelestes.

[3] *Theodotus Ancyr.*, or. in Deip. et Sim. § 3: Ave novus ille juxta Isaiam
tomus scriptionis novae, cujus fidi testes angeli atque homines. *Proclus*, or. 6 de
Deip. laud. § 17: Haec novus novi Testamenti tomus, per quam festine spoliatum
est imperium daemonum citoque humana diremta captivitas. *Ephraemus*, prec. 4:
Tomus a Deo conscriptus (Maria), per quem Adami chirographum scissum est.
Georgius Nic., or. in Deip. ingr.: Hujus typum gessit mundissimus ille tomus, in
quo nulla scriptione exaratum Verbum erroris chirographum disrupit. *Johannes
Dam.*, or. 1 in Deip. nat. § 7: Hodie tomum novum opifex omnium condidit Deus
Verbum, quem ex corde Pater eructavit, Spiritu, qui Dei lingua est, tanquam ca-
lamo conscriptum, qui quidem homini scienti litteras traditus nequaquam ab eo
lectus fuit. *Or. 3:* Ave tomus novi mysterii undequaque a corruptione communis,
in qua omnis expers formae Verbum humanae speciei penicillo depictum est, h. e.
carne indutum, quod simile nobis per omnia factum sit, excepto peccato; und de

Gedanken zugänglich ist und nur von dem Urheber des göttlichen Gesetzes gelesen werden kann, in welchem die Mysterien des göttlichen Wortes und die Heilsrathschlüsse Gottes verborgen sind, bei deren Abfassung Engel und Menschen als verläßliche Zeugen zugegen waren. Sie ist das neue Buch des neuen Bundes, durch welches dem Teufel die Herrschaft entzogen, jenes von Gott beschriebene Buch, durch welches der von Adam unterschriebene Schuldbrief des Menschengeschlechtes vernichtet und zerrissen wurde, das vom allmächtigen Schöpfer selbst angefertigte Buch, welches mit der Feder des heiligen Geistes beschrieben und niemals von einem Menschen geöffnet und gelesen wurde, jenes überaus selige Buch des Wortes Gottes, durch welches wir aus der Knechtschaft befreit wurden und die Freiheit wiedererhielten, das ganz neue Buch, in welches das göttliche Wort auf geheimnißvolle Weise geschrieben wurde. Mit Stillschweigen darf nicht übergangen werden die Zange, mit welcher der Engel den glühenden Stein (Kohle) vom Altare nahm (Is. 6, 6), um die Lippen des Propheten zu heiligen; Maria ist die mystische Zange der göttlichen Kohle, indem sie den Unendlichen, der von Niemanden umfaßt werden kann, in sich aufnahm, welcher durch seine Berührung uns von allem Schmutze der Sünde reinigt [1]; — sie ist das rothe Seil, welches Rahab an ihr Fenster zum Zeichen ihres Glaubens band, damit ihr Haus verschont werde (Jos. 2, 18), denn auch in dem süßen Worte Mariens hat die Kirche das Unterpfand ihres Heiles erhalten.

„Moab ist der Topf meiner Hoffnung" (Ps. 59, 10) wohl mit Bezug auf die Moabiterin Ruth als Ahnfrau Christi; der jungfräuliche Schooß Mariens ist dieser durch den Geist Gottes angefachte und siedende Topf der himmlischen Gnade, dessen Salbe mit ihrem Wohlgeruch die ganze Welt erfüllt hat [3], „der gedrehte Becher, dem es niemals an Getränke

---

fide orthod. l. 4. cp. 14. *Leo Aug.*, or. in Deip. dorm.: Ave faustissimus Dei Verbi scripturae tomus, per quem, quum gravi servitutis jugo teneremur, inviolabilis nobis libertas scripta est. *Johannes Mon.*, Men. die 9. Dec.: Tomus Dei per angelum hodie annuntiatur, in quo Verbum ejusdem cum Patre throni consors modo inscribitur. *Sophronius*, hym. 2. *Theophanes*, Men. die 9. Sept.: Isaias spiritu illustratus vidit Joachimi et Annae foetum, tomum novum, cui Verbum incarnatum inscriptum est.

[1] *Ephraemus*, or. ad Deip.: Tu forceps ignifera, quam Isaias conspexit. *Andreas Cret.*, or. in Deip. ann.: Ave, sis seraphica forceps carbonis mystici. *Leo Aug.*, or. in dom. praes.: Forceps et carbo aenigma erant, illa quidem complectens, hic vero prophetae labia contingens, propheticumque afflatum accendens. Itaque quae nunc sunt in facto posita, aenigmata tunc erant ... Puella forcipis instar carbonem Deitatis tenens, cujus tactu manus etiam sacerdotis consecrentur osque prophetico spiritu repleatur ... Nunc te forcipem ignem ferentem docemur, et plenum sanctitatis templum. Dominus enim velut in throno in te requievit, eumque forcipis instar complexa es, quae majestate importabilis exsistit. *Or. in Deip. dorm.*: Ave forceps carbonem illum importabilem complexa, qua a peccati sordibus labiorum contactu emundamur.

[2] *Rupertus*, l. 3 in Cant.: Ecce Rahab meretrix dulcis eloquii tui vittam coccineam, sive funiculum coccineum, in fenestra sua ligavit, signum suae fidei, quod nuntios Josue susceperit atque salvaverit, dum ecclesia quondam peccatrix et idololatriae meretricio sordida, dulce eloquium tuum pignus suae salutis jugiter personat et omnem doctrinam evangelicam ... integra semper fide praedicat.

[3] *Ambros.*, l. de inst. Virg. cp. 12 u. 13: (Verbum) quasi rex sedens in aula

mangelt" (HohesL. 7, 2), in welchem die göttliche Weisheit den Wein ge=
mischt und der an Leib und Seele reinen Jungfrau die Gnade der Erkenntniß
mitgetheilt hat [1]. Dieser Schooß ist wie „ein von Lilien umlagerter Weizen=
haufen" (HohesL. 7, 2), von welchem der göttliche Weizen (Christus) ge=
nommen ist. Durch Gebet und Betrachtung hat Maria die göttlichen Weizen=
körner in ihr Herz aufgenommen, welches besonders durch seine Reinheit für
diese Aufnahme geeignet war, denn diese befördert und schärft eine klare
Erkenntniß der heiligen Schrift [2]. Maria ist der Tisch, den die Weisheit
zugerichtet hat, und zu dessen Mahlzeit die Kleinen und Unweisen geladen
werden: „Kommet, esset mein Brod und trinket den Wein, den ich euch ge=
mischt habe" (Spr. 9, 2 ff.); sie ist jener reichbestellte geistige, heilige Tisch,
welcher von dem Ueberflusse der Speisen der Welt mitgetheilt und uns
das wahre Lebensbrod, Christum, den sie in ihrem Schooße getragen, ge=
spendet hat [3].

H. Es erübrigt noch, die Symbole und Typen aus der Thier= und
Pflanzenwelt, welche auf Maria bezogen werden, anzuführen.

1. Der Bräutigam im Hohenliede nennt seine Braut „eine Taube in
den Felsenklüften, in der Mauerhöhlung mit süßer Stimme und schönem

---

regali uteri virginalis vel in olla ferventi, sicut scriptum est; Moab olla spei
meae ... Est et olla uterus Mariae, quae spiritu ferventi, qui supervenit in eam,
replevit orbem terrarum, cum peperit Salvatorem ... O divitias Marianae virginitatis! Quasi olla fervuit ... Excipite ex hac Moabitide, olla gratiae coelestis
unguentum.

[1] *Ambros.* l. c. cp. 14: Vere autem alvus ille Mariae crater tornatilis. in quo
erat Sapientia, quae miscuit in cratere vinum suum (Prov. 9, 2) indeficientem
cognitionis piae gratiam divinitatis suae plenitudine subministrans. *Rupertus*, l. 6
in Cant.: Umbiculus tuus crater tornatilis, quid est nisi ac si diceret: Perfecta est
in te virtus castitatis et liberata es ab omni carnalis appetitu voluptatis ... Ergo
tu Sunamitis, corde et corpore es casta, mente et carne integra et incorrupta, co-
gitatione et opere munda. *Alanus* bei *Corn. a Lapide* zu d. Stelle.

Rupertus l. c.: Venter tuus sicut acervus tritici, quod videlicet triticum
prudenter congregasti, meditando in Scripturis (vgl. Luk. 2, 51). Hujusmodi acervus bene est vallatus liliis, quia profecto pulchritudo castitatis, sicut claritudinem
sensus ad intelligendum Scripturas efficit, ita et auctoritatem parat omni homini,
ut dignus sit foris eloqui ea, quae intus reposuit vel contulit verba Dei, triticum
Domini. *Ambros.* l. c.: In quo virginis utero simul acervus tritici et lilii floris
gratia germinabat, quoniam et granum tritici generabat et lilium ... cp. 15: Ex
illo ergo utero Mariae diffusus est in hunc mundum acervus tritici muniti inter
lilia, quando natus est ex ea Christus. *Johannes Dam.*, or. 2 in Deip. nat. § 7.
Andreas Cret., or. in Deip. ann.: Vere tu benedicta, cujus venter acervus areae,
quoniam fructum benedictionis Christum, immortalitatis spicam, sine semine ac
nullo hominum excolente, messe copiosa et innumerabili, ac multis laetantium
millibus humanae salutis colono adductis absolutum fructum produxisti.

[3] *Johannes Dam.*, or. 2 in Deip. nat. § 7: Ave mensa, mistum divinitus
appositum, omnibus virtutum bonis affluens participatio. *Epiphan.*, sermo de laud.
Virg.: Ipsa est fidei mensa intellectualis, quae vitae panem mundo suppeditavit ...
Locuples es, clarissima et virtutibus plena, mensa virginea, optimis quibusque
cibis abundans, quibus terra fruatur. *Andreas Cret.*, hom. 2 dorm. Virg.: Ostendit
suam sanctissimam mensam, utpote quae ipsum totum vivificum panem Dominum
nostrum Jesum, qui est vita aeterna, ex fermento Adamicae conspersionis panem
factum in utero gestavit oeconomice: qui eos, qui sancte ad eum accedunt, reducit
ad vitam recentiorem et reddit in Deo perfectos.

Antlitze (2, 10, 14; 5, 2) mit Taubenaugen (1, 15; 4, 1; 5, 12), Eine
ist meine Taube, meine Vollkommene, die Einzige ihrer Mutter, die Aus=
erkorene ihrer Gebärerin" (6, 8). Maria kann mit Recht mit Bezug auf
ihre Reinheit, Einfalt und Unschuld eine Taube genannt werden, die vom
heiligen Geiste wegen ihres Tugendglanzes geliebt, mit ihren goldenen jung=
fräulichen Flügeln sich über alles Irdische erhob, den Nachstellungen des
höllischen Vogelstellers entging und durch ihr Erscheinen den Menschen an=
zeigte, daß der Winter des Irrthums und der Sünde bereits vorüber sei [1].
Sie ist, wie die Taube, ohne Neid und Haß, nährt die fremden Jungen
(das Gott entfremdete Menschengeschlecht an Leib und Seele), sammelt die
Körner der göttlichen Lehren und Geheimnisse in ihrem Herzen, nistet in den
Felsen, indem sie auf der festen Grundlage des Glaubens verweilt, lagert
an den Flüssen der heiligen Schrift, woraus sie ihren Trank schöpft;
ihr konnte sich der geistige Habicht nie nähern; so Rupertus [2]. Maria
wird auch vorgebildet durch die Taube, welche von Noe aus der Arche
entlassen wurde und einen Oelzweig mit grünen Blättern in ihrem Schnabel
zurückbrachte (Gen. 8, 10, 11); als nämlich die allgemeine Fluth der Sünde
und der Schuld das ganze Menschengeschlecht bedeckte, erschien jene himmlische
Taube, welche den grünenden Oelzweig des Friedens und der Versöhnung
brachte, indem sie den Heiland gebar, welcher unsern Kerker zerbrach, uns
mit Gott versöhnte und uns das Reich der Himmel erschloß [3].

2. Maria ist der wahre Lebensbaum, welchen Gott in der Mitte des
Paradieses gepflanzt hat (Gen. 2, 9), der seine Krone himmelwärts erhebt
und vom himmlischen Thaue befeuchtet die Frucht des Lebens hervorbringt,
von deren Genusse wir nicht sterben, sondern vielmehr erheitert werden und
das ewige Leben erlangen [4].

---

[1] *Johannes Dam.*, Men. 22. Jan.: Salve columba electa, pennis virginitatis
inaurata: salve speciosissima turtur, et hirundo eximia et passercule omni ex
parte purissime, salve agna, quae agnum Dei peperisti, salve divina juvenca, quae
portasti jugum peccata nostra portantis. *Andreas Cret.*, Anth. die 9. Decb.: Innocentem columbam in utero Anna concipiens spirituali gaudio vere replebatur.
Sophronius, sermo de ass. Mar.: Diligentius itaque procurate, si quomodo simplicitas columbae, quae fuit in Maria, illaesa inviolataque in vobis custodiatur. *Tharasius*, or. in Deip. praes.: Angelorum cibum per angelum accipiebat (Virgo) et
immaculatae columbae similis virginitatem servans templi et coeli terraeque opifici
cum gratiarum actione supplicabat. *Johannes Thess.*, or. in Deip. dorm. *Rupertus*,
l. 2 in Cant.: Tu amica mea per humilitatem, columba mea per charitatem, formosa
mea per castitatem ... Tu serpenti aurem non praebuisti, imo inimicitias inter
te et serpentem ego posui, et ecce columba es. *Epiphanius*, sermo de laud. Virg.
nennt Maria die columba pura, *Proclus*, or. 6: columba simplex, *August.*, serm. 35
de Sanct.: columba Filii sui, *Ildephons.*, sermo 6 de ass.: columba Spiritus sancti,
Johannes Euboe., or. in Deip. conc.: columba purissima, *Johannes Dam.*, or. 2 de
ass.: columba sacratissima, *Germanus* in Mariali: columba rationalis et purissima,
ob divinum animae candorem nive candidior, coelesti sponso unice dilecta, tota
omnino ad Spiritus rationes formata et quasi in Spiritu transformata, quae hominibus erroris hiemem jam cessasse ostendit. *Georgius Nic.*, or. 1 praes. Mar.:
Columba irreprehensibilis, quae malitiae aucupem devitavit, ejus machinamentis
facta sublimior.

[2] Lib. 3 in Cant.   [3] *Rampelogis*, Figurae bibliae l. c. p. 485.

[4] *Ephraem.*, or. ad Deip.: Lignum vivificum, pulcherrimum et jucundissimum

3. Sie ist „die Narbe, welche ihren Wohlgeruch verbreitet" (Hohel. 1, 11), nämlich den Wohlgeruch aller Tugenden. Angezogen durch diesen duftenden Geruch, namentlich der tiefen Demuth, stieg das göttliche Wort in ihren Schooß herab. Hatte Eva durch den üblen Geruch der Sünde den Herrn verscheucht, so lockte der Wohlduft der Tugendgewande Mariens den Ewigen vom Himmel herab, versöhnte ihn, ladet die Guten ein und verscheucht die Dämonen [1]:

4. Die himmlische Braut nennt sich selbst eine Blume des Feldes, eine Lilie in den Thälern, eine Lilie unter Dornen (Hohel. 2, 1, 2), unter denen ihr Geliebter weidet (2, 16; 6, 1. 2). Aus der dornigen Nach= kommenschaft der Juden entsprossen, war Maria unter den Töchtern Juda's wie eine Lilie unter Dornen, die durch Reinheit jungfräulicher Keuschheit glänzte, im Liebeseifer entflammte, durch ihre guten Werke einen Wohlgeruch verbreitete und deren Herz stets zum Himmlischen aufstrebte [2].

---

fructum ferens . . . gaude lignum opacum, o puella virgo, ex quo omnes fructum decerpimus, quem comedentes exhilarantur, non moriuntur. *Johannes Dam.*, or. 2 in Deip. nat.: Ave lignum non putrescens, quae corruptionis peccati vermem non admisisti, ex qua spirituale altare non ex lignis imputribilibus, sed ex intemerato utero exstructum fuit Deo. *Amedeus*, hom. 1 de Deip. laud.: Ipsa Virgo . . . velut arbor plantata in medio paradisi attollit verticem in altitudinem coeli, et de superno rore concipiens fructum refert salutarem fructum gloriae, fructum vitae, de quo, qui ederit, vivet in aeternum. *Bernard.*, sermo 1 de adv. Dom.: O vere coelestis planta, pretiosior cunctis, sanctior universis! O vere lignum vitae, quod solum fuit dignum, portare fructum salutis.

[1] *Rupertus*, l. 1 in Cant.: Nardus mea dedit odorem suum et hoc odore de-lectatus descendit in uterum meum. Olim in Eva malo superbiae foetore offensus, et ob hoc ab humano genere aversus fuerat: nunc autem delectatus bono odore, narda humilitatis meae, sic ad genus humanum conversus est. *Amedeus*, hom. 2 de laud. Deip.: Bonus odor, qui regem in accubitu suo per Virginem provocavit, ut ad nos veniens nostra reciperet, sua daret . . . Sic itaque fragrantia vestimen-torum s. Mariae hostes fugat, bonos invitat, Deum placat. *Johannes Dam.*, or. 2 in Deip. nat. § 7: Ave narde fluens, unguentariorum more puritatis aromata irri-gans, quorum evaporatio suavissimus illi odor est, qui in canticis dicit . . . Ave stacte, ex virginalis balsami confectione sanctitatis sive lactis Christo stactem stil-lans . . . Ave unguentum, compositio omnium pretiosissima virtutum, omnigenae puritatis unguenta spirans.

[2] *Hieronym.*, com. in Eccli. 10: Ex quibus (patriarchis) nata est Virgo libe-rior s. Maria, nullum habens fruticem, nullum germen ex latere, sed totus fructus ejus erupit in florem loquentem in Cantico: ego flos campi et lilium convallium. *Johannes Dam.*, or. 1 in Deip. nat. § 6: O lilium inter spinas, ex generosissima et maxime regia radice davidica progenitum! *Or. 2*. § 7: Ave lilium, cujus proles Jesus haec agri lilia vestit. Ave flos, prae cunctis tinctorum coloribus varium omni virtute condimentum, ex qua flos flori similis, matrem exacte referens con-surgit. *Germanus*, or. 1 in Deip. praes.: Quam (Mariam) uti lilium e spinis, e nobis indignis elegisti, grato animo tibi oblatam amplectere. *Petrus Dam.*, sermo 46 de Virg. nat.: Lilium dicitur et mater Christi . . . Sicut lilium inter spinas, sic b. V. Maria enituit inter filias: quae de spinosa propagine Judaeorum nata can-descebat munditia virgineae castitatis in corpore, flammescebat autem ardore ge-minae caritatis in mente, flagrabat passim odore boni operis, tendebat ad sublimia intentione continua cordis. *Theophanes*, Men. die 29. Jan.: Te solam, o mater Dei, inter medias spinas ceu purissimum lilium floremque convallium inveniens Verbum, sponsus ille tuus, ex tuo sinu processit. *Ildephonsus*, sermo 1 in Virg. ass.: Quae sola refulsit virgo sancta inter filias, ac si lilium inter spinas.

5. Auf Maria wendet die Kirche auch die Worte an: „Ich wuchs wie eine Ceder auf dem Libanon, und wie eine Cypresse auf dem Berge Sion; ich wuchs wie eine Palme zu Cades, und wie eine Rosenstaude zu Jericho; ich wuchs wie ein schöner Oelbaum auf dem Felde, und wie ein Ahorn am Wasser. Ich gab einen Geruch von mir wie Zimmet und wohlriechender Balsam, ich gab einen lieblichen Geruch, wie die auserlesenste Myrrhe; wie mit Storax und Galban, Onyx und Stacte, wie mit Rauch= werk, das ohne Einschnitt hervorquillt, durchräucherte ich meine Wohnung, und mein Geruch war wie ungemischter Balsam. Wie eine Terebinthe breitete ich meine Zweige aus und meine Zweige sind herrlich und lieblich. Wie ein Weinstock trug ich wohlriechende, liebliche Früchte, und meine Blüthen sind ein herrlich und ehrlich Gewächs" (Eccli. 24, 17—23). Die Ceder, welche das Gebirge, namentlich den Libanon liebt, ist aufrechtstehend, erhaben, dauerhaft, indem sie den Winden und dem Wetter trotzt, setzt viele Frucht an; ihr Holz ist unverweslich und wohlriechend; alle diese Eigen= schaften kommen im geistigen Sinne auch der Gottesgebärerin zu. Durch die Höhe ihrer Tugenden überragt sie die Verdienste aller übrigen Menschen, breitet sie vielfältigen Arme aus und im Himmel festgewurzelt, ist sie über alle Engel erhöht [1]. Sie gleicht der Cypresse, die durch ihre Schönheit, Nützlichkeit, Dauerhaftigkeit, Heilkraft, durch ihren Wohlgeruch sich auszeichnet und ab= geschnitten nicht wieder wächst; abgestorben den Freuden dieser Welt, fanden diese niemehr Eingang in ihrem Herzen [2]. Auch im Hohenliede (7, 7) wird der Wuchs der Geliebten mit einem Palmbaume verglichen, welcher wie ein König über die Bäume ragt und an seiner Krone herabhängende süße Früchte ansetzt. So ist auch Maria die Palme der Heiligung [3], die mit

---

[1] *Honorius August.*, Sig. b. Mariae: Libanus dicitur candatio et est judaicus populus cultu Dei et s. scriptura candidatus. In quo gloriosa Virgo ut cedrus fuit exaltata i. e. odore et decore transcendens omnia merita. *Radulphus*, hom. in Deip. ass.: Exaltavit dilectissimam matrem suam sicut cedrum in Libano, sicut cypressum in Sion, et sicut palmam in Cades, qui eam in via super altitudinem fidei, spei et caritatis ceterarumque virtutum omnium superexaltavit, et in patria super omnem angelorum et archangelorum celsitudinem singulariter sublimavit. *Ildephons.*, sermo 1 in Virg. ass.: Haec est, quae sicut cedrus Libani quotidie in terris multiplicabitur, dilatabiturque ramis et in coelo radicibus, ut crescat am= plius, solidatur. *Anselmus*, or. 59 ad Virg. *Johannes Dam.*, hom. 2 in nat. Mar.: Ave lignum non putrescens, quae corruptionis peccati vermem non admisisti.

[2] *Honorius* l. c.: Cypressus incisa non revirescit, ... Dei itaque genitrix virgo Maria cypressus in monte Sion fuit, i. e. in vera specula sc. ecclesia, cujus mens, quum semel aruit sicut ficus, nunquam reviruit de mundi gaudiis; ideo praedicatione antefertur omnibus pro Christo mortificandis.

[3] *Honorius* l. c.: Palma datur victoribus, et hoc Cades, i. e. sanctificatis, quibus Virgo alma exstat sanctificationis palma, dum per ejus generosam sobolem nanciscuntur victoriam et sanctificationem. *Theodoretus*, l. 4 in Cant.: Cum enim excelsa sis et sublimis, adeo ut coeli fastigium attingas, tamen accommodas te in= firmis discipulis tuis, quibus doctrina indigentibus ubera praebes doctrinae tuae. Palma enim fructus deorsum pendentes habet. *Alanus*, h. M. quasi palma: Aspe= rum habuit corticem, quantum ad saecularem honorem fuit infirma, quantum ad divitias temporales paupercula, sed firmitatem habuit roboris per constantiam mentis. Erecta fuit stipite, quia suspensa in coelum animi intentione, pulchra in culmine in virginitatis et humilitatis celsitudine, delectabilis in flore, quia sine

ihrem Wipfel zwar in den Himmel hineinragt, aber die süßen Früchte der Heilslehre den armen Erdbewohnern spendet. Wie die Palme hat auch sie eine rauhe Rinde für alles Irdische, steht aufrecht, denn ihr Geist ist auf's Himmlische gerichtet, ist in Demuth und Reinheit festgewurzelt und hat uns die süße Himmelfrucht gegeben, damit wir, wie sie, Welt, Sünde und Teufel überwinden. Maria ist wie die Rose zu Jericho[1], welche auf dem dornichten Acker der Juden entsprossen, alle mit ihrem Wohlgeruche erfreut und dadurch den Herrn des Himmels bewog, in diesen Rosengarten herab= zusteigen. Ist Eva der Dorn, welcher uns verwundete und den Tod brachte, so ist Maria die anziehende, wohlriechende Rose, die uns dem Leben wieder= gab; sie ist durch ihren jungfräulichen Sinn, ihre Reinheit und Gottesliebe eine weiße Rose; durch ihre Nächstenliebe, Barmherzigkeit und Abtödtung die rothe Rose, daher auch die Königin der Martyrer.

6. Maria ist wie ein schöner Oelbaum auf dem Felde, die Königin unter den Jungfrauen, von welchem der heilige Geist einen Zweig, Christum dem Fleische nach, abgebrochen hat, welcher der Welt den Frieden angekündigt hat; sie ist der immergrünende Oelbaum, aus welchem das Oel der Barm= herzigkeit und Freude fließt, wodurch wir von unsern Schwächen geheilt und für das Reich der ewigen Glorie gesalbt werden[2]. Symbolisirt der Oel= baum die Barmherzigkeit Mariens, so ist der dichtbelaubte schattige Ahorn

---

concupiscentia concepit florem campi. Dulcis in fructificatione, quia sine poena peperit mundi redemptorem. Haec nobis proponitur in signum victoriae et exem= plum, ut sicut ipsa vicit mundum, peccatum, diabolum, ita et nos vincamus juxta posse nostrum.

[1] *Honorius:* Jericho, i. e. ecclesia, in qua rosa significat Martyres, quos omnes s. Theotocos eminentia suae passionis ita transcendit, ut rosa alios flores rubedine praecellit. *Johannes Dam.*, or. 1 in nat. Mar. § 6: O rosa, quae ex spinis, Judaeis scilicet orta es, divinoque odore cuncta perfudisti. *Or.* 2 nat. § 7: Ave rosa immarcessibilis, infinite fragrans, cujus odore Dominus oblectatus, in te requievit, et ex qua florescens ipse mundi odorem repressit ... Suave spirans Spiritus rosarium, ex qua Christus stola minime neta absque semente indutus est. *Bernard.*, sermo de b. Mar.: Eva spina fuit, Maria rosa exstitit: Eva spina vulne= rando, Maria rosa, omnium affectus mulcendo. Eva spina infigens omnibus mor= tem, Maria rosa reddens salutiferam omnibus sortem ... Maria rosa fuit candida per virginitatem, rubicunda per charitatem: candida carne, rubicunda mente: can= dida virtutem sectando, rubicunda vitia calcando; candida affectum purificando, rubicunda actum carnalem mortificando: candida Deum diligendo, rubicunda pro= ximo compatiendo.

[2] *Honorius:* Oleum significat misericordiam; campus autem est terra inarata et significat virgines, quae non sunt sulcatae per virilis amplexus vomeres. In quibus est casta Christotocos valde speciosa, ut in campis oliva decora, de qua profluxit oleum gaudii et misericordiae, quod nos sanans ab infirmitate ungit in regnum coelestis gloriae. *Modestus*, enc. in Deip. § 2: Producta nobis oliva, tan= quam a Deo cultus ager, misericordiae fontem protulit Christum. *Proclus*, or. 6 de Virg. laud. § 17: Haec oliva fructifera plantata in domo Domini, ex qua Spi= ritus s. dominici corporis ramum accipiens, tempestate jactato humano generi de= tulit, fauste de coelo annuntians pacem. *Johannes Dam.*, or. 2 in Deip. dorm. § 14: Illam nunquam irrigatam uvae immortalis vineam, illam paternae miserationis semper virentem olivam, pulcherrimosque fructus proferentem terrae penetralibus claudi minime conveniebat. *Ildephons.*, sermo 1 in Virg. ass.: Floret velut oliva speciosa et fructificabit in domo Dei in aeternum.

ein Symbol der Großmuth Mariens, welche unter ihren Flügeln alle be=
schützt, vertheidigt und vor dem Feinde bewahrt, welche zu ihr die Zuflucht
nehmen [1]. Sie verbreitet um sich einen Wohlduft wie Zimmet, wie wohl=
riechender, ungemischter Balsam, wie auserlesene Myrrhe und Stacte,
womit der Bräutigam im Hohenliede (4, 13. 14) sie selbst vergleicht, indem
sie mit den lieblichsten Tugenden geziert war, deren Wohlgeruch Menschen
und Engel erfreut [2]. Bezeichnet Zimmet die Unbeflecktheit und Reinigkeit
Mariens, die aus ihrem keuschen Leibe den Verleiher der Unschuld hervor=
gehen ließ, so deutet der kostbare Balsam dahin, daß sie den lieblichen Ge=
ruch der Seelen, Christum geboren, der uns zu seinen Tempeln umgestaltet
und gesalbt hat, und die Myrrhe auf die Abtödtung Mariens und Christum,
der einer auserlesenen Myrrhe gleich zum lieblichen Wohlgeruche in den Tod
sich hingab, um uns, die wir ihm in der Abtödtung folgen, seiner Gottheit
theilhaftig zu machen. Der Balsam des heiligen Geistes in Maria war
nicht gefälscht mit dem Honig der Fleischlichkeit und des weltlichen Trostes,
noch mit dem Oele eitlen Lobes und der Schmeichelei, sondern wahre, reine
Gnade.

7. Maria ist endlich wie ein Weinstock, welcher wohlriechende, liebliche
Früchte trägt, indem sie selbst wieder den wahren Weinstock hervorbrachte, von

---

[1] *Radulphus* l. c.: Decoravit quoque eam sicut plantationem rosae Jericho,
et sicut olivam . . . et platanum . . . quoniam eam etiam in via martyrii et misericordiae et magnanimitatis ceterarumque virtutum operibus decoravit: et in patria
omni corona omnique gloria, omni pulchritudine, claritate et honore mirificavit.

[2] *Honorius:* Cinnamomum dicitur immaculati et significat innocentes, quibus
haec Virgo cinnamomum exstitit, cum de immaculato utero largitorem innocentiae
edidit . . . Ut pretiosum balsamum haec Virgo odorem dedit, quum suavem animarum odorem Christum mundo genuit, qui nos ad suum regnum chrismate signat
et nos sua templa effectos ipse rex et sacerdos iu reges consecrat. Maria myrrha
exstitit electa, quum carnem suam mundi illecebris crucifixit et se jejuniis et
vigiliis afflixit. Odorem suavitatis spiravit, quum Christum generavit odorem
angelorum, qui pro omnibus electa myrrha se morti pro nobis Deo Patri obtulit
in odorem suavitatis, ut nos mortificatos vitiis participes efficeret suae divinitatis.
Radulphus l. c.: Redolere quoque fecit eam sicut cinnamomum et balsamum aromatizans, et sicut myrrham electam: quoniam tam bono odore, tam bona opinione
humilitatis, benignitatis, virginitatisque singularis, ceterarumque omnium virtutum
eam aromatizavit, quod universi fideles . . . omnisque militia coelestis in fragrantia
illius incomparabili delectentur. *Johannes Dam.*, or. 2 in nat. Mar.: Ave cinnamomum, spiritalis paradisi aroma integritatis, cujus odor ei dulcis est, qui in
Canticis dicit (Cant. 4, 13. 14): Emissiones tuae paradisus etc. *Bonaventura*, in
Spec. b. Virg. cp. 5: Balsamum misceri solet et vitiari melle vel oleo, sed certe
balsamum Spiritus sancti in Maria non fuit mixtum, quia nec melle carnalitatis et
mundanae consolationis, nec oleo vanae laudis et adulationis fuit vitiatum, sed
vera et pura Mariae gratia fuit; und cp. 7: Odor Mariae fuit cinnamomum in
cortice conversationis, sicut balsamum interius in unctione devotionis, sicut myrrha
in amaricatione castigationis: fuit quoque odor Mariae sicut cinnamomum in actione,
sicut balsamum in contemplatione, sicut myrrha in passione. O vere dives, quae
tam plena fuit odorifero Spiritus s. balsamo, ut ait s. Bernardus. *Gillebertus Ab.*,
sermo 17 in Cant.: Est balsamum verum et solum, et est balsamum etsi verum non
solum, et est balsamum etsi verum nec solum. Primum in perfectis est, hoc ultimum in deceptis, medium in illis, qui, etsi nulla illuduntur fallacia, aliqua tamen
virtutis gratia destituuntur. Merito itaque illa, quae sola gratia plena erat, quasi
balsamum non mixtum odorem suum dedit.

dem sie die Trauben der Unsterblichkeit pflückte[1]. Sie ist, wie Bernard[2] sich ausdrückt, die Mundschenkerin, welche den Wein göttlicher Liebe uns erwirkt, aus welchem Jungfrauen sprossen, der berauscht bis zur Verachtung der Welt, eifrig, kühn, stark gegen alles Ungemach und unbesiegbar macht, uns das vergessen läßt, was hinter uns liegt, uns an die Zukunft mahnt, zur Gerechtigkeit unterrichtet, uns einschläfert für das Irdische, dagegen uns be= reit und eifrig macht, das Himmlische zu betrachten. Wenn es ferner von diesem Weinstocke heißt, daß seine Blüthen herrliche und ehrbare Früchte sind, so wird dadurch die unverletzte und doch fruchtbare Jung= fräulichkeit der Gottesgebärerin ausgedrückt; denn die Blüthe ist Symbol der Virginität, die Frucht Symbol der Fruchtbarkeit; da nun die Blüthen der Braut herrliche und ehrbare Früchte genannt werden, so wird dadurch die fruchtbare, äußerst ehrenhafte Jungfräulichkeit bezeichnet. Denn auf Bäumen können Blüthen zugleich mit den Früchten, die eben aus jenen entstehen, nicht sein, die Frucht setzt sich nämlich dann erst an, wenn die Blüthe wegfällt; ebenso kann bei den Frauen Jungfräulichkeit nicht zugleich mit Fruchtbarkeit gepaart sein. Nur an der himmlischen Braut sind gegen den Lauf der Natur Beide unversehrt vereinigt.

Diese Vorbilder sind mehrfach in den sogen. Armenbibeln (Biblia Pauperum) von den heiligen Vätern aus der Offenbarung zusammengestellt worden, welche für die christlichen Künstler des Mittelalters als Malerbuch dienten und nicht bloß Vorschriften im belehrenden Worte, sondern auch in der Darstellung bei Decoration der Kirchen enthielten. So erscheinen als Vorbilder der Vermählung Mariens die Vermählung des Isaak und Tobias, der Verkündigung Mariä die (erste) Eva in der Prüfung, die sie aber nicht besteht[3], und Gedeons Fell, der Heimsuchung Mariens der Besuch Jethro's bei Moses und der des Leviten bei seinem Schwiegervater, der Geburt Jesu aus der Jungfrau der Stab Aarons und der brennende Dornbusch, der

---

[1] *Modestus*, enc. in Deip. § 2: Ad hanc Dei mater accessit, quam ipsa pro-tulit, vitem veram, ut quasi racemos incorruptibilitatis et immortalitatis inde de-cerperet, novo suo gaudens fructu in regno coelorum. *Johannes Dam.*, sermo 1 in nat. Mar. § 9: Vitis uberrima ex Anna pullulavit, uvaque suavissima effloruit, potum nectaris terrigenis fundens in vitam aeternam. *Ildephons.*, sermo 1 in Virg. ass.: Perpendite matrem Domini, quae quasi vitis fructificavit suavitatem odoris, et protulit cunctis gentibus fructus honestatis et gratiae. *Ephraemus*, div. serm. 3 de laud. Deip.: Ipsa est vitis fructificans suavitatem odoris, cujus fructus, quoniam ab arboris natura admodum discrepabat, necesse fuit, ut suam ab arbore similitu-dinem mutuaretur.

[2] *Bernard.*, sermo 4 in Salve reg.: Defecit vinum in cadis nostris, vinum sc. lactificans cor hominis. Non causamur de vino, in quo est luxuria, illud quaerimus, de quo ait propheta, quod germinat virgines; harum pincerna tu, vexillifera tu . . . Calix in manu tua vini meri, in manu tua. in potestate tua, vini meri, amoris di-vini. Die Domina rerum, die pro nobis Filio tuo: Vinum non habent. Calix hujus vini inebrians, quam praeclarus est. Inebriat, calefacit, acuit, audaces facit et fortes, obliviosos, discretos, somnolentos Inebriat amor Dei ad contemptum mundi, calefacit, quia ferventes facit, acuit, quia erudit; facit audaces contra adversa et fortes; a carne, mundo et daemonibus invincibiles, obliviosos eorum sc. quae retro sunt et in futura extentos; discretos erudiens ad justitiam, somnolentos ad tempo-ralia et taediosos et ad invisibilia contemplanda pronos et promptos.

[3] *Aug.*, sermo 15 de temp.

Darstellung im Tempel die Aufopferung Samuels durch Anna [1], des Hinganges Mariä, wie David der Bundeslade eine Stätte bereitet und sie mit Jubel überführen läßt und wie Abigail von David berufen kommt, und der Krönung Mariens, wie Salomon den Thron seiner Mutter Bethsabee zu seiner Rechten stellen läßt [2] und Assuerus der Esther die Krone auf das Haupt setzt [3].

Und so erheben wir denn mit Dante unser Auge himmelwärts zu der großen in stufenartigen Kreisen aufsteigenden Gottesstadt, wo auf dem höchsten der himmlischen Kreise thront Maria, die Jungfrau und Himmelskönigin, und auf den abwärts führenden Stufen die vorzüglichsten Ahnfrauen Christi:

> Dort sah zu ihren Reigen, ihren Sängen
> Ich eine Schönheit lächeln, die den Augen
> Der andern Heil'gen allzumal war Wonne.
>
> Die, so die Wunde, die Marie zuschloß
> Und heilte, hat geöffnet und geschlagen,
> Ist Jene, die so schön ihr sitzt zu Füßen.
>
> Und in der Reihe von den dritten Sitzen
> Gebildet, sitzet Rachel unter Jener,
> Vereint mit Beatrix, wie du siehest.
>
> Sara, Rebekka, Judith und dann Jene
> Des Sängers Urgroßmutter, der aus Reue
> Ob seines Fehlers sprach: Miserere mei!
>
> Kannst also stufenweise tiefer sitzen
> Du seh'n, wie ich, der sie mit Namen nennend,
> Von Blatt zu Blatt herab die Ros' ich steige.
>
> Und von der siebenten der Stufen folgen
> Abwärts Hebräerinnen, sowie aufwärts,
> Die Blätter sämmtlich theilend an der Blume.
>
> Dieweil gemäß des Blickes, den nach Christus
> Der Glaube richtete, die Wand sie bilden,
> Durch die getrennt die heil'gen Stiegen werden.
>
> (Göttliche Comödie, 32. Gesang.)

---

[1] *Aug.*, Civ. Dei XVII. 1.

[2] Vgl. *Aug.*, Civ. Dei XVII. 8. *Bonaventura*, Spec. cp. 2. *Petrus Dam.*, sermo 1 de nat. b. M. V. *Antoninus*, part. 4. tit. 13. § 2.

[3] *Bonaventura*, in spec. b. Virg. cp. 7: Esther regina est beata Virgo Maria, quae ducta est in cubiculum quietis aeternae gratiam veri regis habens super omnes mulieres ... nam revera in capite ejus rex regum diadema regni posuit tam impretiabile.

Register.

Thron Gottes (Maria) 416.
Thron Salomons (Maria) 445.
Thurm (Maria) 439 f.
Tisch (Maria) 455.
Tithea 54.
Tithlea 54.
Tobias' Weib 310.
Töchter der Menschen 51.
Todtenbeschwörerin von Endor 227.
Tohwait 56.
Topf (Maria) 454.
Tubalkain 49. 51.
Typik 1 f.

A.

Upis 190.
Urias 237. 238.
Urias' Weib 144. 237 f.
Uriel 177.

V.

Vaela 81.
Vahela 54.
Vasthi 350.
Vließ (Maria) 451 f.
Vorhang (Maria) 436.

W.

Wasserquelle (Maria) 426.
Weib, das starke und glorreiche 409.

Weib des Leviten 200.
— von Thecua 249.
— von Abel Beth-Maacha 251.
— im Epha 298.
Weiber streitend vor Salomon 263.
Weihrauchhügel (Maria) 424.
Weinstock (Maria) 460.
Weizenhaufen (Maria) 455.
Widderfell (Maria) 451.
Wittwe von Sarepta 274.
— des Abbias 278
Wolke (Maria) 413.
Wolkensäule (Maria) 414.

Y.

Yuna 56.

Z.

Zabulon 116. 133.
Zabvabija 134.
Zange (Maria) 454.
Zara 143. 146.
Zebiba 270.
Zelesponi 191.
Zelpha s. Silpa.
Zervi 87.
Zibea 269.
Zilla 49.
Zippora s. Sephora.
Zuleicha 136.

Berichtigung.

S. 126 Z. 23 u. S. 129 Z. 7 von unten lies statt Sara, Schwester Assers: Tochter
Assers.